"十三五"国家重点出版物出版规划项目

诺贝尔经济学奖获得者丛书
Library of Nobel Laureates in Economic Sciences

实验经济学

Papers in Experimental Economics

弗农·史密斯（Vernon L. Smith） 著

李建标 等 译

中国人民大学出版社
·北京·

前　言

　　从 20 世纪中期起，实验经济学方法在经济学方面的应用已经发展为微观经济学一个主要的研究领域。这一领域在 20 世纪五六十年代发展缓慢，但到了七八十年代加速了。发展，而不是单纯的增长，是描述这一学科最确切的字眼，因为经济学中实验方法的用途和功能已经历了包括质变在内的深层次变化。实验被描述为"模拟"（simulation）——这是我在第一篇论文（1962）中使用过的词，后来这个词由于以下事实和另外一个不同的意思紧密联系在了一起：在实验环境中我们可以创造出一系列受控条件下的市场或非市场分配过程，这种过程在报酬、人员和交易制度规则方面都是真实的。实验学家总是对"并行性"，也就是实验结论从实验室这个特定环境到其他环境的可转移性十分感兴趣，人们极富建设性地认为这个经验性问题适用于任何数据，无论它来自实验室实验还是自然世界。这样，来自某一环境的数据也许会、也许不会与来自其他环境的数据相关。所有的数据都依赖于具体的条件，如果不是归纳的谬误，我们不可能将这些有限的数据总结为一个理论或一般化的结论。但是，通过实验室的重复实验和控制，以及"并行性"研究，我们可以提高理论和先验规则的可信度，例如我们研究的经济过程的信息特征。尽管在这些过程中，个体及其行为十分重要，但实验经济学的初级课程是这样的：由于制度规则允许个体间交互过程的存在，个体及其理性行为不能简单地与其他个体隔离。

　　这本论文集包括了除以下五方面外我所有的实验论文：（1）《经济思想学派：实验经济学》（*Schools of Economic Thought：Experimental Economics*，edited by V. L. Smith，London：Edward Elgar Publish-

ing，1989）一书中出现过的包括我在内的五位作者或以上联名的文章；
（2）没有报道任何新实验结果的综述性论文；（3）未完成的研究的简要
报告；（4）我在《新帕尔格雷夫经济学辞典》（*The New Palgrave*，
edited by J. Eatwell，M. Milgate and P. Newman，London：Macmillan
and Co.，1987）中有关"拍卖"（Auctions）和"经济学中的实验方
法"（Experimental Methods in Economics）的词条；（5）与实验经济
学相关的各种文章。如果我的文笔像 Jimmie Savage 那样好，我也许会
将这样的文章包含在本书中。但是读者仍会从这本书中发现此类文章。
Don McCloskey 说得好：好的修饰离不开好的科学，事实和理论都是哑
巴，它们永远不可能帮自己说话。

我要感谢的人实在是太多了：作为机械师的父亲常常鼓励我对事物
保持好奇心，鼓励我去了解事物是如何运行的；作为社会学家的母亲给
我提供了对美好事物的梦想（他们高达八级的教育水平使他们能胜任这
样的引导工作）；从堪萨斯大学的 Dick Howey 那里我了解到了学问的
含义；与 John Hughes 多年的私交让我明白了作为一个人的真正意义；
还有 Stan Reiter，他一直是我所认识的最有思想的经济学家；Em Weil-
er 主任，他致力于人类边缘问题的研究，而且取得了重大的成果；最
后，也是特别重要的，我的许多合著者和评论者启发了我的思路，为我
创造了一个竞争性的学术团体，使我在实验方法真正被世人接受之前受
益良多。

致　谢

本书中包括的各篇论文均得到了许可，分别如下：

第 1 篇 "竞争性市场行为的实验研究"（An Experimental Study of Competitive Market Behavior），1962 年 4 月首次发表于《政治经济学期刊》（*the Journal of Political Economy*），© 1962 by the University of Chicago。已获得许可。

第 2 篇 "市场组织对竞争均衡的影响"（Effect of Market Organization on Competitive Equilibrium），1964 年 5 月首次发表于《经济学季刊》（*the Quarterly Journal of Economics*），© 1964 by the President and Fellows of Harvard College。获得约翰威立国际出版公司（John Wiley & Sons，Inc.）许可。

第 3 篇 "自然实验、实验室实验和假设的可信度"（Nature, the Experimental Laboratory, and the Credibility of Hypotheses），1964 年 7 月首次发表于《行为科学》（*Behavioral Science*），© 1964 by *Behavioral Science*。已获得许可。

第 4 篇 "拍卖市场实验和 Walras 假设"（Experimental Auction Markets and the Walrasian Hypothesis），1965 年 8 月首次发表于《政治经济学期刊》（*the Journal of Political Economy*），© 1965 by the University of Chicago。已获得许可。

第 5 篇 "密封拍卖市场中竞争和歧视的实验研究"（Experimental Studies of Discrimination versus Competition in Sealed-Bid Auction Markets），1967 年 1 月首次发表于《商业期刊》（*the Journal of Business*），© 1967 by the University of Chicago。已获得许可。

1

第 6 篇 "实验经济学：诱导价值理论"（Experimental Economics：Induced Value Theory），1976 年 5 月首次发表于《美国经济评论》，© 1976 by the American Economic Association。已获得许可。

第 7 篇 "竞价与拍卖机制：实验研究的结果"（Bidding and Auctioning Institutions：Experimental Results），首次载于《用于采购和分配的竞价与拍卖》（*Bidding and Auctioning for Procurement and Allocation*，edited by Yakov Amihud，New York：New York University Press，1976），© 1976 by New York University。已获得许可。

第 8 篇 "跨期竞争均衡：关于投机的实证研究"（Intertemporal Competitive Equilibrium：An Empirical Study of Speculation），1977 年 11 月首次发表于《经济学季刊》，© 1977 by the President and Fellows of Harvard College。获得约翰威立国际出版公司许可。

第 9 篇 "实验经济学在普度"（Experimental Economics at Purdue），首次载于《当代经济学领域论文集》（*Essays in Contemporary Fields of Economics*，edited by G. Horwich and J. P. Quirk，West Lafayette：Purdue University Press，1981），© 1981 by Purdue Research Foundation，West Lafayette，Indiana 47907。已获得许可。

第 10 篇 "竞争市场中的非限定性价格控制"（On Nonbinding Price Controls in a Competitive Market），1981 年 6 月首次发表于《美国经济评论》，© 1981 by the American Economic Association。已获得许可。

第 11 篇 "竞争市场可选交易规则的实验比较"（An Experimental Comparison of Alternative Rules for Competitive Market Exchange），首次载于《拍卖、竞价和契约：应用及理论》（*Auctions，Bidding，and Contracting：Uses and Theory*，edited by Richard Englebrecht-Wiggans，Martin Shubik，and Robert M. Stark，New York：New York University Press，1983），© 1983 by New York University。已获得许可。

第 12 篇 "竞争性市场制度：双向拍卖与密封拍卖实验比较"（Competitive Market Institutions：Double Auctions vs. Sealed Bid-Offer Auctions），1982 年 3 月首次发表于《美国经济评论》，© 1982 by the American Economic Association。已获得许可。

第 13 篇 "市场是节约信息的装置：'Hayek 假说'的实验检验"（Markets as Economizers of Information：Experimental Examination of the 'Hayek Hypothesis'），1982 年 4 月首次发表于《经济探索》（*Economic Inquiry*），© 1982 by the Western Economic Association。已获

得许可。

第 14 篇 "拍卖实验市场中的租金不对称效应"（The Effect of Rent Asymmetries in Experimental Auction Markets），1982 年 9 月首次发表于《经济行为与组织期刊》（*the Journal of Economic Behavior and Organization*），© 1982 by North-Holland。已获得许可。

第 15 篇 "实验科学的微观经济系统"（Microeconomic Systems as an Experimental Science），1989 年 12 月首次发表于《美国经济评论》，© by the American Economic Association。已获得许可。

第 16 篇 "实验经济学：回复"〔Experimental Economics（Reply to R. Heiner）〕，1985 年 3 月首次发表于《美国经济评论》，© 1985 by the American Economic Association。已获得许可。

第 17 篇 "明码标价拍卖与双向拍卖的定价机制比较"（A Comparison of Posted-Offer and Double-Auction Pricing Institutions），1984 年 10 月首次发表于《经济研究评论》（*the Review of Economic Studies*），© 1984 by The Society for Economic Analysis Limited。已获得许可。

第 18 篇 "资产交易情景下的假设性估价和偏好逆转"（Hypothetical Valuations and Preference Reversals in the Context of Asset Trading），首次载于《经济学中的实验室实验》（*Laboratory Experimentation in Economics*，edited by Alvin Roth，Cambridge：Cambridge University Press，1987），© 1987 by Cambridge University Press。

第 19 篇 "泡沫的生成与破灭及内生预期：现场资产交易的实验研究"（Bubbles，Crashes，and Endogenous Expectations in Experimental Spot Asset Markets），1988 年 9 月首次发表于《计量经济学》（*Econometrica*），© 1988 by The Econometric Society。已获得许可。

第 20 篇 "社会选择中的一致同意原则和自愿同意原则"（The Principle of Unanimity and Voluntary Consent in Social Choice），1977 年 12 月首次发表于《政治经济学期刊》，© 1977 by the University of Chicago。已获得许可。

第 21 篇 "公共物品供应的激励相容实验过程"（Incentive Compatible Experimental Processes for the Provision of Public Goods），首次载于《实验经济学研究》（*Research in Experimental Economics*，Vol. 1，Greenwich，Conn.：JAI Press，1979），© 1979 by JAI Press，Inc.。已获得许可。

第 22 篇 "公共物品的三种决策机制的实验比较"（An Experimental Comparison of Three Public Good Decision Mechanisms），首次发表于《斯堪的纳维亚经济学期刊》（the Scandinavian Journal of Economics），81（2），© 1979 by the Department of Economics，University of Stockholm，Sweden。已获得许可。

第 23 篇 "公共物品决策的分散机制实验"（Experiments with a Decentralized Mechanism for Public Good Decisions），1980 年 9 月首次发表于《美国经济评论》，© 1980 by the American Economic Association。已获得许可。

第 24 篇 "私人物品、公共物品（外部性物品）分配机制的实验检验"（Experimental Tests of an Allocation Mechanism for Private，Public or Externality Goods），首次发表于《斯堪的纳维亚经济学期刊》，86（4），© 1984 by the Department of Economics，University of Stockholm，Sweden。已获得许可。

第 25 篇 "英式拍卖、荷式拍卖和密封出价拍卖中的激励和行为"（Incentives and Behavior in English，Dutch and Sealed-Bid，Auctions），1980 年 1 月首次发表于《经济探索》，© 1980 by the Western Economic Association。已获得许可。

第 26 篇 "单一标的物拍卖的理论和行为"（Theory and Behavior of Single Object Auctions），首次载于《实验经济学研究》，Vol. 2，© 1982 by JAI Press Inc. 。已获得许可。

第 27 篇 "辨别'荷式——级价格拍卖非同质性'的两个模型的一种检验"（A Test that Discriminates Between Two Models of the Dutch-First Auction Non-Isomorphism），1983 年 6～9 月首次发表于《经济行为与组织期刊》，© 1983 by Elsevier Science Publishers B. V.（North-Holland）。已获得许可。

第 28 篇 "多标的物差别定价拍卖的理论和行为"（Theory and Behavior of Multiple Unit Discriminative Auction），1984 年 9 月首次发表于《金融学期刊》（the Journal of Finance），© 1984 by the Journal of Finance。已获得许可。

第 29 篇 "一级价格拍卖的理论和个体行为"（Theory and Individual Behavior of First Price Auctions），1988 年 3 月首次发表于《风险和不确定性期刊》（the Journal of Risk and Uncertainty），© 1988 by Kluwer Academic Publishers，Boston。已获得许可。

第 30 篇 "民用机场时间段分配的一个组合拍卖"（A Combinatorial

Auction Mechanism for Airport Time Slot Allocation)，1982 年 8 月首次发表于《贝尔经济学杂志》（*the Bell Journal of Economics*），© 1982 by AT&T.。已获得兰德公司（The RAND Corporation）许可。

第 31 篇 "设计 '精巧的' 计算机辅助市场"（Designing 'Smart' Computer-Assisted Markets），首次发表于《欧洲政治经济学期刊》（*the European Journal of Political Economy*），5（1989），© 1989 by Elsevier Science Publishers B. V.（North-Holland）。已获得许可。

第 32 篇 "限制垄断的分权机制实验研究"（An Empirical Study of Decentralized Institutions of Monopoly Restraint），首次载于《当代经济学领域论文集》，© 1981 by Purdue Research Foundation，West Lafayette，Indiana 47907。已获得许可。

第 33 篇 "自然垄断及可争市场：来自实验室的证据"（Natural Monopoly and Contested Markets：Some Experimental Results），1984 年 4 月首次发表于《法律和经济学期刊》（*the Journal of Law and Economics*），© 1984 by the University of Chicago。已获得许可。

第 34 篇 "寻找掠夺性定价"（In Search of Predatory Pricing），1985 年 4 月发表于《政治经济学期刊》，© 1985 by the University of Chicago。已获得许可。

第 35 篇 "理论、实验和经济学"（Theory，Experiment and Economics），1989 年冬季发表于《经济展望杂志》（*the Journal of Economic Perspectives*），© 1989 by the American Economic Association。已获得许可。

第 36 篇 "实验经济学：微观经济学理论与政策的行为课程"（Experimental Economics：Behavioral Lessons for Microeconomic Theory and Policy），发表于 1990 年 5 月 9 日在西北大学凯洛格管理学院（J. L. Kellogg Graduate School of Management at Northwestern University）举办的 "1990 年南茜·L. 施瓦茨（Nancy L. Schwartz）纪念讲座"。已获得许可。

目　录

第一部分

导　论

实验市场经济学诞生于 1959—1963 年，其间涌现出了诸多相关论著，主要包括：Hoggatt（1959）；Sauermannt and Selten（1959，1960）；Siegel and Fouraker（1960）；Fouraker，Shubik，and Siegel（1961）；Smith（1962）；Fouraker and Siegel（1963）；Suppes and Carlsmith（1962）；Friedman（1963）。但这些研究者并不清楚各自都在做类似的研究。1948 年 E. H. Chamberlin 对非正式交易市场的开拓性研究直接影响了我在 1956—1960 年的最初实验，这体现在本书第一部分的 9 篇文献之中。

我和 Sid Siegel 的相逢对上述 9 篇文献也有深远意义，我在《实验经济学在普度》（1981 年）一文中曾经提到过这一点。我想如果 1961 年秋天 Sid Siegel 没有突然辞世，那么 20 世纪后半叶实验经济学可能会有更长足的发展，因为 Sid Siegel 这位实验科学家拥有无穷的精力、卓越的智慧和高超的技艺。如果他还活着，那么除了普度大学，另外一个研究机构也会在实验经济学领域持续耕耘。Sid Siegel 在心理学方面似乎没有太多的学术传人，但在经济学方面的传人不少，然而这些经济学传人当中很少有人能够完全理解他们的学术传承。另外，还有一个不为人知的对上述 9 篇文献意义深远的事情是我第 1 篇实验经济学论文投稿后修改和最终被接受的经历（我在第 9 篇论文中会提及）。审稿人不理解（也许在那个时候我也不理解）我在那篇论文中试图探究的东西的意义何在，他们的疑问迫使我开始思考应该如何认识我们认为已经认识了的事物，以及为什么我们可以通过做实验来达成这一目的。这些经历促使我进行了一系列后续研究（第 2～5 篇论文），并最终为经济学创造了一种实验方法。与此同时，为生计考虑，在研究实验经济学的这些年中，我也写作出版了一些其他方面的论著，如资本与投资理论、公司金融理论、不确定性经济学以及自然资源经济学等领域的论著。与实验研究相比，这些研究易于进行，也易于出版，投资学和生物经济学不过是在特定经济环境中对大学物理的建模应用，这些领域更多是需要理论创新，它们不怎么强调证据，尤其是实验证据，因为理论提供了所有必要的解释。因此，我们不得不通过种种努力来证明进行实验探究是合理的，这使我对经济研究的理解得到了更专业和有益的训练，如果我沿着受历史文化包庇的、不探究深层原理的、安逸的、熟悉的专业道路一直走下去，那么这些有益的训练必然会舍我而去，其他实验学家也许有过类似的体验。经济学中实验方法的发展，在很大程度上归功于对我们所做工作的可重复验证性的挑战——这些工作包括实验程序、对理论的经验解释、结果的可重复性和可靠性以及对更新、更好的理论的实验检验。而经验研究的其他领域，特别是经济史，也是在类似的情形中发展起来的。

从1963年春天起，我开始在普度大学为研究生举办有关实验经济学的讨论班，那一年讨论班上的学生包括 Robert Brennen，Jerry Dake，Carter Franklin，Clarke Johnson，Thomas Muench，James Murphy，John Powers，Donald Rice，Hugo Sonnenschein，James Streamo，Peter Stroth，Norman Weldon 和 John Wertz 等人。Donald Rice 和我一起完成的论文《自然实验、实验室实验和假设的可信度》（Nature，the Experimental Laboratory，and the Credibility of Hypotheses）(1963) 就脱胎于那届讨论班。那是我们第一次在方法论上努力，专门讨论了后来被我称为"并行性"（parallelism）的概念，这是我从天文学家 Harlow Shapley 的一些著作中学习到的名词，他也是参考了生物学中并行性的概念，我认为这是一个值得普及的名词。我从来不喜欢像心理学那样使用"外部有效性"（external validity）这样的词语，因为数据集的可比性问题存在于任意两个环境，无论两者都是自然数据抑或都是实验数据，还是一套是实验数据而另一套是自然数据。在人类行为、感觉或思维过程的某些层面上，所有的环境都是数据的相关来源。我认为 Donald Rice 和我在这篇论文中用来进行模型分析、自然数据和实验数据分析的概念性方法仍然是有用的。就我所知，我们建立的那种特有的 Bayes 方法还没有被人使用过，但我认为该方法捕捉到了科学家对理论及能够验证理论的不同证据的先验和后验信念的本质。该框架包括如下事实，即人们的先验信念是专门的实验数据，同理论和现场观察并不相关。对某些经济学家来说，一个可能的例子就是 Kahneman-Tversky 对风险态度的假设性推断。对那些不相信该假设性推断的经济学家来说，无论多少次的重复实验都不会改变他们对这个理论可信度的后验信念。另外一个主观性较弱的例子是：无论重复多少次实验，一松手石头就会落下的事实都不能证明牛顿定理是正确的，观测与引力反比定律相一致，但与平方反比定律不相关。

我的《密封拍卖市场中竞争和歧视的实验研究》（第5篇）一文可以作为市场机制设计理论发展的一部分，该文第 V 部分提到了这个发展。

将实验方法应用于经济学的想法受到我称之为"诱导价值理论"（induced value theory）的理论的驱使，该理论的建立归功于1963—

1967 年我在普度大学实验研讨班上的演讲、讨论笔记，它的初衷是解释在我们早期的实验中，报酬在定义每位被试的私人特征（"时间和地点情况"），进而定义市场供给和需求环境（只有实验者知道，被试不知道）时的作用。同时还力求解释，在"效用函数中其他因素"（即非货币激励）方面，为什么在没有货币报酬的情况下，某些实验结果仍然可能与理论预测相一致，以及为什么有些实验会因激励不足而失败。这样做可以为实验设计和实验结果解释提供结构性的指导。通过对"效用函数中其他因素"的思考，我发现 Sid Siegel 关于"两选择结果不确定情境"（two-choice uncertain outcome situation）的论文特别有用（Siegel，1961）。20 多年来，心理学领域的文献对二元选择情境中人们并不追求利益最大化的解释是人们的非理性。因为在实验中并未给被试支付货币，Siegel 猜测被试之所以没有追求最大化是因为最大化对他们来说没有价值，观测到的被试的匹配行为是由于"单调且兼具动觉性和认知性"的因素（Siegel，1961，p.768）。基于以上考虑，他建立了一个两因素加法效用模型：第一个因素是报酬的效用，第二个因素是来自可变性、多样性或者单调的安慰性的效用。模型预测，引入货币报酬能够激发出被试的最大化行为，并且货币报酬水平越高，被试的行为越接近最大化，数据结果证实了这一预测。之后，Siegel 的创造性才能转向能够产生可变效用的实验设计。关于这种设计是如何完成的这一问题我留给读者自己去探索。在我看来，这项工作具有重要的基础性和方法论性质的意义。遗憾的是，它没能在经济学和心理学领域的实验学家当中广泛传播开来。如果经济学家愿意在没有证据的情况下接受论文的假设，而心理学家在有证据的情况下却不愿意接受假设，这项工作就不太可能在这两个领域广为人知。

在我的实验课上，诱导价值理论很快被推广到"商品空间"的选择问题，在 1965 年，它为讨论班上一个学生（George Hill）的"Edgeworth 盒状图"一般均衡实验提供了基础。实验的结果难以解释，问题不在于诱导价值，而是在于我们没能对制度作为一个变量也会驱动行为这一事实保持足够的敏感度。我们一开始使用的统一价格密封标价拍卖是这种无法解释的行为的来源，直到后来我们才对这个机制有了充分的认识。

我曾经在 20 世纪 60 年代末 70 年代初与 Charles Plott 探讨过这些想法，他劝我"写出一些可以被引用的东西"，这才有了我 1976 年两篇关于诱导价值以及出价和拍卖制度的论文，同时还促成了我和 Plott 以及我和 Miller、Plott 合作的两篇文章，对我来说，这是我们宝贵的首次合作。第二次合作就是前言中提到过的《经济思想学派：实验经济学》中的第 1 篇文章。在这期间，M. Fiorina 和 Plott 用这个概念在一个两商品公共物品空间（X_1，X_2）中推导个体偏好。他们使用的制度是 Robert 排序规则（Robert's rules of order），包括多数规则（majority rule），而信息空间包括修改和投票。M. Levine 和 Plott 合作将议程加入这种制度中，把它作为一种设置变量来处理。在这些论文中，Fiorina、Levine 和 Plott 对创建实验性政治经济环境做出了很多有益的补充。

参考文献

Chamberlin, Edward. 1948. "An Experimental Imperfect Market." *Journal of Political Economy* 56 (April).

Fouraker, Lawrence, Martin Shubik, and Sidney Siegel. 1961. "Oligopoly Bargaining: The Quantity Adjuster Models." Research Bulletin 20, Department of Psychology, Pennsylvania State University.

Fouraker, Lawrence, and Sidney Siegel. 1963. *Bargaining Behavior*. New York: McGraw-Hill.

Friedman, James. 1963. "Individual Behavior in Oligopolistic Markets: An Experimental Study." *Yale Economic Essays*, vol. 3.

Hoggatt, Austin. 1959. "An Experimental Business Game." *Behavioral Science* (July).

Sauermann, Heinz, and Richard Selten. 1960. "An Experiment in Oligopoly." *General Systems Yearbook of the Society for General Systems Research*, vol. 5, edited by Ludwig von Bertalanffy and Anatol Rappoport. Ann Arbor: Society for General Systems Research. Translation of "Ein Oligopolexperiment," *Zeitschrift für die Gesamete Staatswissenschaft*, number 115 (1959).

Siegel, Sidney. 1961. "Decision Making and Learning Under Varying Condition of Reinforcement." *Annals of the New York Academy of Science* 89.

Siegel, Sidney, and Lawrence Fouraker. 1960. *Bargaining and Group Decision Making*. New York: McGraw-Hill.

Smith, Vernon L. 1962. "An Experimental Study of Competitive Market Behavior." *The Journal of Political Economy* 70 (April).

Suppes, P., and J. M. Carlsmith. 1962. "Experimental Analysis of a Duopoly Situation." *International Economic Review* 3 (January).

竞争性市场行为的实验研究 *

弗农·史密斯 ** (Vernon L. Smith)

I . 引 言

近些年来人们对实验博弈（如管理决策制定博弈以及一些模仿寡头垄断市场行为的博弈）的兴趣不断增长。本文报告了一系列用来检验新古典竞争市场理论假设的实验博弈。有组织的股票、债券和商品交易最有可能满足供给-需求理论所需的前提条件，因而本文大多数实验设计都试图适当模拟具有这些市场基本特征的多方拍卖/交易过程。然而，需要强调的是，这些实验设计只追求捕捉这些有组织的竞争性市场最普遍的一些重要特征，而不是刻意地、完全地模仿真实的交易环境。实验环境下的需求和供给设置与这些市场中的需求和供给曲线非常接近，这些市场中的供给-需求曲线由证券或商品交易商的限价序列构建而成，我认为这样设置可以很好地把握短期供给-需求理论的特征。E. H. Chamberlin 在一套有趣的实验博弈（当时人们的兴趣并不在实验博弈本身）中首次

---

　* 本文的实验从 1955 年开始持续了 6 年。此类实验是连续研究的一部分，下一个阶段将涉及有货币报酬的实验和一些更复杂的实验设计，本文为此提供了简要的参考。在这里我要感谢 Marilyn Schweizer 女士对本文的打字和制图工作给予的大力支持，感谢 R. K. Davidson 为我主持了其中的一个实验，感谢 G. Horwich、J. Hughes、H. Johnson 和 J. Wolfe 最早审阅了本文的初稿，并给予了很多宝贵的建议和鼓励。本研究还得到了普度数量研究所、普度研究基金和我在斯坦福大学时的部分国家科学基金（编号：16114）的支持。

　** 普度大学。

使用了类似的实验供求模型①，Chamberlin 的论文表明了利用实验技术研究市场理论的潜力。

本文的第Ⅱ、Ⅲ部分主要是关于一些实验及其具体结果的详细讨论。第Ⅳ、Ⅴ部分是关于各种均衡假设的实证研究，并给出了实验中最成功的合理化假设。第Ⅵ部分是一个简要的总结，供读者在阅读文章正文前参考。

Ⅱ．实验步骤

第Ⅲ和第Ⅳ部分中讨论的实验均采用相同的形式，被试被随机分为买者和卖者两组，每位买者获得一张写有数字的卡片，卡片上的数字只有买者自己知道，表示其愿意为购买 1 单位虚拟商品支付的最高价格。也就是说，买者不会以高于其卡片上数字的价格购买 1 单位商品，他们非常乐意以任何低于卡片数字的价格购买假定商品，而且价格越低对他们越有利。当然，他们也会愿意支付等于卡片上数字的价格来购买商品，且不想使自己的需求落空。更进一步讲，每一个买者都想获得相当于实际成交价格与其卡片上的最高保留价格之差的净收益。这些保留价格可以产生一条需求曲线，如图 1 左半部分的曲线 DD 所示。每个价格对应的数量表示在此价格上所有买者的最大购买量。因此，在图 1 中，持最高保留价格的买者的保留价格为 3.25 美元购买 1 单位商品。价格高于 3.25 美元时需求为零，并且在 3.25 美元的价格上只可能成交不超过 1 单位商品，即只有持最高保留价格的买者有能力购买。保留价格次高的买者为购买 1 单位商品最高能够出 3.00 美元，因此，当价格为 3.00 美元时，可能成交不超过 2 单位商品（分别可能被保留价格为 3.25 美元和 3.00 美元的买者买走）。这里使用"不超过"1 单位商品而非"正好"1 单位商品非常重要。任何价格下的实际成交量都不仅仅取决于报价-同意的过程，还取决于与这一过程相关的市场组织形式和各种机制性的或有关讨价还价的因素。因此，需求曲线定义了每个严格假设的限制价格下可能需求量的集合（DD 曲线及其与坐标轴组成的区域

---

① "An Experimental Imperfect Market," *Journal of Political Economy*，LVI（April 1948），95 - 108. 关于双边垄断的实验性研究，见 S. Siegel and L. Fouraker，*Bargaining and Group Decision Making*（New York：McGraw-Hill Book Co.，1960）。

内所有点对应的价格和需求量的坐标集合)。

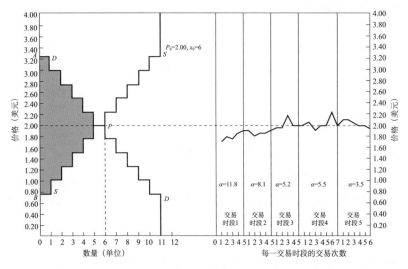

图1　实验1

每位卖者同样会拿到一张卡片,卡片上也有一个仅为其自己所知的数字,表示他愿意卖出1单位虚拟商品的最低价格。卖者也是宁愿以最低供给价格出售也不愿交易落空,交易价格超过最低保留价格的差额就是卖者获取的净收益。无论如何他们都不会在低于最低保留价格的价位出售商品。根据这些最低保留价格会得出一条供给曲线,如图1中的SS所示。每个价格对应的数量表示在此价格下能够出售的最大商品量。因此,供给曲线反映了每个假设限制价格下可能的供给量的集合。

在第1~8个实验中,每个交易时段每个买者和卖者都只被允许成交1单位的商品,采用这一约束条件主要是为了简单,在以后的实验中会逐渐放宽。

每个实验都由连续的交易时段构成,一个交易时段一般持续5~10分钟,其长短视被试的人数而定,而且各个实验的交易时段也不尽相同。在典型的实验中,市场从第1个交易时段开始,任何买者(或卖者)在任何时候都可以举起手来做出一个不违反其保留价格的口头报价。比如,在图1中,持有2.50美元卡片的买者可以举手报价:"1.00美元,买"。持有1.50美元卡片的卖者可以接着举手报价:"3.60美元,卖"。任何一个卖者(或买者)都可以接受一个满足保留价格条件的出价(或要价),然后在买卖双方之间产生一个成交契约,随后达成交易的买者和卖者退出市场,在这个交易时段的余下时间里,就不允许他们再出价、要价或者签订契约。① 一旦有商品成交，成交价格以及买卖双方的保留价格就都会被作为实验数据记录下来。② 在交易时段规定的时间内，这个过程将一直延续到出价和要价不能再达成新的交易为止，之后再进行一两次报价，市场正式关闭，交易时段 1 结束。随后交易时段 2 开始，所有买者，包括在先前交易时段中达成和未达成交易的被试都将重新拥有购买 1 单位商品的强烈欲望（前面已对被试做出说明），且每个买者都拥有与前一时段（交易时段 1）相同的最高购买价格。这样，实验需求曲线就会代表每个交易时段的需求状况。同样，想象一下，每位卖者也重新获得一个新的可供交易时段 2 出售的商品，并拥有与上个时段一样的最低限价，这样供给曲线也将代表每个交易时段的供给意愿。交易时段 2 按照与前面相同的步骤进行，然后是交易时段 3，依此类推。通过这种方法，我们建立起了一个可以使商品流入和流出的标准市场，这样就可以在给定的正常供需条件下研究市场的价格行为。③ 需要指出的是，有些买者或卖者也许在任何交易时段都不能成交或者仅在某些交易时段成交，这些人应被视为边缘买者或卖者。实际上，这些实验市场配置边缘买者和卖者的能力会成为衡量市场有效性或者竞争效率的指标。

以上的实验设计为每一个买者（和卖者）定义了一个要价（出价）拒绝集，进而为实验市场定义了总的需求（供给）安排，这些安排为市场中可观测的价格-数量行为设定了极限值。因此位于供给曲线以上的销售行为与位于需求曲线以下的购买行为都是可行的，即价格高于供给曲线区域的出售是可行的，价格低于需求曲线区域的购买也是可行的。竞争性价格理论认为，在这两个区域数量极限点的交集上有产生价格-数量均衡的趋势。例如，图 1 中的阴影三角形区域 APB 表示可行购买

---

① 所有的购买行为都是最终行为。在本次及随后的交易时段中不存在以转售为目的的投机性购买行为。但如果我们的目的是研究均衡过程中投机行为的作用，我们就没有理由禁止实验过程中的转售行为。例如，可以将手头存货保留至下一个时段。

② 由于实验 1~8 中人力和设备有限，没有达成交易的出价和要价没能记录在案。接下来的实验中磁带刻录机的使用就是为了便于记录。

③ 我的实验设计与 Chamberlin 的设计相比存在几方面的不同，在 Chamberlin 的实验中，买卖双方都致力于简单重复的讨价还价过程，直到达成交易或交易结束，达成交易后，其交易价格被记录在黑板上。因此，多方出价的行为即使存在，也是很少见的。在他的实验中，每个交易者只是集中精力与其对手进行交涉，而我的实验会将交易者报价进行公开，且一次只报一个价。另外，Chamberlin 的实验是由只包含一个交易时段的单纯交易组成的，因此交易者很难根据本轮交易的经验改变自己随后的交易行为。我认为只有通过此类学习机制才能推断出在现实市场中趋向均衡的可能性。最后，我还不断地改变实验设计，试图研究不同的供需状况以及市场组织形式的变更对市场价格行为的影响。

区域与可行销售区域的交集，点 P 就是这一区域的数量极限点。在实验市场中（或任何真实市场中），我们都不能保证这个交集所定义的均衡点就是真实的均衡点，甚至不能保证其接近真实均衡点。无论根据何种定义，都不能保证市场背后的供需安排同在市场中观察到的它们被假定能够代表的现象存在任何有意义的联系。供需安排所能做的仅仅是为市场行为设定一些宽泛的限制。[①] 因此，在图 1 中供需对称的情况下，每位卖者和买者都达成交易的情况是可能的。在不违反实验规定的情况下，保留价格为 3.25 美元的买者可能会与保留价格为 3.25 美元的卖者达成交易，而保留价格为 3.00 美元的买者可能会与保留价格为 3.00 美元的卖者达成交易，如此等等。确实，如果我们以这种特殊方式将买卖双方配对的话，每一对都可以达成一个双边契约，成交价格既是买者的保留价格，又是卖者的保留价格。

应当注意的是，这些实验市场在某些重要特征方面与各类现实市场的真实情况相一致。在诸如商品或证券交易的现实竞争市场中，交易者往往不知道其他交易者的保留价格。他们获取市场信息的唯一方式是观察其他交易者的要价或出价，以及这些要价或出价是否被接受，这些都是市场的公开信息。每个交易者仅知道其自身的状态，且只有通过观察才能了解其他人的市场行为，这是实验市场的一个重要特征。我们通常会刻意避免使被试获取一些在真实市场上获取不到的信息。每个实验市场还必须提供其自身的"历史"信息。这些市场通常由一定数量的（如 20 个、30 个或 40 个交易者）实际交易者组成，我们称之为现实市场的"复制品"。虽然大量交易者的存在往往被认为是"完全"（pure）竞争的必要条件，但我们并不要求在实验市场中具有庞大的交易者规模。

实验市场中运行的一个重要条件在现实市场中可能并不适用。在实验市场，我们会使供需函数连续几个交易时段都保持不变，目的是给均衡机制一个随着时间的推移而产生均衡的机会。然而，在现实市场上，供需状况是随时变化的。Marshall 也意识到了这一问题，他将均衡定义

---

① 事实上，这些框架范围随着交易的发生而变化。无论什么时候买者和卖者达成交易并退出市场，供需表都会左移，移动的幅度取决于买者和卖者在表中的位置。因此，供需函数随着交易过程的进行持续发生变化。难以想象一个真实市场过程不具有这种特征。这意味着内部交易-时段表并不独立于所进行的交易。然而，在每一交易时段初始的起决定性作用的表却独立于交易，正是由于这些表，我才可以用理论家定义的独立于真实市场价格和数量的"供需理论条件"进行辨析。在这些实验中最重要的目标之一是确定这些最初的表能否预见可观测的市场行为。

为一种状态，如果供需力量在长时间内保持稳定，则市场将会趋向这种均衡状态。本文所设计的一系列实验，部分是为了验证这一均衡概念。我们当然也可以在每一时段的实验中分发新的卡片，以形成不同的需求和/或供给曲线，从而研究不断变动的供需条件对市场行为的影响。在9个实验中，有3个被设计成供需条件变动一次的实验，目的正是研究这种不断变化的供需条件对市场行为的影响。

Ⅲ. 实验结果的描述和讨论

每个实验的供需表分别显示在图1到图10的左侧，这些供需表的交点对应的价格和数量就是相应的实验市场理论意义上的均衡价格和均衡数量，尽管市场并不一定会达成这一均衡。每个实验市场的表现分别列在图1到图10的右半部分以及表1中，图中按成交的时间顺序列出了各交易的成交价格。可以看到，在图1中，首笔交易成交价格为1.70美元，第2笔交易成交价格为1.80美元，等等，在交易时段1共达成了5笔交易。在这些图中，显示了成交价格与成交数量的函数关系，而与交易发生的日历时间无关，日历时间对我们的研究没有任何意义。

实验1到实验3、实验5到实验7，以及实验9和实验10的共同特征是，成交价格都以显著的趋势收敛到预期均衡点。随着各交易时段的交易过程在相同的初始供需状况下不断重复，成交价格的波动区间也不断缩小，并最终聚集在预期均衡点附近。例如，在图1中，5个交易时段成交价格的波动范围是1.70美元到2.25美元，而理论上最大可能的波动范围是0.75美元到3.25美元。对每个实验的每个交易时段，我们都使用"收敛系数"α来衡量交易价格的收敛趋势，每个交易时段的α等于该交易时段的交易价格标准差σ_0与预期均衡价格P_0的比值，用百分数表示即$\alpha = \sigma_0/P_0 \times 100\%$，特别注意$\sigma_0$是以均衡价格$P_0$为基准计算的标准差，而不是以其自身平均值为基准计算的标准差。α提供了交易价格相对于预期均衡价格变化的一种测度。如表1和图1到图10（实验8除外）所示，实验2、实验4A、实验5、实验6A、实验7、实验9A和实验10的α随交易时段逐渐下降，呈现出单调收敛性。

现在我们来看单个实验的结果。我们发现，在实验2和实验3中的供求状况下，两者的均衡价格及均衡数量大体一致。这两个实验设计上的重大区别在于，实验2的供需函数较为平缓，而实验3的供需函数则非常陡峭。

按照 Walras 均衡假设（交易价格增长率是在此交易价格上的超额需求的增函数），我们预期实验 2 的交易价格应该比实验 3 收敛得更快。经过对图 2 和图 3 的比较，我们可以看到实验 2 的收敛趋势确实比较明显。当然，这些实验结果与其他一些假设也是一致的[1]，包括随后将要讨论的超额租金假设。

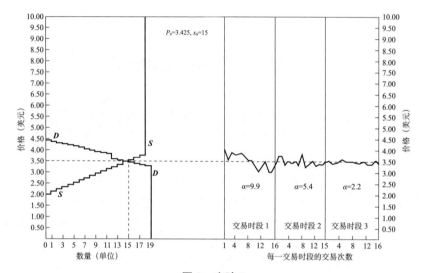

图 2　实验 2

表 1

实验	交易时段	预计交易数量 (x_0)	实际交易数量 (x)	预计交易价格 (P_0)	实际平均交易价格 $(\overline{P})$	收敛系数 (α)	可能达成交易的边缘买者数量（个）	已达成交易的边缘买者数量（个）	可能达成交易的边缘卖者数量（个）	已达成交易的边缘卖者数量（个）
1	1	6	5	2.00	1.80	11.8	5	0	5	0
	2	6	5	2.00	1.86	8.1	5	0	5	0
	3	6	5	2.00	2.02	5.2	5	0	5	0
	4	6	7	2.00	2.03	5.5	5	1	5	1
	5	6	6	2.00	2.03	3.5	5	0	5	0

[1]　此结果与所谓的 Marshall 假设（交易量增长率是需求价格与供给价格差额的增函数）不一致，但此假设值得仅在交易者对交易量进行过调整的市场过程中加以考虑。关于长期和短期均衡的前导性实验结果已收录在附录中。

续前表

实验	交易时段	预计交易数量 (x_0)	实际交易数量 (x)	预计交易价格 (P_0)	实际平均交易价格 $(\overline{P})$	收敛系数 (α)	可能达成交易的边缘买者数量（个）	已达成交易的边缘买者数量（个）	可能达成交易的边缘卖者数量（个）	已达成交易的边缘卖者数量（个）
2	1	15	16	3.425	3.47	9.9	4	2	3	1
	2	15	15	3.425	3.43	5.4	4	2	3	1
	3	15	16	3.425	3.42	2.2	4	2	3	0
3	1	16	17	3.50	3.49	16.5	5	1	6	2
	2	16	15	3.50	3.47	6.6	5	0	6	1
	3	16	15	3.50	3.56	3.7	5	0	6	0
	4	16	15	3.50	3.55	5.7	5	0	6	0
4A	1	10	9	3.10	3.53	19.1	无	无	无	无
	2	10	9	3.10	3.37	10.4	无	无	无	无
	3	10	9	3.10	3.32	7.8	无	无	无	无
	4	10	9	3.10	3.32	7.6	无	无	无	无
4B	1	8	8	3.10	3.25	6.9	无	无	无	无
	2	8	7	3.10	3.30	7.1	无	无	无	无
	3	8	6	3.10	3.29	6.5	无	无	无	无
5A	1	10	11	3.125	3.12	2.0	7	0	7	0
	2	10	9	3.125	3.13	0.7	7	1	7	0
	3	10	10	3.125	3.11	0.7	7	1	7	0
	4	10	9	3.125	3.12	0.6	7	0	7	0
5B	1	12	12	3.45	3.68	9.4	4	0	3	2
	2	12	12	3.45	3.52	4.3	4	0	3	0
6A	1	12	12	10.75	5.29	53.8	5	3	无	无
	2	12	12	10.75	7.17	38.7	5	3	无	无
	3	12	12	10.75	9.06	21.1	5	2	无	无
	4	12	12	10.75	10.90	9.4	5	0	无	无
6B	1	12	11	8.75	9.14	11.0	4	1	无	无
	2	12	6	8.75	……	……	4	1	无	无
7	1	9	8	3.40	2.12	49.1	3	1	无	无
	2	9	9	3.40	2.91	22.2	3	0	无	无
	3	9	9	3.40	3.23	7.1	3	1	无	无
	4	9	8	3.40	3.32	5.4	3	0	无	无
	5	9	9	3.40	3.33	3.0	3	0	无	无
	6	9	9	3.40	3.34	2.7	3	0	无	无

续前表

实验	交易时段	预计交易数量 (x_0)	实际交易数量 (x)	预计交易价格 (P_0)	实际平均交易价格 ($\bar{P}$)	收敛系数 (α)	可能达成交易的边缘买者数量（个）	已达成交易的边缘买者数量（个）	可能达成交易的边缘卖者数量（个）	已达成交易的边缘卖者数量（个）
8A	1	7	8	2.25	2.50	19.0	5	0	4	0
	2	7	5	2.25	2.20	2.9	5	0	4	0
	3	7	6	2.25	2.12	7.4	5	0	4	0
	4	7	5	2.25	2.12	7.0	5	0	4	0
8B	1	7	6	2.25	2.23	7.8	5	0	4	0
	2	7	6	2.25	2.29	6.1	5	0	4	0
9A	1	18	18	3.40	2.81	21.8	6	3	无	无
	2	18	18	3.40	2.97	15.4	6	2	无	无
	3	18	18	3.40	3.07	13.2	6	2	无	无
9B	1	20	20	3.80	3.52	10.3	4	3	2	0
10	1	18	18	3.40	3.17	11.0	4	2	无	无
	2	18	17	3.40	3.36	3.2	4	1	无	无
	3	18	17	3.40	3.38	2.2	4	0	无	无

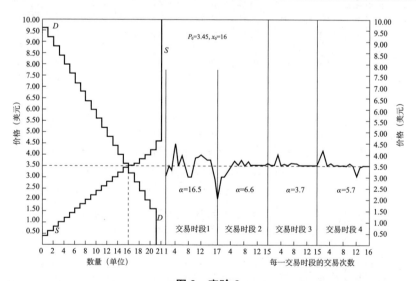

图3　实验3

从 Walras 假设的观点来看，图 4 所示实验具有特别的意义。在实验 4 中，供给曲线具有完全弹性，所有卖者都拿到标有 3.10 美元的卡片，即他们保留价格接受集的下限相同。从这个意义上来讲，虽然他们的讨价还价偏好和习性可能不同，但卖者的交易倾向没有太大差异。根据 Walras 均衡假设，由于在均衡价格上供给量明显过剩（在价格 3.10 美元上，供给量为 13 单位而实验 4A 中需求为 10 单位，实验 4B 中需求为 8 单位），这个市场应该迅速收敛于均衡点。而实验结果告诉我们，虽然市场成交价格的收敛速度并不缓慢，但收敛于一个相对稳定的超过预期均衡价格大约 0.20 美元的价格水平。而且，在实验 4B（实验 4A 的扩展）中，当需求水平从 DD 下降到 $D'D'$ 时，成交价格并没有相应地下调至均衡水平。需求水平的下降是通过在实验 4A 的交易时段 4 结束之际给被试分发新的与需求曲线 $D'D'$ 相对应的保留价格卡片完成的。因为低于均衡价格的交易不可能达成，所以正如预期的那样，市场从预期均衡价格上方向均衡价格靠拢。

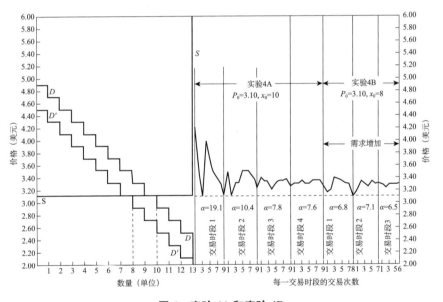

图 4　实验 4A 和实验 4B

该市场中的卖者强烈抵制将价格降到均衡水平。在之前的市场中，由于卖者的交易倾向存在分歧，所以仅有少数边缘或接近边缘的卖者可能会坚持自己的要价，不向均衡价格靠拢。但是只要任一非边缘卖者接受低于均衡价格的报价，这种抵制就会趋于瓦解。

通过以上分析，我们可以清楚地看到，静态竞争性市场的均衡不仅取决于供需函数的交点，还取决于供需函数的形状。特别地，我从实验 4 的结果中得出这样一条试探性假设：供给曲线相对于需求曲线的弹性越大，市场均衡价格向上偏离的程度就越大。[①] 例如，令 A 表示需求曲线以下预期均衡以上的区域，这是 Marshall 定义的消费者剩余，但是为了避免这一概念的福利含义，我将这个区域称为"买者租金"。令 B 表示供给曲线以上预期均衡以下的区域（Marshall 定义的生产者剩余），将其称为"卖者租金"。那么，这个试探性假设就可以表述为：当 A 大于 B 时，实际的均衡价格将高于预期均衡水平，高出的部分取决于 A 相较 B 的大小，同样，当 A 小于 B 时，实际均衡价格会产生向下的偏差。

当然，实验 4 是一个极端的例证，因为此时 $B=0$。在实验 3 中，A 比 B 大，交易时段 3 和交易时段 4 的平均实际成交价格呈现出轻微的上扬趋势（见表 1）。这可以作为上述假设的一个佐证。

出于上述考虑，我们有意设计实验 7，以获得可以支持或者反驳现存假设的额外信息。如图 7 所示，实验设计中买者租金显著小于卖者租金。从 6 个交易时段的实验结果来看，向均衡价格收敛的速度非常慢。从表 1 可以看出，最后三个交易时段的平均成交价格分别是 3.32 美元、3.33 美元和 3.34 美元，仍然有向均衡价格靠拢的趋势。因此，静态均衡价格最终完全有可能达到。要使静态均衡向下倾斜，卖者租金必须更小。然而，图 7 中有一点非常清晰，买卖双方租金的相对大小确实影响真实市场均衡收敛的速度。我们预测，尤其在交易时段一开始，如果卖者租金潜在地比买者租金更大，则卖者的讨价还价能力可能会弱一些。因此，如图 7 所示，在交易时段 1 和交易时段 2 中，有几个保留价格较低的卖者以较低的成交价格达成了契约，毫无疑问，这些卖者看起来获利颇丰。然而，在两个时段中后期交易价格又变得很高，这一事实告诉低价达成交易的卖者，尽管他们之前的价格也能够获利，但是如果他们在讨价还价中更为强硬，那么可能会赚取更多的利润。

通过在实验中引入真实的货币支付，我们为买卖双方的租金会影响收敛速度和市场最终均衡价格的假设提供了一个更有力的检验。我

---

① 注意 Walras 假设可能会让人推导出向下偏离的均衡，因为如果相对需求曲线来说，供给曲线非常有弹性的话，在超过均衡价格的水平上，超额供给量就非常大。

们会向卖者支付同他们的成交价格与保留价格之间的差额等量的货币，同样也向买者支付保留价格和成交价格之间的差额。另外，在每笔交易发生时，我们还会向参与交易的买卖双方支付一笔小额佣金（比如 0.50 美元）。该佣金代表"正常利润"，表明即使商品以最低供给价格卖出或者以最高需求价格买入，被试仍会获得收益。目前来看，实验中尚未发现被试的动机存在问题，即使是在没有货币激励的情况下，被试仍有很强的动机来做到最好，即努力进行讨价还价，然而，与真实市场相比，此时实验中的那些边缘买者和卖者更不情愿在保留价格上成交。真实货币支付的引入消除了在当前实验中被归为人为因素的这些"不情愿"[1]。

图 5 的实验用来研究供需状况改变对市场行为的影响。与其他实验相比，这个实验所使用的被试群体更加成熟。其他实验的被试多为工程学、经济学和商学专业大二或大三的学生，实验 5 选取的被试则是经济学理论专业研究生班的学生。基于这种不同，我们发现，实验 5A 的 α 值非常低，初始交易时段和最后交易时段的收敛系数比其他任何实验任何交易时段的收敛系数都小。甚至交易时段 2 至交易时段 4 的 α 值也不足 1‰，交易价格异常迅速地收敛于均衡水平。实验中，在出价趋向均衡水平之前，没有任何要价或出价被接受。交易价格的波动范围是 3.00～3.20 美元，而理论上的波动范围却是 2.10～3.75 美元。

实验 5A 结束后，将新的保留价格卡片分发给被试以促使需求曲线从 DD 上升到 $D'D'$，如图 5 所示。[2] 被试当然会猜到需求已经改变，但他们猜不到需求变动的方向，只有买者可能会从保留价格的改变中获得一些信息。交易一开始（实验 5B，交易时段 1），最明显的反应是最初几笔交易的成交价格大幅上扬，而且这些成交价格高于新的更高的预期均衡价格。买者的购买欲望是如此强烈，以至有两个边缘卖者（他们在需求上升前后都是边缘卖者，且保留价格分别是 3.50 美

---

[1] 说到此，我也试着做了一个在相同供需状况下引入货币报酬的实验，见图 4。结果正如猜想的那样，消除了卖者"不情愿"以其保留价格出售的心理。到交易时段 2，市场已经稳定地趋于均衡水平。到交易时段 3，所有成交价格都是 3.10 美元！显然，每个时段 0.05 美元是令人满意的正常利润。

[2] 注意从 SS 到 $S'S'$，供给量有一个微小的下调（1 单位）。这不是事先设计好的，而是由于实验 5A 中的一个持有 2.10 美元保留价格的被试未能参加实验 5B 所导致的。因此，除去该被试的影响，供给曲线并未发生变化，卖者继续持有与实验 5A 相同的保留价格卡片。

元和 3.70 美元）也可以在这短暂的时间内实现交易。结果，买卖双方的报价都显示出极强的收敛趋势，并伴有不寻常的交易行为。这期间，成交价格大大地突破了新的均衡水平，市场的配置效率极为低下。在实验 5B 的交易时段 2 中，没有边缘交易者达成交易，成交价格波动区域趋向于收窄。

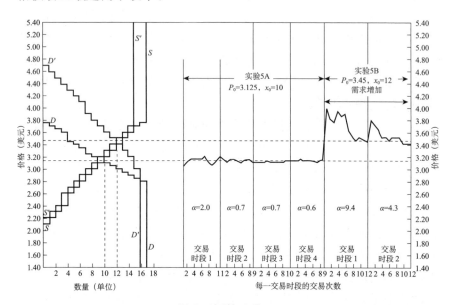

图 5　实验 5A 和 5B

实验 6A 用于验证在预期均衡价格附近，非边缘的买卖双方人数的不均衡是否会影响到市场的均衡水平。图 6 的需求曲线 DD，以每次 1 单位的幅度连续向右下方倾斜，而供给曲线 SS 在价格为 4.00 美元时变得完全无弹性，大大低于 10.75 美元这一预期均衡价格。我们的试探性假设是：边缘卖者高达 6.75 美元的租金（此时非边缘卖者所享受的租金更高）可能会阻止预期均衡的产生。从实验结果中我们可以看到，早期关于买卖租金差额对均衡趋势影响的假设得到了证实。其收敛方式是从下方逐步向均衡趋近，且收敛速度是相对缓慢的。然而，没有迹象显示，在均衡水平附近，缺乏边缘卖者会阻碍均衡的产生。交易时段 4 的平均成交价格为 10.90 美元，仅仅高出预期均衡价格 0.15 美元。

在实验 6A 的交易时段 4 结束后，与 $D'D'$ 需求曲线相对应的新价格卡片被发给了被试，需求减少后实验 6B 开始。我们没有足够的时间在新的需求状况下完成两个完整的交易时段，然而，根据图 6 的结果可以看到，市场对于需求变化的反应还是比较迅速的，成交价格明显趋于新的均衡水平。需要注意的是，市场价格并没有像实验5B那样呈现出突破新均衡的趋势。

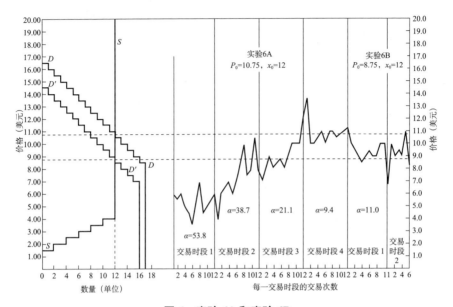

图6　实验6A和实验6B

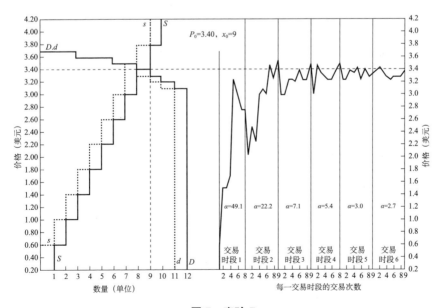

图7　实验7

以上所有实验中，市场都是以相同的规则组织的，而实验 8 则以一种探索性的方式检验市场组织的变化对市场价格的影响。在实验 8 的前四个交易时段（实验 8A）中，只允许卖者提出要价。此时买者扮演了一个被动的角色，他们可以接受或拒绝卖者的要价，但不可以出价。这是为了粗略地模仿普通零售市场。在美国，零售市场上的商户总是首先给出他们的报价，买者要么接受要么拒绝，但不会与卖者讨价还价。由于卖者都希望以其所能获得的最高价格出售商品，我们预期成交价格显示出稳定的高于预期均衡价格的趋势。这种粗略的预期只与实验 8A 在交易时段 1 的结果相符（见图 8），此时由于只有卖者提出报价，报价趋势显著高于预期的均衡价格，有 5 个位于 2.69 美元到 2.80 美元之间的报价被 5 个最高保留价格为 2.75 美元或更高水平的买者接受，使得保留价格较低的买者无法达成交易。随后，卖者间的竞争使要价逐步降低，这使得余下的买者可以在接近或低于均衡水平的价格（2.35 美元、2.00 美元和 2.00 美元）上达成交易。那些成交较早的买者在看到后面的成交价格大大低于他们的成交价格后悔恨不已。无知的代价就是蒙受损失，他们在后面的 3 个交易时段中竭力避免接受较高的报价。这种行为与卖者之间的竞争共同作用，将实验 8A 后面交易时段的成交价格稳定地保持在了均衡价格以下。而且，收敛系数从交易时段 2 的 2.9% 增

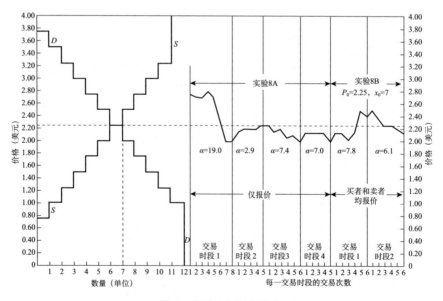

图 8　实验 8A 和实验 8B

长到最后交易时段 3 的 7.4% 和交易时段 4 的 7.0%。交易时段 4 结束后，市场规则改变，买者和卖者一样可以提出报价，实验 8B（两个交易时段）开始。在新的交易规则下，我们进行了两个交易时段的交易，成交价格迅速向均衡水平靠拢，交易时段 1 的收盘价和交易时段 2 的开盘价在实验 8A 的交易时段 1 之后首次高于均衡水平。

10 个实验中，实验 8 的收敛趋势最不明显。我们有必要设计更多的实验来肯定或否定这些结果。但是，看起来市场组织的重大变化，例如仅允许卖者提出报价，对均衡进程会产生明显的干扰效果。实验结果表明，仅有卖者公开报价的竞争会使买者获利。

实验 9A 和 10（如图 9 和图 10 所示）中的买者和卖者拿到的保留价格卡片与实验 7 中相同，不同的是前者最多可以达成两笔交易，而不是一笔。也就是说，在实验 9 和 10 中，保留价格为 3.70 美元的 3 个买者在不高于 3.70 美元的价格上每人可以购买两单位的商品。与实验 7 相比，这一设计的改变使每个价格上的最大需求量和最大供给量都翻了一番。

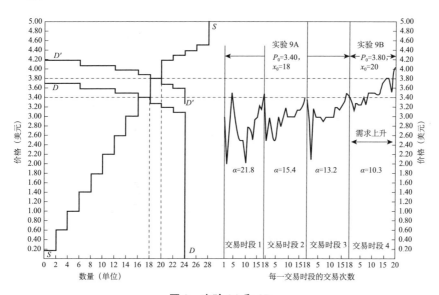

图 9　实验 9A 和 9B

每个交易者在每个交易时段都可以达成两笔交易，使他们在每个给定的交易时段内都可以获得两份市场"经验"。在每个交易时段，他们都有机会按照自己第一笔交易的经验修正出价或要价。而在以前的实验中，一旦交易者达成交易，就必须等到下个交易时段才能进行

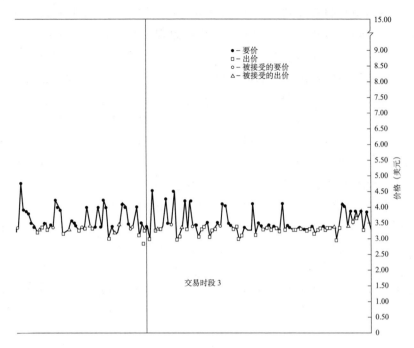

图 10　实验 10

这种修正。[①]

　　对照实验 9A 三个交易时段和实验 7 前三个交易时段的结果，我们可以看到，与实验 7 相比，实验 9A 前两个交易时段收敛于均衡的趋势（以 α 衡量）更强，第三个交易时段收敛于均衡的趋势较弱。对比实验 7 和实验 10 的结果发现，实验 10 收敛于均衡的趋势明显强于实验 7 的前三个交易时段。因此，供需量的增加加速了趋向均衡的进程。确实，实验 10 三个交易时段的收敛情况大致与实验 7 六个交易时段的收敛情况相当，所以，供需量翻番后，一个交易时段的实验相当于翻番前两个交易时段的实验。

　　实验 9B 又验证了需求上升造成的影响，成交价格作为回应立即上扬，成交量迅速提高到新的均衡水平，即每个交易时段 20 单位。请注意实验 9B

---

　　①　这个对报价进行调整的过程是以可观测的报价及被执行的交易为基础的，是所有这种实验运作的根本调节机制。这是与 Walras 搜寻的对照，或者是一个价格搜寻过程。在其中"报出一个价格，如果与之相应的有效需求与出价不对等，再报出一个价格以形成另一个有效需求和出价"。〔见 Leon Walras，*Elements of Pure Economics*，trans. William Jaffe（Chicago：Richard D. Irwin, Inc.，1954），p. 242.〕Walras 搜寻过程提倡集中化的制度措施，就是不断尝试不同的报价，直到出现均衡为止。我们的实验如同现实市场，其搜索过程是发散的，即无论是处于均衡价格还是非均衡价格之上的交易行为都搅在了一起。

各交易时段的均衡趋势比实验 9A 各交易时段都要强烈，与实验 5B 相反，需求的增长不仅没有干扰市场，反而强化了之前较弱的收敛趋势。

Ⅳ．实验数据的实证分析："超额租金"假设

对我们所做的 10 个实验进行实证分析需要基于如下假设：图 1 到图 10 的收敛趋势都可以由一个随机差分方程来表示。该方程的一般表达式为：

$$\Delta p_t = p_{t+1} - p_t = f[x_1(p_t), x_2(p_t), \cdots] + \varepsilon_t \tag{1}$$

其中自变量 x_1，x_2，$\cdots$ 表示实验供求曲线的特征以及各个被试群体的讨价还价特征，ε_t 是均值为 0 的随机变量。对于一个给定的被试群体，根据 Walras 假设，$x_1(p_t)$ 就是 p_t 点上的超额需求，而且当 $x_1 = 0$ 时，$f = 0$。

我的第一个实证研究关注的是每个实验市场均衡趋势的度量以及每个实验中供给需求理论预测均衡价格的能力。注意，式（1）以 $p_{t+1} = g(p_t) + \varepsilon_t$ 的形式定义了一个随机相位函数。[①] 当 $P_0 = g(P_0)$ 时，均衡价格 P_0 实现。相比估计出每个实验的相位函数，做出其一阶差分的线性估计要简单得多，即：

$$\Delta p_t = \alpha_0 + \alpha_1 p_t + \varepsilon_t \tag{2}$$

相应的线性相位函数斜率为 $1 + \alpha_1$。10 个实验的 α_0 和 α_1 都是以线性回归方法估计出的，如表 2 第 1 列所示。[②] 每个置信概率水平为 95% 的置信区间都列在 α_1 估计值下面的括号中。除实验 8A 外，几乎所有回归系数在 95% 水平下的置信区间都包含在 (−2，0) 的区间内，这正是保持市场稳定所需要的。所以，在这 10 个实验中，只有实验 8A 的价格变动具有较大的不稳定性，也只有实验 8A 的结果阻止我们拒绝价格不稳定的零假设。实验 8A 是 10 个实验中唯一改变了交易规则的一个，即它只允许卖者报价。[③]

---

① W. J. Baumol, *Economic Dynamics* (New York: Macmillan Co., 1959), pp. 257 - 265.

② 这几个实验的最小二乘估计量 α_1 理论上都是存在偏差的 [L. Hurwicz, "Least-Squares Bias in Time Series," chap. ⅩⅤ, in T. Koopmans, *Statistical Inference in Dynamic Economic Models* (New York: John Wiley & Sons, 1950)]。然而，由于在所有的基础实验中，有 20 个或更多的观测值，因此偏差不会很大。

③ 5 个 B 类扩展性实验中的 3 个证明了类似的不稳定性（从置信概率的角度），但是相比 A 类实验来说，其样本量和交易时段都很少，且各自的实验目标也不同。上述 3 个不稳定的实验分别为 4B、8B 和 9B。

表 2

实验	$(\Delta p_t = \alpha_0 + \alpha_1 p_t)$	Walras 假设 $(\Delta p_t = \beta_{01} + \beta_{11} x_{1t})$	修正的 Walras 假设 $(\Delta p_t = \beta_{03} + \beta_{13} x_{1t} + \beta_{33} x_{3t})$	超额租金假设 $(\Delta p_t = \beta_{02} + \beta_{22} x_{2t})$	修正的超额租金假设 $(\Delta p_t = \beta_{04} + \beta_{24} x_{2t} + \beta_{34} x_{3t})$
1	$0.933 - 0.474 p_t$ (± 0.329)	$-0.026 + 0.070 x_{1t}$ (± 0.042)	$-0.027 + 0.068 x_{1t} - 0.005\,6 x_{3t}$ (± 0.015) $(\pm 0.022\,0)$	$-0.028 + 0.486 x_{2t}$ (± 0.322)	$-0.031 + 0.491 x_{2t} - 0.005\,4 x_{3t}$ (± 0.104) $(\pm 0.021\,5)$
2	$1.904 - 0.560 p_t$ (± 0.250)	$0.002 + 0.035 x_{1t}$ (± 0.015)	$-0.170 + 0.042 x_{1t} - 0.069\,3 x_{3t}$ (± 0.006) $(\pm 0.031\,1)$	$0.008 + 0.141 x_{2t}$ (± 0.067)	$-0.070 + 0.152 x_{2t} - 0.031\,3 x_{3t}$ (± 0.024) $(\pm 0.064\,9)$
3	$2.275 - 0.647 p_t$ (± 0.292)	$0.157 + 0.107 x_{1t}$ (± 0.045)	$0.093 + 0.105 x_{1t} - 0.004\,2 x_{3t}$ (± 0.014) $(\pm 0.031\,7)$	$0.071 + 0.227 x_{2t}$ (± 0.097)	$-0.022 + 0.225 x_{2t} - 0.006\,4 x_{3t}$ (± 0.031) $(\pm 0.031\,5)$
4A	$2.852 - 0.849 p_t$ (± 0.287)	$0.761 + 0.168 x_{1t}$ (± 0.057)	$0.794 + 0.169 x_{1t} - 0.000\,7 x_{3t}$ (± 0.018) $(\pm 0.056\,4)$	$0.145 + 0.129 x_{2t}$ (± 0.049)	$0.139 + 0.130 x_{2t} - 0.001\,7 x_{3t}$ (± 0.016) $(\pm 0.064\,1)$
5A	$2.448 - 0.784 p_t$ (± 0.302)	$-0.031 + 0.023 x_{1t}$ (± 0.009)	$-0.035 + 0.023 x_{1t} - 0.002\,9 x_{3t}$ (± 0.003) $(\pm 0.004\,3)$	$-0.007 + 0.205 x_{2t}$ (± 0.098)	$-0.009 + 0.204 x_{2t} - 0.001\,5 x_{3t}$ (± 0.032) $(\pm 0.004\,8)$
6A	$1.913 - 0.220 p_t$ (± 0.174)	$-0.675 + 0.243 x_{1t}$ (± 0.175)	$0.010 + 0.285 x_{1t} - 0.021\,1 x_{3t}$ (± 0.057) $(\pm 0.084\,7)$	$-0.309 + 0.038 x_{2t}$ (± 0.037)	$0.305 + 0.034 x_{2t} - 0.014\,6 x_{3t}$ (± 0.013) $(\pm 0.090\,6)$
7	$1.216 - 0.368 p_t$ (± 0.116)	$-0.102 + 0.074 x_{1t}$ (± 0.049)	$-0.070 + 0.075 x_{1t} - 0.006\,3 x_{3t}$ (± 0.009) $(\pm 0.073\,8)$	$0.007 + 0.051 x_{2t}$ (± 0.021)	$0.058 + 0.053 x_{2t} - 0.009\,6 x_{3t}$ (± 0.007) $(\pm 0.075\,0)$
8A	$0.225 - 0.121 p_t$ (± 0.226)	$-0.040 + 0.020 x_{1t}$ (± 0.030)	$-0.027 + 0.025 x_{1t} - 0.046\,2 x_{3t}$ (± 0.011) $(\pm 0.048\,7)$	$-0.036 + 0.051 x_{2t}$ (± 0.094)	$-0.022 + 0.064 x_{2t} - 0.039\,6 x_{3t}$ (± 0.035) $(\pm 0.050\,5)$
9A	$1.653 - 0.554 p_t$ (± 0.273)	$-0.450 + 0.061 x_{1t}$ (± 0.036)	$-0.447 + 0.085 x_{1t} - 0.019\,8 x_{3t}$ (± 0.012) $(\pm 0.042\,3)$	$-0.209 + 0.071 x_{2t}$ (± 0.029)	$-0.065 + 0.094 x_{2t} - 0.022\,2 x_{3t}$ (± 0.009) $(\pm 0.035\,6)$
10	$1.188 - 0.356 p_t$ (± 0.233)	$-0.039 + 0.020 x_{1t}$ (± 0.014)	$-0.028 + 0.020 x_{1t} - 0.000\,8 x_{3t}$ (± 0.004) $(\pm 0.019\,9)$	$-0.022 + 0.055 x_{2t}$ (± 0.032)	$-0.008 + 0.056 x_{2t} - 0.001\,1 x_{3t}$ (± 0.014) $(\pm 0.019\,4)$

表 2 第 1 列的回归方程及相关计算结果可以使我们预测任何给定价格 p_t 的调整压力 Δp_t，尤其是，我们可以使用样本数据计算 $t = \dfrac{\alpha_0 + \alpha_1 P_0}{S(\alpha_0 + \alpha_1 P_0)}$ 的数值来验证基于总体的假设：当 $p_t = P_0$ 时，$\Delta p_t = 0$。10 个基础实验以及 5 个 B 类扩展性实验的 t 值都列在了表 3 的第 1 列中。绝对值较低的 t 值意味着，相对于预测误差，预期均衡与理论均衡非常接近。4 个绝对值最低的 t 值都来自那些卖者租金和买者租金相差最小的实验，这一结果支持了我们在本文第Ⅲ部分提出的猜想：均衡受区域 A 和 B 相对大小的影响。然而，从这些 t 值中我们看到，除实验 4 （$B = 0$）外，这一影响看起来非常小。在这种情况下，即使显著性水平低于 0.005，我们也应该拒绝原假设（当 $p_t = P_0$ 时，$\Delta p_t = 0$）。

表 3

实验	$t = (\alpha_0 + \alpha_1 P_0)/$ $[S(\alpha_0 + \alpha_1 P_0)]$ (1)	Walras 假设			超额租金			自由度 (8)
		$\|\beta_{01}\|$ (2)	$S(\beta_{01})$ (3)	$t = \beta_{01}/$ $S(\beta_{01})$ (4)	$\|\beta_{02}\|$ (5)	$S(\beta_{02})$ (6)	$t = \beta_{02}/$ $S(\beta_{02})$ (7)	
1	-0.673	0.026	0.019	-1.36	0.028	0.021	-0.66	21
2	0.460	0.002	0.029	0.08	0.008	0.030	0.25	42
3	1.008	0.157	0.055	2.88	0.071	0.046	1.56	57
4A	4.170	0.761	0.137	5.57	0.145	0.048	3.05	30
4B	3.219	0.391	0.284	1.37	0.161	0.052	3.08	16
5A	-0.333	0.031	0.008	-3.72	0.007	0.006	-1.16	33
5B	-0.230	0.002	0.034	0.05	0.013	0.026	-0.51	20
6A	-1.412	0.675	0.362	-1.87	0.309	0.311	-0.99	42
6B	2.176	0.299	0.314	0.95	0.179	0.290	0.62	13
7	-0.740	0.102	0.057	-1.78	0.007	0.045	0.15	44
8A	-1.597	0.040	0.029	-1.40	0.036	0.032	-1.13	18
8B	-0.140	0.010	0.042	-0.24	0.016	0.043	-0.37	8
9A	-0.647	0.450	0.151	-2.99	0.209	0.065	-3.21	49
9B	-0.021	0.012	0.112	0.11	0.016	0.071	-0.23	17
10	-0.731	0.039	0.033	-1.19	0.022	0.028	-0.80	47

我们还详细研究了差分方程（1）的 4 种具体形式，检验了它们预测预期均衡价格的能力。4 种形式分别涉及：Walras 假设、超额租金假设、修正的 Walras 假设和修正的超额租金假设。其中 Walras 假设可以表示为：$\Delta p_t = \beta_{01} + \beta_{11} x_{1t}$，$x_{1t}$ 表示价格 p_t 上的超额需求，p_t 表示第 t 个交易的成交价格。由于我们假设买者租金和卖者租金可能会影响个体及市场调节行为，所以我们引入了超额租金假设。该假设可以表示为：$\Delta p_t = \beta_{02} + \beta_{22} x_{2t}$，其中 x_{2t} 表示从均衡价格到第 t 次交易价格的跨度之间供给曲线和需求曲线间区域的几何面积，如图 11 所示。修正的 Walras 假设可以表示为：$\Delta p_t = \beta_{03} + \beta_{13} x_{1t} + \beta_{33} x_{3t}$，其中 $x_{3t} = A_t^0 - B_t^0$，表示均衡点上的买者租金 A_t^0 与均衡的卖者租金 B_t^0 之间的差额。这里的主要动机是想在上述差分方程中引入这样一项内容，即允许实际均衡价格随着理论均衡点上买卖双方租金的几何面积之差的变动向上或向下偏离理论均衡水平。我们相信，这样一个假设对于说明实验 4 中显著偏离预期均衡，及实验 3、实验 6A、实验 7 和实验 9A 中轻微偏离均衡都很有必要。类似地，我们引入超额租金假设 $\Delta p_t = \beta_{04} + \beta_{24} x_{2t} + \beta_{34} x_{3t}$ 也是出于同样的目的。

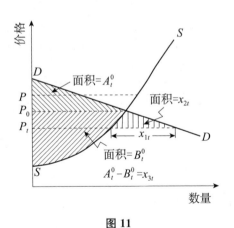

图 11

在这些实验中，交易通常在非预期均衡价格上发生，而且每次交易的发生都会引起供给曲线和需求曲线的移动。所以，我们在获得观测值 x_{1t}、x_{2t} 和 x_{3t} 时，由于每次交易中买者和卖者的配对会减少有效需求和供给，因此每次交易之后供给曲线和需求曲线都需要进行调整。在图 7 中，首笔交易的价格为 0.50 美元，介于卖者保留价格 0.20 美元与买者保留价格 3.50 美元之间。此次交易发生后，新的有效供给曲线和需求曲线分别变为 ss 和 Dd。下一笔交易发生在 1.50 美元的价格上，我们可以假设交易价格的上升（从 0.50 美元到 1.50 美元）是首笔交易导致供给曲线和需求曲线波动引起的。这样，我们就得到了第一组观测值，$\Delta p_1 = p_1 - p_0 = 1.50$ 美元 $- 0.50$ 美元 $= 1.00$ 美元，$x_{11} = 11$ 美元，$x_{21} = 20.10$ 美元，$x_{31} = -9.60$ 美元。第二笔交易发生在保留价格为 3.70 美元的买者和保留价格为 0.60 美元的卖者之间，将他们从 Dd 和 ss 上清除，我们得到第 2 组观测值，如此等等，一直到所有交易结束。

表 2 的第 2 到第 5 列展示了按这种方式计算出的 10 个基础实验的 4 个不同均衡假设的回归方程。每个回归系数下面的括号里都给出了其 95% 的置信区间。除实验 8A 以外，其他所有实验在 Walras 假设和超额租金假设下的回归系数都是显著的。另外，只有实验 2 的 β_{33} 在修正的 Walras 假设下显著，所有实验的 β_{34} 在修正的超额租金假设下都是不显著的。这些清晰的结果似乎表明买卖双方租金的差异并不能显著地使成交价格产生偏离均衡的趋势。

按照这个推理，Walras 假设和超额租金假设都是成立的，调整速度 β_{11} 和 β_{22} 都非常显著。为区分它们，我们应该在以下两个方面对它们进行比较：（1）它们对均衡水平零价格改变的预测能力；（2）上述预测的标准差。由于均衡时 $x_{1t}^0 = x_{2t}^0 = 0$，这就要求我们对 Walras 假设和超额租金假设回归方程截距的绝对值（即 $|\beta_{01}|$ 和 $|\beta_{02}|$）及其标准差 $[S(\beta_{01})$ 和 $S(\beta_{02})]$ 进行比较。在第一个对比中，我们可以认为 $|\beta_{01}|$（表 3 第 2 列）是 Walras 假设的"得分"，$|\beta_{02}|$（表 3 第 5 列）是超额租金假设的"得分"。小的截距意味着高的得分，这样，对于实验 1 来说，在均衡点上，价格仍有残留的下降趋势。在 Walras 假设下，这一下降趋势为每笔交易 2.6 美分，在超额租金假设下，下降趋势为每笔交易 2.8 美分。对比第 2 列和第 5 列，我们发现在大多数的实验中，$|\beta_{01}| > |\beta_{02}|$；其余的实验中，即便 $|\beta_{01}| < |\beta_{02}|$，差额也是非常小的，这似乎支持了超额租金假设。引入 Wilcoxon[①] 配对样本秩和检验可以帮助我们更加精确地比较第 2 列与第 5 列的得分。我们用上述方法引入绝对值差 $|\beta_{01}| - |\beta_{02}|$ 来检验原假设 H_0：Walras 假设与超额租金假设等价，也即 $|\beta_{01}| - |\beta_{02}|$ 的分布关于 0 对称。若将此方法引入所有实验，包括那些 B 类扩展性实验（$N = 15$），原假设会在显著性小于 0.02 的条件下被拒绝。这样支持超额租金假设的一系列配对"得分"的差异就非常显

① K. A. Brownlee, *Statistical Theory and Methodology in Science and Engineering* (New York: John Wiley & Sons, 1960), pp. 196–199.

著。我们对是否将所有实验数据都引入该检验存在争议，尤其是没有趋向预期水平的实验 4，市场组织方式相较其他实验有所不同的实验 8，以及包含较少样本量的那些 B 类扩展性实验。如果将上述可疑数据剔除的话（$N=8$），H_0 会在 0.05 的水平上被拒绝。如果仅仅将实验 4 和实验 8 的数据剔除（$N=11$），H_0 仍然会在 0.02 的显著性水平上被拒绝。

比较表 3 第 3 列和第 6 列的标准差 $S(\beta_{01})$ 和 $S(\beta_{02})$，我们再次发现，超额租金假设得分更高（标准差更小）。对所有的实验数据（$N=15$）使用 Wilcoxon 检验 $S(\beta_{01})-S(\beta_{02})$，则支持超额租金假设的上述差值在小于 0.01 的水平上显著。剔除实验 4 和实验 8 后，该差值在小于 0.01 的水平上显著；若剔除 B 类扩展性实验的数据，该差值在 0.05 的水平上显著。

两种假设的 t 值列在表 3 的第 4 列和第 7 列中，超额租金假设的 t 值更低。

请注意，我们的分析是基于有限实验样本的，未来的实验中有必要使用不同的被试或引入真实的货币支付，我们的结论是：在 4 个被检验的假设中，两个修正假设增加项的回归系数非常不显著。比较 Walras 假设和超额租金假设，实验结果更加支持后者。

V. 超额（经济）租金假设的经济合理化

虽然我们在上面已经给出了一个针对超额租金假设的实证分析，即在竞争性（拍卖）市场中，价格会随着对应于任意成交价格的买卖双方超额租金的变动而上下浮动，但是进一步从理论上进行推导、证明仍是有必要的。根据前面对实验及数据的描述，从个人决策观点来看，超额租金假设似乎合情合理。一笔交易完成后我们自然会推测，每位交易者都会将成交价格与自己的保留价格进行比较，两者的差额就是他认为可能获得的"利润"或者租金，并且在拍卖进程中展现出一种讨价还价阻力，而且租金越小，阻力越大。如果局势逐渐显示出这些租金不可实现，那些讨价还价阻力就会倾向于让步。因此，如果均衡点上买者的租金超过均衡点上卖者的租金，任何成交价格保持在高于均衡水平的趋势都会趋于瓦解，所有的卖者都得不到这一"账目上的"租金。从这种意义上说，当价格高于均衡水平时，卖者之所以降低要价，是因为他们宁愿攫取较少的租金，也不愿形成超额供给。

　　超额租金假设的一个特别有趣的特点是，它自然地为静态竞争市场均衡提供了一个最优解。其原理是：在静态均衡中，一个竞争性市场可以将买卖双方总体的实质租金最小化，我将"实质租金"（virtual rent）解释为：在任意给定的非均衡价格上，如果买卖双方都能满意，那么在这个价格上买卖双方获得的租金之和就称为这个价格上的实质租金。设 $D(p)$ 为需求函数，$S(p)$ 为供给函数，当 $p=P$ 时，买卖双方总的实质租金为：

$$R = \int_P^\infty D(p)\mathrm{d}p + \int_0^P S(p)\mathrm{d}p$$

即图 11 中需求曲线 DD 以下到 P 的部分与供给曲线 SS 到 P 的部分的面积之和。当 $\dfrac{\mathrm{d}R}{\mathrm{d}P}=-D(P)+S(P)=0$ 时，在正常供需条件下 R 达到最小，也就是说，在 $P=P_0$ 条件下，供给与需求相等。需要特别注意的是，我们这里将一个普通的竞争性市场均衡问题转化为一个最小化问题并且未掺杂任何人为的因素。不论在讨论消费者剩余和生产者剩余时是否将福利因素考虑在内，从严格的市场有效性出发，要求交易者获得的租金不能比交易机制赋予他的租金更多都是完全有必要的。这样，在图 11 中的价格 P 上，实质租金超过了均衡租金，如果这一价格能够延续下去，某些卖者获得的租金就会比他们"应该"获得的租金多。

　　也许应该指出，超额租金假设和 Walras 假设在涉及实质数量和不可达到的数量时是极其相似的。在 Walras 假设下，如图 11 所示，P 点的实质超额供给是不可达到的，也许就是这个原因导致了价格下降。类似地，在 P 点，获得 S 和 D 以上部分的超额租金也是不可达到的，从而引起价格回落。同时要注意的是，Walras 假设与租金最小化原则是一种偏相关关系，而超额租金假设与租金最小化原则却是一种整体的调节关系。也就是说，当 $P>P_0$ 时，Walras 假设认为价格下降的速度与 P 点上的边际租金 dR/dP 成正比；而超额租金假设则认为价格下降的速度与总租金在 P 和 P_0 上的全微分成正比。

　　Samuelson 向我们展示了如何将一个 Cournot-Enke 问题（空间价格均衡问题）转化为一个最大化问题。[①] 他认为单一市场上的最大化问题是社会支付的最大化，将社会支付定义为超额需求曲线以下区域的面

---

① P. A. Samuelson，"Spatial Price Equilibrium and Linear Programming," *American Economic Review*，XⅢ（June 1952），pp. 284 - 292.

积，而跨地区市场的最大化原则仍然是净社会支付最大化。他将净社会支付定义为所有地区的社会支付之和减去各地区间总的运输成本。但是Samuelson认为："这个值是虚的，因为市场中没有任何竞争者会意识到它或关注它，尤其是当'无形的手'使它达到最大化时，所以我们没有必要赋予它任何社会福利意义。"[①] 我认为，将竞争性市场均衡转化为租金最小化问题会使"无形的手"变成"有形的手"，而且似乎也显得太功利。[②] 但是相对于"无摩擦"市场的效率来说，它还是有很大的社会意义（虽然不一定是福利意义）的。租金是一个"非劳动所得"的增量，在有效的经济组织中，迫切需要它达到字面意思的最小化。而且，从超额租金假设和 Walras 假设来看，竞争市场的理论目标和其价格搜寻过程都是市场机制的产物。

人们经常用电子线路来类比跨地区市场，按照这一观点，市场中租金最小化问题与电路中热能损失最小化问题极其相似。[③] 自然界中有一系列法则来控制电能流动，这些法则能够最小化电力系统中那些无效率的、浪费的热能损失；同样，市场机制中也有一套法则使差额经济租金这一支付的"浪费"最小化。

Ⅵ. 结　语

从我们前面讨论过的 10 个实验中得出任何广义的一般化的结论都为时尚早，但是出于日后扩展这些研究的目的，给出以下几个结论还是有必要的：

1. 虽然实验次数不多，但是只要我们禁止串谋并且公开所有报价和交易，实验市场的竞争性均衡就能够达到。公开报价和禁止串谋是这些实验市场的主要特征。

[①] P. A. Samuelson，"Spatial Price Equilibrium and Linear Programming," *American Economic Review*，ⅩⅢ（June 1952），p. 288.

[②] 超额收益假设的发现快使我成为推崇"无形的手"的狂热分子了，而这仅仅是由于这只"手"变得清晰了。我不能像 Samuelson 那样坚持我的市场哲学。众所周知，经济均衡中的任何问题都可以转化为最大化（或最小化）的问题，但如果它是纯人为的而不包含任何意义的解释，我就会怀疑这一转变（越过技术优势不谈）的益处何在；如果我们致力于此项研究，则这种有意义的转变就会逐渐被发现。

[③] P. A. Samuelson，"Spatial Price Equilibrium and Linear Programming," *American Economic Review*，ⅩⅢ（June 1952），p. 285.

2. 供需条件的改变导致了各交易时段交易量和成交价格的变化，后者的变化与竞争性价格理论的预测结果非常相符，然而，这一变化也可能会引起价格行为的不稳定。

3. 一些证据表明，竞争性市场的静态均衡预测需要我们把握供给曲线和需求曲线的形状，以及供给曲线和需求曲线的交点。在供给完全有弹性的极端情况下证据最为明显，即实际均衡价格高于理论预期的均衡价格。

4. 在只允许卖者报价的市场上，均衡趋势明显弱于买卖双方都可以报价的市场，这种弱势也可能出现在非均衡趋势中。这种单边报价的市场似乎对买者有利，这也许是因为在价格形成过程中买者的需求信息披露得太少。

5. 有关市场调整机制的所谓 Walras 假设似乎并没有得到证实，超额租金假设显得更合理，即买者和卖者的"实质"租金之和超过买卖双方在均衡价格上的租金之和的量会影响成交价格调整的"速度"。单一商品市场竞争行为可以被解释为追求租金最小化，从这个意义上说，超额租金假设显得更加迷人。

附　录

在本研究的分析过程中，几个不适合出现在正文中的辅助性和扩展性问题需要进一步解释。本附录将简要讨论以下三个问题。

Ⅰ. 内部交易时段学习效应的证明

本文在对各种均衡假设进行检验时没有进行不同交易时段效应的比较，每个实验的样本数据包括所有连续的交易时段，但学习效应的存在使得均衡假设的参数在不同时段可能有所变化。我们根据交易时段的变化将每个均衡假设下的参数不断进行调整。为了测度参数改变的程度，我们计算了实验 6A、实验 9A 和实验 10 各交易时段的超额租金假设回归方程，计算结果总结在表 4 中。我们可以看到，随着交易时段的递进，这些回归方程的截距项趋向于 0。也就是说，后期的回归方程优于前期的方程（在超额租金为零时能更好地预测零价格变动）。

表 4

超额租金回归 $\Delta p_t = \beta_{02} + \beta_{22} x_{2t}$ （按交易时段）

交易时段	实验 6A	实验 9A	实验 10
1	$-2.769 + 0.101 x_{2t}$	$-0.335 + 0.078 x_{2t}$	$-0.160 + 0.087 x_{2t}$
2	$-2.876 + 0.216 x_{2t}$	$-0.148 + 0.061 x_{2t}$	$-0.053 + 0.408 x_{2t}$
3	$0.273 + 0.029 x_{2t}$	$-0.191 + 0.093 x_{2t}$	$0.007 + 0.349 x_{2t}$
4	$0.121 + 0.391 x_{2t}$		

Ⅱ. 出价、要价和成交价格的收敛

在实验 9 和实验 10 中，我们首次使用录音机来记录实验中所有的出价、要价和成交价格。我们没有尝试对这些附加数据进行分析，然而，按成交序列做出这些价格的折线图还是有必要的，如图 12 所示（实验 10）。有趣的是，出价和要价的波动区间明显呈现出稳定的趋势，而成交价格则在出价和要价之间趋于收敛。第一个交易时段共有 8 笔交易，出价和要价的波动区间非常大，一直到实验最后的交易时段，报价波动区间仍然很大。当成交价格区间稳定地收敛到一个较小的波动区间

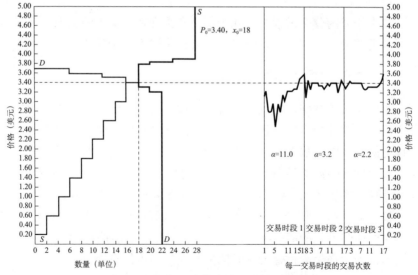

图 12　实验 10 中的出价、要价和交易

时，交易者仍然试图提出较高的要价和较低的出价。请注意，那些没有被接受的要价高于成交价格的程度大于那些没有被接受的出价低于成交价格的程度。实验 9 的结果（本书未列出）与此类似。显然，这是在这个特殊实验中，拍卖市场使地位较高的卖者补偿买者的方式。

Ⅲ．"短期"均衡和"长期"均衡的前导性实验

本文讨论的 10 个实验的一个重要特征是买卖双方没有任何数量调整的决策行为，此类实验适合模拟了那些成交前商品不需要运输甚至生产的市场。所以，我们的实验设计排除了亏本销售导致卖者损失的可能。在长期价格理论中，生产者往往根据他们的预期利润或损失来选择是否进入或退出一个产业，图 13 中展示的前导性实验模拟了这个过程。此实验的一个明显区别于其他实验的特征是，所有的卖者在每个交易时段之初都有权选择是进入市场还是继续停留在市场之外。如果他们选择进入市场，他们的成本就等于他们所持卡片上的价格，如果他们进入市场但没有达成交易的话，此价格也是他们的净损失。而且，在这个实验中，有 5 个卖者生产 2 单位商品，而 6 个卖者生产 1 单位商品。类似地，有些买者可以买 2 单位商品，而有些买者只能买 1 单位商品。交易者不知道市场上有多少人是 2 单位商品的交易者，多少人是 1 单位商品的交易者，也不知道他们是谁。该设计是为了避免交易者仅仅靠数卖者个数就能够确切掌握市场上的短期供给信息，因此买者在搜寻卖者进入市场时是否承受着巨大的销售压力等信息时存在不确定性。

该实验共进行了 5 个交易时段。在交易时段 1，两个可以生产 3 单位商品的卖者（图 13 中保留价格为 4.75 美元和 3.00 美元的卖者）被选出并停留在市场之外，他们只是市场的旁观者。所以交易时段 1 的短期理论供给在 $S_1=13$ 时完全无弹性，在交易时段 2，只有一个保留价格为 4.50 美元的卖者没有进入市场（他在首次交易中承受了损失），此时 $S_2=15$。在交易时段 3，保留价格分别为 5.00 美元和 4.50 美元的卖者停留在市场之外，$S_3=14$。在交易时段 4 和 5，保留价格分别为 5.00 美元、4.50 美元和 4.25 美元的卖者停留在市场之外，$S_4=S_5=12$。

实验结果清晰地表明，该市场向其长期均衡价格 4.50 美元收敛的速度慢于前面那些实验中的市场。其收敛方式是从下方逐步向均衡趋近，这也许是因为市场允许亏本销售。生产者的销售压力在交易时段 1 的作用最强，市场价格从一开市就一路下滑。在交易时段 2，价格一直

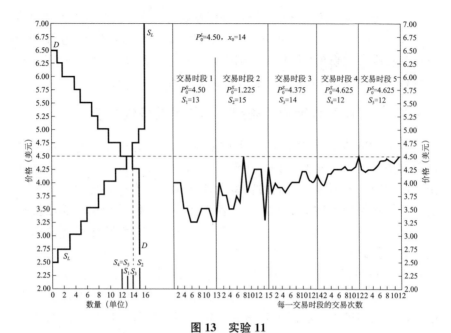

图 13　实验 11

在不规则变动。在余下的各交易时段，市场价格逐步呈现出向均衡价格攀升的稳定趋势。

市场组织对竞争均衡的影响 *

弗农·史密斯 ** (Vernon L. Smith)

Ⅰ. 导　言

近些年来使用实验方法检验经济学假设在一定程度上已经被人们接受①，本文并不试图为实验方法进行一般方法论意义上的辩护。之前的研究②展示了 10 个探讨竞争性（多人拍卖）市场行为的前导实验。这种实验研究在方法论意义上的目的主要是：（1）检验实验技术的可行性；（2）总结出一个或多个标准的实验设计；（3）为更严格地检验几个特定假设提供基础。该研究的结论建立在一系列假设的基础上，这些假设通过实验获得的数据进行了检验和论证。这些后验性的检验和理论推导很大程度上依赖于一些不可复制的实验，要想进一步证实这些假设，必须设计专门的实验。

本文给出了一系列实验的结果，这些专门设计的实验同样是用来检

* 研究得到国家科学基金（编号 G-24199）对普度大学的资助。感谢 Richard Swensson 和 John Wertz 在计算方面提供的帮助，以及 William Starbuck 提供的有价值的建议与评论。

** 普度大学。

① S. Siegel and L. E. Fouraker, *Bargaining and Group Decision Making*（New York：McGraw-Hill，1960）；L. E. Fouraker and S. Siegel, *Bargaining Behavior*（New York：McGraw-Hill，1963）；P. Suppes and J. M. Carlsmith, "Experimental Analysis of a Duopoly Situation…," *International Economic Review*，Vol. 3（Jan. 1962）.

② V. L. Smith, "An Experimental Study of Competitive Market Behavior," *Journal of Political Economy*，LXX（April 1962）.

验有关价格均衡和市场调节行为假设的，但在这些实验市场中只允许买卖双方中的一方进行讨价还价。大多数的零售市场（至少在美国）都按如下方式组织：卖者提出他们的竞争性报价，而买者被动地从这些报价中选择自己能够接受的要价，从而达成交易契约。这些市场交易价格的形成几乎排除了买者报价的可能。

本研究的动机主要源于一个前导性实验[①]，实验中只允许卖者提出报价。实验结果表明，尽管开始时成交价格倾向于高于理论均衡价格，但后来的成交价格稳定地低于理论均衡价格。这种结果看起来合乎情理，期望交易利润最大化的卖者都会提出他们所希望的最高报价。买者由于担心未来情况可能不会变得更好，初期也许会接受较高的报价。但随着交易的进行，买者了解到他们可以通过等待，利用卖者间的竞争压低交易价格，有可能使成交价格稳定在理论均衡水平以下。这样的市场存在两方面不对称（对买者有利）：卖者报价时承受竞争压力；市场进程中，卖者披露更多私人的价格信息。[②] 买者或者保持沉默，或者被动接受对方提出的报价。如果这种推理是正确的，那么前导性实验的结果应该通过重复实验进行证实。而且，在那些只允许买者进行报价的市场上，实验结果应与上述恰恰相反。

Ⅱ. 假　设

我们为下文中的实验定义如下的交易规则：

R_S——只允许卖者提出要价；买者自由选择其要价，但不允许出价。

R_{SB}——买卖双方都可以自由地提出报价并且接受对方的报价。

R_B——只允许买者出价；卖者自由选择其出价，但不允许提出要价。

基于前导性实验的结果及其推测，我们在正式实验之前提出如下假设：

---

① V. L. Smith, "An Experimental Study of Competitive Market Behavior," *Journal of Political Economy*, LXX (April 1962), pp. 124, 125, 134.

② 我的评论人指出，这篇文章的推理与传统主张相悖，传统理论认为限制卖价对买者有利，而限制买价（如在劳动力市场上）对卖者有利。同时，按照 von Neumann-Morgenstern 的说法，这些报价者正在进行一个少数派博弈。

H_1：初始成交价格（定义为交易时段 1 的成交价格）按如下顺序排列：

$$P_t^S > P_t^{SB} > P_t^B, \quad t=1, 2, \cdots, N_1$$

H_2：其他成交价格（定义为第 2、3、4 和第 5 个交易时段的成交价格）按如下顺序排列：

$$P_t^S < P_t^{SB} < P_t^B, \quad t=N_1+1, N_1+2, \cdots, N$$

式中，N_1 表示第 1 个交易时段的成交数量；$N-N_1$ 表示第 2、3、4 和 5 个交易时段的成交数量之和；P_t^S 表示 R_S 规则下第 t 个交易的成交价格；P_t^{SB} 表示 R_{SB} 规则下第 t 个交易的成交价格；P_t^B 表示 R_B 规则下第 t 个交易的成交价格。

H_1 和 H_2 都是关于成交价格顺序的假设。第三个假设同前两个假设有一定关系，是关于期望均衡价格顺序的假设。

H_3：期望均衡价格按如下顺序排列：

$$E(P^S) < E(P^{SB}) < E(P^B)$$

与之前的表述相同，上标表示三种不同的交易规则。H_3 将以两种方法检验：（1）直接对第 4 和第 5 个交易时段（定义为均衡交易时段）的成交价格使用一般方差分析检验；（2）用每种交易规则下的成交价格数据估计出每种交易规则的一阶随机差分方程，然后用这些随机差分方程的解，即预期均衡价格，来检验 H_3。这些方程的回归系数可以用来测度交易价格收敛的速度，进而检验假设 H_4。

H_4：R^{SB} 规则下均衡价格的收敛速度快于 R^S 和 R^B 规则下的均衡价格收敛速度。

我们在本文的第 IV 部分使用经典的统计方法检验 $H_1 \sim H_4$。在第 V 部分中，通过 Bayes 主观概率分析，检验第 4 和第 5 个交易时段成交价格的排序假设，即 $P_t^S < P_t^{SB} < P_t^B$。

III. 被试和实验步骤

上面的假设将通过如下实验进行检验。实验共进行 6 局，在交易规则 R_S、R_{SB} 和 R_B 下各进行两局。R_{SB} 规则下的两局实验作为 R_S、R_B 下实验的控制组。被试包括 144 名经济学系大二男生，他们都要学习两个学期的经济学课程（我们称为课程 A 和课程 B）。[①] 表 1 列出了整体的实验设计情况，给出了每局实验的成交规则、被试学习的课程以及每局实验的被试人数。每个实验被试最多只能参加 1 局实验，6 局实验分两个学期进行，每学期 3 个实验。

表 1	实验各局的条件和实验对象			单位：人
	规　则			
实验局数	R_S	R_{SB}	R_B	被试总数
课程 A（20 人）	1	3	5	60
课程 B（28 人）	2	4	6	84
总计（48 人）	48	48	48	144

为了防止实验信息在不同局之间传递，我们采取了以下控制措施：

1. 每局实验都锁定被试，我从来不使用志愿者，志愿者很可能提前了解到"这些实验是由经济系设计的"，从而动机过强，我们的实验不需要被试动机太强。

2. 被试在实验前没有得到任何通知。我跳过助教，在特定的时间准备好设备、实验支付和其他材料，突然出现在他们面前。这样做的目的是避免实验前的投机行为和信息搜寻。当实验涉及真实的货币支付时，这一点非常重要（被试在为期 40 分钟的实验中，获得的支付很可能高达 6.50 美元）。

3. 有关各实验常量的分析结果和信息必须在 6 局实验全部完成之前严密封锁。

4. 将本文涉及的各局实验与其他两个完全不同的研究所涉及的实验混合起来做，这样即使某个被试打听到有关前面某局实验的信息，也不能确定他要参加的这局正是他打听到的实验。

---

① 如表 1 所示，第二局实验必须在之后的某一天对课程 B 的第二组被试进行重复实验，以获得足够控制下的实验数据。在第二局实验的第一轮，一个被试在违反实验说明明确规定的价格限制规则条件下达成了交易，这项交易给市场注入了错误的、失控的公共信息，因此我们判定它无效。我们并没有在该无效实验局所提供的数据基础上做进一步的实验，但不经意的检验却显示其一般性结论与有效实验局中获得的结果相似。

在每局实验的开始，向每个被试分发一份一般性的声明：你们要参加的是一个决策实验。在参与过程中，你们不但不会遇到任何不愉快的刺激和经历，而且有机会赚取真实的货币报酬。同时，我们还将实验说明作为该声明的附件分发给被试，然后，向他们大声宣读。

在实验说明的第二段宣读完之后，实验助手会向每位被试分发一张黄色或白色的保留价格卡片，接着宣读实验说明的其余内容：在规则 R_S 下的实验中宣读第 5S 和 6S 段；在规则 R_{SB} 下的实验中宣读第 5SB 和 6SB 段；在规则 R_B 下的实验中宣读第 5B 和 6B 段。每局实验包括 5 个交易时段，为了控制截止期效应（end effect），这一信息并不会告诉被试。在第 5 局实验中，增加了第 6 个交易时段，用来检验第 4 和第 5 个交易时段是否为均衡交易时段。为了确保交易秩序，要求每位被试在提出报价时都要举手示意。一旦提出一个出价或要价，我将向市场重复宣布这个出价或要价，在新的出价或要价被提出之前，这个出价或要价不能撤回。新的报价提出后，该报价不再向市场重复宣布，这时我们开始向市场重复宣布最新的报价。通过这种方法，在某一时刻，市场上只有一个报价。只要满足保留价格条件①，被试就可以通过提出新的报价的形式任意更改之前的出价或要价。另外，除了实验说明和他们自己的保留价格外，被试得不到任何其他信息，比如买卖双方的数量，单位商品可能、应该或者会在什么价格上出售等。

图 1 给出了所有买者保留价格生成的需求曲线和所有卖者生成的供给曲线，被试对这些信息一无所知。实验 1、实验 3 和实验 5 中各有 20 个被试参加（见表 1），分别来自课程 A 的三个班。供给曲线为 SS'（10 个卖者），需求曲线为 DD'（10 个买者）。实验 2、实验 4 和实验 6 各有 28 个被试参加，供给曲线为 SS（14 个卖者），需求曲线为 DD（14 个买者）。在所有的 6 局实验中，使用供给需求对称的实验设计以控制其他因素（这些因素不是本研究的兴趣所在）的影响。同时，这样做也是为了解释规则 R_S 和 R_B 下预期均衡的偏离。所以，在每局中：

1. 卖者的数量等于买者的数量；

2. 均衡买者的租金（消费者剩余）等于均衡卖者的租金（生产者

---

① 在双边讨价还价实验中，Siegel 和 Fouraker 要求"有诚意地讨价还价"，即任何被对手拒绝的出价都可能随后被其接受。（see instruction 5，p. 20，in *Bargaining and Group Decision Making*，*op*.*cit*.）。我决定在实验中赋予被试足够的自由来更改他们之前被拒绝过的出价和要价。这是市场组织的另一方面，是否需要"有诚意地讨价还价"也在我们实验考察的范围之内。

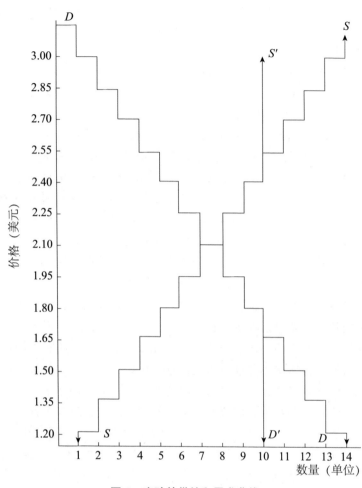

图 1　实验的供给和需求曲线

剩余）。这些租金的差异不但会影响成交价格的均衡水平，还会影响均衡价格的收敛过程。[1]

Ⅳ．实验结果和假设检验

图 2～图 7 按成交顺序完整地展示了每局实验 5 个交易时段（第 5 局实验有 6 个交易时段）的成交价格序列。

---

[1]　Smith，*op. cit.*，pp. 119，120，130，134.

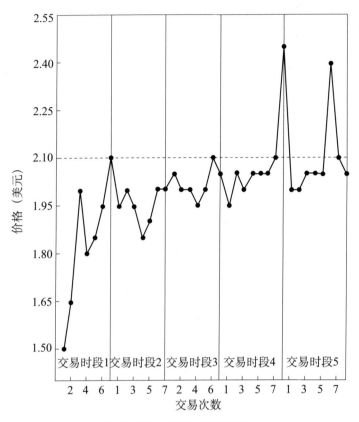

图2 第1局实验（RS规则）

（a）对 H_1 的检验。

对三种交易规则下第 1 个交易时段的成交价格使用 Jonckheere k 样本检验[①]验证假设 H_1。Jonckheere 检验为我们判断三种交易规则下第 1 个交易时段的成交价格观测值 $\hat{P}_t^S$、$\hat{P}_t^{SB}$、$\hat{P}_t^B$ 是来自三个无差异的总体，还是来自按照假设 H_1 排序的三个差异性总体提供了一种非参数检验方法。一共获得了 3 个样本集，第 1 个样本集有 14 个观测值（即规则 R_B 下第 5 局实验和第 6 局实验的第 1 个交易时段共产生了 14 个成交价格）；第 2 个样本集有 15 个观测值；第 3 个样本集有 16 个观测值。检

---

① A. R. Jonckheere，"A Test of Significance for the Relation m Rankings and k Ranked Categories，" *The British Journal of Statistical Psychology*，Ⅶ，Part Ⅱ（Nov. 1954），93 - 100；A. R. Jonckheere，"A Distribution-Free k-Sample Test Against Ordered Alternatives，" *Biometrica*，Vol. 41（June. 1954），pp. 133 - 145.

验结果不显著①，因此，我们不能拒绝原假设，即在第 1 个交易时段的交易中，R_S、R_{SB} 和 R_B 规则下的样本来源于同一或者无差异的总体。造成这一结果的主要原因是实验第 1 局和第 2 局的数据，在 R_S 规则下，初始成交价格似乎低于理论均衡价格。

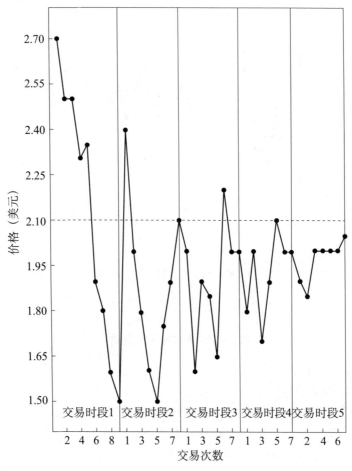

图 3　第 2 局实验（R_S 规则）

（b）对 H_2 的检验。

H_2 的检验仍然使用 Jonckheere 方法，对三种规则下除第 1 个交易

---

① 使用 Jonckheere 的 "A Test of Significance for the Relation…" 第 94－97 页的注解，我们有 $n=45$，$m=1$，$k=3$，$l_1=14$，$l_2=15$，$l_3=16$。检验统计量 $P=268$，均值 $\chi_1(P)=337$，方差 $\chi_2(P)=2\,304$。单位正态离差 $Z=\dfrac{P-1/2-\chi_1(P)}{\sqrt{\chi_2(P)}}=1.45$，不显著。

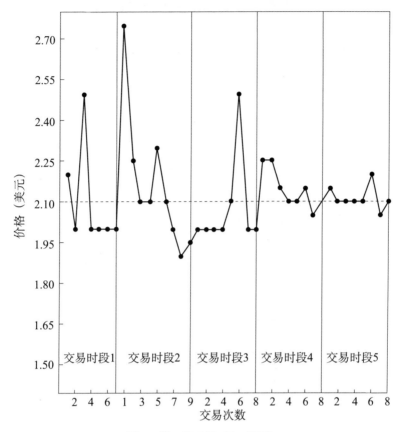

图4 第3局实验（R_{SB}规则）

时段以外所有交易时段的成交价格数据进行检验。检验结果高度显著[1]，在 $\alpha < 0.001$ 的水平上拒绝原假设（成交价格来源于同一总体）。

由于 H_1 的原假设不能被拒绝，而 H_2 的原假设以非常高的显著性被拒绝，因此我们可以将 H_2 推广成为更具普遍性的假设，即

$$P_t^S < P_t^{SB} < P_t^B, \ t = 1, \ 2, \ \cdots, \ N$$

也就是说，我们预期该排序关系对所有交易时段的成交价格都成立，其原假设会在极低的概率水平上被拒绝。

我们有理由推测，第1个成交价格也许会影响该排序关系。例如，假如第1个成交价格低于均衡价格，可能导致后面的成交价格也低于均

---

① 续上页注解，我们有 $n=190$，$m=1$，$l_1=59$，$l_2=62$，$l_3=69$，$p=8\ 731$，$\chi_1(P)=6\ 003$，$\chi_2(P)=17\ 000$。因此，$Z=20.9$，在 $\alpha < 0.001$ 的水平上显著。

衡价格。当然，这一影响带有很大的随机性，因为在实验中我们并没有刻意控制第 1 笔交易。然而，有趣的是，在第 1、第 4 和第 6 局实验中，第 1 笔交易的成交价格都为 1.50 美元（见图 2、图 5、图 7）。也就是说，在不同的规则下的某局实验中，第 1 个成交价格居然是相等的，而这一现象并没有干扰排序假设 H_2 预期的均衡趋势。

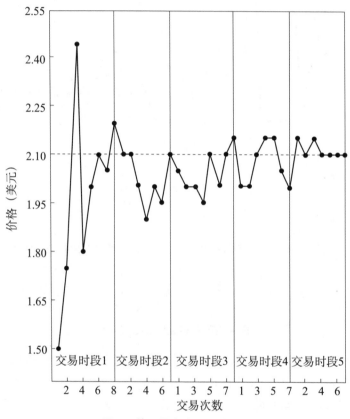

图 5　第 4 局实验（R_{SB} 规则）

（c）对 H_3 的检验。

在对 H_3 的检验中，我们对第 4、第 5 个交易时段的成交价格进行了方差分析，我们从表 1 的内容注意到，在这里 2×3 矩阵结构的因子分析比较合适。我们主要的兴趣在于检验各交易规则对均衡的影响，然而，由于可用样本数的差异，各规则下两次重复实验的样本数据不能进行匹配。因此，我们在实验设计中采取了一种巧妙的方法来平衡样本数据的不对等，从而使我们能够检验被试的组间效应。方差分析结果汇总到一个 2×3 的表中，如表 2 所示。

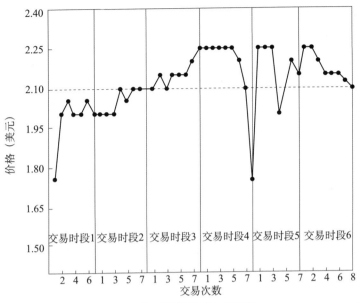

图 6　第 5 局实验（R_B 规则）

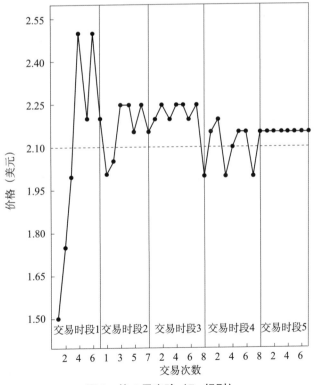

图 7　第 6 局实验（R_B 规则）

表 2   方差分析

方差来源	平方和	自由度	均方	F 值
被试组	1 098.065	1	1 098.065	10.894**
交易规则效率	2 706.666	2	1 353.333	13.427**
交互	465.616	2	232.808	2.310*
误差	8 466.637	84	100.793	

注:** 表示在 $\alpha < 0.001$ 的水平上显著,* 表示不显著。

表 3 展示了各规则下各被试组在第 4 和第 5 个交易时段中成交价格的平均值。从表 2 展示的方差中我们可以推断出:被试组变量与交易规则变量之间不存在显著的交互效应,它们各自的效应是可加的。然而,被试组变量和交易规则变量都是高度显著的($\alpha < 0.001$)。R_S、R_{SB} 和 R_B 规则的影响可以通过假设 H_3 来进行排序(见表 3),因此,方差检验的结果支持了假设 H_3。然而,从表 3 中我们还注意到,28 人组的平均均衡成交价格低于 20 人组的平均均衡成交价格。通过表 2 中的分析,我们发现这种差异显著性很高,但我们没有预测到这种差异及其顺序。遗憾的是,我们并不能合理地解释为什么在所有交易规则的实验中增加的 4 个低于边界的买者和 4 个低于边界的卖者会导致均衡价格降低(见图 1),我只好将这种结果归因于不可预知的组间差异。

表 3 第 4 和第 5 个交易时段以被试和交易规则分组的平均均衡成交价格

	R_S	R_{SB}	R_B	边际均值
A 组 (20 个被试)	208	213	217	213
B 组 (28 个被试)	195	209	213	206
边际均值	202	211	215	209

在对 H_3 进行第二个检验时,我们使用最小二乘法估计出了一个一阶随机差分方程:

$$p_{t+1} = \alpha p_t + \alpha_0 + \varepsilon_{t+1}, \quad |\alpha| < 1, \quad t = 0, 1, 2, \cdots \tag{1}$$

这里，$p_t = P_t - P^0$，P_t 是第 t 个交易的成交价格，P^0 是理论均衡价格。p_t 的一般表达式如下：

$$p_t = \alpha^t p_0 + \frac{\alpha_0(1-\alpha^t)}{1-\alpha} + \sum_{s=1}^{t} \alpha^{t-s} \varepsilon_s \tag{2}$$

如果 ε_t 的均值为 0，方差为 σ^2，那么 p_t 的均值和方差则表示如下：

$$E(p_t) = \frac{\alpha_0(1-\alpha^{t+1})}{1-\alpha} \tag{3}$$

$$S^2(p_t) = \frac{1-\alpha^{2t}}{1-\alpha^2} \sigma^2 \tag{4}$$

如果将 $\lim\limits_{t\to\infty} E(P_t)$ 定义为方程（1）的均衡价格，那么实际均衡价格对理论均衡价格的期望离差可以表示为：

$$E(p_\infty) = \lim_{t\to\infty} E(p_t) = \frac{a_0}{1-a} \tag{5}$$

方差为：

$$S^2(p_\infty) = \lim_{t\to\infty} V(p_t) = \frac{\sigma^2}{1-\alpha^2} \tag{6}$$

表 4 给出了方程（1）中 α_0 和 α 在各交易规则下所有实验中的最小二乘估计，标准差列在括号中，所有的价格离差均以百分数计。

从方程（5）、（6）推出 $E(p_\infty)$ 和 $S(p_\infty)$ 的估计为：

$$E(p_\infty^S) = -12.2, \quad S(p_\infty^S) = 19.8$$
$$E(p_\infty^{SB}) = -1.1, \quad S(p_\infty^{SB}) = 14.8$$
$$E(p_\infty^B) = +5.0, \quad S(p_\infty^B) = 11.4$$

表 4   实验各局随机差分方程的参数

交易规则	实验局数	α	α_0	相关系数	估计的标准差	观测值数量(个)
R_S	1	0.38	−4.8	0.45	12.3	36
		(0.13)				
	2	0.47	−8.9	0.52	21.5	38
		(0.13)				
R_{SB}	3	0.03	+1.7	0.03	16.8	39
		(0.16)				
	4	0.00	−4.3	0.00	11.9	36

续前表

交易规则	实验局数	α	α_0	相关系数	估计的标准差	观测值数量(个)
		(0.14)				
R_B	5	0.42	+1.8	0.48	9.3	45
		(0.12)				
	6	0.34	+4.6	0.44	12.0	36
		(0.12)				
R_S	1和2	0.46	−6.6	0.51	17.6	74
		(0.09)	(2.3)			
R_{SB}	3和4	0.06	−1.0	0.07	14.7	75
		(0.11)	(1.7)			
R_B	5和6	0.38	+3.1	0.46	10.6	81
		(0.08)	(1.2)			

这些对 $E(p_\infty)$ 的估计值明确表明 $E(p_\infty^S) < E(p_\infty^{SB}) < E(p_\infty^B)$。这些均值来源于同一总体的原假设，被显著性水平为 $\alpha < 0.001$ 的 F 检验拒绝，支持了假设 H_3。该检验的重要性在于，各交易规则对 $E(p_\infty)$ 的估计都充分使用了样本能够提供的所有信息，而前面的检验仅仅使用了交易时段 4 和 5 的均衡价格信息。对 $E(p_\infty)$ 的估计可以帮助我们以整个实验数据反映出来的收敛趋势为基础，预测成交价格对理论均衡价格的偏离。如果假设 H_3 没有得到计算结果的支持，那么以交易时段 4 和 5 作为均衡交易时段就会受到严重的质疑。

（d）对 H_4 的检验。

正如预期的那样，表 4 中对 α 系数的检验表明，R_S 和 R_B 规则下的 α 大于 R_{SB} 规则下的 α。三个 α 系数（表 4 最后 3 列）来自同一总体的原假设，被 F 检验以 $\alpha < 0.001$ 的显著性水平拒绝，对原假设的拒绝支持了假设 H_4。

表 4 给出了各交易规则对随机差分方程参数的影响，我们也许可以将这些结果以及前面的方差分析结果总结到一个更具一般性的非线性回归方程中。为此，引入二元变量 S、B 以及 SB：

$$S = \begin{cases} 1, & \text{卖者报价} \\ 0, & \text{不允许卖者报价} \end{cases}$$

$$B=\begin{cases}1, & \text{买者报价} \\ 0, & \text{不允许买者报价}\end{cases}$$

这样，当卖者和买者都可以报价时，$SB=1$，否则，$SB=0$。一般性的非线性（包括 B、S 和 p_t）或"交互效应"的假设可以表示为：

$$p_{t+1}=\alpha_{00}+\alpha_{0S}S+\alpha_{0B}B+(\alpha_S S+\alpha_B B+\alpha_{SB}SB)p_t+\varepsilon_{t+1} \tag{1'}$$

根据（1'）和（1）有 $\alpha_0=\alpha_{00}+\alpha_{0S}S+\alpha_{0B}B$，$\alpha=\alpha_S S+\alpha_B B+\alpha_{SB}SB$，该回归方程的实证结果在表 5 中给出。

表 5

系数	最小二乘估计	标准差	t 值	F 值
α_{00}	-2.5	0.63	-4.01	16.0
α_{0S}	-4.1	2.35	-1.73	3.0
α_{0B}	5.6	2.54	2.20	4.8
α_S	0.46	0.07	6.15	37.8
α_B	0.38	0.11	3.37	11.4
α_{SB}	-0.77	0.17	-4.55	20.7

α_{0S} 在接近 0.04 的水平上显著，其他系数在 0.01 或更低的水平上显著。α_{0S} 和 α_{0B} 显著表明，组织变量 B 和 S 对市场的均衡趋势有着重要的影响。α_S、α_B 和 α_{SB} 的强显著性表明，这些组织变量对实验市场均衡价格的收敛速度的影响更可靠。

V. Bayes 主观概率分析

在这一节中，我们将使用 Bayes 分析[①]对下面的假设进行检验：

H：在竞争性市场均衡交易价格数据总体中（定义为交易时段 4 和 5 的成交价格），成交价格按如下顺序排列：$P_t^S<P_t^{SB}<P_t^B$。我们的目标是依靠一些先验概率和实验结果数据，计算 H 假设成立的后验概率。

[①] L. J. Savage, "Bayesian Statistics" in R. E. Machol and Paul Grey (eds.), *Recent Developments in Information and Decision Processes* (New York: MacMillan, 1962).

为了比较 R_S 和 R_{SB} 规则下相应的均衡交易，令 O_S 表示第 t 个交易时的样本事件 $\hat{P}_t^S < \hat{P}_t^{SB}$，$\bar{O}_S$ 表示事件 $\hat{P}_t^S \geqslant \hat{P}_t^{SB}$。类似地，在 R_{SB} 和 R_B 规则下，我们令 O_B 表示事件 $\hat{P}_t^{SB} < \hat{P}_t^B$，$\bar{O}_B$ 表示事件 $\hat{P}_t^{SB} \geqslant \hat{P}_t^B$。在进行实证检验之前，我们先定义如下两个先验概率：

（1）H 成立的先验概率 $P(H)$，H 不成立的概率为 $P(\bar{H}) = 1 - P(H)$。根据前导性实验以及我对这类实验的经验，概率分配方案为 $P(H) = 0.6$，$P(\bar{H}) = 0.4$，即 H 成立的概率与不成立的概率之比为 $1.5 : 1$。

（2）对 6 局实验得到的观测值确定假设 H 成立或不成立，或者否定假设 H 成立或不成立的能力的先验置信度是一种假定的先验概率，可表达为：

$$P(O_S \cap O_B | H) = p_1 \qquad P(O_S \cap O_B | \bar{H}) = q_1$$
$$P(O_S \cap \bar{O}_B | H) = p_2 \qquad P(O_S \cap \bar{O}_B | \bar{H}) = q_2$$
$$P(\bar{O}_S \cap O_B | H) = p_3 \qquad P(\bar{O}_S \cap O_R | \bar{H}) = q_3$$
$$P(\bar{O}_S \cap \bar{O}_B | H) = 1 - p_1 - p_2 - p_3 \qquad P(\bar{O}_S \cap \bar{O}_B | \bar{H}) = 1 - q_1 - q_2 - q_3$$

其中，$P(O_S \cap O_B | H)$ 是一个先验概率，表示如果假设 H 成立，$\hat{P}_t^S < \hat{P}_t^{SB} < \hat{P}_t^B$ 的关系能够持续到第 t 个交易的可能性。它代表如果 H 成立，在 R_S 和 R_B 两种成交规则下，实验数据证实 H 的能力的置信度。类似地，$P(O_S \cap \bar{O}_B | H)$ 表示如果 H 成立，第 t 个交易仍能够满足 $\hat{P}_t^S < \hat{P}_t^{SB} \geqslant \hat{P}_t^B$ 的概率，也就是说，假设 H 的关系式左半边成立而右半边不成立的概率。另外，$P(O_S \cap O_B | \bar{H})$ 表示如果 H 不成立，H 关系式在第 t 个交易上成立的概率。当然，这些概率值很大程度上与实验误差有关，这些误差是实验无法控制的随机因素造成的。

我对这些先验概率的赋值安排如下：

$$p_1 = 0.55 \qquad q_1 = 0.25$$
$$p_2 = 0.15 \qquad q_2 = 0.25$$
$$p_3 = 0.15 \qquad q_3 = 0.25$$
$$p_4 = 0.15 \qquad q_4 = 0.25$$

我认为，如果 H 成立，在 R_S、R_{SB} 和 R_B 规则下，保守估计 100 个交易中至少有 55 个满足 H 关系式。如果 H 为真，我认为有 15% 的交易可能会违反 H 关系式的左半边或者右半边或者整个排序关系式。如果 H 不成立，我们没有理由认为某个样本时间比其他样本更易出现（$q_1 = q_2 = q_3 = q_4$）。例如，如果 R_S 规则下的均衡价格没有向下偏离的趋势，那么我会预期 $\hat{P}_t^S$ 可能高于 $\hat{P}_t^{SB}$。

令 E_{n,n_i} 表示这样一个事件：假如均衡交易次数为 n，事件 $O_S \cap O_B$（样本结果同时满足 H 关系式左半边和右半边）发生 n_1 次，$O_S \cap \bar{O}_B$ 发生 n_2 次，$\bar{O}_S \cap O_B$ 发生 n_3 次，$\bar{O}_S \cap \bar{O}_B$ 发生 $n-n_1-n_2-n_3$ 次。所以，如果观测值是独立的（均衡），n_i 的条件分布多项式表示如下：

$$P(E_{n,n_i} \mid H) = \frac{n! \; p_1^{n_1} p_2^{n_2} p_3^{n_3} (1-p_1-p_2-p_3)^{n-n_1-n_2-n_3}}{n_1! \; n_2! \; n_3 (n-n_1-n_2-n_3)!} \tag{7}$$

$$P(E_{n,n_i} \mid \bar{H}) = \frac{n! \; q_1^{n_1} q_2^{n_2} q_3^{n_3} (1-q_1-q_2-q_3)^{n-n_1-n_2-n_3}}{n_1! \; n_2! \; n_3! \; (n-n_1-n_2-n_3)!} \tag{8}$$

根据 Bayes 定理，我们可以推出其后验密度：

$$
\begin{aligned}
P(H \mid E_{n,n_i}) &= \frac{P(E_{n,n_i} \mid H)P(H)}{P(E_{n,n_i} \mid H)P(H) + P(E_{n,n_i} \mid \bar{H})P(\bar{H})} \\
&= \left[p_1^{n_1} p_2^{n_2} p_3^{n_3} (1-p_1-p_2-p_3)^{n-n_1-n_2-n_3} P(H) \right] / \\
&\quad \left[p_1^{n_1} p_2^{n_2} p_3^{n_3} (1-p_1-p_2-p_3)^{n-n_1-n_2-n_3} P(H) + \right. \\
&\quad \left. q_1^{n_1} q_2^{n_2} q_3^{n_3} (1-q_1-q_2-q_3)^{n-n_1-n_2-n_3} P(\bar{H}) \right]
\end{aligned}
\tag{9}
$$

$$P(\bar{H} \mid E_{n,n_i}) = 1 - P(H \mid E_{n,n_i}) \tag{10}$$

根据 6 局实验的数据（见图 2-7），我们有[①] $n=31$，$n_1=14$，$n_2=10$，$n_3=3$，$n_4=4$。应用公式（9）、公式（10）和上面的先验概率值，我们得出 $P(H \mid E_{n,n_i})=0.94$，$P(\bar{H} \mid E_{n,n_i})=0.06$。现在我们确信假设 H 94% 为真。

附录：关于市场交易实验的介绍

1. 这是一个有关市场决策的经济学实验。国家科学基金为该实验研究提供了支持。实验步骤非常简单，假如你严格遵循实验步骤并做好自己的决策，你将获得可观的现金收益，实验之后当场支付。

2. 本实验中，我们打算模拟一个市场，你们中一些人会成为市场中的买者，另一些人则成为卖者，在市场中进行一系列交易。现在有两种卡片发给你们，一种为白色卡片，另一种为黄色卡片。收到白色卡片

---

① 第 1、3 和 5 局形成了一个观测值集，在第 1 和 3 局的第 4 和 5 个交易时段共有 16 次交易发生，在第 5 局有 15 次交易发生。我认为这个集合代表 16 次交易，并且可以作为第 5 局实验与假设相悖的缺失观测。类似地，在第 2、4 局有 14 次交易、在第 6 局有 15 项交易，在总体 31 次交易又加入了 15 个观测值，第 2、4 局中的缺失值同样与假设不一致。

的将扮演卖者，收到黄色卡片的扮演买者。卡片上半部分有一个身份编码，你可以忽略它。卡片的下方有以美元为单位的数字或价格。不要告诉别人这个价格，这是你的私人信息。

3. 如果你收到的是白色卡片，在市场中，你将以卖者的身份出现。白色卡片下方的价格是你在任何交易时段内卖出 1 单位商品的最低价格。如果你收到的是黄色卡片，你在市场中将作为一个买者出现。黄色卡片上的价格是你在每个交易时段内购买 1 单位商品的最高价格。

4. 支付规则如下：如果你是一位卖者，而且你能达成交易，你将获得 5 美分加上成交价格高于卡片数字的差额部分。你可以将卡片上规定的价格当作生产成本，你的利润直接取决于你高于成本销售的能力。如果不能做得更好，你必须准备好以成本价格卖出，这样你将获得 5 美分佣金。如果你是一个买者，而且能达成交易，你将收到 5 美分加上实际购买价格与卡片上价格的差额。你可以将黄色卡片上价格当作整个市场过程中每次交易都可实现购买活动的价格。然而，买价是你的成本，你的利润直接取决于你使买价低于卡片上价格的能力，如果不能做得更好，你应该以卡片上价格作为买价，从而得到 5 美分。每个人的收益是实验各交易时段支付的总和，所有实验结束后付给你们现金。在实验结束前，你不得将利润告知他人。对被试除了交易中的利润损失外没有其他的惩罚机制。

5S. 商品交易市场是这样组织进行的：主持人宣布开市后，交易日开始。任何一个卖者都可以自由地在任何时刻举手示意，口头提出一个报价，该价格不能低于白色卡片上规定的价格。任何一个买者都可以自由地接受卖者的报价，但购买价格不能高于他所持黄色卡片上规定的价格。如果一个报价被接受，则一份契约达成，买者和卖者都退出市场，该交易时段内他们不允许再提出报价或接受别人的报价。每个交易时段持续的时间由具体交易数量决定。当交易结束和有新的报价产生时，我们将提醒你们。这样一个过程被称为一个交易"日"。我们将重新开始新的交易，一轮接着一轮，以完成整个交易过程。

6S. 有些人可能在任何交易时段都不能完成购买或销售活动，有些人则可能在某些交易时段能达成交易，在其他交易时段则不能。有时很多报价都不能被接受。每个人都应努力争取获得自己能够赢得的收益。在实验结束之前，除了报价，你不能向任何其他人透露消息。

5SB. 商品市场组织如下：主持人宣布开市后，交易日开始。任何一个买者都可以在任何时刻举手示意，口头提出一个报价，该价格不能超过他所持黄色卡片上的价格。同样，任何卖者也可以在任何时刻举手示意，口头提出一个报价，该价格不能低于他所持白色卡片上的价格。任何卖者都可以自由接受任意一个买者的报价，同时任何买者也可以自由接受任意一个卖者的报价，一旦一个报价被接受，则契约达成，相关的买者和卖者退出市场，该交易时段剩下的时间内，他们不允许再提出任何报价或接受别人的报价。每期交易持续数分钟，由具体交易量决定。这样一个过程被称为一个交易"日"。然后我们将重新开始新的交易，一轮接着一轮。

6SB. 你们中的一些人可能在任何交易时段内都不能完成购买或销售活动。有时候你可能在某一局能达成交易，在其他局则达不成交易。有时候许多报价都不能被接受。每个人都应该努力争取，你可以自由获得你所能赢得的收益，除非你在整个实验中不向对方提出报价。

5B. 商品市场组织如下：主持人宣布开市后，交易日开始。任何一个买者都可以在任何时候举手示意，口头提交一个报价，该价格不能超过他所持黄色卡片上的价格。任何一个卖者都可以自由地接受买者的报价，但该卖价不能低于他所持白色卡片上规定的价格。如果一个报价被接受，则一份契约达成，买者和卖者同时退出市场，该交易时段的余下时间内，他们不被允许再提出任何报价或接受别人的报价。每个交易时段持续的时间视具体交易数量而定。当交易结束和有新的报价产生时，我们将提醒你。这样一个过程被称为一个交易"日"。我们将重新开始新的交易，一轮接着一轮，直到完成整个实验。

6B. 你们中的一些人可能在任何交易时段内都不能完成购买或销售活动。有时候你可能在某一局能达成交易，在其他局则达不成交易。有时候许多报价都不能被接受。每个人都应该努力争取，除非你在整个实验中不向对方提出报价，你可以自由获得你所能赢得的收益。

7. 还有其他问题吗？

自然实验、实验室实验和假设的可信度

唐纳德·莱斯（Donald B. Rice）

弗农·史密斯＊（Vernon L. Smith）

批评和评论

　　Ann Arbor 的老鼠实验表明，给老鼠提供加入了"摇头丸"的食物，老鼠的预期生命会延长。实验显示，放荡的老鼠大约能活 8 年，而清教徒式的在充满污秽、肮脏的食物条件下生活的老鼠只能存活 5 年。自传式的对比具有诱惑性，但即使"爱"被说成是一种良好的新陈代谢催化剂，狂欢被认为有益于体内循环，在我 82 年的时光里，我是否凭借对上述两者的热情支撑下来，又或者在二者不存在的情况下我是否还存在，也仅仅是外行的想法——但的确也是一种"人生哲学"。以上事实只适用于老鼠。

——Igor Stravinsky

　　人们从老鼠实验推断人类的行为，或通过博弈模拟实验对真实市场或首脑会谈进行推理并非出于兴趣，而是必须这样做。科学家为什么要批评 Stravinsky 的观点或者美国对钢铁产业的严格控制？为什么致力于那些能够获取有用数据的持续观察？另外，人们如何保证精心设计的实验室实验是对真实世界中假设的有效检验？下面的文章揭示了上述窘境，并提供了一个假设检验的框架。

　　＊ 普度大学。

引　言

假设检验已经成为各学科知识扩展的主要手段，自然科学和社会科学都在使用实验室实验方法提供证据验证某些假设的有效性。近年来，经典的社会心理学实验方法在各种经济学模型假设的检验中得到了应用，如双向讨价还价模型（Siegel and Fouraker，1960）、卖者垄断模型（Siegel and Fouraker，1960；Suppes and Carlsmith，1962；Hoggatt，1959）、大型集团竞争价格形成模型（Smith，1962）等。由于经济学家可收集到的经济数据大都来自不可控和非针对性的环境，用它们来检验经济学命题难以令人满意。鉴于此，实验方法对经济学理论的潜在贡献不容忽视。然而，这些新的进展不仅对经济学，同时也对实验方法本身提出了挑战。科学家最感兴趣的是，实验室实验与自然现象和经济行为有什么相关性？经济学家对那些大二学生模拟的寡头垄断市场行为没有任何兴趣[①]，除非这些被试的行为在某种程度上与相似决策环境中的普遍经济行为一致。虽然那些从真实世界获得的经济数据与理想状态相差甚远，但它们毕竟直接来自经济学家感兴趣的真实世界。尽管实验室获得的数据显然更好一些，然而实验环境与真实世界的可类比性问题却使科学研究陷入了新的不确定性困境。因为所有的实验室实验都在某种程度上源自对自然环境的抽象，所以可类比性问题显得相当普遍。

本文试图通过引入 Bayes 主观概率的概念，对那些证据既可来自真实世界又可来自实验方法的假设进行检验，从而对上述问题进行辨析。在这个框架下，实验者可以系统地利用他对实验设计的可靠性与相关性、真实世界数据的可靠性以及待检验假设是否成立的先验信念。Savage（1962）对主观概率在假设检验中的应用进行过一个更加有趣、更具启发性的讨论。

模型和两种证据

实验者感兴趣的是以下三个事件集：真实世界事件集（记作 N）、受检验理论模型的预测结果集（记作 M）、用来检验上述模型的实验结

---

① 垄断、双寡头……卖者垄断是指只有一个、两个或少数竞争者的市场。

果集（记作 E）。图 1 展示了这三个集合的示意图。

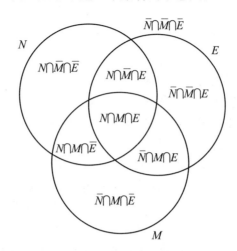

图 1 事件集示意图：N（真实世界事件集）、M（受检验理论模型的预测结果集）、E（实验结果集）

如图 1 所示，实验者首要的目标是构建理论模型，以满足 $M \subset N$，因为理论模型通常是对真实世界的简单抽象，集合 M 一般不会完全包含于集合 N 中。实验者的第二个目标是令 $E \equiv M$，但即使实验环境也不可能完美地复制理论模型所要求的条件，所以这一完美状态不可能出现。

集合 $(N \cap M \cap E) \cup (\bar{N} \cap M \cap E) = M \cap E$ 表示实验的"有效性"，其中 $\bar{N} \cap M \cap E$ 包含着实验的偏差，这是因为集合 M 没有完全地包含于集合 N 中。此外，集合 $N \cap \bar{M} \cap E$ 表示实验结果与真实世界一致，但与理论模型的预测不一致；集合 $\bar{N} \cap M \cap \bar{E}$ 表示实验没有测量的模型偏差，因此实验的预测能力不受其影响。集合 $\bar{N} \cap \bar{M} \cap E$ 表示实验数据与真实世界观测到的现象和理论模型预测的结果都不一致。实验者如果要理性地陈述他对所检验模型的信念，就必须清楚地知道上述所有事件都有可能发生。

Bayes 形式的扩展

更具体地，假设我们有一个理论模型，可能存在多方面的含义，选取其中的一个作为特定假设并进行检验。引入以下定义：

H：一个事件集，表示某假设成立。参考上一节，有 $H \subset M$。

$\bar{H}$：一个事件集，表示某假设不成立。

N：一个自然事件集，该集合内的事件与某假设的预测结果相一致，或者说，该集合内的事件可以证实某假设的预测。

$\bar{N}$：非 N。

E：一个实验室实验事件集，该集合内的事件与某假设的预测结果相一致，或者说，该集合内的事件可以证实某假设的预测。

$\bar{E}$：非 E。

假设我们能够从真实世界和实验室实验中获得联合观察值，这两种观测为理论假设的证实提供了不同方面的证据。它们都难免存在误差（有些变量是无法控制的）。经济学理论预测，在其他条件保持不变的情况下，需求增长会导致价格增长。在现实世界中，价格的增长可能是需求增长造成的，也可能是供给减少造成的，也可能源自供给和需求的共同变化。我们无法控制现实世界中的供给和需求，但是我们可以在认知现实世界的意义上"把握"环境。在实验室实验中，如果我们在固定供给、提高需求的情况下观测到了价格增长，我们可以将其归因于需求增长，但也可以将其归因于实验环境的其他人为特征。在实验环境下，我们只能不完美地复制真实世界。

最近的一个实验研究为我们提供了很好的例子，该实验检验了一个假设，即寡头垄断市场倾向于实行串谋定价（联合利润最大化定价）而非竞争性定价。然而实验结果倾向于拒绝这个假设，被试的定价呈现出一种强烈的趋势，即达到或接近简单双头垄断或三头垄断市场的竞争性均衡解（Fouraker and Siegel，1961）。显然，这种定价结果在真实世界中不会出现，真实世界与实验环境毕竟存在很大的差别。表面上，这些现实世界间接的证据似乎与实验结论存在冲突。在那些只由少量企业构成的行业中，如果不存在正式的合作，那么人们往往将该行业内稳定的价格和高利润作为存在串谋的证据。但这些证据是站不住脚的，稳定的价格很可能是由稳定的需求-成本关系造成的；高利润也许是因为该行业风险太大，有必要对行业内少量从事生产的企业进行补偿。所以，从现实中得到的证据太浅薄了，而实验研究虽然能够得出非常可靠的结果，但由于太过抽象而容易遭受人们的非难。

图 2 是上面定义的集合 H、N 和 E 的关系的示意图。考虑 H、N 和 E 的交集 $H \cap N \cap E$。$H \cap N \cap E$ 中的事件满足以下条件：假设成立，且从真实世界和实验环境中得到的证据都与该假设一致。以供给和需求

为例，该交集表示：命题"需求增长则价格上升"为真；在真实世界中，假定的收入增长伴随着价格增长（根据相关理论，提供的证据支持了上述假设）；在实验环境下，操纵需求增长之后，相应的成交价格上升（不完美的证据，支持上述命题）。类似地，集合 $\bar{H} \bigcap N \bigcap E$ 对应于命题实际上不成立，但现实世界和实验室实验的证据都支持其成立的情形。这种情况当然可能存在，因为证据有不确定性。

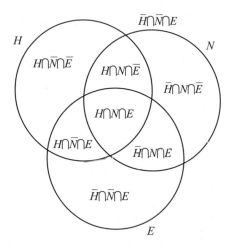

图2 事件集示意图：H（表示某假设成立的事件集）、
N（自然事件集）、E（可以证实某假设的实验事件集）

事实上，任何事物都具有不确定性，假设的成立与否是不确定的，我们从真实世界和实验世界中获得的证据都为假设提供了不确定的证实或者证伪。然而，我们必须基于这些证据对假设是否成立做出一个主观的判断。即在不确定性存在的情况下，也应该给出如下概率形式的判断：

$P(H|E \bigcap N)$＝来自真实世界和实验环境的证据都支持某假设的情况下，该假设成立的概率。

$P(H|E \bigcap \bar{N})$＝来自实验环境的证据支持某假设，而来自真实世界的证据不支持该假设的情况下，该假设成立的概率。

依此类推。

我们没有理由仅仅在一些观测证据的基础上就做出这些概率判断。除了观测到的证据外，这些概率判断还应该受以下因素影响：（a）我们在多大程度上相信 H 或 $\bar{H}$ 成立？（b）我们在多大程度上认为来自真实世界的证据可靠？（c）我们在多大程度上认为来自实验的证据可靠，包括我们的实验同我们研究的问题在多大程度上相关?

所以，我们假设科学家能够提供（事实上，我们要求他们提供）下面的一种先验概率分布：

（a）$P(H)$ 和 $P(\bar{H})$，表示他对假设成立或不成立的先验性置信度。

（b）$P(E\cap N|H)$、$P(E\cap\bar{N}|H)$、$P(\bar{E}\cap N|H)$、$P(\bar{E}\cap\bar{N}|H)$、$P(E\cap N|\bar{H})$、$P(E\cap\bar{N}|\bar{H})$、$P(\bar{E}\cap N|\bar{H})$、$P(\bar{E}\cap\bar{N}|\bar{H})$。

这些概率都表示他对两种证据的可靠性和相关性的先验置信度。

注意，因为：

$$P(E\cap N\cap H)+P(E\cap\bar{N}\cap H)+P(\bar{E}\cap N\cap H)+$$
$$P(\bar{E}\cap\bar{N}\cap H)=P(H)$$

所以，我们有：

$$\frac{P(E\cap N\cap H)}{P(H)}+\frac{P(E\cap\bar{N}\cap H)}{P(H)}+\frac{P(\bar{E}\cap N\cap H)}{P(H)}+$$
$$\frac{P(\bar{E}\cap\bar{N}\cap H)}{P(H)}=1$$

或者，

$$P(E\cap N|H)+P(E\cap\bar{N}|H)+P(\bar{E}\cap N|H)+$$
$$P(\bar{E}\cap\bar{N}|H)=1$$

类似地，

$$P(E\cap N|\bar{H})+P(E\cap\bar{N}|\bar{H})+P(\bar{E}\cap N|\bar{H})+$$
$$P(\bar{E}\cap\bar{N}|\bar{H})=1$$

这样，对（b）中先验概率的分配不仅要求第 1 列的概率和为 1，同样也要求第 2 列的概率和为 1。

根据以上概率分布及我们从真实世界和实验环境中观测到的证据，我们就可以使用 Bayes 定理来计算某假设成立（或不成立）的概率。

$$P(H|E\cap N)=\frac{P(E\cap N|H)P(H)}{P(E\cap N)} \tag{1}$$

和

$$P(\bar{H}|E\cap N)=1-P(H|E\cap N) \tag{2}$$

$$P(H|E\cap\bar{N})=\frac{P(E\cap\bar{N}|H)P(H)}{P(E\cap\bar{N})} \tag{3}$$

和

$$P(\bar{H}|E\cap\bar{N})=1-P(H|E\cap\bar{N}) \tag{4}$$

$$P(H|\bar{E}\bigcap N)=\frac{P(\bar{E}\bigcap N|H)P(H)}{P(\bar{E}\bigcap N)} \tag{5}$$

和

$$P(\bar{H}|\bar{E}\bigcap N)=1-P(H|\bar{E}\bigcap N) \tag{6}$$

$$P(H|\bar{E}\bigcap \bar{N})=\frac{P(\bar{E}\bigcap \bar{N}|H)P(H)}{P(\bar{E}\bigcap \bar{N})} \tag{7}$$

和

$$P(\bar{H}|\bar{E}\bigcap \bar{N})=1-P(H|\bar{E}\bigcap \bar{N}) \tag{8}$$

式中：

$$P(E\bigcap N)=P(E\bigcap N|H)P(H)+P(E\bigcap N|\bar{H})P(\bar{H})$$
$$P(E\bigcap \bar{N})=P(E\bigcap \bar{N}|H)P(H)+P(E\bigcap \bar{N}|\bar{H})P(\bar{H})$$
$$P(\bar{E}\bigcap N)=P(\bar{E}\bigcap N|H)P(H)+P(\bar{E}\bigcap N|\bar{H})P(\bar{H})$$
$$P(\bar{E}\bigcap \bar{N})=P(\bar{E}\bigcap \bar{N}|H)P(H)+P(\bar{E}\bigcap \bar{N}|\bar{H})P(\bar{H})$$

如果实验者倾向于假定 E 与 N 独立，且 E 与 $\bar{N}$ 独立、$\bar{E}$ 与 N 独立、$\bar{E}$ 与 $\bar{N}$ 独立的话，他就没有必要再为联合事件 $E\bigcap N$、$E\bigcap \bar{N}$、$\bar{E}\bigcap N$ 和 $\bar{E}\bigcap \bar{N}$ 的发生指定条件概率了。这也就是说，如果从真实世界观测到的证据支持某假设，并且该知识不影响实验结果是否支持这一假设成立的概率，那么先验概率的分配工作就会被大大简化，反之亦然。在这个貌似可信的假设下，科学家只需要指定如下一些较为简单的先验性条件概率：

$$P(E|H)\text{和}P(\bar{E}|H)$$
$$P(N|H)\text{和}P(\bar{N}|H)$$
$$P(E|\bar{H})\text{和}P(\bar{E}|\bar{H})$$
$$P(N|\bar{H})\text{和}P(\bar{N}|\bar{H})$$

同样，每列都要满足概率和为 1。此时（b）中各条件概率的计算可以简化为如下形式：

$$P(E\bigcap N|H)=P(E\bigcap H)P(N|H)$$
$$P(E\bigcap \bar{N}|H)=P(E\bigcap H)P(\bar{N}|H)$$
$$P(\bar{E}\bigcap N|H)=P(\bar{E}\bigcap H)P(N|H)$$
$$P(\bar{E}\bigcap \bar{N}|H)=P(\bar{E}\bigcap H)P(\bar{N}|H)$$
$$P(E\bigcap N|\bar{H})=P(E\bigcap \bar{H})P(N|\bar{H})$$
$$P(E\bigcap \bar{N}|\bar{H})=P(E\bigcap \bar{H})P(\bar{N}|\bar{H})$$
$$P(\bar{E}\bigcap N|\bar{H})=P(\bar{E}\bigcap \bar{H})P(N|\bar{H})$$
$$P(\bar{E}\bigcap \bar{N}|\bar{H})=P(\bar{E}\bigcap \bar{H})P(\bar{N}|\bar{H})$$

同前面一样，这些条件概率之和同样要满足和为1，然后与前面一样采用Bayes定理。

（a）中先验概率的指定方法众所周知，Bayes统计学家们对此已经讨论得相当多了（Savage，1962，p. 165）。（b）中条件先验概率的处理则是对上述方法在某些方面的扩展，这里需要特别强调一下。这些条件先验概率代表着科学家对实验环境和真实世界中观测结果可靠性的先验信念，也代表着这两种证据与研究假设相关性的先验置信度。特别需要指出的是，在这里实验环境对真实世界的可比性是一个非常重要的问题。根据我们前面的例子，假如你认为上述以大二学生为被试、包含真实货币支付的寡头垄断定价实验与现实的寡头垄断市场以串谋定价为均衡趋势的市场行为毫不相关，那么如果该串谋趋势的假设成立，则无论实验结果如何，你都将认为实验结果既不可以证实该假设也不可以推翻该假设。这种先验意义上的无差异性可以由先验概率等式$P(E \cap N|H)$ $=P(\bar{E} \cap N|H)$和$P(E \cap \bar{N}|H)=P(\bar{E} \cap \bar{N}|H)$来表达。也就是说，如果$H$为真，则支持$H$的实验结果与不支持$H$的实验结果相似。类似的表述对$\bar{H}$也一样成立。如果这种极端的情况出现，从Bayes转换式（1）到式（8）中，我们得到一些后验的概率等式，如$P(H|\bar{E} \cap N)=$ $P(H|E \cap N)$，$P(H|\bar{E} \cap \bar{N})=P(H|E \cap \bar{N})$等。这意味着实验观测值不影响研究者对$H$是否为真的判断，只有现实世界的观测结果能够影响他的信念。这是一个极端的例子，但它可以帮助人们矫正一种态度，即人们往往不成比例地依赖某一种类型的证据，而忽略其他类型的证据，这影响了他们在Bayes方法扩展应用中观测结果与科学信念之间的关系。

重复观测定理

从上一节我们得出，科学假设的检验需要两个方面的观测结果，一方面来自实验环境，另一方面来自自然世界，所以我们的观测结果是二元的。每个二元观测的每个方面都有4种可能的结果，其先验条件概率分布如下：

$$P(E \cap N|H)=p_1 \quad P(E \cap N|\bar{H})=q_1$$
$$P(E \cap \bar{N}|H)=p_2 \quad P(E \cap \bar{N}|\bar{H})=q_2$$
$$P(\bar{E} \cap N|H)=p_3 \quad P(\bar{E} \cap N|\bar{H})=q_3$$

$$P(\overline{E}\cap\overline{N}\,|\,H)=p_4 \qquad P(\overline{E}\cap\overline{N}\,|\,\overline{H})=q_4$$

这里 $\sum_{i=1}^{4}p_i=1$ 且 $\sum_{i=1}^{4}q_i=1$。假定我们可以重复观测，令 $S_n=S_n(n_1,n_2,n_3)$ 表示在 n 次观测中，$E\cap N$ 被观测到 n_1 次，$E\cap\overline{N}$ 被观测到 n_2 次，$\overline{E}\cap N$ 被观测到 n_3 次，$\overline{E}\cap\overline{N}$ 被观测到 $n-n_1-n_2-n_3$ 次的事件。如果各观测彼此独立，则 n_i 的联合分布多项式如下：

$$P(S_n\,|\,H)=\frac{n!}{n_1!\ n_2!\ n_3!\ (n-n_1-n_2-n_3)!}p_1^{n_1}\,p_2^{n_2}\,p_3^{n_3}\,p_4^{n-n_1-n_2-n_3} \tag{9}$$

类似地，

$$P(S_n\,|\,\overline{H})=\frac{n!}{n_1!\ n_2!\ n_3!\ (n-n_1-n_2-n_3)!}q_1^{n_1}\,q_2^{n_2}\,q_3^{n_3}\,q_4^{n-n_1-n_2-n_3} \tag{10}$$

给定 n 次观测，则 H 成立和不成立的后验条件概率为：

$$P(H\,|\,S_n)=\frac{P(S_n\,|\,H)P(H)}{P(S_n)}$$

$$P(\overline{H}\,|\,S_n)=1-P(H\,|\,S_n)$$

因此，事件 H 成立的后验几率为（假设成立与假设不成立的比率）：

$$\frac{P(H\,|\,S_n)}{P(\overline{H}\,|\,S_n)}=\frac{p_1^{n_1}\,p_2^{n_2}\,p_3^{n_3}\,p_4^{n-n_1-n_2-n_3}\,P(H)}{q_1^{n_1}\,q_2^{n_2}\,q_3^{n_3}\,q_4^{n-n_1-n_2-n_3}\,P(\overline{H})} \tag{11}$$

从直观上，我们认为随着观测次数的增加，事件 H 成立的先验几率 $P(H)/P(\overline{H})$ 对我们相信 H 成立与否的影响应该越来越小，当对 n 取极限 $n\to\infty$ 时，我们应该能确定假设 H 或 $\overline{H}$ 是否成立。我们通过证明下面的定理来说明这一问题：

如果 $p_i\neq q_i$，$i=1,2,3,4$，$P(H)\neq0$，$P(\overline{H})\neq0$，那么在 H 为真的情况下，对于任意的 $C>0$，$\lim_{n\to\infty}P(L_n<C\,|\,H)=0$，$L_n$ 是随机变量，定义如下：

$$L_n=\log\frac{P(H\,|\,S_n)}{P(\overline{H}\,|\,S_n)}=\sum_{i=1}^{3}n_i\log\left(\frac{p_iq_4}{q_ip_4}\right)+n\log\frac{p_4}{q_4}+\log\frac{P(H)}{P(\overline{H})} \tag{12}$$

该定理的证明是 K. J. Arrow[1] 在某个证明中使用过的二项式的一个多项式扩展。

式（9）和式（10）的条件多项式密度函数的均值、方差和协方差如下所示：

---

① 个人交流，1961。

$$\begin{cases} E(n_i \,|\, H) = np_i \\ \sigma_{ii}(n_i,\, n_i \,|\, H) = np_i(1-p_i), \quad i,\, j=1,\, 2,\, 3,\, 4 \\ \sigma_{ij}(n_i,\, n_j \,|\, H) = -np_ip_j \end{cases} \tag{13a}$$

$$\begin{cases} E(n_i \,|\, \overline{H}) = nq_i \\ \sigma_{ii}(n_i,\, n_i \,|\, \overline{H}) = nq_i(1-q_i), \quad i,\, j=1,\, 2,\, 3,\, 4 \\ \sigma_{ij}(n_i,\, n_j \,|\, H) = -nq_iq_j \end{cases} \tag{13b}$$

在 H 成立的情况下，对式（12）求期望，并代入（13a）中的均值得：

$$E(L_n \,|\, H) = n\sum\nolimits_{i=1}^{4}(p_i\log p_i - p_i\log q_i) + \log\frac{P(H)}{P(\overline{H})} = an + h \tag{14}$$

式中，a 和 h 为常量。

我们下面将证明 a 是一个正数，为此引入如下函数：

$$f(q_1,\, q_2,\, q_3,\, q_4) = \sum\nolimits_{i=1}^{4} p_i\log q_i \tag{15}$$

在 $q_i = p_i$ 时，式（15）达到唯一的最大值，其约束条件为 $\sum_{i=1}^{4} q_i = 1$，拉格朗日函数为 $\Phi = \sum_{i=1}^{4} p_i\log q_i - \lambda\big(\sum_{i=1}^{4} q_i - 1\big)$。对其求偏导得：$p_i/q_i = \lambda$ 时，拉格朗日函数达到最大值，因为 $\sum_{i=1}^{4} q_i = \sum_{i=1}^{4} p_i = 1$，所以 $\lambda = 1$。因此，式（15）达到最大值的必要条件是：

$$p_j = q_j, \quad j=1,\, 2,\, 3,\, 4 \tag{16}$$

因为拉格朗日函数的二阶偏微分行列式

$$\begin{vmatrix} & & & & \Phi_{\lambda 1} \\ & & & & \Phi_{\lambda 2} \\ & \Phi_{ij} & & & \Phi_{\lambda 3} \\ & & & & \Phi_{\lambda 4} \\ \Phi_{\lambda 1} & \Phi_{\lambda 2} & \Phi_{\lambda 3} & \Phi_{\lambda 4} & \Phi_{\lambda 5} \end{vmatrix} = \begin{vmatrix} -\dfrac{p_1}{q_1^2} & 0 & 0 & 0 & 1 \\ 0 & -\dfrac{p_2}{q_2^2} & 0 & 0 & 1 \\ 0 & 0 & -\dfrac{p_3}{q_3^2} & 0 & 1 \\ 0 & 0 & 0 & -\dfrac{p_4}{q_4^2} & 1 \\ 1 & 1 & 1 & 1 & 0 \end{vmatrix}$$

为正，函数 f 的条件（16）定义了函数唯一的最大值。所以如果对于某些 j 有 $p_j \neq q_j$，则：

$$a = \sum\nolimits_{i=1}^{4}(p_i\log p_i - p_i\log q_i) > 0$$

因此，在式（14）中，当 n 增大时，h 的重要性降低。但 h 的重要性降

低的速度却依赖于 a。如果 p_i 近乎等于 q_i，也就是说，在两种证据的置信度都很低的情况下，a 将会非常小，此时 n 必须相应地更大，才能使 h 的重要性变得很低。

根据式（12）和式（13a）中的方差表达式，L_n 的条件方差可以表示为：

$$\delta^2(L_n \mid H) = n \Big[\sum_{j=1}^{3} p_i (1-p_i) \log^2 \Big(\frac{p_i q_4}{q_i p_4} \Big) $$
$$- 2 \sum_{j=1}^{3} \sum_{i=1}^{3} p_i p_j \log \Big(\frac{p_i q_4}{q_i p_4} \Big) \log \Big(\frac{p_j q_4}{q_j p_4} \Big) \Big] = bn \tag{17}$$

式中，b 为一个常量。

现在，如果 $L_n < C$，则 $L_n - E(L_n \mid H) < C - an - h$。并且当 n 充分大，使得 $an + h > C$ 时，则有 $C < E(L_n \mid H)$。而且，事件 $|L_n - E(L_n \mid H)| > an + h - C$ 包含事件 $|L_n < C|$ 作为其左边的一部分。公式如下：

$$P(L_n < C \mid H) \leqslant P[|L_n - E(L_n \mid H)| > an + h - C]$$
$$\leqslant \frac{\sigma^2(L_n \mid H)}{(an+h-C)^2} = \frac{bn}{(an+h-C)^2} \to 0$$

n 取极限 $n \to \infty$，由 Tchebysheff 不等式，定理得证（Lindgren，1962，p. 61）。

如果我们对两种证据中的某种缺乏信心，那么重复观测的多项式分析就会转化为传统的二项式分析。例如，如果我们对用实验方法检验某一假设缺乏信心，那么 $p_1 = p_3$，$p_2 = p_4$，$q_1 = q_3$，$q_2 = q_4$，n 次观测后 H 成立的后验几率为

$$\frac{P(H \mid S_n)}{P(\overline{H} \mid S_n)} = \frac{p_1^{n_1+n_3} p_2^{n-(n_1+n_3)} P(H)}{q_1^{n_1+n_3} q_2^{n-(n_1+n_3)} P(\overline{H})} = \frac{p^{n_1+n_3} (1-p)^{n-(n_1+n_3)} P(H)}{q^{n_1+n_3} (1-q)^{n-(n_1+n_3)} P(\overline{H})}$$

其中 $p = 2p_1$，$q = 2q_1$。如果观测数据只有一个来源，也就是说它们或者来源于真实世界或者来源于实验室实验，那么二项式模型也适用。

总之，只要我们对某一假设有一个先验置信度，$P(H) \neq 0$，$P(\overline{H}) \neq 0$，并且对不同证据的证实能力存在不同的先验信任程度，即对某些 j，有 $p_j \neq q_j$[①]，通过重复观测，我们就可以确信对 H 或 $\overline{H}$ 的

---

① 例如，如果对于所有的 j，都有 $p_j = q_j$，那么 $P(H \cap N \mid H) = P(H \cap N \mid \overline{H})$，$P(E \cap \overline{N} \mid H) = P(E \cap \overline{N} \mid \overline{H})$ 等，无论 H 成立与否，对其的检验结果都是等可能的。如果我们有这样的先验判断，那么任何观测都不能改变我们对其的信任程度。无论我们使用哪种证据，观测结果都不会改变我们的先验信任程度。

判断。

参考文献

Fouraker, L. E. , & Siegel, S. *Bargaining behavior*：*Ⅱ Experiments in oligopoly*. University Park, Pa. ：Pennsylvania State Univ. , 1961.

Hoggatt, A. An experimental business game, *Behav. Science*, 1959, 4, 192 - 203.

Lindgren, B. W. *Statistical theory*. New York：Macmillan, 1962.

Savage, L. J. Bayesian statistics, In R. E. Machol & P. Grey（Eds. ），*Recent developments in information and decision processes*. New York：Macmillan, 1962. pp. 161 -194.

Siegel, S. , & Fouraker, L. E. *Bargaining and group decision making*. New York：McGraw - Hill, 1960.

Smith, V. L. Experimental studies of competitive market behavior. *J. Polit. Econ.* , 1962, 70, 111 - 137.

Suppes, P. , & Carlsmith, J. M. Experimental analysis of a duopoly situation, *Internat. econ. Rev.* , 1962, 3, 60 - 78.

∽

人类的行为是如此多样和不确定，以至于我们在行为科学中做出的最好的行为趋势判断也是不准确的，甚至是错误的，这也许可以成为一个否定学科阐述的理由。但如此一来，我们也就近乎放弃了生命，因为生命就是人类的行为、思想、感情以及它们的相互交融。对人类而言，无论地位尊卑、有无学识、自私与否、贵贱与否，人的本能都是我们理解行为科学并促使其向我们的目的演进的基础动力。既然我们必须建立自己的关于人类行为趋势的一些理念，我们的选择就介于细致地建立这些理念与对其放任不管之间。任务越艰难，就越需要扎实、耐心的科学研究，这已被自然科学的发展所证明，也是我们建立关于人类行为趋势的判断或者临时规则的前提。

——Alfred Marshall,《经济学原理》（*Principles of Economics*）

拍卖市场实验和 Walras 假设 *

弗农·史密斯** (Vernon L. Smith)

本研究所涉及的一系列市场实验主要服务于以下两个目的：（1）为竞争性拍卖市场的均衡假设提供一个迄今为止最为严格的检验；（2）为 Walras 假设提供一个控制更加严格的检验。[①] 同时，本文还讨论了现金支付对此类实验市场均衡行为的影响，尤其是比较了对所有完成交易的被试进行现金支付的效应和仅仅对从这些被试中随机抽出被试进行支付的效应。

实验设计和被试

本实验研究中的供给和需求情况有意地违背传统。每局实验中，11 位买者每人在每个交易时段最多只被允许购买 1 单位商品，保留价格为 4.20 美元。所以，每个交易时段内的需求在 4.20 美元是完全有弹性的，最大需求量为 11 单位。而每局实验中的卖者每人每个交易时段也最多被允许出售 1 单位商品，保留价格为 3.10 美元。实验共进行了 6 局，前两局 13 个卖者，中间两局 16 个卖者，最后两局 19 个卖者。所以，每个交易时段内的供给也是完全有弹性的，每两局实验的最大供给量分别

* 本文中记录的实验得到了国家科学基金的资助（G‑24199 和 GS‑370，普度大学）。

** 普度大学克伦奈特工业管理研究生院（Krannert Graduate School of Industrial Administration, Purdue University）。

① 一篇早期的论文［V. L. Smith, "An Experimental Study of Competitive Market Behavior," *Journal of Political Economy*, LXX (April 1962), 126‑134］可能提供了充足的证据来证明实验结论，即著名的关于竞争性市场调整行为的 Walras 假设线性版本劣于"超额租金假说"的线性检验。

为 13、16、19 单位，这样的 6 局实验分为三个设置（treatment）。

在每局实验的开始，我们都要向被试宣读一个简要的声明：你们参加的是一个决策制定实验，实验过程中你们不会遇到任何不愉快的刺激或经历，并且，你们还有机会在参与过程中获得真实的货币。然后我们把实验说明分发给被试，并向他们大声朗读一遍。① 实验后货币支付规则如下：每个完成交易的被试在每个交易时段的收益是 0.05 美元的交易佣金加上成交价与其保留价格之间的差额。

每个被试的初始信息只有他自己的保留价格②，额外的信息只有通过在实验过程中了解其他被试的报价来获得。实验中所有报价都是公开的，报价被接受意味着交易达成，这样每个交易者都可以了解哪些出价或报价被接受，哪些没有被接受。在这样的信息条件下，我们很难想象还有什么双向拍卖中的均衡检验能比上述的设计更严格。根据上述供需条件，各交易时段理论上均衡时的市场总租金为 $(4.20-3.10) \times 11 = 12.10$（美元），并且这一租金只在买者之间分配。在完全竞争的理论均衡点上，每笔交易中卖者仅得到 0.05 美元"正常利润"的交易佣金，而买者则得到 1.15 美元的收益。在上述支付条件下，卖者可能非常抗拒将成交价格降到 3.10 美元以下。因此，假定每个被试对于额外收益都有一个下凹的效用函数，并且被试个体的讨价还价抵制力同其边际效用成正比。成交价格越接近 3.10 美元，卖者对于降价的抵制力就越强，而买者对于提价的抵制力就越弱。我们的问题是，在租金回报极端不平等的情况下，超额供给引起的卖者竞争是否会导致市场趋向于理论均衡？

162 名大二或大三的学生作为被试参与了实验，这些学生会学习经济学导论和经济学理论导论两门课程，课程开设时间间隔一个学期。从学习每门课程的学生中抽取 3 组作为不同设置下的被试，即一共抽取 6 组被试，其中 3 组来自学习经济学导论的学生，3 组来自学习经济学理论导论的学生。我们定义超额供给 e（按照上面的设计，e 可能的取值有三个：2、5 和 8）为设置变量，每个设置进行两局实验。表 1 给出了整体的实验构架，包括实验每局的设置变量、课程分组以及每局被试的

---

① 分发给每个被试的实验说明见下文的附录，V. L. Smith, "Effect of Market Organization on Competitive Equilibrium," *Quarterly Journal of Economics*, LXXXVIII（May 1964），paragraphs 1‑4，5SB，6SB，199‑201。

② 在所有的交易时段中，被试持有的限制价格卡片均不变。这个事实所有的被试都了解，但他们不知道所有的买者都持有相同的限制价格，所有的卖者也持有相同的限制价格。他们也没有被告知买者和卖者的数目，但是他们在随后的交易时段中很快就意识到，在每个交易时段结束时都存在过量的供给。

数目。每个被试最多参加一局实验，实验分两个学期进行，第一个学期接受课程 1 的被试进行 3 局实验，第二个学期接受课程 2 的被试进行剩下的 3 局实验。被试在实验前没有得到任何通知，实验直接在课堂上进行。而且，本文讨论的实验与其他几个完全不同的实验混合起来进行，从而减少了各组之间的信息传播。[①]

表 1　　　　　　　　　　　每局的被试数目和实验条件

实验局	条件			总被试数目
	$e=2$	$e=5$	$e=8$	
课程 1	1 （$N=24$）	3 （$N=27$）	5 （$N=30$）	81
课程 2	2 （$N=24$）	4 （$N=27$）	6 （$N=30$）	81
总被试数目	48	54	60	162

实验数据

每局实验包含 4 个交易时段（第 1 局实验除外，其进行了 6 个交易时段），图 1A～图 1F 分别是 6 局实验的成交价格序列图。6 局实验的现金支付总额为 342 美元，其中 281.70 美元被买者获得，剩下的（60.3 美元）归卖者所有。激励设计相当出色。

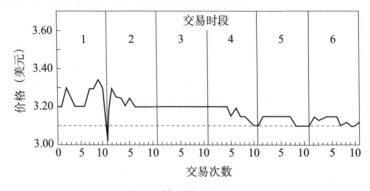

图 1A　第 1 局实验，$e=2$

---

① Smith，"Effect of Market Organization on Competitive Equilibrium," *op. cit*，pp. 184 – 186.

68

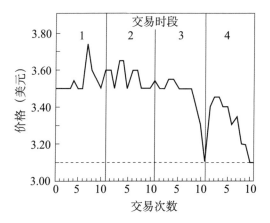

图 1B　第 2 局实验，e＝2

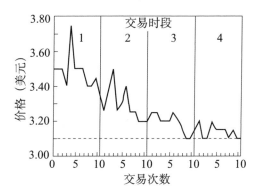

图 1C　第 3 局实验，e＝5

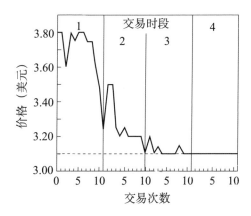

图 1D　第 4 局实验，e＝5

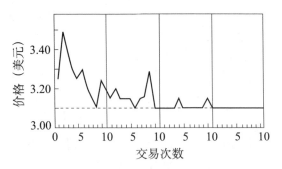

图 1E　第 5 局实验，$e=8$

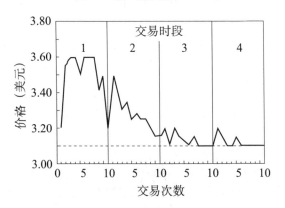

图 1F　第 6 局实验，$e=8$

尽管买卖双方的收益极不对称，但成交价格仍然呈现出强烈的收敛于理论均衡水平的趋势。而且，从这些图中我们可以清晰地看到，收敛于均衡的趋势是设置变量 e 的增函数（后面的表 2 详细讨论了这一情况）。在第 1 和第 2 局实验（$e=2$）中，第 1~4 个交易时段内，只有 6 笔交易的成交价格位于均衡水平；在第 3 和第 4 局实验（$e=5$）中，27 笔交易的成交价格位于均衡水平；而在第 5 和第 6 局实验（$e=8$）中，则有 37 笔交易的成交价格位于均衡水平。为检验弱均衡条件下（$e=2$）的交易经验是否会促进价格收敛趋势，我们将第 1 局实验延长为 6 个交易时段。从图 1A 中可以看出，在第 5 和第 6 个交易时段，收敛趋势虽然很弱，但仍然存在。

第 2 局实验表明了当市场上只有 2 单位超额供给时，卖者在多大程度上可以使成交价格保持在均衡水平之上。在该局实验中，卖者通过暂时的默许串谋曾建立了一条 3.50 美元的价格底线，这一底线维持到第 3 个交易时段的第 9 笔交易之前。但这一合谋行为后来被某个卖者瓦解了：他在第 1 个交易时段以 3.75 美元（获得 0.70 美元的支付）成交，但第 2 个交易时段没能完成交易，在第 3 个交易时段为避免再次交易失败，他在 3.40 美元的价格上卖出了商品。这一行为告知所有买者，在低于 3.50 美元的价格上购买商品是可能的，导致第 3 和第 4 个交易时段内剩下的所有的交易都发生在 3.50 美元的水平以下。由于实验设计禁止了正式的合谋和秘密支付（side payment），上述的默许串谋肯定会极其难以维持。只需要一个缺乏耐心的卖者就可以轻而易举地打破这种合作，并且这种情况发生的概率随着 e 的增加而加大。所以，在第 3～6 局实验（$e=$ 5 或 $e=8$）中，我们观测不到任何高于 3.10 美元的长价格线的形成。

观察图 1A 和图 1B，我们很有可能会做出这样的推断：首笔交易的成交价格可能会影响市场趋向均衡的过程。第 1 局实验的首笔交易发生在 3.20 美元的水平上，所以其后大部分的成交价格都接近这个水平。第 2 局实验的首笔交易发生在 3.50 美元的水平上，其后的成交价格也在相当长时间内保持在这个水平。在第 6 局实验中，首笔交易的成交价格也是 3.20 美元，然而，尽管市场上有 8 单位的超额供给，其后却有几次交易的成交价格高于 3.20 美元很多。类似地，第 3 局实验同样以 3.50 美元的价格开始，但其后的价格表现与第 2 局实验大相径庭。第 1 个交易时段的成交价格非常不稳定，而且对被试组间的差异非常敏感。第 1 个交易时段的学习阶段结束后，与传统经济变量相联系的均衡趋势就会更清楚地显现出来。

Walras 假设的检验

本文的主要目的是检验 Walras 假设（WH）和超额租金假设（ERH）。WH 指的是：在任何给定的价格上，价格降低（升高）的速度与超额供给（需求）成正比。而 ERH 指的是：在任何给定的价格上，价格降低（升高）的速度与超额经济租金成正比，这里的超额租金是指给定价格与均衡价格之间、需求曲线和供给曲线之间区域的面积，即需求曲线、供给曲线与给定价格水平线围成的区域的面积。本文的实验设计中，在价格 p_t 和超额供给 e 上，超额租金是 $e(p_t-310)$[①]。这种设计的意义是：在所有可能的成交价格上，e 都可以作为一个可控的常

---

① 单位为美分。——译者注。

数来计算超额租金。而且，e 独立于买者和卖者在每笔交易中的配对方式。

应当注意，我们事先并没有打算验证 ERH。实际上是 WH 在很长一段时间内声名显赫。要检验某个假设，必须找到一个可以与其进行对比的假设。如果要检验 WH，ERH 能够满足这个要求。在本文的实验设计中，显然 ERH 反而更有吸引力。为了看清楚这一点，假设价格被暂时稳定在 p_t。如果这个价格能够在以后的交易中持续下去，那么任何没能在价格 P_t 上成交的卖者都会错过 $p_t - 310$ 美分的收益（租金）。如果 $e=2$，则必定有两个卖者不能达成交易，在 p_t 上总的潜在损失为 $2(p_t - 310)$ 美分。在 ERH 下，我们的假设是：价格削减的速度与潜在的货币损失成正比，该速度既受超额卖者的数量影响，又受他们个人的潜在损失影响。因此，在 ERH 下，价格削减的速度随着 p_t 的下降和潜在损失的减少而衰减。换句话说，如果你没有达成交易的损失较大，为了增加达成交易的机会，你可能会很快地削价与你的对手争抢市场。如果没有成交的损失较小，在与竞争对手竞争时你就会较慢地削价。在 WH 下，价格削减通常独立于这种潜在交易损失，只依赖于市场上固定的超额供给。

如果用数学语言描述，WH 可以表示为如下所示的一个调整方程：

$$\Delta p_{t+1} = p_{t+1} - p_t$$
$$= \begin{cases} \beta e + u_{t+1}, & \text{若} \quad p_t > p^0 - \beta e \\ u_{t+1}, & \text{若} \quad p^0 \leqslant p_t \leqslant p^0 - \beta e, \beta < 0 \end{cases} \tag{1}$$

而 ERH 则可以表示为：

$$\Delta p_{t+1} = p_{t+1} - p_t = \alpha e(p_t - p^0) + v_{t+1}, \quad \alpha < 0 \tag{2}$$

这里 $p^0 = 310$ 美分是理论的均衡点，β 是在 WH 下的调整速度系数，α 是在 ERH 下的调整速度系数，P_t 是第 t 次交易的成交价格。在这个实验设计下，我们可以明显看到，两个假设的经验表达式极不相同。图 2 给出了这两个假设在两个控制水平（e_1 和 e_2，$e_1 < e_2$）的图形表示。在 WH 下，所有相位线的斜率都为 1，e 的增加只是将这些相位线向右平移。在 ERH 下，相位线的斜率都小于 1，且是 e 的减函数。很明显，我们特殊的供需设计为 WH 和 ERH 提供了一个相当关键的检验。

利用这个分析和来自第 6 局实验的数据，我们定义了如下的随机过程，以检验 WH 和 ERH。

$$\Delta p_{t+1} = p_{t+1} - p_t = \alpha_{01} + \alpha_1(p_t - p^0)e + \beta_1 e + \varepsilon_{1,t+1} \tag{3}$$

这是一个一般性的线性假设，WH 和 ERH 分别是其两个截然相反的极端。

表 2 给出了方程（1）到方程（3）的最小二乘回归系数。因为 WH 的相位线在 $p_t = p^0 - \beta e$ 处扭转（见图 2），我们只好用所有观测值中略去 $0 < \hat{p}_t < 0.05$ 的部分进行回归。第二个回归通过忽略拐点处平面区域内的观测值，减少了有利于 ERH 的偏差。在经典的显著性检验下，我们看到，两个假设中，ERH 的标准差 $\hat{\alpha}_1$ 显著不为零，而 WH 的标准差 $\hat{\beta}_1$ 则不然。[①]

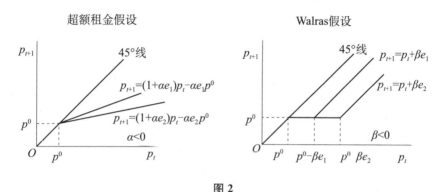

超额租金假设   Walras假设

图 2

表 2	回归估计：WH 与 ERH						
观测子集	$p_{t+1} - p_t = \alpha_{01} + \alpha_1(p_t - p^0)e + \beta_1 e + \varepsilon_{1, t+1}$ *			$p_{t+1} - p_t = \alpha_{02} + \alpha_2(p_t - p^0)e + \varepsilon_{2, t+1}$		$p_{t+1} - p_t = \alpha_{03} + \beta_3 e + \varepsilon_{3, t+1}$	
	$\hat{\alpha}_{01}$	$\hat{\alpha}_1$	$\hat{\beta}_1$	$\hat{\alpha}_{02}$	$\hat{\alpha}_2$	$\hat{\alpha}_{03}$	$\hat{\beta}_3$
所有观测值 （N=259）	$-0.613\,4$ (1.108)	$-0.022\,6$ (0.005 1)	$0.219\,8$ (0.195 2)	$0.341\,9$ (0.597)	$-0.021\,3$ (0.005 0)	$-1.331\,7$ (0.507)	$0.025\,8$ (0.197 2)

---

① Bayes 报告：如果在方程（3）中我们假设 α_1、β_1、μ 和 $\log\sigma^2$ 服从一个先验的均匀联合分布，其中 $\mu = \alpha_{01} + \alpha_1(p_t - p^0)e + \beta_1 e$，那么在正态回归理论的假定下，$\alpha_1$ 和 β_1 后验的联合分布服从以 σ^2 为条件的二元正态分布，对于回归 $N=189$，参数为：$\hat{\alpha}_1 = -0.020\,4$，$\hat{\beta}_1 = 0.159\,5$，$\sigma(\hat{\alpha}_1) = 0.073$，$\sigma(\hat{\beta}_1) = 0.300\,8$，$\sigma = 0.210\,9$。从这些参数和我们使用 Bayes 定理计算的纵坐标和正态分布累积概率来看，实验结果支持 ERH 与支持 WH 的几率之比为：$\dfrac{p(ERH)}{p(WH)} =$

$\dfrac{p\left(\dfrac{2}{e} < a_1 < 0, \ \beta_1 = 0\right)}{p(\beta_1 < 0, \ \alpha_1 = 0)} = \dfrac{p\left(-\dfrac{2}{e} < a_1 < 0 \mid \beta_1 = 0\right)p(\beta_1 = 0)}{p(\beta_1 < 0 \mid \alpha_1 = 0)p(\alpha_1 = 0)} > 300$，即支持 ERH 相对于支持 WH 的几率之比超过了 300：1。

续前表

观测子集	$p_{t+1}-p_t=\alpha_{01}+$ $\alpha_1(p_t-p^0)e+\beta_1 e+\varepsilon_{1,t+1}$ *			$p_{t+1}-p_t=\alpha_{02}+$ $\alpha_2(p_t-p^0)e+\varepsilon_{2,t+1}$		$p_{t+1}-p_t=$ $\alpha_{03}+\beta_3 e+\varepsilon_{3,t+1}$	
	$\hat{\alpha}_{01}$	$\hat{\alpha}_1$	$\hat{\beta}_1$	$\hat{\alpha}_{02}$	$\hat{\alpha}_2$	$\hat{\alpha}_{03}$	$\hat{\beta}_3$
剔除满足 $0\leqslant\hat{p}_t<0.05$ 的观测值 ($N=189$)	−0.721 6 (1.618)	−0.020 4 (0.007 3)	0.159 5 (0.300 8)	−0.219 1 (0.873)	−0.018 5 (0.006 4)	−0.986 8 (1.328)	−0.246 9 (0.267 9)

注：* 括号中为标准差。

现金激励对收敛趋势的影响

在进行上述 6 局实验之前，我们运行了两局预实验。在预实验中，并没有给所有完成交易的被试发放现金收益，而是在每个交易时段结束时，从完成交易的被试中随机抽取 4 个支付现金收益。在每局的前导性实验开始时，我们都会向被试宣告这一支付规则。当然，这种激励方式的花费必然远低于对所有完成交易的被试进行现金支付的花费。我们的目标有两个：一个是在进行 6 局正式实验之前，使用一种低成本的方式来检验我们的成交机制；另一个是提供两局弱支付的控制实验来确定货币激励对收敛趋势的影响程度。

表 3 给出了方程（4）的最小二乘估计：

$$\pi_{t+1}=\alpha_0+\beta_0\pi_t+\varepsilon_{t+1} \tag{4}$$

式中，$\pi_t=p_t-p^0$。如果我们定义

$$\lim_{t\to\infty}E(\pi_t)=E(\pi_\infty)$$

作为实验均衡价格对理论均衡价格离差的期望，那么有[1] $E(\pi_\infty)=\alpha_0/(1-\beta_0)$。对 $E(\pi_\infty)$ 的估计值也包含在表 3 中。我们可以看到，在全额支付的条件下，当 $e=2$ 时，实验市场的均衡价格比理论均衡价格低 4.5 美分，当 $e=5$ 时，实验市场的均衡价格比理论均衡价格高 4.3 美分。而在弱支付条件下，这两种差异分别为 26.4 美分和 13.8 美分。对弱支付下的 $\hat{\alpha}_0$ 进行 t 检验，当 $e=2$ 时，$\hat{\alpha}_0$ 显著大于 0，$t(2)=1.95$，

---

[1] "Effect of Market Organization," *op. cit.*, p. 194.

但是当 $e=5$ 时，却不是这样，$t(5)=0.99$。在全额支付情况下，无论 e 为何值，$\hat{\alpha}_0$ 与 0 都没有显著差异，$t(2)=-0.087$，$t(5)=0.40$。用 F 检验对弱支付条件和全支付条件下的 $\hat{\sigma}^2$ 进行比较，结果显示，当 $e=2$ 时，差异显著（$\alpha<0.005$），而当 $e=5$ 时，差异不显著。因此，我们可以推断存在这样一种情况：当把全额支付改为随机支付时，实验结果发生了严重偏差。所以，随机支付一般意义上不能作为无支付和全额支付的折中。

表3	全额支付与弱（随机）支付的比较					
超额供给（E）	实验	$\hat{\alpha}_0$ *	$\hat{\beta}_0$	$\hat{\sigma}^2$	观测值数目	$E(\pi_\infty)$
2	1，2；全额支付	−0.188 (2.435)	0.958 4 (0.036 7)	6.207	100	−4.52
	A；弱支付	5.753 (2.960)	0.782 0 (0.093 9)	12.885	58	26.4
5	3，4；全额支付	0.528 (1.329)	0.876 9 (0.046 1)	8.801	79	4.29
	B；弱支付	2.079 (2.110)	0.849 1 (0.067 6)	8.455	50	13.8

注：* 括号中为标准差。

结　语

6 局实验的结果显示：即使在买卖双方的租金回报极端不平等的情况下，拍卖市场机制也可以产生强烈的竞争性均衡趋势，而且这种趋势在超额供给较小时较弱，在超额供给较大时较强。这一结论是以特定的信息条件为基础的，当信息条件改变时，该结论不一定成立。[1]

---

[1]　参见 L. Fouraker and S. Siegel，*Bargaining Behavior*（New York：McGraw-Hill Book Co.，1963），pp. 142 - 151，184 - 193 中关于信息量对卖者垄断市场讨价还价行为影响的讨论。

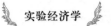

我们对 WH 和 ERH 的检验结果强烈支持了 ERH，本文所涵盖的实验的一个重要设计特色就是有意针对两个竞争性假设的辨析，所以该检验结果可信度较高。

我们比较了对被试进行全额支付的实验和随机选择被试进行支付的预实验。比较结果表明，两种情况下市场行为存在显著差异，这一结果告诉我们，如果不想使实验结果发生显著的改变，那么就不可以随意将全额支付替换为随机支付。

密封拍卖市场中竞争和歧视的实验研究 *

弗农·史密斯 ** (Vernon L. Smith)

I . 引 言

在本研究中，我们集中讨论一组拍卖市场行为。这种市场通常存在一个正式的组织，该组织要求参与竞价的每个个体提交一份或一份以上的书面密封标价，标价必须指明他们想要购买（出售）多少单位商品以及他们愿意支付（接收）的价格。

在很多这样的市场上，交易商品只有 1 个单位，例如修建一座桥或一座大楼的合同。本研究的理论基础和实验设计都假定这种市场上存在多个单位的商品可供出售（购买），具有这种结构特征的最重要的持续性市场可能是 91 天和 182 天国库券的发行拍卖市场。其他的例子还有：交通服务的承包市场，这些服务的需求量远远超出了单个公司的承受能力；原材料招标市场，如水泥招标市场，某个组织对水泥的需求量远远超出了单个厂商的生产能力。

我们的首要目标是研究在两种可替代的市场组织形式下，个体竞价行为和价格决定过程。两种市场组织形式分别为：（1）价格歧视形式。在该形式下交易以中标的标价成交。（2）完全竞争形式。在该形式下，

---

 * 本研究得到了国家自然科学基金（编号为 No. GS - 370）对于普度大学的支持。感谢 Meyer W. Belovicz 先生，感谢他主持了这些实验中的一轮。

 ** 普度大学经济和管理科学教授。

中标后交易价格不以标价进行，而统一规定为市场出清价格。研究方法是实验室受控实验，主要设置变量（"treatment" variable）是两种市场组织形式下接受被试报价的不同规则。

II．制度的例子：国库券的拍卖

我们有必要简要介绍一下国库券的拍卖机制。这个拍卖是一个比较理想的例子，因为它的组织方式和运作过程已经广为人知，并且该拍卖的歧视性竞价方式一直被考虑以竞争性竞价取代。[①] 但是，本文的研究对国库券拍卖本身并没有太大的兴趣。我们的兴趣在于研究密封标价拍卖市场的一般特征，以及价格歧视和完全竞争对市场行为的影响，而不论拍卖的商品是证券还是土豆。

这种债券拍卖一般开始于每周周三，在这一天财政部通过联邦储备银行发布声明，邀请投标者对一定数量的 91 天或 182 天国库券进行投标。91 天国库券每周的数额一般在 10 亿美元左右，182 天国库券的数额则在 5 亿美元左右。中标结果一般在下一周的周一递交到联邦储备银行各地分行，周二各分行将国库券分派到各中标者手中。在 1947 年以前，所有竞价都必须从一个指定的价格开始。而从 1947 年以后，投资者有权为有限数量的国库券提交非竞争性的标价。中标的竞争性标价以各自的标价成交，而非竞争性的投标者则以中标的竞争性标价的数量加权价格成交（国库券拍卖文献中的"竞争性"与我们拿来和"歧视性"相对比的"竞争性"不同）。

---

① Andrew Brimmer, "Price Determination in the United States Treasury Bill Market," *Review of Economics and Statistics*, XLIV, No. 2 (May 1962), 178 - 183; Deane Carson, "Treasury Open Market Operations," *Review of Economics and Statistics*, Vol. XLI. No. 4 (November 1959); Henry Goldstein, "The Friedman Proposal for Auctioning Treasury Bills," *Journal of Political Economy*, LXX, No. 4 (August 1962), 386 - 392; Joint Economic Committee, Congress of the United States, "Constructive Suggestions for Reconciling and Simultaneously Obtaining the Three Objectives of Maximum Employment, and Adequate Rate of Growth, and Substantial Stability of the Price Level," *Hearings: Employment, Growth and Price Levels* (86th Cong. , 1st sess. , October 1959), Part 9A, pp. 3023 - 3026; Milton Friedman, *A Program for Monetary Stability* (New York: Fordham University Press, 1960), pp. 63 - 65; and Michael Rieber, "Collusion in the Auction Market for Treasury Bills," *Journal of Political Economy*, LXXII, No. 5 (October 1964), 509 - 512.

为了解释这一价格决定机制，假设对于竞争性投标者来说，91 天债券的净供给是图 1 中的 Q_0。Q_0 等于总供给量减去非竞争性竞价中标的数量。竞争性标价从高到低排列就构成了一条有效需求曲线 dd，最低可被接受的标价为 P_L，最高为 P_H。

在这种表示下，债券供应的总收益是图 1 中 dd 曲线以下、Q_0 以左的区域。此时卖者在有效需求曲线 dd 上实行完全价格歧视就会攫取所有需求曲线以下的买者租金或剩余。对比一下，如果市场按完全竞争拍卖方式运作，并且我们假设市场上所有的标价与价格歧视例子中完全相同，那么市场将会达到唯一的市场出清价格 P_L，所有中标者会以此价格成交。在这样的假设条件下，财政部实行价格歧视政策将会得到更大的收益。然而，按照附录 I 中的竞标理论，我们没有必要要求价格歧视条件下的标价与完全竞争条件下的标价完全相同。[1]

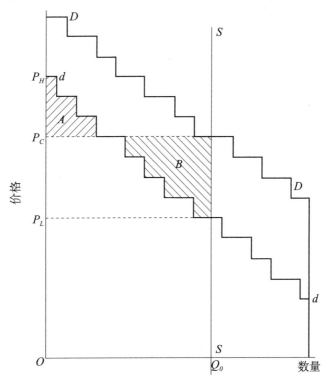

图 1   债券拍卖中的价格决定

---

[1]   见 Goldstein 前面被引述的文章，391 - 392 页。

为了说明这一点，假设市场上的每一个竞标者 i 都有一个固定的保留价格 P_i，即他愿意为每一交易单位支付的最高价格，那么潜在需求或限制价格集将由降序价格集 $[P_i]$ 决定，如图 1 中的 DD 曲线所示。参考附录 I，在价格歧视条件下，任何买者的最优标价一般不等于他的保留价格 P_i。直观上看，当一个买者知道成功的投标将会以标价进行交易时，与知道成功的投标将以所有买者的边缘投标价格成交的情况相比，在投标时会保守得多。如果在完全竞争条件下的限价集是 DD，那么价格歧视条件下的有效需求曲线就很可能如图 1 中的 dd 所示。这样，给定 DD，价格歧视政策就会为卖者（比如债券拍卖中的财政部）产生一个高于或低于完全竞争拍卖的收益。在价格歧视条件下，如果 $A<B$，卖者获得的收益就会少于完全竞争条件下获得的收益。如果 DD 和 SS 是固定的，并且价格歧视拍卖持续进行，那些在早期交易中没有中标的投标者很明显会倾向于提高自己的报价，而那些中标的投标者会倾向于降低自己的报价。结果是，随着 dd（SS 的右侧）趋向于 DD，区域 B 越来越接近 0。但是在任何真实的市场上，至少在债券拍卖市场上，DD 和 SS 都随着一次次拍卖的进行而变化。因此，导致人们预期 dd 在 DD 以下的价格不确定性可能会一直持续下去。[1] 我们实验设计的一个重要目标就是在实验室环境下抓住这种不确定性的本质。

只要是唯一卖者举行的拍卖，上述情况就会发生，除非需求曲线在某一数量处为垂直直线，并且完全竞争的供给曲线由有序的保留要价集生成。在价格歧视条件下，供给价格的标价倾向于超出保留供给价格，因此有效供给函数可能位于完全竞争拍卖下供给曲线的左侧。如果这个差别足够大，买者在价格歧视的条件下购买商品时的报价就会多于在完全竞争条件下的报价。

Ⅲ. 实验的范式

在设计研究密封标价拍卖市场行为的实验范式时，即使能够模拟某些诸如国库券拍卖等特殊市场的制度细节，我们也不会这样做，因为我

---

① 因为国库券招标常以数十亿美元计，因此即使在国库券拍卖中 SS 也具有不确定性。在投标异常少或多时，财政部可以以其保留销售价格排除一些竞价。实际中，已宣布的供给和被接受的竞标数量之间总是存在一些可忽略的偏差。

们志不在此。我们真正该关心的，是创造出一个可以反映市场本质特征的任务环境。这些特征应该包括以下三个方面：

1. 在这样的市场上，个体参与者对于要交易的商品有着（a）不同且（b）不确定的主观价值。

2. 参与者在提交不可撤销的标价时，他们并不确切地知道在什么价格上可以买到标的物。

3. 规定谁应该为标的物支付多少的成交规则既可以是价格歧视方式也可以是完全竞争方式。

为将这些特征整合到实验设计中，我们要求被试对抽象标的物提交不可撤销的标价，标的物以一定数量无弹性地供应，其转售价格是一个随机变量，服从指定的频率函数。被试获得的支付等于其购买价与标的物销售价之间的差额。由于被试对标的物的价值有着不同的主观评价（效用函数），因此这个范式满足条件1（a）。条件1（b）通过令再销售价格为随机变量实现。价格是一个已知的随机变量，在一定程度上反映了现实市场中的参与者从经验中获取知识和判断能力的行为。条件2通过禁止被试之间的交流来实现。因而，没有被试可以事前获得关于购买价格和销售价格的确定信息。很明显，条件3通过改变两个实验组之间的成交规则来实现。

国库券拍卖市场中，与这种实验范式最一致的是竞标者在发行市场上竞价购买债券后，再在二级资本市场上转售的行为。由于不确定性的存在，交易者的利润主要来源于中标价格和转售价格之间的差价，即在国库券拍卖市场中以尽可能最低的标价中标，之后在二级市场上以较高的价格转售这之间的差价。转售价格不确定的假设可能间接地与国库券拍卖中某些未中标的投标者的行为相关。因而，尽管某些参与者购买国库券可能不是为了转售，但他在进行竞标时也依然会受到二级市场上国库券预期价格的影响。如果他想要使自己在一级市场上购买国库券的机会成本最小，可能他会在二级市场上以更有利的价格购买，他的这种行为与一级市场上那些试图最大化效用函数的交易者是一致的。

Ⅳ. 研究假设

在介绍本文报告的几个实验之前，有必要提前给出我们的研究假设，这样有助于把握整体的实验设计。每个研究提出的研究假设通常都与经典的原假设相对立。用 C 代表"完全竞争"实验组，用 D 代表"价格歧视"实验组。

基本假设 H_2 直接来源于前面几节中的直观结论和附录 1 中的拍卖理论：

H_2：在拍卖的第 t 个交易时段，C 组中被试的报价 B_C^t 超过① D 组中被试的报价 B_D^t，即 $B_C^t > B_D^t$，$t=1$，2，3，…。

在检验 H_2 时，必须选择一个检验程序。最经典的检验方法是对报价的均值进行简单的单侧 t 检验，但是 t 检验要求两个进行对比的样本必须有相等的方差。因此，在检验 H_2 之前，必须对两种设置下报价的方差进行检验。方差检验本身就非常有价值，若检验结果为真，则反映出不同设置导致被试报价的行为存在差别。那么到底会出现什么结果呢？C 条件下报价的方差是高于、等于还是低于 D 条件下报价的方差呢？下面的讨论会揭示这一问题的答案：

在歧视性拍卖中，个体竞标者不能确定一个给定的报价是否会中标，但是一旦他中标了，就确切地知道了其购买价格——他的标价。在这种情况下，他进行高报价的激励不足，因为尽管出高价会增加他中标的可能，但同时还意味着他的购买价格也升高了，进而降低了其利润。但是在竞争性拍卖中，个体竞标者面临着两个不确定性：他既不知道给定的报价是否会中标，也不知道他的购买价格将会是多少。如果他报价较高，并且假定其他人报价较低，他中标的概率就会增大，而且他的购买价格也会较低，从而获利。在这种情况下，个体不会因为他的报价高于最低接受价格而受到惩罚。但是如果其他人的报价也很高，那么所有人的购买价格都会变高，而且所有人都会承受损失。这意味着，在 C 条件下风险更高，并且如果被试之间的风险态度存在差异的话，一些人就会出高价来"赌一把"，而另一些人出于对安全的考虑报价会更保守。因此，在 C 条件下报价的方差应该高于在 D 条件下的方差。

H_1：在第 t 个拍卖时段，C 组被试报价的方差 $V(B_C^t)$ 大于 D 组被试报价的方差 $V(B_D^t)$，也就是说，$V(B_C^t) > V(B_D^t)$，$t=1$，2，3，…。

从博弈矩阵的角度考察 H_1 和 H_2 的合理性是很有意义的。考虑下面高度简化的阐释：假设被试可以出三个价格 1、2 或 3，而转售价格为

---

① 这里"超过"的精确含义是由在比较中使用的报价检验统计量来确定的。用 t 检验意味着均值 B_C^t 和 B_D^t 满足不等式 $B_C^t > B_D^t$。用秩排序非参数检验意味着报价秩的总和、均值以及其他函数都满足假设的不等式。

1、2 或 3，且它们概率相等。假设当一个被试和其他被试报价相同时，他有 1/2 的概率中标。现在，考虑一下一个典型的被试在他人报价（或较低的报价）分别为 1、2、3 时，他应该报价多少。在 D 或 C 条件下，被试的支付矩阵如表 1 所示。

在 D "价格歧视" 条件下，假设他的报价为 1，其他人的报价也为 1，他中标的概率就是 1/2。获利 0、1、2 的概率各有 1/3，所以支付的均值就是 1/2。如果他的报价为 1，而其他的人报价 2 或 3，那么他将一无所得。如果他报价 2，而其他人报价 1，那么他的报价会被接受，但平均利润为 0。如果他报价 2，而其他人也报价 2，那么他的利润仍为 0。而当其他人报价为 3 时，他的报价永远都不会被接受，依此类推。在 D 条件下，出高价是无益的。一些人可能会尝试报价 2，这样报价的各种几率较为平均。因此，在这种情况下，报价 1 是最有可能的，但也许会有人以转售价格的均值 2 报价。但是请注意，报价 1 即一个合作收益最大化报价，也是一个自利性行为的报价。

表 1 被试的支付

被试的报价	假设的 D 条件下的支付矩阵			假设的 C 条件下的支付矩阵		
	如果其他的报价 （或较低的报价）为			如果其他的报价 （或较低的报价）为		
	1	2	3	1	2	3
1	1/2	0	0	1/2	0	0
2	0	0	0	1	0	0
3	-1	-1	$-1/2$	1	0	$-1/2$

在 C 条件下，对于报价 1 会有同样的支付向量。如果我们假设被试报价 2，其他人报价 1，那么他的报价总是会被接受，并且在最低接受价格 1 上成交，利润均值为 $1\left(=\frac{1}{3}\times 0+\frac{1}{3}\times 1+\frac{1}{3}\times 2\right)$。如果他报价 2，其他人也报价 2，那么他的利润均值就是 0，依此类推。在 C 条件下，最好的策略是报价 2。然而如果某个被试非常乐于合作的话，他可能会报价 1，因为这个价位不可能导致损失。如果他想胁迫他人出较低的价格，他就会针锋相对地报价 3，这样的冒险可能会使他遭受 1/2 的损失，但是这样也会使其他和他一样报价 3 的人承受同等损失。在 C

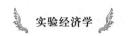

中，"正确的"策略没有在 D 中那么明显。

从这个例子可以很容易地看出，C 中的标价很可能会比在 D 中的高（即假设 H_2）。考虑到被试的风险态度以及对于惩罚和合作策略的偏好不同，我们可以推测出 C 中报价的方差可能会高于 D 中报价的方差（如假设 H_1）。

给定假设 H_2 成立，我们很容易会猜测：C 中的报价是否可以高到一个程度，使垄断性的卖者在竞争条件下比在歧视条件下获得更大的收益呢？这个猜测足以使我们提出以下假设：

H_3：在第 t 个拍卖时段，对于一个卖者而言，C 组的总收益 R_C^t 会超过在相应的 D 组中的总收益 R_D^t，即 $R_C^t > R_D^t$，$t = 1, 2, 3, \cdots$。

虽然经典的实验方法论要求可以对比的、不同的实验设置采用独立的、不同的被试组，但在目前的情景下，这种方式似乎人为因素过重了。在任何涉及实际的密封拍卖的制度形式中，例如国库券的拍卖中，参与者都在一个相当长的时期内处于歧视性的市场组织方式下。如果市场组织方式变为竞争性方式，先前的历史和经验会对新条件下的行为产生重要的影响吗？如果我们想要考察 Carson - Friedman 政策提案，即将歧视性规则转变为竞争性规则[①]，那么我们相关的实验就要在同一组被试中进行了，即先让他们在歧视设置下做一系列时段的竞标实验，然后转到竞争性设置下。尽管可能会存在一些"滞后作用"（或者路径依赖）现象，但我们仍然预期：上述假设在使用同一组被试的情况下依然成立。对同一组被试在 C 和 D 条件对应交易时段的报价进行对比，我们得到三个与上面的假设相对应的假设，分别标为 H_1'、H_2'、H_3'。

虽然我们准备预期歧视条件下的标价和卖者收益都比较低，但是很明显这样的结果不太可能独立于市场条件，特别是被拒绝的标价的相对数量。在其他条件不变的情况下，在 C 和 D 中都是被拒绝报价的数量越大，报价水平就越高。然而，既然我们预期在 C 条件下（相对于 D 而言）报价越高交易利润就越低，那么我们很自然会预期在 D 条件下过多的报价数目会有显著的影响。事实上，随着被试组人数的增加，同时保持供应数量恒定，C 和 D 条件对于卖者收益影响的差别很可能会逐渐消失。这些推测可以通过假设 H_4 和 H_5 来检验。

H_4：固定供应的数量，在对应的拍卖时段，D 组中报价被拒绝的越多，被试的报价 B_D^t 就越高，即如果 $NR_1 > NR_2 > NR_3 > \cdots$，则有

———————————

① 见前面所引的 Carson 的内容；见前面所引的联合委员会的内容。

$B_D^t(NR_1) > B_D^t(NR_2) > B_D^t(NR_3) > \cdots$，$t = 1$，$2$，$3$，$\cdots$。

H_5：H_4 应用于 C 组也是成立的，即如果 $NR_1 > NR_2 > NR_3 > \cdots$，则有 $B_C^t(NR_1) > B_C^t(NR_2) > B_C^t(NR_3) > \cdots$，$t = 1$，$2$，$3$，$\cdots$。

V．实验设计

来自普度大学经济学和工业管理专业的 77 名本科生参加了这一系列实验，该系列实验共 6 个，分为 5 局进行。每个被试至多参加其中一局。每一局的实验情况如表 2 所示，罗马数字 I～V 代表按照时间顺序参加实验的 5 个被试组。

表 2 实验设计的条件

实验	购买价格规则	被试的人数	被拒绝的报价数	报价的时段
I D	歧视	15	12	5
II C	竞争	15	12	5
III D	歧视 ⎱	⎧ 13	⎧ 8	⎧ 8
III C	竞争 ⎰	⎩ 13	⎩ 8	⎩ 8
IV D	歧视	17	16	10
V C	竞争	17	16	10

在 D 实验中，为每个被试分发实验说明，并且实验主持人还要向所有被试大声朗读一遍。实验说明详见附录 II，附录 II 中也包括实验 C 的说明。

第 III 组要连续参与两个实验。在第一个实验（III D）中，D 的实验说明首先被朗读，接下来是一个拍卖预实验，然后是有现金支付的 8 个拍卖。这 8 个拍卖完成后，在没有任何提醒的情况下，C 的实验说明被朗读，紧接着又是 8 个拍卖（III C）。其他的 4 个实验使用独立的、不同的被试组做。

第 III 组是一个完整的班集体，而其他组的被试则是从很多班中随机抽取出来的。为了防止实验信息泄露，这个班在实验前没有得到任何通知。截止期效应通过隐瞒拍卖时段数的方法加以控制。

每个实验中，被试可以提交报价的数量设定为 2。每个拍卖时段开始时，向所有的被试宣布供给量为 X。在所有实验的所有时段中供给量都是 18 单位，但被试只有在连续几个阶段开始时宣布供给量为 18 的情况下才发现这一点。因而，在实验 ID 和实验 IIC 中，总共有 30 个报价（15 个被试）被提交，其中 12 个被拒绝。类似地，在实验 IIID 和 IIIC 中，提交的 26 个报价中有 8 个被拒绝，在实验 IVD 和实验 VC 中，34 个报价中有 16 个被拒绝。

在每个实验的每次拍卖中，中标的被试获得的利润是转售价格减去购买价格，否则利润为 0，这一数额或者累加到他的启动资金 1.00 美元上，或者从中扣除。在 C 和 D 的拍卖中，最低的成交价格都要通过以下过程决定：把报价从高到低排列，其中前 X 个报价被接受。在 C 条件下的拍卖中，购买价格由最低的中标价格决定，而在 D 拍卖中，购买价格就是成功夺标者每个人的标价。在两类拍卖中，被试的"转售价格"都从均匀分布的 9 个价位 1.15 美元，1.25 美元，1.35 美元，…，1.95 美元中随机抽取决定。每次拍卖都从宣布有 18 单位商品参与交易开始，以宣布最高接受价格、最低接受价格和随机抽取的"转售价格"结束。所有的数据都在宣布的同时写在黑板上，以表格的形式保留至实验结束。

每局实验都以一个不计现金报酬的预拍卖实验开始。预实验后，如果对拍卖机制有疑问，被试可以向主持人提问。转售价格的随机序列适用于所有的实验（除了实验 IIID，因为它和实验 IIIC 用的是同一组被试），我们将其作为一种手段，来控制特定次序对结果的影响。

VI. 实验结果和假设检验

5 个实验的数据汇总在表 3 和表 4 中。附录 III 描述了被试完整的竞标协议。表 3 和表 4 显示了每个标价在每个拍卖时段出现的频率。各拍卖时段下交易准则指明了被接受的最高价和最低价。在最低可接受价格处可能会出现多个报价者提交同一报价的情况，此时需要随机决定哪个报价者将被接受。除此以外，介于最低可接受价和最高可接受价之间的报价全被接受。例如，在实验 IIC 的第 3 个交易时段，18 个位于 1.45～1.95 美元之间的报价全被接受，在同一个实验的第 4 个交易时段中，1.45～2.05 美元之间有 19 个报价，这时随机拒绝一个报价 1.45 美元的被试。

表3　　　　　　　　　　　各拍卖时段的报价频率*

报价（美元）	拍卖时段					报价（美元）	拍卖时段							
	1	2	3	4	5		1	2	3	4	5	6	7	8
实验ⅠD						实验ⅢD								
≤0.45						≤0.45								
0.55						0.55								
0.65						0.65	1	1						
0.75	2					0.75	3	0						
0.85	2	1				0.85	6	2						
0.95	12	4				0.95	9	11	1					
1.05	7	11	3	2	1	1.05	1	7	11	2	1			
1.15	2	9	22	10	1	1.15	4	3	12	11	2		2	1
1.25	4	5	4	14	19	1.25	0	0	2	12	17	8	9	9
1.35	1		1	4	9	1.35	0	2		1	6	16	15	16
1.45						1.45	2					2		
1.55						1.55								
1.65						1.65								
1.75						1.75								
1.85						1.85								
1.95						1.95								
≥2.05						≥2.05								
实验ⅡC						实验ⅢC								
≤0.45	1	1			1	≤0.45								
0.55	0	0			0	0.55								
0.65	0	1			0	0.65								
0.75	1	0			0	0.75	2							
0.85	0	0		1	0	0.85	2							
0.95	2	2	2	1	0	0.95	2							
1.05	2	1	0	0	0	1.05	0							

续前表

报价（美元）	拍卖时段					报价（美元）	拍卖时段							
	1	2	3	4	5		1	2	3	4	5	6	7	8
	实验ⅡC						实验ⅢC							
1.15	5	2	3	2	3	1.15	1	1		2				
1.25	4	3	3	2	1	1.25	6	4	2	3	3	3		
1.35	6	6	4	5	4	1.35	5	7	3	4	3	5	6	8
1.45	2	4	7	5	6	1.45	3	6	8	6	11	9	10	10
1.55	3	4	5	9	6	1.55	2	6	3	6	5	5	7	6
1.65	0	3	2	1	3	1.65	2	0	2	1	0	3	0	0
1.75	3	2	2	2	4	1.75	0	0	2	0	0	0	0	0
1.85	1	0	1	1	0	1.85	0	1	3	2	4	1	3	2
1.95		1	1	0	2	1.95	1	1	3	2				
≥2.05				1		≥2.05								

注：* 在不同规则下的报价等于被接受报价的范围。

表4				每个拍卖时段的报价频率*					

报价（美元）	拍卖时段									
	1	2	3	4	5	6	7	8	9	10
	实验ⅣD									
≤0.45										
0.55										
0.65										
0.75										
0.85										
0.95	2	1								
1.05	3	2								
1.15	7	4	2	1		1				
1.25	12	9	8	2	3	2	2	1	1	
1.35	8	17	11	15	11	12	4	4	3	3

续前表

报价（美元）	拍卖时段									
	1	2	3	4	5	6	7	8	9	10
实验ⅣD										
1.45	2	1	13	14	20	17	26	26	26	27
1.55				2		3	1	3	4	4
1.65										
1.75										
1.85										
1.95										
≥2.05										
实验ⅤC										
≤0.45		1	1	1	4	2	2	2	2	3
0.55		1	1	1	0	0	0	0	0	0
0.65	2	1	0	0	0	0	0	0	0	0
0.75	1	1	0	0	0	0	0	0	0	0
0.85	4	1	0	0	0	0	0	0	0	0
0.95	5	1	1	1	0	0	0	1	1	1
1.05	3	3	2	0	1	0	1	2	0	0
1.15	3	5	2	1	2	5	3	2	1	0
1.25	2	6	3	4	1	2	3	3	3	3
1.35	2	1	7	3	1	4	7	5	6	5
1.45	1	1	3	6	8	5	2	2	4	3
1.55	2	1	4	3	4	3	3	4	4	7
1.65	0	1	0	0	0	0	0	0	1	1
1.75	1	1	3	3	4	3	5	4	4	2
1.85	0	1	0	3	0	0	0	2	1	0
1.95	1	0	3	1	1	1	2	1	3	2
≥2.05	7	8	4	7	8	9	6	6	4	7

注：* 在不同规则下的报价等于被接受报价的范围。

应该注意的是，在前两个实验ⅠD和ⅠC中，除了预实验外，还进行了5次拍卖。因为报价频率、被接受的最低价和卖者的总收益没有趋于稳定，所以我们在实验ⅢD和ⅢC中将拍卖次数增加到了8次，在实验ⅣD和实验ⅤC中增加到了10次。事实上，随着时间的推移，市场能否趋向均衡的问题没什么实际意义。在真实市场中，市场条件不会保持长期不变以达到静态均衡。另外，真实市场的参与者比实验室实验的被试更加有经验，而后者的行为必须要经过几轮的学习才可能与前者相比。

图2~图5给出了实验ⅢD、ⅢC、ⅣD和ⅤC第一个和最后一个拍卖时段的报价序列产生的样本需求曲线，展现了在不同设置条件下，不同被试组需求曲线的变动。一般来讲，歧视条件下的需求曲线dd会随着连续的各拍卖时段的价格线而上升，然后趋于平缓；而完全竞争条件下的需求曲线DD在连续的拍卖过程中同样会先逐渐升高，但不一定趋于平缓，特别是在组ⅤC中。

在C和D条件下（表3和表4）对相应拍卖时段报价分布的对比很大程度上肯定了C条件下的方差远大于D条件下方差的假设。假设H_1（和H_1'）的F检验结果在表5中给出。每一个F统计量的值都是C条件下标价的方差与D条件下方差的比。23对进行对比的方差中，仅有

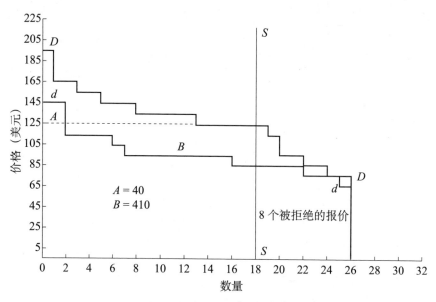

图2 实验ⅢD和ⅢC（第1个拍卖时段）

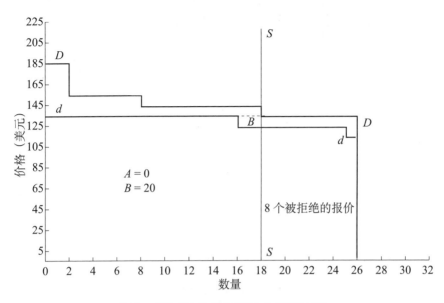

图 3　实验ⅢD 和ⅢC（第 8 个拍卖时段）

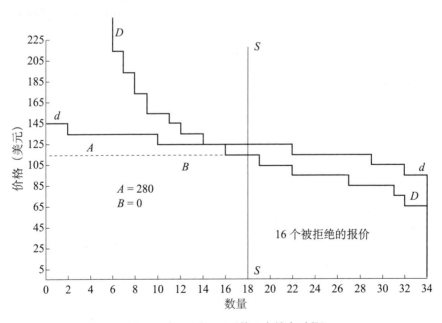

图 4　实验ⅣD 和ⅤC（第 1 个拍卖时段）

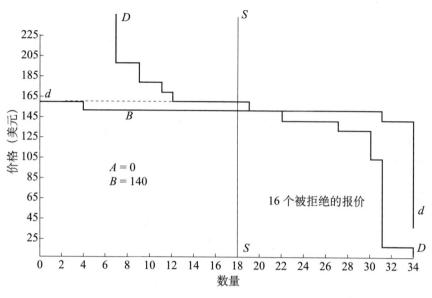

图5　实验ⅣD和ⅤC（第10个拍卖时段）

2 对在 α 概率水平小于 0.001 的条件下没有显著差异。在实验ⅤC中，每时段的竞价方差都是ⅣD中方差的几千倍。在实验ⅣD和ⅤC中，每次拍卖几乎有将近一半的竞价被拒绝，相对于其他的实验，被试如果想要中标，必须大幅提高标价。然而，这个极端的变化可能主要归因于实验ⅤC中的一个被试，他在预拍卖和随后的拍卖时段中有两次报价都超过了 100.00 美元。这似乎使得随后的 9 个报价水平极高，原因可能是被试发现：（1）非常高的报价可以确保中标；（2）有足够多的被试小心地报低价，从而使购买价格较低。在第 5 次拍卖时，有三个被试的报价为 0.05 美元或 0（参见附录Ⅲ），很明显当过高报价的次数超过 18 单位的供给时，他们要确保将自己的损失限制在某一次报价内。因此很多的较高或较低报价的现象可能只是一个被试造成的，他在预实验中报一个高价，随后这个价格又被公之于众。因而，条件 C 下各被试组报价的方差可能相差很大。某个被试组报价方差的大小很大程度上取决于这个组内是否存在这样的被试，他为了确保中标往往提交一些超高的报价。这样的报价方式类似于股票交易市场上的即市交易（buy at market）行为。即市交易指令通常指示股票经纪人无论如何都要购买股票，并且购买价格没有上限。

表 5　　　　　　**H_1 和 H_1' 的 F-RATIO 检验 $[V(B_C') > V(B_D')]$**

$F\text{-RATIO}=$ $V(B_C')/V(B_D')$			拍卖时段									
成对实验[a]	自由度		1	2	3	4	5	6	7	8	9	10
	f_C	f_D										
ⅠD-ⅡC…	29	29	4.3	9.5	15.3	9.4	25.4	…	…	…	…	…
ⅢD-ⅢC…	25	25	2.3**	1.5*	9.8	9.8	6.6	5.7	5.2	5.3	…	…
ⅣD-ⅤC…	31	31	7 582	b	b	b	b	b	b	b	b	28 500

注：[a] 按预测报价增加的水平排序。

[b] 所有这些 F 值都非常大。

* 在 $\alpha = 0.10$ 的水平上显著。

** 在 $\alpha = 0.025$ 的水平上显著，其他 F 值在 $a < 0.001$ 的水平上显著。

　　既然 H_1 被证实，很显然对 H_2 和 H_2' 的检验就不能建立在 C 和 D 条件下报价总体方差相同的基础上了。因此，不能采用 t-检验方法检验 H_2，我们使用 Jonckheere 方法来进行检验。[①] Jonckheere 检验是一种非参数（秩序列）假设检验方法，即 k 个随机变量按顺序排列，每个变量都随机地大于排在其左边的变量。检验统计量 P 按如下方式计算：将 D 中的报价由低到高依次排列，从最低的那个报价开始，数出相应的 C 中有多少个报价高于此最低报价。如果 C 中有 N_i 个报价高于相应的 D 中的第 i 个报价，那么

$$P = \sum_i N_i$$

随着样本规模的增大，P 的分布将很快趋向于正态分布。[②]

　　表 6 显示了每个拍卖时段基于先验假设的单位正态偏离值 Z，先验假设是 C 条件下报价的秩高于 D 条件下报价的秩。在前两对实验中，分别有 8 个和 12 个报价被拒绝，Z 值在 $\alpha < 0.001$ 的水平上

[①] A. R. Jonckheere, "A Test of Significance for the Relation between m Rankings and k Ranked Categories," *British Journal of Statistical Psycology*, Ⅷ（November 1954），93 - 100；Λ. R. Jonckheere, "A Distribution-Free k-Sample Test against Ordered Alternatives," *Biometrika*, ⅩⅡ（June 1954），133 - 145.

[②] A. R. Jonckheere, "A Distribution-Free k-Sample Test against Ordered Alternatives," p. 140.

显著，假设 H_2 和 H_2' 在这些条件下被证实了。然而，在第三对实验中，共有 16 个被拒绝的报价，H_2 没有被证实。第三对实验中 Z 值非常小，在前两个拍卖中甚至是负的，意味着 C 条件下报价的秩低于 D 条件下报价的秩——这与 H_2 的预测是相反的。结果表明，当被拒绝的报价的比例较小或适中时，C 条件下的报价可能会超过 D 条件下的报价，但当被拒绝的报价的比例接近一半时，情况发生了逆转。

表6 H_2 和 H_2' 的 Jonckheere 检验（$B_C' > B_D'$）

成对实验[a]	被拒绝的报价的数量	拍卖时段									
Z，单位正态偏离		1	2	3	4	5	6	7	8	9	10
$\text{III}D - \text{III}C\cdots$	8	3.3	6.0	6.1	4.5	4.6	2.8	4.5	3.8	$\cdots$	$\cdots$
$\text{I}D - \text{II}C\cdots$	12	3.6	3.9	4.3	4.1	4.0	$\cdots$	$\cdots$	$\cdots$	$\cdots$	$\cdots$
$\text{IV}D - \text{V}C\cdots$	16	-1.0	-0.7	0.5	1.4	1.4	0.4	0.0	0.0	0.1	0.6

注：[a] 按预测报价增加的水平排序。前两行的值在预测方向上在 $\alpha < 0.001$ 的水平上显著。最后一行在预测方向上不显著。

图6、图7、图8 给出了用以检验 H_3 和 H_3' 的相关数据——C 和 D 条件下每个拍卖时段垄断卖者的总收益。12 个报价被拒绝的实验组中的观察值（见图7）支持了假设 H_3。然而在每期 16 个报价被拒绝的实验组（见图8）中，只有第 10 次拍卖的观察值支持了 H_3。H_3' 被图6中每一个观测值所支持。

表7 给出了 H_4 和 H_5 的 Jonckheere 检验结果。正如这些假设讨论中展示的那样，歧视性条件下排序关系 $B_D'(16) > B_D'(12) > B_D'(8)$ 成立，而竞争条件下排序关系 $B_C'(16) > B_C'(12)$ 未得到证实。我们怀疑，在 D 条件下，将被拒绝的报价的数量增加到超过 16 并不会显著地提高报价水平，但是这一说法并没有进行检验。（在图5中，歧视条件下的报价都向转售价格密度函数的均值 1.55 美元附近聚集。）

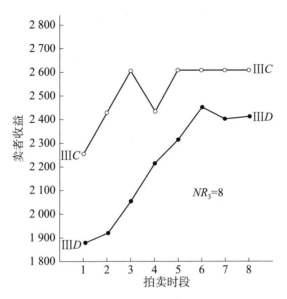

图 6　每一时段的卖者收入 H_3' 检验（$R_C^t > R_D^t$）

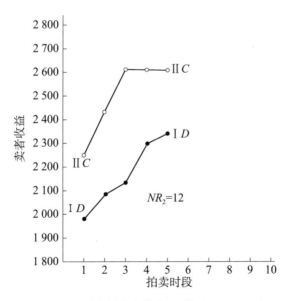

图 7　每一时段的卖者收益 H_3 检验（$R_C^t > R_D^t$）

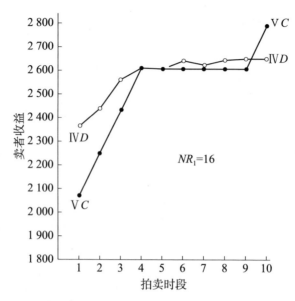

图 8　每一时段的卖者收益 H_3 检验 $(R_C^t > R_D^t)$

表 7　H_4 和 H_5 的 Jonckheere 检验 $[B_D^t(16) > B_D^t(12) > B_D^t(8)，B_C^t(16) > B_C^t(12)]$

Z, 单位正态偏离	拍卖时段				
成对实验[a]	1	2	3	4	5
H_4：ⅢD-ⅠD-ⅣD·············	6.1	5.4	5.9	5.0	3.6
H_5：ⅡC-ⅤC················	-1.3^b	-0.8^b	-0.5^b	0.6	-0.1^b

注：[a] 按①被拒绝的报价增加的比例和②预测报价提高的水平排序。

[b] 负值表明与预测相反，随着在 C 条件下被拒绝的报价的比例增长，报价水平下降。所有其他 Z 值在预测方向上都在 $\alpha < 0.001$ 的水平上显著。

因此，在 C 条件下，被拒绝的报价数量的增加并不会提高报价的水平，意味着 C 条件的影响完全超过了被拒绝的报价数量的影响。结果表明，歧视性拍卖的结果可能严重地依赖于竞标者的数量，而同等供应量下，竞争性拍卖的结果可能相对独立于竞标者的数量。比较图 6、图 7、图 8 中ⅢD、ⅠD、ⅣD 和ⅢC、ⅡC、ⅤC 的卖者收益曲线能够进一步证实上述结论。在 D 条件下，所有的时段中都有 $R_D^t(16) > R_D^t(12) > R_D^t(8)$。但是在 C 条件下，被拒绝的报价数量的增加并没有明确地提高卖者收益。

附录 I 表明，一个预期利润最大化的人（效用和货币线性相关）在 D 拍卖中会提交报价 $p_1^* = p_2^* < \bar{P}$，在 C 拍卖中会提交报价 $p_1^{**} = p_2^{**} = \bar{P}$，这里 $\bar{P}$（在实验里为 1.55 美元）是转售价格密度函数的均值。由于我们一直假设实验室实验中的利益小到足以以一个线性函数来近似表示被试的效用，这些定理为我们提供了对该假设的一个检验。附录 III 中的数据检验表明，在 D 拍卖条件下，仅有三个被试接近货币与效用的线性一致性，他们在实验中报价相等，三个被试分别为实验 III D 中的 7 号、实验 IV D 中的 17 号和 28 号。在 C 拍卖条件下，仅有两个被试的报价都为 1.55 美元：实验 II C 中的 4 号和实验 III C 中的 9 号。27 个被试中有 5 个被试的报价符合货币与效用呈线性关系的假设。

就效用理论而言，这些负面的结果可以有以下解释：（1）被试可能是期望效用最大化者，这里效用也和货币线性相关，但是在他们的决策行为和感知效用过程中存在噪音。（2）被试倾向于期望效用最大化，但是效用与货币不是线性关系。（3）被试倾向于期望效用最大化，但是效用函数里除了货币以外还有其他自变量。一个最明显的其他变量是报价多元化——在一轮接一轮的拍卖里老是提交同样的两个报价是非常无聊、无趣的。所以一些效用可能正是来自投标的多元化，而且现金回报率越低，被试报价多元化的动机就越强。[1] 我们可以复制上述实验来检验这一效应，新的实验通过将现金支付加倍的方式来降低报价多元化的重要性。

VII. 结语和讨论

本文设计了一系列实验来研究歧视性成交规则、竞争性成交规则和被拒绝的报价的相对数量对被试的报价水平和垄断性卖者收益的影响。实验范式为，被试针对固定数量非弹性供给的抽象商品进行竞标。在歧视性条件下，被试的购买价格就是他的报价（如果他中标的话）。在完全竞争条件下，被试的购买价格由全部被接受价格中的最低价决定，抽象物品的出售价格由矩形集函数决定。决策任务的实质是在仅知道先前

---

[1] Sidney Siegel［"Decision-Making and Learning under Varying Conditions of Reinforcement," *Annals of the New York Academy of Science*, LXXXIX（January 28, 1961), 766 – 783］在二项选择概率实验中，在不同报酬条件下，对于差异行为已经使用了一个类似的效用解释。

拍卖结果（最高和最低被接受价格）和转售价格的矩形分布的情况下，决定两个标价的价格水平。

6 个实验的结果支持了下列结论：

1. 竞争性条件下报价的方差大于歧视性条件下报价的方差，且随着被拒绝的报价数量的增加，两种报价方差的差异逐渐变大。

2. 在被拒绝的报价的比例很低或适中时，竞争性条件下的报价倾向于随机地高于歧视性条件下的报价，也就是说，任何报价 Y（或更低）在歧视性条件下被接受的概率都高于在竞争性条件下被接受的概率。当被拒绝的报价的比例较高时，这个命题不成立，这里"高"的意思是大约 50%。

3. 当被拒绝的报价的比例较低或适中时，垄断性卖者在竞争性拍卖中的总收益高于在歧视性拍卖中的总收益。该命题在被拒绝的报价的比例较高时不再成立。

4. 被拒绝的报价的比例较高的歧视性拍卖倾向于随机地占优于被拒绝的报价的比例较低的歧视性拍卖。该命题在竞争性条件下不成立。

5. 在歧视性拍卖中，被拒绝的报价的比例越高，垄断性卖者的收益越高。该命题在竞争性拍卖中不成立。

6. 77 个被试里仅有 5 个被试的报价符合效用与货币线性相关的假设。然而，如果报价多元化也是效用函数的一个自变量的话，剩余的 72 个竞价者的报价并不一定意味着效用与货币之间是非线性关系。

本研究的结论并不是绝对的，而只是抓住了一些表面问题。对于给定的设置变量，即给定市场组织形式和被拒绝的报价的比例，结果的差异性可能源自被试组的选择，所以部分实验应该用不同被试重复以证实我们的结论。而且每个被试至多只能提交两个报价的限制是武断的，在以后的实验中这个限制可以适当放松。还可以把被试的报价数量作为一个决策变量，来进一步扩充我们的实验。实验中有几个被试至少提交过一个特别低的报价，这些报价根本不可能中标。大概这些被试并没有提交额外报价，或者并没有提交有效水平的报价。而同时还有一些被试提交的两个报价都非常高，如果还有报价机会，他们很有可能提交更高的报价。这个结果可能适用于所有相对独立于竞标者数量的拍卖，在这种拍卖过程中，每个被试的报价数量会在给定供给量的情况下，随着被试者数量的增加反向变动。

设计一个更加逼真的模拟国库券拍卖的实验也许会很有意思，其中在 D 拍卖中，被试既可以提交"竞争性"报价，也可以提交"非竞争性"报价。而且我们不再假设转售价格服从矩形分布，而是从历史频率分布 $f(P_D-P_B)$ 中抽样，这里 P_D 是新债券发行时二级市场的债券价格，而 P_B 是报价被提交时二级市场的价格。在这个范式里，在每轮拍卖的开始，被试被告知 P_B（因为这样的信息在债券市场中对竞标者而言是已知的）和固定的商品供应量。

这些对目前实验条件的改动可能会拓展或限制目前的实验结论。

附录 I

报价理论

在本附录里，我们建立了歧视性和竞争性拍卖市场条件下，个体决策行为的静态期望效用模型。在第一个模型，即 A 部分中，我们假定单个买者有一个固定的转售价格或限制价格，高于这个价格他不会购买商品。这个模型为图 1 的说明提供了理论支持，并且在最简单的假设条件下为一个直观推断提供了分析基础，这个直观推断即，个体在歧视性市场条件下的报价可能比在竞争性市场条件下的报价更低。第一个模型适用于以下情况：单个买者有一个固定的限制价格，超过这个价格，他就不愿意或者不能够对商品进行竞标；或者说，他有一个明确的转售价格，超过这个价格，他就会承受损失。

第二个模型（B 部分）为本文中报告的几个实验中被试的竞标行为提供了一个静态的理论基础，在这些实验中被试购买虚拟商品进行转售，而转售价格服从一个已知的概率分布，在竞价被提交时转售价格是不确定的。

A. 限制或固定的转售价格

对于一个典型的买者，我们做如下假设：

1. 货币的效用函数为 $U(m)$，且 $U(0)=0$。

2. 在歧视性拍卖中，最低被接受报价 x 的主观密度函数为 $f(x)$；在竞争性拍卖中，这一密度函数为 $g(x)$。也就是说，在歧视性条件下，累积分布函数 $F(t) = \int_0^t f(x)\mathrm{d}x$ 是最低被接受价格小于等于 t 的主观概率。

3. 竞标行为满足期望效用最大化。

在价格歧视拍卖中，如果 $p \geq x$（竞标成功），个体的支付就是 $\pi = P - p$；如果 $p < x$（竞标不成功），则 $\pi = 0$，这里的 P 是个体的限制或转售价格，p 是他为单位商品或固定数量商品提交的报价。所以，在这样的拍卖中，给定 $U(m)$ 和 $f(x)$，一个 von Neumann-Morgenstern-Savage 式的主观期望效用最大化者会最大化他的期望效用 $\max_p E_D(U)$：

$$E_D(U) = \int_0^p U(P-p)f(x)\mathrm{d}x$$

对于只提交一个报价的个体来说，如果

$$\frac{\partial E_D}{\partial_p} = U(P-p^*)f(p^*) - U'(P-p^*)F(p^*) = 0 \tag{A1}$$

那么 $E_D(U)$ 在 p^* 处达到最大值。

如果要在 p^* 处达到内部最大化，则必有：

$$\frac{\partial^2 E_D}{\partial p^2} = U(P-p^*)f(p^*) - 2U'(P-p^*)f(p^*)$$
$$+ U''(P-p^*)F(p^*) < 0 \tag{A2}$$

式（A2）中的不等号可以被视为一个基本条件，或者说如果我们假定边际效用递减，$U'' < 0$，且密度函数 $f(p)$ 单峰，那么不等号对于众数以上的解 p^* 必然成立，因为在这个区域内满足 $f'(p) < 0$。从几何意义上看，条件（A2）要求函数 $U(P-p)f(p)$ 在 p^* 处从上方相交于 $U'(P-p)F(p)$。因而，如果 $U'(P-p) > 0$，$F(p) > 0$（看起来很合理），那么解 $p^* < P$ 将会是图 9 中的点 D。

在竞争性拍卖中，由于所有的竞标都按市场统一的出清价格成交，所以对于单个报价者而言，其支付将独立于他自己的报价。也就是说，如果 $p \geq x$，则 $\pi = P - x$；如果 $p < x$，则 $\pi = 0$，因而在这样的拍卖中，单个竞价的期望效用可以表达为：$E_C(U) = \int_0^p U(P-x)g(x)\mathrm{d}x$。

由于单个竞价者预期歧视性条件下的最低被接受报价低于竞争性条件下的最低被接受报价，因此假设 $g(x)$ 不同于 $f(x)$。换句话说，我们预期对于所有的 t，有：

$$F(t) = \int_0^t f(x)\mathrm{d}x \geq G(t) = \int_0^t g(x)\mathrm{d}x$$

为了在 p^{**} 处得到最大化期望效用 $\max_p E_C(U)$，必须使

$$\frac{\partial E_C}{\partial p} = U(P-p^{**})g(p^{**}) = 0 \tag{A1$'$}$$

但是，如果 $0 \leq p < P$ 时，$U(P-p) > 0$，且 $f(p) > 0$，而当 $p = P$

时，$U(P-p)=0$，要使上面的等式成立，必须满足 $p^{**}=P$。也就是说，定理要求货币对个体有正效用，并且个体需要相信最低被接受价格与他的限制价格 P 一样高的小概率事件有可能发生。因此，直观上，很明显地，在竞争性拍卖中，期望效用最大化者会以其底线价格或转售价格 P 报价。中标的被试不会因为他的标价高于市场出清价格而遭受惩罚，所以这个竞标问题就很明显地简化为一个成功概率最大化问题。被试只要报出其限制价格 P 就可以实现中标概率最大化，正如图 9 中的点 C（竞争）所示。

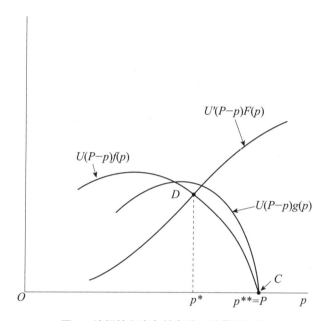

图 9　歧视性和竞争性条件下的最优报价

因而，我们认为在上面的假设条件下，一个最大化者在歧视性条件下的报价会比在完全竞争性条件下低。

B. 限制或再销售价格不确定

假定此时个体要为 1 单位商品或固定数量商品提交唯一的报价，我们仍假设如果竞标成功，效用函数为 $U(P-p)$，否则 $U(0)=0$。另外，对歧视性拍卖，我们设一个联合密度函数 $f(x, P)$，其中 x 为最低被接受价格，P 为转售价格，类似地，对竞争性拍卖市场，我们假设该联合密度函数为 $g(x, P)$。

在歧视性拍卖中，期望效用函数变为：

$$E_D(U) = \int_0^\infty \int_0^p U(P-p)f(x, P)\mathrm{d}x\mathrm{d}P$$

若以下条件同时成立，则期望效用函数在 p^* 处取最大值：

$$\frac{\partial E_D}{\partial p} = I(p^*) - J(p^*) = 0 \tag{B1}$$

$$\frac{\partial^2 E_D}{\partial p^2} = I'(p^*) - J'(p^*) < 0 \tag{B2}$$

其中，$I(p^*) = \int_0^\infty U(P-p^*)f(p^*, P)\mathrm{d}P$

$$J(p^*) = \int_0^\infty \int_0^{p^*} U'(P-p^*)f(x, P)\mathrm{d}x\mathrm{d}P$$

在竞争性拍卖市场中，同一竞标者的期望效用为

$$E_C(U) = \int_0^\infty \int_0^p U(P-x)g(x, P)\mathrm{d}x\mathrm{d}P$$

要在 p^{**} 处取得最大值，要求

$$\frac{\partial E_C}{\partial p} = K(p^{**}) = 0 \tag{B3}$$

且

$$\frac{\partial^2 E_C}{\partial p^2} = K'(p^{**}) < 0 \tag{B4}$$

其中，$K(p^{**}) = \int_0^\infty U(P-p^{**})g(p^{**}, P)\mathrm{d}P$

条件（B2）要求 $J(p)$ 在 p^* 点从上方相交于 $I(p)$，如图 10 所示。

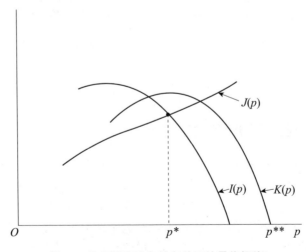

图 10　歧视性和竞争性条件下的最优报价

从图 10 可以看出，要使 $p^{**} > p^*$，只需在 p^* 上方的区域中有 $K(p) > I(p) - J(p)$。举例来说，令效用和货币线性相关，即 $U(m) \equiv m$，那么式（B1）可以写成

$$\int_0^\infty (P - p^*) f(p^*, P) dP - \int_0^\infty \int_0^{p^*} f(x, P) dx dP = 0$$

第二项是边际概率的累积分布函数 $F_1(p^*)$，代入公式 $f_1(p^*, P) = f(P \mid p^*) f_1(p^*)$，得

$$f_1(p^*)[E_f(P \mid p^*) - p^*] = F_1(p^*) \tag{B1$'$}$$

类似地，式（B3）变为

$$g_1(p^{**})[E_g(P \mid p^{**}) - p^{**}] = 0 \tag{B2$'$}$$

如果我们做如下合理假设：歧视性拍卖中的期望转售价格不高于完全竞争性拍卖下的期望转售价格，即

$$\bar{P}(p^*) \equiv E_f(P \mid p^*) \leqslant E_g(P \mid p^{**}) \equiv \bar{P}(p^{**})$$

那么，由（B1$'$）和（B2$'$）得

$$p^* = \bar{P}(p^*) - \frac{F_1(p^*)}{f_1(p^*)} < \bar{P}(p^*) \leqslant \bar{P}(p^{**}) = p^{**}$$

这个假设在本文的实验中完全成立，因为转售价格的（矩形）分布在 C 和 D 拍卖中是完全相同的。

结论是：只提交一个报价的竞标者可能（我们预测他会）在歧视性拍卖中提交低于竞争性拍卖中报价的报价。

在我们的实验中，被试被允许每次提交两个报价。我们可以将上述理论扩展到这种情况。

设 $0 \leqslant p_1 \leqslant p_2$ 是两个被提交的标价。在歧视性拍卖市场中，期望效用将会是

$$E^D(U) = \int_0^\infty \int_0^{p_1} U(2P - p_1 - p_2) f(x, P) dx dP$$
$$+ \int_0^\infty \int_{p_1}^{p_2} U(P - p_2) f(x, P) dx dP \tag{B5}$$

如果这两个报价都成功，则效用是 $U(2P - p_1 - p_2)$；

如果仅有较高的报价成功，则效用是 $U(P - p_2)$；

如果两个报价都不成功，则效用为 0。

要使 (p_1^*, p_2^*) 处出现相对最大值，则必须有

$$\frac{\partial E^D}{\partial p_1} = \int_0^\infty U(2P - p_1^* - p_2^*) f(p_1^*, P) dP$$
$$- \int_0^\infty \int_0^{p_1} U'(2P - p_1^* - p_2^*) f(x, P) dx dP$$

$$-\int_0^\infty U(P-p_2^*)f(p_1^*,P)\mathrm{d}P=0 \qquad \text{(B6)}$$

$$\frac{\partial E^D}{\partial p_2}=-\int_0^\infty\int_0^{p_1}U'(2P-p_1^*-p_2^*)f(x,p)\mathrm{d}x\mathrm{d}p$$

$$+\int_0^\infty U(P-p_2^*)f(p_2^*,P)\mathrm{d}P$$

$$-\int_0^\infty\int_{p_1}^{p_2^*}U'(P-p_2^*)f(x,P)\mathrm{d}x\mathrm{d}P=0 \qquad \text{(B7)}$$

且 $\begin{vmatrix} E_{11}^D & E_{12}^D \\ E_{21}^D & E_{22}^D \end{vmatrix}>0$，$E_{11}^D<0$

如果效用和货币呈线性关系，则式（B6）和式（B7）可以分别写为

$$f_1(p_1^*)[E_f(P\,|\,p_1^*)-p_1^*]-F_1(p_1^*)=0$$
$$f_1(p_2^*)[E_f(P\,|\,p_2^*)-p_2^*]-F_1(p_2^*)=0$$

其中，$E_f(P\,|\,p_i^*)=\int_0^\infty Pf(P\,|\,p_i^*)\mathrm{d}P$

因而，有

$$\bar{P}(p_1^*)=\bar{P}(p_2^*)>p_1^*=p_2^*$$

如果效用与货币呈线性关系，则理论表明被试应该提交相等的两个报价，且报价位于转售价格主观密度均值以下。

在竞争性拍卖的条件下，期望效用是：

$$E^C(U)=\int_0^\infty\int_0^{p_1}U(2P-2x)g(x,P)\mathrm{d}x\mathrm{d}P$$

$$+\int_0^\infty\int_{p_1}^{p_2}U(P-x)g(x,P)\mathrm{d}x\mathrm{d}P \qquad \text{(B8)}$$

最小值的必要条件是：

$$\frac{\partial E^C}{\partial p_1}=\int_0^\infty U(2P-2p_1^{**})g(p_1^{**},P)\mathrm{d}P$$

$$-\int_0^\infty U(P-p_1^{**})g(p_1^{**},P)\mathrm{d}P=0 \qquad \text{(B9)}$$

且 $\dfrac{\partial E^C}{\partial p_2}=\int_0^\infty U(P-p_2^{**})g(p_2^{**},P)\mathrm{d}P=0$ \qquad (B10)

要取得相对的最大值，有

$$\begin{vmatrix} E_{11}^C & E_{12}^C \\ E_{21}^C & E_{22}^C \end{vmatrix}>0,\ E_{11}^C<0$$

如果 $U(m)\equiv m$，可以将式（B9）和式（B10）写成

$$\frac{\partial E^C}{\partial p_1}=\int_0^\infty(P-p_1^{**})g(P\,|\,p_1^{**})\mathrm{d}P$$

$$= g(p_1^{**})[E_g(P \mid p_1^{**}) - p_1^{**}] = 0$$

和

$$\frac{\partial E^C}{\partial p_2} = \int_0^\infty (P - p_2^{**}) g(P \mid p_2^{**}) g(p_2^{**}) \mathrm{d}P$$

$$= g(p_2^{**})[E_g(P \mid p_2^{**}) - p_2^{**}] = 0$$

并由此得到

$$\overline{P}(p_1^{**}) = \overline{P}(p_2^{**}) = p_1^{**} = p_2^{**}$$

如果效用与货币呈线性关系，那么在竞争性拍卖条件下，被试提交的两个报价都将等于转售价格密度函数的均值。

因而，如果完全竞争性条件下的期望转售价格不低于歧视性条件下的期望转售价格，那么有

$$p_1^* = p_2^* < \overline{P}(p_1^*) = \overline{P}(p_2^*) \leqslant \overline{P}(p_1^{**}) = \overline{P}(p_2^{**}) = p_1^{**} = p_2^{**}$$

对于与货币呈线性关系的效用来说，个体在歧视性条件下的报价会低于他在完全竞争性条件下的报价。

附录 II

实验说明

实验 I D、III D、IV D（歧视性条件下）

这是一个有关市场决策的经济学实验。国家科学基金为这个实验提供了资金支持。实验说明非常简单，如果你能认真遵守并且做出好的决策，你就可以获得可观的货币支付。

1. 你会有一个价值为 1 美元的启动资金账户。你在实验中获得的所有利润将会被汇总累加到该账户，你在实验中的所有损失也将会从该账户中扣除。实验结束后，我们将支付给你相当于账户余额的等量货币。

2. 这个实验将要模拟某种市场，你将以一个买者的身份在一系列连续的交易时段中参与交易。每个交易时段以宣布被交\易商品的数量开始。

3. 在每个交易时段，你的任务是通过提交一个书面的报价来购买虚拟商品，在这个过程中你需要跟其他对手竞争。你可以将你购买的每单位商品都按照下面第 5 点中的定价规则定下的价格转售出去。你的报价是否会被接受以及你的购买价格将由第 6 点给出的规则决定。

4. 如果你的竞标不成功，你的利润就是零，如果竞标成功，你的

利润就是卖价和买价之间的差额。如果差额为负数，代表亏损。即，利润＝卖价－买价。

5. 对于所有竞标成功的被试，你的转售价格是从下列 9 个价格中随机抽取出来的（使用一个随机数字表进行抽取，这 9 个价格分别是：1.15 美元、1.25 美元、1.35 美元、1.45 美元、1.55 美元、1.65 美元、1.75 美元、1.85 美元和 1.95 美元）。在每个交易时段，这些价格被抽中的概率相同。因为总共有 9 个价格，这就意味着每个价格在任一交易时段被抽中的概率均为 1/9。例如，如果在某个交易时段抽中了 1.25 美元，这并不影响此价格在以后市场交易时段中被抽取的概率，此概率仍为 1/9。

你知道转售价格的范围为 1.15～1.95 美元，每个价格被抽中的概率均为 1/9。但是在你提交报价时，并不知道转售价格是多少。

6. 报价是否会被接受，以及被接受的价格是多少，取决于以下过程：假设在交易时段开始共有 X 单位的商品被拍卖。每个竞标者都需要提交两张卡片，每张卡片都要写一个报价。每一个报价都表示你愿意为 1 单位商品支付的价格。竞标报价必须以美元为单位，且其分位数字只能是 5，例如 1.35 美元、0.75 美元、0.45 美元。这些竞标价格将被收集起来并按照降序排列，其中前 X 个报价将会被接受（从最高价开始），而剩余的价格将会被拒绝。如果最低被接受的价格不止一个，就使用随机数字表来决定哪个价格被接受。然后公布最高和最低的报价。如果一个报价被接受，就代表竞价者以自己提交的报价购买了 1 单位商品，所以你的报价越高，你在竞价成交时潜在的盈利就会越小。但是，报价越高也就意味着报价越有可能超过最低被接受价格，因而成交的概率增大了。你做每一个报价时都需要很认真地考虑这些因素，零报价是可以接受的，并且等同于没有进行竞价，或者叫"旁观"。

7. 考虑下面的例子。假设琼斯提交了两个报价：1.45 美元和 0.65 美元，并且假设最高的被接受报价和最低的被接受报价分别为 1.55 美元和 0.45 美元，因为琼斯的两个报价都高于 0.45 美元，因此他的两个报价都可以成交。他将分别以 1.45 美元和 0.65 美元的价格购买两单位的商品。假定从随机价格中抽出的转售价格是 1.35 美元。那么琼斯在第一单位商品上的利润是 1.35 美元－1.45 美元＝－0.10 美元（损失），在第二单位商品上的利润是 1.35 美元－0.65 美元＝0.70 美元。因而他在两单位商品上的净利润为 0.60 美元。

下面是另一个例子，假设琼斯提交的两个价格分别为 0.85 美元和 0.25 美元，最高的和最低的被接受报价分别为 1.25 美元和 0.55 美元。

那么琼斯的高报价被接受，低报价被拒绝。也就是说，他以 0.85 美元的价格购买了一单位商品。现在假定随机转售价格为 1.65 美元，那么他在这一单位商品上的利润为 1.65 美元－0.85 美元＝0.80 美元。

（第 6 点和第 7 点可以由图 1 帮助解释。）在整个实验过程中，你们不可以透露自己的报价或利润，也不可以和其他被试进行交流。

还有其他的问题吗？

实验 II C、III C、V C（竞争性市场）

竞争性设置的实验说明除了下面的第 6 点和第 7 点以外，均和歧视性条件相同。

6. 你的竞标是否会被接受，以及被接受的报价是多少，取决于以下过程：假设在每个交易时段开始共有 X 单位的商品被拍卖。每个竞标者都需要提交两张卡片，每张卡片都写着一个报价。每一个竞价都表示你愿意为一单位商品支付的价格。竞标价格必须以美元为单位，且其分位数字只能是 5，例如 1.35 美元、0.75 美元、0.45 美元。这些竞标价格将被收集起来并按照降序排列，其中前 X 个报价将会被接受（从最高价开始），而剩余的价格将会被拒绝。如果最低的被接受报价不止一个，我们将使用随机数字来决定哪个报价被接受。然后公布最高的和最低的被接受报价。每一个被接受的报价都可以以最低的被接受报价而不是各自的报价购买一单位的商品。因此如果你的报价在最低的被接受报价以上，你的潜在收益并不会降低。你的报价越高就越可能在最低的被接受报价以上，因而也更容易成交。但是你的成本和潜在的利润是由最低的被接受报价而不是你的报价决定的。零报价是被允许的，并且等同于没有进行竞价，或者叫作"旁观"。

7. 考虑下面的例子。假设琼斯提交了两个报价（1.45 美元和 0.65 美元），并且假设最高的被接受报价和最低的被接受报价分别为 1.55 美元和 0.45 美元，因为琼斯的两个报价都高于 0.45 美元，因此他的两个报价都可以成交。他将以 0.45 美元的价格购买两单位的商品。假设从随机价格中抽出的转售价格是 1.35 美元。那么琼斯在每单位商品上的利润是 1.35 美元－0.45 美元＝0.90 美元，或者说在两个报价上的总利润是 1.80 美元。

下面是另一个例子，假设琼斯提交的两个报价分别为 0.85 美元和 0.25 美元，最高的和最低的被接受报价分别为 1.25 美元和 0.55 美元。那么琼斯的高报价被接受，低报价被拒绝。也就是说，他只能以 0.55 美元的价格购买一单位的商品。现在假定随机转售价格为 1.65 美元，那么他在这一单位商品上的利润为 1.65 美元－0.55 美元＝1.10 美元。

附录Ⅲ

A. 实验数据，ID

单位：美元

被试编号	拍卖时段 0		拍卖时段 1		拍卖时段 2		拍卖时段 3		拍卖时段 4		拍卖时段 5	
	p_2	p_1	p_2	p_1	p_2	p_1	p_2	p_1	p_2	p_1	p_2	p_1
1	1.35*	1.15*	1.25*	1.05*	1.25*	1.15*	1.25*	1.15*	1.25*	1.25*	1.35*	1.25*
2	1.15*	0.55	1.25*	0.95	1.25*	1.15*	1.25*	1.15*	1.25*	1.25*	1.25*	1.25*
3	0.65	0.45	0.85	0.75	0.95	0.85	1.15*	1.15*	1.25*	1.15	1.35*	1.25*
4	0.95*	0.75	0.95	0.95*	1.05	0.95	1.15	1.05	1.25*	1.15	1.25*	1.25*
5	0.55	0.45	1.05*	0.95*	1.15*	1.05*	1.15	1.15	1.35*	1.25*	1.35*	1.25
6	1.35*	0.85*	1.25*	0.95	1.05	1.05	1.15*	1.15	1.25*	1.15	1.35*	1.35*
7	0.95*	0.85*	0.95*	0.95*	1.05*	1.05	1.15*	1.15	1.15	1.15	1.25*	1.25
8	0.65	0.45	1.15*	0.95	1.15*	1.05	1.15*	1.05	1.15	1.05	1.25*	1.25
9	1.05*	0.75	1.25*	0.95	1.05*	1.05*	1.15	1.15	1.25*	1.05	1.15	1.05
10	1.35*	1.15*	1.05*	1.05*	1.15*	1.05	1.15	1.15	1.25*	1.25*	1.25	1.25
11	1.15*	0.85*	1.05*	0.85	1.15*	0.95	1.15*	1.05	1.25*	1.15	1.35*	1.25*
12	1.05*	0.35	1.05*	0.95	1.25*	1.25*	1.25*	1.25*	1.35*	1.35*	1.35*	1.35*
13	1.05*	0.85	1.05*	0.95	1.15*	1.05	1.15*	1.15*	1.25*	1.15	1.25	1.25

续前表

被试编号	拍卖时段 0		拍卖时段 1		拍卖时段 2		拍卖时段 3		拍卖时段 4		拍卖时段 5	
	p_2	p_1	p_2	p_1	p_2	p_1	p_2	p_1	p_2	p_1	p_2	p_1
14	1.25*	0.95*	1.15*	0.95*	1.15*	0.95	1.15*	1.15	1.25*	1.15	1.25	1.25
15	1.45*	0.75	1.35*	0.75	1.25*	1.15*	1.35*	1.15*	1.35*	1.15*	1.35*	1.25*
最高的被接受报价	1.45		1.35		1.25		1.35		1.35		1.35	
最低的被接受报价	0.85		0.95		1.05		1.15		1.25		1.25	
转售价格	1.75		1.15		1.95		1.35		1.95		1.45	

注：* 为被接受报价。

单位：美元

B. 实验数据，ⅡC

被试编号	拍卖时段 0		拍卖时段 1		拍卖时段 2		拍卖时段 3		拍卖时段 4		拍卖时段 5	
	p_2	p_1	p_2	p_1	p_2	p_1	p_2	p_1	p_2	p_1	p_2	p_1
1	1.45*	0.75	1.55*	1.15	1.95*	1.35*	1.95*	1.45*	2.05*	1.55*	1.95*	1.45*
2	1.75*	1.35*	1.85*	1.35*	1.65*	1.55*	1.65*	1.45*	1.55*	1.45*	1.65*	1.35
3	1.75*	0.75	1.45*	0.45	1.45*	0.45	1.45*	1.15	1.75*	1.15	1.75*	1.55*
4	1.55*	1.45*	1.55*	1.55*	1.55*	1.55*	1.55*	1.55*	1.55*	1.55*	1.55*	0.45
5	1.15*	0.85	1.35*	0.75	1.15	0.95	1.45*	0.95	1.25	0.95	1.75*	1.35
6	1.75*	1.25*	1.75*	1.25*	1.75*	1.35	1.75*	1.75*	1.45	1.35	1.75*	1.65*
7	1.05	0.35	1.75*	1.05	1.35*	1.05	1.35	1.15	1.45*	1.15	1.45	1.15
8	1.85*	1.75*	1.45*	1.35*	1.45*	1.35*	1.45*	1.45*	1.45*	1.45*	1.45	1.45*
9	0.85	0.05	1.15	0.95	0.95	0.65	1.25	0.95	1.25	0.85	1.35	1.15
10	1.65*	1.25*	1.35*	1.25*	1.75*	1.45*	1.55*	1.35	1.75*	1.35	1.75*	1.55*
11	0.65	0.45	1.25*	1.15	1.55*	1.25	1.55*	1.35	1.55*	1.35	1.55*	1.45*
12	1.25*	0.55	1.35*	0.95	1.65*	1.25	1.65*	1.35	1.65*	1.55*	1.65*	1.55*
13	1.45*	1.05*	1.35*	1.15	1.45*	1.35	1.55*	1.45*	1.55*	1.55*	1.55*	1.45*
14	1.15*	1.05*	1.15	1.05	1.35*	1.15	1.25	1.15	1.85*	1.35	1.25	1.15
15	0.95	0.75	1.75*	1.25*	1.65*	1.25	1.85*	1.25	1.55*	1.35	1.95*	1.35
最高的被接受报价	1.85		1.85		1.95		1.95		2.05		1.95	
最低的被接受报价	0.85		1.25		1.35		1.45		1.45		1.45	
转售价格	1.75		1.15		1.95		1.35		1.95		1.45	

注：*为被接受报价。

单位：美元

C. 实验数据，ⅢD

被试编号	拍卖时段 0		拍卖时段 1		拍卖时段 2		拍卖时段 3		拍卖时段 4		拍卖时段 5		拍卖时段 6		拍卖时段 7		拍卖时段 8	
	p_1	p_2	p_1	p_2	p_1	p_2	p_1	p_2	p_1	p_2	p_1	p_2	p_1	p_2	p_1	p_2	p_1	p_2
1	0.55	0.95*	0.85*	0.95*	1.05*	1.05*	1.15*	1.15*	1.15*	1.15*	1.25*	1.25*	1.25	1.35	1.25	1.35*	1.25	1.35*
2	0.15	0.55	0.65	0.95*	0.65	1.05*	0.95	1.05*	1.05	1.15*	1.15	1.25*	1.25	1.25	1.25*	1.35*	1.25	1.25
3	0.25	0.55	1.15*	1.45*	0.95*	1.35*	1.05	1.25*	1.15	1.35*	1.15	1.35*	1.35*	1.35*	1.25	1.35*	1.25*	1.35*
4	0.75*	0.95*	0.85	0.95*	0.85	0.95	1.05	1.05*	1.15	1.35*	1.15	1.35*	1.35*	1.35*	1.15	1.25*	1.25	1.25
5	1.15*	1.55*	0.95*	1.45*	0.95	1.35*	1.15*	1.25*	1.25*	1.25*	1.25*	1.35*	1.35*	1.35*	1.35*	1.35*	1.35*	1.35*
6	0.55	0.75*	0.75	0.85	0.95	0.95*	1.05	1.15*	1.15*	1.25*	1.25	1.25*	1.35*	1.45*	1.25	1.35*	1.35*	1.35*
7	0.65*	0.75*	0.85	1.15*	0.95*	1.15*	1.05*	1.25*	1.15	1.25*	1.25	1.25*	1.25	1.45*	1.35*	1.35*	1.35*	1.35*
8	0.65*	0.85*	0.75	0.95*	0.85	0.95	1.05*	1.15*	1.15	1.25*	1.25	1.25*	1.25	1.25	1.25	1.25*	1.35*	1.35*
9	0.55	1.25*	0.95*	1.15*	1.05*	1.15*	1.05	1.15*	1.25*	1.15*	1.25	1.35*	1.35*	1.35*	1.35*	1.35*	1.25	1.25*
10	0.75*	1.05*	0.95*	1.05*	0.95*	1.05*	1.15*	1.25*	1.15	1.25*	1.25*	1.35*	1.25	1.35*	1.35*	1.35*	1.35*	1.35*
11	0.95*	1.15*	0.95*	1.15*	0.95*	1.15*	1.15*	1.15*	1.25*	1.25*	1.25*	1.35*	1.35*	1.35*	1.35*	1.35*	1.35*	1.35*
12	0.65*	1.05*	0.85*	0.95*	0.95*	1.05*	1.15	1.25*	1.15	1.25*	1.25	1.35*	1.35*	1.35*	1.35*	1.35*	1.35*	1.35*
13	0.45	0.85*	0.75	0.85	0.95	1.05*	1.05	1.05	1.05	1.05	1.05	1.35*	1.25	1.35*	1.15	1.35*	1.15	1.15
最高的被接受报价	1.55		1.45		1.35		1.25		1.35		1.35		1.45		1.35		1.35	
最低的被接受报价	0.65		0.85		0.95		1.05		1.15		1.25		1.35		1.25		1.25	
转售价格	1.75		1.15		1.95		1.35		1.95		1.45		1.15		1.35		1.85	

注：* 为被接受报价。

111

单位：美元

D. 实验数据，ⅢC

被试编号	拍卖时段 1		拍卖时段 2		拍卖时段 3		拍卖时段 4		拍卖时段 5		拍卖时段 6		拍卖时段 7		拍卖时段 8	
	p_2	p_1	p_2	p_1	p_2	p_1	p_2	p_1	p_2	p_1	p_2	p_1	p_2	p_1	p_2	p_1
1	1.25*	1.25	1.35	1.25	1.35	1.25	1.35	1.25	1.35	1.25	1.35	1.25	1.45*	1.35	1.45*	1.35
2	1.55*	1.25*	1.55*	1.25	1.65*	1.45	1.45*	1.15	1.45*	1.25	1.45*	1.45*	1.55*	1.45*	1.55*	1.45*
3	1.35*	1.25*	1.55*	1.35*	1.65*	1.35	1.35	1.25	1.85*	1.45*	1.65*	1.35	1.45*	1.45*	1.45*	1.35
4	1.35*	0.95	1.95*	1.25	1.85*	1.25	1.35	1.15	1.35	1.25	1.35	1.25	1.35	1.35	1.35	1.35
5	1.35*	1.25*	1.55*	1.35*	1.95*	1.75*	1.45*	1.45*	1.45*	1.45*	1.65*	1.45*	1.45*	1.35	1.45*	1.45*
6	1.25*	1.15	1.45*	1.35	1.55*	1.45*	1.55*	1.55*	1.55*	1.45	1.55*	1.45*	1.55*	1.45*	1.55*	1.45*
7	1.45*	1.35*	1.45*	1.45*	1.45*	1.45*	1.55*	1.35*	1.55*	1.45	1.55*	1.45*	1.85*	1.85*	1.35	1.35
8	1.95*	0.75	1.85*	1.25	1.95*	1.95*	1.95*	1.95*	1.45*	1.45*	1.35	1.35	1.55*	1.55*	1.55*	1.55*
9	1.65*	1.65*	1.55*	1.55*	1.55*	1.55*	1.55*	1.55*	1.55*	1.55*	1.55*	1.55*	1.55*	1.55*	1.45*	1.45*
10	1.45*	0.75	1.45*	1.15	1.85*	1.35	1.85*	1.25	1.85*	1.35	1.85*	1.45*	1.85*	1.35	1.45*	1.45*
12	0.95	0.85	1.35*	1.35	1.45*	1.45	1.45*	1.45*	1.45*	1.45*	1.45*	1.45*	1.45*	1.45	1.45*	1.45
13	1.45*	1.35*	1.45*	1.45*	1.45*	1.45	1.55*	1.45*	1.55*	1.45*	1.55*	1.45*	1.55*	1.55*	1.55*	1.45
14	1.55*	0.85	1.55*	1.35*	1.85*	1.75*	1.85*	1.65*	1.85*	1.85*	1.65*	1.25	1.55*	1.35	1.85*	1.35
最高的被接受报价	1.95		1.95		1.95		1.95		1.35		1.85		1.85		1.85	
最低的被接受报价	1.25		1.35		1.45		1.35		1.45		1.45		1.45		1.45	
转售价格	1.35		1.45		1.35		1.75		1.55		1.25		1.75		1.35	

注：* 为被接受报价。

单位：美元

E. 实验数据，IV D

被试编号	拍卖时段 0		拍卖时段 1		拍卖时段 2		拍卖时段 3		拍卖时段 4		拍卖时段 5		拍卖时段 6		拍卖时段 7		拍卖时段 8		拍卖时段 9		拍卖时段 10	
	p_2	p_1	p_2	p_1	p_2	p_1	p_2	p_1	p_2	p_1	p_2	p_1	p_2	p_1	p_2	p_1	p_2	p_1	p_2	p_1	p_2	p_1
11	1.45*	1.25*	1.45*	1.25*	1.45*	1.25	1.45*	1.25*	1.45*	1.35*	1.45*	1.35*	1.45*	1.35	1.35	1.45	1.45*	1.45	1.45*	1.45*	1.45	1.45
12	1.25	0.85	1.25	0.95	1.25	1.05	1.45*	1.35*	1.45*	1.35*	1.45	1.45	1.55*	1.45*	1.45*	1.45*	1.45*	1.45	1.45*	1.45	1.45*	1.45*
13	1.15	0.75	1.35*	1.25*	1.25	0.95	1.25	1.35*	1.55*	1.15	1.35	1.25	1.35	1.25	1.25	1.25	1.35	1.25	1.35	1.25	1.45	1.35
14	1.25*	1.55*	1.45*	1.25	1.45*	1.25	1.45*	1.25	1.45*	1.25	1.35	1.35	1.35	1.35	1.45	1.35	1.45*	1.45	1.45*	1.35	1.45	1.35
15	1.65*	1.75*	1.25*	1.15	1.35*	1.35*	1.45*	1.45*	1.45*	1.45*	1.45*	1.45*	1.45*	1.45*	1.45*	1.45*	1.45*	1.45	1.55*	1.45	1.55*	1.45
16	1.45*	0.75	1.15	1.05	1.15	1.25	1.35*	1.25	1.35*	1.35*	1.35	1.35	1.35	1.35	1.45*	1.45*	1.55*	1.55*	1.45	1.45	1.45*	1.45*
17	0.95	0.75	1.35*	1.35*	1.35*	1.35*	1.45*	1.45*	1.45*	1.45*	1.45*	1.45*	1.45*	1.45*	1.45*	1.45*	1.45*	1.45	1.55*	1.45*	1.55*	1.45*
18	0.95	1.35*	1.35*	0.95	1.35*	1.05	1.45*	1.45*	1.35*	1.35*	1.35	1.35	1.35	1.25	1.35	1.35	1.35	1.35	1.45	1.45*	1.45	1.45
20	1.05	0.65	1.15	1.25	1.15	1.25	1.45*	1.25	1.35*	1.25	1.35	1.35	1.35	1.35	1.45*	1.45*	1.45*	1.45	1.45	1.35	1.35	1.35
21	1.15*	1.05	1.35*	1.25*	1.35*	1.15	1.35*	1.25	1.55*	1.35*	1.45*	1.45*	1.55*	1.35	1.45*	1.45*	1.45*	1.45	1.45	1.45	1.45	1.45
22	1.15*	0.75	1.15	1.15	1.35*	1.25	1.45*	1.35*	1.35*	1.35*	1.45*	1.35	1.45*	1.35	1.45	1.45	1.35	1.35	1.45	1.45	1.45	1.45
23	1.25*	1.15*	1.25*	1.25*	1.35*	1.35*	1.45*	1.35*	1.45*	1.45*	1.45*	1.45*	1.45*	1.45*	1.55*	1.45*	1.55*	1.45	1.45	1.45	1.45	1.45
24	1.15*	0.95	1.35*	1.15	1.35*	1.25	1.35*	1.15	1.35*	1.35*	1.25	1.45*	1.45*	1.35	1.45*	1.45*	1.45*	1.45	1.45	1.45	1.45	1.45
25	1.25*	1.35*	1.25*	1.25*	1.25	1.35*	1.25	1.25	1.35*	1.35*	1.35	1.25	1.55*	1.45*	1.45*	1.45*	1.45*	1.45	1.45	1.45	1.45	1.45
26	0.95	0.95	1.05	1.15	1.35*	1.25	1.35*	1.15	1.45*	1.45*	1.45*	1.35	1.35	1.35	1.45	1.45	1.45	1.45	1.55*	1.55*	1.45	1.45
27	1.05	1.05	1.25	1.05	1.35*	1.25	1.35*	1.35*	1.35*	1.35*	1.35	1.45*	1.45*	1.45*	1.45*	1.45*	1.45	1.45	1.45	1.45	1.55*	1.55*
28	1.45*	1.35*	1.35*	1.35*	1.35*	1.35*	1.35*	1.35*	1.35*	1.35*	1.45*	1.45*	1.45*	1.45*	1.45*	1.45*	1.45	1.45	1.45	1.45	1.45	1.45
最高的被接受报价	1.75		1.45		1.45		1.45		1.55		1.45		1.55		1.55		1.55		1.55		1.55	
最低的被接受报价	1.15		1.25		1.35		1.35		1.35		1.45		1.45		1.45		1.45		1.45		1.45	
转售价格	1.75		1.15		1.95		1.35		1.95		1.45		1.15		1.35		1.85		1.55		1.35	

注：* 为被接受报价。

单位：美元

F. 实验数据：VC

被试编号	拍卖时段0 p2	p1	拍卖时段1 p2	p1	拍卖时段2 p2	p1	拍卖时段3 p2	p1	拍卖时段4 p2	p1	拍卖时段5 p2	p1	拍卖时段6 p2	p1	拍卖时段7 p2	p1	拍卖时段8 p2	p1	拍卖时段9 p2	p1	拍卖时段10 p2	p1
11	1.45*	1.05*	1.25*	1.05	1.35	1.25	1.55*	1.45	1.05	0.00	1.05	0.00	1.45	1.15*	1.45	1.35	1.45	1.35	1.55*	1.45*	1.55*	1.45*
12	1.45	0.45	1.35*	1.25	1.95*	1.35	1.85*	1.45	2.05*	0.35	2.05*	0.35	2.05*	1.15	1.95*	1.35	1.85*	1.45*	1.95*	1.35	2.05*	1.35
13	1.35*	0.55	1.55*	0.55	1.25	0.55	2.15*	2.05*	2.05*	1.25	2.05*	1.25	2.15*	2.05*	2.15*	2.05*	2.15*	2.05*	2.15*	2.05*	2.15*	2.05*
14	1.55*	0.85	1.35*	1.05	1.55*	1.05	1.55*	0.95	1.55*	1.15	1.55*	1.15	1.55*	1.15	10.05*	1.05	1.55*	0.95	1.55*	1.25	1.55*	1.25
15	1.15*	0.35	1.15*	1.25*	10.05*	1.25	11.05*	1.35	10.05*	1.45	10.05*	1.45	10.05*	1.45	2.25*	1.35	1.95*	1.35	1.95*	1.35	1.95*	1.35
16	125.15*	125.15*	255.55*	225.25*	265.65*	255.55*	255.55*	244.45*	255.55*	244.45*	255.55*	244.45*	.25*	2.15*	2.25*	2.15*	2.25*	2.15*	2.05*	1.75*	2.05*	1.95*
17	1.65*	1.05*	10.00*	0.85	1.15	1.35*	1.85*	1.85*	1.75*	1.55*	1.75*	1.55*	1.45	1.15	1.35	1.15	1.15	1.05	1.35	1.35	1.35	1.35
18	1.15*	0.55	2.15*	0.75	1.55*	1.05	1.25	1.15	1.95*	1.15	1.95*	1.15	1.25	1.15	1.25	1.15	1.25	1.25	1.55*	0.95	1.55*	0.95
19	0.65	0.55	1.15*	0.95	1.55*	1.45*	1.25	1.25	1.55*	1.45	1.55*	1.45	1.35	1.25	1.55	1.45*	1.55*	1.55*	1.25	1.25	1.25	1.25
20	0.75	0.45	3.75*	1.25*	1.45*	1.35	5.05*	1.45	1.55*	1.45	1.55*	1.45	1.75*	1.55*	1.55*	1.45*	1.75*	1.75*	1.66*	1.55*	1.55*	1.55*
21	1.45*	0.75	1.75*	2.55*	1.95*	1.95*	1.95*	1.55*	1.45	1.35	1.75*	1.35	1.75*	1.75*	1.75*	1.75*	1.45	1.25	1.75*	1.75*	1.55*	1.55*
22	1.05*	0.75	1.15	1.15	1.45*	1.35*	1.45	1.35	1.45	0.05	1.45	0.05	1.35	1.35	1.35	1.25	3.75*	1.85*	1.45	1.25	2.05*	0.05
23	1.75*	0.55	3.55*	0.65	1.75*	0.95	1.75*	0.55	3.75*	0.05	3.75*	0.05	3.75*	0.05	3.75*	0.05	1.75*	0.05	5.75*	0.05	4.75*	0.05
24	1.45*	1.85*	1.45*	0.05	1.75*	0.05	1.75*	0.05	275.75*	0.05	275.75*	1.75*	285.95*	0.05	1.75*	0.05	1.75*	0.05	1.75*	0.05	1.75*	0.05
25	2.05*	0.75	10.05*	1.75*	1000.06*	1.15	200.06*	1.25	100.06*	1.75*	100.06*	1.45	100.35*	1.45*	1.75*	1.75*	1.45	1.35	1.45	1.15	1.45	1.45
26	0.75	0.35	0.95	1.25*	1.35	1.35	1.45*	1.35	1.45*	1.45	1.45*	1.45	1.45	1.35	1.35	1.35	1.55*	1.55*	1.45	1.55*	1.45	1.55*
27	0.95*	0.45	1.55*	1.15	1.75*	1.55*	1.95*	1.35	1.95*	1.45	1.95*	1.45	1.95*	1.55*	1.95*	1.55*	2.05*	1.55*	2.05*	1.55*	2.05*	1.55*
最高的被接受报价	125.15		255.55		1000.05		255.55		255.55		275.75		285.95		10.05		3.75		5.75		4.75	
最低的被接受报价	0.85		1.25		1.35		1.45		1.45		1.45		1.45		1.45		1.45		1.45		1.55	
转售价格	1.75		1.95		1.35		1.95		1.95		1.45		1.15		1.35		1.85		1.55		1.35	

注：* 为被接受报价。

实验经济学：诱导价值理论

弗农·史密斯[*]（Vernon L. Smith）

导　言

在实验室或社会其他隔离情景比如医院（R. Battalio，J. Kagelet et al.，1973）中，对适度激励下的个体和群组决策行为的研究在经济理论的发展和检验方面有重要且显著的应用。原因有如下两点：

1. 实验室研究的结果可在自然数据产生之前，对经济理论进行严格的实证检验。对经济学理论假设的检验，正如人们通常所做的那样，可以粗略地描述为：基于对经济进程的偶然性观察和自利人的基本假设，构建一个模型，然后用现实中的自然数据对其进行检验。检验的结果往往模棱两可，需要对模型进行改进，此时人们通常会按照数据引导的方向对自己构建的模型加以修正，以提高"模型的普适度"。如果人们再试图用这一数据对模型进行显著性检验，那么任何检验结果都是无意义的。正如对价格生成机制的研究，用可控实验中获得的数据对源于随机观测建立起来的假设进行检验是可行的。人们总是可以进行一次新的实验，这意味着人们对模型进行修正时的逻辑绝不同于基于上次实验结果进行修正时的逻辑。经济理论总是会涉及某些隔离状态下的所谓

　　* 亚利桑那大学经济学系，感谢国家科学基金（NSF）对本文的资助。这篇文章是对1964—1967年在普度大学的"实验经济学研讨课"上所形成的一些概念的汇总和整理。

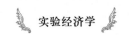

的行为倾向，实验室实验正适合于检验这些理论。它为我们针对自然情景构建模型的能力提供了异常严格的规则，而不论那些自然数据能否被视为按照这种模型的机理生成。

2. 实验结果可能直接与对自然数据的研究和解释相关。那些所谓的非实验科学如气象学、天文学等的发展与质量运动物理学、热力学和核反应物理学的小规模实验研究密不可分，并且其发展依赖一个假设：微观物理领域的实验结果经过适当调整后可以用于对气候、星球以及宇宙天体的研究。这种并行性，即"正如我们所知道的，同样的原理适用于任何地方"（Harlow Shapley，1964，p. 43），在社会经济领域的研究中同样适用。实验室研究的经验表明，几乎所有我们认为十分重要的"真实"世界中的行为特点——例如人的自利性、相互依存性、风险规避性、主观交易成本（如时间消费）、信息成本（获得和处理信息需要大量的时间）等——都会自然而然地，事实上不可避免地出现在实验情景中。任何开始在实验室中学习经济学并且对这些概念一无所知的人，都不久就会意识到自己对此有所发现。此外，实验设计的过程促使人们将规则和程序形成制度、组织或"法律主体"的集合与引人注目的"真实世界"的并行性结合起来（Martin Shubik，1974）。实验室便成了这样一个地方，在这里，真实的人面对抽象的情景做出真实的决策，从而获得真实的货币报酬，其真实度就像通用汽车的股票。

Ⅰ. 诱导价值理论

对实验的控制是实验方法的关键，并且在实验交易研究中，实验者控制两个实验设置中被试的个体价值函数（比如需求或供给）是否在某些具体方面存在差异非常重要。这样的控制可以通过在拍卖中使用引入规定货币价值的报酬结构来达成。诱导价值理论（Smith，1973）基于如下非餍足性假设：

假定在两组替代物之间进行选择是无成本的，并且选择第一个物品永远比选择第二个物品获得的收益（通常是货币）多，那么对于独立的个体，他总会选择第一个物品。也就是说，效用是货币报酬的单调递增函数 $[U(M)，U'>0]$。

这一假设可用于设计实验来检验价值函数已知条件下的价格理论。也可以设计独立的实验来检验偏好理论。

例 1：在针对隔离市场竞争性均衡的实验研究中，需要诱导每个被试（实验者已知）的需求或供给。被试中的买者 $i=1，2，\cdots，n$ 每人获得一张表格，上面列出递增的下凹总收益函数 $R_i(q_i)$，表示被试 i 在实验市场中得到 q_i 单位产品时的货币偿付或转售价值。根据实验说明，如果实验被试 i 以 $p_1^i，p_2^i，\cdots，p_{q_i}^i$ 的价格获得 q_i 单位的产品，那么他的现金收益可表示为 $R_i(q_i)-\sum_{k=1}^{q_i}p_k^i$。新古典的需求被定义为给定价格 p 下的购买量。按照这一定义，如果一个被试在价格 p 上购买 q_i 单位产品，他的收益就是 $R_i(q_i)-pq_i$。如果他对货币的效用为 $U_i(M_i)$，那么他会想要最大化他的效用函数 $\max_{q_i} U_i[R_i(q_i)-pq_i]$。当且仅当 $(R_i'-p)U_i'=0，U_i'>0$，或者 $q_i=R_i'^{(-1)}(p)$ 时，我们得到内部最大化结果，对 U_i、R_i 而言，有 $(R_i'-p)^2U_i''+U_i'R_i''<0$。这个报酬机制可以诱导出被试 i 的任意需求函数 $R_i'^{(-1)}(p)$，可控实验条件下市场的总需求就是 $Q=\sum_{i=1}^{n}R_i'^{(-1)}(p)$，其与 U_i 无关。

同样，令被试中卖者 $j=1，2，\cdots，m$ 的成本函数为 $C_j(q_j)$，则以价格 $p_1^j，p_2^j，\cdots，p_{q_j}^j$ 卖出 q_j 单位产品的现金收益是 $\sum_{k=1}^{q_j}p_k^j-C_j(q_j)$。如果卖者的效用函数是 $V_j(M_j)$，$V_j'>0$，最大化 $V_j[pq_j-C_j(q_j)]$ 将得出供给函数 $q_j=C_j'^{(-1)}(p)$，可控实验条件下市场的供给为 $Q=\sum_{j=1}^{m}C_j'^{(-1)}(p)$，与 V_j 无关。这类诱导出来的供给和需求，在按时段进行的实验中便表现为每一时段的交易量。

例 2：为每位被试分发一个表格，列出其下凹的递增货币收益函数 $M(x_1，x_2)$，其中 $(x_1，x_2)$ 表示实验情景下一般均衡市场中可进行交换的两种商品，$M(x_1，x_2)$ 是实验者按照被试的最终交易量支付给被试的货币收益。然后，由被试 i 的未知货币效用函数 $U_i(M)$ 诱导出其价值函数 $U_i[M(x_1，x_2)]$。最后被试 i 在可控实验条件下的无差异曲线借助 $M(x_1，x_2)$ 得出，其与被试的效用函数 U_i 无关。因此，每一个被试面对的 x_2 对 x_1 的边际替代率为 $U_i'M_1/U_i'M_2=M_1/M_2$，$U_i'>0$。通过诱导出一组被试中每个成员的无差异曲线图和另一组被试中每个成员的另一条无差异曲线图，可以使用实验方法重现一般均衡下的 Edgeworth 盒状图。给定两组被试成员的可交易商品的禀赋状况，交易实验便可进行。

Ⅱ. 一些限定性条件

对于非餍足性假设，有三个重要的限定性条件：

1. 人们在进行市场决策时可能存在多种主观成本（或价值）。在竞争性市场实验中，被试可能发现观察市场、做出报价或者执行交易都很辛苦。如果不忽略这些因素，那么我们对价值诱导的过程就会部分失去控制。这种对决策的厌倦和主观成本的作用已经在 Sidney Siegel（1961）的研究中有所强调。Roger Sherman（1974）解释了在进行计算时因主观成本的存在而产生的对"萨维奇公理"（Savage axiom）的偏离。按照前文的效用解释，在引入了为获得报酬 M_i 而需付出的努力程度 E_i（Harvey Leibenstein，1969；Ronald Coase，1960）后，效用函数变为 $U^i(M_i, E_i)$。为了观察这种选择成本的潜在影响，以前述例 1 中的被试 i 的需求函数 $R_i'^{(-1)}(p)$ 为例，他的效用函数现在就变为 $U^i\{R_i[q_i(E_i)] - pq_i(E_i), E_i\}$，我们粗略地假设他购买 $q_i(E_i)$ 单位产品的讨价还价努力程度为 E_i。解最大化 U^i 得 $(R_i' - p)q_i'U_1^i + U_2^i = 0$，如果 $U_2^i < 0$，$q_i' > 0$，那么诱导需求函数为 $q_i = R_i'(-1)(p - U_2^i/U_1^i q_i') < R_i'^{(-1)}(p)$。因此，如果在实验条件下存在交易成本（或价值），价值诱导下的需求函数会偏小（或偏大）。

我们可以用下面几种方式来解决这一问题：

（1）考察实验结果，看看交易数量是否比预期的少。如果比预期的少，这说明存在显著的交易成本。意识到这些交易成本的存在，能为理解为什么有些实验不能得到预期的结果提供有价值的线索。只要人们重新设计实验并且表明这种推测出来的交易成本可以被削减，实验就会得出预期的结果。

（2）另一种解决方式是通过引入报酬结构来偿付或者抵消交易的主观成本，主要有两种方法：（a）提高报酬水平（Siegel，1961）。即给予被试与其获得 q_i 单位商品的主观成本相等的主观价值收益。令 α 表示决定报酬水平的规模参数，效用函数就变为 $U^i\{\alpha(R_i[q_i(E_i)] - pq_i(E_i)), E_i\}$，诱导出来的需求就变为 $q_i = R_i'^{(-1)}(p - U_2^i/U_1^i q_i'\alpha) \rightarrow R_i'^{(-1)}(p)$，在极限状态下，当 α 增加时，边际替代率 $-U_2^i/U_1^i q_i'\alpha$ 随着报酬水平的增加而递减。（b）一种被广泛采用的方法是，承诺实验被试的每笔交易除了获得现金收益以外，还可以获得一笔佣金，记为 β。其效用函数变为 $U^i\{R_i[q_i(E_i)] - (p - \beta)q_i(E_i), E_i\}$，如果 $\beta \cong -U_2^i/U_1^i q_i' > 0$，诱导出来的需求就变为 $q_i = R_i'^{(-1)}(p - \beta - U_2^i/U_1^i q_i') \cong R_i'^{(-1)}(p)$。

比较两个诱导的需求和供给都相同的实验，其中第一个实验只给被试交易收益，而不支付交易佣金；第二个实验两者都支付。在第一个实验中，所有 7 个交易时段的成交量（17～18 单位）都低于理论上的均衡数量（20 单位）。在第二个实验中，8 个交易时段中只有两个交易时段的成交量（19 单位）低于均衡水平。

2. 实验个体可能会将"博弈价值"（game value）附加在实验结果上。收益 $R_i(q_i) - pq_i$ 用"点"（point）表示，可能会被被试赋予主观价值 $S_i[R_i(q_i) - pq_i]$。如果 S_i 是单调递增的，这种"博弈价值"就不会引起方法论上的问题，因为它们强化了而不是扭曲了明确的货币报酬结构的作用。这种效用的存在常常使简单实验中不支付货币报酬就能得到满意结果的情况成为可能，即通过实验说明使得角色扮演行为能够诱导价值（例如："想象一下你自己在……时候，通过……行动会获得利润"），但是此类"博弈价值"很可能较弱、不稳定、容易被交易成本所左右。并且，被试在实验中也许会餍足于这些"点"收益。

限定性条件 1 和 2 在以下三组实验市场的收敛行为中得以体现，第一组包括 3 个不支付现金报酬的市场实验；第二组包括 7 个使用完全现金支付的实验；第三组包括 7 个使用随机现金支付的实验。在第一组的3 个场景中，要求被试设想交易收益和佣金都是真实的。每一个场景中市场都是连续双向拍卖市场。（买者口头要价，卖者口头出价，并且任一个卖者都可以接受一个出价，任一个买者也可以接受一个要价。每个被试只知道他自己的需求或供给条件。）（见 Smith，1964，199-201 页的实验说明）。在第一组实验中（Smith，1962，p. 118，figure 3），被试在每个交易时段只交易 1 单位产品。直到第 3 个交易时段，现金报酬的缺失都不阻碍价格向均衡水平收敛。然而，第 4 个交易时段出现了偏差。初始的学习经历之后，如果没有现金支付，随着被试厌烦情绪的滋生，更有可能出现偏差。

在第二组实验中（尚未公开发表），买者面对多种收益（或者转售价格）方案，卖者面对多种成本方案。有 3 个买者使用同一种收益方案，其他 8 个买者使用另一种收益方案；有 4 个卖者使用同一种成本方案，其他 8 个卖者使用另一种成本方案。现在实验任务更困难了，并且激励很弱，价格收敛却很明显，特别是在第 2 个交易时段，因为交易量的增加，交易者被赋予了更多的交易活动，增加了他们在一个交易时段内的学习经验。但是交易数量（在第 1 个交易时段和第 2 个交易时段分别是 24 和 26 单位）仍低于竞争性条件下的预期水平（30 单位）。这与之前提到的任务复杂（交易成本更高）且货币报酬缺失情景下的理论相符。

在第三组实验（Smith，1962，p. 119，figure 4）中，尽管市场稳

定性很好，但是既没有达成均衡价格，也没达到均衡交易量。在这组实验中，均衡要求成交价格降到所有卖者的保留价格水平。卖者"设想"着他们可以从这些保留水平上的交易中得到 5 美分的佣金。但是，很显然，这不足以诱导交易在 3.1 美元的价格（理论均衡价格）上达成，即使需求减少，交易价格也不会降到 3.1 美元（见表 1）。这与那些使用完全现金支付的实验（表 1 中的 1、2、5、6）形成了鲜明的对比，即使与第三组实验的情况相比，那些实验的供给与需求条件也更不对称。在表 1 中，超额供给达到 5（或 8）单位的市场包括 11 个保留价格为 4.2 美元的买者和 16（或 19）个保留价格为 3.1 美元的卖者。每个双向拍卖实验由不同的被试组参加。在第 4 个交易时段，向均衡价格和数量的收敛变得较为明显，尽管在均衡价格水平上每个买者每笔交易可以得到 1.15 美元收益加佣金，而每一个卖者仅得到 5 美分的佣金。

表 1　　　　　　　　　　各交易时段的平均交易价格

实验	1	2	3	4	5	6	7
超额供给	5	5	5	5	8	8	8
报酬条件	完全	完全	随机	完全	完全	完全	完全
信息条件	不完全	不完全	不完全	完全	不完全	不完全	完全
交易时段 1	3.48	3.67	3.60	3.51	3.26	3.49	3.56
交易时段 2	3.29	3.26	3.44	3.40	3.15	3.28	3.25
交易时段 3	3.19	3.12	3.31	3.34	3.11	3.13	3.20
交易时段 4	3.14	3.10	3.24	3.37	3.10	3.12	3.17

　　表 1 中的实验 1～3 显示了完全货币报酬与随机货币报酬效果在可控条件下的度量。在实验 1 和实验 2 中，所有的被试都可以得到交易现金收益和佣金，而在实验 3 中，每个交易时段结束时，从 27 个被试中随机抽取 4 个支付现金收益。较弱的随机报酬结构明显妨碍了市场的收敛。

　　限定性条件 1 和 2 引出了一个预防性推论：不论是否借助货币报酬，实验者都会禁不住想要增强实验的"真实性"，例如给实验中的抽象商品赋予一个名字，比如小麦；或者试图用实验说明营造所谓的特定市场。但这样做也许会失去对诱导价值的控制。设想，一个被试的收益是 $R_i(q_i) - pq_i$，但也要注意到必须将实验说明诱导的价值附加于 q_i，此时，效用函数会变为

$U^i[R_i(q_i)-pq_i, q_i]$，需求函数变为 $q_i=R_i^{\prime(-1)}(p-U_2^i/U_1^i)>R_i^{\prime(-1)}(p)$。因此，不在追求"真实化"的意图下制定实验说明可能是一个较优的选择，要尽可能让明确的报酬结构成为唯一的价值来源。

3. 实验的个体可能不仅仅追求个人报酬的最大化。被试间的效用准则可能限制诱导价值理论的有效性。因此被试 i 的效用可能同时取决于被试 i 和被试 k 的收益，即 $U^i[R_i(q_i)-pq_i, R_k(q_k)-pq_k]$。如果这一条件成立，$i$ 的需求也取决于 k 的需求。但是，这种相互依存关系可以被实验室中的不完全信息条件予以有效控制，Lawrence，Fouraker 和 Siegel（1960，1963）在他们的双向拍卖和寡头垄断实验中最早对这一问题予以了界定和研究。在不完全信息条件下，被试仅知道他们自己的支付情况。由于被试 i 并不知道被试 k 的收益 $R_k(q_k)$，效用函数不会以上述形式出现。

被试拥有其他被试支付情况的完全信息对实验的影响可通过比较表 1 中的 1（5）、2（6）与 4（7）看到，在 1（5）、2（6）中，每个被试仅知道他自己的保留价格，而在 4（7）中，实验说明的唯一变化就是增加了如下信息：实验中共有 11 个买者，每人的转售价格是 4.2 美元；16 个（第 7 局 19 个）卖者的单位成本均是 3.1 美元。从平均价格序列里可以看到，这种完全信息阻碍了双向拍卖实验均衡价格的形成。完全信息条件下的均衡价格，特别是在第 3、第 4 个交易时段，要比不完全信息条件下的均衡价格高。对此的解释是，当人们知道彼此的支付信息时，大家会基于公平的考虑调整个人收益最大化的选择。卖者会认为买卖双方均分交易收益才算公平，因而更加明显地抵制价格的下降。买者也会通过接受高于 3.1 美元的成交价格默许这种收益分配方式，但是因为存在过剩的供给者，那些坚持更高价的卖者往往会达不成交易。因此，成交价格趋向于下降，如果过剩供给者的数量是 5 个，则下降速度较慢，如果过剩供给者的数量为 8 个，则下降速度较快。完全信息下价格偏高的趋势与"完美信息"是达成竞争性价格的必要条件的观点相悖。这一结果与博弈论中更多信息会增加共谋可能性（Shubik，1959，p. 171）的观点相一致，并且与 Fouraker 和 Siegel（1963，p. 187）的研究结果一致，他们的研究表明，完全信息条件下，双头垄断拍卖向竞争性均衡收敛的趋势被减弱了。

参考文献

R. Battalio，J. Kagel，J. Winkler，R. Fisher，R. Basmann and L. Krasner，"A

Test of Consumer Demand Theory Using Observations of Individual Consumer Purchases," *West. Econ. J.* , Dec. 1973. 411 – 428.

R. Coase, "The Problem of Social Cost," *J. Law. Econ.* , 1960, *3*, 1 – 44.

L. Fouraker and S. Siegel, *Bargaining Behavior*, New York 1963.

H. Leibenstein, "Organization or Frictional Equilibria, X – Efficiency, and the Rate of Innovation," *Quart. J. Econ.* , Nov. 1969, 83, 600 – 623.

C. Plott and V. Smith, "An Experimental Examination of Two Exchange Institutions," California Inst. of Tech. 1975.

H. Shapley, *Of Stars and Men*, Boston 1964.

R. Sherman, "The Psychological Difference Between Ambiguity and Risk," *Quart. J. Econ.* , Feb. 1974, 88, 166 – 169

M. Shubik, *Strategy and Market Structure*, New York 1959.

——, "A Trading Model to Avoid Tatonnement Metaphysics," Cowles Foundation disc. pap. no. 368, Feb. 13, 1974.

S. Siegel, "Decision Making and Learning under Varying Conditions of Reinforcement," *Ann. N. Y. Acad. Sci.* , 1961, 89, 766 – 783.

——, and L. Fouraker, *Bargaining and Group Decision Making*, New York, 1960.

V. L. Smith, "An Experimental Study of Competitive Market Behavior," *J. Polit. Econ.* , Apr. 1962, 70, 111 – 137.

——, "Effect of Market Organization on Competitive Equilibrium," *Quart. J. Econ.* , May 1964, 78, 181 – 201

——, "Experimental Auction Markets and the Walrasian Hypothesis," *J. Polit. Econ.* , Aug. 1965, 73, 387 – 393.

——, "Notes on Some Literature in Experimental Economics," Social Science working pap. no. 21, California Inst. of Tech. , Feb. 1973. 1 – 27.

竞价与拍卖机制：实验研究的结果

弗农·史密斯（Vernon L. Smith）

在市场价格行为的实验研究中，大量的实验设计建立在各种竞价和拍卖程序的基础上。这次研讨会的主题正是本文的组织原则，即对拍卖和密封标价市场行为的许多已公开发表的和尚未发表的实验研究进行一个综述。

I. 作为实验设置变量的价值函数、制度和市场结构

如果要讨论实验方法在确定市场均衡和研究市场价格行为动态特性中的应用，对三组设置变量（treatment variable）进行区分是非常有益的。

三组设置变量分别是：

A. 个体价值函数及加总。在隔离的单一商品市场实验中，这些价值函数被定义为约束了价格-数量行为的个体的供给和需求情况，或者总的供给和需求情况。

B. 成交制度。成交制度被定义为一整套实验规则和程序，这些规则和程序界定了实验中被试间沟通、信息交互以及形成有效契约的过程。

C. 市场结构。市场结构主要取决于实验各方（卖者和买者）的人数以及他们的需求能力和供给能力的对比。

一组设置完备的市场实验可以被认为是从价值函数（供给与需求）、制度和市场结构到价格数量观测结果（价格水平、价格变化的路径和交

易数量）的映射。即价格-数量结果＝f（价值，制度，市场结构），价格-数量结果是价值、制度和市场结构的函数。本文所综述的实验都没有系统地改变过市场结构，除了那些买卖人数变化引起供给和需求条件变化的实验。本文介绍的实验中被试人数都足够多，并且市场中的经济力量充分地分散，能够保证竞争性价格行为的产生。然而，凭经验来说，本文所指的足够多的人数也只是意味着市场中存在 3 个或 3 个以上的卖者（以及同样数量的买者）。

在很多研究双头和三头讨价还价的实验（Hoggatt，1959；Fouraker and Siegel，1963；Friedman，1963；Murphy，1966）中，买者的反应以实验者事先设定的需求函数来模拟。这类文献在本文中不予考虑，一则因为它们与竞价和拍卖关系不大，二则因为 Friedman（1969）已经对此进行了精彩的综述。

人们已经对达成契约的交易制度进行了广泛的实验研究，现综述如下：

1. 双向拍卖。（1）在双向拍卖市场上，在每一个交易时段的规定时间内，任一买者都可以随时提出一个口头出价来购买一单位的同质产品，任一卖者也可在任一时刻为卖出一单位产品而提出一个口头要价。任一买者都可以自由选择任一卖者的要价，任一卖者也可以自由选择任一买者的出价。每个被接受的出价或要价都将达成一个有约束力的合约。任何提交的报价都将在市场中被保留到这个报价被接受或者新的报价被提出。新的报价不必优于先前的报价，因此，在顺序上不要求被试的报价收敛，并且在任何时点上，市场中仅有一个报价停留。证券交易的场外市场和房地产市场具有类似的特性，即未被接受的出价或要价如果没有被重新提出，稍后将被视为无效。

（2）对上述制度的一种改变是将所有的出价或要价写在一块黑板上，让所有的人都能看见。在一个初始的非限制性出价或要价之后，任何新的出价都要高于上一个出价，任何新的要价都要低于上一个要价，直到一个交易达成。一次交易完成后，报出一个新的不受限制的初始出价或者要价，随后重复上述机制。新的报价要优于上次的报价的要求，同纽约证券交易所之类的组织交易的市场特征类似（Leffler and Farwell，1963，pp. 187，191）。

2. 出价拍卖。在这种拍卖中，买者可以自由出价，卖者可以自由选择是否接受买者的出价，但卖者不被允许提出要价。这种成交方式在艺术品拍卖和农业牲畜以及农业机械的拍卖中较为典型。

3. 要价拍卖。卖者自由要价，买者自由选择接受卖者的要价，但是不允许买者提出出价。作为一种实验设置变量，这种制度与出价拍卖正好相反。

4. 明码标价拍卖。在这种交易制度下，每个卖者（或买者）独立地制定一个"接受或者离开"的要价（出价），也就是说，在不知道竞争对手如何定价的情况下制定一个报价。然后，这些价格全被写在黑板上，所有的卖者和买者都能看见。下一步，随机选出一个买者（或卖者），让他选择他想要与之交易的卖者（买者），并按照被选卖者（买者）的要价交易一定量商品。被选卖者（买者）对此做出反应，同意与买者交易某一数量的商品，并形成有效契约。如果想要交易的商品数量没有被接受，买者（卖者）可以选择第二个卖者按上述方式进行交易，直到他最终完成交易。然后随机地选出第二个买者（或卖者），按照同样的制度进行交易，直到所有的买者（或卖者）都达成交易契约。

大多数零售市场具有这种特征，即卖者标出价格，并且在相当长的时期内不改变此标价。服装销售商在销售春装时会标明衣服的价格，Sears、Roebuck 会公布他们春夏和秋冬系列商品的卖价，原油提炼商会公示它们期望购买原油的价格。在实验流程中，给定的卖者可能满足不了某个买者需求的事实，同零售市场的情况一致。在零售市场上，零售商标出价格，却不明示商品数量，或者只是说"仍有存货"，但是库存常常在所有买者的需求被满足之前就已出清。

5. 歧视性密封标价拍卖。在这一制度下的每一个交易时段，卖者提供一个指定的产品数量 Q，邀请买者各自独立地报出自己的购买数量和出价，然后将买者的标价由高到低进行排列，其中，出价最高的几个买者分享 Q 单位的商品。若报价与最低可接受价格相同的买者不止一个，采用随机抽取的方法选出可以将余下商品买走的买者。所有被接受的投标都按照它们各自的标价成交。美国国库券的拍卖机制就具有类似的特点。

6. 竞争性密封标价拍卖。成交规则基本与歧视性密封标价拍卖一致，不同之处是，所有被接受的投标都按照它们中最低的标价成交。这与法国新股发行的拍卖程序相似（见 McDonald and Jacquillat，1974）。

作为实验设置变量，成交机制（制度）在任意给定的实验中都通过实验说明的设计加以界定和控制。编写实验任务的说明就是从所有细节方面对一个交易制度进行界定。如果要了解实验说明界定对上述交易制度的例子，可参考 Smith（1964，pp. 199–201；1967，pp. 76–78）和

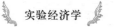

Williams（1973，pp. 111 - 113）。

Ⅱ. 诱导可控的供给和需求条件

如果（1）对于每一个实验被试，货币越多越好，即 $U(M)$ 是被试未知的货币效用，且对于所有的 $M \geqslant 0$，有 $U'(M) > 0$；并且（2）获得货币 M 的实验任务足够简单，使得被试的主观交易成本（例如学习过程、计算和执行实验所带来的负效用）可以忽略不计，那么实际货币报酬可以事先设计好每位被试的供给和需求函数的方式诱导出每位被试的价值函数。市场总供给和总需求就是个体需求和供给函数的数量加总。

要做到这一点并不复杂，在实验说明中告知被试，比如说一个买者，如果他在每个交易时段中，分别以价格 p_1，p_2，$\cdots$，p_q 购买了 q 单位的商品，那么在一系列交易时段结束时，将得到一笔相当于 $R(q) - \sum_{k=1}^{q} p_k$ 的货币收益，其中 $R(q)$ 是 q 的递增下凹函数。对需求的经典定义是给定价格 p 条件下对某种商品的购买数量。因此，被试理论上的效用函数是 $U[R(q) - pq]$，在 $U' > 0$ 的情况下，其最大化条件为 $U' \cdot (R' - p) = 0$ 或 $q = R'^{(-1)}(p)$。其中 $R'^{(-1)}(p)$ 是每一个交易时段中诱导出的个体需求函数，它独立于个体的效用函数。所有买者的价值函数相加便得到了实验条件下市场的总体需求函数（如图1至图7所示）。同样，一个卖者分别以 $p_1, p_2, \cdots, p_q$ 的价格卖出 q 单位产品的现金收益是 $\sum_{k=1}^{q} p_k - C(q)$，其中 $C(q)$ 是 q 的递增凸函数。在 $U' > 0$ 的情况下，最大化效用函数 $U[pq - C(q)]$，得 $U'(p - C') = 0$ 或 $q = C'^{(-1)}(p)$，其中 $C'^{(-1)}(p)$ 是诱导出的个体供给函数。将其加总便得到了实验中的总体供给函数（见图1～图7）。

像这样借助适当的报酬结构，我们便可能有效地控制实验情景中的供给和需求条件，进而研究任意给定条件对价格调整行为的影响。实验者对于生成给定序列观测值的供需条件具有完全知识。而被试具有多少信息则是实验设计的设置变量。在本文介绍的实验中，被试仅知道他们自己的供给与需求函数，所以被试不会比非实验室情景下的经济人拥有更多的关于市场条件的信息。

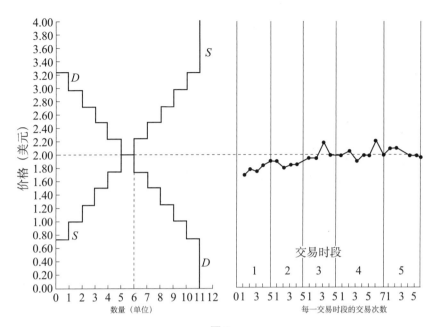

图 1

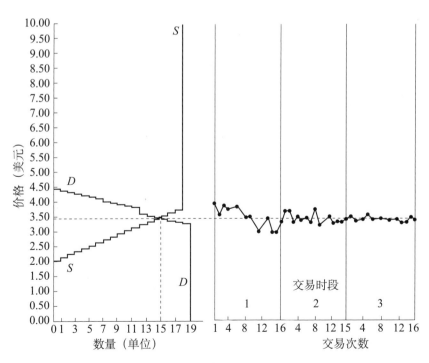

图 2

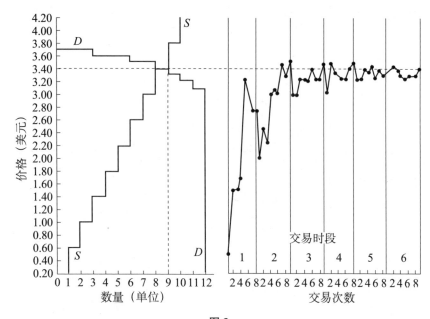

图 3

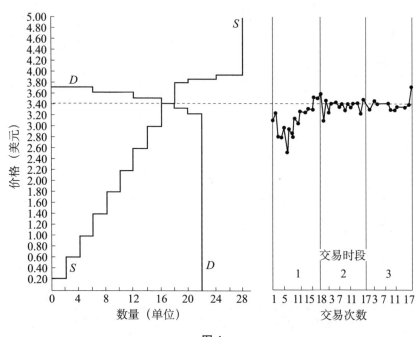

图 4

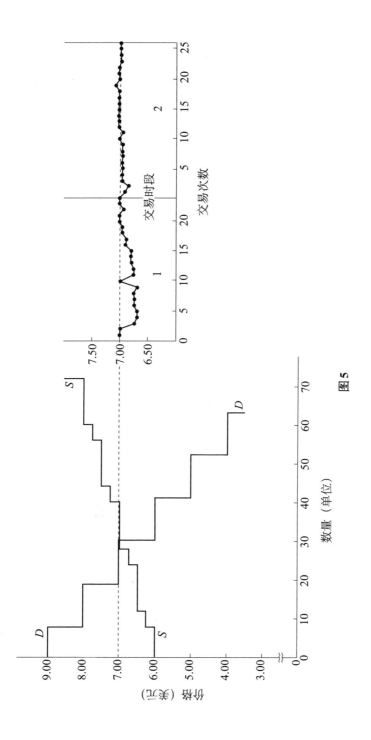

图 5

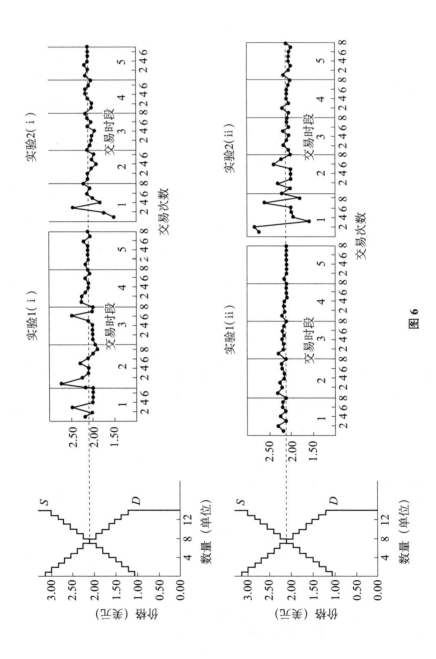

图 6

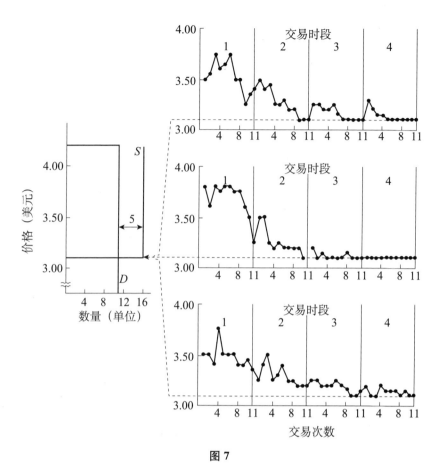

图 7

在实验室市场中，如果供给状况和需求状况的非对称性不是很明显（也就是说，生产者剩余与消费者剩余差别不大），并且交易时段不足 40～50 分钟，通常不借助真实货币支付就可以实现满意的交易结果。但是当被试为"点数"进行讨价还价时，激励就会变弱，实验任务变得乏味，实验结果很有可能受被试的厌倦情绪和主观交易成本所影响。

在本文介绍的 25 个实验中，只有图 1 至图 5 中的 5 个实验没有采用现金支付。

Ⅲ. 双向拍卖

我们之所以选择双向拍卖进行大量实验研究（Smith，1962）是基于这样一个推论，即在双向拍卖制度下，经典的供给与需求理论最有机会得到验证。然而，我并不期望竞争价格理论可以被这些初步探索所验证，正如 Chamberlin-Robinson 抵制竞争的势力与影响那样。但是，如果竞争理论在双向拍卖实验情景中得以实现，那么这个实验便可以为其他市场组织形式提供能够进行比较的控制组或参考制度。

双向拍卖实验的突出特性如下：

1. 任何被试都不知道其他被试的成本和收益信息、市场上买者和卖者的数量以及可能的成交价格。被试仅知道他自己的成本和收益条件、市场中的出价或要价以及市场中已成交的契约价格。

2. 任一买者（卖者）都可以为 1 单位商品提出口头出价（要价）。任一卖者（买者）都可以选择接受任何买者（卖者）的出价（要价）。

3.1 一个出价（要价）可以在市场中停留到它被接受或是新的出价（要价）提出，而不论新的出价（要价）是否优于原有的出价（要价）。因此，在某一时刻，市场中仅有一个报价（出价或要价）停留。

3.2 一个出价（要价）可以在市场中停留到它被接受或是新的出价（要价）被提出，但新的出价（要价）必须优于之前的出价（要价），即新的出价（要价）必须要高（低）于之前的要价（出价）。一旦最初的出价和要价提出后，同一时刻在市场上将保留两个报价：一个出价和一个要价。当一个契约达成后，拍卖重新开始，新的报价被提出，且不受上次拍卖的影响。

4. 市场交易分为几个连续的交易时段，每个交易时段的供给和需求条件都保持不变。

5. 为了控制被试的知识和经验，每个被试至多被允许参加一局实验。确保对实验参与者的信息约束。

图 1 至图 7 展示了 12 个双向拍卖实验的成交价格序列。每一幅图的左边显示了可控实验下的市场供给和需求。对这些实验结果的讨论和说明将围绕以下五个实证命题展开。

命题 1：成交价格通常在最初的 20～30 个交易时段之内收敛于理论上的均衡水平（供给等于需求）附近。供给和需求的非对称性越大（生产者剩余与消费者剩余相差越大），市场收敛速度越慢。

将均衡价格的概念描述为竞争性均衡"附近的价格"是不太令人满意、不精确、不客观的。但要求除个别交易和时段以外，每笔交易都在竞争性均衡水平成交，虽然精确，却显然过于苛刻，尽管图 7 的第二个实验出现了这种结果。所有单个市场的计量研究都允许竞争价格假设存在噪声。成交价格统计上显著不同于卖者垄断和买者垄断价格水平的要求非常明确，但正如图1至图7中的成交价格序列所示，这一要求似乎又显得太弱了。买者垄断和卖者垄断价格假设几乎在所有时段中都以较高的显著性水平被拒绝。这样的检测也许令人印象深刻，但是意义不大。竞争性价格理论缺少的，正是能够对均衡性质进行更清晰界定的适当的价格调整模型。图1到图7中所有的双向拍卖实验都收敛于竞争性价格附近的断言既不客观，又不精确，但是我从口头陈述中发现，事实上，所有观测者都主观地认为这些实验中的收敛趋势是"好的""值得注意的"。

图1的实验中，成交价格的收敛区间是1.75～2.25美元，处于第一个非边缘卖者和第一个非边缘买者的保留价格之间。图2中的成交价格相对于图1显得更不稳定，但是到第3个交易时段时，成交价格已与均衡价格非常接近。图3和图4的两个实验将每个交易者的供给和需求加倍，以探索两倍交易对均衡价格的影响。图3中每个被试每个交易时段只能购买（出售）一单位的商品，而图4中每个被试每个交易时段可以购买（出售）两单位的商品。结果，图4中一个交易时段的收敛趋势与图3中两个交易时段的收敛趋势大体相当，这表明，收敛趋势与交易经验相关，而与"交易时段"的经验无关。类似地，图5中的每个买者和卖者有多种收入和成本安排，结果在第1个交易时段[1]接近尾声时，价格收敛趋势就已经相当明显。

图7中的三个实验对双向拍卖[2]中的均衡力量进行了最严格的检验。在这些实验中，在竞争性均衡价格上，所有的租金或净利润都分配给了买者。11个买者每人每个交易时段的收益是1.10美元加上5美分的佣金，而总共16个卖者中有11个完成交易，完成交易的卖者每个人的报酬只是5美分的佣金。在所有3个实验中，卖者都抵制价格向其单位成本下降的趋势，但是到第4个交易时段，大多数契约都在均衡价格3.10美元附近达成。

命题2：所有交易时段的成交数量与理论上的均衡（供给等于需

---

① 图1至图4根据Smith（1962）生成。图5是一个先前未发表的实验。

② 图7中第二个和第三个实验是从Smith（1965）中复制来的，而第一个实验之前并未发表。

求）成交量相差不超过一个单位。

这一命题在表 1 至表 4 以及表 6 和表 7 中所有实验的每一个时段中都得到了证实。图 5 的实验是个例外，该实验不提供现金报酬，并且被试面对的是多单位商品交易下的收益与成本核算，而不像其他实验只给出一单位商品成本和转售价格，这使得实验任务更为复杂和困难。然而，其他采用现金支付和竞价拍卖机制的多单位商品实验（Plott and Smith，1975）却并没有出现交易不足的现象。这表明，当激励是基于现金报酬时，命题 2 具有广泛的适用性。

在几乎没有任何信息的初始交易时段，成交数量也非常接近理论数量。一项针对单个交易的检验表明，即使在第一个交易时段，边缘卖者和边缘买者不能成交的现象也很普遍（Smith，1962，p. 117，table 2）。因此，即使在交易价格收敛至最终水平以前，拍卖市场也会有效地将边缘交易者排除在外。因此，起初观察到的价格变动不稳定对收入分布的影响要比对分配效率的影响更大（Plott and Smith，1975）。

命题 3：双向拍卖交易规则的变化，即新的出价（要价）必须优于上一次的出价（要价），没有显著提高成交价格的收敛速度。

这一命题源于对以下假设的检验，即拍卖规则要求出价或要价必须逐次优化时，成交价格的收敛速度应该提高。图 6 中的四个实验具有相同且对称的供给和需求条件，而且每个实验使用了不同的被试[①]组。实验 1（ⅰ）和实验 2（ⅰ）使用了上述双向拍卖的规则 3.1，另两个实验 1（ⅱ）和 2（ⅱ）使用了上述规则 3.2，即新的报价必须优于上一次的报价。单从成交价格序列来看，实验设置变量（垂直比较）变化引起的差异并不比实验样本（水平比较）变化引起的差异更大。

表 1 对两种不同设置下，两组实验各时段的成交价格的方差情况进行了比较。从第 2 个交易时段到第 4 个交易时段，规则 3.2 下的方差显著（$\alpha < 0.10$）大于规则 3.1 下的方差。但是在第 1 个交易时段和第 5 个交易时段中，方差之比小于 1。比较结果不支持上述假设，要求新的报价必须优于上次报价的规则不会以减少价格方差的形式加快其收敛速度。这一假设也许是正确的，但是其效果很不明显，不通过大量的复制实验无法证明。

---

① 实验 1（ⅰ）和 2（ⅰ）是从 Smith（1964）复制来的，而 1（ⅱ）和 2（ⅱ）之前并未发表。

表 1

交易时段	σ_{ii}^2	σ_i^2	$F = \sigma_{ii}^2/\sigma_i^2$
1	0.063 44	0.105 80	0.60
2	0.040 23	0.015 42	2.61
3	0.017 66	0.002 66	6.65
4	0.005 06	0.002 46	2.06
5	0.001 33	0.001 38	1.00

命题 4：（不同被试组间的）样本变化对市场价格调整路径的影响显著，但对均衡价格（最后交易时段的成交价格）影响甚微。

图 6 的 4 个实验支持了这一命题。在第 4 个交易时段和第 5 个交易时段，所有 4 个实验的成交价格都在均衡价格 2.10 美元附近，但 1（ⅱ）从均衡价格上方收敛至均衡水平，2（ⅰ）从均衡价格下方收敛至均衡水平，1（ⅰ）和 2（ⅱ）的价格波动大于其他两个实验。图 7 展示了 3 个应用相同的供给与需求条件、但被试组不同的双向拍卖实验的结果。成交价格的变动完全来源于被试组间的差异（都是 27 个被试）。在第 2 个实验中只有第 1 个交易时段的一个成交价格低于 3.5 美元，而在第 3 个实验中只有一个成交价格高于 3.5 美元。价格变化的路径差异明显，但第 4 个交易时段的成交价格都非常接近均衡水平 3.10 美元。

命题 5：当生产者剩余比消费者剩余多（少）时，成交价格更可能从均衡水平下方（上方）向均衡水平收敛。

很明显，图 7 中，如果卖者以正利润销售商品，实验市场必然从均衡价格上方向下收敛。在如图 3 和图 4 所示的情况下，成交价格几乎从不从上方收敛。图 6 表明当生产者剩余和消费者剩余相等时，有多种收敛形式（有的从上向下，有的从下向上，还有的围绕均衡水平随机变动），从而支持了命题 5。

图 1~图 7 是按双向拍卖市场规则设计的市场实验，实验结果为静态竞争价格理论提供了强有力的支持，同时也表明了"取得竞争条件下的均衡价格对信息条件的要求非常弱"。众多经济学家（Shubik，1959，pp.169-171）和教科书作者所提出的"完美"信息是建立竞争性价格的必要条件的观点未被实验证据证明。另外，Marshall（1949，pp.333-

334）对假想的玉米市场价格决定机制的著名描述与实验所得的证据并不矛盾。Hayek（1945）提出了分散定价的重要特性在于信息节省的观点，也与双向拍卖的实验相一致。Marshall（p.334）还敏锐地指出，为实现竞争价格没有必要要求"任何交易者都具有对市场环境的完全知识"。证明传统竞争性价格理论对信息条件要求过度夸大的实验结果非常重要。实验证据表明，任何双向拍卖的交易者都不需要知道其他交易者的价值函数、市场上的供给和需求状况，也不需要任何交易经验（尽管交易经验会加快成交价格的收敛速度），或者是满足所谓的市场价格"接受者"这一奇怪且不相关的限制假设（在双向拍卖实验中，每个交易者都是价格制定者）。

Ⅳ. 出价拍卖、双向拍卖与要价拍卖的比较

单向口头拍卖往往导致成交有利于沉默的一方。如果只允许买者报价（出价拍卖），出价一开始往往远低于竞争均衡价格，但并不是所有的出价都会被接受（存在超额需求），所以出价越来越高。当买者竞相提高价格寻求交易时，卖者将会意识到等待对他们更有利，保持沉默实际上是一种对共谋的默许。成交价格有超过均衡价格的趋势，但是价格的上升是有限的，因为作为结果的供给过剩导致了卖者为接受出价而排队的现象，这种排队的表现形式是两个或者更多的卖者共同接受同一个出价。如果是卖者先要价，则情况正好相反。

命题 6：令 $F_B^t(p)$、$F_D^t(p)$ 和 $F_O^t(p)$ 分别表示出价拍卖、双向拍卖和要价拍卖规则下，第 $t(t>1)$ 个交易时段，等于或高于 P 的交易价格下的交易数量（或百分比），于是有

$$F_B^t(p) \geqslant F_D^t(p) \geqslant F_O^t(p), t > 1$$

表明出价拍卖的价格随机地高于双向拍卖的价格，而后者又随机地高于要价拍卖的价格，因此成交价格不利于有权报价的一方。

图 8 展示了 6 个实验各交易时段的成交价格分布情况，6 个实验一共分为 3 个设置，也就是每个设置重复实验两次（Smith，1964）。图 6 中 1（ⅰ）和 2（ⅰ）是作为控制组的双向拍卖实验。这些实验的供给和需求设计都是一样的，如图 6 左边所示。实验数据很好地支持了命题 6 中的排序关系，并且统计意义上显著（Smith，1964，pp.189-192）。这些结果表明交易价格的动态和均衡性质都可能被界定价格发起权的交

易规则和实践所影响（Plott and Smith，1979）。

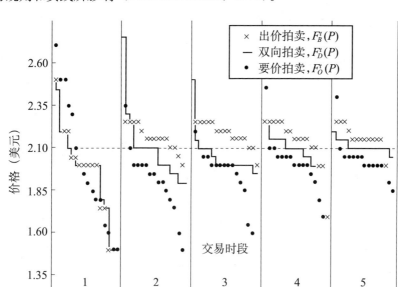

图8

V．明码出价与明码要价制度

明码出价及其对竞争均衡的影响的实验研究最早源于 Williams（1973）的文章。通过实证分析，他指出买者明码出价的成交价格要低于卖者明码要价的成交价格。这与口头出价和要价拍卖的结果相反，明码标价对价格提出者反而更加有利。明码标出一个"接受或离开"的价格（对于所有的商品）倾向于支持独立交易者之间的合谋。只允许在交易时段间调整价格的规定可能会延缓甚至阻止向均衡价格的收敛。

命题7：令 $G_B^t(p)$ 和 $G_O^t(p)$ 分别表示明码出价和明码要价制度下第 $t(t>1)$ 个交易时段，等于或高于 P 的交易价格的数量（或百分比），于是有

$$G_O^t(p) \geqslant G_B^t(p), \ t > 1$$

也就是说，明码要价制度下的成交价格随机高于明码出价制度下的成交价格。

图9展示了 Williams（1973，p.102）讨论的四局实验中各六个交易时

段报价的分布 $G_B(p)$ 和 $G_O(p)$。两局使用明码出价制度的实验数据按交易时段结合起来可以得出分布 $G_B(p)$，两局使用明码要价制度的实验数据结合起来可以得出分布 $G_O(p)$。这些数据在统计学意义上显著地支持了命题 7 中的排序关系（Williams，1973，pp. 104 - 105）。Plott 和 Smith 使用不同的被试组和改进的实验说明对 Williams 的明码出价实验进行重复（Plott and Smith，1975），结果表明 Williams 的实验结果非常稳健。

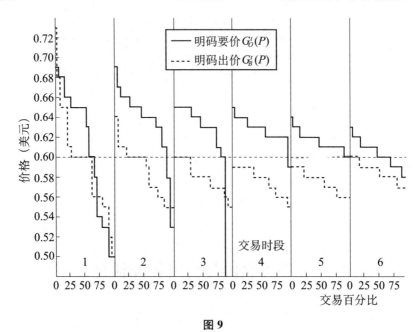

图 9

Ⅵ. 密封标价拍卖

Smith（1967）报告过 6 个密封标价拍卖实验。Belovicz（1967）在其研究中极大地拓展了这一工作，他在不同实验条件下进行了 27 次密封标价拍卖实验。实验范式是这样的：被试为 18 单位的商品提出自己的密封出价，获得商品后从呈矩形分布的 9 个价格（1.15~1.95 美元）中随机抽取一个作为转售价格进行转售，如图 10 所示。购买成本按照本文第 1 节中的规则 5 或 6 决定。

在价格歧视规则下，被试倾向于提交比竞争规则下更低的报价。这是因为在歧视规则下，被接受的报价会按照其出价本身成交。而在竞争

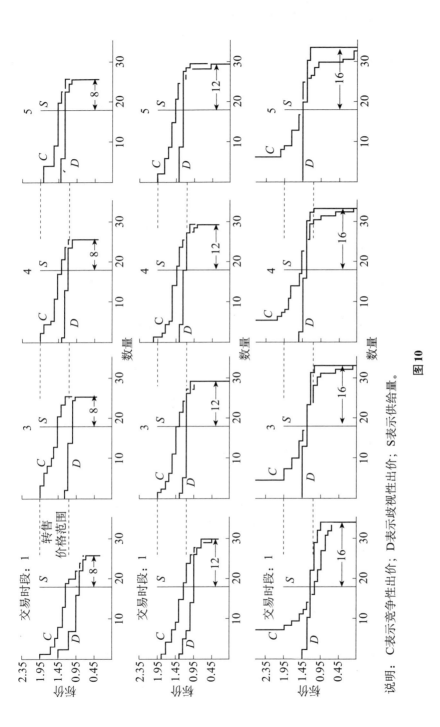

图 10

说明：C表示竞争性出价；D表示歧视性出价；S表示供给量。

规则下，被接受的报价则按照所有被接受的报价中的最低出价成交，所以每个被试得到的利润独立于他所提交的报价。因此，被试有动机提交较高的出价以确保他们能够成交，即使出价高于被接受的最低价格，他也不会因为报价过高而遭受损失。

命题 8：令 $H_C^t(B)$ 和 $H_D^t(B)$ 分别表示竞争性密封标价拍卖和歧视性密封标价拍卖制度下第 t （$t>1$）个交易时段以等于 B 或高于 B 的水平被接受的报价的数量，于是有

$$H_C^t(B) \geqslant H_D^t(B)，t > 0$$

也就是说，竞争性密封标价拍卖制度下的成交价格随机地高于歧视性密封标价拍卖制度下的成交价格。

图 10 比较了三组配对的竞争密封标价拍卖和歧视密封标价拍卖实验的报价分布 $H_C^t(B)$ 和 $H_D^t(B)$。在最上面的一组，每个实验中有 13 个被试，每个被试在每个交易时段提交 2 个报价，共有 8 个报价被拒绝。在中间的一组，有 12 个报价被拒绝（15 个被试），最下面的一组有 16 个报价被拒绝（17 个被试）。命题 8 的排序关系在所有三组比较中都得到了证实。Belovicz（1967）在一项更复杂的研究中指出，这组实验是独立可重复的。

Ⅶ. 结 语

运用实验分析研究竞价和拍卖过程的潜力很大，甚至可以说潜力无限。我不认为有什么交易程序不能用实验方式以简化的形式进行研究。这些研究的价值此时还不能被充分地评估。或许其最重要的价值就是在我们模型化现实行为并将这些模型应用于自然数据之前，对我们的建模能力进行严格的检验。对法式密封标价拍卖的研究（McDonald and Jacquillat, 1974）部分地体现了这一点，在这篇文章中，作者基于竞争性密封标价拍卖实验的结果检验了法国新股发行市场的效率。实验另一种可能的价值是为田野实验的设计提供实证解释和初步经验。这一点可以通过本次会议报道的美国财政部在证券市场的实验很好地体现出来。一些现实政策实验需要评估竞争性拍卖规则的效率，并且需要对竞争性拍卖和歧视性拍卖的实验研究结果加以比较才能实施。最后，实验方法在发掘新制度或是修改现存制度方面也有很大潜力。对交易制度的实验研究还可以增加我们对反托拉斯政策中分散配置程序的理解，以及对市场

规则和约束中分散制度应用的理解。

参考文献

Belovicz, M. , "The Sealed Bid Auction: Experimental Studies," Ph. D. Thesis, Purdue University, 1967.

Fouraker, L. and Siegel, S. , *Bargaining Behavior*. New York: McGraw Hill, 1963.

Friedman, J. , "Individual Behavior in Oligopolistic Markets: An Experimental Study," *Yale Economic Essays*, vol. 3 (Fall 1963): 359 - 417.

Friedman, J. , "On Experimental Research in Oligopoly," *Review of Economic Studies*, vol. 36 (4), no. 108 (October 1969): 399 - 415.

Hayek, F. von. "The Use of Knowledge in Society," *American Economic Review*, vol. 35 (September 1945): 519 - 530.

Hoggatt, A. , "An Experimental Business Game," *Behavioral Science*, vol. 4 (July 1959): 192 - 203.

Leffler, G. and Farwell, C. L. , *The Stock Market*. New York: Ronald Press, 1963.

Marshall, A. , *Principles of Economics*. New York: Macmillan Company, 1949.

McDonald, J. and Jacquillat, B. , "Pricing of Initial Equity Issues: The French Sealed - Bid Auction," *Journal of Business*, vol. 47, no. 1 (January 1974): 37 - 47.

Murphy, J. , "Effects of the Threat of Losses on Duopoly Bargaining," *Quarterly Journal of Economics*, vol. 80 (May 1966): 296 - 313.

Plott, C. and Smith, V. , "An Experimental Examination of Two Exchange Institutions," California Institute of Technology, 1975.

Shubik, M. , *Strategy and Market Structure*. New York: John Wiley and Sons, 1959.

Smith, V. , "An Experimental Study of Competitive Market Behavior," *Journal of Political Economy*, vol. 70 (April 1962): 111 - 137.

Smith, V. , "Effect of Market Organization on Competitive Equilibrium," *Quarterly Journal of Economics*, vol. 78 (May 1964): 181 - 201.

Smith, V. , "Experimental Auction Markets and the Walrasian Hypothesis," *Journal of Political Economy*, vol. 73 (August 1965): 387 - 393.

Smith, V. , "Experimental Studies of Discrimination versus Competition in Sealed - Bid Auction Markets," *Journal of Business*, vol. 40, no. 1 (January 1967): 56 - 84.

Williams, F. , "The Effect of Market Organization on Competitive Equilibrium: The Multiunit Case," *Review of Economic Studies*, vol. 40 (1), No. 121 (1973): 97 - 113.

跨期竞争均衡：关于投机的实证研究

弗农·史密斯 (Vernon L. Smith)

罗斯·米勒 (Ross M. Miller)

查尔斯·普洛特 (Charles R. Plott)

Samuelson（1966a，p. 947）在其投机理论的序言中专门提到了可以"预知未来供给与需求变化"的情况，概述了当市场存在投机时的跨期竞争性价格-数量均衡理论。这一分析被认为是涉及不确定性的更复杂市场研究的较早尝试，但其对不确定性理论的现代扩展（Mandelbrot，1971；Samuelson，1972；Schimmler，1973）仍然保留着最初"完全知识"模型（例如通常意义上明确界定的预期概念）的痕迹，或许还受到数学工具的限制以及人们调整理论的想象力的局限。

Samuelson 扩展了跨期市场假设，在原来的假设中，人们认为从预见市场供给和需求的意义上来讲，"完全知识"是静态市场中竞争性均衡的前提。然而，诸多重复性实验结果表明，以拍卖规则组织的静态市场中，了解市场供给和需求是达成古典竞争均衡的既非必要、也非充分条件。在实验中，被试仅仅知道自己的供给或需求价值，但成交价格却总体上收敛于（有时有轻微的偏离）理论上的均衡（Smith，1974，pp. 7-15），因此对市场供给和需求的了解并非必要条件；当所有交易剩余都被买者占有（并且所有被试都知道这个消息）时，人们出于公平的考虑会阻碍，有时甚至会阻止古典（也就是说，不存在外部性）竞争均衡的实现（Smith，1975，pp. 11-12），因此对市场供给和需求的了解并非充分条件。

古典竞争静态均衡的充分必要条件包括以下方面：（1）每个经济人

只知道他自己的价值函数[①]；（2）所有交易者都可以以近乎于零的微小成本了解到所有有关出价、要价和成交价格的信息；（3）交易过程是相对静态的，也就是说，卖者或买者的个人价值函数在整个连续交易时段是不变的。这就允许被试在一个交易时段到另一个交易时段的实验中通过不断试错进行学习。

本文基于这样一个假设：在静态市场中能够产生竞争均衡的信息条件在一个需求循环但变化未知，而供给稳定的季节性市场中同样会产生跨期竞争均衡。实验在双向拍卖制度下进行，并且允许被试将第一季购买到的商品保留到第二季进行销售。

理论与假设

两阶段（季节）市场的跨期竞争均衡理论（Williams，1935；Samuelson，1966a，p. 946）十分简单且出名，它是空间价格均衡理论（Samuelson，1966b，p. 925）的直接扩展。令 $D_1(\cdot)$ 表示季节 1 的需求，$D_2(\cdot)$ 表示季节 2 的需求，$S(\cdot)$ 表示每一个季节的供给。假设在自给自足条件（没有商品从季节 1 转移到季节 2）下，季节 i 的理论均衡价格是 p_i^*，如果 T 表示从季节 1 转移 1 单位商品到季节 2 的成本，并且有 $p_2^* > p_1^* + T$，那么下面的等式将定义理论上的跨期均衡价格 p_1^0 和 p_2^0：

（1）$p_2^0 = p_1^0 + T$；

（2）$S_1(p_1^0) - D_1(p_1^0) = D_2(p_2^0) - S_2(p_2^0)$。

均衡条件下，两个市场上的价格差仅为转移商品的成本（存货加上转移成本），季节 1 均衡价格下的超额供给（被转移商品的数量）等于季节 2 均衡价格下的超额需求。当 $T=0$ 时市场均衡的图示见图 1 和图 2 的左边。

---

① 条件（1）看起来不像一个合适的充分条件，因为它意味着当经济人知道彼此的价值函数时，古典竞争均衡将不可能实现。而实证结果表明，条件 1 恰恰保存了不存在外部性的古典环境的假设。当每一个经济人只知道自己的价值函数时，他们的行为不受其他人所获报酬的影响。在已经引用的实验中，以及 Smith 尚未发表的实验中均已清楚地表明，当生产者剩余和消费者剩余相等、实验被试具有彼此价值函数的完全信息时，对称性的利润总是阻碍，有时甚至限制价格向竞争性均衡收敛。结果表明，条件（1）确实为不受外部效用影响的古典情景假设提供了一个较强的充分条件。

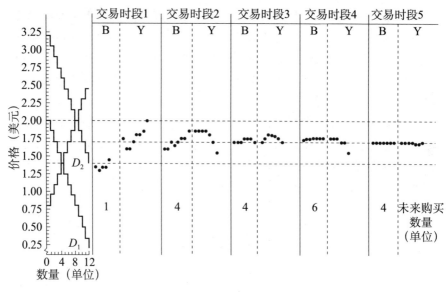

图 1 实验 1

说明："B"代表蓝季，"Y"代表黄季。

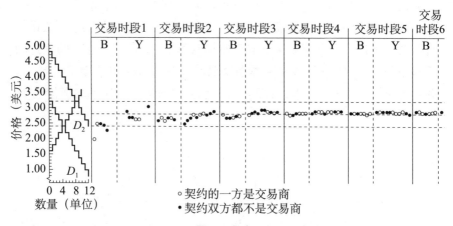

图 2 实验 2

说明："B"代表蓝季，"Y"代表黄季。

我们打算检验这一模型在两种不同投机模式下的有效性，任何一种投机的参与者都不具有对未来供给和需求的所谓的"预测能力"。在实验 1 中任何买者都可以在季节 1（蓝季）购买数量充足的商品以满足他在季节 1 和仅有他自己知道的季节 2（黄季）的需求。这个市场只允许买者进行投机，并且每个人在进行投机性购买时都知道他所购商品对他的未来价值，但是他不知道未来市场的供给、需求和市场价格。这类似于面粉市场，面粉厂主持有他未来面粉交易的固定价格契约，但不知道未来小麦的价格。买者不知道到底在季节 1 还是在季节 2 购买对其更为有利。在实验 2 中，所有的投机都是被试中被称为"交易商"的人进行的，他们拥有特别的权利，可以在季节 1 购买商品并在季节 2 将其卖掉，"交易商"不知道市场或个体在任一季节的供给和需求情况。这类似一个由买者、卖者和一群只进行投机性买卖的投机分子组成的市场。投机者在季节 1 购买商品时不知道季节 2 确切的转售价格。

实验 1 和实验 2 的主要假设是：在市场达到均衡时（定义为最后一个交易时段），两个交易季节的成交价格来自均值相同的两个正态总体。

如果这一假设成立，我们将拒绝投机条件下两个交易季节都会实现自给自足均衡的原假设。特别地，如果投机是一个无效的实验设置变量，那么在均衡条件下，季节 i（$i=1$，2）的成交价格将来自一个均值为 p_i^* 的正态总体，这样我们便不能拒绝 $(\bar{p}_2-\bar{p}_1)-(p_2^*-p_1^*)=0$ 的原假设，其中 $\bar{p}_i$ 是季节 i 的样本均值。

被试与实验设计

实验被试是加利福尼亚理工学院的本科学生。他们是在三个学生宿舍休息室里招募来的志愿者，所有人之前都没参加过投机市场实验。交易商的角色和个体的边际供给和需求价值都是随机分配的，被试彼此保持一定距离坐下以保证个体信息的私密性。实验主持者[①]将实验说明（见附录 1 和 2）复印后分发到每个被试的手中，然后大声宣读实验说明并回答被试的疑问。

在两个实验中，被试在蓝季购买的商品都可以以零储存成本转存到黄季。商品不允许在购买的当季销售，也不允许任何黄季购买的商品转存到蓝季或是任何以后的交易季节。这就像一种商品，无论它产于这个夏季还是上个冬季，在本夏季末都会腐烂。

图 1 和图 2 中的需求-供给曲线是按照诱导价值理论得到的

---

①　Miller 招募了实验被试、准备了分发的材料并且主持了两个实验。用同一个实验主持来进行不同设计的实验为我们提供了一些衡量实验者效应控制的手段。然而，拍卖市场机制的静态趋势对特定的实验主持者并不敏感。我们每个人都主持过有着相同实验程序的此类实验，这些实验都收敛到了竞争均衡。

(Smith，1973，pp. 22 - 23；1975，pp. 4 - 6)。例如，图 1 中被试 7（实验 1 的一个买者）在季节 1 中对第 1 单位商品的边际价值是 2.00 美元，对第 2 单位商品的边际阶值是 1.10 美元。类似地，在季节 2 中，他对第 1 单位商品和对第 2 单位商品的边际价值分别是 2.45 美元和 1.55 美元。每个买者每笔交易的收益等于 0.05 美元佣金加上他所购买的商品的边际价值与购买价格的差额。每个卖者每笔交易的收益等于 0.05 美元加上单位商品的边际成本与售价之间的差额。实验 2 中，交易商每交易一单位商品的收益是 0.05 美元的佣金加上这一单位商品的购买价格和出售价格的差额。每笔交易支付 0.05 美元佣金的目的是抵消主观交易成本，从而最大限度地诱导买者和卖者对边际商品以及交易商对边际库存商品的交易（Smith，1975，pp. 7 - 8）。每个交易商得到 3 美元的启动资本以应对潜在的损失风险。

市场需求源于 6 个买者的个体需求，他们每人至多可以购买 2 单位商品；而市场供给源于 6 个卖者的个体供给，他们每人至多可以出售 2 单位商品。个体买者或卖者分别有自己的被试号码和边际价值或成本（见附录 3）。实验 1（见图 1）中各季节的自给自足价格-数量均衡是蓝季 1.40 美元，5 单位商品；黄季 2 美元，9 单位商品。而跨期均衡价格是 1.70 美元，均衡数量是每季节 7 单位产出加上 4 单位的转移商品。实验 2（见图 2）的自给自足均衡分别是（2.40 美元，5 单位）和（3.20 美元，9 单位）；而跨期均衡价格是 2.80 美元，均衡数量是每季节 7 单位加上 4 单位的转移商品。实验 2 中的两个被试被赋予了交易权利，成为交易商，这两个交易商既不知道其他任何卖者或买者的价值函数，也不知道其他人的存货。

实验结果

图 1 和图 2 展示了连续交易时段的成交价格向跨期均衡价格附近收敛的显著趋势。只有在每个实验第 1 个交易时段的蓝季，显著的学习效应产生之前，成交价格才会接近自给自足的均衡价格。每个实验第 1 个交易时段中黄季的成交价格倾向于低于自给自足均衡，这一事实同之前的一些研究结果一致（Smith，1975，pp. 13 - 15），即在无投机存在的市场中，最初的两次或三次需求增长之后，成交价格才趋向于增长。因为实验被试不知道从第一个蓝季到黄季需求会增长，这些较低的蓝季价格产生的期望倾向于影响随后季节的成交。

投机倾向于缩小季节间的成交价格差，这一趋势表现在蓝季成交价格均值与黄季成交价格均值的差额中。在实验 1 的连续交易时段里，这个价格均值差分别是 40 美分、11 美分、3 美分、5 美分和 1 美分；实验 2 中分别是 44 美分、8 美分、15 美分、5 美分、4 美分和 1 美分。在实验 1 的第 5 个交易时段，两个季节成交价格的合并平均值是 1.695 9 美元，而理论期望值是 1.70 美元。实验 2 中第 6 个交易时段的两个季节合并的平均价格是 2.87 美元，理论期望值是 2.80 美元。实验 2 中与期望的跨期均衡价格存在较大偏差的原因是：在最后 3 个黄季中，每 1 个季节都有至少 1 个卖者（见附录 4 的数据）没有卖出任何商品。在这种情况下，卖者的出价要么太高以至于不能被接受，要么与其他卖者竞争最后失败。如此激烈的讨价还价导致在 5 分钟的交易时限里不能产生令人满意的出售结果，这是实验规则完全允许的。结果黄季的价格高于跨期均衡价格，并且促使投机者为了获利将额外的蓝季商品转移到下一季。蓝季里这种额外的投机性需求会维持成交价格高于跨期均衡价格。因此，卖者在黄季保持高价的战略会抬高蓝、黄两个季节的价格。但是我们并不将其归因于实验 2 的设置变量，而是归因于卖者行为战略的样本差异。

使用如下 t 统计量检验原假设，即最后一个交易时段的蓝季和黄季中观测价格总体的均值等于这些季节中自给自足的均衡价格：

$$t(n_1+n_2-2) \sim \frac{\bar{p}_2-\bar{p}_1-(p_2^*-p_1^*)}{S\sqrt{(1/n_1)+(1/n_2)}}$$

其中，$\bar{p}_1$ 表示最后的蓝季中 n_1 个价格的样本均值，$\bar{p}_2$ 表示最后的黄季中 n_2 个价格的样本均值。p_1^* 和 p_2^* 是理论上蓝季和黄季的自给自足均衡价格。S^2 是每个实验中最后时段的蓝季和黄季中成交价格总体方差的估计值。在实验 1 中，$t=-59.5$；在实验 2 中，$t=59.8$，两个实验都以小于 0.001 的显著性水平拒绝了原假设。

另一种对实验市场绩效进行评估的方法是计算市场的效率指数（Plott and Smith，1975，pp. 14 - 19）。当边际外部的商品（边际供给成本大于均衡价格或边际需求价值小于均衡价格的商品）被交易时，或者边际内部的商品（边际供给成本小于均衡价格或边际需求收益大于均衡价格的商品）没有成交时，市场无效率。当且仅当被试得到最高的总支付时（消费者剩余加上供给者剩余），市场有效率。在跨期交易情况下，被试的实际支付占跨期价格均衡（实验 1 时每个交易时段 16.4 美元，实验 2 时每个交易时段 21.4 美元）下被试最高可以得到的支付的百分比就是市场效率指数。

表1记录了两个实验各交易时段、季节的无效率契约和市场效率指数。在实验1的设计中，完全自给自足均衡的市场效率指数是92.7％，实验2是92.5％。在投机市场条件下，实验1中5个交易时段的平均市场效率水平是98％，实验2中6个交易时段的平均市场效率水平是96.3％。很明显，投机市场是比自给自足市场更有效的市场组织形式。

稳定性概念是衡量市场有效性的第三种方法。尽管我们的实验不是为了检验稳定性理论[1]而设计的，但是实验结果与这一主题相关。我们的市场向均衡收敛的过程中没有表现出任何理论文献中所提到的不稳定性。此外，投机者的成交行为似乎并没有明显的不稳定特征。实验2中引入投机者的成交价格与引入非投机者的成交价格没有显著不一致。[2]

表1

	季节	未交易的边际和边际内需求单位的限制价格	交易的边际外需求单位的限制价格	未交易的边际和边际内供给单位的限制价格	交易的边际外供给单位的限制价格	效率
			实验1			
理论上的均衡价格	B	—	1.55；1.40	1.55；1.70	—	92.6％
	Y	1.85；1.70	—	—	1.85；2.00	
交易时段1	B	—	1.55	1.55；1.70	—	95.7％
	Y	1.85；1.70	—	—	1.85	
交易时段2	B	—	—	—	1.85	98.8％
	Y	—	1.55			

———————

[1] Mandelbrot（1971）、Schimmler（1973）和 Samuelson（1972）总结的相关理论好像在本项研究结束时才开始。他们都假定投机市场的均衡意味着价格变化的分布形成了一种规律。

[2] 实验2中每个交易季节投机者和非投机者的平均价格见下表：

交易时段	1		2		3		4		5		6	
季节	B	Y	B	Y	B	Y	B	Y	B	Y	B	Y
投机	2.25	2.65	2.67	2.82	2.79	2.85	2.84	2.90	2.84	2.88	2.87	2.86
非投机	2.45	2.82	2.65	2.72	2.72	2.90	2.83	2.88	2.85	2.88	2.88	2.89

续前表

	季节	未交易的边际和边际内需求单位的限制价格	交易的边际外需求单位的限制价格	未交易的边际和边际内供给单位的限制价格	交易的边际外供给单位的限制价格	效率
			实验 1			
交易时段 3	B	—	—	—	—	100%
	Y	—	—	—	—	
交易时段 4	B	1.70	—	—	—	95.7%
	Y	—	—	1.10	—	
交易时段 5	B	—	—	—	—	100%
	Y	—	—	—	—	
			实验 2			
理论上的均衡价格	B	—	2.60；2.40	2.60；2.80	—	92.5%
	Y	3.00；2.80	—	—	3.00；3.20	
交易时段 1	B	3.00	2.40	2.60；2.80	—	94.9%
	Y	2.80	—	—	3.00	
交易时段 2	B	—	—	2.80	—	99.5%
	Y	2.80	—	—	—	
交易时段 3	B	—	—	2.80	—	99.5%
	Y	2.80	—	—	—	
交易时段 4	B	2.80	—	—	—	94.4%
	Y	2.80	—	2.20；2.40	—	
交易时段 5	B	2.80	—	—	—	94.9%
	Y	—	—	1.80	—	
交易时段 6	B	2.80	—	—	—	94.4%
	Y	2.80	—	2.20；2.40	—	

说明："B"代表蓝季，"Y"代表黄季。

我们在实验中的确也观察到这样一些行为，这些行为在商务界被称为投机导致的"不稳定性",一般这些行为是不受欢迎的,也是政府限制投机行为的根据。投机确实使不同市场间发生了微妙的联系,而市场间经济失衡很可能招致强烈的"纠错"行为。在这两个实验中,一开始黄季的高价都使得蓝季的价格上涨得过高,在实验1中直到最后的交易时段价格才降下来。实验1中第3个交易时段中黄季相对较高的价格导致第4个交易时段中被转移到下一个季节的商品数量增长了50%(从4单位增长到6单位),这使得第4个交易时段中黄季快结束时,市场明显有一种可预测到的"市场崩溃"效应。如果将实验2再继续进行一两个交易时段,我们可能会看到在蓝季和黄季都会有明显的"市场纠错"行为,黄季中那些保留商品的卖者会了解到他们的战略对自己很不利。如果一个市场失调,投机会促使另一个市场做出灵活的调整。这种敏感的相互依存性在商务界很常见,并且正好归因于投机者。然而,人们是否愿意称它为"不稳定性"则是另外一个问题,既然这种相互依存性是改进市场效率的自然结果,它更应该被视为 种合理的特征,而个应该被认为是投机市场的不良特征。

结 语

我们将本文称为投机市场的实证研究而不是投机市场理论的实验检验。同样,我们的标题更多反映了实验工作在经济学研究中的角色,以及我们的思想都可以通过实验方法加以检验。我们并不把实验看作经济理论试图解释的真实世界的"近似"。对我们而言,实验市场就是真实的市场,经济原则在其中像在其他情景中一样适用。并且它们为经济学研究提供了独立的实证数据来源,对于这些数据,经济学理论都需要给出预测和解释。

我们提出的问题是:"跨期竞争均衡价格和数量是不是参与人不知道需求和供给信息条件下的某些投机市场结果的准确预测?"

答案是肯定的,需求和供给的完全信息不是跨期竞争模型应用的必要前提。然而,充分性问题仍然悬而未决。适用性理论存在的程度和这些理论预测跨期竞争均衡价格和数量之外的其他事物的能力还令人质疑。

我们的第二个问题与市场效率有关,投机市场比自给自足市场更有效。同时我们还得出结论,即投机者的出现不是引起循环需求市场不稳定的充分条件。

附录1：市场实验1的实验说明

1. 这是一个有关市场决策的经济学实验。国家科学基金为本项研究提供了资金支持。实验说明很简单，如果你能认真遵守实验说明并做出对于你来说最佳的决策，那么实验结束时，你将得到一笔数目可观的现金支付。

2. 本次实验中，我们将模拟一个两季节的市场，你将成为这个市场各交易时段中的买者或卖者。每个交易时段都被分为两部分，即我们所指的季节。每个时段的第一部分是蓝季，第二部分是黄季。现在将发给你们三组卡片：一组白色卡片、一组蓝色卡片和一组黄色卡片。得到白色卡片的人将成为卖者，并且只能作为卖者；得到蓝色卡片和黄色卡片的人将成为买者，并且只能作为买者。每一张卡片的正面上方都有一个号码，你们不用理会。卡片下方以美元和美分标注着两个价格，一个标明"第一笔交易"，另一个标明"第二笔交易"，相应的价格分别称为"第一成交价格"和"第二成交价格"。不允许把这些价格告诉任何人，这是你的私人信息。你还将得到一张计分表，上面记录你的购买价格（如果你是买者）和出售价格（如果你是卖者）。

样本记录卡，实验1
卖者记录卡

交易时段	白色卡片			
	蓝季		黄季	
	第一单位	第二单位	第一单位	第二单位
1				
2				
...				
8				

买者记录单

交易时段	蓝季		黄季	
	第一单位	第二单位	第一单位	第二单位
1				
2				
...				
8				

转移商品记录

ID # _____

交易时段 # _____

被转移单位数_____

3. 如果你拿到的是白色卡片，那么你在每个"交易季节"至多出售两单位的虚拟商品。每个交易季节开始以后，"第一成交价格"规定了你出售一单位商品的最低价格，如果你已将第一单位的商品卖出，那么你可以出售你的第二单位商品。你白色卡片上的"第二成交价格"规定了你在这个季节里出售第二单位商品的最低价格。如果你拿到的是一张蓝色卡片和一张黄色卡片，那么你在每个"交易时段"最多可以购买四单位商品。当蓝季交易开始后，你的蓝色卡片和黄色卡片上的"第一成交价格"规定了你能购买一单位商品的最高价格，一旦你以任意一张卡片上的价格购买了第一单位商品，那张卡片上的"第二成交价格"就同样规定了你购买第二单位商品的最高价格。然而，一旦蓝季交易结束，你就不能再按照蓝色卡片上的价格成交。在蓝季交易结束时，作为实验被试，你要向实验者上交转移数量信息，即卡片上注明的"被转移单位数"（指的是你按照黄色卡片上的价格在蓝季交易时期所购买的商品单位数）。只有在你认为以黄季交易时期较低的价格将买不到商品时，你在蓝季交易时期为黄季购买的商品才会为你带来利润。

4. 支付规则如下：如果你是卖者，每出售一单位商品，你将得到 5 美分的佣金，你的收益是这 5 美分加上出售价格与白色卡片规定的最低售价之间的差额。将你手中白色卡片上的价格视为你的生产成本，你的利润直接取决于你以高于这一成本价出售商品的能力，但是如果你的表现不尽如人意，你也要做好以成本价出售商品而仅得 5 美分佣金的准备。如果你是买者，每完成一次购买你将获得5美分的佣金，你的收益是5美分佣金加上你的购买价格与你卡片上的最高买价之间的差额。将你蓝色或黄色卡片上的价格视为你在其他市场上的转售价格，而你在本市场的购买价格是你的成本。你的利润直接取决于你以低于卡片上的价格购买商品的能力。但是如果你的表现不佳，你也应该做好以最高价购买商品而只得到5美分佣金的准备。每个被试在所有交易时段所获得的收益将被加总，并且在实验结束时以现金支付。在实验过程中，你不能告诉任何人你所得的利润。没有成交也不会受到惩罚。

5. 该市场按如下方式组织：一个交易时段的开始以其中的蓝季交易市场开放为标志。这时，任意买者在任意时刻都可以自由地举手竞价，其价格不得高于他们（蓝色或黄色）卡片上规定的最高价格。同样，任意卖者在任意时刻都可以自由地举手出价，其出价不得低于他们白色卡片上的价格。任一卖者都可以自由接受任意买者的竞价，任一买者也可自由接受任意卖者的出价。一旦一个出价或者要价被接受，一个有效的契约便达成，成交的卖者和买者将他们各自的售价和买价填写在自己的记录卡上。这一过程在历时几分钟的交易时段内持续进行，交易时段的长短取决于交易数量的多少。当市场快要结束时你将被通知尽快出价和要价，以便尽量多地成交。直到蓝季交易结束，买者的"转移商品信息"被收集，然后市场开始进行黄季交易。黄季交易结束以后，一个交易时段结束。我们将开始一个新的交易时段，如此往复，持续多个交易时段。

6. 你们当中也许有人在某一个交易季节中一单位商品也卖不出去。有人在某些交易季节可以买到或者卖出自己所有的商品，但是其他时段不行。很有可能有很多要价和出价不被接受。你要不断努力，拿到你所能获得的所有现金。除了提交出价和要价以外，你不能和任何其他人说话，直到实验完成。

7. 还有其他问题吗？

附录2：实验说明

概述

这是一个关于市场决策的经济学实验。有很多研究基金资助了本项研究。实验说明很简单，只要你认真遵守并做出你的最佳选择，你就能得到一笔可观的现金支付。

在实验中我们将模拟一个市场，在一个连续年份市场交易中，你们当中有些人可能成为买者，有些人成为卖者，有些人成为交易商。每一个交易年度由两个季节组成，其中一个被称为"蓝季"，另一个被称为"黄季"。随同实验说明一起发放的是一张表格，上面标注了买者、卖者或者交易商的身份，并且描述了你在不同身份下所做的决策能给你带来的收益。你不能向任何人泄露这些信息，这是你的私人信息。

对买者的说明

在每个交易季节中，作为买者你可以自由购买至多两单位的商品。如果在一个交易季节你购买了第一单位的商品，你将会得到第一行标注的"第一单位商品的保留价值"；如果你购买了第二单位商品，你将会得到第五行标注的"第二单位商品的保留价值"。你在每次购买中所获得的利润就是你每单位商品的保留价值与你的实际购买价格之间的差额。注意，在任何条件下你的购买价格都不应该高于你的保留价值。此外，你还能从每笔交易中获得 5 美分的佣金。这样，收益计算为：

你的收益＝保留价值－购买价格＋5 美分的佣金

举个例子，假设你购买了两单位商品，第一单位商品的保留价值是 200 美元，第二单位商品的保留价值是 180 美元，你的购买价格分别是第一单位商品 150 美元，第二单位商品 160 美元。那么你的收益如下：

第一单位商品的收益＝200－150＋0.05＝50.05（美元）

第二单位商品的收益＝180－160＋0.05＝20.05（美元）

总收益＝50.05＋20.05＝70.10（美元）

在空白处记录你的利润。你在季节 1 中购买的第一单位商品的价格在购买时就被记录在行 2，这次购买所得的利润记录在行 3 和行 4。交易结束时，在表中的最后一行记下总利润和佣金。在下面的交易季节做类似的记录。在每一个交易季节，购买任何一单位商品都必须参考你当季的保留价值。

<table>
<tr><td colspan="2" align="center">买者记录单♯3</td><td colspan="5" align="right">单位：美元</td></tr>
</table>

交易年度		1		...	8	
季节		蓝季	黄季	...	蓝季	黄季
1	第一单位商品的保留价值	2.20	4.80	...	2.20	4.80
2	购买价格					
3	利润（行1－行2）					
4	利润＋5美分的佣金（行3＋0.05）					
5	第二单位商品的保留价值	1.00	3.60		1.00	3.60
6	购买价格					
7	利润（行5－行6）					
8	利润＋5美分的佣金（行7＋0.05）					
9	总收益（行4＋行8）					

对卖者的说明

在每一个交易季节，作为卖者你至多可以出售两单位商品。在每个交易季节，对于你卖出的第一单位商品，你将会投入第二行标注的"第一单位商品的成本"。如果你卖出了第二单位商品，你将会另外投入第六行标注的"第二单位商品的成本"。你在每次出售中获得的利润就是你每单位商品的成本与你实际出售价格之间的差额。注意，在任何条件下你的出售价格都不应该低于你的成本价格。此外，你还能从每笔交易中获得5美分的佣金。这样，收益计算为：

你的收益＝每单位商品的出售价格－成本价格＋5美分的佣金

举个例子，假设你出售的第一单位商品的成本是140美元，第二单位商品的成本是160美元，你的出售价格分别是第一单位商品200美元，第二单位商品190美元。你的收益如下：

第一单位商品的收益＝200－140＋0.05＝60.05（美元）

第二单位商品的收益＝190－160＋0.05＝30.05（美元）

总收益＝60.05＋30.05＝90.10（美元）

在表中的空白处记录你的利润。在季节1中出售的第一单位商品的价格在出售当时记录在行 1，然后将这次出售所得的利润记录在行 3 和行 4。交易结束时，在表中的最后一行记下总利润和佣金。下面的交易季节做类似的记录。

卖者记录单＃4 单位：美元

	交易年度	1		...	8	
	季节	蓝季	黄季	...	蓝季	黄季
1	售价					
2	第一单位商品的成本	1.60	1.60	...	1.60	1.60
3	利润（行1－行2）					
4	利润＋5 美分的佣金（行3＋0.05）					
5	售价					
6	第二单位商品的成本	3.80	3.80		3.80	3.80
7	利润（行5－行6）					
8	利润＋5 美分的佣金（行7＋0.05）					
9	总收益（行4＋行8）					

对交易商的说明

作为交易商，你可以将在蓝季购买的商品在黄季卖出。你可以随意购买和出售任何单位的商品，但是你所出售的只能是你之前购买的商品。你在任何交易年份的蓝季购买的商品都只能转移到同一年份的黄季出售。你不能在黄季购买商品或是在蓝季出售商品，并且你在某个交易年度前段的蓝季购买的商品不能转移到下一个交易年度，在交易年度之间不能转移商品。你的收益取决于你每单位商品的购买价格和出售价格之间的差额。每出售一单位商品，你将得到 5 美分的佣金。此外，你有 3 美元的本金。你的总收益就是你的本金加上你的交易利润再加上你所得的佣金减去你的损失。

当你在蓝季购买商品后，你要在标注"购买价格（蓝季）"的那一行记下购买价格。而在接下来的黄季中，每出售一单位的商品，你都需要在标注"出售价格（黄季）"的那一行记录该次出售的卖价。每一个交易年度的黄季结束时，你手中的存货（从前面的蓝季转移过来没能出售的商品）将自动以 0 美元出售。这意味着黄季结束时未能出售的商品不能转移到下一交易年度。此外，你将因黄季中的每笔交易而获取 5 美分的佣金，即

你的收益＝出售价格－购买价格＋5 美分的佣金

设想，你在蓝季中购买了两单位的商品，第一单位 200 美元，第二单位 150 美元；然后，你在随后的黄季以 210 美元卖出第一单位商品，以 220 美元卖出第二单位商品。你的收益为：

第一单位商品的收益＝210－200＋0.05＝10.05（美元）

第二单位商品的收益＝220－150＋0.05＝70.05（美元）

总收益＝10.05＋70.05＝80.10（美元）

你要在交易记录表中计算你的利润，并在每一个交易年度结束时，在你交易记录表的最后一行记下你的总利润。

交易商记录单♯1 单位：美元

单位		交易年度	1	...	8
1	1	售价（黄季）			
	2	购买价格（蓝季）			
	3	利润（行 1－行 2）			
	4	利润＋5 美分的佣金（行 3＋0.05）			
...					
4	13	售价（黄季）			
	14	购买价格（蓝季）			
	15	利润（行 13－行 14）			
	16	利润＋5 美分的佣金（行 15＋0.05）			

市场组织

该市场的组织方式如下：市场分为若干个连续的交易年度，每一个

年度由蓝季和随后的黄季组成。每一个季节持续 5 分钟。任何想购买商品的人都可以随意举手提出口头出价，以其提出的价格购买一单位商品；任何有商品要出售的人都可以自由选择接受或拒绝他的出价。

同样，任何想出售商品的人都可以随意举手提出口头要价，以其提出的价格卖出一单位商品。如果一个出价或要价被接受，一单位商品的交易契约便达成，成交双方记录下他们各自的价格。如果出现出价竞争或要价竞争的情况，用随机选择的办法解决。除了提出出价和要价以外，你不能和其他被试说话。有可能出现很多报价都未被接受的情况，但是你只管努力去做，尽你所能获得更多的利润。

附录 3：被试和限制价格

被试编号	参与的实验	供给或需求	蓝季限制价格（美元）		黄季限制价格（美元）	
			第一单位	第二单位	第一单位	第二单位
1	1	供给	0.80	2.45	0.80	2.45
2	1	供给	0.95	2.30	0.95	2.30
3	1	供给	1.10	2.15	1.10	2.15
4	1	供给	1.25	2.00	1.25	2.00
5	1	供给	1.40	1.85	1.40	1.85
6	1	供给	1.55	1.70	1.55	1.70
7	1	需求	2.00	1.10	2.45	1.55
8	1	需求	1.85	0.95	2.60	1.70
9	1	需求	1.70	0.80	2.75	1.85
10	1	需求	1.55	0.65	2.90	2.00
11	1	需求	1.40	0.50	3.05	2.15
12	1	需求	1.25	0.35	3.20	2.30
13	2	供给	1.60	3.80	1.60	3.80
14	2	供给	1.80	3.80	1.80	3.80
15	2	供给	2.00	3.40	2.00	3.40

续前表

被试编号	参与的实验	供给或需求	蓝季限制价格（美元）		黄季限制价格（美元）	
			第一单位	第二单位	第一单位	第二单位
16	2	供给	2.20	3.20	2.20	3.20
17	2	供给	2.40	3.00	2.40	3.00
18	2	供给	2.60	2.80	2.60	2.80
19	2	需求	2.20	1.00	4.80	3.60
20	2	需求	2.40	1.20	4.60	3.40
21	2	需求	2.60	1.40	4.40	3.20
22	2	需求	2.80	1.60	4.20	3.00
23	2	需求	3.00	1.80	4.00	2.80
24	2	需求	3.20	2.00	3.80	2.60
25	2	交易商	不受限		不受限	
26	2	交易商	不受限		不受限	

附录 4：实验 1 的成交价格，实验 2 的出价、要价与成交价格

实验 1　交易的成交价格

交易时段	季节	买者（个）	卖者（个）	价格（美元）	交易时段	季节	买者（个）	卖者（个）	价格（美元）
1	蓝季	9	4	1.35	3	黄季	8	6	1.70
		7	1	1.30			12	1	1.75
		8	3	1.35			11	6	1.80
		10	2	1.35			11	2	1.79
		7*	5	1.45			9	4	1.78
1	黄季	12	5	1.75			7	5	1.75
		10	2	1.60			8	3	1.70
		8	1	1.60	4	蓝季	9*	1	1.73

续前表

交易时段	季节	买者（个）	卖者（个）	价格（美元）	交易时段	季节	买者（个）	卖者（个）	价格（美元）
		9	6	1.70			11*	4	1.74
		12	6	1.80			11*	2	1.74
		10	3	1.80			8	6	1.75
		11	5	1.85			8*	5	1.75
		11	4	2.00			12*	3	1.75
2	蓝季	10	5	1.60			10*	6	1.75
		9	2	1.60	4	黄季	9	6	1.75
		9*	1	1.70			10	5	1.75
		7	4	1.65			12	2	1.75
		11*	6	1.70			7	6	1.70
		8	3	1.75			8	1	1.70
		11*	6	1.75			7	4	1.55
		8*	5	1.85	5	蓝季	12*	6	1.70
2	黄季	12	2	1.85			12*	1	1.70
		12	1	1.85			7	4	1.70
		10	6	1.85			9	6	1.70
		9	4	1.85			8	3	1.70
		7	6	1.80			11*	5	1.70
		8	3	1.70			11*	2	1.70
		7	5	1.55	5	黄季	10	6	1.70
3	蓝季	7	6	1.70			8	1	1.70
		10*	2	1.70			8	2	1.70
		9	1	1.70			9	3	1.70
		9*	5	1.75			10	5	1.67
		10*	4	1.75			7	4	1.67
		8	6	1.75			9	6	1.70
		12*	3	1.70					

注：* 蓝季的购买对应黄季的需求。

实验2 出价、要价与成交价格

序号	出价（美元）	要价（美元）	接受	序号	出价（美元）	要价（美元）	接受
	1蓝季				1黄季		
23	1.15			18		2.80	19
22	1.20			16		2.80	21
21	1.25			26		3.00	
24	1.40			20	2.90		14
26	1.50			20	2.10		
22	1.55			15		2.95	
16		4.00		14		2.70	19
20	1.65			23	2.70		13
15		3.35		22	2.65		26
26	2.00		13	22	2.65		26
14		2.50		20	2.80		15
22	2.00			21	2.75		
20	2.10			24	2.80		17
22	2.20			23	2.80		
13		3.90		16		3.50	
26	2.50		14	21	2.80		
18	3.00			21	2.90		
22	2.50		17	13		3.90	
20	2.35			17		3.10	
24	2.45		15	21	3.00		
14		4.00		21	3.05		
21	1.80						
23	1.85						
18		2.80			2蓝季		
16		2.50					
20	2.00						
16		2.40		24	1.05		

续前表

序号	出价 （美元）	要价 （美元）	接受	序号	出价 （美元）	要价 （美元）	接受
23	1.95			16		3.00	
20	2.10			22	2.00		
16		2.35		23	2.60		13
24	1.90			14		2.70	
23	1.92			20	2.05		
20	2.20			25	2.70		14
21	2.25			26	2.40		
20	2.30		16	24	2.50		
23	2.25			18		2.75	
20	1.00			16		2.70	
21	2.00			26	2.60		17
23	2.10			24	2.70		18
21	2.25			26	2.50		
21	2.30			22	2.50		
21	2.50			16		2.70	
14		4.20		21	2.55		
18		2.80		22	2.55		
26	2.60			18		2.80	25
22	2.65			13		2.70	24
16		2.70	26	26	2.60		
22	2.65			22	2.65		
21	2.50			16		2.85	
22	2.65		15	14		2.80	
20	2.20			26	2.65		
21	2.50			22	2.70		14
18		2.85		25	2.70		
26	2.60			26	2.71		17
16		3.50		13	2.72		

续前表

序号	出价（美元）	要价（美元）	接受	序号	出价（美元）	要价（美元）	接受
21	2.60			26	2.75		
26	2.65			16		2.80	
2 黄季				15		2.79	
24	2.00			16		2.80	
13		<u>2.50</u>	20	26	2.70		
21	2.60		14	15		<u>2.76</u>	23
23	2.70		15	20	2.35		
19	2.70			21	2.60		
26		<u>2.80</u>	24	26	2.70		
17		<u>2.70</u>	19	16		<u>2.75</u>	25
20	<u>2.80</u>		25	26	2.70		
22	2.75			**3 黄季**			
16		<u>2.85</u>	21	15		3.50	
26		3.00		25	<u>2.80</u>		19
18		2.90		14		3.20	
24	2.60			18		<u>2.85</u>	21
19	<u>2.80</u>		18	16		<u>2.90</u>	21
22	<u>2.85</u>		26	22	<u>2.85</u>		13
22	2.85			20	<u>2.95</u>		14
16		3.50		22	2.80		
22	<u>2.90</u>		18	24	2.85		
24	2.50			20	<u>2.95</u>		15
23	2.75			26		<u>2.90</u>	23
17		3.10		22	<u>2.90</u>		18
24	2.60			16		3.50	
3 蓝季				24	2.80		
20	2.00			19	<u>2.85</u>		25
23	2.60			24	<u>2.90</u>		17

续前表

序号	出价（美元）	要价（美元）	接受	序号	出价（美元）	要价（美元）	接受
				24	2.60		
				23	2.75		
				24	2.75		
				14		3.00	
18		2.90	21	24	2.75		
25		2.90	24	14		3.00	
15		2.91		18		2.90	21
16		2.95		25		2.90	24
25		2.90	22	15		2.91	
19	2.85		14	16		2.95	
20	2.90		25	25		2.90	22
26		2.90	22	19	2.85		14
18		2.90		20	2.90		25
4 蓝季				26		2.90	22
22	2.65			18		2.90	
25	2.70			19	2.90		18
24	2.75			26		2.90	20
18		2.85	25	15		2.90	23
13		2.80	25	16		2.90	
24	2.70			17		2.90	
16		2.90		16		2.88	
14		2.80	23	**5 蓝季**			
20	2.20			18		2.85	24
22	2.75			16		2.85	26
18		2.85	24	22	2.80		
16		2.90		13		2.85	23
26	2.75			15		2.90	
15		2.85	25	25	2.85		18
22	2.80			17		2.85	25
17		2.85		20	2.30		

续前表

序号	出价 （美元）	要价 （美元）	接受	序号	出价 （美元）	要价 （美元）	接受
26	2.82			21	2.60		
26	2.85		16	26	<u>2.80</u>		14
26	<u>2.80</u>			22	2.80		
17		2.85		15		2.85	25
22	2.80			26	2.80		
26	2.81			22	2.80		
26	<u>2.85</u>		17	16		3.50	
23	2.85			26	2.80		
4 黄季				26	2.81		
13		2.90		17		3.05	
21	<u>2.85</u>		13	16		3.50	
				26	2.70		
22	2.80			26	2.85		
26	2.85			25	<u>2.86</u>		18
5 黄季				26	2.85		
23	<u>2.90</u>		17	25	2.86		
26		<u>2.90</u>	24	26	2.85		
20	2.80			25	2.86		
18		<u>2.90</u>	20	26	<u>2.87</u>		17
13		<u>2.90</u>	21	25	2.88		
16		<u>2.90</u>	21	16		3.40	
19	2.85			24	2.00		
14		2.95		20	2.40		
25		<u>2.90</u>	20	26	2.85		
22	<u>2.86</u>		25	25	2.90		
15		2.90		**6 黄季**			
19	2.85			13		<u>2.90</u>	24
22	<u>2.86</u>		25	21	2.85		

续前表

序号	出价（美元）	要价（美元）	接受
26		2.90	19
19	2.85		18
14		2.90	
23	2.80		
15		2.86	
14		2.85	
15		2.81	23
16		3.50	
14		2.85	
6 蓝季			
18		2.90	24
16		2.90	25
22	2.80		
26	2.85		14
13		2.85	23
26	2.85		15
25	2.85		
16		3.40	
18		2.90	
26	2.85		
17		2.90	

序号	出价（美元）	要价（美元）	接受
14		2.90	20
16		2.90	
22	2.86		
23	2.88		25
18		2.88	21
16		2.90	
22	2.88		26
18		2.90	19
20	2.85		
21	2.88		26
22	2.88		15
26		2.89	20
16		2.90	
19	2.85		
25		2.90	
16		2.89	
25		2.88	
16		2.85	
17		2.85	
25		2.80	19
16		2.80	
17		2.70	

参考文献

Mandelbrot，Benoit B.，"When Can Price Be Arbitraged Efficiently? A Limit to the Validity of the Random Walk and Martingale Models，" *Review of Economics and Statistics*，ⅬⅢ（Aug. 1971），225－236.

Plott，Charles R.，and Vernon L. Smith，"An Experimental Examination of Two

Trading Institutions," California Institute of Technology Social Science Working Paper No. 83, 1975, forthcoming, *Review of Economic Studies.*

Samuelson, Paul A. , "Intertemporal Price Equilibrium: A Prologue to the Theory of Speculation," *The Collected Papers of Paul A. Samuelson*, Vol. II , J. E. Stiglitz, ed. (Cambridge: M. I. T. Press, 1966a), 946 - 984.

——, "Spatial Price Equilibrium and Linear Programming," *The Collected Papers of Paul A. Samuelson*, Vol. II , J. E. Stiglitz, ed. (Cambridge: M. I. T. Press, 1966b), 925 - 945.

——, "Mathematics of Speculative Price," *Mathematical Topics in Economic Theory and Computation*, R. H. Day and S. M. Robinson, ed. (Philadelphia: S. I. A. M. , 1972), pp. 1 - 42.

Schimmler, Jorg, "Speculation, Profitability, and Price Stability—A Formal Approach," *Review of Economics and Statistics*, IV (Feb. 1973), 110 - 114.

Smith, Vernon L. , "Notes on Some Literature in Experimental Economics," California Institute of Technology Social Science Working Paper No. 21, 1973.

——, "Bidding and Auctioning Institution: Experimental Results," California Institute of Technology Social Science Working Paper No. 71, 1974. To appear in *Proceedings of Conference on Bidding and Auctioning*, New York University, Y. Amihod, ed. (1976) .

——, "Experimental Economics: Some Theory and Results," California Institute of Technology Social Science Working Paper No. 73, January 1975. Published in part, *American Economic Association Papers and Proceedings* (May 1976) .

Williams, Fred, "The Effect of Market Organization on Competitive Equilibrium: The Multiunit Case," *Review of Economic Studies*, XL, no. 121 (Jan. 1973), 97 - 114.

Williams, John, "Speculation and the Carryover," this *Journal*, L (1935), 436 - 455.

实验经济学在普度

弗农·史密斯（Vernon L. Smith）

这篇传记涉及了很多与普度和 Em Weiler 相关的人，但它的主要内容是我为摆脱传统经济学思维束缚所做的持续不断的斗争。

我在 1955 年的夏天来到了西拉斐特（west Lafayette）。我拒绝了普林斯顿年薪 3 750 美元的邀请，因为我已经够潦倒了；我还拒绝了 Carnegie Tech（卡耐基理工学院）的一个不错的邀请，因为卡耐基（Carnegie）不知何故看起来有些太条条框框了。尽管普度也有一些约束，但不那么严重。在接下来的两三年中，我结识了 Ed Ames, Lance Davis, George Horwich, Chuck Howe, John Hughes, Jim Quirk, Stan Reiter, Rubin Saposnik, Larry Senesh 等人，当然还有 Em Weiler。我们当中的很多人都有一个共同点，那就是对经济学，以及对自己所受的研究生教育存在相当大的不满，不论这种教育是在芝加哥大学、哈佛大学、斯坦福大学还是其他地方接受的。这种不满把我们聚集在了一起，Em Weiler 鼓励我们做"自己想做的事"（那时这句话还没有成为时尚用语）。我想，那时的 Em Weiler 还不知道我们这些"反叛者"聚到一起应当何去何从，但是他意识到了可能会发生点什么。

在这样一个百花齐放的时代，很多成功的（和不成功的）文化实验出现了：一个非凡的研究生项目、一个荣誉本科生项目、数量学会研讨会、计量历史学，还有我的实验经济学。

普度大学的实验经济学开始于 1955 年的晚秋。在那段日子，授课12 个小时是很平常的，我教授四门基础课（我所从事的最艰苦的工作）。不足为怪，一天夜里我失眠了，我想不起是因为什么了，但是到深夜时，我想起了 Chamberlin 的一次课堂演示，他用这种方法向哈佛大学的研究生们"证明"了完全竞争理论的不可能性。我没有选 Chamberlin 的课，因为在上了头两次课以后，我决定去上堪萨斯大学 Dick Howey 的高级不完全竞争课程。但是我的确参加并且观察了 Chamberlin 的小"实验"。哈佛的研究生们背后议论说整个练习有些无聊，我记得当时年轻且易受影响的我同意这种粗糙苛刻的、不准确的结论。

直到凌晨 3 点，我还十分清醒，思索着 Chamberlin 的实验。他给每位买者一张卡片，卡片上标明每单位产品的最高购买价格；每位卖者一张卡片，卡片上标明每单位产品的最低卖价。我们所有参加实验的人都在教室里走动，扮演卖者或买者，讨价还价或者继续寻找买者或卖者。一旦一对卖者和买者成交，他们就来到 Chamberlin 跟前，告知他们的成交价格，上交卡片，然后 Chamberlin 在黑板上写下成交价格，让所有的人都看到。当一切结束时，他会据此画出潜在的供给与需求表（不包含价格效应）。我们上了重要的一课，供给和需求理论不能解释所发生的一切，即价格没有接近均衡水平，成交数量也是如此。

我认为做实验的想法是对的，不足之处是，如果你想表明不完全信息条件下竞争性均衡无法实现，那么你应该选择一个信息条件上更有利于产生竞争均衡的现存交易制度。如果在这一条件下竞争均衡都无法实现，你的结论将更有说服力。为此有两种改进方法：（1）相对于让实验被试穿梭于教室做双边交易，为什么不用股票交易和商品交易中常用的双向口头拍卖制度替代呢？毕竟，后者（股票和商品交易市场）看起来更接近无法达到的竞争均衡状态。（2）既然 Marshall 曾经指出，在供给和需求保持稳定的足够长的时期内，竞争均衡将成为一种趋势，为什么不在连续"交易日"（供给和需求条件不断变化）的时期内进行实验呢？这两项改变应该是为更有力地证伪竞争性价格理论所进行的合理调整。毕竟，竞争性价格理论仅是为了教学，并不可信（哈佛大学的每个人都知道，你也知道，并且芝加哥的那些家伙也知道这一点）。因此，在 1956 年的春季学期，我不想第四次重复课本上供给与需求理论那套花言巧语了，我要拿这门课程做一个新的实验。我想在孩子们尚未被供给、需求和竞争性市场理论影响之前进行我的实验。

接下来的 1 月份，我执行了我的这一计划。我所做的实验标注为"图表 1，检验 1"刊登在 1962 年 4 月《政治经济学季刊》的《竞争市场行为的实验研究》一文中。我现在仍为实验结果所震惊，这些实验结果与竞争性价格理论令人难以置信地一致。如果这些实验结果具有可信度，那就反驳了 Chamberlin 的供给与需求均衡不可达到的假说。但是我想这一结果不可能被相信，这一定是一次意外，因此，我在另一个班级用不同的供给和需求条件做了一个新的实验。

我做的这个实验在 1962 年的那篇文章中被标注为"检验 2"。令人奇怪的是，这次实验收敛仍然相当快。这怎么可能？这些被试根本不知道实验中的市场供给和需求情况。他们甚至不知道所谓的"供给"与"需求"的含义是什么。这时，我突然想到了一个原因，为什么我之前没有考虑到这一点呢？上述两个实验用的都是对称的供给与需求曲线（消费者剩余等于供给者剩余），这些实验都是特例！在下一个学期，我进行了非对称条件下的实验，在 1962 年的文章中标注为"检验 3"。这次实验持续的时间较长，但最终也收敛了。这些早期的实验一直持续到1960 年。

与此同时，我对工程生产函数、其特点以及这些特点如何影响投资和生产理论进行了认真的研究，还讲授了这门课程，普度的研究生们把这门课程称作"工程经济学"。这一切的开始是因为我不太相信关于生产函数的所有描述，并且我不确定当所有人都拿着耙子和锄头在玉米地里耕作时收益反而减少是如何发生的。我认为应该有一种更好的要素替代关系，或者根本没有。

到 1961 年，我解决了这个问题，了解了生产和投资理论中哪些可以相信，我出版了《投资与生产》一书。也是在 1961 年，我去斯坦福做访问学者。在那里我也做了一些实验，得到了 Bill Capron 和 Mo Abramovitz（如果我没记错的话）的极大鼓励，我发现作为实验被试的斯坦福的学生与普度的学生没有差别，用斯坦福的学生做实验，同样得到了收敛的结果。尽管有些"聪明"的家伙认为实验价值不高，微不足道，但我想他们也许是错误的，尽管他们确实比我聪明。

在斯坦福一件相当重要的事情是我与 Sydney Siegel 的相识，那时他是行为科学高级研究中心的成员。我在他去世前六个星期与他结识。（我永远也不会忘记他，他是多么伟大的实验经济学家啊！）我向他介绍了我的工作，他也是个怀疑主义者，但不同的是，他是个科学怀疑论者，而不是一个鲁莽的人。源于他深刻的行为科学研究经历，他向我提出了他的想法、建议还有质疑。他尖锐的评论总是让人兴奋并使我深受鼓舞，我从 Sydney 那里学到了很多，例如"到底什么是实验科学"，我后来读了他的大量著作。我们都很高兴能够遇到如此志同道合的人，尽管他正在与 Larry Fouraker 做双边讨价还价、双头垄断和三头垄断的实验，而我做的是大组群的竞争市场实验，并且相对于研究数量效应，我对市场效力和制度更感兴趣。我通常想 Sydney 多么适合与普度这群人一起工作啊，我甚至想他怎么能不认识 Em Weiler 呢。

不管真正的起因是什么，我最终都放弃了写文章报道我从 1956 年到 1960 年间所做的所有实验的决心。这并不容易，人们曾经怀疑过这中间存在骗局，简单的理由是我所做的实验与经济学或经济理论，以及被滥用的、定义不明确的、经济学家所谓的"现实世界"毫无联系。但是也有人一直在鼓励着我，特别是 John Hughes 和 Em Weiler。大约在 1957 年，我曾经鼓起勇气到西北大学做了一次主题发言。我感觉到他们对我所做的工作一无所知，我没能够很清楚地介绍这些研究，他们对此也不太相信。但是这次讨论会没有我想象的那么糟，因为不久他们就问我是否愿意接受西北大学的聘请（offer）。我猜他们在想："好吧，这个人也在做其他方面的研究。"我没有去西北大学，尽管我曾经动了心。

1960 年，我整理了我的实验结果，并且首先想到的便是将它投到《政治经济学季刊》。我想，当然是把文章投给芝加哥的那些家伙们。我展示了些什么呢？我的实验结果显示，基本不需要什么学习、严格自利假设，只需要少量的、没有任何经验的交易者在双向口头拍卖制度下就可以迅速收敛到竞争均衡水平。比传统理论市场所需条件弱得多的市场同样有效。没有必要要求市场中存在大量的参与者，经济人也不必拥有关于市场供给与需求的完全知识，也不需要所谓的价格接受者——在双向拍卖制度下的任何人既是价格制定者也是价格接受者。这是一个伟大的发现，不是吗？结果却不是这样。在芝加哥，他们都知道市场是有效的，谁需要证明？

因此我又送了《一个实验研究》一文第一稿的两份复印件给《政治经济学季刊》，不久该文便由"Harry Johnson 和芝加哥大学经济系的其他成员共同合作进行编辑"（在这个插曲结束之前，我不会知道"合作"一词用得多么恰当）。Harry 和我经受了三个审稿人［Harry 告诉我他是第四个（在他成为新编委之前）］的审阅，我针对每位审稿人的评审都做了详细的陈述。最终经过漫长的等待，独立审稿人 Harry 在匆匆看过所有审稿人的意见之后，于 1961 年 10 月 13 日在给我的信中写道：

> 如果你感觉你的论文经得起审稿人的质询，或者你所提交的修订版本是你认为你所能做的唯一让步，那么请把修订好的文章发给我吧，我将发表它。如果审稿人坚持把他们的质询作为评论，并且

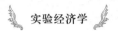

这些评论值得发表，你有权利再回答。但是，我不认为那样的话我们有什么麻烦……从这次经验中，我对我的审稿人有了初步的了解。你也许不相信，这确实是一项非常困难的工作，一个人不得不对每个人进行评估，包括他自己。

最后，文章发表了。

这些年里，有欢笑也有泪水，Em Weiler 帮助我们实现了我们每个人的愿望。对我而言，尤其如此。如果 Em Weiler 或者他的代理人再次过来看我，告诉我有一个像普度一样的地方，我依然会去。也许你不能再次回家，但是那确实值得一试。

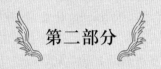

第二部分

制度与市场绩效

导　论

1975 年我在来到亚利桑那大学之后不久，便参与了一个与本科生和研究生合作的项目，该项目开发了一种能使被试依据成交规则通过计算机终端进行交易的软件。计算机给实验经济学提供了一个新的发展空间。在这段时间里，我还开始了与 Arilington W. Williams 的长期合作，他最初是亚利桑那大学的研究生，之后是作为印第安纳大学的一名教员与我合作。Williams 开发了一种被试可以通过计算机终端进行交易的软件，从而对实验环境进行了优化，将实验经济学带入了计算机时代。他在这方面做出了重大贡献。

有了这些新的工具，我们进行了大量的比较制度实验研究。我们系统地检验了计算机化双向拍卖交易制度下（第 10 篇）非限定性价格控制的作用。之所以开展这个研究是由于受到了 R. Mark Isaac 和 Charles Plott 的启发，他们发现了价格控制的非良性动态效应，包括非限定性价格控制对均衡趋势的影响（一些没有被静态理论预期到的结果）。Williams 和我针对这些未曾预料到的结果设计实验重新进行了检验，这个实验的目的就是检验非限定性控制对价格影响的量化结果。令人吃惊的是，文章里证实的价格控制效应同样也出现在公开拍卖市场中。对后者的有关描述包含在我和 Don Coursey 的文章里，在这里省略了，但在《经济思想学派：实验经济学》中将再次呈现。

第 11、12、14 和 17 篇文章都检验了不同的市场制度。在第 11 篇文章中，我们分析了纽约证券交易所交易规则的几个关键特征，以及这些交易规则对市场绩效的边际效应。在第 12 篇文章中，我们比较了双向拍卖机制与密封标价拍卖（有时也称为"清仓"）机制。在第 14 篇文章中，我们讨论了买卖双方剩余的不对称是如何影响双向拍卖市场收敛趋势的。最后，在第 17 篇文章中，我们系统地比较了明码标价定价机制与双向拍卖定价机制，其中，设计明码标价定价机制实验所用的软件最初是由 Jonathan Ketcham 编写的。

第 13 篇文章从 Hayek 假说——市场的主要功能是节约信息——的角度解释了许多实验拍卖市场的结果。因此，市场制度提供了一个发现的过程，不仅产生了交易，还产生了交易所需的信息。

第 15 篇文章建立在 20 多年研究的基础上，尝试重新阐述实验方法的目的与功能。新的观点面临着新的考验，旧的观点被赋予更加一致的意义。在这篇论文里，我试图将大部分旧的内容综述成一个更加全面的报告。我认为这篇文章在实验经济学与 Reiter-Hurwics（有时称为 Northwestern）的经济理论之间建起了一座桥梁，对于解释实验经济学如何与微观经济理论相结合是很有帮助的。Ronald Heiner 对这篇文章的评论提出了许多问题，有些问题引起了我的反复关注，最初的文章没有阐述这些方面，所以我在第 16 篇文章中进一步回答了一些方法论方面的问题以及它们的经验性解释。

与 G. L. Suchanek 和 A. W. Williams 合作的股票市场交易实验是在 1982—1986 年进行的，由于 1987 年 10 月 19 日世界证券市场的大冲击，这项研究被赋予了一些新的意义。在实验室环境下进行资产交易时，股票很好地揭示了有关基本股息价值的共享信息，因此，实验室中被试能够自发地产生价格泡沫，这一观点成为人类行为的一个通常特征。当然，恐慌一直是几个世纪以来股票市场上经常发生的事情，但是在实验中，历史的记忆是短暂的，一个人的记忆能够随意更新。过去恐慌中的突发性原因通常难以识别，这在我们的实验中也同样适用，即实验被试不能够在交易时段出现转折时，及时预测到这个转折点。但是在实验情景中，交易者产生的出价和要价信息具有部分预测的功能，尽管这些信息的收集并不是以对他们有利的方式进行的。

初始研究之后，所进行的 36 个附加实验旨在对消除实验室中的价格泡沫进行探索，包括限制价格变化的规则、提高卖者能力、同质的禀赋以及设置交易费用。无论交易者有没有经验，这些政策及环境的变化都消除了那些没有经验和少经验的交易者使交易价格偏离分红价值的倾向。而经验似乎是在基础价值附近进行交易的最可靠保障。

竞争市场中的非限定性价格控制 *

弗农·史密斯 ** （Vernon L. Smith）
阿灵顿·威廉姆斯 *** （Arlington W. Williams）

对双向拍卖市场中非限定性价格控制（nonbinding price control）[1]的研究主要源于两点：首先，双向拍卖机制能够很快地收敛于竞争均衡（CE），与其他市场机制相比，这种机制只需要更少的参与者（Smith等）。那么，什么条件（如果存在的话）能够干扰或延迟收敛于竞争均衡的过程？非限定性价格控制就是一种可能影响价格收敛过程的条件。其次，对双向拍卖中非限定性价格控制的研究是源于实践要求，有组织的商品交易"……通常都会对价格波动施加限制。如果某天某个时点的价格上升或下降超过前一天收盘价的一定限额，当天就不再允许额外的交易"（Walter Labys, p. 162）。因此，商品交易价格经常在非限定性价格的下限或上限附近。

Mark Issac 和 Charles Plott 设计了 12 个探索性实验，对双向拍卖市场实施不同的价格控制，他们得出的主要结论是：

1. 非限定性价格控制，即高于竞争均衡的价格上限或低于均衡价格的价格下限，不会作为卖者和买者交易的焦点价格或信号价格。

2. 竞争均衡附近的非限定性价格控制可能会使价格在存在价格上限时偏离至均衡价格以下，在存在价格下限时偏离至均衡价格以上。这有待于以后的进一步检验。

---

  * 感谢国家科学基金对本篇论文中所涉及的大部分实验给予的大力支持。

  ** 亚利桑那大学。

  *** 印第安纳大学。

  ① 非限定性价格控制是指交易中只限定最低价或者只限定最高价。——译者注

第二个结论具有不确定性的原因是：一些实验市场中，价格从上方或者下方收敛于竞争均衡取决于买者和卖者的讨价还价能力。在一些交易时段中，样本的差异会导致某组中的买者（卖者）交易的平均价格低于（高于）竞争均衡价格。因此在存在价格上限（下限）的实验中，即便我们观测到成交价格位于均衡价格之下（上）的现象，我们也不能确定这一现象是由非限定价格控制造成的还是由市场参与者讨价还价造成的。

我们试图把这些干扰因素分离开来，从而单独考察非限定性价格控制对竞争均衡的影响。16 个实验的结果显示，存在非限定性价格上限（下限）的市场将会从均衡价格的下方（上方）趋向于均衡，其原因是上限尤其会限制卖者的讨价还价能力，而下限尤其会限制买者的讨价还价能力。在不存在非限定性价格控制的条件下，双向拍卖交易过程通常有如下特征：卖者会从高于竞争均衡的要价开始做出妥协，而买者则从低于竞争均衡的出价开始让步。而价格上限会将卖者的要价限制在上限处，要求他们从上限这个次优的价格点或更低的价格点开始讨价还价。买者出价也会受影响，但影响不大，因为在市场中偶尔出现的高于上限的出价将会被上限阻挡。同时，价格上限与卖者较低的要价会导致买者较低的出价。

I. 实验设计

由于本研究的目的是分离出价格控制对竞争市场的影响，同时由于这种影响还夹杂着噪声和一系列干扰因素，所以需要我们设计合适的实验。我们最终的实验设计具有以下几个主要特征：

1. 所有实验都使用由 Williams（1980）开发的双向拍卖实验程序 PLATO。计算机确保了所有实验都采用统一的步骤，同时计算机可以准确地记录所有的出价、要价、交易价格和交易时间，所以可以控制实验者的影响。我们还将纽约股票交易所的"改进准则"和计算机化的"专家手册"引入双向拍卖实验中。在拍卖过程中，改进准则（规则第 71 条和 72 条；见 George Leffler and Loring Farewell，pp. 187 - 188）要求公布的出价（要价）高于（低于）市场中停留的出价（要价）。交易发生时，这一单位的拍卖结束，市场（在我们的 PLATO 中）等待新的要价和出价。出价（要价）若低于（高于）市场停留的出价（要价），

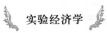

那么将被输入一个 PLATO 序列，与其他出价（要价）进行排序，排序原则是价格优先和时间优先，即出价高（要价低）的优先排列，同样的出价或者要价按时间顺序排列——第一个输入的比第二个输入的优先。

2. 我们选用以前至少参加过一次 PLATO 双向拍卖实验的被试，以前的实验没有价格控制，而且供给和需求参数与现在不同。（见我们早期的讨论，先前的实验中我们将出价规则和交易经验作为 PLATO 双向拍卖实验的设置变量。）

3. 表 1 给出了实验中 4 个买者和 4 个卖者的保留价值（或保留价格）和成本（Smith）。（理论上的总剩余是每个交易时段 10.20 美元，每个交易时段 15 单位商品的佣金为 3 美元，每个实验的总支出是 198 美元。）图 1 的左下方是供给和需求曲线（买卖双方的剩余是对称的）。每个达成交易的买者（卖者）在每笔交易中获得的收益都等于他/她的保留价格（卖出价格）和购买价格（成本价格）的差额，再加上 10 美分的佣金。除了佣金外，买者（卖者）在达成交易后还赚到了消费者（生产者）剩余。注意，在我们的实验设计中（见图 1）有几个边缘内和接近边缘的单位商品处于竞争均衡价格上下 5 个百分点之间。因此，如果很多契约远离均衡价格的话，接近边缘的无效率交易就很容易发生。类似地，均衡价格附近、边缘内的单位商品要比其他盈利能力强的

表 1			保留价格和成本				单位：美元
被试	单位						个人竞争均衡剩余
	1	2	3	4	5	6	
买者 1	5.35	5.10	4.70	4.60	4.50	—	1.20
买者 2	5.60	4.90	4.80	4.65	4.55	—	1.35
买者 3	5.60	4.90	4.80	4.65	4.60	4.50	1.35
买者 4	5.35	5.10	4.70	4.65	4.55	—	1.20
卖者 1	3.95	4.20	4.60	4.65	4.75	—	1.20
卖者 2	3.70	4.40	4.50	4.65	4.75	—	1.35
卖者 3	3.95	4.20	4.60	4.70	4.80	—	1.20
卖者 4	3.70	4.40	4.50	4.65	4.70	4.80	1.35
总市场剩余							10.20

单位商品少一些交易激励，会导致无效率交易发生的机会增加。这些特征明确说明实验中的供给和需求（在这种设计下，效率被定义为理论上的买者和卖者剩余被实现了的百分比）对某些因素（例如非限定性价格控制）的敏感度很强。这些特点并没有在 Issac 和 Plott（见图 2）的设计中体现出来，在他们的设计中，边缘内和接近边缘的单位商品的价格至少高于或低于均衡价格 10％。

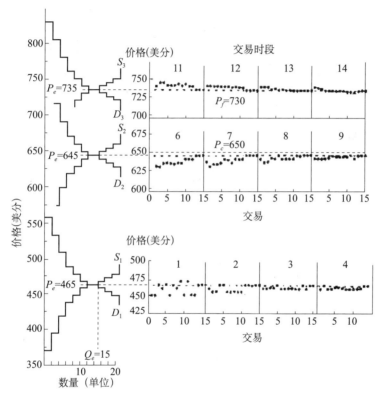

图 1　实验 2：26

4. 所有实验都包括 3 周的交易，每周包括 5 个（一些实验中是 4 个）交易时段。第一周实验没有价格控制，为我们提供了一些基准的观测值。如果某个被试组卖者的讨价还价能力较强，我们就可以通过计算买者实现的剩余和卖者获得的剩余之间的差额来测量。由于在我们的设计中，竞争均衡时剩余差额是 0，所以这个测度应该只能反映买者的相对讨价还价能力。

5. 在每一个实验中，第一周的交易完成后，我们就会在每个保留价格上累加一个事先预定的常量，因此，相对第一周，供需条件就会向上

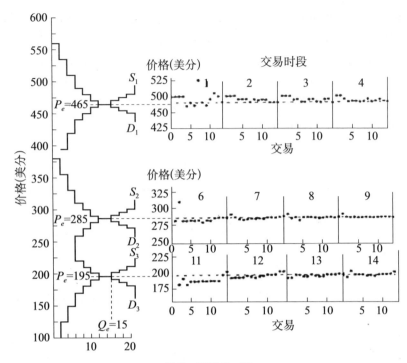

图 2   实验 2：57

或向下平移一些。表 1 给出了被试的保留价格表，每次实验后，随着供需条件的平移，被试需要重新随机分配保留价格。交易接着在第二周的新条件下重新开始，从第 6 个交易时段到第 9 个或第 10 个交易时段。其中，8 个实验设置了价格上限，4 个实验设置了价格下限，其他 4 个实验没有设置价格控制。这样做的目的是将供需变化效应从价格控制影响中分离出来。第一周交易结束时，下面的信息将通过显示屏告知被试，第二周交易将在有价格上限（例如在图 1 中是 6.5 美元）的情况下进行：

特别声明

第二周市场上将设置价格控制。被允许的最高出价或要价是 6.5 美元。任何违反以上规则的出价或要价输入将被自动拒绝，并提示错误信息。

如果被试输入超过 6.5 美元的价格，屏幕上将出现如下信息：你的录入超过了允许的最大价格 6.5 美元。有关价格下限的声明与上面所给出的几乎完全一致，除了在声明中将"最大"替换成"最小"。

6. 第二周交易完成后，供给和需求曲线再次平移，保留价格再次被随机分配给被试。然后第三周的交易开始，包括第 11 个交易时段到第 14

个或第 15 个交易时段，其中 8 个实验设置了价格下限，4 个实验设置了价格上限，另外 4 个实验没有设置价格控制。表 2 为各个控制条件下所进行的实验数。值得注意的是，第二周 8 个实验设置了价格上限，4 个实验设置了价格下限；第三周 8 个实验设置了实验下限，4 个实验设置了价格上限，因此整个设计不是完全平衡的。尽管完全平衡的设计更具科学性，但我们认为可能不值得再耗费成本去进行这些额外的实验。

表 2   **各个控制条件下所进行的实验数**

供给和需求 在第二（三）周 的变化	价格控制变量		
	第二周或 第三周没 有价格控制	第二周比 CE 下高 5 美分的 价格上限 第三周比 CE 下低 5 美分的 价格下限	第二周比 CE 下低 5 美分的 价格下限 第三周比 CE 下高 5 美分的 价格上限
向上（向上）	1	2	1
向上（向下）	1	2	1
向下（向上）	1	2	1
向下（向下）	1	2	1

基于这个实验设计，我们提出两个线性模型以分离以下效应：（1）买者与卖者讨价还价能力之差；（2）供给和需求条件的统一改变与保留价格的再分配；（3）高于均衡价格的价格上限；（4）低于均衡价格的价格下限。我们定义：

$B(t)$：买者在 t 时段实现的剩余（扣除佣金后的净利润）。

$S(t)$：卖者在 t 时段实现的剩余。

$D(t) \equiv B(t) - S(t)$：买者与卖者讨价还价能力之差。

$$X_i^c = \begin{cases} 1, & 如果在第\ i\ 周施加价格上限 \\ 0, & 如果在第\ i\ 周不施加任何价格控制 \end{cases}$$

$$X_i^f = \begin{cases} 1, & 如果在第\ i\ 周施加价格下限 \\ 0, & 如果在第\ i\ 周不施加任何价格控制 \end{cases}$$

$$Y_i = \begin{cases} 1, & 如果供给和需求在第\ i\ 周向下移动 \\ 0, & 如果供给和需求在第\ i\ 周向上移动 \end{cases}$$

我们的线性模型可以表达为：

$$D(t) = \begin{cases} \alpha_2 D(t-5) + \beta_2 X_2^c + \gamma_2 X_2^f + \delta_2 Y_2 \\ \alpha_3 D(t-10) + \beta_3 X_3^c + \gamma_3 X_3^f + \delta_3 Y_3 \end{cases} \quad (1)$$

如果 $\alpha_i > 0$，意味着在某个实验组，无论买者强一些（$D > 0$）还是弱一些（$D < 0$），这个特征都倾向于在连续几周里有可比性的交易时段中持续（例如，第 1 个、第 6 个、第 11 个交易时段；第 2 个、第 7 个、第 12 个交易时段；等等）。如果 $\alpha_3 < \alpha_2 < 1$，则表示在对供需改变效应进行了纠正以后，周与周之间存在学习效应（从不断收敛于竞争均衡的意义上看）。本文的主要研究假设是 $\beta_i > 0$，$\gamma_i < 0$，即非限定性价格上限相对于竞争均衡降低了成交价格从而有利于买者；而非限定性价格下限则提高了成交价格从而有利于卖者。最后，供给和需求的平移导致价格超过了新的均衡水平（$\delta_i > 0$），当供需条件向下（向上）平移时，对买者（卖者）有利。同时，供需条件的改变也可能会使价格低于新的均衡（$\delta_i < 0$）。如果供给和需求的连续改变所引起的不均衡效应逐渐递减，那么我们预期 $|\delta_2| > |\delta_3|$。

II. 实验结果

表 3 列出了成交价格与均衡价格的平均离差和所有的 16 个实验的市场效率。这些实验在表 3 中依时间顺序排列，它们与其他许多具有不同研究目标的双向拍卖实验在将近 2 年的时间里穿插完成。从表 3 中 16 个价格控制实验的平均离差可以看出，第 2 周相对于第 1 周施加了非限定性价格上限（下限），价格就会强烈地倾向于更低（更高），而第 3 周相对于第 1 周施加了非限定性价格下限（上限），价格就会更高（更低）。在第二周，除了实验 2：36、2：41 和 3：10 外，所有价格控制实验中的平均价格离差都与这个观测一致。在第三周，除了实验 3：12 和 3：21 外，所有价格控制实验中的平均价格离差都与观测相符。

表 3		交易价格对竞争均衡的平均偏差				
实验编号	价格控制	需求/供给变化	第一周	第二周	第三周
2：18	上限，第二周	向上，第二周	0.058	0.024	0.066
	下限，第三周	向上，第三周	(99.63)	(100)	(99.51)

续前表

实验编号	价格控制	需求/供给变化	第一周	第二周	第三周
2：26	上限，第二周	向上，第二周	−0.036	−0.56	0.029
	下限，第三周	向上，第三周	(99.39)	(99.51)	(99.88)
2：27	上限，第二周	向下，第二周	−0.095	−0.113	−0.01
	下限，第三周	向上，第三周	(98.90)	(99.26)	(99.02)
2：30	上限，第二周	向下，第二周	−0.041	−0.043	0.061
	下限，第三周	向上，第三周	(95.46)	(98.53)	(97.67)
2：35	上限，第二周	向下，第二周	−0.034	−0.112	0.02
	下限，第三周	向下，第三周	(99.51)	(99.39)	(99.39)
2：36	上限，第二周	向上，第二周	−0.021	−0.01	0.03
	下限，第三周	向下，第三周	(99.75)	(100)	(100)
2：40	上限，第二周	向上，第二周	0.017	−0.003	0.069
	下限，第三周	向下，第三周	(99.26)	(99.26)	(99.63)
2：41	上限，第二周	向下，第二周	−0.031	−0.026	0.005
	下限，第三周	向下，第三周	(99.63)	(98.65)	(99.88)
2：49	无	向下，第二周	−0.03	−0.036	0.004
		向上，第三周	(100)	(99.39)	(100)
2：54	无	向上，第二周	0.042	0.04	−0.004
		向下，第三周	(99.14)	(99.39)	(99.51)
2：56	无	向上，第二周	0.113	−0.005	−0.023
		向上，第三周	(97.67)	(99.63)	(100)
2：57	无	向下，第二周	0.046	−0.008	−0.023
		向下，第三周	(98.16)	(99.51)	(99.51)
3：08	下限，第二周	向上，第二周	−0.063	0.063	−0.069
	上限，第三周	向上，第三周	(99.14)	(99.39)	(98.53)
3：10	下限，第二周	向下，第二周	0.032	0.03	−0.093
	上限，第三周	向上，第三周	(99.75)	(99.88)	(99.02)
3：12	下限，第二周	向下，第二周	−0.142	−0.001	−0.093
	上限，第三周	向下，第三周	(97.67)	(96.32)	(99.35)

续前表

实验编号	价格控制	需求/供给变化	第一周	第二周	第三周
3：21	下限，第二周	向上，第二周	−0.227	0.039	−0.134
	上限，第三周	向下，第三周	(93.75)	(99.88)	(97.67)

尽管价格似乎倾向于超过新的均衡，但相对第 1 周，供给和需求平移对于价格离差的影响并不明显。市场效率（可以通过已实现的买者和卖者剩余与理论上总剩余的比值来测度）在使用有经验的被试进行的 PLATO 双向拍卖市场实验中，在所有的实验设置下都接近 100%（Williams；Smith and Williams）。表 3 显示，无论是否存在价格控制，也不管是否存在供需改变，市场效率在 3 周的交易过程中都有逐渐提高的倾向。这意味着周与周之间的学习对市场效率的影响要比价格控制和供需条件的改变大。对价格控制导致效率相对下降的假设进行 Wilcoxon 检验，结果该假设被拒绝了。

图 1 和图 2 显示了实验 2：26（有价格控制）和 2：57（无价格控制）各交易时段的成交价格序列。[1] 这两个实验显示了（下述报告的回归估计测量）两个趋势：（1）相对于第一周，价格上限（下限）倾向于导致成交价格低于（高于）竞争均衡价格；（2）相对于第一周，供给和需求的改变倾向于导致成交价格超过新的均衡点。在所有的实验设置下，价格都有明显收敛于竞争均衡的趋势。价格控制的效应只是延缓了这个趋势，并且在存在价格上限（下限）时，使价格从下方（上方）收敛于均衡。非限定价格控制会影响市场的动态均衡，但不会影响市场的静态均衡。

回归模型系数的估计结果为

$$D(t)=\begin{cases} 0.236\,D(t-5)+0.464\,X_2^c-2.02X_2^f+1.089\,Y_2, \\ (3.41) \qquad\quad (2.08) \quad (-6.03) \quad (4.81) \\ R^2=0.55, N=70 \\ 0.111\,D(t-10)+2.315\,X_3^c-1.190X_3^f+0.260\,Y_3, \\ (1.94) \qquad\quad (8.47) \quad (-6.54) \quad (1.38) \\ R^2=0.74, N=67 \end{cases} \quad (2)$$

该模型支持了以下结论：

---

① 大部分实验在给定周内都由 5 个交易时段组成，表 1 和表 2 只反映了每周前 4 个交易时段的成交价格。多数实验中第 5 个交易时段的交易都非常趋近于 CE。

1. 价格上限在第二周平均每个交易时段从卖者转移 46 美分的剩余给买者，而在第三周转移给买者的剩余为每个交易时段平均 2.32 美元。价格下限在第二周平均每个交易时段从买者转移 2.02 美元的剩余给卖者，而在第三周则是 1.19 美元。括号中的 t 值说明上限和下限的回归系数是高度显著的（$p < 0.025$，单侧检验）。结果表明竞争均衡附近的非限定性价格控制对市场动态均衡收敛过程是有影响的。

2. 双向拍卖市场中买卖双方的讨价还价能力差别倾向于在连续的交易时段和交易周中持续，但这种效应具有递减趋势。买者与卖者剩余之差在第二周平均为第一周的 24%，而到了第三周，这个值仅为第一周的 11%。

3. 需求和供给条件向上或向下的平移，及个人保留价格的重新随机分配会引起价格超过新的均衡。相对于向上移动，第二周的向下移动将 1.09 美元的剩余从卖者转移给买者，在第三周这个转移量大约为 26 美分。这意味着双向拍卖市场能够使竞争均衡不断随供给和需求的变化而变化。从收敛于竞争均衡的速度方面看，有经验的被试更快适应市场供给和需求的变化，经验作为设置变量效果还是很明显的。

Ⅲ. 非限定性价格控制如何干扰双向拍卖市场的讨价还价过程

Isaac 和 Plott 推测非限定性价格控制在使价格偏离均衡方面所产生的作用"或许与信息和'搜寻'有关"。我们的 PLATO 计算机化双向拍卖制度非常便于检验价格控制对出价和要价分布所产生的影响。

图 3 的上半部分的左边是出价和要价的分布，右边是成交价格的分布，图 3 的下半部分是第二周所有无价格控制实验第 6 个和第 7 个交易时段相应的分布。价格上限最显著的效应就是将超过上限的出价和要价进行削减。但是，由于卖者不得不从上限或上限以下开始讨价还价，所以这种削减对要价分布所起的作用更突出。可以预料到，即使不存在价格上限，有经验的买者也很少会提出和上限一样高的出价。

类似地，一个低于竞争均衡 5 美分的价格下限会从下方削掉出价和要价的分布，但对出价分布的影响更大。这可以从图 4 中看出，图 4 比较了有价格下限情况下和无价格下限情况下的出价、要价和成交价格的分布。

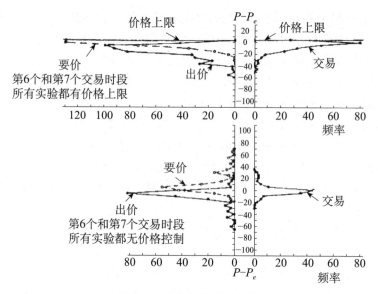

图 3 价格上限的频率分布

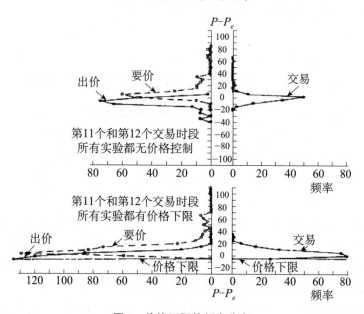

图 4 价格下限的频率分布

表 4A 对价格上限（第二周）和价格下限（第三周）条件下产生的平均价格与无价格控制条件下产生的平均价格进行了比较。平均出价和平均要价被上限压低，但平均要价降低的程度要大于平均出价降低的程度。价格下限产生的效应刚好相反，平均出价上升的幅度大于平均要价上升

的幅度。Mann-Whitney 单位正态离差 Z_u 显示，我们可以拒绝第 6 个和第 7 个交易时段要价分布在有无价格上限的条件下都一致的假设。对于第 6 个和第 7 个交易时段的出价，这一假设也可以被拒绝，但是显著性水平较低。比较第 11 个和第 12 个交易时段有无价格下限条件下的出价（要价）时，可以得出相同的结论。

表 4B 对价格下限（第二周）和价格上限（第三周）条件下的平均价格与无价格控制条件下的平均价格进行了比较。和表 4A 一样，Z_u 值表示我们可以拒绝在所有情况下价格分布都相同的假设。然而，第三周价格上限对出价分布所起的作用比第二周价格上限（表 4A）所起的作用大一些。这可以部分地通过按下限-上限顺序所做的 4 个实验中有 3 个实验在第一周的交易时段具有较强的买者来解释（由表 3 中给出的均衡离差平均值为负可以看出）。与其形成鲜明对比的是，在无价格控制条件下的 4 个实验中有 3 个实验在第一周的交易时段的价格离差平均值都是正的，这意味着卖者要比买者更强。仅有价格控制作为设置变量的实验在进行报价分布比较时没有控制各被试组之间的讨价还价能力。

表 4A　　估价对竞争均衡和 Mann‐Whitney 显著性检验的平均偏差

价格控制条件	估价	
	出价	要价
第 6 个和第 7 个交易时段		
有价格上限实验	−0.170	−0.015
无价格控制实验	−0.110	0.176
Mann-Whitney, Z_u	6.63	11.0
第 11 个和第 12 个交易时段		
无价格控制实验	−0.099	0.113
有价格下限实验	0.003	0.137
Mann-Whitney, Z_u	12.2	4.25

表 4B　　估价对竞争均衡和 Mann‐Whitney 显著性检验的平均偏差

价格控制条件	估价	
	出价	要价
第 6 个和第 7 个交易时段		
有价格下限实验	0.001	0.238

续前表

价格控制条件	估价	
	出价	要价
无价格控制实验	−0.110	0.176
Mann-Whitney, Z_u	10.43	5.80
第 11 个和第 12 个交易时段		
无价格控制实验	−0.099	0.113
有价格上限实验	−0.464	−0.059
Mann-Whitney, Z_u	13.99	12.22

这些数据说明价格上限或下限倾向于非对称地干扰双向拍卖中的讨价还价过程。价格上限会限制卖者的讨价还价策略，在价格上限存在的情况下，卖者必须学会克制不要报出远远低于上限的要价，或是直到买者的出价接近上限才接受出价。但是价格上限也降低了买者的出价，这部分是由于几个相对较高的出价被价格上限削掉了，部分是由于买者知道在存在价格上限时他们能够诱使卖者接受较低的出价。这些考虑在有价格下限时也适用，除了买卖双方的位置和影响的方向相反以外。

参考文献

R. M. Issac and C. R. Plott, "Price Controls and the Behavior of Auction Markets: An Experimental Examination," *Amer. Econ. Rev.*, June 1981, 71, 448 – 459.

W. C. Labys, "Bidding and Auctioning on International Commodity Markets," in *Bidding and Auctioning for Procurement and Allocation*, New York 1976.

George L. Leffler and Loring C. Farwell, *The Stock Market*, New York 1963.

V. L. Smith, "Experimental Economics: Induced Value Theory," *Amer. Econ. Rev. Proc.*, May 1976, 66, 274 – 279.

_____ and Arlington W. Williams, "An Experimental Comparison of Alternative Rules for Competitive Market Exchange," Yale Univ. Conference on Auctions and Bidding (Dec. 1979), rev. mar. 1980.

_____ et al., "Computerized Competitive Market Institutions: Double Auctions versus Sealed – Bid Auctions," Univ. Arizona, rev. Apr. 1981.

A. W. Williams, "Computerized Double Auction Markets: Some Initial Experimental Results," *J. Bus. Univ.* Chicago, July 1980, 53, 235 – 258.

竞争市场可选交易规则的实验比较

弗农·史密斯 (Vernon L. Smith)

阿灵顿·威廉姆斯 (Arlington W. Williams)

有人认为行为科学要解决的问题太复杂，所以我们不能做实验，这种观点只不过是人们对进行什么实验以及如何进行实验无知的辩解 (Abraham Kaplan，1964)。

I. 引　言

口头双向拍卖交易在纽约证券交易所和世界范围内大量的、有组织的股票和商品市场中的应用已经超过了两个世纪。[1] 它一定程度上是由各种"地摊"交易机制发展而来的。那么，为什么会存在这些交易机制呢？这启示我们去研究这些交易机制对竞争性市场均衡和市场效率的影响。比如，"专家手册"和纽约证券交易所的交易准则要求买者报出更高的出价、卖者报出更低的要价以缩小价格范围，这是否会对市场均衡产生显著影响？我们的研究假设是：一个合理的制度必须可以提高市场绩效。

本文涉及的 21 个双向拍卖交易实验都是在计算机上实现的，该计算机程序是由 Williams 在 PLATO 计算机系统上用 TUTOR 语言编写的。我们之所以对实时电子交易规则进行研究，一方面是因为私人和政府债券市场已经逐步演化为一种电子符号系统[2]，另一方面是因为计算

---

[1]　Smith (1976，1962).

[2]　Garbade (1978).

机在进行实验室实验时可以对实验程序进行严格控制以及数据储存简便。计算机化的双向拍卖交易与目前证券界火热进行的关于股票交易系统一体化技术方案可行性的争论有很大关联。（辛辛那提/NMS飞行系统实际上测试了一个基于双向拍卖的全自动交易系统。[①]）

虽然我们的主要目的是通过剖析纽约证券交易市场的某些特点来分析交易制度设计的缺陷，但是我们也会检验被试的经验对市场结果的影响。我们要检验的不仅仅是短期行为，这对我们很重要。Williams（1980）的PLATO双向拍卖实验表明，可选交易规则和被试的交易经验对市场行为有显著的影响。当被试没有经验时，PLATO双向拍卖趋向竞争均衡价格的速度比口头双向拍卖要慢。要求买者报出更高的出价、卖者报出更低的要价的规则似乎增强了运用计算机交易的均衡特性，但是对于有经验的被试，即使改变其成本和价值参数，所得的结果和口头双向拍卖实验结果也十分相似。

Ⅱ. 机　制

在下面涉及的实验中，买者和卖者在计算机程序中敲击键盘上的数字，并在显示屏上设计好的区域输入价格指令。通过敲击一个标有"接受"的文本框，任何一个买者（卖者）都能够接受一个卖者（买者）的要价（出价）。接受者必须再次敲击标有"确定"的文本框，该次交易才会最终达成，并记录在"制定者"或"接受者"的私人记录卡上。要价、出价和随后的交易是唯一的公开信息。[②]

下面的实验运用了两套不同的交易规则，每套有不同的电子排序规则。

报价规则1。在交易的任何时刻，市场中都仅有一个（最近的）买价或卖价。这个买价或卖价能够一直保持到它被接受或者另一个买价或卖价被提出。市场中的价格指令最少要等待三秒钟以便被接受，在这之前，输入任何价格指令都被视为无效。买价和卖价的出价顺序没有任何约束规则。

这种制度代表了一种相当无组织的交易，它与证券市场上的电话委

---

① Schorr and Rustin（1978）；Crock（1979）.
② Williams（1980）详细描述了这些机制。

托业务类似，潜在的买者和卖者也都不敢肯定一系列指令能提供较好的成功报价。另外，如果电话很"忙"时价格指令不能被输入，那么为了输入价格指令进入市场，等待的成本是很高的。

报价规则 2。为了减少买卖价差（bid-ask spread），必须不断地报出更优的价格（买者报出更高的出价、卖者报出更低的要价），一个更优的报价会停留在市场中等待被接受。若被试报出的价格不是更优的，其价格指令将被拒绝，同时系统会向这个被试发送解释信息。当一项交易达成时，新的一单位的商品拍卖重新开始。这相当于纽约股票交易市场上的第 71、72 条交易规则。[①] 直到潜在买者和卖者认为交易价格不可能更优时才会交易。报价规则 2 中"等待"引发的风险是买者和卖者会在最优价格前就已经达成交易。在报价规则 1 下，则会导致另一种风险，即后面的指令可能提供次优的价格。

报价规则 1Q（时间序列）。每个被输入的价格指令至少会在市场上停留 3 秒（同报价规则 1）。如果在 3 秒内输入价格指令，他们不会被拒绝输入，而会被按输入的时间顺序排在一个序列里（先进先出）。3 秒之后，市场上的价格指令会自动被时间序列里最前面的价格指令代替（第一个）。此时，原时间序列中的第 X 个价格指令变成了第 X−1 个。所有的参与者都会不断收到有关目前的序列长度以及他们在序列中的位置的最新信息。被试的出价（要价）没有限制条件，在市场上只有最近的买价和卖价等待被接受（同报价规则 1）。

在没有减少买卖价差的报价规则下提供一个时间序列（"专家手册"类型），这个规则完全是人为控制的。在研究这个规则的过程中，我们试图剖析这个可观察的复合制度。

报价规则 2Q（等级序列）。为了减少买卖价差，必须不断地报出更优的价格（买者报出更高的出价、卖者报出更低的要价）（同报价规则 2）。然而，如果输入的报价不是更优的，那么这一报价将会被排列在一个序列中而不是被拒绝。序列中会按照买价从高到低、卖价从低到高的顺序把输入的价格指令进行排列。被试只可以输入一个价格指令，它们或者在序列中或者出现在某一时刻的市场中。被试按下标有"−EDIT−"的按键能够将序列中的价格指令删除，但市场中的价格指令不能被删除。然而，被试可以输入更优的价格指令以更新市场中自己之前输入的价格指令。一个交易达成以后，最低的卖价和最高的买价自动成为市

---

① Leffler and Loring（1963）.

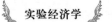

场上的卖价和买价。这个过程具有纽约股票交易市场的典型特征，既采取了专家手册的做法，也兼容了减少买卖价差的规则。

Ⅲ. 实验设计

实验中被试的参数如表 1 所示。市场上供给与需求的排列如图 1 左边所示，按照 300 秒一个交易时段，至少发生了 8 次交易。竞争均衡价格（P^0）为 4.35 美元，竞争均衡产量（Q^0）是每个时段 7 单位。竞争均衡价格每个时段都在一个常数附近波动。除了买卖价差，被试每笔交易会获得 10 美分以补偿交易费用。达到均衡时，被试每时段共获得 6.20 美元，并且买卖双方获得的剩余是相等的。

被试从亚利桑那大学的本科生和研究生中挑选。参加完任何一个双向拍卖实验后，这些被试被认为是有经验的。如果他们愿意参加另一个实验，留下电话号码，我们将通过电话再次招募他们（非常有意思的是，有经验的被试的参与率接近 100%）。

表 1	买者的保留价格和卖者的成本与 P^0 的偏离程度		单位：美元
	单位 1	单位 2	单位 3
买者 1	+0.95	−0.10	−0.25
买者 2	+0.70	0	−0.05
买者 3	+0.45	0	−0.15
买者 4	+0.25	+0.05	−0.20
卖者 1	−0.95	+0.10	+0.25
卖者 2	−0.70	0	+0.05
卖者 3	−0.45	0	+0.15
卖者 4	−0.25	−0.05	+0.20

到达 PLATO 实验室后，每个被试获得 2 美元的出场费，然后他们被随机派往一个计算机终端。然后，PLATO 系统随机分配角色和被试的保留价格，介绍实验交易规则，接着按照交易规则进行实验。实验结束后，被试以现金形式获得他在整个实验中的个人收益。表 2 为 21 局

实验按照交易规则和被试经验分类的分布表，括号中为被试数量。

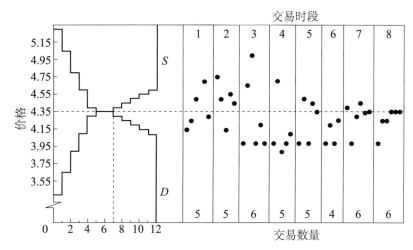

图1 时间序列，没有经验的被试

表2   实验局次

被试	报价规则			
	报价规则1	报价规则1Q	报价规则2	报价规则2Q
没有经验	3	3	3	3
	（30）	（31）	（29）	（28）
有经验	2	2	2	3
	（19）	（19）	（20）	（25）

Ⅳ. 实验结果

从图1到图4为4个实验按照时间顺序分成8个交易时段的交易图。在图1的实验中，没有经验的被试在报价规则1Q（时间序列）的条件下交易，在图2的实验中，没有经验的交易者在报价规则2Q（等级序列）中交易。在图3和图4的实验中，在报价规则1Q、2Q下，有经验的交易者发生交易。在报价规则2Q下，有经验的被试以最快的速度趋向均衡，而在报价规则1Q下，没有经验的被试达到均衡的速度最慢。

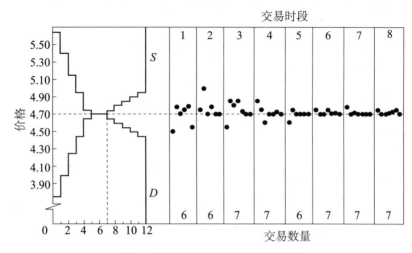

图2　等级序列，没有经验的被试

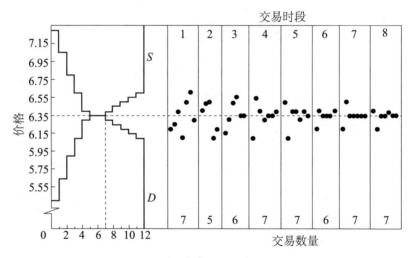

图3　时间序列，有经验的被试

　　每种交易机制下，有经验或没有经验的被试趋向均衡的行为，可以下述简化的形式概括所有实验。以 $t=1, 2, \cdots$ 代表交易时段，我们定义：

$$\alpha^2(t) = \sum_{K=1}^{Q(t)} (P_K - P^0)^2 / Q(t)$$

　　这个式子表示在交易时段 t 内交易价格与理论上竞争均衡价格的偏离，这里 $P_K = P_K(t)$，是交易时段 t 下第 K 个交易的成交价格，$Q(t)$ 是交易时段 t 的交易总量。因变量 $\alpha(t)$ 提供了一种价格尺度，"竞争均

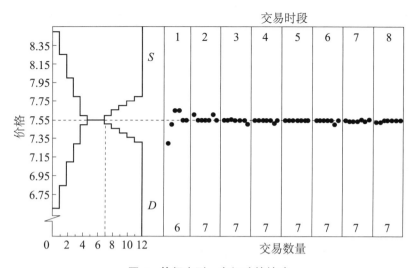

图 4　等级序列，有经验的被试

衡的偏离反映了价格的变化和与均衡状态下相比价格的小幅波动"，即

$$\alpha^2(t) = V(t) + [\bar{P}(t) - P^0]^2$$

仅当价格在竞争均衡点附近波动而且价格变动很小时，市场才接近均衡。

表 3 记录了每一种交易规则下最小二乘法回归方程所得的结果。

$$\ln\alpha(t) = a + bt + cX_S$$

$$X_S = \begin{cases} 1, & \text{有经验的被试} \\ 0, & \text{没有经验的被试} \end{cases}$$

表 3 中 4 个回归结果显示了显著增长的收敛速率，$\alpha(t)$ 的递减速率从报价规则 1Q 下的每个交易时段 8.7% 到报价规则 2Q 下的每个交易时段 20.5%。在每种交易机制下，被试的经验对趋向均衡有显著的影响。

表3				每种交易制度的回归结果		
回归参数 报价规则	a （常数）	b （交易时段）	c （被试经验）	调整的 R^2	F 检验	样本数
报价规则 1	−0.817	−0.186	−1.098	0.51	25.7	49
	（−3.42）	（−5.12）	（−5.22）			

续前表

回归参数 报价规则	a （常数）	b （交易时段）	c （被试经验）	调整的 R^2	F检验	样本数
报价规则 2	−1.149 （−7.40）	−0.166 （−6.93）	−0.875 （−6.35）	0.65	45.4	49
报价规则 1Q	−1.095 （−8.37）	−0.087 （−4.49）	−0.736 （−6.35）	0.53	28.4	50
报价规则 2Q	−1.609 （−7.68）	−0.205 （−6.14）	−0.872 （−5.01）	0.52	28.9	53

说明：所有的 t 值（括号内数据）在 $p<0.001$ 的水平上显著。

表 3 中的衰变函数如图 5a 和图 5b 所示。在图 5a 中，对于没有经验的被试，报价规则 2 的价格比报价规则 1 的价格更接近竞争均衡价格（$t<10$）。对于有经验的被试，这两种机制趋向均衡的趋势没有区别。在规则 1 下，有经验的被试学会不接受次优的报价，这样被试的交易行为可能会基于减少买卖价差准则。然而，更高的 R^2 和 F（表 3）表明相比报价规则 1，报价规则 2 更可能产生均衡价格。

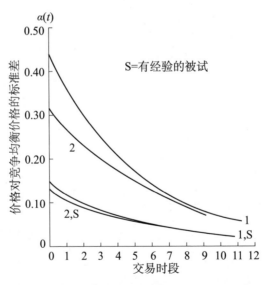

图 5a　报价规则 1 和报价规则 2 下的价格收敛

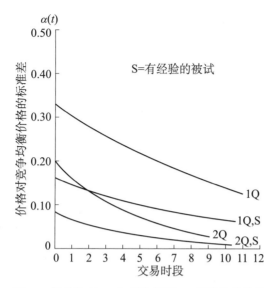

图 5b　报价规则 1Q 和报价规则 2Q 下的价格收敛

从图 5b 中可以看出，报价规则 1Q 和报价规则 2Q 下趋向均衡的趋势十分不同，即使对于有经验的被试也是如此。把图 5a 和图 5b 相对比，可以发现在报价规则 1Q 下趋向均衡的速度最慢，而在报价规则 2Q 下则最快。对于有经验的被试，在报价规则 2Q 下的交易价格从来不会远离竞争均衡价格。

增加排序条件或减少买卖价差的规则，同时改变被试经验对趋向均衡的影响的对比结果可以概括如下：

1. $\ln\alpha(t) = -\underset{(-7.67)}{1.16} - \underset{(-6.46)}{0.135t} + \underset{(3.35)}{0.400X_{1Q}} - \underset{(-7.47)}{0.920X_2}$

$N=99$，$R^2=0.51$，$F=34.4$

这里，$X_{1Q} = \begin{cases} 1, & \text{若为报价规则 1Q} \\ 0, & \text{若为报价规则 1} \end{cases}$

2. $\ln\alpha(t) = -\underset{(-5.99)}{0.918} - \underset{(-8.11)}{0.175t} - \underset{(-1.13)}{0.138X_2} - \underset{(-7.88)}{0.984X_S}$

$N=98$，$R^2=0.56$，$F=42.9$

这里，$X_2 = \begin{cases} 1, & \text{若为报价规则 2} \\ 0, & \text{若为报价规则 1} \end{cases}$

3. $\ln\alpha(t) = -\underset{(-7.30)}{1.05} - \underset{(-9.07)}{0.184t} - \underset{(-5.93)}{0.658X_{2Q}} - \underset{(-7.78)}{0.867X_S}$

$N=102$，$R^2=0.63$，$F=57.1$

这里，$X_{2Q} = \begin{cases} 1, & \text{若为报价规则 2Q} \\ 0, & \text{若为报价规则 2} \end{cases}$

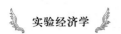

由回归 1 可知，把时间序列加入无序市场（报价规则 1）将引起 $\alpha(t)$ 的明显提高，不使用减少买卖价差机制而把时间序列引入这个机制中，没有必要再努力输入价格指令。没有时间序列机制，买者和卖者在现行价格 3 秒之前输入的价格将被视为无效，报价者必须等到现行价格"无效"或被接受，他的价格指令才能被输入。该程序——除了最先输入的那个人以外——对其余每个试图输入新价格指令的被试来说代价是高昂的。这样，相比报价规则 1Q，被试在报价规则 1 下可能输入更多的让步性价格指令。报价规则 1Q 下，时间序列中的每个指令都将被输入市场，这会减少输入较小让步性指令的机会成本，这些考虑明显地体现在式 1 中虚拟变量 X_{1Q} 的正系数中，进一步的证据为两种规则下有经验的被试的要价分布。表 4 为报价规则 1 和报价规则 1Q 下报价偏离 P^0 的程度，在报价规则 1Q 下产生的报价要比在报价规则 1 下的报价更偏离价格 P^0。Mann-Whitney 单位正常偏离 Z_u，表明时间序列将会使出价（要价）更低（更高）。

表 4   **报价规则 1 和报价规则 1Q 下报价偏离 P^0 的程度**

			出价	要价
交易 时段 1、2	报价规则 1	均值	−0.376 5	0.213 4
		中位数	(−0.15)	(0.09)
	报价规则 1Q	均值	−0.860 6	0.334 4
		中位数	(−0.30)	(0.25)
	Mann-Whitney	Z_u	5.313[a]	4.752[a]
	样本大小	报价规则 1	(121)	(89)
		报价规则 1Q	(126)	(156)
交易 时段 8、9	报价规则 1	均值	−0.129	0.113 1
		中位数	(−0.10)	(0.05)
	报价规则 1Q	均值	−0.148 4	0.144 8
		中位数	(−0.10)	(0.10)
	Mann-Whitney	Z_U	1.324[b]	5.131[a]
	样本大小	报价规则 1	(144)	(97)
		报价规则 1Q	(125)	(170)

续前表

			出价	要价
交易 时段 1～9	规则 1	均值	−0.221 5	0.194 1
		中位数	（−0.14）	（0.05）
	规则 1Q	均值	−0.372 6	0.205 8
		中位数	（−0.15）	（0.10）
	Mann-Whitney	Z_u	4.854[a]	8.877[a]
	样本大小	报价规则 1	（593）	（422）
		报价规则 1Q	（575）	（754）

注：[a] 拒绝 H_0 假设，$p = 0.01$；
　　[b] 拒绝 H_0 假设，$p = 0.1$。

从回归 2 可知，减少买卖价差规则会提高向均衡的收敛速度，但是这在统计学意义上并不明显。（这个结果在一定程度上是令人吃惊的，假定 Williams 的结果和 Smith 运用的小样本双向口头拍卖表现具有一致性，我们怀疑 2∶1 或 1∶1 的租金分割可能是差异性的原因。[①]）这可以由以上得出的结论，即有经验的被试的交易行为可能会基于减少买卖价差准则来解释。回归 3 中，加入电子"专家手册"或排序序列可以明显提高向均衡的趋向性。我们认为这是"远离市场"的另外一种价格竞争形式，就像买者和卖者在各自的价格序列上修正其出价以获得更好的位置一样。

Ⅴ. 市场效率比较

表 5 为每种报价规则下，有经验的和没有经验的被试（括号中）每四分之一交易时段的平均市场效率。这里的效率指数＝100（实际收入除以潜在收入）。前 8 个交易时段被四等分，每一部分由两个交易时段组成，表 5 表明 4 个报价规则都会形成高效市场。使用有经验的被试，等级序列（报价规则 2Q）明显比时间序列（报价规则 1Q）更有效率。然而，运用 Mann-Whitney 的 U 检验（$\alpha = 0.05$）发现，其他三种报价

[①]　Williams（1980）；Smith（1976）.

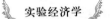

规则中没有一种是显著优或劣的。使用没有经验的被试，这 4 种交易规则没有一种是显著优或劣的。

表5	被试的平均市场效率			
	报价规则 1	报价规则 2	报价规则 1Q	报价规则 2Q
第一个四等分交易时段	84.90	98.18	89.33	99.31
	(86.11)	(83.33)	(93.04)	(86.46)
第二个四等分交易时段	98.70	99.74	98.96	99.48
	(96.53)	(95.83)	(98.44)	(97.57)
第三个四等分交易时段	99.48	95.06	98.70	99.31
	(92.71)	(97.22)	(98.79)	(99.65)
第四个四等分交易时段	99.22	99.22	94.54	99.58
	(99.31)	(97.22)	(98.32)	(99.13)
合计	97.57	98.05	95.38	99.41
	(93.66)	(93.40)	(97.22)	(95.70)

Ⅵ. 结 语

在我们的研究中（对称的交易剩余，4 个买者，4 个卖者）双向拍卖报价规则的改变对于交易价格向竞争均衡的趋向性产生了显著影响。虽然报价规则 1 和报价规则 2 下对均衡趋势似乎没有显著的差异，但电子排序的引入将影响均衡的趋向性。

时间序列（报价规则 1Q）使交易价格稳定性减弱，而等级序列（报价规则 2Q）则使稳定性增强，我们推测通过降低输入指令的成本，时间序列使市场参与者在讨价还价中更慢而且更加不规则地做出让步。这增加了等待更好报价的风险，导致了不规则合约的出现。我们进一步发现，等级序列能够提高价格竞争外的"远离市场"的竞争，这是因为市场参与者企图在自己的序列上获得更好的位置。

使用有经验的参与者是一种较大的规则变化，有经验的参与者会形成一个更稳定的市场，有经验的参与者相对于没有经验的市场参与者对规则的改变缺乏敏感性。双向拍卖的市场效率是非常高的，等级序列和有经验的市场参与者将形成几乎具有最高效率的市场。

概括如下：等级序列（或专家手册）和减少买卖价差相结合，在价格稳定性和市场效率方面非常有效。无论这种交易制度的起源是什么，只要建立了此制度，那么该制度所带来的经济利益就都可以帮助我们解释它为什么会具有这样的生命力。

参考文献

Crock, S. and R. E. Rustin (1979). "Work on National Stock‐Trading System Lags Badly; Some Blame Brokers and SEC," *The Wall Street Journal*, February 2, p. 32.

Garbade, K. D. (1978). "Electronic Quotation Systems and the Market for Government Securities," *F. R. B. N. Y. Quarterly Review*, Summer, pp. 13 - 20.

Kaplan, A. (1964). *The Conduct of Inquiry: Methodology for the Behavioral Sciences*. Scranton, Pa.: Chandler Publishing Co.

Leffler, G. L. and C. F. Loring (1963). *The Stock Market*, 3rd edition. New York: The Ronald Press Company.

Schorr, B. and R. E. Rustin (1978). "A Stock‐Trading Test Could Presage Future of Securities Industry," *The Wall Street Journal*, October 3, p. 1.

Smith, V. L. (1962). "An Experimental Study of Competitive Market Behavior," *Journal of Political Economy*, 70, pp. 111 - 137.

Smith, V. L. (1976). "Bidding and Auctioning Institutions: Experimental Results," in Y. Amihud (ed.), *Bidding and Auctioning for Procurement and Allocation*. New York: New York University Press, pp. 43 - 64.

Smith, V. L. (1980). "Relevance of Laboratory Experiments to Testing Resource Allocation Theory," in Jan Kmenta and James Ramsey (eds.), *Evaluation of Econometric Models*. New York: Academic Press, pp. 345 - 377.

Smith, V. L., A. W. Williams, W. K. Bratton, and M. G. Vannoni (1982). "Competitive Market Institutions: Double Auctions versus Sealed Bid-Offer Auctions," *American Economic Review*, Vol. 72, pp. 58 - 77.

Williams, A. W. (1980). "Computerized Double Auction Markets: Some Initial Experimental Results," *Journal of Business*, Vol. 53, pp. 235 - 258.

竞争性市场制度：双向
拍卖与密封拍卖实验比较 *

弗农·史密斯** （Vernon L. Smith）
阿灵顿·威廉姆斯*** （Arlington W. Williams ）
肯尼恩·布莱滕**** （W. Kenneth Bratton）
米歇尔·温瑙尼***** （Michiael G. Vannoni）

考虑具有如下特点的市场：（1）隐私性，即每个人只知道自己单位商品的价值（成本）；（2）交易遵守双向拍卖规则，买者可以自由出价或接受要价，卖者可以自由要价或接受出价；（3）每一交易时段的市场需求和供给是稳定的（至少 2 到 3 时段）；（4）至少有 4 位卖者和 4 位买者。很多文献研究了符合上述 4 个条件的市场实验，实验结果都显著地收敛于竞争均衡（CE）。① 然而，任何关于双向拍卖（DA）机制最终将收敛于竞争均衡的结论都必须至少满足以下三个条件之一：

1. 能够迅速收敛于竞争均衡。

---

* 衷心感谢国家科学基金的资助，以及 Art Denzau 和 Mort Kamien 的宝贵意见。

** 亚利桑那大学经济系教授。
*** 印第安纳大学经济系助理教授。
**** 亚利桑那大学经济系。
***** 墨西哥城圣地亚国家实验室研究员。

① 越来越多的实验数据都支持和证明了双向拍卖最终会收敛于竞争均衡的结论：最早的证据是 Smith（1962，1964，1965，1976）提出的。然而，这些早期的实验使用了 20～50 名被试作为买者或卖者，因为根据当时普遍的观点，市场参与者必须达到一定数量才有可能实现竞争均衡。在理论创立之初使用大量被试是无可厚非的。现在的大部分实验一般采用 6 位买者和 6 位卖者，R. M. Miller，Charles Plott，Smith 和 Williams（1979）进行的实验中又加入了因需求随交易时段变动而有机可乘的两名投机者。口头和计算机化双向拍卖实验的比较研究参见 Williams（1980）。对于价格控制方面的研究见 M. Isaac，Plott，Smith and Williams（1981b）；对于共谋行为的研究见 Isaac and Plott（1981a）；对双向拍卖和明码标价的比较研究见 Jon Ketcham，Smith，and Williams；关于双向拍卖报价规则的四种情况可以参见 Smith and Williams（1980）。所有这些最近的论文所描述的双向拍卖实验所采用的被试都不超过 4 个买者和 4 个卖者。

2. T 个交易时段后，某一市场状态测度指标，例如平均价格，应该更加接近竞争均衡，而不是其他的均衡，比如垄断均衡或 Nash 均衡。

3. T 个交易时段后，与其他交易制度（例如密封拍卖）相比，双向拍卖应该更加接近于竞争均衡。

一切事物状态的测度标准都会产生错误或服从随机变化，所以条件 1 可能并没有科学意义。如果根据条件 1，那么任何假设都会被否决，也就不会有物理学、生物学和经济学了。[①] 除了如单一标的物拍卖这样简单的市场，经济学中只有两种概念意义上的均衡——垄断均衡和竞争均衡。双向拍卖机制提出的唯一正式模型（见 David Easley and John Ledyard，p. 6）表明，在有限的时间内，市场将收敛于竞争均衡。双向拍卖市场中唯一可替代竞争均衡的假设是垄断均衡（或称买者垄断）。实验研究者并没有给出竞争均衡假设相对于垄断均衡的统计检验结果，因为这在算术上意义不大。Savage 非常著名的 "interocular trauma" 检验（直观上看数据）就足够了。如果想要例子的话，可参考图 3 和图 4，这两幅图描绘的是双向拍卖的成交价格，你可以思考一下，相对于均衡价格，垄断价格是否得到了足够的实证支持。即使在只有一个卖者的情况下，垄断价格假设仍然没有什么证据支持（Smith，1981；Smith and Williams，1981a）。因此，实验数据支持竞争均衡假设，不支持唯一的替代性假设即垄断均衡假设。

这篇文章旨在探讨和研究条件 3。实验经济学家恰好是从双向拍卖制度着手对实验室市场行为进行研究的，他们发现此项制度十分有效并且充满活力，不同数量的代理人、不同的参数设计以及某些交易规则的变化都会最终产生竞争均衡的结果。那么这些是双向拍卖市场的独特性质还是所有交易市场的共性呢？本文涉及的实验结果是通过 48 个实验得出的，试图对上述问题做出合理的解答。[②] 本文所选择的定价机制及它们的某些特点在经济思想史上具有重要意义，而且它们具有当今市场上所采用的定价机制的普遍特性。

下面我们将简要讨论对于所有实验定价机制具有共性的实验设计程序和步骤。第二部分将定义价格机制方面所采用的出价和要价交易步

---

① 正如 Frederick Moster 曾经提到的，如果你想推翻引力和距离平方成反比的引力定律的话，可以往窗外扔一张纸试试看。

② 我们的研究建立在 6 个由 Bratton 所进行的实验的基础上，这给我们在下一部分将要讨论到的 PLATO 计算机程序提供了先验性经验。

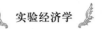
骤，对所用到的正式和非正式理论做简要概括，并且在适当的情况下，和某一领域相似市场进行相关的比较研究。

Ⅰ. 实验设计

第四部分中大部分实验都运用了图1（a）所给出的供给和需求设计。4位买者（卖者）各自有不同的单位保留价格，分别用 B_1，$\cdots$，B_4（S_1，$\cdots$，S_4）表示，如图1（a）所示。个人需求和供给的加总即为理论上的市场总需求 D 和市场总供给 S，最终均衡点位于图1（a）中的（P^0，Q^0）＝（4.90，6）。因为指定的价值（成本）在交易时段中重复，所以最终的需求和供给可以代表每一交易时段的流量。增加某一正数或负数来改变和前一实验相关的单位价值或成本，从而使均衡价格在连续实验中有所不同，以此为手段来保证信息在不同组的被试中是不完全对称的。注意这个实验设计中的竞争均衡点，买者获得了 2/3 的交易剩余，而卖者仅获得交易剩余的 1/3。在下面所要提到的一些实验中，情况恰恰相反，卖者得到总剩余的 2/3，而买者只获得剩下的 1/3。图4 和图6 中左边是在增加被试从而增加了总供给和总需求的条件下得出的结果。后面的实验可以使我们判断不同交易制度下观测到的差别是否受市场规模的影响。

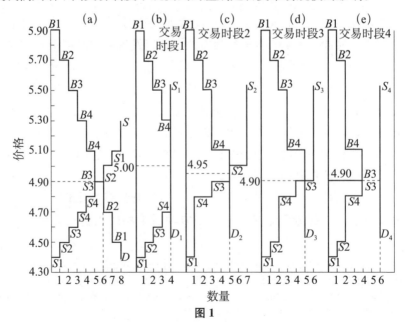

图1

实验使用 PLATO 系统管理特定定价制度下的规则，计算并显示市场产生的适当的私人和公共信息，并计算每一个交易商的收益。我们按照 PLATO 实验标准进行实验：招募志愿者（通常是来自管理和经济学专业，他们"希望在决策实验中赚到些钱"），当这些志愿者到达 PLATO 实验室时，按顺序给他们发放个人编号。所有人到齐后，每人获得 3 美元出场费，并被随机指定属于个人的计算机终端（或被指定处于不参与状态，因为开始我们超额征募了志愿者以防偶然出现的被试缺席现象）。然后，PLATO 系统随机分配角色（买者和卖者），并指定保留价格。实验结束后，每一位被试私下获得消费者（或生产者）剩余，也就是，买者每一单位商品的购买价格与保留价格之差（对生产者而言，是卖出价格与保留价格之差），外加交易一单位商品的佣金（0.05 美元）。佣金是用来提供激励的，使每一单位商品按指定的价值（或成本）交易以补偿交易成本从而令交易者有动机达到边际竞争均衡时的交易数量。

Ⅱ. 交易机制和假设

A. 双向拍卖（DA）

这里所描述的双向拍卖实验是按照 Williams（1980）详细描述的步骤进行的。他用 PLATO 系统设计出了一套程序，15 位被试每人都坐在计算机控制台的显示屏前，仅需敲击键盘即可在双向拍卖制度 4 个可选交易规则中进行交易。参与实验的买者和卖者都可以任意选择一个数字输入报价、进行调整，然后敲打 PLATO 终端显示屏触摸区域的文本框即完成了操作。市场上某一时刻只显示一个出价和要价。任何买者通过触摸标有"接收"字样的文本框就代表接受卖者展示的要价（对于卖者而言，即接受买者的出价）。然后接受者触摸标有"确认"字样的文本框，此项交易即被计入成交者的私人记录表中。这种在触摸性显示屏上出价、要价、成交、最后确认的运转非常有效。屏幕上显示的出价、要价和序列交易是唯一的公开信息。

本文的大部分实验所使用的是 PLATO 系统的两个版本，报价都是不断更新的，这样可以缩小买卖价差。一旦向整个市场公布了出价和要价，该价格即成为市场上的现价，如果有更高的出价或者更低的要价出现，现行价格将会被取而代之。如果新输入的价格不优于市场上的现价

（即出价低于现行价格而要价高于现行价格），输入结果就会出现两种情况：一种情况是输入被拒绝或出现错误信息报告；第二种情况是被列入出价序列（或要价序列），报价被置于一个按等级排序的队列中，出价按从高到低的顺序排列，要价按从低到高的顺序排列。在后一个版本中，相等的报价将按时间先后顺序赋予序列优先权。在任一时点，被试只能输入一次报价，要么列入等候的序列，要么在市场上公示。被试不能取消正在公示的市场上最好的报价，但可以在任何时候把报价从等候的队列中抽出。然而，报价者可以选择更好的出价和要价以代替以前的出价、要价。一旦前一轮交易结束，新一轮拍卖开始，等候序列中最低要价和最高出价就自动成为新的公示价格。"专家手册"中所提到的报价改进规则的电子版本也综合运用了上述步骤，在现实中，纽约证券交易[①]和其他的实际操作中也体现了这些特色。按市场交易时段或天数计，交易总共可达 15 次。此处提到的实验对于较小（大）的交易额而言，每次交易可持续 300（360）秒。

B. Shubik 批量交易，密封报价程序 PQ

我们的第一个密封报价拍卖（sealed bid-offer auction）机制 PQ 采用如下步骤：首先，在任何交易时段，每位买者提交出价以及在此价格水平（或更低价格）上所愿意购买的最大数量，同样，卖者报出要价和在此价格水平（或更高价格）上所愿意销售的最大数量。其次，出价按从高到低的顺序排列，要价按从低到高的顺序排列。如果两个报价相同，那么先输入的有优先权。然后借助一个选择算法确定唯一的市场出清价格。[②] 图 2 给出了一个应用 PLATO 系统进行的这种拍卖机制的例子。在 PQ 机制下，任意时段可接受的出价和要价最终在双方达成的可接受的数量下形成有效的交易协议。当最后的被试输入他或她的 PQ 决策时，本次交易即告结束。这种交易和上述双向拍卖中所提到的情况在

---

① Smith 和 Williams（1980）证明了双向拍卖中等级排序规则（2Q）在收敛于竞争均衡的速度上要优于其他三种交易规则（1、2 和 1Q）。我们在密封报价拍卖中也采用等级排序规则，以便与双向拍卖做对比分析。

② 这个价格 $\bar{P}$ 是按照下面的方法决定的：定义最低可接受出价为 B_Q，最高被拒绝出价为 B_{Q+1}，$B_Q \geqslant B_{Q+1}$；A_Q 为最高可接受要价，A_{Q+1} 为最低被拒绝要价，$A_Q \leqslant A_{Q+1}$；$Q=$ 可接受出价（要价）时的数量＝最大整数，该整数满足 $B_{Q+1} < A_{Q+1}$，$B_Q \geqslant A_Q$。于是，$\bar{P}=$ 价格集合 $\{P \mid ed(p)=0\}$ 的中值点，也就是使超额需求为零的价格集的中点。因此，$\bar{P}=[\min(B_Q, A_{Q+1})+\max(A_Q, B_{Q+1})]/2$。如果最高出价低于最低要价，那么 $Q=0$，同时，所有交易者都会知道此最高出价和最低要价。

实质上是相同的。

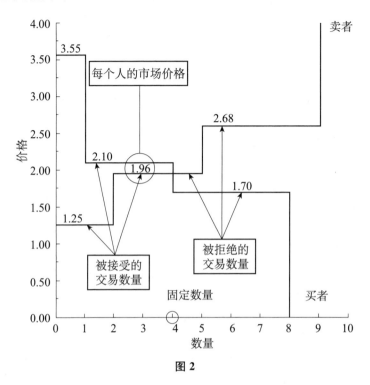

图 2

Shubik 提出的 PQ 机制较为抽象，在现实环境中不容易实现。我们之所以选择该机制加以研究是因为在下文中将要谈到它所具有的重要理论特性——激励相容性。因此，PQ 机制相对于其他机制而言在衡量双向拍卖市场相对效率和表现时是一个很好的对照标准。如上所述，在缺乏其他方案可供选择的条件下，我们缺乏一种方法来衡量双向拍卖机制究竟有怎样的显著优势。因为 PQ 机制具备优良的激励特质，所以基于个体理性行为的假设，它可以用来检验我们设计更好的配置机制的能力。

最合适的价格机制应满足实际应用的条件，因此，能够从实验室环境转移到实际操作环境并得到应用的机制应该具备的特点是：信息不但能从实验室中获取，从实际场所也可以获得。在实验室的 PQ 环境中，很容易了解和控制每一位代理人的价格和数量，但在现实中，由于参与者能够通过多账户或代理人来规避唯一的价格和数量需求点（或供应点），控制的难度很大，即使可以控制，所需的成本也是非常高的。

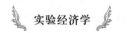

C. 可变数量密封报价程序 P(Q)

我们所采用的第二种密封报价机制 P(Q) 的操作步骤如下：在每个交易时段，每位买者对他/她想要购买的每单位标的物出价，但出价不能超过他/她被预先指定的保留价格；同理，每个卖者都可以对他/她想要出售的每单位标的物要价，但要价不能低于他/她被预先指定的保留价格。接下来，把出价从最高到最低排列，要价从最低到最高排列，相同报价按时间优先顺序排列。因此，P(Q) 采用了与 PQ 和双向拍卖序列版本相同的排序规则。最后，市场单一出清价格仍是按 PQ 选择算法确定的。

P(Q) 过程之所以值得研究不仅仅是因为它体现了激励不相容性的特点（在第Ⅲ部分将会提到），还因为这一过程被用于确定纽约股票交易市场每只股票的开盘价格（见 J. W. Hazard 和 M. Christie）。而且，该过程所具有的简单和可行性特点拓展了其用武之地，其在公司和政府证券完全自动化计算机交易中也得到了广泛应用（参见 M. Mendelson，J. W. Peake 和 R. T. Williams）。但是在实际运用和操作前，我们首先得掌握更多关于 P(Q) 的特点并把它和居于证券市场交易制度统治地位的双向拍卖制度加以比较，以更好地衡量二者的绩效。

D. PQ 和 P(Q) 的搜索版本

我们要研究的另外两种机制是搜索版本的 PQ 和 P(Q) 定价过程。这两种机制分别被称为 PQv 和 P(Q)v 机制，它们都要求那些出价或要价被部分接受的交易者对市场配置结果表示一致性同意。因此，在 PQv 中，对于每一交易时段的成交价格和数量决策，PLATO 系统都要求所有成功交易的交易商就是否接受每轮的分配结果做出"接受"或"不接受"的投票。对任何一个交易商来说，如果他/她在某一轮中的整个报价序列都被拒绝的话（没有成功参与交易），那么他/她在该轮中就被剥夺了投票的权利。也就是说，投票的权限为现行参与市场配置的买者和卖者构成的集合。如果 T 轮内任何一个交易时段达成一致意见，那么一个"长期"的契约就形成了，每个被试的交易结果为他/她在这个交易时段中的成交价格和成交数量。如果 T 轮后，没有任何一致意见达成，那么整个交易过程以被试收益为零结束，也就是说，整个过程没有出现任何交易剩余。① PQv 实验在一致性规则下与 *T* 轮短期交易时段所设计的 PQ 实验会产生相同的潜在总收益。搜索版本的 P(Q) 过程所采用的投票和长期交易程序与 PQv 过程完全相同。

经济理论长期关注交易发生在非均衡价格上时均衡的不确定性问题，针对此问题，出现了两种人为的解决方案，一种是 Walras 的价格搜索交易，另一种是 Edgeworth 提出的反对 Walras 搜索交易的"再契约"方案。② PQv 和 P(Q)v 提供了一种简单的操作机制，这种机制可以保证市场上最终只出现一个价格。我们需要解决的实证问题之一就是这种机制是否也加强了竞争均衡结果的出现。伦敦黄金市场 50 多年里所用的投票规则证明了上述机制的现实性和可操作性（参见 H. G. Jarecki）。在这个市场上，五大黄金交易商每日碰头两次决定金价。主席不断尝试宣布各种价格，最后确定的价格要能使市场出清、超额需求为零且参与的交易商没有异议，这就是我们所了解的唯一达成一致意见的搜索均衡的市场，在此条件下每一位交易商都要接收大量的客户订单，因此通常在交易中发挥着积极的作用，很明显没有交易商会在投票表决中被剥夺权利。

Ⅲ. 理论和假设

本文的主要研究假设来源于静态 Nash 均衡理论，静态 Nash 均衡理论可能和我们所描述的各式各样的交易制度是相关的，这一讨论不仅是恰当的而且是十分必要的。首先，我们可以明显注意到的一点是，经济均衡（即市场出清）点，例如垄断均衡和竞争均衡，可能在理论上都能得到 Nash 均衡概念的支持，而后者又是我们所知道的唯一非合作均衡概念。因此，如果一个竞争均衡不是 Nash 均衡，那么交易商就有利益动机背离此均衡，此时的竞争均衡就是不稳定且非持续的。其次，我们应该区分具有 Nash 均衡特点的机制和可能会达到 Nash 均衡的动态过程，代表后一种机制的一个很出名的例子就是 Cournot 数量最优动态

---

① 在前三次实验中参与者的投票都算数，剥夺权利这项规则从第 4 个到第 *T* 个交易时段使用。例如实验 1 中如果只有一个出价和要价被接受的话，两个交易商就可以在其他人有机会调整出价、要价时达成买卖合同。

② 见 Donald Walker（1972，1973），这些经济学文献较详细地论述了搜索交易和"再契约"两种交易机制。.

反应调整机制（Cournot best-reply adjustment dynamics）。在随机实验或在过程不可观测的情况下，完全有可能在某一市场制度下偶然达到竞争静态均衡，这同时也是静态 Nash 均衡。但是一旦偶然发现达到 Nash 均衡，交易者就有利益动机背离此均衡。我们从文献中发现了大量证据支持实验性市场中达到的 Nash 均衡，然而很少存在有说服力的数据支持 Cournot 数量最优动态反应调整机制。

A. 对于 Nash 均衡的实证支持

人们在不同规模的组织和机制中都已经检验了 Nash 均衡的假设。在下面的研究中我们将集中于以下几个方面：（1）价格领导型双边垄断；（2）Cournot 数量最优动态反应调整模型的双头垄断和三头垄断；（3）Bertrand 价格调整模型的双头垄断和三头垄断；（4）Groves - Ledyard 公共物品机制。

表 1 概括了 51 次双边垄断（B1-B5 序列）、54 次数量调整（Q7-Q10 序列）和 55 次价格调整（P13-P16 序列）的实验结果（由 L. Fouraker 和 S. Siegel 统计报告）。在价格领导型双边垄断和 Bertrand 价格调整实验中，每一个卖者都要独立选择一个要么接受要么放弃的价格。在双边讨价还价实验中，买者做出数量选择，然而在价格调整实验中，买者的反应是根据给定需求计划上相应的数量做出的（这一过程假设，用一个未指定的假定买者的人数来显示需求），上述制度被 Plott 和 Smith 称为明码标价机制。[①]

除了 B5 序列外，几乎所有的双边讨价还价实验都支持了 Nash 均衡解而非竞争均衡解。在 B5 序列中，Fouraker 和 Siegel 综合了以下三个假设条件：（1）完全支付信息；（2）重复交易规则（提供了一种"交流"）；（3）在产生剩余最大化的等分利润点上所设计的参变量产生的结果支持竞争均衡。在数量调整定价规则下，无论是完全信息还是不完全信息都绝对支持了 Nash 均衡，但是三头垄断要比双头垄断更加支持竞争均衡（见表 1，Q7 - Q10）。最后的结果说明，当卖者数量 N 增加时，趋向于竞争均衡的行为趋势要强于古典预测中所论述的 Nash 均衡在极限条件下收敛于竞争均衡的趋势（当 N 增大时）。在价格调整模型（Nash 均衡也是竞争均衡）中，在不完全信息双头垄断和三头垄断两种情况下，Nash 均衡都获得了支持（见表 1，P13 - P16）。

---

① 也可参见 Plott，Smith（1980）；Ketcham，Smith 和 Williams。

表1		各种不同制度下可选择均衡概念的支持			
实验 （重复次数）	设置条件	支持不同均衡的观测数			H_0假设被 拒绝的概率
		Nash 均衡	竞争均衡	垄断均衡	
B1（10）	CSE_N	9.5	0.5		0.01
B2（10）	CSE_C	10.0	0		0.001
B3（9）	IRE_C	8.0	1.0	同 Nash 均衡	0.02
B4（10）	CRE_N	6.5	3.5		0.38
B5（12）	CRE_C	5.0	7.0		—
Q7（16）	IRD	14.0	2.0	0	0.002
Q8（11）	IRT	11.0	9.0	0	0.035
Q9（11）	CRT	15.0	15.0	3.0	—
Q10（16）	CRD	12.5	9.5	10.0	—
P13（17）	IRD	17		0	0.001
P14（11）	IRT	11	同 Nash 均衡	0	0.001
P15（10）	CRT	10		0	0.001
P16（17）	CRD	11		6	0.17

说明："B"代表双边垄断；"Q"代表数量变量；"P"代表价格变量；"I"代表不完全信息——每个被试只知道自己的支付函数；"C"代表完全信息——每个被试知道其他人的支付函数；"D"代表双头垄断；"T"代表三头垄断；E_N代表 Nash 均衡点的平分利润；E_c代表竞争均衡点的平分利润；H^0表示在 B 和 Q 实验中竞争均衡的原假设以及在 P 实验中的垄断均衡原假设。

资料来源：基于 Fouraker 和 Siegel 报告的数据，pp. 32 - 33，35，38，42，45，131 -132，134 -135，141 -142，174，177，181，183。

Smith 于 1979 年报告了在两组公共物品实验中采用 Groves - Ledyard 版本机制而产生了 Lindal 最优值的 Nash 均衡时被试的行为反应。在 Cournot 数量最优动态反应调整模型中，实验的第一组显示了设计所反映的特点即迅速趋向于 Nash 均衡解，第二组在 Cournot 调整行为中的表现却大相径庭。然而经验上，所有规则下收敛的总结果都非常接近 Nash 均衡的预测值。在收敛实验的设计中，不到一半的人选择的是最优反应策略[①]，但是在离散性设计中只有大概 1/4 的人选择了最优反应策略。这

---

① 看一下表1的 Q7 实验中，个人的一系列选择大约一半都是最优反应。

样的低频率意味着：相比所有的反应都是最优反应时的情况，实验的第
一组的经验收敛趋势更慢，而对于第二组来说，它则意味着避免了发散
行为。

这些结果表明了如下几点：（1）Cournot 数量最优动态反应调整模
型在实证检验上说服力较弱；（2）并不能排除行为上收敛于 Nash 均
衡；（3）没有采取最优反应策略的个人最后在"发散"系统下稳定于
Nash 均衡解附近。因此不严格遵守 Cournot 数量最优动态反应调整模
型的描述可能是能否达到 Nash 均衡状态的一个十分重要的影响因素。[①]
这些概括性的结论也从 John Carlson 在蛛网理论的实验研究中得到了强
有力的支持。Carlson 的实验中两项实验是 Cournot 收敛的、两项是离
散的，然而这四项实验经过观测都收敛于竞争均衡解附近。

B. 理论和假设：DA 和 P(Q)

按照满足如下条件的拍卖规则进行的交易所达到的竞争均衡也是一
种静态 Nash 均衡：如果任一买者（卖者）都认为其他所有的买者（卖
者）都会按竞争均衡时的出清价格出价（要价），那么其余的买者（卖者）
的最优策略也是按均衡价格出价（要价）。如果所有交易者都有这样的信
念，市场就在此均衡价格出清，大家都根据类似经验做出决策，因此预
期是理性的。只有竞争均衡有此特性。在双向拍卖过程中实行即时自由
出价（要价），在时间顺序上又实行随机接受报价，因此，很难规范严
谨地解释清楚这种自我加强型的均衡预期是怎样形成的。[②] Fouraker 和
Siegel 研究的一些更为简单的过程（如表 1）也可观测到上述情况。

William Vickrey 对激励相容制度理论最经典的贡献在于他观察到
当买者和卖者的数量太少以至他们对价格的影响力可以忽略不计时，"这
种情况下通常的结果是最后所达成的交易数量少于最优决定量……"
（1961，p.9）。正如我们所描述的 P(Q) 机制一样，Vickrey 所构建的

---

① Ledyard 分析了 Smith（1979）早期论文初稿中的数据，并据此提出了自己的一些观
点：在离散的实验组中，如果有人加入 Cournot 数量最优动态反应策略集时，被试的反应只是
重复先前的选择，那么此结果作为被试反应在总反应中的比例与收敛的实验组所观察到的结
果相似。在 Cournot 离散系统中，由于信息量少和环境的不确定，被试直觉上会怀疑，至少会
揣测。因此，经常运用重复选择战略也许是传授必要的惯性给集体决策的一种明智方法。

② 正式地讲，双向拍卖机制就像一个双边通过不断学习搜寻价格的过程。也就是说，当
买者（卖者）观测到一个要价（出价）时，他们就会注意到潜在购买（出售）价格的分布。
但是没有一方去寻找一个固定的分布。即，当买卖双方观察到对方对成交价格的回应和之后
的出价与要价后，他们也会有动机改变各自的既定策略。

这样一种机制随着他建立的一个反投机组织而逐渐清晰，该组织建立的目的旨在说明："……市场机构真正需要的，能够决定市场中商品交易最优模式的应该是对卖者边际成本（竞争性供给）和买者边际价值（竞争性需求）不偏不倚的客观公正的描述……"（1961，p.10）。Vickrey 进而阐述了他所设计的能够引发个人展示其非扭曲边际成本（价值）方案的激励机制，这一机制可用来建立和确立唯一的市场竞争均衡价格。

个人有一种动机以低于边际意愿的支付方式出价，该情况在 P(Q) 机制中表现得很清楚。设 $E_i(P)$ 是第 i 个人的超额需求函数，P 是 P(Q) 过程中确定的价格。第 i 个人选择 $E_i(P)$ 从而在满足统一的价格限制 $E_i(P) + \sum_{j \neq i} E_j(P) = 0$ 的条件下使 $V_i[E_i(P)] - PE_i(P)$ 最大化，其中 V_i' 是 i 的边际价值［成本，如果 $E_i(P) < 0$ 的话］函数。如果 i 认为 $\sum_{j \neq i} E_j'(P) < 0, P(E_i) = E_i^{-1}(P)$，那么根据一阶导数得出的最大化解为 $V_i'(E_i) = P - E_i(P) / \sum_{j \neq i} E_j'(P) < P(E_i)$。即使 i 认为所有 $j \neq i$ 都显示了超额需求，即 $E_j \equiv V_j'^{(-1)}(P)$，这一机制仍然会以偏低显示需求支付 i，因为 $\sum_{j \neq i} V_j'^{(-1)}(P) < 0$。值得注意的是，即使 i 不清楚 $E_j(P)$ 函数，他仍然能够根据推断得出偏低显示需求是最优方案，i 应该相信的是，所有的 $j \neq i$ 都会报告降低的超额需求函数。

图1（a）揭示了两个基本实验设计之一所达到的竞争均衡的价格和数量。如果每一个人都按照指定的价值（成本）出价（要价）的话就可以达到这一结果，举个例子即，如果 B1 的第一单位标的物出价为5.9美元，第二单位标的物出价为4.5美元，相应地，卖者第一次要价是4.6美元，然后提高到4.9美元，按这样的思路进行下去，最终就可以达到竞争均衡。但是如果假设除 B3 以外的每一个人都展示了自己的需求量（供给量），B3 就可以通过对第二单位标的物出价4.7美元来压低市场价格。直观上讲，在 P(Q) 机制下，交易者都有动机显示对自己更有价值（成本较低）的出价（要价）和过少展示剩下的单位数量从而降低（提高）市场出清价格。所以该理论暗含着以下假设：双向拍卖产生的结果比 P(Q) 机制更接近于竞争均衡。

C. 理论和假设：PQ、DA 与 P(Q)

Shubik 和 P. Dukey 都证明了 PQ 机制具有这样一种特性，即每个竞争均衡对应于一个 Nash 均衡。在图1（a）的供给-需求设计方案中，这样的一个均衡同时也是需求显示（d_r）的［或供给显示（s_r）的］，由 D4 和 S4 在图 1 （e）中体现出来。因此，如果 B1、B2（S1、S2）都为一单位标的物报出其各自边际价值（成本）的出价（要价），B3、B4（S3、S4）每一个人都为两单位标的物报出其各自对应第二单位标的物的边际价值（成本）的话，他们的行为就是显示性需求和显示性供给行为，而且市场结果是 Nash 均衡的。Nash 均衡是可见的，例如，假定 B3（S3）单方面出价较低（要价过高），该出价（要价）就会被拒绝，那么他或她的收益为零。如果 B3（S3）出价较高（要价相对较低），市场出清价格就会抬高（降低），并且收益也会相应减少。同理，其他任何一个交易者如果单方面改变图 1 （e）中的出价或要价行为，这个交易者的回报就不会增加。非需求显示和非供给显示下的出价和要价不是 Nash 均衡的，很明显这将导致出现竞争均衡。因此，如果 B1 在区间（4.9～5.9 美元）内出价，给定其他的出价和要价如图 1 （e）所示，那么结果就是一个 Nash 均衡。

图 1 （b）～图 1（e）中描述了 PQ 密封报价机制下收敛的动态过程。假定每个交易商都是简单 Cournot 最大化者，也就是说，任一次实验中每位交易商都根据其他人在以前实验中的表现来选择他认为最优的反应值；再假定每位交易商在不清楚其他人所提出的报价的情况下，为减少和最大限度排除市场风险而选择需求（供给）显示的出价（要价）；最后假定每位交易商最开始所采取的策略是选择在以前做过的所有实验中都被证明是最优反应值的那个报价作为第一单位标的物的报价。图 1 （b）显示了第一个交易时段的结果。每位交易商对单位标的物的报价都等于该单位对应的边际价值（成本），最后产生的市场结果是（P_1，Q_1）＝（5.00，4）。在 5 美元的价格上，B_4 的最优反应是以 5.1 美元的出价购买 2 单位；$S2$ 的最优反应是以 5 美元卖出 2 单位；$S3$ 和 $S4$ 分别要价 4.9 美元和 4.8 美元并提供 2 单位的标的物；其余交易商还是按照上一时段的决策做出反应。这样做会产生一个新的均衡（P_2，Q_2）＝（4.95，5）；$S2$ 的所有要价都会被拒绝，图 1 （c）说明了这一点。在价格 4.95 美元上，图 1 （d）反映的最优出价和要价所确定的价格和数量为（P_3，Q_3）＝（4.90，5）。图 1 （e）反映的竞争均衡是（4.90，6）。这样，四个回合就实现了竞争均衡配置。[①] 从以前我们所做的各种实验

---

① 在这个扩展形式的博弈中，其他的先动策略也是有可能的。例如，每一个参与者在一开始时就可以为 2 单位标的物选择一个需求（供给）显示性出价（要价）。在其他假设不变的情况下，第一个回合时（P，Q）＝（4.90，4），博弈会于第二个回合收敛于图 1 （e）的竞争均衡。

中所探讨的上述 Nash 均衡的特点，我们不指望被试会连续一致地遵从 Cournot 数量最优动态反应调整模型，但是这个例子解释了传统价格理论框架下有可能轻松且迅速地达到均衡。

在比较 P(Q) 和 PQ 机制时，应该注意到 P(Q) 机制的一种特殊情况：当一定数量的标的物供给无弹性，而且标的物是不连续的时，每一个出价者最多为 1 单位标的物提交出价。Vickrey（1961，1962）很早之前就注意到在这种情况下需求显示是最优的，而且在出价过高即被拒的原则下会达到 Nash 均衡（实际上，这是一种显示需求占优策略均衡）。在第二高价拍卖的多单位情况下，每个报价者只购买 1 单位，Vickrey 观测到这种情况的本质是：

> 达到 Pateto 最优状态的关键在于参与者是否有充分的自主权，即是否有能力和有多大能力决策参与或者放弃，这是一项要么全身心投入要么就干脆退出的选择，没有什么折中策略：因为任何有所保留的折中最终都将导致一无所获（1976，p. 15）。

因此，Shubik 的 PQ 报价机制通过减少 P(Q) 程序中一些步骤使每一位交易者都只能对"唯一"的标的物报价，因而可以被看作创造性地推广了 Vickrey 所阐述的机制。

上述考虑有这样的假设：PQ 与双向拍卖机制相比最后产生的结果要比在 P(Q) 机制下更接近竞争均衡。

D. 搜索投票的影响

因为 PQ 是激励相容的（每一个竞争均衡也是 Nash 均衡），所以我们可以预计 PQ 投票机制也会运行得较有效率。确实，根据 Vickrey 所描述的要么参与要么退出的直观理解，由于只有一个 T 交易时段的长期交易契约，所以 PQv 机制在此情况下比 PQ 机制更有效。特别是，"剥夺"规则使参与者在显示性需求（供给）行动上更倾向于在安全的水平上报价，以降低被踢出局的风险。所以我们的假设是：PQv 产生的结果至少会和 PQ 一样是趋向于竞争均衡的。

因为 P(Q) 是非激励相容的，所以即使加入搜索投票条件，结果仍然不会那么明显。因此交易商的否决权可能在一定程度上增强了弱显示性需求（供给）的动机。这种方法在 P(Q)v 机制中比在 PQv 机制中实行起来更容易，因为前一种机制保证了交易商不会在第一单位标的物交易时就被剥夺权利。然而因为每一个交易商都有否决权，所以最后的效果可能就是中性的。在此，我们并没有对 P(Q)v 机制下的竞争均衡行为做出先验性假设。

Ⅳ. 实验结果

A. DA 与 PQ、P(Q) 机制的比较

表 2 显示的是 15 次双向拍卖实验的结果。前 4 列注明了每一次实验的特征：第 1 列中的 1，2，…表示实验序号，其中第 10 次实验的 10 加撇号（10′）表示本组被试是有经验的。第 2 列表示买者和卖者数量；第 3 列表示最后交易时段 T；第 4 列反映的则是买者和卖者理论上的剩余之比。实验 1～11 所采用的价值和成本参数见图 1(a)，接下来的实验中所有被试各不相同的隐性变量常数没有在图 1(a) 中注明。在实验 12～15 中买者与卖者数量都增加至 6～7 人，因此相应的竞争性交易数量也是前面实验的 2 倍。图 6 左侧的供给和需求模型反映的是实验 12～14。在实验 15 中，特征值被稍做调整，剩余之比由 2 变为 1/2（见图 4）。[①]

表 2				双向拍卖（DA）			
实验序号	数量（买者，卖者）	最后交易时段，T	买者和卖者的剩余之比	第 7 个交易时段的平均价格离差 $P_7 - P^0$	第 7 个交易时段的数量离差 $Q_7 - Q^0$	第 7 个交易时段的效率 E_7	所有交易时段的效率 E
1	(4, 4)	10	2	0.02	0	100.0	96.8
2	(4, 4)	10	2	0.12	−1	74.6	89.1
3	(4, 4)	9	2	−0.02	0	100.0	90.4
4	(4, 4)	8	2	0.04	−1	91.1	94.2

---

① 参见 Smith 和 Williams 的分析，可以更清楚地了解双向拍卖实验价格均衡的分布差异。

续前表

实验序号	数量（买者，卖者）	最后交易时段，T	买者和卖者的剩余之比	第7个交易时段的平均价格离差 $P_7 - P^0$	第7个交易时段的数量离差 $Q_7 - Q^0$	第7个交易时段的效率 E_7	所有交易时段的效率 E
5	(4, 4)	9	2	0.14	−1	100.0	98.0
6	(4, 4)	10	2	0.10	−2	84.4	87.9
7	(4, 4)	10	2	−0.01	−1	100.0	95.1
8	(4, 4)	9	2	0.03	0	95.6	97.0
9	(4, 4)	8	2	0	0	100.0	95.3
10'	(4, 4)	5	2	第5个交易时段：0.08	第5个交易时段：−1	第5个交易时段：100.0	96.9
11	(4, 4)	9	2	0.128	−1	91.1	91.6
12	(6, 6)	8	2	−0.034	−1	94.9	98.0
13	(6, 6)	8	2	−0.019	0	98.7	97.7
14	(7, 7)	9	2	0.008	0	97.4	95.4
15	(6, 6)	8	1/2	−0.033	−1	100.0	98.2

　　表2概括的15次双向拍卖实验的结果正像我们在双向拍卖机制的PLATO版本中所发现的那样，效率较高，但是无论从效率上还是收敛的速度上都不如双向口头拍卖制中不熟练的被试所达到的结果（Williams，1980）。因为这些实验的最终交易时段从8到10各不相同（在实验10中是5），所以我们取第7个交易时段的交易价格和数量与均衡价格和数量之差列在第5列和第6列中，第7列记录的是第7个交易时段的交易效率，第8列是每一次实验全部交易时段的总效率。效率指的是被试总收益（除去佣金）与均衡时消费者剩余和生产者剩余之和的比例，并换算成百分制形式。第7个交易时段的交易效率高于总时段说明了通过交易获得的经验有助于提高效率。

　　图3记录了双向拍卖机制实验第9局每一交易时段按序排列的交易价格，这次特别的实验一定程度上表明了没有经验的被试比典型的被试更迅速地达到均衡。图4记录了实验第15局这样一个数量较多的市场

的交易结果。

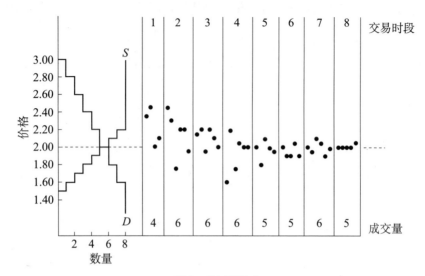

图 3　DA 实验 9

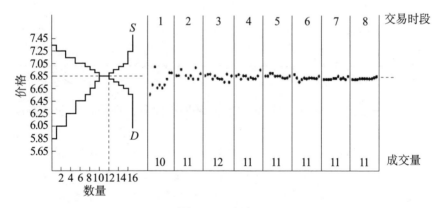

图 4　DA 实验 15

表 3 概括了以短期交易为基础的 11 局 PQ 实验的结果，表 4 则记录了采用搜索规则长期交易协议的 5 局实验的结果。实验序号上的撇号说明本次实验是对照实验（同样的被试，不同的边际价值和成本）中第二个"有经验"的实验。第 14 次实验是例外，因为参与此次实验的被试非常有经验，他们至少参与过一次或更多前面我们所讲的密封报价拍卖和其他 PLATO 实验，例如双向拍卖 DA。

表3　　　　　　　　　　　　　　密封报价拍卖（PQ）：短期交易

实验序号	数量（买者，卖者）	最后交易时段，T	买者和卖者的剩余之比	第7个交易时段的平均价格离差 $P_7 - P^0$	第7个交易时段的数量离差 $Q_7 - Q^0$	第7个交易时段的效率 E_7	所有交易时段的效率 E
3′	(4, 4)	10	2	0.15	−2	77.8	73.3
5′	(3, 3)	10	2	0.14	−1	100.0	84.3
6	(4, 4)	10	2	0.11	−2	75.6	83.3
7	(4, 3)	8	2	0.10	−1	97.8	90.6
7′	(4, 3)	8	2	0.04	−2	64.4	76.7
8	(4, 4)	8	1/2	−0.10	−1	88.9	76.9
12	(4, 4)	10	2	−0.01	−1	100.0	74.9
13	(4, 4)	10	2	0.10	−1	91.1	74.9
14″	(7, 7)	10	2	0	0	100.0	85.8
15	(6, 6)	10	2	0.05	−5	80.8	73.2
15′	(6, 6)	10	2	0.08	−2	97.4	83.0

表4　　　　　　　　　　　　　　密封报价交易（PQv）：长期交易

实验序号	数量（买者，卖者）	最大实验轮数，T	买者与卖者的剩余之比	t^* 交易时段的价格离差 $P_{t^*} - P^0$	t^* 交易时段的数量离差 $Q_{t^*} - Q^0$	同意为 A，反对为 V	成交或最终实验轮数，t^*（被剥夺权利的数量）	效率
8′v	(4, 4)	8	2	−0.07	−3	A	8 (3)	53.3
9 v	(4, 4)	8	2	0.10	−1	A	7 (1)	91.1
10 v	(3, 3)	8	1/2	−0.15	−2	A	4 (2)	43.3
10′ v	(3, 3)	8	2	−0.05	−2	A	4 (0)	93.3
12′ v	(4, 4)	10	2	0	−1	A	10 (0)	100.0

图 5 和图 6 显示的分别是实验 13 和 15′ 在连续交易时段的交易结果，这些结果反映了高于均衡价格的交易倾向（如果买者与卖者的消费者剩余之比为 1/2，则是低于均衡价格），正如表 3 第 5 列所记录的价格离差。同理，表 3 的第 6 列反映了实际成交量要比竞争配置时少 1～2 单位。在图 5 中，读者应注意到第 6 个交易时段交成成交量突然减少，这并非异常现象，反而可以解释为买者和卖者意图左右价格的强烈倾向。

图 7 研究了实验 9v 的 1～6 轮以否决性投票来确定价格-数量的结果，实验 9v 的第 7 轮则反映了长期成交结果，这些实验结果同样具备取得投票实验的一致性典型特征。

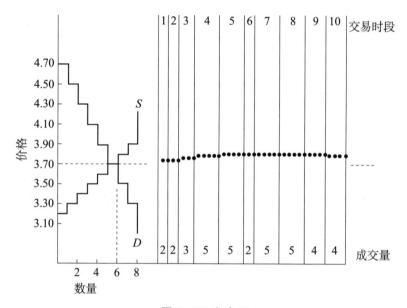

图 5　PQ 实验 13

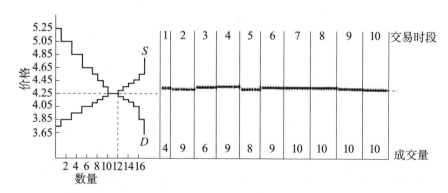

图 6　PQ 实验 15′

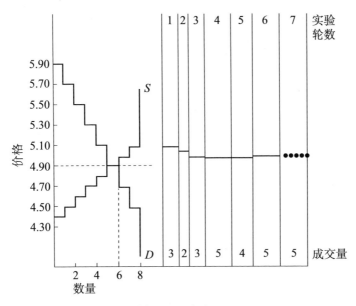

图 7　PQ 实验 9v

很明显，从表 2 到表 4 都缺乏有力的数据来支持 PQ 机制优于双向拍卖机制这样一个假设。如果我们把表 2 的前 11 个双向拍卖实验和表 3 中具有可比性的前 8 个 PQ 实验各个交易时段的交易效率按等级排序，Wilcoxon 双样本秩检验的结果是 $U_p = -3.32$，双向拍卖机制与 PQ 机制具有同样效率的假设被拒绝（$P = 0.000\,45$），但如果对第 7 个交易时段的效率采用 Wilcoxon 检验，则 $U_p = -1.32(P = 0.09)$，假设得到了支持。这表明随着时间的推移，PQ 机制中的被试经验逐渐丰富，从而有可能达到双向拍卖实验所具有的效率。另外，在 PQ 机制实验 14″ 和 15′（见表 3）的第 7 个交易时段效率也很高，这说明增加参与者人数或增加被试经验都能改善 PQ 机制的效率，使之更接近双向拍卖机制。

PQ 机制中搜索投票版本的效率结果十分不稳定（见表 4）。全部 5 次实验都产生了一致性的配置结果。3 个实验结果（9v、10v′、12v′）能和双向拍卖的结果相媲美，但剩下的 2 个表现就逊色许多。而且令人惊奇的是，后三个实验（8v′、9v 和 10v）虽然都趋向一致，但在实验进程中都至少有一个被试被剥夺了权利，我们原来认为这种"剥夺权利"的制度会激发一种很强的动机促使被试出高价（要低价）以避免被"淘汰出局"，但看来情况没这么简单。

B. 对 PQ 机制的进一步分析：m-m 假设

PQ 机制显示当买者剩余超过卖者剩余时，价格有一种持续向上的趋势，表 3 所反映的实验 8 中当剩余比例相反时，价格倾向于位于竞争均衡之下。我们认为这些结果是由买卖双方都频繁地企图影响价格使之有利于己方的行为所造成的。

如果 PQ 市场中任何一轮实验都不是 Nash 均衡的，很可能是因为个体为达到利己目的而试图影响价格。因此，假设在图 1(c) 第 2 个交易时段，S1、S3 或 S4 任一卖者要价 4.99 美元，虽然对于第 1 个交易时段来说这不是供给显示性反应，但这是最优选择，因为这样的策略反应会给所有卖者都带来收益（S2 除外）。实际上，在给定第 2 个交易时段买者需求显示性出价的基础上，如果卖者能在一定程度上做出合作性反应的话，即 S2、S3 放弃出售第二单位标的物（这在行为上是理智的，因为销售第二单位标的物是有风险的），那么任一卖者都可以在原先的数量上把价格提高到 5.09 美元。如果卖者坚持这么做，也会促使买者按第 2 个交易时段那样出价，这就解释了 PQ 机制中的策略可能性。若卖者有供给显示性行为倾向，买者就有相似的策略选择机会。图 1(a) 中计算的卖者垄断价格是 5.30 美元（如果所有买者都显示他们对第一单位标的物的需求，而所有卖者都放弃出售第二单位标的物）。买者垄断价格是 4.70 美元（如果所有卖者都显示他们第一单位标的物的供给，而所有买者都放弃第二单位标的物的购买）。如果 S1-S3 和 B1-B3 都放弃第二单位标的物，并在差异价格范围内（5.30～4.70 美元）达成妥协，那么最终双边垄断价格是 5 美元。在这个价格上，S4 和 B4 都依旧可以交易第二单位标的物而不会影响此均衡，这些可选择的静态数量-价格假设都概括在表 5 中。

表 5	采用图 2 中参数的可替代性 PQ 假设			
	价格	$P-P^0$	数量	$Q-Q^0$
竞争均衡	4.90	0	6	0
卖者垄断均衡	5.30	0.40	4	−2
买者垄断均衡	4.70	−0.20	4	−2
m-m 均衡	5.00	0.10	4(5)[a]	−2(−1)

注：[a]如果 B4 和 B5 各自交易 2 单位，则数量是 5。

比较第 7 个交易时段表 3 中所列出的价格离差和表 5 中所概括的行为假设，我们可以很清楚地看到，竞争均衡（CE）假设与双边垄断（m-m）假设是唯一合理的选择方案。单边买者垄断和卖者垄断都得不到有力的数据支持。如果我们令原假设 H_0 为 CE 假设（$P-P^0=0$），则 H_1 假设只能考虑唯一的 m-m 假设（$P-P^0=0.1$），检验结果可以在经典的 $\alpha-\beta$（Ⅰ类-Ⅱ类）框架下给出。表 3 中前 8 次实验的均值 $\overline{p}=0.091$，方差 $V=0.002\,755$。[①] 如果我们选择的 α 错误是 0.01（拒绝 H_0、接受 H_1 的概率，实际上这是错误的），则价格离差的临界值为 $p_c=t_a(V_p/N)^{1/2}=0.054$，$H_1$ 的 t 值为 $t=(0.054-0.1)/(V_p/N)^{1/2}=-2.48$，相应的 β 错误小于 0.025，所以检验效力（拒绝 H^0 而接受 H_1 的概率，而实际上这是错误的）为 $1-\beta>0.975$。因为在此样本中，均值 $\overline{p}=0.091$，实验结果恰好在波动范围内（高于竞争均衡价格 $p_c=0.054$），所以我们拒绝 H_0 而接受了 H_1。表 3 的前 8 个实验证明了假设中数量离差的预测值（-1 或者-2）。上述得出的数据可以解释为如下内容：买者和卖者都试图操纵价格，使之朝利于自己的一方变化，这就导致价格在单边卖者垄断和单边买者垄断所确定的价格中点附近浮动，最终价格落在何处取决于两者的实力对比。在这些价格水平上，通常的交易单位为 5，但有时候是 4。[②] 必须注意一点，当用相同计算方法估计双向拍卖价格离差的均值时，结果却没能提供对 m-m 假设强有力的数据支持。例如，双向拍卖的价格离差均值为 $\overline{p}=0.05$，并且较大规模的双向拍卖实验结果得出的离差为负值，而大规模 PQ 实验得出的结果则是正值（虽然在不断减小）。

C. DA、PQ 和 P(Q) 的比较

表 6 中列出了 P(Q) 机制 7 个短期交易实验的结果。一开始，我们并不认为 P(Q) 机制会比 PQ 机制运行得更好，但事实恰恰相反。在 P(Q) 机制交易的第 7 个交易时段，价格离差均值是 0.067，而 PQ 机制下则为 0.091。类似地，不仅第 7 个交易时段的交易效率，甚至包括所有交易时段的交易效率，P(Q) 机制都高于 PQ 机制（比较一下表 3 和表 6）。

---

① 在计算中，由于剩余之比从 2 变为 1/2，因而第 7 个交易时段的离差也相应变为 $P_7-P^0=-0.10$。

② 在此我们要感谢 Morton Kamien 对 PQ 实验中双边讨价还价的一种可能性的假设，启发我们形成了 m-m 假设。

按照 Nash 均衡理论，我们推断三种制度的运行效率按等级排序应为 $E[DA] = E[PQ] > E[P(Q)]$，但实际上所有这些假设都得不到数据支持。P(Q) 机制远比 PQ 机制更接近于 DA 机制的高效率标准。似乎使买者（卖者）提高出价（降低要价）以促使双方成交的动机超过了双方想依靠边际出价（要价）来影响价格水平的愿望。这和 PQ 机制中所显示的要么"大获全胜"要么"一无所获"的出价和要价机制特点形成了鲜明的对比，后者旨在对价格施加一定程度的影响力。认为 PQ 机制比 P(Q) 机制受到更严格的约束的假设也得不到支持，缺乏说服力，因此这些特别的实验环境使我们不得不对 Nash 均衡这个概念的解释力提出严肃的质疑。

表6				密封报价	[P(Q)] 拍卖：短期交易			
实验序号	数量（买者，卖者）	最后交易时段，T	买者和卖者的剩余之比	第7个交易时段的价格离差	第7个交易时段的数量离差	第7个交易时段的效率	所有交易时段的效率
1	(4, 4)	10	2	0.12	−1	97.8	93.1
2	(4, 4)	10	2	0.22	−2	75.6	78.2
3	(4, 4)	10	2	0.05	−1	100.0	86.0
3′	(4, 4)	10	2	0.10	−1	91.1	96.7
4	(4, 4)	10	2	0.02	−1	100.0	82.4
5	(4, 4)	10	2	−0.04	−2	84.4	89.1
5′	(4, 4)	10	2	0	−1	100.0	97.8

D. P(Q)v 机制优于 DA 机制吗？

表 7 中展示的是采用长期契约交易的 P(Q)v 机制的 10 次实验结果（采用"剥夺权利"式投票）。10 次实验中有 5 次都是 100% 有效率的，而且超过了表 2 所示的 DA 实验结果。但是这 10 次实验中有 2 次实验 8v 和 11v 没有达成一致意见。在实验 8v 中有一个被试在最后一轮中投票反对效率为 100% 的结果，却没有意识到在那时投反对票意味着收益为零。但是这些实验组在接下来的第二局实验 8′v、11′v 中更有经验，最终达成了一致意见。因此我们可以得出这样一个结论：与双向拍卖机

制相比较的 4 个密封报价机制中只有 $P(Q)v$ 机制能与双向拍卖机制媲美甚至更优。根据 Nash 理论，我们预计 DA、PQ 和 PQv 这三种机制可以相提并论，而且会比 P(Q)、P(Q)v 机制更连续和稳定地趋向竞争均衡配置，但是观测的结果恰恰相反。P(Q)机制虽然比不上 DA 机制，但超过了 PQ 机制，而 P(Q)v 机制则至少和其他任何一种机制一样出色。

表 7					密封报价 [P(Q)v] 拍卖：长期交易			
实验序号	数量（买者，卖者）	最大实验轮数，T	买者与卖者的剩余之比	t^*交易时段的价格离差 $P_{t^*}-P^0$	t^*交易时段的数量离差 $Q_{t^*}-Q^0$	同意为A，反对为V	成交或最终实验轮数，t^*（被剥夺权利的数量）	效率
6v	(4，4)	10	2	0.02	−1	A	4（0）	97.8
6′v	(4，4)	10	2	0.02	−1	A	3（0）	100.0
7v	(4，4)	10	2	0.17	−1	A	9（0）	100.0
8v	(4，4)	10	2	0.02	−1	V(1)	10(0)	0(100.0)
8′v	(4，4)	10	2	0.01	−1	A	9(0)	100.0
10v	(4，4)	10	2	−0.01	−2	A	9(0)	93.3
11v	(4，4)	10	2	0.01	−1	V(1)	10(1)	0(88.9)
11′v	(4，4)	10	2	−0.09	−1	A	6(0)	100.0
12v	(4，4)	10	2	0.04	−1	A	7(0)	100.0
12′v	(4，4)	10	2	0.03	−1	A	2(1)	91.1

Ⅴ. 密封报价机制中的个体行为

从第Ⅲ部分所讨论过的最优反应策略来看，PQ、PQv、P(Q)、P(Q)v 实验中参与实验的个体的行为也是件有趣的事情。表 8 详细概括了按被试经验进行分类的各种选择策略和构成整个市场的买者和卖者人数。表 8 的第一列数据显示了特定类别的参与所有实验的被试人数。

第二列列出了各个类别的被试反应策略的总数量，第三列记录了这些反应中最优反应策略的总数（和百分比），第四列列出了显示性需求最优反应策略的总数量（和百分比）。所有 PQ 设置中最优反应的百分比比较稳定（80%～83%），然而需求和供给显示性的百分比对于有经验的被试而言则接近两倍。因此做出策略性选择（在此被定义为最优反应策略）的这种倾向在任一设置条件下都不会改变。但是在最优反应选择集合中显示性倾向于随经验加强。在 PQv 机制中，投票增加了最优反应选择，特别是对于有经验的被试而言（93%）。

表8	个体行为选择：PQ、PQv、P(Q)、P(Q)v 实验			
	被试总数	所有实验中被试反应策略的总数量	最优反应策略数量及比例	显示性需求最优反应策略数量及比例
PQ				
6～8 个买者和卖者				
没有经验	39	321	263（82%）	26（10%）
有经验	21	175	145（83%）	35（24%）
12～14 个买者和卖者				
没有经验	12	108	86（80%）	9（10%）
有经验	26	269	216（80%）	53（25%）
PQv				
6～8 个买者和卖者				
没有经验	14	66	56（85%）	8（12%）
有经验	22	138	128（93%）	31（22%）
P(Q)				
8 个买者和卖者				
没有经验	40	571	459（80%）	85（14%）
有经验	16	230	217（94%）	111（51%）
P(Q)v				
8 个买者和卖者				
没有经验	48	498	424（85%）	84（20%）
有经验	32	272	242（89%）	74（31%）

说明：PQ 和 P(Q)是短期交易；PQv 和 P(Q)v 是长期交易，所有被试一致同意。

在 P(Q) 机制中，最优反应策略的比例（80%）和 PQ 机制中没有经验的被试所做出的选择比例相同，但对于有经验的被试来说该比例会增加到 94%。然而无论是对有经验还是没有经验的被试组而言，P(Q) 机制中的需求和供给显示性行为都倾向于高于 PQ 或 PQv 机制。P(Q)v 机制中的最优反应策略比例同 P(Q) 机制基本持平，但有经验的被试的参与使得显示性需求和显示性供给比例较低。这些数据都说明，P(Q) 和 P(Q)v 机制的表现和 PQ、PQv 机制相比哪个更优不是很清楚，而且一贯地显示出前两种机制有更强的倾向做出最优反应或显示性选择。我们认为 PQ 和 PQv 机制之所以表现稍差是因为批量交易会增加错过交易的次数。因而，既定的行为策略倾向在 PQ 和 PQv 机制中更为严重。

VI. 结　语

根据我们所研究的 48 个实验，结论可以概括为如下几个方面：

1. 价格在 DA 机制中比在 PQ 机制中更接近理论上的竞争均衡价格。在 PQ 机制中最后确定的价格和数量实际上可以被解释为双边垄断均衡，买者会削减一定数量的需求以获得买者垄断利润，卖者同样会削减供给以提高卖者垄断利润，最后双方在两个极端价格下寻求一个妥协性的价格折中方案。

2. DA 机制的总体运行效率显著高于 PQ 机制。然而，第 7 个交易时段的效率差异要小于全体交易时段总效率在两种不同机制下的差异，这种差异的缩小说明在 PQ 实验中通过增加有经验的被试达到 DA 机制所获得的效率是有可能的。

3. 在一致性搜索密封报价机制中，PQv 机制中短期交易的运行效率并不比 PQ 机制高很多，PQv 机制的效率和价格与 PQ 机制一样不稳定。

4. P(Q) 机制使买者（卖者）能提交一个需求（供给）计划，因此，无论在价格结果还是运行效率方面都超过了 PQ 机制。虽然 P(Q) 的绩效不如 DA 机制，但要比 PQ 机制更接近 DA 机制的运行标准。这个结果和以 Nash 均衡为根据的预测正好相反，这是因为 PQ 机制下的竞争均衡包含于 Nash 均衡中，P(Q) 机制却不是这样（计算了佣金净值）。

5. 在最后的机制中加入一致性搜索因素，称为 P(Q)v 机制，所达到的绩效至少和 DA 机制一样好，这也是和 Nash 理论预测不同的地方。

6. 对 PQ 机制大部分个体选择的分析表明（无论交易组是大还是小，有经验还是没有经验），策略反应比例（非最优反应策略）是大致不变的（17%～20%）。然而在 PQv 机制下，对于没有经验的组而言，该比例下降到只有 7%。PQ 机制中策略性反应的比例大约与 P(Q) 机制相同。在 PQv 机制与 P(Q)v 机制的对比中也能发现同样的观测结果。P(Q) 机制和 P(Q)v 机制之所以优于 PQ 机制和 PQv 机制，可能是因为前者在没有显著减弱需求和供给显示性的前提下，几乎很少错过后者由于批量交易特征造成的交易遗漏。

参考文献

Calson，John A.，"The Stability of an Experimental Market with a Supply - Response Lag," *Southern Economic Journal*，January 1967，33，299 - 321.

Dubey，P.，and Shubik，M.，"A Strategic Market Game With Price and Quantity Strategies," *Zeitschrift fur Nationalokonomie*，1980，60，24 - 34.

Easley，David and Ledyard，John，"Notes on a Theory of Price Formation and Exchange in Oral Auctions," Northwestern University，November，1980.

Fouraker，L.，and Siegel，S.，*Bargaining Behavior*，New York：McGraw-Hill Book Co，1963.

Groves，T. and Ledyard，J.，"Optimal Allocation of Public Goods：A Solution to the 'Free Rider Problem'," *Econometrica*，May，1977，65，783 - 809.

Hazard，J. W.，and Christie，M.，*The Investment Business*，New York：Harper and Row，1964，177 - 178.

Isaac，M. and Plott，C. R.，(1981a) "The Opportunity for Conspiracy in Restraint of Trade," *Journal of Economic Behavior and Organization*，March 1981，2，1 - 30.

Isaac，M.，and Plott，C. R.，(1981b) "Price Control and the Behavior of Auction Markets：An Experimental Examination," *American Economic Review*，June 1981，71，448 - 459.

Jarecki，H. G.，"Bullion Dealing, Commodity Exchange Trading and the London Gold Fixing：Three Forms of Commodity Auctions," Essay 16 in Y. Amihud，ed.，*Bidding and Auctioning for Procurement and Allocation*，New York：New York University Press，1976，146 - 154.

Ketcham，Jon，Smith，V . L.，and Williams，A. W.，"The Behavior of Posted Offer Pricing Institutions," Southern Economic Association Meetings，Washington，D. C.，November 5 - 7，1980.

Ledyard, John, "Alternatives to the Cournot Hypothesis," presented at the Summer Meeting of the Econometric Society, Boulder, Colorado, June 1978.

Mendelson, M., Peake, J. W., and Williams, Jr., R. T., "Toward a Modern Exchange: The Peake-Mendelson - Williams Proposal for an Electronically Assisted Auction Market," in E. Bloch and R. A. Schwartz, eds., *Impending Changes for Securities Markets: What Role for Exchanges*, Greenwich: JAI Press, 1979, 53 - 74.

Miller, R. M., Plott, C. R., and Smith, V. L., "Intertemporal Competitive Equilibrium: An Empirical Study of Speculation," *Quarterly Journal of Economics*, November 1977, Ⅲ, 559 - 624.

Plott, C. R., "Theories of Industrial Organization as Explanations of Experimental Market Behavior," FTC Staff Seminar on Antitrust Analysis, June 5-6, 1980.

Plott and Smith, V. L., "An Experimental Examination of Two Exchange Institutions," *Review of Economic Studies*, February 1978, 65, 133 - 153.

Shubik, M., "A Price - Quantity Buy - Sell Market With and Without Contingent Bids," Cowels Foundation Discussion Paper No. 445, May 16, 1977.

Smith, V. L., "An Experimental Study of Competitive Markets Behavior," *Journal of Political Economy*, April 1962, 70, 111 - 137.

Smith, V. L., "Effect of Market Organization on Competitive Equilibrium," *Quarterly Journal of Economics*, May 1964, 78, 181 - 201.

Smith, V. L., "Experimental Auction Markets and the Walrasian Hypothesis," *Journal of Political Economy*, August 1965, 73, 387 - 393.

Smith, V. L., "Bidding and Auctioning Institutions: Experimental Results," Essay 6 in Y. Amihud, ed., *Bidding and Auctioning for Procurement and Allocation*, New York, 1976, 43 - 64.

Smith, V. L., "Incentive Compatible Experimental Process for the Provision of Public Goods," in his Research in *Experimental Economics*, Vol. 1, Greenwich: JAI Press, 1979.

Smith, V. L., "Theory Experiment and Antitrust Policy," FTC Staff Seminar on Antitrust Analysis, June, 5 - 6, 1980.

Smith, V. L., "An Empirical Study of Decentralized Institutions Monopoly Restrain," in J. Quirk and G. Horwich, eds., *Essays in Contemporary Fields of Economics in Honor of E. T. Weiler*, West Lafayette: Purdue University Press, 1981.

Smith, V. L., "Competitive Market Institutions Double Auction Versus Sealed - Bid Auctions," department of economics discussion paper, University of Arizona, November 1980.

Smith, V. L., and Williams, A. W., An Experimental Comparison of Alternative Rules for Competitive Market Exchange," Yale University Conference on Auctions and Biding, December 1979; revised March 1980.

Smith, V. L. , and Williams, A. W. , (1981a) "The Boundaries of Competitive Price Theory: Convergence, Expectations and Transaction Cost," Public Choice Society Meetings, New Orleans, March, 13 – 15, 1981.

Smith, V. L. , and Williams, A. W. , (1981b) "On Nonbinding Price Controls in a Competitive Market," *American Economic Review*, June 1981, 71, 467 – 474.

Smith, V. L. , and Williams, A. W. , (1981c) "On the Effects of Rent Asymmetries in Experimental Auction Markets," Public Choice Society Meetings, New Orleans, March 13 – 15, 1981.

Vickery Williams, "Counterspeculation, Auctions, and Competitive Sealed Tenders," *Journal of Finance*, March 1961, 16, 8 – 37.

Vickery Williams, "Auctions and Bidding Games," in *Recent Advances in Game Theory*, Princeton University Conference, Princeton: Princeton University Press 1962, 15 – 27.

Vickery Williams, "Auctions, Markets and Optimal Allocation," Essay 2 in Y. Amihud, ed. , *Bidding and Auctioning for Procurement*, New York, 1976, 13 – 20.

Walker, D. A. , "Competitive Tâtonnement Exchange Markets," *Kyklos*, 1972, 25, 345 – 363.

Walker, D. A. , "Edgeworth's Theory of Recontract," *Economic Journal*, March 1973, 83, 138 – 149.

Williams, A. W. , "Intertemporal Competitive Equilibrium: On Further Experimental Results," in V. L. Smith, ed. , *Research in Experimental Economics*, Vol. 1, Greenwich: JAI Press, 1979.

Williams, A. W. , "Computerized Double – Auction Markets: Some Initial Experimental Results," *Journal of Business*, July 1980, 53, 235 – 258.

市场是节约信息的装置："Hayek 假说"的实验检验

弗农·史密斯*（Vernon L. Smith）

I. 引　言

经济学长期以来建立在一系列理论假设之上，并把"逻辑完备性"作为判断理论价值的一个标准，但缺乏以实验检验为基础的严格的技术标准来区分和评判经济学理论。其结果是经济学的主体部分只是在已有的大厦上添添补补，偶尔才会有重大的改变。有时候我们声称方法论实在有限，经济学本身如此复杂以至不能通过实验来验证其结论，结果只能把"逻辑完备性"作为关键的评判标准。略带讽刺地讲，经济学好像绕过了伽利略和开普勒的实验物理阶段，抄捷径试图采用牛顿的纯理论方法做经典物理学的研究。这种形式的混淆还不要紧，重要的是自称"专家"的我们也要为政治出谋划策，而这样的工作要求我们的知识和能力功底远远超过我们所能"展示"的。这似乎引领我们笃信凯恩斯开的"药方"能很好地调节经济命脉，种种规则制度可以解决所谓的垄断问题和由于存在外部性和公共物品所导致的市场失灵。所有这些问题如今都在经历一个痛苦和不安的再评价过程，这一点让人看到了希望，因为

*　亚利桑那大学经济系。我非常感谢 Arlington Williams 和我一起合作完成了本篇论文中所涉及的大部分实验，而且要感谢国家科学基金对本研究的大力支持。正如引言中所说的，本文涉及的好几个实验是不同于此文的研究项目中的一部分。这篇文章为澳大利亚和新西兰科学进步协会 50 周年纪念会论文（Adelaide, Australia, May 12 - 16, 1980）的一个缩减版。

这样做起码会暴露出哪些地方是假象。正如 Kenneth Boulding 所言，"科学王国……不仅应看到在它之外的东西，也应在其内部和本身有所挖掘……特别是通过实验的过程和步骤来试图摒弃假象"（1980，p. 833）。令人欣慰的是，在这场再评价中，我们认识到科学和政策的融合应该更持久，而且如果我们试图拯救经济学，使之成为真正意义上的科学，我们恐怕不得不以重新思考、重新检验作为经济学基础最根本的前提假定。①

虽然经济学实验方法已有前人用过，如 Chamberlin（1948）、Thurston（1931）和其他少数人，但只是近 20 年来才有大量的研究者（Hoggatt，1959；Siegel and Fouraker，1960；Smith，1962；Friedman，1963；Battalio et al.，1973；Fiorina and Plott，1978）开始对可控实验做系统性的验证，并将其作为一种工具更加可信地回答经济学问题。这 20 年来也产生了一些很有说服力的成果，其中包括对价格理论"开普勒式"的挑战，也证实了作为经济学家，我们强调将个人行为激励的重要性作为社会经济的组织原则这一点是正确的。但是，对这一过程是通过何种激励在起作用我们并不十分了解。如果我们有足够的耐心和专注精神设计一些实验或其他过滤机制去粗取精，那么可以证明一些理论是有说服力的（尤其是一些静态理论）。这并不意味着我们需要减少经济理论，相反我们需要建立更多具有证据和说服力的理论。最后，我想说的是，通过实验，可能会建立一些更新、更好的理论，但无论如何要记住一点：我们的宗旨是要为现有理论找到更有说服力的证据。

Ⅱ. 私有物品市场中的信息和竞争均衡

自由市场理论的基本假定前提是通过专业化和市场交易达到竞争均衡（此时的配置状态为 Pareto 最优）。但对于具体是通过一种怎样的机制和必要技术条件达到最终竞争均衡这一点却没有达成共识。一种观点承袭了古典经济学创始人 Adam Smith 的看法，认为达到竞争均衡不需要参与的个体对其他参与者和除他以外的情况有任何了解，即参与者对

----

① 对于现行的经济学文献只要继续采取折中方法就够了的这一说法，我表示怀疑，而 R. M. Solow（1980，p. 2）似乎持此种看法。

市场配置系统与自己在市场中的地位和作用都一无所知，最后他无意识的结果却反而促成了均衡，即"看不见的手"在调节［Adam Smith，1937（1776），p. 423］。因此 Marshall［1948（1890），p. 334］在描述当地一个玉米市场中的价格决定时有一段著名的论述："实际上我们认为交易者应对市场有较为透彻的了解这个观点是不必要的。"Hayek（1945，pp. 526–527）对此论点的阐述更为极端也更有影响力，他强调："关于价格机制的最重要的事实是信息的节约，即参与的个体应如何在了解得更少的情况下做出正确决策……"价格机制所要解决的问题就是尽可能多地利用资源而不是控制人的意识，因此也就是如何消除意识控制以及如何为经济个体提供一个诱导，使其在没有人告诉他该做什么的前提下做出合理选择（Hayek，1945，p. 527）。

但是个人所了解的信息能少到何种地步而不影响市场配置达到有效状态？市场内部规则（正式或非正式的）是如何影响个人信息和市场最优状态之间的关系的？成本和偏好的静态或动态特性等外部条件又如何起作用？

个人了解的信息"极少"的一种极端情况是严格隐私性条件，即市场中每一位买者只清楚他/她自己的单位商品价值，每一位卖者也只清楚他/她自己所出售的单位商品成本。我们用市场实验来检验 Hayek 假说：严格隐私性和某一市场制度交易规则的结合，产生了近乎完全有效的竞争市场均衡。所有的市场制度中，最常用来检验 Hayek 假说的就是有组织的证券和商品市场中的口头双向拍卖制度，在此制度中，买卖双方按既定规则出价和要价，随着报价被相继接受，最终达成交易合同。

英美主流经济思想中绝大多数经济学家并不接受，实际上还公开对 Hayek 的论断表示怀疑，认为极少化的信息是不可能促使自由分散市场有效运行的。在没有直接和明显证据时，这种怀疑是有一定道理的。两个关于达到竞争均衡条件的相反假设成为主流经济思想的核心。一个是 Cournot 于 1938 年首先提出来的"价格接受"假设，即他认为竞争性市场的本质特点是有大量的买者和卖者，因此每个人对价格的决定和影响力微乎其微，所以只能是价格接受者。这是几十年来年轻的学生们从教科书中所学到的关于竞争性价格理论的标准认识。另一个对价格理论的假设更强，这就是"完全信息假设"，认为要达到竞争均衡配置状态，要求对供给和需求条件有完全的可预见的信息（Samuelson，1966， pp. 947，949)。① 有时候对这两种假设有定义上的区分，前者即"价格接受者"假设称为"完全竞争"（pure competition），而对完全信息这个条件的假设称为"完美竞争"（perfect competition）。

Ⅲ. 静态环境下的实验

用于检验上述各种假设的实验设计如下：

1. 引致特定的供需条件

以实验方式来研究市场行为时通常需要设计一套货币激励机制以达到实验者所希望达到的在某种实验假设之下的供需条件。例如，我们可以看一下图1左侧记录的实验中的供给和需求情况。这项实验分别由4位卖者和4位买者构成，每人最大交易量为3单位商品。买者1的保留价格被指定：如果是8.5美元则购买1单位商品，如果是7.45美元则购买2单位商品，如果是7.30美元则购买3单位商品。他/她十分清楚每一个交易时段的收益是保留价格和实际购买价格之差。高于7.45美元和低于8.5美元时，买者1最多购买1单位商品；高于7.30美元而低于7.45美元时最多购买2单位商品，依此类推。所以，买者1的价值实际上是边际价值，也称引致个人需求（induced individual demand schedule）。同理，卖者1的保留价格被指定：以成本6.60美元售出1单位商品，以7.65美元售出2单位商品，如果是7.80美元则全部售出，而且保证从每一单位商品的成本和卖价中能获取现金差额②，这样就定义了边际成本［又称引致个人供给（induced individual supply schedule）］。如果我们把这4个买者（卖者）的价值（成本）从高到低（从低到高）排列，如图1左边所示（也可见图2~图7），那么这一结果和理论上的供需安排是对应的。要注意，需求（供给）是在假定所有参与者都是价格接受者的前提下被定义的，这也许能说明在竞争性市场中的"价格接受者"假设已被业内人士所广泛接受。因此，价格接受行

---

① 对供给和需求拥有完全信息的条件这一说法最早好像是 Jevons（1871）所采用的。参见 Stigler（1957）对完美竞争概念的历史性看法。

② 买者和卖者在每次交易中可获得一定佣金（5美分），这为每单位商品的交易提供了些许激励。在上述实验中，参与实验的买卖双方参加一次不超过两个小时的实验一般就能挣到12~25美元。

为似乎内生于市场需求(供给)这一概念中。

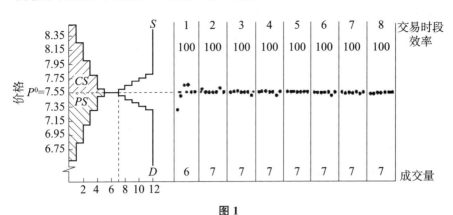

图 1

在这个实验设计中,如果最终所有的交易都发生在竞争均衡的市场出清价格 P_e 上,则所有参与者的总收益(不计算佣金)如图 1 左侧阴影部分的面积所示。特别是,阴影部分 CS 表示消费者剩余,而 PS 则代表生产者剩余。二者之和即总剩余是交易总收益的一种货币度量标准,因而也是市场自我调适下理想价格的衡量标准。如果用图 1 阴影部分所刻画的理论上的收益除以市场交易中买卖双方实际获得的收益,所得的比例即为刻画市场效率的一个指标。当且仅当市场是 100% 有效率时,才能分配交易所得的收益。

2. 双向拍卖作为一种交易合同制度

我们首先定义一种由一系列完备规则组成的交易合同制度,该制度明确了交易者如何互通信息,就商品和服务的数量和价值进行协商谈判的过程。这些实验虽然采取的是计算机模拟方式,但应用的是纽约证券交易所的双向拍卖机制中的核心规则。[①] 这项计算机化的市场实验采取的是实时交易制度,市场在特定的时间间隔内开放,在此期间商品的买者可以在任一时刻任意出价。除非有一个更高的报价出现,否则这个出价将继续显示在每一位参与者计算机终端前的"桌面"上。同理,卖者也可自由要价,但是要价必须比现行价格更低才能取代前者。一旦出价和要价确定,要么就被更好的报价取代,要么就被接受从而达成协议。每一次出价、要价和达成的交易合同都只针对一单位商品。当某一单位

---

① 更完整的描述参见 Smith and Williams (1980)。

商品达成交易后，市场（计算机）就会等待新的出价和要价。这样一个过程会一直持续下去，直到所有交易时段都进行完，然后实验市场就在新的一天重新开市，进行相同种类商品的交易。图 1 的实验说明了在一个静态供需机制下，买者商品价值和卖者成本从一个交易时段到下一个交易时段都不变的情形，因此供需就代表每一时段的交易流量。

要注意，在此制度下每一位交易者并不都是处在价格接受环境下的，在这个多边谈判协商的交易环境中，价格制定者（主动出价或要价的交易者）和价格接受者（接受出价或要价的交易者）是一样多的。

3. 实验市场的信息状态

从对上述市场机制的描述中可以清楚地看到，所有出价、要价和合约都代表了对所有参与者公开的信息。这个特性是所有的有组织的股票和商品交易市场所共有的。但是，如果我们想要对 Hayek 假说进行检验的话，除了公开价格信息外，其他所有信息都是个人的私人信息。因此，在这个实验市场中，个人价值（成本）私下指定，而且整个实验过程都如此。所有关于市场的供需情况以及其他参与者价值（成本）的信息都是他们的私人信息。

满足以上实验条件时，如果市场明显倾向于收敛到竞争均衡解，那么静态环境下 Hayek 假说便得到了实验支持。倘若市场表现未达到竞争均衡或趋向较差时，就得拒绝（或怀疑）Hayek 假说，考虑其他可供选择的假设。比如有大量买者参与条件下价格接受的假设，或是对市场拥有完全的参与信息是达到竞争均衡状态的必要条件的假设。

现在有 150～200 个实验提供了确凿无疑的支持 Hayek 假说的证据（例如，Smith，1976；Smith and Williams，1980；Isaac and Plott，1981）。双向口头拍卖机制中无论是有经验的还是没有经验的被试参与实验的结果都以惊人的速度趋向于竞争均衡状态的价格和数量。[①] 有经验的被试（也就是说，被试从前参加过在不同的供需条件下的双向拍卖实验）所参与的计算机模拟形式的双向拍卖机制也显示出相似的迅速收敛于竞争均衡的特征。计算机实验之所以存在差异，是因为计算机交易市场中必须学习按键交易，另外可能是因为人们在听觉和视觉上处理信息的能力不同（Williams，1980）。图 1～图 4 显示了计算机操控的双向

---

① 在大量双向拍卖实验中，与上述描述不一致的实验可以参见 Isacc 和 Plott（1981，p. 452）的实验 Ⅱ。

拍卖实验交易价格的收敛模式。这些图按顺序记录了出价或者要价被接受时的成交价格。

图1所记录的实验中，8个有经验的被试在任一时段都很有效率的情况下，于第2个交易时段达到竞争均衡状态。

图2展示的是一个由没有经验的被试参与的较大规模的市场（6个买者，2个卖者，均衡时成交量为12单位商品），很明显，较大规模的交易弥补了没有经验的被试趋向均衡的速度较慢的不足。

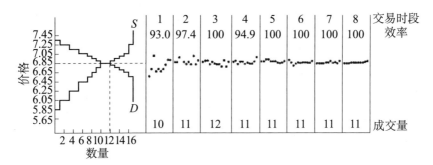

图2

图3中有2位卖者（如左图所示）和5位买者。除第1个交易时段外其余所有交易时段的平均价格都在均衡价格3.80美元上下有5美分左右的浮动。除第2个和第15个交易时段外的市场交易效率均为100％。因此，如果卖者数量酌减为2个，则双向拍卖交易机制迅速收敛于竞争均衡价格的特性是显著的。①

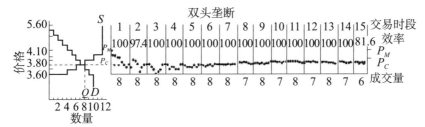

图3

---

① 第15个交易时段的效率之所以下降是因为买者2没有购买。第一单位的保留价格为4.3美元，第二单位的保留价格为3.8美元，直到交易时段最后他才出价。他第一单位出价（3.8美元）被其他买者更高的出价取代，即将闭市前8秒他又输入3.8美元，还卖出第三单位（成本3.7美元），卖者2不接受这么低的出价。买者2在前面的交易时段也采取类似的交易策略，即总在即将闭市前一段时间保持很低的出价，但直到第15个交易时段这项策略都彻底失败了，不能达成任何交易。

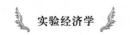

图 4 描述了双向拍卖交易制度中最严格趋向于竞争均衡的实验，在这个市场中，4 位卖者有相同的单位成本（5.70 美元），4 位买者也有相同的单位价值（6.80 美元）。交易第 1 周总供给是 11 单位而总需求是 16 单位。从第 6 个交易时段开始（第 2 周），总供给增加到 16 单位而总需求减少到 11 单位。从参与者的角度来看，这一变化相当微妙，因为他们个人的价值和成本都保持不变。但是均衡价格从第 1 周的 $P_1 =$ 6.80 美元移动到第 2 周的 $P_2 = 5.70$ 美元。第 1 周按均衡价格交易使得卖者获得所有交易剩余（每个交易时段 12.10 美元），而买者只能获得佣金（每次交易的 10%）。而第 2 周情况恰恰相反，在均衡价格下，买者获得所有剩余而卖者只能得到佣金。在这种反常情况下，第 1 周的买者（第 2 周的卖者）肯定会强烈讨价还价，阻止价格向 $P_1（P_2）$ 收敛。正如图 4 所列的成交价格序列中，收敛速度会很慢，但是第 1 周的第 5 个交易时段的交易价格为 P_1，第 6 个、第 7 个和第 8 个交易时段的前半段时间很明显在新一周的交易条件下，第 1 周所形成的高价和高利润预期在慢慢消失，直到第 10 个交易时段收敛于价格 P_2。在这个设置中，竞争均衡状态并非资源配置最有效的状态（Pareto 最优）。实际上，只要能完成 11 单位商品交割的任何配置和价格集合都是完全有效率的。因此，本例中的竞争均衡没有什么特别的意义，但作为一种实验设计，该例检验了双向拍卖交易绩效的边界。

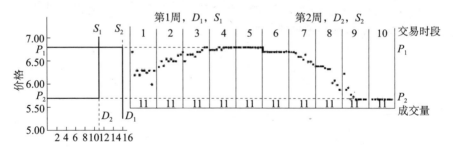

图 4

这些结果都在稳定重复的供需条件下支持了静态双向拍卖机制中的 Hayek 假说：收敛于竞争均衡既不需要完全信息，也不需要有大量参与者假设基础上的价格接受行为。但是需要提出的问题是：Hayek 假说在其他环境中也能成立吗？下面这部分将分别讨论动态循环条件下和供需不规则变动时的一些实验。

IV. 动态环境实验:周期性需求

许多市场上需求和供给会随时间而变化。例如对泳衣的需求集中在夏季;白天用电需求量超过晚上。当商品不易储存或储存成本太高时,最大产量要由高峰时的需求量所决定;当商品储备较为经济时,不同时期均匀分配产量可使收入最大化,而高峰时的需求量可以由非高峰时段积累下来的存货量满足。市场的重要功能之一就是能建立一种随时间变化的价格激励制度,促使个体有动机根据时间来平均分配供给量。

图 5 和图 6 所示实验描述的就是同期需求在高(Y)低(B)水平下交替出现的情况。图 5 中两个特殊的交易者(投机者)拥有特权,能够在某一个交易时段购买商品,然后到下一阶段再出售,但除了双向拍卖报价交易机制的公开信息外,他们不了解其他关于需求量的任何信息。实验中假定投机者的储存成本为零。在跨期竞争均衡价格 2.8 美元上,卖者每一个交易时段的供给量为 7 单位,买者在需求量最低时消费量为 3 单位,最高时消费量为 11 单位。投机者在需求量较低时(B)可以购买 4 单位,以便在需求量最大(Y)时再出售。如此一来,在竞争均衡价格上,买卖双方都由于特殊交易者的投机行为获得更多剩余。

图 5 中,在第 1 个交易时段的需求高峰和需求低谷,投机者没有购买任何商品,因此也就没有销售。投机者发现需求量小时的交易价格低于需求量大时的交易价格后,在第 2 个交易时段需求量小时,买进 2 单位商品以便在需求量大时出售。在第 3 个交易时段,买进量变成 4 单位,下面的交易时段依此类推。到第 7 个交易时段,大部分的交易合同价格已十分接近均衡价格,此时投机者的利润也大大减少:第 2 到第 5 个交易时段每次交易获利 50~60 美分,第 7 个交易时段每次交易只能获利 5~10 美分。从第 3 个交易时段开始,市场的运行效率就已经接近其理论均衡价格的 100% 了。

图 6 显示的实验没有投机者的参与。在这个没有投机者的市场中,价格波动范围在 2.40 美元(需求量小时)和 3.40 美元(需求量大时)之间,分别成交 5 单位和 9 单位。在这些价格水平上,理论上市场在达到最优剩余量的跨期均衡价格时效率为 92%。可以注意到这个市场很长时间后才能达到这样一种周期性均衡状态。卖者预期最高和最低需求量时的价格不会发生变动(因为成本不变),但是在讨价还价的过程中,

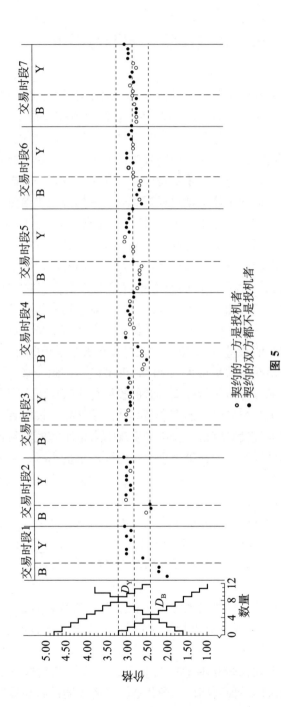

图 5

资料来源：Williams (1979，p. 258)．

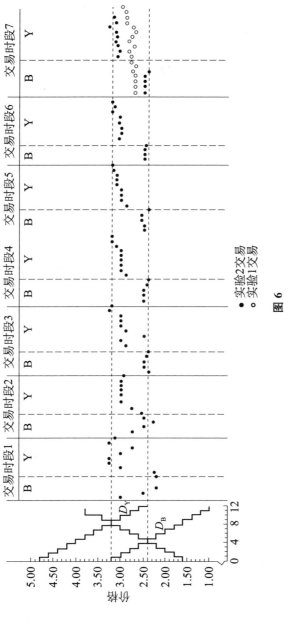

图 6

资料来源：Williams (1979, p. 262).

需求量小时，协议价格倾向于在均衡价格之上，需求量大时，协议价格倾向于低于均衡价格。然而随着价格在第 7 个交易时段逐渐趋向于跨期均衡，这种"滞后"效应也会逐渐减弱。从第 3 个交易时段开始，市场效率就已趋近于理论均衡值。

Ⅴ．供给和需求的不规则变化

图 7 所示的双向拍卖实验中需求量和供给量在 5 个交易时段内都保持静止不变，然后开始下降，紧接着的 5 个交易时段依旧保持不变，最后需求量和供给量又都提高，在实验的最后 5 个交易时段内保持不变。该市场在每周的交易时段内都收敛于暂时性的竞争均衡价格，下一周随着需求量和供给量的变动而发生变化。第 3 周的交易时段 13、14 和 15

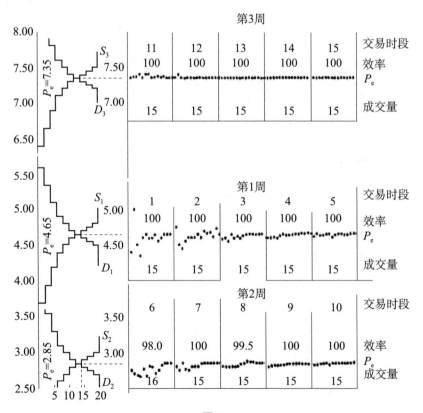

图 7

内，价格很快趋向于竞争均衡价格。要注意到在这个由一系列变动的供给和需求组成的实验环境中，有一种确定一个较高均衡价格的倾向（见第 6 个和第 11 个交易时段）。

Ⅵ. 讨 论

在三种不同实验环境下的双向拍卖机制中（静态、周期性和需求量与供给量不规则变动三种情况），实验结果与 Hayek 假说都是一致的，与价格接受假设和条件更强一些的完全信息假设是不一致的。那么是否就意味着市场表现只有在 Hayek 所假设的低信息量情况下才会和竞争性价格理论所描述的一样呢？也不尽然——当然这一点也没有经过更多的实证检验。例如，在双向拍卖交易中 Hayek 假说要比其他可替代的交易机制表现更好。在明码标价实验中，卖者独立地选择要价，然后买者在要么接受要么放弃的选择基础上决定是否接受该报价（非谈判和协商性的），这种情况下价格趋向于竞争均衡的速度就比较慢而且远没有双向拍卖交易机制的效率高（Williams，1973）。最近的实验比较了双向拍卖交易和各种其他形式的密封拍卖，也证明了前者要比后者有效率得多。最后，就多个独立的双向拍卖市场交易的某一方面进行了实验研究，虽然记录结果和上述实验结果总体上是一致的，但是毕竟是尝试性的，也不能给 Hayek 假说提供更多强有力的支持。

到现在为止在简单的实验环境下所做的研究表明，在不太严格的条件下就有可能达到竞争均衡的结果，而不一定像大多数经济学家所认为的那样，按照实验方式所得出的结果不是直觉上所认为的那样。所以从这个角度而言，Hayek 把价格系统看作信息节约的体系是和大多数学者在通常意义上得出的预期截然相反的。但是在科学的历史上，一种看似不可能的假设到最后却被证明是正确的甚至被广泛接受和认同，也是很常见的事情。最近的两个例子是地理学上的大陆漂移说和 Great Spokane 的洪水说[1]，最出名的例子可能是认为所有落下的物体，包括行星和恒星都遵守牛顿万有引力定律（即引力和距离的平方成反比）。对于16 世纪的哲学家而言，这是一个再离谱不过的理论了。

但是即使 Hayek 假说在实验室中运行绩效良好，优于其他的竞争

---

[1] 如果想进一步了解地理方面看似荒谬的假说，可参见 Baker（1978）。

者，该假说在实际条件下也依然会如此有效吗？根据并行性假设，即同一物理法则适用于任何地方，外延性的推广暂时可能是成立的，但是要验证外延性假设是否成立还是要经过独立的实践检验环节才能最终定论。从实验室的出价行为和美国新的国库券发行市场参与者行为比较中得出的结论是支持密封报价机制并行性假说的（Tsao and Vignola, 1977），但是这种实践检验的次数还是比较少。有许多偶然的证据都表明 Hayek 假说可以用于解释市场中的经济现象，比如说，在能源部关于汽油配置的计划出台前，汽油资源的配置其实就是相当合理的，政府行为的干扰反而会破坏这种有效配置状态。但是我们得不到直接证据，我们的推断是依靠相关性，不像实验所得出的证据那么有说服力。比如，在实际环境中，我们绝不会知道观测到的配置是否就是最优状态。但是，当可控实验条件下的结论证实了信息隐私条件下配置资源的价格调节机制有效时，我们仍然需要对实际条件下的检验投入更多的关注。正如被注射雪茄的老鼠得了瘤子的实验使我们对吸烟和肺癌这二者之间的关系弄得更清楚一样，通过实际检验所得出的证据能增强我们对某一说法和理论的自信。当然，我们当中的科学家们对于已经得到有说服力的证据支持的命题应该也始终带有一丝怀疑，这是科学的态度。

参考文献

Baker, V. R., "The Spokane Flood Controversy and the Martian Outflow Channels," *Science*, 202, (22 December 1978), 1249 - 1256.

Battallio, R. C., Kagel, J. H., Winkler, R. C., Fisher, E. G., Basmann, R. L., and Krasner, L., "A Test of Consumer Demand Theory Using Observations of Individual Consumer Purchases," *Western Economic Journal*, 11 (December 1973), 411 - 428.

Boulding, K. E., "Science: Our Common Heritage," *Science*, 207, (22 February 1980), 831 - 836.

Chamberlin, E. H., "An Experimental Imperfect Market," *Journal of Political Economy*, 56, (April 1948), 95 - 108.

Cournot, A., *Mathematical Principles of the Theory of Wealth*, New York: Kelly, 1960 (originally 1838).

Easly, D., and Ledyard, J., "Simultaneous Double Oral Auction Markets," Public Choice Society Meetings, March 17 - 19, Charlestown S. C., 1979.

Fiorina, M., and Plott, C., "Committee Decisions Under Majority Rule: An Experimental Study," *American Political Science Review*, 72, (June 1978), 575 - 598.

Friedman, J. E. , "Individual Behavior in Oligopolistic Markets: An Experimental Study," *Yale University Essays*, 3, 359 – 417.

Hayek, F. A. , "The Uses of Knowledge in Society," *American Economic Review*, 35, (September 1945), 519 – 530.

Hoggatt, A. , "An Experimental Business Game," *Behavioral Science*, 4, (July 1959), 192 – 203.

Isaac, R. M. , and Plott, C. , "Price Control and the Behavior of Auction Markets: an Experimental Examination," *American Economic Review*, 71, (June 1981), 448 – 459.

Jevons, W. S. , *Theory of Political Economy*. London: MacMillan, 1st edition, 1871.

Marshall, A. , *Principles of Economics*, New York: MacMillan, 1948 (originally, 1890) .

Miller, R. M. , Plott, C. , and Smith, V. , "Intertemporal Competitive Equilibrium: An Experimental Study of Speculation," *Quarterly Journal of Economics*, 91, (November 1977), 599 – 624.

Samuelson, P. A. , "Intertemporal Price Equilibrium: A Prologue to the Theory of Speculation," The Collected Papers of Paul A. Samuelson, Vol. Ⅱ , J. E. Stiglitz, editor, Cambridge, Mass. : M. I. T. Press, 1966, 964 – 984.

Siegel, S. , and Fouraker, L. , *Bargaining and Group Decision Making*, New York: McGraw -Hill, 1960.

Smith, A. , *The Wealth of Nations*, New York: Random House, Modern Library Edition, 1937 (originally, 1776) .

Smith, V. L. , "An Experimental Study of Competitive Market Behavior," *Journal of Political Economy*, 70, (April 1962), 111 – 137.

Smith, V. L. , "Bidding and Auctioning Institutions: Experimental Results," in *Bidding and Auctioning for Procurement and Allocations*, Amihud, editor, New York: New York University Press, 1976, 43 – 64.

Smith, V. L. , "Relevance of Laboratory Experiments to Testing Resource Allocation Theory," in *Evaluation of Econometric Models*, J. Kmenta and J. Ramsey editors. New York: Academic Press, 1980, 345 – 377.

Smith, V. L. , and Williams, A. W. , "An Experimental Comparison of Alternative Rules for Competitive Market Exchange," University of Arizona, April 1980.

SmithV. L. , and Williams, A. W. , Bratton K. , and Vannoni M. , "Competitive Market Institutions: Double Auctions vs. Sealed Bid – Offer Auctions," to appear *American Economic Review*, 1982.

Solow, R. M. , "On Theories of Unemployment," *American Economic Review*,

70, (March 1980), 1 - 11.

Stigler, G. , "Perfect Competition, Historically Contemplated," *Journal of Political Economy*, 65, (February 1957), 1 - 17.

Thurston, L. , "The Indifference Function," *Journal of Social Psychology*, 2, (May 1931), 139 - 167.

Tsao, C. , and Vignola, A. , "Price Discrimination and the Demand for Treasury's Long Term Securities," Preliminary Report, 1977.

Williams, A. W. , "Intertemporal Competitive Equilibrium," in *Research in Experimental Economics*, Vol. 1, V. L, Smith, editor, Greenwich, Conn. : J. A. I Press, 1979, 255 - 278.

Williams, A. W. , "Computerized Double Auction Markets: Some Initial Experimental Results," *Journal of Business*, 53, (July 1980), 235 - 258.

Williams, F. , "Effect of Market Organization on Competitive Equilibrium: The Multi Unit Case," *Review of Economic Studies*, 40, (January 1973), 97 - 113.

拍卖实验市场中的租金不对称效应 *

弗农·史密斯 ** (Vernon L. Smith)
阿灵顿·威廉姆斯 *** (Arlington W. Williams)

本文给出了 12 个"双向拍卖"市场实验，分析了不对称的供给与需求结构是如何影响价格趋于竞争均衡收敛路径的。结果表明，当消费者剩余大于（小于）生产者剩余时，价格从上方（下方）趋于竞争均衡，收敛偏差等于绝对量的命题（收敛对称）没有得到证实；超额生产者剩余对成交价格序列的影响大于超额消费者剩余对成交价格序列的影响；实验设计 1 和设计 2 中租金的改变对卖者定价行为的影响大于对买者定价行为的影响。

I. 引 言

本文采用实验方法来检验两个问题。第一个问题是：单一市场双向拍卖（DA）交易中买者和卖者理论剩余的不对称是否会影响价格趋于竞争均衡（CE）的收敛路径？特别地，当买者剩余大于（小于）卖者剩余时，价格是否从竞争均衡价格的上（下）方趋于均衡点？这个问题对于描述市场动态可复制性的"程式化事实"（stylized fact）是十分重要的。

第二个问题是：正如双向拍卖市场的收敛趋势所揭示的，市场中买

---
  * 感谢国家科学基金的资助，同时感谢 Don Coursey 指导了这篇论文中的多个实验。
  ** 美国亚利桑那大学，图森，AZ85721。
  *** 美国印第安纳大学，布卢明顿，IN47401。

卖双方的交易行为是否对称？特别地，假设在一个供给和需求不对称的设计中，竞争均衡处的总剩余 2/3 由买者获得，1/3 由卖者获得，我们检验双向拍卖市场的价格收敛行为。同时我们考虑第二个实验设计，这个设计用来与第一个设计相比较。在这个设计中，均衡处 1/3 的总剩余由买者获得，剩下的 2/3 由卖者获得，其他方面的设计与第一个设计完全相同。那么我们的问题是：第二个设计中的收敛模式（各时段成交价格对竞争均衡的平均偏离）和第一个设计中的收敛是否完全相同？同时我们也可以这样考虑，在一个供需对称的设计中，买者（卖者）各自得到总剩余的 1/2，那么成交价格对竞争均衡在各时段中的偏离是否会显著为负（或正）？这里的问题是，买者（相对于卖者而言）的谈判行为模式是不是一个重要的设置变量？第二个问题的重要性主要源于以下两个原因：

（1）传统经济学假设理性人的最大化行为不存在"人为"偏差。因此，在控制了买者与卖者角色间的任何客观环境区别之后，买者相对于卖者的角色应当不会存在策略或谈判优势。如果这个基础性假设遭受经验性的质疑，我们就应当了解这种情况。

（2）从实验经济学的技术角度来看，如果随机扮演卖者角色的被试相对于随机扮演买者角色的被试表现出较弱的讨价还价倾向，那么在对任何有可能造成价格偏离的设置变量进行评价时，我们都必须要考虑买者和卖者讨价还价行为所造成的固有偏差。实验室市场常常被用来研究市场的交易规则（Plott and Smith，1978）、买者间和卖者间的共谋（Isaac and Plott，1981a），以及价格上限和价格下限（Issac and Plott，1981b；Smith and Williams，1981）对市场行为的影响。在以上的每个研究中，研究目标都是要确定某个特定的制度设置变量——交易规则、共谋机会或最高限价——对所观测到的价格对竞争均衡的偏差是否存在显著的影响。因此，如果在买者共谋实验或非限定性价格上限实验中观测到了成交价格负向偏离竞争均衡的趋势，那么我们很难将这种偏离归因于买者共谋或价格上限设置变量，因为这种偏离也许是买者行为和卖者行为的不对称造成的。在这些情况中，必须以成交价格来衡量共谋或价格上限的影响，但是成交价格下降也许是由于没有共谋或没有价格上限市场中卖者较弱的讨价还价能力。所以我们在进行实验设计时必须将这种情况考虑在内，每个实验研究都必须包含一个基准实验，这个基准实验可以反映出被试总体固有的偏差，精确地说，就是总体被试之间的偏差。

我们总共进行了 12 个实验，这些实验都是在完全计算机化的 DA 交易规则下进行的，该交易规则类似于在许多主要的证券和商品交易所中采用的基准交易（floor trading）制度。[①] Smith 和 Williams（1980）拓展了 Williams（1980）最初的实验，结果显示融入了限价电子排序或"专家手册"的拍卖机制确实优于其他计算机化的双向拍卖机制。本文给出的所有实验都采用了"专家手册"机制或"队列"机制。[②]

II. 实验设计

图 1 显示了实验采用的诱导供给曲线和需求曲线。17 单位商品均匀地分布在各个被试之间，每个买者（卖者）在每个交易时段中至少可以购买（出售）2 单位、至多可以购买（出售）3 单位的商品，每个时段持续时间 360 秒。每个买者（卖者）在每笔交易中获得的收益等于边际价值（出售价格）与购买价格（边际成本）的差额再加上 5 美分的交易佣金，交易佣金用来消除被试的主观交易成本。

需要注意的是，实验设计 1 和设计 2 的实验参数都是为了消费者剩余和生产者剩余能在竞争均衡价格（P_e）上下 4 美分范围内的 10 次交易后取得。如果被试选择以零利润成交，即他们各自获得 5 美分佣金，那么将有两个边际单位在 P_e 上成交。另外的供给和需求单位从 P_e ±

---

① PLATO 系统下的计算机交易环境使得在整个可重复实验中的程序标准化，减少了实验主持者和被试之间的相互交流，进而可能降低"实验者效应"（experimenter effect）。同时该系统还自动记录被试提交的报价和报价发生的时间以备后面的回顾和分析。所有在以下部分用到的统计计算都通过与我们的双向拍卖数据库相联系的数据转换和分析程序在 PLATO 系统上完成。这篇论文关注的是一个实验分析，即在诱导的供给和需求序列中，不对称结构如何在实验市场环境中影响价格收敛。

② 实验中，买者和卖者可以在计算机上输入价格，然后点击一个三角形标记就可自由地进行价格提报。任何买者（卖者）都可以自由地通过点击一个标记［"接受"（ACCEPT）的三角形］来接受任何卖者（买者）的报价。然后接受者必须点击一个标记了"确认"（CONFIRM）的图标，同时交易被登记在买者和卖者的私人记录卡片上。出价、要价和交易结果是仅有的公共信息。"等级队列"（rank-queue）机制要求出价不断提高以减小"买卖价差"。最高出价和最低要价需展示给整个市场。任何一个非更优的出价都被放置在一个由高到低排列的队列里（要价是由低到高排列的）。参与者被告知队列进口的价位，同时参与者也可以按"删除"（EDIT）键将他们的报价撤出某一队列。一项交易发生后，队列的最低要价和最高出价将自动成为成交后的"买卖价差"。

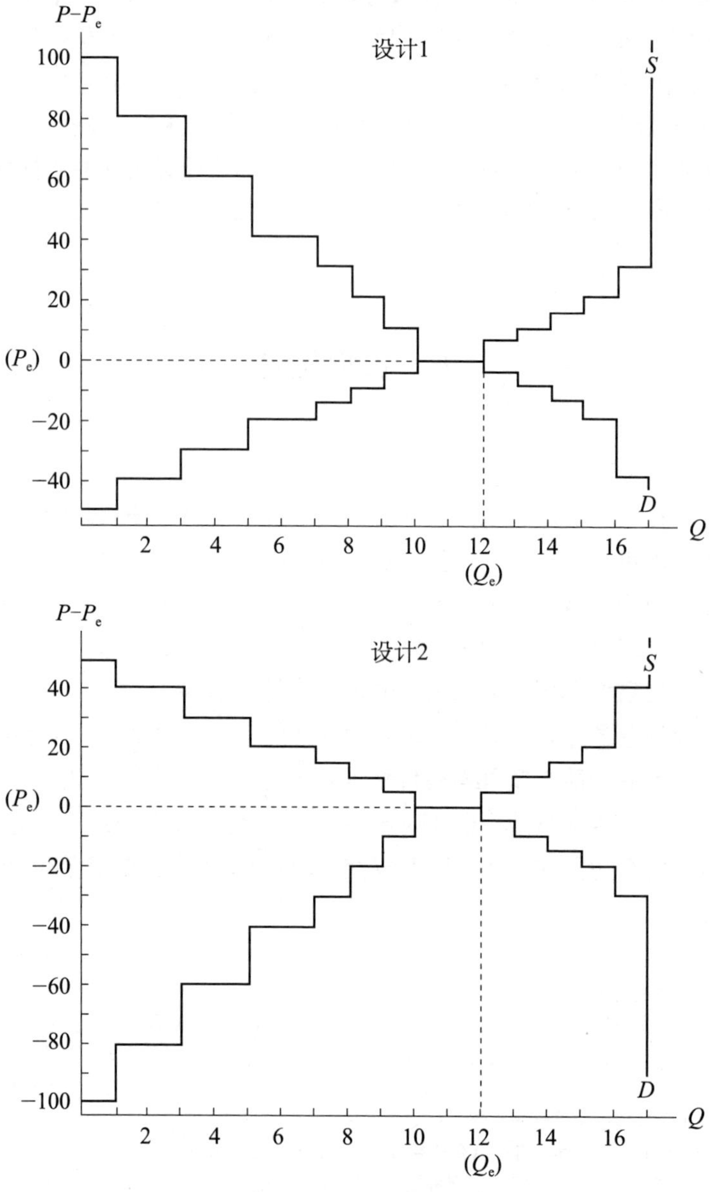

图1 诱导的供给和需求

0.05 开始，这样对 P_e 很小的价格离差都会导致市场的无效率。任何边缘外单位的成交都将导致实际获得的剩余（利润）小于潜在的剩余。只有当实际获得的剩余等于最大潜在剩余时，完全效率（$E=100\times$实际组内利润÷最大潜在利润）才可能发生。

设计 1 和设计 2 的主要特征是供给和需求状况关于 P_e 不对称。在设计 1 中，消费者剩余是生产者剩余的 2 倍（5.20 美元：2.60 美元）；设计 2 正好与之相反。这为我们研究不对称租金对市场的影响提供了很好的机会。

表 1 给出了每一种租金分割情况下的实验数和交易时段数。被试来自布卢明顿市印第安纳大学和图森市亚利桑那大学的本科生和研究生。表 1 中实验标识号后面的"＊"表示被试同时参与了两个地方的实验。表 1 中第 1 列给出的实验标识号表示所使用的 PLATO 双向拍卖（PDA）软件的版本号和使用这个版本所进行的第几次实验（例如，3‐41 表示使用 PDA 软件版本 3 时的第 41 次实验）。

表 1 实验分类和信息

	买者数量	卖者数量	最终时段	P_e
实验设计 1				
2‐37	6	6	8	4.25
2‐38	6	6	8	5.60
2‐39	7	7	9	6.40
2‐55	7	7	9	5.70
3‐27＊	6	6	10	4.25
3‐41＊	6	6	10	4.25
实验设计 2				
2‐44	6	6	8	6.85
3‐26＊	6	6	9	6.85
3‐31＊	6	6	10	5.55
3‐32＊	6	6	10	7.70
3‐38＊	6	6	10	6.70
3‐40＊	6	6	10	2.40

注：＊表明参与了多地实验。

这里所给出的 12 个实验中，版本 3 和版本 2 唯一的不同点是程序效率的改进，这一点所有的被试都知道。我们所采用的 76 个被试都是自愿参与者，而且他们都是没有经验的，也就是说，他们当中没有任何一个人参与过以前的双向拍卖实验。这 12 个实验一共进行了 2 年，它们都是另外一个只使用有经验的被试的实验的培训局（例如，Smith and Williams，1981）。本文中所使用的几个实验在 Smith，Williams，Bratton 和 Vannoni（1982）比较双向拍卖机制与计算机化的出价-要价交易机制的研究中也曾使用过。

Ⅲ. 实验结果

我们的研究目的是检验下述命题的有效性：

命题 1：收敛偏差——当消费者剩余大于（小于）生产者剩余时，成交价格倾向于从竞争均衡价格的上方（下方）趋向竞争均衡。

命题 2：收敛对称——在其他条件相同的情况下，只要消费者剩余与生产者剩余的绝对差额相等，命题 1 所导致的价格收敛偏差就在绝对数量上相等。

命题 1 最早由 Smith（1976）在口头双向拍卖机制中提出。Williams（1980）得到的实验结果（使用的消费者剩余和生产者剩余之比为 2∶1）表明，该命题在 PLATO 计算机化双向拍卖机制中同样成立。命题 2 明显强于命题 1，认为实验设计 1 中所观察到的向上的价格偏差的均值与实验设计 2 中所观察到的向下的价格偏差的均值相等。

从图 2 中，我们观察到命题 1 的假定在设计 2 所有的实验中都有所体现，但设计 1 中仅有一半的实验体现了这种偏差。然而，图 3 和图 4 表明，实际成交价格相当分散地分布在平均价格周围。表 2 给出了成交价格对 P_e 的偏离的统计性描述，最右边的三列分别是用来检验方差齐性的方差比值（F）、用来检验每个时段均值相等性（$P-P_e$）的 t 值和用来检验每个时段总体分布同质性的非参数 Mann-Whitney 单位正态偏离值。这些统计量是用各交易时段的实际观测价格而不是用平均价格计算出来的。12 个实验 8 个交易时段总体均值相等的原假设很容易就被拒绝了。由于我们考虑的是成交价格偏离 P_e 的程度，所以拒绝均值相等的假设并不能完全检验假设 1。

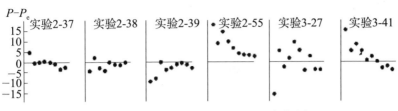

实验设计1（2/3为买者，1/3为卖者）

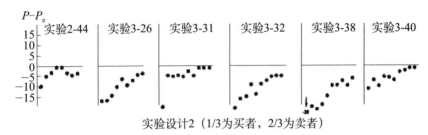

实验设计2（1/3为买者，2/3为卖者）

图2 序贯交易的价格

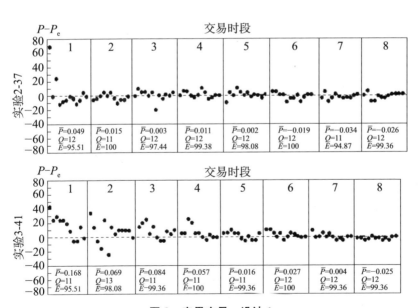

图3 序贯交易，设计1

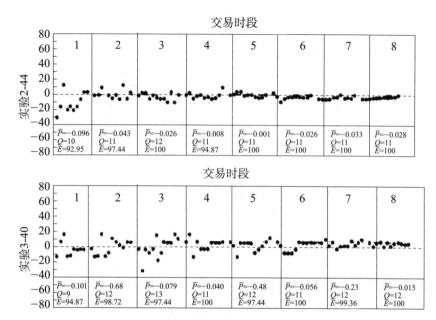

图 4　序贯交易，设计 2

表 2　　　　　　　　　　　　成交价格比较[a]

交易时段	$(P-P_e)$ 的均值		交易数量		标准差		F	t	Z_u
	设计 1	设计 2	设计 1	设计 2	设计 1	设计 2			
1	0.032	−0.171	58	58	0.203	0.210	1.06	5.29	4.93
2	0.031	−0.107	68	71	0.148	0.206	1.93	4.52	4.18
3	0.030	−0.102	65	74	0.119	0.138	1.34	5.99	5.33
4	0.019	−0.072	71	67	0.106	0.108	1.05	4.96	4.88
5	0.027	−0.069	67	71	0.093	0.121	1.40	5.18	5.46
6	0.012	−0.060	70	68	0.065	0.087	1.79	5.50	5.23
7	−0.005	−0.049	70	70	0.068	0.058	1.43	4.10	4.36
8	−0.003	−0.034	70	69	0.049	0.051	1.10	3.75	3.28
9	−0.012	−0.034	47	59	0.060	0.053	1.26	2.02	1.61
10	−0.033	−0.028	24	47	0.043	0.040	1.10	−0.55	−0.724

注：[a] 12 个实验最后共同的交易时段是第 8 个。

图 5 描述的是各设置中各交易时段成交价格对 P_e 平均偏离 95% 的置信区间。平均价格收敛路径的不对称非常显著。在实验设计 1 中早期的交易时段，平均成交价格略高于 P_e，但我们还不能得出准确的结论，因为 10 个置信区间中只有 2 个完全位于 P_e 之上。与此形成强烈对比的是，设计 2 中所有的 10 个置信区间都位于 P_e 之下。

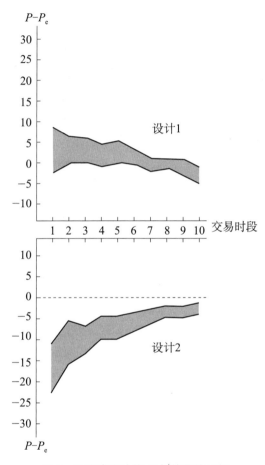

图 5　平均成交价格 95% 的置信区间

图 6 中给出的交易时段 1~8 成交价格频数多变性显示了两个设置之间的差异。设计 1 的样本分布呈现出一定程度的上偏，其众数和中位数都等于 P_e，而均值却高出 P_e1.7 美分。设计 2 样本分布的偏度更明显，偏向与设计 1 相反，其众数等于 P_e，中值低于 P_e5 美分，均值低于 P_e8.1 美分。两个样本的统计性对比得到以下统计量：$F = 1.465$，$t = 12.86$，$Z_u = 12.87$。

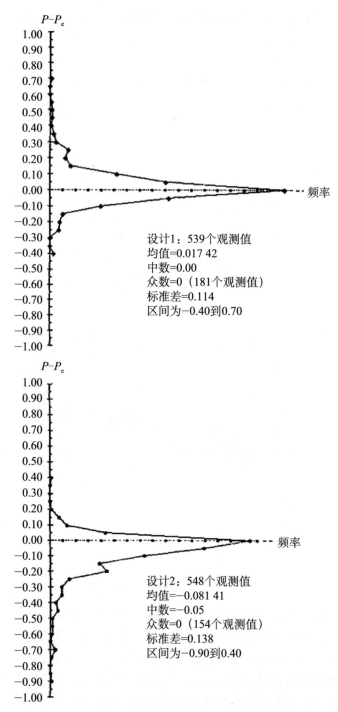

图 6　成交价格的频率分布图

因此，我们不能拒绝命题 1（收敛偏差），但我们可以认为，当收敛趋势从 P_e 上方开始时（消费者剩余＞生产者剩余），违背命题 1 的现象发生得更加频繁。这表明命题 2（收敛对称）可能不会成立。

比较下面的指数衰减方程的时间序列最小二乘回归估计，我们就可以对命题 2 进行比较细致的检验：

$$\alpha(t) = \alpha e^{\mu t}$$

其中，$\alpha^2(t) = \sum_{i=1}^{Q} (P_i - P_e)^2 / Q$；

$P_i = P_i(t)$ 是交易时段 t 中的第 i 个成交价格；

$Q = Q(t)$ 是交易时段 t 中成交的总数量。

这样，$\alpha^2(t)$ 就是成交价格对竞争均衡价格的均方差。采用 12 个实验（每个实验 8 个交易时段）的观测值计算得出：

设计 1（$n = 48$）：

$$\ln\alpha = -1.63 - 0.185t$$
$$\qquad\quad (12.77)\ (-7.30) \tag{1}$$
$$\overline{R}^2 = 0.526,\ F = 53.23$$

设计 2（$n = 48$）：

$$\ln\alpha = -1.286 - 0.218\,8t$$
$$\qquad\quad (-7.11)\ \ (-6.10) \tag{2}$$
$$\overline{R}^2 = 0.435,\ F = 37.23$$

括号内的数字是 t 检验，用来检验回归系数等于零的原假设。回归（1）和（2）的整体同质性 F 检验得到 $F_{(2,92)} = 2.12$，我们可以在 87.4%（$p = 0.126$）的置信水平上拒绝整体同质性假设。

我们使用了 96 个观测值和一个虚拟变量（设计 1 中 $d = 0$；设计 2 中 $d = 1$）回归得到：

$$\ln\alpha = -1.56 - 0.202t + 0.191d$$
$$\qquad\qquad (-9.21)\ (1.91) \tag{3}$$
$$\overline{R}^2 = 0.488,\ F = 44.24$$

虚拟变量在 $p = 0.06$ 的水平上显著，表明我们可以在一般经验意义上拒绝命题 2。在回归（3）中引入一个交叉项（$t \times d$）表明，衰减率 $\alpha(t)$ 的差异是不显著的（$p = 0.437$）。因此 $\alpha(t)$ 的收敛路径在各实验设计间收敛比率近似相等的情况下随收敛起点的不同而不同。图 7 描绘了两个设置的差异，并且描绘出了回归（1）和（2）给出的无约束衰减函数。

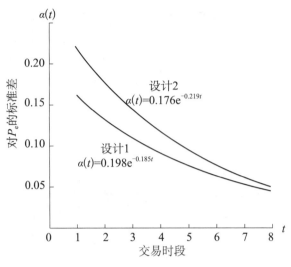

图7　价格收敛的对比

对原始观测值进行一个转换，再进行一个粗略交易价格观察的双样本比较，我们就可以得到拒绝命题2的另一个论据。这里，对每一个观察到的成交价格 P，我们定义：

$$P' = (-1)^d (P - P_e)$$

如果是设计1中的成交，$d=1$；

如果是设计2中的成交，$d=2$。

这样设计1中价格偏离 P_e 的样本分布（见图6）就被折叠过来了。严格的收敛对称假设要求 P' 的分布在设计间相同。比较两种设置下交易时段1~8的 P'，我们得到 $Z_u = 9.532(t=8.326)$，这样很容易就拒绝了总体分布相同的原假设。

比较两个设置的另一准则是交易效率（定义在第Ⅱ部分给出），表3列出了每个设置各时段的平均效率（E），我们可以看到两组实验不存在显著的效率差异。表3中的数据与大量的实验证据是一致的，双向拍卖是一项十分有效的交易制度。

表3	效率比较	
交易时段	平均效率	
	设计1	设计2
1	89.85	92.41
2	96.80	95.62

续前表

交易时段	平均效率	
	设计 1	设计 2
3	97.76	97.75
4	99.57	98.61
5	98.40	97.44
6	99.36	98.29
7	98.40	99.47
8	99.68	99.25
1～8	94.48	97.36

命题 1 的一个推论是，在买者与卖者数量相等且消费者剩余与生产者剩余对称的市场设计中，不论我们如何复制实验，也不论我们使用什么被试组，成交价格都不会系统地向上或向下偏离竞争均衡价格 P_e。实际上，在我们之前的几个实验研究中，我们既使用了没有经验的被试组，也使用了有经验的被试组。对 4 个买者和 4 个卖者、租金对称设计下（Smith and Williams，1980）最初几个交易时段的价格数据进行检验，我们发现不论使用有经验的被试还是没有经验的被试，平均价格都没有显著地偏离 P_e。

然而，我们在对另外一个租金对称设计下 16 个实验中最初几个交易时段产生的价格数据进行检验时却得出了不同的结果，这些实验使用有经验的被试（4 个买者，4 个卖者）。表 4 显示，在前 4 个交易时段，平均价格显著低于竞争均衡价格。请注意，统计上的显著性是一个大样本的结论；平均值只是稍微地低于 P_e。这些结果对被试之间不存在"个体性"或"文化性"讨价还价偏差的假设提出了经验性的质疑。

表 4   **成交价格信息，对称设计**

交易时段	$(P-P_e)$ 的均值	标准差	观测值的数量	t
1	−0.038	0.183	240	−3.12[a]
2	−0.029	0.131	239	−3.37[a]
3	−0.013	0.107	228	−1.82[b]
4	−0.014	0.102	221	−2.17[b]

注：[a] 显著小于 0，$p=0.01$（单侧）；[b] 显著小于 0，$p=0.05$（单侧）。

IV. 推 论

前面给出的实证分析表明，在双向拍卖交易规则下的拍卖市场实验中，租金不对称对价格的收敛路径有着显著的影响。[①] 通常，当生产者剩余大于消费者剩余时，价格将从竞争均衡价格的下方收敛于均衡价格；当生产者剩余小于消费者剩余时，价格将从竞争均衡价格的上方收敛于均衡价格。此外，消费者剩余超出生产者剩余对均衡路径的影响要弱于生产者剩余超出消费者剩余对均衡路径的影响。

为了更深入地探索价格的收敛过程，首要步骤是将图 6 中的成交价格分布分解为卖者接受的出价分布和买者接受的要价分布。我们感兴趣的是下面的问题：(1) 被接受出价（要价）的分布在设置之间是否有明显的差异？(2) 设计 2 被接受的出价（要价）分布与设计 1 被接受的出价（要价）"折叠"分布之间是否存在明显的差异？(3) 两种设计下被接受的出价与被接受的要价比率是否相近？

图 8 给出了每种设置下各交易时段中被接受出价的频率图和相关的统计量；图 9 给出了与其相对的被接受要价的频率图和相关统计量。在设计 2 的实验中，被接受出价和被接受要价的分布明显集中于一个较低的价格水平上（对于被接受出价，$t=10.46$，$Z_u=10.39$；对于被接受要价，$t=9.06$，$Z_u=9.48$）。被接受出价的分布大约下移了 13 美分，被接受要价的分布大约下移了 8 美分。交易剩余对卖者接受行为的影响似乎大于对买者接受行为的影响。比较交易时段 1～8 中所有出价和所有要价的分布（包括被接受的和未被接受的报价）得到了类似的结果。设计 1 的平均出价是 $P_e-0.201\,1(n=1\,539)$，设计 2 的平均出价是 $P_e-0.270\,8(n=1\,659)$，其差异在统计上显著（$t=4.114$）。设计 1 的平均要价是 $P_e+0.224\,5(n=1\,640)$，设计 2 的平均要价是 $P_e+0.093\,6$（$n=1\,515$），其差异更是高度显著（$t=9.57$）。因此，设计的改变对卖者定价行为的影响大于对买者定价行为的影响。

---

① 需要指出的是，双向拍卖市场只是许多市场组织形式的一种。我们的结果清楚地表明了竞争均衡交易剩余分配在决定观测到的价格收敛路径时的潜在重要性。而在缺少实证的情况下，不能认为我们的结论也支持其他交易制度。见 Smith（1976，1982）关于其他交易规则的讨论和实验结果的总结。

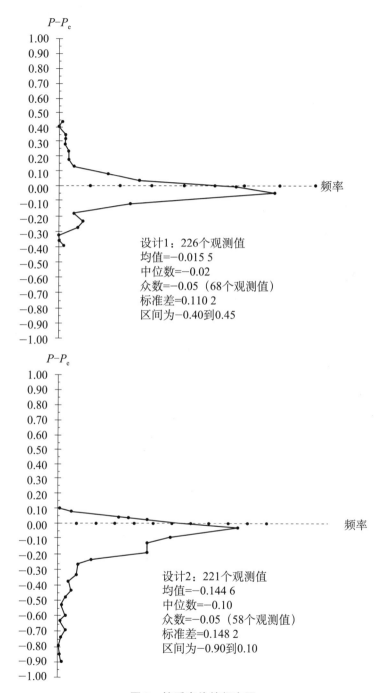

图 8　接受出价的频率图

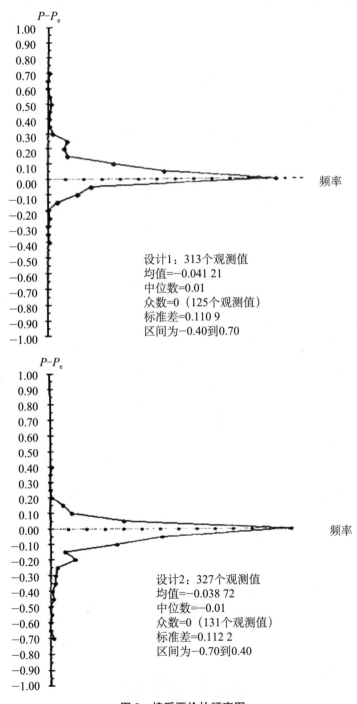

在所有交易时段（1～8）中，比较设计 2 中被接受要价的分布与设计 1 中被接受要价的"折叠"分布得到 $t=0.283(Z_u=0.114)$。这两种分布令人难以置信地相似；它们的均值、中位数、众数、方差和区间几乎是相等的。与上述结果形成对比的是，在所有交易时段（1～8）中，比较设计 2 被接受出价的分布与设计 1 被接受出价的"折叠"分布却得到 $t=12.98(Z_u=13.24)$。很明显，命题 2（收敛对称）的无效性完全是由于设计 2 实验中卖者相对较"弱"的接受行为。

买者接受卖者要价形成的契约在设计 1 中占 58.07%，在设计 2 中占 59.67%，事实上绝大多数被试日常的市场经验都是在明码标价[①]的零售业市场环境中获得的，这也许可以用来解释上面的观测结果。而且绝大多数被试作为买者的经验都多于作为卖者的经验，这个事实也可以用来解释实验中相对较弱的卖者讨价还价行为。

参考文献

Isaac，R. Mark and Charles R. Plott，1981a，The opportunity for conspiracy in restraint of trade，*Journal of Economic Behavior and Organization* 2，1-30.

Isaac，R. Mark and Charles R. Plott，1981b，Price controls and the behavior of auction markets：An experimental examination，*American Economic Review* 71，448-459.

Ketcham，Vernon L. Smith and Arlington W. Williams，1980，The behavior of poster-offer pricing institutions，Southern Economic Association Meetings，Washington DC，Nov. 5-7.

Plott，Charles R. and Vernon L. Smith，1978，An experimental examination of two exchange institutions，*Review of Economic Studies* 45，133-153.

Smith，Vernon L.，1976，Bidding and auctioning institutions：Experimental results，in Y. Amihud，ed.，*Bidding for procurement and allocation* （New York University Press，New York）.

Smith，Vernon L.，1982，Reflections on some experimental mechanisms for classical environments，in：Leigh Mcallister，ed.，*Research in marketing*，Supplement 1：Choice models for buyer behavior （J. A. I. Press，Greenwich，CT）.

Smith，Vernon L. and Arlington W. Williams，revised 1980，An experimental comparison of alternative rules for competitive market exchange，to appear in Martin Shubik，ed.，*Auctions，bidding and contracting：uses and theory* （New York Uni-

---

① 见 Ketcham，Smith 和 Williams（1980）对 PLATO 计算机化明码标价机制的描述和双向拍卖机制与明码标价机制的比较。

versity Press, New York).

Smith, Vernon L. and Arlington W. Williams, 1981, On nonbinding price controls in competitive market, *American Economic Review* 71, 467 – 474.

Smith, Vernon L., Arlington W. Williams, W. Kenneth Bratton and Michael G. Vannoni, 1982, Competitive market institutions: Double auctions vs. sealed bid – offer auctions, *American Economic Review* 72, 58 – 77.

Wall Street Journal 1980 (Sept. 12), SEC Hit by House Unit for Slow progress in Creation of National Securities Market.

Williams, Arlington W., 1980, Computerized double – auction markets: Some initial experimental results, *Journal of Business* 53, 253 – 258.

实验科学的微观经济系统[*]

弗农·史密斯[**]（Vernon L. Smith）

向宇宙万物而不是书本学习……

——*Louis Agassiz*

学习了六年经济学之后，我得出了这样的结论——发现与创造之间是没有什么区别的……

［佚名］

实验研究的文献只有很少一部分尝试论述实验经济学的"理论"基础（Charles Plott，1979；Louis Wilde，1980；Vernon L. Smith，1976a，pp. 43 - 44，46 - 47；1976b；1980），这类文献不应该过于提倡，因为对于实验学者来说，呈现出他们所做的丰富的实验案例，比抽象地解释我们为什么做实验要重要得多。Wilde 的贡献在于他综合并扩展了以往的论文，并且给实验经济学带来了全新的视角和一致性，这些都需要我们进一步的论证。现在，我们似乎可以尝试对微观经济实验的方法论和功能做一个更完整的描述。

资源分配理论中对信息系统的常规研究（Leonid Hurwicz，1960）和对不同市场结构下资源分配的实验研究（Sidney Siegel and Lawrence Fouraker，1960，Fouraker and Siegel，1963；Vernon L. Smith，1962，

* 感谢国家自然科学基金对我研究的支持，同样感谢多年来那些帮助我建立实验微观经济学思想的人们。然而，任何名单都会遗漏一些给我关键灵感的人，在此，除参考文献上提到的那些作者外，我还特别想要提到的是：Sidney Siegel，Jim Friedman，Charlie Plott，Martin Shubik 和 Arlie Williams。

** 亚利桑那大学。

1964）几乎是同时开始的，重要的是，它们经历了相似的（彼此独立的）发展阶段。二者在发展上的相似之处体现为对定义信息的市场机制的作用和决定经济结果的激励结构的日益重视。当新版（第二版）《福利经济学》（Stanley Reiter，1977）宣称设计和评价一种分配机制（制度）可以作为"经济变量"时（Hurwicz，1973），实验经济学家正在比较不同实验"设置变量"下的不同实验绩效，而作为实验"设置变量"的是不同的信息传递和成交规则（Plott and Smith，1978；Smith，1964，1976a）。如果要设计一个有关资源分配的实验，我们必须指定该实验所包含的交易机制的所有细节，那么问题本身就注定了实验经济学家所做的工作与新版（第二版）《福利经济学》之间肯定会存在一定程度的并行性。[①]

最终，随着微观经济系统定义的发展，实验室市场或资源分配实验开始在微观经济系统的框架下进行研究和讨论。这个框架为实验室实验方法提供了一种分类方法，它允许我们对实验的方法、目标和结果进行解释甚至拓展。[②] 本文要强调的重要一点是，实验室微观经济系统就是真实生动的经济系统，而且它比理论中参数化的经济系统更加丰富、更加行为化。这一点以前其他学者也强调过（Plott，1979，p. 141；Smith，1976b，p. 275），但 Wilde（1980）将其表达得更加清楚。因此，对于经济科学来说，理论家应该少一些自我文献导向性、多一点对实验室实验数据和规律性功能的重视，甚至应该严肃谨慎地将自己的理论看成能够被检验的假设。既然"新事物的发现对任何有耐心、善于动手和感觉敏锐的笨蛋都是开放的"（引自 N. R. Hanson，1971，p. 23，William Hamilton 爵士的一席话），那么对于实验学者来说，严肃认真地对待既有理论、实验设计和观察结果就显得同等重要。

I. 微观经济系统理论

A. 定义一个微观经济系统

在定义一个微观经济系统时，必须区分两个不同的组成要素：一个

---

① 实验微观经济学包括对个人选择行为的研究。关于方法论的精彩描述以及关于人类和动物选择行为的实验研究，参见 John Kagel and Raymond Battalio（1980）。

② 本文对于那些想要学习实验技术和机制的人而言没有太大的帮助。具体的实验步骤请查阅参考文献。但是，学习操作实验就像学着弹奏钢琴一样，你必须从练习开始。实验技术的经典范例参见 Fouraker and Siegel（1963）。

是环境，另一个是制度。

1. 环境

一个经济环境包括 N 个经济人 $\{1, \cdots, N\}$，$K+1$ 种商品（包括资源）$\{0, 1, \cdots, K\}$，以及每个经济人 i 的某些特征，例如，经济人 i 的效用函数 u^i，技术（知识）禀赋 T^i，商品禀赋（向量）ω^i 等。这样经济人 i 的特征就可以表示为向量 $e^i = (u^i, T^i, \omega^i)$，该向量要素都在 $K+1$ 维商品空间 R^{K+1} 上定义。因此一个微观经济环境就可以被定义为一个特征集合 $e = (e^1, \cdots, e^N)$。这些规定将环境定义为一组初始状态，并且不为有关经济人和经济人之间互动行为的制度所改变。通过对该定义的正确理解，读者可以发现，该定义并不排除学习效应的存在，即经济人偏好和/或技术上的改变。但是如果学习是经济活动的一部分，那么我们就必须根据学习（或者抽样、或者发现）活动指定每个经济人的偏好和技术。在这种情况下，在一个偏好和资源可更改的经济中，我们必须为固定的环境指定偏好和资源更改的限制和搜索机会。需要注意的是，在一个实验环境中，e 可能包括一些被实验者固定的控制变量，这些变量不能被经济人修改。关于这个问题，我将在后面进一步阐述。

有一个微妙但很重要的特征需要强调一下：每个经济人特征的上标 i 表示每个经济人的初始条件本质上是私人信息。偏好、知识、技术禀赋都是私人信息：我喜欢，我知道，我工作，我决策。[①]

2. 制度

上面所说的不仅适用于强私有产权社会，同时也适用于弱私有产权社会。不论个人偏好的作用是微不足道还是举足轻重，不论一种想法是否可以作为可转让的私有产权而成为专利、受版权保护、或受商标保护，也不论一个人对自己的劳动成果拥有多大程度的财产权，所有这些都是制度层面的特征，而且在管理中都是公开的。这些制度规定了：索取贿赂将被处以罚款或坐牢；在走廊吸烟是被允许的；学徒契约是被禁止的（职业运动除外）；专利权的期限为 17 年；欧姆定理不能申请专利；实行价格歧视是非法的（政府证券拍卖除外）；偷渡者要被拘留；没有人有权利禁止航空公司的飞机在其私有土地上空飞行（曾经的一次例外是，飞机在堪萨斯州上空飞行时被禁止供应酒精性饮料）。

制度定义了私有产权规则，在这个规则下经济人可以交流、交易或

---

① 这并不代表每个人的初始状态是独立而不受他人影响的；它仅仅说明个人的技能、知识、工作热情和购买行为不能被公众所看见——公众只能观察到他们的行动结果。

转移他们的商品，从而按照他们私人的偏好和知识改变他们自己的初始禀赋。由于所有的商品交换都发生在经济人的信息交换之前，所以信息产权就同商品和思想观点的产权一样重要。因此，如果盗窃能以抢劫或入室盗窃被起诉，那么仅说"要钱还是要命"就能以企图盗窃罪被起诉。制度还定义了私有产权的权利，这种权利包括：说与不说的权利（在拍卖市场上，除非你想出价 100 美元，否则你没有权利以 100 美元叫价）、要求获得支付和财产移交的权利、排除他人使用权的权利（即"所有权"）。制度包括如下内容：

a. 一个语言集合 $M=(M^1, \cdots, M^N)$，由信息 $m=(m^1, \cdots, m^N)$ 构成，m^i 是 M^i 的元素，M^i 表示经济人 i 可以发送的信息集。这种信息可以是一个出价、一个要价或者一个接受信息。经济人 i 的信息集 M^i 不需要与经济人 j 的信息集 M^j 相同。这样，在拍卖中，买者可以任意填写自己的出价，同时卖者对一项物品有权要价或不要价，但卖者不能对自己的财产进行出价，也不能公布他自己的保留价格。

b. 每个经济人 i 的分配规则集合 $H=(h^1(m), \cdots, h^N(m))$，规则 $h^i(m)$ 表示，经济人 i 最终的商品分配是所有其他经济人对其发送的信息的函数。其描述了经济人 i 的最终商品配置。由于信息交换发生在商品分配之前，所以 m 是指最终决定分配的信息。

c. 费用成因规则集合 $C=(c^1(m), \cdots, c^N(m))$，规则 $c^i(m)$ 表示每个经济人以货币单位表示的支出，它是其他所有经济人向其发送的信息的函数。注意，这里 C 的定义有些多余，它可以被包含在 H 的定义中，但在很多情况下（例如在没有收入效应的情况下），这个定义对于区分商品分配（通过 H）和支出（通过 C）非常方便。

d. 调节过程规则集合 $G=(g^1(t_0, t, T), \cdots, g^N(t_0, t, T))$，一般来说，这些规则由三部分组成，第一部分是开始规则 $g^i(t_0, \cdots, \cdots)$，指定信息交换开始的时间或条件；第二部分是交换规则 $g^i(\cdots, t, \cdots)$，管理信息交换及其次序；第三部分是终止规则 $g^i(\cdots, \cdots, T)$，负责何时停止信息交换（开始分配）。[①] 举例说明，英式拍卖或渐进拍卖以拍卖人宣布标的物并允许竞标者为其出价开始，开始规则还可能允许卖者说明标的物的保留价格。交换规则要求新的标价都比市场中现存的标价高。终止规则规定在拍卖者宣布拍卖结束时没有更高的出价被提出（例

---

① 注意，$g^i(t_0, t, T)$ 是公共"物品"或特征，例如，约束沟通的规则对所有参与者而言是共同知识。因此，当比较各种不同机制的绩效时，我们是在比较不同的共同结果状态。

如，拍卖者重复"最终"价格三次）。在一场无结构的双边谈判中，开始规则是讨价还价在第一个出价或要价被提出后开始，在出价或要价被接受时结束。关于谈判过程和结果的争论在契约签订后得以结束。

每个经济人 i 在交流和交换中的产权被定义为 $I^i=(M^i，h^i(m)$，$c^i(m)，g^i(t_0，t，T))$，它指定了 i 有权发送的信息；约束交流权利的开始、交换和终止规则；依照信息的结果规则要求得到商品或支付的权利。一个微观经济制度就是由所有个人的产权特征 $I=(I^1，\cdots，I^N)$ 构成的。

应该注意的是，以上制度规则都没有必要像现有法律那样正式地规定下来。规则可以只是一种传统，例如，爱斯基摩北极熊狩猎协会的传统是：熊皮的上半部分（由于其长鬃毛很珍贵）往往会奖励给那些第一个将长矛刺中北极熊的猎人（Peter Freuchen，1961，p.53）。

3. 微观经济系统

一个微观经济环境和一个微观经济制度定义了一个微观经济系统，$S=(e，I)$。

B. 经济人行为

1. 结果行为

信息集 M 上经济人的行动（选择）界定了一个微观经济，在对一个经济的静态描述中，我们只关注 M 上最后结果的选择。因此经济人 i 的结果行为可以由函数 $\beta^i(e^i|I)$ 来定义，这个函数表示，给定以 I 定义的所有经济人的产权，具有特征 e^i 的经济人 i 发送的决定分配的信息 m^i。β^i 以 I 为条件是为了说明行为函数 β^i 依赖于制度 I，也就是说，它是与制度发生联系的诸多因素中的一个。映射 β^i 可以表示密封标价拍卖市场上一个单个的信息发送，或者可以构成一个互动过程中信息交换的最终结果，例如，伦敦金块交易市场中的谈判会议只有当所有人一致同意时，谈判才会终止，从而交易达成（H.G.Jarecki，1976）。注意，β^i 函数表示的是经济人的消息发送行为，它并不需要基于偏好最大化。偏好最大化作为一种有关行为模式的理论（假设），有可能是错的。

图1 [比较 Stanley Reiter（1977）] 三角形的各条边都代表概念上的交易过程，在既定制度下，经济人的特征 e^i 决定了信息 m^i，而所有 i 发送的信息通过制度又决定了最终的结果：

$$h^i(m)=h^i[\beta^1(e^1|I)，\cdots，\beta^N(e^N|I)]$$
$$c^i(m)=c^i[\beta^1(e^1|I)，\cdots，\beta^N(e^N|I)]$$

以上内容的重要性在于经济人并没有选择直接的商品分配。他们选择的是信息，而规则将信息与分配联系起来，然后制度通过规则决定了分配。这是一个社会过程，它在交易中达到高潮。每个国家的拍卖都有其自身的规则和出售步骤。纽约股票交易所对其容许的交易形式都给予了详细的说明——投资者必须按照这些规则向他的经纪人发出各种买卖指令，同时对每个交易场所中的沟通和交易的拍卖规则给出了详细说明。[①] 在已有的程序规则下，所有的市场都可以自行完成交易（Robert Clower and Axel Leijonhufvud，1975）。

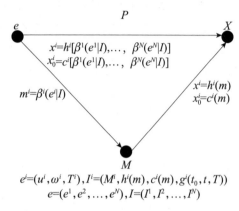

图1　微观经济系统

2. 反应行为

在对经济的动态或过程描述中，我们关心的是发生在最终决定分配的信息之前的 M 上的信息交换。一般地，i 的反应行为被定义为函数 f^i ［比较 Reiter (1977)］：

$$m^i(t) = f^i(m(t-1)|e^i,\ I)$$

这个函数给出了时点 t 上经济人 i 对所有经济人之前信息 $m(t-1)$ 的反应 $m^i(t)$。这个反应行为可能遵循一种最优的决策规则——"经验法则"、随机法则或其他无法说明的方法。开始规则引发了 f^i 的第一次迭代，随后，在 I 中的交易规则下，f^i 继续提供随后的信息；当 $m^i =$

---

①　在零售市场中，卖者明码标出要价，买者通过表达"我接受"来做出回应。但是这一结果并不一定构成一笔交易，比如：货物脱销了，或者消费者发现买回家的椅子与起居室的地毯不相称而不得不将其退回商店。由于信息空间的结构极其丰富，制度有很大的变动空间。在股票和商品市场上，交易能够被简单地定义和标准化，但信息空间在出价、要价和（可发送的）接受信息方面相当丰富。在零售市场上，商品种类繁多，极大丰富，这可以帮助我们解释为什么没有使用价格协商制度。

270

$m^i(T)$ 时，I 上的终止规则启动，过程结束。

C. 系统绩效

理论工作者认为在上面所说的框架下各种资源分配机制的绩效可以进行比较，传统的绩效准则是 Pareto 最优（P.O.），也就是说 X 中的结果（见图 1）与微观经济环境的联系应该与 Pareto 准则（图 1 中的 P）一致。既然效用函数和生产可能性集合（技术）是不可观察的，那么以 Pareto 准则衡量 X 中的结果仅仅意味着考察一系列关于偏好、技术、经济人行为和制度假设的 Pareto 意义。这样，如果经济环境满足某些特定的标准性条件，例如连续性和凸性，而且如果制度和经济人行为符合竞争性机制，那么经典的福利定理就会成立，Pareto 准则就会得到满足。在本文中，机制被定义为某种制度环境下经济人均衡行为的一种正式的理论或模型。这样，在竞争性机制中，经济人在给定价格下最大化其效用和收益，并且该"制度"（与上面的定义意义不同）被假设可以产生市场出清价格。调整机制可以被定义为交易过程中针对经济人（在如上定义的制度中）的一种正式的动态理论。例如贪欲过程（Hurwicz，1960）及 Hurwicz，Roy Radner 和 Reiter（1975）描述的随机交易过程。在后者中，经济人按照一个固定的概率分布选择自己的要价，这个概率分布是关于可行交易的，在这些交易上效用不会降低。这些要价被传送到了一个中心，制度规则再将那些符合成交条件的要价转化成约束性的契约。这个过程通常在过渡性的交易之后在商品持有的基础上开始重复进行，并且这个过程还可能会产生满足 Pareto 准则的趋势。

评价微观经济系统的一个重要的概念是激励相容。一般而言，如果一个制度性规则提供给个体经济人的信息和激励条件符合（或支持）社会偏好能达到的结果，如 Pareto 最优，我们就可以说这个规则是激励相容的。详细说来，在理论文献中，如果一个分配机制能够产生符合 P.O. 的 Nash 均衡，那么这个分配机制就是激励相容的。这也就是说：机制中的规则与经济人的最大化行为合力产生了一种信息选择，这种信息选择构成了一种符合 P.O. 的 Nash 均衡。

下面一点与实验室实验和图 1 的模型之间的关系有关，因而需要予以强调，如果我们可以系统地改变 E 中的元素（还包括 I，如果我们还要研究制度变量的话）并且能够观测到相应的 M 和 X 中的元素，映射 h^i $[\beta^1(e^1 \mid I), \cdots, \beta^N(e^N \mid I)] : e \rightarrow m \rightarrow x^i$ 可以由任意微观经济，尤其是实验性微观经济产生。这一点的重要性在于，在所有的情景中（或任何情景中）可能都不存在一个令人满意的理论或假设允许我们推导出 β' 的函数形式。如果我们可以做实验，我们不一定非要研究由 E 到 X 的理论系统。实验允许确定制度下的稳定的行为模式，并且激发出更明晰的理论。

II. 微观经济实验

有了以上背景知识，我们就可以讨论一下实验室实验在微观经济系统研究中的作用了。尽管新版（第二版）《福利经济学》的概念已经首先被用来说明一系列规范（与实证相对应）理论的应用，但是我对其的说明（图 1）是为了从衡量、假设检验和制度绩效表现的角度来对这些应用进行界定。

A. 现实世界的观测和微观经济科学的可能性

1. 什么是可观测

界定图 1 中哪些因素在现实世界中是可观测（原则上）的对我们很有帮助。一个经济中可观测的元素有：（ⅰ）经济人；（ⅱ）物理的商品和资源；（ⅲ）个人物理的商品和资源禀赋；（ⅳ）制度的话语权和产权特征；（ⅴ）结果。不可观测的是：（ⅵ）偏好顺序；（ⅶ）技术禀赋（知识、人力资本）；（ⅷ）经济人的信息行为 $\beta'(e^i|I)$，$i=1, 2, \cdots, N$。后面的这些因素之所以不可观测是因为它们不仅仅是私有的，而且在某种程度上是无法被记录的。购买愿望（偏好）和生产愿望（技术和偏好）最多只能从经济人的信息空间中推测产生。但是，我们常常不能观察到信息，例如，我们可能知道分配和价格，但我们不知道所有的出价。无论如何，我们都不能观察到信息行为函数，因为我们不能观察到（和区分）经济人的偏好。

就像已经提到的，通过对偏好、技术和行为做出假设，我们就能"检验"这些假设与帕累托准则的逻辑一致性。这些假设的经验主义内容，例如偏好的单调性和凸性，如果没有讽刺意义的话，倾向于反映出我们作为经济人对内省性个人经验的理想化。[1] 但是基于因果内

---

[1] 从这方面看，一个"经济人"并未表现出在经济行为科学研究中的优势。

省性观测的逻辑完备性不足以让我们理解我们所研究的经济过程。对于一个被观测的过程,逻辑上连贯的推测(理论)和"真实的"(非证伪的)知识之间存在巨大的差别。如果在某些确定的制度下结果是P. O. 的,我们应该知道我们是否预测到了这些特征产生的原因。如果结果不是P. O. 的,我们就应该探究我们理论的哪部分错了,以及如何修正它。

2. 我们想要知道什么

根据图 1,我们应该对各种制度下的经济环境和经济人行为有足够的了解,而且我们应该能够根据从环境到结果的映射将制度分类。是否一些制度能够产生 P. O. 的分配结果?如果是,当环境变化时,这些结果是否稳健?是否有些制度只在某些特定环境下表现较好?如果一个制度表现很好,那么它的产权规则中哪些是重要的,哪些是多余的呢?是否有些规则对于大多数环境是多余的,但在某些偶然情况下又变得十分重要呢?① 这些问题只是冰山一角,有些人可能认为他们已经获得了这些问题的答案,因为他们的答案在理论上是可复制的,而且逻辑上连贯。

3. 通过"听广播"来学习

计量经济学是一个时髦的工具,它可以帮助我们了解到我们想要了解的,但计量工具是建立在以下几个前提的基础上的:(ⅰ)经济学是一门非实验科学,或者不是在某些特定的限制条件下现实世界的实验科学;(ⅱ)偏好与技术是不能被直接观测或控制的。从以上讨论中我们直接可以得出:这些前提妨碍了我们回答最基本的科学问题。我们只能运用计量工具做如下事情:(ⅰ)基于对现有制度的观测特征,在某些特定的有关偏好或技术的假设(例如 Cobb-Douglas 函数、固定的系数、CES、对数变换等)和某些有关行为的假设(例如效用或利润的静态最大化等)下,我们可以用模型描述一个市场或一些市场的特性。(ⅱ)如果模型至少是部分可识别的,我们就可以使用具有不同统计特征的不同估计方法中的一种在结果数据的基础上估计出全部或部分模型参数。换句话说,我们能够测度特定的偏好和/或技术参数(收入和替代系数)和特定制度性规则的效果(国家的法律是否需要许可?法律是

---

① 例如,现实中存在很多人为的情况,比如,在纽约股票交易所,某一时刻某种特定的证券是暂停交易的;在芝加哥交易委员会,如果一种商品的价格在前一天收盘价的基础上上涨或是下降一定的幅度,该商品在剩下的时段也将停止交易。

否允许或禁止验光师做广告？等等）。进一步地，在这些模型的详细说明中（被主张的假设），我们能够检验有关弹性和收入效应的某些假设。我们很少能够检验模型的具体形式，因此，计量经济学模型为我们提供了一个从模型形式到有关偏好、技术和制度推论的映射。而且结论对模型的形式是敏感的，所以我们得到的科学命题依赖于具体的环境、制度和经济人行为。另外，因为参数的可识别性和估计量的特征对模型形式的依赖性，模型的选择不可避免地会部分受制于方法论的技术需要，而不能完全依赖于我们的科学目的。

但是，这些传统计量经济学的方法论的局限性并没有排除其积极的贡献，计量方法可以帮助我们从非实验数据中得出大量有关经济结构的信息。25 年前，Guy Orcutt 曾经这样批评计量经济学：使用计量方法研究经济学问题就像电气工程师通过收听广播来推断电力法则。在一定程度上，计量经济学可以独创性地为相关性问题提供一些条件性的解决方法。

但是，计量经济学方法被应用到如下情景时，就显得有些如履薄冰了：基于内省性（introspection），对某些过程的偶然性观测以及对利己主义假定的解释，或者一个模型只依靠对自然世界数据的估计来进行描述和检验。这时计量的结果往往是不明确的，或者说需要"改进"的（一些系数——如收入——符号是"错"的，或者令人尴尬地接近于零），这时，人们往往会按照计量结果去调整模型，使模型符合"合理的预期"。结果任何对新模型显著性的检验都是逻辑混乱的。[1][2]

近期发展的受控实验可以用来缓解计量方法在使用传统经济数据时的局限性，但是自然实验不能使我们研究受控的偏好和/或技术变化的效果。然而，它的确为我们提供了一种重要的控制制度性规则的方式。因此，在高峰负荷（peak-load）定价实验中，我们可以让价格参数和方

---

[1]　实际上，整个过程变成通过操纵模型和估计方法来使自然数据适应某些特定的信念系统。人们很有可能对实验数据采用同样的方法。不同之处在于，人们总是能够进行另一系列的实验。而且，整个研究过程，包括实验，其他学者都可以进行复制。持不同信念系统的质疑者总是能够设计出一系列"关键性"的实验来检验完全相反的假设。

[2]　在专业的计量经济学中，对这种幼稚的计量行为的批评至少可以追溯到 30 年以前，但是近来这种批评出现得更多，而且总是伴随着一些建设性的正式的方法（参见 Edward Leamer and Herman Leonard，1981）。

法在一个很大的区间内变动，而且我们可以对一个区间更大的收入变量和人口统计变量进行抽样，这种抽样方法显然比"听广播"方法科学得多。而且我们还可以对新的和改革的定价制度进行实验。但是，人们仍旧不能控制偏好，也不能直接地观测偏好，以及作为由偏好到信息映射的人的行为。也就是说，人们仍然要根据（ⅰ）偏好的假设和（ⅱ）行为的假设（例如，约束下的静态或动态最大化）来解释信息。因此，我们不可能通过各种制度产生最优结果的能力来评价这些机制。但是从某种程度上说，相对于评价各种偏好假设下的制度绩效，人们对观测到的受控条件下的需求行为（也许可以被揭示）更感兴趣，所以这些局限性并不是对自然实验的有力批评。

B. 微观经济系统的实验室实验

经济学实验室实验都有一个基本的目标，即建立一个便于管理的"实验室微观经济环境，从而我们能够对其施加足够的控制，并且精确地测量相关的变量"（Wilde，p. 138）。"控制"和"测量"总是程度的问题，但毫无疑问的是，在控制和测量方面，实验室实验远比自然实验或商业数据部门更加精确。

在操作层面上，实验室实验如何处理控制、测量、设计和假设检验最好参考个人各自的实验研究。此时注意力就被限制在对实验经济学的原理和根本规则更加抽象的讨论上了。特别地，实验室实验的概念和目标总是会和微观经济模型的环境、制度及经济人行为联系起来（见图1）。

再回到那个"我们想要知道什么"的问题上，我们面对的就是我们想要通过实验了解什么。首先，我们想要控制元素 $S = (e, I) = (u^i, T^i, \omega^i, M^i, h^i, c^i, g^i)$。控制一个变量的意思就是我们可以在不同实验中或同一个实验的不同时点上将一个变量固定或保持在某个水平，或者让一个变量在不同的水平上变动。其次，我们能够观测和测度经济人的信息反馈 M^i 和产出 h^i，以及由信息导致的结果 c^i。由于我们要评价系统 S 的绩效，所以我们必须测度这个系统的结果；因为我们想要识别经济人的行为模式 $\beta(e^i | I)$ 以及检验经济人行为的理论假设，所以我们就必须测度经济人传递的信息。

为了完成这些目标，实验室实验必须满足几个条件，这些条件被认为是实验经济学的规则。它们不是自我验证的事实，因此将它们看成公理是不恰当的。① 然而，经过 Wilde 的修改之后，它们就构成了一个受控微观经济实验合理性的充分条件。在实验室（以及与其并行的自然研究）中应用（或检验）这些条件需要一些技巧和深思熟虑。在设计和执行实验时，将这些条件铭记在心中非常重要。

1. 微观经济实验的充分条件

对偏好的控制是区别实验室实验和经济学其他研究方法时最大的考虑因素。在实验室实验中，最为重要的是，我们能够指出在两个实验之间个人价值（或其衍生概念，例如需求和供给）在某一方面是否相同或不同。这种控制可以通过引入报酬结构和产权系统来实现，从而使我们诱导出（抽象）结果的货币价值。

a. 规则 1：非餍足性（nonsatiation）。一个价值诱导概念（参见 C 节的例子），它依赖于（比较 Smith，1976b）：

> 非餍足性：对于一个独立的（autonomous）个体，在面对两个选项的无成本的（costless）选择时，如果第一个选项产生的报酬（例如以美元表示）高于第二个选项，他将总是选择（偏好）第一个选项。因此，效用函数 $U(V)$ 就是一个货币报酬的单调递增函数，即 $U' > 0$，其中 V 是以美元表示的货币量。

b. 规则 2：突显性（saliency）。在实验室实验中，为了使被试的报酬与激励相关，这些报酬必须间接地与被试的行动信息相联系。这就叫突显性：

> 突显性：每个人都有权利按照实验的结果 x^i 索取报酬，结果越好，报酬越高，反之亦然。较好时要求较高的报酬；私人信息以及信息如何被转化成报酬都由实验制度决定。

以上对突显性的定义是对 Wilde 定义的修改，Wilde（1980）认为报酬应该与被试的决策相关，结果与信息之间的区别决定了这个修改的必要性。无论是自然过程还是实验室实验，价值函数都是由制度决定的信息条件诱导出来的，制度规定了信息是如何被转化成报酬的。在自然环境中，结果是有价值的，因为它们是有效用的（也就是说，经济人是

---

① 关于并行性规则（参见下一节），它曾经被误解或误读为下面的意思："Smith 事实上把'并行性'当成了一个公理，而 Kagel Battalio 则走得更远并且扩展了该原则，他们不仅超越了实验室的限制，而且横跨了人类的边界"（John Cross，1980，p. 403）。这个词是规则，它既不是用来预防任何将规则认作自我证明的事实的公理，也不是实验合理性的关键条件。这些规则事实只能被经验地建立起来，我们很难找到这样一种实验学者——他认为任何事情都是不言自明的，包括人们偏好钱多而非钱少的观点。

有偏好的）。但是在实验室环境中，我们不得不用货币（或其他）报酬来诱导结果的价值。因此，在实验中，除了通过研究中设定的制度赋予被试一定的产权外，我们还必须为被试的报酬赋予产权，这些报酬恰当地与实现的实验结果 x^i 相关联。[①]

不是所有的报酬都是突显性的。在亚利桑那大学进行实验的时候，为了保证被试能够按时到达实验室参加实验，我们"预先"支付给他们每人 3 美元。被试得到的第二次支付就是当他们离开实验室的时候按整个实验的结果付给他们的报酬。那么我们可以说，第二次支付是满足突显性的，而第一次则不满足。

c. 例子和讨论：我们将举一些例子来说明这些规则的应用，以及他们在实验性经济环境中的角色。

例1：假设在拍卖实验中，N 个被试分别被赋予货币价值 V_1，V_2，…，V_N，象征拍卖中即将出售单位标的物的货币赎回价值。给每个被试的实验说明都指出，对于拍卖标的物的胜出者，比如说 w，他将有权从实验者那里得到 $V_w - p$ 美元的支付，这里 p 是拍卖购买价格。这样，每个被试 i 都有激励用尽可能少的支付来赢得标的物，但他的支付绝不会超过 V_i。如果我们假定 $V_1 > V_2 > \cdots > V_N$，那么这个价值序列就可以构成对该单位标的物的离散诱导（Marshall 主义的）需求，而该标的物的供给在单位 1 上是无弹性的。

例2：考虑在一个隔离实验市场上诱导被试具体的需求和供给函数

---

① 有时候，人们会说，在实验室实验中，货币的使用是为了诱导出抽象结果的价值，这种方法带有一定程度的人为特征，而且与"真实的偏好"不是同一回事。那些提出这个问题的人也许没有意识到：所有的经济系统都会产生无形的产权。所有的金融工具包括股票、权证和不兑现纸币本身都通过他们传达的产权影响工具的价值。被试要求得到货币的权利在实验说明中进行了详细的规定。这种产权方式与航空公司正在使用的产权方式非常相近，为了进行促销，他们向乘客发行旅行凭证。这种旅行凭证是一种产权：人们在购买新的机票时，它可以充当现金。其结果就是，价值被旅行凭证诱导出来了，而且它们很快控制了所有比较繁忙的机场的动态价格。机票本身是一种抽象的产权。它不等价于飞机上的一个座位，它是在某种条件下要求得到飞机上的一个座位的权利。比如，当飞机已经满座，或者你坚持要带超重的行李、你想带你的宠物老虎登机、你带一把科尔特 45 式手枪时，你不能再要求得到一个座位。任何制度中产权规则的一个重要部分都是规定在哪些条件下某些无形的事物可以用另外的无形事物或有形的商品来衡量。在我或其他人思考实验室实验之前，人们在自然制度下就已经发明了上述产权安排。我们这些实验者需要做的就是在实验性微观经济环境中调整这些创造性的制度以诱导出那些受控的偏好。明显地，报酬介质很可能多种多样，但是我们将其作为一个控制变量来研究它们的影响。如果我们认为基于现金诱导价值的偏好与对商品的自发的偏好是不同的，就相当于认为对自然世界无形工具的偏好不同于对商品的偏好。

的问题。令被试中的买者 $i=1$，2，$\cdots$，n 每人都有一个报酬函数 $V_i(x^i)$，表示被试买者获得 x^i 单位抽象商品的货币偿还价值。如果被试 i 获得了 x^i 单位抽象商品，他或她将有权要求得到 $V_i(x^i)$ 单位货币减去 x^i 单位抽象商品购买成本的支付，这里 $V_i(x^i)$ 是 x^i 的递增凹函数。需求被定义为在给定假设性价格 p 上，被试能够在不亏本的条件下最多购买的商品数量。因此，如果 i 以固定的价格 p 购买了 x^i 单位抽象商品，那么 i 的货币收益可以表示为 $\pi_i(x^i)=V_i(x^i)-px^i$。如果 i 对货币的效用函数是 $U_i(\pi_i)$，那么根据规则 1，被试 i 将希望最大化 $U_i[V_i(x^i)-px^i]$。当且仅当 $(V_i'-p)U_i'=0$，或 $x^i=V_i'^{(-1)}(p)$ 时，$U_i'>0$ 且 $(V_i'-p)^2U_i''+U_i'V_i''=U_i'V_i''<0$，该问题有内部最大化解。

这个报酬函数可以推导出被试 i 的需求函数 $V_i'^{(-1)}(p)$，这样，实验性受控的市场总需求就是 $\sum_{i=1}^n V_i'^{(-1)}(p)$，而且它独立于 U_i，这意味着，我们不用观测或了解 U_i 函数。根据我们之前对微观经济环境的定义，市场由两种商品组成：货币 x_0^i 和一种"商品" x^i。那么在结果空间中，效用（没有收入效应）的形式为 $u^i(x_0^i,x^i)=U_i[x_0^i+V_i(x^i)]$，当初始禀赋 $\omega^i=0$ 且 $u^i=U_i[-px^i+V_i(x^i)]$ 时，在预算约束 $\omega_i=x_0^i+px^i$ 下最大化该效用函数。

供给方情况也类似，令 $j=n+1$，$\cdots$，N 个被试卖者都具有递增的、凸性的成本函数 $C_j(x^j)$，并且假设如果被试 j 在价格 p 上出售 x^j 单位的商品，那么 j 能够获得现金收入 $\pi_j=px^j-C_j(x^j)$。如果 j 的货币效用函数为 $u_j(\pi_j)$，那么 j 想要最大化的效用函数可表示为 $U_j[px^j-C_j(x^j)]$，这个函数可以推导出 j 的边际成本供给函数 $x^j=C_j'^{(-1)}(p)$。所以总供给可以表示为：$\sum_{j=n+1}^N C_j'^{(-1)}(p)$，实验者可以通过选择 C_j 函数对其施加控制。

诱导出的总需求 $\sum_{i=1}^n V_i'^{(-1)}(p)$ 和总供给 $\sum_{j=n+1}^N C_j'^{(-1)}(p)$ 在实验的每个时段都适用，通常实验都由一系列的交易时段构成，在各个交易时段间每个被试的价值函数和成本函数重复出现。如果 p 是竞争均衡（C.E.）价格，那么在每个交易时段中每个买者（卖者）的现金报酬就是"消费者"（"生产者"）剩余。因此，每个实验被试都有货币作为激励，这与经济人在实验室外任何市场上面对的情况一样。

例 3：令每个被试 i 都有一个递增的准凹性货币收益函数（以表格方式给出）$V^i(x_1^i,x_2^i)$，表示被试 i 有权利为最终获得两种数量分别为

(x_1^i, x_2^i) 的抽象商品而要求得到的货币收益。那么由被试 i 对货币的隐性效用函数 $U_i(\pi_i)$ 可以得到被试在欧几里得空间中点 (x_1^i, x_2^i) 的效用函数 $u^i = U_i[V^i(x_1^i, x_2^i)]$。这些被试要求得到货币的权利在给定 $V^i(x_1^i, x_2^i)$ 的情况下可以推导出被试 i 的实验性受控无差异曲线，该曲线独立于 i 的货币效用。这意味着，如果 $U_i' > 0$，x_2^i 对 x_1^i 的关于 i 的边际替代率可以表示为[①]：

$$\mathrm{d}x_2^i/\mathrm{d}x_1^i = -U_i'V_1^i/U_i'V_2^i = -V_1^i/V_2^i$$

这些例子都适用于经典经济环境（不包括外部性），但是我们不能将其错误地理解为这种方法是受限制的。[②] 因此，在例子 3 中，i 的诱导价值函数可以是 $V^i(x_1^i, X_2)$，这里 X_2 是一种针对所有个体的公共物品（参见我 1979 年的文章）；诱导价值函数也可以是 $V^i(x_1^i, x_2^i, x_2^j)$，这里 j 持有商品 2 影响了 i 的价值函数；诱导价值函数也可以是 $V^i(x_1^i, \sum_{k=1}^{N} x_2^k)$，这里 i 的价值函数受所有人持有商品 2 的总数量的影响。我们可以诱导出的价值函数的形式是有限的，这种限制来源于我们对恰当的产权形式有限的想象力。

我曾经在别的文章（1980）中以复杂度（complexity）为标题谈到过非餍足性规则的三个限定条件。这些限定条件的存在是因为实验中的被试是从经济人总体中抽取出来的，他们应该具有这些经济人的全部特征。三个限定条件中的两个来自规则 1 中的形容词"无成本的"和"独

---

① 就像我在 1973 年的论文中所说的，诱导价值过程可以用来研究一般意义上两个交易群体之间的纯交换均衡，在这个经济环境中有无交换媒介并不重要。例如，我们可以在一个实验中，令 $N/2$ 的被试具有禀赋 $\omega^i = (\omega_1^i, 0)$，$i=1, 2, \cdots, N/2$，另外 $N/2$ 的被试具有禀赋 $\{\omega^j = (0, \omega_2^j)\}$，$j = (N/2)+1, \cdots, N$，这样我们就在两个交易群体之间建立了一种"Edgeworth 方盒图"式的交易，每个交易群体内的个体都有着同质的偏好。引用我（1973，p. 23）的文章："我们可以通过引入生产函数表和人力禀赋要求的交易来增加产品和一个生产者市场……但是，请注意，在这样的一个一般均衡模型中，我们没有必要像局部均衡卖者垄断实验那样为生产者被试引入收益表……'消费者'被试的收益函数是整个经济环境的驱动力量。"

② 例如，错误地宣称实验学家的一个重要假设是个人的行为受自私自利心理的激励，随后实验为了达到内生的合理性而将"政治性事实"的重要部分排除在外。非餍足性要求人们偏好更多的钱，不论他们是将其消费掉、烧掉还是捐赠给慈善团体。在非餍足性条件下，假设 A 通过消费 B 而获得正（或负）效用的话，那么如果我们要研究这种偏好的效用，我们只要简单地诱导出 A 的偏好特征就可以了。当我们在实验中花费很大的力气使得诱导价值成为被试激励的主要来源时，我们不是为了确保被试的行动受自私自利心理的激励，而是为了在实验中确定被试的偏好模式。如果实验的目的如此，那么这些偏好的相互依存不仅是适合的，还是强制性的。

立的"，它们还为以下的规则 3 和 4 提供了合理的解释。

第一个限定条件（作为货币报酬和实验室实验中受控偏好之间的联系）是经济人可能会在制定和执行决策时考虑非货币（价值）性的主观成本。主观交易成本，主要是指思考、计算和行动的成本（比较 Jacob Marschak，1968），并非无关紧要。例 1 中，假设价值 V_1, V_2, …, V_N 是从一个被试都知道的随机分布中抽取出来的，并且假设被试 k 分配到的价值 V_k 几乎可以肯定是所有抽取出来的价值中最小的一个，那么这个被试就不太可能会赢得拍卖的标的物了，而且他的激励会变得很低，从而可能不会严肃认真地对待这场拍卖。如果被试思考和计算他们的出价策略需要成本的话，那么当一个被试被分配到一个"较低"的价值时，他可能就不会在出价上面浪费精力了。类似地，如果在连续拍卖中被试觉得观察报价、讨价还价和执行交易等行为非常累人，那么他们的支付欲望就不能够通过边际诱导价值函数来测度。请注意，这个描述告诉我们，被试的交易努力程度是与被试的信息 m^i 自然地联系在一起的，而不是与制度决定的结果 x^i 相联系。

我们可以通过例 2 来说明我们的这些考虑。假设某个被试买者 i 为得到货币报酬 π_i 而需要发送信息（例如，出价）m^i，并且假设报酬是丰厚的，但发送信息需要花费很大的努力。再假设货币报酬和所花费努力的联合效用函数是 $U^i(\pi^i, m^i)$，其中，U^i 随 π_i 的增加而增加，随 m^i 的增加而下降。现在按照制度性规则，购买数量依赖于发送的信息，那么，$x^i = h_i(m^i)$。个体 i 需要做出一个有成本的选择 m^i 以使 $U^i\{V_i[h_i(m^i)] - ph_i(m^i), m^i\}$ 达到最大化，在其达到最大值时，我们有 $(V_i' - p)h_i'U_1^i + U_2^i = 0$，并且如果 $U_2^i < 0$, $h' > 0$，诱导需求的表达式变为：$x^i = V_i'^{(-1)}(p - U_2^i/U_1^i h_i') < V_i'^{(-1)}(p)$。也就是说，如果在实验任务中发送信息会导致负效用的话，诱导需求会比无信息成本的情况下低。[①]

d. 规则 3：占优性（dominance）。占优性条件可以充分地保证我们不会失去对偏好的控制，这个规则由 Wilde 在 1980 年提出。

占优性：被试的报酬结构必须高于实验中任何行为的主观成本（价值）。

---

① 这意味着一种"诱导价值的不确定性原则"，也就是说，在给定实验中，我们掌握诱导偏好的误差幅度取决于被试在信息空间中的主观选择成本。尽管实验者已经设计了很多方法来降低这一幅度，但是当人们在设计和进行实验时，头脑中只关注了占优性（见下文）的问题。既然主观成本也是制度运行成本的一部分，它们就应该被重视，而不应该被看成一个破坏因素，它们应该作为比较制度分析问题的一部分。

这个规则的提出基于如下事实：表现非货币任务效用最为常用的手段是使用较高的支付水平，这个支付水平对于被试总体来说应该足够高，这个原则可以通过引入 α 作为一个规模参数来确定诱导需求的报酬水平来体现，此时，效用函数变为 $U^i\{\alpha V_i[h_i(m^i)]-\alpha ph_i(m^i),\ m^i\}$，需求变为 $x^i=V_i'^{(-1)}(p-U_2^i/U_1^i h_i'\alpha)$。作为一个增长的需求，如果 $\lim\limits_{\alpha\to\infty}U_2^i/U_1^i h_i'\alpha=0$，那么当 α 增长时，需求接近 $x^i=V_i'^{(-1)}(p)$。$\lim\limits_{\alpha\to\infty}U_2^i/U_1^i h_i'\alpha=0$ 的充分条件是，边际替代率 U_2^i/U_1^i 不随 α 的增加而增加。[①]

但是提高支付水平不是满足占优性规则的唯一方法。还有一种方法就是向被试支付少量的"佣金"，比如说每个被试每笔交易 5～10 美分。[②] 例如，在诱导需求的例子中，如果佣金是 β，效用就是 $U^i\{V_i[h_i(m^i)]-(p-\beta)h_i(m^i),\ m^i\}$，而且如果 $-\beta\cong U_2^i/U_1^i h_i'$，需求就是 $x^i=V_i'^{(-1)}(p-\beta-U_2^i/U_1^i h_i')\cong V_i'^{(-1)}(p)$。实际上，$\beta$ 可以被认为是一种"非突显性"的报酬，其目的是补偿交易成本，这样，我们就可以检验那些不考虑交易成本的理论了。[③]

e. 规则 4：保密性（privacy）。非餍足性规则的第二个限定条件是，被试可能不是独立的自身报酬最大化者，人际效用考虑很可能会影响已经定义了的诱导价值（这可能导致对偏好的失控）。被试 i 的效用可能不仅仅依赖于 i 的报酬，还可能依赖于 j 的报酬，或者说在诱导需求例子中 $U^i[\pi_i,\ \pi_j]=U^i[V_i(x^i)-px^i,\ V_j(x^j)-px^j]$。如果这种"消费"的外在性条件占主导地位，那么 i 的诱导需求将不再独立于 j 的需求。

[①] Siegel 的一个关于二项选择、Bernoulli 试验的路径破坏（path-breaking）实验研究（1961）曾经系统地改变了报酬水平。其结果显示，在任务复杂度固定、报酬增加的情况下，被试做出报酬最大化选择的比例增大，而且，在报酬固定、任务复杂度提高的情况下，被试做出报酬最大化选择的比例下降。

[②] Plott 和我（1978，pp. 143-144）报道了两个具有相同诱导供给和需求的实验，但是在第一个实验中，被试除了可以得到交易剩余外，还可以得到交易佣金，而在第二个实验中，被试仅仅得到交易剩余。在第一个实验（♯3，p. 143）中，交易量总是很低，只有 17～18 单位，而竞争均衡交易量却是 20 单位；但是在第二个实验（♯3，p. 144）中，8 个交易时段中只有一个交易时段的交易量是 19 单位，其余的 7 个交易时段都是 20 单位。我和 Arlington Williams 还使用了另外一种佣金手段，在设计中我们为竞争均衡价格定义了一个区间，所有边缘内的买者和卖者都有可能从交易中获利，而且每个被试都要解释他/她的交易供给价格。

[③] 我们还可以从 Siegel 的结果中直接推断出第三种方法，即设计过程，为实验提供显示和计算辅助工具，从而使实验任务尽可能地简单和明显，当然，必须在被研究的制度的基本特征保持不变的情况下。也就是说，任务复杂度可能是两种制度之间差别的重要部分，在这种情况下，制度的基本特征必须保留。但是在比较两个制度的实验中，如果要使用计算或显示辅助工具来简化被试的任务，我们必须对两种制度设置使用相同的辅助工具。

然而，这种相互影响可以有效地通过"不完全"信息实验条件来控制，Siegel 和 Foraker（1960）在双边谈判的实验研究中首先定义和研究了这种情况。在不完全信息条件下，被试仅知道他们自己的支付情况。这导致了下面的规则［按照 Wilde（1980）的论述我称之为保密性］：实验中的每个被试仅仅被告知其自身的支付情况。

除控制经济人之间支付的外部性的技术需要外，诱导价值保密性是实验得以复制的一个重要条件。这是因为独立性是一个普遍深入的特征，实际上，所有的自然市场都不同程度地具有这种特征。请记住，实验室中非厌足性的被试的货币报酬与自然微观经济中的商品效用偏好具有相同的功能。在自然微观经济中，我们不可能观测到别人的偏好。[①]

非厌足性规则的第三个限定条件降低了诱导价值过程的难度，与现实经济中的理性经济人一样，实验被试还可以从实验结果（信息）中获得"博弈价值"。因此，在拍卖中，除了拥有和消费标的物获得的满足感外，赢得标的物本身就带给经济人很大的喜悦感。因此，在一个实验里，一个虚拟的"点"收益 $V_i(x^i) - px^i$ 可能会给被试带来 $S_i[V_i(x^i) - px^i]$ 的主观价值，如果 S_i 是点收益的单调递增函数，那么此种博弈效用可以增强而不是扭曲任何报酬结构。这个合理性几乎不值得提起，但是它解释了为什么实验中有些最大化行为的结果不是在货币报酬激励下达到的。我的论文（1976b，p. 277 - 278）中的一些证据表明，在没有报酬或仅有随机报酬时，复制实验可能会得到不一致的实验结果。[②]

f. 规则 5：并行性（parallelism）。非厌足性和突显性是实验性微观经济存在的充分条件，也就是说，被激励的个体在制度框架中行动，但是对于受控微观经济实验，仅仅有它们是不够的。所以，我们还必须有占优性规则和保密性规则，因为个体可能在交易中考虑主观成本（或价

---

① 人们可能会认为，在市场实验中，如果被试以公司的方式行动的话，保密性规则就不再适用，因为在自然世界中，公司中经济人的成本函数可以从公司公布的成本函数中观测得来。但是，这不是一个正确的解释，因为在实验中，分配给被试的（边际）成本函数代表的是已经定义的出售意愿函数，而且被试的收益（除了"佣金"）准确地测度了实现了的生产者剩余。公司记录得出的会计成本和会计收益与其有很大的不同（股东公告、收入税、规章、公告）；如果没有误导的话，这些测度和出售意愿的关系是模糊的。

② 如果博弈效用是和信息相关而不是与结果相关的话，问题可能会更加严重，而且可能与我们上面讨论过的主观交易成本问题是等价的。也就是说，信息可能会产生主观效用，而不是负效用，从而可能削弱我们对诱导价值的控制，在非实验室经济学中，当人们满足于他们的工作，对未来充满期望时，相同的现象也会出现。在荷式拍卖中有人因为"悬念"的经历而偏好荷式拍卖，而不是英式拍卖。

值），而且他们还可能将他们日常生活中的嫉妒、平等主义、利他主义等心态带到实验中来。规则1~4允许我们研究实验室微观经济环境，其中真正的经济人通过真正的产权制度交换真正的信息，从而产生真实货币形式的结果。

如果我们仅仅对验证来自理论的假设感兴趣，规则1~4已经可以为我们提供控制足够严格的检验来验证我们模型化基本行为的能力。微观经济学理论是从大量丰富的人类行为中抽象出来的，而且人们假设这些行为与人类的经济行为不相关。正是因为实验室实验使用的以报酬为激励的被试来自现实社会经济系统中的经济人总体，实验室实验环境比经济理论中参数化的经济环境更丰富、更复杂。由于实验室对真实经济环境的抽象程度低于经济学理论，因此毫无疑问，实验室为我们提供了充足的可能性去证伪我们想要验证的任何一种理论。

一旦实验室实验的结果具有可复制性，人们对科学的好奇心自然就会转移到这些结果是否对其他环境，尤其是自然环境同样适用这一问题上来。既然经济学理论来源于客观的自然经济环境，我们自然而然地就会想到，如果我们足够幸运地不能在实验室中将一个理论证伪，那么我们是否有足够的运气将其拓展到真实领域中去呢？即使我们的理论被证伪了，或者我们在实验室中没有发现任何支持理论的行为结果，我们也还是想知道这些结果是否可以移换到真实的经济环境中去。

这种结果可转换性的充分条件可以总结为一个最终的规则（比较我1980年的论文）：并行性。

> 并行性：在实验室微观经济环境中已经检验过的有关个体行为和制度绩效的命题在其他条件保持不变的情况下同样也适用于非实验微观经济环境。

Harlow Shapley（1964，p. 67）已经将"并行原理"应用到地球生物进化步骤与进化终点的相似性上了，但是我将它推广到如下假设："正如我们所能谈及的，同样的自然法则适用于任何地方。"（Shapley，p. 43）。天文学和气象学的数据跟经济学一样，陷入了"听广播"的困境，但是无论天文学还是气象学，它们的科学进步都依赖于如下假设：实验室中整体运动物理学和气体热力学特征的研究同样适用于星球和大气。天文学和气象学中大量的非实验性测度并不与这些物理法则相矛盾，也就是说，这个假设还没有被证伪。

在生物学中，并行原理意味着，如果吸入烟草或注入烟草焦油的老鼠比其他老鼠致癌率更高，那么我们就可以以更高的确定性认为人类抽烟者得肺癌的高可能性是源于他们抽烟，而不是抽烟者的其他某些特征。很明显，并行性并不意味着，所有的哺乳动物都会得同样的疾病；太阳内部氢原子的活动性与地球表面氢原子的活动性相同；北半球的暴风雨与南半球的暴风雨一样。在这些例子中，命题成立的条件更加狭窄。只有人类、黑猩猩和猴子易被"Ⅰ类"脊髓灰质炎病毒感染；氢原子的激发状态取决于温度；北半球的气象条件与南半球不同。哪些行为满足并行性哪些不满足只能靠经验性的比较研究来确定。

微观经济中的并行性假设就是：制度不同是因为规则不同；规则不同是因为激励不同。也就是说，无论什么微观经济环境——实验室（使用诱导价值）、美国短期国债发行市场、芝加哥商学院毕业生稀缺职位面试机会拍卖（这些市场以"点"的形式出价，且被"点"的形式的禀赋所限制）——并行性都意味着不同出价规则的激励效果在性质上是相同的；如果在某个市场中，规则 A 产生的出价比规则 B 低，那么在其他市场中也是如此。[①] 这些激励效果在数量上是相同的吗？答案可能是否定的，除非不同微观经济环境中出价者的类型（比如说他们的赌注等）是可以比较的。并行性现象被定义得越狭隘，不同微观经济环境之间保持不变的条件就被定义得越严格。如果人们对参数估计感兴趣，并且想把这些估计应用于总体的话，样本的代表性显然是很重要的。但是，如果人们仅仅想要验证这样一个理论，即假设激励下的经济人是为了利益最大化而出价，那么任何非餍足性的经济人样本都可以满足研究的要求。如果该理论在多次复制实验中都没有被证伪，那么我们可能会想：这个结果是否可以推广到不同的被试组和自然环境中？但是任何实验研究最重要的都是它的研究目的，如果实验目的是验证一个理论，那

---

① 并行性之所以招致众多批评是因为它"在规定其他条件保持不变的情况下，没有具体指出哪些变量是需要保持不变的"（Cross，1980，p. 404）。我的回答是：那些保持不变的变量是这样的变量，它们在实验结果适用于非实验微观经济环境的各个实验之间保持不变。这些变量通常在初始研究中就已经被预先定义，因此我们很自然地就可以推出："如果我们有广泛的剩余权利来限制该原则的适用性，那么命题的反例肯定很难被证明"。这样，在那些比较歧视性拍卖和竞争性拍卖激励效应的实验中（下面的命题 3 和命题 14），被试通常来自同一个被试组，诱导价值来自相同信息条件下同样的分布。很明显，如果两个非实验室环境的偏好和/或买者的总体是不同的，这些差异很有可能会将不同拍卖规则导致的激励差异掩盖。但是很多实验已经证明，很多行为法则在偏好改变和被试类型改变的情况下仍能保持稳定，在这种情况下，这些行为法则最容易被人们在非实验环境中进行验证。并行性中的"其他情况保持不变"意味着当我们说在收入可变的情况下价格对需求量的影响主要来自收入效应时，在需求理论中亦是如此。

么我们质疑实验中不现实的因素是否可以代表理论中的参数就是合情合理的。如果一些自然数据支持了这种批评，那么当然我们在模型中将这些被质疑的现象参数化就是非常重要的，而且我们在相关的实验设计中也要将其考虑在内。

证伪并行性中有关行为方面的恰当方法是用自然数据证伪实验室微观经济环境中的某些可复制的理论或制度。John Ferejohn，Robert Forsythe 和 Roger Noll（1979），Michael Levine 和 Plott（1977）和我本人（1980）都曾经报告过一些并行性研究。在这些研究中，考虑某些实验室发现很可能也会表现出一些非实验性微观经济的特征，这种结果可以说是可靠的。但是更多的此类工作是受欢迎的，而且是必需的，如果我们的答案能够实质性地回答并行性问题的话。

根据本文建立的证据性标准和先例，列出为什么实验情况不同于人们想象的有关现实行为重要方面的原因是不恰当的（Gross，p. 404）。对两种微观经济环境（实验的和非实验的）差异的推测与经验表明，各种微观经济会显示出不同的行为不是一回事，实验者可能也不会将其研究方法（即所谓的现象学方法）转移到实验方法上，关于这种情况，主要的例子就是富有争议性的"菲利普斯曲线"——人们认为它只是一个简单的经验性回归[①]（Frank Stafford，1980，p. 408）。正是这些例子激励着我们长期对实验方法进行探索。

2. 一个微观经济实验例子：二级密封标价拍卖制度

我们可以用一个简单的实验例子来说明第 I 部分中对微观经济系统的定义。前面讨论的非餍足性规则和突显性规则已经足够定义这个实验了。

a. 一个两制度设置变量的实验性微观经济环境。考虑这样一个实验：在密封标价拍卖中，标的物唯一，成交规则有两种：最高价成交和第二高价成交。

[①]　参见 Robert Lucas（1981）对菲利普斯曲线学说的讨论。菲利普斯曲线是一个绝佳的例子——一个有关经济系统的信念在没有任何严格方法进行证伪的情况下居然令所有的人都陶醉其中。用数据拟合曲线的方法多年来将菲利普斯曲线提升到了一个"经验准则"的地位，"调整性"政策仍然将其作为必要的理论基础，直到"自然经济"（很可能是这些政策造成的）最终让我们看到这样一种尴尬的困境；失业率和通货膨胀率一起居高不下时，人们才不再坚持这种失业率和通货膨胀率互为消长的教条。对于我而言，这个教条直到 1971 年才寿终正寝，当时一位主流经济学家在他的演讲中推出菲利普斯曲线已经平裂了，所以我们不得不接受一个更高的通货膨胀率，以达到目标失业率。按他的说法，菲利普斯教条就像地心说一样，通过 Ptolemic 的戏法可以容纳任何新的观测（Arthur Koestler，1963，p. 67）。

（ⅰ）环境：有 N 个被试（$N>1$）。唯一的标的物由实验者以 0 成本供应（即无弹性供给）。每个被试 i 都知道所有 k 的价值 V_k 都是独立地从 $[0, \overline{V}]$ 上的均匀分布密度函数 $(\overline{V})^{-1}$ 中抽取出来的。开始时，对于所有的 $i \neq j$，每个被试都只知道他自己的 V_i，不知道别人的 V_j。因此，$e^i = (V_i, \overline{V}, N)$。

（ⅱ）信息空间中经济人的产权：语言集 M 包括针对标的物以美元表示的出价。每个被试只被允许提交一个出价，因此，$m^i = b_i$ 就是 i 的出价，$0 \leqslant b_i < \infty$，$i = 1, \cdots, N$。令出价满足 $b_1 > b_2 > \cdots > b_N$（假设没有相等的情况），那么 $m = (b_1, \cdots, b_N)$ 是 N 个被试发送的信息集。

（ⅲ）收入空间中经济人的产权：我将区别以下两种不同的制度。

第一价格拍卖。定义 $I_1 = (I_1^1, \cdots, I_1^N)$，这里 $I_1^1 = [h^1(m) = 1; c^1(m) = b_1]$，$I_1^i = [h^i(m) = 0; c^i(m) = 0]$，$i > 1$，也就是说，标的物由出价最高的人获得，其他人什么都得不到；出价最高的人以他的出价支付，其他人什么都不用支付。

第二价格拍卖。定义 $I_2 = (I_2^1, \cdots, I_2^N)$，这里 $I_2^1 = [h^1(m) = 1; c^1(m) = b_2]$，$I_2^i = [h^i(m) = 0; c^i(m) = 0]$，$i > 1$，也就是说，标的物由出价最高的人以第二高价获得，其他所有的人既不用支付也得不到任何东西。

（ⅳ）经济人报酬产权：如果 $i = 1$，实验者保证经济人 1 可以获得 $V_1 - b_1$（或 b_2）。如果 $i > 1$，经济人 i 获得 0 支付。

b. 经济人行为。经济人行为是将环境 e^i 转化为依赖于制度 I^i 的出价 b^i，如果 i 被分配的价值是 V_i，那么 $e^i = (V_i, \overline{V}, N)$，且经济人的行为可以表示如下：

$$b_i = \hat{\beta}^i[e^i | I] = \begin{cases} \hat{\beta}_1[e^i], & 若 \quad I = I_1, \quad \forall i \\ \hat{\beta}_2[e^i], & 若 \quad I = I_2, \quad \forall i \end{cases}$$

环境的信息状态也允许对经济人行为按 Nash 均衡（N. E.）的理论来描述。如果 i 具有固定的相对风险厌恶 r_i（实验者不可观测），也就是说，i 的货币效用是 $[V_i - b_i]^{r_i}$，那么，被试 i 的 Nash 均衡出价（Cox，Roberson，and Smith，1982）就是：

$$b^i = \beta[e^i | I] = \begin{cases} \dfrac{(N-1) V_i}{N-1+r_i}, & 若 \quad I = I_1, \quad \forall i \\ V_i, & 若 \quad I = I_2, \quad \forall i \end{cases}$$

在第一高价拍卖中，Nash 均衡策略是被试按分配价值的一个固定比例出价，这个比例依赖于 N 和 r_i。在第二高价拍卖中，Nash 均衡策略（也是一个占优策略均衡）是以分配价值出价，也就是说，需求完全独立于 N 和 r_i。

c. 系统绩效。假设实验经济环境由 T 次交易组成，$t=1$，…，N。我们可以用这样一个比例来测度系统的绩效，T_P/T，其中 T 是交易的次数，T_P 是最高报价者获得最高分配价值的拍卖次数，即 Pareto 最优的拍卖次数占总拍卖次数的比例。

系统效率可以被定义为 $V_w(t)/V_h(t)$，这里 $V_w(t)$ 是中标者的分配价值，$V_h(t)$ 是第 t 次拍卖中的最高分配价值。第二种绩效测度手段是 T 次拍卖的平均效率：$\bar{E} = T^{-1} \sum_{t=1}^{T} V_w(t)/V_h(t)$。

Ⅲ. 微观经济系统实验的类型

实验的分类方法有很多（Abraham Kaplan，1964，pp. 147 - 154），在本节中，我只考虑两种分类方法：功能性分类和方法性分类。功能性分类直接来源于我对微观经济系统的定义，方法性分类涉及的类别很少，在众多的实验经济学文献中我们可以很容易地分辨。

A. 实验的功能性分类

我们感兴趣的所有实验很自然地是由微观经济系统中所有可能或可行的元素构成的集合来决定的（也就是说，如果 S_e 是所有环境构成的集合，S_I 是所有制度构成的集合，那么 S_e 和 S_I 就可以产生所有的实验）。由于实验可以产生集合 X 和 M 中元素的观测值，那么我们可以将实验分为多少个类别呢？我们可以做各种各样的实验：（A）环境是一个变量；或（B）制度是一个变量。我们可以在这些类别间比较系统的绩效（结果）或被试的行为（信息）。对于任何环境和制度，我们都可以做实验（C）来比较理论意义上的结果与实验结果（信息）。本质上说，针对理论证伪的假设检验本身就是一种比较，在这种比较中，比较的一方就是基于理论的一个或多个预测结果（信息）的集合。因此，从某种意义上说，所有的实验都是在进行比较，即比较各种环境和制度设置下的观测结果，或在实验观测值和理论预测值之间进行比较。

以环境作为变量的实验研究例子包括：(ⅰ) Fouraker 和 Siegel (1963) 以及 James Friedman 和 Austin Hoggatt 的大范围卖者垄断研究，在这类实验中，参与者的数量和成本或需求条件都可以在各种水平上变动；（ⅱ）Miller，Plott 和 Smith（1977）以及 Williams（1979）所做的投机性实验，在这类实验中，需求按照循环式的"季节性"模式变动；（ⅲ）Morris Fiorina 和 Plott（1978）的委员会决策实验，在这类实验中，委员会的规模和诱导偏好是可以改变的。以制度作为变量的实验研究包括：（ⅰ）研究歧视性和竞争性成交规则（第Ⅳ部分 C 节）对密封标价拍卖中出价和结果的影响的实验（我 1967 年的文章）；（ⅱ）英式拍卖和荷式拍卖的结果比较实验（V. Coppinger，Smith and J. Titus，1980）；（ⅲ）连续性双向拍卖中，有关限定性或非限定性价格上限和价格下限效果的实验研究（第Ⅳ部分 B 节）（R. Mark Isaac and Plott，1981a；Smith and Williams，1981a）。

环境和制度都作为变量的实验研究包括：（ⅰ）循环式需求下，市场有无投机行为的比较研究（Williams，1979）；（ⅱ）在不同诱导需求条件下，歧视性成交规则和竞争性成交规则之间的比较研究（Miller 和 Plott）；（ⅲ）使用不同竞标人数的荷式拍卖中，一级密封标价拍卖和二级密封标价拍卖之间的比较研究（Cox，Roberson and Smith，1982）。

对观测结果和理论预测结果进行比较的实验包括：（ⅰ）Fouraker 和 Siegel（1963）的双边谈判实验对观测结果和 Bowley-Nash 理论预测结果进行了比较；（ⅱ）我（1979）在有关公共物品实验的论文中对观测结果和 Lindahl 理论预测结果以及"搭便车"理论的预测结果进行了比较；（ⅲ）Plott 和 Shyam Sunder（1982）的资本市场实验比较了实验结果和理性预期理论预测的结果。

B. 实验的方法性分类

科学哲学家们（例如 Karl Popper，1959；Hanson，1969，1971；Kaplan，1964）已经写过大量关于科学方法论的文献，特别是有关实验方法的文献。尽管其中大部分研究都是关于物理科学的，但这些研究的主要特征一般都适用于其他实验科学。比较各种微观经济实验方法论意义上的研究目的可以为我们提供一个富有洞见性的视角。

1. "立法"实验——建立行为"法则"

那些建立行为法则的实验一般通过复制和严格控制来降低假设检验中的误差，立法实验可以为我们提供最有强制性和客观性的手段来帮助我们审视其他人是如何理解世界的，我们认为自己已经了解的事物是不是确定的。对理论型实验和经验型实验进行区分对我们很有帮助，理论型实验关注的是通过对一系列理论的检验来建立有关行为的法则；经验型实验主要针对一些有关行为的命题进行检验，这些命题一般是从自然数据和前导性实验的结果中提炼出来的。

a. 理论的重要性；牧师什么时候会穿上长袍？理论对于科学方法的基础性基于以下三个原因：

（ⅰ）理论节约了我们对行为规则的陈述，这种说法是对那些更加细节、更加复杂的描述方法的简要总结。因此牛顿的万有引力理论节省了我们对大量物理现象的描述，省去了我们定义一个椭圆形，然后解释它是一条围绕太阳运行的行星的轨道的麻烦，解释了自由落体时下落的距离与下落时间的平方成比例等现象。而且其他更多陆地上和太阳系中的观察结果都可以从这个简单的定理中推导出来。

（ⅱ）理论为我们带来了形式上或理性上的一致性，可以使我们将不同的观测和现象合为一体。对理论的把握相当于对整体解放性的认识，我们可以容易地理解它、欣赏它和传播它。因此，板块构造理论为地壳运动和火山运动提供了一个普遍意义的解释；解释了陆地地质概况与海底地质概况为什么是不同的；为山脉的形成提供了一个统一的而不是一系列逸闻趣事类的解释；而且为我们揭示了地球内部的地质特征。在短短的 20 年间，这个新的理论为我们点燃了对地质科学的兴趣和探索的复兴之光。

（ⅲ）理论能够引领我们在某些现象和事件的基础上获取新的观测值，对这些现象和事件，人们在之前的研究中没有特别的激励去探索。因此，认为"更新世"（一个地质时期）后期大型动物的灭绝应该归因于古代狩猎文化的理论（Paul Martin，1967）加速了人们探索北美洲古人类的存在先于大型动物灭绝的证据。类似地，在现代物理学中，很多种新的粒子是被理论预测出来的，而不是通过观测得来的。

在物理科学中，最伟大的理论胜利总是戏剧性地与牛顿力学联系在一起，以至现在人们把理论提升到了一个顶峰地位，而且在大多数科学中，理论工作者都像教父一样受人尊重。然而，理论只有与观测紧密结合时，才能实现其科学意义的重要性。牛顿力学掀起了一场科学革命，不是因为它在逻辑上的美感，而是因为它解释了两个截然不同的观察结果：伽利略关于自由落体的实验性法则，即下落距离与下落的时间的平方成正比；以及开普勒花费毕生精力从 Tycho Brahe 记载的大量精确到令人惊讶的天文学观测记录中总结出的行星运动三大规律。牛顿证明了这些经验的法则都可以从同一个理论性的引力定律中推导出来——这象征着人类智慧的巨大胜利，牛顿自然而然成为理论物理学的奠基人。但是如果没有人观察到事物是如何运动的，人们怎么可能去尝试解释事物为什么如此运动？所以伽利略被我们奉为现代物理学的奠基人。"这个观点的引入真正地标志着现代科学的开始，16 世纪以来令人称道的科学发展都应该归功于她。"（Millikan，Roller，and Watson，1937，p. 3)。现代科学史学家们已经将此阐述得非常明白，然而，正如 Robert Butts 提出的那样："对我而言，尽管实验方法不是伽利略发明的，但是他极大程度地修正了人们对实验方法论的认识。"（1978，p. 59）

伽利略-开普勒法则包含的信息与牛顿力学完全相同，但是前者欠缺的是对后者漂亮而又富有洞察力的解释。

b. 可复制的经验法则的限定条件——你能在没有绳子的情况下，测量山的高度吗？伽利略的实验性法则先于牛顿体系的重要性已经被无数的物理学实验证明了。确实，水星的运行规律看起来似乎与牛顿理论很不一致，但实验机制为牛顿力学提供了可信性。直到后来，水星之谜才被爱因斯坦用作为牛顿力学理论扩展的相对论解释清楚。最终，更加复杂的实验证明，牛顿理论只在速度相对于光速较低的情况下才成立。因此，物理学有了新的绳子来测量新的高度。这根绳子允许我们在一个全新的位置审视物理学的发展，为物理学的新发展奠定了基础，甚至可能会引发物理学整体的革命（例如，Michaelson-Morely 实验对爱因斯坦的影响）。

科学史绝不意味着严格的观测必须先于理论猜想。但是如果没有这种稳定的观测和教会力量的认可，科学发展很难腾飞。伽利略天才的洞见——如果你想知道石头怎么下落，那么请丢一块石头观察一下——是一种革命性的思想。石头从轮船桅杆顶端落下的同时也朝轮船前进的方向运动，从这个观察中，伽利略推断，如果地球运动，那么地球表面的物体应该也会一起运动，而不会像以前的教会理论提到的那样，落在运动的后面。正如人们所说，正是由于受控系统性观测和严格推理没有成功地结合起来，古希腊、中国和印度的科学才没有获得全面的发展。

在以下的第Ⅳ部分中，我们提供了一个综述，以命题的形式，从实验性微观经济环境中总结了一些有可能成为立法性准则的实验结果。当然，这些结果还需要深入的实验证据进行复制和修改。

2. 启发式实验

启发式或探索式实验通常用来对新问题进行实证性的探索。与立法性实验相比，这些实验一般不遵循严格的设计模式，这是因为：（a）研究目标可能并没有被经典理论或之前实验建立的假设所严格定义；（b）实验的程序性机制可能是崭新的或从来没有经过检验的。启发式实验也可能会为我们提供某些立法性的贡献，因为它们的结果很可能偶然而又恰当地将两个或更多的假设进行辨别；但是有时设计它们可能并没有什么充分的理由，而只是为了"看看会发生什么"。尽管这种"在事实中挖掘真理"的方法招致了广泛的科学性的批评，但是我认为这种批评未免过于吹毛求疵，而且很可能会阻碍新的发现。科学发展对启发式实验的需要程度与对立法性实验的需要程度是相同的，对新现象的探索性研究可以转移我们的注意力、鼓励我们重新检验旧的信仰，提出新的问题。早期的买者垄断实验研究（Hoggatt，1959）和竞争性市场实验研究（我在1962年的论文）都带有这种性质，近期的一个很好的例子是Plott和Wilde（1982）的实验，他们的实验研究了不确定信息条件下那些需要卖者（例如医生和维修人员等）诊断和建议的产品和服务。

3. 边界性实验

当一个理论或一个经验性规则可以从大量可复制性的独立的实验研究或其他实证性研究中获得支持，从而我们可以为其建立一个一般意义上的行为法则时，我们很自然地就会想到是否可以设计实验来检验这个法则在哪些极端性或边界性条件下不成立。Kaplan（1964，p.150）将这种实验称为边界性实验。很明显，这种实验的一个重要功能就是为理论的普适性设定范围，为理论的进一步扩展奠定基础。

一些经济学边界性实验的例子可以帮助我们理解这个概念，双向拍卖（第Ⅳ部分B节）由于其趋向于竞争均衡的显著趋势而被认为是一个稳健的交易机制。只要经济人的个体信息满足严格的保密性规则，也就是说，每个经济人只知道他/她自己的价值或成本条件，在不同的需求和供给条件下，只需要少数几个经济人参与市场就可以达到竞争均衡状态。很多实验研究对这个规律的应用边界进行了验证，其中的一个实验（Smith，1981a；Smith and Williams，1981b）只使用了一个或两个卖者。当实验中只有一个卖者时，市场不再能够达到竞争均衡结果，因此我们得出，在竞争性价格理论中，双向拍卖机制可以实现竞争均衡的卖者人数边界是1。

只包含一个卖者的实验也可以被当作卡特尔理论适用性的边界性实验。一个卡特尔可能会由于以下原因不能实现垄断利益：激励失败或者卡特尔成员的"欺诈"激励；卡特尔的内部实施问题；外部需求的不确定性或买者的战略抵消行为。如果实验仅使用一个卖者的话，我们就可以控制所有造成卡特尔协议失效的内部环境。因此，单一卖者的行为就构成了卡特尔行为的边界。在给定的交易制度中，如果在需求不确定的情况下，单一卖者都很难实现垄断利益的话，那么我们就认为，一个卡特尔联盟恐怕更难实现垄断利益（下面的命题 8 和 9）。

另一种边界性实验如图 2 中的需求函数和供给函数所示，这个实验的目的是检验双向拍卖市场中买卖双方租金极端不对称（所有的交易剩余都由买者获得）的情况下竞争均衡趋势是否会出现。这个边界性实验是失败的，也就是说，图 2 的设计在有 5～8 单位超额供给（Q_s-Q_d）的情况下，可以产生快速的均衡收敛趋势（参见 Smith，1965，1976a）。

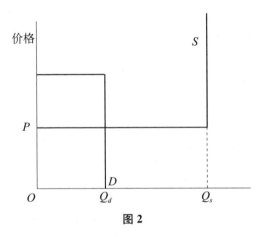

图 2

Ⅳ. 一些制度和相应的实验性"程式化事实"

下面我们对几个以实验方法进行研究的交易制度做简要的描述，并且以经验命题的形式给出几个从相关实验中抽取出来的"程式化事实"。如果读者想要了解更加细节性的问题，请参考这些实验的原始出处。

拍卖基本分为两种——连续性（或"口头"）拍卖和密封标价拍卖，在连续性拍卖中，经济人可以按照其他被试的出价或没有被接受的出价修改他/她自己的出价，也就是说，在指定规则下每个契约达成之前，经济人之间可以发生信息交换；而在密封标价拍卖中，每一个经济人都向一个中心提交信息，然后这个中心按照公开的规则来处理这些信息，最后向所有经济人宣布拍卖的结果。这两种拍卖制度的不同之处在于：

相对于密封标价拍卖，连续性拍卖具有更多的信息内容。当然，每种拍卖都可以被重复很多次，从而产生一系列的结果信息。但是，连续性拍卖不仅仅产生有关结果的信息，还产生从一个契约到下一个契约这段时间的信息。下面报告的实验中契约达成过程都被重复了多次，有的被重复了 20 次甚至更多。

A. 单一标的物拍卖

历史上有各种各样的单一标的物拍卖，我们只对其中两种连续性拍卖（英式拍卖和荷式拍卖）和两种密封标价拍卖（一级密封标价拍卖和二级密封标价拍卖）进行了实验研究。

英式拍卖：拍卖者宣布拍卖开始，出价者开始出价。一旦一个出价被宣布，它就会在市场中停留，直到另一个比其更高的出价被宣布。当拍卖者断定没有新的更高的出价被宣布时，拍卖过程结束，此时在市场中停留的出价就是成交价，该出价的宣布者将不可撤销地获得标的物。匿名性很容易实现，只要拍卖者为每个出价者分配一个编号即可。

荷式拍卖：拍卖开始时，拍卖者首先宣布一个他认为高于最高报价者愿意支付的价格的报价。然后拍卖者或钟表装置不断削减这个报价，直到买者中的一个接受最近的报价。这个买者将不可撤销地获得标的物，并达成交易契约。

一级密封标价拍卖：在拍卖开始时，拍卖者要求所有的出价者秘密地提交一个出价。当拍卖者收集到所有的出价后，最高出价者按照他的出价获得标的物。

二级密封标价拍卖：除最高报价者以第二高价获得标的物外，其他情况与一级密封标价拍卖相同。

命题 1： 令下标 e、d、1、2 分别表示英式拍卖、荷式拍卖、一级密封标价拍卖和二级密封标价拍卖，且令 E_e、E_d、E_1、E_2 分别表示这四种拍卖制度的平均效率或 Pareto 最优分配的比例，那么 $E_e \cong E_2 > E_1 > E_d$。[①]

效率的测度在一定程度上受需求诱导方式（从公开的分布中随机抽取、从保密的分布中随机抽取或随机确定线性需求的水平）的影响，但

---

① 命题 1～3 建立在理论分析和实验结果［汇总了大约 1 000 个拍卖实验，包括 Coppinger，Smith，and Titus（1980）以及 Cox，Roberson，and Smith（1982）］的双重基础之上，这些研究都来源于 Vickrey（1961）先前的理论工作。

是这些方式的不同并没有影响效率的排序。

命题 2：在理论上等价的英式拍卖和二级密封标价拍卖（也就是说，它们的分析方式和预测结果是相同的），似乎在行为上也是等价的。但是在理论上等价的荷式拍卖和一级密封标价拍卖却在行为上不等价。

尽管英式拍卖相对于二级密封标价拍卖的价格更高，而且分配效率也稍微高一些，但这些差异在统计上并不显著。但是一级密封标价拍卖的价格和效率却显著高于荷式拍卖。一级密封标价拍卖和荷式拍卖行为上的差异也许可以用以下两个模型来解释：第一个模型假设在荷式拍卖中，出价者可以从"等待的悬念"中获得一种非货币效用；第二个模型假设出价者在不制止价格下落的同时系统性地低估了损失的 Bayes 风险。第二个模型与 Bayes 法则的独立性实验检验结果相一致，而第一个模型则与荷式拍卖实验中被试认为"等待的悬念"是一种享受相符合。既然两种理论都可以预测荷式拍卖的价格低于一级密封标价拍卖，那么人们很自然地就会问：我们是否可以设计一个"决定性的"[①] 实验区分这两个理论？为此，我们可以将一组已有的荷式拍卖和一级密封拍卖实验进行复制，除货币报酬水平翻倍以外，其他所有参数保持不变。如果"等待的悬念"模型是正确的，那么荷式拍卖和一级密封标价拍卖在行为上的差别应该非常小；但是如果"Bayes 风险低估"模型是正确的，二者在行为上的差别应该不会太小。

命题 3：如果假设所有的出价者都具有相同的凹效用函数，那么一级密封标价拍卖产生的价格、分配和个体报价会拒绝报价行为的 Nash 均衡模型解。但是，在 $N > 3$ 的情况下，如果假设各出价者的幂效用函数具有不同的相对风险厌恶系数，那么一级密封标价拍卖实验的结果与 Nash 均衡模型解相一致。

所有的模型通过假设出价者具有相同的风险中性的或风险厌恶的效用函数都可以变得容易处理，并最终预测拍卖中的个体报价与他们的保留价值完全相同。所以，无论出价者是不是风险厌恶的，这些模型都可

---

① 这里之所以使用引号是因为 Hanson 曾经令人信服地指出那些所谓的"决定性的"实验也可能会产生带有欺骗性的结果。例如，在 Fresnel、Young 和 Foucaul 的实验否定了光在水中的传播速度比在空气中快的假设后，人们曾将这个实验看成对光是由粒子而不是由波构成的"假设Ⅰ"的否定。正如 Hanson 指出的那样，实验结果意味着"光要么不是由高速粒子组成的，要么假设Ⅰ成立的前提（部分地或完全地）是错误的。这些前提中的一个是……光必须要么是波要么是粒子，但不能同时既是波又是粒子……所有的实验检验的都不是一个孤立的假设，而是与问题、实验和假设相关的整体知识。"

以预测出 Pareto 最优的分配，但在实验中我们却观测不到这种结果。

B. 双向拍卖实验

双向拍卖（DA）机制很好地捕捉了那些有组织的证券和商品交易所的交易特征，它被认为是实验学家研究最多的交易机制。这是因为 DA 是最早用实验方法进行研究的制度之一，而且从一开始就显示出"令人惊讶的"竞争性特质。双向拍卖的这些特征在对基于竞争性价格理论的命题进行检验时倍受重视。它还可以被认为是连续性拍卖的一个特例，而且很可能是起源于巴比伦和罗马的英式拍卖的一个派生品和一般意义上的推广。下面对于双向拍卖的描述仅仅是多个版本中的一种，其中每个契约只导致一单位商品的交易。[①]

双向拍卖（Leffler and Farwell，1963，pp. 182 - 196）。市场开市以后，任何买者和卖者都可以对他们想要购买或出售的一单位商品宣布出价或要价。任何随后的出价（要价）必须高于（低于）前一个出价（要价）。出价（要价）一旦进入市场成为停留的报价，就不能被撤销。当任一买者（卖者）接受了任一卖者的要价（出价）后，他们之间就达成了一个限定性的契约，1 单位商品拍卖宣告结束。如果达成契约的报价不是市场中停留的出价（要价）（例如，接受市场中停留的要价的买者不是那个提出市场中停留的出价的买者），那么提出这个出价（要价）的买者（卖者）就可以不用再限定于这个出价（要价），除非他重新提出这个出价（要价）限制。之后，另一单位商品的拍卖开始，被试可以提出新的报价。新的出价（要价）可以在任何水平，也可以包括"信号"。这个过程一直持续到该交易日结束为止。

尽管不同的实验研究可能使用不同的双向拍卖版本，但是它们的实验结果在均衡特征上却没有什么不同。[②] 下面的命题是根据 100～150 个双向拍卖实验的结果总结出来的。

命题 4：分配和价格都会向竞争均衡（C. E.）附近收敛。如果被试有经验的话，这种收敛是快速的，通常在 3 个或 4 个甚至更少的交易时

---

① 在纽约股票交易所中多交易单位的契约同样受公开的交易规则规定。

② 双向拍卖的交易过程已经被计算机化为 PLATO 系统（Williams，1980；Smith and Williams，1982）。这个程序允许实验中的被试通过独立的计算机终端与其他被试进行交流和交易。比较口头双向拍卖与计算机化的双向拍卖可以发现，当使用有经验的被试进行实验时，两者的结果是没有区别的（Williams，1980）。我和 Williams 对四种计算机化的双向拍卖进行比较时发现，不同的规则产生了不同的价格运动，但规则的改变并没有影响均衡或效率。

段即可完成（不包括特殊的诱导需求）。[①]

　　甚至在第 1 个交易时段，分配和价格的趋势就已经开始表现出支持竞争均衡、抵制市场垄断的行为。"信号性"的高要价（或低出价）虽然很普遍，但没有效果。

　　命题 5：只需要少至 6~8 个被试（大多数实验是 8 个）、2 个卖者，分配和价格（命题 4）就会向竞争均衡附近收敛。

　　很多经济学家都对命题 4 尤其是命题 5 的证据感到惊讶，他们认为，竞争均衡是一种理想的、"无摩擦的"状态，不可能出现在任何可观测的市场中，当然这种状态还需要市场中存在大量的经济人，而且他们都是价格接受者。这种根深蒂固的想法以一系列未经验证的理论为基础，由此甚至可以上溯到 Cournot 模型。Cournot 模型并没有指定一种制度，所以我们不清楚在什么程度上这个理论是实用的。至于价格接受行为，我们可以注意到双向拍卖中的每一个被试既是价格制定者又是价格接受者。

　　命题 6：理论需求和理论供给的信息完全性（即被试知道所有被试的诱导价值和诱导成本）既不是命题 4 中快速收敛特征的必要条件，也不是其充分条件。

　　大量的双向拍卖实验支持了完全信息的不限定条件，完全信息披露的不充分性可以通过图 2 中"十字形"设计的 8 个实验来证明。这些实验中的 4 个实验不满足完全信息；2 个提供完全信息；剩下的 2 个在开始的第 2 个或第 3 个交易时段不满足完全信息，然后在剩下的 2 个交易时段又满足完全信息。通过比较发现，那些信息不完全的实验产生的收敛速度反而快于那些信息完全的实验。[②]

　　命题 7：当消费者剩余多于（少于）生产者剩余时，价格倾向于从均衡价格上方（下方）收敛于均衡水平（Smith，1962，1965，1976a；Smith and Williams，1981）。

　　命题 8：1 个卖者和 5 个买者的实验不能达到卖者垄断结果，尽管一些复制实验达到了竞争均衡。买者倾向于抑制购买行为（并且不断地

---

　　① 这个命题适用于在整个实验的所有交易时段中需求和供给条件保持不变的情况，之后的工作显示，这个结果不能推广到需求条件在各交易时段间不断改变的情况。

　　② 在图 2 的需求和供给设计中，完全信息意味着买者和卖者都可以意识到竞争均衡价格附近发生的交易对于买卖双方来说收益是极端不对称的。因此，相对于信息不完全，卖者在信息完全条件下倾向于坚持更高的要价。类似地，买者也会报出较高的出价或接受较高的要价，这也许是因为平等主义的激励或他们不想错过成交的机会。

提出较低的出价），从而降低了卖者的利润，特别是在价格较高的时候。这促使契约在竞争均衡附近达成，但由于需求的抑制，市场效率都会有所损失（Smith，1981a）。

这种"违反直觉"的结果超出了我们的任何信仰体系，但是如果竞争均衡理论值得怀疑，那么垄断理论更值得怀疑：即使大量经济人的假设是错误的，双向拍卖机制也产生了竞争均衡，但是在双向拍卖机制下（见命题 19 和 20），垄断理论缺乏应有的证据支持。①

命题 9：在 4 个买者和 4 个卖者的实验中，如果允许买者或卖者进行合谋（即被试在实验前和实验中都可以就定价策略进行交流），那么实验结果既不会趋向于买者垄断或卖者垄断，也不会确定地趋向于竞争均衡，而且共谋集团的收益反而不如竞争均衡时的收益多。

命题 10：限定价格上限（下限）产生的成交价格序列会从价格上限（下限）的下方（上方）收敛至价格上限（下限）。如果价格上限（下限）是非限定性的，也就是说，它高于（低于）竞争均衡价格，那么价格会收敛于竞争均衡水平，但是价格收敛的路径低于（高于）无价格上限（下限）市场的价格收敛路径。如果将限定性的价格上限（下限）取消，成交价格在达到竞争均衡价格之前会有一个暂时性的爆炸式增长（Isaac and Plott，1981a；Smith and Williams，1981a）。

这个命题对于价格理论的重要性在于，限定性价格控制并没有迅速地将价格冻结在控制水平，而且非限定性控制对市场价格的动态行为有着明显的影响。这些特征都不属于传统价格理论。我和 Williams 的文章提供的有无价格控制两种情况下的出价和要价分布数据清楚地显示，非限定性控制影响了市场的讨价还价和成交行为过程，尽管市场价格

---

① 在认为实验结果是"不现实的"（即与你的信仰体系相违背）之前，考虑以下几点：(1) 人们也许偶尔会按照完美信息的标准思考教科书中的垄断范式，在课本中垄断结果几乎是透明的。但是，请记住，命题 8 中的被试垄断者在被试买者将其真实的需求展示出来之前并不知道买者的需求曲线。(2) 垄断理论中存在大量买者的假设也许是不被怀疑的。但在实验中，我们只有 5 个买者，当然已经足够产生竞争均衡结果了。因此，如果你说，"噢，是因为只有几个买者才产生这个结果的"，那么请你告诉我为什么大量买者对于垄断而言是必需的，而对于竞争均衡则不是。(3) 教科书中的垄断理论中没有制度，但它有一个潜在的假设，即买者必须 100% 展示他们的需求，而卖者的最佳选择是隐藏他们的供给。所以，垄断理论中的绝对成分是一个非对称的假设，从这个假设中推导出来的结论虽然无可争辩，但微不足道。

命题 8 在随机需求下与垄断理论是一致的，但是由于在需求确定的情况下这个理论预测的价格总是偏高或者偏低，这种一致性并不令人满意。况且，我们并不清楚这些"不确定"的模型如何与那些需求固定但所有被试都不了解的实验相联系。

最终还是收敛到了竞争均衡水平。Isaac 和 Plott 的研究显示的价格控制取消后的爆炸性价格变动与现实世界的观测是一致的。然而，现实世界的这种价格变动通常归因于"被压抑的"需求，即一种对未满足的需求的累积。但是这不能作为对实验市场的解释，因为在实验市场中所有的销售针对的都是当前交易时段的需求。因此，在双向拍卖机制中，当观测到的价格运动可以影响被试当前的讨价还价策略时，这些价格运动肯定可以归因于被试对它们的预期。同样，价格控制可以产生影响价格决定的共谋性"焦点"的价格假设也被非限定性控制实验的实验数据拒绝了。

命题 11： 8 个或 9 个被试的资产市场趋向于竞争均衡（理性预期）价格和效率（由累积性两时段资产红利价值决定）的速度很慢（8 个或更多的两时段循环交易），但是如果为第一时段引入一个第二时段资产的"期货"市场，这个收敛过程将会大大加速。引入这种市场的目的在于使第一时段的资产价格更加迅速地反映（贴现）出第二时段的红利价值（Forsythe，Palfrey，and Plott，1982）。

命题 12： 如果 9 个或 12 个被试的资产市场中的资产产生的红利不确定且依赖于状态，并且这个红利在以后只被一小部分的"内部人"（3 或 6 个）得知的话，那么这个市场会趋向于竞争均衡（理性预期）价格和效率（Plott and Sunder，1982）。

命题 11 和命题 12 为双向拍卖机制下资产市场的实验研究奠定了基础，并且证明了双向拍卖制度的竞争性特征对于资产市场同样适用。同时这些实验结果还为理性预期理论提供了支持。在命题 11 中，市场的多次复制充分地允许资产价格反映出各时段间各个被试对不同的诱导红利价值的私人信息。在命题 12 中，掌握在一部分被试手中的有关红利不确定性的完全信息充分地允许资产价格反映出这些红利的价值。

也许上面有关双向拍卖的命题最为重要的一般特征是对 Hayek 假说的支持。市场只要满足严格的保密性和存在公共信息，就足以产生竞争均衡结果了，从这个意义上说，市场是为了节约信息。这种说法以假说的形式解释了 Hayek 的以下论断："价格系统最为重要的事实是其对知识的节约，或者说，为了能够采取正确的行动，个体参与者只需要了解多么少的知识……"（Hayek，1945，p.35）。

C. 密封标价拍卖

密封标价拍卖有两种形式，应用于市场上只有一个卖者无弹性地（也就是说，没有保留价格）提供一定数量的同质商品的情况。

歧视性拍卖：卖者首先宣布商品的供给数量为 Q 单位，然后买者开始出价。每个买者提交一个（或多个）出价和相应的数量。卖者收集到所有的出价后，将这些出价按照从高到低的顺序排列，出价最高的买者以他们各自的出价得到这 Q 单位的商品。如果最低被接受出价由几个买者同时提出，一般按随机或比例规则分配商品。拍卖过程结束时，买者可以就各自的出价进行私人交流，卖者将拍卖的结果公开发布（类似于美国短期国债拍卖），包括最高和最低被接受出价以及买者提交的总数量。

竞争性拍卖（统一价格拍卖）：拍卖的过程除了一点外与歧视性拍卖完全相同，即供给量 Q 限定的情况下，与最高的出价相对应的买者统一以第 $Q+1$ 高的价格成交（有些版本中是以第 Q 高的价格成交）。

歧视性拍卖和竞争性拍卖分别是一级密封标价拍卖和二级密封标价拍卖在多单位商品市场上的推广。人们已经在各种诱导需求、卖者数量以及供给数量的条件下做了大量有关歧视性拍卖和竞争性拍卖的实验研究，下面的这些命题是从这些研究中总结得出的：

命题 13：*如果所有出价者的个人保留价值是相同的，并且都是来自同一个矩形分布（在所有的出价都提交后给出）的话，以下结论成立*[①]：

（a）令 $F_C(p)$ 和 $F_D(p)$ 分别是竞争性拍卖和歧视性拍卖规则下第 t 个交易时段中价格为 p 或更高的出价被接受的比例，那么 $F_C(p) \geqslant F_D(p)$。这也就是说，在被接受的出价的集合中，竞争性拍卖中的出价至少与歧视性拍卖中的出价一样高。

（b）14 个配对实验中有 8 个实验如此：竞争性拍卖条件下的卖者最后一个（"均衡"）拍卖获得的收益大于在歧视性条件下获得的收益。[②]

命题 13 基于 33 个实验（M. W. Belovicz，1979，p. 314 和 Smith，1967）得出，在这些实验中，出价者的数量从 13 人到 34 人不等，每个出价者可以提交一个、两个或不定数量单位的出价。

[①] 这个环境的设计目的在于捕捉美国短期国债拍卖市场的基本特征，在国债市场上，交易商从初级市场上以不确定的标价购得债券后再到二级市场上以不确定的明码标价拍卖价格转售。

[②] 我 1980 年的论文中表 2 的说法（15 个中的 5 个）是不对的。

命题 14：如果总诱导需求是线性且固定的，单个人的分配是随机（即非重复制定）的，且在出价之前制定，那么出价满足命题 13（a）。然而，如果线性诱导需求的斜率充分低（即很陡峭），那么卖者收益在歧视性拍卖中比在竞争性拍卖中高；如果诱导需求的斜率提高，那么卖者收益在歧视性拍卖中比在竞争性拍卖中减少的程度高[1]（Miller and Plott，1980）。

命题 13 和命题 14 中出价的排序特征与理论一致，如果每个出价者最多只能购买一单位商品的话，那么他们在竞争性拍卖中有激励提交他们的"真实"（诱导的）保留价值，但在歧视性拍卖中，提交的出价低于保留价值（Vickrey，1961，1962）。[2]

由于增发的国债相对于市场中的国债存量以及与其竞争激烈的公司债券存量微不足道，所以似乎我们可以推测对短期国债的需求可能是高度弹性的，这意味着国债发行拍卖市场中竞争性拍卖机制可能比歧视性拍卖机制获得的收益大。

密封要价（双向）拍卖：买者提交出价，卖者提交要价。实验市场研究了两种不同的出价-要价规则。（1）P(Q)。每个买者（卖者）都要提交一个需求（供给）计划，说明他们对每单位商品需求（供给）的出价（要价）。（2）PQ。每个买者（卖者）提交一个单一的出价（要价）以及相应的数量。两种规则都将出价从高到低排列，将要价从低到高排列。然后，一个匹配程序决定一个市场出清价格和数量，这个程序必须将多个买者（卖者）提交同一出价（要价）的情况考虑在内。除了那些多个报价相同时被排除的报价，等于或大于（小于）这个市场出清价格的出价（要价）都可以被接受。拍卖过程结束后，每个买者（卖者）都可以就他们的出价（要价）产生的结果进行私人交流，同时市场公布出清价格和成交数量。

P(Q) 机制在纽约证券交易所中被用来在前一个交易日收盘后在累积的购买和出售指令的基础上为每只股票产生当日的开盘价格。而且，这个机制还被建议用来建立一个针对所有证券交易的完全计算机化的全国性市场（J. Hazard and M. Christie，1964，pp. 177-178）。然而，P(Q) 机制有一个理论上的"缺陷"，即它激励每个经济人隐瞒自己的需求（供

---

① 需求充分陡峭时歧视性拍卖规则中更高的卖者收益可以被解释如下：保留价值最高的边缘内出价者在出价没有被接受时面临的机会成本更高，所以他们会提交更高的出价，相对于需求不陡峭、保留价值分布离散程度较低的情况，歧视性设置增加了卖者的租金。

② 然而，应该注意的是，在命题 13 的部分实验和命题 14 的所有实验中，出价者允许提交多于一单位的出价。

给），从而不会产生 Pareto 最优的分配结果。Pradeep Debey 和 Martin Shubik（1980）建议的 PQ 机制修正了这一缺陷，他们证明了 PQ 机制下的每个竞争均衡既是 Nash 均衡的又是激励相容的。与 P(Q) 机制相比，PQ 机制直观上的要么全有要么全无的特征使 PQ 机制抑制了经济人战略性隐瞒供需信息的激励，这与二级标价拍卖极其相似（比较 Vickrey，1976，p. 15）。

三种制度比较如下：双向拍卖具有"较好"的竞争均衡行为特征（命题 4 和命题 5）；P(Q) 机制具有理论上"较差"的激励特征；PQ 机制具有理论上"较好"的激励特征，已经通过实验研究进行了比较，在这些实验中，环境是固定的，制度是控制变量。这些实验的结果被总结如下：

命题 15： 基于早期研究中 DA 机制与 P(Q) 机制和 PQ 机制的经验性绩效，我们预期这三种机制的分配效率排序如下：$E[DA] \cong E[PQ] > E[P(Q)]$，且三种机制下的价格偏离竞争均衡的程度排序如下：$p[DA] \cong p[PQ] > p[P(Q)]$。然而实验结果得出的排序关系却与上面的排序关系相矛盾：$E[DA] > E[P(Q)] > E[PQ]$ 且 $p[DA] < p[P(Q)] < p[PQ]$。

根据观测到的实验结果，DA 机制优于 P(Q) 机制，P(Q) 机制优于 PQ 机制。PQ 机制的表现较差可以由被试为了影响价格不断提高要价（降低出价）来解释。与 P(Q) 机制相比，这种行为提高了交易失败的比例，这是由 PQ 机制下所有经济人的需求或供给只对应一个出价或要价的交易特征造成的。甚至在使用有经验的被试的情况下，PQ 机制的这种特征依然保持，而在 DA 机制和 P(Q) 机制中，使用有经验的被试后机制的绩效显著提高。

密封（双向）拍卖：一致性搜索。P(Q) 机制和 PQ 机制分别有一个被称为 P(Q)v 和 PQv 的变体：在市场出清价格和数量决定之后，一种以被接受出价和报价为形式的条件性分配被给出，要求出价（要价）被接受的被试对这个分配是否可以被定下来进行投票，也就是说，只有那些报价被接受的交易者才有权决定是否接受这个分配结果。如果所有有权投票的交易者全部投赞成票，那么等交易过程结束，每个个体都必须签订一个长期的契约，这个分配结果在 T 期内有效。否则上面的过程重复进行，直到 T 期交易结束。

一致性投票产生了一个搜索过程，直到一个最终的信息交换才能达成最后的分配结果，在这之前的成交并没有约束力。伦敦黄金交易所似乎是唯一使用一致性投票作为信息交换终止规则的市场。

命题 16： 以市场效率和偏离竞争均衡价格的程度来衡量，PQv 并没有对 PQ 机制做出改进，但 P(Q)v 却优于 P(Q) 机制，而且似乎等价于 DA 机制 (Smith et al. , 1982)。

命题 15 和 16（基于 48 个实验）对于我们确定下面的预期是很重要的：交易规则之间的差别应该与我们在市场中观测到的差别相一致。那些命题还清楚地说明了任何一种制度都不会像 DA 机制一样具有良好的竞争均衡特征。最后，尽管很多实验研究支持了静态 Nash 均衡假设（比较 Smith et al. , 1982，第 3 部分 A），但是在密封出价-要价拍卖中，该假设很难得到支持。

D. 明码标价

我们作为经济人的经验通常不会覆盖所有我们之前讨论过的种种制度，日常生活中与我们最为贴近的是零售市场上普遍使用的明码标价制度，即卖者报出价格，买者要么接受要么离开。除少数个别情况（例如购买大件商品，比如汽车和房子）外，买者一般不会和卖者讨价还价。虽鲜为人知但非常重要的是，买者为他们想要购买的商品明码标价的市场也是存在的。例如，提炼厂明码标价要求购进原油，罐头生产商明码标价要求购进农产品和其他食物原料。

明码要价（出价）。过程开始时，每个卖者（买者）独立地选择一个买者（卖者）要么接受要么离开的出价（要价），然后这些价格向所有的买者和卖者公开发布。接下来，随机选出一个买者（卖者），他可以选择与任何一个卖者（买者）按照该卖者（买者）明码标出的价格进行任何不高于明码标出数量的交易，交易契约随之达成。任何卖者或买者都不可以在明码标出价格后又拒绝以该价格出售或购买商品，如果该买者（卖者）的需求没有被满足，他还可以选择第二个卖者（买者），然后向其说明自己想要（购买）出售的数量，等等。第一个买者（卖者）完成交易后，第二个买者被随机地抽取出来，如此往复。当最后一个买者（卖者）完成交易时，该过程宣告结束。交易时段结束时没有任何公开性的提示。[①] 注意在明码要价（出价）规则下，只有卖者（买

---

① 在明码标价的 PLATO 计算机化版本中，卖者的要价显示在每个卖者和买者的终端屏幕上，除了价格，每个卖者还可以选择一个他愿意供应的最大数量，但这个信息是不公开的。当某个卖者的最后一单位商品售出后，每个买者屏幕上该卖者的要价信息将被"售完"信息所取代。这个过程像那些典型的零售市场一样，保持了销售和每个卖者"存货"信息的保密性。同样，计算机化版本也要求买者交付一个固定的费用，作为其购买成本，以得到卖者的要价。作为选择，也可以要求卖者支付一定的费用，作为广告成本。

者）可以通过提高（降低）价格来传递信号。

多个实验对这个制度的特征进行了研究，这些特征可以总结如下：

命题 17：如果 $G_a^t(p)$ 和 $G_b^t(p)$ 分别表示明码要价和明码出价条件下第 t 个交易时段内成交价格在 p 或更高价格水平的契约占该时段契约总数的比例，那么对于所有的 $t>1$，$G_a^t(p) \geqslant G_b^t(p)$（W. Cook and E. Veendorp，1975；Plott and Smith，1978，1976a；F. Williams，1973）。

这个命题说明了明码标价市场上的一个经验性特征，即明码标价制度总是有利于标价的一方。如果是卖者标出要价，价格将从竞争均衡价格的上方收敛于均衡水平。

命题 18：在只有一个卖者的明码要价实验中，无论是在成本增加还是成本减少的情况下，价格都会收敛于垄断价格。而且，在成本增加的情况下（Smith，1981a）的收敛速度快于成本减少的情况下（Don Coursey，Issac，and Smith，1981）的收敛速度。在成本减少的情况下四个复制性实验中的三个收敛速度都很慢（至少需要 15 个交易时段），这似乎可归因于买者抑制购买的行为（特别是在较早时段面对较高的明码要价时）影响了卖者盈利能力最强的单位。

这个命题支持了垄断理论，但是这种说法只在有利于卖者（命题 17）的明码标价制度下成立。如果单一的卖者在有利于卖者的明码要价制度下可以获得垄断收益的话，那么在对其不利的明码出价制度下，他们的境况又将如何呢？多个买者对单一的卖者实行明码出价，这种分散的制度能否抑制垄断力量呢？

命题 19：在一个只有一个卖者和五个买者的市场上使用明码出价制度时，价格倾向于向竞争均衡价格收敛，但成交量和市场效率低于竞争均衡水平。

所以，明码出价制度确实严格限制了垄断力量，但妨碍了市场产生竞争均衡的结果。然而，平均市场效率（三个复制实验）仍然是高于垄断均衡的市场效率的。

命题 20：在成本减少的情况下，需求不足以支持多于一个的卖者，但两个具有相同成本的卖者之间会发生竞争，从而使得明码要价呈现出一个强烈的趋势（6 次复制性实验，每次都包括 15～25 个交易时段）：价格衰减至竞争均衡价格的范围内（Coursey，Isaac，and Smith，1981）。

这个命题为竞争市场假设提供了经验性的支持（Elizabeth Bailey and John Panzer，1980），而且为"出价充斥市场"对市场力量的规范

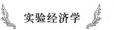

效应提供了支持（Harold Demsetz，1968）。

在上面所有的实验研究总结中，我们应该注意，每个制度都是在它们的纯形式下进行研究的，没有按照自然世界对其进行任何追加性的修正。因此，如果在一个有组织的荷式拍卖中，分配结果不是 Pareto 最优的，也许中标的出价者会在事后的交易中将标的物转售给那个保留价值最高的经济人。近似地，明码标价零售市场初期的无效率也许会被季末的廉价出售或者通过 Sears Roebuck 的特别打折商品所纠正。但是以最纯粹的形式研究制度，能够使我们更好地理解为什么有些制度在二级市场中进行了改进，另一些制度却没有。而且，一个产生有效分配的制度同样也会节省二级市场的运行成本。

在第二部分的 B 节中我们曾经表明，实验微观经济环境的科学目标之一就是"测量信息，因为我们想要识别经济人的行为模式 $[\beta(e^i \mid D)]$，以及验证来源于经济人行为理论的假设"。读者应该注意到，上面的结论中，只有命题 3 直接针对这个特别的目标。针对这个目标的实验结果的缺乏性反映出经济学理论处理制度规范以及这些制度规范下经济人信息行为的局限性。出价和拍卖理论是这种说法的少数几个例外。如果未来的实验研究想要检验经济人的信息行为理论，那么更多的这类理论应该被发展。如果这种理论不足，实验研究就只能将一些观测到的结果与标准静态竞争、垄断或 Nash 模型的最终结果分配进行比较。这也就是说，那些实验中的并不代表分配的信息只能进行一些非常有限的分配，而且进行什么分析还取决于外在的理论。

V. 结　语

经济学的核心是一个科学谜题：价格体系在没有任何人干涉的情况下完成了全部的工作。就像语言，没有人发明它。我们当中没有人能够发明它，它的运用绝不依赖于任何人对它的理解。从某种意义上说，它是文化的产物；但重要的是，价格体系使文化成为可能。如果在计划经济中将其粉碎，它会像不死凤凰一样重新建立起来，存在于贿赂、特权、权钱交易和地下交易当中。确实，计划经济的这些因素也许能够防止这个系统的崩溃。没有法律和警察可以制止它，因为警察本身就可能是个大问题，而不是解决方法。价格体系——秩序如何从自由选择中产生？——是一个科学谜题，它跟宇宙的膨胀、物质的构成一样深奥、根本和鼓舞人心。理解它就等于理解人类如何通过农业和工业革命，从狩猎和采集社会进入富足的状态，以至允许我们对宇宙的扩张、粒子的强弱约束力以及价格体系本身提出疑问。我们到底在多大程度上了解价格体系呢？在最近200年内，我们对其了解和理解得很少，但是，直到这200年的最后20年间，我们才突然严肃地觉察到：产权制度可能对价格体系的运行非常重要。

在过去20年中，微观经济学实验研究的都是一些最简单、最基础的问题，甚至可以说是一些愚蠢的问题。这是因为我们对这些研究的前提假设了解得很少；我们已经掌握的规律都需要一个全新的检验；而且实验经济学的发展才刚刚起步。最重要的是，我们需要建立一套新的理论来区别创造出的理论（作为假设的理论）和发现的理论（被观测证伪或没有证伪的理论）之间的差别。

参考文献

Bailey, Elizabeth and Panzar, John, "The Contestability of Airline Markets During the Transition to Deregulation," mimeo. , May 6, 1980.

Belovicz, M. W. , "Sealed-Bid Auctions: Experimental Results and Applications," in Vernon Smith, ed. , *Research in Experimental Economics*, Vol. 1, Greenwich: JAI Press, 1979, 279 – 338.

Butts, Robert E. , "Some Tactics in Galileo's Propaganda for the Mathematization of Scientific Experience," in his and J. C. Pitts, eds. , *New Perspectives on Galileo*, Dordrecht: Reidel, 1978, 59 – 85.

Cassady, Ralph, *Auctions and Auctioneering*, Berkeley: University of California Press, 1967.

Chamberlin, John, "Comments on the Application of Laboratory Experimental Methods to Public Choice," in Clifford Russell, ed. , *Collective Decision Making*, Washington: Resources for the Future, 1979, 161 – 166.

Glower, Robert and Leijonhufvud, Axel, "The Coordination of Economic Activities: A Keynesian Perspective," *American Economic Review Proceedings*, May 1975, 65, 182 – 188.

Cook, W. D. and Veendorp, E. C. H. , "Six Markets in Search of an Auctioneer," *Canadian Journal of Economics*, May 1975, 8, 238 – 257.

Coppinger, Vicki, Smith, Vernon and Titus, John, "Incentives and Behavior in English, Dutch and Sealed-Bid Auctions," *Economic Inquiry*, January 1980, 18, 1 – 22.

Coursey, Don, Isaac, R. Mark and Smith, Vernon, "Natural Monopoly and the

Contestable Markets Hypothesis: Some Experimental Results," department of economics discussion paper, University of Arizona, July 1981.

Cox, James, Roberson, Bruce and Smith, Vernon, "Theory and Behavior of Single Object Auctions," in V. Smith, ed. , *Research in Experimental Economics* Vol. 2, Greenwich: JAI Press, 1982.

Cross, John, "Some Comments on the Papers by Kagel and Battalio and by Smith," in Jan Kmenta and James Ramsey, eds. , *Evaluation of Econometric Models*, New York: New York University Press, 1980, 403 - 406.

Demsetz, Harold, "Why Regulate Utilities?" *Journal of Law of Economics*, April 1968, 11, 55 - 65.

Drake, C. L. and Maxwell, J. C. , "Geodynamics Where Are We and What Lies Ahead?," *Science*, July 3, 1981, 213, 15 - 22.

Dubey, Pradeep and Shub Martin, "A Strategic Market Game with Price and Quantity Strategies," *Zeitschrift fur Nationalokonomie*, No. 1 - 2, 1980, 40, 25 - 34.

Ferejohn, John, Forsythe, Robertand Noll, Roger, "An Experimental Analysis of Decision Making Procedures for Discrete Public Goods," in Vernon Smith, ed. , *Research in Experimental Economics*, Vol. 1, Greenwich: JAI Press, 1979, 1 - 58.

Fiorina, Morris and Plott, Charles, "Committee Decisions Under Majority Rule: An Experimental Study," *American Political Science Review*, June 1978, 575 - 598.

Forsythe, R. , Palfrey, Thomas and Plott, Charles, "Asset Valuation in an Experimental Market," *Economics*, May 1982, 50, 537 - 567.

Fouraker, Lawrence and Siegel, Sidney, *Bargaining Behavior*, New York: McGraw - Hill, 1963.

Freuchen, Peter, *Book of the Eskimos*, Cleveland: World Publishing, 1961.

Friedman, James and Hoggatt, Austin, An Experiment in Non - cooperative Oligopoly, Supplement 1 to Vernon Smith, ed. , *Research in Experimental Economics*, Vol. 1, Greenwich: JAI Press, 1980.

Grether, David, "Bayes Rule as a Descriptive Model: The Representatives Heuristic," *Quarterly Journal of Economics*, November 1980, 95, 537 - 557.

Hanson, N. R. , *Perception and Discovery*, San Francisco: Freeman, 1969.

Hanson, N. R. , *Observation and Explanation*, New York, 1971.

Harrison, Glenn, Smith, Vernon and Williams, Arlington, "Learning Behavior in Experimental Auctions Markets," University of California - Los Angeles, November 1981.

Hayek, Friedrich A. , "The Use of Knowledge in Society," *American Economic Review*, September 1945, 35, 519 - 530.

Hazard, J. and Christie, M. , *The Investment Business*, New York, 1964.

Hoggatt, Austin, "An Experimental Business Game," *Behavioral Science*, July 1959, 4, 192 – 203.

Hurwicz, Leonid, "Optimality and Informational Efficiency in Resource Allocation Processes," in Kenneth Arrow et al. , eds. , *Mathematical Methods in the Social Sciences*, Stanford: Stanford University, 1960, 27 – 46.

Hurwicz, Leonid, "The Design of Mechanisms for Resource Allocation," *American Economic Review Proceedings*, May 1973, 63, 1 – 30.

Hurwicz, Leonid, Radner, Roy, and Reiter, Stanley, "A Stochastic Decentralized Resource Allocation Process: Part Ⅰ ," *Econometrica*, March 1975, 43, 187 – 221; "Part Ⅱ ," May 1975, 363 – 393.

Isaac, R. Mark and Plott, Charles R. , (1981a) "Price Control and the Behavior of Auction Markets: An Experimental Examination," *American Economic Review*, June 1981, 71, 448 – 459.

Isaac, R. Mark and Plott, Charles R. , (1981b) "The Opportunity for Conspiracy in Restraint of Trade: An Experimental Study," *Journal of Economic Behavior and Organization*, March 1981, 2, 1 – 30.

Jarecki, Henry G. , "Bullion Dealing, Commodity Exchange Trading and the London Gold Fixing: Three Forms of Commodity Auctions," in Y. Amihud, ed. , *Bidding and Auctioning for Procurement and Allocation*, New York: New York University 1976, 146 – 154.

Kagel, John and Battalio, Raymond, "Token Economy and Animal Models for the Experimental Analysis of Economic Behavior," in Jan Kmenta and James Ramsey, eds. , *Evaluation of Econometric Models*, New York: Academic Press, 1980, 379 – 401.

Kaplan, Abraham, *The Conduct of Inquiry*, New York: Chandler Publishing, 1964.

Ketcham, Jon, Vernon, and Williams, Arlington, "The Behavior of Posted Offer Pricing Institutions," paper presented at the Southern Economic Association Meeting, November 5 – 7, 1980.

Koestler, Arthur, *The Sleepwalkers*, New York, 1963.

Learner, Edward and Leonard, Herman, "An Alternative Reporting Style for Econometric Results," discussion paper no. 145, University of California – Los Angeles, June 1981.

Leffler, George and Farwell, C. Loring, *The Stock Market*, New York: Ronald, 1963.

Leland, Hayne, "Theory of the Firm Facing Uncertain Demand," *American Economic Review*, June 1972, 62, 278 – 291.

Levine, Michael and Plott, Charles, "Agenda Influence and Its Implications," *Virginia Law Review*, May 1977, 63, 561 – 604.

Lucas, Robert E. , Jr. , "Tobin and Monetarism: A Review Article," *Journal of Economic Literature*, June 1981, 19, 558 – 567.

Marschak, Jacob, "Economics of Inquiring, Communicating, Deciding," *American Economic Review Proceedings*, May 1968, 48, 1 – 18.

Martin, Paul, "Prehistoric Overkill," in his and H. E. Wright, Jr. , eds. , *Pleistocene Extinctions*, New Haven: Yale University, 1967.

Mendelson, M. , Peake, J. and Williams, R. Jr. , "Toward a Modern Exchange: The Peake – Mendelson – Williams Proposal for an Electronically Assisted Auction Market," in E. Blochand and R. Schwartz, eds. , *Impending Changes for Securities-Markets*, Greenwich: JAI Press, 1979, 53 – 74.

Miller, Gary and Plott, Charles, "Revenue Generating Properties of Sealed – Bid Auctions," Social Science Working Paper No. 234, California Institute of Technology, September 1980.

Miller, Ross, Plott, Charles and Smith, Vernon, "Inter – temporal Competitive Equilibrium: An Empirical Study of Speculation," *Quarterly Journal of Economics*, November 1977, 91, 599 – 624.

Millilcan, R. A. , Roller, D. and Watson, E. C. , *Mechanics, Molecular Physics, Heat and Sound*, Boston 1937.

Plott, Charles R. , "The Application of Laboratory Experimental Methods to Public Choice," in Clifford S. Russell, ed. , *Collective Decision Making*, Washington: Resources for the Future, 1979.

Plott, Charles R. and Smith, V. L. , "An Experimental Examination of Two Exchange Institutions," *Review of Economic Studies*, February 1978, 45, 133 – 153.

Plott, Charles R. and Sunder, Shyam, "Efficiency of Experimental Security Markets with Insider Information," *Journal of Political Economy*, August 1982, 90, 663 – 698.

Plott, Charles R. and Wilde, Louis, "Professional Diagnosis vs. Self – Diagnosis: An Experimental Examination of Some Special Features of Markets with Uncertainty," in Vernon Smith, ed. , *Research in Experimental Economics*, Vol. 2, Greenwich: JAI Press, 1982.

Popper, Karl R. , *The Logic of Scientific Discovery*, London, 1959.

Reiter, Stanley, "Information and Performance in the (New)^2 Welfare Economics," *American Economic Review Proceedings*, February 1977, 67, 226 – 234.

Shapley, Harlow, *Of Stars and Men*, Boston, 1964.

Siegel, Sidney, "Decision Making and Learning Under Varying Conditions of

Reinforcement," *Annals of the New York Academy of Science*, 1961, 766 - 783.

Siegel, Sidney and Fouraker, Lawrence, *Bargaining and Group Decision Making*, New York: McGraw - Hill, 1960.

Smith, Vernon L., "An Experimental Study of Competitive Market Behavior," *Journal of Political Economy*, April 1962, 70, 111 - 137.

Smith, Vernon L., "Effect of Market Organization on Competitive Equilibrium," *Quarterly Journal of Economics*, May 1964, 78, 181 - 201.

Smith, Vernon L., "Experimental Auction Markets and the Walrasian Hypothesis," *Journal of Political Economy*, August 1965, 73, 387 - 393.

Smith, Vernon L., "Experimental Studies of Discrimination versus Competition in Sealed Bid Auction Markets," *Journal of Business*, January 1967, 40, 58 - 84.

Smith, Vernon L., "Notes on Some Literature in Experimental Economics," Social Science Working Paper no. 21, California Institute of Technology, February 1973.

Smith, Vernon L., (1976a) "Bidding and Auctioning Institutions: Experimental Results," in Y. Amihud, ed., *Bidding and Auctioning for Procurement and Allocation*, New York: New York University, 1976, 43 - 64.

Smith, Vernon L., (1976b) "Experimental Economics: Induced Value Theory," *American Economic Review Proceedings*, May 1976, 66, 274 - 279.

Smith, Vernon L., "Incentive Compatible Experimental Processes for the Provision of Public Goods," in his *Research in Experimental Economics*, Greenwich: JAI Press, 1979, 59 - 168.

Smith, Vernon L., "Relevance of Laboratory Experiments to Testing Resource Allocation Theory," in Jan Kmenta and James B. Ramsey, *Evaluation of Econometric Models*, New York, 1980, 345 - 377.

Smith, Vernon L., (1981a) "An Empirical Study of Decentralized Institutions of Monopoly Restraint," G. Horwich and J. Quirk, eds., *Essays in Contemporary Fields of Economics*, W. Lafayette: Purdue University, 1981.

Smith, Vernon L., (1981b) "Theory, Experiment and Antitrust Policy," in S. Salop, ed., *Strategy, Predation, and Antitrust Analysis*, Washington: FTC, September 1981.

Smith, Vernon L., and Williams, Arlington W., (1981a) "On Nonbinding Price Controls in a Competitive Market," *American Economic Review*, June 1981, 71, 467 - 474.

Smith, Vernon L., and Williams, Arlington W., (1981b) "The Boundaries of Competitive Price Theory: Convergence, Expectations and Transaction Cost," paper presented at the Public Choice Society Meetings, New Orleans, March 13 - 15, 1981.

Smith, Vernon L., and Williams, Arlington W., "Effect of Rent Asymmetries in Competitive Markets," *Journal of Economic Behaviour and Organization*, forthcoming.

Smith, Vernon L. , and Williams, Arlington W. , "An Experimental Comparison of Alternative Rules for Competitive Market Exchange," in Martin Shubik, ed. , *Auctions, Bidding and Contracting: Uses and Theory*, New York: New York University Press, 1982.

Smith, Vernon et al. , "Competitive Market Institutions: Double Auctions versus Sealed Bid-Offer Auctions," *American Economic Review*, March 1982, 72, 58 – 77.

Stafford, Frank, "Some Comments on the Papers by Kagel and Battalio and by Smith," in Jan Kmenta and James Ramsey, eds. , *Evaluation of Econometric Models*, New York: Academic Press, 1980, 407 – 410.

Vickrey, William, "Counter Speculation, Auctions and Competitive Sealed Tenders," *Journal of Finance*, March 1961, 16, 8 – 37.

Vickrey, William, "Auctions and Bidding Games," in *Recent Advances in Game Theory*, Princeton: Princeton University, 1962, 15 – 27.

Vickrey, William, "Auctions, Markets, and Optimal Allocation," in Y. Amihud, ed. , *Bidding and Auctioning for Procurement and Allocation*, New York: New York University, 1976, 13 – 20.

Wilde, Louis, "On the Use of Laboratory Experiments in Economics," in Joseph Pitt, ed. , *The Philosophy of Economics*, Dordrecht: Reidel, 1980.

Williams, Arlington, "Inter – temporal Competitive Equilibrium: On Further Experimental Results," in Vernon Smith, ed, *Research in Experimental Economics*, Vol. I , Greenwich: JAI Press, 1979, 225 – 278.

Williams, Arlington, "Computerized Double Auction Markets: Some Initial Experimental Results," *Journal of Business*, July 1980, 53, 235 – 258.

Williams, Fred, "Effect of Market Organization on Competitive Equilibrium: The Multiunit Case," *Review of Economic Studies*, January 1973, 40, 97 – 113.

实验经济学：回复

弗农·史密斯[*]（Vernon L. Smith）

我认为，较使用其他调查方法而言，对知识持怀疑态度更有利于科学本质的发现。[①] 一门学科的概念和假定越具基础性，它就越容易被接受，人们也越容易消除对其的怀疑。正是基于这种思想，Ronald Heiner（1985）强调从实验市场中研究获取的"知识"与诱导出这种市场中经济

---

　* 亚利桑那大学经济学系（Tucson，AZ 85721）。

　① 我相信，Popper 的证伪主义方法论的主要贡献是，它深入发展了怀疑性逻辑的尝试。虽然这种尝试失败了，但是，从某种意义上说，它已经创造出一套自成体系的程序，而这套程序又形成了科学方法论的科学（幸而它出现了，否则其他类似尝试都将失败）。在探寻科学问题的过程中，我们不应该贬低证伪主义的价值。证伪主义对于实验主义者的价值在于，迫使实验主义者提醒自己："我怎样才能设计这样一种实验，即能把一系列潜在的可观察的现象区分开来的实验？这样一来，有的现象符合既定的理论，有的现象符合其他理论。"这些实验者的努力可能成功、可能失败，但绝不会贬低这项实践的价值。它对于理论工作者（假如他将放弃事业发展的原始动力，而只是去发表一些易处理的已存在理论文献的引申）的意义是逼迫他向自己提问："我怎样才能建立一个问题的模型从而提出一个可行的实验方案，使我们能够不用遍全部的可能结果就可以得到可观测的有意义的结论？"失败的结果也不能够抹杀实践的价值。我已经表达过，我不想给你们留下这种印象：实验是在实验室里的审问盘查，然后再看什么是毫无价值的，什么是对分析和经验研究有实质性帮助的。同样，当理论家的言论看似是空中楼阁的时候，其实也并不是一无是处，因为它可以把理论更多地转换为实践。由于有了 Feyerabend 的"无奇不有"心态，就一切皆有可能。但是，我想眼下我们的专业弱点集中在哪里已经很明显了。当经济学家们还在就证伪主义夸夸其谈的时候，实证主义者已经了解了它的核心。但我们都在这么做，我们提出一个命题、假设或者理论，然后我们从史料中或实例里找证据支持自己。每个人都应该知道，寻找就可能找到，无论这个人是"凯恩斯主义者"还是一个"供给主义者"。我们对证伪主义者的探索和重视都不够，无论是没有任何证据支持的实践还是困难的寻找都是实践，如果没有这样的努力，那么许多成果在刚开始时就已经夭折了。

人预先指定价值结构的经典偏好模型。如果实验的目的在于检验一个理论（例如，供给和需求理论），而且实验没有证伪这个理论，那么这种检验对于该理论的任何前提假设都没有支持作用，而同时这个理论也是我们进行实验设计的前提。如果我们证伪了一个理论，也就是说这个理论有关经济人行为的一个或更多的假设（如期望效用最大化、期望同质、风险规避、零主观交易成本等）是有问题的，我们紧接着的任务就是修改论文中被我们质疑的行为假设。其他一些假设，如经济人具有明确定义的偏好序或经济人知道其他经济人价值函数的概率分布，实验中都不会考虑，这是因为实验设计再现（或应该再现）了被检验理论假定的环境。当用这种方法检验正式的市场理论时，我们应该意识到这个事实——我们研究的行为处在一个经济环境的实验情景中。如果我们对经济环境的实验描述有误，那么我们的研究只会增长我们的个人知识，而不会增加有关事物（自然经济进程）的知识。

尽管证伪这些创造出来的知识对于获得条件性知识、提高我们的理论能力很有必要，但如果我们意在增加自然事物的知识，那么我们最终的目的就不仅仅是使我们创造的知识与受控实验得到的证据保持一致。这就是为什么实验室与真实领域并行性特征的经验性研究是非常重要的。类似地，我们的实验和其他的研究也不应该被局限在对正式理论的检验上（例如制定法律的实验），因为这一目标会要求我们对决策制定过程施加诸多结构性的限制，这些限制的合理性可能最终还没有得到证实。最后，在我们检验一个理论的市场意义或市场假设时，研究方法不能太严格。

因此，John Kagel 等（1981）已经开始直接对偏好理论的可观测意义进行检验，这篇文献得出的结论与标准偏好理论（例如 Hicks-Slutzky 收入-补偿需求理论）一致，而且与特别广泛的需求法则假设一致，Heiner 能从自己的可适应不确定性选择模型中推出此理论。[①] 正如 Kagel 等人指出的那样，拍卖市场实验中的收敛趋势"依赖于这样的事实：

---

① 鉴于至今还没有人发现 Giffen 商品存在的严格证据（Giffen 爵士仅仅是推测，而且他对他的"实验"没有施加任何控制），教科书上预测它是一种与理论不相符的奇怪的东西（Alfred Marshall），就像没有在水星和太阳之间找到行星"Vulcan"这一失败（这次失败表明了牛顿理论的不足，也表明了水星近日点的移动）一样（David DeVorkin，1983，p. 1058）。在更多的自然领域，此举也许可以点燃大家对创造一种符合需求法则的理论的兴趣，但这有证伪的意义。与之相反，在经济学领域，它可能被认为没有发表的价值，因为它"不具备一般性"，对 Giffen 商品的好奇心已经被点燃，而且无穷无尽，当务之急，是在"多重"和"不稳定"之间找到基于 Walras 调整机制的平衡机制，虽然这种机制本身全无存在的证据。虽然已经有了好的分析实践，但迄今为止，我看到的知识只能用来教给那些一无所知的学生，尽管那些学生将建构未来的自动控制时代。

被试的行为都遵循效用最大化原则，效用最大化原则决定了消费者需求理论以及市场中向下倾斜的需求曲线"。Heiner 重点强调的是偏好不确定时标准理论的不足，而我却不希望这些研究依赖于此。确实，Kagel 等人对动物和人类偏好的研究展现出一种动态的效应或者说是一种滞后的反应，现有的偏好理论都不支持这一现象，但也许与 Heiner 提出的"不可靠偏好信念"一致。看起来这种滞后反应似乎与偏好理论的认知性、计算性解释不一致，反而与某种适应性反应解释一致。虽然偏好理论能够解释实验中代理人的静态选择，但它仍没有给出产生那些"好"预测的过程，也没有告诉我们这些代理人的行为为什么与理论不一致。对动物行为的研究并没有证伪需求理论，这可以看作对 Heiner 规则主导行为理论的支持。这里的规则显然被划为本能（基因），除非我们愿意承认除人类外的其他物种也具有了认知决策能力。

此外，在过去 25 年间（可见最近的一些论文，如 David Grether，1980；Grether and Charles，1979；特别是 Paul Slovic and Sarah Lichtenstein，1983 所做的调查和评估），众多关于不确定情况下的决策研究表明：不确定情况下的决策理论在很多方面与我们可控实验的证据相违背。我们的实验结果在众多的复制性实验中表现出稳健的特征，而且对于这些结果很多人为的解释也被系统地剔除了（这些解释有可能是支持偏好理论的）。并不是所有的人都对这些实验证据不感兴趣，在这里我想建议的是（只要我们能讲出），我们的实验方法完全可以用来检验那些重要的观点。那些新理论，比如 Heiner 在 1983 年提出的和 Soo Hong Chew 在1983 年提出的（Don Coursey 在 1982 年也提出过），眼下是很受欢迎的，特别是在研究和检验不确定性情况下的偏好理论的过程中。

然而，那些把实验结果看成对现有理论的严峻挑战的人们并不都对实验结果做如此解释。下面，我试图阐述我的一些解释，也在适当的时候解释一下 Heiner 的工作。

（1）不确定情况下的决策研究产生了很多悬而未决的异常情况。比如对市场理论（明确地以效用或价值最大化为前提假定）的实验检验并没有证伪所有的市场理论（例如，James Cox，Bruce Roberson，and Smith，1982；Plott and Louis Wilde，1982）。然而，如前所述，我们的直接检验结果与期望效用假说（EUH）是不一致的。其中某些但不是全部的异常情况已经被 Chew 的加权期望效用假说理论解决了。但我想，如果眼下就摒弃期望效用假说似乎还为时尚早，特别是它的扩展理论，但试图解决这些异常情况正是时候。

（2）我们可以找到这些异常情况的解决方法，更加正式的阐释就是：被试在市场实验情景下比在问卷调查下表现得更加理性（在现存的不确定情况下，决策理论意义上）。这是因为 Heiner（1985，p. 263）的以下推测："交换环境下的经济人可以更好地与其他经济人进行互动，这样市场对每个经济人的反馈可以指导他们的行为。"长久以来，从这些对实验市场的研究中，我认为市场可以诱导出他们更为理性的行为，被试们在做出选择时总是不得不考虑它们的成本条件。我的想法也许与 Armen Alchian（1977，pp. 27 - 32）对有意识的适应性行为的模仿和反复实验非常相似，但是我并不强调那些"有意识"的成分。①

不同的市场组织形式诱导或提取新古典主义理性行为的能力是不同的。这样相对于二级价格密封标价拍卖（94％的分配是 Pareto 最优的），英式拍卖更有效（97％的分配是 Pareto 最优的），而且其价格更接近竞拍者的第二高价（Cox，Mark Isaac and Smith，1983，pp. 73 - 75）。一个简单的解释是：在英式拍卖中有一个主导性策略，即当市场中停留的报价低于你的保留价值时，提高市场中的停留价格，但千万不要提高你的出价。从行为上说，使用这种策略的诱惑是不可抗拒的，投标者往往不假思索地运用此策略，报价信息的特征可以很好地说明这一点。根据 Heiner（1983）的模型，被试很容易（以很低的成本）意识到，也许是无意地察觉到，非最佳行为的机会成本。而二级价格密封标价拍卖中的主导策略是：按你自己的保留价值出价。这需要非常微妙的推理，尽管这使人迷惑，但是一旦你理解了，它就显得微不足道了。② 人们肯定会意识

---

① 在写这篇回复的过程中，我回忆起 Adam Smith 开始进行经济分析时，并不像主流经济学那样从偏好开始，认为偏好是现象的原始起因。他从见解深刻的公理开始研究，那些公理阐明了人在所有物种中是独特的——有与别人交换和交易的倾向（当然，人不是唯一一显示偏好的物种）。经过这样的思考之后，人们必然会产生使用语言的能力（我猜测，语言的发展可能部分是由于市场使得人们的专业化和富足成为可能）。Adam Smith 推断出一个重要的结果——交换的力量增加了财富，从而产生了专业化，而市场的范围却限制了专业化。市场因此导致经济人产生了一些非他们所愿的结果。我们要研究的是过程，这些过程包含的主要元素都不是有意识和有目的的，现代学者中除了 Hayek，都在澄清 Adam Smith 有关价值的一个悖论的烟雾中将这一思想丢失了。所以，Kenneth Boulding 说 Adam Smith 是后牛顿时代第一流的科学家就不足为奇了。

② Richard Thaler 曾经在一个研讨会上这样报告：在描述了二级价格拍卖之后，他曾经非正式地调查了经济学家们是如何出价的。这件事发生在 William Vickrey 有关这个拍卖的讨论闻名于世之前。Thaler 指出，很少有人恰好在保留价值水平报价，大多数人都认为出价至少应该稍微比保留价值低一些。早期的调查表明，包括 Allais，Ellsberg 等经济学家也得出，如果没有足够的思考时间，他们在二级价格拍卖和其他类似"悖论"中"犯错误"的次数与那些大二的学生（当然，我们支付给他们真实的货币报酬）一样多。顺便说一下，这个结果为某些成功的商业人士提出的问题给出了答案，那个问题是这样的："既然你如此聪明，为何你不能致富？"我的同学——Otto Eckstein——他之所以没有致富，是因为他将价格定在了边际成本水平。

到：如果他的出价最高，那么他将在第二高价上成交，因此他得到的剩余将独立于他的报价。所以"理性的"报价应该是通过报出自己的保留价值最大化自己的中标概率。在我们所进行的一组二级价格密封标价拍卖中，被试全部是从大学校园中招募来的（每个拍卖中被试保留价值的分配都是独立的），他们中有 1/3 在一开始报价时就好像已经了解了最优策略，还有 1/3 在成功或失败的经验中渐渐明白了这是最好的策略，另外的 1/3 并没有明确地倾向于主导性策略——一些人无意地使用了此策略，有些人很少用到，有些人的报价甚至低于自己的保留价值。对这些低于保留价值的出价进行检验发现，很多报价是如此之低，以至于它们根本不可能中标。那些报价可以被解释为"放弃"的报价，严格意义上说，它们是非理性的，至少它们在边际上是这样的。[①]

（3）很多关于不确定性条件下决策的实验研究都产生了一些不符合 EUH 的结果，这些不一致的结果根据它们对 EUH 提出的问题而有不同的解释。我认为这些解释的关键因素是：很久以前 Jacob Marschak（1968）提出的思考、计算、决策和行动成本，这些成本都是我所提出的主观交易成本（SCT）的某些部分（Smith，1982）。当然，也许有人会说，EUH 和其 Chew-Machina 形式的扩展从字面上理解缺乏理论依据，因为它们置 SCT 于正规理论之外。但这样做未免太苛刻了，对 SCT 的考虑很难像 EUH 和 WEUH 那样被规范在一个框架中，而后者可以被当作 SCT 趋于零或者结果价值大大高于固定 SCT 时的特殊情况。但是由于在决策情景中（Sydney Siegel，1961）或说明性的例子中（Smith，1982，p.934）引入了 SCT 因素，从而对标准的 EUH 理论做出了修改，标准理论就被放在了一个更大（或者说更"理性"的）的框架下进行讨论。在众多违背 EUH 的决策理论中，SCT 到底起到了多大的作用呢？

（a）我认为那些可以被 Kahneman-Tversky 的框架效应（参见 Slovic 和 Lichtenstein 的文章以及相关的论著）所解释的违背现象与 EUH 的不匹配程度相对较小。典型的例子就是在两种情况下人们面对同一选择：在一种情况下，结果以损失（死亡）的方法给出；在另一种

---

① 一位杰出的青年经济学家曾经问我：既然我已经知道占优策略的特征是如此微不足道，为什么我还要执着于二级价格拍卖实验？我经常会遇到这种问题，它已经成了我生命中的一部分。这些实验至少揭露了两件事：（1）作为经济学家，我们有多快、多容易和多想当然地去相信我们的教条（定理），并且使用这些信念将我们与事实隔离？（2）怎样才能通过实验方法使人们意识到经济学的知识世界是建立在一个与事实完全不同的基础之上的？

情况下，结果以收益（得救）的方式给出。这个例子非常好，我们用很低的成本就能够掌握（例如，一个人通过学习可以了解到死亡率是负的存活率，如果我们很难教会他这一点，我就不能认为这是一个低成本的认知问题）。我们都知道，当太阳很低的时候，在高速公路前的水塘只是个倒影，而且我们不能冒追尾的风险刹车。我并不是要说明框架效应没有意义。相反，那些例子告诉我们，如果凭直觉解决问题将是多么糟糕；它们还告诉我们，从多角度审查自己的决定是多么重要。同样，那些例子在难易程度上有所不同。第二个例子曾被 Slovic 和 Lichtenstein 引用（p. 597），它比第一个例子涉及的 SCT 问题更多。我认为第一个例子中两种情况的等价性可能比第二个例子更难表达这个意思，因此，那些"错觉"现象的暴露比其他情况更加费事。[①] 请注意，关于 SCT 的解释模糊了积极的和标准的经济理论之间的差别，但是，我从不相信这个差别是有帮助的。

（b）偏好逆转的例子可能会为我们提供更好的"错觉"，可能会需要更多的 SCT 来产生选择的一致性。然而，当激励加强时（Werner Pommerehne et al.，1982），即便是在 SCT 很大的情况下，这一现象被缓和的事实（尽管他们并没有消失）也似乎是符合被试寻求 SCT 净收益的假设的。一个偏好逆转者在那些以货币作为激励的欺诈性博弈中是很容易受到诱惑的，他的一系列决策很可能会招致资产的损失，那么他会发现他决策的不一致并对他的决策做出适当的修改吗？在这个情景下，人们在类似于市场的实验框架中测试了 EUH，J. E. Berg 等（1984）的报告显示：尽管偏好逆转的频率并没有减少，但偏好逆转涉及的总价值减少了。很显然，在被试利益和货币激励设置之间存在正的交叉作用。他们还指出，偏好逆转现象在同一批被试的多次实验中有减少的趋势。

---

① 在科学研究中，我们发现：学习者无论强弱，都会进入他们有关科学的第一阶段，即试图用大量"幼稚"的理论去解释世界是如何运行的。他们用这些天真的理论去解释物理上的事物和趋势，为这些事物和趋势寻求新概念和科学支持，求助于他们先前的理论解决与教科书上的例子不同的问题（Lauren Resnik，1983）。当然，关于 EUH 比较困难的问题是：被试什么时候"犯错"（"错觉"）（这种错觉他/她可以以或高或低的成本意识到）？什么时候理论是错误的，或者与被试面临的实际问题无关（例如，WEUH 可以比 EUH 更好地代表被试面临的情况）？大约有 1/3 的被试在二级价格拍卖中会"学会"使用占优策略，这一事实被认为类似于认识到海市蜃楼是一种幻觉，并且利己主义并不是通过将这一现象作为表面价值实现的（Vicki Coppinger et al.，1980，p. 20）。也可参见 Thaler（1983）关于认知错觉和决策中错觉的一个讨论。

（4）对 EUH 直接进行实验室检验的结果已经被用来解释保险、证券和未来市场上 EUH 明显的失败（参见 Kenneth Arrow，1982；Heiner，1983）。尽管这看起来似乎是实验室和真实世界在行为上的并行性的证据，但我认为我们在得出这种并行性时应该特别谨慎。第一个问题是两种环境中得出的证据在质量上的可比性，第二个问题是 EUH 在两种环境中失败的原因是否相同。在实验室实验中，被试所处的环境是被严格控制的而且其行为是结构化的，自然的状态被很好地定义，博弈结果也是如此。所以，实验结果可以很清楚地被解释为与 EUH 相悖，即使造成不一致的原因是对 Heiner 规则主导的代理人理论在实验室进行不恰当的延伸——规则主导的代理人在自然世界非结构化不确定性的环境中已经养成了自己的行为习惯；或者，就如我提出的那样，实验结果可以用 SCT 来解释，而 EUH 被认为是更一般的经济问题的一种受限制的情况。

下面的例子可能会帮助我们澄清某种以 EUH 解释真实世界观测到的现象时的模糊性。假设你的肋骨痛了数周还没有治愈，你的医生让你照 X 光检查是否骨折了。结果没有骨折，她告诉你："非常细的骨折在 X 光照片上是看不到的，但没有太大关系，因为无论是骨折还是擦伤，治疗方法是一样的。"你可能会想："这违背了 Savage 公理！"是吗？你怎么知道（或她怎么知道）只有两种自然状态——骨折或者擦伤——才会造成剧痛呢？有可能是肋骨下的癌变导致的剧痛吗？应该有几百种造成肋骨剧痛的原因吧，也许不值得把所有的情况都列举出来，甚至不值得去思考这些原因中哪个更加重要。以前有过类似经历的患者也许已经让你的医生获得了足够多的信息来应付这种情况，但她可能不能将她以前的经验针对这个情况组织起来，因为这种细节性的认知处理对于它的惯例既不是必要的也不是必需的。

我们举的第二个例子是很多人不愿意为罕见的灾难购买保险，尽管从 1969 年以来，政府对那些购买洪水保险的人提供津贴（这个津贴低于精算值）。这个事实违背了 EUH 吗？如果它违背了 EUH，那么我就倾向于 Heiner 的解释：人们会在针对小概率事件购买保险的准备成本（是我提出的 SCT 的一部分）和没有投保的预期损失之间进行权衡，而且为所有的事情购买保险也是不经济的。所以，现实世界中，EUH 失败了，其失败的原因是它省略了 SCT，从而阐明的是错误的经济选择问题。但它作为违背 EUH 例子的证据并不是很清晰。Arrow（p. 2）告诉我们：政府之所以为洪水保险提供津贴是因为"政府要减轻洪水真正发生时发放救济的压力"。如果我在一个易发生洪涝的平原建造了一间房子，当地偶尔会发生洪涝（在亚利桑那州，我们称之为百年不遇的洪水），如果在洪水发生时有一个标准的政治程序要求执政者宣布当地是受灾地区，然后联邦政府马上会发放救济，我也许就不会购买保险，即使以低于精算值的价格。（这并不需要人们有意识地做决定，人们有政府救济的预期，就不会买保险。）如果我没有控制好实验的设置变量，我就不知道怎么解释实验中观测到的现象。这个问题没有反映出 Arrow 所做研究的精彩之处，但反映出了控制真实世界实验的艰难。当我们问及利率或股价是否变化"太多"时，与上面同样的考虑同样适用（参见 Cagan 和 Shiller 的研究）。当证伪"事实"只是"市场上的很多学习者和部分从业者的一个印象"时，我们从中得出的推论是不明确的（Arrow，p. 4）。

但是 Stewart 发现，非专业的投机者在谷类期货中总是会承受损失，Arrow 称之为"特别意外"，而且他还问："为什么他们要进入这个市场呢？"（p. 3）我觉得他们进入市场的理由，和人们去拉斯维加斯赌博、在亚利桑那州买彩票、星期四在当地的教堂玩宾果游戏是一样的。我不知道 EUH 如何解释这些现象（众所周知，凸的、风险偏好的效用函数无法解释重复性的小赌注的赌博行为），也不知道 Heiner 的理论如何解释这些现象。我发现我们有必要接受这样的观点：如果不能找到一种完全令人满意的广泛意义上的理论，有一些人可能就是简单地喜欢赌博（古老的猎人文化造就的），而且赌博有商品价值，或许一些人就是"病态"地渴望从赌场、谷类期货或股市投机中获利。[①]

---

①　如果在所有的不确定性市场中都有一部分参与者具有"非理性"的特征，那么套期保值的保险成本和公司的资本成本都会降低。赌徒自愿地损失金钱，同时经济受益，并且对于某些类型的经济人也许只有 EUH 可以作为一种预测理论。但是根据我们的定义，这种经济人在期货、股票和期权市场上的存在会导致这些市场具有非理性特征，尽管这些市场实际上可以具有很高的分配效率。给定这样的环境，投机者的财富就会被转移到那些保值者、投资者和理性预期者手中。难道拉斯维加斯不是一个给赌徒（消费者）和理性预期者（赌场）提供交换市场的地方吗？问题也许并不是出在"为什么此类市场是无效率的"上，而是出在"我们对市场的解释错误"上。赌场和金融市场间的一个重要的技术区别是：在前者中，经济人能够从他们的投资中立即学习到结果。但是金融工具价格的可变性越大，它就越具有赌场的这种特征，而且它对于此种投资者的吸引力就越大。因此，关于证券价格变动"太大"的"断言"可能既是吸引这种投资者的结果又是其原因。

我怀疑 Adam Smith 也许会感到困惑：为什么有如此多的专业人士的兴趣集中于某些特定市场的效率和"完美性"的讨论上，但对于市场范围的决定又如此地予以关注？这一切又是如何创造社会价值的？显然在我们"理性"偏好理论提出的市场中，社会价值的创造要比某些特定市场的"不完美"重要得多。

我完全同意 Heiner 对经典偏好理论的批评，其也在应该被再次论证的根源理论之列。然而，我必须指出，我并不同意 Heiner 把"隐私"作为一个实验性条件。正如我在文章（1982，p. 933，fn. 13；p. 935）中指出的：隐私的目的是保持对偏好的控制。隐私并不能否认人们之间的联系的存在。后者能通过在受控条件下对恰当的互相依赖偏好的简单诱导来获得，如果有人想研究"效用信息"对行为的影响效果，他应该发布商品分配或代币物（类似于真实世界的收入）的信息，而不是现金支付的信息，因为这些信息是用来诱导商品分配和间接收入效用的。这种方法保持了其他人主观的分配价值和交换媒介价值的自然的不确定性。

参考文献

Alchian, Armen, "Uncertainty, Evolution and Economic Theory," in *Economic Forces at Work*, Indianapolis: Liberty Press, 1977.

Arrow Kenneth, "Risk Perception in Psychology and Economics," *Economic Inquiry*, January 1982, 20, 1 - 9.

Berg, J. E., Dickhaut, J. W. and O'Brien, J. R., "Preference Reversal and Arbitrage," in V. Smith, ed., *Research in Experimental Economics*, Vol. 3, Greenwich: JAI Press, 1984.

Chew, Soo Hong, "A Generalization of the Quasilinear Mean with Applications to the Measurement of Income Inequality and Decision Theory Resolving the Allais Paradox," *Econometrica*, July 1983, 51, 1065 - 1092.

Coppinger, Vicki, Smith, Vernon and Titus, John, "Incentives and Behavior in English, Dutch and Sealed-Bid Auctions," *Economic Inquiry*, January 1980, 18, 1 - 22.

Coursey, Don L., "Hierarchical Preferences and Consumer Choice," unpublished doctoral dissertation, University of Arizona, 1982.

Cox, James, Roberson, Bruce and Smith, Vernon, "Theory and Behavior of Single Object Auctions," in V. Smith, ed., *Research in Experimental Economics*, Vol. 2, Greenwich: JAI Press, 1982.

Cox, James, Isaac, Mark and Smith, Vernon, "OCS Leasing and Auctions: Incentives and the Performance of Alternative Bidding Institutions," *Supreme Court Economic Review*, July 1983, 2, 43 - 87.

DeVorkin, David H., "Review of N. T. Roseveare, Mercury's Perihelion from Le Verrier to Einstein," *Science*, March 4, 1983, 219, 1058.

Grether, David, "Bayes Rule as a Descriptive Model: The Representativeness

Heuristic," *Quarterly Journal of Economics*, November 1980, 95, 537 – 557.

Grether, David, and Plott, Charles, "Economic Theory of Choice and the Preference Reversal Phenomenon," *American Economic Review*, September 1979, 69, 623 – 638.

Herner, Ronald A. , "The Origin of Predictable Behavior," *American Economic Review*, September 1983, 73, 560 – 595.

Herner, Ronald A. , "Experimental Economics: Comment," *American Economic Review*, March 1985, 75, 260 – 263.

Kagel et al. , John H. , "Demand Curves for Animal Consumers," *Quarterly Journal of Economics*, February 1981, 96, 1 – 16.

Marschak, Jacob, "Economics of Inquiring, Communicating, Deciding," *American Economic Review Proceedings*, May 1968, 58, 1 – 18.

McClosky, Donald N. , "The Rhetoric of Economics," *Journal of Economic Literature*, June 1983, 21, 481 – 517.

Plott, Charles and Wilde, Louis, "Professional Diagnosis vs. Self-Diagnosis: An Experimental Examination of Some Special Features of Market with Uncertainty," in *Research in Experimental Economics*, Vol. 2, Greenwich: JAI Press, 1982, 63 – 112.

Pommerehne, Werner W. , Schnieder, Frederick and Zweifel, Peter, "Economic Theory of Choice and the Preference Reversal Phenomenon: A Reexamination," *American Economic Review*, June 1982, 72, 569 – 574.

Resnik, Lauren, B. , "Mathematics and Science Learning: A New Conception," *Science*, April 29, 1983, 220, 477 – 478.

Siegel, Sydney, "Decision Making and Learning Under Varying Conditions of Reinforcement," *Annals of the New York Academy of Science*, 1961, 89, 766 – 783.

Slovic, Paul and Lichtenstein, Sarah, "Preference Reversals: A Broader Perspective," *American Economic Review*, September 1983, 73, 596 – 605.

Smith, Vernon L. , "Economic Theory of Wager Markets," *Western Economic Journal*, September 1971, 9, 242 – 255.

Smith, Vernon L. "Microeconomic Systems as an Experimental Science," *American Economic Review*, December 1982, 72, 923 – 955.

Thaler, Richard H. , "Illusions and Mirages in Public Policy," *Public Interest*, Fall 1983, 73, 60 – 74.

明码标价拍卖与双向拍卖的定价机制比较 [*]

乔恩·凯查姆[**]（Jon Ketcham）

弗农·史密斯[***]（Vernon L. Smith）

阿灵顿·威廉姆斯[****]（Arlington W. Williams）

本文介绍的实验研究针对的是计算机化的明码标价拍卖定价机制，这种机制保存了美国零售交易的基本制度性特征。我们使用两个供给和需求设计（设计Ⅰ和设计Ⅱ）比较了明码标价和双向拍卖的市场绩效。被试的经验（行为）被看作实验的一个设置变量。实验数据表明，相对于双向拍卖机制，明码标价机制的定价更高，而效率却更低。然而，制度效应似乎与其他设计是相互影响的。另外，我们实证评价了竞争均衡、Nash 均衡和限价均衡的预测能力。

Ⅰ. 引　言

明码标价拍卖制度是指每一个卖者在每一个交易时段的开始，都会明确标出一个卖价（Smith，1976b；Plott and Smith，1978），一旦这一价格在所有买者和卖者之间公开，买者就开始以随机的顺序购买他们期望的商品数量。这可以看作一种扩展型（弱函数）博弈，卖者首先发布

---

　* 我们感谢国家科学基金对我们研究的支持，感谢 Daniel Alger 和 Glenn Harrison 对我们早期草稿的有益指正。这是一篇论文的修订版，那篇论文报告了许多其他实验，并在 1980 年 12 月 5—7 日的南方经济协会会议上第一次公开发布。关于更大型的研究中所使用的实验（本文中未包括）在另一篇文章中予以介绍。关于实验前分发给被试的说明可找作者索要。

　** 亚利桑那大学。

　*** 亚利桑那大学。

　**** 印第安纳大学。

价格信息，买者公开做出回应，报出他们想购买的商品数量。一次交易中，每一个卖者最后都会以商品"脱销"作为结束，即没有多余的产品用于销售。虽然这种定价机制在美国绝大部分零售市场上使用，但它是相对比较新的定价机制，它的出现是和 R. H. Macy 和 F. W. Woolworth 在 19 世纪后半期的零售业改革紧密联系在一起的。新生的大型零售公司的组织结构中，职员、管理者和所有者的职能相分离，并随之取代了小型所有者运营的商店。自从买卖活动通过大量的职员进行以来，这种要么接受要么放弃的明码标价制度取代了以往那种争论不休的讨价还价定价制度（Marbury，1952，p. 527）。自从 20 世纪 30 年代以来，这种定价制度就处于支配地位，并且在经济学文献中往往与反竞争行为联系在一起。

本文系统研究了明码标价拍卖机制的绩效特征。一项机制的绩效只有通过采用其他经验标准作为基准才能进行有意义的评价，所以我们对比了明码标价拍卖机制和双向拍卖市场机制的绩效。在双向拍卖中，买者和卖者在市场中都可以自由地进行报价。任何买者（卖者）都可以自由接受其他任何卖者（买者）的报价从而达成有效力的契约。这种定价机制体现出了世界上许多有组织的股票和商品交易的特征。以往对双向拍卖进行的实验检验表明，这类市场具有两个重要的特征：（1）价格迅速地收敛到理论上的竞争均衡（C. E.）价格；（2）分配的高效率（例如，Smith，1976b；Smith and Williams，1983a；Smith，Williams，Bratton，and Vannoni，1982）。所以，双向拍卖为明码标价机制提供了一个比较标准。从早期的实验研究来看，明码标价拍卖机制存在这样一种趋势，即成交价格高于竞争均衡价格。除此之外，明码标价拍卖市场与口头拍卖和谈判定价机制相比，似乎收敛的速度较慢而且效率更低（Hong and Plott，1982；Plott and Smith，1978；Smith，1982a；F. Williams，1973）。然后，这些仅仅是初步的结论：有关明码标价拍卖机制的实验数目太少，从而不能进行有意义的显著性检验（在这里，一个实验被视为一个单位的观测值）。这些实验没有检验被试经验对结果的影响，并且没有一个实验是由 25 个或更多个交易时段构成的。能否达到竞争均衡以及这个均衡能否在一个较长的交易时段中持续存在，是尚未解决的问题。既然明码标价定价机制下的竞争均衡并非典型的 Nash 均衡［参考 Alger（1979）对明码标价定价机制的分析］，那么这种定价机制下的行为就具有更大的研究价值。

Ⅱ. PLATO 明码标价定价机制

我们这里介绍的所有实验都是采用 PLATIO 系统作为公共信息传递和私人信息显示媒介。PLATO 明码标价程序允许买者或卖者坐在单独的 PLATO 计算机终端前进行交易，最多可以进行 25 个交易时段的交易。每一个被试都会看到一张记录单，这张单子上包含着一定单位数量的抽象同质商品。每一个交易时段被试都可以对 5 单位商品进行买卖。对每一单位商品而言，每个买者（卖者）都会拥有一个代表其消费（生产）这一单位商品价值（成本）的边际价值（成本）。对这些可控的单位价值进行加总就可以得到市场总体的供给和需求情况（Smith，1976a）。在实验中，每个买者（卖者）都可以通过在一个低于（高于）某商品边际价值（成本）的价格上购买（出售）该商品来赚得现金回报。买者和卖者只有进行交易才能产生利润。另外，对于买者（卖者）没有购买（出售）的商品，他们既不会受到处罚也不会获得奖励。

卖者的要价过程

图 1 是一个卖者在 PLATO 明码标价拍卖实验中看到的屏幕。在这个图中，卖者的销售量是每个交易时段 3 单位商品。在每个交易时段的开始，买者都被设置在一个"等待循环"中，并且每个卖者都被要求提交一个要价。为输入一个要价，卖者需要在他或她的终端键盘上键入一个价格；然后这个价格在卖者的屏幕上就会显示为"要价"（如图 1 所示）。当一个卖者的要价输入后，PLATO 就会将这个要价和卖者的单位成本进行比较来决定该卖者可提供的商品的最小数量和最大数量。然后卖者就会被要求提交一个数量，而且这个数量必须位于这个最大数量和最小数量之间。

卖者不能亏本出售一单位商品。卖者提供的单位商品其成本要小于或者等于卖者的要价。只要卖者的要价不低于其成本，卖者就至少应提供一单位商品，这保证了卖者诚实地进行交易，也就是说，他/她不能在标出一个要价后又拒绝以此要价来出售商品。当卖者要价低于某一卖者拥有的所有单位商品的生产成本时，他就不会再出售[①]，这时他的库存数量确定为 0，然而，在这种情况下，买者的计算机屏幕上将显示该

[①] 这时这一卖者在该价格以前也可能已将商品出售完毕。——译者注

卖者"脱销",而不是显示该卖者的要价（见图 2）。

1号卖者	交易时段——→	*1	2	3	4	5
	卖价					
第1单位	生产成本	2.45	2.45	2.45	2.45	2.45
	利润＋0.10美元的佣金					
	卖价					
第2单位	生产成本	3.15	3.15	3.15	3.15	3.15
	利润＋0.10美元的佣金					
	卖价					
第3单位	生产成本	3.20	3.20	3.20	3.20	3.20
	利润＋0.10美元的佣金					
	总利润					

卖价3.50 美元

库存数量 ＿＿＿ 要价

最大库存 3
最小库存 1

请在"库存数量"一栏输入你愿意在 3.50 美元的价格水平上出售的商品数量。你所选择的数字必须不大于上面给出的"最大库存"，并且不小于"最小库存"。完成输入，请按"下一步"（NEXT）；修改要价，请按"切换/编辑"（SHIFT/EDIT）。

图 1　明码标价市场中卖者屏幕所显示的信息

4号买者	交易时段——→	*1	2	3	4	5
	转售价值	3.40	3.40	3.40	3.40	3.40
第1单位	购买价格					
	利润＋0.10美元的佣金					
	转售价值	3.20	3.20	3.20	3.20	3.20
第2单位	购买价格					
	利润＋0.10美元的佣金					
	转售价值	2.95	2.95	2.95	2.95	2.95
第3单位	购买价格					
	利润＋0.10美元的佣金					
	总利润					

1号卖者	2号卖者	3号卖者	4号卖者
3.50	3.30	脱销	3.40

你现在可以开始进行购买。如果你要购买某个卖者的商品，请按该卖者对应的键，如果按错键，请按"返回"（BACK）；否则，确认购买，请按"数据"（DATA）。你可以购买你能够购买的最大数量。当你完成购买时，请按"实验室"（LAB）。

图 2　明码标价市场中买者屏幕所显示的信息

最大单位数量和最小单位数量在卖者具有上升或者下降的边际成本时具有不同的含义。当卖者具有上升的边际成本时，其出售任何一单位都不会获得负利润。而当卖者具有下降的边际成本时，这些数量有可能使他在第1单位的出售中承受损失。而出售后面单位所获取的利润则可以弥补该损失。

对于卖者而言，计算出在某一标价水平上可以获得的利润可能具有一定的难度（特别是在具有下降的成本时），所以 PLATO 总是会自动通知卖者，如果其所有的商品都被出售他能获得的潜在利润。如果卖者不可能盈利，PLATO 就会自动发出警告提示。

如果卖者已经确定好了要价和数量，他/她就可以按屏幕上显示的"要价"键（见图1），之后，卖者的要价会提交到明码标价市场。在按下"要价"键之前，卖者可以任意修改要价和数量，但是一旦提交到市场，在该交易时段内，卖者就不能再修改其要价。

买者的接受过程

图2表示的是在一次明码标价实验中显示在买者计算机屏幕上的信息。在这个例子中，买者在每个交易时段的购买量是3单位的商品，而且在市场中有4个卖者。

当所有卖者都确定了要价和数量后，这些要价将显示在每位买者的屏幕上，如图2所示。然后，PLATO 将卖者放入一个"等待循环"，并且随机确定买者的购买顺序。一个时刻只有一个买者被允许进行购买，购买时间由他自己决定。如果买者想要从某位卖者处购买商品，他只需按下屏幕上代表该卖者标价的键（见图2），然后确认购买。此时，PLATO 将把这一购买信息显示在相应的卖者屏幕上，并自动把该交易信息记入相应买者和卖者的记录单。每个买者最多可以购买他能购买的最大单位商品，而且可以向任何卖者购买。但是，买者的购买具有两个约束条件：

（1）买者不能购买标价大于边际价值的单位商品，这样会产生负利润。

（2）买者不能从已经售完的卖者处进行购买。当卖者不再有商品出售时，买者的屏幕上将会显示该卖者"脱销"（见图2）。

当第一个买者完成购买以后，随机顺序中的下一位买者将进行购买。这样的购买过程一直重复下去，直到所有的买者都拥有一次购买机会。当最后一位买者完成购买时，当前的交易时段也就宣告结束。在每个交易时段，买者和卖者都遵循这样的交易过程。

必须强调的一点是，在明码标价拍卖的实施过程中，提供给卖者和买者的信息都是非常有限的。每个被试的单位价值信息是严格保密的，只有他自己和实验者知道。每个买者都只能看到所有卖者的要价信息，但看不到他们的数量信息。只有当看到"脱销"信息时，买者才知道相应的卖者已经售完了他所有的单位。除了买者本人购买的商品之外，他/她对该交易时段内其他买者的购买情况一无所知。和买者不同，卖者或者可以或者不可以看到其他卖者的要价信息，这个重要的设置变量由实验者进行控制。PLATO 计算机程序还允许我们进行这样的实验，其中买者想看任何卖者的价格都是需要缴费（搜索成本）的，或者卖者必须花费一定的成本（广告成本）才能展示其要价。同买者一样，卖者也仅仅知道他们自己的交易情况。

Ⅲ. 双向拍卖和明码标价交易机制的比较

实验设计

实验中的机制是由 A. Williams（1980）设计开发的 PLATO 计算机化双向拍卖机制。本部分所采用的双向拍卖实验，有一部分来源于 Smith 和 Williams（1983a）报告的结果。下文的分析还包括 6 个以前未报告过的双向拍卖实验。

作为基准与明码标价拍卖机制进行比较的 PLATO 双向拍卖特别版本是由 Smith 和 Williams（1983a）建立的，这个版本的收敛速度最快、市场效率最高。这个版本融入了"出价-要价区间递减原则"和"等级队列"。根据出价-要价区间递减原则，一项新的报价的提出只有当它有助于缩小市场现行的出价和要价之间的差距时，才会被市场（或者说公众）所接纳。不满足出价-要价区间递减原则的报价在进入市场之前都将被排入队列，其中出价从高到低排列，要价从低到高排列。这种等级队列机制就是纽约股票交易所中"专家指南"的一个电子版本。

因为在双向拍卖市场中买者和卖者都能看到符合出价-要价区间递减原则的所有报价，所以在明码标价市场，卖者被允许（同样还有买者）看到历史交易的所有要价。因此，买者和卖者给定的信息范围在两种市场机制中是类似的。

本研究所进行的市场比较主要采用了两种不同的实验设计。表 1 给出了设计Ⅰ中（标准化）买者的转售价值和卖者的生产成本。这些价值和成本产生的一个供给和需求状况由图3的左边部分给出。竞争均衡的交易数量是7单位，通过在不同实验中为所有买者和卖者的价值增加任意常数，均衡价格随之不断变化。需要注意的是，竞争均衡处产生的消费者剩余和生产者剩余相等（总数为每个交易时段6.20美元）。此外，为了补偿交易过程中产生的主观成本，每位被试从每一单位商品的交易中还可以获得0.10美元的佣金。这诱使一单位商品以其价值或成本水平进行交易。[①]

表 1　　　　　　　　设计Ⅰ中被试的单位价值对P_C的偏离

	第 1 单位	第 2 单位	第 3 单位
1 号买者	0.95	−0.10	−0.25
2 号买者	0.70	0	−0.05
3 号买者	0.45	0	−0.15
4 号买者	0.25	0.05	−0.20
1 号卖者	−0.95	0.10	0.25
2 号卖者	−0.70	0	0.05
3 号卖者	−0.45	0	0.15
4 号卖者	−0.25	−0.05	0.20

设计Ⅰ明码标价定价机制下的竞争均衡并不是一个 Nash 均衡。因此，从表1或图3的供给与需求状况中我们可以看出，如果除了 i 以外的所有卖者都明码标出要价 $P_C=4.70$，那么显示出来的竞争均衡供给就是：如果 $i\neq 1$，则 $S(P_C)=5$；如果 $i=1$，则 $S(P_C)=6$。在这种条件下，如果偏离的卖者是 $i=2$、3 或者 4，那么这些卖者可以在高于 P_C 的价格上增加利润。举例说明，如果 2 号卖者提交的要价 P_C 与其他卖者保持一致，那么他可以获得 0.70 美元的利润（加上 0.20 美元的佣金）。现在，如果令 2 号卖者的要价 $P_2=5.15$ 美元，那么 1 号、2 号或 3 号买者都将会有 3/4 的概率最终购买 2 号卖者的商品，并且无论哪一个买者购买，2 号卖者都会卖出一单位商品，这样所产生的平均利润为

[①]　Smith 和 Williams（1983b）进行了许多旨在揭示双向拍卖下能够引起交易的每笔交易最低利润的实验。这个最低利润似乎多于 5 美元且少于 10 美分。

$(3/4) \times (5.15 - 4.00) = 0.862\ 5$（美元）（加上 0.075 美元的佣金）。因此，2 号卖者都是获利的。当然，我们的这种分析是假定买者完全显示其需求，并且假定主观交易成本不大于任何交易者的佣金。我们不能确定设计 I 是否有很多或者没有 Nash 均衡，但是单从以上例子所显示的来看，竞争均衡并非 Nash 均衡。读者可以采用大量的组合概率来检验是否存在 Nash 均衡。

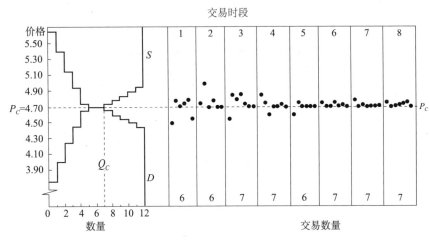

图 3　双向拍卖实验：2DA24

在双向拍卖规则下，设计 I 中的竞争均衡就是一个 Nash 均衡。在这种情况中，如果所有的买者（卖者）——除一个参与者外（一个买者或卖者）——都以竞争均衡价格对每个可盈利的单位出价（要价），那么剩下的那个参与者对于可盈利的单位无论怎么出价（要价）都不会比以该竞争均衡价格出价（要价）更加有利可图。

与设计 I 中对称的供给和需求状况不同，设计 II 为 3 个卖者中的每一个都赋予了固定的成本，并且不再对被试支付佣金。表 2 给出了在这种设计下每单位商品的边际价值。图 8 的左边给出了这些成本和价值导致的供给和需求状况。同前面一样，这些价值随着任意常数的增加在不同的实验中是不断变化的。设计 II 中的市场结构是三头垄断的一个变种，在这种市场结构中，生产成本最高的卖者将会被挤出市场之外。在这种设计下，我们可以定义两种市场可能会收敛到的价格。较低的价格与竞争均衡价格一致。因为在这个设计中有好几个价格可以使市场出清，那么竞争均衡价格就取这个价格集合的中点（在图 8 中标为 P_C）。第二种选择是，市场也可以趋于一个"限制价格"均衡，在这种情况下，成本最高的卖者将会被逐出市场（在图 8 中标为 P_L）。在固定成本约束下，这种限制性价格将与成本最高者的成本相等。在 P_C 点，两个成本较低的卖者可以将他们所有的 10 单位的商品全部卖出。在 P_L 点，这两个成本较低的卖者最多只能卖出 9 单位商品。在 P_C 点，被试在每个交易时段可以赚得 4.30 美元，而在 P_L 点则会少赚 0.05～0.15 美元，这取决于边际单位商品能否进行交易。虽然在这种设计中没有支付佣金，但是竞争均衡价格 10 美分的波动范围为边际单位商品的供给和需求提供了正的回报。

表 2	设计 Ⅱ 中被试的单位估价与 P_C 的偏离				
	第 1 单位	第 2 单位	第 3 单位	第 4 单位	第 5 单位
1 号买者	0.77	0.12	-0.08	-0.28	—
2 号买者	0.67	0.17	-0.03	-0.23	—
3 号买者	0.57	0.27	0.02	-0.18	—
4 号买者	0.47	0.37	0.07	-0.13	—
1 号卖者	-0.13	-0.13	-0.13	-0.13	-0.13
2 号卖者	-0.03	-0.03	-0.03	-0.03	-0.03
3 号卖者	0.07	0.07	0.07	0.07	0.07

在设计 Ⅱ 中，我们可以确定一个 Nash 均衡，该均衡不同于竞争均衡，但接近限制价格均衡。为了说明这种设想，我们假定没有买者（卖者）会在不低于（高于）边际价值（成本）0.01 美元的价格水平上购买（提供）商品。也就是说，交易成本是正的，但是低于 0.01 美元。在这种情况下，设计 Ⅱ 中明码标价的 Nash 均衡向量（在竞争均衡价格上标准化）为 $(P_1, P_2, P_3)=(0.05, 0.06, 0.08)$，相应地，出售的数量为 $(Q_1, Q_2, Q_3)=(5, 4, 0)$，这里的下标 1、2 和 3 分别表示单位成本较低、中等和最高的卖者，详见表 3。在 $P_3=0.08$ 的前提下，表 3 以价格 P_1 和 P_2 的函数的方式给出了 1 号卖者和 2 号卖者的利润。为了证明这是一个 Nash 均衡，首先要注意在给定的 P_1 和 P_2 为 0.08 或者更低的情况下，3 号卖者可能不会有比 $P_3=0.08$（图 8 中的 4.76）的要价更好的选择。所以，1 号卖者和 2 号卖者在价格上采取的全部行动将会严格低于 $P_3=0.08$（否则，1 号卖者和 2 号卖者获得的利润将会低于表 3 中所给出的潜在值）。表 3 中的计算是根据我们关于交易成本和买

者关于交易数量选择的假定直接给出的。因此，在标准化定价（P_1，P_2，P_3）＝（0.07，0.07，0.08）［也就是图 8 中的（4.75，4.75，4.76）］上，无论买者购买的顺序如何，都将会有 8 单位商品被卖出。因此，1号卖者和 2 号卖者每人出售 3、4 还是 5 单位商品取决于买者如何在他们二者之间分配购买数量。如果这种分配是随机的，那么每个卖者的期望销售数量就会是 4 单位，这样 1 号卖者每个交易时段将会获得 0.08美元的利润，而 2 号卖者则在每个交易时段获得 0.04 美元的利润，如表 3 所示。在价格（P_1，P_2，P_3）＝（0.06，0.07，0.08）上，1 号卖者每个交易时段提供 5 单位商品，获得 0.95 美元的利润；而 2 号卖者则提供 3 或 4 单位商品，这依赖于 4 号买者在购买者队列中是处于第三、第四还是处于第一和第二的位置。因此，如果 4 号买者在第三、第四位置上购买，那么他的最后一单位商品必定要从 2 号卖者手中购买，并且在 P_2＝0.08 的价格上，4 号买者不会购买超过 2 单位的商品。但是，如果 4 号买者处于购买次序的第一和第二位置上，他可能会从 1 号卖者处以 P_1＝0.06 的价格购买 3 单位商品，即 1 号卖者会出售 9 单位商品，而 2 号卖者会出售 4 单位商品。因此，2 号卖者在每一个交易时段的期望销售数量为 3.50 单位，期望利润为 0.35 美元。[①] 表 3 中其他单元格中数值的计算可以采用同样的推理得出。在表 3 中 P_1＝0.05 和 P_2＝0.06 的定价上，1 号卖者和 2 号卖者在其他卖者售价给定的情况下都不可能增加他们各自的利润，这样就产生了 Nash 均衡（P_1，P_2，P_3）＝（0.05，0.06，0.08）。

被试全部是亚利桑那大学经济学专业的学生。在那些"多地点"的实验中，被试是从亚利桑那大学和印第安纳大学招募来的（在美国，有超过 100 个 PLATO 站点通过电话线连接在伊利诺伊大学的一台中央计算机上，它允许被试在多个地点进行交易）。

每一个向 PLATO 实验室报到的被试都会因遵守约定而获得 3 美

---

① 以下面两个假设为前提，以 Cournot 模型为依据，可以建立 Nash 均衡状态的计算基础：（1）所有的交易者都在交易成本为零的条件下交易。（2）所有买者（和卖者）同时进入市场，要么所有的交易在同一价格进行，要么当卖者提交不同价格时，每个卖者的需求视其他卖者提交的价格而定，而不是视每个买者的购买顺序而定。［请参见 Shubik（1959，pp. 82 - 91）和 Alger 关于条件需求的一个矫正设置。］设计 Ⅱ 和设计 Ⅰ 的例子展示了 Nash 均衡计算对这些假定的敏感度。同时在这些例子中，需要注意的是，如果支付结果依赖于制度规则，那么Nash 均衡的策略选择（如果存在的话）在信息空间是直接存在的（Smith，1982b，pp. 926 - 927，938）。在明码标价定价机制下，买者在交易时段内以随机顺序进入市场。这就使明码标价的配置、支付和交易数量的各种概率分布计算成为可能。

元。当所有被试都到达以后，他们每个人都会被随机地安排在一台计算机终端机前。然后，PLATO 会为每一位被试随机指定一个买者或者卖者的身份，并为他们提供单位商品的价值或者成本。接着，被试就会拿到一份他们可以单独阅读的实验说明。当所有的被试都阅读完实验说明后，PLATO 就会开始执行实验，监督每一个被试的操作过程并且强制执行市场机制的规则。在实验的结束阶段，每位被试都会根据他们在实验过程中的累积收益获得支付。

表3 3号卖者要价 $AC_3 = P_C + 0.07$ 时 1 号卖者和 2 号卖者的期望利润（π_1，π_2），设计 II

		P_2 为 2 号卖者的要价（$AC_2 = P_C - 0.03$）			
	$\dfrac{\pi_2}{\pi_1}$	0.07	0.06*	0.05	0.04
P_1 为 1 号卖者的要价（$AC_1 = P_C - 0.13$）	0.07	0.40	0.45	0.40	0.35
		0.80	0.70	0.70	0.70
	0.06	0.35	0.41	0.40	0.35
		0.95	0.86	0.76	0.76
	0.05*	0.35	0.36	0.36	0.35
		0.90	0.90	0.81	0.72
	0.04	0.35	0.36	0.32	0.32
		0.85	0.85	0.85	0.77

注：* 表示 Nash 均衡要价。

实验结果

在这一部分中进行的 24 个实验的结果如下所示：

设计 I

双向拍卖（DA）

没有经验的被试：3 个实验（2DA17、2DA21、2DA24）

有经验的被试：3 个实验（2DA20x、2DA47x、2DA53x）

明码标价拍卖（PO）

没有经验的被试：3 个实验（PO7i、PO12i、PO19i）

有经验的被试：3 个实验（PO27ix、PO32ix、PO17ixs）

设计Ⅱ

双向拍卖（DA）

没有经验的被试：3 个实验（3DA16、3DA18、3DA19）

有经验的被试：3 个实验（3DA28x、3DA30x、3DA36x）

明码标价拍卖（PO）

没有经验的被试：4 个实验（PO4i、PO5i、PO11i、PO22i）

有经验的被试：2 个实验（PO14ix、PO25ix）

明码标价拍卖实验名称中的字母"i"表示卖者对所有的要价拥有完全信息，而在双向拍卖和明码标价拍卖实验中的字母"x"则是指有经验的被试。如果被试之前至少参与过一个使用相同交易规则的实验，那么他们就被认为是"有经验"的。但是，在前一实验中担任买者（卖者）角色的被试没有必要在"x"局（即有经验的）实验中继续扮演买者（卖者）（除了下面将要介绍的实验 PO17ixs）。

设计Ⅰ中 4 个样本实验的成交价格在图 3～图 6 中依次以"圆点"形式绘出，设计Ⅱ中 2 个样本实验的成交价格在图 8 和图 9 中绘出。明码标价实验中的"圆圈"表示没有被接受的价格。设计Ⅰ中的双向拍卖实验完成了 10 个交易时段之后就不再继续了，因为这种机制的收敛性质已经被很好地证明了。在明码标价拍卖实验中，我们要在两个小时一局的实验中进行尽可能多的交易时段（通常为 25 个交易时段）。图 7 和图 10 分别描绘出了设计Ⅰ和设计Ⅱ实验中每个交易时段的成交价格对竞争均衡价格的平均偏离。

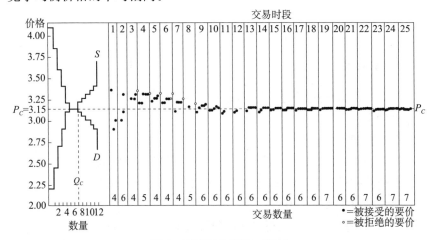

图 4　明码标价实验：PO7i

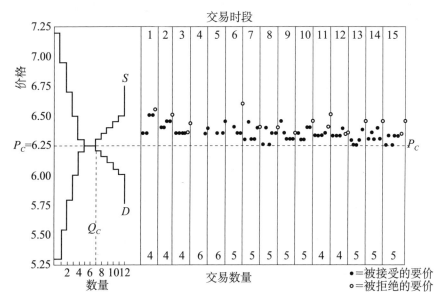

图 5　明码标价实验：PO12i

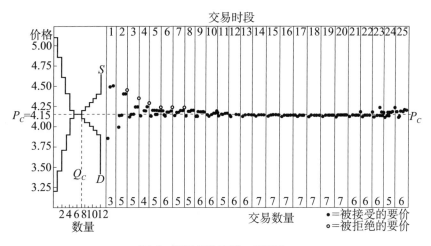

图 6　明码标价实验：PO17ixs

　　除了我们希望读者研究的这些总结性的和单幅图以外，我们还利用线性回归估计检验了不同的设置变量对价格收敛过程的影响。在每一个回归检验中，我们都使用三个因变量中的一个来检验与竞争均衡价格的"靠近"程度。正如下文所显示的那样，我们必须使用多个测度观测值与竞争均衡理论预测值之间差距的测量方法，因为没有哪一个单一的数

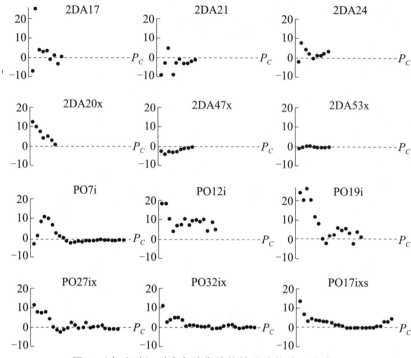

图7 （各实验）对竞争均衡价格的平均偏差，设计 I

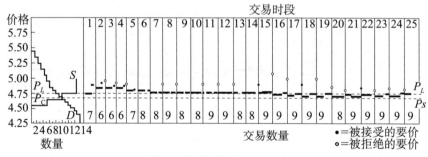

图8 明码标价实验：PO5i

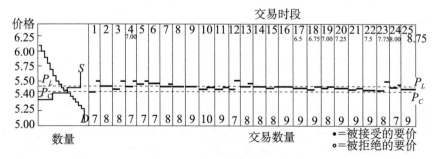

图9 明码标价实验：PO14ix

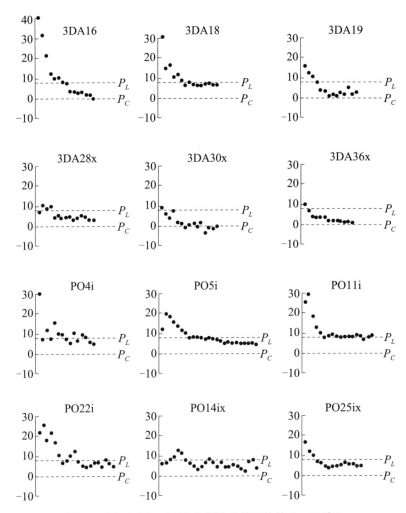

图 10　（各实验）对竞争均衡价格的平均偏差，设计Ⅱ

量能够充分地满足要求。而且，每个实验都包括一系列使用特定测度方法的观测值。因此，如果每个实验都是一个服从随机抽样误差（源自从参与的买者和卖者总体中进行随机抽样的方差）的基本观测单位，那么我们就有必要将每个实验的观察集转换成一个单个的数字，并且如果要使转换的偏差最小化，我们在所有实验中的转换规则就必须保持一致。基于以上考虑，我们采用了以下三种测量方法：

（1）成交价格对竞争均衡价格的渐近均方根误差（RMSE）：

$$r^0 = \lim_{t \to \infty} r(t) = \frac{a}{1-b} \tag{1}$$

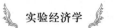

其中，a 和 b 为 $r(t)$ 的一阶差分方程的最小二乘估计：

$$r(t) = a + br(t-1) + \varepsilon_t, \quad |b| < 1, \quad t = 2, \cdots, T \tag{2}$$

在式（2）中，$r(t)$ 为第 t 个交易时段成交价格的 RMSE，也就是说：

$$\begin{aligned} r^2 &= \frac{1}{Q(t)} \sum_{q=1}^{Q(t)} [P_q(t) - P_C]^2 \\ &= \frac{1}{Q(t)} \sum_{q=1}^{Q(t)} [P_q(t) - \bar{P}]^2 + [\bar{P}(t) - P_C]^2 \end{aligned} \tag{3}$$

其中，$P_q(t)$ 为第 t 个交易时段的第 q 个成交价格，$Q(t)$ 为第 t 个交易时段达成的所有成交的数量。注意在式（3）中，RMSE 既依赖于价格的方差又依赖于平均价格对竞争均衡价格的离差。在我们采用的三种测量方法中，r^0 只是对每个实验中基于所有价格信息的显示性价格收敛行为的一种测度。

在设计Ⅱ中，Nash 均衡和限制价格均衡在概念上与竞争均衡是不同的，而且其相应的 r^0 值可以计算出来。由于 Nash 均衡（给定我们关于主观成本的假设）是 $(P_1, P_2, P_3) = (0.05, 0.06, 0.08)$，$(Q_1, Q_2, Q_3) = (5, 4, 0)$，那么由此得出的 Nash 渐近 RMSE 就是 $r_N^0 = [(5 \times 0.05^2 + 4 \times 0.06^2 + 0 \times 0.08^2)/9]^{\frac{1}{2}} = 0.055$（美元）。类似地，限制价格的渐近 RMSE 就是 $r_L^0 = [(5 \times 0.07^2 + 4 \times 0.07^2 + 0 \times 0.07^2)/10]^{\frac{1}{2}} = 0.07$（美元）。如果我们观测到 $r^0 \neq 0$（竞争均衡的预测值，由于 r^0 在竞争均衡价格上标准化了），那么我们就可以根据这些 r_N^0 和 r_L^0 值来研究数据是否支持 Nash 均衡和限制价格均衡的预测。

（2）在第 t 个交易时段，成交价格对竞争均衡价格的平均误差（ME）为：

$$\delta(t) = \frac{1}{Q(t)} \sum_{q=1}^{Q(t)} (P_q(t) - P_C) \tag{4}$$

对"均衡"ME 的一种测量 δ^0 是 $\delta(t)$ 在第 7 个、第 8 个和第 9 个交易时段的平均值。在设计Ⅱ中，Nash 均衡的 ME 是 $\delta_N^0 = (5 \times 0.05 + 4 \times 0.06 + 0 \times 0.08)/9 = 0.054$（美元），而限制价格理论的 ME 是 $\delta_L^0 = 0.07$（美元）。

（3）第 t 个交易时段的效率为：

$$E(t) = \frac{\sum_{i=1}^N \pi_i(t)}{\sum_{i=1}^N \pi_i^C(t)} \tag{5}$$

式中，N 是交易者的数量，$\pi_i(t)$ 是交易者 i 实现了的利润（不包括佣金），$\pi_i^C(t)$ 是交易者 i 的竞争均衡利润。我们用 $E(t)$ 在第 7 个、第 8 个和第 9 个交易时段的平均值 E^0 作为对"均衡"效率的测量，在设计 II 中，Nash 均衡的效率 $E_N^0 = 98.8$，限制价格均衡的效率 $E_L^0 = 96.5$。

三个数量指标 r^0、δ^0 和 E^0 测度的对象是不同的。对于给定的平均价格，价格变动的差异反映在 r^0 中，而不是 δ^0 中。交易产生的收益都被提取出来时的效率情况不会在 r^0 和 δ^0 中反映出来。当且仅当交易可能产生的收益都被实现时，效率才是 100%。同时，如果与双向拍卖机制相比，明码标价拍卖价格向上偏离 P_C，那么这种性质在 δ^0 中的反映要比在 r^0 中充分。[①]

表 4 的前 6 列给出了基于所有 24 个实验数据的一阶差分方程（2）的回归结果。大多数的回归是高度显著的，只有三组由没有经验的被试参加的实验（2DA17、2DA21 和 PO4i）除外。第 7 列给出了对方程（1）的渐近 RMSE 价格离差，而第 8 列和第 9 列则分别给出了每个实验的平均 ME 价格离差和第 7～9 个交易时段的平均效率。总的来说，有经验的被试参与的实验比没有经验的被试参与的实验在 r^0 值和 δ^0 值上更接近 0，在 E^0 值上更接近 100%。类似地，双向拍卖机制的测量值似乎比明码标价拍卖机制的测量值更接近竞争均衡的预测值。

对于每个设置变量的边际（线性）效应的一种更为精确的确定可以从下面这个回归方程中得到：

$$y_k^0 = K + \alpha X_k + \beta P_k + \gamma D_k + \varepsilon_k \tag{6}$$

其中对于实验 $k = 1,\ 2,\ \cdots,\ N$

$$y_k^0 = \begin{cases} r_k^0 \\ \delta_k^0 \\ E_k^0 \end{cases},\quad X_k = \begin{cases} 0, & \text{如果实验 } k \text{ 中的被试是没有经验的} \\ 1, & \text{如果实验 } k \text{ 中的被试是有经验的} \end{cases}$$

$$P_k = \begin{cases} 0, & \text{如果实验 } k \text{ 采用双向拍卖规则} \\ 1, & \text{如果实验 } k \text{ 采用明码标价规则} \end{cases}$$

$$D_k = \begin{cases} 0, & \text{如果实验 } k \text{ 采取设计 I} \\ 1, & \text{如果实验 } k \text{ 采取设计 II} \end{cases}$$

---

① 读者需要注意，等式（2）的回归估计被归类为一个小的样本偏差，一般来说，同规模的样本，双向拍卖实验的这一偏差比明码标价实验要小。

表 4

收敛性测度

实验	(1) a	(2) b	(3) R^2	(4) F	(5) $d.w.$	(6) $T-1$	(7) r^0	(8) δ^0	(9) E^0
设计 I：									
2DA17	0.081 3	0.027 7	0	0.47	1.00	8	0.112 5	−0.009	99.65
2DA21	0.067 8	0.117 8	0	0.12	1.44	9	0.076 9	−0.029	97.92
2DA24	0.000 1	0.849 6	0.84	44.4	1.01	9	0.000 6	0.019	93.40
2DA20x	−0.012 4	0.948 7	0.96	134.2	2.25	6	0	0.003	100.00
2DA47x	0.001 9	0.870 1	0.44	6.58	1.97	8	0.014 5	−0.016	99.31
2DA53x	0.012 6	0.096 4	0.14	2.12	2.82	8	0.013 9	−0.008	100.00
PO7i	0.003 2	0.741 1	0.87	149.8	1.76	24	0.012 4	0.019	89.24
PO12i	0.047 7	0.461 4	0.29	6.36	2.41	14	0.088 6	0.085	86.46
PO19i	0.019 1	0.711 7	0.55	19.4	2.29	16	0.066 2	−0.002	92.71
PO27ix	0.004 9	0.703 9	0.71	52.1	2.40	22	0.016 6	−0.015	100.00
PO32ix	0.009 2	0.383 5	0.71	58.2	1.04	24	0.014 9	0.012	92.02
PO17ix	0.012 3	0.468 3	0.85	129.4	1.87	24	0.023 2	0.027	97.92

续前表

实验	(1) a	(2) b	(3) R^2	(4) F	(5) $d.w.$	(6) $T-1$	(7) r^0	(8) δ^0	(9) E^0
设计II:									
3DA16	0.020 7	0.687 8	0.93	183.9	1.45	14	0.066 2	0.060	97.29
3DA18	0.034 5	0.522 6	0.73	36.7	2.96	14	0.072 2	0.066	94.57
3DA19	0.011 1	0.653 4	0.80	48.9	2.37	13	0.031 9	0.007	98.84
3DA28x	0.014 7	0.739 3	0.45	11.5	2.28	14	0.056 3	0.044	98.84
3DA30x	0.011 4	0.590 1	0.46	11.9	2.25	14	0.027 9	−0.003	89.54
3DA36x	0.007 4	0.491 8	0.88	78.7	0.98	12	0.014 6	0.018	96.90
PO4i	0.076 7	0.095 8	0	0.54	2.08	14	0.084 8	0.070	96.89
PO5i	0.002 7	0.921 0	0.86	145.4	1.04	24	0.033 8	0.081	94.19
PO11i	0.009 4	0.769 4	0.81	76.3	2.17	14	0.040 9	0.078	96.51
PO22i	0.012 7	0.819 4	0.75	53.7	2.09	19	0.070 5	0.092	90.31
PO14ix	0.033 1	0.530 0	0.25	8.86	1.65	24	0.070 5	0.070	97.29
PO25ix	0.018 3	0.644 0	0.91	139.2	1.29	14	0.051 5	0.048	97.29

对方程（6）中的系数（K，α，β，γ）的最小二乘估计结果，以及对设计 I 和设计 II 中的（K，α，β）各自的估计结果由表 5 给出。早期的实验结果表明，先验地，我们可以预期被试的经验能够缩小价格对竞争均衡的偏离，并且提高效率。同时，我们还可以预期明码标价定价机制（相对于双向拍卖定价机制）能够扩大价格对竞争均衡的偏离，并且降低效率。最后，在设计 II 中，由于在限制价格或更低的水平上只存在两个活跃的竞争者，我们可以预期设计 II（相对于设计 I）可以减弱竞争的激烈程度，也就是说，扩大价格对竞争均衡的离差，并且降低效率。既然我们存在先验预测（在进行回归之前我们确实将它们写了下来），那么对于表 5 中虚拟变量的系数，单侧显著性检验就更加适合。除了效率稍微有所提高（而不是降低）外，表 5 中列出的结果支持所有预测。但是设计变量 D 的检验结果却并不显著。在所有的回归中，经验和定价机制的影响与上面的预期都是相符的，包括那些单独对两种设计所进行的回归。

然而，应该注意的是不同设置效应的显著性水平（括号中的 t 值）向竞争均衡"趋近"的程度，不同的测量方法之间是不稳定的，而且它们在设计 I 和设计 II 之间也是不稳定的。因此，被试的经验对设计 I 中 RMSE 的价格测度和效率就有一个显著的影响，但是在设计 II 中，这种影响并不显著。这与设计 II 中竞争程度较弱的假设是一致的。类似地，定价机制和不同设计的设置对 ME 的价格测度也有着显著的影响，但对于渐近 RMSE 价格测度的影响不显著。在 RMSE 和 ME 测度之间存在的行为差异反映出两种信息差别。第一，交易时段内的价格变动影响 RMSE，但不影响 ME。因此，如果明码标价机制下的成交价格在数值上高于双向拍卖机制的成交价格，同时在变动程度上低于双向拍卖机制的成交价格的话，那么机制设置对 RMSE 价格指标的影响就会小于对 ME 价格指标的影响。第二，既然 RMSE 测度的是一个实验所有交易时段的观测值所包含的渐近均衡趋势，那么它所包含的信息自然要比 ME 多（尽管不是无偏的）。因此，在校正了被试经验的影响之后，RMSE 测度下的设计和机制设置都没能对收敛趋势做出显著性贡献是很有趣的。但是，我们并不能说这种影响是稳健的，因为 RMSE 回归的 F 值很低。

早期研究（Hong and Plott, 1982; Plott and Smith, 1978; F. Williams, 1973）得出的明码标价拍卖市场中的 ME 高于双向拍卖市场，而效率却低于双向拍卖市场的结论在表 5 中得到了验证。然而，4 个卖者、对称设计 I 下的明码标价拍卖机制的价格偏差大大弱于 3 个卖者（只有两个是边缘内竞争者）、非对称设计 II 下的明码标价拍卖机制。这表明机制的影响与其他设计条件的影响是交叉作用的。这与早期垄断实验（Smith，1981，1982a）得出的结论一致，在这些垄断实验中，一个明码标价垄断比几个直接可比较的双向拍卖垄断实验中的任何一个都更加有效。

表5 　回归估计

因变量	数据集	常数项	自变量系数			回归测度		实验次数
			被试经验	定价机制	供求设计	调整的 R^2	F 统计量	
			X	P	D			N
γ^o，价格的渐近均方根误差	所有实验	0.049 (4.11)	−0.029* (−2.49)	0.005 (0.409)	0.013 (1.09)	0.186	2.76	24
	设计 I，$D=0$	0.059 (3.56)	−0.046* (−2.38)	0.001 (0.030)		0.249	2.82	12
	设计 II，$D=1$	0.050 (4.55)	−0.011 (−0.843)	0.012 (0.935)		0.175	0.95	12
δ^o，第7~9个交易时段价格的平均误差	所有实验	0.000 (0.002)	−0.019* (−1.92)	0.033* (3.44)	0.044* (4.59)	0.614	13.2*	24
	设计 I，$D=0$	0.000 (0.000)	−0.013 (−0.837)	0.028 (1.74)		0.135	1.85	12
	设计 II，$D=1$	0.044 (4.24)	−0.023* (−1.91)	0.037* (3.13)		0.559	7.98*	12
E^o，第7~9个交易时段的平均效率	所有实验	95.83	2.52 (1.69)	−2.74* (−1.85)	0.196 (0.132)	0.144	2.29	24
	设计 I，$D=0$	95.89	4.98* (2.73)	−5.32* (−2.92)		0.640	8.00*	12
	设计 II，$D=1$	95.81	0.368 (0.186)	−0.522 (−0.267)		0.000	0.063	12

注：* 在 $\alpha \leqslant 0.05$ 或更低的水平上显著。

Ⅳ. 发送信号和默许共谋

　　双向拍卖和明码标价拍卖交易机制为发送信号和默许共谋提供了截然不同的机会。双向拍卖中，发送信号的机会对于买者和卖者而言是相同的；买者可以免费以低出价发出信号，而卖者则可以免费以高要价发出信号。出价或要价都是针对一单位商品，而且如果价格不能被接受，还可以进行修改。因此，发送信号的机会成本为零。从而，信号可以频繁地发出，但是这种现象对于促成买者或卖者共谋性结果的作用并不明显。这种情况的唯一例外是在垄断市场下，买者活跃地发出信号，有效地限制了垄断者的力量（Smith，1982a；Smith and Williams，1983b）。

　　在明码标价拍卖机制下，买者根本没有机会发出信号。买者可以接受或拒绝任何一个要价，但这种行为都是私下的，而且并不为其他买者所知。由于只有卖者可以发送信号，这就为卖者之间默许共谋从而将价格调高提供了机会。由于在一个交易时段内明码标出的要价不能被撤回，所以较高的要价很可能会错过交易，从而招致机会成本。这样就降低了单个卖者发出信号的激励，并且会鼓励"搭便车"行为，即每个卖者都寄希望于其他卖者发出信号。然而，这种高成本的信号都是可信的或者有意义的，一旦信号被发出，这就会增加信号有效性的前景预期。

　　鉴于这些持反对意见的考虑，发送信号行为在明码标价拍卖机制下的卖者之间普遍存在就格外显得意义重大。从实验 PO12i（图 5）的成交价格表中可以看到，在第 6、10、11、13～15 个交易时段中一个或更多卖者重复以高的、未被接受的要价（以圆圈表示）发送信号，试图将价格拉高。对照图 4 和图 5 可以看到，在图 4 中，卖者并无显著的信号行为；在图 5 中，虽然成交价格不断提高从而说明信号行为是有作用的，但这种作用随着时间的推移不断减弱，平均成交价格的不断下降很好地反映了这一点。从表 5 给出的回归结果中我们可以很清楚地发现，在设计 Ⅰ 的所有实验中明码标价拍卖机制下的信号行为不能有效地使 ME 价格显著地提高。

　　相对于设计 Ⅰ，在设计 Ⅱ 中，信号行为在明码标价定价机制下更为普遍，也更为引人注目，而且在两种定价机制下也更为有效。在设计 Ⅱ 中，第三个卖者的存在及其在 P_L 上固定成本的存在都增大了默许共谋的可能性。一旦价格固定在 P_L 上或者低于 P_L，该卖者就会以提高的要价向市场发出信号。通过这种行为，该卖者不会承受损失。而且，由于成本信息的保密性，其他的两个卖者也不会知道该行为对于第三个卖者而言是无成本的。这种现象在实验 PO14ix（图 9）中可以得到说明，在该实验中成本最高的卖者在第 10、11、12、15～19、21～23 以及第 25 个交易时段进行了此类价格信号的发送（见图 9 中的圆圈，代表没有被接受的要价）。伴随着这种高频率的信号发送行为，成交价格在第 11～13、16、19，以及 23～24 个交易时段中短暂提升。但是，这种共谋的努力是不稳定的。在每种情况下，成交价格趋向于跌回 P_L 或者更低。在实验 PO5i（图 8）中，成本最高的卖者并未进行显著的信号行为（在第 16 个交易时段该卖者第一次发送了适度提高要价的信号）。因此，在这个实验中，成交价格在第 10～13 个交易时段降低到了 P_L，并且随后一路下跌，直到第 25 个交易时段。我们可以猜测设计 II 中这些试图提高价格的信号行为解释了表 5 中明码标价定价机制在设计 II 中对 ME 价格具有显著影响而在设计 I 中却没有显著影响的回归结果。但是，从采用三种虚拟变量的回归中我们可以很清楚地发现：在修正了经验和定价机制的影响之后，设计 II 对 ME 价格的影响既是正向的又是显著的。这一结论在图 10 中也可以得到说明，在 1/3 的包括有经验的和没有经验的被试的双向拍卖实验中，ME 价格持续高于竞争均衡价格。早期所报告的唯一双寡头垄断双向拍卖实验（Smith and Williams，1983b）并没有在 ME 价格测度上显示出可比较的影响。由于在这些早期的实验中卖者的单位成本是递增的，所以我们似乎可以得出结论：本文所报告的这些影响都是源自每位卖者固定的成本条件。

关于实验 PO17ixs 的图 6 和图 7 特别有意思，因为被试既是有经验的又是经过挑选的。在进行设计 II 的实验和其他需要分别报告的实验时，我们遇到了这样三个实验组，其中每组的 3 个卖者都能够在一轮或更多轮实验中影响要价共谋性的增长（例如，见图 10 中的实验 PO22i）。表现出默许共谋趋向的 9 个卖者可以作为样本为我们进行控制实验提供一种机会，这个实验的"设置"条件就是对卖者及其共谋"特征"的预选。我们从这 9 个有经验的被试中重新招募了 4 人，并且随机地将他们安置在对称设计 I 的实验 PO17ixs 中的 4 个卖者位置上。实验 PO17ixs 中的买者也是"有经验的"，也就是说每个被试都至少参与过一起之前的明码标价拍卖实验，或者作为卖者或者作为买者。我们在这个实验中的目的就是创造出一种我们认为非常有利于达成默许共谋的条件——明码标价拍卖机制可以筛选出卖者的共谋趋势。图 6 和图 7 中绘出的实验 17ixs 并不能作为一个支持此目的的观测。除了第 4 个交易时段以外，在其他交易时段平均价格不断下降，一直到最后的 5 个交易时段之前。由于参与实验的都是有经验的被试，他们有理由相信实验会一直持续到第 25 个交易时段才结束，所以在第 21~25 个交易时段适度的共谋趋势可能要归因于"截止期效应"（end effect）。

Ⅴ. 竞争均衡、Nash 均衡和限制价格均衡的趋势

表 6 报告了观测到的三种绩效测度（$\bar{r}^o$，$\bar{\delta}^o$，$\bar{E}^o$）的均值（按照表 4 列出的实验计算得出）和每一种设置条件。在双向拍卖中竞争均衡也就是 Nash 均衡，而且在设计Ⅰ下使用有经验的被试得到的三种绩效测度（价格在 1 美分以内，效率在 1‰以内）都非常接近竞争均衡（和Nash 均衡）的预测。双向拍卖机制中有经验的被试在设计Ⅱ下的实验结果都比在设计Ⅰ下的实验结果更加偏离它们的预测值，但所有的三种测度都更加接近竞争均衡（和 Nash 均衡），而不是限制价格均衡。在明码标价拍卖机制下，竞争均衡并不是 Nash 均衡，但是在设计Ⅰ下采用有经验的被试得出的所有三种测度（价格在 2 美分以内，效率在 4%以内）都相当接近其竞争均衡预测。明码标价拍卖机制下有经验的被试在设计Ⅱ中产生的结果与竞争均衡或者限制价格均衡的预测相比同样或者更加接近 Nash 均衡的预测。这些结果可以用来为个体行为的 Nash 均衡假设提供部分支持，也就是说，当结果是 Nash 均衡的时候，它也最接近竞争均衡；而当 Nash 均衡不同于竞争均衡时，结果会在 Nash 均衡预测的方向上偏离竞争均衡。当然，对于任何理论预测，我们都不会得到无误差的支持。

表 6　　　　　　　平均绩效测度和各设置条件下的各种均衡

设置条件			平均绩效（来自表 4）和可选均衡								
			RMSE			ME			效率		
被试	机制	设计	$\bar{r}^o$	r_N^o	r_L^o	$\bar{\delta}^o$	δ_N^o	δ_L^o	$\bar{E}^o$	E_N^o	E_L^o
NX	DA	Ⅰ	0.063	0	—	−0.006	0	—	97.0	100	—
X	DA	Ⅰ	0.009	0	—	−0.007	0	—	99.8	100	—

续前表

设置条件			平均绩效（来自表4）和可选均衡								
被试	机制	设计	RMSE			ME			效率		
			$\bar{r}^0$	r_N^0	r_L^0	$\bar{\delta}^0$	δ_N^0	δ_{0L}^0	$\bar{E}^0$	E_N^0	E_L^0
NX	PO	I	0.056	?	—	0.034	?	—	89.5	?	—
X	PO	I	0.018	?	—	0.024	?	—	96.6	?	—
NX	DA	II	0.057	0	0.07	0.044	0	0.07	96.9	100	96.5
X	DA	II	0.033	0	0.07	0.020	0	0.07	95.1	100	96.5
NX	PO	II	0.058	0.055	0.07	0.080	0.054	0.07	94.5	98.8	96.5
X	PO	II	0.061	0.055	0.07	0.059	0.054	0.07	97.3	98.8	96.5

注："NX"代表没有经验；"DA"代表双向拍卖；"X"代表有经验；"PO"代表明码标价拍卖。

Ⅵ. 结　语

我们的实验数据支持了这样一种结论，即相对于双向拍卖市场，价格在明码标价拍卖市场中趋向于更高，而且效率更低。这种制度上的影响似乎与其他设计参数是交叉作用的；这种交叉作用在设计Ⅰ下的实验中比在设计Ⅱ下的实验中弱。被试的经验倾向于既提高效率又提高价格向竞争均衡收敛的速度。然而，这种作用在设计Ⅰ的实验中表现得比在设计Ⅱ的实验中强烈。

表示默许共谋努力的价格信号行为在明码标价市场机制中的卖者之间相当普遍。与设计Ⅰ相比，设计Ⅱ中价格信号行为的频率和有效性都明显较高。但是，即使在设计Ⅱ中，这种默许共谋的努力也是不稳定的。

在双向拍卖的设计Ⅰ和设计Ⅱ中（竞争理论均衡同时也是 Nash 均衡），市场结果接近竞争-Nash 预测。在双向拍卖的设计Ⅱ中，对竞争预测值的离差略大于设计Ⅰ下的离差，但是竞争性理论预测却比限制价格均衡预测得到了更多的经验支持。在明码标价拍卖市场的设计Ⅰ中（竞争均衡不是 Nash 均衡，并且没有发现 Nash 均衡的存在），结果倾向于接近竞争均衡的预测。在明码标价拍卖市场的设计Ⅱ中（竞争均衡不是 Nash 均衡，但可以识别一个 Nash 均衡），结果和竞争均衡或限制价格均衡的预测相比一样或更加接近 Nash 均衡预测。

参考文献

Alger, D. (1979), "Markets Where Firms Select Both Prices and Quantities" (Ph. D. dissertation, Northwestern University).

Hong, J. T. and Plott, C. (1982), "Rate Filing Policies for Inland Water Transportation: An Experimental Approach," *The Bell Journal of Economics*, 13, 1 – 9.

Marburg, T. (1951), "Domestic Trade and Marketing," Chapter 26 in H. Williamson (ed.) *Growth of the American Economy* (Englewood Cliffs: Prentice-Hall, Inc.) 511 – 533.

Plott, C. R. and Smith, V. L. (1978), "An Experimental Examination of Two Exchange Institutions," *The Review of Economic Studies*, 45, 113 – 153.

Shubik, M. (1959), *Strategy and Market Structure* (New York: John Wiley and Sons).

Smith, V. L. (1976a), "Induced Value Theory," *American Economic Review*, 66: 2, 274 – 279.

Smith, V. L. (1976b), "Bidding and Auctioning Institutions: Experimental Results," in Y. Amihud *Bidding and Auctioning for Procurement and Allocation* (New York: New York University Press).

Smith, V. L. (1982a), "Reflections on Some Experimental Market Mechanisms for Classical Environments," in L. McAlister (ed.) *Choice Models for Buyer Behavior Reasearch in Marketing*, Supplement (Greenwich, CN: JAI Press).

Smith, V. L. (1982b), "Microeconomic Systems as an Experimental Science," *American Economic Review*, 72, 923 – 955.

Smith, V. L. and Williams, A. W. (1983a), "An Experimental Comparison of Alternative Rules for Competitive Market Exchange," in R. Engelbrecht-Wiggans, M. Shubik and R. Stark (eds.) *Auctions, Bidding and Contracting: Uses and Theory* (New York: New York University Press).

Smith, V. L. and Williams, A. W. (1983b), "The Boundaries of Competitive Price Theory: Convergence, Expectations and Transaction Cost" (paper presented at the Public Choice Society Meetings, New Orleans, 13 – 15, 1981, revised).

Smith, V. L., Williams, A. W., Bratton, W. K. and Vannoni, M. G. (1982), "Competitive Market Institutions: Double Auctions Versus Sealed Bid-Offer Auction," *American Economic Review*, 72, 58 – 77.

Williams, A. W. (1980), "Computerized Double-Auction Markets: Some Initial Experimental Results," *Journal of Business*, 53, 235 – 258.

Williams, F. (1973), "Effect of Market Organization on Competitive Equilibrium: The Multiunit Case," *Review of Economic Studies*, 40, 97 – 113.

资产交易情景下的假设性估价和偏好逆转

马科·尼兹 (Marc Knez)

弗农·史密斯 (Vernon L. Smith)

Ⅰ. 研究背景

通过调查人们对于各种商品愿意支付的最高价格 (WTP) 和愿意接受的最低价格 (WTA)，一些研究发现这些"购买式定价"和"出售式定价"的价值度量方式之间存在很大程度的不一致 [见 Knetsch 和 Sinden (1984) 对这些研究的概括总结]。尽管效用理论也允许"购买式定价"和"出售式定价"之间的这种差距存在，但是这些反应所表现出来的不一致程度远远大于理论预测，这也是学者们普遍争论的问题。更有甚者，通过以上这种方式得到的 WTA 均值通常会比以同样方式得到的 WTP 均值高出好几倍。在一些检验货币激励、经验和其他因素对这种不一致现象的影响而设计的调查中，这些实验结果是非常稳定的。这些结果导致人们对效用（需求）理论作为一种用于计算个体决策行为认知模型的有效性产生了极大的质疑。

与这些实验结果相关的另外一项重要发现就是通常被称为偏好逆转的现象 [见 Slovic 和 Lichtenstein (1983) 的综述]。这里提到的偏好逆转主要是指，被试中有很大的比例宁愿选择 A 而不选择 B（或者宁愿选择 B 而不选择 A），然而对 A 给出的 WTP 或 WTA 又小于 B（或者大于 B，如果开始时他们说自己更偏好 B 的话）。一般情况下，A 和 B 是一种前景或者赌局，但他们也可以是任何对个体有价值的标的物。而且，在那些激励被试揭示其"真实"主观偏好的受控实验中，这些偏好逆转结果仍然是稳健的。虽然这种偏好逆转已经被解释为对偏好传递性的违背，但Karni 和 Safra（1985）的研究表明，这种现象违背的是偏好的独立性而不是传递性，而且与决策的非期望效用模型不一致。但是我们可以明确的一点就是，偏好逆转现象很明显是与期望效用理论（EUT）相违背的。

然而，基于重复性选择、需求揭示、市场或者类市场设置的一些其他实验结果却表现出与标准需求效用理论的强一致性。在重复性购买环境下，老鼠、猴子、鸽子和人类的消费-闲暇需求行为产生了与 Slutsky-Hicks 需求最大化行为模型一致的结果。类似地，许多基于市场决策期望效用模型的个体和市场行为研究得出的结果与这些模型也是一致的（见 Smith，1985；Knez，Smith，and Williams，1985）。

Coursey，Hovis 和 Schulze（论文即将发表）通过让个体在重复性的二级价格拍卖中对一项标的物进行竞价，挑战了人们对 WTA-WTP 不一致现象的传统解释。竞价结果提供了 WTP（或 WTA）的测度方法，这种测度方法随后又与 WTP 和 WTA 的假设性测度进行了对比。Coursey，Hovis 和 Schulze 发现，在假设性测度的初始性拍卖市场中，WTA-WTP 的不一致现象同样会被观测到，但这种不一致现象在经过几轮拍卖后就会渐渐消失。

以上所有的研究似乎都支持这样一种观点，即效用理论和需求理论作为一种预测决策行为的认知模型，在单一选择的背景下表现非常差，而在重复性市场的学习-反馈环境中却发挥了相对较强的作用。为什么说在特定的市场环境中和一般的制度条件下研究个体选择理论是很重要的呢？我们认为主要有以下几个方面的原因：

（1）研究市场是经济学家们的特长。而且，经济学正是在 Adam Smith 及其先驱者们在试图理解人类普遍的"物物交换、（实物交易以及商品交易特性"的广泛社会意义背景下诞生的。只是到了后来，市场价格的需求（供给）理论被阐明后，经济学家们才开始将需求从个体行为以及这种行为在个体之间的可加性假设中分离出来。

（2）市场的效率及其社会意义并不依赖于任何个体需求理论的有效性。需求理论认为，在适当的产权安排下，如果市场产生了市场出清价格，那么即使给定的需求行为在效用理论的意义上与个体"理性"不一致，这个市场也是有效的。因此，有效市场理论经验的有效性或证伪性是一个与市场个体需求理论经验的有效性和证伪性截然不同的命题。关于市场行为的经济理论从经验上说可能是合理的，但是关于个体行为的经济理论并非如此，反之亦然。对个体选择行为和个体市场行为进行区分与对个体行为在心理学领域和社会学领域之间的区分同样是有必要的。

（3）个体行为所遵循的制度可能会直接或间接地与基于需求理论的个体理性相冲突。因此，在短期国库券拍卖市场和纽约股票交易所中，个体可能会提交这样一个多重出价指令。如价格为 96 时，最多购入 20 000 单位；价格为 97 时，最多再购入 20 000 单位。需求理论认为这种报价指令应该是颠倒的，也就是说，如果价格为 97 时，最大量为 20 000 单位，那么价格为 96 时，最大量应该多于 20 000 单位。但是这些交易机构是在这样的规则下运行的，即任何较高的出价都比任何其他较低的出价具有交易优先权。这种市场规则给任何个体提交的多重出价都带来了递减的收益。由于个体的好胜行为和（或）学习行为，市场可能间接地与个体理性相冲突。

本文给出了 6 个一系列实验的结果。在每个实验中，被试进行估价的目标都是两项资产（赌局），每一项资产都传达着一种分红权利，其数量来自两个不同的概率分布。在接下来的部分中，我们简要讨论了一些早期的相关实验，这些实验的设计与本文涉及的实验类似。

II. 早期的相关实验

本研究的直接动机源自一篇早期的文献（Knez et al.，1985），该文献被限定在资产分红结构给定的情况下被试的 WTP-WTA 反应和交易行为研究。图 1 描绘了这些早期实验中的一个详细结果（Knez 等人 1985 年的文章将其简称为 II 系列实验 37）。

本实验包括一系列的交易时段，其中 9 名被试都有机会交易一项资产，在每一个交易时段的开始，所有被试的现金和股份禀赋都会被重新分配。因此，除个体的学习行为以外，这些交易时段只是相同设置条件下的简单复制。特别地，这种设计控制了交易时段间资本收益预期对交易的影响，而不是交易时段内这种预期对交易的影响。每个交易时段结束时的分红都是从一个二项概率分布 $(p_1, d_1; p_2, d_2) = \left(\frac{1}{2}, 0.50 \text{美元}; \frac{1}{2}, 2.00 \text{美元}\right)$ 中抽取的。因此持有该资产的期望价值是 1.25 美元。设 $E_i =$（现金，股份）为被试 i 的禀赋向量，每个实验都包括 3 个被试种类，$E_1 = (4.50 \text{美元}, 1)$，$E_2 = (3.25 \text{美元}, 2)$ 和 $E_3 = (2.00 \text{美元}, 3)$，而且每 3 位被试都被随机地指定一种类型（一共有 9 名被试交易者）。注意，在一个实验中每个独立的交易时段，每位被试禀赋的期望价值为 5.75 美元。实验说明会将分红的概率分布全部告诉被试，并声明这种分红结构意味着每股的"平均""持有价值"为 1.25 美元。但每位被试只知道他们自己的禀赋向量。在实验说明结束后（大部分时间都是在解释双向拍卖机制的规则）、第一个交易时段开始前的倒计时中，我们会向每一位被试询问以下两个问题（在空格上填上合适的数字）：

（1）假定你的禀赋为＿＿＿＿＿＿＿现金美元（即营运资金）和＿＿＿＿＿＿＿单位的资产，那么在即将开始的交易时段内，为出售一单位的存货，你愿意接受的最低价格是多少？

（2）假定你的禀赋为＿＿＿＿＿＿＿现金美元（即营运资金）和＿＿＿＿＿＿＿单位的资产，那么在即将开始的交易时段内，为购买一单位的资产，你愿意支付的最高价格是多少？

在每个交易时段结束以后，每位被试都会自动地循环进入下一个交易时段，进行与上文所述完全一样的资产交易实验。在新的交易时段开始之前，被试需要重新填写调查问卷。如图 1 所示，禀赋初始化、问卷调查以及随后的整个交易过程会被循环进行 6 个交易时段。

图 1 中 6 个交易时段中的每一个都描绘了由从高到低排列的个体 WTP_i 反应所代表的假设性需求情况和由从低到高排列的个体 WTA_i 所代表的假设性供给情况，例如，在第 1 个交易时段中，在交易开始之前，8 号被试报出的 $WTP_8 = 2.25$ 美元，$WTA_8 = 3.00$ 美元；9 号被试报出的 $WTP_9 = 2.00$ 美元，$WTA_9 = 1.95$ 美元。由于可能的最大分红为 2.00 美元，这有悖于个体理性行为。但是，在第 2 个交易时段的交易开始之前，8 号被试却给出了与 EUT 不一致的回答，而且截至第 3 个交易时段，9 号被试就不再宣称自己愿意支付 2.00 美元来获得有 50％的概率得到 0.50 美元、50％的概率得到 2.00 美元的机会。在每个交易时段，我们都应该注意到假设性的需求和供给状况都会产生一个竞争性的市场出清价格 P_w（例如在第 1 个交易时段中 $P_w = 1$ 美元）。我们可以将这个价格认作资产的假设性市场价值。同时，图 1 中的每个交易时段还按交易次序绘出了交易的成交价格。在第 1 个交易时段中，当某个卖者以 1.25 美元的价格接受了某个买者的市场停留出价（在图中记为 X）时，第一个契约便达成了；第二个契约发生在某个买者接受了一个 1.70 美元的市场停留要价（在图中以圆圈标出）时；等等。

个体交易者不断报出的出售价格低于他们自己报出的 WTA，而购买价格则高于他们自己报出的 WTP。例如，第 2 个交易时段的第 4 个

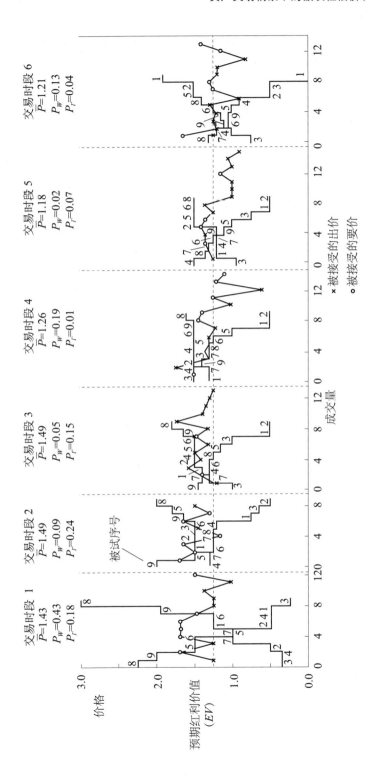

图 1 实验 37

注：$\bar{P}$ 代表平均价格；P_W 代表假设的竞争价格；$P_W = |P_W - \bar{P}|$；$P_r = |1.25 - \bar{P}|$。

成交价格低于任何一个卖者给出的 WTA 值；而在第 3 个交易时段内，第 3、第 5、第 7 和第 9 个成交价格都高于任何一个买者所报出的 WTP。综合这种类型的所有三个实验，Knez 等（1985）指出，34％的被试给出的最低要价低于他们的 WTA_i，而同时又有 47％的被试提交的最高出价超过了他们的 WTP_i。被试可以公然违背他们报出的价值，而同时又不因此受到惩罚，这表明这些回答可能仅仅是被试交易前的讨价还价目标，而且在交易过程中，被试会根据他们在交易中的经历偏离这一目标。

通过将交易时限限定为一个交易时段，资本收益预期可能并不能被充分控制。图 1 可以说明这一点，被试在每个交易时段都进行了多重交易，而且每个交易时段的交易量都要比基于每一单位（每个被试）买卖价格的假设性成交量大很多倍。而且，交易时段内以及交易时段间的价格下降趋势都可以归因于初始资本期望收益未曾实现，从而导致了资产价格下跌。

Ⅲ. 偏好、估价和双向拍卖资产交易

由 6 个实验组成的一系列新的实验是根据以下特征设计的。几组被试首先参加一个与本文所述实验不相关的双向拍卖实验，在这个实验结束后而他们还没有离开实验室的时候，这些被试被要求完成一份调查问卷。调查问卷包括两个赌局（或情形），这两个赌局以饼图的形式（Grether and Plott，1979）给出，饼图是此类研究的标准形式。两个选择分别是：资产 A，其关于分红的概率分布为 $(p_1, d_1; p_2, d_2) = \left(\frac{1}{36}, -1.00 \text{ 美元}; \frac{35}{36}, +4.00 \text{ 美元}\right)$；资产 B，其关于分红的概率分布为 $(p_1, d_1; p_2, d_2) = \left(\frac{25}{36}, -1.50 \text{ 美元}; \frac{11}{36}, +16.00 \text{ 美元}\right)$。如果一个个体在她刚刚参加的实验中担任卖者的角色，那么她需要对以下选项做出选择：A、B 或"无所谓"，如果她选择了 A，那么她就会被要求回答以下问题："出售一单位 A 资产你所愿意接受的最低价格是多少？"类似地，如果她选择了 B，她就需要报出她对资产 B 的 WTA。如果一个个体在其刚参加的实验中扮演买者，那么她的偏好也会通过同样的方式被询问，然后报出她购买一单位的资产 A 或 B 所愿意支付的最高价格。这些回答是为了按照偏好逆转者或非偏好逆转者将卖者和买者进行分类 [例如，A 优于 B 或与 B 无差异，但 $WTP_A(WTA_A) < WTP_B$ (WTA_B)]。通过这种方式获得大规模的偏好逆转被试群是很困难的，

所以我们还以问卷的方式从已签约的被试中选出了一些补充了上面的偏好逆转被试群。我们的签约被试群一共由 118 名被试组成，其中非偏好逆转者 66 名，偏好逆转者 52 名，占总数的 44%。

我们从上述被试群中招募了买者被试组和卖者被试组来重新进行我们的资产交易实验。被试参与的是一个循环式资产交易实验，他们首先要交易的资产是上述的资产 A。同时他们还被告知：当资产 A 的交易时段结束时，他们将自动进入另一个交易时段交易资产 B。那些曾在上述双向拍卖实验中担任买者或曾以买者身份回答调查问卷的被试在新实验中被限定只能做资产 A 或 B 的买者。这些买者被试被赋予的资产 A 的禀赋向量为 E_A^B＝（现金，股份）＝（5.50 美元，0），资产 B 的禀赋向量为 E_B^B＝（现金，股份）＝（5.50 美元，0）。在资产 A 的交易时段内，每个买者最多只能购买一单位的资产 A。类似地，在资产 B 的交易时段内，每个买者也被限制最多只能购买一单位的资产 B。那些一开始就扮演卖者的被试和曾以卖者身份回答问卷的被试在新实验中也只能做卖者。这些卖者被赋予的资产 A 的禀赋向量为 E_A^S＝（现金，股份）＝（1.65 美元，1）；资产 B 的禀赋向量为 E_B^S＝（现金，股份）＝（1.65 美元，1）。注意：所有卖者和买者禀赋的期望价值都是 5.50 美元。在所有交易中，每个买者（或卖者）都被限制只能进行一单位的资产交易，这样做的目的是控制交易时段内源自转售的资本收益预期。

在被试阅读完关于资产交易的实验说明并且获得他们的初始禀赋之后、资产 A 第一个交易时段正式开始之前，所有买者和卖者都会被要求完成一份与最初的调查问卷类似的调查问卷。但是，这种情况下填写问卷，被试已经拥有明确的禀赋向量了（见附录 A 和附录 B），也就是说，情景 A 和 B 不仅说明了（收益）结果和概率，而且制定了每种情景的禀赋。因此，鉴于禀赋将会制约真实的交易，偏好和买者的 WTP（卖者的 WTA）实际上都已经被"框定"了。

每个实验（实验 60 除外）都是由以下几个过程构成的：问卷回答 1，交易 1（先资产 A，然后资产 B）；回答 2，交易 2；回答 3，交易 3；回答 4，交易 4。因此，调查问卷都是在每两个交易时段（先资产 A，后资产 B）的之前和之后进行的。

1. 假设性供给和需求以及交易的实现

图 2 和图 3 分别给出了实验 73 和实验 87 的市场结果。每幅图都基于被试的 WTP-WAP 给出了假设性的供给和需求状况，而且描绘了随

后的资产 A 和 B 交易市场中的成交价格。

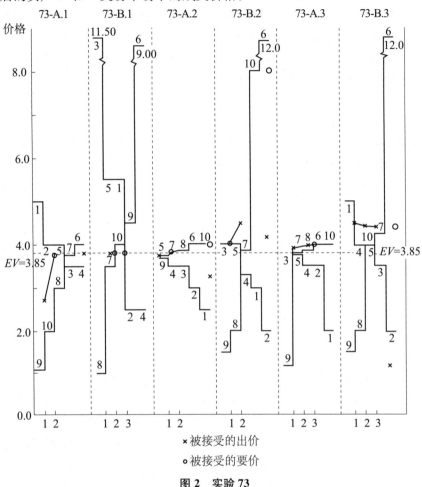

图 2 实验 73

注：被试中，1～5 代表买者；6～10 代表卖者。

正如图 1 所示，我们可以注意到有几处明显违背了占优性；在图 2 中，1 号买者在回答 1 中愿意为资产 A 支付 5 美元，而该资产不可能产生高于 4 美元的价值，而 2 号买者和 5 号买者的 WTP 为 4 美元，他们可能会获得收益，但并不确定。在随后的市场中，我们观察到有两次交易发生在低于期望价值（3.85 美元）的"合理"价格上。如图 1 所示，连接 ×（被接受的出价）或 。（被接受的要价）的直线代表契约，交易时段结束处的 × 或 。代表闭市时的出价或要价。随着时间的推移，从市场 A.1 到市场 A.3 的资产 A 价格不断上涨，同时交易时段 3 内所有的契约都表现出轻微的风险偏好行为。类似地，资产 B 的价格也随着时间的推移而提高，只是在交易时段 1 成交价格接近风险中性水平，而后也只是上升到适中的风险偏好水平。但是，通过比较成交价格与假设性的供给和需求条件，我们发现，除交易时段 1 以外，成交价格趋向于频繁地落在 WTA-WTP 预测的边界之外。

在图 3 中，我们可以在 WTP 回答中发现更多对占优性的背离：3号买者在 A.1 和 A.2 中的回答；4 号买者在 A.2 中的回答。正如图 2所示，资产 A 的价格在交易时段 2 和交易时段 3 内上升，但总是徘徊在期望价值附近。除了第一笔交易外，资产 B 的价格在全部三个交易时段内都是相当稳定的，接近期望价值。如图 2 所示，有几次交易超出了假设性供给和需求预测的约束。这些假设性的供给和需求似乎并不能可靠地预测成交价格的范围。

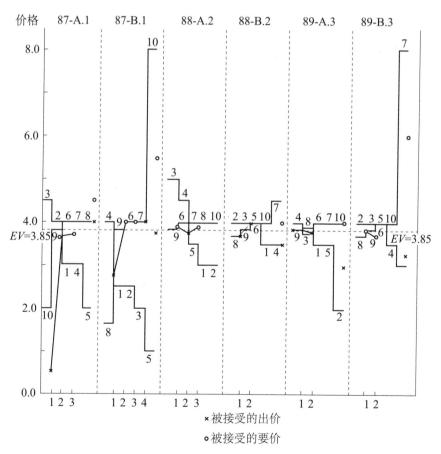

图 3 实验 87

注：被试中，1～5 代表买者；6～10 代表卖者。

图 4 只给出了实验 60、70、98 和 101 的成交价格。在所有的 6 个实验中，我们发现在总共 76 个契约中只有 3 个（占 4%）明显地违背了 EUT。在这 3 种情况下，买者都是以等于或高于 4 美元的价格购买了一单位的资产 A。这与买者报出的 WTP 有 14 个等于或高于 4 美元的事实形成了鲜明的对比。在实验 101 中（涉及有经验的被试），资产 A 和资产 B 的成交价格比任何其他实验中的价格都稳定。在两种市场中，价格都与风险规避水平一致。资产 A 的价格倾向于超过资产 B，这表明被试对资产 A 的总体偏好强于资产 B。

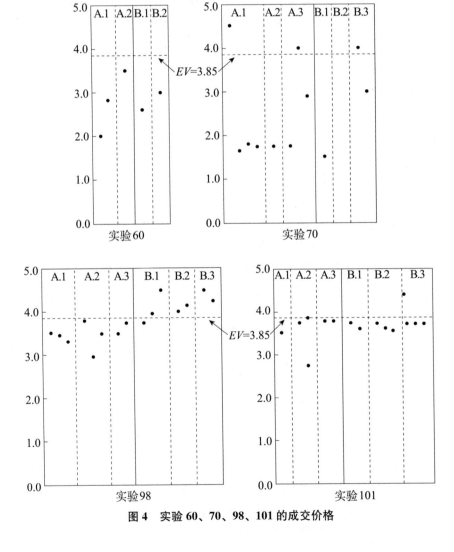

图 4　实验 60、70、98、101 的成交价格

2. 交易经验对偏好逆转的影响

图 5 描绘了所有表现出偏好逆转现象的卖者和买者所占的比例。最初调查问卷结果记为回答 0，这些结果显示 63％的买者发生了偏好逆转，52％的卖者发生了偏好逆转。当被试进入资产市场实验后，发生偏好逆转的买者比例降到了 42％，而卖者比例却继续保持在 52％的水平。在三个交易时段结束以后，所有被试会被再询问一次，此时发生偏好逆转的卖者比例下降到了 38％，买者比例下降到了 35％，但这种下降并不是单调的。图 5 还给出了再次重复本实验序列的小样本（9 个）买者和卖者得出的结果，我们可以很清楚地看到，这些被试持续表现出来的偏好逆转比例仍然主要集中在 35％～38％。

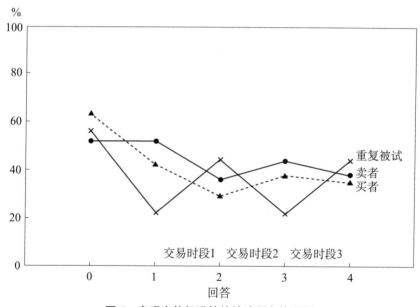

图 5　表现出偏好逆转的被试所占的比例

3. 已声明资产偏好对交易的影响

图 6 和图 7 分别给出了卖者和买者报告的资产偏好随时间推移而产生的变化。严格偏好资产 B 而不是资产 A 的卖者比例从 31％上升到了 38％；在买者中这一比例从 45％下降到了 28％。因此，学习效应增强了卖者对资产 B 的偏好，但减弱了买者对资产 B 的偏好。资产 B 比资产 A 更具风险性，而且卖者从经验中可以明显了解到，以 0.50～4.50 美元的价格将资产 B 卖掉要优于持有该资产，持有该资产虽然可以以一个较小

的概率获得高达 16 美元的收益，但同时存在以一个较大的概率承受 1.50 美元损失的可能性。而对于买者来说，他们越来越偏好 A 而不是 B。他们的经验是，需要支付 4.50 美元才能获得的每单位 B 资产，却会给他们带来 1.50 美元的损失。这或许就是对"吃一堑，长一智"这句古老谚语的一种生动说明。在任何情况下，被试声明的资产偏好都是不稳定的，而且受到其在其他资产市场中的经验的影响。图 6 和图 7 还描绘了认为资产 B 优于资产 A 或认为二者无差异的被试所占的比例，无论对于买者还是卖者，认为二者无差异的被试所占的比例都随着时间的推移基本上保持不变。

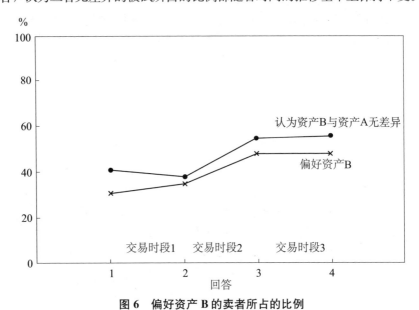

图 6　偏好资产 B 的卖者所占的比例

4. 被试报出的资产价值和市场揭示的资产价值之间的差异

在资产 A 的交易时段开始之前（资产 B 的交易时段紧随其后），每个买者都要报出他或她为购买资产 A 或 B 所愿意支付的最高价格。在每个这种市场中，每个买者都可以不提交出价或提交一个或多个出价，他们还可以在任何时间自由接受任一卖者的最佳要价。大多数买者都是要么提出一个或多个出价，要么接受一个卖者的要价，或者两者都进行。因此，除了那些在任何市场上主动性都不强的买者外，在每个市场中，我们都可以观测到一个买者所提交的最高出价和（或）她接受卖者要价的价格。对于任意买者 i，令 HB_{im} 为其在市场 m 中提交的出价中最高的一个或其接受的要价中最高的一个。那么，HB_{im} 就是被试 i 在市

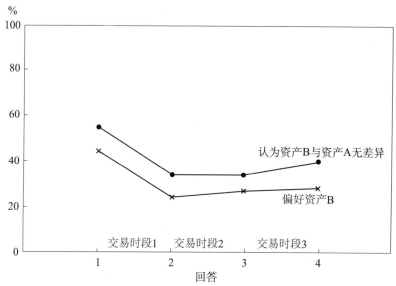

图7 偏好资产B的买者所占的比例

场 m 中展示出来的 WTP。如果对于任意市场，我们都有 $HB_{im} > WTP_{im}$（这里的 WTP_{im} 是被试 i 对即将在市场 m 中进行交易的资产所声明的 WTP），那么我们就可以认为单个被试声明的 WTP 与市场揭示出来的 WTP 之间存在差异（或背离）。在表1中，我们列出了这种背离的相关频率，这一结果汇集了关于资产 A 的所有实验和市场，对于资产 B 我们也采用了类似的方法；也就是说，$N(HB_{im} > WTP_{im})$ 表示对于每一种资产，这种差异所发生的次数。对于卖者，如果 $WTA_{im} > LO_{im}$，我们也可以发现一种背离，即，一个卖者的最低要价（或其接受的最高买者出价）低于其先前声明的最低的 WTA。

表1 被试报出的和市场揭示的资产价值之间差异的频率（全部实验）

被试	资产		
	A	B	A 和 B
买者 $N(HB_{im} > WTP_{im})$/交易机会	30/83＝36％	37/83＝45％	67/166＝40％
卖者 $N(WTA_{im} > LO_{im})$/交易机会	28/83＝34％	28/83＝34％	56/166＝34％
买者和卖者	58/166＝35％	65/166＝39％	125/332＝37％

从表 1 中我们可以看出，在所有四种分类下，这种差异发生的频率都超过了 1/3。卖者在资产 A 和 B 上的背离频率是相同的（都是 34％），但是买者在资产 B 上的背离频率（45％）大于在资产 A 上的背离频率（36％）。

表 2 回答了另一个不同的问题：这种背离程度有多大？为了回答这个问题，我们总结了所有买者满足 $HB_i - WTP_i > 0$ 和所有卖者满足 $WTA_i - LO_i > 0$ 的情况。我们发现卖者背离的货币数量要大于买者背离的货币数量，特别是在资产 B 的交易中，卖者中出现的差异要比买者高出 50％。而且，无论对于买者还是卖者，资产 B 交易中产生的差异数量都要大于资产 A 交易中产生的差异数量。将买卖双方结合起来看可知，资产 B 的差异数量大约比资产 A 的差异数量高出 2/3。很显然，对资产 B 进行估价时，买卖双方都会遇到比估价资产 A 更多的困难，并且卖者在这两种资产的估价上遇到的困难都大于买者。这与 Coursey 等（1984）报告的结果是一致的，在他们的结果中，与买者相比，卖者的假设性估价与市场揭示的价值差异更大。

表 2　被试报出的和市场揭示的资产价值之间差异的货币数量（全部实验）

单位：美元

被试	资产		
	A	B	A 和 B
买者 $\sum_{i \in P}(HB_i - WTP_i)$	28.44	40.22	68.66
卖者 $\sum_{i \in P}(WTA_i - LO_i)$	30.15	60.53	90.68
全部，买者和卖者	58.59	100.75	159.34

注：这里的 P 指的是其 $HB_i - WTP_i$ 值和 $WTA_i - LO_i$ 值为正的那些被试，即 WTP_i 或 WTA_i 限制被随后揭示的测量值所违背的那部分被试。

5. 个体对假设性估价和市场揭示股价之间差异进行反应的例证

被试的出价（要价）行为违背其先前 WTP（WTA）的高发频率引发了下面的问题：被试对这些差异是如何反应的？我们认为反应有很多种，以至于不能为其提供一个有用的分类方案，并且在任何情况下，这种方案都会包含一些主观性判断因素。然而，我们可以分辨出三种行为类型来说明极端情况。一种类型的被试从来不提交违背其WTP（WTA）的出价（要价），对于那些在早期交易时段中呈现出这种差异（或者A或者B，或者两种资产都是）的被试，又存在两种极端的反应：一种是被试在所有的实验序列中始终表现出强烈的差异；而另一种则是被试针对这种差异要么修正他们的市场行为，要么修正他们声明的估价。

在图8中，实验70中的5号卖者在每个交易时段后都会对报出的WTA进行轻微的向上调整，但是每个交易时段中的最低要价从未低于之前声明的WTA。在图9中，实验87中的3号买者提交的最高出价总是低于其交易前的WTP。后者从回答1到回答2阶段升高了，然后稳定在回答3和回答4阶段的水平上。实验98中的3号卖者和实验73中的2号买者因为两种或更多因素而重复性地偏离他们自己报出的WTA-WTP。他们的行为表明他们并没有将行为和声明之间的一致性与价值联系起来。2号卖者（图8）在交易时段1中提交的要价低于WTA（1），却又戏剧性地降低了WTA（2），然后又提交了一个较高的LO（2），并向上调整了WTA（3），然后再次给出了一个一致性的要价，并最终将WTA（4）提高到了一个与交易时段2和交易时段3中的要价相一致的水平。在前两个交易时段表现出差异行为后，3号买者（见图9）后来的行为也以这种类似的方式进行。

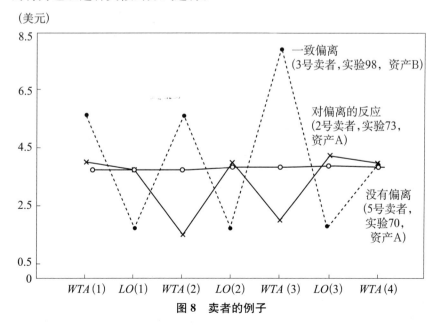

图8　卖者的例子

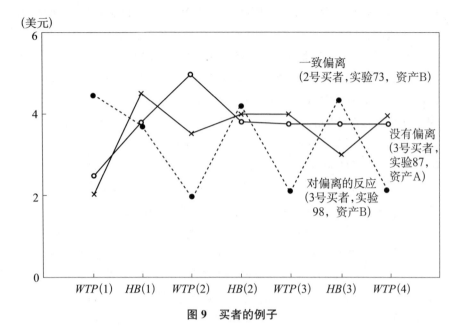

图 9　买者的例子

6. 结语

我们的结论可以简要地总结如下：118 名被试全都参与到两种资产 A 和 B 的市场交易中，其中 63％的买者和 52％的卖者表现出偏好逆转的特性。首先我们要使用一个初始的问卷来将被试区分成四种类型（买者，卖者），（偏好逆转者，非偏好逆转者）。那些被要求对资产 A 和 B 回答出 WTP 的被试将成为买者，而那些被要求回答出 WTA 的被试则成为卖者。

当他们进入市场实验、阅读了双向拍卖资产交易的说明，并且了解到自己的禀赋（现金，股份）后，每个被试会被再次问及他们对资产 A 和 B 的偏好情况，以及相应的 WTP 或 WTA。这时，买者偏好逆转的比例下降到了 42％，而卖者的这一比例保持在 52％不变。

将所有市场的假设性回答数据与真实交易数据汇总，我们发现买者的 WTP 有 14 次违背了占优性原则，而成交价格却只与其发生了 3 次偏离。73 次（96％）成交价格与 EUT 是一致的。对于期望效用意义上的"理性"，市场结果表现出来的程度远高于假设性个体反应所表现出来的程度。

被试对资产 A 和 B 报告出来的偏好从交易时段 1 到交易时段 3 是不断变化的。在交易时段 3 结束时，严格偏好资产 B 的买者所占的比例从 45％ 下降到了 28％，但是在卖者中这一比例却从 31％ 上升到了 48％。因为资产 B 比资产 A 更具风险性，卖者可以很容易地了解到，以 0.50~4.50 美元的价格将资产 B 变现要优于持有该资产，虽然持有该资产可能会带来高额的分红（概率很小），但损失 1.50 美元的风险很大，而买者通过购买该资产也会很快了解到这一点。如调查问卷所测度的那样，这些数据表明了市场经验是如何对个体价值产生社会效应的。

在双向拍卖交易中，被试对资产价值报出的 WTP 和 WTA 频繁地与其随后在市场中提交的最高出价或最低要价相违背。这种买者或卖者在两种资产上所表现出的差异的发生频率在 34％（卖者对资产 A 和 B）到 45％（买者对资产 B）之间变化。但是，卖者对这种资产的差异规模 $\left[\sum(WTA_i - LO_i) = 91 \text{美元}\right]$ 要远远大于买者 $\left[\sum(HB_i - WTP_i) = 69 \text{美元}\right]$。

被试对 WTP-WTA 的回答是如何被这些差异所影响的呢？被试中存在三种极端情况：（1）从未提交与其 WTP 或 WTA 相违背的出价或要价；（2）在重复性的询问和市场交易中始终坚持这种背离；（3）通过修正其市场行为或修正其假设性估价来对这种差异做出反应。这些结果表明被试对于保持假设性估价和市场性估价之间一致性的认识很不一致。

本研究的结果在重复性回答和重复性市场交易的联合背景下，对于偏好逆转的解释、可靠性和稳健性问题提出了很多质疑。但是，我们并没有指出此类现象只在这种背景下才存在。显然，它们对于解释非市场性或非重复性市场决策中的理性行为也具有潜在的重要意义。但是，即使在这些情况下，仍然可能存在一些制度性因素与这种现象相冲突，例如在大额非频繁交易中"专家意见"的使用，以及在一些非市场决策制定过程中委员会和其他社会组织的引入。

附录 A：卖者的调查问卷

_____号卖者

假设你面临以下两种情况：

A. 你现在拥有 1.65 美元的现金禀赋和一单位可供出售的资产。这一单位的资产有 1/36 的概率会给你带来 1.00 美元的损失，有 35/36 的概率给你带来 4.00 美元的收益。

B. 你现在拥有 1.65 美元的现金禀赋和一单位可供出售的资产。这一单位的资产有 25/36 的概率会给你带来 1.50 美元的损失，或者有 11/36 的概率给你带来 16.00 美元的收益。

注意在 A 和 B 两种情况下，持有一单位资产唯一的收益来源就是该资产的预期分红。所以，你在 A 和 B 两种情况下的决策应该由以下两种选择构成：(1) 保留你的现金禀赋，持有你的一单位资产。(2) 保留你的现金禀赋，出售一单位资产获得货币收益。

请回答下面的问题：

1. 如果你有机会对情景 A 和 B 进行选择，你更喜欢哪一个？

A. _____

B. _____

无所谓_____

2. (a) 假定你现在处于情景 A。出售一单位资产你愿意接受的最低价格是多少？_____

(b) 假定你现在处于情景 B。出售一单位资产你愿意接受的最低价格是多少？_____

附录 B：买者的调查问卷

_____号买者

假定你面临以下两种情况：

A. 你现在拥有 5.50 美元的现金禀赋，可以用来购买一单位资产。这一单位资产有 1/36 的概率给你带来 1.00 美元的损失，35/36 的概率给你带来 4.00 美元的收益。

B. 你现在拥有 5.50 美元的现金禀赋，可以用来购买一单位资产。这一单位资产有 25/36 的概率给你带来 1.50 美元的损失，11/36 的概率给你带来 16.00 美元的收益。

注意在 A 和 B 两种情况中，持有一单位资产唯一的收益来源就是该资产的预期分红。所以，你在 A 和 B 两种情况下的决策应该由以下两种选择构成：(1) 保留你的现金禀赋，不购买那一单位资产。(2) 使用你的现金禀赋，购买那一单位资产。

请回答下面的问题：

1. 如果你有机会对情景 A 和 B 进行选择，你更喜欢哪一个？

A. _____

B. _____

无所谓_____

2.（a）假定你现在处于情景 A。购买一单位资产你愿意支付的最高价格是多少？_____

（b）假定你现在处于情景 B。购买一单位资产你愿意支付的最高价格是多少？_____

参考文献

Coursey, Don, Hovis, John, and Schulze, William, "On the Supposed Disparity Between Willingness-to-Accept and Willingness-to-Pay Measures of Value," *Quarterly Journal of Economics*, forthcoming.

Grether, David, and Plott, Charles, "Economic Theory of Choice and the Preference Reversal Phenomenon," *American Economic Review*, 69, September 1979, 623 - 638.

Karni, Edi, and Safra, Svi, "Preference Reversal and the Observability of Preferences by Experimental Methods," Johns Hopkins University, Department of Political Economy, November 1985.

Knetsch, Jack, and Sinden, J. A., "Willingness to Pay and Compensation Demanded: Experimental Evidence of an Unexpected Disparity in Measures of Value," *Quarterly Journal of Economics*, 99, August 1984, 507 - 521.

Knez, Peter, Smith, Vernon, and Williams, Arlington, "Individual Rationality, Market Rationality, and Value Estimation," *American Economic Review*, 75, May 1985, 397 - 402.

Slovic, Paul, and Lichtenstein, Sarah, "Preference Reversals: A Broader Perspective," *American Economic Review*, 73, September 1983, 596 - 605.

Smith, Vernon L., "Experimental Economics: Reply," *American Economic Review*, 75, March 1985, 265 - 272.

泡沫的生成与破灭及内生预期：
现场资产交易的实验研究 *

弗农·史密斯 (Vernon L. Smith)

格雷·萨赤耐柯 (Gerry L. Suchanek)

阿灵顿·威廉姆斯 (Arlington W. Williams)

在我们的现场资产交易实验中，15 个或 30 个交易时段中的每个交易时段末，全部投资者都可以按照已知的概率分布得到相同的红利。22 个实验中有 14 个表现出价格泡沫，紧接着泡沫破灭。如果交易者都是有经验的，这会减少但是并不会消除泡沫。滞后期超额出价（前一期买者出价的数量减去卖者要价的数量）对平均价格差值的回归 $\bar{P}_t - \bar{P}_{t-1} = \alpha + \beta(B_{t-1} - O_{t-1})$ 支持假设 $-\alpha = E(\tilde{d})$ 和 $\beta > 0$。其中，$-\alpha = E(\tilde{d})$ 是指一个交易时段的预期红利值；而 $\beta > 0$ 则意味着超额出价是对源于内生资本收益（或损失）预期超额需求的一种代理变量。因此，当 $(B_{t-1} - O_{t-1})$ 趋向于零时，我们收敛于 Fama（1970）意义上的理性预期结果，即套利行为是无利可图的。观察到的泡沫可以解释成一种暂时的"短视"（Tirole，1982），其中交易者知道资本收益预期只是暂时的，最终会引致共同的预期，或所谓的"先验者行为"（Tirole，1982）。26 个实验中有 4 个全部采用有经验的被试，实验结果显示价格会"较早"地收敛于理性预期，尽管在这些情况下仍然存在 $\hat{\beta} > 0$，以及引起"倒买倒卖"行为的微小价格波动。

关键词：理性预期；股票市场交易；价格泡沫；实验市场

　＊ 我们感谢国家科学基金对印第安纳大学（A. Williams，PI）和亚利桑那大学（V. Smith，PI）的研究资助，同时感谢 Shawn LaMaster 的协助研究。

I. 引 言

一直以来传统的股票价值理论认为，股票的市场现值收敛于（经风险调整的）股票预期红利的折现值。如果市场是有效率的，那么只有当预期红利出现新信息时，股票的均衡价格才会改变。我们在实验室中检验股票的理性预期模型，在有限的交易时段控制预期红利的分配和交易者对红利分配的信息。根据理性预期理论，我们假设尽管个体的理性预期不同会导致预期红利存在暂时偏差，但这种偏差不会持续，因为市场中存在套利者，他们通过对偏离理性预期红利的资产价格进行套现以获得不确定性利润。因此，直到风险差异得到补偿、预期一致而又与红利价值相同时，调整过程才会发生。然而，现有理论并没有预测这一过程将持续多长时间，以及这一过程的特征如何或者以何种形式表述出来。

可以区分三种调整的动态过程：资产红利价值变化过程、交易者价格预期变化过程，以及资产价格调整过程。除非交易者的预期一致且与红利价值相符，否则这三种动态过程便不会一致。任何差异都可能是由于缺少共同的理性预期。一个重要的问题是：当预期趋于同质时，这三种动态过程是否会收敛？Fama（1970）的有效市场准则指出不存在系统的价格模式使得套利可以获得正的预期净收益，而在理性泡沫文献中交易者被假定为对资产价值有共同的先验知识。以 Tirole（1982，p. 1163）为例，"……我们研究当交易者具有理性预期时投机行为出现的可能性。一般性的观点很简单：除非交易者对给定的资产价值有不同的先验知识……（这个）……市场交易不会产生资本收益。因此投机依赖于不一致计划且被理性预期所排除。"但是交易者如何拥有理性预期，或者说"一致计划"、共同的先验知识呢？当理论没有提供清楚的可执行预期模型时，我们在实验中不能控制预期[1]，但我们可以控制红利结

---

① 竞价理论清晰阐明了一个外在的理性预期的 Nash 版本。因此，均衡竞价函数 $b_i = \beta(v_i \mid I)$ 反映了交易者 i 对其环境（物品价值 v_i）的信息 b_i 及其机制 I。如果每一个交易者 i 预期其 $N-1$ 个对手也使用这一行为决策规则，那么这是一个均衡投标方程。在第一价格拍卖机制和常数相对风险厌恶代理（CRRA 参数 $1-r_i$）的例子中，我们得到 $\beta(v_i \mid I_i) = (N-1)v_i/(N-1+r_i)$，并有 $r_i \in (0,1]$。在这一理论中可以通过如下方式来"控制"预期，即令每个个体 i 对 $N-1$ 个可计算的投标者投标，并通知实验对象每一个可计算的投标者投标其价值 $b_j = \hat\beta_j v_j$ 中固定的一部分，在每一拍卖中 v_j 抽取自与 v_i 相同的分布，且每个 $\hat\beta_j$ 在整个拍卖过程中只从某分布区间 $[(N-1)/N, 1]$ 中抽取一次。我们通过给每个投标人其对手的投标行为的完全信息来"控制"预期，其中的行为被定义为均衡投标的 Nash 模型（Walker, Smith, and Cox, 1986）。在缺少个人代理的相关微观模型的泡沫理论中，实验对象不知道共同预期的意义。

构和交易者对其的信息。这样，我们就可以探讨投资者对预期红利的共同信息是不是导致一致预期的充分条件。但没有先验的基础假设，初始的所有交易者将预期其他交易者对相同信息有共同的反应。每一个交易者对其他个体面临相同信息时的行为都是不确定的。从操作层面而言，在多时段资产交易环境中检测市场有效性或理性预期时，重要的问题是：交易者通过在实验过程（或现实的交易过程）中的学习是否会产生理性的共同预期，并因此产生一个非套利均衡？

本文的研究目的是要回答以下几个问题：（1）当资产的红利分布是共同知识时，理性的交易者会不会交易该项资产？（2）如果交易，我们能否发现（经验主义的）价格调整特征，并以收敛于预期红利价值来解释？（3）在任一个或某些实验中，我们会不会观察到调整过程中的市场泡沫和泡沫破灭？

在讨论这些问题之前，简要陈述一下我们的主要发现：预期（由预测所度量的）和价格调整都是有适应性的，但是随着交易者经历各种实验之后经验的增长，这种适应性趋向于一种经风险调整的理性预期均衡。

在第 II 部分中，我们综述了与第 III 部分中描述的资产交易情景相关的已有实验。实验参数的设置和市场绩效与实验顺序之间的相互作用将在第 IV 部分讨论。

II . 先前的实验

有几项双向拍卖市场研究（Miller，Plott，and Smith，1977；Williams，1979；Plott and Agha，1982；Williams and Smith，1984）因其资产交易的某种形式而与众不同。在一个典型实验中，一个连续稳定的供给可以由 5 名卖者（生产者）提供，一个两时段循环稳定需求由 5 名买者提供。第三方交易者，即资产"交易者"，拥有在一个时段购买并在下一个时段出售的特权。因此，这个环境可被描绘成循环稳定的供给和需求条件，其中作为第三方的交易者被授予了资产转移的权利。

除了 Williams 和 Smith（1984）外，在所有的实验市场上，实验设计完全采用了相同的市场环境。例如 Miller，Plott，and Smith（1977）以及 Williams（1979），除了重复两时段循环需求外，交易者只能在低价格时段购买，在高价格时段出售，并被要求在每两个时段循环的期末出清他们的存货。在 Williams 和 Smith（1984）的实验中，交易者可跨市场循环交易，而收敛率减慢。全部这些实验研究都报告了一个来自交易者投机行为的显著交易效应。也就是说，在最终市场时段，合约比任一个循环的自给自足的理论均衡价格或者成对比较的循环自给自足的实验中所观察到的合约价格都更接近跨期竞争均衡价格。这些结果，结合大量的不包含资产交易的双向拍卖市场的实验研究［见 Smith（1982）的综述］，可支持最初由 Muth（1961，p. 316）所定义的理性预期理论。

实验中的交易项目为一项专有资产（asset proper），此类在每个交易期末为资产持有者发放红利的实验最初是由 Forsythe，Palfrey 和 Plott（1982）设计的，并由 Plott 和 Sunder（1982）以及 Friedman，Harrison 和 Salmon（1984）所发展。尽管这些贡献改变了纯资产交易的实验环境，但它们仍保持了先前研究"投机"的两个特性：（1）私人（红利）价值上的一个两时段 A－B 循环（Friedman，Harrison，and Salmon，1984，实验中的三时段 A－B－C 循环）引出交易项目，会在若干循环的交易水平上重复。对于产生相同收益（引致价值）的不同团体，这些红利价值与早期实验中的交易是不同的。（2）每一轮交易的开始，采用完全复制循环的市场环境方法，交易者的存货清单（股票或金钱）被再次初始化。在这一框架中，这些资产市场实验被解释为价格逐渐收敛于与理性预期假设一致的均衡水平。这是因为交易者对资产在时段 A 的初始出价是基于他们的私人信息，但通过学习慢慢调整他们有关资产在时段 B 的市场价值的信息。在这些实验中，被试的交易很少获得资本收益，尽管价格可能继续上涨。这可能是由于较短的资本收益时间。

在现有的一系列实验中，我们检验当全部投资者面临相同的不确定性红利支付时，交易者是否会主动交易一项资产。前面所引用的资产实验，基于投资者有不同的机会成本，对不同的投资者支付不同的红利。但是，如果这样，被试在机会成本方面会有内生差异（如同在实地环境中）。这样，实验中投资者人为引致的不同红利价值是不是观察到交易的必要条件，将是一个悬而未决的问题。如果我们并没有观察到交易者进行交易，这就有力地支持了这一理论，其中风险中性的交易者拥有共同的（引致的、假设的、考虑了共同红利分配的）初始预期。假定交易者在这一环境中被观察到进行交易，那么我们的第二个目标是描述所观察的价格的调整特征。我们是不是能够观察到像以往一样的资产市场模型中的理性预期均衡？在检验、揭示适应性或理性预期的时候，被试对平均价格（从 9 个实验中所搜集的）的预测可不可以衡量他们的价格预期？

由于我们担心被试的预期值可能没有足够的差异，或我们市场水平的有限性会影响我们观察泡沫，在第一个系列的实验中，我们采用随机估价收购设置（random valued buyout condition），以提高产生泡沫的概率。当实验进行时，这些事先的假定并没有得到支持。然而，在大多数采用没有经验和仅有较少经验的被试的实验中，我们观察到了泡沫（与资产的红利价值有关）。而且消除随机估价交易并不意味着能够消除泡沫。

Ⅲ. 资产市场机制

这一研究所采用的交易过程是 Williams 和 Smith（1984）跨期投机者商品市场 PLATO 双向拍卖机制的升级版。市场投机者的基本交易机制与 Williams 和 Smith 所研究的商品市场投机者交易机制是一致的。图 1 提供了资产市场一个参与者的屏幕显示内容。所有的交易者都能够通过触动标有 DATA 的键盘在购买模式和出售模式间切换。

第一周 交易者3的记录卡片	交易时段（列）				
	1	2	3	4	5
第1单位商品的出售价	3.00		2.40		2.50
第1单位商品的购买价	0.00		0.00		0.00
利润	3.00		2.40		2.50
第2单位商品的出售价					2.50
第2单位商品的购买价					0.00
利润					2.50
第3单位商品的出售价					2.50
第3单位商品的购买价					2.00
利润					0.50
第4单位商品的出售价					
第4单位商品的购买价					
利润					
第5单位商品的出售价					
第5单位商品的购买价					
利润					
赢得的红利	0.80	2.00	0.48	0.48	
该交易时段的总收益	3.80	2.00	2.88	0.48	
购买时段	1	3	3		
购买价格	2.45	2.30	2.35		

存货＝3，可支配资本＝10.84 美元，每单位的红利＝?????

2号买者的出价2.48美元　　8号卖者的要价2.60美元

| 输入要价 | **卖出** | 接受出价 | 确定交易 |

数据 → 转换

最后 9 个成交价：2.50，2.50，2.50，2.55，2.60，2.61，2.40，2.65，2.53。

现在正在进行交易时段 5。剩余时间：108 秒。

到交易时段 5 结束时 12 个人之中 0 个人投票表决。LAB：投票表决结束。

图 1　资产市场实验的屏幕显示内容

通过按回车键，接着点击他们的屏幕显示上标有"输入出价"（或"输入要价"）的矩形区域，交易者能够自由输入一个出价来购买（或者输入一个要价来出售）一个资产单位。同样，通过点击标有"接受要价"（或"接受出价"）的屏幕区域，交易者能够自由地接受出价以购买（或要价以销售）。接受者接下来必须点击"确定交易"键，这时一个有约束力的契约便生成了，而且交易信息被记录在买者和卖者的私人记录单中。

报价必须不断进行筛选以缩小出价和要价的差异。只有最高的购买出价和最低的销售要价被显示在整个市场上并且对接受者公开。违反这一规则的报价被放置在一个"排序队列"中。当一个契约产生后，"排序队列"自动输入最好（最高）序列出价和最好（最低）序列要价。Smith 和 Williams（1983）已经证明这种版本的双向拍卖在分配效率和竞争均衡的收敛速度方面要胜过其他三个替代版本。

交易发生在 15（或 30）个市场时段内，每个市场时段最多持续 240秒。通过全体一致投票决议结束某一个交易时段的方式，市场参与者也可以绕过这一限制性规则。登记投票终止一个交易时段不会影响交易者积极参与市场的能力。保留的秒数和现有的终止一个交易时段的投票数在底部的附录展示中显示出来。屏幕显示大约每秒钟刷新一次。

实验开始时，每名交易者被给予一份资产禀赋和一份现金禀赋，一名交易者的现金持有量（被称作"可支配资本"）在任一时刻与他/她的现金禀赋都是不同的，主要因为：（1）通过市场交易所累积的资本收益（损失）；（2）在每个交易时段的末期，由财产目录上所列资产所累积的红利收益。实验最后，参与者获得等同于其最终可支配资本数额的现金。值得强调的是，除了交易时段 1 以外，后续交易时段交易者的资产和现金财产都是实验内生的。我们并没有像前文所引用的关于资产市场的实验研究（Williams 和 Smith 在 1984 年的研究除外）一样，每时每刻都对资产市场进行"再初始化"。

交易者会被告知有关红利结构及概率和全部交易时段的数量。具体地，他们知道全部可能的（每单位）红利价值和每一个潜在红利价值的概率。然而，直到该时段结束，即在他们被告知某个交易时段的红利收益前，他们不知道在每个交易时段末所获得的实际红利。在每个交易时段之前，交易者被提醒红利分配，并被告知实验中余下的人的存货中所持有单位的平均、最小、最大的可能红利。全部的参与者都会被口头通知红利结构和概率。在每个交易时段末，市场参与者可以通过一个工作

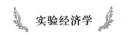

表来查看成交价格的平均值、最小值和最大值，以及在之前的全部交易时段所得到的红利。

当一名交易者购买了一个资产单位时，购买价格和发生的交易时段就会被记录在交易者的存货清单表中（见附录），这里我们假定在第 0 期记录的资产禀赋购买价格为 0。只要他们的可支配资本足够满足购买价格，交易者就能够继续购买资产单位。由于显示屏幕的水平空间限制，限制最大存货量为 7 单位（极少具有约束力）。交易者在任意交易时段都能够出清存货单位。然而，卖空是不被允许的。为了保存记录，存货以先进先出法记录。每当一单位资产被出售时，其出售价格、购买价格和导致的资本收益或损失都会被记录在交易者记录单中。

下面报告的实验中，全部资产单位在实验结束后被实验者在市场自动收购。"收购价格"等于 15 个交易时段红利的总和，然后加或减一个常数（概率为 0.5）。在最后的交易时段，自动收购阻止一个资产单位的预期价值降到单个红利提取的预期价值。当使用自动收购时，伴随着市场上的剩余者持有一单位资产，呈现给被试的有关最大、预期和最小红利收益的信息自动调整为收购状态。

Ⅳ. 实验设计参数、市场绩效和实验顺序概论

我们给出了 27 个实验的实验结果，实验设计的参数如表 1 所示。在每个实验中，有 3 种禀赋等级的交易者（见第 2～4 列），每一种包括 3（4）名在 9（12）个交易实验中的被试。这一设计允许扩充市场规模且不改变每个资本的结构。设计 1 和 3 使用的大多是没有经验的被试。所有的被试均已经参加了先前的一个流动供给和需求条件的双向拍卖实验。因此，表 1 中所有的带"x"后缀的并在图中绘出的实验使用的是至少参加过先前两次实验的被试。

我们的很多实验是受早期实验结果中存在的问题和疑惑所推动的。作为假设和经验结果之间的一种持续性互动途径，本研究旨在提高我们对出现在这些市场上的交易模式的理解。这一历史主题使得读者可以随着每一个阶段试探性结论的发展而理解我们所设计的实验。读者必须注意，这一叙述以及相应的价格图表所带来的第一印象就是理性被"粗劣"地违反了。然而，第Ⅴ部分中的实验分析揭示了这些实验的首要特性是：在实验期间，随着被试经验的增长，预期和价格调整收敛于内在价值。

表1

实验设计	初始禀赋[a]			红利 $\bar{d}$ ($p=1/4$)[b] (美分)	每个交易时段的预期红利 $E(\bar{d})$ (美分)	第1个交易时段每股的内在价值 (红利) $E(D_1^T)$[c] (美元)	实验[d]
	I组	II组	III组				
1	(2.80美元；4)	(7.60美元；2)	(10.00美元；1)	(0, 4, 8, 20)	8	2.40 (包括收购)	(5；12) (7；12) (12xn；9, 3c) (17；12) (23pc；12)
2	(2.25美元；3)	(5.85美元；2)	(9.45美元；1)	(0, 4, 14, 30)	12	3.60 (包括收购)	(6x；9) (9x；9) (10；9) (16；9) (18；9) (19x；9) (20xpc；9) (26；12) (41f；12)
3	(2.80美元；4)	(7.60美元；2)	(10.00美元；1)	(0, 8, 16, 40)	16	2.40	(25x；9) (28x；9) (30xsf；9) (36xx；9) (39xsf；9)
4	(2.25美元；3)	(5.85美元；2)	(9.45美元；1)	(0, 8, 28, 60)	24	3.60	(43xmf；9) (46f；9) (48xmf；9) (49xnf；9) (50xxf；9) (90f；9) (124xxf；9)
5[e]	(2.25美元；3)	(5.85美元；2)	(9.45美元；1)	(0, 8, 28, 60)	24	7.20	(42xf；9)

注：[a]在有9（12）个交易者的实验中，每组有3（4）个交易者。

[b]每个交易时段每种红利分配结果发生的概率是1/4。

[c]在每个交易时段开始之前，每个交易时段的预期红利值 $E(\bar{d})$，$t=1, 2, \cdots, T$，被计算并告知每个交易者。在实验设计3~5（没有收购）中，$E(D_1^T) = E(\bar{d})(T-t+1)$，因为在实验设计1中第t个交易时段末已经实现的红利。

$E(D_1^T) = E(\bar{d})(T-t+1)$，$t=1, 2, \cdots, T$。在实验设计1~2（有收购）中，$E(D_1^T) = \sum_{\tau=1}^{t} \bar{d}_\tau + 2E(\bar{d})(T-t+1)$，$\bar{d}_\tau$ 表示在第τ个交易时段末已经实现的红利。

[d]（5；12）表示被试用12个交易者的组合。设计2中是 $\sum_{\tau=1}^{t} \bar{d}_\tau \pm 0.50$，概率是1/2（设计2中是 $\sum_{\tau=1}^{t} \bar{d}_\tau \pm 1.00$，概率是1/2），x表示有经验的被试，xx表示富有经验的被试。s表示被试在独立的单个资产市场被训练过。n表示没有收购，pc表示对价格的控制被限定为 $E(D_1^T) \pm 0.10$，$t=1, 2, 3$。在实验（12xn；9，3c）中，12个交易者中有3个是同盟者。f表示被试要求预测下一个交易时段的平均价格。

时是 $\sum_{\tau=1}^{t} \bar{d}_\tau \pm 0.50$，概率是1/2。

[e]实验（42xf；9）中 $T=30$，其他实验中 $T=15$。

我们的前导性实验（本文未报告）使用了先前没有任何双向拍卖经验的被试，并且股票的预期分红或持有价值只在第 1 个交易时段被计算并告知被试。由于价格在这些实验中对 $E(\tilde{D}_t^T)$ 偏离很大，我们决定提高被试的经验水平和信息水平，以消除这些因素影响实验结果的可能性。

图 2[①] 给出了前两个实验（实验 5 和实验 6x）的实验结果。实验 6x 中的 9 名交易者是参加实验 5 的 12 名交易者的子集。由于交易量很大，我们只列示了每个交易时段的平均交易价格。看起来经验是交易模式的一个重要决定因素。没有经验的和有经验的被试都意识到了资产的内生价值。例如，没有经验组的被试询问实验者："为什么在经济恐慌时期仍然购买？"和"难道不应该以红利价值来出售资产吗？"然而，意识到"恐慌购买"现象的被试在第 11 个交易时段积累了财富，在第 12 个交易时段遭受了资本损失！实际上，如果你预期价格在许多个交易时段保持稳定，购买（或持有）、收集红利并计划随后在涨价时出售是理性的。收益最高的被试差不多采取的就是这种策略。实验 6x 和 9x 使用了来自实验 7 的有经验的被试，其结果看起来肯定了我们的推测，即伴随着经验和完全（可计算的）信息，价格收敛于内生价值 $E(\tilde{D}_t^T)$，尽管在实验 9x（图 3）的前几个交易时段我们观察到与风险厌恶假设一致的行为。

在前四个实验（5、6x、7、9x）中，每一个实验中第 2 个交易时段的平均价格都"接近"第 1 个交易时段的平均价格。因此，我们推测被试的预期可能会对初始的契约敏感，并且如果我们在接近 $E(\tilde{D}_t^T)$ 的价格上发起初始交易，接着市场会追随这条路径。在实验 12xn 中，我们从亚利桑那大学征召 7 名有经验的被试和 2 名没有经验的被试来验证我们的推测。在一个由 12 个人组成的交易市场（大多数实验是在多个地点进行的）中，亚利桑那大学的 3 名实验者作为"内部人"联盟参加。我们的计划是：内部人通过交易使价格在第 2 个交易时段中，保持在对 $E(\tilde{D}_t^T)$ 上下波动 10 美分的范围内，第 3 个交易时段将全部内部人的股票存货调整到初始禀赋的水平，接着不再活跃。由于以往有经验的交易者市场在低于 $E(\tilde{D}_t^T)$ 处展开，我们猜测实验 12xn 中的内部人的行为将不得不集中于购买。因此，拥有最大现金禀赋（7.60 美元和 10.00 美元）的两名内部交易者的策略为每个人输入 2.30 美元的开始出价，

---

① 在 RE 理论和在复制环境中支持 RE 理论的先前强实验证据的影响下，我们初始假设允许资产流动并不足以在"短期"水平上（$T=15$ 的交易时段）观察到偏离内在价值（红利）理性预期假说 $E(\tilde{D}_t^T)$ 许多。

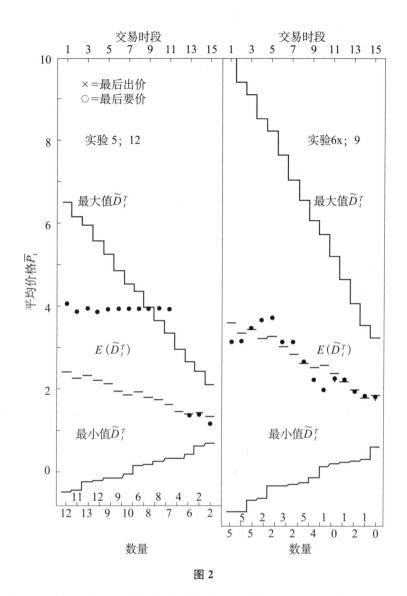

图 2

拥有最大股份禀赋（4 单位）的交易者输入的开始要价为 2.50 美元。如果停留的出价被接受，一个相同价格的新出价会出现。如果停留的要价被接受，策略就是马上用一个新的 2.5 美元的要价来代替停留要价。内部人遇到难以预料的购买能力，而且只要通过允许某些成交价格在前 3 个交易时段超过 $E(\tilde{D}_t^T) + 0.10$ 就能抑制需求的飙升。如图 3 所示，这种努力的部分成功之处在于，在第 4 个和第 5 个交易时段中，在收敛接近于 $E(\tilde{D}_t^T)$ 前，价格没有上涨很多。基于实验 12xn 的结果，我们暂时否定了这些市场对他们初始"意外事件"非常敏感的假设。强内生预期和行为不确定性似乎决定了初始水平和随后的价格进程，并且这些预期不容易被中立化，甚至在 25% 的市场由一个联盟来控制以试图强加 $E(\tilde{D}_t^T)$ 的预期时。

由于我们的第一个存在有经验的交易者的市场产生了低于完全收敛于 $E(\tilde{D}_t^T)$ 的股票价值，我们继续进行一个配对实验，该实验包含一个由 12 名交易者组成的资产市场，并且伴随着使用第一组的 9 个交易者子集的市场（见图 4～图 7）。在这些实验中的两个（图 5 中的 20x 和图 6 中的 23），我们在头两个交易时段加入一个计算机强加的价格上限 $E(\tilde{D}_t^T)+0.10$ 和价格下限 $E(\tilde{D}_t^T)-0.10$。这些价格控制迫使市场在 $E(\tilde{D}_t^T)$ 上下 10 美分的范围内交易，这也是实验 12xn 的目标，但是伴随着潜在的重要差异，即这只是由于外在强加的约束而达成的一种公共知识。在实验 12xn 中，我们暗中制造出这样一种信念，即这样的价格是"自然"产生的。

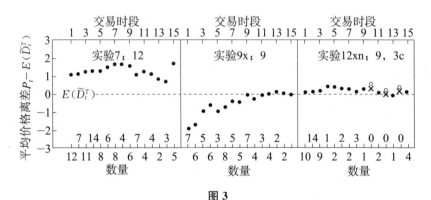

图 3

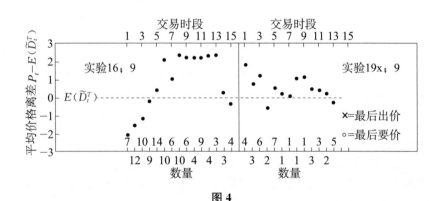

图 4

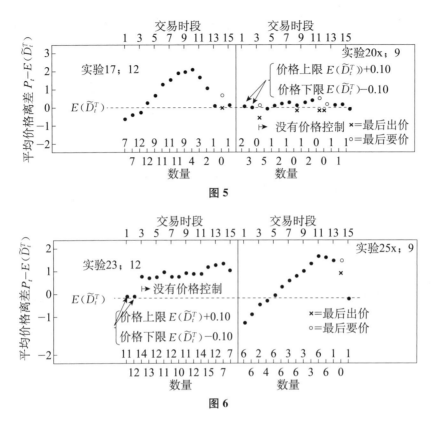

图 5

图 6

在实验 16（图 4）中，我们观察到了第一个标准的市场泡沫——伴随着破产的市场繁荣。采用有经验的被试对本实验（19x）进行的复制实验未能区分出市场交易的繁荣和萧条模式。在实验 17 中我们观察到了跨期平均价格的相对平滑的钟形模式。这些被试的一个子集返回来参加了实验 20x，其中强加了在交易时段 1 和 2 的一个价格上限和下限，以观察这样的约束是否会引致 $E(\widetilde{D}_t^T)$ 价格预期。这一处理表现得正如预期所料，表明内生价值理性价格模式可以通过结合经验（甚至是泡沫经验）和约束在 $E(\widetilde{D}_t^T)$ 价格附近的最初两个交易阶段的交易而近似得到。是不是没有经验的被试也会产生相同的结果呢？如果这样，它会不会在使用这些"习惯性的"交易者的后续市场（没有价格控制）继续？从实验 23 和 25x（图 6）中，我们观察到答案显然是否定的。在实验 23 的前两个交易时段，市场在接近上限价格处交易。移除价格控制后，市场价格上涨了大约 1/3，伴随着交易量的增长，接着直到最后交易时段都大体上保持稳定。但是参加实验 25x 的 9 个成员的子集产生了相对于 $E(\widetilde{D}_t^T)$ 衡量的真实的市场繁荣。这证明了内生预期可以潜在地决定一个市场的基本参数。实验 25x 标志着在 $T=15$ 时没有收购实验开始，并证明我们使用收购来扩大预期的差异是不必要的。

图 7 中的两个实验提供了接连发生的市场泡沫，其中第一个实验（26）看起来引发了复制实验（28x）中的泡沫预期，导致第二个泡沫上升得更快，并且比第一个破裂得更快。（当被试参加实验 28x 时，其中一名被试就曾向实验主持人评论道，他预期这个市场"破产"，这当然意味着他也预期它会首先"破裂"。）这似乎是对预期的自我实现的绝佳例证。

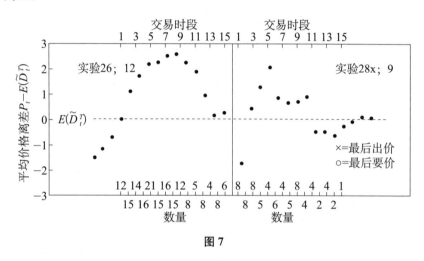

图 7

实验 10（图 8）是值得注意的，因为它使用了来自 Tucson 社区的职员和商业人士作为被试。这一市场证明了关于我们的实验结果只是学生被试以及"经营着真实世界"的生意人会很快学会理性预期等想法的不合理之处。这是我们所进行的实验中唯一以高于过往交易时段的平均价格结束的实验。有趣的是，因为实验是在晚间（东部时间晚上 9：00 – 11：00）进行，它不得不被短暂打断大约 10 分钟（通常东部时间晚上 10：00 PLATO 关闭服务）。我们告诉被试，在交易时段 10 的交易会以与交易时段 9 的末期相同的资产地位被记录。尽管我们保证实验进展不被打断，但稳定的市场预测，在交易时段 9 的末期会中断，在交易时段 10 一开始出清，接着恢复交易时段 1～8 的稳定增长趋势。这一结果证明了资产市场对不确定的外部来源的敏感性，甚至当实验者试图使用实验说明来消除这种潜在的差异时，这种敏感性依然存在；这同时也证实了广泛流传的观念，即股票市场容易受到"心理"因素（即除去创造共同预期的"基础因素"以外的因素）的影响。

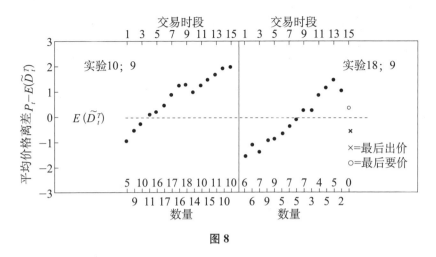

图 8

在那些经历价格泡沫的市场中，一条经验性的规律就是市场价格暴跌时的交易量要小于价格暴跌之前交易量的平均水平。这在实验 16（交易时段 7 和 14）、17（交易时段 11～15）、26（交易时段 11～15）、28x（交易时段 5）和 18（交易时段 14～15）中被证明。而且，更具有说服力的证据是：在价格暴跌之前的那个交易时段，交易量已经出现了缩减的趋势。

图 9 提供了在实验 28x 中（按顺序）所有的出价、要价和成交价格的图示（以线段连接），并证明了在一个泡沫市场上，交易时段内和跨交易时段价格行为的动态性。这一市场从交易时段 1 内 1.3 美元的低价上升到了交易时段 4 内 5.65 美元的高价。出价-要价行动的变化模式将在第 V 部分第 2 节中讨论。

在我们研究的这一结合点上我们提出如下问题：当被试参加第一次资产市场实验时，他们同时得到了关于资产交易的机制方面的培训，并且形成了对这类市场跨期价格行为的预期，我们的实验结果会不会受到这一因素的影响呢？第一次资产交易中的价格泡沫和市场破产是否与交易者没有经验有关呢？以及由于在第一次交易中形成了预期，交易者会不会在第二次交易中重复类似的泡沫和市场破产现象？为解决这些问题，在实验 30xsf 和 39xsf（图 10）中，被试是有经验的，但是他们没有从先前的 15 个交易时段的资产市场中获得经验。他们的经验是通过参加一系列单时段资产交易市场而获得的，其中每名交易者的禀赋在每个交易时段开始被再初始化，并且没有任何在较早的交易时段购买的股票存货能够延续到随后的交易时段。因此，被试是在一个不存在跨期资

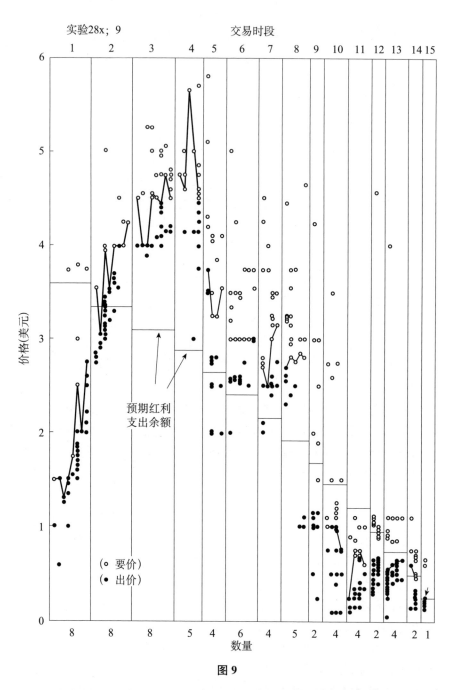

实验28x；9   交易时段

图 9

本收益（或损失）的资产交易市场中接受的训练。这一实验设计使得被试在控制价格泡沫和市场破产时可以获得关于交易机制的经验。图 10

中的实验 30xsf 和 39xsf 的结果显示，市场泡沫和破产确实发生在采用有经验的被试的实验中，这些有经验的被试并没有在无意间预期泡沫和破产。尽管实验 30xsf 和 39xsf 的交易模式截然不同，但是每一个都与较早实验中所识别出的两种主要的模式相一致。

实验 36xx 用来观察我们以往实验中的"超级明星"交易者是否会得到内生价值市场价格。这 9 名被试都至少参加了两次以前的实验（加上基本的供需训练）。同时，他们也通过了以利润绩效指标为标准的甄选过程，因此其中有 8 名被试的收益排在全部已做过实验的被试的前列（一名被试在这一甄选规则之外，在实验 36xx 中获得第三高的利润）。如图 10 中所指出的，实验 36xx 得到了一个实际（但是数量非常小）的价格泡沫。

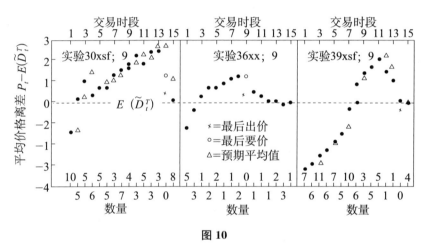

图 10

用来训练实验 30xsf 和 39xsf 中被试的单一交易时段水平实验（$T=1$）没有产生价格泡沫。然而，我们经常可以在 $T=15$ 时观察到价格泡沫（当使用没有经验的被试时，我们中有一个在 $T=3$ 时观察到泡沫）。基于此，我们提出了另外的理论假设，即如果我们将交易时段的个数从 15 翻倍到 30 的水平，泡沫的作用应该会被识别，因为这会提高资本收益的预期范围而淹没内生价值。在实验 42xf 中，我们设定 $T=30$，使用实验 41f 的被试中的 9 名成员构成的子集（见图 11）。与这一观点相反，实验 42xf（绘在图 11 中）似乎迅速收敛于内生红利资产价值（见第 V 部分条件），尽管交易组在实验 41f 中有价格泡沫和市场破产的经验。我们将这一结果解释为，这些市场对组内的那些不能被可控的设计变量所牢固操纵的内生性预期因素是很敏感的。

实验 43xnf、48xnf 和 49xnf 努力将产生内生价值均衡价格的有经

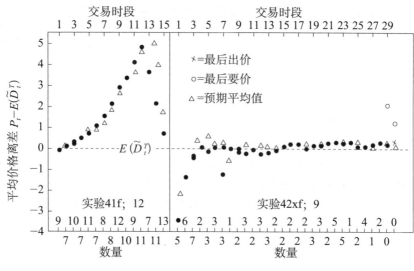

图 11

验的交易者、没有经验的交易者或者有泡沫经验的交易者相混合。这种设置是受到以下推测的激励，即如果股市只受专业交易者控制，则可能观察到内生价值资产价格，但是由于一些未获得充分信息的新手的存在，他们损失金钱、退出市场甚至被新的新手所取代，这就阻止了上述均衡的发生。在实验 43xnf 中，6 名被试都是从参加过实验 42xf 的被试中招募的。43xnf 中其他 3 个被试是新手，其中 1 个没有先前资产交易的经验，另外的 2 个人也只有泡沫市场的经验（实验 41xf）。通过 43xf 的平均价格（见图 12），在 2/3 的由"专业人员"构成的市场中，我们观察到了收敛的趋势，但是在只有 3 名"专业人员"、4 名有泡沫经验的被试以及 2 名没有经验的被试参加的实验 48xnf 中，我们在前 6 个交易时段却发现了一种无规律的泡沫现象。

　　这些结果与预测的"专业效应"并不矛盾，所谓"专业效应"是指如果有足够多有经验的交易者，他们将会抑制任何可能产生泡沫的趋势。这一预测得到了实验 49xnf 和 50xxf 的进一步支持。在实验 49xnf 中，我们拥有 4 名"专业人员"和 5 名有泡沫经验或没有经验的被试的混合；这些被试产生了一个小泡沫（见图 13）。接着，我们重新征召了这些被试在一个新市场中进行重复实验（一个人被一名极其有经验的被试所替代）——实验 50xxf，结果在内生价值附近交易。采用相同被试进行重复实验的做法最终会创造一个有着共同预期的"专业化"的市场，在这个市场中，泡沫趋势会被内生价值消除或代替。在这一点上，实验124xxf 则具有了特殊的意义，因为该实验的被试都有至少参加过两次资产市场实验的经验。他们以往的实验是与 Forsythe 等（1982）和 Friedman 等（1984）所设的环境相配套的，在那种环境下实验结果收敛于理性预期均衡。如图 12 所示，这一市场暂时收敛于红利价值，接着在突转回红利价值之前出现了一次泡沫。这些被试清楚地知道红利结构，但是仍然"上演"了一次泡沫。

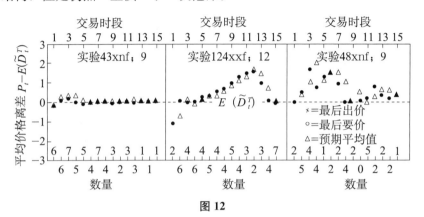

图 12

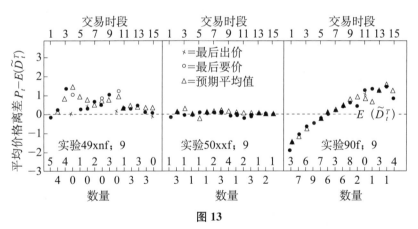

图 13

随着实验 30xsf 的开始，在每个交易时段末，每名被试被要求预测下一个交易时段的平均成交价格。预测活动使用了 Williams（1987）的过程。从交易时段 2 到 15，累积绝对预测误差最小的被试得到额外的 1 美元。个人预测是私人信息，为了避免在一个"接近"预测竞赛中提供操纵价格的激励，没有被试被通知他们自己的预测是如何与其他人进行对比的。当输入预测时，被试的屏幕上会显示出他们自己的预测、平均价格和绝对预测误差等全部内容。Williams（1987）证明了 1 美元就足够激励他们进行正式的预测，但是不足以激励他们从战略上操纵平均价格来努力赢得预测。

图 10～图 13 中绘出了这些个体预测的平均值，在相同的范围内伴随着在每一个交易时段所实现的平均成交价格。这些图揭示了平均预测的若干特征：（1）在许多交易时段，平均预测看起来并不是平均价格的一个坏的预测者；（2）当平均价格大约是连续的时（如在实验 90f 的交易时段 13～14），显示了一个小趋势（如实验 41f 的交易时段 2～6），或伴随着内生价值（如实验 42xf 中）时，预测是乐观的；（3）预测滞后于价格的较大变化或变化趋势（如实验 30xf 中的交易时段 2～4，和实验 49xnf 的交易时段 12 以及实验 41f 的交易时段 13）；（4）预测总是不能预知某些转折点（如在实验 30xsf 的交易时段 4、实验 29xsf 的交易时段 12 及实验 41f 的交易时段 13）。简言之，我们的被试在这些市场上的预测能力与实际中的职业预测者相似。[①] 特征（3）和（4）是很有趣的，因为实验市场价格，包括价格跳跃和转折点，完全由做出预测的同一个人的内生行动所决定！

V．价格预测和价格动态过程：假设和实验结果

在阐明预测行为和价格调整的替代模型所暗含的某些假设时，我们区分 Muth 形式（REM）的理性预期和 Nash 形式的理性预期（REN）。在 Muth（1961）非常著名的设置中，REM 假设为"对相同的信息集……公司的预期（或者结果的主观概率分布，这种说法更为常见）分布于理论的预测（或者结果的'客观'概率分布）中"。然而大家不太熟知的是很多年以前，由 Nash（1950，p.158）定义的不太严密的概念，即"……由于我们的解应该包含收益的理性预期……这些预期应该是可实现的"。因此 REN 仅意味着预期可以被结果支持，而 REM 意味着预期被结果所支持，反过来又支持某个理论的预测。[②]

---

① 专业预测者的这些特征已有很长的历史了。例如，"……预测者倾向于很依赖支出、产出和价格水平的趋势的坚挺程度。惯性流行于经济运动的程度，他们的预测结果大致正确……但是……这些预测受困于没有业务圈循环并低估衰退和复苏……"（Zarnowitz，1986，pp. 17 - 18）。

② 当使用实地调查数据来检测 REM 时，调查者明确假设观察到的价格是随机分布的某些理论均衡价格。应该被强调的是，除非这一假设被满足，否则这些调查是在检测 REN。如果没有对红利进行实验控制，那么不可能区分 REM 和 REN。

1. 被试对价格的预测是不是精确的、有价值的、具有适应性的？

我们以实验（在表 1 列出的"设计 4 实验"中指定"f"，并显示在图 10～图 13 中）开始我们的分析，其中交易者在下一个交易时段提交预测的平均价格。预测的精确度问题通过使用方程的 OLS 估计来检测，其中 $\bar{P}_{t,e}$ 是实验 e 的交易时段 t $(t=3，\cdots，15)$ 内的平均价格，$F_{t,e,i}$ 是由交易者 $i(i=1，\cdots，9)$ 在实验 e 的交易时段 t 的平均价格的预测，且 $\varepsilon_{t,e,i}$ 为随机误差条件。如果预测是平均价格的无偏预测的话，那么它们是"精确的"。REN 假设意味着不能拒绝联立原假设 $(\alpha_1，\beta_1)=(0，1)$。这里，REN 是正确的解释，因为我们没有询问价格与某些具体的理论预期是否相符，只是简单问及价格和预期是否相互支持。

$$\bar{P}_{t,e}=\alpha_1+\beta_1 F_{t,e,i}+\varepsilon_{t,e,i} \tag{1}$$

由方程（1）的 OLS 估计得到：

$$\bar{P}_{t,e}=0.208+\underset{(5.98)}{0.844} \underset{(-8.25)}{F_{t,e,i}}，R^2=0.823，N=852 \tag{1'}$$

括号中的数字为 $\alpha_1=0$ 和 $\beta_1=1$ 的原假设条件下的 t 比率。两者表明在任何显著性水平下均拒绝原假设，如同得出 $F_{(2,850)}=38.9$ 的联立原假设 $(\alpha_1，\beta_1)=(0，1)$ 的检验一样。明显地，存在预测偏离观察到的平均价格的系统趋势。[①]

我们还在方程（1）中检验了 10 个实验中的每一个和 3 个预测实验（39xsf、41f 和 124xxf）中的每个被试。结果与方程（1'）中显示的一致。然而，很显然某些被试是比其他人更好的预测者。而且，存在越好的预测者其收益越多的趋势。我们根据 10 个预测实验中的每一个被试间的绝对预测误差对利润进行回归来建立这一趋势。表 2 列出了预测误差变量的系数估计。在 10 个回归中，系数是负的，伴随着 4 个估计在 95% 的水平下显著。预测的精确度越高，利润越高。这与好的预测者在其预测上表现得更好而获得更高的利润的命题一致（未经证明）。

---

① 式（1'）的估计使用了公开价格而不是平均价格作为因变量没有改变这一结果。估计的系数和检验统计量与使用平均价格的结果非常近似。平均价格和公开价格间的相关系数为 $r=0.97$。预测精度也通过使用观察到的平均价格 $(\bar{P}_t-\bar{P}_{t-1})$ 作为因变量的变化和平均价格 $(F_t-\bar{P}_{t-1})$ 的预测变化作为自变量来估计。结果说明 $(\alpha，\beta)=(0，1)$ 的原假设一定会被否定 $(F_{2,779}=93.8)$。

表 2 　　　　　　　　　回归估计：利润对预测偏差绝对值的回归

实验	N（被试数量）	预测偏差的回归系数
30xsf	9	−4.4
39xsf	9	−3.0
41f	12	−2.55**
42xf	9	−1.1*
43xnf	9	−0.058
48xnf	9	−0.83
49xnf	9	−1.4**
50xxf	9	−0.43*
90f	9	−1.1
124xxf	9	−0.74

注：* 显著性水平 $Pr \leqslant 0.05$。
　　** 显著性水平 $Pr \leqslant 0.01$。

图 14 总结了使用交易时段 3～15 的全部个人预测集合得到的预测误差频率多边形（围绕最近的 0.05 节点的 $F_t - \bar{P}_t$）对被试价格预测的精确度。样本分布表面上看起来并没有不正常，但其轻微向正预测误差（均值、中值和众数上的误差分别为 0.049、−0.01、−0.05）倾斜。大多数预测在均值的一个标准差内。图 14 中所描述的预测误差（随时间长度被试数量汇集）能够被认为是单独随机变量的独立提取的范例吗？我们通过正式检验原假设来提出这一问题：（1）预测误差的连续独立性和（2）预测误差与预测目标的变化之间没有系统关系。

预测误差的连续独立性意味着在方程

$$F_t - \bar{P}_t = \alpha_2 + \beta_2 (F_{t-1} - \bar{P}_{t-1}) + \varepsilon_t \tag{2}$$

中不能否认原假设 $\beta_2 = 0$，这表明了实验（e）和个体（i）的指数。我们的替代假设［基于 Williams（1987）所提出的证据和对预测实验的图表的检查］为，预测误差是正的自相关的，意味着 $P_2 > 0$。$t = 3, \cdots,$ 15 时，对方程（2）的 OLS 估计可得出：

$$F_t - \bar{P}_t = 0.046 + 0.282 (F_{t-1} - \bar{P}_{t-1}), \ R^2 = 0.089, \ N = 769 \tag{2'}$$
$$(3.03) \quad (8.66)$$

在斜率系数估计下的括号中显示的 t 比率表明连续独立的原假设被拒绝。

鉴于随着时间的推移，预测误差趋向于持续，现在我们要问：预测

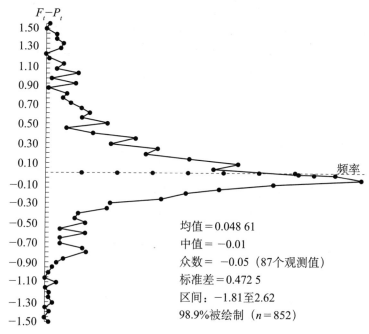

图14　预测误差的频率分布

误差是如何与预测目标的变化联系在一起的？图14显示预测误差的频率分布相当对称，并伴有被试过高预测平均价格的轻微倾向。然而，对带有泡沫预测实验的图表的检查清晰地表明了这一趋向：平均预测在繁荣期（$F_t < \bar{P}_t$）过低预计平均价格，在低谷期（$F_t > \bar{P}_t$）过高预计平均价格。因此，预测误差的表现与在预测目标里的变化相反。对于此方程，更正式的表述应是：

$$F_t - \bar{P}_t = \alpha_3 + \beta_3 (\bar{P}_t - \bar{P}_{t-1}) + \varepsilon_t \tag{3}$$

这表明了对 $\beta_3 = 0$ 的原假设的拒绝支持了备择假设 $\beta_3 < 0$。对方程（3）的评估产生了

$$F_t - \bar{P}_t = -0.077 - \underset{(-33.4)}{0.824} (\bar{P}_t - \bar{P}_{t-1}), \quad R^2 = 0.589, \quad N = 781 \tag{3'}$$
$$\phantom{F_t - \bar{P}_t = }{(-7.30)}$$

对单侧备择假设 $\beta_3 < 0$ 的支持很容易拒绝 $\beta_3 = 0$ 的原假设，而且我们看到了一种显著的趋势：膨胀时预测值过低，紧缩时预测值过高。这种预测更新的滞后（相对于平均价格移动）与正自相关预测误差共同表明，预测是在不断的适应中形成的。

当 $0 < \beta_4 < 1$ 并且 $\alpha_4 = -E(\tilde{d}_t)$（假定所有的交易者都是风险中立的）时，预测在均衡处被认为是有适应能力的。

$$F_t - F_{t-1} = \alpha_4 + \beta_4 (\bar{P}_{t-1} - F_{t-1}) + \varepsilon_t \qquad (4)$$

这些具有适应性的方程说明，当前的预测通过减去预期单一时期的红利并加上一部分先期预测误差来更新先前的预测。

$t = 3, \cdots, 15$ 时，对方程（4）的 OLS 估计可得出：

$$F_t - F_{t-1} = -0.117 + 0.815 (\bar{P}_{t-1} - F_{t-1}), \quad R^2 = 0.632, \quad N = 850 \qquad (4')$$
$$\quad\quad\quad\quad (12.11) \quad (38.16)$$

在斜率系数估计下的括号中显示的 t 比率表明，应分别拒绝 $\alpha_4 = -0.24$、$\beta_4 = 0$ 的原假设。$\beta_4 = 1$ 时的原假设依然是被拒绝的（$t = -8.66$）。这些结果说明，预测只有在 $0 < \beta_4 < 1$ 时才具有适应性；但是，在 $\alpha_4 > -E(\tilde{d}_t)$ 下，预测偏差持续存在。正如下文所示，预测偏差与交易者在红利上的风险厌恶态度是一致的。[1]

2. 被试的预测是否收敛于有经验的 REM?

表 3 提供了根据被试经验的 3 个不同的实验分类 $x_{i,t} = F_{i,t} - E(D_t^T)$ 的分布统计。全部被试在 x^1 组中是没有经验的。x^3 中的被试全部参加了两次以往的 15 个交易时段的市场实验，而 x^2 中只有部分被试参加了以往这样的资产市场实验。对这些群体的观测清楚地显示出，当经验水平随实验增加时，相对于红利价值的均值偏离和预测变化都明显下降。结果，随着经验的增长，行为不确定性下降，我们的被试趋向于获得共同的内生价值预期。

表 3			$X_{i,t} = F_{i,t} - E(D_t^T)$ 的分布统计					
分组[a]	样本 N	平均值[b]	中值	区间	方差	F_{12} 比率[c]	F_{23} 比率[c]	F_{13} 比率[c]
x^1：30xsf，39xsf，41f，90f，124xxf	672	0.93	0.86	-3.36 $+5.70$	2.595 3	5.04		
x^2：42xfa，43xnf，48xnf，49xnf	504	0.32	0.22	-3.66 $+2.87$	0.515 5		7.40	37.27

---

[1]　如果交易者利用最近的价格信息来阐明他们的预测，这说明方程（4）右边的部分应该利用时段 $t-1$ 的最后价格而不是平均价格。这一变化得到了与（$4'$）中所报告的在性质上相似的结果：$\hat{\alpha} = -0.136$，$\hat{\beta}_4 = 0.628$，$R^2 = 0.491$，伴随着对原假设 $\alpha_4 = 0.24$，$\beta_4 = 0$ 和 $\beta_4 = 1$ 的强有力的拒绝。

续前表

分组[a]	样本 N	平均值[b]	中值	区间	方差	F_{12} 比率[c]	F_{23} 比率[c]	F_{13} 比率[c]
x^3：42xfb，50xxf	251	0.14	0.14	-2.63 $+0.76$	0.069 6			

注：[a] x^1：被试以前未参加过 15 个交易时段的资产市场实验。x^2：一些被试（实验 42xfa 中的所有被试）以前参加过 15 个交易时段的资产市场实验（实验 42xfa 复制了实验 42xf 中的第 1～15 个交易时段）。x^3：所有被试都参加了以前两个相同的 15 个交易时段的资产市场实验（实验 42xfb 复制了实验 42xf 的第 16～30 个交易时段）。

[b] 每一个均值的 t 检验与秩和检验都彼此显著不同。

[c] F_{ij}，第 i 组和 j 组的 F 检验统计值。

3. 价格动态调整

第 I 部分的经验分析区分了预测（预期）价格 F_t 和平均价格 $\overline{P}_t$。根据方程（4′），线性适应的预测误差动态地描述了跨期预测调整，并提供了预测价格和观察价格之间的联系。在这一节，为了描述可观测价格的交叉时间行为，我们考虑了（平均）价格调整假设：H。这一假设包括风险中性和风险调整 REM 假设作为特殊均衡的案例。

H：Walras 适应性调整预期资本收益，REN，

$$\overline{P}_t - \overline{P}_{t-1} = -E(\tilde{d}) + K + \beta(B_{t-1} - O_{t-1})，\quad \beta > 0 \tag{5}$$

平均价格从一个交易时段变化到下一个交易时段可分为（最多）三个部分：预期红利价值下降部分 $E(\tilde{d})$；风险调整部分 K；产生预期资本收益的超额需求部分。我们假定在自发的预期资本收益（损失）市场上，超额需求与超额出价（所输入的出价数量减去要价数量）正相关。[①] 在检验了两个实验的数据之后，我们发现出价

---

① 前两个条件可以很容易地得自常数绝对风险厌恶（CARA）。应用风险贴水的 Arrow-Prrat 方法（或费用，如果交易者是风险偏好者的话），股票的价值由 $V_t = E(\tilde{D}_t^T) - \sigma^2(\tilde{D}_t^T)U''[E(\tilde{D}_t^T)]/2U'[E(\tilde{D}_t^T)]$ 给出。由于 $\tilde{D}_t^T = \sum_{T=t}^{T}\tilde{d}_T$ 和 $\tilde{d}_\gamma = \tilde{d}$（独立红利实现），可得到 $E(\tilde{D}_t^T) = \sum_{T=t}^{T}E(\tilde{d}) = (T-t+1)E(\tilde{d})$，$\sigma^2(\tilde{D}_t^T) = \sum_{T=t}^{T}\sigma^2(\tilde{d}) = (T-t+1)\sigma^2(\tilde{d})$。

$$V_t = (T-t+1)E(\tilde{d}) + (T-t+1)\sigma^2(\tilde{d})\frac{U''[(T-t+1)E(\tilde{d})]}{2U'[(T-t+1)E(\tilde{d})]}$$

如果我们有 CARA，那么

$U''(m)/U'(m) = -\alpha$，且

$V_t = (T-t+1)[E(\tilde{d}) - \alpha\sigma^2(\tilde{d})/2]$

现在假设市场价格以平均价格方程与对股份的典型个体估价相同的方式来平均个体风险态度。那么如果资本收益预期为零，我们有如式（5）中的 $\overline{P}_t = (T-t+1)[E(\tilde{d}) - K]$ 和 $\overline{P}_t - \overline{P}_{t-1} = -E(\tilde{d}) + K$。

数量（作为需求强度的测量）相对于要价数量（在成交价格崩塌之前的一个或多个交易时段）可能会出现下降的趋势。当我们认识到它可以被表示成滞后 Walras 调整假设，即超额出价是超额（资本收益）需求的代理变量时，我们对数据中隐含的规律更有兴趣了。我们推测超额出价可能与超额需求相关，因为在价格低于市场出清水平时，有意愿的买者要比卖者多，并且这可能已经在双向拍卖机制实验结果中揭示出来了（通过简单的买者出价数量超过卖者要价数量）。

考虑对 H 的解释，有三点值得一提。

（1）如果我们把 H 中价格变动的资本收益部分解释为交易者真实预期的价格变化，那么为什么理性的交易者没有如时段 $t-1$ 中预期的那样行动，并驱使价格变动中的这一部分成为零？答案包含在对 H 的另一种解释中：交易者并不预期交易时段 t 发生的价格，他们预期的是他们预测的价格，这是适应性误差倾向。特别是，交易者没能预测到大的价格变化和转折点。根据这一解释，超额出价变量的作用是预测交易者在下一个交易时段的超额需求，例如，超额出价测度潜在超额需求，超额需求冲击后续价格。然后这些价格实现得出或加强新的价格预期。这一情节与价格预测行为和超额出价假设一致。这一解释所预测的行为机制如下：在市场牛市阶段，如果出价行为在交易时段 t 活跃，此时有很多出价没有被接受，这是强支付意愿的信号，并预示着将存在下一个交易时段出价水平提高所引致的激励。例如，交易者拒绝（不接受）他们的出价，并被激励出价更高。类似地，出价少（即便在交易时段 t 有较高的成交价格）、没有几个出价不被接受，预示着在后续交易时段引致出价水平降低的激励。对称的观点也可以应用到要价上。交易者没有预期价格的这种变化，或者是因为他们没有认识到超额出价行为，或者是因为他们没有预测到市场对多数出价被拒绝所做出的激励方面的反应。涉及实验 28x 的图 9 说明了在一个与这一解释一致的泡沫过程中出价-要价行为的变化。注意在交易时段 1 和 2 中更多的超额出价伴随着交易时段 2 和 3 上出价水平的跃升。在交易时段 3 和 4，超额出价为负，则伴随着交易时段 4 和 5 中出价水平的下降；等等。我们没有深入考虑产生正的或负的超额出价的更深层的原因。并不明显的是，这类预期的最终"原因"和源泉可以以传统的动态形式表达。[①]

（2）我们把 H 直接看作 Nash 意义上的理性预期，因为只要资本收益（损失）预期能够持续存在，那么后续的观察结果一定会是价格上升（下降）。因此在图 9 中，价格上升的预期被交易时段 1～4 上的价格结果所支持。价格在交易时段 5 下降，尽管被交易时段 3 和 4 相对更低的出价所预示，但没有被交易者所预期（预测）到，引致交易者价格预期的适应性逆转，这被接下来观察到的价格下降所支持。然而，在均衡意义上，H 代表 Muth 形式的理性预期，它意味着当超额出价稳定在零时收敛于风险中性或风险调整的内生红利价值。H 的这一解释与 Lucas（1986）所表明的观点并不一致，这已被他引用的例子和 Williams（1987）设计的实验所证明，其中适应性预期可能是达到理性预期均衡顶点的短暂（学习）过程的一部分。

（3）风险中性和风险调整 REM 假设是 H 的特殊情形。因此，由风险中性 REM（$H1$）得到：

$$\bar{P}_t - \bar{P}_{t-1} = -E(\tilde{d}) \tag{5.1}$$

由风险调整 REM（$H2$）得到：

$$\bar{P}_t - \bar{P}_{t-1} = -E(\tilde{d}) + K \tag{5.2}$$

我们提出检验 H 和它的案例 $H1$ 和 $H2$，对每一个实验估计方程

$$\bar{P}_t - \bar{P}_{t-1} = \alpha_5 + \beta_5(B_{t-1} - O_{t-1}) + \varepsilon_t \tag{5.3}$$

如果我们拒绝原假设 $\beta_5 \leqslant 0$，这就支持了 H。[②] 如果我们不能拒绝 $\beta_5 = 0$，但是我们以 $\hat{\alpha}_5 > -E(\tilde{d})$ 拒绝 $\alpha_5 = -E(\tilde{d})$，这就支持了 $H2$ 中的风险厌恶解释，而我们以 $\hat{\alpha}_5 < -E(\tilde{d})$ 拒绝 $\alpha_5 = -E(\tilde{d})$，这就支持了 $H2$ 中的风险偏好解释。最终，如果我们不能拒绝 $\beta_5 = 0$ 和 $\alpha_5 = -E(\tilde{d})$ 的

---

① 我们的想法由 Coleman（1979，p. 280）清楚地表达了："有时发生在拥挤的剧院的某种恐慌，最令人迷惑的问题不是为什么恐慌会发生，而是为什么其发生如此不确定。在一种情况中，一种恐慌会发生……在另一种明显近似的环境中，恐慌没有发生。为什么？另一个观察是训练，比如消防演习，对……源自火的……恐慌有效。"我们的市场泡沫也呈现出同一种不确定性。两组人看起来有相似的经历（例如，实验 28x 和实验 42xf），但是一条路径是"接近"内在价值，另一条路径产生泡沫。看起来如果任一组中大多数的成员重复返回（42xf，43xnf，50xxf），这将产生"近似的"内在价值报价，很像消防演习对面临火时的恐慌倾向的作用。

② 研究（Walras）假设为 $\beta_5 > 0$，因此对备择假设 $\beta_5 \leqslant 0$ 的单侧检验是合适的。然而，我们应该注意到，鉴于以下事实——对两个实验（25x、26）的偶然检查是得出 H 的表达式的关键因素，对于这个特定的实验样本，系数检验的统计意义只能以一种精确的方式进行折中。这不是实验方法的显著性问题，因为人们总是可以进行新实验。在这一领域，人不能让一切重新来过，根据数据得出的所有检验都是值得商榷的（如果相关的话）。对现有样本的一种较保守的表述办法是将那两个数据已提前检查的实验排除在外。

原假设，这就支持了 $H1$。我们有些怀疑 α 统计上非常接近于 $-E(\tilde{d})$。在以往的有引致供求排列的双向拍卖实验中，我们观察到面临着相同市场参数的不同的被试组在每一方所输入的报价数量上变化显著。这种分组不对称没有减少价格变化上超额出价的相对作用，但是随着非零超额出价对截距（与预期红利无关）做出贡献，价格变化可能会消失。

通过汇集 $E(\tilde{d})=0.24$ 的所有 12 个实验，由对方程（5.3）（$t=2, \cdots, 15$）的 OLS 估计得到：

$$\bar{P}_t - \bar{P}_{t-1} = -0.230 + 0.027\,(B_{t-1} - O_{t-1}) \tag{5.3'}$$
$$\quad\quad\quad\quad (0.29) \quad\ (7.55)$$
$$R^2 = 0.240, \quad N = 182$$

t 值说明在 95% 的置信水平下原假设 $\alpha_4 = -0.24$ 不能被拒绝，但是原假设 $\beta_5 = 0$ 能够被拒绝。这一结果通常支持 H 的风险中性解释，但是由于估计的 α_5 比 $-E(\tilde{d}) = -0.24$ 大，平均而言，被试倾向于显示出风险厌恶这一点得到了微弱的支持。

如果超额出价与交易时段内价格运动正相关，我们应用 H 对交易时段间平均价格调整的解释可能是折中的，即通过与 $B_{t-1} - O_{t-1}$ 相关的交易时段 $t-1$ 的价格变化，$\bar{P}_t - \bar{P}_{t-1}$ 可能（至少部分）产生。为了检验我们所估计的超额出价的价格在交易时段内的作用，对于使用了与方程（5'）中同样的 12 个实验的样本，有：

$$P^C_{t-1} - P^O_{t-1} = \alpha_6 + \beta_6\,(B_{t-1} - O_{t-1}) + \varepsilon_{t-1} \tag{6}$$

P^C_{t-1} 和 P^O_{t-1} 是时段 $t-1$ 的结束和开始价格。拒绝原假设 $\beta_6 = 0$、支持单侧备择假设 $\beta_6 > 0$ 将会说明存在显著的交易时段内超额出价的影响，该影响趋向于混淆我们对方程（5'）的解释。原假设 $\alpha_6 = 0$ 意味着，当出价的数量等于报价的数量时，交易时段内的价格趋势倾向于缺失。由对式（6）（$t=2, \cdots, 15$）的 OLS 估计得到：

$$P^C_{t-1} - P^O_{t-1} = 0.045 + 0.010\,(B_{t-1} - O_{t-1}), \quad R^2 = 0.039 \tag{6'}$$
$$\quad\quad\quad\quad\ (1.19)\quad\ (2.71)$$

原假设 $\alpha_6 = 0$ 不能被拒绝。然而，当确定一个小的交易时段内超额出价的影响存在时，原假设 $\beta_6 = 0$ 能被拒绝。这一结果说明了，由于从交易时段 $t-1$ 到交易时段 t 的结束价格的变化不能归因于交易时段 $t-1$ 内的价格调整，回归细化

$$P^c_t - P^c_{t-1} = \alpha_7 + \beta_7\,(B_{t-1} - O_{t-1}) + \varepsilon_t \tag{7}$$

对超额出价预测交易时段间价格运动的能力提供了更为严格的检验。由对方程（7）的 OLS 估计得到：

$$P^C_t - P^C_{t-1} = -0.219 + 0.020\,(B_{t-1} - O_{t-1}), \quad R^2 = 0.126 \tag{7'}$$
$$\quad\quad\quad\quad\ (0.55)\quad\ (5.09)$$

其与方程（5′）相当一致，尽管模型的预测能力和超额出价系数的显著性多少被减弱了。我们的结论即数据对弱风险厌恶 H 的一般支持是不变的。[①]

（26 个中的）22 个实验的式（5.3）的回归结果被列在表 4 中，其中不存在干涉性的处理条件（价格控制、计算机崩溃或联盟的使用）。表 4 将实验分成"价格稳定市场"（Ⅰ组）、"价格递增市场"（Ⅱ组）和"泡沫生成与破灭市场"（Ⅲ组）。在回归估计之前这种分类是基于图 2～13 做出的。Ⅰ组包括价格遵循红利价值的市场，或是在大多数的水平上，不变的或大约与红利价值平行的市场。Ⅲ组包括产生价格泡沫（在最终时段前的某时刻破灭）的市场。Ⅱ组包括Ⅰ组和Ⅲ组都没有的实验，被称作"价格递增市场"。Ⅱ组包括从低于红利价值水平逐渐递增，并因此表现出对 REM 风险厌恶的实验 9x。

表 4 方程 $\bar{P}_t^e - \bar{P}_{t-1}^e = \alpha^e + \beta^e (B_{t-1}^e - O_{t-1}^e) + \beta_t^e$ 的估计结果

实验	$E(\tilde{d}^e)$	$\hat{\alpha}^e$	$\hat{\beta}^e$	R^2	dw^c
		Ⅰ组，价格稳定市场			
5	0.08	-0.22 (-1.04)	0.014 (0.88)	0.06	1.6
7	0.08	-0.10 (-0.21)	-0.013 (-1.1)	0.09	1.6
42xf	0.24	-0.18 $(+0.62)$	0.025^b (2.8)	0.23	2.2
43xnf	0.24	-0.22 $(+0.56)$	0.004 4 (1.7)	0.20	1.9
50xxf	0.24	-0.23 $(+0.29)$	0.006 (1.2)	0.11	2.0
		Ⅱ组，价格递增市场			
9x	0.12	0.027^a $(+2.6)$	$-0.000\ 38$ (-0.07)	0.000 4	2.3
10	0.12	0.20^a $(+5.4)$	-0.010 (-2.1)	0.26	1.7
90f	0.24	-0.053^a $(+2.2)$	0.006 3 (0.50)	0.02	1.6

[①] 我们也通过对 6 个实验的集合来估计式（5）、（6）和（7）（没有实验者的干扰），其中 $E(\tilde{d}) = 0.12$。结果在性质上类似于（5′）、（6′）和（7′）中所显示的。

续前表

实验	$E(\tilde{d}^e)$	$\hat{a}^e$	$\hat{\beta}^e$	R^2	dw^c
Ⅲ组，泡沫生成与破灭市场					
6x	0.12	−0.16 (−0.74)	0.014[b] (3.4)	0.49	2.1
16	0.12	0.058 (+0.76)	0.038[b] (2.2)	0.28	3.0
17	0.08	−0.23 (−1.6)	0.035[b] (4.5)	0.63	2.9
18	0.12	−0.17 (−0.40)	0.029[b] (1.8)	0.21	1.4
25x	0.24	−0.47[a] (−2.2)	0.033[b] (4.3)	0.60	1.6
26	0.16	−0.082 (+0.66)	0.039[b] (3.2)	0.46	1.3
28x	0.24	−0.12 (+0.74)	0.063[b] (3.9)	0.56	2.5
30xsf	0.24	−0.32 (−0.57)	0.073[b] (4.5)	0.63	2.5
36xx	0.24	−0.20 (+0.35)	0.012 (0.71)	0.04	0.5
39xsf	0.24	−0.28 (−0.32)	0.044[b] (4.0)	0.57	2.6
41f	0.16	−0.58 (−1.5)	0.049[b] (2.4)	0.32	0.7
48xnf	0.24	−0.31 (−0.45)	0.031 (1.6)	0.17	2.6
49xnf	0.24	−0.37 (−0.74)	0.030 (1.3)	0.12	2.3
124xxf	0.24	−0.31 (−0.50)	0.025[b] (2.0)	0.25	1.3

注：[a] 截距与 $E(\tilde{d}^e)$ 显著不同（双侧检验，$p<0.05$）。
[b] 调整速度的 Walras 系数显著为正（单侧检验，$p<0.05$）。
[c] dw 代表 Durbin-Watson 检验。

从表 4 看来，对Ⅲ组市场的 H 支持如预期那样强烈。速度系数 $\hat{\beta}_5$ 的调整在这组的每个实验中都是正的。而且，在Ⅲ组 15 个实验中的 11

个里我们拒绝原假设 $\beta_5 \leqslant 0$。① 我们将其解释为对Ⅲ组中的 H 的强烈支持，因为：（a）滞后超额出价确实是连续的，并且在 11 个案例中也对价格变化做出了有力预测；（b）这一组在价格跳跃和转折点上是同样丰富的，因此允许超额出价的任何潜在预测能力来消除价格调整的噪音。我们认为超额出价是股票价格变化的良好领先指标，因为在成交价格跃升之前的交易时段上，交易者没能意识到所输入（没有被全部接受的）的出价的交易强度（数量）变大或是没有预测到这一点预示着出价在下一个交易时段的增长。因此，他们对价格增长的预测过低，但超额出价是相对精确的。类似地，在牛市价格低迷之前，交易者没能意识到出价会相对变少，尽管成交价格仍在上升（他们在每一个交易时段末的预测现在会过度预测实现情况），这预示着未来的价格会下降。但是这些特性仅是一些趋势，并被许多噪音所干扰。我们也是直到研究了数据后才意识到这一点的。

在Ⅰ组和Ⅱ组中也有一些对 H 的支持，具体来说，这两组中 8 个实验中的 5 个得出了 $\hat{\beta}_5 > 0$，且在一个实验（42xf 中），$\beta \leqslant 0$ 被拒绝，支持了 $\beta > 0$。实验 42xf 特别有趣，因为这一实验的图（图 11）可以很早地并且有力地显示出对 REM 的收敛。$\hat{\beta}_5$ 显著为正说明平均价格的微小变化造成了波动（短期繁荣和萧条）的模式，而这种模式平均都被滞后超额出价所预测。被商品交易者称为"投机"的活动在只有微小的价格变动时发生。类似地，实验 43xnf 和 50xxf 显示了正（如果不显著）调整速度系数，尽管这些实验（图 12 和图 13）的平均价格从始至终都非常接近 REM。这些实验表明，在宏观意义上的市场，可能会获得对理性预期的"接近"支持，但是在"接近"的间隔，可能有由适度资本收益预期供给的微妙交易动态。在实验 42xf、43xnf 和 50xxf 中，我们估计 $\hat{\alpha}^e > -E(\tilde{d}^e)$，但是在这些实验中没有一个能够让我们拒绝原假设 $\alpha^e = -E(\tilde{d}^e)$。实验 9x 是唯一一对风险厌恶调整的 REM 提供有力支持的市场。将对 REM 提供最有力支持的 4 个实验（9x、42xf、43xnf 和 50xxf）汇集起来，得出我们对式（5.3）的估计如下：

$$\bar{P}_t^e - \bar{P}_{t-1}^e = -0.15 + 0.013(B_{t-1}^e - O_{t-1}^e), \quad R^2 + 0.12, \quad n = 71$$
$$(0.99) \quad (3.1)$$

① 可以很自然地预测，资本收益预期，因而价格调整，被"截止期效应"深深影响，但是我们在表 4 的回归中加上作为假定的"独立"变量 $T-t+1$，并没有得到什么重要的进展。增加的变量的系数 $T-t+1$ 只在两个实验中显著（90f 和 39xsf）。与时间相伴的动态变化已经被超额出价所充分考虑。

因此在全部"REM 实验"之间，调整速度的 Walras 系数是显著为正的。尽管 4 个实验的方程截距显示风险厌恶程度 $\hat{a} = -0.15 > -E(\tilde{d})$（$=-0.21$），但这种差异是不显著的。

22 个实验中只有 4 个（实验 9x、10、25x 和 90）得出了 $\hat{a}_5$ 估计显著不同于 $-E(\tilde{d}^e)$，并且在全部 22 个实验中有 11 个显示了 $\hat{a}^e > -E(\tilde{d}^e)$，另外 11 个则恰恰相反，说明不存在风险厌恶风险偏好的一致趋势。我们认为这是由于相对于资本收益预期导致的价格变化来说，对风险的任何调整都是微小的。

Ⅵ. 结　语

我们将从以下四个方面对本文的结论进行总结。

1. 一般性的结论

（1）对不同的交易者引致不同的私人红利价值已不是观察交易的必要条件。有时，大量交易发生在每一个交易时段末，这时红利以相同的概率支付给股票持有人，这一事实是共有知识。结果表现为，在交易者价格预期中有足够的内生多样性，并且也许是冒险态度使得被试在交易中获利。这一点与假设交易者拥有共同预期的理性泡沫说法并不一致。拥有经验的被试趋向于获得共同的内生于红利价值的理性预期。

（2）以往初始化和复制 2 个或 3 个交易时段红利环境的研究表明了在连续的复制中收敛于 REM 价格。在最后一个持续的交易时段之前，采用有经验的交易者的所有实验和采用没有经验的交易者的实验中的大部分都收敛于"近似"REM 价格。因此，我们的结论和以往资产市场研究中报告过的更加结构化的市场的结论都支持这一观点：预期是具有适应性的，并且当资产价值"基础"在交易水平上保持不变时，跨期适应是 REM 均衡结果。

（3）其中 22 项实验没有涉及实验者的干涉以及无意中的打断。形式上的结果（14 项实验中 9 项采用了有经验的被试）是一个具有由相关的红利价值衡量的价格泡沫的特性化市场。

（4）采用有经验的被试的 4 项实验为 REM 资产估价模型提供了最强有力的支持。

（5）无论价格运动的模式如何，有经验的被试交易量趋向于少于没有经验的被试。虽然交易者价格预期中的差异趋向于与经验一致，但是差异可以缩小，并且市场变得更小。

（6）上述结论与 Fama（1970）和 REM 标准（无套利利润）或者与 Tirole（1982）的模型（交易者拥有共同预期）都是一致的。这就是我们从这些实验和前辈的文献中（大多数是实验经济学的），以及从 Fama（1970）和 Lucas（1986）中引证的例子中学到的东西。人们在任何环境下通常不会以普通预期离开终点，他们通常不会通过事先的推理和事后的归纳解决跨期最大化问题，在没有足够的理由相信预期是普通的时，这并不是非理性。[①] 我们从这些报道过的特别的实验中了解到的是，普通红利和共同知识是不足以引致最初共同预期的。正如我们所解释的，这是由于交易者对其他人的行为不确定。拥有在试错实验中的经验和教训后，预期最终会趋向收敛并达到 REM 均衡。

2. 预测行为

（1）在每 10 个预测实验中，经济人的预言并不能无偏地预测出在时段 t 的平均成交价格。

（2）这些预测实验不能预测价格的突然上涨和下降，同样也不能预测更高和更低的转折点。平均预测和个人预测两者都显示了一个过高地估计平均价格的趋势。然而，在泡沫实验中，预测过低地估计了在繁荣阶段的价格，却又过高地估计了在萧条阶段的价格。

（3）每个人的预测准确性都不同，其中一些人比其他人能更好地预测。此外，较好的预测者能够赚到更多的钱。

（4）这些预测具有很强的适应性，比如从一个时段到下一个时段预测的变化与以往的预测误差是显著相关的。同样，预测误差也是自相关的。

（5）与红利价值相关的平均偏差和个人预测变化两者都随着被试经验的增加而显著下降。当行为不确定性下降时，有经验的被试趋向收敛于普通红利价值预期。

---

① 另一实验证据支持我们的解释，即这是共同预期假设的失败，不是实验中交易者后向感应的失败（在解释泡沫方面）。因此，Cox 和 Oaxaca（1986）发现实验被试的行为与工作研究模型的预测相当一致，要求使用后向感应在一段时间里实现最大化，但是其实验被试在一个违反自然的博弈中做决策，这个博弈要求他们仅仅对其自身未来行为形成预期。行为的不确定性因此被最小化了。

3. 市场泡沫的实验特性

（1）有经验的被试会频繁地制造市场泡沫，但是这种可能性相对于没有经验的被试要小一些。当同样的分组返回第三个市场时，泡沫消失了（除了我们确实在价格小幅波动中观察到的"倒买倒卖"行为）。

（2）在每个泡沫市场实验中（Ⅲ组，表4），第1个交易时段的平均价格低于$E(\tilde{D}_t^T)$。这表明了以下可能性：风险厌恶通过最初压价，在随后的复苏（在此类偏好得到满足之后）中帮助创造或确认资本收益，从而在市场泡沫中起作用。

（3）市场价格崩塌之后就会经历一次繁荣，无论是有经验的还是没有经验的被试，崩塌发生时交易量都小于处于泡沫状态时的交易量。

（4）相对于要价活动而言，出价活动的减少更能预示出价格泡沫的破裂，正如在泡沫即将破裂之前的在某一时段或若干时段中超额出价（出价数量减去要价数量）所测量出来的那样。类似地，价格的后续恢复或稳定趋向于被超额出价的增长所预示，因此在全部泡沫生成与破灭的实验中平均价格的变化与滞后超额出价正相关，这一调整速度系数使非正的原假设在11个案例（共14个）中被拒绝。

（5）如果我们一开始"训练"被试在一系列单一时段资产市场上在每个交易时段的交易前通过初始化资产持有来控制交易时段间的资本收益，有经验的交易者产生价格泡沫的趋势不会消除。这一结果与有经验的被试之所以产生价格泡沫是因为他们期望在产生过泡沫的市场获得经验的猜想恰恰相反。

4. 最有力支持 REM 的市场特性

（1）全部四个市场对 REM 最有力的支持发生在回归方程（5.3）超过风险中性预期的截距，即$-E(\tilde{d})$处。这支持了 REM 的风险规避调整版本，并且在四个例子中我们只能拒绝一个截距是$-E(\tilde{d})$的原假设。如果我们在估计方程（5.3）中集合全部四个实验，这一原假设便不能被拒绝。我们的结论对 REM 风险规避模型提供了微弱的支持。

（2）实验 42xf、43xnf 和 50xxf 在前三个交易时段似乎收敛于$E(\tilde{D}_t^T)$，并且在其后紧随$E(\tilde{D}_t^T)$的路径，在方程（5.3）中全部表现为正的速度调整系数。在实验 42xf 中我们拒绝了系数非正的原假设，当三个实验被集合在估计方程（5.3）中时，我们同样拒绝了这一原假设。因此，即使在这些有力支持 REM 的实验中，Walras 适应性资本收益调整的假设也得到了支持。我们的结论是：即使这些实验也不能被视为一般结论的一种特例（一般结论认为资产定价的 REM 模型只有在适应性的资本收益价格调整过程中作为一个均衡概念被接受）。

参考文献

Coleman, James S. (1979): "Future Directions for Work in Public Choice," in *Collective Decision Making*, ed. by C. S. Russell, Baltimore: The Johns Hopkins University Press.

Cox, James, and Ronald Oaxaca (1986): "Laboratory Research with Job Search Models," Western Economic Association Meetings, July.

Fama, Eugene F. (1970): "Efficient Capital Markets: A Review of Theory and Empirical Work," *Journal of Finance*, 25, 383 - 417.

Forsythe, Robert, Thomas Palfrey, and Charles Plott (1982): "Asset Valuation in an Experimental Market," *Econometrica*, 50, 537 - 567.

Friedman, Daniel, Glenn Harrison, and Jon Salmon (1984): "The Informational Efficiency of Experimental Asset Markets," *Journal of Political Economy*, 92, 349 - 408.

Lucas, Robert (1986): "Adaptive Behavior and Economic Theory," *Journal of Business*, 59, S401 - S426.

Miller, Ross M., Charles R. Plott, and Vernon L. Smith (1977): "Intertemporal Competitive Equilibrium: An Empirical Study of Speculation," *Quarterly Journal of Economics*, 91, 599 - 624.

Muth, John F. (1961): "Rational Expectations and the Theory of Price Movements," *Econometrica*, 29, 315 - 355.

Nash, John F. (1950): "The Bargaining Problem," *Econometrica*, 18, 315 - 335.

Plott, Charles R., and Shyam Sunder (1982): "Efficiency of Experimental Security Markets with Insider Trading," *Journal of Political Economy*, 90, 663 - 698.

Plott, Charles R., and Gul AghA (1982): "Intertemporal Speculation with a Random Demand in an Experimental Market," in *Aspiration Levels in Bargaining and Economic Decision Making*, ed. by R. Tietz, Berlin: Springer-Verlag.

Smith, Vernon L. (1982): "Microeconomic Systems as an Experimental Science," *American Economic Review*, 72, 923 - 955.

Smith, Vernon L. and Arlington W. Williams (1983): "An Experimental Comparison of Alternative Rules for Competitive Market Exchange," in *Auctions, Bidding and Contracting: Uses and Theory*, ed. by R. Engelbrecht-Wiggans, M. Shubik, and R. Stark, New York: New York University Press.

Tirole, Jean (1982): "On the Possibility of Speculation Under Rational Expectations," *Econometrica*, 50, 1163 – 1181.

Walker, James M. Vernon L. Smith, and James C. Cox (1986): "Bidding Behavior in First Prize Sealed Bid Auctions: Use of Computer-Nash Competitors," Indiana University, November, 1986.

Williams, Arlington W. (1979): "Intertemporal Competitive Equilibrium: On Further Experimental Results," in *Research in Experimental Economics*, Vol. 1, ed. by Vernon L. Smith, Greenwich, Conn. ; JAI Press.

Williams, Arlington W. (1987): "The Formation of Price Forecasts in Experimental Markets," *Journal of Money*, *Credit and Banking*, 19, 1 – 18.

Williams, Arlington W. , and Vernon L. Smith (1984): "Cyclical Double-Auction Markets With and Without Speculators," *Journal of Business.* , 57, 1 – 33.

Zarnowitz, Victor (1986): "The Record and Improvability of Economic Forecasting," NBER Working Paper No. 2099, December, 1986.

第三部分

公共物品

导　言

我运用实验方法来研究公共物品问题的兴趣源自对 Groves-Ledyard 提出的"'搭便车'问题的解决方案"的理解。随后，我们发现将经济理论和实验检验适时紧密联系在一起的情况非常稀有。公共物品天然适合运用实验方法，人们在激励失败的情境中或者一种激励相容的解决方案中都会遇到一项假定性的难题。按经验来讲，首先应该确立一个"搭便车"问题，然后再提出相应的解决方法。最终，就会产生以下几种情况：(1) 存在"搭便车"问题，但是没有理论预测的那样严重。(2)"解决方案"能够很好地解决问题，但是其他吸引力较小的静态理论均衡属性（有很多种静态均衡）的解决方案（例如拍卖机制）也能发挥同样的作用。(3) 所有的集体决策程序都需要一种禁止规则，并且无论静态模型的性质如何，这一规则都具有其自身的激励效应。(4) 很不幸，我们的理论在动态过程分析上缺乏说服力。

为什么"搭便车"机制并没有表现得更差呢？我认为，这一问题的答案与一系列问题联系在一起，例如，为什么机会主义行为在私人契约领域并没有更普遍？既然看上去要支付，为什么没有产生更多的犯罪行为——哪怕是轻微的犯罪？为什么即使没有持续的强制执行，产权还是倾向于被尊重？为什么人们对以后再也不会光顾的餐厅也会给小费？等等。无论根据实验证据还是实证证据，有一点是非常明确的，即私人激励在不同的等级上都具有非常重要的相关性，但这并不是说只有私人激励才会发挥作用。有一种假设认为，意识形态也会起作用（使用 Douglas North 的术语）。由于意识形态可能相关，强制性在强化人权（包括财产权与被人认可和尊敬的权利）价值的文化背景下是相对廉价的。所有的这一切就创造了一个群体，或者至少成为我们研究中所隐含的假设。这些假设是否源自我们的文化、基因禀赋、互惠性考虑尚待进一步的理解。

拍卖机制最初被认为是由教堂、博物馆协会、大学等机构推动的具有某种特点的私人捐献或者基金的一般形式。我还发现在解释实验结果的时候兼顾模型是非常有帮助的。Banks，Plott 和 Porter (1988) 最近的一项研究发现拍卖机制的效率在连续重复的情况下并不能持续下去。效率在第一轮开始时很高，后来逐渐降低，直至为零。这一结果一方面可能解释了为什么联合基金组织（United Fund Organization）每年都要把大量的慈善机构的预算汇集成一个单一的大规模基金。另一方面可能解释了为什么联合基金组织拥有大量的几乎每周都试图获取捐赠的机构。很明显，无论在实地还是在实验室中，背靠背的筹资尝试都会很快使人们饱和。

目前，关于用实验方法研究公共物品分配的文献不断增多。如果想要了解关于纯粹的捐献机制方面的文献综述，我推荐读者读一下 Isaac 和 Walker（1987）的文章以及 Banks，Plott 和 Proter（1988）的参考文献。

参考文献

Banks，Jeffrey S. ，Charles R. Plott，and David P. Proter，"An Experimental A-nalysis of Unanimity in Public Goods Provision Mechanisms," *Review of Economic Studies* 55 （April），1988.

Isaac，R. Mark，and James M. Walker， "Success and Failure of the Voluntary Contributions Process：Some Evidence from Experimental Economics," Discussion Paper No. 87‐1，Department of Economics，University of Arizona，1987.

社会选择中的一致同意原则和自愿同意原则 [*]

弗农·史密斯 [**]（Vernon L. Smith）

  作者提出的公共物品激励相容拍卖机制的离散形式可以运用到在不同且互斥的备选方案中进行社会选择（如投票）的问题上。这种拍卖式选举实质上是一种出价机制，其特征是：（1）全体一致性；（2）为那些被胜出提议损害的投票人提供自愿赔偿，以及（3）通过将那些不同意剩余最大化方案的集体成员排除在收益的最大化增长之外来激励"合理的"出价。在 5 个由 6 位投票人参与、出价保密、有货币报酬以及循环多数原则结构的实验中，有 4 个实验最终选择了三项提议中最优的那一项。

  Thompson（1965）、Groves（1969，1973）、Clarke（1971）、Drèze 和 de la Vallée Poussin（1971）、Groves 和 Ledyard（1975），以及 Smith（forthcoming，a，b）都为公共物品供给的激励相容机制提出了解决方案。Tideman 和 Tullock（1976）将 Clarke-Groves 的"需求显示过程"应用到了离散选项的社会选择问题中。Bohm（1972）、Scheft 和 Babb（1975）、公共广播服务组织（据 Fercjohn 和 Noll 的报告，1976），以及 Smith（forthcoming，b）都在一些实验室实验和实地实验中对这些机制以及公共物品中所谓的"搭便车"问题进行了研究。这些研究支持了实际分散的机制存在于公共物品供给中的命题。

  下面我们简要回顾一下各种规模下公共物品的激励相容拍卖机制

  [*] 感谢国家自然科学基金对本研究的支持。同时，我非常感谢 R. Auster 和 G. Tullock，正是他们的推动才使我产生了将拍卖机制应用到社会选择问题中的兴趣。此外，我还要感谢一位匿名的评论员对本文提出的建设性的建议。

  [**] 亚利桑那大学。

(Smith，forthcoming，b)。这种机制的一个特例包括一套互斥且完备的离散备选方案集合。这是一个熟悉的社会选择问题，即在离散的备选方案中进行投票以决定"受偏爱"的社会状态。由此产生的投票机制即我们所谓的拍卖式选举机制[①]，可以被解释为对 Wichsell（1896）提出的"税收过程中的全体一致和自愿同意原则"的实现。[②] 第Ⅴ部分报告了 5 个基于拍卖选举制的投票实验的结果。在本文的实验设计中，多数原则的结果不确定，但在这种设计下全体一致偏好的备选方案可以通过拍卖选举制的自动补偿特征得以实现。

Ⅰ．公共物品的拍卖机制

考虑一个包括 I 个成员的集体。使用一个局部均衡框架[③]，令 $V_i(X)$ 表示数量为 X 的公共物品对成员 i 的货币价值，为使度量规范化，不妨设 $V_i(0)=0$，令 q 为公共物品的货币价格。虽然 q 被设定为一个常数，但这个机制可以很容易地调整成收益增加或者减少的情况（Smith，forthcoming，a）。假设集体决策必须遵守以下规则或制度：

（1）每个经济人 i 需要提交一个二元方案 (b_i, X_i)，其中前者为报价，后者为提议的数量，并且经济人知道自己分摊的成本为 $(q-B_i)\overline{X}$，其中：

$$B_i = \sum_{j \neq i} b_j, \text{ 且 } \overline{X} = \sum_{k=1}^{I} X_k/I$$

（2）每个经济人都拥有绝对权利同意或否决所有其他决策人分配给他的分摊成本 $(q-B_i)\overline{X}$。如果他选择了 $b_i = q-B_i$ 且 $X_i = \overline{X}$，那么他就发送了"同意"的信号；如果他选择了 $b_i \neq q-B_i$ 且/或 $X_i \neq \overline{X}$，他

---

① Auster（1976）提出"补偿选择制"可以用来解决社会选择中的矛盾。拍卖投票选举制、Tideman-Tullock 的"Clarke 税收"选择制和 Auster 提出的"补偿选择制"虽然是三种截然不同的机制，但目的都是一样的。

② 本文第Ⅳ部分的标题就是来自 Wichsell 的经典论文，在此，我们表示感谢。还可参见 Buchanan（1959），他是唯一检验和扩展了 Wichsell 在公共选择方面的论点的现代学者。

③ 更准确地说，是假定不存在收入效应。目前研究过程中的实验设计是以一个使用 Cobb-Douglas 生产函数的一般均衡下的两物品（一私人物品、一公共物品）拍卖机制和一条生产可能性边际线为基础的。它是一种更为复杂的实验，在决策过程中通过 PLATO 系统给实验被试下指令。前几次实验的结果显示，引入收入效应并未降低集体成员达成公共偏好决策的能力，但是其决策结果（涵盖了对多组不同被试的反复实验）比 Smith（forthcoming，b）得到的局部均衡实验结果表现出更大的样本方差。

就发送了"否决"的信号。

（3）当且仅当每个经济人 i 都表示同意时，群体均衡才会实现。如果这种全体一致性能够达到，那么经济人 i 支付 $b_i\overline{X}=(q-B_i)\overline{X}$ 就能够购买到 $\overline{X}$ 单位的公共物品。

在这些规则下，i 的净收益是：

$$
v_i = \begin{cases} V_i(\overline{X})-(q-B_i)\overline{X}, & \text{对于所有的 } i\text{，当 } b_i=q-B_i, \\ & \text{且 } X_i=\overline{X}=(X_i+\sum_{j\neq i}X_j)/I, \\ & \text{或者 } X_i=\left(\dfrac{1}{I-1}\right)\sum_{j\neq i}X_j \text{ 时} \\ V_i(0)=0, & \text{其他情况} \end{cases}
$$

(1)

假设 V_i 是下凹函数，那么 v_i 最大时，$(b_i，X_i)$ 必须满足的条件是：

$$V_i'\left[(X_i+\sum_{j\neq i}X_j)/I\right]=q-B_i \tag{2}$$

$$b_i=q-B_i \tag{3}$$

$$X_i=\overline{X}，\text{对于所有的 } i \tag{4}$$

每个 i 都会尽力满足式（2），此时，他从提议的 X_i 中获得的边际私人收益等于"市场"分配给他的净私人价格，但如果式（3）和式（4）没有被满足，那么规则要求每个 i 都要接受次优的结果 $V_i(0)=0$。以上规则表明，如果 i 不同意接受单位成本 $q-B_i$ 和小组提议 $\overline{X}$，那么他会被排除在外。这与经济人在竞争性拍卖中为避免出局而试图"迎合市场"的激励是类似的，不同点在于在以上规则下如果 i 被排除，那么集体中的所有成员也被排除。至于这个区别是否会导致更多能够阻止均衡产生的策略性博弈和信号发送，目前为止还是一个经验性问题，在引用的文献中也并非重要问题。

式（2）～（4）产生了 Lindahl 均衡。[①] 把所有 i 的（2）加总代入

---

① 这些条件也定义了多个局部 Nash 均衡中的一个。Smith 的论文中提到，拍卖机制规定 Lindahl 均衡必须在复合局部均衡中。这可以很容易地从式（1）看出来。如果 X^0 是 Lindahl 均衡，那么只要 $X\neq X^0$，就能得出 $V_1(X)-(q-B_1)X>0$ 对于每个 i 来说都比什么都得不到要好，所以每个 i 都会多少倾向于同意。例如，设 $V_i(X)$，$V_i(0)=0$，对不同被试的实验（Smith，forthcoming，b），得到的最终结果都紧密地分布在 Lindahl 价格 b_i，X_i 的周围，有达到 Lindahl 最优 Nash 均衡的明显趋势。但是在每次实验中都会得到 Lindahl（和 Pareto）最优数量。因此实验时，在获得拍卖机制 Pareto 效率的同时还要考虑事后财物分配变动性的合理程度。

（3），得

$$\sum_{i=1}^{I} V_i'(X_i) = \sum_{i=1}^{I} V_i'(\overline{X}) = \sum_{i=1}^{I} b_i = b_i + B_i = q$$

那么 $\overline{X}$ 肯定是 Lindahl 最优的公共物品数量。

我们观察到，如果 X 对于每个 i 而言都意味着公共"损失"，那么 V_i 和 V_i' 都应该是负的，i 的出价 b_i 也肯定是负的，在均衡时每个被 X 损害的成员都会得到补偿。对于所有被损害的经济人，补偿一旦"足够"，那么同意就是符合他们利益的选择（理论上来说就是边际 Lindahl 租金为 0）。

Ⅱ. 拍卖投票选择制

在社会选择过程中，群体决策会产生一种共同的结果。所以，无论一个有关大麻合法化的全民公投最终是否通过，所有的公民都会面对同样的结果状态。如果 X 被限定只能为 1 或 0，就是拍卖机制应用在离散公共利益（或损失）上的一种情景。在全体一致同意的情况下，i 获得的净收益 $v_i = V_i(1) - (q - B_i) = V_i(1) - b_i > V_i(0) = 0$。在纯"政治性"选择的问题中，提议的资源价格为 0。例如，如果提议是在全国范围内实行夏令时，那么共同的结果就是 $q = 0$，想必这个问题只是一个私人评价问题。当然 q 也可以是负的，例如，大麻合法化节省了禁止大麻的成本。

首先考虑在两选项之间进行选择的例子，提议 A 或 $\overline{A}$（非 A），即如果 A 未被批准则继续维持现状。在拍卖式选择中（$q = 0$），可以通过允许每个 i 都对提议提交一个出价 $b_i \geq 0$ 或 $b_i \leq 0$ 来解决社会选择问题。如果 $\sum_{i=1}^{I} b_i \geq 0$，则提议 A 通过，否则，未通过。在（1）中，投票人 i 的净收益是

$$v_i = \begin{cases} V_i(A) - b_i, & \text{如果 } b_i \geq -B_i, \text{ 对于所有 } i \\ V_i(\overline{A}), & \text{其他情况} \end{cases} \tag{5}$$

一个显而易见的定理是：如果 $\sum_{i=1}^{I} V_i(A) > \sum_{i=1}^{I} V_i(\overline{A})$（与 $\overline{A}$ 相比，A 为集体产生的租金更大），那么对于每个 i 都存在一个出价 b_i^* 可以使提议 A 通过，也就是说 $\sum_{i=1}^{I} b_i^* \geq 0$，且没有 i 会降低福利，即 $v_i^* = V_i(A) - b_i^* \geq V_i(\overline{A})$。形式上，每个投票人 i 的理性出价都不会超过他们

对 A 的个人估价 $V_i(A)$，而 A 的净机会成本为 $V_i(\overline{A})$，有 $b_i \leqslant V_i(A) - V_i(\overline{A})$。由此，如果

$$\sum_{i=1}^{I}[V_i(A) - V_i(\overline{A})] > 0$$

那么对于每个 i 都存在一个 $\varepsilon_i \geqslant 0$，如果我们设 $b_i^* = V_i(A) - V_i(\overline{A}) - \varepsilon_i \leqslant V_i(A) - V_i(\overline{A})$，那么

$$\sum_{i=1}^{I} b_i^* = \sum_{i=1}^{I}[V_i(A) - V_i(\overline{A}) - \varepsilon_i] \geqslant 0 (提议 A 通过)$$

且

$$
\begin{aligned}
v_i^* &= V_i(A) - b_i^* = V_i(A) - [V_i(A) - V_i(\overline{A}) - \varepsilon_i] \\
&= V_i(\overline{A}) + \varepsilon_i \geqslant V_i(\overline{A})^{①}
\end{aligned}
$$

借用 Tideman 和 Tullock（1976）的一个例子可以帮助我们说明这个过程。表 1 给出了三个投票人分别对 A 和 $\overline{A}$ 的估价。提议 A 可以被看作一项土地分区法令的更改提案。投票人 1 目前持有无价值的财产，可能会得到 30 单位的资金收益；投票人 2 持有价值 60 单位的土地，可能会破产；投票人 3 持有的土地一文不值，可能会获得 40 单位的收益。在针对 A 的投票选举中，投票人 1 的出价不会高于 30 单位，投票人 2 的出价不会高于 -60 单位，投票人 3 的出价不会高于 40 单位。提议 A 可以比 $\overline{A}$ 多征集到 10 单位的集体租金。投票者为提议 A 提交的报价可能会产生一个 10 单位的累积净收益，由此可知，如果对于每个 i 有 $\varepsilon_i = 3$，则

$$\sum_{i=1}^{I} b_i^* = 1$$

提议 A 通过，且每个投票人的福利都增加了 3 单位。每个人都有一种竞争性的激励投出足够高的标价来保证 A 通过，避免被"排除"在外，从而被迫去接受一项不合需要的提议。

显然，如果有一个或多个投票人"太贪心"，提议 A 就会被否决。如果投票人 1 的出价低于 20 单位，从而使其持有的价值比现状至少多出 10 单位，那么他的行为就会妨碍提议 A 的通过，并且什么也得不到。如果投票人 2 希望能够获得 10 单位的改进而使出价低于 -70 单

① 在 I 个投票人中明显存在一个推算剩余价值量的无穷量 $\sum_{i=1}^{t}[V_i(A) - V_i(\overline{A})]$，每个价值量都代表一个可能的均衡产出。每个特定的均衡产出都要依据决策人战略性的或"轻率的"行为、产出与制定战略付出的主观认定的成本相比的效率等来决定。这种情形与古典双边讨价还价问题中所谓的不确定性类似。简单来说，这个不确定性表示我们至今还未有一个有效且准确的行为理论来解释 Pareto 优点集合里的特定产出。

位，那么他的现状将得不到任何改善，所以每个投票人都有一种动机去保证提议 A 通过。

表1	投票人的估价	
投票人	选项	
	A	$\overline{A}$
1	30	0
2	0	60
3	40	0
总计	70	60

Ⅲ. "Clarke 税收"选择制

在上述例子的框架下，拍卖投票选择制可以与 Tideman 和 Tullock（1976）提出的"Clarke 税收"选择制进行有益的比较。按照他们的规划，提议 A 同样会胜过 $\overline{A}$。假设每个投票人对 Tideman-Tullock 激励的反应都是提交他们全部的资产估值，之后投票人 1 需要上缴 60－40＝20 单位税金，这一税金数量足够将其对 A 的出价提高到等于对 $\overline{A}$ 出价的水平。类似地，投票人 3 会上缴 30 单位税金，但投票人 2 不用缴税，因为他的出价对结果没有影响，换句话说，如果投票人 2 不对 A 出价，A 会胜过 $\overline{A}$。由此可知，扣除税金后投票人 1 的净收益为 10 单位；投票人 3 也将得到 10 单位的净收益；而没有缴税的投票人 2 不能从提议 A 中获得任何收益，而且其财产会在不经过任何正式程序的情况下全部充公（$\overline{A}$ 提议下价值 60 单位）。正如 Tideman 和 Tullock（1976，p. 1149）提到的，"似乎当一个人的偏好没有得到应得的补偿时，他就会遭受一个较大的损失，但是，如果他没有引发一个对差别价值的额外声明，上述情况就不会发生……至于已产生而又未补偿的损失，需求显示过程与多数原则是类似的"。在拍卖机制中，协议的达成要求获得收益的成员补偿承受损失的成员。两种类型的投票人都有动机不对租金份额提出过分要求，也就是说，他们有动机提交足够高的出价以避免那些不太理想的结果。任何没有充分利用这种类似竞争性排外特征的机制（或以其他方式维持激励相容性）和那些不要求一致同意的机制看起来都是无效率或没收性的，或者无效率兼具没收性的（正如多数原则）。但这些对"Clarke 税收"选择制的批评都不能磨灭 Clark、Tideman 和 Tullock 创新性的贡献。我们应该预见，这几种新的公共选择机制目前尚处于成型阶段，还有待更进一步的改进。[①]

Ⅳ. 多重选择的拍卖投票选择制：一个实验设计

拍卖投票选择制很容易就可以推广到多重选择情况中。假设有 N 个离散选项，$p=1, 2, \cdots, N$，对于所有的 i，各选项 p 的价值 V_i^p 都是标准化的，以保证选项 p 的现状原选项 N 的价值为 0。每个 i 都需要对选项 p 提交一个出价 b_i^p。对于一个获胜的选项，其出价代数和必须是非负的，而且不会小于其他任何选项的出价代数和。出价和相等的选项被认为是等价的，我们将按照等概率原则随机从中抽取一个作为获胜选项。净收益的表达式如下[②]：

$$v_i = \begin{cases} V_i^p - b_i^p, & \text{当 } 0 \leqslant b_i^p + B_i^p \geqslant b_i^q + B_i^q \text{ 时，对于所有的 } i \text{ 并且 } q \neq p \\ 0, & \text{其他情况} \end{cases}$$

(6)

其中

$$B_i^p = \sum_{j \neq i} b_j^p, B_i^q = \sum_{j \neq i} b_j^q$$

如果某个选项 p 胜出，它将具有以下特征：

$$0 \leqslant \sum_{i=1}^{I} b_i^p \geqslant \sum_{i=1}^{I} b_i^q, \text{ 对于所有的 } q \neq p$$

如果没有获胜选项，也就是说对于所有的 $r=1, 2, \cdots, N$ 有 $b_i^r + B_i^r < 0$，那么现有状态就会被维持下去。

---

① 拍卖投票选择制、"Clark 税收"选择制和 Auster 的补偿性选择制主要是关于如何分配消费者剩余的。

② 注意 N 个选项的拍卖投票选择制就是 N 个独立的互斥选项的拍卖投票选择制，例如，N 个不同的公共物品 $X = 1, 2, \cdots, N$，其中有且仅有一个被选择。

表 2 给出的例子包括 6 个投票人和 3 个提议，其产生的以货币表示的评价将在下一节中讨论。表 2 中的条目都是相对现状或原提议（表中没有显示）进行度量的。因此，如果提议 3 获胜，投票人 1 的财富状态比 3 个提议都失败的状态至少少 20 美元。提议 2 和 3 分别以 105 美元和 45 美元的总租金而引人注目，但拍卖投票选择制的期望选择为提议 2。在多数原则决策过程中，结果是非传递性的。提议 2 以 4 票对 2 票胜过提议 1，提议 3 以 4 票对 2 票胜过提议 2，而提议 1 又以 4 票对 2 票胜过提议 3。多数原则告诉我们：（1）除非"正确的"安排紧随其后，否则这将导致一个低效率的产出，而且（就我所知）在客观投票数据基础上，不可能选出合适的安排。（2）即使按照多数原则得出了最优选择，这种情况也仍然会产生一个非自愿的财富分配。拍卖投票选择制自愿地重新分配了相对财富。

表 2			投票人的估价				单位：美元
提议	投票人						
	1	2	3	4	5	6	合计
1	5	−30	−30	25	25	0	−5
2	60	5	5	−10	−10	55	105
3	−20	45	45	0	0	−25	45

Ⅴ. 实验过程和实验结果

5 局实验共有 30 名被试参与，每局实验中的投票集体都由 6 名成员组成，其诱导价值支付由表 2 给出。[①] 实验说明见附录，在每局实验的开始，实验说明会被分发给 6 名被试，并由实验主持人在被试之间大声朗读。这些被试都是从亚利桑那州立大学与亚利桑那大学管理和经济

---

① 如果提议 p 通过，那么被试获得 $v_i^p - b_i^p + 2$ 美元的报酬；如果没有提议通过，那么 $V_i^0 = 2$ 美元，此时诱导价值 V_i^p 是表 2 给出的。在这些规则下，30 个被试总计会被支付 464 美元的报酬。

课程大班中招募的，每个被试只能参加一局实验。除实验说明外，每个被试还会获得一份记录单，这份记录单的样表（针对表 2 中的投票人 1）在附录中给出。由被试估价向量定义的 3 个提议在每次实验中都被随机地重新排序（也就是说，重新编号为 1、2、3）。在每次实验中，每位被试都随机地分配到 6 种估价条件中的一种，并被安排到指定的座位，以保证信息的保密性。保证保密性的措施还包括每次实验结束后单独结算每个被试应得的现金收益，之后每个被试的选择才会被揭示给所有人。

每次实验的最大轮数是特定的。第 1 轮是"练习轮"，其结果不会影响有关哪个提议胜出的决定。实验 1 和 2（见图 1）的最大轮数都是 10 轮，而实验 3、4 和 5 都只有 6 轮。我们之所以在两次实验后将轮数减少，是因为我们发现较少的轮数已足够使集体达成协议，而且似乎更多的轮数反而不利于协议的达成。5 局实验中只有 1 局（实验 2）没有产生获胜的提议，该局实验包括 10 轮。

图 1 显示了每个被试在每局实验中按轮次顺序为较优提议（提议 2，表 2）提交的出价。每位被试的编号与投票人编号相一致，而且与表 2 中的提议价值相联系。图 1 的底部描绘了每轮的出价总和。

练习轮除了可以使被试熟悉实验流程之外，对于信息的产生也相当重要，这些信息虽然是不完全的，但都与 3 个提议潜在的可用剩余有关。在每次实验中，最优的提议总是在第 1 轮就获得最大的出价和。在所有的实验局中，除了实验 2 以外，第 1 轮的出价和都是正的。而且第 1 轮的出价和还向集体成员揭示：最优提议中的可用总剩余是非常可观的。因此，在第 2 轮实验中，被试者都想"博得"更大的剩余份额，从而致使出价急剧下降（30 个被试者中有 23 人在第二轮中降低了出价）。正如在先前的公共物品实验中一样（Smith，forthcoming，b），研究的焦点问题或假设并不是拍卖投票选择制中的集体成员是否会为个人利益而"博"，而是这个机制是否足够有效，从而引导集体做出最优选择。显然，某些成员甚至很多成员都会为个人利益而"博"。图 1 显示，他们的确这样做了。但如果每个集体成员的出价直到最后一轮都没有至少达到其他成员展示给他的"市场价格" $-B_i$ 的话，这个机制就会通过排除规则惩罚每位成员。5 个实验集体中有 4 个在最优提议上达成了协议。实验 2 中的集体在第 10 轮实验中没有选择最优提议从而损失了 2 美元，$\sum_{i=1}^{6} b_k = -2$。如果我们按照字面意思理解这个结果，

样本证据就意味着，对于表 2 中参数所定义的 3 个提议（如果包括原提
议或现状的话，应该是 4 个提议），80％的拍卖投票选择制会选中最优
提议，这个结果的稳定性只能靠更多的实验来证明。尽管被试 4 在实验
2 中的表现极其冒进且低效，实验 2 仍然接近于达成协议。被试 4 对这
个结果表现出不解的失望，这意味着失败经验可能会使其在随后的出价
中降低冒进性。经验可能是一个重要的设置变量，并且值得进行系统性
研究。然而，实验 2 的失败也可能归因于以下事实：被试 3 在第 7 轮的
出价（29）超过了他的估价（5），从而使其他被试产生了不切实际的利
润预期。

在先前使用拍卖机制的公共物品实验中（Smith，forthcoming，
b），我们假设个体被试间的均衡出价可能会趋近于理论上的 Lindahl 价
格。这个假设在形式上采取了对回归方程式

$$y_{ij} = \beta_0 + \beta x_{ij} + \eta_{ij} \tag{7}$$

中的系数 $\beta_0 = 0$ 和 $\beta = 1$ 进行检验的方式。其中，y_{ij} 是被试 j 在实验 i 中
被观测到的最终均衡出价，x_{ij} 是被试 j 在实验 i 中的（在实验控制下
的）Lindahl 价格。在当前的拍卖投票选择实验中，所有 Lindahl 价格
的边际 Lindahl 租金都不为 0，这是因为投票选择的公共结果是离散的。
然而，被试 i 在实验 j 中对最优提议的个人估价 x_{ij} 的确代表了被试均衡
出价的 Lindahl 价格上限。在拍卖投票选择制中，这些估价应该能够解
释最终结果出价的大部分变动。在上面的拍卖投票选择回归方程中，研
究假设变为 $\beta_0 < 0$，$\beta = 1$。如果 $\beta = 1$，估计值 $-\hat{\beta}_0$ 就是对被试平均均衡
剩余（$x_{ij} - y_{ij} = -\beta_0$）的一个衡量指标。在拍卖投票选择制中，$\beta = 1$
的假设源自以下预期，即被试在胜出提议上获得的剩余并不取决于其估
价，也就是说，支付多于 z 美元的人其平均支付也多于 z 美元。

表 3 给出了使用图 1 的数据计算出来的第一轮、倒数第二轮和最后
一轮的回归结果。在三轮中的每一轮，$\hat{\beta}_0$ 都非常接近于 1，而且 t 值很
小，尤其是最后一轮。估计值 $\hat{\beta}_0$ 表明，投票人对净剩余的平均初始需
求是 12 美元，低于其最终收益 16 美元。在倒数第二轮，对 24 美元剩
余的平均需求表明了被试的"欺诈"程度。R^2 值表明，被试的估价可
以在 63％或者更大程度上解释被试的出价变动。然而，最后一轮的 R^2
值（0.74）低于其他 3 个公共物品实验（Smith，1976b）的最后一轮，
在这 3 个实验中，Lindahl 价格分别解释了被试出价变动的 82％、97％
和 99％。一种合理的推测认为，更简单的拍卖投票选择制可能引入了
更多的战略性欺诈和信号。

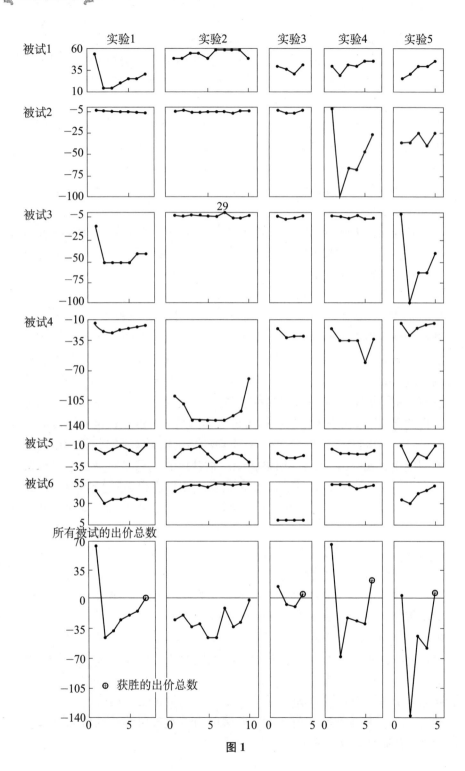

图1

Ⅵ. 推论、不可能性理论和证据

1986 年，Wichsell 推测，如果一个公共结果的效用超过了它的成本，那么理论上就有可能找出成本的分布情况，从而集体的所有成员都会一致地支持这个结果。1955 年，Samuelson 率先推测，任何一种分散机制在决定最优公共选择时都存在"致命的缺陷"，这个观点后来又被再次强调（Samuelson，1969）。Wichsell 和 Samuelson 实际上都没有指定可以为他们的推测提供理论基础的分散机制。拍卖投票选择制解决了 Arrow（1963）问题，在某种程度上说，即竞争性私人物品经济解决了资源分配问题：对于给定的主要资源分布，竞争性经济提供了一种 Pareto 最优的分配结果，但竞争性经济却与这种资源的最优分布毫不相干。实际上，拍卖投票选择制比竞争性经济的作用更大，前者在获胜的提议产生时会提供一些自愿的财富再分配。

Hurwicz（1972）在纯私人物品交易的经济学论文中、Ledyard 和 Roberts（1974）在公共物品的经济学论文中都证明了不可能找到一种既提供个人理性 Pareto 最优同时又个体激励相容的机制。显然，上面的机制与这些定理并不冲突，这些定理针对的经济人策略行为要比 Nash 均衡竞争行为更加宽泛。但是，为什么在本文的实验和本文引用的公共物品实验中，真实的人为了真实的货币做起真实的决策来，表现出的行为会与竞争性假设一致呢？为什么他们没有表现出 Hurwicz 和 Ledyard-Roberts 所假定的那些更"复杂"、更有"战略性的"行为呢？我认为这是因为人们在思考、计算和传递信息的过程中存在重大的直接（和间接机会）成本，从而使战略性行为变得不经济。在拍卖投票选择制中，没能达成协议的机会成本就是错过了更有价值的最优提议。拟定策略不仅仅消耗时间和思考，还增加了集体达不成协议的风险。根据清醒原则（sobering principle）（即，如果没有更多可以分配，则任何人都不可能得到更多），不一致意味着人们将被排除在更好的财富状态之外。

所有这些从实验中得到的确定的科学证据会不会因为不切题、太简单或仅仅是因为其基于特定的实验参数而被忽略？我认为不会，因为这些结果与大量的现实证据一致。成千上万的建筑都被宗教组织、俱乐部、艺术协会或私人团体的成员以自愿捐助的方式买下，这些自愿捐助都具有拍卖机制和拍卖投票选择制的排外性特征：如果捐款不足以负担被提议的工程所需的花费，这项工程就会被迫流产。众多的大学都是靠校友和社会组织的捐助和赠予来解决某种资金需求的。我们倾向于在坚信分散的公共物品决策不可能的同时，将上述现象归因于非典型性的"利他主义"。这里讨论的理论表明，这种行为完全与自利性动机一致，因为它们的决策过程与公共物品拍卖机制的决策过程相同。

但我并不打算认为现有的证据或理论是令人满意的。没有理论支持上述观点，仅仅是一些推断可能支持，即如果传递信息、思考和计算都是有成本的，那么竞争性行为也许就是一种理性的回应。在进行新的实验或者使用不同被试和实验者重复既有实验之前，我们不能对这个经验结果过于自信。在未来的实验中，我打算探究规模更大的集体和经验对实验结果的影响，以及集合高价会根据个体出价比例减少的平衡预算版本的拍卖投票选择制对实验结果的影响。

附 录

实验说明

这是一个关于集体决策的经济学实验。这份实验说明很简单，如果你仔细阅读并按照它的要求做出正确的决策，你将可以获得数目可观的现金，实验结束时，我们会将你在实验中应得的现金支付给你。许多研究基金都为该项研究提供了资金支持。

作为集体中的一名成员，你必须做出决策选择 3 个提议中的 1 个。集体将以出价的方式来选择某项提议。每项可供选择的提议对你的价值显示在你记录单的列（1）中（每轮都有）。净价值在最终决策后会以现金支付给你，其计算方式是：对于获胜的提议，从你的价值中减去你的出价。

决策过程由几轮出价组成（参见你的记录单）：每轮中每个成员都需要私下针对每个提议在列（2）中填写一个出价，以整数美元表示，比如 20 美元、0 美元、－15 美元。负的标价意味着你想要从其他成员那儿得到补偿。如果你想赚钱，你的出价不应该超过你的提议价值。在每轮中，我会到每个成员旁边记录他的出价，然后计算出所有成员对每个提议出价的代数和，并把这些和公布在黑板上。拥有最大正数出价和的提议为获胜提议。在每轮实验中，请计算你潜在的净获利，即对于每个提议，将列（1）减去列（2），然后将结果填入列（3）。如果一个提议胜出，请在该提议的净价值上画个圈。你最多有 6 轮机会来决定哪个提议会胜出（见图 A1）。为了使你熟悉实验过程，第一轮将会被作为一次练习，在决定获胜提议时不会考虑其结果。

如果一个提议获胜了，我们就会停止该轮实验，你获得的报酬为 2 美元加上你的净价值。否则，你就只得到 2 美元。你记录单上的提议价值与其他成员的提议价值是不同的。你的提议价值就是你的私人信息，请不要将其透露给其他成员。尽你的能力去赚更多的钱，注意不要跟其他参与者说话。

第 1 轮出价			
提议	我的价值（1）	我的出价（2）	我的净收益（3）
1	5		
2	60		
3	−20		
4			
5			

第 4 轮出价			
提议	我的价值（1）	我的出价（2）	我的净收益（3）
1	5		
2	60		
3	−20		
4			
5			

第 2 轮出价			
提议	我的价值（1）	我的出价（2）	我的净收益（3）
1	5		
2	60		
3	−20		
4			
5			

第 5 轮出价			
提议	我的价值（1）	我的出价（2）	我的净收益（3）
1	5		
2	60		
3	−20		
4			
5			

第 3 轮出价			
提议	我的价值（1）	我的出价（2）	我的净收益（3）
1	5		
2	60		
3	−20		
4			
5			

第 6 轮出价			
提议	我的价值（1）	我的出价（2）	我的净收益（3）
1	5		
2	60		
3	−20		
4			
5			

图 A1　记录单

参考文献

Arrow, K. , *Social Choice and Individual Values*. 2d ed. New York: Wiley, 1963.

Auster, R. , "Renting the Streets," *Proceedings of the Conference on American Re-Evolution*. Tucson: Dept. Econ. , Univ. Arizona, in press.

Bohm, P. , "Estimating Demand for Public Goods: An Experiment," *European Econ. Rev.* 3 (1972): 111 – 130.

Buchanan, J. , "Positive Economics, Welfare Economics, and Political Economy," *J. Law and Econ.* 20 (October 1959): 124 – 138.

Clarke, E. , "Multipart Pricing of Public Goods," *Public Choice* 11 (Fall 1971): 17 – 33.

Drèze, J. , and de la Vallée Poussin, D. , "A Tâtonnement Process for Public Goods," *Rev. Econ. Studies* 38 (April 1971): 133 – 150.

Ferejohn, J. , and Noll, R. , "An Experimental Market for Public Goods: The PBS Station Program Cooperative," *A. E. R. Papers and Proceedings* (May 1976): 267 – 273.

Groves, T. , "The Allocation of Resources under Uncertainty: The Informational and Intensive Roles of Prices and Demands in a Team," Technical Report no. 1, Univ. California Berkeley, Center Res. Management Sci. , August 1969.

Groves, T. , "Incentives in Teams," *Econometrica* 41 (July 1973): 617 – 633.

Groves, T. , and Ledyard, J. , "Optimal Allocation of Public Goods: A Solution to the 'Free-Rider Problem'," Discussion Paper no. 144, Northwestern Univ. , Center Math. Studies Econ. and Management Sci. , September 1975.

Hurwicz, L. , "On Informationally Decentralized Systems," In *Decision and Organization*, edited by R. Radner and B. McGuire. Amsterdam: North-Holland, 1972.

Ledyard, J. , and Roberts, J. , "On the Incentive Problem with Public Goods," Discussion Paper no. 116, Northwestern Univ. , Center Math. Studies Econ. and Management Sci. , 1974.

Samuelson, P. , "Diagrammatic Exposition of a Theory of Public Expenditure," *Rev. Econ. Statis.* 37 (November 1955): 350 – 356.

Samuelson P. , "Pure Theory of Public Expenditure and Taxation," In *Public Economics*, edited by J. Margolis and H. Guitton, New York: St. Martins, 1969.

Scherr, B. , and Babb, E. , "Pricing Public Goods: An Experiment with Two Proposed Pricing Systems," *Public Choice* (Fall 1975): pp. 35 – 48.

Smith, V. , "Mechanisms for the Optimal Provision of Public Goods," *Proceedings of the Conference on American Re-Evolution*. Tucson: Dept. Econ. , Univ. Arizona, in press. (a)

Smith V. , "Incentive Compatible Experimental Processes for the Provision of Public Goods," NBER Conference on Decentralization, April 23 – 25, 1976. Forthcoming in *Research in Experimental Economics*, edited by V. Smith. Greenwich, Conn. : JAI Press, in press. (b)

Thompson, E. , "A Pareto Optimal Group Decision Process," *Papers in Non-Market Decision-Making* 1 (1965): 133 – 140.

Tideman, T. , and Tullock, G. , "A New and Superior Process for Making Social Choices," *J. P. E.* 84 (December 1976): 1145 – 1159.

Wicksell, K. , "A New Principle of Just Taxation," Translated by J. Buchanan. In *Classics in the Theory of Public Finance*, edited by R. Musgrave and A. Peacock. New York: St. Martins, 1967.

公共物品供应的激励相容实验过程[*]

弗农·史密斯[**]（Vernon L. Smith）

在提出了……（公共支出）……理论……的最优条件后，我接下来会证明为什么任何分散市场或投票机制都不能达到这种最优状态（Samuelson，1955，p. 35）。

……即使市场的机制不是最优的，而且大多数政治决策过程也难以实现最优化，也并不意味着我们不能找到一种更好的新机制（Samuelson，1955，p. 334）。

对（公共）支出进行研究获得的效用肯定会大于其研究成本。寻找一种使得各方人士都认为有益的，进而一致通过的成本分配方式，不仅从理论上说是可能的，而且在实际中大概也是可行的（Wicksell，1896，pp. 89 - 90）。

国家政策制定者（Men of affairs）可以决定，（纳税时的一致同意和自愿同意原则）……在不远的将来能具有多大的实践作用……（Wichsell，1896，p. 73）。

---

* 很高兴我能在此感谢大家给予我的帮助：S. Reiter 首先把我的注意力引向了 Groves 和 Ledyard（1974）所做的突破性研究，而且时间是在有关他们工作的第一稿发表之前；T. Groves 邀请我在西北大学做了一个有关其他题目的演讲，他允许我利用那次访问学习更多与"'搭便车'问题及其解法方法"有关的知识；T. Groves 和 J. Ledyard 鼓励我把兴趣投向公共物品实验；C. Plott 帮助我在 1973—1974 年重新燃起对实验经济学的兴趣；十几个或更多来自 USC、伯克利大学、斯坦福大学、西北大学以及亚利桑那大学的老师允许我在他们的班上招募实验被试；150 个或更多的学生自愿参与了我的实验；K. Bolesk、M. Rached 和 S. Wade 进行了计算和制表方面的研究；国家科学基金也对本研究提供了资金支持。这篇论文的初始版本，也就是报告上面讨论的前两个系列实验的文章，刊登在拉斯维加斯 ORSA-TIME 会议论文集的第 17 - 19 页上，时间为 1975 年 11 月。

** 亚利桑那大学。

I. 导 论

在过去 20 年中，公共物品理论不仅根本性地改变了公共财政学的教学与研究，对微观经济学的内容也产生了重要的影响，而且为人们提供了用经济学方法解释国家运行机制合理性的分析基础。当代公共财政学中最被广泛接受的观点是：分散的市场或投票机制不能实现公共物品资源的 Pareto 最优分配。这个观点受到一系列建立在不同行为假设基础上的新理论的质疑。第一个揭示了公共物品边际支付意愿的机制应该是 Earl Thompson（1965）提出的"D 过程"，该机制基于风险厌恶行为假设，通过个人购买那些由政府提供的针对不利公共结果的保险来揭示需求。基于极大极小选择行为的两个提案分别由 Dréze 和 Vallèe Poussin（1971）及 Malinvand（1971）给出。而建立在 Nash 均衡（或竞争）行为基础上的理论贡献，则包括 Clarke（1971）和 Groves（1969，1973）分别创立的"需求显示过程"，以及 Grove 和 Ledyard（1974，1977）在文章《"抽象"政府（G*）、更简单的平方税制或"最优"政府（O）》中所做的进一步研究。

Clarke，Groves 和 Groves-Ledyard 的著名先驱理论是 Vickrey（1961）的"反向推测"过程，建立二级密封标价拍卖机制可以诱导出私人物品的需求信息[①]，同时这一机制也具有 Clarke，Groves 和 Groves 研究的基本行为特征：Ledyard（G*）机制。但是，Smith（1977）指出，在这些理论中，最具希望的是 Groves-Ledyard（O）的平方税制规

---

① 在二级密封标价拍卖机制中，每个出价者在提交密封出价时都知道最高出价者将会得到标的物，但他支付的却是次高价。出价最高者所支付的价格独立于他的出价，所以每个出价者都有激励完全按照他们自己的支付意愿投标，从而使自己中标的可能性达到最大。事实上，二级价格拍卖在提供需求显示激励中的本质最早是由 Jacob Marschak 提出来的，我已经忘了这件事，直到最近我第一次读到了 Vickrey（1961）的文章。1953 年，Jacob Marschak 在哈佛大学进行了短暂的访问，在此期间，他为研究生们做过一些非正式的办公室辅导工作。在这些讨论中，他注意到一个非常简单的设计可以很容易地揭示出买者对于他们想要购买的任何东西所愿意支付的最高价格。卖者秘密地将一个价格写在卡片上，然后把卡片扣在桌子上。然后买者在了解当且仅当他的出价超过卖者的价格时他才可以以卖者价格获得标的物的情况下进行出价。当然，这只是 Vickrey 二级密封标价拍卖机制的一个形式，在这种拍卖中卖者被允许出价，如果卖者出价最高则他只能保留标的物。这个版本的 Marschak-Vickrey 机制并不依赖于是否有两个或更多的买者存在，参见 Marschak（1968）关于该规则的"诚实询问价格"版本。

则，在这个机制下，各经济人只需要处理一个极其简单的最大化问题，而且只需要在欧式空间中交流信息即可。而"需求显示"或 G^* 过程则要求经济人必须交流其支付意愿的边际函数。

本研究共报告了 21 个实验（预实验除外）[①] 的结果，使用 118 名被试检验了 3 个不同的公共物品提供过程的表现特征假设。实验使用真实货币支付来诱发出被试对抽象商品或决策的估价（Smith，1975）。设置变量是公共物品的成本分配机制和定义了信息传递、协议以及过程结果的支持性机制。这里用"机制"来表示一个正式的数学理论，而用"过程"来表示一个达到群决策的程序。因此，本文研究的 3 个公共选择制度中的每一个都基于成本分配机制和效用最大化机制，但我们没有为这些制度设计如正式动态理论那样的调整机制。不过，我们相当详细地说明了每个制度的调整过程，以便使每个制度衔接正式调整机制成为可能。对于那些虽然对资源分配调整机制感兴趣，但不熟悉实验方法的人来说（Hurwicz，1973），如果没有设计一种包含所有结构性细节的制度就想要设计群决策实验显然是不太可能的（Shubik，1974）。

论文第 II 部分和第 III 部分讨论了 Groves-Ledyard（G-L）税制规则和使用这一规则的实验过程。既然 G-L 机制旨在解决"搭便车"问题，那么有必要设计一个控制组实验来确立我们需要解决的问题。这一特殊要求使得我们必须建立一个支持"搭便车"假设的证据基础，且这一证据基础能与任何支持"搭便车"问题的解决方法的证据基础进行比较。这个控制组实验过程被定义为"Lindahl 价格程序"，我们在第 IV 部分中尝试复制学者们在讨论"搭便车"现象时脑中所想象到的环境。由于讨论通常不包含对过程的详细叙述，因此受控实验建立在对公共物品理论的过程性解释的基础上。第 V 部分主要在 G-L 机制的 Nash 均衡特点基础上提供了一些假设，其要比较 Lindahl 控制和 G-L 研究实验的结果。第 VI 部分给出了实验的设计、4 个 Lindahl 实验和 3 个 G-L 实验的结果。这些实验的结果倾向于支持 Lindahl 过程是激励不相容的，而 G-L 过程却是激励相容的这一假设。第 VII 部分给出了数个设计参数不同的 G-L 实验。

---

① 为了使被试能够在合理的时间内理解 G-L 和 Lindahl 过程的说明、表格、记录表、语言和计算任务并且能够顺利进行实验，进行 4 个前导性实验还是有必要的。类似地，在拍卖机制实验中，我们也提前进行 4 个前导性实验。在这些前导性实验中，我们使用了大量的修改了的实验说明。

Lindahl 机制中的激励不相容可以用其非竞争条件来解释，即在这种机制中每个经济人都可以对价格进行有效的控制。而 G-L 机制则由于个体无法控制价格，因而是激励相容的。此外，还有一种机制，即拍卖机制（第Ⅷ部分），在此机制条件下，每个经济人承担的成本份额是由其他人的出价决定的。唯有他的报价与其承担的成本匹配，并且自己提议的数量与小组平均数量相等时，他才发出了同意此协议的信号。这使得拍卖机制是激励相容的，并使其具有了某些特定的优势，例如简洁和使所有公共物品预算趋于平衡。第Ⅸ部分给出了实验设计和基于拍卖机制的 12 个实验的结果。这些结果都支持拍卖过程能够使公共物品的提供实现 Lindahl 最优的假设。

研究表明，传统智慧（分散制度下公共物品供给不足这一状况不可避免）太过悲观。这一结论得到了 Bohm（1972）、Ferejohn 和 Noll（1976），以及 Sherr 和 Babb（1975）的现实数据或实验结果的支持。因此，Bohm 指出，他的实验"表明公认的（公共物品）偏好被歪曲的风险……可能被夸大了"（Bohm，1972，p. 111）。当然，在实地实验中，不可能知道 Lindahl 最优。只有在定义好 Lindahl 价格和数量的实验室环境中，才能对各种过程的最优特征做出更准确的判断。

本文及相关文献的研究表明，存在实用的公共物品分散供给机制。其中某些机制可以达到最优或接近最优的分配结果。当然，如果确实存在几个如上制度，那么必然有数以千计的其他制度存在——有些更好，有些更差，有些成本更低，有些可能成本更高。

如果这些研究能被进一步的研究所证实，那么 Wicksell（1896）以及 Buchanan 和 Tullock（1962）的研究中赞同的公共选择中的一致同意原则将会得到远远超出同时代主流观点权重的更多的经验性支持。

Ⅱ. G-L 税制的激励相容性

G-L 税制（Groves and Ledyard，1974，1977）有多种可能的存在形式，而我们采用其中较为简单的一种作为本研究的基础。

假设一个由 I 个经济人所组成的集合需要对一种公共物品做出选择，这种公共物品可以以固定的单位成本 q 生产 X 单位，令 $\Delta X_i = x_i > 0$ 或 $\Delta X_i = x_i \leqslant 0$ 表示经济人 i 提出的公共物品增量，其中 $i = 1, 2,$

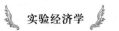

$3, \cdots, I$，而 $X = \sum_{i=1}^{I} x_i$ 表示提出的公共物品的总和。定义 $S_i = \sum_{j \neq i} x_j$ 作为除 i 外所有其他成员提议量的总和。那么在 G-L 税制中，经济人 i 的总税收成本是 C_i，该成本取决于他的选择 x_i，且 S_i 是其条件：

$$C_i(x_i|S_i) = -\left(IS_i - \frac{q}{I}\right)(x_i + S_i) + \left(\frac{I-1}{2}\right)(x_i + S_i)^2 \quad (2.1)$$

对于 i，其边际税费为：

$$C_i'(x_i|S_i) = -\left(IS_i - \frac{q}{I}\right) + (I-1)(x_i + S_i) \quad (2.2)$$

由于 $X = x_i + S_i$，则所有 I 个经济人的边际税收总和为：

$$\sum_{i=1}^{I} C_i'(x_i|S_i) = \sum_{i=1}^{I}\left[-I(X-x_i) + \frac{q}{I} + (I-1)X\right]$$

$$= -I^2 X + IX + q + I(I-1)X = q \quad (2.3)$$

如果经济人 i 对 X 的边际购买意愿为 $M_i(X)$，并且如果 i 选择了 x_i^0 以最大化他的净收益，那么 $M_i(x_i^0 + S_i^0) = C_i'(x_i^0|S_i)$，且

$$\sum_{i=1}^{I} M_i(X^0) = q \quad (2.4)$$

$X^0 = \sum_{i=1}^{I} x_i^0$ 是集体的 Pareto 最优数量。在 G-L 税制下，如果每个经济人都最大化其净收益，那么在均衡点上，对于任何给定的 S_i，我们都可以很容易地通过式（2.2）计算出他的边际税收水平所揭示的边际购买意愿。

但需要注意的是，在这个 G-L 税收体制下，不是每个 X 的公共物品的预算都能平衡的，即对于所有的 X，

$$\sum_{i=1}^{I} C_i(x_i|S_i) \neq qX$$

而其他的 G-L 税制（Groves and Ledyard，1977）在 $X \geqslant 0$ 的条件下，是可以保证预算平衡的。

Ⅲ. G-L 税制下的实验分配过程

本节给出了这样一项实验设计，这个设计将 G-L 税制植入众多想象得到的针对公共物品集体选择的基本调整过程中的一个。

环境

实验环境非常简单：以固定的单位成本 q 来生产一种抽象的公共物

品，只可以生产 X 单位，X 为整数且不大于 $\tilde{X}$，即 $0 \leqslant X \leqslant \tilde{X}$。每个实验都有至少两个被试，即 $I \geqslant 2$。抽象公共物品的效用由个体指定的函数 $V_i(X)$（随 X 的增长而增长）诱导出来，在程序终止规则下，如果集体同意了被试 i 要求的数量 X，那么被试有权要求得到数量等于个人效用函数 $V_i(X)$（随 X 的增长而增长）减去其成本 C_i 的现金支付；如果在这项规则下集体不能达成协议，则每个被试将获得一个"基本收入"，这一收入与达成协议的净收入 $v_i = V_i(X) - C_i(x_i \mid S_i)$ 相比少得多。

命题 1。如果每个被试的效用函数都是一个随着现金数严格单调递增的函数 $U_i(v_i)$，并且每个被试都会选择一个 x_i 来最大化这个效用函数，那么报酬规则 $v_i = V_i(X) - C_i(x_i \mid S_i)$ 就能够诱导出被试对抽象公共物品的边际支付意愿函数 $M_i = V_i'(X)$，进而意味着 Lindahl 集体均衡的达成。

每个 i 都追求

$$\max_{x_i} U_i[V_i(x_i + S_i) - C_i(x_i \mid S_i)]$$

其中 $C_i(x_i \mid S_i)$ 由式（2.1）给出。对于 U_i 和 V_i，满足 U_i 是 x_i 的凹函数，下面的条件是其取得最大值的充要条件：

$$[V_i'(x_i^0 + S_i) - C_i'(x_i^0 \mid S_i)]U_i' = 0 \tag{3.1}$$

但如果 $U_i' > 0$，那么式（3.1）即

$$V_i'(X) = C_i'(x_i^0 \mid S_i) \tag{3.2}$$

因此，$V_i'(X)$ 是 i 对于 X 的边际支付意愿。既然式（3.1）和式（3.2）对于所有的 $i = 1, 2, \cdots, I$ 都肯定成立，那么对于实验环境，我们就可以从式（2.3）中得到 Lindahl 均衡 $[X^0, V_1'(X^0), \cdots, V_I'(X^0)]$，满足

$$\sum_{i=1}^{I} V_i'(X^0) = q \tag{3.3}$$

调整过程

实验程序（参见附录 I 中的说明）包含一段被试与实验者之间的对话，对话中包含了每一轮中被试从整数 $\tilde{x}, \tilde{x} + 1, \cdots, 0, 1, 2, \cdots,$ $\tilde{X}$ 中选择的私人信息（增量的提议）$x_i(t) \gtrless 0$，$i = 1, 2, \cdots, I$，以及公开信息（集体提议），$X(t) = \sum_{i=1}^{I} x_i(t)$。整个过程由如下重复性程序构成：

（ⅰ）开始规则。在第 t 轮，每个被试分别独立地私下选择一个整数 $\tilde{x} \leqslant x_i(t) \leqslant \tilde{X}$，并将 $x_i(t)$ 记录在提前分发的记录单上（参见附录Ⅰ[①]）。

（ⅱ）转换规则。

（ⅱ.a）实验者记录下每个 $x_i(t)$，计算出 $X(t) = \sum_{i=1}^{I} x_i(t)$，然后将结果列在黑板上，直到该过程结束。

（ⅱ.b）每个实验被试记录下 $X(t)$，然后计算并记录 $S_i(t) = X(t) - x_i(t)$。

（ⅱ.c）每个实验被试通过一个预先计算好的 $(\tilde{X} - \tilde{x})^2$ 表（参见附录Ⅰ中表3）来确定其在 $[x_i(t), S_i(t)]$ 上的私人净收益。

$$v_i = \begin{cases} V_i(x_i + S_i) - C_i(x_i | S_i), & \text{如果 } 0 < x_i + S_i \leqslant \tilde{X} \\ 0, & \text{如果 } x_i + S_i \leqslant 0 \text{ 或者 } x_i + S_i > \tilde{X} \end{cases}$$

将结果 $v_i(t)$ 记录在各自的记录卡上。第 t 轮询问结束。

（ⅱ.d）然后每个被试进入第 $t+1$ 轮，与第 t 轮一样选择 $x_i(t+1)$。

（ⅲ）终止规则。

（ⅲ.a）对于任意 i，如果 $x_i(t^*-2) = x_i(t^*-1) = x_i(t^*)$ 并且 $t^* \leqslant T$，该过程在第 t^* 轮结束；

（ⅲ.b）否则该过程在 $t = T$ 时结束。

（ⅳ）结果规则。

如果过程以（ⅲ.a）条件结束，那么集体达到均衡（协议），每个被试将被支付 $v_i(t^*)$ 数量的现金，否则将只得到基本的现金。

讨论

以上过程的某些特征需要特别注意：

（1）在任何时刻，确保每个被试都有权将自己的总价值 V_i、成本 C_i、净收益 v_i、增量提议 x_i，以及所有其他人提议数的总和 S_i 等信息保密。唯一的公开信息为 $(I, q, X(1), X(2), \cdots, X(t), \cdots)$。这些因素的公开在该过程的现实应用中是可以实现的。但是估值 $V_i(X)$ 在现实应用中源于主观估计，因而即使它们被认为是可取的，其可实现性也值得怀疑。

（2）除了在现实中能否实现这个问题之外，实验室实验中的保密性设置也有保护新古典环境假设（消费没有外部性）的重要作用。如果个

---

① 原书中此篇文章后未列出附录，后文不再一一说明。——译者注

体 i 在任何 $j \neq i$ 条件下都不知道 V_j、C_j 或者 x_j，那么其他被试的收入和决定不能作为 i 的效用函数的影响因素。[①] 这样，保密有助于确保 U_i 只随 V_i 的变化而变化。

（3）终止规则要求每个被试在连续三轮的实验中发出同样的信息。因此，协议要求所有被试一致同意任一提议 X 才能达成。而且，任何被试都可以通过重复他之前的信息来表达出想达成协议的意愿，也可以通过改变之后的信息来否决一个提议。这样可以有效排除"意外"协议的达成。

（4）这个过程的一个可取的特征是：在均衡实现以前没有交易发生。这种结果规则对于公共物品、耐用资产建设的群决策尤其重要，这与 Hurwicz（1975）所建议的急需品的情况一致，但与 Drèze 和 de la Vallée Poussin（1971）验证的过程（他们采用的是即时效用衡量准则，而非最终结果效用衡量准则）相矛盾。以上结果规则也与大多数基于口头拍卖（Smith，1964）、暗标拍卖（Smith，1967）以及明码标价（Williams，1973；Plott and Smith，1975）契约制度的调整过程的实验文献的结果规则不同。在这类文献中，效用由每时段的交易流得出。非均衡的交易契约都是约束性的，因而被试的禀赋也会被这样的契约所改变。但是最终结果效用规则带来了行为风险，实验研究已经很好地表明，无成本条件下的信息交换不同于有成本条件下的信息交换。当效用以最终结果为基础，而不是以中间结果流为基础的时候，策略性的虚张声势、不认真的决策及博弈效用或许都会使收敛过程变得更加困难。但是，由于最终结果效用与公共物品的决策相关，因此我们只能面对这些问题。[②]

---

① 从经验意义上来讲，在所有控制消费外部性的情况中，保密性条件可能不够充分。一个可能的例子是实验 A2.1 的被试 3。

② 这个处于辩护下的论点准确地反映了我在实验前的信仰，但实验后这个论点被证明过于谨慎了。很多可能的困难并没有造成主导性障碍的原因现在已经很清楚了。在那些没有货币报酬的实验、前期每轮都有货币支付而后期各轮都没有货币支付的实验以及那些只在最后一轮具有货币支付的实验之间存在很大的差异。货币支付的缺乏往往会引起被试并非出自本意的决策以及无关的博弈效用。在具有真实货币报酬的实验前进行的几轮练习实验有可能会产生夸大了的策略性欺骗，也就是说，被试可能会发送一些转移注意力的消息从而获得其期望的收益。最终的结果报酬会引起相当严肃的选择，尤其是在接近实验结束时，被试开始意识到需要引进一些集体的协调行为来引发实验的终止规则。在这些具有最终报酬的实验中，欺骗的机会成本是很高的，而在具有事前报酬的练习性实验中，欺骗的成本为零。这些考虑中没有一个是有关实验室实验的——它们应该直接与一些现实应用相关，因为在行为方面，它们是相同的。

Ⅳ. 基于 Lindahl 定价方法的受控过程

这个受控实验建立在对公共物品"搭便车"问题"传统"描述的解释上（例如 Samuelson，1955）。所谓的问题是，如果每个成员对公共物品的成本分配都由其宣布的购买意愿来决定，那么他就有激励少报其真实的支付意愿从而获得一种优势，让集体中其他成员来承担更大部分的成本。

环境

实验设计以及诱导出的效用函数与前面的实验过程相同，然而，被试 i 的单位成本份额现在根据他对公共物品边际（提议的）单位的报价来决定。如果他对于 X 单位的出价是 $b_i(X)$，并且小组成员根据结束规则达成了协议，那么他的净收益就是：

$$v_i = V_i(X) - b_i(X)X$$

否则他将仅仅收到一个基本报酬。实验说明（附录 Ⅱ）要求被试在每一轮中都要提交一个非递增的出价序列 $b_i(1)$，$b_i(2)$，$\cdots$，$b_i(\tilde{X})$。有 $b_i'(X) \leqslant 0$ ［假设 $b_i(X)$ 可微］对于所有的 i 均成立。集体提议的规则是 $X \geqslant 0$，从而 $q = \sum_{k=1}^{I} b_k(X)$ $\left(\text{我们忽略了 } q > \sum_{k=1}^{I} b_k(0) \text{ 的情况}\right)$。

命题 2。 如果每个被试的货币效用函数都是一个严格单调递增函数 $U_i(v_i)$，那么在收入规则 $v_i = V_i(X) - b_i(X)X$ 下最大化这个效用要求每个被试的最优出价函数不高于他的边际支付意愿函数，即 $b_i(X) \leqslant V_i'(X)$。

被试 i 的目标在于 $\max_{b_i(X)} U_i[V_i(X) - b_i(X)X]$，其约束条件为集体提议规则 $q - \sum_{k=1}^{I} b_k(X) = 0$，$X \geqslant 0$。但是由于 $q = b_i(X) + \sum_{j \neq i} b_j(X)$，这个问题等价于如下问题：

$$\max_X U_i\left\{V_i(X) - \left[q - \sum_{j \neq i} b_j(X)\right]X\right\} \tag{4.1}$$

如果 U_i 是 X 的凹函数，并且 $U_i' > 0$，那么最大化的充要条件是：

$$V_i' = q - \sum_{j \neq i} b_j(X) - X \sum_{j \neq i} b_j'(X) \tag{4.2}$$

也就是说，被试 i 通过选择出价函数 $b_i(X)$ 暗中选择了 X，从而使他的边际支付意愿等于他的边际净成本。那么，他的净总成本是所有总成本扣除其他被试（即 $j \neq i$）的贡献之后剩余的部分，即 $\left[q - \sum_{j \neq i} b_j(X)\right]X$。将式（4.2）替换为集体提议规则：

$$b_i(X) = q - \sum_{j \neq i} b_j(X)$$
$$= V_i'(X) + X \sum_{j \neq i} b_j'(X)$$
$$\begin{cases} <V_i'(X), \ X>0, & \text{如果对于某些 } j, \ b_j'(X)<0 \\ =V_i'(X), \ X>0, & \text{如果 } b_j'(X)=0, \ V_j \end{cases}$$

结果，如果被试 i 相信 $b_j(X)$ 会由于某些 j 而减少，并且 $q - \sum_{j \neq i} b_j(X)$ 因此会提高，那么他的出价会小于 $V_i'(X)$。这是因为他的净平均单位成本 $q - \sum_{j \neq i} b_j(X) = b_i(X)$ 比他的净边际成本 $q - \sum_{j \neq i} b_j(X) - \sum_{j \neq i} b_j'(X)$ 少。如果 i 认为 $b_j(X) \equiv b_j$，即对于每个 j 都是不变的，那么他的净平均成本和边际成本是相等的，即 $q - \sum_{j \neq i} b_j(X)$，而且他的最优出价函数是 $V_i'(X)$。第Ⅷ部分讨论的调整程序将利用这个特征。[①]

但是请注意，在 Lindahl 程序中，即使被试 i 对其他人（即 $j \neq i$）的出价很乐观，并且相信每个 j 都会以其边际支付意愿出价，即 $b_j(X) \equiv V_j'(X)$，也会有 $b_j'(X) = V_j''(X)<0$，进而 i 的出价 $b_i(X)<V_i'(X)$，$X>0$。图 1 中给出了"搭便车"均衡数量 X^*，它低于 Lindahl 均衡数量 X^0。

调整过程

Lindahl 过程的"语言"包括私人出价信息 $b_i(X, t)$，$i=1, 2, \cdots, I$；$X=1, 2, \cdots, \tilde{X}$；公开信息（集体的提议）$X(t)$。

对于每一轮 t，$X(t)$ 的定义如下：

[①] 这个特征解释了 Bohm（1972）报告的电视广播实地实验没有失败的原因是存在"搭便车"行为。在这个应用中，被讨论的公共物品是不可分的，因此出价是固定的，并且 Lindahl 过程与第Ⅷ部分的拍卖过程是不可区分的。相同的考虑还适用于 Ferejohn 和 Noll（1976）报告的 PBS 实地实验，除了 PBS 集体成员不能自由地改变他们的出价，只能接受或拒绝公司分派给他们的这一点之外。这个观点说明，断言"搭便车"现象会在这些情况下发生的传统智慧一开始就是错的，并且建立在没能明确一个决策机制的基础上。

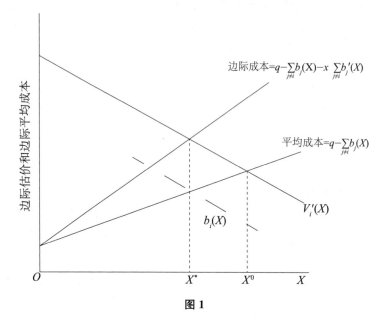

图 1

$$q\begin{cases} \leqslant \sum_{k=1}^{I} b_k(X, t), & X \leqslant \widetilde{X}(t) \\ > \sum_{k=1}^{I} b_k(X, t), & X > \widetilde{X}(t) \end{cases}$$

如同前面实验中那样，这个过程也使用了如下所示的重复程序：

（ⅰ）开始规则。在第 t 轮，每个实验被试都要独立地且保密地选择一个出价向量 $[b_i(1, t), \cdots, b_i(\widetilde{X}, t)]$，并且以非增序将其填写在出价提交表中。

（ⅱ）转换规则。

（ⅱ.a）实验者收集所有的出价单，计算出总和 $\sum_{k=1}^{I} b_k(X, t)$，其中 $X = 1, 2, \cdots, \widetilde{X}$，这样 $\sum_{k=1}^{I} b_i(X, t)$ 不会大于 q。然后 $\widetilde{X}(t)$ 被列示在黑板上，一直保持到实验结束。

（ⅱ.b）每个被试都要把 $\widetilde{X}(t)$ 记录在一张预先分发的记录表中（附录Ⅱ），按照他的价值表，确定 $V_i(\widetilde{X}(t))$，然后将这一数值也记录在表格中。

（ⅱ.c）实验者私下告知被试其各自可接受的最低出价 $b_i(\widetilde{X}(t), t)$。在某些实验中，每个被试可以从他自己的记录单中得知这一信息。

（ⅱ.d）然后每个被试计算出他的实施成本的份额 $\widetilde{X}(t)b_i(\widetilde{X}(t), t)$，并且从总价值 $V_i(\widetilde{X}(t))$ 中减去这个值，得出净价值 $\widetilde{v}_i = V_i(\widetilde{X}(t)) -$

$\widetilde{X}(t)b_i(\widetilde{X}(t), t)$，并记录在表格中。

（ii.e）之后，被试进行第 $t+1$ 轮，重复步骤（i），每个人重新选择一个新的报价向量 $[b_i(1, t+1), \cdots, b_i(\widetilde{X}(t+1), t+1)]$。

（iii）终止规则。

（iii.a）如果每个被试的最低被接受出价连续三轮相同，也就是说，在 t^* 轮（其中 $t^* \leqslant T$），如果对于所有的 i，有 $b_i(\widetilde{X}(t^*-2), t^*-2)=b_i(\widetilde{X}(t^*-1), t^*-1)=b_i(\widetilde{X}(t^*), t^*)$，此过程终止。

（iii.b）否则，该过程在 $t=T$ 轮结束。

（iv）结果规则。

如果过程在（iii.a）结束，那么被试将被支付 $v_i(t^*)$ 的现金，否则将只有基本的报酬。在某些衍生版本中，这个较少的报酬也被累加到 $v_i(t^*)$ 上。

讨论

通常认为，"搭便车"问题是由于被试没有"诚实"报告他们各自的边际支付意愿。但是，另一种更好的陈述是，被试在披露自己的边际支付意愿和享受低份额成本之间存在利益冲突。被试解决这种利益冲突时做出的决策同不存在利益冲突时做出的决策不可能相同。对于典型的非实验室群决策问题，支付意愿是主观且定义模糊的，"真实"（一个客观概念）难以被清晰界定。

正是由于这些考虑，在上面对 Lindahl 范式的解释中，我们并没有要求被试"真实地"报告他们对 X 单位的支付意愿。我们只是要求（以更为中性的方式）他们提交对公共物品的出价，并让他们知道每个人的成本是由最低被接受出价决定的。有些人认为这种要求过于平淡，他们认为我们应该诱导被试"非常诚实"地写出他们真实的支付意愿表。但这才是真正错误的方法，原因如下：猜想一下，在实验中，我们确实可以用这样的道德劝告在 $V_i'(X)$ 处或其附近诱导出一致的报价序列，但是这种结果不会被转移到现实环境中，因为在非实验室环境下我们不能知道什么是真实的价值评判。因此，正确的方法是设计一个程序，例如一个基于 G-L 税制的程序，该程序可以消除自我利益和显示意愿之间的冲突。我们可以设计一个如上所述的第二 "Lindahl" 程序，赋予表现出所谓的冲突的机会。这两种程序都不应该使用规劝的形式，因为规劝只有在实验的环境中才具有客观意义。

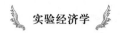

Ⅴ. 理论和假设

上面描述的实验机制会产生一个具有重要 Nash 特征的静态 Lindahl 均衡。这个特征为我们预测实验结果和假设检验提供了动机。假设所有 $j \neq i$ 的被试选择了 x_j，而被试 i 选择了 x_i，令 $U_i[V_i(x_i|S_i)]$ 为被试 i 的效用，令 $\max U_i[V_i(x_i|S_i)] = U_i[v_i(x_i^0|S_i^0)]$，对于所有的 i，有 $S_i^0 = \sum_{j \neq i} x_j^0$，那么 $(x_1^0, x_2^0, \cdots, x_I^0)$ 是一个 Nash 均衡：对于所有 i 和 $x_i \neq x_i^0$，$U_i[V_i(x_i|S_i)] = U_i[v_i(x_i^0|S_i^0)]$。根据命题 1，每个 i 会选择 x_i^0，这样他隐含的出价就是他的边际支付意愿 $V_i'(x^0)$；但是根据命题 2，我们预期被试在 Lindahl 出价程序中会报出一个小于 $V_i'(X)$ 的出价。对于第一系列研究（R1）的实验和一系列的控制组实验（C），我们提出了以下具体假设：

假设 1，在第Ⅲ部分终止规则（ⅲ.a）下达到均衡的 R1 实验中，最终一轮公共物品提议数量的分布均值等于 X^0；

假设 2，在第Ⅳ部分终止规则（ⅲ.a）下达到均衡的 C 实验中，公共物品提议数量的分布均值小于 X^0；

假设 3，不论 C 实验中是否达到均衡，对公共物品边际单位 X^0 的出价倾向于低于对 X^0 的边际支付意愿，即 $b_i(X_0(t), t) < V_i'(X^0)$；

假设 4，不论 C 实验或 R1 实验是否达到了均衡，R1 实验中的提议 $X(t)$ 都将倾向于超过 C 实验中的 $\tilde{X}(t)$。

Ⅵ. 实验和假设检验

实验被试和参数设计

共有 35 个被试参与了这两个系列的实验，两个系列的实验分别由 3 个 R1 实验和 4 个 C 实验组成，每个实验使用 5 个被试。每个被试都只参与了这 7 局实验中的 1 局。被试都是自愿参与实验的，他们都被"群决策实验，参与者将有机会根据各自的决策赚取真实的现金支付"所吸引。被试是来自南加州大学、亚利桑那大学、斯坦福大学或加州大学经济学专业的本科生或研究生。

C 实验中的边际价值函数 $V'_i(X^0)$ 由图 2 给出。公共物品的价格是 $q=45$ 美元，Lindahl 均衡是 $(X^0; V'_1, V'_2, V'_3, V'_4, V'_5)=(5$ 或 6; 3, 3, 8, 13, 18)。而对于 R1 实验，附录 I 中的表 1.1～表 1.4 给出了每个被试的总价值函数 $V_i(X)$ 和边际价值函数 $V'_i(X)$。在 R1 实验中 $(I=5, q=45)$，G-L 税制的数学形式为 $C_i(x_i|S_i)=-(5S_i-9)(x_i+S_i)+2(x_i+S_i)^2+k_i(S_i)$，其中

$$k_1(S_1) \equiv 2.5(S_1-1)S_1-3$$
$$k_2(S_2) \equiv 2.5(S_2-1)S_2-3$$
$$k_3(S_3) \equiv 2.5S_3(S_3+1)-3$$
$$k_4(S_4) \equiv 2.5S_4(S_4+1)+22$$
$$k_5(S_5) \equiv 2.5S_5(S_5+1)+42$$

附录 I 中的表 2.1～表 2.4 给出了提供给被试的 $C_i(x_i|S_i)$ 表。这些 C_i 的参数对于 $X^0=6$ 的公共物品产生了一个平衡的预算。最终净价值 $v_i=V_i(x_i+S_i)-C_i(x_i|S_i)$ 由附录 I 中的表 3.1～表 3.4 给出。附录 I 中还给出了每个被试用来记录每个决策及其结果的表格。

附录 II 给出了 C 实验的说明和 C 实验使用的表格，这些表格包括报价提交表（表 2）和那些用来供被试计算其在每轮实验中净成员价值的记录表格。

图 2 中的边际价值函数和 Lindahl 价格的选择基于以下两个目标：第一，这些设计参数要与一个对公共物品拥有不同偏好的集体相对应，从而导致 Lindahl 均衡与平等主义的均衡有着显著的不同。第二，从图 2 中我们注意到，对于 $X \leqslant 3$，边际价值是恒定的，并且在 $X=3$ 上，消费者可用的剩余是 51 美元（而在 Lindahl 均衡中是 70 美元）。这样，这个设计倾向于对实验 C 有利。在这种实验设计下，如果"搭便车"问题不是很普遍，那么对于至少 3 单位的公共物品，集体协议似乎也有达成的可能。除了 $X \leqslant 4$ 时，其他时间内实验 R1 和 C 使用的边际价值相同，并且 Lindahl 均衡也相等。

实验结果、讨论

图 R1.1～图 R1.3 描绘了每个被试的选择序列 $x_i(t)$ 和 3 个 G-L "设置"实验中的集体提议 $X(t)$。图 C.1～图 C.4 描绘了最低被接受出价 $b_i(X(t), t)$ 的序列（或 $\tilde{X}=0$ 的轮次中的第一个出价）和 4 个 Lin-

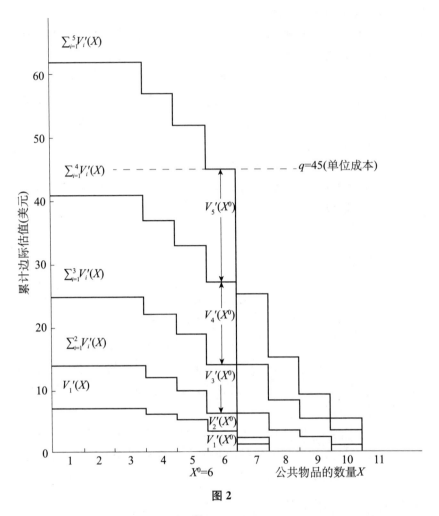

图 2

dahl 控制组实验中的集体提议 $\widetilde{X}(t)$。对于每个实验被试，与被选择观测相对应的数值表示的是每轮的收益 $v_i(t)$（或者是整个集体的收益 $\sum_{i=1}^{I} v_i(t)$，$i = 1, 2, \cdots, I$，见图中底部）。例如，在图 R1.1 中，第 1 轮实验中，实验被试 1 选择 $x_1(1) = 0$，同时 $S_1(1) = \sum_{j \neq i} x_j(1) = 2$，$v_1(1) = v_1(x_1(1) \mid S_1(1)) = -2$ 美元。在图 C.1 中的第 1 轮，在 Lindahl 程序下，集体提议为 $\widetilde{X}(1) = 2$，而对于实验被试 1，其最低被接受出价（他的第二次出价）是 $b_1 = (2(1), 1) = 4$ 美元，并且 $v_1(1) = 6$ 美元。

实验 R1.1 和 R1.3 在终止规则下，$t^* = 16$ 轮的时候达到了 Lindahl 数量 $X(t^*) = X^0 = 16$，而实验 R1.2 在 $t^* = 29$ 轮时达到了这个数量。控制

组实验中有两个达成了协议：C.1 在 $t^*=26$ 轮时结束，原提议 $X(t^*)=0$；实验 C.4 在 $t^*=24$ 轮时结束，并且 $\tilde{X}(t^*)=2$。实验 C.1 中的"搭便车"现象如此普遍，以至我们决定在实验 C.2 和 C.3 中实施新的设计，如果在第 15 轮以前不能达到均衡，那么在第 16 轮时，每个被试都要私下被强加一个与其边际价值相等的报价序列。随后轮次的实验同前面的一样，个人仍然可以自由选择出价。可以通过一个公告来完成这样的操作：在实验 C.2 和 C.3 中第 15 轮结束后打断实验，赋予每个成员一个针对第 16 轮的出价决策。然后，实验者把每个成员的边际价值序列复制到第 16 轮的出价表上。这一程序可以用来验证一旦达成 Lindahl 均衡，那么它的静态稳定性如何，当然，在动态过程中 Lindahl 均衡难以达成。如图 C.2 和图 C.3 所示，Lindahl 均衡并不稳定，因为被试在第 17 轮和之后的轮次中倾向于降低他们的出价。在实验 C.2 和 C.3 中，5 个实验被试中有 4 个都减少了他们对第 6 单位的出价。

感到有些沮丧的被试终于在第 21 轮达成了一致同意协议，终止了实验 C.2。在 C.2 中，成员 2 不断地发出合作性的信号（较高的报价），但这种信号似乎助长了其他成员的"搭便车"行为。当实验 C.3 中表明并非所有的出价都会被重复以产生均衡结果时，实验在第 28 轮结束。成员 2 不愿意接受一个零剩余分配，并且他将第 28 轮的出价由第 27 轮的 (7, 7, 7, 6, 5, 3) 降到 (7, 7, 6, 0, 0, 0)。然而，成员 3 并没有修改他的出价，尽管他的剩余分配也是 0，说明他愿意接受 0 剩余的结果来改善其他成员的境况（通过实验后询问得知）。

实验 C 比实验 R1 更难保持秩序，因为在实验 C 中，被试往往会打破沉默规则以表达其挫败感。从实验后的谈话中可以看出，被试明显感觉到在实验 C 中达成集体一致性是很困难的。

尽管在实验 R1 每局中集体协议都会产生 Lindahl 数量，但只有 R1.2 达到了每个被试的 Lindahl 均衡（LE）增量提议（对应于潜在的 Lindahl 价格）。在图 R1.1 中，被试 5 得到的结果比其 LE 提议低 1 单位，$x_5(t^*)=2(x_5^0=3)$，而实验被试 2 得到的结果则比其 LE 提议高出 1 单位，$x_2(t^*)=1(x_2^0=0)$。在 R1.3 中，$x_2(t^*)=1(x_2^0=0)$ 且 $x_4(t^*)=1(x_4^0=2)$。当然，报价较低的（较高的）成员获得的报酬要高于（低于）其 Lindahl 剩余或租金：在 R1.1 中，$x_5(t^*)=22$ 美元 >12 美元 $=x_5^0$，而在 R1.3 中，$x_2(t^*)=12$ 美元 <17 美元 $=x_2^0$。这种对个体 Lindahl 均衡的偏离可能是由以下两种原因造成的：（Ⅰ）这种支付结构限制了博弈中策略行为的回报，也就是说，如果成员 i 选择 $x_i<$

x_i^0，而其他一个或更多的成员做出适应性选择 $x_j > x_j^0$，那么 i 的收益就以 j 的损失为代价（此为零和博弈）。（Ⅱ）任何程序都不可避免地存在主观交易成本，而且终止规则中暗含着机会损失的风险。图 R1.1 中被试 2 和 5 的表现最适合反映这些考虑。在 R1.1 中，被试 5 只在第 5 轮中的某次选择 x_5 才与 Lindahl（Nash）均衡一致（$x_5^0 = 3$）。由于不能在第 7~10 轮中得到一个正的收益，在第 11~13 轮中，被试的提议数量从 2 单位降低到了 −3 单位。这种"惩罚性"的信息造成所有成员的净收益为零或负数。但是被试 1 和 3 在第 13 轮的选择仅增加了 1 单位，而被试 5 则在第 14 轮恢复了选择 $x_5 = 2$，从而得到了 22 美元的支付。被试 2（他补偿了被试 5 的选择）在实验后被问及为什么不将选择从 $x_2 = 1$ 降低到 0 从而提高其自身收益时，他的回答是："是的，但是如果改变的话，我们至少还要继续进行 3 轮实验，达不成协议的风险会加大，而增加的 3 美元（从 12 美元到 15 美元）不值得我那样做。"因此，更多轮数的时间成本以及某个成员改变信息增加的协议风险联合起来使得被试接受偏离其 Nash 选择的行为变得完全合理。

实验结果、假设检验

假设 1 和 2 并未被上述结果和图中的结果所推翻，我们认为两个假设暂时得到证实。假设 3 由以下的计算支持：对于 4 个控制组实验中被试对第 6 单位的 495 个出价，有 29% 的被试的出价等于或大于 Lindahl 均衡价格（20% 为 0），其余 71% 的被试的出价低于 Lindahl 均衡价格。使用二项分布检验后，我们发现，原假设"出价低于 Lindahl 价格的概率是 50%（等于或高于 Lindahl 价格的概率也是 50%）"被显著拒绝（$p < 0.001$）。使用两样本 t 检验比较实验 R1 和实验 C 中的集体提议数量，原假设"实验 C 中的提议数量超过实验 R1"在 $p < 0.001$ 的水平上被拒绝。对这个计算结果应有所保留，因为之前并没有情况表明连续各轮的提议量在统计上独立。实验 C 和实验 R1 中提议量的分布由图 3 给出，这些数据毫无疑问支持了假设 4。

Ⅶ. 使用不同参数的重复性 G‑L 实验

实验 R1 中使用的设计具有以下特点，后续的实验需要通过变换参数来研究 G‑L 机制的稳健性：

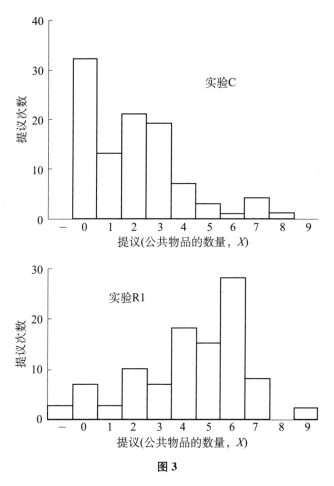

图 3

1. 在实验 R1 中，"共同的便利"对于每个经济人来说是一种公共物品。然而，可以为 G-L 机制设置一定参数，使得公共结果对某些被试很不利。如果公共物品损害了一个经济人的利益，G-L 税收制度就为其提供一定的补贴，使他得到一个取决于公共物品可用总剩余和税收规则参数的净收益。

2. 税收分配规则中参数 I、$k_i(S_i)$ 以及 q 的选择标准是平衡 LE 点的预算以及为被试提供"合理"的净货币收入（12 美元和 17 美元）。这些选择会导致被试的净价值（支付）矩阵 $v_i(x_i, S_i)$ 中，只有少量选择（x_i）会提供正的支付。因此，在附录 I 的表 3.1～表 3.4 中，被试 1 和 2 的选择（-3，-2，-1，0，1，2）以及被试 3 的选择（-2，

—1，0，1，2)① 等都提供了一些正的支付。

3. 在实验 R1 中使用的 G-L 税制规则并没有使每一个提议都实现预算平衡。所以，仍然存在一些策略和集体提议产生的集体支付超过总的 LE 剩余。一个代表性的例子是实验 R1.1，其结束时的总剩余支付是 75 美元。

实验的设计

基于 G-L 机制的第二个实验 R2 在设计上消除了上述特点中的前两个。这个设计用于一个 $I=8$ 个被试的集体，对于被试 1，"共同的便利"在任何 X 上都是边际"有害"的，并且在 LE 总量上也是不好的（$x^0=4$），仅在 Lindahl 均衡点上时才能达预算平衡。价值和成本函数是二次方程：

$$V_i(X)=(A_i-B_iX)X+\alpha_i \tag{7.1}$$
$$C_i(X)=-(0.1IS_i-q/I)X+0.05(I-1)X^2+K \tag{7.2}$$

其中 $I=8$，$q=8$ 且 $K=5.6$。表 1 中列出了（A_i，B_i，α_i）的值，以及各个被试的均衡选择 x_i^0 和租金 v_i^0。G-L 税制分配给实验被试 1 一份补贴，这样他的价值在扣除 $X^0=4$ 点的"负效用"后为 10 美元。这个设计是为了适应有不同偏好并认为公共物品的成本相对小于其价值的集体。在 LE 总成本上，$qX^0=8\times4=32$（美元），总价值是 170 美元，并且净 LE 剩余是 138 美元。如果要了解实验说明以及成本和价值表请参见附录Ⅲ。

与实验 R1 相比，实验 R2 的净价值矩阵产生的支付对于偏离 LE 的趋势相当不敏感。因此，可以预见，相较于实验 R1，实验 R2 将会显示出更强的偏离均衡的趋势。

表 1			参数和 Lindahl 均衡值		
被试参数	A_i	B_i	α_i	x_i^0	v_i^0（美元）
1	−2.6	0	10	−4	10
2	11.8	1.50	0	−1	24
3	11.8	1.50	0	−1	24

---

① 原文只有 5 个参数的值。——译者注

续前表

被试参数	A_i	B_i	α_i	x_i^0	v_i^0（美元）
4	12.6	1.50	0	0	24
5	7.4	0.75	0	1	12
6	10.2	1.00	0	2	16
7	11.0	1.00	0	3	16
8	9.8	0.75	0	4	12
合　计				4	138

实验结果

每个被试每轮的选择 $x_i(t)$ 以及每轮的集体提议 $X(t)$ 都列在图 R2.1 和图 R2.2 中。两个实验都在提议数量为 3 这一点上达成一致同意 进而终止。与实验 R1 相比，相对较大的剩余以及个体选择对剩余不敏 感，导致均衡的一致同意选择在很大程度上偏离了 LE 价值。由于结果 只对一个被试不利，因而似乎没有出现什么特殊情况。

Ⅷ. 分散拍卖程序

G－L 和 Lindahl 机制的推论

以上研究和控制组实验中所应用的一致。

终止规则与 G－L 和 Lindahl 成本分配机制的推论结合起来似乎可 以产生一个"新的"调整程序。

考虑下面对 G－L 税制下出价的解释：

根据式 (2.2)，一个追求最大化的被试如果以 S_i 为条件选择了 x_i^0， 那么他潜在地揭示了如下出价信息：

$$b_i(x_i^0 \mid S_i) = -\left(IS_i - \frac{q}{I}\right) + (I-1)(x_i^0 + S_i) = Ix_i^0 - X + \frac{q}{I}$$

$$(8.1)$$

给定 x_i^0 和总体提议 X，我们可以计算出 $b_i(x_i^0 \mid S_i)$。类似地，对于 所有的被试 $j \neq i$，他们的出价信息是 $b_j(x_j^0 \mid S_j)$。将这些出价加总，可

以定义

$$B_i = \sum_{j \neq i} b_j(x_j^0 \mid S_j) = IS_i - (I-1)X + \left(\frac{I-1}{I}\right)q$$

$$= -Ix_i^0 + X + \left(\frac{I-1}{I}\right)q \tag{8.2}$$

变换 (8.2)，得：

$$Ix_i^0 - X + \frac{q}{I} = q - B_i$$

并且由 (8.1) 得：

$$b_i(x_i^0 \mid S_i) = q - B_i$$

所以，G-L 税制引导被试 i 提交的出价恰好等于公共边际成本与其他被试出价之和的差。被试 i 的私人边际成本是 $q-B_i$，其分配的成本是 $(q-B_i)(x_i + S_i)$。被试 i 有效地选择了 x_j 来最大化

$$U_i[V_i(x_i + S_i) - (q - B_i)(x_i + S_i)] \tag{8.3}$$

由此我们可以得到：

推论 1。最大化 (8.3) 等价于最大化命题 1 中的 $U_i[V_i(x_i + S_i) - C_i(x_i \mid S_i)]$。

这个推论提供了一些额外的观点，用以说明 G-L 税制为什么是激励相容的。规则为每个被试都提供了一个"价格"$q-B_i$，该价格由所有其他被试的拍卖（出价）来决定，对于这个价格被试 i 没有什么有效的控制力。$\left[\text{由于 } B_i = \sum_{j \neq i} b_j(x_j \mid S_j)\text{，并且 } x_i \text{ 是 } S_j \text{ 的组成部分，被试 } i\right.$ 可能会对 $q-B_i$ 有一个间接的分散的影响。$\left]\right.$被试 i 事实上与竞争市场中的经济人处于相同的条件下，而且从实验证据来看，他的确以我们预期到的方式来做出反应。

这种对 G-L 税制出价的解释也在 Lindahl 的成本分配机制中被提出。在对命题 2 的证明和讨论中，我们已经注意到下面的特殊情况：

推论 2。根据式 (4.3)，如果被试 i 相信 $b_j(X) \equiv b_j$ 对于每个 j 都是成立的，那么他的净平均成本和边际成本是相同的，都等于 $q - \sum_{j \neq i} b_j - B_i$，而且他的最优出价函数是 $V_i'(X)$。

所以，i 的净回报是 $v_i = V_i(X) - (q - B_i)X$，与推论 1 中的相同，并且他在 Lindahl 程序中的竞争性回应会是发出报价信息 $b_i(X) = V_i'(X)$。

另一个分散机制

考虑下面关于集体公共物品决策的制度：

（1）让每个被试 i 了解其负担的单位成本是 $q-B_i$，负担的总成本份额是 $(q-B_i)X_i$，在此基础上，提交一个报价及其数量 (b_i, X_i)。

（2）赋予每个被试否决或同意所负担的单位成本 $q-B_i$ 的权利。他通过报价 $b_i=q-B_i$ 来发出同意的信号，而通过报出 $b_i\neq q-B_i$ 来表示反对。而且同样赋予每个 i 通过选择 $X_i=\overline{X}=\sum_{k=1}^{I}X_k/I$ 表示赞同或通过选择 $X_i\neq\overline{X}$ 表示反对。

（3）当且仅当所有被试都发出同意信号时，集体协议才能达成，这时，$\overline{X}$ 单位的公共物品被提供，每个被试支付的单位成本是 $q-B_i$。

环境

在这种制度的实验范式中，如果集体可以达成协议，成员 i 会得到净收益 $v_i=V_i(X_i)-(q-B_i)X_i$，否则，他将得到一个很小的支付 v_0。所以，效用就是

$$u_i=\begin{cases}U_i[V_i(X_i)-(q-B_i)X_i], & \text{如果 } b_i=q-B_i，\text{且对所有 } i \text{ 而言 } X_i=\overline{X}\\ U_i[v_0], & \text{其他情况}\end{cases}$$

$$\text{(8.4)}$$

命题 3。如果 $U_i'>0$，而且每个 i 都要选择一个 (b_i, X_i) 来最大化 (8.4) 中的 u_i，那么我们就得到了一个 Lindahl 集体均衡。

在 u_i 最大化处，

$$[V_i'(X_i)-(q-B_i)]U_i'=0 \tag{8.5a}$$

$$b_i=q-B_i \tag{8.5b}$$

$$X_i=\overline{X}，\text{对于所有的 } i \tag{8.5c}$$

根据式（8.5a）和式（8.5c），$X_1=X_2=\cdots=X_I=\overline{X}$，并且 $V_i'(\overline{X})=q-B_i$。[①] 因此，从式（8.5b）可得出 $q=\sum b_i=\sum V_j'(X^0)$（给定 LE）。

---

① 显然，在公共物品的公共数量上达成一致性协议的规则 $X_i=\overline{X}$ 有很多变种。静态的等价规则还包括：X_i 是 $X_1\sim X_I$ 中的最大值、最小值、位于中间两数的平均值和取余，但这些规则可能有不同的动态含义。

推出命题 3 的制度（1）～（3）所定义的机制被称作拍卖机制，如果它与一个动态的过程相结合，就被称为拍卖过程。这项分类之所以被使用，是因为这个机制可以被解释为众所周知的私人物品市场拍卖原则的一个变种（Vickrey，1961；Smith，1967）：如果市场中每个出价者的出价都独立于他的成本，并且要求每个出价者的出价在不低于其成本的情况下才能赢得产品，那么每个出价者都有在其边际支付意愿上出价的激励。因此，在上述公共物品拍卖中，任何出价低于其边际购买意愿的被试都有被排除在公共物品利益之外的风险（也包括整个集体）。[①]

调整过程

拍卖过程的语言包括：每一轮 $t=1,2,\cdots$ 中的私人信息 $(b_i(t), X_i(t))$ 和公开信息 $B(t)=\sum_{i=1}^{I}b_i(t)$，$\bar{X}(t)=\sum_{i=1}^{I}X_i(t)/I$。重复程序如下：

（ⅰ）开始规则。在第 t 轮，每个被试都要独立且私下里选择两个整数 $(b_i(t), X_i(t))$，每个数都被限定在一个具体的区间内，并且每个被试都要把这些选择记录到提前准备好的记录单中（附录Ⅳ）。

（ⅱ）转换规则。

（ⅱ.a）实验者记录下每个 $(b_i(t), X_i(t))$，并且进行计算，然后在黑板上公布 $B(t)$ 和 $\bar{X}(t)$，一直到实验结束。

（ⅱ.b）每个被试都要记下 $B(t)$ 和 $\bar{X}(t)$，计算并记录 $B_i(t)=B(t)-b_i(t)$ 和 $q-B_i(t)$。

（ⅱ.c）每个被试都要根据预先计算好的价值表（附录Ⅳ的表 2.1～表 2.4）中的 $v_i=V_i(X_i)-(q-B_i)X_i$ 确定其各自的私人净价值 $(q-B_i(t), X_i(t))$。然后将结果 $v_i(t)$ 记录下来。第 t 轮完成。

（ⅱ.d）紧接着进入第 $t+1$ 轮，每个被试重新选择 $(b_i(t+1), X_i(t+1))$，如同在（ⅰ）中一样。

（ⅲ）终止规则。

---

① 很显然，在些学者认为，如果经济人处于这样一个位置，即他或者需要填补成本差额或者损失所有来自公共物品的效用，那么"搭便车"问题就是较轻的，或者几乎是不存在的。例如，Kihlstrom（1973，pp. 30, 31）说道："一方面，在（Kihlstrom 的）立法性经济中的激励……与竞争过程中的激励是相同的。……消费者有激励去揭露真相以避免……（接收）一个非最优消费束"[Brubaker, 1975, pp. 150-155]，他在他的"契约前集体排他性"概念下表述了这一思想，尽管他的"黄金显示法则"似乎更多地依赖于利他性的考虑。同时，我在访问伯克利时进行了一个 Lindahl 实验，D. MuFadden 曾经提出这样的疑问，即让每个被试的成本份额依赖于所有其他被试的出价会有什么效应。

（ⅲ.a）对于所有的 i 和 $t^* \leqslant T$，如果 $b_i(t^*-1) = q - B_i(t^*-1) = b_i(t^*) = q - B_i(t^*)$，$X_i(t^*) = \overline{X}(t^*)$，则过程终止。

（ⅲ.b）否则程序在 $t=T$ 轮终止。

（ⅳ）结果规则。如果过程以（ⅲ.a）结束，那么集体达到均衡（协议），每个被试将得到现金报酬 $v_i(t^*)$。否则，其将得到一个基本报酬。在某些实验局，这一方式被修改了：如果（ⅲ.a）发生，每个被试将得到 $v_i(t^*)+2$ 美元，否则，只能得到 2 美元。

讨论

在第Ⅴ部分我们可以看到，G-L 机制可以产生符合 Nash 均衡的 Lindahl 均衡。拍卖机制也具有相同的特征。然而，由于式（8.4）中的非连续性，拍卖机制提供了多个局部 Nash 均衡，其中一些是 Lindahl 均衡。根据式（8.4），如果 I 个被试选择了任何 (b_i, X_i)，$i=1, 2, \cdots$，以至（1）$q = \sum_{i=1}^{I} b_k$；（2）对于某些 i，$X_i \neq X^0$ 和/或 $b_i \neq V'_i(X^0)$；（3）对于所有的 i，$V_i(X) - (q - B_i)X > v_0$，那么一致同意协议是个体理性的，并且是局部 Nash 稳定均衡的。也就是说，如果某个被试的选择，比如说 (b_i^0, X_i^0)，偏离了 (b_i, X_i)，其中 $b_i^0 = V'_i(X^0) \neq q - B_i$，那么，这相当于选择了否决，被试获得 v_0，其境况变糟了。表 2a 对此做出了说明，其中有 $I=2$ 个成员的集体具有图 2 中的 $V_3(X)$ 和 $V_4(X)$ 给出的价值表，$q=21$，$v_0=0$，在 $[X^0; V'_3(X^0), V'_4(X^0)] = [5$ 或 $6; 8, 13]$ 上达到 LE。很明显，选择集 $(b_3=8, X_3=5; b_4=13, X_4=5)$ 是一个 Nash 均衡，但是表 2a 中所有具有正报酬的选择也是 Nash 均衡。

表 2a 拍卖过程支付矩阵

b_3 \ b_4	X_3 \ X_4	12				13				14			
		4	5	6	7	4	5	6	7	4	5	6	7
7	4									7\15	0	0	0
	5		0				0			0	7\17	0	0
	6									0	0	6\18	0
	7									0	0	0	0\15

续前表

b_3	b_4	12				13				14			
	X_3 ＼ X_4	4	5	6	7	4	5	6	7	4	5	6	7
8	4	0				11 / 11	0	0	0	0			
	5					0	12 / 12	0	0				
	6					0	0	12 / 12	0				
	7					0	0	0	7 / 8				
9	4	15 / 7	0	0	0	0				0			
	5	0	17 / 7	0	0								
	6	0	0	18 / 6	0								
	7	0	0	0	14 / 1								

应该注意到，式（8.4）中的不连续性是"终止规则"要求每个 i 通过"匹配" $b_i = q - B_i$，$X_i = \overline{X}$ 而避免否决的直接后果。这里所得到的教训是：嵌入了机制的过程（包含终止规则）会与机制相互作用，并且改变了这种机制的静态支付条件的 Nash 均衡特征。当我们将过程终止规则纳入 G-L 机制的考虑时，需要注意以上提到的几点。例如，假使我们的终止规则是选项 x_i 必须被重复一次，也就是说，我们在 t^* 时结束，这时，对于所有的 i，有 $x_i(t^*) = x_i(t^*-1)$。现在考虑在表 2a 中使用的相同图示，选择（$X_3 = 2$，$X_4 = 4$）是一个静态 Nash 均衡。但是由于终止规则，支付矩阵如表 2b 所示，并且只有（$X_3 = 2$，$X_4 = 4$）在下一轮被重复时这个特殊的 Nash 均衡才可以达到。因此，G-L 机制与终止过程一起产生了众多局部 Nash 均衡，其中有一些为 Lindahl 均衡。

表 2b G-L 过程支付矩阵

$X_3(t^*-1)$ ＼ $X_4(t^*-1)$	$X_3(t^*)$ ＼ $X_4(t^*)$	3			4			5		
		2	3	4	3	4	5	4	5	6
1	0	0	0	0	0	0	0	0	0	0
	1	0	● ●	0	0	1 / 12	0	0	● ●	0
	2	0	0	0	0	0	0	0	0	0
2	1	0	0	0	0	0 / 0	0	0	0	0
	2	0	11 / 2	0	0 / 0	12 / 12	0	0	7 / 21	0
	3	0	0	0	0	0 / 0	0	0	0	0
3	2	0	0	0	0	0	0	0	0	0
	3	0	● ●	0	0	21 / 7	0	0	● ●	0
	4	0	0	0	0	0	0	0	0	0

Ⅸ．拍卖过程；假设、实验和结果

假设

第Ⅷ部分中的拍卖程序定义了一个新的实验研究过程（A）。因为拍卖过程是激励相容的，所以我们期望它能够产生与 LE 一致的数量和成本份额。特别地，我们提出：

假设 5。在第Ⅳ部分终止规则（ⅲ.a）下达到均衡的那些实验 A 产生的样本数量和价格样本可以被认为来自均值等于 Lindahl 均衡 $[X^0; V_1'(X^0), \cdots, V_I'(X^0)]$ 的总体。

下一节将要描述的两组实验（A2 和 A3）在成员价值结构（即分布）上和公共物品 Lindahl 最优数量上相同，但是在第二组中，I 和 q 的值分别比第一组的值增加了 1 倍。可以预期，价格和数量结果的变动会随着集体规模的增大而增大，这是因为可以被任何被试获取的最大可行剩余增加了。

假设 6。将 A 实验中的参数 I 和 q 以相同比例增加的重复实验将会增大均衡价格、数量结果的方差。

实验被试和实验设计

67 个被试参与了 12 局实验，这 12 局实验被分为 3 个系列的拍卖过程实验（A1、A2、A3）。表 3 给出了设计参数，包括 LE 价格、数量和总剩余、每个集体的成员数、公共物品的价格、实验局的序号以及每个参数设置下的被试人数。实验 A1 中使用的边际价值函数 $V'_i(X)$ 与图 2 中实验 C 使用的边际价值函数是相同的。因此实验 A1 可以直接与实验 R1 和实验 C 比较。[①] 图 4 显示了实验 A2 的 $V'_i(X)$ 函数，如果每个 $V'_i(X)$ 都在纵轴方向上增加 1 倍，即被两个相同的 $V'_i(X)$ 函数所替代的话，图 4 也适用于实验 A3。A3 与 A2 的差别仅在于：其他情况相同的情况下，集体成员的数量加倍，公共物品的单位成本也加倍。以上实验提供了用以检验人数 I 对集体结果的影响的重复性控制实验，可以支持我们检验假设 6。

表 3   **拍卖实验的设计参数**

Lindahl 均衡价格 V'_i	实验 A1	实验 A2	实验 A3
	Lindahl 均衡价格 V'_i 下的被试人数		
−5	0	1	2
3	2	1	2
8	1	1	2
13	1	1	2
18	1	0	0
被试组的数量（I）	5	4	8
Lindahl 均衡数量 X^0	5（或 6）	6（或 7）	6（或 7）
Lindahl 均衡总剩余（美元）	70	69	138

---

① 除了对于那些 $X \leqslant 44$ 的价值外，实验 C_1 和实验 R_1 中的 $V_i(X)$ 并不一样。

续前表

Lindahl 均衡价格 V_i'	实验 A1	实验 A2	实验 A3
	Lindahl 均衡价格 V_i' 下的被试人数		
公共物品价格 q（美元）	45	19	38
实验局数	3	5	4
被试总人数	15	20	32

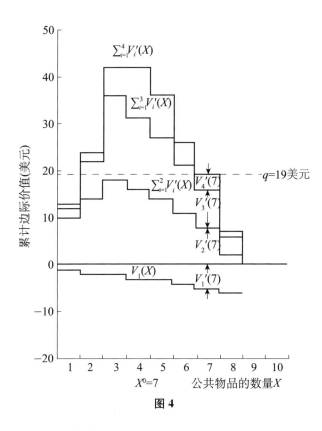

图 4

实验结果、讨论

图 A1.1～图 A1.3，图 A2.1～图 A2.5，图 A3.1～图 A3.4 提供了所有实验局的出价选择序列 $b_i(t)$、数量选择序列 $X_i(t)$、由此得出的成本份额 $q-B_i(t)$ 以及平均提议数量 $\overline{X}$。与最后 5 个成本份额观测值相对应的数字代表每轮收益 $v_i(t)$。

12 个实验的转换规则、终止规则和结果规则在时间序列的不同点上按以下调整进行了修正：

（1）在 A1.1～A1.3 及 A2.1 这四个实验中，直到被试报的出价收敛至他们各自的成本份额时，集体的平均提议才被计算和公布出来。在之后所有的实验中，每轮都同时公布平均提议与报价和。

（2）在实验 A1.3、A2.1～A2.3、A3.1～A3.3 中，对书面说明中的终止规则进行一个口头补充，即在第 15 轮之前，如果出价之和没有达到价格 q 的上下 1 美元范围内，实验在第 15 轮终止。引入这个规则的目的是让被试不要等到第 20 轮或之后才做出真实的出价，甚至直到第 30 轮还是协调困难。协调困难最先出现在实验 A2.1 中，第 29 轮的出价过高，超过了单位成本，实验没能达成终止规则下的一致同意协议。在第 27 和第 28 轮，出价仅比单位成本低 1 美元。在第 29 轮，有 3 个被试试图提出一致同意出价，从而导致在第 30 轮之前不能满足终止规则。尽管第 15 轮的修正使出价增加得更快，但它并没有解决所有的协调问题。因此，实验 A2.1 中，在第 24～29 轮所有被试都重复自己比单位成本份额低 1 美元的出价，等待其他人提高自己的出价。在第 29 轮，被试 3 首先将他的出价提高到 7 美元，而后又降回到 6 美元，按他在实验后的陈述，他的做法主要是担心其他成员也会提高出价从而导致出价过高。[①] 基于这种经验，进一步修正终止规则，以允许在两个或更多个试图达成协议而导致出价过高的被试中进行随机选择。但是可能有其他一些能够解决这种协调困难的更好的修正方案，一是放松所有出价都要以整数出现这个多余的要求，二是如果总出价超过了成本，则给每一个被试一个回扣。

（3）在实验 A2.4、A2.5 和 A3.4 中，按照结果规则，每个实验被试的支付为：

（a）如果组中达成一致意见的话，$v_i(t^*)+2$ 美元；

（b）其他情况，2 美元。

本质上讲，一次支付 v_0 的设计意图实质上是补偿时间和交易成本，

---

① 然而，这个被试的动机在某种程度上是混合的，因为在实验之后他表示，他怀疑集体中的某个人肯定正在"赚钱"。当我纠正他的这种印象并且提醒他实验说明已经注明并不是所有的表都是一样的时，他问能否再参加一次这样的实验。这个疑问说明，尽管保密性可以保证被试不知道其他被试的决策和支付，但不会阻止被试通过外部性影响来推测和怀疑其他被试的支付。

无论协议最终有没有达成（Smith，1975）。如果数目仅仅是作为一笔小的"安慰奖金"被支付，而且没能补偿 Lindahl 租金的话，那么如果被试在实验接近结束时发现他的选择会将他逼入净价值 $v_i \leqslant v_0$ 的死角，他会有动机阻止协议的达成。

实验 A1.1~A1.3 的结果证明，与那些使用 G-L 过程的实验 R1.1~R1.3 相比，拍卖过程同样具有激励相容特征。实验 A1.1 和 A1.3 在 LE 数量 5 上达成了终止规则下的一致同意协议，而 A1.2 之所以没能达成协议，是由于在结束规则极其苛刻的要求下受到了协调问题的影响。实验 A1.2 中，第 26~30 轮被试的选择并不违背激励相容原则，因为在这 3 轮中被试的出价都超出了单位成本份额。表 5 比较了实验 R1 和 A1 中被试在最终一轮的选择。假设 S_i 可以用适用于 R1 的 $C_i'(x_i | S_i)$ 计算出来，那么 R1 局的"价格"就是隐含在每个被试增量提议 x_i 中的出价。很明显，均衡数量在拍卖过程中与在 G-L 过程中一样，都为 $x^0 = 6$。实验 R1 中较高的均衡数量仅仅反映出 $x^0 = 6$ 点上强烈的 Nash 均衡和平衡的预算，而且这一数量并不显著。Lindahl 租金在 $x^0 = 5$ 或 6 时是一样的，而且拍卖过程激励集体选择更大的数量。[①] 事实上，在更大的数量上，个体收入对于单位成本份额更加敏感，似乎 $I = 4$ 和 5 的实验集体（除了 A2.5）总是在最小的 X 水平上达成协议，从而使总的 Lindahl 租金达到最大化。

实验 R1 的收敛速度明显更快，尽管样本太小使得我们不能确信这一点。在 G-L 过程中，更低维的选择空间也许有利于收敛。在这一阶段，我们只能预期两个过程之间存在动态的行为差异。关系到这些细节的假设必须被足够精确地阐明，以允许我们设计出更加恰当的检验性实验。

表 4 有选择性地总结了实验 A2 和 A3 局的部分结果，我们注意到这些实验结果存在以下特点：

（1）在大部分实验 A2 和实验 A3 中，集体都在出价和成本份额达成协议之前产生了一个稳定的均衡数量提议（A2.2~A2.4，A3.1~

---

① 这个激励可以通过向每个达成协议的单位支付一笔小额的佣金来提供。这个佣金会导致被试对边际单位的一个非零需求。

A3.4)。在总剩余最大化的数量上更容易达成一致同意，而在决定总剩余分配的成本份额上则难一些。从 Lindahl 最优数量的意义上看，拍卖过程为促进效率提高提供了动机。

（2）A2 局中的集体大都同意能够最大化总剩余的最小数量，而 A3 局中的集体却不这样。也许是集体成员从 4 个增加到 8 个所带来的更大的调整自由，导致很少有成员会去抗拒更大数量。

（3）集体规模和价格收敛速度之间或正或负的相关关系，似乎并没有得到经验的支持。所有的集体，无论 $I = 4$ 还是 8，都倾向于反对价格协议，直到实验轮数接近轮数限制 T。

（4）实验 A3.2 是唯一没有在终止规则下达成协议的实验局，在某种意义上这种情况可以被解释为与激励不相容一致。从表 A3.2 中我们可以很清楚地看到，被试 2 和被试 4 将出价保持在远低于其 LE 价格的水平上。这两个被试有共同的 LE 价格 13，他们最后一轮的出价分别是 $b_2(29) = 6$，$b_4(29) = 7$，表示他们对净收入的要求分别是 $v_2(29) = 69$ 美元和 $v_4(29) = 62$ 美元。由于最大总剩余是 138 美元，所以他们的需求是不切实际的，当然，他们并不知道这一点。在这个实验中，成员价值的随机分配将两个最大的边际价值函数分派给了两个态度最强硬的被试。同时，在 LE 点上，被试 2 和 4 在公共物品 38 美元的单位价格中占去了 26 美元的份额，并且集体内的其他成员没有足够的能力来容纳这一选择。然而，如果集体收敛于数量 6 而不是 7 的话，这种容纳行为也许可以实现，因为在数量 7 上，最后一轮出价产生的净价值分别为 $v_2(29) = 69$ 美元和 $v_4(29) = 56$ 美元，可以给其他 6 个被试留下 20 美元的剩余。

（5）比较 A1 各局与 A2、A3 各局的结果，似乎并没有证据证明拍卖程序不能处理不利于一个或多个集体成员的公共物品决策问题。

（6）实验 A2.1 是唯一使用仔细挑选过的有经验的被试进行的实验。所有的 4 个被试先前都参与了 A1 实验集体（$I = 5$）中的一个，并且他们显示出了快速领悟实验程序的能力。从图 A2.1 我们可以看到，每个成员的出价都逐渐收敛于其成本份额。经验似乎可以使实验博弈更加顺利、快速，但正像先前讨论的那样，它并没有保证均衡的实现。

表 4 均衡的价格和数量（实验 A2 和 A3）

		A2 局价格						A3 局价格			
被试	$V'_i(7)$	A2.1	A2.2	A2.3	A2.4	A2.5	$V'_i(7)$	A3.1	A3.2	A3.3	A3.4
1	−5	−5	−6	−6	−4	−6	−5	−4		−4	−3
2	13	13	12	14⁺	13	14	13	1		13⁺	14
3	8	7⁺	8	7	7	6	−5	−6	没有达成一致	−5	−3
4	3	4	5	4	3	5	13	13		10	14
5							3	1		4	4
6							8	9		5	8
7							3	0		5	2
8							8	11		10	2
均衡数量		6	6	6	6	7		6	7	6	7
实验最后的 t^*		29	26	29	29	15		28		29	16

注：⁺ 通过随机抽取明显愿意增加出价的被试模拟出价的增加。

实验结果、假设检验

从表 5 可以看到，实验 R1 和 A1 中的各局都产生了 Lindahl 均衡数量（5 或 6）。实验 A1 中最终价格对 Lindahl 最优价格偏离的样本方差是 $S_A^2 = 6.07$，实验 R1 中这一样本方差为 $S_R^2 = 7.14$。两个方差之间并没有显著的差异，不能拒绝假设：拍卖机制下和 G−L 机制下的价格结果具有相同的变动性。

表 5 G−L 和拍卖过程实验最后一轮的价格数量结果

		R1 局价格			A1 局价格		
被试	$V'_i(X^0)$	R1.1	R1.2	R1.3	A1.1	A1.2	A1.3
1	3	3	3	3	4	6	4
2	3	8	3	8	6	2	4
3	8	8	8	8	10	9	3
4	13	13	13	8	9	13	15

续前表

	R1 局价格			A1 局价格			
5	18	13	18	18	16	15[+]	19
均衡数量		6	6	6	5	5	5
实验最后一轮的 t^*		16	29	16	30	30	29

注:[+]通过随机抽取明显愿意增加出价的被试模拟出价的增加。

通过估计下面等式中的参数 β_0 和 β 来检验假设 5:

$$y_{ij} = \beta_0 + \beta x_{ij} + \varepsilon_{ij} \tag{9.1}$$

其中 y_{ij} 是实验 i 中观测到的被试 j 的最终均衡出价,x_{ij} 是实验 i 中被试 j 的 Lindahl 最优价格。根据假设 5,$\beta_0 = 0$,$\beta = 1$,也就是说,平均最终均衡报价与理论 Lindahl 价格并无显著差异。如果因变量服从于加总约束(即定义了均衡的终止规则要求被试的最终出价加总可以达到实验定义的公共物品价格),我们就可以用 McGuire,Farley,Lucas 和 Ring(1968,pp. 1207 - 1208)提出的方法得到最小二乘估计值 $(\hat{\beta}_0, \hat{\beta})$。表 6 总结了使用表 4 和表 5 中 A1、A2 和 A3 各局实验观察值计算出来的回归结果。"原假设" $\beta_0 = 0$,$\beta = 1$ 下较低的 t 值(尤其是 A2 和 A3 各局)与假设 5 一致。通过对 R^2 的计算,均衡报价大约 90% 的变动可以由每局实验中的受控 Lindahl 价格变量来解释。这 3 个回归中的 F 值都是高度显著的($p < 0.001$)。

表6

统计量	$\hat{\beta}_0$	$t(\hat{\beta}_0 - 0)$	$\hat{\beta}$	$t(\hat{\beta} - 1)$	R^2	误差方差
A1 局	1.761	1.635	0.812	-1.80	0.82	4.458
A2 局	-0.005	-0.17	1.001	0.03	0.97	1.200
A3 局	0.246	0.46	0.948	0.78	0.99	4.131

从表 6 中可以看到,$I = 8$(A3 局)下回归线的误差方差比 $I = 4$(A2 局)的大,这个方差比率的 F 检验在 $p < 0.05$ 上显著。保持偏好和成本结构不变,同时增加(加倍)被试数量的复制性实验增加了均衡出价的变动性,支持了假设 6。

X. 关于被试的适应性反应行为

关于被试在连续的各轮实验中的动态反应行为，本研究并没有提出任何先验性的假设。我们报告的实验包括大量被试在各轮中的观察值，所以我们不妨利用这些数据来后验性地分析一下 G－L 机制和拍卖机制中被试的动态行为特征。对这些数据的"挖掘"仅仅是为了提出一些有关被试动态行为的合理性假设，这些假设可以在进一步的实验中进行检验。下面我们给出了一些有关被试适应性反应行为的简单模型，其中，使用实验 R1 和 R2 数据的模型针对的是 G－L 机制，而使用实验 A1、A2 和 A3 数据的模型是针对拍卖机制的。

G－L 机制中的适应性反应

G－L 实验中最简单和最明显的被试反应模型是 Cournot 调整行为模型，也就是说，在假设 $S_i(t) = S_i(t-1)$ 的基础上，每个实验被试都需要选择一个 $x_i(t)$，以使 $v_i[x_i(t)]$ 达到最大化。因此，被试在第 t 轮的行动是其对第 $t-1$ 轮结果的最优反应。由于对于任何给定的实验设计，我们几乎没有什么先验性的理由来预期这样的决策规则会产生集体均衡，所以检验 R1 和 R2 设计的 Cournot 稳定性是有意义的。这两个设计产生了非常不同的 Cournot 稳定性特征。

实验 R1 的支付矩阵意味着，从大量"合理"的初始选择中的任何一个开始进行 Cournot 动态调整时，实验结果都会迅速收敛于 Nash 均衡（Lindahl 最优）。对附录Ⅰ中表 3.1～表 3.4"净成员价值"的检验表明，对于实验被试 1 和 2 来说，〈−1，0，1〉中的任何选项都是合理的初始选择，而对于被试 3、4 和 5 来说，〈−1，0，1，2〉中的所有选项都是具有吸引力的。而且，如果所有的 5 个被试的初始选择都是 0 或者 1，那么 Cournot 动态只需要一次重复就可以收敛于 Lindahl 最优；如果这 5 个被试在选择空间中开始于点（0，1，1，2，2）或者（0，1，1，1，3），那么两次重复过程就可以收敛。

相比而言，使用表 3.1～表 3.7（附录Ⅲ）中的 R2 支付矩阵，我没有发现任何映射于 Nash 均衡的初始点。如果我们假定 Cournot 动态过程的初始选择等于 R2.1 的实际最终选择（−3，0，−2，2，1，1，2，2）和 R2.2 的实际最终选择（−4，3，−1，1，−1，3，0，2），那么

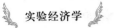

在两种情况下，Cournot 过程经过两次重复就可以发散到被试支付矩阵的边界。

因此，R1 设计似乎是强 Cournot 收敛的，而 R2 设计是强 Cournot 发散的。但是，R2 中的被试集体达到终止规则定义的均衡几乎与 R1 中的集体一样容易。尽管 R2 集体偏离 Lindahl 最优数量 1 单位，但这并不代表在经济租金上的巨大牺牲。这些实验中决策制定者的表现与强 Cournot 收敛实验中的 Cournot 简单最大化者相比似乎很糟糕，但与强 Cournot 发散实验中的 Cournot 简单最大化者相比，他们的表现似乎更优！这表明了一种完全的、全局性的或非短视性的反应行为形式，这种行为形式允许集体在 Cournot 动态不允许的情况下达成一致同意协议。在这个方面，检验来自两组 Cournot 反应实验的数据非常有趣，在实验 R1 的所有 230 个被试的反应中，有 123 个是 Cournot "最优反应"选择。而在实验 R2 的 288 个被试的反应中，只有 67 个是 Cournot 选择，两者的差异在 $p < 0.0001$ 上显著。看起来，被试会在 Cournot 规则起作用时频繁使用它，但是当它不起作用时立马抛弃它！而在 R1 和 R2 两个实验中，前半段（R1 中 $56\frac{1}{2}$，R2 中 26）中 Cournot 反应的数量都要少于后半段（R1 中 $66\frac{1}{2}$，R2 中 41）的 Cournot 反应数量。

G-L 实验中的"策略"评价

我们可以根据如下两个准则将被试分为两组：（1）对于 $t < t^*$，一半或更多的增量提议选择 $x_i(t)$ 等于或大于他们的最终（均衡）选择 $x_i(t^*)$；（2）一半或更多的 $x_i(t)$ 等于或小于他们的 $x_i(t^*)$ 的选择。如果第 1 组中的被试被称为"合作的"，第 2 组中的被试就应该被称为"竞争的"，那么"竞争的"被试是否会比"合作的"被试赢得更大部分的 Lindahl 最优租金呢？（我们不应该过于重视这些称呼，因为被试或许会在接近实验结束时因为意图降低出价而做出"合作的"反应。）这些部分收入的变动对"竞争的"被试来说是不是比"合作的"被试更大？对这两个分类进行基于收入均值比较的 t 检验（$t = 0.854$）和基于方差比较的 F 检验（$F = 0.694$）表明，这两个问题的答案都是否定的。

拍卖机制中的适应性反应

除了 A3.2 以外，所有的拍卖机制实验都显示出收敛于 Lindahl 最优数量的强烈倾向，并且出价（成本份额）会紧密分布在等于 Lindahl

最优价格的均值附近。在这一节中，我们试图以下面的线性报价方程去"解释"或刻画 12 个拍卖实验中被试报价的动态调整过程。

$$\Delta b_i(t) = \alpha_i[q - B_i(t-1)] + \beta_i \Delta B_i(t-1) + \gamma_i t + \delta_i \qquad (10.1)$$

其中，$\Delta b_i(t) = b_i(t) - b_i(t-1)$，$\Delta B_i(t-1) = B_i(t-1) - B_i(t-2)$

因此，$\Delta b_i(t)$ 是从第 $t-1$ 轮到第 t 轮被试 i 的报价的变化量，$q - B_i(t-1)$ 是被试 i 在第 $t-1$ 轮的成本份额，$\Delta B_i(t-1)$ 是从第 $t-2$ 轮到第 $t-1$ 轮被试 $j \neq i$ 出价总和的变化量。系数 α_i 和 γ_i 分别测度了报价随成本份额和"时间"推移（即用完最大允许轮数）的适应性反应。如果 $\alpha_i > 0$，那么成本份额越大，则适应性出价提高得越多，而 $\gamma_i < 0$ 则意味着随着轮数限制的接近，报价的增量会变小；β_i 测度的是出价变化对所有其他被试出价总和的"策略性"反应。总而言之，若 $\beta_i > 0$，那么如果所有其他被试的出价增加了，i 将（针锋相对地）增加他的出价。

对于参加 3 个系列拍卖实验的 67 个被试中的 66 个，我们使用最小二乘估计计算出了 $\hat{\alpha}_i$、$\hat{\beta}_i$、$\hat{\gamma}_i$ 和 $\hat{\delta}_i$（对于实验 A3.4 中的被试 5，其所有系数都是 0，因为对于所有 $t > 1$，他的出价都是一样的）。

这些回归结果并没有帮助我们更多地解释被试行为的动态性，在 66 个回归中，只有 12 个 F 统计值在 $p < 0.05$ 的水平上显著（这意味着，大约 18% 的回归在 5% 的置信水平上显著）。表 7 列出了 3 个系列所有实验中显著（$p < 0.05$）的相关系数（除常数项的相关系数之外）的数量及其所占比例。系数 $\hat{\alpha}_i$ 中有 8%、系数 $\hat{\beta}_i$ 中有 11%、系数 $\hat{\gamma}_i$ 中有 3% 是显著的。这表明了一个微弱的趋势，即典型的被试会将他的出价变化与他的成本份额联系起来，并且会参照其他被试的出价变化来改变自己的出价。实验轮数对出价反应并没有显著影响。

表 7

实验	回归个数（被试）	显著性系数的个数（比例）（$p < 0.05$）		
		$\hat{\alpha}_i$	$\hat{\beta}_i$	$\hat{\gamma}_i$
A1	15	1（7%）	3（20%）	0（0%）
A2	20	1（5%）	0（%）	1（5%）
A3	31	3（10%）	3（10%）	1（3%）
合计	66	5（8%）	6（11%）	2（3%）

考虑到结果数量比较少，表 8 列出了系数估计为正或为负的数量。使我们能够定性地检验相关系数是否显著为正。通过二项分布检验，我们拒绝了这样的假设：$\hat{\alpha}_i$ 在被试总体中为正或为负的可能性相等（$p<0.0001$）。与此类似，我们也拒绝了 $\hat{\beta}_i$ 符号等可能性的假设（$p<0.02$）。但是对于 $\hat{\gamma}_i$，我们不能拒绝原假设（$p<0.16$）。进而得出结论：对于典型的被试，$\hat{\alpha}_i>0$，$\hat{\beta}_i>0$，但我们对这些系数估计的量级与它们的抽样变动性相比还是比较小的。

表 8

实验	回归个数（被试）	正负系数的个数					
		$\hat{\alpha}_i$		$\hat{\beta}_i$		$\hat{\gamma}_i$	
		+	−	+	−	+	−
A1	15	13	2	10	5	9	6
A2	20	13	7	13	7	11	9
A3	31	26	5	18	13	16	15
合计	66	52	14	41	25	36	30

XI. 公共物品决策中的其他实验

有三篇其他人的论文（Bohm，1972；Scherr and Babb，1975；Ferejohn and Noll，1976）探讨过公共物品决策实验的结果。

Bohm 实验

在 Bohm（1972）的实验中，消费者（他们为了一份 50 克朗的报酬自愿来到一个电视工作室）被随机地分为 6 个不同的组，而且他们还被要求在 6 种不同的成本分摊规则下，说出他们愿意付多少钱去看一个还没有对大众播放的特别电视节目。第 6 组只做了一个假设性的选择，而对于余下的 5 组，当他们的交费总额足够偿付成本时，节目会真的播放。然而，这个结果规则并不"真实"，因为每一组都被引导相信在其他房间里还有一些与他们类似的组，这些组的反应会和他们的反应结合在一起。这样，一个由 23 个成员组成的被试组会发现（设置Ⅰ），每人只需提供几克朗，节目的成本（500 克朗）就可以被偿付。而被试并不知道，无论他们出价多少，节目都会播出。

在不同的实验组中，每个消费者支付的金额如下（括号内是以克朗为单位的平均支付）：

Ⅰ. 报价（7.61 克朗）。

Ⅱ. 报价的一个百分比，经过标准化处理以刚好偿付成本（8.84 克朗）。

Ⅲ. 报价的一个百分比，5 克朗，或通过一次抽奖来决定（7.29 克朗）。

Ⅳ.5 克朗（7.73 克朗）。

Ⅴ.0，成本由广播公司从一般税中支出（8.78 克朗）。

Ⅵ.0，反应是假设性的（10.19 克朗）。

根据 Bohm 的分析，只有设置Ⅵ才导致了与其他任何设置都显著不同的支付情况。一些解释和观察似乎与这个实验有关：

（1）设置Ⅰ对应于那些应用在不可分割的公共物品上的拍卖制度。第Ⅸ部分讨论的理论表明，该机制能很好地诱导出需求情况，我们的实验证据表明，在迭代过程中，这个机制产生了激励相容的结果。因而，除非实验是单一轮次的，否则不应该认为 Bohm 的设置Ⅰ能产生强烈的"搭便车"倾向。坚持认为"搭便车"会在这种环境中发生的理论并未将机会损失考虑在内，这一机会损失源于没能偿付成本。

（2）忽略这些考虑，如果设置Ⅰ被认为是用于进行比较的"搭便车"控制实验，那么作为比较组的设置Ⅱ、Ⅳ、Ⅴ、Ⅵ中每一个的效应将会在预期的方向上提高平均支付。也就是说，可以预期被试在设置Ⅱ下比在设置Ⅰ下支付得更多，因为他们在设置Ⅱ中的成本份额不可能超过设置Ⅰ中的成本份额。类似地，设置Ⅳ提供了一个与个体出价无关的适度的固定成本分摊，设置Ⅴ、Ⅵ也与之类似。如果实验前的假设认为这些倾向就是设置结果的发散方向，那么不考虑使用古典标准的显著性检验，我们不得不推出：实验结果在某种程度上提高了假设的可信度。

（3）设置Ⅲ得出的较低出价与基于之前讨论的期望并不一致。然而，设置Ⅲ是到目前为止最复杂或最不明确、最主观的实验设置。设置Ⅲ中较低的平均出价与"模糊性假设"［假设当结果由较为"丰富"（复杂、神秘、不确定）的心理过程定义时，实验被试在他们的反应中会更保守或更谨慎］。这个现象是在另外一个不同的背景中提出的（Ellsberg，1961；Sherman，1974），但是在 Bohm 的实验中可能有所应用。

（4）所有设置的消费者组提出的看起来很高的报价与下面的"混合动机"假设一致：根据实验说明，做如下假定似乎是合理的，由于"研究部门"的目标是"……发现观众对各种电视节目有什么看法"（Bohm，1972，p. 127），被试可能会感觉到保证节目播出是一种责任，尤其是这个节目由瑞典两个最有名的滑稽演员演出时。因此，从电视演播室的角度来看，相对于直接效用，播出可能具有私人价值和更广泛的公共价值。

（5）每个被试都被问及他们个人的反应。尽管被试"接受了问题，并且'大部分'都在一分钟或更短的时间内做出了答复"（Bohm，1972，p.126），但结果似乎与包含多轮反应-结果重复过程的最后决策结果并不一样。设置变量的例子很多，例如，市场中的价格契约规则（Smith，1964；Plott and Smith，1975），这个例子中设置变量的影响在第一个（或系列）观测值中并没有被感觉到，只有在完全路径的特征上或在最终的观测中我们才可以感觉到。

所有以上的解释或备择假设都是根据 Bohm 的实验数据或其他完全不同的实验中经验的推测，在科学意义上它们尚未被证实。但这种方法的效力的一个来源是基于如下事实：新的实验总是可以用来检验（或部分检验）以前实验建议的假设（Smith，1975）。正是在这种精神下，以上评论可能是有道理的。

Scherr-Babb 实验

Scherr-Babb 的实验室实验是这样设计的：被试都被划分为由两个成员组成的集体（每个被试都相信他与另外一个被试组成了一组），他们需要在 Clarke、Loehman-Whinston（总成本由经济人平摊）和一个自愿捐助计划下显示需求。每个被试都会因为参与实验而获得 10 美元，并且可以对 14 个定价情境中的每一个（包括一个真实的 Library 基金和一个 Concert 基金）捐助最高 0.50 美元。三种定价方法引出的反应行为之间没有显著差异。

1. 与 Bohm 的实验一样，决策的个体反应特征在迭代经验的基础上不允许被试做重新考虑，尽管事实上，14 种决策情况会在决策序列的后期允许学习效应影响决策。然而，序列的随机化意味着这样的影响在观察值中被平均掉了，因而不会产生系统性偏差。

2. "混合动机"问题在这个实验中尤其严重。自愿系统中揭示了最高的需求：从被试感觉到基金捐助具有私人（利他的）价值的程度来看，自愿系统看起来似乎是最简单、最不神秘的"捐献"方法。确实，说明中"捐献"一词的使用也许意味着运用的目的和自愿系统之间存在一定程度的一致性。

3. 将被试配对成两元素的集体也许可以引出针对这种情况的行为。众所周知，在非合作性的卖者垄断实验中（Fouraker and Siegel，1963；Shubik，1975），从 2 到 3 或者更多的步骤具有重要意义。本文引证和报道的所有实验都包括更大的被试集体。

PBS 节目合作

1974 年，公共广播服务（SPC）开始了一个历时 3 年的实验，目的是建立一个分散过程，用于挑选在非商业电视网络播出的节目。Ferejohn 和 Noll（1976）报告了 SPC 在前两季经历的某些结果。在第一次实验中，大约有 150 个参与的电视台从 93 个节目里做出了真实的选择，在第二次实验中有 136 个节目。该过程包括 12 次重复（电视台的经理们通过他们的电传打字机来沟通），第一年（在 7 次重复中）迅速收敛于 25 个节目，第二年（在 10 次重复中）收敛于 38 个节目。在第 t 轮中，节目 j 对于电视台 i 的成本为：

$$C_j \left[\frac{0.8 b_{ij}(t)}{B_j(t)} + \frac{0.2 n_{ij}(t)}{N_j(t)} \right]$$

其中，C_j 是节目 j 的生产者成本，b_{ij} 是预算，n_{ij} 是任何选择了节目 j 的电视台 i 的服务人数，B_j 是总预算，N_j 是选择节目 j 的所有电视台总的服务人数。

这个成本分摊规则具有拍卖机制的基本特征，也就是说，（1）如果不为一个节目进行"投票"的话，每个经理都会面临丧失其私人净收益的风险；（2）经理可以通过选择所有其他电视台来否决分摊给他的成本。然而，这种机制还有一个不可取的特征，即电视台只能在上面公式决定的出价上接受或者拒绝一个节目。如果一个电视台愿意为某个节目支付一些费用，但这个费用低于公式所分配的，那么它必须拒绝这个节目，同时，如果一个电视台对于某个节目愿意支付多于公式分配的价格，它也没有办法通过出价来显示这一倾向。可以推测，纠正这些缺陷的一个办法就是，允许每个电视台的经理对某个节目提交其希望的出价，无论他的预算和服务的人群有多少。他只需要了解，如果在 T 轮之前均衡仍没有达到的话，他的电视台（与每个电视台一样）将得不到这个节目。这个拍卖机制是激励相容的，并且易于理解。实验室背景下的一个经验性证据就是，这种机制产生的出价分布均值与 Lindahl 最优相等。PBS 拍卖机制实验起作用的原因似乎与当前 SPC 系统起作用的原因一样，但前者更具灵活性。事实上，在一个大型集合中产生决策的 Ferejohn-Noll-SPC 实验是令人兴奋和突破传统的发展。一个系统假定的发展或推测的进展——电视台经理们自己发现其很有吸引力——必须要在适当的控制下进行完全的检验，要记住，从一个想法到一个可运行的机制需要一个漫长的过程。

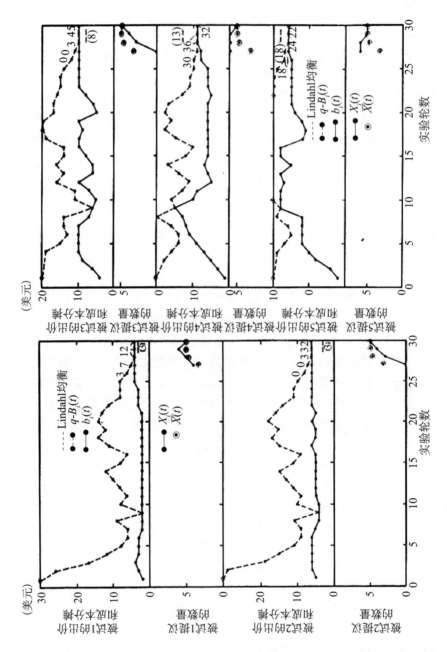

图 A1.1

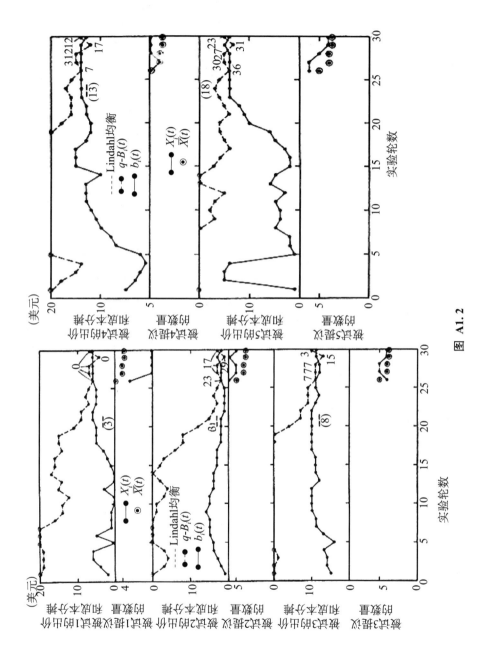

图 A1.2

图 A1.3

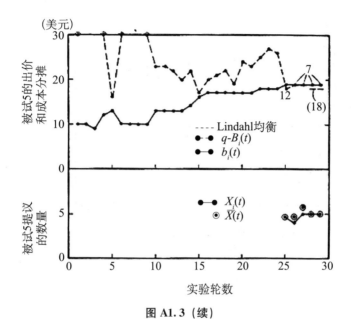

图 A1.3（续）

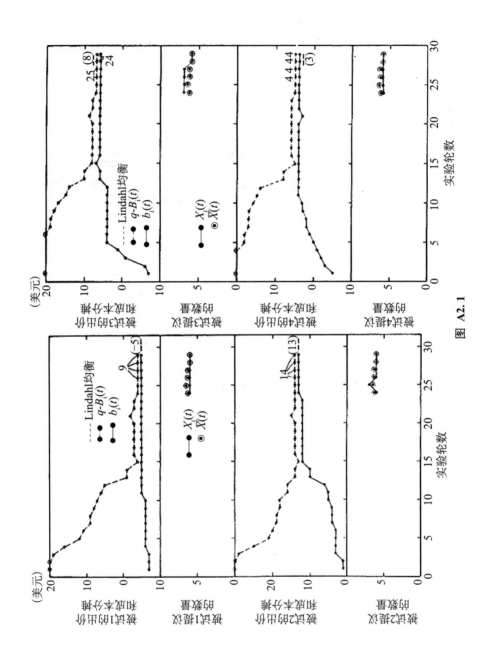

图 A2.1

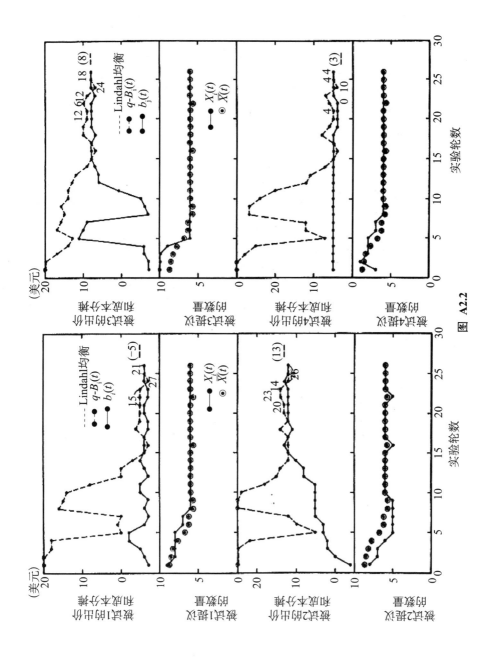

图 A2.2

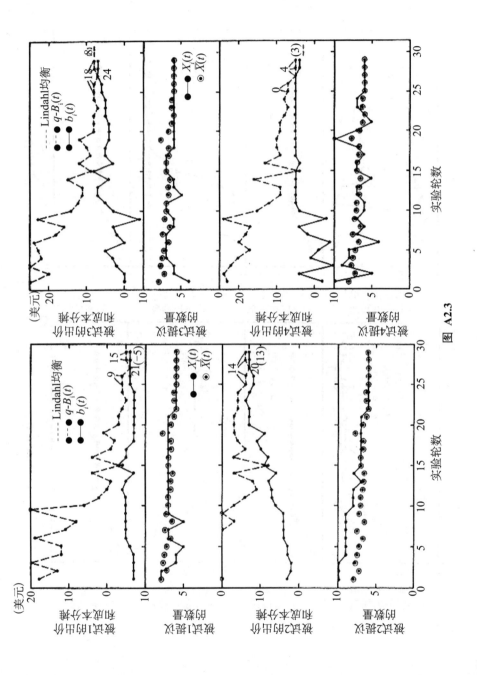

图 A2.3

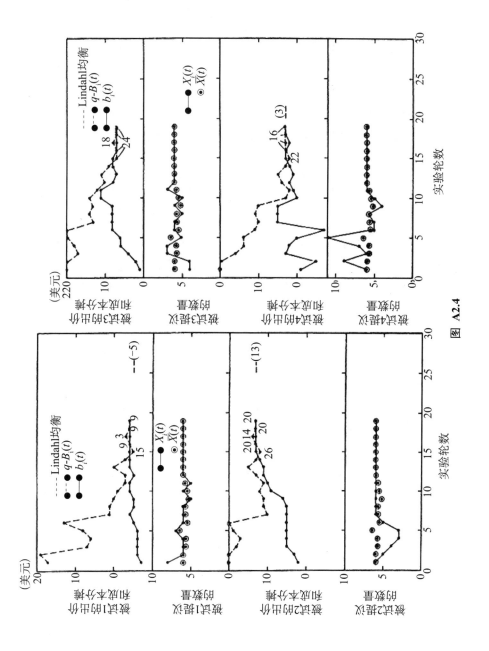

图 A2.4

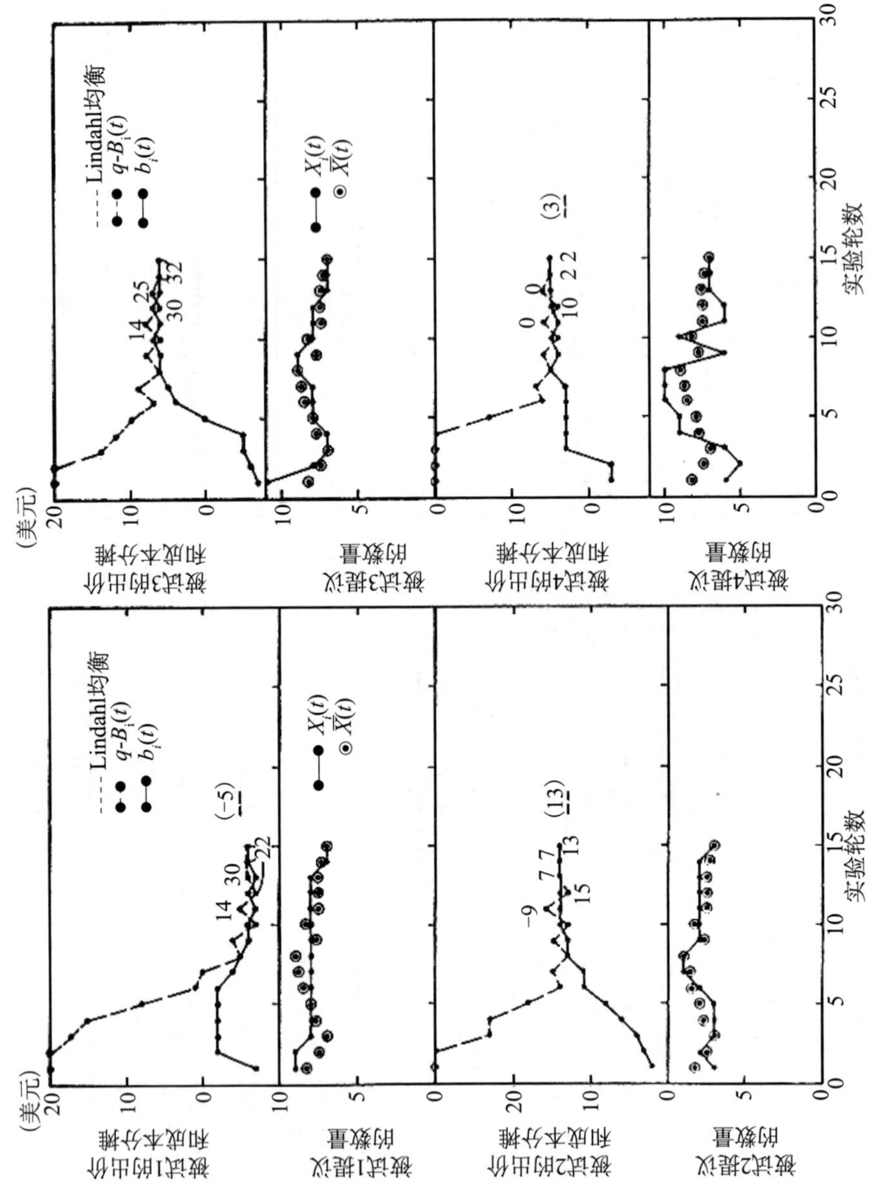

被试1的出价和成本分摊
(美元)
被试1提议的数量
被试2的出价和成本分摊
被试2提议的数量
被试3的出价和成本分摊
(美元)
被试3提议的数量
被试4的出价和成本分摊
被试4提议的数量
Lindahl均衡
q-B_i(t)
b_i(t)
X_i(t)
X̄(t)
实验轮数
实验轮数

图 A2.5

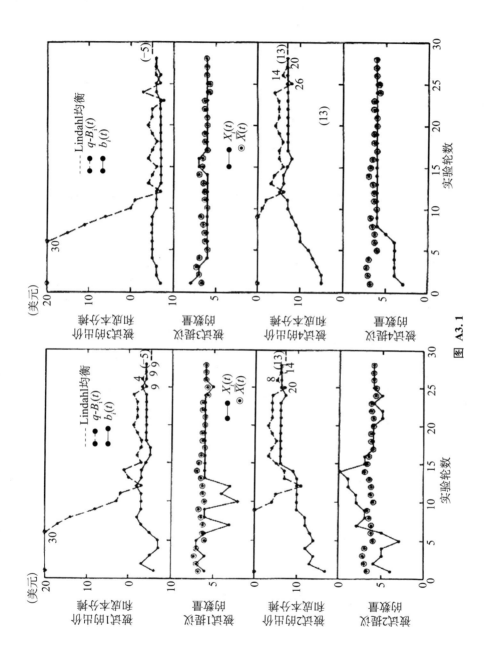

图 A3.1

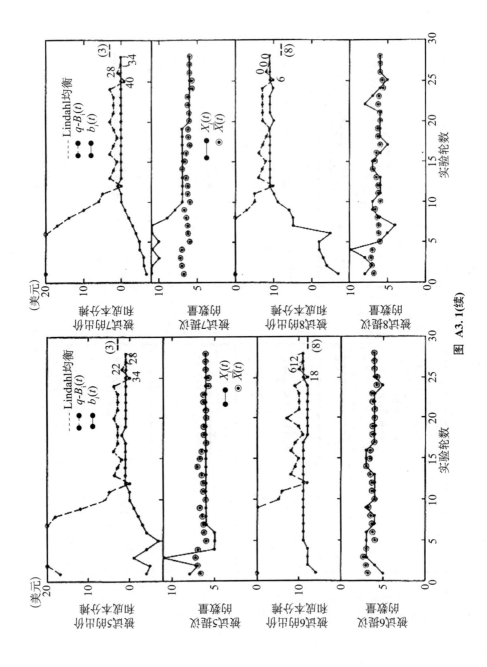

图 A3. 1(续)

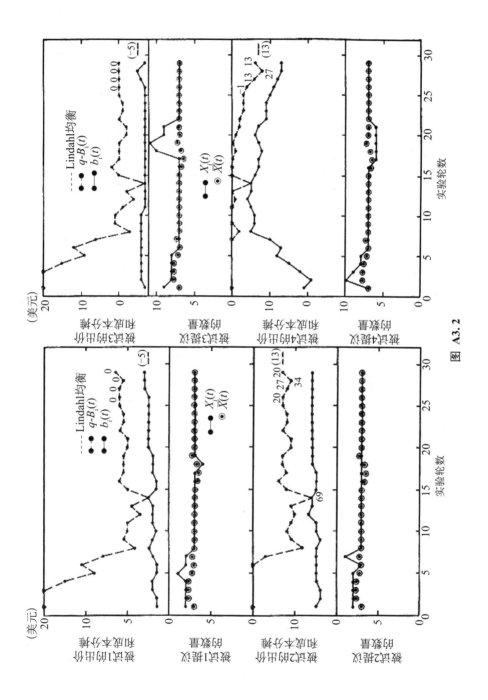

图 A3.2

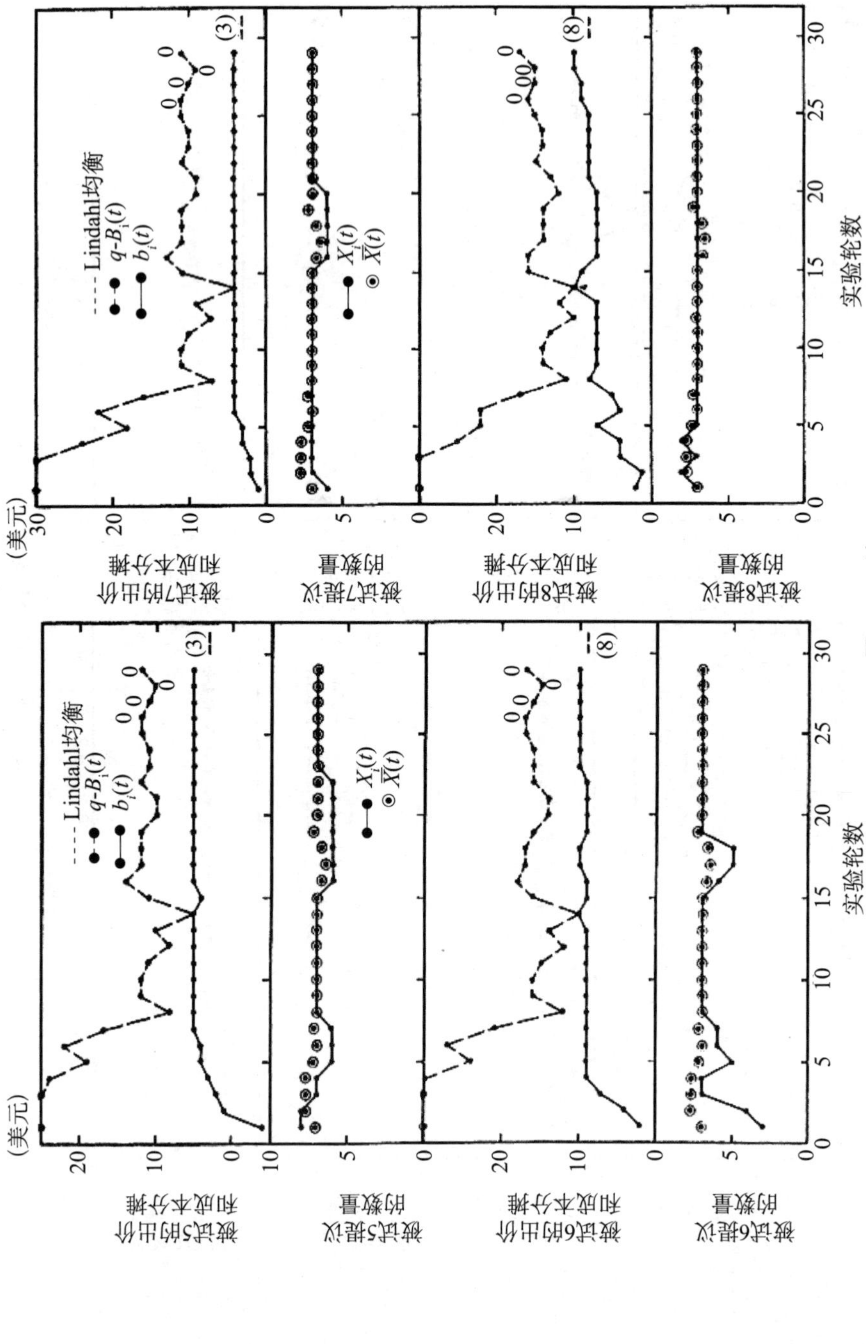
被试5的出价和成本分摊
被试5提议的数量
被试6的出价和成本分摊
被试6提议的数量
被试7的出价和成本分摊
被试7提议的数量
被试8的出价和成本分摊
被试8提议的数量
(美元)
Lindahl均衡
$q-B_i(t)$
$b_i(t)$
$X_i(t)$
$\overline{X}(t)$
(3)
(8)
实验轮数

图 A3.2(续)

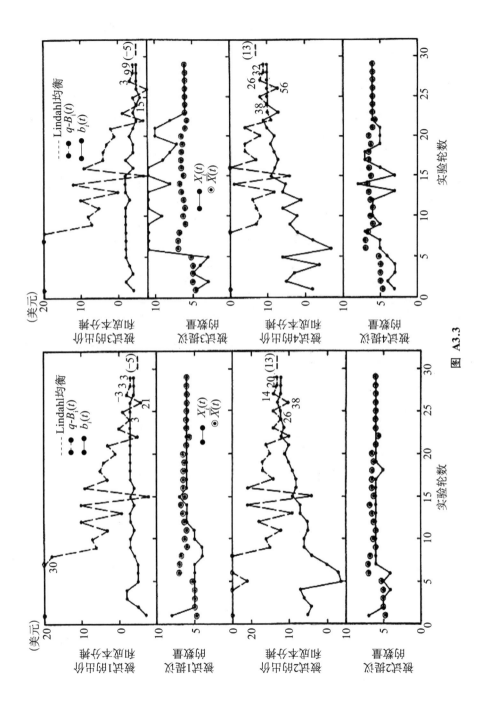

图 A3.3

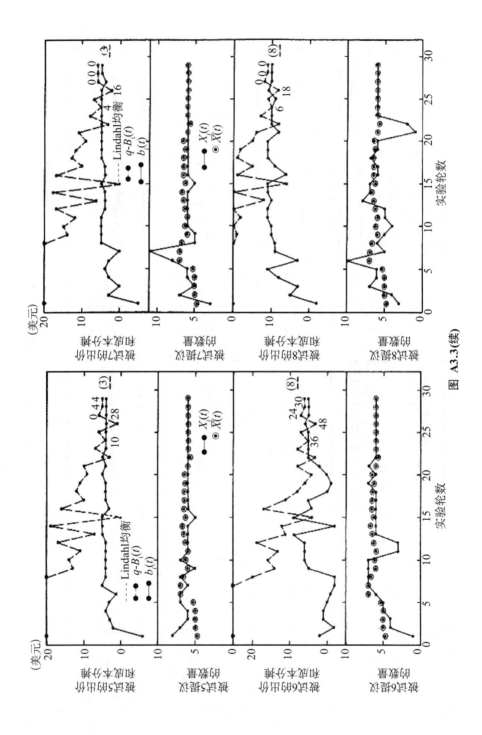

图 A3.3(续)

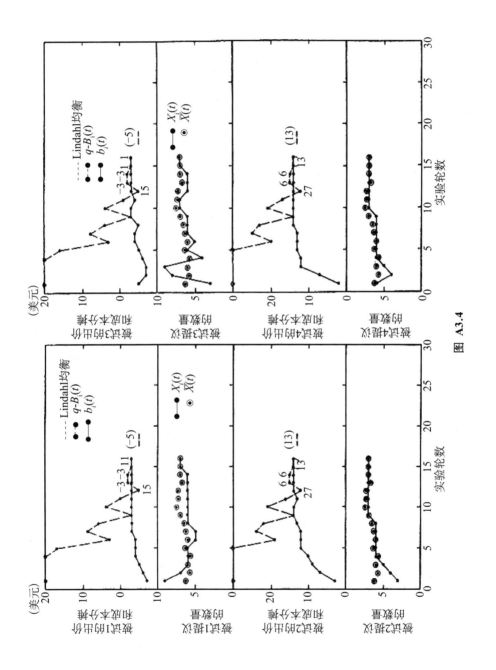

图 A3.4

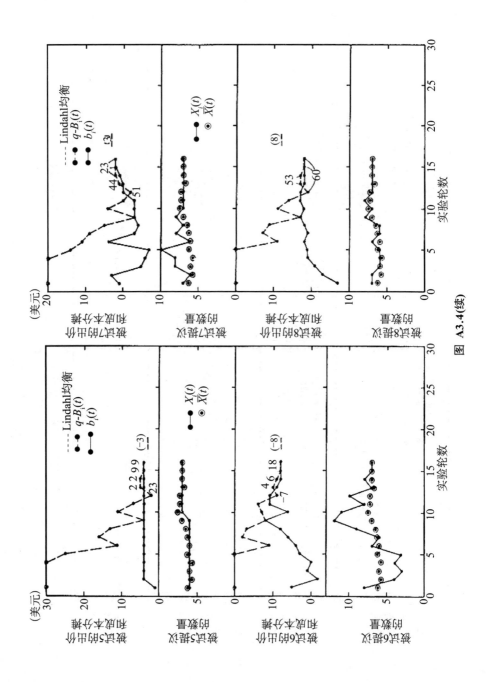

图 A3.4(续)

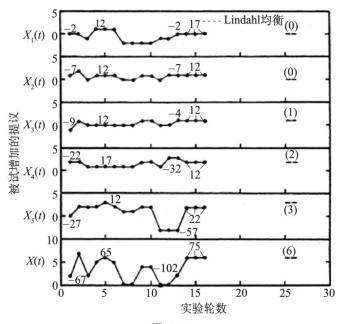

图 R1.1

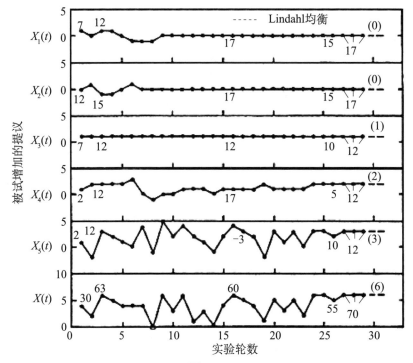

图 R1.2

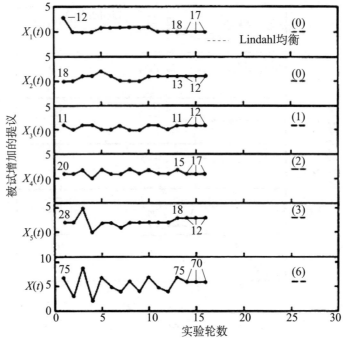

图 R1.3

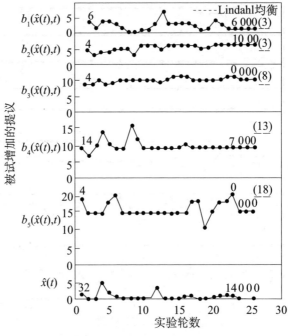

图 C.1

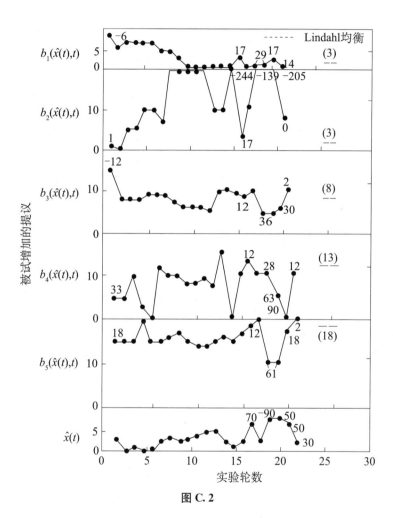

图 C. 2

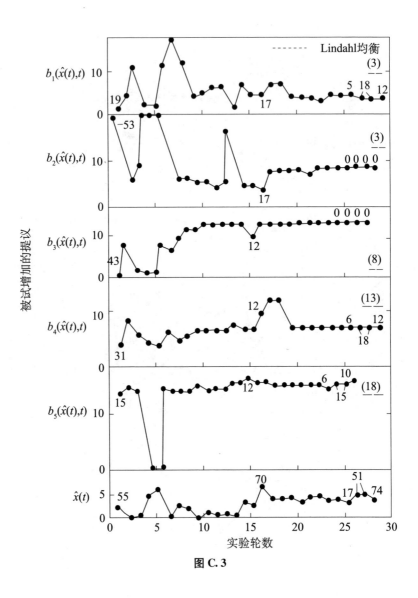

图 C.3

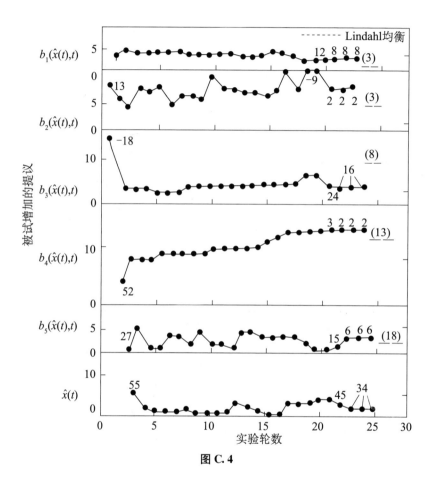

图 C.4

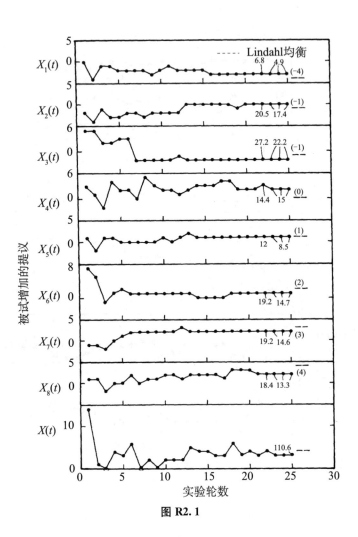

图 R2.1

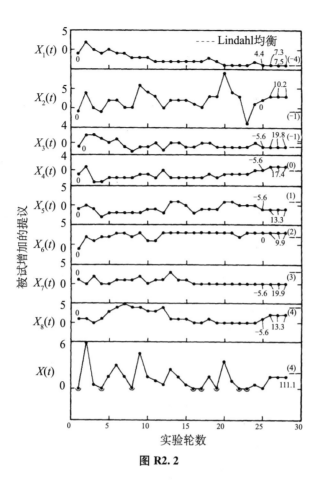

图 R2. 2

参考文献

Bhom, P. (1972), "Estimating Demand for Public Goods: An Experiment," *European Economic Review* 3: 111 – 130.

Brubaker, E. R. (April 1975), "Free Ride, Free Revelation. Or Golden Rule?", *Journal of Law and Economics* 18, No. 1: 147 – 161.

Buchanan, J. and Tullock, G. (1962), *The Calculus of Consent*, Ann Arbor: University of Michigan Press.

Clarke, E. H. (Fall 1971), "Multipart Pricing of Public Goods," Public Choice 11: 17 – 33.

Drèze, J and de la Vallée Poussin, D. (1971), "A Tâtonnement Process for Public Goods," *Review of Economic Studies* 38, No. 2: 133 – 150.

Ellsberg, D. (November 1961), "Risk Ambiguity and the Savage Axioms,"

Quarterly Journal of Economics 75: 643 - 669.

Ferejohn, J. A. and Noll, R. (1976), "An Experimental Market for Public Goods: The PBS Station Program Cooperative, " *American Economic Review Papers and Proceedings*: 267 - 273.

Fouraker, L. and Siegel, S. (1963), *Bargaining Behavior*, New York: McGraw-Hill.

Groves, T. (August 1969), "The Allocation of Resources Under Uncertainty: The Informational and Intensive Roles of Prices and Demands in a Team, " Technical Report # 1, Centre for Research in Management Science, University of California, Berkeley, Chapter Ⅳ, pp. 71 - 73.

Groves, T. (July 1973), "Incentives in Teams, " *Econometrica* 41: 617 - 633.

Groves, T. and Ledyard, J. (1974), "An Incentive Mechanism for Efficient Resource Allocation in General Equilibrium with Public Goods," Discussion Paper No. 119, The Center for Mathematical Studies in Economics and Management Science, Northwestern University.

Groves, T. and Ledyard, J. (May 1977), "Optimal Allocation of Public Goods: A Solution to the 'Free Rider Problem', " *Econometrica*, 45: 783 - 809.

Hurwicz, L. (May 1973), "The Design of Mechanisms for Resource Allocation," *American Economic Review*, *Paper and Proceedings*: 1 - 30.

Kihlstrom, R. (1974), "A Legislative Mechanism for Achieving Lindahl Equilibrium in a Public Goods Economy," NSF-SSRC Conference on Individual Rationality, Preference Revelation and Computation Cost in Models of General Economic Equilibrium, University of Massachusetts, July 1973. Revised, State University of New York, April 1974.

Loehman, E. and Whinston, A. (Autumn 1971), "A New Theory of Pricing and Decision-Making for Public Investment," *The Bell Journal of Economics and Management Science2*, No. 2: 606 - 625.

Malinvaud, E. (March 1971), "A Planning Approach to the Public Good Problem," *Swedish Journal of Economics* 73, No. 1: 96 - 112.

Marschak, J. (1968), "Decision Making: Economic Aspects," *International Encyclopedia of the Social Sciences*, Vol. 4, New York: Macmillan and Free Press, pp. 42 - 53.

McGuire, T., Farley, J. Lucas, R. and Ring, L. (December 1968), "Estimation and Inference for Linear Models in which Subsets of the Dependent Variable Are Constrained," *Journal of the American Statistical Association*: 1201 - 1213.

Plott, C. and Smith, V. (April 1975), "An Experimental Examination of Two Exchange Institutions," Social Science Working Paper No. 83, Cal Tech. To appear in

Review of Economic Studies.

Samuelson, P. (November 1955), "Diagrammatic Exposition of a Theory of Public Expenditure," *The Review of Economic Statistics* 37, No. 4: 350 - 356.

Samuelson, P. (November 1958), "Aspects of Public Expenditure Theories," *The Review of Economics and Statistics* 40, No. 4: 332 - 338.

Scherr, B. and Babb E. (Fall 1975), "Pricing Public Goods: An Experiment with Two Proposed Pricing Systems," *Public Choice*: 35 - 48.

Sherman, R. (February 1974), "The Psychological Difference Between Ambiguity and Risk," *Quarterly Journal of Economics* 88: 166 - 169.

Shubik, M. (1974), "A Trading Model to Avoid Tatonnement Metaphysics," *Conference on Bidding and Auctioning*, Y. Amihud (ed.), New York: New York University Press, 1976.

Shubik, M. (May 1975), "Oligopoly Theory, Communication, and Information," *American Economic Review* 65: 280 - 283.

Smith V. L. (May 1964), "Effect of Market Organization on Competitive Equilibrium," *Quarterly Journal of Economics*: 181 - 201.

Smith V. L. (January 1967), "Experimental Studies of Discrimination versus Competition in Sealed-Bid Auction Markets," *Journal of Business* 40: 56 - 84.

Smith V. L. (May 1975), "Experimental Economics: Induced Value Theory," *American Economic Review*, *Papers and Proceedings*: 274 - 279.

Smith V. L. (1977), "Mechanisms for the Optimal Provision of Public Goods," *American Re-Evolution/Papers and Proceedings*, R. Auster and B. Sears (eds.) . (Tucson University of Arizona)

Thompson, E. (1965), "A Pareto Optimal Group Decision Process," *Papers in Non-Market Decision-Making* 1: 133 - 140.

Vickrey, W. (March 1961), "Counterspeculation, Auctions and Competitive Sealed Tenders," *Journal of Finance*: 8 - 37.

Wicksell, Knut (1896), "A New Principle of Just Taxation," translated by J. M. Buchanan, in R. A. Musgrave and A. T. Peacock, *Classics in the Theory of Public Finance*. New York: St. Martin's Press, 1967.

Williams, F. (January 1973), "Effect of Market Organization on Competitive Equilibrium: The Multi-unit Case," *Review of Economics Studies* 40: 97 - 113.

公共物品的三种决策机制的实验比较 *

弗农·史密斯** （Vernon L. Smith）

摘　要

本文比较了具有集体排他、全体一致和预算平衡等共同特征的三种公共物品供给机制。这些机制的区别在于它们各自可能引致的"搭便车"行为的程度不同，其中拍卖机制的程度最弱，"搭便车"机制和准"搭便车"机制的程度最强。所有三种机制提供的公共物品数量的平均值要显著高于存在"搭便车"情况下的公共物品供给数量。然而，拍卖机制提供了显著高于其他两种机制的公共物品数量，该数量比较接近 Lindahl 最优值。

I. 导　论

伴随着近期有关公共物品供给激励相容机制的理论进展（例如Clarke，1971；Groves，1973；Groves and Ledyard，1977；等等），一些实验研究对公共物品理论的各种命题进行了检验（Bohm，1972；Sweeny，1973；Marwell and Ames，1977；Ferejohn，Forsythe，and Noll，1979；Smith，1979a，1979b）。这些风格各异的研究都趋向于支持一种观点：分散机制的存在允许集体选择并筹备资金提供最优或接近最优数

　* 感谢国家科学基金提供的研究资助，感谢 Michael Vannoni 为所有三个公共物品供给机制编写的 PLATO 程序。
　** 亚利桑那大学。

量的公共物品。其中有 3 篇文章［Ferejohn，Forsythe，and Noll
（1979）以及 Smith（1979a，b）］虽未明示，但是已经暗中假定，除非
有一个决策机制可以提供明确的个人激励来促进公共物品的最优供给，
否则就不能够期望集体能够供给最优数量的公共物品。换句话说，他们
假定，如果缺乏防止"搭便车"行为的激励机制，那么"搭便车"就会
发生。Bohm（1972）的研究检验了几种不同的离散公共物品供给的成
本分配规则。在这些不同规则下，公共物品供给的平均数量之间以及与
各种控制"搭便车"行为的方法之间都没有显著差别，这些结果得出的
结论是："搭便车"问题也许被夸大了。然而，正如 Smith（1979a）一
文所言，可以将 Bohm 的替代性规则方案理解为 Smith（1979a）提到的
拍卖机制的另一种表述，这种机制排除了集体中的成员没有支付成本而
享受公共物品剩余的可能，这种排他性特征也许抑制了"搭便车"行
为。Sweeny（1973），Marwell 和 Ames（1977）的两篇实验经济学文
章提供的证据表明，一个非常微弱的"搭便车"假设在实验情景中都会
表现为非常强的"搭便车"激励。因此，如果一个特定的激励相容机制
被证实没有产生明显的"搭便车"行为，那么这些"好的结果"在多大
程度上可以归因于这种机制设计，以及多大程度上归因于那些非"搭便
车"行为的其他因素，尚不清晰。

Smith（1979a）比较了不存在收入效应时的三种公共物品供给机
制：（1）Groves-Ledyard 的二次成本分配机制；（2）拍卖机制（在 Pa-
reto 最优分配满足 Nash 均衡的意义上，二者都满足激励相容）；（3）
激励不相容的 Lindahl 机制。在实验条件下研究的 Groves-Ledyard 机制
和拍卖机制产生了可供比较的近似最优的公共物品数量，但 Lindahl 机
制却产生了对公共物品供给的严重不足。然而，还存在比 Smith
（1979a）中研究的 Lindahl 机制更简单的"搭便车"机制。在下面的分
析中我们比较了拍卖机制和具有近似结构的"搭便车"机制，我们的目
的是分离出拍卖机制中所谓的激励性质增加的效用。为了进一步描述在
不同机制中发挥效力的影响因素，我们还提供了一种兼具拍卖和"搭便
车"机制特征的准"搭便车"机制的实验结果。

我们所研究的三种公共物品供给机制都具有以下特征：集体排他、
全体一致①和预算平衡。三种机制都确保在集体对纯公共物品实现真正
的供给之前，任何一个成员如果不进行支付的话将无法享有公共物品的

---

① 这里所指的全体一致源于 Wichsell（1896）有关公共物品自愿提供的可能性的观点。

好处。如果这种全体一致的排他性特征是防止"搭便车"行为的一个主要因素，那么如果缺失这些程序的话，我们将看到很强的"搭便车"行为，也就是说，实验样本提供的公共物品的数量应该明显多于理论上的"搭便车"存在时的公共物品供给数量。下面的实验情景也是三种公共物品机制所共有的：经济体由一个私人物品和一个公共物品组成。每一个消费者 i（$i=1,2,\cdots,I$）拥有私人物品的初始禀赋 ω_i，支付函数（私人信息）$V^i(y_i,X)$ 是（y_i,X）的递增的拟凹函数，如果 i 保留 $y_i(0\leqslant y_i\leqslant\omega_i)$ 单位私人物品，I 个成员的集体选择提供 X 单位公共物品，那么 i 的收益为 V^i 美元。一单位公共物品由 q 单位（常数）私人物品产生。

三种机制的差异在于成员决策时的报价方式和每个决策时段结束后报告给集体中每位成员的公开和私人信息。下面分三部分来介绍这些差异。

Ⅱ. 拍卖机制

在拍卖机制中，每一个成员选择一个二元数组（B_i,X_i），其中 $B_i=\omega_i-y_i$ 是 i 为公共物品的生产捐赠的以私人物品为单位的出价，X_i 是 i 提议的公共物品的数量。我们做如下定义：

（a）集体对公共物品的提议数量是个人提议量的平均值 $\overline{X}=\sum_{\forall k}X_k/I$。

（b）局部平均提议量（不包括 i）表示为 $\overline{X}_i=\sum_{\forall j\neq i}X_j/(I-1)$。

（c）局部报价和（不包括 i）表示为 $\hat{B}_i=\sum_{\forall j\neq i}B_j$。

（d）i 的公共物品的剩余单位成本是 $q-\hat{B}_i/\overline{X}_i$，$i$ 分摊的集体提议量成本是（$q-\hat{B}_i/\overline{X}_i$）$\overline{X}$。

（e）集体协议要求每一个 i 都通过支付相应的数量来承担他所分摊的成本，并且将集体对公共物品的提议量作为他的个人提议量，也就是说，当在 $B_i=(q-\hat{B}_i/\overline{X}_i)\overline{X}$ 和 $X_1=\overline{X}$，$\forall i$ 的意义上存在全体一致时，协议才能够达成。我们下面讨论使这些条件得以满足的过程。

i 的收益是：

$$v_i=\begin{cases} V^i[\omega_i-(q-\hat{B}_i/\overline{X}_i)\overline{X},\overline{X}], & \text{若 } B_i=(q-\hat{B}_i/\overline{X}_i)\overline{X},\ X_i=\overline{X},\forall i \\ V^i[\omega_i,0], & \text{若 } B_i\neq(q-\hat{B}_i/\overline{X}_i)\overline{X},\ \text{或 } X_i\neq\overline{X},\text{对任意 } i \end{cases}$$

$$(1)$$

我们假定 $V^i[\omega_i, 0] < V^i(y_i, X)$，$\forall y_i < \omega_i$，$X > 0$。

如果每个 i 选择 (B_i, X_i) 来使 v_i 最大化，那么对应的条件既是 Lindahl 均衡又是 Nash 均衡。然而式（1）定义了很多非 Lindahl 均衡的 Nash 均衡。所以要使 v_i 最大化，协议不仅要满足上面的定义，还需满足：

$$-(q - \hat{B}_i / \overline{X}_i)(1/I)V^i_1 + (1/I)V^i_2 = 0$$

或

$$B_i = (q - \hat{B}_i / \overline{X}_i)\overline{X}, \quad \forall i \tag{2}$$

$$X_i = \overline{X}, \quad \forall i \tag{3}$$

$$\frac{V^i_2}{V^i_1} = q - \hat{B}_i / \overline{X}_i, \quad \forall i \tag{4}$$

由式（3）得 $\overline{X}_i = \overline{X}$，式（2）得

$$B_i + \hat{B}_i = q\overline{X} \tag{5}$$

由式（4）、式（2）和式（5）得

$$\sum_{\forall k} \frac{V^k_2}{V^k_1} = \sum_{\forall k}(q - \hat{B}_k / \overline{X}_k) = \frac{\sum\limits_{\forall k} B_k}{\overline{X}} = \frac{B_i + \hat{B}_i}{\overline{X}} = q \tag{6}$$

方程（4）和（6）定义了内部的 Lindahl 均衡 $(y^0_1, \cdots, y^0_I, X^0)$，如果所有的 $j \neq i$ 报价为 $B^0_j = \omega_j - y^0_j$，提议量为 $X_j = X^0$，那么也满足 Nash 均衡，个体 i 的最优选择是 $B^0_i = \omega_i - y^0_i$ 和 $X_i = X^0$，否则他将阻止协议的达成并且得到 $V^i(\omega_i, 0) < V^i(y^0_i, X^0)$ 的收益。

考虑到一些 $(y^*_1, \cdots, y^*_I, X^*)$，如果其满足例如 $\sum\limits_{\forall i} \omega_i = \sum\limits_{\forall i} y^*_i + qX^*$ 和 $V^i(y^*_i, X^*) > V^i(\omega_i, 0)$，$\forall i$ 的条件，那么这些 Nash 均衡不满足方程（4）和（6）。此外，对于 $\forall j \neq i$，如果 $B_j = \omega_j - y^*_j$，$X_j = X^*$，那么个体 i 的最优选择将是通过调整使 $B_i = \omega_i - y^*_i = -\sum\limits_{j \neq i} \omega_j + \sum\limits_{i \neq j} y^* + qX^*$ 且 $X_i = X^*$ 来接受这个协议。

下面将要介绍的实验全部是应用 PLATO 系统来进行的，系统拥有可视化展示控制台，通过互动决策过程对实验被试进行程序设计。这个系统在程序标准化、消除可能的人为因素影响、记录实验被试的选择、进行常规计算以及为实验被试提供合适的私人及公开信息等方面都是极其有效的。附录记录了拍卖机制说明的摘要，通过 PLATO 系统展示给每一个实验被试。

在拍卖机制的实验中，每一局实验开始时，每一个被试将其选择的 (B_i, X_i) 输入他的 PLATO 终端机，然后 PLATO 计算出 $(\sum\limits_{\forall i} B_i, \overline{X})$，

并将这一信息传递给每一个被试。如果 $\sum\limits_{\forall i} B_i < q\overline{X}$，PLATO 将计算每一个个体分摊的成本 $(q-B_i/\overline{X_i})\,\overline{X}$，这将作为私人信息传递给每一个 i，然后 PLATO 继续进行下一局实验。如果 $\sum\limits_{\forall i} B_i = q\overline{X}$，每个个体分摊的成本将等于他的报价，即 $q\overline{X} - \sum\limits_{j\neq i} B_j = B_i$，这个信息将传递给每一个 i，此时 PLATO 进入投票模式，在这一模式中每个个体输入"是"或"否"来表明他是否愿意接受将本局实验结果作为最终协议。如果 $\sum\limits_{\forall i} B_i > q\overline{X}$，在进入投票模式前 PLATO 将更改集体决策 $(\sum\limits_{\forall i} B_i,\ \overline{X})$，以便"中心"没有任何报价剩余。这将通过给每一个体一份"回扣"来达成：结果 $(\sum\limits_{\forall i} B_i, \overline{X})$ 将调整为 $(\sum\limits_{\forall i} B'_i, \overline{X'})$，使得从 $(\sum\limits_{\forall i}(\omega_i - B_i), \overline{X})$ 到 $(\sum\limits_{\forall i}(\omega_i - B'_i), \overline{X'})$ 的向量正交于生产可能性边界，并且点 $(\sum\limits_{\forall i}(\omega_i - B_i'), \overline{X'})$ 在生产可能性边界上。由此得出，调整后的公共物品数量和 i 的报价分别为

$$\overline{X}' = \frac{\overline{X} + q\sum\limits_{\forall k} B_k}{1+q^2}$$

$$B'_t = \frac{B_i q\,\overline{X}'}{\sum\limits_{\forall k} B_k} \tag{7}$$

如果将第 t^* 轮实验结果对应的安排拿去给被试投票，并且所有 i 都投了同意票，那么实验在第 $t^* \leqslant T$ 轮结束。否则这一过程将在第 T 轮结束。在一致同意的情况下，实验被试 i 将得到 $V^i[\omega_i - B'_i(t^*),\ \overline{X}']$ 美元的现金收益，在其他情况下他会得到 $V^i(\omega_i, 0)$。

在上述拍卖机制中，有两个条件在备选实验"控制"机制中将有所变化，我们将在下面讨论这一变化：

（1）每一个 i 在每局实验中选择一个期望的或提议的公共物品数量，集体的提议量被定义为这些个体提议量的平均值。

（2）每轮实验后，如果报价的总量不足以支付平均提议成本，那么每一个个体或者会得到一个污名，或者分摊成本 $(q-\hat{B}_i/\overline{X_i})\overline{X}$，而对于每一个 i 的"价格" $(q-\hat{B}_i/\overline{X_i})$ 只取决于所有 $j\neq i$ 的选择。假设污名会激励每个 i 通过调整他们的报价去"满足市场"，就像在普通的私有产品市场上每一个经济人都会面临其他经济人在拍卖中决定的竞争价格，见 Smith（1979a）。

下一部分讨论的"搭便车"机制剔除了这两个条件，而在第Ⅳ部分阐述的准"搭便车"机制保留了条件（1）但改变了条件（2）。

Ⅲ. "搭便车" 机制

在"搭便车"机制中，每一个 i 只选择报价 $B_i = \omega_i - y_i$。集体对公共物品的提议量是 $X' = \sum_{\forall k} B_k/q$，$i$ 的收益是

$$V^i = V^i(\omega_i - B_i, (B_i + \hat{B}_i)/q) \tag{8}$$

如果每一个 i 选择 B_i 来使 v_i 最大化，那么这个结果在"搭便车"均衡（y_1', y_2', …, y_I'; X'）中由条件（9）定义

$$\frac{V_2^i}{V_1^i} \leqslant \frac{\sum_{\forall i}(\omega_i - y_i')}{X'} = q \tag{9}$$

若小于号对任何 i 都成立，那么 $y_i' = \omega_i$。条件（9）考虑到了边界解 $y_i' = \omega_i$ 的情况，在第Ⅴ部分报告的实验设计中出现了这种情况。

在"搭便车"机制的 PLATO 实验过程中，每轮实验被试 i 都选择 B_i。然后 PLATO 会计算出集体的提议量 $X = \sum_{\forall k} B_k/q$，并将结果告知每个被试，然后直接进入上一部分描述的投票模式。如果这种安排得到全体一致同意的话，实验过程结束且每一个 i 获得 $V^i\left(\omega_i - B_i, \sum_{\forall k} B_k/q\right)$ 美元的现金收益。否则，将进行下一局实验，直到实验 T 为止。如果到 T 时段还没有达成全体一致同意的提议量，那么实验过程结束且每个 i 获得 $V^i(\omega_i, 0)$ 的收益。

Ⅳ. 准 "搭便车" 机制

本机制保留了第Ⅱ部分的条件（1），要求每一个 i 都声明他对公共物品的期望数量，但改变了条件（2）中的成本归咎程序。准"搭便车"机制中，每个 i 在每轮实验中选择一个二元数组 (B_i, X_i)。如果 $\sum_{\forall i} B_i \geqslant q\bar{X}$，每个成员在收到高于成本的过高出价的退款后投票表决是否愿意将

这种分配作为最后结果。[①] 如果 $\sum_{\forall i} B_i < q\overline{X}$，PLATO 将计算每个成员分摊的成本 $q\overline{X} = \hat{B}_i = q\overline{X} - \sum_{\forall j \neq i} B_j$。

因此，i 的收益是：

$$v_i = \begin{cases} V^i[\omega_i - (q\overline{X} - B_i), \ \overline{X}], & \text{若 } B_i = q\overline{X} - \hat{B}_i, \ \overline{X}_i = \overline{X}, \ \forall i \\ V^i[\omega_i, \ 0], & \text{若 } B_i \neq q\overline{X} - \hat{B}_i, \ \text{或 } \overline{X}_i \neq \overline{X}, \ \text{对任意 } i \end{cases}$$

(10)

如果 v_i 是关于 (B_i, X_i) 的最大值，那么必有 $B_i = q\hat{B} - \hat{B}_i$，$X_i = \overline{X}$ 以及 $-q(1/D)_1^{v^i} + (1/D)_2^{v^i} \leqslant 0$，因此，上述"搭便车"条件（9）一定会被满足。

V. 实验设计与结果

"搭便车"机制与准"搭便车"机制的 PLATO 实验说明与附录中介绍的拍卖机制的实验说明基本相同，只是在准"搭便车"机制中做了适当改编以允许不同的成本归因和退款原则，而在"搭便车"机制中每轮实验每个 i 只需要选择出价而不需要选择数量。

如果拍卖机制中的成本归因信息和程序对削弱"搭便车"行为有效的话，这种机制的实验结果应该比"搭便车"机制的实验结果提供更多数量的公共物品。准"搭便车"机制保留了拍卖机制中的条件（1）而改变了条件（2）中的成本分配从而鼓励了"搭便车"行为。如果条件（1）是防止"搭便车"行为的重要因素，而成本归因原则不是，那么准"搭便车"机制产生的公共物品的数量应该在另两种机制之间。如果条件（1）不是防止"搭便车"行为的重要因素，那么"搭便车"机制和准"搭便车"机制产生的公共物品的数量应该是相同的，但应该明显少于拍卖机制提供的数量。三个机制都用了排他的全体一致终止原则。如果这个 Wicksell 全体一致原则是防止"搭便车"行为的重要条件的话，三个机制应该提供比"搭便车"数量更多的公共物品数量。

---

① 在这个退款程序中，PLATO 首先将 $\overline{X}$ 取整，然后判断所出高价是否足够使公共物品的规模增加一个整数单位，即由 $\sum_{\forall i} B_i \geqslant q(\overline{X} + n)$ 计算出的最大整数 $n = 0, 1, 2, \cdots$。在此之后，任何报价的剩余部分将按照每个 i 的出价比例给予其退款。所以，若经济人 i 的出价是 B_i，那么调整后的报价是 $B_i^t = B_i q(\overline{X} + n) / \sum_{\forall k} B_k$。其中 t^* 是调整后公共物品的规模（整数）。Smith（1979b）记录的结果表明，此退款程序和第 II 部分摘述的没有显著不同。

这些假设将使用来自三个系列 PLATO 实验中获得的数据来验证。每一个系列对应于上面阐述的三种机制中的一种。在每个 PLATO 实验开始之前应通过给 (I, T, q, ω_i, a_i, α_i, β_i) 赋予特定的数值来对实验进行初始化。其中 I 是实验中的集体总人数，T 是实验轮数的最大值，q 是公共物品的单位成本，ω_i 是实验被试 i 的初始禀赋，对 i 以美元形式支付的收益函数是 $V^i \equiv a_i y_i^{\alpha_i} X^{\beta_i}$。这里记录的所有实验报告中，$q=2$，$I=6$；在 3 个类别的收益-初始禀赋参数中，每个类别有 2 个实验被试。表 1 列出了支付和初始禀赋参数，Lindahl 均衡私人物品数量为 y_i^0，"搭便车"私人物品数量为 y_i'，对应于实验中 3 个参数类别的每一个。将这些参数代入方程（4）与（6）中，得出的 Lindahl 均衡公共物品数量是 $X^0=9$；从方程（9）中得出的"搭便车"均衡数量为 $X'=3.33$。为了防止初始禀赋的影响同对公共物品的偏好混淆，表 1 中的参数选择依据如下标准：初始禀赋较少的情况（$\omega_1=5$）与相对较大的 Lindahl 均衡报价（$\omega_1 - y_1^0 = 4$）相联系，而初始禀赋较多的情况（$\omega_2=10$）则与相对较小的 Lindahl 均衡报价（$\omega_2 - y_2^0 = 2$）组合。这样，相比私人物品，"富有"的被试对公共物品的偏好较弱，而"穷"的被试对公共物品的偏好较强。

表 1　　　　　　　　　　　　**实验设计**

$I=6$, $q=2$, $X^0=9$, $X'=3.33$

参数	参数分类		
	I	II	III
α_i	0.24	0.96	0.8
β_i	0.96	0.24	0.8
a_i	1.5	1.5	1.5
ω_i	5	10	6
Lindahl 均衡私人物品数量 y_i^0	1	8	3
"搭便车"私人物品数量 y_i'	1.67	10	6

一共有 102 名学习经济学和商学的本科生及研究生参加了这 27 个实验（10 个拍卖机制实验、8 个"搭便车"机制实验、9 个准"搭便车"机制实验），被邀请来做决策实验的被试会获得 2 美元的出场费，并且他们在实验中所获得的收益也归其个人所有。在这种情况下所有人的总收入约为 2 400 美元。在时间充足的时候，由 6 个成员组成的实验小组会连续参加两局实验，其中第二局实验被认为是"有经验的"实验

局。实验开始时，被试被随机安排到每一参数-初始禀赋类别以及每一计算机终端处。

表2、表3、表4列出了每个被试在最终轮的报价（B_i^*）、最终轮的公共物品数量（X^*），以及 27 个实验中每一个实验的最终轮数（t^*）。每一个实验的识别是由一个字母来表示其对应的机制，一个数字表明在这种机制下的一系列实验中本实验所处的次序，数字上标有"′"表示实验由有经验的实验被试所完成。也就是说，是同一组被试所做的第二个实验。因此，A4 表示第 4 局拍卖机制实验的第 1 个。F5′表示第 5 局"搭便车"机制实验的第 2 个。唯一的例外是 F6′，它由 A6 实验的同一组被试完成。

表 2 　　　　　　拍卖机制实验的 PLATO 报价数量结果

$I=6$，$q=2$，$X^0=9$，$X'=3.33$，$T=10$

（括号里的数字表示在实验中没有达成协议的最终实验选择）

实验被试	1	2	3	4	5	6		
参数分类	I $\omega_1=5$	II $\omega_2=10$	III $\omega_3=6$	I $\omega_1=5$	II $\omega_2=10$	III $\omega_3=6$		
Lindahl 均衡报价 ω_i-y_i'	4	2	3	4	2	3	最终轮的公共物品数量 X^*	最终实验轮数 t^*
最终轮的报价 B_j^*								
A1	3	3	3	2	1	3	7.5	9
A1′	2.98	4.96	2.98	2.98	0.99	0.99	7.93	10
A2	(1.5)	(4)	(4)	(0)	(6)	(1)	(8.83)	(10)
A3	3.92	3.92	2.94	3.92	2.94	0.98	9.3	7
A3′	1.97	1.97	1.97	1.97	4.93	1.97	7.4	9
A4	3.61	4.51	3.61	0.90	4.51	4.51	10.83	1
A4′	3.81	4.76	4.76	1.90	0	4.76	10	8
A5	(0.99)	(9.88)	(3.95)	(3.95)	(1.98)	(1.98)	(11.37)	(10)
A5′	3	1	1	4	10	3	11	10
A6	3.73	7.47	0.93	2.8	0	2	8.87	9

拍卖机制下有两个实验（A2 和 A5）没有达成协议，根据 Smith（1979b）中 38 个拍卖机制实验的结果记载，在这种机制下大约有 10%的实验可能不能达成协议，而在另两种机制下的实验全部达成协议。

表 3　　　　　　　"搭便车"机制实验的 PLATO 报价数量结果
$(I=6, q=2, X^0=9, X'=3.33, T=10)$

实验被试	1	2	3	4	5	6	最终轮的公共物品数量 X^*	最终实验轮数 t^*
参数分类	I $\omega_1=5$	II $\omega_2=10$	III $\omega_3=6$	I $\omega_1=5$	II $\omega_2=10$	III $\omega_3=6$		
"搭便车"报价 ω_i-y_i	3.33	0	0	3.33	0	0		
最终轮的报价 B_i^*								
F1	2	1	1	2	0	1	3.5	8
F2	3	3	2	3	5	2	9	1
F3	3	7	1	2	1	2	8.5	8
F3$'$	1	7	1	2	7	1	9.5	1
F4	4	2	1	2	4	1	7	10
F5	3	7	1	1	3	2	8.5	1
F5$'$	3	7	3	3	0	0	8	7
F6$'$	0	4	0	2	0	3	4.5	10

表 4　　　　　　　准"搭便车"机制实验的 PLATO 报价数量结果
$(I=6, q=2, X^0=9, X'=3.33, T=15)$

实验被试	1	2	3	4	5	6	最终轮的公共物品数量 X^*	最终实验轮数 t^*
参数分类	I $\omega_1=5$	II $\omega_2=10$	III $\omega_3=6$	I $\omega_1=5$	II $\omega_2=10$	III $\omega_3=6$		
"搭便车"报价 ω_i-y_i'	3.33	0	0	3.33	0	0		
最终轮的报价 B_i^*								
Q1	1	3	3	1	4	2	7	1
Q1$'$	2.8	5.6	1.867	1.867	0.933	0.933	7	2
Q2	1.822	1.822	1.822	0.941	6.588	2.824	7	11
Q3	3	2	2	2	1	2	6	15
Q3$'$	1	4	3	3	1	4	8	2
Q4	1	6	3	5	0	4	9	9
Q4$'$	3.76	2.82	2.82	2.82	0	3.76	8	3
Q5	4	0	2	3	1	2	6	15
Q5$'$	0.93	6.53	0	0	0.93	5.6	7	12

表 5 中记录了没有经验的集体和有经验的集体在三种机制下分别提供的公共物品的平均数量。很明显，经验对任何机制来说都不是一个有效的设置变量。这一结果在 Smith（1979b）的拍卖机制实验中也有报告，其实验使用不同的收益-初始禀赋参数，实验集体人数分别为 3 人、6 人和 9 人。表 5 中汇总的平均值（不考虑经验）表明，在那些达成协

议的实验中，拍卖机制比另两种机制提供更多数量的公共物品。

表5	公共物品供给的平均值		
机制	没有经验的被试	有经验的被试	均值
"搭便车"机制	7.3	7.3	7.3
准"搭便车"机制	7.2	7.5	7.3
拍卖机制	9.12	9.08	9.10[a]

[a]如果将两个没有达成协议的实验算入"搭便车"的数量（3.33），那么这个均值是7.9。

表6记录了 α（第 I 类错误）和 $1-\beta$（能力）的概率。其中，原始假设 H_0 表示每种机制下，从均值等于理论"搭便车"数量（3.33）的总体中取出的样本均值。备择假设 H_1 表示从均值等于 Lindahl 均衡数量（9）的总体中取出的样本均值。第一行选择的 α 的概率用来计算（每一个机制的）临界值 X_c，如果样本均值超过了 X_c，我们将拒绝 H_0（接受 H_1）。表6中给出了样本量，通过表2、表3和表4中给出的 X^* 的观测值可以计算出样本方差，而临界值的计算则根据样本量和样本方差的 t 分布来进行。之后这些临界值被用来计算 $1-\beta$ 的概率，或者用来计算所谓的检验"效力"。例如，对于"搭便车"机制（表6第2列），$X_c = 3.33 + t_\alpha \sqrt{V_f/N_f} = -6.8$，相应的第 II 类错误 $\beta < 0.07$，进而 $1-\beta > 0.93$。对于每一种机制，如果样本均值（表5第4列）超过了表6中的临界值，我们将拒绝 H_0、接受 H_1。然而，拍卖机制的结果相比其他机制更有力地支持了 H_1，拍卖机制均值与另两种机制的合并均值之间进行的配对 t 检验在 $t = 2.14$，$\alpha < 0.05$ 的水平上验证了上述结论，也就是说，我们拒绝了拍卖和另外两种机制无差异的假设。然而，拍卖机制的"更好"结果的达成似乎需要一定的代价，即与另外两种机制相比，拍卖机制更难以达成一致意见。

表6 "搭便车"假设（H_0）和 Lindahl 均衡假设（H_1）的错误与能力概率

机制	"搭便车"机制 $N_f=8$	准"搭便车"机制 $N_q=9$	拍卖机制 $N_a=8$
$\alpha=$当 H_0 为真时拒绝 H_0 （接受 H_1）的概率	0.001	0.001	0.00
$1-\beta=$当 H_1 为真时接受 H_1 （拒绝 H_0）的概率	0.93	0.91	0.93
临界值 X_c	6.8	4.8	5.6

表 7 展示了每种机制下每一参数类别中实验被试的平均报价。这些结果与 Smith（1979b）对拍卖机制的报告大体一致。三种机制的平均报价均与相应的 Lindahl 均衡机制报价不同。因此，虽然拍卖机制提供的公共物品数量接近 Lindahl 均衡数量，但私人物品分配没有接近 Lindahl 均衡数量。正如表 7 所示，这是因为初始禀赋少（5 或 6）的实验主体的贡献小于 Lindahl 均衡分配而初始禀赋多（10）的实验主体的贡献大于 Lindahl 均衡分配。

表 7　　　　　　　　　　**每种参数和机制下的平均报价**

参数	参数分类		
	I $\omega_1 = 5$	II $\omega_2 = 10$	III $\omega_3 = 6$
"搭便车"机制	2.31	3.62	1.38
准"搭便车"机制	2.17	2.63	2.59
拍卖机制	2.91	3.50	2.65
Lindahl 均衡报价	4	2	3

VI. 结　语

我们将拍卖机制与另两种机制进行了比较，在另外两种机制中，传统分析认为，纯公共物品供给情境中会出现"搭便车"现象。然而，所有三种机制中都引入了一致同意终止规则，进而每种制度中都产生了集体排他性。因此，主要的结论如下：

（1）拍卖机制下供给的公共物品数量显著多于理论上存在"搭便车"现象时公共物品的供给数量，但与理论上 Lindahl 均衡状态下提供的公共物品的数量没有显著差异。

（2）在拍卖机制中，出现了更强烈的团队无法就最终分配方案达成一致同意的倾向。如果这些"未达成协议"的部分也被计算在结果中，那么拍卖机制产生的公共物品数量并没有显著多于其他替代机制。

（3）"搭便车"机制与准"搭便车"机制供给的公共物品数量显著多于理论上的存在"搭便车"现象时公共物品的供给数量。因此，在一致同意原则下，对"搭便车"假设的实证支持力度很弱。这个结果与 Bohm（1972），Sweeny（1973）和 Marwell and Ames（1977）用完全

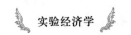

不同的实验得出的结论一致。

（4）三种机制的报价模式揭示了实验被试的一个重要倾向：初始禀赋少的实验被试贡献的公共物品数量小于 Lindahl 均衡数量，而初始禀赋多的实验被试贡献的公共物品数量大于 Lindahl 均衡数量。

一个尚未解决的问题是：三种机制中强"搭便车"行为的消失是不是因为实验中采用了排他性的一致同意终止规则？解答这个问题的一种方式是重新复制一下"搭便车"机制实验，但不设置投票模式。也就是说，群决策被定义为第 T 轮实验的结果，而与之前的 $T-1$ 轮实验无关。

附　录

实验说明

这是经济学中的群决策实验。实验说明很简单，如果你认真按照实验说明进行决策，你就可以在实验最后赚得一笔数量可观的现金。许多研究基金都为这项研究提供了资金。

你是集体中的一位成员，你必须做出决策并负担一项共用设施的成本（例如，一个邻里共用的游泳池）。集体需要决定一项共用设施的规模 X，每个成员都有一定数量的工作日，既可用于私人用途也可用于建造共用设施。如果集体决定的共用设施大小为 X 而你将 y 天用于你的私人用途，你此时的收益体现在你的个人收益表中。

每单位共用设施需要 2 天的工作量，因此如果集体决定共用设施的大小为 X，那么一共所需的工作日是 $2X$。你所分担的共用设施工作量由一系列的实验报价决定。

下面是你的个人收益表的示例。然而在实验中，你所分得的工作日并不一定能满足你的需要。如果需要，请花尽可能多的时间阅读说明。

按"下一步"键继续

每个实验的开始，你需要自己选择一个报价来表明将多少个工作日贡献给共用设施建设，提议的设施大小为 X。［你个人提议设施大小用 x 表示，集体对设施的平均提议量用 X 表示，你的可用工作日数量列在表中的 y 栏，这决定了你希望用于个人用途的工作日（y）。］当被要求做出决策时，在箭头后输入你的报价和设施规模。如果输入有误或者你改变了决定，按"擦除"键来删除填入的数字。当一个实验中你完成了输入时，按"下一步"键。

可用工作日＝9 天　示例

X \ y	1	2	3	4	5	6	7	8	9	10	11	12
1	1.00	3.38	4.93	6.11	7.08	7.90	8.61	9.25	9.83	10.36	10.85	11.30
2	3.38	6.11	7.90	9.25	10.36	11.30	12.12	12.86	13.52	14.13	14.69	15.21
3	4.93	7.90	9.83	11.30	12.50	13.52	14.41	15.21	15.93	16.59	17.20	17.76
4	6.11	9.25	11.30	12.86	14.13	15.21	16.16	17.00	17.76	18.46	19.10	19.70
5	7.08	10.36	12.50	14.13	15.46	16.59	17.58	18.46	19.26	19.99	20.66	21.29
6	7.90	11.30	13.52	15.21	16.59	17.76	18.79	19.70	20.53	21.29	21.99	22.63
7	8.61	12.12	14.41	16.16	17.58	18.79	19.85	20.79	21.64	22.42	23.14	23.81
8	9.25	12.86	15.21	17.00	18.46	19.70	20.79	21.76	22.63	23.44	24.18	24.86
9	9.83	13.52	15.93	17.76	19.26	20.53	21.64	22.63	23.53	24.35	25.11	25.81
10	10.36	14.13	16.59	18.46	19.99	21.29	22.42	23.44	24.35	25.19	25.96	26.68
11	10.85	14.69	17.20	19.10	20.66	21.99	23.14	24.18	25.11	25.96	26.75	27.48
12	11.30	15.21	17.76	19.70	21.29	22.63	23.81	24.86	25.81	26.68	27.48	28.23

按"下一步"键继续

现在让我们看一下这个过程如何运作。假设你是 1 号成员，进一步假设你选择提供 3 个工作日且你提议的设施规模是 5。PLATO 将记录下所有成员的报价和提议量，并计算出所有成员的报价总额、你分摊的设施成本以及平均提议规模。你可以按"下一步"键观看这一过程的机制或按"后退"键检查你填写的内容。

这是一个 5 人组的例子。你所在组的成员将是不同的，但以同样的方式计算。在这个例子中单位成本等于 2。

以上是 5 个成员。记住在这个例子中，你是 1 号。按"下一步"键进入他们的报价和提议量。

报价总额是 10，平均提议量是 6.2。

其他成员的报价总额是 7（＝10－3）。

你分摊的设施成本是：（单位成本－其他成员的报价总额/其他成员的平均提议量）×平均集体提议量。在这个例子中，即 (2－7/6.5)×6.2＝5.72。

在你的个人收益表的行中可以找到 X（平均提议量），在列中可以

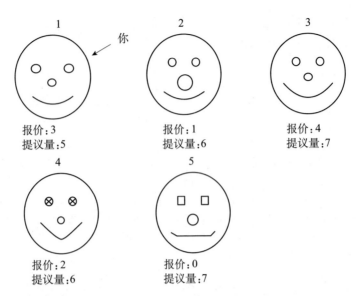

找到 y（剩余的个人支配的工作日），它们的交集就是这次实验决策中你所获得的收益。按"下一步"键可以知道这将如何在例子中实现。

范例

X \ y	1	2	3	4	5	6	7	8	⑨	10	11	12
1	1.00	3.38	4.93	6.11	7.08	7.90	8.61	9.25	9.83	10.36	10.85	11.30
2	3.38	6.11	7.90	9.25	10.36	11.30	12.12	12.86	13.52	14.13	14.69	15.21
3	4.93	7.90	9.83	11.30	12.50	13.52	14.41	15.21	15.93	16.59	17.20	17.76
4	6.11	9.25	11.30	12.86	14.13	15.21	16.16	17.00	17.76	18.46	19.10	19.70
5	7.08	10.36	12.50	14.13	15.46	16.59	17.58	18.46	19.26	19.99	20.66	21.29
6	7.90	11.30	13.52	15.21	16.59	17.76	18.79	19.70	20.53	21.29	21.99	22.63
7	8.61	12.12	14.41	16.16	17.58	18.79	19.85	20.79	21.64	22.42	23.14	23.81
8	9.25	12.86	15.21	17.00	18.46	19.70	20.79	21.76	22.63	23.44	24.18	24.86
9	9.83	13.52	15.93	17.76	19.26	20.53	21.64	22.63	23.53	24.35	25.11	25.81
10	10.36	14.13	16.59	18.46	19.99	21.29	22.42	23.44	24.35	25.19	25.96	26.68
11	10.85	14.69	17.20	19.10	20.66	21.99	23.14	24.18	25.11	25.96	26.75	27.48
12	11.30	15.21	17.76	19.70	21.29	22.63	23.81	24.86	25.81	26.68	27.48	28.23

你的报价＝3

你的提议量＝5

你分摊的成本＝5.72

平均提议量＝6.2

私人用途工作日＝3.28

你的决策收益＝14.23 美元

总报价＝10

注意：PLATO将调整小数值

这一过程最多将重复10次。为了使这个过程终止，必须满足两个条件：

（1）在每一个单独的时段中，每个成员的报价必须等于他所分摊的成本。如果报价总额超过了设施的平均成本，所有成员获得一笔退款，使得每一个人的报价等于他分摊的成本。注意到在前面的例子中总报价额（10）少于设施的平均成本（$2 \times 6.2 = 12.4$）。

（2）每个成员必须投票来决定是否接受他所分摊的成本和集体平均提议量。因此，对于最终决策必须投票全体一致同意，否则实验组将进入下一个实验，直到再次满足条件1。

你将获得一份额外的说明，介绍在实验时段中满足条件1的投票程序。

按"下一步"键继续或按"后退"键再看一遍

如果实验满足上述规则并且按要求结束，那么你将获得一笔等于你的最终决策价值的现金收入。否则你将什么也得不到。

对于所有的成员，个人收益表和可用工作日并不都是一样的。这是你的私人信息，不要告诉其他参与者。尽可能赚得你能赚到的现金。按"下一步"键开始实验或按"后退"键复习上述终止规则。

附言：

如果你忘了说明中的某个部分，实验中按"帮助"键可以告诉你。

报价超过总成本时的说明

集体的报价超过了总成本，这一数额被分为两部分：增加设施的规模以及按照总时间的（比例）决定退款总额。每个成员获得的退款份额与他的报价成比例。

你还需要做一个实验

集体已经初步达成了共识。现在你们的工作是决定是否达成最后的共同决议。如果你愿意接受目前的报价和集体的平均提议量，你可以投"赞成"票，否则投"反对"票。投票结果必须经全体同意方可有效。如果全体同意，你将完成你的工作，集体决策的当前价值即为你的现金收入。如果你觉得你可以改善你的处境，你有权否决集体决策并进入另一个实验。

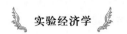

示例：

你目前的报价＝2.5　　　　　　　　你分摊的成本＝2.5

你目前的提议量＝2　　　　　　　　平均提议量＝2.5

当前决策下你的现金收益＝4.50 美元

对你是否同意当前决策进行投票并按"下一步"键。

参考文献

Bohm, P., "Estimating Demand for Public Goods: An Experiment," *European Economic Review* 3, 111 - 130, 1972.

Clarke, E., "Multipart Pricing of Public Goods," *Public Choice* 2, 17 - 33, Fall 1971.

Ferejohn, J., Forsythe, R. & Noll, R., "An Experimental Analysis of Decision Making Procedures for Discrete Public Goods: A Case Study of a Problem in Institutional Design. In *Research in Experimental Economics* (ed. V. Smith). Greenwich: JAI Press, 1979, in press.

Groves, T., "Incentives and Teams," *Econometrica* 41, 617 - 633, July 1973.

Groves, T. & Ledyard, J., "Optimal Allocation of Public Goods : A Solution to the Free - Rider Problem," *Econometrica* 45, 783 - 809, May 1977.

Marwell, G. & Ames, R., "Experiments on the Provision of Public Goods. Ⅰ. Resources, Interest, Group Size, and the Free - Rider Problem," Social Behavior Research Center, Working Paper 77 - 1, 1977.

Smith, V., "Incentive Compatible Experimental Processes for the Provision of Public Goods," In *Research in Experimental Economics* (ed. V. Smith). Greenwich: JAI Press, 1979a, in press.

Smith, V., "Experiments with a Decentralized Mechanism for Public Good Decision," Forthcoming in *American Economic Review*, 1979b.

Sweeny, J., "An Experimental Investigation of the Free - Rider Problem," *Social Science Research* 2, 277 - 292, 1973.

Wicksell, K., "Ein neues Prinzip der gerechten Besteuerung," In *Finanztheoretische Untersuchungen*, Jena 1896. Translated by J. M. Buchanan, "A New Principle of Just Taxation," in *Classics in the Theory of Public Finance*, 72. Musgrave and Peacock Rd. , 1958.

公共物品决策的分散机制实验

弗农·史密斯[*]（Vernon L. Smith）

按照 Paul Samuelson（1954）、Mancur Olson 等人阐述的公共物品理论，公共物品天生的非排他性特点意味着，分散（自愿）机制不可能提供最优的公共物品供给。既然没有人被排除在公共物品的利益之外，那么每个人都有"搭便车"的动机，也就是说，人们的捐献少于他们对公共物品成本所应承担的边际价值。因此，公共物品理论提出两个假设：

H_F："搭便车"假设。

H_I：分散机制下，不可能提供公共物品。

传统的公共物品理论并没有将 H_F 和 H_I 作为相互独立的假设。"搭便车"行为假设导致了这样的结论：所有的分散机制（decentralized mechanism）都不可能有效地提供公共物品（例如，Earl Brubaker 认为，这是强"搭便车"假设的结果）或者至少提供的公共物品数量不理想。

William Vickrey、Edward Clarke（1968，1971），Theodore Groves（1969，1973）以及 Groves 和 John Ledyard 在接受了"搭便车"行为逻辑后，已经探索出以成本分摊机制解决这个问题的办法，也就是使每个人都有动机承担与其享用的边际公共物品价值相等的成本。因此，这种机制是激励相容的，就是说，基于自利性的个人行为产生了符合集体需要的产出（Pareto 最优）。这个想法就是要找到一种方法（procedure），有效地利用人们的利己主义来达到最优的公共产出。就像传统的私人物

---

[*] 亚利桑那大学。很感激由国家科学基金支持的研究被广泛认可。同时，我也十分感激 Michaet Vannoni 为拍卖机制的 PLATO 版本编写程序。

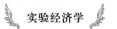

品交换理论认为的那样，自利行为像一只无形的手，指导专业分工，然后通过市场交换进行合作，提供最优私人物品。Clarke - Groves - Ledyard（以下称 C - G - L）的研究否定了假设 H_I，并假设：

H_P：设计一种分散调整机制、达到最优公共物品决策是可能的。

虽然我们提出了假设 H_F 和 H_I，但传统公共物品理论并没有怀疑私人物品供给中"无形的手"这一假设的正确性。实际上，关于 H_I 的辩论已经在私人物品和公共物品之间形成了鲜明的对比。在私人物品方面，不存在分散决策的假设问题，而在公共物品方面，这个问题存在假设是不可避免的。正如 Samuelson 提到的，在私人物品和公共物品之间存在一个基本的技术差别：通过偏好显示性原则加以区别，"……任何人都希望通过一种在私人物品的自由竞争价格体系中不可能的方式来获取一些私人利益"（1954，p. 389）。

从上面的讨论可以推测，公共物品理论"新"传统的智慧是接受了这样的建议：尽管公共物品和私人物品之间存在重要的技术差别，但是，采用巧妙的 C - G - L 模式，设计激励相容的公共物品分散定价系统是可能的。不过，这一重要新贡献的简化形式还没有得到证明。Leonid Hurwicz（对私人物品），Ledyard 和 John Roberts（对公共物品）已经证明，发现一种既产生个人理性 Pareto 最优，同时又激励相容的机制是不可能的。这些结果假定的（无成本）行为策略比 C - G - L 假定的 Nash 竞争性行为更加宽泛。关于这些论题的理论的当前状态可以综述如下：通过分散定价系统达到资源最优配置是否可能，取决于我们对经济人策略行为模式的假设，但其结果都与物品是公共的还是私人的无关。

大部分文献都在围绕上述状态兜圈子，这些文献为我们提供了很多经验与教训，但这些经验和教训中最重要的是，我们有必要更多地了解在那些致力于实现激励相容的制度设计中人们的行为模式如何。缺少对行为的理解，任何抽象理论都会走进死胡同。总之，上述理论贡献为我们提供了一个有关 Vickery 机制在私人物品中以及 Groves 和 Ledyard 机制在公共物品中的可能性与操作形式的预览，并使我们对需要研究的科学问题有了更好的理解。

Ⅰ. 公共物品理论的实证检验

很多偶然的证据表明，存在公共物品的自愿提供机制。数以千计的教堂、音乐厅、科学实验室、艺术馆、剧院和其他这样的设施都是依靠人们的自愿资助建成的，如果这些与假设 H_1 相反的现象作为非典型利他主义的特例被忽略，那么一个严重的问题就是，公共物品理论是否包括一些可以被驳倒的假设？如果与理论相反的现象都被认为是原始理论的特殊解释而被排除在外的话，那么我们实际上只需要处理加尔布雷思主义（Galbraithian）信仰系统的问题就可以了，而不需要再处理科学命题。

对这些成功调动私人资金服务于社会福利的例子的另一个更具代表性的解释是，这些例子只代表"小"群体，而公共物品问题则是一个"大"群体内的问题。但是，不管一个有限组织有多大，我们都总是能够想象出一个更大的集体，从而推出假设没有被推翻。即使在一两个人的集体中，人们也存在"搭便车"的动机，从而使联合结果过低。因此，如果规模被作为公共物品理论的一个关键参数的话，那么我们在检验观测结果前应该详细说明其影响的本质属性。但是如果假设我们认为私人社会团体的行动不是拒绝 H_1 的有力证据（虽然大与小之间的区分是不准确的），那么私人社会团体显然太小，从而不能代表对 H_1 的有效检验。因此，我们就必须寻找一个更大的集体自愿行动的例子。国家选举中的投票就是这样的例子，不像在澳大利亚，在美国这不是法律所要求的。投票问题经常被作为一个公共物品问题被描述：由于任何个体投票者对于共同的投票结果都没有可察觉的影响，而且投票行动总会产生一些成本（参加投票、阅读和填写选票等），所以人们观测到的投票行动应该会很少甚至没有。实际上，参加投票的人数非常可观。这可以被政治经济学家们认为是与 H_1 假设相反的证据吗？答案是否定的，这是个自相矛盾的问题，很多文献都对这一投票矛盾问题做出了杰出的贡献（见 Gordon Tullock；Geroge Stigler；J. Ferejhn and M. Fiorina）。又一个值得珍惜的信仰没有被动摇，观察结果最终被解释为轶闻趣事。

我并不认为 H_1 可以被人们的投票行为或者被私人社会团体里一些成功的建设筹资行为所推翻，我认为我们应该有更加明确的证据标准。这些现实的证据明显地与强"搭便车"假设不一致：大量的人参加了投票，私人社会团体自愿去提供公共物品。从这些实际观察结果中，我们不知道也不可能知道的是：给定要提供的公共物品，其最优数量是多少？一些筹资行为成功了，而且公共设施被建立起来了，但其他一些失败了。按照最优性来说，后者是否应该成功呢？或者前者是否还应该提供更多或更好的设施？如果没有关于个人价值的独立信息，我们就不知道什么是最优。

在实际领域研究中，这个问题是天然存在的，但对于能够提供检验资源分配机制假设唯一实证数据来源的受控实验室实验，这个问题并不存在。在实际领域研究中，最好的研究方法似乎就是在机制 A 和机制 B 之间进行比较。假设理论认为机制 A 是激励相容的，而机制 B 不是，那么我们就可以检验这样的假设，即在实际观测中，机制 A 能够比机制 B 产生更多数量的公共物品。但是，我们不能检验这样的假设，即机制 A 所代表的分配机制是最优的。后一种假设（前一种也一样）可以通过实验室实验来进行恰当的检验，因为在实验室中我们可以非常近似地诱导出决策结果上的已知偏好或价值（参见我 1979 年及以前的论文），进而计算出理论上的最优公共物品数量。

A. 实验室实验

在我以前的实验研究中，我使用的都是局部均衡设计（没有收入效应）。我发现，在大多数重复性实验中，不管是在 Groves - Ledyard 机制的某一版本下还是在拍卖机制下（参见我 1979 年的论文），4 人、5 人或 8 人组成的集体中总有一些能够达成产生最优数量公共物品或近似最优数量公共物品的协议。然而，在非激励相容机制（也就是说，Pareto 最优分配不在 Nash 均衡集内）的 Lindahl 机制下，我发现实验集体的表现要差得多；特别是在 3 次重复性实验中，没有产生任何公共物品，而在一次重复性实验中，只提供了占最优数量一半的公共物品。因此，Lindahl 机制的实验结果提供了支持 H_F 假设的证据，而两种激励相容机制则通过证明解决"搭便车"问题的可操作性方法的存在性而支持了假设 H_P。

拍卖机制（在第 Ⅱ 部分中将做详细描述）具有集体的排他性、全体一致性和预算平衡性等特点。拍卖机制利用了这样一个事实，即在对纯公共物品进行实际供应以前，如果一个集体，以及集体的任何一位成员没有提供公共物品，他们就会被排除在公共物品的利益之外。这样，终止规则要求：（a）个人出价（捐助）之和要覆盖集体提议捐助的公共物品的成本，如果（a）发生，那么（b）集体一致地接受这个结果。我曾经认为这是一个新的机制，但实际上它只是很多私人社会团体和慈善机构经常使用的古老的资金筹集方式的扩展、推广和规范化。

于是我推测，这种"预先契约式的集体排他性"（参见 Brubaker）可能来源于那些早期的实验结果（参见我 1979 年的论文）以及下面即将陈述的实验结果。但这不肯定，它也可能来源于 J. Sweeney 和 G. Marwell 的结果。

Sweeny 记录了一个这样的实验，在实验中，每个个体被试都在踩一部连接着发电机的脚踏车。每个人都认为他是 6 人团体中的一员，这个团体的目标（公共物品）是要让一个"团体灯"至少持续地亮 10 分钟，并且他们每个人都可以通过参与这个实验获得部分课程分数。实际上，实验主持人可以通过可变电阻来控制团体灯，以及被试们的 6 个个人灯，个人灯可以使被试个体感知到团体内其他成员的捐助。个体对公共物品的捐助可以通过他们各自的平均踏速（每分钟转数）来衡量。结果表明，相对于小团体内（感知到的个人影响比较大）的被试，大团体内的被试（感知到的个人影响为零）会在统计上显著地保留部分捐助。这种结果支持了假设 H_F，因为被试相信，如果团体灯不够亮，他们就会被排除在课程分数之外。不过，有两点必须强调：（1）在所有实验条件下，被试的捐助都相当高。即使在团体灯亮且独立于被试的速度，而且其他被试的捐助很小的情况下，捐助均值区别于 0 的显著程度也远远大于捐助均值之间差异的显著程度。这样捐助均值（6 种不同的实验条件下）在 170.45 和 203.61 之间，标准差在 26.12 和 58.89 之间。（2）排他性条件是不准确的，也就是说，当团体灯足够亮，足以达到团体目标时，没有准确的方法来向被试表明这一情况。这些考虑表明，假设 H_F 仅仅得到微弱的支持，这也许只是因为集体排他性发生的条件是模糊的。确实，在所有的实验设置下，捐助的均值都很高，这样的结果似乎与我 1979 年的论文（与此完全不同的实验范式）中报告的结果一致，并且不支持一般的信念，即在公共物品的供给中，"搭便车"是一个严重的问题。

Marwell 和 Ames 的一个更近的实验研究也认为，只有一个弱版本的 H_F 假设得到了实验结果的支持。Marwell 和 Ames 的结果是特别有趣的，因为应用于他们实验范式中的传统公共物品理论提供了一个明确的"搭便车"动机。每个被试都要在私人交易和集体交易之间分配他们的"代币"禀赋（在分布相同的情况下是 225），私人交易可以为每个被试带来一个已定义的、固定的、私人边际货币回报率；公开交易可以为他们带来一个随团体总捐助的变化而变化的边际货币回报率。集体交易需要每位被试平均捐助 100 代币才可以产生高于私人交易的回报，而当每位被试平均捐助 200 代币用于集体交易时，团体达到最优分配状态。很显然，什么也不捐的激励是很强的。使用 4 个人和 80 个人的团体做实验，捐助的平均值是 127.6，低于最优值，但是明显大于传统的理论推理。由于在 Marwell 和 Ames 的实验中，被试只能做一次投资，所以我们就有可能认为重复实验中的学习效应可能会为 H_F 假设提供更多的（或更少的）支持。但其他人进行的重复性实验所产生的结果并不与 Marwell 和 Ames 的结果矛盾（参见我 1979 年的论文）。因此，这些重复性实验的结果似乎是稳定的，从而导致了我们对公共物品决策行为传统模型的质疑。

B. 实地实验

从 1974 年起，美国非商业电视台网络大约 150 家电视台的经理开始使用一个被称为"电视台节目合作程序"（SPC）的计算机化分散机制来生产和分配由这些电视台播出的节目中相当有价值的部分（大约为 1974—1975 季的一半）。SPC 程序共包括 12 局，每个播出季都要从超过 200 个节目的节目单中选出 25～38 个节目。

与上面的实验室实验不同，下面所描述的实地实验 SPC（理论上是没有效率的）有选择地将那些没有承担给定节目成本份额的成员排除在外。在每一局中，每个电视台的经济人都根据上一局分配给他的成本份额对每个节目投票"是"或者"否"。对于第一局，初始化程序如下。当前对于节目 j 电视台 i 承担的成本为

$$C_j B_i / \sum_{k \in S_j} B_k$$

其中 C_j 是节目 j 的生产成本，B_i 是电视台 i 的预算（以拨给该电视台的社区服务经费来衡量），S_j 是上一局对节目 j 投票的电视台集合。在这 12 局实验中，中心的随机干涉是有一些的（但不是很多），在第 10～12 局中，过程趋向于收敛。

对这个过程的正确性，也即效率产生怀疑并不是没有逻辑的，但更让人感兴趣的是对这个过程是否起作用、为什么起作用以及使用确定的标准它还能否被改进提出疑问。参与者似乎强烈地赞同这个过程，但同时又认为其需要改进，从这个意义上说，这个过程还是起作用的。由于个体强烈的排他性特征，这个过程迅速收敛，从这个意义上说，它似乎确实有作用。但是考虑那些不依赖于个体排他性也能取得良好结果的实验（商品数量没有这么丰富），我们似乎不能肯定排他性是一个必要的特征。Ferejohn，Roert，Forsythe 和 Roger Noll（pp. 43 - 57）在一系列实验中比较了 SPC 程序及以 Jerry Green 和 Jean - Jacques Laffont 所

建议的机制为基础的"B 程序",这两种程序的终止条件或者是（1）所有的被试在连续的两局中都做出了相同的选择（在第 3 局以后），或者是（2）实验局数超出了一个"秘密"的数（通常是 10）。SPC 程序在每种情况（5 个实验）下都以条件（1）终止，而 B 程序则在每种情况（8 个实验）下都以条件（2）终止。按照效率的观点，没有一个程序明显地优于另一个。因此，对于多个离散的公共物品，如果其中的个体是可能有排他性的，SPC 就会被当作一种可操作性机制，而且其所谓的设计者肯定会强调：与其他唯一可比较的机制相比，它没有使分配结果变得更坏，而且终止得更早。

Peter Bohm 报告的瑞典电视广播实地实验并不支持假设 H_F，甚至也不支持比它更弱的假设形式。这个实验的结果是显著的，因为在 1969 年 11 月实验进行的时候，电视台没有提前得到通知。在最近的文献中有关激励相容的思想被大家了解以前，这种结果是适当的。但是，Bohm 的数据没有给他提供什么帮助，只是得出了这样的结论："在这种情境下，偏好被误导的风险可能被夸大了"（p. 111）。回顾过去，这个结果并不出乎意料，因为 Bohm 实验的条件已经有效地引入了拍卖机制的集体排他性特征，而且正如我在其他地方（1979）指出的那样，这种结果是符合预期的，因为错误的是首先预测出"搭便车"行为的理论。

综上所述，来自实验室实验、受控实地实验以及真实实地实验（SPC）的经验性证据都压倒性地支持假设 H_P。不仅激励相容的公共物品机制可能存在，其操作形式也可能存在；而且这些机制也可能会被相当容易地发明出来，它们理解起来既不复杂又不困难，在大规模的决策中，它们也是容易计算的。此外，有一些证据（见 Marwell 和 Ames）表明，即使有很强且相当明显的激励刺激人们减少对公共物品的捐助，"搭便车"问题也并不严重，而且实际上是很微弱的。在那些激励相容的机制中，也许这种非"搭便车"行为的潜在倾向抵消了其他经济人的战略操纵影响（通常是潜在的）。

II. 公共物品的拍卖机制

考虑一个由一种私人物品和一种公共物品组成的经济。设消费者经济人 $i(i=1, 2, \cdots, I)$ 拥有 ω_i 的私人物品禀赋和在 (y_i, X) 上递增的

凹效用函数 $u^i(y_i, X)$，如果由 I 个经济人组成的集体选择生产 X 单位的公共物品，并且如果 i 为自己保留 y_i 单位的私人物品，那么经济人 i 的效用为 u^i。一单位的公共物品可以由 q 单位（常数）的私人物品生产出来。

令每个经济人都选择一个二元数组 (B_i, X_i)，其中 $B_i = \omega_i - y_i$ 是 i 为公共物品生产捐助的私人物品数量，X_i 是 i 提议的公共物品数量。定义：

集体提议的公共物品数量是个体提议的公共物品数量的均值：

$$\overline{X} = \sum_{\forall k} X_k / I$$

除经济人 i 以外其他所有个体提议的公共物品数量的均值为

$$\overline{X}_i = \sum_{\forall j \neq i} X_j / (I-1)$$

除 i 以外的其他所有人为公共物品生产捐助的私人物品数量总共为

$$\hat{B}_i = \sum_{\forall j \neq i} B_j$$

对于被试 i 来讲，公共物品的净（剩余）价格是 $q - \hat{B}_i / \overline{X}_i$，并且集体提议的总公共物品的成本分摊到他头上的份额是 $(q - \hat{B}_i / \overline{X}_i) / \overline{X}$。

集体协议的达成（均衡）要求每个 i 接受其分摊的成本份额，从而捐助与该份额相等的私人物品，并且将集体提议的公共物品数量作为其个人预期的数量，也就是说，对于任意的 i，当 $B_i = (q - \hat{B}_i / \overline{X}_i) \overline{X}, X_i = \overline{X}$，$\forall i$ 时，集体协议达成。实施这些条件的过程包含在本文的第Ⅲ部分中。

假设 $u^i(\omega_i, 0) < u^i(y_i, X)$，$\forall y_i < \omega_i$，$X > 0$，那么 i 得到的效用为

$$W_i = \begin{cases} u^i[\omega_i - (q - \hat{B}_i / \overline{X}_i)\overline{X}, \overline{X}] \text{ 或 } B_i = (q - \hat{B}_i / \overline{X}_i)\overline{X}, X_i = \overline{X}, \forall i \\ u^i[\omega_i, 0], \text{ 若 } B_i \neq (q - \hat{B}_i / \overline{X}_i) \text{ 或 } X_i \neq \overline{X}, \forall i \end{cases}$$

$$(1)$$

如果每个 i 都选择 (B_i, X_i) 以最大化其 W_i，那么最终的结果将符合 Lindahl 均衡，Lindahl 均衡也是一种非合作均衡或者 Nash 均衡。然而，(1)定义了多种非 Lindahl 均衡的 Nash 均衡。

假设 W_i 可微，那么 W_i 的最大化要求上面定义的"协议"必须达成，并且

$$-(q - \hat{B}_i / \overline{X}_i)(1/I)u_1^i + (1/I)u_2^i = 0 \text{ 或者}$$

$$B_i = (q - \hat{B}_i / \overline{X}_i)\overline{X}, \forall i \tag{2}$$

$$X_i = \overline{X}, \forall i \tag{3}$$

$$\frac{u_2^i}{u_1^i}=q-\hat{B}_i/\overline{X}_i, \quad \forall i \tag{4}$$

由 (3) 得

$$X_i=\overline{X}$$

因此，由式 (2) 得

$$B_i+\hat{B}_i=q\overline{X}, \quad \forall i \tag{5}$$

并且，由式 (4)、式 (2) 和式 (5) 得

$$\sum_{\forall k}\frac{u_2^k}{u_1^k}=\frac{\sum\limits_{\forall k}B_k}{\overline{X}}=\frac{B_i+\hat{B}_i}{\overline{X}}=\frac{\sum\limits_{\forall k}(W_k-Y_k)}{\overline{X}}=q \tag{6}$$

上式定义了一个内部的 $(0<y_i^0<\omega_i)$ Lindahl 均衡，$(y_1^0, \cdots, y_I^0, X^0)$。如果对于所有的 $j\neq i$，$B_j^0=\omega_j-y_j^0$ 且 $X_j=X^0$，那么经济人 i 的最优选择就是 $B_i^0=\omega_i-y_i^0$，$X_i=X^0$；否则，他会反对协议，并且获得效用 $u(\omega_i, 0)<u^i(y_i^0, X^0)$。所以从这个意义上说，上述均衡也是一个 Nash 均衡。

考虑任意 $(y_1^*, \cdots, y_I^*; X^*)$ 满足 $u^i(y_i^*, X^*)>u^i(\omega_i, 0)$，$\forall i$ 且 $\sum\limits_{\forall i}\omega_i=\sum\limits_{\forall i}y_i^*+qX^*$，我们可以看到，不满足 (4) 和 (6) 的 Nash 均衡是存在的。如果 $\forall j\neq i$，$B_j=\omega_j-y_j^*$，$X_j=X^*$，那么 i 的最优选择就是同意 $B_i=\omega_i-y_i^*=-\sum\limits_{j\neq i}\omega_j+\sum\limits_{j\neq i}y_j^*+qX^*$ 和 $X_i=X^*$ 的安排。

众所周知，Lindahl 均衡处于 Pareto 最优安排集合之中，后者必须满足 (6)。(4) 和 (6) 定义的 Lindahl 均衡和 (6) 定义的 Lindahl 最优集可以与"搭便车"的解进行对比。为了得到这个解，假设每个 i 对 y_i 的选择都基于这样的假设，即 X 由这些选择的预算 $\sum\limits_{\forall i}(\omega_i-y_i)$ 决定。这样，如果每个 i 分别选择了 y_i，$0\leqslant y_i\leqslant\omega_i$，那么 $X=\sum\limits_{\forall i}(\omega_i-y_i)/q$。然后假设每个 i 都要最大化

$$\max y_iu^i\left(y_i, \sum_{\forall i}(\omega_i-y_i)/q\right)$$

所以，在一个最大化点 $(y_1', y_2', \cdots, y_I'; X')$ 上，我们有

$$\frac{u_2^i}{u_1^i}\leqslant\frac{\sum\limits_{\forall i}(\omega_i-y_i')}{X'}=q \tag{7}$$

其中，如果对于任意的 i，小于号都成立，那么 $y_i'=\omega_i$。在式 (7) 中，我们考虑到了边界解 $y_i'=\omega_i$，因为它们在下面第Ⅲ部分报告的实验设计中会发生。

如果我们设定 $u_1^i \equiv 1$，$\forall i$，那么我 1979 年论文中报告的拍卖机制实验就与上面提出的模型一致。效用函数就会变成 $u^i(y_i, X) \equiv y_i + u_i(X)$，且 $u_2^i = u_i'(X)$。因而，由（6）定义的 Pareto 最优分配集就是满足 $\sum_{\forall i} u_i'(X^0) = q$ 的公共物品数量 X^0，并且如果这个方程有唯一解，X^0 也是 Lindahl 均衡数量。Lindahl 价格 $b_i = u_i'(X^0)$ 可以由（4）给出，其中 b_i 表示被试 i 对每单位公共物品所捐助的私人物品数量。由于 $X^0 \sum_{\forall i} b_i = qX^0$ 恒成立，预算约束必然被满足。

Ⅲ. PLATO 公共物品实验

本部分报告的实验使用了一个计算机化的重复性决策程序来实施前面部分叙述的机制。这个过程的计算太复杂，以至于没有计算机的辅助就不能被有效地执行。带有可视控制台的 PLATO 计算机系统已经被程序化了，可用来引导被试进行决策。与人工实验相比，这个系统在程序标准化、排除实验主持人或拍卖人可能的影响、记录被试的选择、进行常规的计算和显示适当的私人或公共信息等方面具有巨大的优势。

在实验开始以前，实验主持人必须对实验进行初始化。为了初始化，PLATO 系统需要指定 $(I, T, q, \omega_i, a_i, b_i, \alpha_i, \beta_i)$ 的数值，其中 I 是参加实验的被试数量，T 是最大决策局数，q 是公共物品的单位成本，ω_i 是被试 i 的私人物品禀赋，被试 i 的以美元计算的货币收益函数为 $V^i(y_i, X) \equiv a_i y_i^{\alpha_i} X^{\beta_i} - b_i$，对于所有的 (y_i, X)，$V^i \geqslant 0$。

实验过程中的语言包括：被试 i 在第 t 局发送给 PLATO 的私人信息 $(B_i(t), X_i(t))$、PLATO 在每一局发送给被试 i 的私人信息 $(q - \hat{B}_i/\overline{X}_i)$ $\overline{X}$ 和公共信息 $(\sum_{\forall i} B_i, \overline{X})$。实验过程使用了如下的重复性程序：

（ⅰ）开始规则：在第 t 局，每个被试 i 都使用他或她自己的键盘，独立且秘密地输入一个两元数组 $(B_i(t), X_i(t))$，$B_i(t) \in [0, \omega_i]$，$X_i(t) \in [0, 12]$。然后，经济人 i 通过按一个键将他的选择传送给中心，即 PLATO 系统的某个存储空间。

（ⅱ）转换规则：（a）当最后一个被试提交完选择之后，PLATO 计算出 $(\sum_{\forall i} B_i, \overline{X})$。在下面的 16 个实验中，这一信息被传送给每个被试，而在 13 个实验中，在此信息被发送之前，$\overline{X}$ 首先要被取整为其最接近的整数。

（b）如果 $\sum\limits_{\forall i} B_i \geqslant q\overline{X}$，集体就达成了一个临时性的协议。如果 $\sum\limits_{\forall i} B_i = q\overline{X}$，每个被试的成本份额都会被设定为等于他的私人物品捐助 $q\overline{X} - \sum\limits_{\forall j \neq i} B_j = B_i$。这个事实将会通报给每个被试 i，并且 PLATO 系统进入投票模式，每个被试 i 都被要求键入"是"或"否"来表明他们是否愿意接受这个结果作为最后的协议。如果 $\sum\limits_{\forall i} B_i > q\overline{X}$，PLATO 会调整集体决策（$\sum\limits_{\forall i} B_i, \overline{X}$），以使中心没有任何私人物品捐助剩余。有两种程序可用于进行这种调整：

①退款规则 1。

PLATO 首先确定超额的私人物品捐助是否足以使公共物品数量获得一个整数单位的增长，也就是说，满足 $\sum\limits_{\forall i} B_i \geqslant q(\overline{X} + n)$ 的最大的 $n = 0，1，2，\cdots$ 将被选择。任何剩余的私人物品捐助将会根据每个经济人的捐助量按比例退还。这样，如果被试 k 的捐助是 B_k，那么其调整后的捐助就变为：

$$B'_k = B_k \left[1 - \frac{\sum\limits_{\forall i} B_i - q(\overline{X} + n)}{\sum\limits_{\forall i} B_i} \right] = \frac{B_k q(\overline{X} + n)}{\sum\limits_{\forall i} B_i} \tag{8}$$

其中 $\overline{X} + n$ 是调整后的公共物品被提议数量。

②退款规则 2。

PLATO 系统调整结果（$\sum\limits_{\forall i} B_i, \overline{X}$）为结果（$\sum\limits_{\forall i} B'_i, \overline{X}'$），其中从（$\sum\limits_{\forall i} (\omega_i - B_i), \overline{X}$）到（$\sum\limits_{\forall i} (\omega_i - B'_i), \overline{X}'$）的向量垂直于生产可能性边界，且点（$\sum\limits_{\forall i} (\omega_i - B'_i), \overline{X}'$）位于该边界上。因此，调整后的公共物品数量和被试 k 的捐助为：

$$\overline{X}' = \frac{\overline{X} + q\sum\limits_{\forall k} B_k}{1 + q^2} \tag{9}$$

$$B'_k = \frac{B_k q\overline{X}'}{\sum\limits_{\forall i} B_i}$$

（c）如果 $\sum\limits_{\forall i} B_i < q\overline{X}$，PLATO 会计算出每个被试承担的成本份额
$(q-\hat{B}_i/\overline{X}_i)\,\overline{X}$，并将此作为被试 i 的私人信息发送给他或她。在这种
情况下，PLATO 系统会绕过投票模式，进入第 $t+1$ 局，每个被试重新
选择一个二元组 $(B_i, \overline{X}_i)$ 发送给中心。

（iii）终止规则：

（a）如果第 $t^* \leqslant T$ 局进入投票模式，并且所有的被试都选择
"是"，则过程终止。

（b）否则，过程在第 T 局终止。

（iv）结果规则：

（a）如果过程以（iii）（a）终止，那么集体达成了一个均衡协议，
且每个被试得到 $V^i[\omega_i-B_i(t^*), \overline{X}(t^*)]$ 美元的现金。如果 $U_i(\cdot)$
（未观测到）是被试 i 对货币的效应，且 $U_i' > 0$，那么，根据第 II 部分的
式（1），被试 i 的最后结果是：
$$W_i(t^*)=u^i[y_i(t^*), \overline{X}(t^*)]=U_i\{V^i[\omega_i-B_i(t^*), \overline{X}(t^*)]\}$$

（b）否则［也即过程以（iii）（b）终止］每个被试 i 获得 $W_i(T)=$
$u^i(\omega_i, 0)=U_i[V^i(\omega_i, 0)]$。

IV. 实验设计和结果

如果被试 i 对 V^i 美元具有单调递增的效用函数 $U_i(V^i)$，其中 $V^i=$
$a_i y_i^{a_i} X^{\beta_i} - b_i$ 是 i 的收益函数。那么私人物品和公共物品的 Lindahl 均衡
数量独立于 U_i，且由下式给出：

$$y_i^0 = \frac{\alpha_i \omega_i}{\alpha_i + \beta_i} \tag{10}$$

$$X^0 = \left(\frac{1}{q}\right) \sum_{\forall i} \left(\frac{\beta_i \omega_i}{\alpha_i + \beta_i}\right)$$

表 1 给出了基于三类被试的实验的各个设计参数，以及它们的 Lin-
dahl 均衡私人数量、捐助数量和收益。拍卖机制的 PLATO 版本被设计
用来复制三个版本的基础性经济。就是说，我们有三类具有不同禀赋和
收益函数的被试。每个实验性集体都由每类的 k 个被试组成，$k=1, 2,$
$3, \cdots$，对应的集体规模 $I=3, 6, 9, \cdots$，公共物品的单位成本为 q，
$2q, 3q, \cdots$。用于实验性集体的公共参数和在每个条件下所进行的实验
次数由表 2 给出。无论可利用的时间是否足够，一局实验都是由两个紧

接着的实验组成，其中第二局实验只是使用与第一局实验相同的被试对第一局实验的简单重复。表 2 根据集体的大小以及有或没有经验的设置将实验次数分类给出，其中"搭便车"的公共物品数量是根据式（7）计算得出的，对于 Cobb–Douglas 收益函数，解为：

$$y'_i = \min\left[\omega_i, \frac{\alpha_i q X'}{\beta_i}\right], \quad X' = \frac{1}{q}\sum_{\forall i}(\omega_i - y'_i) \tag{11}$$

表 1	实验设计——个人参数		
参数	参数类别		
	I	II	III
α	0.2	0.4	0.1
β	0.2	0.1	0.4
a	16	7	14
b	15	6	13
ω	8	10	5
LE 私人数量 y_i^0	4	8	1
LE 报价 $\omega_i - y_i^0$	4	2	4
$V^i(y_i^0, X^0)$	14.14 美元	12.89 美元	13.65 美元

注："LE"指 Lindahl 均衡。本文后面表中的"LE"含义与此相同。

表 2	实验设计——集体参数		
集体规模 I	3	6	9
公共物品单位成本 q	2	4	6
Lindahl 均衡数量 X^0	5	5	5
"搭便车"数量 X'	2.89	1.67	1.42
实验次数			
被试没有经验的实验	8	3	4
被试有经验的实验	7	3	4
总数			
实验数量	15	6	8
被试数量	45	36	72

　　表3、表4、表5包含了按被试参数分类的最后一局的私人捐助，以及集体规模在3、6、9不同水平上时每个实验中提供的公共物品总数量。每张表的第一列是每个实验的代码。例如，在表3中，PA3.3表示PLATO拍卖，由3人组成的集体，第3局实验。实验代码最后一个数字上不带"′"的实验表示由"没有经验的"被试进行的第一个实验，带"′"的表示由"有经验的"被试所进行的第二个实验。这样，PA3.3就表示以3个被试进行的第三局实验的第一个实验，而PA3.3′就表示与PA3.3使用相同被试进行的第三局实验的第二个实验。这两个实验的唯一区别（除了被试的经验方面以外）是，在第二个实验中，被试是从3类参数组中随机抽出的。由于程序错误，实验PA9.1异常中断，但是该局的第二个实验PA9.1′完成了，并且被作为一个"有经验的"实验。从总共29个实验来看，一个由3人组成的集体（PA3.1）和一个由9人组成的集体（PA9.3）没有达成公共物品的供应协议。

表3	报价数量结果，PLATO拍卖机制实验，$I=3$				
被试的参数类别	1	2	3	最后数量[a] X^*	最后局[c] t^*
	$\omega_1=8$	$\omega_2=10$	$\omega_3=5$		
LE报价 $\omega_i-y_i^0=B_i^0$	4	2	4		
最后报价 B_i^*					
退款规则1					
PA3.1[b]	(3)	(1)	(2)	0 (5)	15
PA3.2	4.55	1.8	3.6	5	6
PA3.2′	5	5	4	7	2
PA3.3	2	8	0	5	12
PA3.3′	5	2	1	4	11
PA3.4	3.67	3.67	4.58	6	3
PA3.4′	4.58	6.42	0.92	6	14
退款规则2					
PA3.5	1.95	3.89	3.89	4.87	12
PA3.5′	3.69	5.54	1.85	5.53	12
PA3.6	3.95	5.92	4.93	7.4	14

续前表

被试的参数类别	1	2	3	最后数量[a]	最后局[c]
	$\omega_1=8$	$\omega_2=10$	$\omega_3=5$	X^*	t^*
LE 报价 $\omega_i - y_i^0 = B_i^0$	4	2	4		
PA3.6$'$	2.94	4.42	4.91	6.13	4
PA3.7	2.85	1.9	2.85	3.8	14
PA3.7$'$	1	2	3	3	10
PA3.8	3.94	6.89	1.97	6.4	1
PA3.8$'$	4.89	7.82	1.96	7.33	4

注:[a] 在所有实验中,LE 数量 $X^0=5$;
[b] 括号内的报价和数量是没有达成协议的实验的最后一局的结果;
[c] 最大实验局数 $T=15$。

表 4 报价数量,PLATO 拍卖机制实验,$I=6$

被试的参数类别	1	2	3	4	5	6	最后数量[a]	最后局	最大局数
	I	II	III	I	II	III	X^*	t^*	T
LE 报价 $\omega_i - y_i^0 = B_i^0$	$\omega_1=8$	$\omega_2=10$	$\omega_3=5$	$\omega_1=8$	$\omega_2=10$	$\omega_3=5$			
	4	2	4	4	2	4			
最后报价 B_i^*									
退款规则 1									
PA6.1	5.76	2.88	2.88	3.83	5.75	2.88	6	3	15
PA6.1$'$	5.4	3.6	0.9	2.73	4.5	2.73	5	6	15
退款规则 2									
PA6.2	3.92	6.86	0	6.86	8.83	1.9	7.1	8	10
PA6.2$'$	0	5.99	3.99	3.99	8.98	1.4	6.08	7	10
PA6.3	5.87	6.85	3.91	6.85	3.91	4.89	8.07	8	10
PA6.3$'$	2.99	4.99	3.99	1	5.98	3.99	5.74	6	10

注:[a] 在所有实验中,LE 数量 $X^0=5$。

表5   **报价数量，PLATO拍卖机制实验，$I=9$**

被试的参数类别	1	2	3	4	5	6	7	8	9	最后数量[a] X^*	最后局 t^*	最大局数 T
	I	II	III	I	II	III	I	II	III			
LE报价 $\omega_i - y_i^0 = B_i$	$\omega_1=8$	$\omega_2=10$	$\omega_3=5$	$\omega_1=8$	$\omega_2=10$	$\omega_3=5$	$\omega_1=8$	$\omega_2=10$	$\omega_3=5$			
	4	2	4	4	2	4	4	2	4			
最后报价												
退款规则1												
PA9.1'	6.22	3.56	1.78	0.89	7.11	4.4	5.4	2.67	3.56	6	10	15
PA9.2	7.47	2.79	3.71	5.57	1.86	1.76	5.57	8.36	4.64	7	11	15
PA9.3[b]	(1.25)	(6)	(5)	(4)	(1)	(5)	(6)	(7)	(4)	0 (7)	(15)	15
PA9.3'	0.97	1.94	3.89	3.89	9.72	1.94	3.89	5.84	3.89	6	14	15
退款规则2												
PA9.4	3.99	3.99	2.99	4.99	4.99	0	2.99	1	3.99	4.82	8	15
PA9.4'	3	6	1	0	4	1	4	4	2	4.17	12	15
PA9.5	3	5	3	2	1	3	5	7	3	5.33	7	10
PA9.5'	4.99	3.99	0	5.99	4.99	1	5.99	3.99	0	5.16	9	10

注：[a]在所有实验中，LE数量 $X^0=5$；
[b]括号内的报价（数量）是没有达成协议的实验最后的报价（数量）。

各规模水平和有或没有经验的实验集体提供的公共物品平均值由表 6 给出。计算结果剔除了那两个没有达成协议的实验集体。如果包括这两个实验的结果，那么总的均值是 5.3。从表 6 可以看出，集体规模和经验对公共物品的供应数量似乎没有系统性的影响。用 X^* 对集体规模、经验控制变量、退款规则控制变量的回归更加准确地证明了这一点。这些变量没有一个是显著的，这三个独立变量的统计量的最大值是 0.285，$R^2 = 0.005$。所以我可以推断，"所谓"的实验设置中没有一个对公共物品的供应有可信的影响。所有规模的集体提供的公共物品数量都远大于"搭便车"假设预测的数量，而且平均值还略微大于 Lindahl 均衡预测的数量。图 1 沿着生产可能性边界，标出了全部 29 个实验最后一局的结果（$\sum_{\forall i} y_i^*$，X^*）。所有达成协议的 27 个实验提供的公共物品数量都超过了"搭便车"假设预测的数量。

表6	公共物品的供给均值		
集体规模 I	公共物品选择的平均数量		混合
	没有经验的集体	有经验的集体	
3	5.50	5.57	5.53
6	7.06	5.61	6.33
9	5.72	5.33	5.50
混合	5.91	5.51	5.7[a]

注：[a] 根据 27 个达成一致的实验。29 个观察值的均值是 5.3。

表 7 给出了 α（第 I 类错误）和 $1-\beta$ 的概率值，在这里原假设 H_0 是各规模集体提供的公共物品数量样本来自一个均值等于理论上"搭便车"数量（表 2）的总体，其备择假设 H_1 是样本数量来自一个均值等于 Lindahl 数量（5）的总体。第一行被选出的 α 概率是用来计算临界值 X_c（对于每个集体规模 I），如果样本均值超过了 X_c，我们就拒绝 H_0（接受 H_1）。这个计算以 t 分布（样本容量等于实验次数）和以 X^* 计算的方差（如表 3、表 4、表 5 所示）为基础。然后，这些临界值被用来计算检验的 $1-\beta$ 概率值。例如，在原假设 H_0 下，对于 $I=3$（表 7 第 1 列），$X_c = 2.89 + t_\alpha (V_f/N_f)^{1/2} = 3.5$，对应的 $1-\beta$ 概率是 0.7［即 $t_\beta = (3.5-5)(V_f/N_f)^{1/2} = -0.528$］。

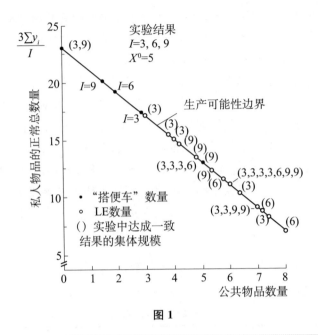

图 1

表 7 "搭便车"假设（H_0）和 Lindahl 均衡假设（H_1）检验

集体规模	3	6	9
α＝当 H_0 为真时拒绝 H_0（接受 H_1）的概率	0.5	0.05	0.05
$1-\beta$＝当 H_1 为真时接受 H_1（拒绝 H_0）的概率	0.70	0.85	0.83
临界值 X_C	3.5	2.6	2.1

图 2 和图 3 分别描述了由 3 人构成的集体和由 9 人构成的集体每一局的实验"行动"。在图 2 的第 1 局，集体提议的均值 $\overline{X}(1)＝8$，私人物品捐助 $\sum_{i=1}^{3} B_i(1) ＝ \sum_{i=1}^{2} [\omega_i - y_i(1)] ＝ 23 - 10 ＝ 13$；在第 2 局，$(\overline{X}(2), \sum B_i(2)) ＝ (8,10)$；等等。第 4 局和第 11 局是投票局，用 * 号表示。在第 4 局，集体的私人物品捐助超过了计划的成本，即 $2\overline{X} ＝ 6 ＜ \sum B_i ＝ 8$，根据退款规则 1 的整数增加规则，集体提议提高到了 4（虚线箭头）。这个结果被否决，接着实验进入第 5 局。最后，在第 11 局，集体提议数量为 4，私人物品捐助为 8，大家一致同意这个结果。

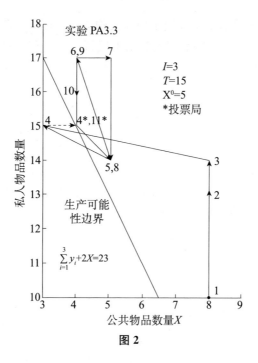

图 2

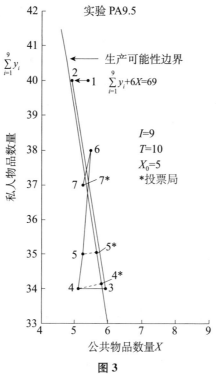

图 3

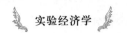

图 3 描述了垂直退款规则下由 9 人构成的集体的实验情况。在第 4、第 5、第 7 局中,私人物品捐助超出了提议的平均值,然后在每种情况下,PLATO 按照退款规则 2,根据垂直调整(虚线箭头)计算出生产可能性集合边界上的新提议和私人物品捐助总和。

与图 2 相比,图 3 中提议的公共物品数量变动较小。由于大数原则的影响,大集体的互动性要弱于小集体的互动性。由 3 人构成的集体的公共物品最后提供数量的方差是 1.82;由 6 人构成的集体是 1.36;由 9 人构成的集体是 0.82。这个结果支持了较大集体互动较少的假设,但是使用 Bartlett 检验,我不能拒绝三个总体方差相等的原假设。

这些被试在拍卖机制实验中可以自由地进行 0 单位的私人物品捐助,所以检验表 3~表 5 中最后一局这种行为是非常重要的。在表 3 中,我们可以看到,只有一个由 3 人组成的集体中有一位(实验 PA3.3 中的 3 号被试)在最后一局的私人物品捐助为 0。在其他极端情况下,3 个个体(实验 PA3.4、PA3.6 和 PA3.6′ 中的三个被试)在最后一局中捐出了它们全部的禀赋(退款前)。一般地,在最后一局中(协议达成局)被试的私人捐助往往会超额,这时退款会防止这些捐助可能导致的零收益。表 8 按集体规模分类,总结了零捐助或全部捐助的被试所占的比例,所有 29 局实验都被包括在内。如果零捐助者代表"搭便车"行为,全部捐助者代表反"搭便车"行为,那么表 8 中的结果表明,这两种极端表现在被试总体中是相当的。此外,表 8 还显示,当集体规模从 3 变到 9 时,"搭便车"的捐助行为并没有显著增长。

表 8	在最后局报价为 0 或者全部禀赋的被试比例	
集体规模	报价为零的被试比例	报价为全部禀赋的被试比例
3	1/45＝0.022	3/45＝0.067
6	2/36＝0.056	1/36＝0.028
9	4/72＝0.056	6/72＝0.083
全部	7/153＝0.046	10/153＝0.065

V. 关于实验结果的 Pareto 最优

以上部分检验了与公共物品"搭便车"假设和 Lindahl 最优数量相

对应的实验性公共物品结果。然而，正如 Samuelson（1969）所强调的那样，Lindahl 均衡（LE）（存在收入效应时）仅仅提供了众多 Pareto 最优分配中的一种，而且并没有什么特别的吸引力。由于我们的实验集体在公共物品提供数量上达成了偏离 Lindahl 最优数量的协议，那么我们很自然就会问，这些偏离是否仍在 Pareto 最优集内？

Pareto 最优集由式（6）定义。考虑 $I=3$ 和 Cobb-Douglas 效用函数，式（6）变为

$$\sum_{i=1}^{3} \frac{\beta_i y_i}{\alpha_i X} = q = \frac{\sum (\omega_i - y_i)}{X} \tag{6'}$$

这意味着我们可以在 4 个数量（y_1，y_2，y_3，X）中选出任意 3 个建立一个线性回归假设，其中自变量和因变量都由我们随意设定。如果 y_2 和 y_3 被当作自变量，X 被当作因变量，那么 Pareto 回归假设就是：

$$X = \left[\frac{\gamma_2 - \gamma_1}{q(1+\gamma_1)}\right] y_2 + \left[\frac{\gamma_3 - \gamma_1}{q(1+\gamma_1)}\right] y_3 + \frac{\gamma_1 \sum_{i=1}^{3} \omega_i}{q(1+\gamma_1)} \tag{12}$$

其中 $\gamma_i = \beta_i/\alpha_i$，依据表 1 所列的实验设计参数，Pareto 预测假设为

$$X = -0.187\,5y_2 + 0.75y_3 + 5.75 \tag{12'}$$

使用由 3 人构成的集体的 14 个观察值来估计方程（12'）的系数，可得

$$X = -0.546y_2 - 0.497y_3 + 9.533$$
$$\quad (-3.915)\ (-9.728)\ (5.648)$$

$$R^2 = 0.74$$

每个系数下面括号内的 t 统计量都是根据原假设计算出来的，原假设中的总体值由式（12'）中相应的参数给出。很明显，这些系数非常显著地区别于其 Pareto 预测值。因此，我们拒绝了拍卖机制下的由 3 人构成的集体倾向于产生 Pareto 最优分配的假设。

对三类被试私人物品捐助平均值的一个检验（见表 9）为我们提供了一些关于被试偏离 Lindahl 最优的洞见。第 I 类被试拥有 8 单位的禀赋，理论上的 LE 捐助是 4 单位，实验中平均的私人物品捐助也很接近 4 单位。第 II 类被试拥有 10 单位禀赋，理论上的 LE 捐助是 2 单位，但是他们的平均捐助为 4.86 单位。显然，这些被试更偏好公共物品，这也许是因为他们拥有相对多的禀赋，因而更倾向于超额捐助。类似地，第 III 类被试拥有 5 单位禀赋，理论上的 LE 捐助是 4 单位，但平均捐助为 2.63 单位，显然他们倾向于少量捐助。因此，"富人"提供了比 LE 预测量多的公共物品，而"穷人"提供了比 LE 预测量少的公共物品。

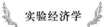

在这个设计中，这种形式的偏离与 Pareto 最优是不一致的。

表9

被试的参数类别	I $\omega_1 = 8$	II $\omega_2 = 10$	III $\omega_3 = 5$
LE 报价，$\omega_i - y_i^0 = B_i^0$	4	2	4
全部被试的均值报价	3.94	4.86	2.63

这个结果与我 1979 年论文中不考虑收入效应的 12 个拍卖机制的实验结果形成了鲜明的对比。在那些以前的实验中，每个被试 i 都会拿到一个收益表 $V_i(X)$，该表将公共物品数量 X 对应成美元收益。被试的出价 b_i 是以美元表示的每单位公共物品的价格，终止规则要求连续两局的实验满足 $b_i = q - \sum_{\forall j \neq i} b_j, \forall i$，其中第二局满足 $X_i = \bar{X}$，$\forall i$（详见我 1979 年的论文）。除一个实验外，这些局部均衡实验都收敛到了由 $\sum_{\forall i} V_i'(X^0) = q$ 决定的唯一的 Pareto 最优和 Lindahl 最优公共物品数量。此外，使用三个系列复制性实验中个体被试的数据，以最后一局的报价 b_i^* 对 LE 价格 $V_i'(X^0)$ 做线性回归，得到的截距并没有显著地区别于零，得到的斜率也没有显著地区别于 1，R^2 值在 0.82 和 0.99 之间。因此，如果没有收入效应，实验结果可以根据 LE 公共物品数量和价格准确地预测出来。在当前一系列考虑收入效应的实验中，对于实验结果，LE 公共物品数量是一个比较公平的预测，而 LE 私人物品捐助却是一个非常糟糕的预测。

Ⅵ. 参数变化的影响：实验结果有多稳定？

提出这样的问题总是适当的：实验结果是否可以归因于与被检验理论不相关的人为因素？在这个背景下，被试的收益可以由一个 12×12 的表来表示，其中对于每一个整数 y_i，都列出 $V(y_i, X)$，$X = 1, 2, \cdots, 12$。因此，在一个被试的收益表中，X 的中值是 6.5。从表 6 中我们可以看到，公共物品供给的合并平均值是 5.7，接近这个中值，同时也接近理论上的 LE 数量（5）。我们还可以看看表 9 中私人物品捐助的平均值，被试平均将禀赋的一半捐助给公共物品，剩下的一半他们自己保留。对于一个总禀赋为 23、$q=2$ 的由 3 人构成的集体，按照半数规则，总的私人物品捐助为 11.5 单位，而预计的公共物品仅为 5.7 单位。在像拍卖机制这样的低信息要求的博弈中，推测被试将达成中等数量的提议或将禀赋在公共物品和私人物品之间对半分配是不合理的。

这些观点意味着我们可以使用不同的参数集进行重复性实验。表10 列出了第二个系列 9 个实验使用的参数。为了对以前的设计做出变动，这次设计使用的参数 $\alpha_i + \beta_i > 1$，这样函数 $V^i(y_i, X)$ 就只是拟凹的了。当前的设计中，两类被试保留了与以前的设计相同的禀赋（5 和10）和 LE 私人物品捐助（1 和 8）。

表 10	实验设计：$I=6$，$q=2$，$X^0=9$，$X'=3.33$，$T=10$		
	参数类别		
参数	I	II	III
α	0.24	0.96	0.8
β	0.96	0.24	0.8
a	1.5	1.5	1.5
b	0	0	0
ω	5	10	6
LE 私人数量 y_i^0	1	8	3
LE 报价 $\omega_i - y_i^0$	4	2	3

最后一局的捐助和公共物品数量如表 11 所示，9 个实验集体中有 7个达成了协议。公共物品数量和私人物品捐助的均值按参数分类在表12 中给出，原假设总体均值数量为 LE 9 的假设不能被 t 检验拒绝（$t_L=0.24$），而"搭便车"假设却被拒绝（$t_F=10.1$）。很显然，集体提供的公共物品数量并不接近他们收益表中人为设计的中值。将表 9 中组 III 和组 II 私人物品捐助的均值与表 12 中组 I 和组 II 私人物品捐助的均值进行对比（禀赋分别是 5 和 10），我们发现，禀赋为 5 的被试私人物品捐助的均值有适度的增加，而禀赋为 10 的被试私人物品捐助的均值却有可观的下降。这与平分禀赋原则不一致。

表 11　　　　　　　　报价数量，PLATO 拍卖机制实验：
$I=6$，$q=2$，$X^0=9$，$X'=3.33$，$T=10$

被试的参数类别	1	2	3	4	5	6	最后数量 X^*	最后局 t^*
LE 报价 $\omega_i - y_i^0 = B_i^0$	I	II	III	I	II	III		
	$\omega_1=5$	$\omega_2=10$	$\omega_3=6$	$\omega_1=5$	$\omega_2=10$	$\omega_3=6$		
	4	2	3	4	2	3		
最后报价 B_i（退款规则 2）								
PA1	3	3	3	2	1	3	7.5	9
PA1'	2.98	4.96	2.98	2.98	0.99	0.99	7.93	10
PA2	(1.5)	(4)	(4)	(6)	(6)	(1)	(8.83)	10
PA3	3.92	3.92	2.94	3.92	2.94	0.98	9.3	7
PA3'	1.97	1.97	1.97	1.97	4.93	1.97	7.4	9
PA4	3.61	4.51	3.61	0.90	4.51	4.51	10.83	1
PA4'	3.81	4.76	4.76	1.90	0	4.76	10	8
PA5	(0.99)	(9.88)	(3.95)	(3.95)	(1.98)	(1.98)	(11.37)	10
PA5'	3	1	4	4	10	3	11	10

表 12　　　　　　　公共物品的报价均值和供给均值

被试的参数类别	I $\omega_1=5$	II $\omega_2=10$	III $\omega_3=6$
LE 报价 $\omega_i - y_i^0 = B_i^0$	4	2	3
报价均值	2.85	3.46	2.81
公共物品供给均值 9.14			

　　我们可以推测出，第Ⅳ部分报告的拍卖机制结果相对于参数变化是稳定的。相对于 Lindahl 最优，两组实验结果都支持少量的公共物品超额供给。然而，个体的私人物品捐助并不支持 Lindahl 最优捐助，对偏离 Lindahl 最优捐助的解释是，相对于 Lindahl 最优，高禀赋的被试超额捐助，而低禀赋的被试则捐助不足。

参考文献

P. Bohm, "Estimating Demand for Public Goods: An Experiment," *Euro. Econ. Rev.* No. 2, 1972. 3, 111 – 130.

E. Brubaker, "Free Ride, Free Revelation, or Golden Rule?," *J. Law Econ.* , Apr. 1975, 18, 147 – 161.

E. Clarke, "Multipart Pricing of Public Goods," *Pub. Choice*, Fall 1971, 2, 17 – 33.

E. Clarke, "A Market Solution to the Public Goods Problem," Urban Econ. Repts, Univ. Chicago, 1968.

J. Ferejohn and Fiorina, "The Paradox of Not Voting: A Decision Theoretic Analysis," *Amer. Polit. Sci. Rev.* , June 1974, 68, 525 – 536.

J. Ferejohn and Fiorina, R. Forsythe, and R. Noll, "An Experimental Analysis of Decision Making Procedures for Discrete Public Goods: A Case Study of a Problem in Institutional Design," in Vernon Smith, ed. , *Research in Experimental Economics*, Greenwich, 1979.

J. K. Galbraith, "Economics as a System of Belief," *Amer. Econ. Rev. Proc.* , May 1970, 60, 469 – 478.

J. Green and J. J. Laffont, "Characterization of Satisfactory Mechanisms for the Revelation of Preferences for Public Goods," *Econometrica*, Mar. 1977, 45, 427 – 438.

T. Groves, "Incentives and Teams," *Econometrica*, July 1973, 41, 617 – 633.

T. Groves, "The Allocation of Resources Under Uncertainty: The Information and Incentive Roles of Prices and Demands in a Team," tech. rept. no. 1. Center Res. Manage. Sci. , Univ. California – Berkeley, Aug. 1969, ch. 4, 71 – 73.

T. Groves and J. Ledyard, "Optimal Allocation of Public Goods: A Solution to the Free – Rider Problem," *Econometrica*, May 1977, 45, 783 – 809.

L. Hurwicz, "On Informationally Decentralized Systems," in Roy Radner and C. Bart McGuire, eds. , *Decision and Organization*, Amsterdam, 1972.

J. Ledyard and J. Roberts, "On the Incentive Problem with Public Goods," disc. paper no. 116, Center Math. Stud. Econ. Manage. Sci. , Northwestern Univ, 1974.

G. Marwell and R. Ames, "Experiments on the Provision of Public Goods I: Resources, Interest, Group Size, and the Free Rider Problem," *Amer. J . Sociol.* , May 1979, 84, 1335 – 1360.

Mancur Olson, *The Logic of Collective Action : Public Goods and the Theory of Groups*, New York, 1968.

P. Samuelson, "The Pure Theory of Public Expenditure," *Rev. Econ. Statist.* , Nov. 1954, 36, 387 – 389.

P. Samuelson, "Pure Theory of Public Expenditure and Taxation," in Julius

Margolis and Henri Guitton, eds. , *Public Economics*, London, 1969.

V. Smith, "Incentive Compatible Experimental Processes for the Provision of Public Goods," in his *Research in Experimental Economics*, Greenwich, 1979.

V. Smith, "Relevance of Laboratory Experiments to Testing Resource Allocation Theory," in Jan Kmenta ed. , *Evaluation of Econometric Models*, forthcoming.

G. Stigler, "Economic Competition and Political Competition," *Publ. Choice*, Fall 1972, 13, 91 - 109.

J. Sweeney, "An Experimental Investigation of the Free - Rider Problem," *Soc. Sci. Res.* , 1973, 2, 277 - 292.

Gordon Tullock, *Toward a Mathematics of Politics*, Ann Arbor, 1967, ch. 7.

W. Vickrey, "Counterspeculation, Auctions and Competitive Sealed Tenders," *J. Finance*, Mar. 1961, 16, 8 - 37.

私人物品、公共物品（外部性物品）分配机制的实验检验

唐·柯西* （Don L. Coursey）

弗农·史密斯** （Vernon L. Smith）

11 个实验提供了在自愿的、一致同意的出价机制（EXTERN）下私人物品、公共物品和外部性物品的绩效数据。该机制的重要特征是：所有的信息需求都是内生的。所有私人物品和外部性物品实验都达成了一致意见，公共物品实验中有 9 个达成了一致意见。私人物品的需求显示程度低于公共物品。这一倾向还延续到了外部性实验的私人成分和公共成分，从而降低了配置效率。

I. 引 言

我们采用实验方法检验了 EXTERN 分散化机制，该机制用于分配对每个个体产生外部性收益（或成本）的总产品（等于总消费）。这类产品包括：公地模型，累积消费会影响个体消费，如牧场或渔场；信息模型，个人信息和混同信息对每个公司都是有价值的，如广告和探矿；污染模型，某种产品的消费会带来外部不经济，如汽车尾气和工厂废水。

对外部性的经典的纠正办法就是由中央权威采取税收或补贴的方式将由外部性带来的收益或成本内部化。近来，作为一种减轻规制行为行政负担的方式，更加普遍的做法是对工业排放提供市场性污染许可，以及对海洋渔业提供可转让的捕捞配额。然而，没有一种方法所必需的私

---

* 怀俄明大学。

** 亚利桑那大学。

人信息方面是完备的。在不了解这些私人信息的情况下，任何纠正外部性的企图都可能会减少而不是增加福利。即使那些新的针对公共物品决策的激励相容机制，如 Groves-Ledyard（1977）机制，也需要一个中央权威为二次的成本配置规则施加一定的参数。因此，这些参数是外生选择的公共物品，而且我们不能保证它们会被设置在一些避免失灵的水平上。EXTERN 以各个经济人提交的内生信息（出价）为运行基础，不需要中央权威对外生于该过程的任何信息进行处理。由于 EXTERN 完全以预先设计好的信息处理规则和配置规则运作，而这是在普通的市场交易中执行产权所必需的，因此不需要中央权威介入。

本文的目的是研究该机制运行的有效性。在提出任何新的机制（如 EXTERN）时，应用"制度性工程"的目标就是寻找一个巩固该机制行为假设的制度体系。Smith（1979a）非常详尽地阐述了一个观点：所有带有很"强"理论特征的公共物品配置机制一旦被植入一致性终止规则的信息交换过程中，就失去这些特征，并且具有无穷多的 Nash 均衡。那么，一般来讲，外部性机制的信息需求是内生的，因此其设计问题具有其固有的困难，任何能找到的解都不是唯一的。EXTERN 可以对这些机制进行分析，这些机制具有十分清晰的配置过程和终止规则，而且以其在现实中的程序变量为基础。

EXTERN 将纯私人物品机制（竞争性或统一密封报价拍卖）与纯公共物品机制（拍卖机制）相结合。在以前的实验研究中，这两种方法都被进行了广泛的研究。对于私人物品，已经对歧视性拍卖与竞争性拍卖进行了比较：在歧视性拍卖中，每个被接受的出价都以其自身出价成交；而在竞争性拍卖中，所有被接受的出价都以被拒绝的最高出价成交（或者，在某些版本中，以被接受的最低出价成交），见 Belovicz（1979）、Cox et al.（forthcoming）、Miller and Plott（forthcoming）、Smith（1967）。两种拍卖中，如果 X 单位的商品被供应，那么 X 单位的最高出价被接受。这些研究得出的结论认为，竞争性拍卖会比歧视性拍卖提供更好的需求显示激励和更高的市场配置效率。竞争性密封标价拍卖的高效率和需求（供给）显示特征已经被扩展到统一价格密封标价拍卖情况中了，在该情况中，对于每一单位的需求或供给，由买者提交出价，卖者提交要价（Smith，1982）。

对于纯公共物品，几篇采用一致性拍卖机制的实验经济学论文表明，由 9 人构成的集体产生的公共物品数量会接近或平均起来等于最优数量（Smith，1979a，1979b，1980）。

EXTERN 包含作为外部性机制特例的纯私人物品机制和纯公共物品机制。那么，在实验设计中，我们就可以很方便地将每个实验设计成三部分：首先是私人物品的密封标价拍卖实验，进而是公共物品实验，最后是私人物品的外部性实验。这样的顺序安排允许被试在进行第三部分的外部性实验中更加复杂的出价程序之前可以获得一些关于外部性实验所包含的私人物品机制和公共物品机制方面的经验。

Ⅱ. 理 论

考虑一个由两种私人物品 (y, x) 和 I 个经济人构成的经济，设 y 为计价物（numeraire good）。每个经济人都有一个可微的凹效用函数 $u^i = (y_i, x_i, X)$，它随 (y_i, x_i) 的增加而增加，其中 $X = \sum_{k=1}^{I} x_k$ 表示所有经济人的总消费，它对每个个体效用 u^i 带来的外部性可能为正、可能为负，也可能为零。当 x 是诸如汽油这样的总消费会带来外部不经济的商品时，该方程可以被解释为污染模型；当 x 是牛在公共草地上消费牧草时，该方程是公地模型，草的总消费 X 会影响每个经济人的牛肉产出，$z_i = f(x_i, X)$。那么，如果 (y, z) 带来效用 $U^i(y_i, z_i)$，则 $u^i(y_i, x_i, X) = U^i(y_i, f(x_i, X))$。同时，$x_i$ 还可以被解释为石油公司的钻井探测，该探测会为 i 产生有价值的信息。但是，如果信息是共享的，那么在同一个区域内总的钻探活动 X 对公司 i 来讲也是有价值的。

有两种特例存在。第一种情形是，$u^i(y_i, x_i, X) \equiv u^i(y_i, x_i, \cdot)$，存在两种没有外部效应的纯私人物品。第二种情形是，$u^i(y_i, x_i, X) \equiv u^i(y_i, \cdot, X)$，存在一种纯粹公共物品。

首先，考虑一般的外部性情况。对于外部性物品的配置，假设存在一个机制 EXTERN，定义如下：

（ⅰ）对于一系列不超过 T 轮过程的每一轮，令每个 i 都要选择一个 $(x_i + 2)$ 元的数组 $(b_i(1), \cdots, b_i(x_i); c_i, X_i)$，其中 $b_i(x_i)$ 表示 i 对第 x_i 单位产品以计价物为单位的出价 b_i，c_i 表示 i 提议的每单位商品的捐助（或贿赂，如果 X 产生了负外部性），X_i 表示 i 对集体总消费的个人提议。

（ⅱ）集体提议的外部性商品总消费量为：$\overline{X} = \sum_{k=1}^{I} \dfrac{X_k}{I}$。

（ⅲ）将所有经济人每个人的单位出价汇总，并按降序（或非增序）进行排列，即，$b_i(1) \geqslant b_j(2) \geqslant \cdots \geqslant b_k(\overline{X}) \geqslant b_m(\overline{X}+1) \geqslant \cdots$，其中 i, j, k, m 为 I 个经济人中的任何一个（不一定相同）。注意：如果任意一个经济人 i 提交了一个递增的出价函数，我们就要重新对每个经济人的出价进行排序，以确保每个出价函数都是非增的。

（ⅳ）主导价格是降序排列中对第（$\overline{X}+1$）单位商品的出价，即 $b = b_m(\overline{X}+1)$，其中第（$\overline{X}+1$）个最高出价是由经济人 m 提交的。因此，前面 $\overline{X}$ 个最高出价被接受了。如果两个或更多的经济人提交的出价都等于第 $\overline{X}$ 个被接受出价，例如，$b_k(\overline{X}) = b_m(\overline{X}+1)$，那么我们可以通过随机抽取的方法从这些出价相同的经济人中选出一个作为 k。图 1 以 4 个出价者为例描述了这种方法。

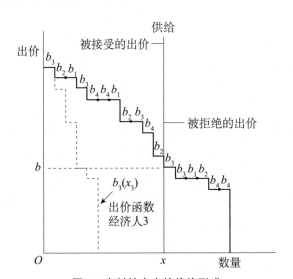

图 1　密封拍卖中的价格形成

（ⅴ）如果经济人 i 有 x_i^a 个出价被接受，则我们有 $b_i(x_i^a) \geqslant b$〔由于 $b_i(x_i)$ 是非增的，我们必然有 $b_i(1) \geqslant b_i(2) \geqslant \cdots \geqslant b_i(x_i^a)$〕，并且 i 对其私人消费的 x_i^a 单位商品支付的总成本为 bx_i^a。若 q 为 y 对 x 的固定边际转换率，则单位社会收益（或成本）为 $(q-b) > 0 (<0)$，其中 $\sum\limits_{j \neq i} c_j$ 来自其他所有经济人的正（负）捐助。因此，每个经济人对单位社会收益（或成本）的净份额为：$(q - \sum\limits_{j \neq i} c_j - b) > 0 (<0)$。总的私人收益（成本）加上社会收益（成本）以货币单位表示为：$bx_i^a + (q - \sum\limits_{j \neq i} c_j - b)\overline{X}$。给定

物品 y 的禀赋 w_i，经济人 i 的预算约束为：$w_i = y_i + bx_i^a + (q - \sum_{j \neq i} c_j - b)\overline{X}$。

注意，仅接受 $\overline{X}$ 个最高出价的规则保证了关于私人消费即 $\sum_{k=1}^{I} x_k^a = \overline{X}$ 的完备性。

（vi）在每一轮实验结束时，每个经济人都要投票决定他（她）是否对实验结果（价格、数量、收益份额）满意，以及是否想终止该过程。终止规则（协议）要求一致同意。

我们假定经济人 i 一般不会终止这个重复性过程，除非：

（a）$x_i^a = x_i^b$，其中 x_i^b 为经济人 i 在价格 b 上的最优结果，也就是说，如果 $x_i^a < x_i^b$，经济人 i 会将其对单位 x_i^a，x_i^{a+1}，…，x_i^b 的出价至少提高到 b。这个假设的隐含意义是：经济人 i 的行动似乎表明 b 独立于其决策。[①] 下面报告的实验的一个主要目的是，当只有最终获得同意的结果能够决定经济人的效用时，我们来检验这种价格接受或需求显示假设。

（b）$c_i = q \sum_{j \neq i} c_j - b$，即总成本中归因于经济人 i 的净份额等于一个 i 愿意捐助的量 c_i。

（c）$X_i = \overline{X}$，即集体提议的总消费对于经济人 i 来说是可接受的。如果这些假设都成立，那么均衡的最优性条件会在所有经济人都投"是"时满足。

Ⅲ. EXTERN 实验设计

EXTERN 所定义的任务比以前大部分的经济学实验所包含的任务都复杂。如果以该机制为基础的实验结果是有意义的，那么尽可能简化

---

① 如果最高拒绝出价没有限制，b 唯一地由出价者之一决定，出价者可能通过减少对第 x_i^{q+1} 单位的出价降低他（她）的 x_i^q 的单位成本。例如在图 1 中，如果经济人 3 降低他（她）对单位 4 的出价，则 b 会更低。如果经济人清楚这一战略可能性，则下面的最优条件就不适用了。Dubey 和 Shubik（1980）提出了对该问题的解决办法，要求每一个经济人都提交一组 (b_i, x_i)。在该机制中，每一个竞争均衡也是 Nash 均衡。由于所有单位都必须以相同价格出价，这种方法削弱了对影响价格的边际单位的低出价的激励。我们的 EXTERN 的第一种情形就是使用这种单一的价格-数量出价体系，然而 Smith 等（1982）的研究提供的证据表明，Dubey - Shubik 方法比出价者能够提交出价计划时的配置效率低。

和程序化这个实验从而使实验任务更加容易学习是非常重要的。这种简化尝试是一个可分为三个独立部分的实验，第一部分是一个纯私人物品实验，第二部分是一个纯公共物品实验，第三部分是一个外部性物品实验。另外，我们还在方程（2）中加上条件 $u_0^i \equiv 1$ 以提供一个形如 $u^i = y_i + f^i(x_i, X)$ 的效用函数。在操作上该效用函数是通过给被试 i 施加一个货币收益函数 $V^i = (x_i, X)$ 实现的。如果 $U_i(\cdot)$ 是 i 的货币（递增）效用函数，则对于结果 (x_i, X)，对应于 $u^i - y_i$，其影响是引入效用 $U_i[V^i(x_i, X)]$。在下面报告的实验中，$V^i(x_i, X)$ 是可分离的。

在第一部分中，收益为 $V^i \equiv V^i(x_i, \cdot)$，实验程序对应无弹性供给条件下的纯私人物品实验。该实验通过最高被拒绝出价规则为被试提供了选择 x_i 元数组 $b_i(1)$, …, $b_i(x_i)$ 的经验和价格决定的经验。而且，该实验还通过严格的一致性终止规则，为我们提供了一些竞争密封标价拍卖的观测结果。第二部分是收益为 $V^i \equiv V^i(\cdot, X)$ 的纯公共物品实验，其中 X 单位的公共物品可以以不变的单位成本 q 购买。这种实验已经做过了，见 Smith（1979a）。第二部分的实验不仅给被试提供了为融资和决定公共物品数量而选择二元数组 (c_i, X_i) 的经验，而且为我们提供了复制以前实验的机会。在获取了私人物品经验和公共物品经验后，被试进入针对一般外部性物品的第三部分实验。

在实验的第一部分，I 个经济人中的每一个都被赋予了一个由收益函数 $v_i(x_i)$ 对于 9 单位私人商品 x 达到最大值时推导出的（边际）价值表。一个固定的供给 X_1 被宣布为第一个部分的总供给。在每一轮实验 t 中，每个经济人 i 都对 9 单位商品提交一个出价向量 $(b_i(1)$, …, $b_i(9))$，限制条件是每一个出价 $b_i(x_i)$ 都不能超过第 x_i 单位商品的边际价值。将所有经济人的出价汇总并按照由高到低的次序排列。所有的经济人的统一市场价格 b_1 由第 $(X+1)$ 个最高出价决定。如果 $\hat{X}_1 \leqslant X_1$ 个出价都严格大于 b_1，则所有出价都被接受。如果 $\delta > (X_1 - \hat{X}_1)$ 个出价等于 b_1，则 δ 个出价按随机顺序排列，该序列的前 $(X_1 - \hat{X}_1)$ 个出价就被接受。因此，对于每个经济人 i，x_i^a 个出价被接受，从而使得 $\sum_{i=1}^{I} x_i^a = X_1$。最后，潜在的收益计算为 $\pi_i^I(x_i^a) = v_i(x_i^a) - b_1 x_i^a$，并且被报告给每个经济人 i。然后每个经济人 i 都要投票决定是否接受第 t 轮实验的结果。如果该组所有的 I 个经济人都一致同意，则第一部分实验结束，每个经济人 i 获得现金收益 $\pi_i^1(x_i^a)$。如果至少有一个经济人对第 t 轮实验的结果投反对票，则新一轮的实验开始，每个经济人都要提交新的出价向量。如果在第一部分的最大实验轮数 T_1 内都没有达成一致性结果，则每个经济人获得的收益都是 0。

在实验的第二部分，I 个经济人中的每一个都被赋予一个由收益函数 $V_i(X)$ 对于 8 组公共物品达到最大值时推导出的（边际）价值表。在第二部分实验开始时，公共物品的单位价格 q_2 被告知每一位被试。在每一轮实验 t 中，每个经济人 i 都需要提交一个二元数组 (c_i, X_i)，c_i 和 X_i 分别表示经济人 i 提议的每单位捐助和公共物品数量。然后集体提议的数量被计算为（和定义为）I 个个体提议的整数平均值，$\overline{X}_2 = \sum_{i=1}^{I} \dfrac{X_i}{I}$，其中 $\overline{X}_2$ 取其最接近的整数。每单位总的集体捐助为：$C = \sum_{i=1}^{I} c_i$。如果 $C < q_2$，则单位成本不能被偿付，每个经济人 i 收到收益报告：$\pi_i^2(\overline{X}_2) = V_i(\overline{X}_2) - (q_2 - \sum_{j \neq i} c_j)\overline{X}_2$，如果 i 准备捐助 $c_i = q_2 - \sum_{j \neq i} c_j$，并且其他经济人的捐助和集体提议在下一轮实验中保持不变，那么该收益将会实现。[①] 因此，每个 i 都会在其不能弥补单位成本与其他所有经济人的捐助之差时被告知潜在的机会成本。这种过程的目的在于强调如果集体不能达成一致意见，那么集体排他性的私人成本就会产生。该轮的实验结果报告之后，继续进行下一轮实验，并选择新的二元数组 (c_i, X_i)，一直到允许的最大实验轮数 T_2。如果 $C \geqslant q_2$，则每个 i 都获得一单位退款，$r_i = (C - q_2)c_i/C$，这个值与 i 的捐助成比例。每个 i 的单位成本份额重新计算为 $c_i - r_i = c_i - (C - q_2)c_i/C = q_2 c_i/C$，以使得总的单位捐助 $\sum_{k=1}^{I} q_2 c_k/C = q_2$ 恰好等于公共物品的单位成本。这种方法向每个经济人保证出价过高不会导致中心的剩余损失。而且，每个经济人的出价越高，其得到的退款就越多。根据这种退款规则，潜在的收益

$$\pi_i^2(\overline{X}_2) = V_i(\overline{X}_2) - \Big[q_2 - \sum_{j \neq i}(c_j - r_j)\Big]\overline{X}_2 = V_i(\overline{X}_2) - (q_2 c_i/C)\overline{X}_2$$

会被计算出来，并告知每个经济人 i。然后，每个 i 就该轮的集体提议和成本份额投票"是"或"否"以决定是否接受。如果投票一致通过，即所有经济人都投票"是"，则第二部分结束，每一个 i 得到现金利润

---

① 注意，此说明不是真正"教导"被试以此方式提高他/她的捐助。

$\pi_i^2(\overline{X}_2)$。[①] 如果至少有一个经济人投票"是",拒绝实验 t 的结果,则集体继续进入下一轮实验,并选择新的二元数组 (c_i, X_i),一直到最大实验轮数 T_2。若最后一轮实验还未达成一致意见,则每一个 i 获得 0 收益。

在实验的第三部分,我们将类似于第一部分和第二部分的私人和公共决策过程结合起来。I 个经济人中的每一个都被给定针对 9 单位私人消费 x_i 的边际价值表,同时他们还被给定一个总消费最大为 20 个"集体"单位的公共物品边际价值表。这些表是由收益函数 $v_i(x_i)+V_i(X)$ 推导出来的。第三部分实验开始时,每位被试都被告知生产 x 的每单位固定成本 q_3。在第 t 轮实验中,每个 i 都需要提交一个 x_i+2 元数组,由出价向量 $b_i(1), \cdots, b_i(x_i)$,提议的每单位捐助 c_i 和提议的总消费水平 X_i 构成。集体提议消费量被定义为个人提议消费量的平均数 $\overline{X}_3 = \sum_{i=1}^{I} X_i/I$ 取最近的整数。私人市场价格 b_3 同第一部分一样被计算为第 $(\overline{X}_3+1)$ 单位的最高出价,被试 i 的第 x_i^a 个最高出价被接受,从而使得 $\overline{X}_3 = \sum_{i=1}^{I} x_i^a$。因此,除了总的提供数量 $\overline{X}_3$ 由个体提议内生决定之外,私人物品的分配同第一部分一样。总的单位捐助 $C = \sum_{i=1}^{I} c_i$ 的决定同第二部分一样,如果 $C < q-b_3$,则公共单位消费成本 $q-b_3$ 不能被偿付。在这种情况下,每个 i 获得的报告收益 $\pi_i^3(x_i^a, \overline{X}_3) = v_i(x_i^a) + V_i(\overline{X}_3) - (q_3 - \sum_{j \neq i} c_j - b_3)\overline{X}_3 - b_3 x_i^a$。如果 i 捐助 $c_i = q_3 - \sum_{j \neq i} c_j - b_3$,并且其他所有个体的捐助和集体提议以及市场价格在下一轮实验中保持不变,该收益将可以实现。除非达到第三部分的最大实验轮数,否则每个 i 继续进入下一轮实验。如果 $C \geqslant q_3 - b_3$,则公共单位消费成本能够被偿付,每个 i 获得一个比例性的退款 $r_i = [C - (q_3 - b_3)]c_i/C$。因此,每个 i 的单位成本份额重新计算为 $c_i - r_i = c_i - [C - (q_3 - b_3)]c_i/C = (q_3 - b)c_i/C$,

---

① 应该注意的是,一致同意终止规则对使任何个人理性配置成为 Nash 均衡的最后一轮实验有影响。正如 Smith(1979a)所讨论的,这种特征任何一种机制都有,比如 Groves 和 Ledyard(1977)也使用了终止规则。Smith(1979a)所报告的一个重要结果是,拍卖机制在公共物品配置中与 Groves - Ledyard 机制效果一样好,而且两种机制都产生了很有效率的配置,不管每一个机制中的 Nash 均衡的数量是多少,参见 Smith(1979b,1980)。其他终止规则,比如随机终止规则,可能在潜在机制对静态 Nash 特征的影响方面更好,但是该种方法从来没有用实验的方式研究过,从已经报告的较好结果来看,很显然,仍有边际改进的余地。随机终止规则有两个我们的一致性终止规则所没有的重要缺陷:第一,它可能在经济人感觉到已经有足够的交换信息的时候就终止了整个过程。第二,随机终止规则不能保证反对非自愿破产。

潜在收益 $\pi_i^3(x_i^a, \overline{X}_3) = v_i(x_i^a) + V_i(\overline{X}_3) - \left[q_3 - \sum_{j \neq i}(c_j - r_j) - b_3\right]\overline{X}_3 -$ $b_3 x_i^a = v_i(x_i^a) + V_i(\overline{X}_3) - [(q_3 - b_3)c_i/C]\overline{X}_3 - b_3 x_i^a$ 会被计算出来，并告知每个经济人 i。接下来，每个 i 都要投票决定是否接受该轮实验的集体提议、成本份额和市场价格。如果所有的 i 都投票"是"，则第三部分的实验结束，每个 i 获得现金收益 $\pi_i^3(x_i^a, \overline{X}_3)$。如果至少有一个被试投票"否"，拒绝实验 t 的结果，集体继续进行下一轮实验，并选择新的出价向量、捐助和提议，这时如果已达到允许的最大实验轮数，则每个 i 都获得 0 收益。

上面三部分实验中每一部分的过程都是在 PLATO 系统上实现的。本文下一节报告的所有实验用的被试要么 4 个要么 8 个。个体单位私人物品和公共物品的边际价值表是从线性对数函数得来的，这些函数都是经过调整的，目的是在理论均衡点整数值上产生更突出的利润函数。这种调整保证了第二部分和第三部分的理论最优配置确实发生在整数值上。表 1 和表 2 的第 1 列表示实验序号，由系列号、实验号以及被试数量三个数字组成，因此 5.1.8 表示系列 5、实验 1、8 个实验被试。表 1 中第 3 列和第 5 列表示第一部分私人物品实验中每个实验的理论竞争均衡数量和价格（X_1，b_i^0）。第 9、11 和 12 列表示第二部分公共物品实验中每个实验的单位成本（宣布的）、Lindahl 最优数量和"搭便车"数量（q_2，X_2^0，X_2^f）。表 2 的第 3、5、6 和 8 列给出了第三部分实验中每个外部性实验的单位成本（宣布的）、最优数量、"搭便车"数量和竞争均衡价格（q_3，X_3^0，X_3^f，b_3^0）。表 1 的第 8 列和第 16 列、表 2 的第 13 列表示每个实验允许的最大轮数。

图 2 给出了系列 5 中由 4 个成员构成的集体的整体市场条件（实验 5.1.4～5.3.4）。第四象限描绘的是第一部分纯私人物品实验的总需求。当 $X_1 = 18$ 时，根据最高拒绝出价规则，竞争均衡价格为 0.90 美元。第一象限描述的是第二部分纯公共物品实验，当 $q_2 = 1.70$ 美元时，Lindahl 最优数量为 $X_2^0 = 7$。通过加入离散商品的 Pareto 条件，$\sum_{i=1}^I V_i(X_3^0) \geqslant q_3 - b_3^0$。图 2 描述[①]的是第三部分外部性条件下的最优配置。当 $q_3 = 1.70$ 美元时，我们得到离散的外部性均衡 $b_3^0 = 1.00$，$X_3^0 = 17$。

---

① 注意：在图 2 中，第二象限和第三象限在图形上施加了 Pareto 条件：$\sum_{i=1}^4 V_i'(17) = 0.74 > q - b = 1.70 - 1.00 = 0.70$。

实验经济学

表1

			第一部分：私人物品						第二部分：公共物品						
			价格			轮数					数量				轮数	
实验序号	被试数量	供给 X_1	观测到的 b_1	竞争均衡 b_1^c	效率 E_1	观测到的 T_1	最大值 T_1	单位成本 q_2	观测到的 $\bar{X}_2$	Pareto最优 X_2^0	"搭便车" X_2^f	捐助 $\sum c_i$	效率 E_2	观测到的 T_2	最大值 T_2
(1)	(2)	(3)	(4)	(5)	(6)	(7)	(8)	(9)	(10)	(11)	(12)	(13)	(14)	(15)	(16)
2.1.4	4	19	0.22	0.54	98	4	6	1.0	5	7	2	1.26	97	3	6
2.2.4	4	19	0.56	0.57	99	1	6	1.0	4	7	2	1.17	92	4	6
2.3.4	4	19	0.30	0.57	95	3	6	1.0	7	7	2	1.00	100	6	6
5.1.4	4	18	0.40	0.90	90	3	6	1.7	7	7	0	1.72	100	8	8
5.2.4	4	18	0.75	0.90	100	1	6	1.7	6	7	0	1.74	99	5	8
5.3.4	4	18	0.32	0.90	92	6	6	1.7	6	7	0	1.83	99	6	8
5.1.8[a]	8	36	0.25	0.90	90	2	6	3.4	7	7	0	3.27	(100)	8	8
5.2.8[b]	8	36	0.58	0.90	99	5	6	3.4	6	7	0	2.93	(99)	8	8
5.3.8	8	36	0.22	0.90	91	1	6	3.4	6	7	0	3.53	99	8	8
5.4.8	8	36	0.50	0.90	98	3	6	3.4	6	7	0	4.16	99	8	8
5.5.8	8	36	0.10	0.90	91	2	6	3.4	6	7	0	4.17	99	4	8

注：[a]在第二部分实验5.1.8中，第8轮中不包含成本。报告结果是针对第7轮。由于有可实现的利润3.57美元，第7轮被试1否决。
[b]在第二部分实验5.2.8中，第8轮中不包含成本。第7轮结果表明，由于有潜在的利润0.42美元，由于有可实现的利润0.00美元，第7轮被试6否决；由于有潜在的利润0.00美元，被试8否决。

538

表2

第三部分：外部性物品

实验序号 (1)	被试数量 (2)	单位成本 q_3 (3)	数量			价格		捐助		效率 E_3 (11)	轮数	
			$\overline{X}_3$ (4)	X_3^0 (5)	X_3^f (6)	b_3 (7)	b_3^0 (8)	$\sum c_i$ (9)	$\sum c_i^0$ (10)		T_3 (12)	T_3 (13)
2.1.4	4	1.0	9	18	8	0.59	0.60	0.63	0.40	72	6	6
2.2.4	4	1.0	11	18	9	0.83	0.64	0.59	0.36	85	2	8
2.3.4	4	1.0	13	18	9	0.69	0.64	1.78	0.36	93	8	8
5.1.4	4	1.7	11	17	7	1.25	1.00	1.38	0.74	84	3	8
5.2.4	4	1.7	12	17	7	1.15	1.00	1.03	0.74	88	2	8
5.3.4	4	1.7	8	17	7	0.80	1.00	2.06	0.74	72	5	8
5.1.8	8	3.7	9	13	0	1.95	1.70	3.28	2.00	85	2	8
5.2.8	8	3.7	8	13	0	2.21	1.70	2.79	2.00	85	3	8
5.3.8	8	3.7	12	13	0	1.75	1.70	2.14	2.00	96	4	8
5.4.8	8	3.7	11	13	0	1.65	1.70	2.51	2.00	94	7	8
5.5.8	8	3.7	10	13	0	1.75	1.70	2.00	2.00	91	6	8

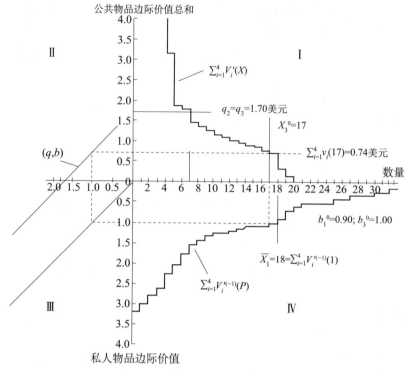

图2 市场供需平衡：4 个经济人，系列 5

8 个被试参加的实验（5.1.8～5.5.8）使用了 4 种截然不同的价值函数，这 4 种价值函数与 4 个实验被试参加的实验（5.1.4～5.3.4）中的价值函数相同。8 人被试实验与 4 人被试实验区别如下：（1）4 个不同价值函数的每一个都被指派了两个被试；（2）在第一部分的实验中，无弹性供给量翻番，即在 4 人实验中 $X_1 = 18$，在 8 人实验中 $X_1 = 36$；（3）在第二部分的实验中，公共物品的单位成本由 4 人实验的 $q_2 = 1.7$ 美元变为 8 人实验的 $q_2 = 3.4$ 美元。所以，4 人实验和 8 人实验没有结构上的差异。由于纯私人物品和纯公共物品配置在每种价值（效用和禀赋）模式下都不随被试规模、纯私人物品供给规模或纯公共物品成本规模的增加而增加，因此，该实验设计能够用于考察在其他情形不变的情况下市场规模对市场绩效的影响。然而，在第三部分的实验中该方法是不可行的，因为外部效应导致了均衡条件的非同质性。一般来讲，对于每一种价值模式，将人数翻倍或将单位成本翻倍，都不会使最优结果翻倍。

所有的被试都来自亚利桑那大学的本科生和研究生。由于他们以前至少参加过一次或多次 PLATO 私人市场实验，相对来讲，他们较有经验。虽然他们一般都参加过分散市场机制实验，但他们中没有任何人以前参加过外部性实验。

Ⅳ. 实验结果

每个实验最后一轮的结果都被汇总在表1和表2中。图3～图5分别给出了三个示例实验（5.1.4、5.2.8和5.3.8）各轮的结果。

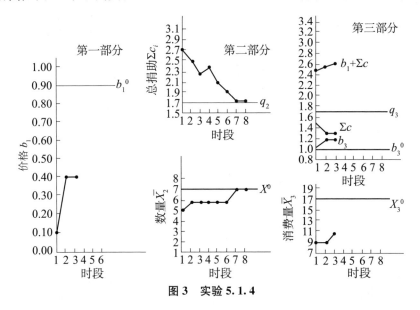

图3　实验5.1.4

第一部分：私人物品。

表1第4列给出的观测到的私人物品市场出清价格明显低于第5列给出的需求显示性竞争均衡价格。然而，第6列给出的相应市场效率表明，在每个拍卖中潜在的剩余至少有90%能够实现，其中有5次拍卖的效率至少能够达到98%。因此，尽管需求显示显著地降低了价格，从而降低了卖者剩余，但配置效率并没有降低到相应的程度。原因在于经济人的需求显示程度并没有多大的差异。这个结论在4人市场和8人市场中都成立。图3和图4表明，价格（和效率）似乎在随后的几轮实验中有所增加（或保持不变），这是由于经济人为增加其私人购买而将对被拒绝的单位的出价提高。这个过程很早就被一致性终止规则停止，11个实验中只有3个实验的私人市场超过了三轮。这表明，在一致性规则下，配置效率可以通过引入一个最小实验轮数加以改进。

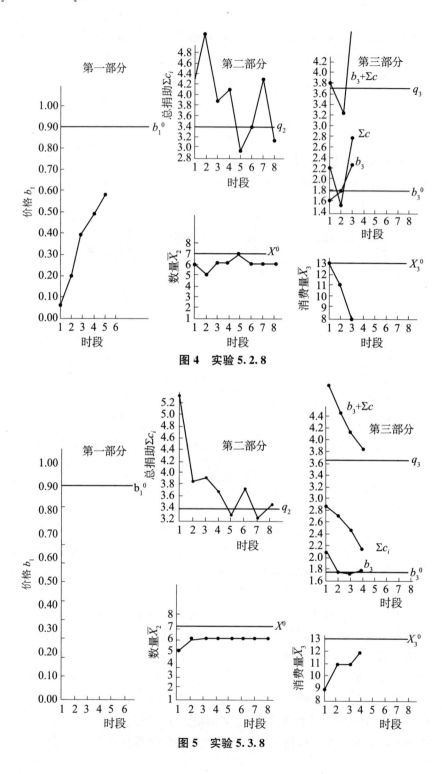

图 4 　实验 5.2.8

图 5 　实验 5.3.8

第二部分：公共物品。

在一致性规则下，11 个公共物品实验中有 2 个没能达成一致同意。剩下的 9 个实验（比较表 1 的第 10～12 列）大都在 Pareto 数量或非常接近 Pareto 数量的水平上达成了协议，但所有实验提供的公共物品数量都大大超过了"搭便车"数量。在这一比较中，"搭便车"数量被定义为，某个经济人私人购买的最大公共物品数量 X_i^s。假定其他所有经济人都会在该经济人的购买数量上"搭便车"。表 1 的第 14 列表明，公共物品效率是非常高的；平均来讲，第二部分的效率比第一部分高。这些结果与以前采用一致性拍卖机制的公共物品实验结果是一致的，参见 Smith（1979a，1979b，1980）。图 3、图 4、图 5 的中间部分分别描述的是三个示例性实验各轮的集体决策。在实验 5.1.4 和实验 5.3.8 中，每个集体提议的公共物品数量随时间的推移都有提高或保持不变的趋势，而总捐助（在按比例返回退款之前）则倾向于递减。在实验 5.2.8 的第二部分，集体在 8 轮实验中都没有达成协议（见图 4），对这种失败情况的剖析表明这是一种普遍的模式，未达成协议的拍卖机制实验占到 10%～15%。也就是说，倒数第二轮的结果被否决了，并且最后一轮的捐助不能偿付成本，参见 Smith（1979b，1980）。

第一部分和第二部分比较的结果中最显著的经验性特征是，私人物品机制比公共物品机制具有更明显的需求显示不足倾向。一致性特征可以诱导出相对较好的需求显示倾向，如表 1 第 9 列和第 13 列所示，大部分实验总的单位捐助都大大超过了公开的需要偿付的单位成本。然而，私人物品机制的一致性特征（和/或多单位报价）则提供了较差的需求显示，即市场出清价格远低于竞争价格。这个结果同传统的观点恰恰相反，即相对私人物品，需求显示不足似乎更是公共物品固有的一个严重问题。这些实验与以下假设是一致的：需求显示更多地与机制的激励特征相关而不是与产品的私人或公共类别相关。

第三部分：外部性物品。

与第一部分的私人物品实验一样，所有 11 个外部性实验都达成了一致协议。比较表 2 第 4 至第 6 列可以观察到，外部性物品的协议数量总是大于"搭便车"数量，但总是低于 Pareto 最优数量。第 7 和第 8 列表明，11 个实验中有 8 个实验的市场出清价格高于理论上的竞争均衡价格。因此，尽管与第一部分私人物品实验一样，存在一定的需求显示不足倾向，但集体提议的总消费水平（等于供给）被降低得足够多，从而能够使大部分的观测价格高于理论水平。与第二部分的实验一样，对于总消费的外部性收益的捐助倾向于超过这些收益本身。因此，在第三部分中，市场价格加上总捐助（$b_3 + \sum c_i$）在大部分实验中都超出单位成本很大一部分。然而，被试更愿意接受的是单位捐助的较大额退款，而不是更高的提议量、融资量和总消费水平。这可能是使不能弥补单位成本的风险最小化的一种方式，该方式排除了终止规则下协议的达成。尚未明确的是，为什么这种行为是外部性物品而不是公共物品所呈现出来的特征。因此，在第二部分中，图 3 中的集体逐渐降低单位捐助，直到单位成本恰好可以被偿付，并逐渐增加集体提议量，直到达到 Pareto 最优数量。但是，在第三部分中，价格加上单位捐助仍然大大超出单位成本，虽然总数量向上调整了，但仍不能完全达到最优水平。第三部分图 4 中的集体从成本可以被偿付的 Pareto 最优数量开始，然后逐渐降低数量和捐助，导致成本不能被偿付，然后他们在第三轮投票接受了一个更低的数量，但是他们中的一个其单位成本被超额偿付。图 5 描述了在保持价格和捐助足以偿付单位成本的同时，通过在第四轮实验的 Pareto 最优数量的一单位以内移动，在第三部分的实验中达到了最高效率。

V. 结　语

本文报告了 11 个实验的结果，每一个实验都对私人物品、公共物品和外部性物品的自愿、一致同意出价机制的绩效提供了数据。EXTERN 最突出的特征在于其信息要求是内生性的。虽然 EXTERN 包含了比普通的实验室实验更加复杂的制度规则集合，但与其他公共物品实验相比，它仍能成功运行。在 EXTERN 的纯私人物品和外部性物品情形下，11 个实验都达成了一致协议；在该机制的纯公共物品情形下，9 个实验达成了一致协议。私人物品的需求显示倾向（由私人物品的效率和价格来衡量，以及由公共物品的效率和总捐助来衡量）似乎低于公共物品。

由于以前报告的采用统一价格密封标价拍卖机制的实验提供的需求显示优于这里报告的私人物品实验，因此我们将二者的差异归因于本文研究的 EXTERN 下对私人物品实验施加的两个新条件或其中之一。这两个新条件是：一致同意和多单位个人需求。在私人物品实验中，由于拍卖中的试验性配置已经排除了潜在的买者，对否决的预期并不会引入排他性激励。它起作用是通过以下方式增强出低价的"合作性"激励：随着时间的推移，每一个出价者都会发现某些单位正被排除在外，因此他们会提高自己的出价。其他出价者也会这样行动，在随后的几轮实验中，剩余会不断降低。典型的集体可能很早就投票终止实验，而不是容忍情况变得越来越糟。因此，由于可实现的和潜在的效率确实有改进的倾向，并且某些效率较低（最后一轮）的情况发生于在前三轮内就达成协议的实验中，所以通过引入一个最小的实验轮数，比如 3 轮或 4 轮，效率改进是可能的。

EXTERN 的纯公共物品情形与以前实验研究中的公共物品拍卖机制是相同的。这里报告的结果只是对以前的实验结果的复制：在那些达成一致协议的实验中，拍卖机制提供了接近 Pareto 水平的公共物品数量。

私人物品需求显示不足的趋势会一致持续到外部性实验中。这个特征与低于 Pareto 水平的总消费（等于供给）提议一起导致外部性实验的效率既低于私人物品实验又低于公共物品实验。即使实验很早就终止，这种情形也会在市场价格与总捐助之和大大超过外部性物品单位成本的情况下发生。似乎"合作性"激励可以从纯私人物品拍卖中延续到外部性实验中。我们不清楚的是，为什么在过程终止的时候，第三部分的实验中有一些其剩余还在一直上升。这就是我们建议应该有一个最小实验轮数的原因（当然，我们认为这可能会改变激励）。我们完全可以去掉第一部分中的投票，但理论上，我们认为投票应该存在，因为它对于包含第一部分和第三部分实验的各个方面都是非常重要的。

那些施加 EXTERN 的其他制度体系还需要未来进一步的研究。我们需要设计新的实验来衡量一致同意规则和多单位报价在私人市场效率决定中的相对重要性。这些扩展应该在没有上文讨论的最小和最大实验轮数限制的情况下进行。在当前的实验中，我们刻意选择了与以前私人物品拍卖和公共物品拍卖实验相比规模较小的集体，我们的实验需要复制到规模更大的集体中进行。我们不得不再次强调一致同意规则的角色和相对重要性。尽管我们觉得诱导出偏好的附加分离性（additive separability）对于很多现实外部性情况是适当的（至少作为一种商品来讲是较为接近的），但未来研究的一个重要课题就是对该假设的外部性制度进行稳健性检验。

参考文献

Belovicz, M. : Sealed‐bid Auctions: Experimental Results and Applications. In *Research in Experimental Economics* (ed. V. Smith)，Vol. 1，pp. 279 - 338. Greenwich, 1979.

Cox, J., Smith, V. & Walker, J.: Expected Revenue in Discriminative and Uniform Price Sealed-bid Auctions. In *Research in Experimental Economics* (ed. V. Smith), Vol. 3, JAI Press, Greenwich (forthcoming).

Dubey, P. & Shubik, M.: A Strategic Market Game with Price and Quantity Strategies. *Zeitschrift für Nationalokonomie* 40, 25 – 34, 1980.

Groves, T. & Ledyard, J.: Optimal Allocation of Public Goods: A Solution to the Free Rider Problem. *Econometrica* 45, 783 – 809, May 1977.

Miller, G. & Plott, C.: Revenue from Sealed – bid Auctions: Experiments with Competitive and Discriminative Processes. In *Research in Experimental Economics* (ed. V. Smith), Vol. 3, JAI Press, Greenwich (forthcoming).

Smith, V.: Experimental Studies of Discrimination versus Competition in Sealed – bid Auction Markets. *Journal of Business* 40, 58 – 84, Jan. 1967.

Smith, V.: Incentive Compatible Experimental Processes for the Provision of Public Goods. In *Research in Experimental Economics* (ed. V. Smith), Vol. 1, pp. 59 – 168. Greenwich, 1979a.

Smith, V.: An Experimental Comparison of Three Public Good Decision Mechanisms. *Scandinavian Journal of Economics* 81, No. 2, 1979b.

Smith, V.: Experiments with a Decentralized Mechanism for Public Good Decisions. *American Economic Review* 70, 584 – 599, September 1980.

Smith, V., Williams, A., Bratton, K. & Vannoni, M.: Competitive Market Institutions: Double Auctions vs. Sealed Bid – offer Auctions. *American Economics Review* 72, 58 – 77, March 1982.

第四部分

拍卖和机制设计

导　论

　　拍卖理论在很大程度上代表了 20 世纪后半叶以来经济学和博弈论理论中最重要的发展。由于没有解决交换机制和交换过程的问题，正如一般均衡理论一样，博弈论涉及的大部分研究还不能进行实验研究。但是，拍卖建模是以备选拍卖机制的分配和信息规则为基础的，经济人和经济人信息之间的区别、环境因素的作用（投标人的数量、定义价值和成本的概率分布参数等）、参与者期望和参与者最大化行为的假设等都是明确加以界定的。在所有备选拍卖机制都等价的情况下，这种不受机制约束的特性不是作为一个暗含的定义给出的，而是作为一个定理推导出来的。拍卖理论不仅仅是从博弈论的扩展形式开始，更是从我们在经济中观察到的多种扩展形式开始（可能下文所述的荷式拍卖是个特例）。所以，它可以通过最小范围的经验解释引导实证检验项目，也就是 Lakatos 所说的"初始条件"和 ceterus paribus 条款。在十分严格的"边界"实验中，不可避免地出现了理论失效，这时更容易看到实验中到底是哪部分理论出现了问题，并且知道需要在哪里对理论加以改进。正是由于这些原因，William Vickrey 开始于 1961 年的探索研究才具有非同寻常的意义。这方面的研究才刚刚起步，具有相当的潜力。

　　在这一部分的论文中，我和我的合著者介绍了自 1977 年以来的实验结果以及我在写此文时的一些进展。第 25 篇是第一篇也是唯一考察四种基本拍卖形式的文章。在整个时期中，实验室的"测量"或检验一直与理论的发展相互融合，特别是一级价格单一标的物拍卖和歧视性的多标的物拍卖。这一领域中一个重要的基础模型是 John Ledyard 在一级价格拍卖中建立的，他提出对于常数相对风险厌恶型（CRRA）经济人的均衡出价函数，价值服从几何分布（rectangular distribution），即 $b_i = (N-1)v_i/(N-1+r_i)$。这为在策略拍卖中出价的一级非合作均衡模型奠定了基础，即允许存在异质的出价者——而对于我们开始于 1997 年的几个实验，这正是数据对理论所要求的一个特性。接下来我们发现，与最高出价 $\bar{b}_i$ 相对应（这个价格是由最不厌恶风险的出价人提出的），这个出价函数只适用于其非负部分中小于 $\bar{v}_i$ 的值。如果最不厌恶风险的出价人是风险中性的，则 $\bar{b}_i = (N-1)\bar{v}_i/N$。这方面的理论和很多新实验我们会在第 26 篇文章中介绍。此后，我们将 CRRA 的非合作模型扩展到多标的物拍卖，在多标的物歧视性拍卖中，N 个竞价者每人都最多对 $Q(<N)$ 个标的物中的一个进行竞价。我们将在第 28 篇文章中介绍这个模型以及大量多标的物拍卖模型。在这些模型（$N>Q>1$）中，出价函数在均匀分布条件下是非线性的，而且我们不会看到参与者的线性出价行为。这个结果实质上扭曲了一个假设，即线性出价行为在某种程度上是以出价者的"有限理性"形式出现的，尽管有时这个观点不被正式提出来（很明显，"有限理性"的实质问题是如何或以哪种方式产生良好定义的可测预期）。在第 30 篇文章中，我们把 $Q=1$ 时的 CRRA 纳入对数凹效用函数一类，在对数凹效用函数中的每个个体由 $M-1$ 个参数定义（还应包括他的价值参数 v_i）。我们在这篇文章中发现，线性预测出价函数的齐次特性在 22% 的情况下是不成立的，所以我们将常数相对风险厌恶模型扩展至包括一个"获胜"（非货币）效用和一个"初始效用"。这个新模型中的一些经验结论在新的实验中得到了检验。

在这个拍卖研究项目的早期阶段，我们发现，荷式拍卖和一级价格拍卖是不等价的（见第 25 篇和第 26 篇文章）。我们设计了两个模型来说明这种非等价性（第 26 篇和第 27 篇文章），并将这两个模型正式化。在第 27 篇文章中，我们设计并进行了一个检验来区别这两个模型。在我们的研究中，在特定参数条件下，荷式拍卖和一级价格拍卖的不同质对于我们来说并不意外。荷式拍卖机制要求荷兰钟具有两个自由参数：钟的初始价格和出价随着真实时间下降的速度。荷式拍卖假定这些参数是无关的，因而忽略它们。我们的研究显示，如果荷兰钟的速度被加快到足够大，则荷式拍卖中的平均价格可能会比一级价格拍卖的平均价格高（与原来的结论相反）。在实际拍卖中，荷兰钟走得很快，所以参与者在哪个价格上停止该钟都会有一定的不确定性。事实上，Boulding 最初做出猜想（见第 25 篇文章），即拥有最高估价（价值）的出价者在价格跌至或刚刚跌破他的需求价格时便会停止荷兰钟，这一猜想对非常快速的荷兰钟的结果有着预示能力。

如同语言一样，交换机制与产权机制并不是某人思想或逻辑实验的产物，而是几代人通过不断试错过滤、数千个想法结合后的产物，从而使这些安排与其他安排相比在某种程度上是最好的或更好的。我们能不能有意识地设计一个新的更好的产权交换机制呢？是否有人足够了解或理解机制成功的因素，从而对这个问题给出一个肯定的答案？我们有理由对此表示怀疑。然而，不可否认的是，在 20 世纪最后的二十几年里，我们对激励机制的抽象理解和经验理解有了显著进展。我们所欠缺的是来自练习、实验、失败方面的理解，以及从结果中学习。（这种练习可以使人获得 N. R. Hanson 所谓的对事情"去向"的理解。）比我们分析中的不完善之处更加重要的可能是以下事实：我们不愿意让我们的设计被重新构建，尤其是被那些在结构不完善、未设计好的环境中运行的"机会-成本"挑战而重新构建。

实验室实验能否帮助我们设计新的和更好的交换系统呢？现在还不能给出确定的答案。既然实验室实验允许我们研究交换机制的激励和行为特征，我们就有理由假设这些实验能够以较低的成本为我们提供一部分练习的方法。有些人曾尝试用实验的方法来帮助评价那些产生混合、不确定以及有时无法预期到结果的新机制。下面我按照年代顺序介绍三个这方面的早期探索性研究。

在 1967 年的研究中，我转述了 Milton Friedman 的结论，他将常见的歧视性拍卖和竞争价格（统一价格）拍卖程序进行对比，开展了几个多标的物密封标价拍卖实验。这些实验结果为 Friedman 的观点提供了经验支持，即对于卖者来说竞争性拍卖会产生比歧视性拍卖更大的收益。在 Henry Wallich 担任美国财政部顾问期间，他曾使用这些实验数据说服财政部官员，给他们展示在一些领域进行两种类型的拍卖的优势。20 世纪 70 年代 16 个长期债券拍卖（10 个是歧视性拍卖，6 个是竞争性拍卖）的结果显示：在竞争的情况下财政收入会提高。这并没有导致财政政策的改变（我也不想争辩说一定要改变），在几年的时间里财政部官员一直不允许研究结果发表。然而，在竞争价格或统一价格拍卖中出售证券的思想（华尔街误称为荷式拍卖）迅速扩展到了私人部门。过程很简单：财政部进行竞争性拍卖实验期间，财政部的下属秘书后来成了埃克森的一名副主席，并在 1976 年初将这一方法引入债券发行。自从 1978 年起，这一方法每个星期都被花旗集团用于拍卖商业票据，所罗门兄弟则应用了这一方法的扩展形式（统一价格密封标价拍卖）来进行浮动利率优先股发行的定期重新安排。在这个过程中，实验的作用是引入新的机制，但是对它的采纳及扩展并不是政策的初始意图。

机制设计的一个"成功"案例是电台项目合作（SPC），由 Roger Noll 提出、美国非商业电视台网络使用。SPC（作为一个现场实验）开始于 1974 年，其间有少量的修正并一直持续下去。在 SPC 中，成员电视台的经理参与电脑程序化的决定机制。在每轮中，PBS 中心给每个电视台发送正在运行的节目（非排斥性）的特征和价格信息，并接收每个电视台愿意购买的节目的清单，其中购买价格（成本比例）由电视台的"支付能力"（其预算和服务人数的加权平均数）与在上一轮中选择这一项目的所有其他电视台的总和的比值决定。当一个项目没有电视台愿意以不低于开价的价格购买时，该项目就被抛弃。最初的几个 SPC 实验进行了大约 12 轮。从理论上讲，这一方法既不是有效的，也没有显示需求。但是在实践中，这个方法效果明显，且错误显示的战略很难通过并成功实施，于是被普遍认可的配置方式就实现了。

在 20 世纪 70 年代后期，Robert Forsythe、John Ferejohn 和 Roger Noll 进行了一系列实验在实验室中复制 SPC 实验，并将其与两种试图改进 SPC 实验效率的备选机制进行对比。尽管在 SPC 实验中，效率的均值仅为潜在剩余的 40%，但两个备选机制的结果更差，而且它们要比 SPC 实验花费更长的时间才能得出结论。

实验性机制设计的第三个例子对公共政策已经有着不公正的历史和影响。随着航空系统撤销管制，很明显，机场进入权的配置——起飞和着陆的跑道权——需要重新估价。David Grether、Mark Isaac 和 Charles Plott（GIP）运用实验室实验来研究机场跑道权的配置，包括在撤销管制之前应用的一致同意规则下委员会委派的方法。他们建议对每个机场的可使用数量按每个时间段，采取与前面所述的财政部和实验室实验一样的方法，以同时竞争性（同一）价格密封出价拍卖的方式出售该项权利。然后销售市场的公开买卖机制会使每个航空公司交易不同机场航线的相容组合，来支持他们的多城市服务日程。在 GIP 机制设计的基础上，我们（Steven Rassenti、Robert Bulfin 和我）提出并用实验检验了一个"组合拍卖"计划（第 30 篇文章）。我们意外地发现了跑道时间段作为商品的异常特性：它们作为独立商品没有任何使用价值，只有在那些服务不同的可行航线的组合中才有需求。我们设计了一个"精巧的"电脑支持的拍卖，在这个拍卖中竞价者对需求的组合提交出价（如果有预算约束的话，竞价者对组合确定的线性约束为"要么 X 要么 Y，但不能两者"，或者"在 Y 的条件下才有 X"）。然后，电脑在给定的组合出价之间配置时间段，以最大化所有时间段的（显示出价）市场价值。我们的机制在组成元素的边际价值（"影子价格"）上为每个组合定价。因此，竞价者一般都支付比他们的出价更低的价格，于是他们也就有动机去显示需求。实验结果显示，事实上显示需求的效果是不错的（在实验中使用有经验的参与者时效率可以达到 99%）。

在这之后对配置机场权利机制设计的努力尽管有一些实验验证方面的进展，但大多数还是停留在学术讨论范围内。多年以来，即使在航线的初始拥有者被授予不追溯条款的前提下，对于跑道权市场也一直存在政治方面的障碍。即使在这一限制被解除一段时间后，所允许的也仅仅是时间段与时间段之间的交换。Charles Plott 与客运机构一起进行这些时间段的交易，并寄希望于原始 GIP "市场后"的实验方法。但是一个无约束地使用电脑对组合方面进行检验的市场还没有发展起来。跑道权作为一种战略资产，可能会被长期持有。因而，跑道权市场可能会在一段时间内表现得太分散和不活跃，以至于持续活跃市场中的组合概率优势得不到充分利用，但是时间段交易的概念现在已经纳入行业和政府的考虑之中了。在未来，新的机场和机场扩充的容量可以选择通过直接出售增加的跑道权来获取资金。同时，组合拍卖与大量商品属于一类，其特征是组合价值超过单个价值之和，其他方面的应用可以通过推断得到。

组合拍卖是计算机支持的"精巧的"交易机制的第一个例子。在这些机制中，经济参与者提交给派遣中心自愿支付的报价或自愿接受的买价，在这一前提下，计算机按照设计好的算法运算，最大化交易中的"剩余"或收益。中心承担着类似纽约证券交易所在证券市场中的作用。然后，这些机制的效率、价格及动态表现都会由实验评价，并与备选机制进行对比。计算机支持的交易机制的其他例子是由 Stephen Rassenti、Kevin McCabe 和我开发的。其中一个是在无管制的分散电力网络中，对电力资源的价格和配置的拍卖市场。另一个是对天然气管道网络的拍卖（见第 31 篇文章）。在天然气网络拍卖应用中，批发买者对运输的天然气按照确定的地点提交报价表，矿井拥有者对生产的天然气按照确定的地点提交卖者报价表，管道拥有者对运输容量按照确定的路径提供价格表。电脑运行一个线性程序，该线性程序可以使得每处资源、每个交货地点及每条运输渠道的非歧视性价格和天然气流量产生最大剩余。在上述情况中，每个经济人都从事他最擅长的：向派遣中心提供分散的信息，该信息是关于他们各自情况的私人信息，反映在自愿买卖的报价表中。计算机也从事它最擅长的工作（同时给出回复）：运行对等并运用非歧视性和有限制的（从这个意义上讲，是公正的）方法，使效率达到最大。这样做的目的是将分散的信息优势和集中的对等优势加以组合。

McCabe、Rassenti 和我还开发了许多交易机制，这些交易机制是对古典的荷式拍卖和英式拍卖等单一标的物拍卖的新的扩展。例如，多标的物的英式和荷兰钟拍卖是对相应的单一标的物拍卖的单边一般化，在单一标的物拍卖中所有的合约都是在单一的非歧视性价格下执行的。这些综合机制的进一步扩展是双边多标的物拍卖，在这种拍卖形式中，买卖双方在交易的价格制定过程中都是活跃的，即双重的荷式和英式拍卖机制均使用两个价格交换钟，并在非歧视价格下产生多标的物交易。

英式拍卖、荷式拍卖和密封出价拍卖中的激励和行为 *

维姬·科平格 ** (Vicki M. Coppinger)
弗农·史密斯 *** (Vernon L. Smith)
乔恩·提图斯 **** (Jon A. Titus)

在英式和荷式口头拍卖、一级价格拍卖和二级价格密封拍卖中，我们对现金驱动出价者的估价使用不同的指标方法，并与 Pareto 最优和价格行为进行对比。Vickrey 关于英式拍卖、荷式拍卖以及二级价格拍卖的均值和方差的命题并没有被数据否定。一级价格拍卖中的个体行为和价格在很大程度上偏离了 Vickrey 的 Nash 假设。从行为上讲，英式拍卖和二级价格拍卖是同质的，而荷式拍卖和一级价格拍卖是同质的。

拍卖存在的证据始见于古巴比伦和罗马的历史中（Cassady，1976，pp. 26 - 29），拍卖至今仍然是一种重要的交易方式，应用于多种商品（Cassady，1976，pp. 16 - 19）。然而在经验和理论方面，似乎很少有对这些备选拍卖方式的行为特性的研究。拍卖方式的多样性表明，拍卖方式会影响交易成本或者交易价格。我们计划使用实验室实验的方法，对口头拍卖和密封出价（书面出价）拍卖等基本形式做一个扩展性的研究。本文对在这方面进行探索性研究的第一阶段的实验进行介绍。

I. 英式拍卖和荷式拍卖：理论与假设

口头拍卖最为普遍的两种形式是英国式的"上升出价"机制和荷兰

---

* 对于国家自然科学基金的支持，我们在此表示感谢。

** 亚利桑那州立大学。
*** 亚利桑那大学
**** 亚利桑那州立大学。

式的"下降出价"机制。[①] 从少量可利用的文献来看，对于英式拍卖价格结果的预期存在一个一致性的观点，而对于在荷式拍卖中可能出现的价格，则仁者见仁，智者见智。在讨论英式拍卖时，Boulding（1948，p. 41）、Vickrey（1961，p. 14）及 Cassady（1967，p. 67）的研究都表明，拍卖物将属于出价最高的竞价者，价格将比所有竞价者出价中第二高的价格稍高一点。这一结果存在争议，其之所以可以实现是因为各方自由出价，直到没有潜在买者愿意报出更高价格。于是，拍卖物便"敲定"给最想买的那个竞价者，敲定的价格比第二想买的竞价者的出价稍高一点。据 Vickrey（1961）对拍卖进行的深入分析，这一结果是 Pareto 最优的。[②]

在荷式拍卖中，出价开始于一个价格，这个价格高于任何一个竞价者想要支付的价格，然后这个价格由一个拍卖商（或一个机械钟装置）逐次降低，直到某一个竞价者接受最后发出的价格。Boulding（1948，p. 42）认为，在这个拍卖中，拍卖物将被卖给"最想买的竞价者，价格比他愿意的出价稍高一些，因为在这种情况下，最想买的竞价者并不知道其他竞价者会愿意支付什么价格"，并且"……每个竞价者都担心会有人抢在他前面"。类似地，Cassady（1967，p. 67）表明，在荷式拍卖中，"……如果需求价格最高的竞价者真的想要买到这件商品，他将会迫不及待地达到自己的标价，唯恐自己丧失这次中标的机会。因此他可能会以自己最高需求的价格或者接近的价格投标"。Vickrey（1961，pp. 14-15）发现，上述这种全值出价使出价者获得标的物的概率最大，尽管收益为零。最优决策要求个体权衡价格下降过程中增加的风险（错过获得标的物）和增加的收益（以更低的价格获得标的物）。因此，从技术角度讲，荷式拍卖是一个博弈，成交价格依赖于每个竞价者对估价的了解、评估以及其他竞价者的行为。荷式拍卖的价格必然低于竞价者对标的物的最高估价，但不必然高于第二或第三迫切的竞价者的估价。事实上结果不一定是 Pareto 最优的，因为可能发生这种情况：最迫切的竞价者可能会等待，直到下降至第二高的估价以下，这样这项标的物就落入了第二迫切的交易者手中。

[①] 看起来英式的上升出价拍卖是罗马历史中最重要的拍卖形式，据 Cassady（1967，p. 28）记载，"拍卖"（auction）一词来源于拉丁语词根"auctus"，意为"上升"。

[②] 又见 Loeb（1977）对 Vickrey 重要文章的讨论，Vickrey 的文章是关于近期的资源配置激励相容机制方面的文献。

在 Nash 均衡、期望效用最大化及对称期望（即每个竞价者都假设所有竞价者的估价都是由一个平均概率密度生成的）的假设下，Vickrey（1961，pp. 14 - 20、pp. 29 - 37）对比了英式拍卖和荷式拍卖：在这种特殊的情形下两种拍卖形式的平均价格是相同的，但是英式拍卖中的价格方差要比荷式拍卖中的价格方差大。特别地，Vickrey 发现在荷式拍卖和英式拍卖中价格均值为 $m=(N-1)/(N+1)$，其中 N 是竞价者的个数，每个竞价者的估价都服从 $[0，1]$ 区间的矩形密度分布。

类似地，荷式拍卖下的价格方差是 $V_d=(N-1)^2/[N(N+1)^2(N+2)]$，英式拍卖下的价格方差是 $V_e=2(N-1)/[(N+2)(N+1)^2]$。

通过上述考虑，我们对实证检验做如下假定：设 P_e 为英式拍卖价格，P^0 为"最优"价格（定义为竞价者中第二高的估价），P_d 为荷式拍卖价格。那么，如果 $p_e=P_e-P^0$，$p_d=P_d-P^0$，我们假设：

H_0：$p_d^*=0$，$p_e^*=0$，其中 $p_e^*=E(P_e-P^0)$，$p_d^*=E(p_d-p^0)$。

H_1：$P_d^*=P_e^*=m$，其中 $P_d^*=E(P_d)$，$p_e^*=E(p_e)$。

H_2：$\text{Var}P_d=V_d<V_e=\text{Var}P_e$，其中 m、V_d 和 V_e 的定义同上文。

如果荷式拍卖和英式拍卖是两种等价的机制，并且都可以近似为 Pareto 最优结果，则我们将不能拒绝零假设 H_0，即在任一机制下价格与第二高的估价的离差服从均值为零的分布。无论用何种方法来配置个体的估价，这都可以作为所有实验中一个通用的假设。

如果 Vickrey 的假设和分析成立（即线性效用、齐次期望和个体估价均匀分布），我们将不能拒绝零假设 H_1，即荷式拍卖的价格和英式拍卖的价格服从同均值 m 的分布。如果由于 $p_d^*>p_e^*$（或 $P_d^*>P_e^*$），那么拒绝 H_0（或 H_1）假设，荷式拍卖比英式拍卖对于卖者来说更有利，这支持了上述 Boulding 和 Cassady 的观点；如果由于 $p_d^*<p_e^*$（或 $P_d^*<P_e^*$），则拒绝 H_0（或 H_1）假设，对于卖者来说荷式拍卖比英式拍卖更不利，这与 Vickrey 和 Boulding - Cassady 的观点相悖。然而，研究发现 $p_d^*>p_e^*$（或 $P_d^*>P_e^*$）与 Vickrey 模型的风险厌恶假设不一致。从而，在荷式拍卖中，相对于最大化期望收益而言，如果竞价者最大化收益的期望（凹）效用可以补偿他们接受较高成交价格（追求较低的、更加确定的价格）的风险，就会使荷式拍卖的相对价格 p_d^* 提高。在英式拍卖中，风险厌恶对期望价格 p_e^* 没有效果，因为第二高的估价是一个占优策略均衡（Loeb，1977）。最后，如果我们不能拒绝假设 H_2，这就支持了 Vickrey 的理论，否则其理论就不被实验观测的方差特征所支持。

Frahm 和 Schrader（1970）使用实验方法比较了英式拍卖机制和荷式拍卖机制。他们的实验是一个更加复杂的多标的物连续拍卖模型（Vickrey，1967，pp. 24 - 26），模型中竞价者对待售的同质商品有私人引致需求表、每次拍卖一单位的商品且待售商品数量已知。Frahm 和 Schrader 发现，英式拍卖下的价格方差显著大于荷式拍卖下的价格方差，因此支持 Vickrey 的假设。他们还发现，$p_e^* > p_d^*$ 在配对比较中具有统计显著性，而在二次比较中就不再显著。

Ⅱ. 英式拍卖和荷式拍卖：实验设计

这里，我们准备考察单一标的物的口头拍卖。总共有 48 个被试参与了 6 局实验，每局实验有 8 个竞价者。

表 1 列示了每局实验的处理方式（拍卖类型）。第一局拍卖实验由 10 个英式拍卖组成，第三局拍卖实验由 10 个荷式拍卖组成。在第二局拍卖实验中，先是 5 个英式拍卖，然后是 5 个荷式拍卖，后面再有 5 个英式拍卖。第四局拍卖实验的顺序是 5 个荷式拍卖、5 个英式拍卖、5 个荷式拍卖。实施这种"转换设置"顺序是描述更加可信的结论的一种有用的实验技巧，这样观察到的结果受处理方式的影响，而不仅仅受样本差异和其他不确定因素的影响。效果的管控取决于将相同的目标样本置于两个不同的处理过程当中得出的差异。可以通过以下方法来检验学习效应或其他"滞后"效应：改变初始处理方式，然后转回这种方式，以及通过采取不同的次序来复制处理方式（Battalio et al.，1973，pp. 421，426）。在每个阶段，如果某人 i 中标，他的净收益是 $V_i(t)$ 减去拍卖 t 的中标价格（加上 5 美分），因此每个竞价者都希望中标，从而对标的物产生需求。在每个拍卖中，当这些价值（即"转售价值"）按降序排列成等差数列时，公差是 1.5 美元。然而，由于一个参数"伪装"成常量的原因，这些数列各不相同，而每局中 8 个被试的估价序列是随机指定的。通过使用同样的估价序列，那些可能影响特定序列的因素得到了一定程度的控制。每个实验被试都获得一张说明和一张记录表。[①]每个被试的收益都随着所有拍卖的进行而累积，并在实验结束后以现金

---

① 感兴趣的读者可以给写信给 V. Smith 来获得附录的副本，该附录包括在代表性实验中使用的估价、实验说明和记录表格。

形式支付。每个被试都只得到关于自身估价参数的信息，并且这些信息是私人的（非公开信息）。[①]

表 1　　　　　　　　　　　拍卖数（按实验局数和拍卖类型分类）

实验局数 ＼ 拍卖类型（按顺序）	荷式	英式	荷式	英式
1		10		
2		5	5	5
3	10			
4	5	5	5	
5		12	12	12
6	12	12	12	

　　每个时段拍卖实验都以口头叫价形式进行。每个实验开始时都是由实验者指定一个预先设定的初始价格。为了刺激活跃的竞价者踊跃竞价，每个英式拍卖时段的起始价位是低于最低估价 1.5 美元的某个价位；每个荷式拍卖时段中，起始价位是高于最高估价（转售价）2.00 美元的某个价位，而且要价以每 7 秒下降 0.5 美元的速度下降。如果两个竞价者的出价相同，则以掷硬币的方式来决定谁是中标人。当然，初始价和价格变动幅度都必须被认定为设置变量。无论它们会产生什么样的影响，它们在实验过程中都要么是随机的要么是保持不变的。这里我们假设它们保持不变。

　　为了检验 Vickrey 的假设 H_1 和 H_2 以及考察第 1～4 局拍卖结果的稳定性，我们通过使用不同的被试、均匀分布、增加拍卖时段来复制第 2 局和第 4 局拍卖实验。第 5 局是对第 2 局的复制，差别在于：依次由

---

① 如果不是多数市场都使用口头拍卖机制，我们把这种个体估价的私人性看作最重要的特征之一。Cassady（1976，pp. 150 - 151）列举了一些激进的例子来支持这一点。因此，在 Rembrandt 的 "Titus" 拍卖中，Norton Simon 与拍卖商签署了一份详细的协议，旨在阻止其他竞价者获取关于他何时报价及报价数额的信息。"当 Simon 先生坐着时，他是在报价；如果他公开报价，他是在报价；当他站起来，他就停止了报价。如果他又坐下了，那么除非他举起了他的手指，否则他不是在报价……"（Cassady，1976，p. 151）。结果是拍卖商忘记了这个程序，并在 Simon 先生出价前就把这幅画敲定给了另一个竞价者，而实际上 Simon 先生是估价最高的竞价者。

12 时段英式拍卖、12 时段荷式拍卖、12 时段英式拍卖组成。类似地，第 6 局是对第 4 局的复制，由 12 时段荷式拍卖、12 时段英式拍卖、12 时段荷式拍卖组成。在第 5 局和第 6 局中，8 个被试的估价是从含有 100 个元素的集合 {0.10 美元，0.20 美元，…，9.90 美元} 中随机抽取的。我们还忽略了在第 1～4 局实验中支付的 5 美分的佣金。

Ⅲ. 英式拍卖和荷式拍卖：实验结果

A. 第 1～4 局。图 1 至图 2 描绘了这 4 局拍卖实验的差值 $P(t)-P^0(t)$，其中 $P(t)$ 为第 t 时段英式拍卖或荷式拍卖实验的成交价格，$P^0(t)$ 为第 t 时段拍卖实验的第二高价格（英式拍卖的理论价格）。从图中可以看出我们实验设计参数的一些特性：（a）英式拍卖和荷式拍卖是两种不同的定价机制；（b）荷式拍卖的成交价格比英式拍卖的成交价格低。表 2 列示了每个时段和每种拍卖类型下 $P(t)-P^0(t)$ 这一差值的均值和方差。总体来看，荷式拍卖的成交价格比第二高的估价要低 0.8～1.50 美元（指定的估价公差是 1.50 美元）。因此，与第二高的估价相比，荷式拍卖的成交价格更接近第三高的估价。英式拍卖的成交价格在低于第二高的估价 0.50 美元到高于第二高的估价 0.45 美元之间变化。

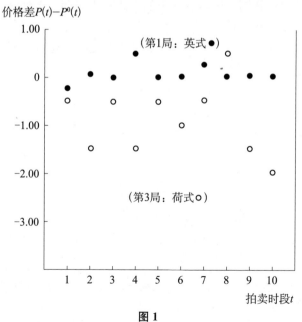

图 1

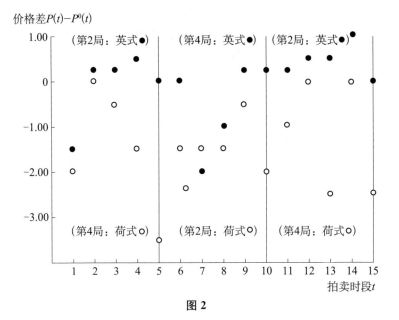

图 2

4 局荷式拍卖的不同价差的混合均值为 $\overline{p_d} = -1.14$，而英式拍卖的混合均值为 $\overline{p_e} = 0.012\,4$。$H_0$ 的 t 检验结果为：$t_d = -5.09$，$t_e = 0.096$，要求我们拒绝"荷式拍卖价格与最优价格没有差异"的零假设，而对于英式拍卖则接受这个零假设。

列出的 4 局实验中共计有 50 个拍卖时段。除了 5 个时段以外，其他时段的拍卖均是 Pareto 最优的，即，在这 45 个时段中，标的物归属于出价最高的买者。而非 Pareto 最优的 5 个时段包含 1 个英式拍卖（第 1 局第 1 时段）和 4 个荷式拍卖（第 2 局第 7、8、9、10 时段）。这 5 个时段中标的物归属于出价第二高的买者。以 Pareto 最优拍卖占的百分比作为衡量效率的方式，荷式拍卖中 84% 有效，而英式拍卖中 96% 有效。

在一系列早期的实验中（Smith，1964），有一个已经对同质的多标的物口头拍卖（每次成交一单位的标的物）和单边拍卖（只有买者可以进行买价竞价或只有卖者可以进行卖价竞价）加以对比。在双向口头拍卖中，任一买者都可以对一单位的标的物自由出价竞拍，并且任一卖者都可以接受任一买者的出价而达成交易。类似地，任一卖者都可以自由报价竞拍，并且任一买者都可以接受这个要价。在竞价拍卖（bid auction）中，买者只能出价，卖者则只能自由接受任意一个出价或保持沉默。人们发现，单边拍卖对于沉默的一方更有利。所以，在卖者要价竞拍中，买者在成交前一直保持沉默，直到卖者的要价低于竞争性的市场出清价格。我们荷式拍卖的结论与上述的卖者要价竞拍一致。尽管这两种机制存在重要区别，但两者仍然有一些相似的特征。例如，当卖者降低要价的时候，买者没有办法知道这个过程会持续多久；每个买者不仅要关注其他买者在自己之前敲定价格的可能性，还要关注卖者停止降低要价的可能性。在荷式拍卖中，拍卖规则规定，成交前要价不断下降。很明显，这些区别不足以改变主要结论，即，要价拍卖（offer auction）和荷式拍卖（个体的估价按照相同间隔分布）的成交价格低于竞争性拍卖（或英式拍卖）。

B. 第 5～6 局。为检验 Vickrey 提出的在同期望条件下的原假设 H_1 和 H_2，我们设计了第 5 局和第 6 局拍卖实验，其结果见表 2、表 3 和图 3。前面已经看到，在（人为指定的）具有相同间隔估价的第 1～4 局拍卖实验中，荷式拍卖的成交价格显著地低于英式拍卖；但在估价随机取自区间 [0.1 美元，10 美元] 的第 5 局和第 6 局拍卖实验中没有呈现出这一明显趋势。将图 1 和图 2 与图 3 进行对比不难发现，指定"估价"是影响荷式拍卖成交结果的一个重要因素，但对于英式拍卖而言，由于在所有实验中其成交价格几乎都是接近于最优价的，因此指定"估价"的方法对于其成交价格的影响并不明显。通过对比表 2 中第 1～4 局和第 5～6 局实验的价差均值，这一结论可以得到进一步的证实。使用价差的混合均值和方差来对 H_0 进行 t 检验，得到 $t_d = 0.81$，$t_e = 0.07$。在两种机制下的实际成交价格都没有显著偏离最优价格。

表2　价差 $p = P(t) - P^0(t)$ 的均值和方差（按实验局数和拍卖类型分类）

实验局数	拍卖类型（按顺序）	荷式	英式	荷式	英式
1	均值		0.106		
	方差		0.029 5		
2	均值		−0.10	−1.40	0.45
	方差		0.643 7	0.30	0.137 5
3	均值	−0.80			
	方差	0.677 8			
4	均值	−1.50	−0.50	−1.20	
	方差	1.875	0.968 8	1.575	

续前表

实验局数	拍卖类型（按顺序）	荷式	英式	荷式	英式
5	均值		0	0.233	0.038
	方差		0.003 6	1.598 8	0.016 0
6	均值	0.383	0.017	−0.050	
	方差	3.19	0.032 0	0.764 5	

表3　　　　　第5局和第6局中成交价格 $P(t)$ 的均值和方差

实验局数	拍卖类型（按顺序）	荷式	英式	荷式	英式
5	均值		7.08	7.83	7.688
	方差		3.272	1.515	2.704
6	均值	7.42	7.68	7.67	
	方差	1.083	1.627	0.469 7	

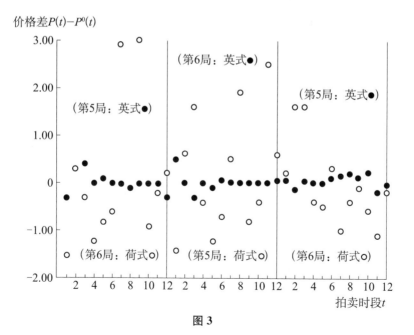

图3

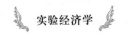

表 3 记录了检验 H_1 和 H_2 所需的数据，从中可以看出荷式拍卖的平均成交价格与英式拍卖的平均成交价格具有相等的趋势，同时荷式拍卖成交价格的方差严格小于英式拍卖成交价格方差的趋势更加严格。我们将三区段的实验局与英式拍卖和荷式拍卖的平均成交价格进行对比发现，在第三区段的平均成交价格几乎一致，英式拍卖和荷式拍卖均值收敛表明存在学习效应。表 3 中荷式拍卖实验成交价格的混合方差为：$S_d^2 = 0.994$，英式拍卖实验成交价格的混合方差为：$S_e^2 = 2.444$。这两者的差异是显著的，从而为 Vickrey 模型提供了有力的证据。但是更为有趣的是 H_2 的 χ^2 检验和 H_1 的 t 检验，由于 $N=8$ 且第 5 局和第 6 局竞价人的估价是随机取自区间 [0.1 美元，10 美元]，我们得到荷式拍卖成交价格的理论方差为 $V_d = \dfrac{(N-1)^2 \times 10^2}{N(N+1)^2(N+2)} = 0.756\,2$，英式拍卖成交价格的理论方差为 $V_e = \dfrac{2(N-1) \times 10^2}{(N+2)(N+1)^2} = 1.728\,4$。荷式拍卖实验成交价格的混合方差 S_d^2 与理论方差 V_d 没有显著性差异 $\left(\text{即} \dfrac{fS_d^2}{0.756\,2} = 46 < \chi_{0.975}^2 = 53\right)$。类似地，英式拍卖成交价格的混合方差 S_e^2 与理论方差 V_e 的差异也不显著 $\left(\dfrac{fS_e^2}{1.728\,4} = 48 < \chi_{0.975}^2\right)$。然而，上述两种情况都是样本方差大于理论方差，而且差异与显著性的标准都比较接近（$\alpha = 0.05$）。

根据第 5 局和第 6 局拍卖实验的条件，利用荷式拍卖和英式拍卖的理论成交价格 $m = \dfrac{10(N-1)}{(N+1)} = 7.78$，可以对 H_1 进行检验。从表 3 中，我们得到荷式拍卖成交价格的混合均值 $\overline{P_d} = 7.639$，与理论值 7.78 没有显著差异（$t_d = -0.83$）；英式拍卖成交价格的混合均值为 $\overline{P_e} = 7.496$，与理论值 7.78 也没有显著差异（$t_e = -1.06$）。上述结果为 Vickrey 的同质荷式拍卖和英式拍卖模型提供了强有力的支持。

在第 11 局和第 12 局的 36 个荷式拍卖时段中有 28 个时段的中标者是拥有最高估价的竞价者，因而荷式拍卖的 Pareto 效率为 77.8%。然而，36 个英式拍卖时段中有 35 个时段是 Pareto 最优的，其效率为 97.2%。

Ⅳ. 密封标价拍卖：理论与假设

如同我们在前面所讨论的英式拍卖和荷式拍卖领域一样，Vickrey

（1961）和 Cassady（1976）在密封拍卖理论方面所做出的贡献也是最为丰富和突出的。Vickrey（1961，P20）认为："……通常意义上的招标即成交价格是最高的出价，是与荷式拍卖等同的……因此对这个方法的动机、策略以及结果都可以采用与荷式拍卖完全相同的方式来进行分析。"Vickrey 还研究了与 Pareto 最优的英式拍卖等同的密封拍卖方式，其言论支持以下观点：投标通常被理解为出价最高者获得标的物，但是成交价格往往是第二高价。在这种方式下，我们不难发现，报价等于估价是占优均衡策略，因为这可以使中标的可能性达到最大，而收益（或成交价格）只依赖于其他独立竞价者的出价。

事实上 Vickrey 独创的"二级价格"方法在很多年前就已经由 Jocob Marschak 提出来了[1]，不过是以另一种不同的方式提出的。Marschak 的方法是让卖者对其拍卖标的物进行秘密的要价，并且这项拍卖标的物只有在买者的出价高于卖者的要价时，才会卖给出价最高的（一个）买者。使用 Vickrey 的逻辑方式，我们可以将 Marschak 的版本一般化为 N 个买者的情形，即 N 个买者中的每一个都有动机全值报价（即报价等于估价）来使得其报价超过卖者（未知的）要价的概率最大。拍卖标的物将会以卖者的要价卖给报价最高的竞价者。

Marschak-Vickrey 的密封出价拍卖非常接近于一个"综合机制"[2]。Cassady 通过精心研究发现，只有一种机制，即所谓的"预定出价"（book bidding），在特殊的情形下可以简化为一个二级价格密封拍卖（Cassady，1976，pp. 152 - 153）。在一些英式拍卖（比如伦敦邮票拍卖）中，一个不能出席现场的买者可以事先交给拍卖商一个书面形式的最高出价，然后拍卖商对任何一个较低的口头形式的出价从低价起按照一个标准的增量（比如 1 美元）提高。在两个最高的预定出价超过最高的低价的情况出现时，拍卖商将拍卖标的物敲定给出价最高的竞价者，价格为第二高的预定价格加 1 美元。然而，当提到 Marschak 方法时，我们有时会把它看作一种市场规则，在这种规则下，卖者对自己的拍卖物不能进行报价投标（Cassady，1976，p. 31）。

---

[1] Marschak 为了简化全值出价拍卖，在访问哈佛大学时与一些研究生以非正式讨论的形式提出了他的方法。当时在场参与的 Smith 最近给他写信，确认这件事及其时间。Marschak（1976）在回信中写道："不好意思拖了这么久才回复你关于 1953 年在哈佛那些美好时光的问题，那时我们还很年轻。谢谢你对于那次偶然事件的善意的提醒。"

[2] Charles Plott 曾经指出"综合机制"一词是由社会科学家提出的，而没有任何的历史实践。

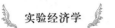

Vickrey 对密封出价拍卖构建了三个基本假设。令 P_1 为一级密封拍卖的成交价格（即最高报价），P_2 为二级密封拍卖的成交价格（即次高报价），P^0 为如前所述的（英式）理论最优价。如果 $p_1 = P_1 - P^0$，$p_2 = P_2 - P^0$，则

H_0'：$p_1^* = 0$，$p_2^* = 0$，其中 $p_1^* = E(P_1 - P^0)$，$p_2^* = E(P_2 - P^0)$。

H_1'：$P_1^* = P_2^* = m$，其中 $P_1^* = E(P_1)$，$P_2^* = E(P_2)$。

H_2'：$\mathrm{Var} P_1 = V_1 < V_2 = \mathrm{Var} P_2$，其中 $V_1 = V_d$，$V_2 = V_e$。

如果荷式拍卖与一级密封拍卖等同，英式拍卖与二级密封拍卖等同，则对于前面第 5 局和第 6 局拍卖的实验结果，我们不能拒绝上述三个原假设 H_0'、H_1'、H_2'。如果 Vickrey 的同质性假设不能成立，也许可以这样来解释：荷式拍卖与一级密封拍卖、英式拍卖与二级密封拍卖在信息特征上存在差异。因此，在一级价格书面形式的拍卖中，参与者必须根据拍卖的规则，并以对其他人以前估价或策略的信息为基础，做出一次性的报价。但是在荷式的口头（或时钟）拍卖中，从一个初始价格开始，然后持续降低价格，每个参与者都可以通过每轮中没有成交而导致的价格下降来积累信息。理论上讲，在 Vickrey 假设下，这种信息没有什么实质作用。也就是说，如果每个参与者都假定估价服从均匀分布，并且每个参与者都是 Bayes 信息处理者，则在某一价位上，"没有竞价者接受价格并成交"这一信息并不是新信息，因为（平均上讲）没有竞价者会认为成交会发生。但是这些条件可能在实际应用时会失效。

类似地，在英式口头拍卖中，每个参与者都会通过观察上升的报价水平来积累信息，判断自己是不是一个活跃的买者。这一信息会促使他以估价报价。但是在二级价格书面形式拍卖中，每个参与者只进行一次报价，只有在他可以推断（或认识到）以估价报价是占优策略时，他才会选择以估价报价。

这些信息上的区别可能会产生行为上的区别，进而与 Vickrey 的同质性分析不符。

V. 密封出价拍卖：实验设计

这部分介绍的密封出价拍卖实验由表 4 中所示的 6 局组成。第 7～12 局实验的结果在下面的第 VI 部分中通过检验假设 H_0'、H_1'、H_2' 来进

行介绍，也就是说，在一单位标的物的条件下对一级价格拍卖和二级价格拍卖的处理规则加以比较，并检验一级价格拍卖与荷式拍卖、二级价格拍卖与英式拍卖的同质性是否成立。

表 4   **各局密封拍卖的类型和时段数（一级竞价者人数）**

实验局数	估价的指定方法	拍卖类型，按顺序（第 7 局除外）			
		一级密封	二级密封	一级密封	二级密封
7*	Ⅰ	10（6）			
7*	Ⅰ		10（6）		
8	Ⅱ	10（5）	10（5）	5（5）	
9	Ⅲ	10（5）	10（5）	10（5）	
10	Ⅲ		10（5）	10（5）	10（5）
11	Ⅱ		12（5）	12（5）	12（5）
12	Ⅱ	12（5）	12（5）	12（5）	

注：* 这局中也包括一个 Marschak "卖价"拍卖。

第 7 局是唯一在每时段拍卖、每轮报价中由所有参与者同时对一单位标的物进行竞价的拍卖实验。第 8～12 局拍卖实验或者使用一级价格规则或者使用二级价格规则，然后在若干时段后转换为另一种规则，然后换回来。在第 9 局和第 10 局拍卖中，向参与者介绍拍卖规则、记录报价、计算最终报价和成交价格的工作都是由 PLATO 系统完成的。

在实验中我们使用了几种不同的程序以及参与者的估价方法，目的是考察实验结果对不同估价方法的敏感性，以及使参与者的估价方法多样化。

（1）在第 7 局拍卖实验中，每时段的最高估价在 4 美元到 9 美元之间随机地确定，次高估价从比最高估价低 0.5 美元、1.0 美元、1.5 美元的三个价位中随机确定，剩下的 4 个估价则从低于次高估价的价位中随机选取。最后，这 6 个估价被随机和秘密地指定给 6 个参与者。

（2）在第 8 局的每时段实验中，5 个参与者的估价均随机且等概率地选自由 100 个元素组成的集合 {0.1 美元，0.2 美元，…，9.9 美元，10.0 美元}。而且，所有参与者都知道估价的这一指定方法。

（3）在 PLATO 实验（第 9 局和第 10 局）的每一局中，参与者收到的两个估价是从如下的随机区间中随机选取的：此随机区间的宽度介于 2.5 美元至 5.5 美元之间；其下限是介于 0.1 美元至 10 美元之间的一个随机数字（但估价的最大值不能超过 10.0 美元）。参与者不知道估价的这一指定方法。

在第 7~10 局拍卖实验结束之后，我们复制了同质的情形（第 8 局使用的是第 II 种估价指定方法），构建了拥有 12 个时段的第 11 局和第 12 局实验。如同第 5 局和第 6 局荷式-英式拍卖实验的情形，我们的目的是检验 Vickrey 的原假设 H_1'、H_2' 以及进一步考察 Vickrey 的同质性理论。

VI. 密封标价拍卖：成交价格结果

A. 对 H_0' 的检验。图 4～图 7 描绘了第 7～12 局实验的 $p_1(t)$ 与 $p_2(t)$ 之差。这些数据支持如下结论：（a）一级密封拍卖和二级密封拍卖是两种有区别的拍卖机制；（b）一级密封拍卖的成交价格要高于二级密封拍卖。在前面的荷式拍卖与英式拍卖实验中我们已经看到，荷式拍卖成交价格有小于或等于英式拍卖成交价格的趋势，因此，Vickrey 的同质性观点肯定是有问题的。再将图 1～图 3 中的荷式拍卖与图 4～图 7 中的一级价格拍卖做一比较就不难看出，似乎这两种拍卖并不是等同

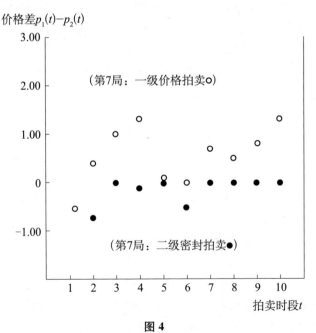

图 4

的。但是，对于英式拍卖和二级密封拍卖，它们的成交价格之差似乎很接近，不同点是后者的价差一般略小于零（即成交价格略低于最优价），而前者的价差又略大于零（即成交价格略高于最优价）的趋势。然而，在经过几个时段的连续二级密封拍卖实验之后，二级密封拍卖的成交价格有向最优价渐近收敛的趋势，如图4（第7局）、图6（第9局的第11~20个时段即第10局的第1~10个时段）、图7（第11局的第25~36个时段及第12局的第13~24个时段）。

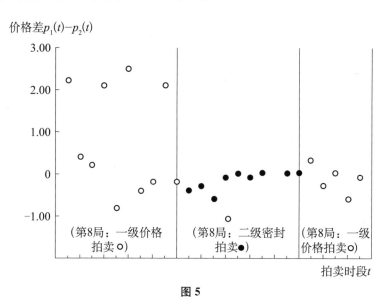

图5

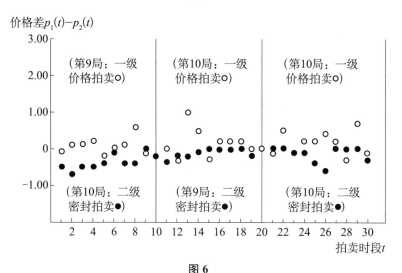

图6

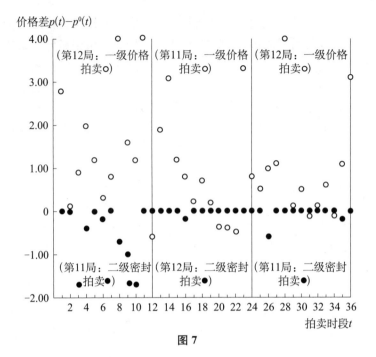

图7

表5给出了价差 $p_1(t)$ 与 $p_2(t)$ 的均值和方差。除了第8局中一级价格规则下的最后5个拍卖以外，一级价格密封拍卖的平均价差是正的，二级价格拍卖的平均价差是负的（甚至在第8局中的均值也比前面10个二级价格拍卖的数额大）。对于荷式拍卖成交价格价差低于一级密封拍卖成交价格价差趋势的原因，有一种纯技术性的解释，即：在荷式拍卖方式中，我们使价格以50美分的差距下降，而在一级价格拍卖中参与者并没有被要求提交的报价一定要能够被50美分整除。由于第8局、第11局、第12局（同质的情形）中的一级价格拍卖价差的均值明显超过50美分，所以这种解释似乎并没有太大的说服力。

表5 价差 $p_1(t)=P_1(t)-P^0(t)$ 和 $p_2(t)=P_2(t)-P^0(t)$ 的均值和方差

实验局数	拍卖类型（按顺序）	一级价格	二级价格	一级价格	二级价格
7	均值	0.56	−0.18		
	方差	0.338	0.075		
8	均值	0.79	−0.26	−0.14	
	方差	1.639	0.129	0.113	

续前表

实验局数	拍卖类型（按顺序）	一级价格	二级价格	一级价格	二级价格
9	均值	0.31	−0.11	0.16	
	方差	0.588	0.019	0.098	
10	均值		−0.37	0.15	−0.15
	方差		0.045	0.147	0.045
11	均值		−0.52	0.91	−1.24
	方差		0.433	1.643	0.031 5
12	均值	1.59	−0.017	1.08	
	方差	2.508	0.003	2.351	

表 6 列示了 H_0' 的 t 检验结果。这些检验的计算是建立在一些均值和方差的基础上的，这些均值和方差是通过将第 8 局中的两个一级价格拍卖数据、第 9～12 局（见表 5）中的一级价格拍卖数据和二级价格拍卖数据分别进行混同计算得到的。

表 6   **H_0' 的 t 检验表（双侧检验）**

实验局数	估价指定方法	$t_1 (p_1^* = 0)$	$t_2 (p_2^* = 0)$
7	Ⅰ	2.89[a]	−1.97
8	Ⅱ	1.4	−2.16[a]
9 和 10	Ⅲ	2.03[a]	−5.74[b]
11 和 12	Ⅱ	2.74[b]	−0.329

注：[a] 在 $\alpha < 0.05$ 时显著。
[b] 在 $\alpha < 0.01$ 时显著。

表 6 中第 7～12 局的混同数据表明，一级价格拍卖的成交价格高于最优价，而二级价格拍卖的成交价格低于最优价。值得注意的是，在这些检验中，我们依据的仅仅是那些集中起来的具有相同估价指定方法的同种拍卖实验数据。我们没有将第 7 局、第 9 局或第 10 局与第 8 局、第 11 局或第 12 局进行混同计算，因为这样就需要将价差加以组合，而这些价差是建立在不可比的估价分配的基础之上的。

B. H_1'、H_2' 的检验。表 7 提供了一些成交价格的均值和方差，这些数据都是从那些使用从区间 [0.1 美元，10 美元] 内随机指定的估价的实验局中得到的。可以看出，除了第 8 局第二区段一级密封拍卖以外，其余各局的二级密封拍卖的平均成交价格均低于一级密封拍卖，尽管在第 12 局中只低了一点儿。由于 $N=5$，一级价格拍卖的理论方差为 $V_1 = \dfrac{(N-1)^2 \times 10^2}{N(N+1)^2(N+2)} = 1.27$。第 8 局、第 11 局、第 12 局所有估价的混合方差是 $S_1^2 = 2.41$，与理论预测值存在显著差异（即 $\dfrac{fS_1^2}{1.27} = 95 > \chi_{0.999}^2 = 86.7$）。类似地，二级价格拍卖的方差为 $V_2 = \dfrac{2(N-1) \times 10^2}{N(N+1)^2(N+2)} = 3.17$，而第 8 局、第 11 局、第 12 局所有估价的混合方差是 $S_2^2 = 3.31$，与理论方差的差异并不显著（$\dfrac{fS_2^2}{3.17} = 36.5 < \chi_{0.90}^2 = 63.2$）。一级密封拍卖和二级密封拍卖的理论期望成交价格均是 $m = \dfrac{10(N-1)}{N+1} = 6.67$。一级价格拍卖成交价格的混合均值是 $\overline{P_1} = 7.06$，对于临界值 $t_1 = 1.8$，在 $\alpha = 0.05$ 时恰好是显著的。二级价格拍卖成交价格的混合均值是 $\overline{P_2} = 6.44$，与理论值并没有显著差异（临界值 $t = -0.86$）。

表 7　　第 8 局、第 11 局、第 12 局实验成交价格 $P(t)$ 的均值和方差

实验局数	拍卖类型（按顺序）	一级	二级	一级	二级
8	均值	7.03	5.96	5.26	
	方差	1.639	2.058	1.278	
11	均值		5.98	7.58	6.60
	方差		3.149	1.167	2.778
12	均值	7.19	7.16	7.18	
	方差	1.856	4.593	3.367	

　　上述实验结果表明，我们不能推翻二级价格拍卖的占优策略模型，但对于一级价格拍卖的 Nash 均衡模型，其正确与否还有待进一步研究与论证。由于荷式拍卖与英式拍卖的实验结果与 Vickrey 模型是吻合的，因此，似乎只有一级密封拍卖的实验结果与理论不尽一致。

Ⅶ. 密封出价拍卖：个体行为

我们进行的所有实验都是由一系列的拍卖组成（见表4），这些拍卖的类型是给定的，按顺序进行，只在对参与个体的估价和指定估价的方式方面有所区别。这种设计使得我们可以研究个体的选择。尽管二级价格拍卖提供了一个简单的占优标准，但现实中的人们除非经过学习、归纳，以及培训等（Marschak，1964），否则他们可能并不会观察到这一特征。我们并不是把这种行为方式看作实验室研究的特殊情况，因为无论是在实验室中还是在现实生活中，我们都把经济理性看作在特定情景中通过"试错"过程获得的行为模式。

表8列示了学习经验对于理性行为的重要性。对每个参与者和每局拍卖，我们展示了每个二级价格拍卖中第1轮和最后一轮（还有第7局中第0轮的情况下）对$V_i^2(\cdot)-B_i^2(\cdot)$的观测值，其中$V_i^j(t)$是个体$i$在拍卖方式$j$下第$t$次拍卖中的估价，$B_i^j(t)$是个体$i$的出价。现在把上述观测结果看作另外一个实验的结果。在第7局中，第0轮这一列提供了没有学习或货币动机的"实验"数据：6个参与者中只有一个在二级价格拍卖中按照理性原则行动。第1轮这一列提供了在有货币动机而没有学习的实验中的数据：在第7局中有了一些"改观"，因为我们发现6个参与者中有2人的行为与理论一致。在所有的第一轮实验中，31个参与者中只有10人的反应与理论一致。最后一轮这一列提供了货币动机而且有在试错经验中学习的机会的实验数据：31个参与者中有21人的行为与理论一致。如果仅仅看前两列数据，研究者会认为在决策过程中参与者对简单占优规则的违背是很普遍的。

表8 在二级价格拍卖中选定实验轮数下的净值（估价－报价）

实验局数	参与者	第0轮（无支付）	第1轮	最后一轮
7	1	0.9	0.5	0
	2	0.2	0.4	0
	3	0.5	0	0
	4	0	0	0
	5	0.5	0.5	1.6
	6	0.7	0.3	0

续前表

实验局数	参与者	第0轮（无支付）	第1轮	最后一轮
	1		0	0
	2		0.1	0
8	3		0.1	0.1
	4		1.1	2.2
	5		0.4	0
	1		0.1	0.1
	2		0.2	0
9	3		0.4	0
	4		0.1	0
	5		0	0
	1		0.3	0
	2		0.5	0
10	3		0.4	0.3
	4		0.9	0.1
	5		0.4	0.1
	1		0.2	0
	2		0	0.2
11	3		0.5	0
	4		0	0
	5		0	0
	1		0	0
	2		0.1	0.1
12	3		0	0
	4		0	1.5
	5		0.2	0

　　我们重新考虑这些实验的结果，我们对这些结果的解释表明了重新构建实验的重要性，以便参与者有足够的机会从决策的结果中学习、并做出相应的调整。看起来似乎大多数的个体都没意识到，对于特定的决策，他们是依据自己的兴趣（而非理性）做出的。我们可以想到的一个类比是光学的幻境，例如，人们根据某种学习到的理性标准来向某个幻象调整，却发现以某种表象作为初始的"面值"时，不能满足个人利益的要求。

　　由于一级价格拍卖的均值没能够成功地满足 Nash 均衡模型的预测，我们有动机考察第 8 局、第 11 局和第 12 局相应拍卖中参与个体的选择。令 $B_i^l(t)$ 为参与者 i 在拍卖 t 中的报价。如果 $V_i^l(t)$ 是参与者 i 在实验 t 中随机指定的估价，则他在拍卖 t 中的 Nash 报价战略是 $\dfrac{(N-1)V_i^l(t)}{N}$（Vickrey，p.16）。如果参与者 i 的报价近似服从上述策略，则我们就不能拒绝观测值 $\beta_i(t) = B_i^l(t) - \dfrac{(N-1)V_i^l(t)}{N}$ 来自零均值分布的假设。表 9 按照实验局和参与者分类列示了在这一假设下的 t 值。只有参与者 i 在第 8 局中的报价均值低于 Nash 策略下的报价，这表明了报价超过 Nash 策略下的报价的明显优势。15 个观测值中有 9 个显著超过了 Nash 报价（$\alpha < 0.01$）。在这些结论下，很难认为一级价格拍卖中的报价行为近似符合 Nash 均衡模型的假设成立。

表 9　　　　　　　　　　报价对一级价格 Nash 均衡离差的 t 检验

实验局数 \ 参与者	1	2	3	4	5	报价次数
8	−1.88	3.33[a]	1.98[a]	5.35[b]	0.99	15
11	7.13[b]	5.30[b]	6.26[b]	0.05	0.648	10
12	7.62[b]	5.45[b]	2.06[a]	5.00[b]	5.88[b]	24

注：[a] 在 $\alpha < 0.07$ 时显著。
[b] 在 $\alpha < 0.01$ 时显著。

Ⅷ. 结　语

基于前面 12 个实验的结果，我们可以归纳出如下结论：

（1）荷式口头拍卖的成交价格有小于或等于最优价的趋势。如果估价服从均匀分布，则荷式拍卖成交价格的均值和方差与 Vickrey Nash 均衡模型预测的均值和方差无显著差异。

（2）在所有英式拍卖实验中，成交价格均略高于最优价（但不显著）。这是因为出价被竞价者积极抬高（尽管不是一直这样），以至产生了接近最高估价的过度出价。如果估价服从均匀分布，则英式拍卖成交价格的均值和方差与 Vickrey 模型预测的结果无显著差异。

（3）二级密封拍卖的成交价格倾向于低于最优价（但不显著），这是因为并非所有的参与者都会意识到等于估价的出价是占优策略（或者他们期望通过信号传递来使报价降低）。个体的出价顺序表明了学习效应对于大多数参与者的重要性。我们的疑问是：能否在占优策略均衡过程中得到有意义的一次性的观测值？所谓的"简单占优"对于大多数人来说并不是十分直接明了。当估价服从均匀分布时，二级密封拍卖成交价格的均值和方差与 Vickrey 模型预测的结构无显著差异。

（4）如果允许个体在后期存在学习效应，并能够根据前期的离散价格增量做出一些技术性的过度报价，则英式拍卖与二级价格拍卖将显示为同质的。

（5）一级密封拍卖的成交价格倾向于显著高于最优价。即使估价服从均匀分布，成交价格的均值和方差与 Vickrey Nash 均衡模型预测的结果也均有显著差异。因此，一级价格拍卖并不与其他三种拍卖机制确定的方式一致。

（6）荷式拍卖与一级价格拍卖似乎是不等同的。我们认为，这可能是这两种拍卖的信息差异使然。然而，在目前实验数据的基础上，我们也不能排除其他角度的解释。例如，这一差异可能是由选样差异造成的，尽管我们尽量使我们的实验序列加大以减小这种可能性。对于荷式拍卖的成交价格低于一级价格拍卖的另一种可能的解释是，在荷式拍卖中出价是以一定金额（0.50 美元）离散并且迅速地下降的。

（7）如果以 Pareto 最优的拍卖占的百分比作为衡量效率的尺度，则英式拍卖是最有效的（96%，97.2%）；英式拍卖在本质上是不需要考虑策略的，而且它是四种拍卖形式中对竞价者的熟练程度要求最低的。二级价格拍卖是次有效的（95.7%），而且随着竞价者经验的积累，其效率会至少和英式拍卖一样高。一级价格拍卖是第三有效的（90.2%），荷式拍卖的效率是最低的（84%，77.8%）。

（8）从拍卖人（卖者）的角度来看，一级价格密封拍卖是最受欢迎的，因为它倾向于产生最高的成交价格。

目前我们的计划是，在将竞价者的估价设定为均匀分布的前提下，对荷式、一级价格和二级价格拍卖进行复制。把几种拍卖机制都在PLATO 电脑系统中执行，可以近似地实现对方法、实验效果、信息条件以及技术因素的控制。这就意味着，在荷式农产品拍卖中使用的钟表设置会被我们设计为计算机程序，从而使我们进行实验版的荷式拍卖。在这种计算机程序的荷式拍卖中，我们可以对报价改变的时间间隔和变动幅度所导致的不同效果进行分析。

参考文献

Battalio, R. , J. Kagel, R. Winkler, Fisher, E. , Basmann, R. , and Krasner, L. , "A Test of Consumer Demand Theory Using Observations of Individual Consumer Purchases," *Western Economic Journal*, Dec. 1973, 11, 411 – 428.

Boulding, Kenneth, *Economic Analysis*. New York, N. Y. : Harper, Revised Edition, 1948.

Cassady, Ralph, *Auctions and Auctioneering*. Berkeley and Los Angeles, California: University of California Press, 1967.

Frahm, D. , and Schrader, L. , "An Experimental Comparison of Pricing in Two Auction Systems," *American Journal of Agricultural Economics*, Nov. 1970, 52, 528 – 534.

Loeb, M. , "Alternative Versions of the Demand – Revealing Process," *Public Choice*, Supplement to Spring, 1977, 29 (2), 15 – 26.

Marschak, Jacob, "Actual Versus Consistent Behavior," *Behavioral Science*, April 1964, 9, 103 – 110.

Smith, Vernon, "Effect of Market Organization on Competitive Equilibrium," *Quarterly Journal of Economics*, *May* 1964, 78, 181 – 201.

Vickrey, W. , "Counterspeculation, Auctions, and Competitive Sealed Tenders," *Journal of Finance*, May 1961, 16, 8 – 37.

Marschak, Jacob, personal correspondence, June 29, 1976.

单一标的物拍卖的理论和行为

詹姆斯·考克斯 （James C. Cox）

布鲁斯·罗伯逊 （Bruce Roberson）

弗农·史密斯 （Vernon L. Smith）

Ⅰ. 导　言

这篇文章研究的主题为：在单一标的物的荷式拍卖、英式拍卖、一级价格密封拍卖、二级价格密封拍卖中，竞价者行为与经济理论预测之间的关系。四种拍卖类型的定义如下：

荷式拍卖：在这一拍卖形式下，竞价从某一数额开始，这一数额要比每个竞价者愿意支付的价格都高，然后由拍卖商或钟表设置逐渐降低，直到竞价者中有人接受最后的那个要价为止（Cassady，1967，p. 67）。在荷式拍卖中第一次也是唯一的一次出价就是成交价格。

英式拍卖：英式拍卖是"……渐进性质的拍卖，在这种拍卖中竞价者自由竞价，直到没有买者愿意出更高的价格为止"（Vickrey，1961，p. 14）。在英式拍卖中最后一个出价是成交价格。

一级价格拍卖：这种拍卖方式采取"……常规意义上对投标的理解，最高的出价……将被接受并以这一价格（即他自己的出价）成交"（Vickrey，1961，pp. 20）。在一级价格拍卖中，被拍卖的标的物敲定给出价最高的竞价者，成交价格就是他的出价。

二级价格拍卖：在这种拍卖方式下，拍卖物将敲定给出价最高的竞价者，但成交价格是次高的出价（Vickrey，1961，pp. 20 - 21）。Cassady（1967，pp. 152 - 153）对伦敦邮票拍卖中如何处理"预定出价"进行了解释，与二级价格拍卖一致。①

---

① 在与 Smith 的通信中（1980 - 02 - 21），Michael Darby 解释说，根据他个人的经验，在美式拍卖中，将"预定出价"应用于二级价格拍卖的方法是很普遍的。

荷式拍卖和英式拍卖在一般情况下都是指"口头"拍卖，以便与"书面出价（即密封出价）"的拍卖相区分。事实上，将荷式拍卖和英式拍卖与密封出价拍卖区分开的特征是这两种拍卖方式的"真实时间"因素，而不是一定要以口头方式进行。因此，在荷式拍卖和英式拍卖的进行过程中，竞价者能够观察到对手的一些出价行为。而在密封出价拍卖中，若排除串谋的情形，则竞价者不能对对手的出价行为做出任何观察。

在对这四种拍卖市场的经济理论进行研究的过程中，我们将考虑期望效用假说的含义和 Nash 均衡条件。我们假定每个竞价者都清楚地知道拍卖物品对自己的货币价值，但是不知道拍卖物品对于竞价对手的价值，这篇文章的理论和实验设计都是基于这一假设的。

Ⅱ. 期望效用假说的含义

我们是这样理解期望效用假说的：假设竞价者通过参与拍卖获取货币收入，以最大化自己的（von Neumann - Morgenstern）效用为目标来选择报价。在本文的这一部分中，我们将研究出价行为期望效用假说的含义。

定义 N 为参与拍卖的竞价者数量，严格递增的凹函数 u_i，$i=1$，2，$\cdots$，N，为第 i 个竞价者的货币收入效用函数。我们将 u_i 标准化，使得 $u_i(0)$ 对于所有的 i 取值都为 0，即对于所有的竞价者而言，不出价的效用为零。我们进一步假设，在拍卖中，参与者除了货币收益效用之外，没有其他的效用或负效用。参与拍卖的标的物对于竞价者 i 的货币价值用 v_i 表示，假设竞价者 i 准确地知道 v_i 的值，并且对于所有的 i，v_i 都是正的。第 i 个竞价者的出价用 b_i 表示，拍卖市场规则要求 b_i 非负。

现在我们考虑一级价格密封拍卖。如果第 i 个竞价者提交了最高的出价，则他获得的货币收入为 $v_i - b_i$。如果他提交的报价不是最高的，则他通过参与这次拍卖得到的货币收入就是零。令 $F_i(b_i)$ 为第 i 个竞价者认为他能够以 b_i 赢得拍卖的主观概率。因此在一级价格拍卖中，第 i 个竞价者报价 b_i 的期望效用为：

$$U_i(b_i) = F_i(b_i)u_i(v_i - b_i) \tag{2.1}$$

为了简便，我们现在假设报价 b_i 是一个连续变量，并且区间 $[\underline{X_i},$

$\overline{X_i}$] 为概率分布函数 F_i 的范围。进一步假设期望效用函数（2.1）是拟凹的，有且只有一个正的出价 b_i^0 使期望效用最大。则 b_i^0 将满足下面的一阶条件：

$$0 = U_i'(b_i^0) = F_i'(b_i^0)u_i(v_i - b_i^0) - F_i(b_i^0)u_i'(v_i - b_i^0) \qquad (2.2)$$

我们还假设 b_i^0 满足最大化的二阶条件：

$$0 > U_i''(b_i^0) = F_i''(b_i^0)u_i(v_i - b_i^0) - 2F_i'(b_i^0)u_i'(v_i - b_i^0)$$
$$+ F_i(b_i^0)u_i''(v_i - b_i^0) \qquad (2.3)$$

如果 $U_i''(\cdot)$ 在定义域 $U_i(\cdot)$ 的子集上是负的，则式（2.2）和式（2.3）以及函数公理表明，存在一个可微的函数 ψ_i 满足：

$$b_i^0 = \psi_i(v_i) = v_i - u_i^{-1}\left[u_i'(v_i - b_i^0)F_i(b_i^0)/F_i'(b_i^0)\right] \qquad (2.4)$$

且

$$\psi_i'(v_i) = \left[F_i(b_i^0)u_i''(v_i - b_i^0) - F_i'(b_i^0)u_i'(v_i - b_i^0)\right]/U_i''(b_i^0) \qquad (2.5)$$

其中 u_i^{-1} 是货币收入效用函数的反函数。函数 ψ_i 被称为第 i 个竞价者的策略函数或出价函数。

于是，根据式（2.4），一级价格密封拍卖中竞价行为的期望效用假说的含义就出来了。首先，使期望效用最大的出价要小于拍卖标的物的价值。因此，一级价格密封拍卖并不是显示需求的配置机制。其次，标的物的价值超过最高出价多少取决于 u_i 和 F_i，也就是说，依赖于竞价者的风险偏好和他对竞争对手出价行为的预期。由于不同竞价者的风险偏好和预期是不同的，因此，最高的出价并不一定是由对标的物估价最高的竞价者提交的。因此，一般来讲，一级价格拍卖不会产生帕累托最优的配置。然而，我们可以通过设定一些条件来使拍卖产生有效率的配置。u_i 的凹性和单调性以及式（2.2）、式（2.3）、式（2.5）表明，出价函数 ψ_i 是递增的。如果我们现在假定 N 个竞价者都拥有相同的风险偏好，并且假定每个竞价者对竞争对手出价行为的预期是相同的，则他们将拥有一样的递增型的出价函数。在这种特定的情形下，一级价格密封拍卖将产生 Pareto 最优的配置。然而，如果并非所有竞价者都是等同的，则通过这一节的介绍我们知道，"一级价格拍卖是有效率的"这一结论是不成立的。在后文第三部分中，我们将再次讨论这一问题。

现在讨论二级价格密封拍卖。在这种拍卖中，出价最高的竞价者赢得拍卖标的物，但是支付的价格是次高价。在不存在竞价者完美串谋的情况下，竞价者在决定出价之前并不能准确知道对手的出价行为。所以

令随机变量 y 为竞价者 i 的竞争对手中最高的出价，假设第 i 个竞价者对 y 的期望由分布函数 G_i 描述，区间为 $[\underline{Y_i}, \overline{Y_i}]$。如果第 i 个竞价者提交的出价最高，则他获得的货币收益为 $(v_i - y)$。如果他的出价不是最高的，则他通过参与拍卖得到的货币收益是零。因此，在二级价格拍卖中，竞价者 i 出价 b_i （$b_i \in [\underline{Y_i}, \overline{Y_i}]$）的期望货币收益是：

$$V_i(b_i) = \int_{\underline{Y_i}}^{b} u_i(v_i - y) \, \mathrm{d}G_i(y) \qquad (2.6)$$

考虑一种有趣的情形：$v_i \in [\underline{Y_i}, \overline{Y_i}]$，为了简化，假设使竞价者 i 期望效用最大的出价 b_i^* 满足下面的一阶条件：

$$0 = V_i'(b_i^*) = u_i(v_i - b_i^*) G_i'(b_i^*) \qquad (2.7)$$

由式（2.7）和标准化条件 $u_i(0) = 0$，得：

$$b_i^* = v_i \qquad (2.8)$$

因此，在二级价格拍卖中竞价者的策略函数是恒等映射。

通过式（2.8）我们可以马上得到在二级价格密封拍卖中出价行为期望效用最大化的含义。使期望效用最大的出价等于拍卖标的物的价值，并且它不依赖于竞价者的风险偏好及对竞争对手出价行为的预期。因此，N 个竞价者各自提交的出价都等于其对标的物的估价，这也就是二级价格拍卖的占优策略均衡。于是，二级价格拍卖是显示需求的配置机制，会出现 Pareto 最优配置。从而最终赢得标的物的出价等于最高的估价 v_i，成交价格等于所有估价中的次高价。

还有一个有意思的问题，即，比较不同拍卖市场结构对卖者收入分布产生的影响。通常在对各种市场前两个时段的拍卖中卖者受益的概率分布加以比较时，我们会发现这一问题。因此，一种拍卖方式是否可以产生比其他拍卖形式更高的期望收益和（或）更低的收益方差，这一问题比较有趣。下文的分析告诉我们，在给定一组个体估价的情况下，每个竞价者在一级价格拍卖中的报价将比在二级价格拍卖中的报价低（二级价格拍卖中的报价就是估价）。但这并不是说在两种拍卖中的期望成交价格也是可比的。这需要将次高的估价与一个低于最高估价的报价加以比较，而这要求一些更强的假设，这些假设是我们现在不能满足的。我们将在下文的第Ⅲ部分中回到这一问题上来。

因为在这种拍卖中出价策略函数是式（2.8），期望效用假说对于二级价格拍卖中成交价格的均值和方差确实有可测的含义。因此在这种拍卖方式中预计的成交价格是个体估价中的次高值。如果每个参与者的估价都独立服从其已知的分布，则成交价格的概率分布为该分布 N 个随

机样本的 $N-1$ 阶统计量。

我们在第Ⅳ部分解释的实验设计中，合并了每个参与者的估价都取自区间为 $[\underline{v}, \overline{v}]$ 的均匀分布的特征。该分布 N 个随机样本的 $N-1$ 阶统计量的概率分布函数为：

$$F(p) = N\left[(p-\underline{v})/(\overline{v}-\underline{v})\right]^{N-1} - (N-1)(p-\underline{v})/(\overline{v}-\underline{v})^N$$
(2.9)

因此，预计的成交价格均值 $\overline{p_2}$ 和方差 V_2 分别是：

$$\overline{p_2} = \int_{\underline{v}}^{\overline{v}} p \mathrm{d}F(p) = \frac{(N-1)(\overline{v}-\underline{v})}{N+1} + \underline{v}$$
(2.10)

$$V_2 = \int_{\underline{v}}^{\overline{v}} (p-\overline{p_2})^2 \mathrm{d}F(p) = \frac{2(N-1)(\overline{v}-\underline{v})^2}{(N+1)^2(N+2)}$$
(2.11)

现在考虑荷式拍卖，令 t 表示拍卖进行的时间长度。在荷兰钟式拍卖中，t 时刻的报价为 $b(t)$。由于荷式拍卖是价格递减的拍卖，我们得到

$$b(t_1) > b(t_2)，所有满足 t_1 < t_2 的 t_1, t_2$$
(2.12)

令 $H_i(b(t))$ 为在初始时刻（$t=0$）第 i 个竞价者接受价格 $b(t)$ 并赢得拍卖的主观概率。如果第 i 个竞价者接受了报价 $b(t)$，则他获得的货币收益为 $v_i - b(t)$。这项收益的效用为 $u_i(v_i - b(t))$。因此在拍卖的开始阶段计划接受报价 $b(t)$ 的期望效用为：

$$W_i(b(t)) = H_i(b(t)) u_i(v_i - b(t))$$
(2.13)

因此，在荷式拍卖中第 i 个竞价者的最优出价计划就是接受使式 (2.13) 最大的 $b(t_i^0)$。

在荷式拍卖先前出价行为的计划模型中，我们忽略了这样一个事实，即这种拍卖是一种"真实时间"拍卖，竞价者在真实的时间中做决策。然而，在我们现在使用的标准行为假定下，在荷式拍卖中，竞价者行为的真实时间模型可以产生与前述的计划模型相同的结论。但是在第Ⅷ部分中，我们将分析一个荷式拍卖的真实时间模型，其中的竞价者行为结合了一些非标准化的行为假设，作为准备，我们现在研究一个标准行为假设的真实时间模型。

假设拍卖进行到 t 时刻，竞价者必须决定是接受报价 $b(t)$，还是不接受而让拍卖继续进行。如果他接受报价 $b(t)$，则他得到货币收益 $v_i - b(t)$，效用为 $u_i(v_i - b(t))$。如果他不接受 $b(t)$，则他有机会以更低的价格得到标的物。假设竞价者不接受 $b(t)$，而是让拍卖随着拍卖钟继续

进行至时刻 $t+\Delta t$，其中 $\Delta t>0$。假设拍卖在时刻 t 继续进行（因此竞价者可以接受 $b(t)$ 赢得拍卖，但他没有这样做），令 $H_i(b(t+\Delta t)\,|\,b(t))$ 为第 i 个竞价者接受报价 $b(t+\Delta t)$ 而赢得拍卖的概率。则在时刻 t 计划接受报价 $b(t+\Delta t)$ 的期望效用为 $H_i(b(t+\Delta t)\,|\,b(t))\,u_i(v_i-b(t+\Delta t))$。因此在时刻 t 接受 $b(t)$ 和计划接受 $b(t+\Delta t)$ 所带来的期望效用的变化值为：

$$\Delta Y_i(t)=H_i(b(t+\Delta t)\,|\,b(t))u_i(v_i-b(t+\Delta t))-u_i(v_i-b(t)) \tag{2.14}$$

对于 $\Delta t>0$，我们有

$$H_i(b(t)\,|\,b(t+\Delta t))=1$$

因此，由 Bayes 法则和式（2.14），得：

$$\Delta Y_i(t)=\frac{H_i(b(t+\Delta t))}{H_i(b(t))}u_i(v_i-b(t+\Delta t))-u_i(v_i-b(t)) \tag{2.15}$$

如同我们在一级价格拍卖中的分析一样，我们现在继续假定目标函数的可微性。因此，使用式（2.15），我们发现：

$$\begin{aligned}
Y_i'(t)&=\lim_{\Delta t\to 0^+}\left(\frac{\Delta Y_i(t)}{\Delta t}\right)\\
&=\{[u_i(v_i-b(t))H_i'(b(t))/H_i(b(t))]\\
&\quad -u_i'(v_i-b(t))\}b'(t)
\end{aligned} \tag{2.16}$$

假定拍卖在 $t=0$ 时刻开始，在 $t=T$ 时刻结束。因此如果竞价者接受报价的最优时刻是某个满足 $t_i^0\in(0,\ T)$ 的 t_i^0，则 t_i^0 将满足下面的一阶条件：

$$\begin{aligned}
0&=Y_i'(t_i^0)\\
&=\{[u_i(v_i-b(t_i^0))H_i'(b(t_i^0))/H_i(b(t_i^0))]\\
&\quad -u_i'(v_i-b(t_i^0))\}b'(t_i^0)
\end{aligned} \tag{2.17}$$

由于 $b'(t_i^0)<0$，式（2.17）是在 $(0,\ T)$ 上使式（2.13）最大化的一阶条件。因此，在荷式拍卖中有关竞价者行为的两个模型表明了相同的竞价行为：接受使得式（2.13）最大化的报价 $b'(t_i^0)$。

如同在一级价格拍卖中的后续分析一样，我们现在继续假设，为了使式（2.13）最大化，报价 $b(t_i^0)$ 满足一阶和二阶条件，并且假设 $[\underline{Z_i},\ \overline{Z_i}]$ 是概率分布函数 H_i 的范围，假设期望效用函数（2.13）是拟凹的。这样，在一级价格密封拍卖中的后续分析就可以应用到荷式拍卖中来了。简单地在对应函数中用 H_i 替代 F_i，用 W_i 替代 U_i，然后按照一级价格拍卖的方法进行分析，对于荷式拍卖，我们可以得到如下结论：使得竞价者效用最大化的报价低于他对拍卖标的物的估价。因此，荷式拍卖并不是一种显示需求的配置机制。更进一步讲，竞价者的估价超过他的最优报价的程度取决于他的风险偏好和他对竞争对手出价行为的预期。因此，一般情况下，荷式拍卖不会产生 Pareto 最优的配置结果。

我们还可以简单地推导出一个有意思的结论。假设第 i 个竞价者相信每个竞争对手在荷式拍卖中都将采取与在一级价格拍卖中相同的出价策略，则 F_i 和 H_i 就是等价的，第 i 个竞价者将在荷式拍卖中根据期望效用最大化的原则，采取与一级价格拍卖相同的出价策略。因此，如果每个竞价者都相信其竞价对手在荷式拍卖中采取与一级价格拍卖相同的策略，则他将发现采取同样的策略对他自己也是有利的。在这种情形下，荷式拍卖和一级价格拍卖就不仅仅在质的特征上是等价的（如前所述），而且在量的特征上也是等价的。从这个意义上讲，荷式拍卖和一级价格拍卖是等价的。

现在考虑英式拍卖。当且仅当竞价者能够以低于估价的价格赢得标的物时，他才能在拍卖中得到正的收益。因此，一个效用最大化的竞价者只有在"现行的价格"等于或高于他对标的物的估价时才会退出拍卖。于是，占优策略为：只要叫价没有超过竞价者的估价，就继续参与竞争；一旦叫价超过估价，就退出竞争。所以，英式拍卖是一种显示需求的配置机制，一般来讲，英式拍卖会产生 Pareto 最优的配置。而且，拍卖标的物的成交价格等于竞价者估价中的次高价加上一个很小的差额。正是由于英式拍卖和二级价格密封拍卖对预期配置的相似性，二者在一定程度上被认为是等同的。

Ⅲ. 期望效用假说和 Nash 均衡条件的含义

前面的分析揭示了竞价者行为期望效用假说的含义。现在我们对这一假说做一附加性的假设，即假设竞价者的策略函数满足 Nash 均衡条件。这一条件可以解释如下：令 S_i 为第 i 个竞价者的策略函数，与前面相同，$i=1, 2, \cdots, N$；假设竞价者 j 知道所有的竞价者 $i(i \neq j)$ 都根据这一策略函数报价，并且在给定信息的情况下，竞价者 j 没有办法通过改变自己的策略函数 S_j 来增加期望效用。如果这一条件对于所有

的 $j=1$，2，$\cdots$，N 都成立，则策略函数 S_j，$j=1$，2，$\cdots$，N 满足 Nash 均衡条件。

在第 II 部分我们发现，二级价格密封拍卖和英式拍卖有占优策略均衡出价函数。所有的占优策略函数都满足 Nash 均衡条件。因此，对于二级价格拍卖和英式拍卖来说，我们这里对 Nash 均衡条件的假设就是多余的；在这些拍卖中它对于竞价行为没有可测含义。相反，一级价格密封拍卖和荷式拍卖均没有占优均衡策略。因此，我们这里对 Nash 均衡条件的假设对于这两种拍卖的竞价行为有可测的含义。

考虑在前述第 II 部分中对一级价格拍卖推导出的策略函数 ψ_i，$i=1$，2，$\cdots$，N。由式（2.4），这些函数将期望效用最大化的出价 b_i^0 与估价 v_i 联系起来。现在假设我们可以定义向量 θ_i，$i=1$，2，$\cdots$，N，这些向量代表可以影响竞价者货币收益的个体特征参数。因此，如果 $u_i(y)$ 为货币收入 y 给竞价者 i 带来的效用，则我们可以定义效用函数 u 为：

$$u_i(y)=u(y, \theta_i), \quad i=1, 2, \cdots, N \tag{3.1}$$

假定竞价者知道他自己的特征向量 θ_i，但不知道竞争者的特征向量。我们进一步假定竞价者 i 相信竞争对手的特征向量独立地取自已知的概率分布。最后，假定这些假设对每个竞价者都成立。则我们可以推导满足下面条件的出价策略函数 ψ：

$$\psi_i(v)=\psi(v, \theta_i), \quad i=1, 2, \cdots, N \tag{3.2}$$

其中，ψ 使得一级价格拍卖中每个竞价者的期望效用最大。如果存在这样的函数的话，它将满足 Nash 均衡条件，并被认为是均衡策略函数和 Nash 均衡出价函数。

对于没有占优策略均衡的拍卖（比如一级价格密封拍卖）而言，寻找均衡策略函数相比在第 II 部分中寻找使期望效用最大的函数来说，难度更大。为了使问题更易于处理，研究出价理论的作者在文章中多假定所有的竞价者都拥有相同的风险偏好；也就是说，他们假设 $\theta=\theta_i$，$i=1$，2，$\cdots$，N。在 William Vickrey（1961）关于均衡竞价理论的开创性的文章中，所有的竞价者都被假定为风险中性的。Vickrey 进一步假设每个竞价者对拍卖标的物的估价取自区间 $[0, 1]$ 上的均匀分布。最后，假定每个竞价者知道自己对拍卖标的物的估价，但是只知道竞争对手的估价的分布函数。根据上面的这些假设，并且令竞价者的数目为 N，Vickrey 表明，对于一级价格拍卖，非合作均衡竞价函数为：

$$b_i=\frac{N-1}{N}v_i, \quad i=1, 2, \cdots, N \tag{3.3}$$

作为对 Vickrey 的分析的一种直接扩展，我们允许估价为定义在任意非空区间 $[\underline{v}, \bar{v}]$ 上的均匀分布，其中 $\underline{v} \geqslant 0$。在这种情形下，均衡出价函数为：

$$b_i = \underline{v} + \frac{N-1}{N}(v_i - \underline{v}), \quad i = 1, 2, \cdots, N \tag{3.4}$$

最后，我们对于 Vickrey 模型还应注意以下一点。假设估价的最高可能值为 $\bar{v}$，则满足式（3.4）的最高出价满足：

$$\bar{b} = \underline{v} + \frac{N-1}{N}(\bar{v} - \underline{v}) \tag{3.5}$$

我们假设所有竞价者都是风险中性的，或者等价的，他们拥有相同的严格凹效用函数，这一假设是相当严格的。本文在 John Ledyard 的建议的基础上，构建一个均衡竞价模型（我们称它为 Ledyard 模型），这个模型允许竞价者由于他们对风险的态度不同而存在差别。我们首先假定每个竞价者都来自一个经济人群体，且他们的货币收益的效用函数为：

$$u_i(y) = y^{r_i} \tag{3.6}$$

其中 r_i 是一个随机变量，概率分布 φ 定义在区间 $[0, 1]$ 上。对于效用函数（3.6），$(1-r_i)$ 是 Arrow-Pratt 常数相对风险厌恶效用函数的参数。[①] 假设每个竞价者都知道自己的风险厌恶参数 r_i，但只知道竞争对手的风险厌恶参数取自概率分布 φ。由于我们并没有假定 φ 具有密度函数，因此它的最大概率可以为 1。所以，Ledyard 模型包含了风险中性者和风险厌恶者两种类型。其中两种特殊情形是所有竞价者都是风险中性的和所有竞价者都有相同的（常数相对）风险厌恶程度。

在这个模型中其他的定义和假设还有：与前面的叙述相同，竞价者的数目为 N，第 i 个竞价者对拍卖标的物的估价为 v_i。对于每个竞价者 i，假设 v_i 来自定义在非空区间 $[\underline{v}, \bar{v}]$ 上的均匀概率分布，其中 $\underline{v} \geqslant 0$。每个竞价者在提交报价之前都只知道他自己的估价和对手估价的概率分布。我们还假设竞价者彼此间不合作（即不相互勾结）。最后，我们假设每个竞价者都认为本节和前面一节的假定成立并采取行动。

这个模型的均衡出价策略函数由两部分组成。根据式（3.5）的定义，对于不超过 $\bar{b}$ 的出价，均衡出价函数是：

---

① 换句话说，从效用函数（3.6），我们可以得到 $-yu_i''(y)/u_i'(y) = 1-r_i$。在这个函数的基础上，尽管在效用函数是用收入而不是用最终财富定义时，这种解释并不成立，但我们还是决定将式（3.6）记为"常数相对风险厌恶效用函数"。

$$b_i = \underline{v} + \frac{N-1}{N-1+r_i}(v_i - \underline{v}), \quad i = 1, 2, \cdots, N \qquad (3.7)$$

现在我们对这个式子加以检验。假设竞价者 j 相信对于不超过 $\bar{b}$ 的出价,他的竞价者都是满足式(3.7)的。则我们通过验证发现:对于不超过 $\bar{b}$ 的出价,竞价者 j 的最优出价同样也满足这个函数。

出价函数(3.7)对 v 的反函数是:

$$v_i = g(b_i, r_i) = \frac{N-1+r_i}{N-1}b_i - \frac{r_i}{N-1}\underline{v} \qquad (3.8)$$

所以在式(3.7)的范围内,竞价者 i 的出价低于某一值 b 的概率,就是对 v_i 和 r_i 取值并代入式(3.7)后产生一个小于 b 的值的概率。值得注意的是,式(3.5)和式(3.8)表明,对于所有的 $b_i \in [\underline{v}, \bar{b}]$ 和 $r_i \in [0, 1]$,$g(b_i, r_i) \leqslant \bar{v}$。因此,由式(3.8)式以及 v_i 的密度函数,我们得到竞价者 i 出价低于 b 的概率为:

$$F(b) = \int_0^1 \int_{\underline{v}}^{g(b, r_i)} [\bar{v} - \underline{v}]^{-1} \mathrm{d}v_i \mathrm{d}\varphi(r_i)$$

$$= \frac{[N-1+E(r)](b - \underline{v})}{(N-1)(\bar{v} - \underline{v})} \qquad (3.9)$$

其中 $E(r)$ 是 r_i 的期望值。

如前所述,$v_1, v_2, \cdots, v_N$ 和 $r_1, r_2, \cdots, r_N$ 都是独立取值的,因此,竞价者 j 的所有 $(N-1)$ 个竞争对手的出价都低于式(3.7)中某一值 b 的概率为 $[F(b)]^{N-1}$。令 γ 代表式(3.9)中的常出价密度 $[N-1+E(r)][(N-1)(\bar{v} - \underline{v})]^{-1}$,则 $[F(b)]^{N-1}$ 可以表示为 $\gamma^{N-1}(b - \underline{v})^{N-1}$。

由于竞价者 j 的货币收益函数的效用为 y^{r_j},如果他赢得了拍卖,那么他获得的货币收益为 $v_j - b_j$。因此对于出价 b_j 和估价 v_j,他的(拟凹的)期望效用函数可以表示为:

$$U(b_j) = \gamma^{N-1}(b_j - \underline{v})^{N-1}(v_j - b_j)^{r_j} \qquad (3.10)$$

U 的导数为:

$$U'(b_j) = \gamma^{N-1}(b_j - \underline{v})^{N-2}(v_j - b_j)^{r_j-1}$$
$$[(N-1)(v_j - \underline{v}) - (N-1+r_j)(b_j - \underline{v})] \qquad (3.11)$$

假设 $v_j > \underline{v}$,则在区间 $(\underline{v}, v_j)$ 上,$U(b_j)$ 是正的。同样,在区间 $(\underline{v}, v_j)$ 上,$U'(b_j)$ 也只改变一次符号,且是由正变为负。因此,唯一使式(3.10)取最大值的出价 b_j^0 是使式(3.11)中方括号项为零的值:

$$b_j^0 = \underline{v} + \frac{N-1}{N-1+r_j}(v_j - \underline{v}) \qquad (3.12)$$

因此，如果竞价者 j 相信在出价不超过 $\bar{b}$ 的情况下，他的竞争对手都使用出价函数（3.7），则在出价不超过 $\bar{b}$ 的情况下，他自己的最优策略也是使用同样的出价函数，于是式（3.7）满足 Nash 均衡条件。

均衡出价策略函数（3.7）表明，关于最终的报价和成交价格 p 的简略概率分布函数如下：

$$G_T(p)=[\gamma(p-\underline{v})]^N, \ \forall\, p\in[\underline{v}, \bar{b}] \tag{3.13}$$

其中

$$\gamma=[N-1+E(r)][(N-1)(\bar{v}-\underline{v})]^{-1} \tag{3.14}$$

因此，成交价格的简略均值 $\bar{p}_T$ 为：

$$\bar{p}_T=\int_{\underline{v}}^{\bar{b}} p\,\mathrm{d}G_T(p)=\left[\frac{N-1+E(r)}{N}\right]^N\left[\frac{(N-1)(\bar{v}-\underline{v})}{N+1}+\underline{v}\right] \tag{3.15}$$

尽管在报价超过 b 时，报价函数不存在显性解，Ledyard 的一级价格拍卖模型除了由期望效用假说导出的结果外，还有一些可验证的含义。由于荷式拍卖和一级价格拍卖是等价的，这些结论也可以应用于荷式拍卖。模型的可验证含义分为两部分：一是针对由式（3.7）得到的个体报价，二是针对由式（3.3）至式（3.5）得到的成交价格分布。我们将在后面的内容中予以讨论。

Vickrey 模型是 Ledyard 模型的特殊情形，即概率分布 φ 的最大值为 $r=1$，这就意味着 $E(r)=1$。令 $G_V(\cdot)$ 为成交价格的概率分布，$\bar{p}_V$ 为 Vickrey 一级价格模型的成交价格均值。对于式（3.13）至式（3.15），设 $E(r)=1$，得到：

$$G_V(p)=\left[\frac{N}{(N-1)(\bar{v}-\underline{v})}(p-\underline{v})\right]^N \tag{3.16}$$

$$\bar{p}_V=\frac{(N-1)(\bar{v}-\underline{v})}{N+1}+\underline{v} \tag{3.17}$$

通过式（3.16）和式（3.17），计算得到 Vickrey 模型中成交价格的方差为：

$$V_V(p)=\int_{\underline{v}}^{\underline{v}+1/\gamma}(p-\bar{p}_v)^2\,\mathrm{d}G_v(p)=\frac{(N-1)^2(\bar{v}-\underline{v})^2}{N(N+1)^2(N+2)} \tag{3.18}$$

Ledyard 的严格风险厌恶模型是 Ledyard 模型排除了 Vickrey 模型之后的特殊情形。换句话说，Ledyard 的严格风险厌恶模型要求在 $r<1$ 时，$\varphi(r)>0$，尽管在 $r=1$ 时，φ 取值最大。令 $G_L(\cdot)$ 为成交价格的概率分布函数，$\bar{p}_L$ 为 Ledyard 的严格风险厌恶模型的成交价格均值。在下一节中我们将推导 $G_L(\cdot)$ 和 $G_V(\cdot)$ 的关系，以及 $\bar{p}_L$、$\bar{p}_v$ 和 $\bar{p}_2$ 的关系。

通过研究式（3.13）、式（3.14）和式（3.16），我们发现 $G_T(\cdot)$ 对 $G_V(\cdot)$ 具有很强的一级随机占优顺序，即：

$$G_T(p) < G_v(p)，\forall p \in [\underline{v}, \bar{b}]。 \tag{3.19}$$

更进一步讲，在区间 $[\underline{v}, \bar{b}]$ 上 $G_L(\cdot)$ 与 $G_T(\cdot)$ 是相等的，因此在区间 $[\underline{v}, \bar{b}]$ 上 $G_L(\cdot)$ 比 $G_v(\cdot)$ 占优。因为 $G_L(\cdot)$ 是一个概率分布函数，则它在区间 $[\underline{v}, \bar{b}]$ 上必定是非减的。而且，由于 $G_L(\bar{b}) < 1$，对于某个 $p \in [\bar{b}, \bar{v}]$，我们一定有 $G_L(p) > G_L(\bar{b})$。所以在区间 $[\underline{v}, \bar{v}]$ 上，$G_L(\cdot)$ 对 $G_v(\cdot)$ 必定存在一个很强的一阶随机占优关系。这一结论将在下面的第 V 部分和第 VI 部分中用到。

由于 $G_L(\cdot)$ 在区间 $[\underline{v}, \bar{b}]$ 上是与 $G_T(\cdot)$ 相等的，而且在区间 $[\bar{b}, \bar{v}]$ 的某一部分是递增的，我们一定能够得到 $\bar{p}_L > \bar{p}_T$。由式（3.15）和式（3.17）得：$\bar{p}_L > \bar{p}_v$。最后，由式（2.10）和式（3.17）得：$\bar{p}_2 > \bar{p}_v$。因此，$\bar{p}_L > \bar{p}_v = \bar{p}_2$。这一结论也将在下面的第 V 部分和第 VI 部分中用到。

IV. 实验设计

实验的设计和进行都是依照下列目标进行的：

（i）控制每个实验进行的程序，以便使所有的实验——在可能的范围内——都能够以同样的方式进行。

这旨在使实验结果中外来"噪音"满足最小的设计标准。然而，这方面的考虑在某些情况下变得尤为重要，尤其是当两种机制在理论上可以产生相同的结果，而在实验中需要将这两种机制（比如荷式拍卖和一级价格拍卖）进行对比时。在这种情况下，为了鉴别两种机制的任何行为差别，对荷式拍卖和一级价格拍卖的实验进行复制时，误差变动一定要相对足够小。为了达到这一目标，我们使用 PLATO 电脑系统为每一位被试提供程序化的实验解说和交易示范，悄悄记录所有的数据的同时，通过复制统一实施合适的市场规则。

（ii）提供一种实验设计，这种设计可以对不同拍卖机制的处理方式进行组间的比较，并且能够在对应的各组实验间转换着应用不同的处理方式。

这同样是试图减少误差的常见科学方法。对应实验组间的比较提高了检验力度，而各组实验间的转换则提高了实验结果的可信度，即实验结果的差异主要是由拍卖机制的不同造成的，而不是由这种特定的主观分组造成的。当我们考察荷式拍卖与一级价格拍卖之间的细微差别的时候，这方面的考虑就显得更加重要了。因此，所有的实验都由 30 个时段的拍卖组成：10 个荷式（一级）拍卖，接着是 10 个一级（荷式）拍卖，最后是 10 个荷式（一级）拍卖。表 1 列示了所有的一级拍卖与荷式拍卖之间的转换实验，表 2 列示了所有的荷式拍卖与二级拍卖之间的转换实验。例如在表 1 中，实验局 dfd3（代表第 3 组实验中的一个，使用 3 个竞价者），由 10 个荷式拍卖、10 个一级拍卖、10 个荷式拍卖共 30 个拍卖按顺序组成。对于实验局 dfd3 中的 3 个竞价者，估价 v_i 取自区间 $[\underline{v}, \bar{v}]$ 上的均匀分布。实验局 dfd3 与实验局 fdf3′匹配，后者在一级拍卖-荷式拍卖-一级拍卖共 30 个拍卖中使用了 3 个不同的竞价者，但是使用的（随机）估价是与实验局 dfd3 中相同的。在表 1 中，任意两组，比如 3 和 3′、10 和 10′、5 和 5′都是"匹配"的，也就是说，在每组中都是将相同的估价赋予不同的 N 个参与者。x 则表示参与者是有经验的，即曾经参与过前面的实验，例如实验局 dfd8x 和 fdf8′x 就是针对有经验的参与者的一组实验（$N=4$）。

（ⅲ）在实验中系统地改变 N 的值，以便 Vickrey 模型和 Ledyard 的非合作均衡出价模型可以在对手数量变化的拍卖市场中得到检验。

对于每个 N，我们都要对 Vickrey 的风险中性（零）假设和 Ledyard 严格风险厌恶（备择）假设的含义进行检验。[①] 在第Ⅵ部分我们将研究 Komogorov - Smirnov 检验，即检验"对每个 N，赢得拍卖的出价其概率分布来自式（3.16）中的分布函数 $G_v(\cdot)$"这一假设。同样是在第Ⅵ部分我们将研究一个二项检验，即对每一个 N，将一级价格拍卖中的观测结果与风险中性的理论成交价格进行对比。

（ⅳ）在 N 增加的情况下保持每个竞价者的预期收益不变，以便在每个参与者参与的实验中，他/她的激励基本上是相同的，不随其参与实验的人数多少而变化。

[①] 风险中性的情形将被称作原假设或 Vickrey 假设，而严格风险厌恶的情形 [不是所有的竞价者都是风险中性的，且 $E(r)<1$] 将被称为 Ledyard 假设。Vickrey（1961）很清楚地知道风险厌恶的效果是怎么样的，但是他没有正式地处理这种情形。

众所周知，任何市场（或其他）决策任务都会有不可忽视的主观成本在里面，比如思考、计算、决策以及谈判等（Siegel，1961；Marschak，1968；Smith，1976）。相对于这种主观的交易成本（在决策结果中实现）而言，显性的货币报酬（或其他报酬）越大，则报酬最大化的思想越会在决策过程中占据主导地位。由于主观交易成本并不是可以正常观测到的，但它可能成为检验理论时的一个扭曲因素，因此，控制实验中的这种扭曲程度就显得至关重要了。

在大组实验中激励往往容易出现问题，这种现象大多直接来自Vickrey模型。从 Vickrey 的出价函数（3.4）中可知，如果 v 是 N 个竞价者中的最高估价，则成交价格是由出价最高的竞价者决定的：

$$p = \left(\frac{N-1}{N} \right)(v - \underline{v}) + \underline{v}$$

因此出价最高的竞价者的利润为：

$$\pi = v - p = \frac{p - \underline{v}}{N - 1}$$

从式（3.17）中 Vickrey 成交价格的均值可得，每个竞价者的期望利润为：

$$\frac{\overline{\pi}_v}{N} = \frac{\overline{v} - \underline{v}}{N(N+1)} \tag{4.1}$$

因此，每个竞价者的期望利润与 N^2 成反比，所以激励也会快速下降。我们通过如下的"变动报酬设计"来控制这种情况：对于给定的 $\underline{v}$，使用式（4.1）选择一个 $\overline{v}$（作为 N 的函数），使得在参与者数量 N 不同的实验中，每个竞价者的期望利润保持 v_0 不变。这要求：

$$\overline{v} = N(N+1)v_0 + \underline{v} \tag{4.2}$$

估价参数 $v_0 = 0.40$ 美元和 $\underline{v} = 0.10$ 美元在此处的实验报告中都使用上了。对于每个 N，$\overline{v}$、$\overline{\pi}_v$ 和 $\overline{p}_v$ 的相应值都在表 3 中列示了。如果把每个参与者的期望利润设为 0.40 美元，则 30 个拍卖中每个参与者的期望利润为 12.00 美元。而且每个参与者若主动参与实验并坚持到实验结束，都会获得 3.00 美元的酬劳，因此在每个实验局中，每个参与者的全部期望利润为 15.00 美元。每个实验局大约需要进行一个小时。

我们并不想争辩说，通过这样一种设计，使得 N 从 3 到 9 的实验其激励保证可以完全相等。但我们要说的是，采用这种方法所产生的激励比我们不采用这种方法时更加一致。理想的情况是，我们希望使得实验中货币收益带来的效用相对于非货币因素是不变的，但是效用和非货币因素都是不可直接观测到的。

在我们的实验设计中，我们计划在 $N=3$、6、9 的情况下进行实验，并使用观测值来检验 Vickrey 模型和 Ledyard 模型。如同在第 V 部分中的解释一样，随着研究的进行，从 $N=4$ 和 $N=5$ 的附加实验中得到的观测值显得格外重要（见表 1 和表 3）。

表 1

实验局数	竞价者数量 N	统计量	10 个成交价格的均值和方差（按机制、顺序）			
			荷式	一级	荷式	一级
* dfd3	3	均值	1.30	2.40	1.32	
		方差	0.098	0.162	0.235	
* fdf3′	3	均值		2.66	3.32	2.02
		方差		1.092	0.297	1.166
fdf10	3	均值		2.74	2.72	2.22
		方差		0.203	1.107	0.268
dfd10′	3	均值	2.62	2.84	2.36	
		方差	0.260	0.827	0.436	
dfd10x	3	均值	2.42	2.22	2.40	
		方差	0.500	0.402	0.420	
fdf8	4	均值		6.06	5.46	4.74
		方差		0.956	0.996	5.256
dfd8′	4	均值	5.70	5.46	3.78	
		方差	1.10	0.916	3.764	
dfd8x	4	均值	5.43	6.03	5.64	
		方差	1.329	0.669	1.596	
fdf8′x	4	均值		5.91	5.97	5.64
		方差		1.361	0.969	1.636

续前表

实验局数	竞价者数量 N	统计量	10个成交价格的均值和方差（按机制、顺序）			
			荷式	一级	荷式	一级
dfd9	5	均值	7.75	9.52	8.83	
		方差	3.565	0.724	2.649	
fdf9′	5	均值		8.62	9.58	9.31
		方差		2.804	2.104	1.481
fdf9x	5	均值		9.07	7.66	9.70
		方差		0.769	1.766	0.260
dfd9′x	5	均值	9.04	8.62	9.82	
		方差	1.216	2.204	1.104	
*dfd2	6	均值	12.72	12.48	13.60	
		方差	3.231	6.20	3.896	
*fdf2′	6	均值		13.60	13.44	13.96
		方差		2.207	6.356	3.716
*dfd4	6	均值	12.86	13.22	12.38	
		方差	1.26	4.651	5.086	
*fdf4′	6	均值		13.18	13.42	12.86
		方差		2.846	5.548	6.238
*dfd5	9	均值	31.30	30.40	29.50	
		方差	2.56	6.26	4.00	
*fdf5′	9	均值		31.78	30.16	30.88
		方差		4.064	6.196	4.404

注：*初始实验列。所有的方差都是最大似然估计。

表2

实验局数	竞价者数量 N	统计量	10个成交价格的均值和方差（按机制、顺序）			
			荷式	二级	荷式	二级
sds7	3	均值		2.06	2.22	1.84
		方差		1.35	0.668	0.427

续前表

实验局数	竞价者数量 N	统计量	10 个成交价格的均值和方差（按机制、顺序）			
			荷式	二级	荷式	二级
dsd7′	3	均值	3.16	2.02	2.82	
		方差	0.392	0.50	0.304	
dsd1	6	均值	12.78	11.66	11.94	
		方差	2.028	12.638	3.065	
sds1′	6	均值		11.74	13.10	10.30
		方差		6.949	7.831	8.720
dsd3x	6	均值	14.62	11.14	13.54	
		方差	0.571	4.487	2.674	
dsd4	9	均值	25.90	27.10	28.72	
		方差	10.08	12.32	7.684	
sds4′	9	均值		27.16	29.98	26.80
		方差		19.716	11.664	23.94

注：所有的方差都是最大似然估计。

表 3 实验设计参数：荷式拍卖和密封标价拍卖（$v_0 = 0.40$ 美元，$\underline{v} = 0.10$ 美元）

N	3	4	5	6	9
$\bar{v} = 0.4N(N+1) + 0.1$	4.90	8.10	12.10	16.90	36.10
$\bar{\pi}_v = 0.4N$	1.20	1.60	2.00	2.40	3.60
$\bar{p}_v = 0.4N(N-1) + 0.1$	2.50	4.90	8.10	12.10	28.90
$\bar{v} - \bar{p}_v = 0.8N$	2.40	3.20	4.00	4.80	7.20
$p_0 - \bar{v} = 2\delta^*$	0.40	0.60	0.60	0.80	1.20
δ（美元/滴答）	0.20	0.30	0.30	0.40	0.60
τ^*（秒/滴答）	2	2	2	2	2

注：* 这些条目仅适用于荷式拍卖。其他条目可以适用于一级、二级和荷式拍卖。

（Ｖ）控制荷式拍卖和密封标价拍卖之间某些技术差别带来的效果，

这主要是指行为上的差别，而不是不同拍卖机制在信息和激励方面的差别。

荷式拍卖要求三个技术参数得以满足，这三个参数不是荷式拍卖理论的组成部分，但描绘了一种机制的典型特征，而这个特征通常是被经济模型所忽略的（也许这种忽略是有理由的）。这些足以影响经济行为的参数是：

（1）起拍价与竞价者中的最高估价之间的差额。如果 p_0 是起拍价，则实验中的这一差额为 $p_0 - \bar{v}$（以美元衡量）。

（2）每次价格下降期间的停滞时间 τ，或者数字钟的连续"滴答声"记下的时间。

（3）价格下降的幅度 δ，即每次"滴答"价格下降的数额。

如果上述三个参数中的任何一个可以影响行为，则我们所面对的就不是一种荷式拍卖机制，而是由于参数值的不同而生成的许多不同的荷式拍卖了。在我们最初的几个实验组中，实验参与者数量是 3、6、9，我们选择将相应的估价 δ 设为 0.20 美元、0.40 美元和 0.60 美元，将钟的速度 $(1/\tau)$ 设为恒定的，每次"滴答"的时间 $\tau=2$ 秒（见表 3）。由这些参数值得到的最大估价与 Vickrey 平均价格之差 $\bar{v} - \bar{p}_v$ 是 12 个"滴答"或 12 个价格变动幅度。出于同样的考虑，我们选择将起拍价设在 $\bar{v}$ 加上两个"滴答"或价格变动幅度的水平上，如表 3 中对 $N=3$、6、9 的情形所示。然后我们决定对 $N=4$ 和 5 时的情形进行实验，这种三方对称的情形有时很难维持，只能近似得到。例如，δ 要求能被 0.10 整除，这对于计算机程序来说是估价选择的原子标准。[①] 因此，对于 $N=4$ 和 5 的情形，我们设 $\delta=0.30$（而不是分别为 26.67 和 33.33，这两个值保持了三方对称）。

在荷式拍卖中，价格变动幅度 δ 定义了临近的离散报价之间的差额，因而也就定义了最终成交价格的差额。[②] 接下来的问题是：如果要维持荷式拍卖实验和密封出价拍卖实验之间的严格技术可比性，很重要

---

① 这里的限制因素是荷式拍卖中屏幕显示的反映局限性。在速度接近电子标准的时候，PLATO（或其他）系统就不能显示数据变化了。例如，如果我们的速度在 0.10 美元的基础上提升 10 倍，同时钟的速度翻 10 番，这就超过了屏幕的显示能力（当然，也超过了人类眼、脑的识别能力）。

② 就是说，如果在拍卖开始 t 秒之后，钟上显示的价格为 p_t，则在时刻 $t+2$（即 2 秒之后）钟上显示的价格将降至 N。如果在下一个 2 秒之内，某个竞价者按了"接受"键，并且成为电脑屏幕上第一个确认的交易者，则成交价格就确定在 u_i（$i=1, 2, \cdots, N$）的水平上。

的一点就是要使密封出价拍卖中的出价差额也与荷式拍卖中的报价差额 δ 相同。我们程序化的一级价格和二级价格拍卖实验为了达到这一要求，除了报价 v 和 0 保持不变以外，将参与者的其余报价近似至最近的 δ 节点处。因此，在 $N=3$ 的拍卖实验中，由于 $\delta=0.20$ 美元，而估价的变动范围为 $\underline{v}=0.10$，$\bar{v}=4.90$（见表 3），于是 4.54 美元的报价就被近似为 4.50 美元，然后这一近似的结果通过一个信息被反馈给参与者，请他确认这一近似值或者更改报价重新输入。因此，在一级价格和二级价格密封拍卖中，每个参与者在报价进入市场前，都有机会核实他/她的报价的近似结果。除了起拍价和钟速两个参数外，表 3 中的其他设计参数同样适用于一级和二级价格拍卖实验。

在每个实验局开始之前，实验设计者都执行一个初始化程序来对实验进行定义。在初始化程序中，选择实验顺序，比如 10 个荷式拍卖、10 个一级价格拍卖、10 个荷式拍卖。然后选择参数向量（v，$\bar{v}$，δ，N，p_0，τ）。参数（p_0，τ）只适用于荷式拍卖时段。所有其他的参数既适用于荷式拍卖，也适用于一级价格拍卖（在近似情况下，还可以适用于二级价格拍卖）。因此，在成组实验进行对比时，如果荷式拍卖的价格结果与一级价格拍卖（或二级价格拍卖）的结果截然不同，那么实验就没有办法进行了。在本文的附录中，我们介绍了在一个实验之后进行荷式拍卖的 PLATO 实验说明。

V. 实验结果概述

A. 早先的英式与荷式口头拍卖实验

Coppinger、Smith 和 Titus（1980，pp. 6 - 10）报告了在 8 个参与者情形下（$N=8$）实验局数为 6 的英式和/或荷式口头拍卖的实验结果。在这些实验的前四局中，参与者的估价是均匀分布的，相邻估价的差额是 1.5 美元，但都是随机指定给竞价者的。英式拍卖的成交价格对次高估价的平均离差是 0.012 4 美元，与 0 的差异不显著（$t_e=0.096$）。在荷式口头拍卖中，成交价格对次高估价的平均离差是 -1.14 美元，显著低于 0（$t_d=-5.09$）。在实验局 5 和 6 中，估价取自区间 [0.10 美元，10.0 美元]（公差是 0.10 美元）。两局实验的成交价格均值与函数（3.17）得出的 Vickrey 均值（$t_e = -1.06$，$t_d = -0.83$）无显著差异。类似地，英式拍卖和荷式拍卖的成交价格与函数（2.11）和（3.18）的预测值也没有显著差异。在这些实验局中，97.2%的英式拍卖是 Pareto 最优的，但是只有 77.8%的荷式拍卖是Pareto 最优的。

在荷式拍卖中，实验者每 7 秒钟将价格降低 0.50 美元，而在英式拍卖中，参与者在前一个价格的基础上提高出价，通常情况是每次提高0.25 美元。这种技术上的差别可能会影响结果，这也正是在对荷式拍卖、一级价格拍卖、二级价格拍卖进行比较时，需要用电脑对其加以控制的原因。

B. 荷式拍卖、一级价格拍卖、二级价格拍卖的实验结果

表 1 中列示了荷式—级价格拍卖实验成交价格的均值和方差的最大似然值。对比均值后发现，荷式拍卖的成交价格要低于一级价格密封拍卖的成交价格。实验中成对比较设计的实验使用相同的估价序列，一些成对实验的结果显示了这种设计的重要性。在实验局 fdf8 中，最后一组一级价格拍卖实验的平均成交价格（4.74）要低于中间一组荷式拍卖实验的平均成交价格（5.46）。但是如果我们使用相关性更强的成组实验局 dfd8′，我们就会发现最后一组荷式拍卖实验的平均成交价格明显低于在实验局 fdf8 中最后一组一级价格拍卖实验的平均成交价格。在这组实验中，对 21～30 个拍卖实验的估价的随机赋值碰巧都比较低。类似地，一级价格拍卖的平均成交价格（8.62）比实验局 dfd9′x 中的两个荷式拍卖的平均成交价格都低，但比实验局 fdf9x 中与其相匹配的荷式拍卖的平均成交价格高。在实验局 dfd5 和实验局 fdf5′中，这一现象再次出现。当然，在对不同的交换机制进行比较的时候，我们不能过分强调控制成对比较设计的重要性，特别是在某一理论或某些考虑还处在实验探索阶段时更是如此，不能妄下结论。

表 2 中列示了荷式-二级价格拍卖实验成交价格的均值和方差的最大似然值。从表中可以看出，"二级价格密封出价拍卖的成交价格低于荷式拍卖的成交价格"的论断似乎是很明显的。

表 4 列示了荷式、一级价格、二级价格所有拍卖实验成交价格的混合均值和方差。对于所有的参与者数量 N，我们观测到的均值排序结果为：$m_2 < m_d < m_1$。Vickrey 假设下的理论预测结果是 $m_2 = m_d =$

m_1，Ledyard 假设下的理论预测结果是 $m_2 < m_d = m_1$。因此，这些数据结果与竞价者是风险厌恶者这一假设一致，但与荷式拍卖和一级价格拍卖的同质性假设相悖。这些结果对于 Coppinger、Smith 和 Titus（1980，pp.21-22）指出的那些没有严格控制的实验的结论，也基本上是一致的。

表4　　　　　　　各种拍卖形式中均值和方差的理论值和混合值

N	统计量	荷式观察值	一级观察值	一级、荷式理论值*	二级	
					观察值	理论值
3	均值	2.42	2.44	2.5	1.97	2.5
	方差	0.421	0.589	0.384	0.759	0.96
4	均值	5.33	5.64	4.9		
	方差	1.63	1.80	0.96		
5	均值	8.78	9.14	8.1		
	方差	2.06	1.37	1.83		
6	均值	13.12	13.22	12.1	11.21	12.1
	方差	3.77	4.31	3.0	8.20	6.4
9	均值	29.26	31.02	28.9	27.02	28.9
	方差	7.03	4.91	8.38	18.66	18.85

注：* 这些均值和方差都是根据 Vickrey 假设得出的，即通过式（3.17）和式（3.18）计算得出的。

Ⅵ. 对 Vickrey 模型和 Ledyard 模型的检验

我们开始对荷式拍卖和一级价格拍卖的研究设计是由 8 个实验局组成的，就是在表 1 中用星号表示出来的那些。表 1 中其他实验是在检查了初始一级价格拍卖实验的结果后进行的。在后面我们利用表 5 和表 6 检测一级价格拍卖的结果时，就会明白为什么我们在后面又添加了 11 个实验。

表 5　　　　　**荷式、一级价格、二级价格拍卖成交价格分布的**
Kolmogorov - Smirnov 统计量 D_n^+

N	一级价格拍卖 $D_n^+ =$ $-sup[G_n^f(p)-G(p)]$	荷式拍卖 $D_n^+ =$ $-sup[G_n^d(p)-G(p)]$	二级价格拍卖 $D_n^+ =$ $-sup[F_n^s(p)-F(p)]$
3	0.09 ($n=70$)	0.11 ($n=120$)	0.33 ($n=30$)*
4	0.42 ($n=60$)*	0.37 ($n=60$)*	
5	0.30 ($n=60$)*	0.25 ($n=60$)*	
6	0.38 ($n=60$)*	0.26 ($n=110$)*	0.19 ($n=60$)
9	0.40 ($n=30$)*	0.19 ($n=60$)	0.24 ($n=30$)

注：* 拒绝 G 或 F 是适当分布的假设（$Pr. = 0.005$）。

表 6　　　　　　**在一级价格拍卖中的二项检验**
（将风险中性情况下成交价格的观测值与预测值进行比较）

N	拍卖实验的总数量	$\delta(t) > 0^*$ 的拍卖的数量	标准正态偏离，U_p
3	70	43	1.91 ($P=0.06$)
4	60	54	6.20 ($P<0.0001$)
5	60	60	7.75 ($P<0.0001$)
6	60	52	5.68 ($P<0.00001$)
9	30	30	5.48 ($P<0.0001$)

注：* $\delta(t) = [p(t)-\underline{v}] - \left(\dfrac{N-1}{N}\right)\max_i[v_i(t)-\underline{v}]$。

A. 一级价格拍卖中的风险厌恶和出价行为

表 5 列示了对于所有 N 的单侧 Kolmogorov - Smirnov 检验结果，检验的假设是：一级价格拍卖的成交价格来自式（3.16）所给出的分布。我们拒绝了认为在 $N=6$ 和 9 时风险厌恶是成立的这一原假设（$Pr. = 0.005$）。在对 $N=3$ 的第一列数据进行这种检验时，我们没能拒绝原假设。

表 5 中的检测没有利用这样一个事实，即在实验中对估价 $v_i(t)$ 的赋值是可控的，而且是可测的。有一种替代性的检验（这种替代性检验

的功能更加强大）利用了这一信息，它对标准化价格的观测值 $p(t)-\underline{v}$ 与通过式（3.17）得到的标准化价格风险中性预测值的离差分布进行检测，即

$$\left(\frac{N-1}{N}\right)\left[\max_i v_i(t)-\underline{v}\right]$$

表 6 列示了对于每个 N 的二项检验的结果，原假设是：在一级价格拍卖中离差 $\delta(t)=\left[p(t)-\underline{v}\right]-\left(\frac{N-1}{N}\right)\left[\max_i v_i(t)-\underline{v}\right]$ 取正值和负值的概率是相等的（即风险中性），因此认为"这一离差取正值的概率更大（即风险厌恶）"的单侧备择假设就不成立了。通过 U_p 的值（二项式的标准正态近似），对于 $N=6$ 和 9 的情形，我们可以在很高的显著性水平上拒绝原假设，但如果将同样的检验应用到 $N=3$ 时第一列实验的数据结果上，我们在任何显著性水平上都不能拒绝原假设。

由于在 Kolmogorov‑Smirnov 检验和二项式检验中，$N=3$ 时的结果与 $N=6$ 和 9 时的结果发生了明显的偏离，所以在这里我们提出三个临时性的假设：

（1）除了 $N=3$ 时非合作（Nash）行为的假设不成立以外，Ledyard 模型比 Vickrey 模型更高级。

（2）在 N 大于 4 或 5 的情形下，Ledyard 模型比 Vickrey 模型更高级，也就是说，非合作行为的假设在 $N=3$ 和 $N=6$ 之间的某处不成立，有待研究。

（3）对于所有的 N 值，Ledyard 模型比 Vickrey 模型更高级，在 $N=3$ 时该命题之所以不成立，是由于我们最初的两个实验的样本误差。

有相当多的实验数据表明，在垄断竞争的前提下（Shubik，1975，p. 282；Fouraker，Siegel，1963），非合作行为的假设对于 $N\geqslant3$ 的情形是成立的，基于此，我们推测附加实验的观测结果可能会支持（1）。然而，同样基于前面的实验结果，我们可能也不能排除（3）的情况。附加的实验正是在这种临界接合点处进行的。这些实验由 16 个实验时段组成，每个时段包含 10 个一级价格（和 17 个荷式）拍卖，这些实验在表 1 中记录下来了（无*的部分）。

根据表 5 和表 6 中的结果，对于 $N=4$ 和 5 的情形，我们应拒绝原假设，在同样的显著性水平上，我们也拒绝了 $N=6$ 和 9 情形下的原假设。图 1 展示了 $N=5$ 时 Kolmogorov‑Smirnov 检验的理论分布和经验分布。在这些检验的基础上，对于 $N>3$，我们拒绝了风险中性的假设，

Nash 均衡行为的风险厌恶模型成立。

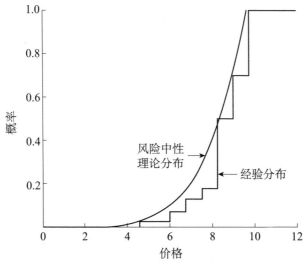

图1　一级价格拍卖：$N=5$ 时的理论概率分布和经验概率分布

对 $N=3$ 时的实验实施同样的检验，表5和表6的数据表明，我们不能拒绝风险中性的假设。然而，既然没有理由认为 $N=3$ 时的参与者并没有比 $N>3$ 时的参与者更偏好风险，我们认为实验结果也支持了这样一种附属的假设，即在 $N=3$ 时非合作行为的假设不成立。现在我们考虑另外一种解释。

B. 荷式拍卖中的风险厌恶和出价行为

假设荷式拍卖的成交价格来自式（3.16）给出的分布函数，在这一假设下，表5列示了对每个 N 的 Kolmogorov - Smirnov 单侧检验结果。对于 $N=4$、5、6，我们可以拒绝原假设（$Pr. =0.005$），认为风险厌恶是成立的，但对于 $N=3$ 和 9 则不行。$N=3$ 时的荷式拍卖结果与 $N=3$ 时的一级价格拍卖结果是一致的，但是 $N=9$ 时荷式拍卖实验的检验结果与一级价格拍卖实验的检验结果就不一致了。然而，我们必须清楚的是，只有在荷式拍卖与一级价格拍卖等价的前提下，Vickrey 假设下的 $G_V(\cdot)$ 和 Ledyard 假设下的 $G_L(\cdot)$ 才是荷式拍卖成交价格的分布函数。因此，表5中的荷式拍卖检验结果是对风险厌恶效应和一级/荷式拍卖同质性的联合检验。在本文的下一部分，我们将拒绝这种同质性的假设，这将有助于解释表5中 $N=9$ 时的检验结果。

C. 二级价格拍卖中的出价行为

现在考虑二级价格拍卖，并且注意这样一个现象：表 4 中二级价格拍卖成交价格的混合均值低于由函数（2.10）得出的理论均值。表 5 列示了对"二级价格拍卖的最终竞价来自式（2.9）分布函数假设"进行 Kolmogorov-Smirnov 检验的结果。我们在 $N=3$ 时拒绝了这一假设，但在 $N=6$ 和 9 时没能够拒绝。Coppinger、Smith 和 Titus（1980）还通过研究发现，在二级价格拍卖中成交价格的均值低于占优策略的期望成交价格（不同实验的显著性有差异）。他们还发现，通过连续进行实验，二级价格拍卖的参与者（通过学习效应）的结果向占优策略收敛。

Ⅶ. 荷式拍卖、一级价格拍卖、二级价格拍卖的价格和效率比较

表 7 中成组样本的对比表明，荷式拍卖和一级价格拍卖在行为上并不是等价的。在每个成组的对比中，一级价格拍卖的平均成交价格都要高于荷式拍卖。通过非参数检验，我们拒绝了"平均成交价格的差额 m_1-m_d 取正值和取负值的概率相等"的原假设，而认为荷式拍卖的成交价格要低于一级价格拍卖的成交价格（$Pr.=0.001$）。

表 7　　　　　　荷式-一级价格拍卖成组样本的平均成交价格差额

实验	N	一级价格拍卖成交价格	荷式拍卖成交价格	m_1-m_d
dfd3，fdf3′	3	2.36	1.98	0.38
fdf10，dfd10′	3	2.60	2.57	0.03
fdf8，dfd8′	4	5.42	4.98	0.44
dfd8x，fdf8′x	4	5.86	5.68	0.18
dfd9，fdf9′	5	9.15	8.72	0.43
fdf9x，dfd9′x	5	9.13	8.84	0.29
dfd2，fdf2′	6	13.35	13.25	0.10
dfd4，fdf4′	6	13.09	12.89	0.20
dfd5，fdf5′	9	31.02	30.32	0.70

这些荷式拍卖的实验结果不仅对荷式拍卖和一级价格拍卖在理论上的同质性提出了质疑，而且这些结果还针对"由于价格刚刚稍低于竞价者的保留估价，他就会接受报价而成交，因此荷式拍卖的成交价格会较高"的观点提出了清晰的反驳证据（Boulding，1948，p. 42；Cassady，1967，p. 67）。很明显，有相反的行为。在很大程度上，我们应当关注这样一个现象，即很多参与者都说比起其他的实验来，他们更喜欢"钟实验"，因为参与"钟实验"会有一种"等待的悬念"。从这个意义上讲，他们似乎是把荷式拍卖当成了一种"等待博弈"，在这种机制下可能会实现比一级价格密封拍卖更低的价格。

荷式拍卖和二级价格密封拍卖成组实验的样本对比结果如表 8 所示。在成组对比中，荷式拍卖的平均成交价格均高于二级价格拍卖。这一结果与荷式拍卖出价的风险厌恶模型和二级价格拍卖占优策略模型的结论一致。而且这些结果与 Coppinger、Smith 和 Titus（1980，pp. 9 - 10，13 - 18）研究的限制性更强的、间接的经验结果一致。在上述三人的研究中，荷式拍卖的成交价格要高于英式拍卖，而英式拍卖的成交价格与二级价格拍卖无显著性差异。符号检验的结果表明，荷式拍卖和二级价格拍卖成交价格之间的正差额是显著的（$Pr. = 0.06$）。

表8　　　　荷式-二级价格拍卖成组样本的平均成交价格差额

实验	N	荷式拍卖成交价格 m_d	二级价格拍卖成交价格 m_2	$m_d - m_2$
sds7，dsd7′	3	2.73	1.97	0.76
dsd1，sds1′	6	12.61	11.23	1.37
dsd4，sds4′	9	28.20	27.02	1.18

如果我们令 $V_N(t)$ 为拍卖 t 中 N 个竞价者中最高的估价，$W_N(t)$ 为拍卖 t 中赢得拍卖的竞价者的估价，则拍卖 t 的效率用下式来衡量：

$$E_N(t) = 100 W_N(t)/V_N(t)$$

只有在赢得拍卖的竞价者是出价最高的竞价者时，效率才是 100%，也即达到了 Pareto 最优配置。效率未达到 100% 的拍卖的共同特点是，交换中存在未实现的利益。表 9 列示了按机制和参与者数量分类的所有拍卖实验的效率。从正态结果来看，二级价格拍卖的效率最高，为 99.65%，其次是一级价格拍卖（98.88%），效率最低的是荷式

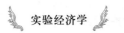

拍卖（97.95%）。表9还列示了在全部拍卖实验中 Pareto 最优配置所占的百分比（括号中的数字）。

表9	按机制和竞价者人数分类的平均效率 （及帕累托最优配置所占的百分比）（%）					
机制 竞价者数量	3	4	5	6	9	全部
荷式	97.32 (81.82)	96.25 (76.67)	98.48 (81.67)	98.89 (71.67)	98.44 (71.67)	97.95 (80.00)
一级价格	97.61 (82.86)	99.62 (95.00)	99.80 (93.33)	98.26 (83.33)	99.77 (83.33)	98.88 (87.86)
二级价格	99.28 (93.33)			99.89 (96.67)	99.54 (90.00)	99.65 (94.00)

Ⅷ. 与荷式拍卖和一级价格拍卖出价行为
一致的两个出价模型

在第Ⅱ部分中，对于荷式拍卖和一级价格拍卖的理论等价性问题，我们研究了标准行为假设。因此，如果我们要想建立一个竞价理论模型来研究这些拍卖行为的非等价性，就必须在模型中合并一些非标准行为假设。在这一部分中，我们将为这种等价性的不成立提供两种可能的解释。一种解释建立在荷式拍卖"等待博弈"（waiting game）效用的假设上，另一种解释的基础是竞价者对 Bayes 法则的违背。

由于一些实验被试的建议，我们已经采纳了"博弈效用"的方法来对荷式拍卖建模。这些参与者说，由于"等待的悬念"的存在，比起其他的拍卖形式，他们特别喜欢荷式拍卖的这种"钟实验"形式。通过这些观点，我们可以推断，根据荷式拍卖真实时间方面的考虑（参与者通过等待博弈得到的效用），荷式拍卖和一级价格拍卖在行为上可能并不是同质的。

对于荷式拍卖中竞价者对 Bayes 法则的违背，我们有两个理由接受这一观点。第一，存在一些独立证据表明参与者的行为与 Bayes 法则不符（Grether，1980）。第二，唯一对不同拍卖机制下竞价行为的 Bayes 法则进行比较的研究表明，荷式拍卖和一级价格拍卖是不等价的，而且这一研究明显与我们的观察结果不一致。

现在我们分析包含了"等待博弈"效用因素的竞价模型。假设在一级价格拍卖中竞价者 i 通过参与拍卖获得的非负效用为 a_i。因此，我们可以用下式来代替式（2.1）的期望效用函数：

$$U_i(b_i) = a_i + F_i(b_i)u_i(v_i - b_i) \tag{8.1}$$

其中 $a_i \geq 0$。接着我们像处理式（2.1）那样，假设式（8.1）是拟凹的，并且拥有唯一的内部最大值 b_i^0，则 b_i^0 将满足一阶条件：

$$0 = U_i'(b_i^0) = F_i'(b_i^0)u_i(v_i - b_i^0) - F_i(b_i^0)u_i'(v_i - b_i^0) \tag{8.2}$$

下面考虑荷式拍卖，并且假设竞价者通过参与时间长度为 t 的等待博弈得到的效用是 $\alpha_i(t)$。假设 α_i 为正的增函数，也就是说，竞价者喜欢参与"等待博弈"，而且博弈时间越长，其得到的效用越大。假设拍卖进行到了时刻 t，竞价者必须决定是接受报价 $b(t)$，还是不接受这一报价而让拍卖继续进行。如果他接受报价 $b(t)$，则他得到的收益为 $v_i - b(t)$，效用为 $u_i(v_i - b(t))$。另外，他通过参与时间长度为 t 的等待博弈得到的效用为 $\alpha_i(t)$。如果竞价者不接受报价 $b(t)$，则他可以继续进行拍卖博弈并且有机会以更低的价格得到拍卖标的物。假定竞价者没有接受报价 $b(t)$，而是让拍卖钟继续进行至时刻 $t+\Delta t$，其中 $\Delta t > 0$。这样，他通过等待博弈得到的效用就是 $\alpha_i(t+\Delta t)$，以 $H_i(b(t+\Delta t) \mid b(t))$ 的概率赢得拍卖，获得收益 $v_i - b(t+\Delta t)$，并得到效用 $u_i(v_i - b(t+\Delta t))$。因此，在时刻 t 不接受 $b(t)$，而计划接受 $b(t+\Delta t)$ 所带来的期望效用的改变量为：

$$\Delta X_i(t) = \alpha_i(t+\Delta t) - \alpha_i(t) + H_i(b(t+\Delta t) \mid b(t))$$
$$u_i(v_i - b(t+\Delta t)) - u_i(v_i - b(t)) \tag{8.3}$$

现在假设竞价者 i 认为他的竞争对手会在荷式拍卖和一级价格拍卖中使用相同的出价策略。根据 Bayes 法则，这一假设意味着：

$$H_i(b(t+\Delta t) \mid b(t)) = F_i(b(t+\Delta t)) / F_i(b(t)) \tag{8.4}$$

如同在第 Ⅱ 部分中的处理一样，我们现在假设目标函数是可微的。于是，由式（8.3）和式（8.4），我们得到：

$$\begin{aligned} X_i'(t) &= \lim_{\Delta t \to 0^+} \frac{\Delta X_i(t)}{\Delta t} \\ &= \alpha_i'(t) + \{[u_i(v_i - b(t))F_i'(b(t)) / F_i(b(t))] \\ &\quad - u_i'(v_i - b(t))\}b'(t) \end{aligned} \tag{8.5}$$

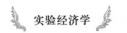

假定竞价者 i 终止荷兰钟的最佳时间是 t_i^{**}，且满足 $t_i^{**} \in (0, T)$，则通过式（8.5），有：

$$
\begin{aligned}
0 &= X_i'(t_i^{**}) \\
&= \alpha_i'(t_i^{**}) + \{[u_i(v_i - b(t_i^{**}))F_i'(b(t_i^{**}))/F_i(b(t_i^{**}))] \\
&\quad - u_i'(v_i - b(t_i^{**}))\}b'(t_i^{**})
\end{aligned}
\tag{8.6}
$$

由于 $\alpha_i'(t_i^{**}) > 0$，且 $b_i'(t_i^{**}) < 0$，因此，式（8.6）中带 $*$ 号的括号项一定是正的。但是这意味着在 $b_i(t_i^{**})$ 处，式（8.1）的导数是正的。因此，由于式（8.1）是拟凹的，我们得到 $b(t_i^{**}) < b_i^0$，也就是说，对于某个竞价者，在一个给定的估价 v_i 上，荷式拍卖在最优时刻产生的成交价格要低于他在一级价格拍卖中的出价。

如果竞价者在荷式拍卖中的出价低于在一级价格拍卖中的出价，则他会认为他的竞争对手也会有同样的表现。假设这种情况是成立的，特别地，我们还假设：

$$
H_i(b(t + \Delta t) \mid b(t)) = [F_i(b(t + \Delta t))/F_i(b(t))]^{\theta_i}
\tag{8.7}
$$

其中 $\theta_i < 1$。式（8.7）表明了两种分布的一阶随机占优次序。在荷式拍卖中竞价者 i 的期望满足式（8.7）而不是式（8.4）的情况下，我们令 $\hat{t}_i$ 为他接受报价的最佳时机，则

$$
\begin{aligned}
0 = \alpha_i'(\hat{t}_i) &+ \{[\theta_i u_i(v_i - b(\hat{t}_i))F_i'(b(\hat{t}_i))/F_i(b(\hat{t}_i))] \\
&- u_i'(v_i - b(\hat{t}_i))\}b'(\hat{t}_i)
\end{aligned}
\tag{8.8}
$$

由于 $\alpha_i'(\hat{t}_i) > 0$，$b'(\hat{t}_i) < 0$，所以式（8.8）中的花括号项一定是正的。但是这意味着在点 $b(\hat{t}_i)$ 处，式（8.1）的导数是正的，而且由于式（8.1）是拟凹的，得到 $b(\hat{t}_i) < b_i^0$。因此，竞价者 i 在荷式拍卖中的出价要比在一级价格拍卖中的出价低。

现在考虑在荷式拍卖中包括了竞价者违背 Bayes 法则因素的竞价行为模型。这里我们还要用到第 Ⅱ 部分提到的荷式拍卖理论中的"真实时间"行为模型。在荷式拍卖中竞争对手的竞价行为观测是非公开的（统计学里的一个特定的含义）。事实上，承认"在荷式拍卖中竞争对手的竞价行为观测是非公开的"这一点，是在常规假设下理解荷式拍卖与一级价格拍卖非等价性的一种途径。

但是现在我们假定代表性竞价者 i 行动的前提是：他对竞争对手竞价行为的观测是公开的。特别地，我们还要假定竞价者以下述方式违背 Bayes 法则——在报价大于或等于 $b(t)$ 时任何一个竞争对手都没有接受报价的情况下，期望效用最大化的竞价者将使用条件概率 G_i $(b(t + \Delta t) \mid b(t))$，即在报价大于或等于 $b(t + \Delta t)$ 时（$\Delta t > 0$），任何

一个竞争对手都没有接受报价。假设竞价者 i 违背 Bayes 法则的方式
如下：

$$G_i(b(t+\Delta t)\,|\,b(t))=[H_i(b(t+\Delta t)\,|\,b(t))]^{\pi_i}$$
$$=[H_i(b(t+\Delta t))/H_i(b(t))]^{\pi_i}, \ \pi_i<1$$

$$(8.9)$$

式（8.9）表明了针对竞价者 i 的条件概率分布 $G_i(b(t+\Delta t)\,|\,b(t))$
和 Bayes 法则下的条件概率分布 $H_i(b(t+\Delta t))/H_i(b(t))$ 的一阶随机
占优次序。因此，式（8.9）表明，在观察到竞争对手都没有接受高于
或等于 $b(t)$ 的报价的情况下，竞价者低估了他没有接受报价而让拍卖
继续进行所承担的风险。

接下来我们发现，如果我们将式（8.9）加入荷式拍卖的"真实时
间"竞价行为模型，则荷式拍卖的最优成交价格要低于一级价格拍卖。
这一结论延续了前文中的一种情形，即竞价者认为他的竞争对手会在荷
式拍卖与一级价格拍卖中采取相同的竞价策略，而且他的竞争对手在荷
式拍卖中的出价更低［见式（8.7）］。由于这些结论的推导过程与式
（8.7）和式（8.8）的推导过程相同，这里就不再赘述了。

考虑到两种理论都认为荷式拍卖的成交价格要低于一级价格密封拍
卖，我们可以设计一个实验来检验两个模型的行为。设计这样的模型最
简单的方法就是在货币收益增加一倍、其他参数保持不变的情况下复制
dfd 和 fdf 实验局。如果"悬念"效用模型是对荷式拍卖实验结果的正
确解释，则将货币收益加倍会使荷式拍卖的成交价格提高，从而趋向于
一级价格拍卖的成交价格水平。如果"误算概率"模型是合适的，则两
种拍卖机制的成交价格差额就应该保持不变。

Ⅸ. 结　语

A. 针对 Vickrey（1961）的研究的总结和扩展，我们对荷式和英式
"口头"拍卖以及一级、二级价格拍卖的理论分析可以总结如下：

（1）期望效用假说的含义：在一级价格拍卖中，最优出价要低于拍
卖标的物的价值。拍卖标的物的价值超过最优出价的数额取决于参与者
的风险偏好 u_i 和对竞争对手出价行为的预期 F_i。由于参与者之间的风
险偏好和预期都不相同，出价并不需要像个体估价一样排序，因此配置
也就不必是 Pareto 最优的。配置为 Pareto 最优配置的充分条件是所有

的竞价者拥有相同的严格递增的竞价函数，这就要求有竞价者拥有相同的效用函数。

按照 Bayes 法则，分析一级价格拍卖的结论同样适用于荷式拍卖。这是因为参与者对竞争对手出价行为的 Bayes 预期不会受到拍卖中无人接受报价这一"信息"的影响。这一解释的基础是赢得拍卖的先验概率以及荷兰钟本身是非公开的。

在二级价格拍卖中，最优出价等于竞价者对拍卖标的物的估价，而与风险偏好及对竞争对手出价的预期无关（出价等于估价是占优均衡）。因此，在任何一个给定的估价水平上，二级价格拍卖的最优出价都要高于一级价格拍卖。所以配置是 Pareto 最优的，成交价格的概率分布是 N 个随机估价样本概率分布的 $N-1$ 阶统计量。如果没有额外的行为假设，类似的计算对于一级价格拍卖是不成立的。

在英式拍卖中，只有当竞争对手的出价高于或等于某一竞价者的估价时，他/她才会退出拍卖竞争。这是一个占优策略，在这个意义上，英式拍卖与二级价格拍卖是同质的。

（2）期望效用和 Nash 均衡假说的含义：通过在常数相对风险规避的效用函数中加入 Nash 均衡出价行为假说，并且深入研究期望效用假说，我们可以得出这样的结论：在出价不超过风险中性最高出价 $\bar{b}$ 的情况下，一级价格拍卖的最优出价是估价的线性函数。因此模型没有得出 Pareto 最优配置的结论，而是对卖价的简略概率做了可能的推导。Vickrey 的一级价格拍卖风险中性模型是所有竞价者的相对风险厌恶系数都为 0 的特定形式。

B. 通过 780 个荷式、一级价格和二级价格拍卖实验的结果，关于市场价格行为和三种机制的 Pareto 效率，我们给出如下结论：

（1）综合所有的实验结果，二级价格拍卖的成交价格均值要低于荷式拍卖，而荷式拍卖的成交价格均值又低于一级价格拍卖。这一结论与期望效用假说的弱（数量）含义一致，但与荷式拍卖分析中使用的 Bayes 法则不一致。

（2）对于 $N=4$、5、6 的一级价格拍卖，我们拒绝了"风险中性 Nash 均衡出价行为"的原假设，而认为 Ledyard 的风险厌恶 Nash 出价行为是成立的。

（3）荷式拍卖和一级价格密封拍卖并非同质的。我们精心设计的成组对比实验的结果强有力地支持了这一结论，在那些成组对比实验中，荷式拍卖的成交价格是一致的，并显著低于一级价格拍卖。对于荷式拍卖成交价格较低这一现象，我们提供了两种理论解释。第一种理论假定，在真实时间荷式拍卖中存在"等待的悬念"效应；第二种理论假定，对于荷式拍卖中不接受报价带来的损失风险的 Bayes 估计，存在系统性的低估。第二种理论与检验 Bayes 法则的独立实验的结果一致，而第一种理论则与参与者喜欢荷式拍卖中的"等待的悬念"这种观点一致。

（4）对于 $N=3$，我们拒绝了"根据出价行为占优策略模型，二级价格拍卖的成交价格来源于由估价定义的 $N-1$ 阶统计量的概率分布"的假设；而对于 $N=6$、9，我们并不能拒绝该假设。

（5）我们推测，$N=3$ 时一级价格和二级价格拍卖的反常结果是由非合作行为假设的失效造成的，而这一假设的基础是出价的 Nash 模型和占优策略模型。

（6）如果用拍卖实验中实现的收益占理论总收益的百分比来衡量拍卖机制的效率的话，二级价格拍卖的效率最高，其次是一级价格拍卖，最低的是荷式拍卖。这一结果与"竞价者拥有相同的效用函数"的假设一致，而这一假设是大多数出价模型的基础。

本文集中讨论了市场价格行为和配置，以及三种拍卖形式的预测数据与理论的吻合程度。在另一篇文章中，我们将考察包括经验学习效应在内的参与者出价行为问题。

附　录

下面的内容是根据一级价格密封拍卖实验设计的 PLATO 荷式拍卖实验。

程序编写：Bruce E. Roberson
顾问：Vernon L. Smith

实验说明

这是一个关于市场决策的经济学实验。国家科学基金（NSF）为本研究提供资金。操作说明很简单，只要你认真遵守规则并仔细决策，在实验结束时，你就能够赢得一笔数目可观的现金。

在这个实验中，我们建立了一个市场，你是这个市场里虚拟商品的一个买者，购买的方式是拍卖。PLATO 电脑将扮演拍卖商的角色，但它是完全被动的，因为它的工作只是单纯地存储和传输市场中参与者的决策信息。

请在箭头后面输入你的姓，然后选择"下一步"键。

（如果输入错了，请使用"编辑"键。）

录入的这些信息只是用于实验结束后现金报酬的分配。

单位：美元

拍卖实验	转售估价	市场价格	利润
1	8.50		
2	6.00		
3	8.10		
4	12.00		
5	15.90		
6	4.70		
7	3.60		
8	13.00		
9	12.70		
10	9.50		
	总利润		

这是市场实验的个人记录表。注意标明"转售估价"一列中的数值单位是美元。即你购买一单位这种商品带给你的价值。它也可以被认为是如果你再把这一单位商品卖掉所能得到的数额。

注意，对于第一个拍卖，你的转售估价是 8.50 美元；对于第二个拍卖，你的转售估价是 6.00 美元；对于第三个拍卖，你的转售估价是 8.10 美元；等等。这些转售估价都是随机指定的。在每个拍卖中，指定给你的转售估价是均匀地取自 0.10 美元至 16.90 美元之间的一个数字（包括两个端点）。也就是说，你以相同的概率被赋予 0.10 美元、0.50 美元、…、16.50 美元、16.90 美元的估价。

此外，任何一个估价，比如说 8.50 美元，如果它曾经被指定给你或其他参与者了，下一次你被指定为这个估价的概率应该是多少还是多少，不会因此而改变。所以，有可能你在不同的拍卖阶段得到的估价是相同的，或者两个参与者在一次拍卖中得到的估价是一样的。实验中所有的参与者的估价都是以这种方式获得的。如果你购买成功（稍后我们会介绍购买的过程），你的收益就是你的转售估价与支付价格之差。

总结：

$$转售估价－支付的价格＝利润$$

值得注意的是，你的现金利润取决于你为购买的商品所支付的价格低于个人记录表格中转售估价的数额。另外一点就是如果你为购买的商品所支付的价格等于你的转售估价，则你这一笔买卖的利润为零。

在每轮拍卖结束的时候，你的收益将被自动记录在你的记录表里。每次拍卖的收益（利润）累计后，在实验的最后得到你的利润总和。但是你可能会问，"我怎么样才能购买商品呢?"这个问题问得好。请按"下一步"键来得到答案。

单位：美元

拍卖实验	转售估价	市场价格	利润
1	8.50		
2	6.00		
3	8.10		
4	12.00		
5	15.90		
6	4.70		
7	3.60		
8	13.00		
9	12.70		
10	9.50		
总利润			

8.90

确认

在这个例子中，这是拍卖的起拍价。在实验中是 17.70 美元。

上面就是实验中你在屏幕上将看到的界面。"钟"将作为拍卖商发挥作用。注意在钟内会有一个美元数额，这是拍卖的起拍价。每隔 2 秒钟价格会降低 0.40 美元。

当所有的参与者都准备好了，钟内的价格就开始下降。要想看这个界面的话，请按"下一步"键。

单位：美元

拍卖实验	转售估价	市场价格	利润
1	8.50		
2	6.00		
3	8.10		
4	12.00		
5	15.90		
6	4.70		
7	3.60		
8	13.00		
9	12.70		
10	9.50		
总利润			

8.50

确认

在实验进行过程中，钟内的价格会自动改变，不需要你进行任何操作。要想看这个界面的话，请按"下一步"键。

单位：美元

拍卖实验	转售估价	市场价格	利润
1	8.50		
2	6.00		
3	8.10		
4	12.00		
5	15.90		
6	4.70		
7	3.60		
8	13.00		
9	12.70		
10	9.50		
总利润			

7.30

确认

如果你希望以钟内显示的价格购买商品，请按键盘中标记有"LAB"的键。假定现在你想接受屏幕中显示的价格，你需要按"LAB"键来完成交易。按了"LAB"键之后的界面为：

单位：美元

拍卖实验	转售估价	市场价格	利润
1	8.50		
2	6.00		
3	8.10		
4	12.00		
5	15.90		
6	4.70		
7	3.60		
8	13.00		
9	12.70		
10	9.50		
总利润			

7.30

请确认报价

确认

注意，你接受了交易之后还必须确认一遍，以确定你不是误按了"LAB"键。请点击"钟"下方标记"确认"字样的键来确认交易。点击按钮就如同按键。在实验中，必须在3秒钟之内完成这个动作，否则你的交易将不能被确认。如果你没能及时确认交易，则"钟"会像以前一样继续运行，如果还没有其他人购买这一商品，那就赶快再按一次"LAB"键。现在就练习按"确定"键。

单位：美元

拍卖实验	转售估价	市场价格	利润
1	8.50	7.30	1.20
2	6.00		
3	8.10		
4	12.00		

续前表

拍卖实验	转售估价	市场价格	利润
5	15.90		
6	4.70		
7	3.60		
8	13.00		
9	12.70		
10	9.50		
总利润			1.20

7.30

确认

第一个按"LAB"键并确认交易的参与者就是唯一得到这项标的物的人！注意，在你确认交易之后，你的个人记录表格会有记录，这项工作在每轮拍卖结束之后自动进行。如果有人在你之前确认了交易，则你表格中"利润"栏相应的位置就会出现一个 * 号。成交价格会被录入表格中的"市场价格"一栏，以便你可以知道所有的成交价格。请按"下一步"。

现在我们来复习一下重要的事项：（1）对于 0.10 美元至 16.90 美元之间的数值，你会以相同的可能性获得一个转售估价。（2）你的出价必须低于或等于你的转售估价。（3）你可以通过按"LAB"键接受拍卖商的报价。（4）你必须在 3 秒钟之内确认交易才能成交。（5）第一个按"LAB"键并确认的竞价者赢得商品。（6）每个拍卖的起拍价都是 17.70 美元。

这就是全部的说明，如果你想返回去再看一遍所有的说明，请按"帮助"键。如果想简单回顾一下，请按"后退"键。如果你想要看接下来的交易示范和说明，请按"下一步"键。如果你看了这些说明后，觉得还有些问题，请举手示意指导人员。如果你没有搞清楚实验说明就进入市场交易，那么你的收益将受损！

你确定已经理解了这些说明吗？如果你往下进行的话，就不可以再回到这个界面了。请按"下一步"键继续进行，或按"后退"键返回说明的界面。

在完成了 10 次荷式拍卖之后，下面的实验说明将被执行。

在下面的交易时段中，我们将使用不同的竞价规则。尽管出价最高的竞价者仍然是赢得拍卖的人，但发出竞价的方式将会有所改变。在另外的几个拍卖中，我们将使用新的竞价方法。在新的方法下累积的利润也会加到你已经累积的结果中去。

你的表格会再次出现在屏幕上，你的（以及其他任何人的）转售估价仍然是通过同样的随机方法指定给你的。计算利润的方法也不变。如果你赢得了一项拍卖，你得到的收益同样是转售估价与支付价格的差额。

单位：美元

拍卖实验	转售估价	市场价格	利润
1	8.50		
2	16.50		
3	0.10		
4	4.40		
5	8.70		
6	12.90		
7	16.60		
8	0.30		
9	3.80		
10	4.20		
总利润			

请输入你对第一个拍卖的出价。

（自动近似至离 0.40 最近的数值。）

（请按"下一步"键输入，也可以按"编辑"键修改。）这就是在以下几个拍卖中你的屏幕上将显示的界面。屏幕上没有了"钟"，但你可以看到上面的信息。你的任务就是在每个拍卖中输入一个出价，争取中标赢得拍卖标的物。

下面我们通过一个简单的例子来感受一下这个操作过程。假定第一个拍卖中你的转售估价为 8.50 美元，然后你需要对这个拍卖输入一个出价。这个价格将被自动近似至低于 17.70 美元的、离得最近的 0.40

的倍数。就是说，你的出价将被近似为 17.30 美元、16.90 美元、16.50 美元等。如果你想出价 7.30 美元，敲入 7.30 美元，然后按"下一步"键。现在就试一下。（如果输入错了，请使用"编辑"键。）

请对第一个拍卖输入你的出价。

（自动近似至离 0.40 最近的数值）

（请按"下一步"键输入，也可以按"编辑"键修改。）

>7.30

按"下一步"键来确认你的报价"7.30"，或者按"后退"键进行修改。

注意，你选择了一个报价以后，可以确认，也可以重新输入一个新的报价。如果你对你的报价满意并想要确认，请按"下一步"键。

拍卖实验	转售估价	市场价格	利润
1	8.50	7.30	1.20
2	16.50		
3	0.10		
4	4.40		
5	8.70		
6	12.90		
7	16.60		
8	0.30		
9	3.80		
10	4.20		
总利润			1.20

如果你是出价最高的竞价者，你的个人记录表格将像上面那样被填写。如前所述，如果你没有赢得拍卖，则利润栏相应的位置将出现一个 * 号。最后的成交价格将被填在有"市场价格"标识的那一列中，以便你可以清楚所有交易的成交价格记录。如果出现两个或三个竞价者都是最高报价者的情况，PLATO 系统会随机选择一个竞价者作为最终的成交者。

现在我们回顾一下重要的条款。（1）你的报价必须小于或等于你的转售估价。（2）在确认报价之前，你可以修改报价。（3）出价最高的竞价者将是唯一赢得拍卖标的物的人。

这就是全部的说明，如果你想返回去再看一遍所有的说明，请按"帮助"键。如果想简单回顾一下，请按"后退"键。如果你想要看接下来的交易示范和说明，请按"LAB"键。如果你看了这些说明后，觉得还有些问题，请举手示意指导人员。如果你没有搞清楚实验说明就进入市场交易，那么你的收益将受损！

你确定已经理解了实验说明吗？如果你往下进行的话，你就不可以再回到这个界面了。请按"下一步"键继续进行，或按"后退"键返回到说明的界面。

致　谢

我们感谢国家科学基金对本研究的支持，感谢 John Ledyard 建议使用出价行为的常数相对风险规避模型。然而，在此我们并不是想暗示我们对 Ledyard 模型的应用是如何独特。此外，我们还想对 Chales A. Holt 表达感激之情，感谢他指出了我们初稿中的一个错误，并对匿名评审者提出意见表示感谢。

参考文献

Boulding, Kenneth, *Economic Analysis*, New York：Harper, Revised Edition, 1948.

Cassady, Ralph, *Auctions and Auctioneering*. Berkeley and Los Angeles：University of California Press，1967.

Coppinger, Vicki, Vernon L. Smith, and John Titus, "Incentives and Behavior in English, Dutch, and Sealed-Bid Auctions," *Economic Inquiry* 18（January）：1-22，1980.

Fouraker, L., and S. Siegel, *Bargaining Behavior*, New York：McGraw-Hill Book Co., 1963.

Grether, David M., "Bayes Rule as a Descriptive Model：The Representiveness Heuristic," *Quarterly Journal of Economics* 95（November）：537-557，1980.

Marschak, Jacob, "Economics of Inquiring, Communicating, Deciding," *American Economic Review* 58（May）：1-18，1968.

Shubik, Martin, "Oligopoly Theory, Communication, and Information," *Amer-

ican Economic Review 65 (May): 280 - 283, 1975.

Siegel, Sydney, "Decision Making and Learning Under Varying Conditions of Reinforcement," *Annals of the New York Academy of Science* 89: 766 - 783, 1961.

Smith, Vernon L. , "Experimental Economics: Induced Value Theory," *American Economic Review* 66 (May): 274 - 279, 1976.

Vickrey, William, "Counterspeculation, Auctions and Competitive Sealed Tenders," *Journal of Finance* 16 (May): 8 - 37, 1961.

辨别"荷式—一级价格拍卖非同质性"的两个模型的一种检验 *

詹姆斯·考克斯 (James C. Cox)

弗农·史密斯 (Vernon L. Smith)

詹姆斯·沃克 (James M. Walker)

以往的实验拒绝了"荷式拍卖和一级价格拍卖是同质的"这一假设。对于荷式拍卖的标准常规分析模式,有以下两种选择:(1) 竞价者违背 Bayes 法则;(2) 竞价者在获得货币奖励效用的同时会经历一种附加的"悬念"(suspend) 效用。本文采用多组被试进行实验,并将被试的收益在原有基础上扩大至原来的 3 倍,与原实验进行对比,结果并没有发现显著的差异,因此我们认为"悬念"效用模型是不成立的。

1. 导 言

自 Vickrey (1961) 的开拓性文章发表以来,荷式拍卖与一级价格拍卖的同质性就成为竞价理论公认的一个组成部分。[①] 这种同质性的假定依据是:出价理论是建立在出价博弈的常规模式之上的,而不是建立在扩展模式之上。Cox、Roberson 和 Smith (后文中简称 CRS) 的实验研究表明,荷式拍卖和一级价格拍卖在行为上并不是同质的。因此,这种常规模式表述下的可检验的推论与经验观测结果就不一致了。

对于同质性预测的失效,CRS 还给出了两种可能的解释。一种解释

---

* 在此我们感谢国家科学基金对研究的支持。

① 一级价格拍卖和荷式拍卖都是单一标的物拍卖。一级价格拍卖是密封标价拍卖,在这种拍卖中,拍卖标的物会被敲定给出价最高的竞价者,成交价格就是这个竞价者的出价。而荷式拍卖是报价递减的"口头"形式拍卖,在这种拍卖中,随着时间的推移,报价会由拍卖商或一个钟表装置不断降低,直到有竞价者接受了最后的报价为止。

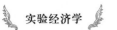

是建立在参与荷式拍卖"等待博弈"效用的基础上的；另一种解释是建立在竞价者对 Bayes 法则的违背的基础上。本文将针对这两种解释的实验结果进行相关研究。

2. 竞价理论

2.1 同质性的标准来源

实验研究发现，对于荷式拍卖和一级价格密封标价拍卖而言，出价博弈的"常规"形式或"策略"形式是一样的，正是在这一基础之上，才有了同质性这种说法。因此，这两种拍卖被称为"策略等同的"或"同质的"。有人认为荷式拍卖是"真实时间"的拍卖而一级价格拍卖不是，因此这两种拍卖出价博弈的扩展形式是不同的，但是这种理论被认为与出价理论无关。我们假设只有策略形式是起作用的，因此，由于荷式拍卖与一级价格拍卖出价博弈的策略形式是相同的，所以这两种拍卖的均衡出价函数也是相同的。

2.2 荷式拍卖的一个真实时间模型和同质性

CRS 建立了一个荷式拍卖的真实时间模型来深入研究通常策略博弈模型所忽略的荷式/一级价格拍卖的同质性问题。该模型的信息结构是：假设每个竞价者都确切地知道自己对拍卖标的物的估价，但是不知道竞争对手的估价及报价。真实时间模型假定竞价者在观察到竞争对手的一些出价行为之后做决策并采取行动，而且进一步假定竞价者根据 Bayes 法则，利用观测到的对手的行为来修正他们的期望。最后，还假定在（真实时间）荷式拍卖中除了（预期的）货币收益效用之外，没有其他与出价行为相关的效用或负效用。

根据上面的假设，CRS 发现荷式拍卖与一级价格拍卖具有相同的数量特征，也就是说，荷式拍卖并不是需求显示性的，而且一般情况下也不会产生 Pareto 最优配置。最后，CRS 解释了荷式拍卖在什么情况下会拥有与一级价格拍卖相同的数量特征。如果一个竞价者认为他的竞争对手在荷式拍卖中将采取与一级价格拍卖中相同的出价策略，则根据期望效用最大化的原理，他在荷式拍卖中也会采取与一级价格拍卖中相同的策略。

2.3 对同质性预期失效的解释

CRS 通过实验研究表明，荷式拍卖与一级价格拍卖在行为上并不是同质的：假设 N 是竞价者的数量，则对于所有的 N 值（$N=3$，4，5，6，9），荷式拍卖的成交价格均值都低于一级价格拍卖。由于根据标准假设得出的结论为：两种拍卖形式在理论上是同质的，因此建立一个与观测结果一致的出价理论模型就需要包含一些非标准假设。CRS 建立了两个荷式拍卖的出价模型，得到的结论与观测结果一致，即荷式拍卖的成交价格要低于一级价格拍卖。其中一个模型包含了竞价者系统性地背离 Bayes 法则的假设。另一个模型建立的基础是：在荷式拍卖中，除了货币收益的期望效用之外，由于进行"等待博弈"，还会有一种正的"悬念"效用。我们之所以采用 Bayes 误算模型，是因为以下两个原因：首先，在 Kahneman，Tversky，Grether 等人的早期著作中（见Grether，1980），大量的独立实验数据表明，被试的学习行为概率与Bayes 法则并不一致。其次，就如同 CRS 所解释的那样，在使用 Bayes法则对四种常见的单一标的物拍卖机制进行对比时，只对荷式拍卖和一级价格拍卖的同质性进行了对比预测。[①] 而之所以采纳第二个模型是因为，假设的"悬念"效用是对经济学实验中占优规则失效的一种可能的解释（Smith，1982，p.934；Wilde，1980）。这种占优规则要求，通过参与实验（或市场）的行为，被试的货币收益在整个收益结构中要相对于非货币收益占优。提出"实验中的非货币效用也很重要"这一观点的经典文章是 Siegel（1961），这篇文章通过 Bernoulli 实验发现，收益水平存在系统性的偏差。这一实验结果与"选择模型"的结论一致，在"选择模型"中，被试通过选择所获得的货币效用和非货币效用是可以加总的。在这一基础上，第二个模型也假定两种效用是可加的。

现在我们在 CRS 的模式下研究一个针对荷式拍卖和一级价格拍卖特定形式的模型，在这一模型中，货币收入效用函数的形式是常数相对风险规避（CRRA）模型。[②] 令 v_i（$v_i \in [\underline{v}, \bar{v}]$）为指定给被试 i 的估价，b_i 为被试 i 的报价。如果被试 i 赢得了拍卖，则他的货币收益为

---

① 四种单一标的物拍卖形式分别是：荷式口头拍卖、英式口头拍卖、一级价格密封标价拍卖以及二级价格密封标价拍卖。

② CRS 与 Cox，Smith 和 Walker（1983）通过实验表明，在一级价格拍卖中，被试的出价行为与 CRRA 模型一致。

$\beta(v_i - b_i)$，其中 $v_i - b_i$ 是"实验点数"形式的结果，β 是将这一结果转换为美元现金的因子。在这里我们之所以引入参数 β，是因为它是下面将要研究的实验的主要处理变量。在接下来要分析的一级价格拍卖和荷式拍卖中，我们假定货币收益提供 CRRA 形式的效用 $[\beta(v_i - b_i)]^{r_i}$，其中 $(1-r_i)$ 是常数相对风险规避的 Arrow - Pratt 度量值，并且假定 $0 < r_i \leqslant 1$。

下面考虑包含了产生于拍卖博弈的非货币形式"悬念"效用的一级价格拍卖和荷式拍卖实验。在一级价格拍卖中假定竞价者 i 通过参与拍卖博弈获得的效用为 $a_i \geqslant 0$。假定货币效用与非货币效用可加，则竞价者 i 的总期望效用为：

$$U_i(b_i) = a_i + [\beta(v_i - b_i)]^{r_i} F_i(b_i) \tag{1}$$

其中的 $F_i(b_i)$ 是竞价者以出价 b_i 赢得拍卖的主观概率。现在假定 U_i 是拟凹的，并且在定义范围内有唯一的最大值 $b_i^0 < v_i$，此最大值满足：

$$0 = U_i'(b_i^0) = \beta^{r_i} \{ (v_i - b_i^0)^{r_i-1} [(v_i - b_i^0) F_i'(b_i^0) - r_i F_i(b_i^0)] \} \tag{2}$$

在式（2）中，我们发现 b_i^0 独立于参数 β。因此如果 β 递增，比如在下面的实验比较中从 1 增加到 3，这对出价没有显著影响，因此也就对一级价格拍卖中的成交价格没有显著影响。

在荷式拍卖中，我们假定通过参与时间长度为 t 的荷式拍卖博弈，被试 i 获得 $\alpha_i(t)$ 的效用，其中 $\alpha_i(t)$ 是取值为正的递增的凹函数（通过参与更长时间的博弈，竞价者 i 可以获得更大的"悬念"效用）。在时刻 t，竞价者 i 必须决定是接受报价 $b(t)$，还是让荷式电子钟继续降低价格。如果竞价者 i 接受了报价 $b(t)$，那么在时间为 t 的荷式博弈中，他获得的货币收益为 $\beta(v_i - b(t))$，CRRA 效用为 $[\beta(v_i - b(t))]^{r_i}$，获得的非货币效用为 $\alpha_i(t)$。如果竞价者 i 让拍卖进行到下一个时刻 $t + \Delta t$，$\Delta t > 0$，这将会产生非货币效用 $\alpha_i(t + \Delta t)$，以及以概率 $H_i(b(t + \Delta t) | (t))$ 获得货币效用 $[\beta(v_i - b(t + \Delta t))]^{r_i}$。因此，让拍卖继续进行下去所带来的期望效用变为：

$$\Delta X_i(t) = \alpha_i(t + \Delta t) - \alpha_i(t) + H_i(b(t + \Delta t) | b(t))$$
$$\times [\beta(v_i - b(t + \Delta t))]^{r_i} - [\beta(v_i - b(t))]^{r_i} \tag{3}$$

如果竞价者 i 假定他的竞争对手在荷式拍卖中将使用与在一级价格拍卖中相同的策略，则根据 Bayes 法则有：

$$H_i(b(t + \Delta t) | b(t)) = F_i(b(t + \Delta t)) / F_i(b(t)) \tag{4}$$

假定方程是可微的，由式（3）和式（4）可得：

$$X_i'(t) = \lim_{\Delta \to 0^+} (\Delta X_i(t)/\Delta t)$$
$$= \alpha_i'(t) + \beta^{r_i}\{[(v_i - b(t))^{r_i} F_i'(b(t))/F_i(b(t))]$$
$$- r_i(v_i - b(t))^{r_i - 1}\} b'(t) \tag{5}$$

其中 $b'(t)$ 是由一个荷式拍卖进行的速度决定的负值常量。

如果对竞价者 i 而言，终止荷式拍卖的最佳时机是时刻 t_i^*，则由 $X_i'(t_i^*) = 0$ 和式（5），我们得到：

$$0 = \alpha_i'(t_i^*)\beta^{-r_i} + \{[(v_i - b(t_i^*))^{r_i} F_i'(b(t_i^*))/F_i(b(t_i^*))]$$
$$- r_i(v_i - b(t_i^*))^{r_i - 1}\} b'(t_i^*) \tag{6}$$

由于 $\alpha_i'(t_i^*)\beta^{-r_i} > 0$ 且 $b'(t_i^*) < 0$，式（6）中的大括号项一定是正的，但是这意味着式（1）在点 $b(t_i^*)$ 处的取值是正的。由于式（1）是拟凹的，我们得到 $b(t_i^*) < b_i^0$，即荷式拍卖的最优出价低于一级价格拍卖的最优出价。进一步讲，由于 $\alpha_i'(t_i^*)\beta^{-r_i}$ 是 β 的减函数，当 β 增加时，比如从 1 增加到 3，荷式拍卖的最优出价会提高。

由于随机分布函数的一阶随机占优特性（CRS，1982，p. 30），即使我们假定被试 i 认为他的竞争对手也会在荷式拍卖中采取低于一级价格拍卖中的报价，在两种拍卖类型中的上述数量特性也不会受到影响。

上述一级价格拍卖和荷式拍卖出价行为的"悬念"模型有以下几个命题可检验：

（A.1）β 值的上升不会对一级价格拍卖的成交价格产生影响。

（A.2）β 值的上升会导致荷式拍卖的成交价格提高。

（A.3）在两种拍卖形式的成组比较中，β 值的上升会缩小一级价格拍卖成交价格与荷式拍卖成交价格之差。

命题（A.1）已经由 Cox，Smith 和 Walker（1983）检验了。他们的研究结果是，将 β 扩大至原来的 3 倍（从 1 变为 3）不会对一级价格拍卖的成交价格产生重大影响。我们将在下文介绍对命题（A.2）和（A.3）的检验。

现在考虑建立在竞价者违背 Bayes 法则基础上的出价行为模型。由于一级价格拍卖并不是一个真实时间拍卖，竞价者在提交出价前不能观察到竞争对手的出价行为。因此，在一级价格拍卖中用不到 Bayes 法则。对于前面的一级价格拍卖模型，在函数（1）中 $\alpha_i = 0$ 的特殊情形可以应用于这里。相反，在荷式拍卖中，竞价者可以观察到竞争对手的一些出价行为，因此也就有机会修正对他们出价的先验概率。

假设某一竞价者观察到没有任何一个竞争对手接受了等于或高于 b

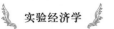

(t) 的报价，用 $G_i(b(t+\Delta t)|b(t))$ 表示任何一个竞争对手都没有接受等于或高于 $b(t+\Delta t)$ 这一报价的概率（$\Delta t>0$，$b(t+\Delta t)<b(t)$）。假定竞价者以下面的方式违背 Bayes 法则：

$$G_i(b(t+\Delta t)|b(t))=[\phi_i(b(t+\Delta t)|b(t))]^{\pi_i}$$
$$=[\phi_i(b(t+\Delta t))/\phi_i(b(t))]^{\pi_i}, \quad \pi_i<1 \quad (7)$$

其中 $\phi_i(b(t))$ 是竞价者在拍卖开始时接受报价 $b(t)$ 并赢得拍卖的概率。函数（7）表明了对竞价者的条件概率分布 $G_i(b(t+\Delta t)|b(t))$ 和 Bayes 法则条件概率 $\phi_i(b(t+\Delta t))/\phi_i(b(t))$ 的一阶随机占优顺序。因此，竞价者发现任何一个竞争对手都没有接受等于或高于 $b(t)$ 的报价时，使用函数（7）就会低估他让拍卖继续进行而承担的风险。

如果竞价者 i 假定他的竞争对手在荷式拍卖中采取与在一级价格拍卖中相同的策略，则：

$$\phi_i(b(t+\Delta t))/\phi_i(b(t))=F_i(b(t+\Delta t))/F_i(b(t)) \quad (8)$$

进行与上面的式（3）、式（5）、式（6）类似的分析，我们发现，对于竞价者 i 而言，终止荷式拍卖的最佳时机是时刻 $\tilde{t}_i$，且满足：

$$0=\beta^{r_i}[v_i-b(\tilde{t}_i)]^{r_i-1}\{\pi_i F_i'(b(\tilde{t}_i))[v_i-b(\tilde{t}_i)]$$
$$-r_i F_i(b(\tilde{t}_i))\}b'(\tilde{t}_i)/F_i(b(\tilde{t}_i)) \quad (9)$$

由于 $v_i>b(\tilde{t}_i)$，式（9）中的大括号项一定等于 0。但是 $\pi_i<1$，因此式（1）在 $b(\tilde{t}_i)$ 处的导数一定是正的。由于式（1）是凹的，我们得到 $b(\tilde{t}_i)<b_i^0$，即荷式拍卖的最优出价低于一级价格拍卖的最优出价。进一步讲，$\tilde{t}_i$ 独立于参数 β，也就是说，β 的增加，比如从 1 增加到 3，不会对荷式拍卖的最优成交价格产生影响。

由于随机函数的一阶随机占优特性（CRS，1982，p.30），即使我们假定被试 i 认为他的竞争对手也会在荷式拍卖中采取低于一级价格拍卖中的报价，在两种拍卖类型中的上述数量特性也不会受到影响。

上述一级价格拍卖和荷式拍卖出价行为的"误算概率"模型有以下几个命题可检测：

（B.1）β 值的上升不会对一级价格拍卖的成交价格产生影响。

（B.2）β 值的上升不会对荷式拍卖的成交价格产生影响。

（B.3）在两种拍卖形式的成组比较中，β 值的上升对一级价格拍卖成交价格与荷式拍卖成交价格的价差没有影响。

命题（A.1）和命题（B.1）是等同的；然而，命题（A.2）和命题（B.2）是相反的。因此，如果设计一个实验，可以包含 β 值的增加过程，我们就通过检验来辨别这两个模型。

3. 实验设计和实验结果

3.1 实验设计

本文报告的 8 个实验包括 4 个由 CRS 进行的实验和 4 个新实验。4 个新实验都是成组的对比实验，而对比的对象分别是 CRS 的 4 个实验的变形（除了被试的收益扩大至原来的 3 倍以外，其他地方与 CRS 的设计相同）。

所有的实验都是在 PLATO 系统下进行的，该系统可以控制一些实验设计特征。首先，PLATO 系统便于统计每个拍卖进行过程中发生的交易额，而且可以包含荷式拍卖中"真实时间"的技术特征。其次，这一系统的使用可以减少被试之间的交流，并使被试的任务更容易进行（它会记下被试的决策并且列出前面拍卖的信息结果）。最后，PLATO 系统可以使所有被试在给定的实验设计中面对相同的交易规则。[①]

对荷式拍卖和一级价格拍卖的实验执行可以总结如下：首先，在设计的拍卖实验中，我们允诺被试在赢得拍卖的前提下，向他们支付估价（随机指定的）与出价之间差额的一定倍数的货币价值。这一倍数关系是：在 CRS 实验中 $\beta=3$；在本文中介绍的新实验中 $\beta=1$。在拍卖开始前，每个被试都清楚地知道指定给他的估价，但不知道指定给其他被试的转售估价。他们（通过非技术性语言）被告知所有被试的估价在每个拍卖阶段都会被重新指定一次，且取自确定区间的均匀分布（见下文）。其次，通过程序化的 PLATO 说明规则，每个被试都会得到关于荷式拍卖和一级价格拍卖的机制规则。为了便于荷式拍卖的进行，这里有必要对三个技术参数加以详细说明：（1）起拍价与转售估价中最高值之间的差额；（2）电子钟每两次摆动之间的时间间隔；（3）钟每摆动一次价格下降的数额。这些技术参数通过程序化的范例对被试加以解释。一级价格拍卖的规则同样也是通过范例加以解释的。最后，为了确保荷式拍卖和一级价格拍卖实验间的严格可比性，在一级价格拍卖中对出价进行限制，要求必须与同对比组实验中荷式拍卖的报价一致。这个工作通过

---

① 参见 Cox，Roberson 和 Smith（1982）对实验设计的详细介绍，在文章的附录中，他们列示了 PLATO 的规则说明。

PLATO 系统来完成，在每个一级价格拍卖中，PLATO 系统将出价近似至距离荷式拍卖中报价最近的水平，然后被试可以确认这个近似后的报价或者重新提交一个报价。

表 1 的前三列列示了实验的主要设计参数。每个实验局的编号（第一列）确定了拍卖实验的顺序，例如，实验局 DFD8x 由 30 个拍卖实验组成，依次是：10 个荷式拍卖、10 个一级价格拍卖、10 个荷式拍卖。DFD8x 中的"8"代表设计 8，即使用 4 个竞价者（第二列）。设计 9 使用 5 个竞价者。每个拍卖中每个被试的估价都是（交替）取自一个离散均匀分布，区间为 $[\underline{v}, \bar{v}]$。在所有的实验中，都有 $\underline{v} = 0.1$ 美元。在 CRS 的初始实验中，$\bar{v}$ 随着 N 的不同而发生变化，变化的结果是在每个拍卖实验中每个竞价者的期望（风险中性）利润保持不变。这一设计特点使得实验中每人（或每个被试）的货币激励水平保持不变。否则，理论本身就可以预测到，在 N 越大的组中，竞价者的期望收益越小。将这一规则应用于设计 8 和设计 9 中，就会得到表 1 中第三列所示的 $\bar{v}$ 值。

表 1

实验局数	竞价者数量 N	$\bar{v}$（美元）	统计量	10 个成交价格的均值和方差（按机制和顺序分类）			
				荷式	一级价格	荷式	一级价格
DFD8x	4	8.10	均值	5.43	6.03	5.64	
			方差	1.329	0.669	1.596	
FDF8′x	4	8.10	均值		5.91	5.97	5.64
			方差		1.361	0.969	1.636
DFD8x*	4	8.10	均值	5.76	6.21	5.73	
			方差	1.416	0.781	1.609	
FDF8′x*	4	8.10	均值		6.03	5.76	5.46
			方差		0.809	1.096	1.436
DFD9	5	12.10	均值	7.75	9.52	8.83	
			方差	3.565	0.724	2.649	
FDF9′	5	12.10	均值		8.62	9.58	9.31
			方差		2.804	2.104	1.481

续前表

实验局数	竞价者数量 N	$\bar{v}$ (美元)	统计量	10 个成交价格的均值和方差 (按机制和顺序分类)			
				荷式	一级价格	荷式	一级价格
DFD9*	5	12.10	均值	6.76	8.41	8.20	
			方差	0.716	1.361	0.500	
FDF9′*	5	12.10	均值		8.95	9.55	9.52
			方差		3.485	1.345	1.564

所有标有编号的实验都与被试的转售估价相"匹配"。例如,在第 t 个拍卖中,4 个拍卖都是设计 8 的实验,不同的被试被指定了相同的随机选取的转售估价。实验局 DFD8x 中的"x"代表被试是有经验的,也就是说他们参与过前面的荷式拍卖和一级价格拍卖实验。*号(比如说实验局 DFD8x*)代表这些实验有 3 倍的货币收益,即在这些模型中 $\beta=3$。在这些实验中,PLATO 系统计算出每个被试以"实验点数"表示的收益。然后实验者将这些"美元"乘以 3,就得到现金美元收益额。在标有*号的实验中,所有被试都被事先告知,他们的现金美元收益将是 PLATO 系统处理结果的 3 倍。这一处理方式使我们能够在保持其他实验参数不变的情况下,检验在荷式拍卖和一级价格拍卖中,β 从 1 变化至 3 时所带来的影响。

对将货币收益增加至原来的 3 倍的方法进行更进一步的讨论,对于我们的研究是有意义的。在成对的荷式拍卖中,1 倍收益和 3 倍收益时钟的速度是相同的。因此,在 3 倍收益和非 3 倍收益的成对拍卖实验中,钟每走动一下,以"实验点数"表示的价格下降幅度是相同的。然而,在这种成对实验中,两个实验的现金美元表示的下降幅度是呈 3 倍关系的。这一考虑可能与下面将要进行的"荷式-荷式*"比较有关,但是与"荷式-一级价格拍卖"的对比无关,而后者对于同质性问题的研究是至关重要的。导致这一结果的原因是对荷式拍卖与一级价格拍卖进行比较的方式。如同前面所解释的,在一级价格拍卖中,可以接纳的报价被限定于在荷式拍卖中可行的那部分。实验的这种设计实际上就限制了成对的荷式拍卖和一级价格拍卖的可比性(无论是以实验点数对比还是以现金美元对比)。

3.2 实验结果

表 1 概括了 4 个控制实验（$\beta=1$）和 4 个实验设置（$\beta=3$）的价格数据。表中列示了给定机制下每 10 个拍卖序列的成交价格均值和方差。表 1 中对成交价格均值的对比表明，将收益增至原来的 3 倍的做法在成交价格上并没有产生相应的效果。

根据表 2 和表 3 中列出的结果，我们可以对"将荷式拍卖收益扩大至原来的 3 倍后的效果"进行更加严格的检验。如果"悬念"效用模型是对前文中荷式拍卖实验结果的正确解释，则 $\beta=3$ 时荷式拍卖的成交价格应该要比 $\beta=1$ 时进行成组对比的荷式拍卖的成交价格高。这就引出了零假设 $H_0: D-D^* \geqslant 0$，其中 D^* 是 $\beta=3$ 时的荷式拍卖成交价格，D 是 $\beta=1$ 时的荷式拍卖成交价格。如果统计检验拒绝了 H_0，就意味着实验数据结果与"悬念"模型效应一致；而不能拒绝 H_0 就意味着经验观测结果与"概率误算"模型一致。

表 2   荷式-荷式* 的成交价格对比

成对的实验局	成交价格均值的差额	成对的 t 统计量	T
DFD8x – DFD8x*	−0.33	−1.071	10
	−0.09	−0.487	10
FDF8′x – FDF8′x*	+0.21	+1.413	10
	+0.99	+2.532	10
DFD9 – DFD9*	+0.63	+1.716	10
FDF9′ – FDF9′*	+0.03	+0.176	10

表 3   混同结果

设计	常量	B_1	B_2	B_3	T	F	R^2
8	−0.460 (−2.959)	−0.070 (−0.450)	−0.270 (−1.418)	−0.0120 (−0.630)	60	0.74	0.038
9	+0.190 (0.956)	+0.550 (2.824)	−0.780 (−3.270)	−1.860 (−7.978)	60	23.102	0.553

注：括号里为 t 统计量。

有一种检验 H_0 的方法是，将 $\beta=3$ 时的成交价格均值结果与成组的控制实验的结果加以比较。值得注意的是，使用这种分析方法时，成交价格上的任何差异都不可能是由转售估价的样本变量造成的。表 2 中列示了将荷式拍卖序列的成组实验进行对比的 t 检验结果。在任何一个由 10 次拍卖组成的实验序列中，我们都不能拒绝 H_0。因此，采用这种分析模式的结论是：拒绝"悬念"效用模型。

在 DFD9 和 DFD9* 的成组对比实验中，我们发现在实验局 DFL9* 中，荷式拍卖的成交价格明显偏低。这个结论与"悬念"效用模型严重背离。通过对实验局中 DFD9* 荷式拍卖和一级价格拍卖的结果的研究，我们发现，这一组中的竞价者在荷式拍卖和一级价格拍卖中的出价都要低于设计 9 的其他组（见表 1）。很明显，这表明了被试的选组效应（由选取被试样本的差异性造成的），而不是将收益扩大至原来的 3 倍带来的效应。

还有另一种方法来分析将收益增至原来的 3 倍所带来的效应，就是将所有实验中属于同一种设计方式的荷式拍卖混同起来考虑，把收益增至原来的 3 倍作为经典线性回归模型的一个处理变量，检验 H_0。我们对下面的这个线性函数进行检验：

$$D_{RN}-D=A+B_1(D3)+B_2(SQ1)B_3(SQ2)+\varepsilon \tag{10}$$

其中，$D_{RN}=$ Nash 均衡的理论成交价格，假定样本的实现值为 v_i，并且在荷式（或一级价格）拍卖中的竞价者是风险中立的[①]；

$D=$ 荷式拍卖成交价格的观测值[②]；

$D3=1$（$\beta=3$）或 0（$\beta=1$）；

$SQ1=1$（当拍卖处于三组拍卖中的第三组时），否则为 0；

$SQ2=1$（当拍卖处于三组拍卖中的第二组时），否则为 0；

$\varepsilon=$ 一个服从标准正态分布的随机误差项。

表 3 列出了函数（10）对设计 8 和设计 9 的估计参数和 t 统计量。这种分析方法的结果与我们在前面的检验一致，通过那个检验，我们没

[①] 在荷式拍卖与一级价格拍卖同质的假设下，D_{RN} 是在给定转售估价时荷式拍卖中风险中性 Nash 均衡竞价者的预期成交价格。通过 Vickrey（1961）及 Cox，Roberson 和 Smith（1982）给出的 Nash 均衡出价方程，我们得到 $D_{RN}=\underline{v}+[(N-1)/N](v_h-\underline{v})$，其中 N 是竞价者数量，v_h 是实验中所有竞价者的最高转售估价，$\underline{v}$ 是实验中转售估价的下限。

[②] 值得注意的是，使用非独立变量 $D_{RN}-D$ 意味着：观测到的成交价格对于特殊的指定估价 v_i，按照风险中性 Nash 均衡成交价格标准化了。这样做可以控制对 v_i 选样的差异性，因此也就减少了回归实验中的"噪音"。

能拒绝 H_0。也就是说，结果与"悬念"效用模型不符。在设计 9 的实验结果中，我们确实看到了将收益增至原来的 3 倍所带来的效用，即产生更低的荷式拍卖成交价格，我们再次把这一效果归因于实验局 DFD9* 的选组效应。

作为最后一组比较，我们检测了将收益增至原来的 3 倍对荷式拍卖与一级价格拍卖的理论同质性所带来的影响。这一检验的结果列在表 4 中了。很明显，通过表 4 中的结果，我们可以看出，无论收益水平是否加倍，一级价格拍卖的市场成交价格都会高于荷式拍卖的市场成交价格。将"3 倍收益"和"单倍收益"下的一级与荷式成交价格之差进行对比，我们没有发现收益水平具有显著效应。因此，将收益增至原来的 3 倍这种处理方法并没有给荷式拍卖与一级价格拍卖的理论同质性提供支持。

表 4	3 倍收益对一级-荷式成交价格之差的影响*		
成对的实验局	价差均值	由 3 倍收益带来的价差	T
DFD8x，FDF8′x	0.18	0.03	30
DFD8′x*，FDF8′x*	0.15	(0.688)	30
DFD9，FDF9′	0.43	−0.36	30
DFD9*，FDF9′*	0.79	(−0.985)	30

注：* 对 3 倍收益的实验进行对比，括号里为 t 统计量。

4. 结　语

在几个检验的基础上，并使用由 780 个荷式、一级价格、二级价格拍卖实验所生成的数据，CRS 得出如下结论：在竞价者人数相等，并且对拍卖标的物的估价相同的情况下，荷式拍卖的成交价格会低于一级价格拍卖。这一结论与"荷式拍卖和一级价格拍卖在理论上的同质性"相悖。CRS 用两个荷式拍卖的出价模型来解释为什么荷式拍卖的成交价格会低于一级价格拍卖。其中一个模型建立的基础是：假定在荷式拍卖中除了货币收益外，还有"悬念"效用，并且这两种效用是可加的。另一个模型则建立在"竞价者对 Bayes 法则发生系统性背离"的基础之上。

本文研究了一个对荷式拍卖和荷式--级拍卖非同质性这两个模型加以辨别的检验。在保持所有参数不变而只将收益增至原来的 3 倍的情况下，复制 CRS 的实验，在这些实验数据的基础上，我们进行上述检验。如果"悬念"效用的加总模型是对荷式拍卖结果的正确解释，则增加收益水平应该使荷式拍卖的成交价格趋近于相应的一级价格拍卖情形。如果概率误算模型是合适的解释，则两种拍卖形式的价格差异应该保持不变。

我们的结论是建立在下列实验结果的基础之上的：（1）表 1 中对成对的 3 倍支付和非 3 倍支付拍卖的成交价格均值的对比表明：将收益增至原来的 3 倍不会对成交价格产生相应的影响。（2）在表 2 中做的检验不能拒绝"荷式拍卖的成交价格均值没有因为收益增至原来的 3 倍而增加"的零假设。（3）表 3 中为一个含有虚拟变量（将收益增至原来的 3 倍）的线性回归模型列出的估计参数，表明收益变化后无显著效果，因而与"悬念"效用的加总模型相悖。（4）表 4 中的检验结果表明，成组实验中荷式拍卖与一级价格拍卖的成交价格之差并没有由于收益增至原来的 3 倍的处理方法而显著缩小。

上述结果（1）～（4）均与荷式拍卖的概率误算模型一致，而与荷式拍卖的"悬念"效用加总模型相悖。因此，我们拒绝荷式拍卖的第二个模型而支持第一个模型（以及荷式/一级拍卖的非同质性）。

很明显，还可以构建其他的模型来证明荷式/一级拍卖的非同质性。若要设计和实施检验来区别概率误算模型与新的模型，则需要进一步的研究。然而，关于这一问题的一些简要评论将会是非常有意思的。

本文作者曾提出一些设想，来对荷式拍卖构建除了概率误算模型以外的其他模型。其中一个设想是：在荷式拍卖中，假定竞价者更新其概率时服从 Bayes 法则，但是"计算需要时间"。Cox（1978）的文章中曾建立了这样的模型，即假定竞价者更新概率时服从 Bayes 法则，但是会滞后于拍卖钟。这篇文章表明，在这类荷式拍卖的"滞后 Bayes"模型中，竞价者在荷式拍卖中的出价要高于在一级价格拍卖中的出价。这一理论结果明显与 CRS 的实验数据相悖，也与本文的实验数据相悖，这也是我们没有深入研究这个模型的原因。这个例子告诉我们一个道理：如果我们让理论屈从于数据的限制，那么大多数理论都无出头之日。

作者提出的一个更有前途的推断是，假设荷式拍卖的"悬念"会由于"赌注"的增加而提高。通过对 CRS 和上文中使用的 Nash 均衡模型中的常数相对风险厌恶效用函数加以改编，我们建立了一个包含上述假设的荷式拍卖模型。这是一个对数效用可加的"悬念"模型。我们发现，可以通过将最高的估价（v）扩大至原来若干倍，比如说 3 倍，而不是像本文那样将收益（$v-b$）扩大至原来的 3 倍，从而将概率误算模型与本模型加以区别，并做出检验。建立在这些基础上的检验可能会是进一步研究的主要课题。

上述评论要点如下：给定一个标准的理性选择模型，该模型与某些实验观测结果相悖，则不难想象，我们可以对模型做一些事后的改变，从而使我们可以推断修改后的模型与这些观测值一致。更困难的研究任务是：（1）在现有假设（比如期望效用最大化、相同期望、Nash 均衡原则）的框架下，清晰全面地表述出这个模型；（2）检验推断的正确性（之前我们建立了一个模型，但是检验的结果是不合适，比如"滞后Bayes"模型）；（3）如果某个模型与观测结果相符，如何研究这些检测的含义；（4）设计并执行恰当的实验。这种长期研究项目的一个重要的局限性就是需要保持前后的连贯性，特别是在那些表面上相关、但实际上独立的实验研究中。根据这种连贯性的限制要求，按照 Siegel（1961）的思想，我们会选择"悬念"效用的可加性模型，而按照 Grether（1980）的思想，我们则会选择 Bayes 概率误算模型。[①] 这种限制可能会提供一个很有用的选择规则，因为在这种情况下的假设都要求是强制性的，而其他情况下可能就不是如此。

当独立的研究需要一些相关的限制条件时，就会出现更加复杂的研究决策问题。因此，我们的同事 Chew（1981）的研究表明，von Neuman-Morgenstern 期望效用最大化与实验中决策行为的直接观测结果之间的不一致，可以用加权的效用最大化来解释。这方面的讨论会引入一些与本文不同的模型，而且这些模型会更有普适性。最终，一个关于拍卖理论的研究项目必须试图检验这些一致性约束所隐含的意义。

---

① 我们的 Bayes 误算模型的假设前提是"误算"与赌注的大小无关。但也许有人会认为误算的可能性是随着赌注的加大而减小的。事实上，Grether（1980，p. 555）发现的一些证据表明，经济激励的大小会对 Bayes 法则预测的精确性产生影响。他认为："最后，最令笔者惊讶的是，有证据表明，经济激励的大小对参与者的行为有很大影响。"由于我们的实验数据结果表明，将收益增至原来的 3 倍并没有给荷式拍卖的成交价格带来显著影响，因此我们的结论与 Grether 的结论是一致的。

参考文献

Chew, Soo Hong, 1981, A Generalization of the Quasilinear Mean with Applications to the Measurement of Income Inequality and Decision Theory Resolving the Allais Paradox, University of Arizona, Tucson, AZ, *Econometrica*, forthcoming.

Cox, James C. , 1978, A Theory of Sealed-bid and Oral Auctions, unpublished paper, University of Arizona, Tucson, AZ, preliminary draft, Aug.

Cox, James C. , Bruce Roberson and Vernon L. Smith, 1982, Theory and Behavior of Single Object Auctions, in: Vernon L. Smith, ed. , *Research in Experimental Economics*, Vol. 2 (JAI Press, Greenwich, CT) .

Cox, James C. , Vernon L. Smith and James M. Walker, 1983, Tests of a Heterogeneous Bidders Theory of First Price Auctions, *Economics Letters* 12, 207-212.

Grether, David M. , 1980, Bayes' Rule as a Descriptive Model: The Representativeness Heuristic, *Quarterly Journal of Economics* 95, Nov. , 537-557.

Siegel, Sydney, 1961, Decision Making and Learning under Varying Conditions of Reinforcement, *Annals of the New York Academy of Science* 89, 766-783.

Smith, Vernon L. , 1982, Microeconomic Systems as an Experimental Science, *American Economic Review* 72, Dec. , 923-955.

Vickrey, William, 1961, Counterspeculation, Auctions, and Competitive Sealed Tenders, *Journal of Finance* 16, May, 8-37.

Wilde, Louise, 1980, On the Use of Laboratory Experiments in Economics, in: Joseph Pitt, ed. , *The Philosophy of Economics* (Redel, Dordrecht) .

多标的物差别定价拍卖的理论和行为 [*]

詹姆斯·考克斯 (James C. Cox)

弗农·史密斯 (Vernon L. Smith)

詹姆斯·沃克 (James M. Walker)

摘　要

关于利用 Harris‑Raviv 的标准将 Vickrey 多标的物差别定价拍卖理论一般化，本文采用可控的实验方法进行了检测，并报告了结果。为了将具有不同风险偏好的出价者的情况包含进来，本文还根据实验结果讨论了理论的进一步发展。

在一篇著名的论文中，Vickrey [20][②] 通过建模描述了风险中性的经济参与者在单一标的物拍卖中出价的 Nash 均衡。这一分析在随后的许多论文中得到了扩展。后来，Vickrey [21] 在另一篇论文中将他的原模型一般化，以便包含多标的物拍卖的情况，即 N 个风险中性的投标人对 Q 个同质物品竞标（$1 \leqslant Q < N$）。在 Vickrey 的这两篇论文中，均假设个人对拍卖标的物的估价符合均匀分布。Holt [12]，Riley, Samuelson [19] 与 Harris, Raviv [11] 分别在单一标的物和多标的物模型中扩展了这一假设，他们假设所有参与者的估价符合一般分布，并有同样的凹效用函数。[③]

---

　*　本文所有的作者均来自亚利桑那大学经济系。我们感谢国家科学基金提供的支持，并感谢本杂志的助理编辑提供的评论和建议。

　②　本篇中括号中的数字所代表的含义原书未指明。——译者注

　③　其他对 Vickrey 原始著作的重要扩展已由 Matthews [16]，Maskin 和 Riley [15]，Myerson [18]，Milgrom 和 Weber [17]，及其他一些作者提供。因为这些扩展包括未经实验检验的信息制度和估价条件，它们与本文的研究对象没有直接的密切关系。例如，Matthews [16] 建立了这样的单一标的物拍卖模型，其中的卖者选择一个保留价格，然而至今的所有实验研究中，卖者仅被动地提供拍卖物品（即不能主动提出价格）；Milgrom 和 Weber [17] 已经扩展了拍卖理论，以允许风险中性的出价者的估价正相关。

本文报告了关于个人出价行为和卖者收入的 28 组实验室数据，以期通过实验的方法验证 Harris - Raviv 一般化推广的 Vickey 模型（以下简称 VHR）。在第 I 部分，我们对 VHR 模型的理论结论加以简要概括，这是我们要检验的假定；第 II 部分描述我们采用的实验设计；第 III 部分描述实验结果与关于个人出价行为和关于总体市场（卖者收入）的不同测试数据。在第 III 部分报告的 10 组 (N, Q) 参数设计中，有 6 组与用 VHR 对卖者收入和个人出价水平的预测一致，但与"投标人有相同出价函数"的含义不一致。在另一篇论文（参见 [7]，其在 [5] 中被进一步一般化）中，我们提供了假定个人表现出不同程度的常数相对风险厌恶时，出价行为 Nash 均衡的参数理论。这一理论将前述 10 组 (N, Q) 参数设计中的 6 组包含在内。然而，无论是我们的参数模型还是 VHR 模型都无法与观察到的另外 4 组 (N, Q) 参数设计中的出价和收入一致。在这篇论文中，这一迹象非常稳定，能够重现并内在一致，这一点我们会在第 IV 部分用不同程序和内在有效性检验来加以指出。

I. Nash 出价行为的 VHR 理论

假设 $Q(Q > 1)$ 单位的同质商品被完全无弹性地供应给 $N(N > Q)$ 个出价者，出价最高的 Q 个出价者可按其出价购得一单位商品，每个出价者提交自己对一单位商品的报价，即采用差别定价的秘密出价拍卖。假设 v_i 为出价者 $i(i = 1, 2, \cdots, N)$ 对一单位商品的货币估价，每个 v_i 都是从密度函数为 $h(\cdot)$ 的分布中抽取的（有放回的抽样），概率分布函数 $H(\cdot)$ 的定义域是区间 $[0, \bar{v}]$。如果第 i 个出价者出价 b_i 并且他的报价被接受，那么他得到的货币盈余为 $v_i - b_i$，效用为 $u(v_i - b_i)$。如果 b_i 未被接受，则其货币盈余为 0。假设出价者 i 预期其每个对手都按不同的出价函数出价，出价函数为

$$b_j = b(v_j) \tag{1}$$

假设 $b(\cdot)$ 在 $[0, \bar{v}]$ 上单调递增，其反函数用 π 表示，则

$$\pi(b(v_j)) = v_j \tag{2}$$

其他 $N - 1$ 个报价对手的出价小于函数（1）中某定值 b 的概率 $\psi(b)$，等同于对手报价小于 v 的概率 $H(\pi(b))$，v 由给定的 $\pi(b)$ 确定。因此，出价者 i 以报价 b 赢得拍卖的概率 $G(\pi(b))$，等于至少 $N - Q$ 个对手的报价小于 $\pi(b)$ 的概率。这一概率由从分布 H 中抽取的 $N - 1$

个样本的第 $N-Q$ 阶统计量的分布函数决定：

$$G(\pi(b)) = \frac{(N-1)!}{(N-Q-1)!(Q-1)!}$$

$$\int_0^{x(b)} [H(v)]^{N-Q-1}[1-H(v)]^{Q-1}h(v)\mathrm{d}v \tag{3}$$

此处令出价者 i 选择 $b_i = b_i^0$ 以使 $u(v_i - b_i)G(\pi(b_i))$ 最大化，只要 $b_i^0 = b(v_i)$，函数 $b(\cdot)$ 就是一个 Nash 均衡出价函数。令 $b_n(\cdot)$ 为函数（1）中所有出价者均为风险中性者的特例，再令 $b_a(\cdot)$ 为所有出价者有同样的严格凹效用函数的特例。Harris 和 Raviv [11] 证明了以下的 Nash 均衡在风险中性和风险厌恶时的出价函数满足：

$$b_n(v) = \frac{1}{G(v)}\int_0^v x\mathrm{d}G(x) < b_a(v)v, \ v\in \ (0, \ \bar{v}] \tag{4}$$

如果密度函数 $h(\cdot)$ 为常数 $(\bar{v})^{-1}$，则结论（4）可用以下的 β-积分形式表示，它可以按计算需要改写成有限多项式（参见 [6]）：

$$b_n(v) = \frac{\bar{v}\int_0^{v/\bar{v}} Y^{N-Q}(1-Y)^{Q-1}\mathrm{d}Y}{\int_0^{v/\bar{v}} Y^{N-Q-1}(1-Y)^{Q-1}\mathrm{d}Y}$$

$$= \frac{\bar{v}\sum_{k=0}^{Q-1} \dfrac{(-1)^k(v/\bar{v})^{N-Q+k-1}(Q-1)!}{(N-Q+k+1)k!(Q-1-k)!}}{\sum_{k=1}^{Q-1} \dfrac{(-1)^k(v/\bar{v})^{N-Q+k}(Q-1)!}{(N-Q+k)k!(Q-1-k)!}} \tag{5}$$

在图 1 中，我们划分了 $b_n(\cdot)$ 的参数值，$\bar{v}=2.24$ 美元，$N=10$，$Q=4$。注意风险中性出价函数定义了一个边界，边界之下任何观察到的个体出价都不符合 VHR 理论，而当出价等于或高于 $b_n(v_i)$ 但低于 v_i 时，则符合 VHR 理论。因而，在第Ⅲ部分，如果 b_i^* 是观察到的参与者 i 根据观测值 v_i^* 的出价，那么我们针对每个 i 检验原假设 $Pr[b_i^* < b_n(v_i^*)] \geqslant 1/2$。如果 VHR 不是可证伪的理论，那么当不能拒绝原假设的时候，VHR 理论就有问题了。①

然而，即便拒绝了原假设也不足以使我们得出以下结论，即在高概率情况下，VHR 不是关于差别定价拍卖中出价行为的可证伪的理论。

---

① 我们的测试环境符合经济学的一般情况，只有一个正式的理论。在这种环境中，经典的证伪方法论不能作为清晰的指导方针。我们在第Ⅲ部分使用的测试过程采用了一种 VHR 模型的"天真的"备选理论，备选理论中假设个体出价低于风险中性出价函数的概率至少不低于高于这一函数的概率。这个天真的理论成为 VHR 模型的零备选项，表明了出价不大可能低于风险中性边界的情况。

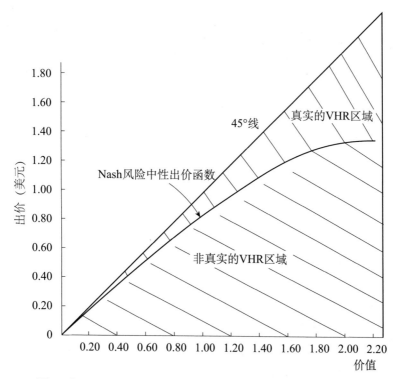

图 1　$(v, N, Q) = (2.24, 10, 4)$ 时 VHR 出价理论的临界区间

这是因为每个主体的出价可能与式（5）相符，但与"VHR 中所有主体根据同样的均衡出价函数出价"的理论含义不符。（这一理论的属性表明配置符合 Pareto 最优。）因此，在第Ⅲ部分中，我们报告了一组个体出价行为为相似时的原假设检验。

按经济学典型惯例，当检验一个理论的含义时，采用基于总和的宏观市场的数据观测值要好于对个体的观测值，因为尽管从大量不同的关于个体行为的理论可以得到质量上等同的总体含义，但这样的测试没有说服力。[①] 我们从实验室获得个人和宏观市场的两种观测值，并且为了总体比较目的，我们还提供了 VHR 理论宏观市场含义的测试值。

根据式（4）中的排序法则，可以得出结论：风险中性的出价者的收入（R_n）少于风险厌恶者的收入（R_a）。也就是说，如果出价者按 b_1

---

① 宏观市场检测较弱，因为如果前者的观测值不能证伪理论，它对理论提供的支持较取自个体行为数据的类似结果要弱。然而，如果累计观测结果与理论不一致，这个结果仍足以证伪理论。

$\leqslant b_2 \leqslant \cdots \leqslant b_N$ 的顺序排列，那么

$$R_n = \sum_{j=N-Q+1}^{N} b_n(v_j) < R_a = \sum_{j=N-Q+1}^{N} b_a(v_j) \tag{6}$$

因此，在第Ⅲ部分，我们报告了宏观市场的原假设检验结果：

$$R_n^* = \sum_{j=N-Q+1}^{N} b_n(v_j^*) < R_a^* = \sum_{j=N-Q+1}^{N} b_a^*(v_j^*) \tag{7}$$

此处 R_a^* 表示卖者收入的观测值，R_n^* 表示在精确实验中观测值为 v_j^* 的条件下，理论上风险中性卖者的收入。卖者收入结果的报告将提供实验中研究的所有变量值的总体情况，并允许我们方便地整合前面已经报告的大量的单一标的物拍卖，将其归于一个讨论。

Ⅱ. 实验设计

在前面的论文［6］中，我们报告了 16 套多标的物拍卖实验的结果，这一实验被用于差别定价和一致价格密封标价拍卖两种分组中卖者收入的比较。这篇论文中包含了差别定价拍卖组的 8 套出价数据（参与者是有经验的）的处理及另外 20 套新的有经验的参与者参加的差别定价拍卖实验数据。（此处，"有经验的参与者"是指参与者曾经参与过密封标价拍卖实验。）

提供给参与者的全部实验说明已经在［6］中加以介绍。由于实验说明篇幅较长，我们在此仅概述说明中的关键点和其他一些重要的实验设计因素。

本研究的实验中，参与者是从亚利桑那州立大学的本科生中抽取的。这些学生参加了初等经济课程的培训。所有的参与者都是志愿者，他们已经被简要地告知，在我们的经济学实验中，他们的决策所产生的收益将真实地兑现。

所有的实验都采用 PLATO 计算机系统。这种实验室实验手段使得我们可以确信所有的参与者都获知了同样的市场介绍，同时保证了他们受到的相互影响最小。这一计算机系统也简化了每次拍卖中的账目处理，并降低了参与者交易时的出价成本和信息成本。除了下述第四条的出价过程中特定支出的情况外，参与者之间不允许交流。

一些重要的实验特征可以被概括为以下几点：

（1）一旦到达 PLATO 实验场所，每个参与者就会因信守约定而收到 3 美元。然后实验组织者会随机地将参与者分配到电脑终端，参与者

利用这段时间阅读实验说明，说明中包含对实验中将会遇到的种种选择的解释。

（2）说明会告知参与者（基本上采用举例的形式）他们所参加的差别定价拍卖制度的关键特征，并引导参与者形成以下观念：抽象的拍卖对象的货币价值用参与者的"转卖价值"来表示。这就是说，向参与者解释，任何胜利的出价中，出价者都会获得一定利润，利润额为其转卖价格减去出价。每个参与者在每个拍卖中有一次出价机会，并被预先告知在每个拍卖中他（或她）的转卖价值。

（3）每个出价者都被（用非技术性的语言）告知，所有分配给每个参与者的转卖价值都抽取自（采用放回抽样）区间 $[0, \bar{v}]$ 上的同一离散分布。按理论的要求，参与者被告知了他们自己关于每个特定拍卖的估价（估价为定值），但只知道其他参与者估价的分布。参与者还被告知在每次拍卖中抽取的估价是独立的。

（4）在每个拍卖阶段临近结束时，每个参与者都会收到一张表格，表中包含该阶段拍卖的结果。在实验 2′、3′ 和 6′ 中，表中的信息只包含该参与者自己的出价、转卖价值和拍卖获得的利润；而在其他实验中，除了上述信息外，表格中还包含拍卖最高被接受出价和最高被拒绝出价。① 按照参与者的判断，这个表格概括了前述拍卖的可用信息。

（5）参与者的出价只有一个限制，就是必须在区间 $[0, \bar{v}]$ 之中。因此，一个参与者可以让出价超过其价值，如果出价被接受则会导致损失。没有经验组中一个出价者的出价偶然超过价值不是个别现象（参见 [6]，表6）。在进一步实验中，所有此类参与者都被筛选掉了，也就是说，他们没有被包含于"有经验的"参与者中。在这种意义上，所有"有经验的"参与者都是理性的，即他们已经对差别定价拍卖制度"充分"知晓。

（6）实验中，在进行任何出价之前，对参与者提示了以下信息：出价者的人数、标的物的数量，以及可能的最大和最小转售价值。参与者还被赠予了1美元的"运营资金"，用于补偿出价大于价值且该价格被接受时，个人所蒙受的损失。参与者被预先告知了会有许多拍卖，但未被告知具体的拍卖数量。在预定数量的拍卖之后，再告诉参与者实验已经结束，并私下付给他们全额的盈利。实验持续时间被精确地控制在一

---

① 在美元国库券的常规拍卖中，最高被接受出价和最高被拒绝出价都（在拍卖后）被透露给出价者。

个半至两个小时之间。

（7）风险中性出价者的预期收益可以计算（参见［6］，函数（3.6）），收益应为$[Q(Q+1)\bar{v}/(2N(N+1))]$。为了使参与者在不同$(N,Q)$的实验间保持动机一致，我们选择$\bar{v}$作为$(N,Q)$的函数，以便在 VHR 模型中风险中性出价者的可预期显著回报是精确相同的 10美元，除了增加货币支付的实验（参与者也预先收到了 3 美元的守约出席奖励）以外，所有的实验均如此。[①] 我们采用的特别设计的参数见表 1。

表 1			参数设计			
设计编号	最大转售价值 $\bar{v}$（美元）	出价者人数 N	拍卖标的物数量 Q	$E(R_n)^{d}$（美元）	重复次数（实验）	每个实验中差别定价拍卖的次数[e]
1	0.80	10	7	1.53	4	20
2	2.24[a]	10	4	4.89	6	20
2′	2.24[a]	10	4	4.89	2	30
2″	6.72[a]	10	4	14.66	1	30
3	2.70[b]	5	2	2.70	2	30
3′	2.70[b]	5	2	2.70	2	30
4	3.78	6	2	4.32	2	30
5	5.04	7	2	6.30	1	30
6	6.48[c]	8	2	8.64	2	30
6′	6.48[c]	8	2	8.64	2	30
7	9.90	10	2	14.40	1	30
8	2.52	7	3	3.78	1	30

---

① 从经验和理论两个方面来看，对一般报酬水平实行这种控制是特别重要的。批评家在事后可能会对异常结果（如果出现的话）做出令人困惑的解释：结果可能由报酬水平的变更造成，并不必定归因于预定的"设置"。从经验上讲，这种控制可以降低上述风险发生的概率，而且应该注意，给定 Q 和足够大的 N，理论本身预测的期望收益会变得可以忽略。因此，对给定的 Q，随着 N 增大，"需要的"参数 $\bar{v}$ 一定要扩大，以便改变每个出价者的相对重要性。当检验大型经济体时，经济规模和代理人（含不同特性的阶层）数量同比例增长，以避免增加代理人时出现倾斜，这一现象在一般均衡理论中理所当然地得到了公认。在第Ⅳ部分，我们的重点是，$\bar{v}$ 或者报酬水平的经验和理论含义本身可能也是一种造成实验结果的"设置"。

续前表

设计编号	最大转售价值 $\bar{v}$（美元）	出价者人数 N	拍卖标的物数量 Q	$E(R_n)$[d]（美元）	重复次数（实验）	每个实验中差别定价拍卖的次数[e]
9	3.24	8	3	5.40	1	30
10	4.05	9	3	7.29	1	30

注：[a] 在使用此种设计的一个实验（2DE2*）中，回报被增至原来的 3 倍；在另两个实验（2′DE1BLK 与 2′DE2BLK）中，关于最高的被拒绝出价和最高的被接受出价的投标信息被阻滞了；在另一个实验（2″DE2）中，$\bar{v}$ 被增至原来的 3 倍。

[b] 在此种设计的两个实验（3′DE1BLK 和 3′DE2BLK）中，关于最高的被拒绝出价和最高的被接受出价的投标信息被阻滞了。

[c] 在此种设计的两个实验（6′DElBLK 和 6′DE2BLK）中，关于最高的被拒绝出价和最高的被接受出价的投标信息被阻滞了。

[d] 风险中性者收入的计算，基于 Cox，Smith 和 Walker（[6]，综述 4.1）的表达式：

$$E(R_n) = \frac{Q(N-Q)\bar{v}}{N+1} < E(R_a)$$

[e] 设计 1 和设计 2 整合了包含统一价格拍卖在内的一系列有序拍卖（参见 [6]）。然而，在一个实验中（2DE1），我们在 30 个差别定价拍卖实验序列中复制了早先的设计 2。（实际上，设计 1 和设计 2 由 23 个拍卖组成，设计 3～10 由 33 个拍卖组成，但我们在所有分析中都省略了头三个用于控制"开始"变量的拍卖。）

Ⅲ. 实验结果

A. 个体出价的水平

根据第 Ⅰ 部分陈述的个体出价行为理论，可以提出原假设：

$$H_0^B: \ b_i^* < b_n(v_i^*)，对所有 i \tag{8}$$

我们对原假设（H_0^B）的检验过程是：对假设 $Pr[b_i^* - b_n(v_i^*) < 0] \geqslant 1/2$ 进行非参数的 Wilcoxon 符号秩检验（Wilcoxon signed - ranks test）[10]。这是一个成对比较检验，因此，对每个人 i 根据其价值 v_i^* 的出价 b_i^*，各有一组由式（5）计算的风险中性的理论出价 $b_n(v_i^*)$。Wilcoxon 过程不要求我们对 $b_i^* - b_n(v_i^*)$ 的分布强加任何假设。

表 2 概括了个人参与者的 Wilcoxon 检验结果。在这个分析层面，我们开始看到前文提到过的情况，即有些实验设计支持理论而有些却不支持理论。在设计 1 中，40 个参与者中的 29 个（占 72%）提交的出价过低，不能与 VHR 理论相符。而在设计 2 中，60 个参与者中的 29 个（占

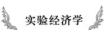

48%）不符合理论估测值（见表 2 第 6 列）。在设计 2′中（该实验的最高被拒绝出价和最高被接受出价信息没有透露给参与者），20 个参与者中的 12 个（占 60%）提交的出价过低，不能与 VHR 理论相符。同样，在设计 2″中（实验中 $\bar{v}$ 被增至原来的 3 倍以提高参与者的预期利润），10 个参与者中的 7 个（占 70%）提交的出价过低，与 VHR 理论不符，因此可推断，将利润范围增至原来的 3 倍对出价水平没有影响。在设计 9 中，8 个参与者中的 3 个（占 37%）提交的出价过低，与 VHR 理论不符。在设计 4~8 中，我们分别只观测到了 1 个与理论不符的过低报价。然而，在实验 4 中，我们也发现 12 个出价者中 11 个的报价明显高于对风险中性者的预测水平，而在设计 8 中，7 个报价者中只有 1 个出现此种情况。与此相反，在设计 3、3′、5、6、6′、7 和 10 中，总共 78 个参与者的报价无一与 VHR 理论的预测不符。概括来说，在个体出价水平方面，VHR 得到了设计 3、3′、5、6、6′、7 和 10 的强力支持，得到了设计 4、8 和 9 的弱支持，而显然未能得到设计 1、2、2′和 2″的支持。

表 2		个人出价结果			
设计编号	参与者数量	每个参与者的观察数	A	B（%）	C（%）
1	40	20	2	11（28）	29（72）
2	60	20*	11	31（52）	29（48）
2′	20	30	2	8（40）	12（60）
2″	10	30	1	3（30）	7（70）
3	10	30	10	10（100）	0（0）
3′	10	30	10	10（100）	0（0）
4	12	30	11	11（72）	1（8）
5	7	30	4	7（100）	0（0）
6	16	30	14	16（100）	0（0）
6′	16	30	16	16（100）	0（0）
7	10	30	7	10（100）	0（0）
8	7	30	1	6（86）	1（14）
9	8	30	1	5（63）	3（37）
10	9	30	6	9（100）	0（0）

注：A 类参与者的原假设（H_0^β）被拒绝了（$p=0.05$）；B 类参与者的符号检验统计量符合 VHR 模型；C 类参与者的符号检验统计量不符合 VHR 模型。

* 在实验 2DE1 和 2DE2* 中，每个参与者有 30 个观测值。

考察某些实验设计中有代表性的 1~2 个参与者的出价模式是特别有意义的。图 2~图 10 展示了 9 个参与者的个体出价与相应的指定价值之间的散点图。每幅图中同时给出了风险中性出价函数线，该曲线是采用实验定义参数，根据多项式（5）计算出来的。图 2~图 10 均展现出出价和价值间的非线性关系，类似于风险中性 VHR 出价函数的凹形图像。在很多个案中，如图 5、图 7~图 10，个人出价表现出严格的非线性关系。然而，一些个人在相同参数设计的实验中，其出价-价格行为表现出显著的不同。这可以从设计 1 的图 2 与图 3 以及设计 2 的图 4 与图 5 的比较中发现。图 2 和图 4 反映了设计 1 和设计 2 中绝大多数出价者的典型出价模式。起初出价随价值精确地按风险中性均衡出价函数变动；继而出价趋于向下穿越并持续低于出价函数曲线。所以，在价值较低时，出价相对符合 VHR 均衡出价，但当价格变高时，出价就不再符合任何形式的 VHR 非合作模型。相反，如图 6~图 10 所示，设计 3~7 的整个价值范围中，个体出价都非常符合风险厌恶的 VHR 模型。

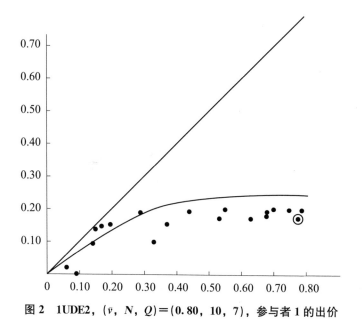

图 2　1UDE2，$(\bar{v},\ N,\ Q)＝(0.80,\ 10,\ 7)$，参与者 1 的出价

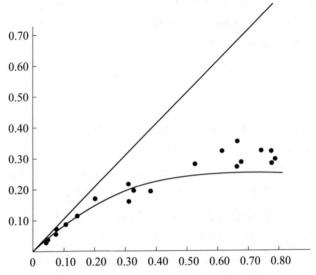

图 3　1DUE1，$(\bar{v}, N, Q) = (0.80, 10, 7)$，参与者 3 的出价

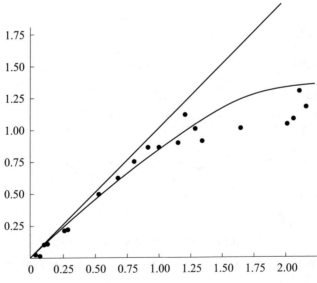

图 4　2UDE1，$(\bar{v}, N, Q) = (2.24, 10, 4)$，参与者 2 的出价

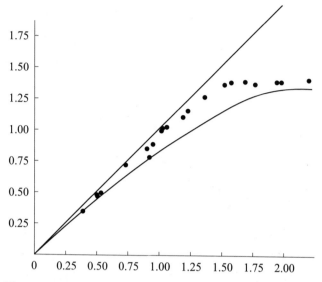

图 5 2DUE1,$(\bar{v}, N, Q)=(2.24, 10, 4)$,参与者 5 的出价

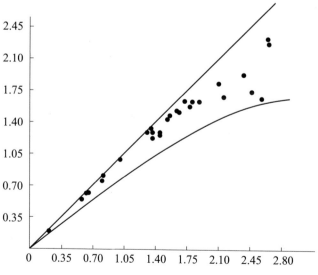

图 6 3DE1,$(\bar{v}, N, Q)=(2.70, 5, 2)$,参与者 5 的出价

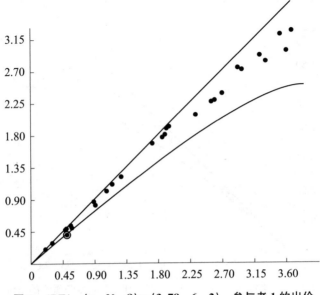

图7　4DE1，$(\bar{v}, N, Q) = (3.78, 6, 2)$，参与者1的出价

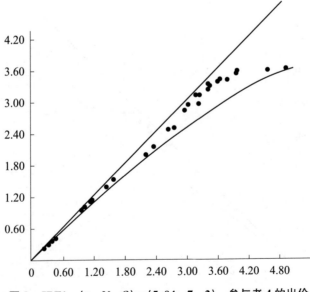

图8　5DE1，$(\bar{v}, N, Q) = (5.04, 7, 2)$，参与者4的出价

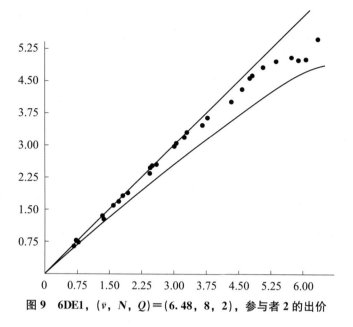

图9 6DE1，$(\bar{v}, N, Q) = (6.48, 8, 2)$，参与者 2 的出价

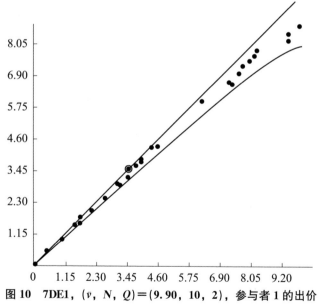

图10 7DE1，$(\bar{v}, N, Q) = (9.90, 10, 2)$，参与者 1 的出价

B. 出价者异质性

虽然我们发现，就个体出价水平方面而言，实验设计 3、3′、5、6、6′、7 和 10 强力支持 VHR 理论，实验设计 4、8 和 9 也弱支持 VHR 理

论，然而这样的结果不足以推出 VHR 理论得到了这些设计的支持（即证明其不可证伪）。这是因为个体出价行为可能偏离 VHR 模型的一般均衡出价函数。

表 3 报告了对原假设的直接统计学检验。原假设是：相对于异分布的可选性，每个实验中的个人出价是取自同分布的。表 3 的前三列标明了每个实验的处理条件。例如，实验"1UDE1"的含义如下：第一个"1"表明选用了表格 1 实验设计 1 的参数；"U"表示实验的第一时段被单一价格规则所引导；"D"表示实验的第二时段由差别价格规则所引导；E 代表有经验的参与者；最后一个"1"表示这是此种类型的第一个实验。我们应该记住，实验设计 3～10，实验设计 2DE1、2DE2*、2′DElBLK、2′DE2BLK 及 2″DE2 仅由差别定价拍卖组成。表 3 列示了每个实验中每个参与者的 Kruskal-Wallis [13] 非参数 H 检验结果，该检验的对象是个体出价与风险中性者的预测出价之间的差值 $b_i^* - b_n(v_i^*)$。纵观所有实验设计，28 个实验中的 24 个拒绝原假设。我们据此判断，个体出价不符合 VHR 理论暗含的"所有出价者均采用相同的出价函数"[①]。

表 3　　　　　　　　　　　　对个体出价异质性的 *H* 检验

实验局数	Q	N	$b_i^* - b_n(v_i^*)$ 的 H 统计量
1UDE1	7	10	17.3[a]
1UDE2	7	10	30.9[a]
1DUE1	7	10	20.6[a]
1DUE2	7	10	39.2[a]

① 如果经济学以个体偏好不同作为惯例性的重点，那么这个结果就很诱人了。依据前面的发展情形分析，我们将"不太意外地"发现，在绝大多数实验组中，出价者的表现并非遵循同一出价函数。但当一个理论家做出同类出价者的假设后，我们就应该可以推定，这个假设及其理论结论应该与实际观测结果严格地近似一致。如果我们的参与者不是如此一致的出价者（详见图 3、图 6、图 7、图 8 和图 9）并在他们经验主义的出价函数中表现出更多的噪声，那么多数实验中，零假设很容易被接受。继而可以得出结论：在出价行为基于随机价值指定时，出价者确实是符合同一性的。我们认为我们本已可以对这一前景指定一个不可忽视的预定正概率，但一旦有人看过这些数据，就会发现不可能指定可信的预定概率。表 3 中 28 组实验中的 4 组（占 14%）不能拒绝零假设，这个事实说明，同一性出价者的假设不是没有价值的，一些参与者样本确实存在这一属性。（即使这是真实存在的，我们预期也仍会有 5% 的样本拒绝零假设。）

续前表

实验局数	Q	N	$b_i^* - b_n(v_i^*)$ 的 H 统计量
2UDE1	4	10	14.5
2UDE2	4	10	44.8[a]
2DUE1	4	10	31.2[a]
2DUE2	4	10	33.9[a]
2DE1	4	10	11.3
2DE2*	4	10	39.4[a]
2'DE1BLK	4	10	22.7[a]
2'DE2BLK	4	10	27.4[a]
2''DE2	4	10	17.5[a]
3DE1	2	5	34.5[a]
3DE2	2	5	2.7
3'DE1BLK	2	5	29.3[a]
3'DE2BLK	2	5	27.0[a]
4DE1	2	6	23.3[a]
4DE2	2	6	28.7[a]
5DE1	2	7	42.9[a]
6DE1	2	8	16.8[a]
6DE2	2	8	51.2[a]
6'DE1BLK	2	8	15.1[a]
6'DE2BLK	2	8	19.8[a]
7DE1	2	10	51.3[a]
8DE1	3	7	41.3[a]
9DE1	3	8	13.9
10DE1	3	9	22.5[a]

注:[a]显著性水平:$p = 0.05$。

C. 收入成果

虽然本文的分析重点是个人出价行为,但考虑前文已经总结的密封标价拍卖中宏观层面的个人收入成果数据也是有益的。例如,假设所有未被接受的出价和仅仅部分被接受的出价符合 VHR 理论,那么个体数据的检验可能显示为与 VHR 理论一致,然而同时,仅基于被接受的出价的收入数据，可能不符合 VHR 理论。另一种情况是，假设所有未被接受的出价和仅仅部分被接受的出价不符合 VHR 理论，那么个体数据的检验可能与 VHR 理论不一致，同时仅基于被接受的出价的收入数据，可能符合 VHR 理论。因此，对收入数据的检验与对个体出价的检验可能得出不同的结果。

表 4 总结了所有差别定价拍卖实验的收入结果，这些实验的参与者均是有经验的。表 4 的第 4 列记录了差别定价拍卖中每个实验的收入均值（括号中的值表示方差）。第 5 列表示观测到的均值和 VHR 预测收入的差值（括号中的值表示差值的方差），此处 VHR 采用的是风险中性假设下差别定价拍卖的模型。按 VHR 出价理论，可以建立如下原假设：

$$H_0^R : R^* - R_n^* = \sum_{j=N-Q+1}^{N} b_j^* - \sum_{j=N-Q+1}^{N} b_n(v_j^*) < 0 \quad (9)$$

如果连续拍卖中，$R^* - R_n^*$ 的分布近似于正态分布，我们考察一组容量为 T 的实验样本的均值 $\bar{R}^* - \bar{R}_n^*$ 及标准差 S_δ，那么对成对样本的单侧 t 检验是恰当的，构造 $t = (T)^{1/2} (\bar{R}^* - \bar{R}_n^*)/S_\delta$。$t$ 统计量的计算结果记录在表 4 的最后一列。

从这些 t 值可以毫不含糊地得出以下结果：设计 3~7 和设计 10 的风险厌恶 Nash 均衡模型更利于拒绝原假设，但在设计 1、2、8 和 9 中，我们不能拒绝原假设。

表 4   风险中性出价者的观测收入与 VHR 理论收入的比较

实验局数	Q	N	$\bar{R}^* (V_R^*)$	$\bar{R}^* - \bar{R}_n^* (V_b)$	T	成对样本 t 统计量
1UDE1	7	10	1.282 (0.029)	−0.254 (0.032)	20	−6.311
1DUE1	7	10	1.444 (0.053)	−0.070 (0.037)	20	−1.63
1UDE2	7	10	1.375 (0.018)	−0.162 (0.010)	20	−7.103
1DUE2	7	10	1.484 (0.017)	−0.031 (0.008)	20	−1.576
2UDE1	4	10	4.695 (0.386)	+0.002 (0.182)	20	+0.021
2DUE1	4	10	4.467 (0.095)	−0.347 (0.150)	20	−4.00
2UDE2	4	10	4.216 (0.145)	−0.477 (0.124)	20	−6.06
2DUE2	4	10	4.592 (0.126)	−0.222 (0.149)	20	−2.572

续前表

实验局数	Q	N	$\bar{R}^*$ (V_R^*)	$\bar{R}^* - \bar{R}_n^*$ (V_b)	T	成对样本 t 统计量
2DE1	4	10	4.593 (0.132)	−0.142 (0.088)	30	−2.619
2DE2*	4	10	4.499 (0.138)	−0.226 (0.092)	30	−4.094
2'DE1BLK	4	10	4.310 (0.114)	−0.428 (0.116)	30	−6.092
2'DE2BLK	4	10	4.698 (0.134)	−0.048 (0.066)	30	−1.018
2"DE2	4	10	12.588 (2.734)	−1.651 (3.534)	30	−4.81
3DE1	2	5	3.204 (0.149)	+0.456 (0.038)	30	+12.808
3DE2	2	5	3.134 (0.093)	+0.386 (0.038)	30	+10.787
3'DE1BLK	2	5	3.138 (0.176)	+0.378 (0.105)	30	+6.39
3'DE2BLK	2	5	2.950 (0.068)	+0.189 (0.070)	30	+3.98
4DE1	2	6	4.932 (0.507)	+0.518 (0.210)	30	+6.195
4DE2	2	6	4.552 (0.282)	+0.137 (0.095)	30	+2.436
5DE1	2	7	6.893 (0.317)	+0.418 (0.075)	30	+8.356
6DE1	2	8	9.036 (0.669)	+0.447 (0.162)	30	+6.09
6DE2	2	8	9.314 (0.127)	+0.725 (0.206)	30	+8.747
6'DE1BLK	2	8	9.668 (1.474)	+1.082 (0.155)	30	+15.072
6'DE2BLK	2	8	9.108 (0.757)	+0.522 (0.216)	30	+6.155
7DE1	2	10	14.910 (0.759)	+0.512 (0.430)	30	+4.275
8DE1	3	7	3.680 (0.106)	−0.181 (0.120)	30	−2.86
9DE1	3	8	5.162 (0.129)	−0.234 (0.183)	30	−3.002
10DE1	3	9	7.384 (0.528)	+0.262 (0.145)	30	+3.766

注：$\bar{R}^* = $ 观测到的 T 个拍卖的平均收入 $= \dfrac{1}{T}\sum_{t=1}^{T} R^*(t) = \dfrac{1}{T}\sum_{j=N-Q+1}^{N} b_j^*(t)$；

$V_R^* = $ 观测收入的方差 $= \dfrac{1}{T-1}\sum_{t=1}^{T}\left[R^*(t) - \bar{R}^*\right]^2$；

$\bar{R}_n^* = $ VHR 理论对风险中性出价者的预测收入均值，条件是实现的实验价值 $v_j^* = \dfrac{1}{T}\sum_{t=1}^{T} R_n^*(t) = \dfrac{1}{T}\sum_{t=1}^{T}\sum_{j=N-Q+1}^{N} b_n(v_j^*(t))$；

$V_\delta = $ 收入差值的方差 $= \dfrac{1}{T-1}\sum_{t=1}^{T}\left[(R^*(t) - R_n^*(t)) - (\bar{R}^* - \bar{R}_n^*)\right]^2$。

图 11 描绘了以上收入结果及 Cox，Roberson 和 Smith［4］[①] 的相关单一标的物拍卖实验数据。在单一标的物拍卖（基于"一级价格"规则，即出价获胜者付出等量出价）中，上述原假设在 $N=4$、5、6 和 9

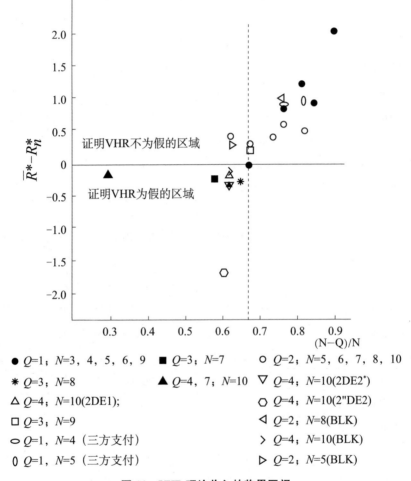

● $Q=1$；$N=3$，4，5，6，9	■ $Q=3$；$N=7$	○ $Q=2$；$N=5$，6，7，8，10
✳ $Q=3$；$N=8$	▲ $Q=4$，7；$N=10$	▽ $Q=4$；$N=10(2DE2^*)$
△ $Q=4$；$N=10(2DE1)$；		⬡ $Q=4$；$N=10(2"DE2)$
□ $Q=3$；$N=9$		◁ $Q=2$；$N=8(BLK)$
⊖ $Q=1$，$N=4$（三方支付）		▷ $Q=4$；$N=10(BLK)$
0 $Q=1$，$N=5$（三方支付）		▷ $Q=2$；$N=5(BLK)$

图 11　VHR 理论收入的临界区间

---

① 在此报告的 Cox，Roberson 与 Smith［4］的单一价格密封出价拍卖和多标的物差别定价拍卖存在程序上的差别。前者每次拍卖后，会将市场价格（最高的、唯一的、被接受的出价）告知参与者，而最高的被拒绝出价则不予告知。在单一标的物拍卖中，用这种程序作为信息控制的手段，以便比较单一价格密封出价拍卖和荷式拍卖。荷式拍卖中，价格是不断下降的，直到可接受的价格出现，参与者永远无法知晓最高的被拒绝出价。在［22］中，检验了多标的物差别定价拍卖的这一可选条件。当然，VHR 理论在预测出价行为时，没有体现出这一可选条件的区别。

时被拒绝，而在 $N=3$（参见［4］）时被接受。对于风险中性的出价者，在样本值真实抽取的条件下，图 11 描绘了平均观测收入减去 VHR 理论平均预测收入的差值（纵轴）相对于被拒绝的出价所占比例（横轴）的关系。所有实验中收入数据均归纳自每个 (N, Q) 条件，但不包括回报被增至原来的 3 倍、$\bar{v}$ 增至原来的 3 倍，以及各拍卖间信息被阻滞的情况。

从表 4 和图 11 的信息可以清晰地看到早先报告的实验结果一分为二的情况。报告结果并非来自一组随机行为，这使得实验时而支持理论，时而又不支持理论，记住这个特点是很重要的。在设计中，若出价和收入水平是支持理论的，则理论始终被支持。而在不支持理论的设计中，个体和收入两方面数据都不断地对理论提出怀疑。此外，即使将回报增至原来的 3 倍、$\bar{v}$ 增至原来的 3 倍，或阻滞最高出价和其他被拒绝出价的反馈信息，都无法影响这种二分性。

Ⅳ. 检验 VHR 理论研究的实验及理论分析

前面部分报告的多标的物密封标价拍卖实验是作者（及其他合作者）连续研究项目的一个部分，在这一研究中，实验的实施进程与我们的努力相互影响，共同推进理论不断取得进展。这一研究在以下方法论条件下形成，并受其指导：当理论和实验证据出现矛盾时，这可能是由两种原因造成的：一是理论的缺陷，二是实际观测——在这一情形中是实验检验方法——缺乏一般性。根据这一观点，观测和理论预测的任何矛盾都暂时地对理论和观测提出同等的怀疑，以便采取新的研究设计来解决这种不一致性。我们的观点是，在有证据表明一种理论是"可证伪的"之前，必须满足两个条件：第一，实验进程中，对观察变化的敏感性进行深度经验主义检验，获得令人满意的依据，以至对"可证伪"部分的证据的描述是站得住脚的正确描述；第二，必须至少存在一种令人满意的理论，可以对原理论中"可证实"的观测及同时"可证伪"的观测做出不劣于原理论的解释。按 Lakatos［14］的阐述，这一观点大概是科学实践领域的显著特征。

表 1 中我们对设计参数的选择、在这些设计基础上实验顺序的安排、实验设计换用不同参与者的重复次数，以及对参与者可能存在的人为的敏感性检验和按结果的奖励等级安排，都是根据以上考虑并以其为

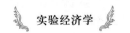

条件进行的。在这一部分，我们对选择组成表格 1~4 的特定实验时头脑中存在的疑问和猜测做一简要讨论。

A. 受一级价格拍卖结果影响，对设计参数的初始选择

在开始一个新的实验研究程序时，空余参数的选择往往是武断的。因此，某些参数的选择更加倾向于受"花了钱如何能得到最多的观测信息"这个假定的影响，而非衍生于对原始理论的考虑。在这种情况下，对于如何在定义的参数空间 $N>Q\geq2$ 范围内开始测试项目，多标的物拍卖理论并没有提供任何指导。但在 1979 年，我们开始多标的物连续系列实验时，由 Coppinger，Smith 和 Titus[3] 及 Cox，Roberson 和 Smith[4] 进行的单一定价（单一标的物）拍卖实验已经完成，这些成果有力地影响了我们在起初几个多标的物实验中对设计参数(N, Q)的选择。这些单一标的物成果也为我们在多标的物实验中预期的结果形式提供了一些指导特性。从 CRS 实验中，我们得到了如下结论： （1） Nash 均衡出价行为的风险厌恶模型被 $N=4$，5，6 和 9 的所有重复实验所证实；（2）在 $N=3$ 时，CRS 报告结果表明，一些重复实验结果与风险厌恶模型一致，一些却不一致。汇总 $N=3$ 时所有重复实验的收入结果后，CRS 提出不能反驳风险中性模型[4, p. 25]。但因为 $N=3$ 实验组的参与者与 $N>3$ 的参与者来自同一备选集合，没有根据推论 $N=3$ 时的反常行为源自风险态度的差别（风险中性、风险厌恶、风险偏好），而与组的规模无关。

这些一级价格拍卖结论说明，当组规模足够小时，非合作模型失效。这使得我们怀疑，相对于提供的标的物数量，组的规模足够小时，多标的物的非合作模型也可能失效。在单一标的物拍卖中，模型仅在被拒绝出价比例低至 2/3 时出现失效。这可以在图 11 中观察到，收入背离在图中用实心圆表示。这 5 个点显示，仅在 $(N, Q)=(3, 1)$ 时，观测与模型的不一致描绘了我们按序进行多标的物拍卖的最初实验时的经验主义认识。

B. $(N, Q)=(10, 7)$ 和 $(10, 4)$ 时最初序列的结果

我们试探性地采纳以下经验主义假设：当 $\dfrac{N-Q}{N}\leq0.67$ 时，预期实验结果会与 VHR 理论的预测出现不一致。

因此，我们进行了一系列 16 个实验，每个由 23 个差别定价拍卖和

跟随的 22 个单一价格拍卖组成，反之亦然，$\dfrac{N-Q}{N}<0.67$。这些实验中 8 个 $(N, Q)=(10, 7)$，另外 8 个 $(N, Q)=(10, 4)$。这个系列的目的之一是比较差别定价和单一定价拍卖的收入特性。这种收入结果和比较在 Cox，Smith 和 Walker 的［6］（后文简称 CSW［6］）中有过报告。既然行为可能受熟悉度的增加、练习、其他实验参与者的反射所影响，我们在最初的实验系列中把"经验"也作为处理变量进行了调查。

（1）在 $(N, Q)=(10, 7)$ 的实验局中，参与者的经验对收入结果有显著的、一致的影响。4 个没有经验组中的 3 个符合 VHR 理论，而三个有经验组无疑符合 VHR 理论。因此，我们决定进行"实践"实验，在所有后来的实验集中采用有经验的参与者。这增加了我们的研究项目开销，但使得我们可以控制参与者行为的瞬时效果。在 70% 的出价被接受的设计中，可能有经验的参与者明白了"合作"出价的风险最小，因为"低"出价仍可能被接受。

（2）在 $(N, Q)=(10, 4)$ 的实验局中，7 组实验——4 组采用没有经验的参与者，3 组采用有经验的参与者——获得的收入结果无一符合 VHR 理论。

C. 筛选单一价格拍卖中的非合作行为者的效果

在单一价格拍卖中，按个体价值出价是占优策略。因此，在此拍卖中，非合作行为者可以单独根据风险厌恶特性（只有货币剩余增加才能导致要求的效用增加）被鉴别出来。设想我们筛选出这些在单一价格拍卖中采用了或学会了采用这种占优策略的参与者，用他们进行那些 VHR 理论不成立的差别定价拍卖设计。如果结果相反，则说明 VHR 理论在那些实验观察中失效的趋势并非那些设计单独决定的，也存在部分可确认的参与者的特征。如果实验结果不受这一筛选程序影响，则可以加强这一结论——VHR 理论在这些设计中的失败归因于参数值选择。表 4 中报告了采用按单一价格拍卖的非合作策略趋向筛选过参与者的两个实验的结果。它们是实验 1DUE2 和 2DUE2（在 CSW［6］中，被报告为"超级有经验的"实验 1DU8′Sx 和 2DU7′Sx）。明显地，这些实验所得结果与采用有经验的、未筛选过的参与者的同参数实验并无显著差异。

对于 $(N, Q)=(10, 7)$ 和 $(10, 4)$ 时每个参数的汇总收入结果，在图 11 中用实心三角形表示。在这个结合点，单一标的物拍卖和两套

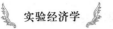
多标的物拍卖的组合结果均支持"VHR 模型在被拒绝出价的比率等于或低于 2/3 时失效"的假设。

D. 对"被拒绝出价比率"假定的进一步检验的效果

如果在系列实验中，VHR 对不同参数选择时可证伪和不可证伪的割裂是由拒绝出价的比率所驱使，那么既然模型在 $(N, Q) = (10, 4)$ 时失效，则它在 $(N, Q) = (5, 2)$ 时也应该失效。进一步地，如果这个比率是特定值 2/3，则 $(N, Q) = (3, 1)$ 时的模型失效应该可以推广到第一个同类的多标的物情形，即 $(N, Q) = (6, 2)$。最终，根据这一推理，模型在 $Q = 2$ 且 $N > 6$ 时就不该再失效了。基于如上考虑，我们安排了 8 个系列实验，列于表 1～表 4 的设计 3～7。如我们在前面部分已经看到的，来自这 8 个实验的收入和个体出价两方面数据均支持 VHR 模型。某种简单的"被拒绝出价比率规则"可以解决可证伪实例的假定，被这些新的实验结果有效地反驳。设计 3～7 的收入数据（不包含 3′和 6′）的汇总在图 11 中以空心圆圈表示。

E. 对人为的参与者效果的再次检验

我们希望能非常有把握地确认新的实验结果及其解释存在内在的有效性。因此，我们自问，在设计 1、2 与设计 3～7 之间，除了处理参数的区别，是否还可能存在其他的不同？因为实验在设计 3～7 时，采用了为这些新的实验序列而招募的、新的有经验的备选参与者。可以想象，这两组参与者存在某些未知的区别，这可能造成了该结果。这似乎又不大可能，因为通过长时间和重复的经验，我们发现实验市场行为是充满活力的，来自不同背景的参与者表现出可比的经验，但是此种活跃性也可能在推广到这些新的实验市场范例时失效，而且任何此种推广必须发生在实验到实验的经验主义基础上。同样，因为我们在理论的经验主义支持方面得到了离散的分歧值，所以不能忽视我们可能面临这样一种现象——实验对参与者差异存在不同寻常的敏感性。这很容易检验：我们从设计 3～7 的有经验参与者群体中抽取 10 个样本，用他们复制设计 2。此实验报告在表 3 和表 4 的设计 2DE1 中，该结果与设计 2 的其他实验同样明确地处于 VHR 模型的可证伪区域。这一实验的收入结果在图 11 中用空心三角形表示。我们否定参与者差异的假说，认为实验设计 1、2 与设计 3～7 的行为差别源自参与者差异的说法是不可靠的。

F. $\bar{v}$ 或者现金收入等级是不是影响观测收入的设置参数?

回想第Ⅱ部分,每个实验设计都由三位数组 ($\bar{v}$, N, Q) 定义,首先,我们选定 $\bar{v}$ 作为(N, Q)的函数,以便让理论风险中性者的人均预期收益在不同的(N, Q)间保持一致。如果参与者是风险厌恶(或风险偏好)的,那么实际收益可能背离风险中性的预期收益,这一程序只能提供对人均可实现收益的近似控制。本研究项目直至此时,我们仍未查明相对于这个试验程序的内在经验主义论题。关于我们对此程序的先验论断会遇到两个问题。第一,作为伴随着固定人均收益不变的副产品,$\bar{v}$ 会随(N, Q)变化,既然如此,是否可能因为这个参数被"(不当)人为地设置",而造成那些设计中收入数据如此一致地显示出"可证伪"结果?因此,可以合理推断,只要相对于某种未知的"极限动机"水平,报酬是"充足的",那么,对设计间报酬水平的控制就是不大重要的。第二,在任何设计中,如果我们对报酬水平进行真实的增加,观测参与者的行为会发生变化,那么报酬水平本身是否在某种程度上也是一个处理变量?如果我们令 α 为"实验(中的名义)美元"到对参与者支付的实际美元货币的转换因子,那么报价者 i 获得的实验收入的效用 $v_i - b_i$ 等同于真实货币量 $\alpha(v_i - b_i)$ 的效用,在 VHR 模型中也就是 $u[\alpha(v_i - b_i)]$。如果 $u(\cdot)$ 是严格凹的,那么对第Ⅰ部分所概括的争论,现在需追加条件,令出价者 i 选择 $b_i = b_i^0$,才能使 $u[\alpha(v_i - b_i)]$ $G(\pi(b_i))$ 最大化,而这会导致风险厌恶均衡的出价函数 $b_a(v_i, \alpha)$,函数中含转换因子 α。因此,如果 α 变化,那么在风险厌恶出价函数中,VHR 模型一般性地预测了一个转换。在我们上述讨论的所有实验中,我们令 $\alpha = 1$。

在 [7](请参阅 [4, 5, 8])中,我们已经推广了 VHR 模型,以允许出价者对实际货币收入拥有不同的"常数相对风险厌恶"(CRRA)效用函数,即,$u_i = u[\alpha(v_i - b_i); r_i] = [\alpha(v_i - b_i)]^{r_i}$。既然在这个模型中,$\alpha$ 仅仅影响效用的度量标准,那么它就会导致一个独立于回报参数 α 的均衡出价函数。同时应当注意,VHR 的风险中性模型版本是 CRRA 模型中 $r_i = 1$(对所有 i)的特例。

这些考虑引导我们导入了设计 2 的两个新实验。在第一个实验中,即表 3 和表 4 中的实验局 2DE2*,我们将所有参与者以美元货币形式获得的实际实验收益增至原来的 3 倍(即 $\alpha = 3$)。从表 4 的收入结果看,这个"设置"对结论(指 CRRA 模型预测的结果)没有影响。注意图

11 中实验 2DE2* 的收入背离（表示为空心倒三角形）与没有将参与者报酬增至原来的 3 倍的实验设计 2 的汇总结果完全一致。

在第二个新实验中，也就是实验局 2″DE2，我们将所有参与者的价值分配增至原来的 3 倍，亦即对应于实验局 2DE2*，将按顺序分配给 2″DE2 相应参与者的价值增至原来的 3 倍。从表 4 中可以看出，效果是收入几乎同时增至原来的 3 倍，但结果仍然明显低于风险中性者的预测收入。此处也请参阅图 11，实验 2″DE2 的收入背离表示为六边形。

为了比较报酬增至原来的 3 倍的实验组和相应的控制实验组的情况，图 11 中我们也给出了 [8] 中报告的两组一级价格拍卖的收入背离情况汇总结果。这些实验的参数值符合 $(N, Q) = (4, 1)$ 和 $(5, 1)$。此处新的单一标的物和多标的物实验大大加强了这一结论：对符合 VHR 和不符合 VHR 的这两种设计，符合与否的结果取决于参数 (N, Q)，而不能归因于报酬等级或 $\bar{v}$。这一结论也与 [7] 中的 Nash 均衡出价的 CRRA 效用函数模型一致。既然 CRRA 效用是个人出价独立于报酬度量标准的唯一效用函数，并且改变 $\bar{v}$ 的度量标准同样会导致 v_i、b_i 与报酬度量标准的改变，这些结果对于收缩得到出价数据支持的模型范围特别重要。[1]

G. 在最高接受价格和最高拒绝价格之间的拍卖信息的效应

关于这一点，我们的实验程序中，所有实验都已经向参与者提供了可用的实验间信息，其中包括前面实验的最高拒绝价格和最高接受价格。（参见上文第Ⅱ部分。）我们提供这一信息的目的是创造一种差别定价拍卖领域（比如美国国库券拍卖）的信息环境。然而，从第Ⅰ部分的理论进展看，可以发现这一信息并不为 Nash 均衡模型的出价者所需。因此，有人可能会推测，实验间最高拒绝价格和最高接受价格信息有可能影响参与者的出价行为，从而影响我们对理论的检测。进一步地，如果这种实验间出价信息对支持 VHR 理论和不支持 VHR 理论的设计的影响有所不同，那么对于实验中 (N, Q) 参数空间产生分歧的原因，

---

[1] 令 $\mu_i = b_i/\bar{v}$ 为 i 的标准化的出价（用 $\bar{v}$ 的比例来衡量），同时 i 的标准化价值就是 $\gamma_i = v_i/\bar{v}$。那么出价不高于 μ_i 时，赢得拍卖的概率为 $G(\mu_i)$，CRRA 期望效用为 $[\bar{v}(\gamma_i - \mu_i)]^{r_i} G(\mu_i)$。如果我们应用 [7] 中报告的源过程（参见 [5] 中的 CRRA 实例），结果为标准化的均衡出价函数，形式为 $\mu_i = b(\gamma_i, r_i)$。因此，$\bar{v}$ 仅影响效用、出价、价值和报酬的度量单位。对于 CRRA 效用，将 $\bar{v}$ 增至原来的 3 倍，或者将报酬转换因子 α 增至原来的 3 倍，二者是没有区别的，并且，从理论上可以预测，二者中任意参数都不会影响标准化的出价行为。

也许可以从中获得某些见解。

为了检验可能的出价信息效应，我们进行了 6 个新的实验，实验中最高拒绝价格和最高接受价格信息没有提供给参与者。这些实验设计罗列于表 1 和表 2 中，表示为 2′、3′和 6′。表 3 和表 4 列出了对出价者的不同构成和市场收入的检验结果，这 6 个实验局用字母"BLK"标出。图 11 给出了这些实验的市场收入背离。结论是非常清晰的。从设计 2′中观测到的个体出价和市场收入水平过低，以至不能与 VHR 理论一致，这与设计 2、2*、2″表现的情况一样；相反，从设计 3′和 6′中观测到的个体出价和市场收入水平则符合 VHR 理论，这又与设计 3 和 6 一样。①

V．结语和讨论

用实验数据对 VHR 出价理论的基本含义进行检验，文中检验了以下方面：（1）所有出价者均采用相同的递增出价函数（出价者的出价行为是同一的）；（2）出价者的出价不会低于风险中性的理论出价函数；（3）观测的拍卖市场收入不会低于风险中性时相应的理论收入。对根据这些含义衍生的假设，用实验数据进行统计学检测，可以导出下列结论：（1）在我们的实验设计中，结果出现了两个系列不同方向的分歧，这由参数空间（N，Q）所定义。对一组（N，Q）参数设计，个体出价和市场收入水平与 VHR 模型一致，但同时另一组（N，Q）参数设计与 VHR 模型不一致。这种分歧由图 12 加以解释，分为 I（与理论不一致）组和 C 组（与理论一致），图中包含了早先报告的大量的单一标的物拍卖实验 [4，8]。在若干试图解决人为干扰和参与者样本效应的实验探索中，这些结果表现出内在的一致性、可复制性和显著的强势特性；（2）综观所有设计，出价者的同一性假定（给定某个实验，N 个参与者的出价同分布）被 28 个实验中的 24 个所驳回。

VHR 模型的这些结果表明了什么？起初我们遵循理论给定的复杂

---

① 当我们开始研究项目时，我们考虑如果进行跨越时间的学习调整（这种调整可能是针对报价信息反馈的反应），参与者不会理所当然地表现出 Nash 均衡行为。因此，虽然对精于计算的 Nash 出价者而言这一信息是多余的，但提供这些信息似乎仍然是自然的。但就如 [6] 中解释的，我们尚未在跨越时间的收入数据中识别出任何特有的、可复制的趋势。这暗示，出价信息的反馈可能不具重要性，从而进一步加强了 6 个"BLK"实验的结论。

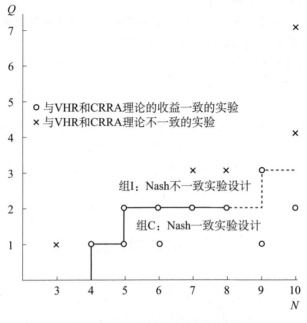

图 12 (N, Q) 参数空间的两分性

性和数理诡辩性，VHR 模型的表现明显良好。在图 12 中，迄今研究的
参数设计中，有 2/3（15 个中的 10 个）与模型预测收入（及个体出价
水平）一致。继而，我们注意到 VHR 模型做了如下假定：（1）期望效
用最大化；（2）一般的凹效用；（3）Nash 策略行为；（4）同一效用函
数；（5）个体交易成本为零（包括思考、决策和行动等；也就是说，仅
有 $v-b$ 是效用的根据）。当一个理论同某些观测不一致时，说明理论本
身及其某些（或所有）假设存在问题。假定选择保留理论的某些成
分[①]，那么理论失效的形式可能会提供一些"线索"，指示如何修正理

———————

① Lakatos [14] 称，"面临可证伪的证据时科学家或科学团体不愿意放弃那些假设"的
现象为研究项目中的"硬核"。从而在牛顿学派的研究项目中，面对行星不按完美的椭圆形运
转的明显事实，17 和 18 世纪的物理学家并没有放弃牛顿的物质引力遵循平方的倒数（—2 次
方）这一法则的假定。作为替代而进行的修改是，在特殊简化假定的基础上，建立"一般"
理论的特别形式（或者模型），比如太阳的质量集中于一点，每个行星的质量集中于一点，行
星间的引力作用可以被忽略，等等。因此，"硬核"被改变辅助假定的"防护带"所包围。这
种边缘的调整使得牛顿力学可以更好地"解释"观测，但是异常现象依然存在，比如水星轨
道的扰动就不能通过胡乱改动牛顿力学的基本假设而解决。因此，物理学家简单地容忍这个
异常，以及其他的异常现象，直至 20 世纪相对论出现，才解释了这些异常中的一部分（比如
水星轨道扰动），同时，相对论也能解释与牛顿系统一致的那些观测。

论，这就可能将可证伪的观测包含在内。按这一批判标准，似乎要求我们保留假定（1）和（3）；也就是说，如果不放弃非合作均衡的基本概念，我们应该期望效用最大化和 Nash 策略行为是关键性的。① 我们的立场是，VHR 模型已经足够令人满意，可以欣然地做出调整的尝试，以促使其改进，并扩展到上述证据规定的两个方向。而且，在这一阶段，如果放弃非合作和期望效用的基础假设，将是非常不成熟的。

从而，我们已经在其他场合发展了不同类的出价者 Nash 模型［4，5，7］。［7］中发展的多标的物拍卖模型（该模型将［4］的单一标的物拍卖模型一般化），用"出价者对货币盈余有截然不同的 CRRA 效用"的特别假设，替代了假设（2）和（4）。CRRA 模型占据了 VHR 模型的领域，对图 12 中 VHR 模型可解释的部分，前者的解释同 VHR 模型一样好，并能解释不符合 VHR 的其他证据。特别地，CRRA 模型拒绝了出价者按共同的出价函数出价的假设。它也与"报酬增至原来的 3 倍对出价行为没有明显效果"，"将 $\bar{v}$ 增至原来的 3 倍有效地使个人出价水平增至原来的 3 倍"的实验结果一致。

但直至研究项目的这个节点，我们对图 12 中与 CRRA 和 VHR 模型均不一致的 I 组实验结果仍没有进行解释。I 组实验以明显的趋势为特点，个体出价倾向于低于风险中性的 Vickrey 出价函数。可以很自然地推测，这或者像 CRS［4］在单一标的物拍卖中只有 3 个出价者时指出的，是由合作行为造成的；或者由对货币成果的严格凸性偏好（风险偏好的）造成的。然而，推测风险偏好的出价者可能报出低于风险中性出价函数的出价是一回事；出价者有严格凸性效用，却可能符合 Nash 均衡出价函数，是完全不同的另一回事。［5］中我们已经将 CRRA Nash 均衡模型一般化，以包含一组富裕阶级的出价者，他们当中可能有一些是风险偏好的。② 某个这样的模型能否解释 I 组的实验结果，仍是一个悬而未决的问题。明显地，因为 I 组和 C 组实验都选用了取自相同的有经验的参与者群体中的个体，结果却出现差别，所以我们不能置

① 另一个有趣而富有挑战的备选项是，保留 Nash 策略行为，而用 Chew 的加权效用最大化［1，2］取代期望效用最大化。结果是，这种方法放弃了同一的参与者期望。虽然这个备选项值得探索，但似乎这个更为传统的期望效用积分学得到保守派更多的坚守。

② 已经有人建议，设计 1 和 2 无法与 VHR 或 CRRA Nash 理论一致，可能是由于这些设计中较低的 $\bar{v}$ 值（参见表 1）造成了较低的最大报酬结果。这些提议多被设计 2′ 和 2″ 的结果所驳倒，2′ 和 2″ 中将报酬或 $\bar{v}$ 增加至原来的 3 倍，并不影响参与者出价低于风险中性水平的趋势。

参数（N, Q）于不顾，而将原因归于参与者风险特性的不同。这留下一种可能性，就是在参数（N, Q）和出现风险偏好的出价者这个现象之间可能存在某种相互影响，这既可以解释 I 组的结果，同时也不会失去与 C 组结果的一致性。例如，当只有三个出价者时，只出现一个风险偏好的出价者，就可能降低所有的出价。我们期望就这些问题继续做理论检验，通过应用更加直观的实验技术控制风险态度，为后续测量风险态度对出价行为的影响提供坚实的研究方法支持。

参考文献

Soo Hong Chew，"A Generalization of the Quasilinear Mean with Applications to the Measurement of Income Inequality and Decision Theory Resolving the Allais Paradox," *Econometrica*, Forthcoming.

Soo Hong Chew "Weighted Utility Theory, Certainty Equivalence, and General Monetary Lotteries," Discussion paper, University of Arizona, 1982.

Viclti M. Coppinger, Vernon L. Smith, and Jon A. Titus，"Incentives and Behavior in English, Dutch, and Sealed - Bid Auctions," *Economic Inquiry* 18（January 1980），1 - 22.

James C. Cox, Bruce Roberson, and Vernon L. Smith, "Theory and Behavior of Single Unit Auctions," In Vernon L. Smith（ed.），*Research in Experimental Economics*, Vol. 2, Greenwich：JAI Press, 1982.

James C. Cox and Vernon L. Smith, "Equilibrium Bidding Theory When Some Bidders May Be Risk - Preferring," Discussion paper, University of Arizona, 1983.

James C. Cox, Vernon L. Smith, and James M. Walker，"Expected Revenue in Discriminative and Uniform Price Sealed - Bid Auctions," In Vernon L. Smith（ed.），*Research in Experimental Economics*, Vol. 3, Greenwich：JAI Press, 1984（in press）.

James C. Cox, "Auction Market Theory of Heterogeneous Bidders," *Economies Letters* 9（1982），319 - 325.

James C. Cox, "Tests of a Heterogeneous Bidders Theory of First Price Auctions," *Economics Letters* 12（1983），207 - 212.

James C. Cox, "A Test That Discriminates Between Two Models of the Dutch - First Auction Nonisomorphism," *Journal of Economic Behavior and Organization* 4（June - September 1983），205 - 219.

Morris H. Degroot, *Probability and Statistics*, Reading：Addison-Wesley, 1975.

Milton Harris and Artur Raviv, "Allocation Mechanisms and the Design of Auctions," *Econometrica* 49（November 1981），1477 - 1499.

Charles A. Holt, Jr., "Competitive Bidding for Contracts Under Alternative Auction Procedures," *Journal of Political Economy* 88 (June 1980), 433 - 445.

William H. Kruskal and W. Alien Wallis, "Use of Ranks in One - Criterion Analysis of Variance," *Journal of the American Statistical Association* 47 (December 1952), 583 - 621.

Imre Lakatos, *The Methodology of Scientific Research Programs*, Edited by John Worrall and Gregory Currie, Cambridge: Cambridge University Press, 1978.

Erik Maskin and John G. Riley, "Auctioning an Indivisible Object," Discussion paper no. 87D, JFK School of Government, Harvard University, 1980.

Steven Matthews, "Risk Aversion and the Efficiency of First-and Second-Price Auctions," CCBA Working paper no. 586, University of Illinois, 1979.

Paul R. Milgrom and Robert J. Weber, "A Theory of Auctions and Competitive Bidding," *Econometrica* 50 (September 1982), 1089 - 1122.

Roger B. Myerson, "Optimal Auction Design," *Mathematics of Operation Research* 6 (February 1981), 58 - 73.

John G. Riley and William F. Samuelson, "Optimal Auctions," *American Economic Review* 71 (June 1981), 381 - 392.

William Vickrey, "Counterspeculation, Auctions, and Competitive Sealed Tenders," *Journal of Finance* 16 (March 1961), 8 - 37.

William Vickrey, "Auction and Bidding Games," In *Recent Advances in Game Theory*, (Conference proceedings.) Princeton, Princeton University Press, 1962, pp. 15 - 27.

James M. Walker, Vernon L. Smith, and James C. Cox, "Bidding Behavior in Sealed Bid Discriminative Auctions: An Experimental Analysis of Multiple Sequence Auctions with Variations in Auction Information," Discussion paper: University of Arizona, 1983.

一级价格拍卖的理论和个体行为 *

阿迈斯·考克斯** (Ames C. Cox)

弗农·史密斯*** (Vernon L. Smith)

詹姆斯·沃克**** (James M. Walker)

摘要：将一级价格拍卖理论延伸到异质性竞价者（以包含 M -参数的对数凹效用函数为特征）的情形。47 个实验的结果普遍支持该模型及其特定的双参数常数相对风险厌恶情形。先前大量理论研究中的单参数的特定情形未得到支持。双参数模型中的一个不寻常的现象是，太多数据在其估计的线性投标函数中表现出正的（或负的）截距。因此，我们建立一个特定的三参数模型，该模型引入获胜效应和盈余阈值。上述新模型没有被实验所证伪，通过直接采用一次付清全部收益或费用的方式进行检验。

关键词：拍卖，出价理论，实验

我们已经为一级价格密封拍卖（后面用 F 拍卖表示）中的投标行为建立了一系列非合作均衡模型。[①] 在我们的模型中，可以从很多方面区分每个个体投标人，这可以用有限（M）个参数来表示（满足一定的条件）。即使每个投标人对货币收益的效用函数不如指数函数那样具有凸性，我们的模型（称为凹对数模型）也仍然允许投标人对货币收益持

* 感谢国家科学基金（SES−8205983、SES−8404915 及 SES8608112）和 Sloan 基金的资金支持，还要感谢 Shawn LaMaster 在计算机制图和数据分析方面提供的帮助。

** 亚利桑那大学。

*** 亚利桑那大学。

**** 印第安纳大学。

① 一级价格密封标价拍卖是这样一种市场，拍卖标的物被给予出价最高的竞价者，价格等于其出价。出价可能像字面上一样密封（于信封中），但这不重要。这个拍卖的基本属性是，这不是一个实时市场，因此，非串谋的竞价者不能观察到其对手的出价行为。

有风险厌恶、风险中性、风险偏好的态度。模型中特殊的例子包括单参数线性（风险中性）效用模型、凹效用模型（风险中性或风险厌恶）和双参数固定关系风险厌恶模型，文献中已经分析了上述模型。[①]

为什么我们要将投标理论扩展到具有不同风险偏好的个体？有两点原因很重要：（1）因为这些数据和所有的同质投标人模型严重不符，所以做这样的扩展非常必要；（2）近期对 50 篇以上投标理论论文的综述（McAfee and McMillan，1987）发现，它们都没有遵循投标人有相同风险偏好的假定（Cox，Smith and Walker，1982）。

我们列示了 47 个一级价格拍卖实验的结果。设计这些实验是为了区分各种非合作出价均衡模型，而这些模型都包含在一般的 M-参数模型中。这些结果既没有支持线性模型，也没有支持单参数凹模型，而是证实了常数相对风险厌恶模型（CRRAM）的重要性质，比如说投标函数的线性和投标行为面对多种回报方式的不变性。虽然如此，CRRAM 投标函数的同质性仍然被 22％的实验结果推翻。另外，一般来说，参与者出价与 CRRAM 中回报的平方或平方根没有关系。为了考虑出价函数中可观察到的非零截距，我们通过引入一个获胜效用和一个剩余的极限效用拓展了一种特殊的三参数模型 CRRAM*。5 个新实验（30 个竞价者）的结果证实了 CRRAM* 的猜想。

1. 一级价格拍卖中出价的凹对数均衡模型

考虑到一级价格拍卖中卖者的保留价格是零，因此任意正价格都能成为最后胜出的报价。假定有 $n>2$ 个竞价者。每个竞价者对拍卖标的物的货币估价 v_i，$i=1$，2，$\cdots$，n，在 $[0, \bar{v}]$ 上独立服从 $cdf H(\cdot)$ 的概率分布。$H(\cdot)$ 在 $[0, \bar{v}]$ 上有正的连续密度函数。假定竞价者只知道自己的 v 和对手估价 v 的分布函数。

引入数量 b_i 后，在一个获胜的出价中，任一竞价者 i 的效用都是一个 von Neumann - Morgenstern 函数 $u(v_i - b_i, \theta_i)$，其中 θ_i 是一个关于参

---

① Vickrey（1961）分析了线性模型。单参数凹模型是在 Holt（1980）、Riley - Samuelson（1981）和 Harris - Raviv（1981）中发展的。Maskin 和 Riley（1984）分析了单参数凹模型的一个更加一般的形式。双参数固定关系风险厌恶模型由 Cox，Roberson 和 Smith（1982）及 Cox，Smith 和 Walker（1982）所发展。

数的 $M-1$ 维向量，并且独立服从在凸面区域设定 Θ 下可积分的 $cdf\Phi(\cdot)$ 的概率分布。每个竞价者只知道自己的 θ_i 和对手估价 θ_i 的分布函数。因此，每一个竞价者可以用 (v, θ_i) 来描述，其中 v 是自己对拍卖标的物的估价（标量），而 θ_i 则是用来描述这个 M-参数凹对数模型中影响出价行为的其他个人因素的 $M-1$ 维向量。假定 $u(y, \theta)$ 是连续两次差分，对货币收益 y 严格递增，并且对于所有的 $\theta \subset \Theta$，必然存在 $u(0, \theta)=0$。最后，假定对于每一个 $\theta \subset \Theta$，$u(y, \theta)$ 都是 y 的严格凹对数；也就是说，假定对于每一个 $\theta \subset \Theta$，$u_1(y, \theta)/u(y, \theta)$ 都随着 y 严格递减（这里 $u_1(y, \theta)$ 是 $u(y, \theta)$ 关于 y 的一阶导数）。这意味着竞价者面对货币支出可能会有风险厌恶、风险中性或者风险偏好，但是这些都比 e^y 更具凹性。

假定竞价者 i 认为他/她的每一个对手都会使用可微的出价函数 $b(v, \theta)$，且其对 v 严格递增，并且在 $\theta \subset \Theta$ 的情况下，$b(0, \theta)=0$。该出价函数 $b(v, \theta)$ 存在一个关于 v 的可微并且关于 b 严格递增的反函数 $\pi(b, \theta)$。随机选取使用 $b(v, \theta)$ 的竞价者，其出价略小于或者等于 b 的概率是：

$$F(b) = \int_\Theta H(\pi(b,\theta))\mathrm{d}\Phi(0) \tag{1}$$

竞价者 i 的所有 $n-1$ 个对手出价略小于或者等于 b 的概率是：

$$G(b) = [F(b)]^{n-1} \tag{2}$$

因此，如果竞价者 i 认为自己的对手将使用出价函数 $b(v, \theta)$ 和其关于 v 的反函数 $\pi(b, \theta)$，那么对于竞价者 i 来说，在一轮出价中引入数量 b 后的期望效用由函数（1）和（2）给出，表示为：

$$U(b_i \,|\, v_i, \theta_i) = G(b_i)u(v_i - b_i, \theta_i) \tag{3}$$

如果 $\pi(b, \theta)$ 是均衡出价函数关于 v 的反函数，那么这一定是对竞价者 i 最好的反馈。在 $b_i > 0$ 时，最大化函数（3）的一阶条件是：

$$0 = U'(b_i \,|\, v_i, \theta_i) = G'(b_i)u(v_i - b_i, \theta_i) - G(b_i)u_1(v_i - b_i, \theta_i) \tag{4}$$

在函数（4）中用 $\pi(b_i, \theta_i)$ 代替 v_i 得到：

$$0 = G'(b_i)u(\pi(b_i, \theta_i) - b_i, \theta_i) - G(b_i)u_1(\pi(b_i, \theta_i) - b_i, \theta_i) \tag{5}$$

函数（5）意味着：

$$\frac{\mathrm{d}}{\mathrm{d}b_i}(G(b_i)u(\pi(b_i, \theta_i) - b_i, \theta_i))$$
$$= G(b_i)u_1(\pi(b_i, \theta_i) - b_i, \theta_i)\pi_1(b_i, \theta_i) \tag{6}$$

其中 $\pi_1(\cdot)$ 是 $\pi(\cdot)$ 关于本身的一阶微分。综合这六个函数得到：

$$G(b_i)u(\pi(b_i, \theta_i) - b_i, \theta_i)$$
$$= \int_0^{b_i} G(x)u_1(\pi(x, \theta_i) - x, \theta_i)\pi_1(x, \theta_i)\mathrm{d}x + C \qquad (7)$$

在函数（7）中取 $b=0$，得到 $C=0$，因此，

$$G(b_i)u(\pi(b_i, \theta_i) - b_i, \theta_i)$$
$$= \int_0^{b_i} G(x)u_1(\pi(x, \theta_i) - x, \theta_i)\pi_1(x, \theta_i)\mathrm{d}x \qquad (8)$$

我们现在可以认为，在 $\pi(\cdot, \theta_i)$ 的范围内，对于任意 $b_i>0$，竞价者 i 的估价是 $\pi(b_i, \theta_i)$ 时，他/她可以通过出价 b_i 最大化自己的期望效用。因此，函数（8）给出的 $\pi(b, \theta)$ 是一个均衡出价函数关于 v 的反函数。首先注意到，推出函数（8）的过程意味着 $(b_i, \pi(b_i, \theta_i))$ 满足函数（4）中的一阶条件。[分两步来解释，由 b_i 微分函数（8）可以得到函数（5），同时函数（5）意味着 $(b_i, \pi(b_i, \theta_i))$ 满足函数（4）。] 接着注意到，根据函数（3）和（8）可以知道，当 $b_i>0$ 时，$U(b_i|\pi(b_i, \theta_i), \theta_i)>0$，因为函数（8）中的被积函数对于所有 $x>0$ 都为正。

接下来，定义

$$\rho(b) = \frac{G'(b)}{G(b)} \qquad (9)$$

和

$$\mu(v-b, \theta) = \frac{u_1(v-b, \theta)}{u(v-b, \theta)} \qquad (10)$$

综合函数（3）、（4）、（9）和（10），得到：

$$U'(b_i|v_i, \theta_i) = U(b_i|v_i, \theta_i)[\rho(b_i) - u(v_i-b_i, \theta_i)] \qquad (11)$$

对函数（11）求导，得到：

$$U''(b_i|v_i, \theta_i) = U'(b_i|v_i, \theta_i)[\rho(b_i) - u(v_i-b_i, \theta_i)] +$$
$$U(b_i|v_i, \theta_i)[\rho'(b_i) + u_i(v_i-b_i, \theta_i)] \qquad (12)$$

因为当 $b_i>0$ 时，$U(b_i|\pi(b_i, \theta_i), \theta_i)>0$，所以综合函数（4）和（11）可以知道，当 $b_i>0$ 时，

$$\rho(b_i) = u(\pi(b_i, \theta_i) - b_i, \theta_i) \qquad (13)$$

对函数（13）求导得到：

$$\pi(b_i, \theta_i)u_1(\pi(b_i, \theta_i) - b_i, \theta_i) = \rho'(b_i) + u_1(\pi(b_i, \theta_i) - b_i, \theta_i) \qquad (14)$$

将函数（13）和（14）代入函数（12）得到：

$$U''(b_i|\pi(b_i, \theta_i), \theta_i)$$

$$=U(b_i \mid \pi(b_i, \theta_i), \theta_i)\pi_1(b_i, \theta_i)u_1(\pi(b_i, \theta_i)-b_i, \theta_i) \tag{15}$$

因为 $U(b_i \mid \pi(b_i, \theta_i), \theta_i) > 0$，并且 $u_1(\cdot) < 0$，所以就像最初设定的那样，函数（15）意味着当且仅当 $\pi_1(b_i, \theta_i) > 0$ 时，$U''(b_i \mid \pi(b_i, \theta_i), \theta_i) < 0$。

接下来我们将证明把 $(b_i, \pi(b_i, \theta_i))$ 代入函数（3）中可以得到总体最大值。利用反证法，假定 $(\tilde{b}, \pi(\hat{b}, \theta_i))$ 最大化函数（3），且 $\tilde{b} \neq \hat{b}$，那么它一定满足一阶条件；如果 $\tilde{b} > \hat{b}$，那么根据 $u(\cdot)$ 和 $-u(\cdot)$ 关于 $\pi(\cdot)$ 以及 $\pi(\cdot)$ 关于 b 的严格递增性质得出的 $(\tilde{b}, \pi(\hat{b}, \theta_i))$ 的一阶条件意味着：

$$
\begin{aligned}
0 &= U'(\tilde{b} \mid \pi(\hat{b}, \theta_i), \theta_i) \\
&= G(\tilde{b})u(\pi(\hat{b}, \theta_i)-\tilde{b}, \theta_i)[\rho(\tilde{b})-u(\pi(\hat{b}, \theta_i)-\tilde{b}, \theta_i)] \\
&< G(\tilde{b})u(\pi(\tilde{b}, \theta_i)-\tilde{b}, \theta_i)[\rho(\tilde{b})-u(\pi(\tilde{b}, \theta_i)-\tilde{b}, \theta_i)]
\end{aligned} \tag{16}
$$

但是函数（16）与 $(\tilde{b}, \pi(\tilde{b}, \theta_i))$ 满足一阶条件这个事实不符。现在考虑另一种情况，我们假定 $\tilde{b} < \hat{b}$，那么根据 $u(\cdot)$ 和 $-u(\cdot)$ 关于 $\pi(\cdot)$ 以及 $\pi(\cdot)$ 关于 b 的严格递增性质得出的 $(\tilde{b}, \pi(\tilde{b}, \theta_i))$ 的一阶条件意味着：

$$
\begin{aligned}
0 &= U'(\tilde{b} \mid \pi(\tilde{b}, \theta_i), \theta_i) \\
&= G(\tilde{b})u(\pi(\tilde{b}, \theta_i)-\tilde{b}, \theta_i)[\rho(\tilde{b})-u(\pi(\tilde{b}, \theta_i)-\tilde{b}, \theta_i)] \\
&< G(\tilde{b})u(\pi(\hat{b}, \theta_i)-\tilde{b}, \theta_i)[\rho(\tilde{b})-u(\pi(\hat{b}, \theta_i)-\tilde{b}, \theta_i)]
\end{aligned} \tag{17}
$$

因为根据假定，$(\tilde{b}, \pi(\hat{b}, \theta_i))$ 使函数（3）达到最大化，符合其一阶条件，但是由于函数（17）与其冲突，所以我们认为 $(b_i, \pi(b_i, \theta_i))$ 是竞价者 i 最好的选择。因此，由函数（8）给出的 $\pi(b, \theta)$ 是均衡出价函数关于 v 的反函数。因为 $\pi(b, \theta)$ 关于 b 严格递增，所以它关于 b 的反函数 $b(v, \theta)$ 也是一个均衡出价函数。

一个很有意思的问题是风险偏好态度对均衡出价产生的影响。用 θ^N、θ^A、θ^P 分别代表风险中性者、风险厌恶者和风险偏好者的性格向量，则 $(v-b)$、$u(v-b, \theta^N)$ 是线性的，$u(v-b, \theta^A)$ 是严格凹的，而 $u(v-b, \theta^P)$ 是严格凸的。现在我们证明在 $b(\cdot)$ 的范围内，对于所有正的 v，$b(v, \theta^A) > b(v, \theta^N) > b(v, \theta^P)$。假定当 θ 取某个大于零的值时，$b(\bar{v}, \theta^A) \leqslant b(\bar{v}, \theta^N)$。因为 $b(\cdot)$ 是关于 v 递增的，并且对于所有的 $\theta \in \Theta$，$b(0, \theta)=0$，所以存在 $\hat{v} \leqslant \bar{v}$，使得 $b(\hat{v}, \theta^N)=b(\bar{v}, \theta^A)=b$。那么函数（4）中 $u(\cdot, \theta^N)$ 的线性和 $u(\cdot, \theta^A)$ 的严格凹性意味着：

$$\hat{v}-b = \frac{u(\hat{v}-b, \theta^N)}{u_1(\hat{v}-b, \theta^N)} = \frac{G(b)}{G'(b)} = \frac{u(\bar{v}-b, \theta^A)}{u_1(\bar{v}-b, \theta^A)} > \bar{v}-b \tag{18}$$

但是函数（18）意味着 $\hat{v} > \tilde{v}$，这与前述结果有矛盾之处。因此，我们不能继续假定存在 $\tilde{v} > 0$ 使得 $b(\tilde{v}, \theta^A) \leqslant b(\tilde{v}, \theta^N)$。使用 $u(0, \theta^P)$ 可以得出一个类似的矛盾，表明我们不能继续假定存在 $\tilde{v} > 0$ 使得 $b(\tilde{v}, \theta^A) \geqslant b(\tilde{v}, \theta^N)$。因此，我们得出结论：在 $b(\cdot)$ 的范围内，对于所有正的 v，$b(v, \theta^A) > b(v, \theta^N) > b(v, \theta^P)$。

现在我们考虑凹对数出价模型中的三个特例。首先，我们考虑 $M=1$ 的单参数模型（因此，每个竞价者都只由 v_i 描述）。于是函数（1）变成

$$F(b) = H(\pi(b)) \tag{1a}$$

函数（8）变成

$$[H(\pi(b_i))]^{N-1} u(\pi(b_i) - b_i)$$
$$= \int_0^{b_i} [H(\pi(x))]^{N-1} u_1(\pi(x) - x)\pi'(x)\mathrm{d}x \tag{8a}$$

这是 Holt（1980）、Riley-Samuelson（1981）和 Harris-Raviv（1981）从凹性推广到严格凹对数偏好得到的同质竞价者一级价格拍卖模型。

接下来，假定 $u(\cdot)$ 是线性的，$H(\cdot)$ 在 $[0, \bar{v}]$ 区间均匀分布。那么，函数（1）变成

$$F(b) = \pi(b)/\bar{v} \tag{1b}$$

函数（8）变成

$$\pi(b_i)^{n-1}[\pi(b_i) - b_i] = \int_0^{b_i} [\pi(x)]^{n-1}\pi'(x)\mathrm{d}x = \frac{1}{n}[\pi(b_i)]^n \tag{8b}$$

因此，

$$\pi(b_i) = \frac{n}{n-1}b_i \tag{19}$$

或

$$b(v_i) = \frac{n-1}{n}v_i \tag{20}$$

这是 Vickrey（1961）一级价格拍卖中的风险中性竞价者模型。

最后，令 $M=2$，这意味着 θ_i 现在是一个标量。用 r_i 代替 θ_i，假设 $r_i \in (0, \bar{r}]$，其中 $\bar{r} \geqslant 1$。假定 $H(\cdot)$ 在 $[0, \bar{v}]$ 上均匀分布。令 $u(v_i - b_i, r_i) = (v_i - b_i)^{r_i}$。于是，当 $b \leqslant (n-1)\bar{v}/(n-1+\bar{r})$ 时，函数（1）变成[①]

$$F(b) = E_r\left[\frac{\pi(b, r)}{\bar{v}}\right] \tag{1c}$$

---

① 对于 $b > (n-1)\bar{v}/(n-1+\bar{r})$，没有封闭解。在式（1c）和式（8c）中，$E_r(\cdot)$ 表示对于随机变量 r 的预期价值。

函数（8）变成

$$[E_r(\pi(b_i, r))]^{n-1} [\pi(b_i, r_i) - b_i]^{r_i}$$

$$= \int_0^{b_i} [E_r(\pi(x, r))]^{n-1} r_i [\pi(x, r_i) - x]^{r_i-1} \pi_1(x, r_i) dx \quad (8c)$$

上述函数的解为：

$$\pi(b_i, r_i) = \frac{n-1+r_i}{n-1} b_i \quad (21)$$

或

$$b(v_i, r_i) = \frac{n-1}{n-1+r_i} v_i \quad (22)$$

这是 Cox，Roberson 和 Smith（1982）从凹性推广到凹对数偏好得到的常数相对风险厌恶模型。

2. 实验设计

我们将在下一部分列示从 47 组实验的 690 个 F 拍卖结果中推断出来的经验性结论。这些实验分为三种设计种类（详情参见表 1）：

Ⅰ. 含有 10 个 F 拍卖的实验。这里的一级价格拍卖前后各有 10 个荷式拍卖。[①]

Ⅱ. 含有 20 个 F 拍卖的实验（构成 10 个拍卖序列）。这里每两个 F 拍卖序列中间插入了一个由 10 个荷式拍卖组成的拍卖序列。

Ⅲ. 仅含有 20 或 25 个 F 拍卖的实验。这些实验在表 1 中被标记为系列 1′ 和 4。

Cox，Roberson 和 Smith（1982）在设计实验Ⅰ和Ⅱ的时候给出了对这些实验结果的完整解释，Cox，Smith 和 Walker（1985b）在设计实验Ⅲ时也做出了对结果的完整解释。考虑到其长度，我们在这里将只归纳这些解释中的关键点和其他一些显著的实验设计特点。

这些实验在 PLATO 系统下运行，该系统可以确保所有实验都是在

---

① 荷式拍卖是一个实时市场。在这种拍卖中，卖者或其代理人从一个被认为高于任何竞价者愿意支付的价格给出起始报价。报价被拍卖人降低或按时钟降低，直到一个竞价者接受了最后的报价。这个最初的也是唯一的出价就是这个拍卖的卖价。尽管荷式拍卖和 F 拍卖在理论上是同样形式的，但各由 30 个拍卖组成的 11 组比较均显示，荷式拍卖的价格均值低于 F 拍卖的价格均值（Cox，Roberson，and Smith，1982；Cox，Smith，and Walker，1983）。

相同的状态下进行的，并且保证实验者与参与者之间的交互影响最小化。PLATO系统可以使每一笔拍卖所要求的记账过程更加方便，以此来降低在出价和获取信息过程中的参与者交易成本。

所有实验的参与者都是来自印第安纳大学和亚利桑那大学四年级学生中的志愿者。这些参与者都是选修四年级经济课程的学生。在登记成为志愿者之前，征募人员都会向学生们简要地讲解这个经济学实验，包括对参与这项实验所能获得货币酬劳的机会的简短解释。

实验的其他重要特点简要概括如下：

（1）只要在预定的时间内达到某一预定的实验阶段，每位参与者便可以获得3美元的报酬。这在招募过程中已经承诺过。

（2）所有参与者到达以后，每个人将被随机地分派到其中一个PLATO终端。这个时候，每个人会依照自己的节奏获得一个PLATO视频解说来详细了解他或她将参与的拍卖过程的主要特点。

（3）在实验Ⅰ和Ⅱ中，采用经典的ABA实验设计将每个实验的30组拍卖分为3个部分（每个部分10组拍卖）。因此这些实验将会是如下的形式：F拍卖-荷式拍卖-F拍卖或者荷式拍卖-F拍卖-荷式拍卖。最初的指令只是针对第一部分的10组拍卖而言的。在最初的10组拍卖后，参与者会接到来自PLATO系统更改拍卖规则的指令，并会收到对拍卖过程变动情况的简要描述。每个参与者事前不会被告知拍卖的总次数或者实验过程中拍卖方式会发生改变。因此，在每一个由10组拍卖组成的部分开始的时候，参与者都会被告知在现行制度下会进行10组拍卖。在实验设计Ⅲ中，参与者清楚有很多F拍卖，但是不知道其具体的次数。

（4）用于拍卖的抽象标的物的货币价值被定义为一个通用的概念，即所谓的转手价格。在这个过程中，组织者承诺对于每一次获胜出价，每个参与者都可以得到一定利润，利润额为转手价格与出价之差。

（5）通过非技术语言，参与者将被告知他或她的转手价格是：（a）出自一个有限的区间 $[\underline{v}, \overline{v}]$；（b）针对每次拍卖进行随机抽取（还原抽样），每个价格被抽到的几率是相等的。另外，每个参与者将会认为其他竞价者的转手价格都会以相同的方式从这个区间中随机独立地产生（还原抽样）。在实验设计Ⅰ和Ⅱ中，参与者的出价被要求是0.10美元的整倍数，且 $\underline{v} = 0.10$ 美元，而在实验设计Ⅲ中，参与者的出价被要求是 0.01 美元的整倍数，且 $v=0$。

（6）在实验设计Ⅰ和Ⅱ中，对于每一个给定的实验部分，每个参与者都提前知道他或她自己在这一部分的 10 组拍卖中的转手价格。与此不同的是，在实验设计Ⅲ中，每一位参与者都会在第 t 次拍卖前知道在这次拍卖中自己的转手价格，但是他们不知道以后的转手价格如何。更进一步讲，每次出价都被限制在 $[v, \bar{v}]$ 的区间内，每一个竞价者在每次拍卖中都有一次出价机会。

（7）参与者都知道参与该次拍卖的其他竞价者数量。

（8）对于 Vickrey（1961）得出的针对 F 拍卖的风险中性均衡出价函数，如果所有竞价者都接受，则每个竞价者在每次拍卖中的期望收益应当是 $E[g]=(\bar{v}-v)/n(n+1)$ [Cox, Roberson, and Smith, 1982，式（4.1）]。为了在 n 变化时使期望利润保持同一性，我们选择 u 作为 n 的一个函数，以使得 $E[g]$ 在给定实验设计的实验中大致保持不变。在设计Ⅰ和Ⅱ中，每个竞价者在每次拍卖中的期望收益是 0.40 美元或者在每个实验中的期望收益是 12.00 美元。而在设计Ⅲ（其中的实验是设计Ⅰ和Ⅱ的后续阶段）中，我们将每个竞价者在每次拍卖中的期望收益增加到 0.50 美元。在后面将要讨论到的一些实验中，我们还将显著地提高期望收益。实验大概持续 1～1.5 个小时。表 1 的前三列总结了 F 拍卖实验基本系列的设计参数。在系列 1′ 和 4 中，我们增加了期望收益以适应通货膨胀率的调整。

3. 实验结果：对 Nash 模型差别的检验

我们从第一部分的推导中得到两个要求同质竞价者的非合作均衡出价模型：（1）Vickrey 的风险中性模型（线性效用）及其推广；（2）Holt - Riley - Samuelson - Harris - Raviv 风险厌恶模型（凹效用）。在 3.1 节和 3.2 节中，我们提供数据并设计实验以辨别出价行为到底是符合风险中性模型还是风险厌恶模型（抑或两个都不符合）。在 3.3 节中，我们检验的假设是：在每个实验中，n 个竞价者会表现出不同的出价行为，而不是像他们本身那样不可辨别（与个体出价的"噪音"有关）。如果每个个体运用不同的出价模型来确定它们的出价，则这将不符合风险中性模型和风险厌恶模型，但是符合一般凹对数模型的推定。因此，如果每个人的出价行为都遵循线性对数模型CRRAM，那么每个人的出价必定与真实值的线性同质函数是同解的。在 3.4 节中，我们将列示对出价和真实值进行线性回归的结果，以及一些关于相应真实值函数的个体出价的代表性图。在 3.5 节中，我们将讨论出价行为是否以及怎样被出价的密集程度所影响。因为CRRAM 也同时意味着任何等倍数增加的期望收益将不会对（线性的）出价行为产生影响，所以我们同样将对期望收益乘以 3 以后的实验和没有进行该操作的实验加以对比。

3.1 获胜出价遵循的是风险中性出价还是风险厌恶出价？

Vickrey 的风险中性模型预测的价格是：

$$\left[p_n(t)-\underline{v}\right]=\left[\frac{n-1}{n}\right]\left[\max_i v_i^*(t)-\underline{v}\right] \tag{23}$$

其中 $v_i^*(t)$ 是竞价者从区间 $[\underline{v}, \bar{v}]$ 的均匀密度中得出的执行价格。表 1 列示的是每一个实验系列（包含 n 个竞价者）的特性：参与者的数量（第 1 列）、拍卖的次数（第 2 列）和最大可能价格（第 3 列）。对每一个系列的可观测价格的汇总均值列示在第 4 列，第 5 列列示的是可观测价格 $p(t)$ 和风险中性价格 $p_n(t)$ 的平均偏离。这些偏离都显著大于零（使用通常的 t 检验标准，列示在第 6 列中），只有系列 1 中当 $n=3$ 的时候不显著大于零。当 n 取 3 时出现了不正常情况，而且 Kagel 和Levin 没有找到合适理由来解释这个不正常情况的事实，使我们不得不设计系列 $1'$，而不仅仅是采用在系列 2 中所用到的将实验设计Ⅰ和Ⅱ相互替换的方式。① 表 1 清楚地显示，$n=3$ 和 $n>3$ 在系列 $1'$ 的结果中并没有表现出定性分析上的不同。这些新的结果要求我们更正以前所得出的"当 $n=3$ 时就会与 Nash 风险厌恶出价模型相悖"的结论（Cox，Roberson and Smith，1982；Cox，Smith and Walker，1984）。除了在系列 $1'$ 中出现的不正常结果外，Cox，Roberson 和 Smith（1982）及 I-saac 和 Walker（1985）都已经总结了其余所有的结果。他们的早期研究都局限于对拍卖市场价格的分析。现在，我们将目光转向对个体出价行为的分析。

---

① 在私下的谈话中，John Kagel 告诉我们，$n=3$ 时他们没得到异常结果。

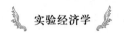

表1　　　　　　　价格对风险中性模型预测结果偏离的 t 检验汇总

系列 (竞价者数量)	拍卖 总次数 T	最大可能 价格 $\bar{v}$	可观测价格 平均值	与风险 中性价格 的平均 偏离[a]	双侧 t 统计量[b]
1 (3)	70	4.90	2.44	0.033	0.6
1' (3)	100	6.00	3.69	0.800	20.4*
2 (4)	60	8.10	5.64	0.796	15.0*
3 (4)	30	8.10	5.90	0.848	14.3*
4 (4)	250	10.00	6.90	1.044	24.1*
5 (5)	60	12.10	9.14	1.096	20.4*
6 (5)	30	12.10	8.96	0.924	6.0*
7 (6)	60	16.90	13.22	0.944	7.3*
8 (9)	30	36.10	31.02	2.031	13.1*

注：[a] 平均偏离统计的是实际执行价格相对于风险中性价格的偏离，比如

$$\frac{1}{T}\sum_{t=1}^{T}\delta(t)$$

这里

$$\delta(t)=\left[p^*(t)-\underline{v}\right]-\left(\frac{n-1}{n}\right)\left[\max_i v_i^*(t)-\underline{v}\right]$$

其中 $p^*(t)$ 是可观测价格，$v_i^*(t)$ 是标的物 i 在第 t 次拍卖中的执行价格。最低的可能价格 $\underline{v}$ 在系列4中为0，在其他系列中等于0.10美元。

[b] 双侧检验的零假设是平均价格偏离是0（$p<0.05$）。

* 表示拒绝原假设。

3.2　个体出价行为遵循的是风险中性出价还是风险厌恶出价？

　　除了表1中列示的结果外，越来越多的证据表明获胜出价并不符合线性模型，而是服从于凹性模型。这是将每个竞价者（总共166位）的每次出价行为重新放在系列1至系列8、1'中再次分析的结果，在表2中我们列示了结果。在第4部分中涉及的系列9和10（后来要涉及的系列11也是如此）的基本标准也是采用系列1~8中同样的条件，这个部分提供了另外36个拍卖标的物的数据。因为许多组合都是由有经验的竞价者组成的（在表2中用 x 标示，表示已经参加过前一次实验），所以表2中所包含的竞价者并不都是不同的。

　　在表2中，第1列中将依据出价组的大小（n）来区分竞价者，第2列标示是否有拍卖经验，第3列统计出每一组中进行连续拍卖的次数

（可观测到的）。第 4 列标示的是好像风险厌恶者计算偏离那样出价的竞价者数量（比如说，在 Wilcoxon 统计量下的竞价者数量）。

$$b_i^*(t) - \underline{v} - \left(\frac{n-1}{n}\right)(v_i^*(t) - \underline{v}) \tag{24}$$

类似地，第 5 列列示的是假定风险偏好存在的情况下参与者的数量（Wilcoxon 统计量为负）。在第 4 和第 5 列中，对于那些检验统计量显示其偏离显著不为零的参与者子集在圆括号中表示出来（双侧检验，$p < 0.05$）。比如说，在系列 2 中，实验使用的是 $n = 4$ 的参与者组合。系列 2 下第二行表示的是 4 个参与者进行包含 20 次拍卖的实验，其中 3 位参与者表现出风险厌恶的出价行为（其中 2 位是显著的风险厌恶），另外 1 位表现出风险偏好行为。除了系列 1 中的特殊情况外，表 2 包含的大部分实验中的出价行为都被假定为风险厌恶，而且在大多数情况下参与者的出价行为都比风险中性出价更加显著。纵观全部实验，除了系列 1 以外，94％的参与者都表现出风险厌恶行为。

表 2   Wilcoxon 检验结果表明出价行为呈风险中性的竞价者[a]

系列 （竞价者数量）	竞价者总数	每位参与者的出价次数	风险厌恶者 （拒绝零假设的次数）[b]	风险偏好者 （拒绝零假设的次数）[b]
	6	10	2	4
1（3）	6	20	4	2
	3x	10	2	1
1′（3）	6	20	5（5）	1（1）
	9x	20	9（9）	0
	4	10	4（2）	0
2（4）	4	20	3（2）	1
	4x	10	3（2）	1
	4x	20	4（4）	0
3（4）	4x	10	4（3）	0
	4x	20	4（3）	0
4（4）	40	25	39（37）	1
	5	10	5（3）	0
5（5）	5	20	5（5）	0
	5x	10	5（4）	0
	5x	20	5（4）	0

续前表

系列 （竞价者数量）	竞价者总数	每位参与者 的出价次数	风险厌恶者 （拒绝零假设 的次数）[b]	风险偏好者 （拒绝零假设 的次数）[b]
6 (5)	5	10	3	2
	5	20	5 (4)	0
7 (6)	12	10	8 (3)	4 (1)
	12	20	11 (8)	1
8 (9)	9	10	9 (3)	0
	9	20	9 (7)	0
9 (4)	4x	12	4 (2)	0
	8x	20	8 (7)	0
10 (4)	12	25	12 (10)	0
11 (4)	12x	20	12 (11)	0
总计	202 (62x)		184 (138)	18 (2)

注：[a] 双侧检验的零假设假定个体竞价者的出价行为符合风险中性 Nash 均衡：

$$b_i^*(t) - \underline{v} - \left(\frac{n-1}{n}\right)(v_i^*(t) - \underline{v})$$

[b] 定义 Wilcoxon 统计量为正的参与者为风险转移者（偏好者）。当考虑到在 Wilcoxon 检验中的计算方法有所不同时，该统计量会变得不太明确，这个时候我们使用 r 统计量来区分参与者（7 种情况）。

x 表示有经验的参与者。

3.3 每组实验中的 n 个竞价者都表现出不同的出价行为吗？

表 1 和表 2 为"占绝大多数的竞价者都是风险厌恶者"的假设提供了强有力的支持。这与风险厌恶、同质参与者及 Nash 模型是一致的。但是我们能够根据不同的出价行为来区分不同的出价个体吗？显然，如果每个竞价者的行为频繁变动或者与其出价关联不大，那么在一个特定实验中 n 个参与者的出价行为将是不可区分的，同质假设将会是一个在经验上可以被接受（而且是有用的）的简单假设。表 3 使用 Kruskal-Wallace H 检验（Wilcoxon 检验在 n 个样本下的推广）来验证其零假设，即将会有 $n \times T$ 个出价与风险中性的预期相背离，

$$b_i^*(t) - \underline{v} - \left(\frac{n-1}{n}\right)(v_i^*(t) - \underline{v}), \quad t = 1, 2, \cdots, T; \ i = 1, 2, \cdots, n$$

$$(25)$$

表示在 T 中取 n 个样本。在这次阐述中，被研究的假设是非同质竞价者模型（比如说第 1 部分中的凹对数模型），零假设是风险厌恶同质竞价者模型。在运用非参数检验时，注意到我们可以避免使用 CRRAM 中的特性（线性），这将会在接下来的两节中进行讨论。表 3 列示了对 47 组实验进行 H 检验的 χ^2 统计量。这 47 组实验中的 28 组（60%）拒绝了零假设。因此，即使有 40% 的出价行为似乎出自同质个体，同质出价行为的假设似乎也仍然不成立。这是因为出价函数的多样化是我们采用的竞价者群体的显著特征，但不是极端特征。

表 3　　　　　竞价者拥有相同出价函数的 H 检验和零假设 H_0

系列中的实验序号	竞价者数量（拍卖次数）	$b_i^*(t) - b_n(v_i^*(t))$ 的 H 统计量	系列中的实验序号	竞价者数量（拍卖次数）	$b_i^*(t) - b_n(v_i^*(t))$ 的 H 统计量
1.1	3 (10)	0.5	4.6	4 (25)	10.2†
1.2	3 (20)	6.3†	4.7	4 (25)	9.6†
1.3	3 (20)	6.2†	4.8	4 (25)	41.7†
1.4	3 (10)	3.8	4.9	4 (25)	8.3†
1.5x	3 (10)	3.2	4.1	4 (25)	11.8†
1'.1	3 (20)	22.6†	5.1	5 (10)	4.4
1'.2	3 (20)	3.3	5.2	5 (20)	15.4†
1'.3x	3 (20)	1.5	5.1x	5 (20)	9.2
1'.4x	3 (20)	0.1	5.2x	5 (10)	12.4†
1'.5x	3 (20)	1.2	6.1	5 (10)	9.6†
2.1	4 (20)	18.5†	6.2	5 (10)	10.5†
2.2	4 (10)	3.6	7.1	6 (10)	24.4†
2.3x	4 (10)	20.1†	7.2	6 (10)	20.5†
2.4x	4 (20)	3.4	7.3	6 (10)	6.8
3.1x	4 (10)	7.3	7.4	6 (20)	17.2†
3.2x	4 (10)	3.8	8.1	9 (20)	34.6†
4.1	4 (25)	7	8.2	9 (10)	19.6†
4.2	4 (25)	0.3	9.1x	4 (12)	7.7†
4.3	4 (25)	3.1	9.2x	4 (20)	27.4†
4.4	4 (25)	2.9	9.3x	4 (20)	22.3†
4.5	4 (25)	13.0†	10.1	4 (25)	7.9†

续前表

系列中的实验序号	竞价者数量（拍卖次数）	$b_i^*(t)-b_n(v_i^*(t))$ 的 H 统计量	系列中的实验序号	竞价者数量（拍卖次数）	$b_i^*(t)-b_n(v_i^*(t))$ 的 H 统计量
			10.2	4（25）	2
			10.3	4（25）	26.2†
			11.1x	4（20）	11.3†
			11.2x	4（20）	8.3†
			11.3x	4（20）	11.5†

注：x 代表有经验的竞价者。

† 表示 χ^2 检验以小于 0.05 的概率拒绝"个人出价行为偏离风险中性预期出自同一部分参与者"的零假设。

3.4 对 CRRAM 的检验和经验性结论

我们已经发现了强有力的证据，可以证明出价行为风险厌恶假设和竞价者对风险抱有不同态度的假设的合理性。先前的定性分析表明，针对 CRRAM 进行更加严格的分析是适宜的。

对于不超过式（26）的出价，CRRAM 意味着每个参与者的出价都是相应估价的线性函数：

$$\bar{b}=\underline{v}+(n-1)(\bar{v}-\underline{v})/(n-1+\bar{r}) \tag{26}$$

如果 $\bar{r}=1$，那么回归假设是：

$$b_i(t)=\alpha_i+\beta_i v_i(t)+\varepsilon_i(t) \tag{27}$$

$$\text{其中 } v_i(t)\leqslant\bar{v_i}=\left(\frac{n-1+r_i}{n-1}\right)\bar{b}=\left(\frac{n-1+r_i}{n}\right)\bar{v}$$

其中 b_i、v_i、$\bar{b}$ 和 $\bar{v}$ 都是关于 $\underline{v}$ 可测的（标准化后的），$\varepsilon_i(t)$ 是以零为均值的随机误差项，$\alpha_i=0$，$\beta_i=\dfrac{n-1}{n-1+r_i}$。如果我们为每一个 i 都估计参数的话，会发现 CRRAM 意味着参与样本中的 α_i 会围绕零值发生系统性波动（也就是说，α_i 的正值会与其负值一样多）。因此，我们认为任何宣称 α_i 有取正值或者取负值趋势的论断都是与 CRRAM 不符的。而且，CRRAM 认为 $\hat{\beta}_i$ 为风险参数 $\hat{r}_i=(n-1)(1-\hat{\beta}_i)/\hat{\beta}_i$ 提供了估计值。因为 $\hat{r}_i$ 关于 $\hat{\beta}_i$ 非线性，所以这些估计并不是无偏的。正是因为这个原因，在该节中统计检验关注的是对 β_i 和 α_i 的估计。

表 4 总结了在有 156 名参与者的情况下函数（27）的（$\hat{\alpha}_i$, $\hat{\beta}_i$）回归估计；这 156 名参与者中有 33 名参与了两次不同的实验（n 相同），每位参与者的两次试验结果汇总在表 4 中。同样，我们为这 33 位参与者的每次试验分别估计回归系数（$\hat{\alpha}_i^1$, $\hat{\beta}_i^1$）和（$\hat{\alpha}_i^2$, $\hat{\beta}_i^2$），计算后进行 F 检验，其复合零假设 H_0 为：来自同一竞价者的两条回归直线具有相同的线性参数，即 $\alpha_i^1 = \alpha_i^2$，$\beta_i^1 = \beta_i^2$。我们将其解释为在具有相同参与者数量的不同实验中验证竞价者一致性的检验。图 1 中我们给出了根据一般经验得出的检验结果 F 统计量的可能分布。值得注意的是，大概 80%（26 个个体）的检验没有拒绝零假设。用来验证每个竞价者同质性的非参数 Wilcoxon 检验（在表 3 中用来比较同一组中的不同个体）在 88% 的参与者身上没有表现出拒绝零假设的性质。这与表 3 中的结果矛盾，在那里我们无法在 40% 的组中拒绝"同一组中的个体使用的是同质出价函数"的零假设。因此，和同一组中的不同个体的出价行为相比，同一个体在不同实验中的出价行为更加不可区分。

表 4		回归估计值 α_i，$\hat{\beta}_i$			
竞价者数量 n	总参与者数量	$\hat{\alpha}_i$ 显著* 不为 0 的个数（百分比）	$\hat{\beta}_i$ 与 $(n-1)/n$ 有显著* 差距的个数（百分比）	$\hat{\alpha}_i < 0$ 的个数（百分比）	$\hat{\beta}_i > (n-1)/n$ 的个数（百分比）
3	27	5 (18.5)	15 (55.6)	15 (55.6)	23 (85.2)
4	67	12 (17.9)	51 (76.1)	36 (53.7)	64 (95.5)
5	20	6 (30.0)	14 (70.0)	14 (70.0)	19 (95.0)
6	24	3 (12.5)	13 (54.2)	18 (32.7)	19 (79.2)
9	18	8 (44.4)	16 (88.8)	15 (83.3)	18 (100)
合计	156	34 (21.8)	109 (69.9)	98 (62.8)	143 (91.7)

注：* 双侧 t 检验，其中 $\hat{\alpha}_i$ 通过减去适当的 $v > 0$ 而一般化。v_i、$\bar{v}_i$、$\bar{v}$ 也采用类似方法一般化。所有的回归都剔除了那些一般化出价函数的非线性部分，即 $v_i > \bar{v}_i = (n-1+r_i)$ $\bar{v}/n$ 部分。在剔除和未剔除非正利润出价（出价为零，及出价大于等于价值，其中 $v_i > 0$）时分别都做了回归。在多数案例中这种剔除的处理没有（或仅有一点点）影响。例如，系列 4 中，40 个参与者中 25 个的出价没有受到剔除的影响。这里报告的所有回归结果适合除了这些出价以外的数据。

图 2 表示的是在表 4 中总结的 156 个回归结果的 R^2 统计量分布情况。独立变量 $v_i(t)$ 所解释的出价变化情况仅仅在 6% 的参与者身上小于

91%。对于大概 80% 的个体参与者来说，v_i 解释了 96% 以上的价格变量。因此，个体参与者的出价表现出与真实价格具有显著的线性关系。

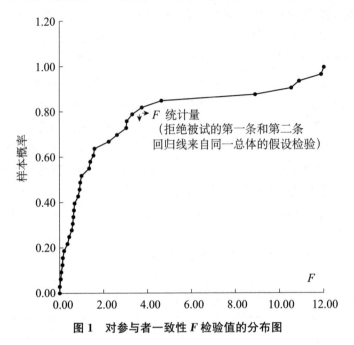

图1　对参与者一致性 F 检验值的分布图

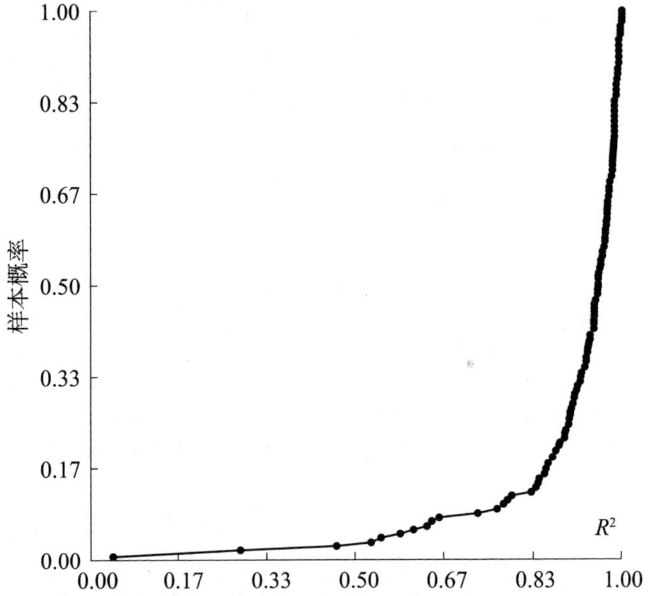

图2　出价-估价回归 R^2 的分布图

我们回到表4（第6列）。对于所有的 n 来说，估计出价函数中大约92%的曲线斜率与风险厌恶出价行为一致。大约70%的 $\hat{\beta}_i$（第4列）明显地高于风险中性水平。但是对于 $\hat{\alpha}_i$ 来说，21.8%的截距显著不为零，其中62.8%强烈地表现出负值。如果 $\hat{\alpha}_i$ 出现正值的概率和出现负值的概率相等的话，用二项式检验很容易拒绝"出现这些负的 $\hat{\alpha}_i$ 纯属偶然"的假设。估计的线性出价函数的非齐次趋势和CRRAM并不一致。

在图3至图9中，我们提供了一些个体参与者具有代表性的出价和真实价格的图像，在每一幅图中，出价和真实价格的轨迹都是在标准的坐标图中表示出来的。这些图像为先前总结的156个回归结果提供了直观视觉上的统计结果。图3、图4、图5、图6、图7分别为 $n=3$、4、5、6、9的参与组描绘了参与者出价行为的典型轨迹。每位参与者的出价大概被包含在当 $r_i \in (0, 1]$ 时CRRAM所圈定的圆锥体范围内。随着 n 的增大，这个圆锥体的范围越来越小，但是该模型还是很好地与出价行为的相应变化保持一致。图8描绘了"脱轨"的出价现象，这可能是截距出现负值趋势的一个原因。当执行价格处于 $[\bar{v}, \underline{v}]$ 的低位而不是高得可以成为一个获胜出价时，一些参与者倾向于仅仅报出他们估价的一小部分（有时候甚至报出零）。在图8中，在执行价格低于1.60美元时出现了一些零报价。但是在其他价位上，参与者的出价还是比较

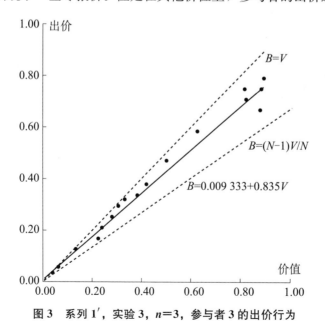

图3 系列 $1'$，实验3，$n=3$，参与者3的出价行为

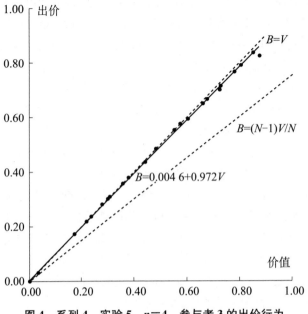

图4　系列4，实验5，*n*＝4，参与者3的出价行为

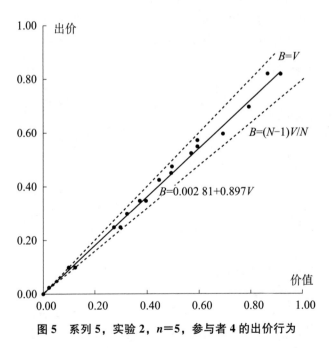

图5　系列5，实验2，*n*＝5，参与者4的出价行为

接近其真实价格。图9描绘了一种不太经常出现但是清晰可见的出价类型，即参与者始终如一地报出等于或者高于估价的价格。一位如此操作的参与者解释说，他知道这样的报价如果胜出的话，自己会承受一笔损失，但是这样出价就好像玩俄罗斯轮盘赌一样。正如图 9 中所描绘的那样，这样的出价行为会得到一个更大的正 $\hat{\alpha}_i$。

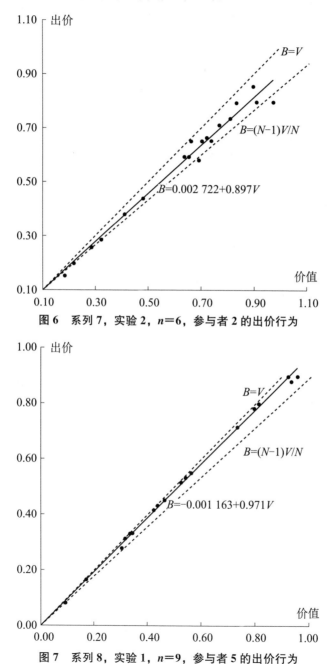

图 6 系列 7，实验 2，$n=6$，参与者 2 的出价行为

图 7 系列 8，实验 1，$n=9$，参与者 5 的出价行为

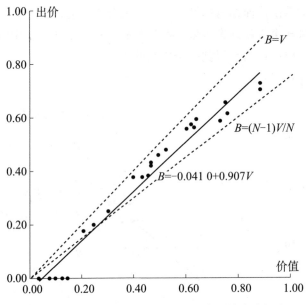

图 8 系列 4,实验 3,$n=4$,参与者 2 的出价行为

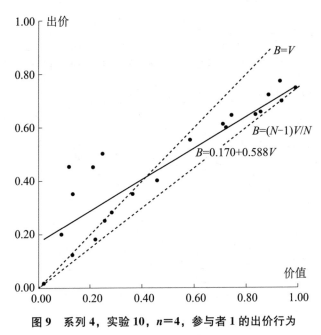

图 9 系列 4,实验 10,$n=4$,参与者 1 的出价行为

3.5 节进一步讨论以下问题:出价的间隔程度对实验结果有影响吗?多付报酬对实验结果有影响吗?出价函数是线性的吗?随着拍卖的持续进行,出价函数会保持不变吗?出价函数的斜率会随着 n 的增加而增大吗?

在系列 2 和 3 中,每个参与组的参与者人数为 4,所出价格被限定在区间 [0.10,8.10] 中,以 30 美分作为每个离散出价之间的最小间隔。这样的实验凭借将参与者的出价向最接近的 30 美分节点上引导来完成,然后让参与者知道所有的出价结果,询问其是选择重新报价以凑整还是确定报出当前的价格(最终报价)。系列 4 同样在每个参与组中安排了 4 位参与者,但是他们可以在区间 [0,10.00] 中以 1 美分为最小间距任意报价。这样的规则差别会给估计的线性函数造成差异吗?用 $(\bar{\alpha}_{30}, \bar{\beta}_{30})$ 表示对所有使用 30 美分报价节点的参与者估计 $(\hat{\alpha}_i, \hat{\beta}_i)$ 的汇总平均值,用 $(\bar{\alpha}_1, \bar{\beta}_1)$ 表示对所有使用 1 美分报价节点的参与者该值的汇总平均值。计算得到 $\bar{\alpha}_{30} = -0.0952 < \bar{\alpha}_1 = 0.0307$,两者的差额 $d_\alpha = \bar{\alpha}_{30} - \bar{\alpha}_1 = -0.1259$,显著不为零($n=56$,$t=2.52$)。同时计算得出 $\bar{\beta}_{30} = 0.9044 > \bar{\beta}_1 = 0.8784$,但是它们之间的差额 $d_\beta = \bar{\beta}_{30} - \bar{\beta}_1 = 0.026$,并不是显著不为零($n=56$,$t=1.44$)。于是我们得出总结性的结论:缩小所出价格的间隔大小在一定程度上会(显著)增大估计截距的平均值。尽管如此,因为出价的间隔大小并没有对估计出价函数的斜率平均值产生显著影响,所以我们认为可以忽略它的影响。因此,表 4 中 $\hat{\alpha}_i$ 取负值的趋势可能是由于在实验系列 1~3 和 5~8 中所出价格间隔的不同,因此人为造成了结果差异。虽然如此,我们仍然没有解决的问题是,一些竞价者在低价位时报出零或很低的价格,而另一些竞价者却故意在高价位报出超过真实水平的价格。这两种出价类型在系列 4 中出价间隔为 1 美分的时候出现过(参见图 8 和图 9)。这些参与者都明显地偏离了 CRRAM。

CRRAM 所包含的一个独有的特性是,以任意一个 $\lambda > 0$ 的倍数增加一个获胜出价的利润 $(v_i - b_i)$,只会增加其带来效用的规模 $u_i = \lambda^{r_i} (v_i - b_i)^{r_i}$,而对均衡价格没有影响。在实验系列 6($n=5$)中使用相同的次序 $v_i(t)$,但同时采用不同的参与者复制系列 5 的前两个实验,这些参与者都事先被告知会将运用 PLATO 系统计算的收益乘以 3 来决定他们将获得的美元现金报酬。这些人中有 8 位又被要求参与两次系列 3 的实验设计($n=4$)。第二次系列 3 实验中重复了系列 2 的前两个实验,所不同的只是在这里付了 3 倍报酬。在实验系列 3 中,用 $(\bar{\alpha}_3, \bar{\beta}_3)$ 表示 $\lambda=3$ 时的平均回归参数,用 $(\bar{\alpha}_1, \bar{\beta}_1)$ 表示 $\lambda=1$ 时的平均回归参数。我们发现 $\bar{\alpha}_3 = -0.102$,$\bar{\alpha}_1 = -0.108$,其间的差距没有显著不为零($n=16$,$t=0.05$)。类似地,$\bar{\beta}_3 = 0.920$,$\bar{\beta}_1 = 0.892$,它们之间的差距同样不是很明显（$n=16$，$t=1.25$）。在系列 6 中，$\bar{\alpha}_3=-0.200$，$\bar{\alpha}_1=-0.281$，其间的差距没有显著不为零（$n=20$，$t=0.22$）。最后，$\bar{\beta}_3=0.892$，$\bar{\beta}_1=0.937$，它们之间的差距同样没有显著不为零（$n=20$，$t=1.17$）。我们的结论是：对于有经验的参与者（$n=4$）和没有经验的参与者（$n=5$）来说，付给 3 倍报酬对估计（$\hat{\alpha}_i$，$\hat{\beta}_i$）的影响如此之小，以至与其参与者个体之间的差异相比完全可以忽略不计。这样的结论与 CRRAM 相符，但是与线性对数参数选择之外的其他模型完全不符。

在凹对数参数选择的范围内，任何与 CRRAM 线性对数效用假设的偏离都意味着一个非线性均衡出价函数。假定我们用其多项式扩展式的前三项近似地模拟这样一个出价函数，就可以通过估计一个三次函数来构造对一般凹对数模型的 CRRAM 检验方法。

$$b_i(t)=A_i+B_iv_i(t)+C_iv_i(t)^2+D_iv_i(t)^3+\eta_i(t) \qquad (28)$$

如果 F 检验没有拒绝复合零假设 H_0：$C_i=D_i=0$，那么就证明 CRRAM 得到了其他凹对数参数的支持。我们对系列 4（$n=4$）中 40 名没有经验的参与者得到的估计函数是（28）。其 F 检验的结果在 15 名参与者（37.5%）身上拒绝了 H_0，但是这 15 人中有 9 人在进行 t 检验时没有表现出 $\hat{C}_i$ 或 $\hat{D}_i$ 显著不为零的性质，这说明只发生了轻微的非线性偏离。同时，这 15 个非线性出价函数中有 12 个集中于 4 个实验，每个实验中都出现了至少 2 名非线性竞价者。这种实验结果的非随机"集中"是由凹对数模型本身的性质导致的〔比如说，一名本身是线性 CRRAM 的竞价者 i 在其他参与者（$j\neq i$）的出价非线性时，也会报出非线性的价格〕。[1] 我们认为 62.5% 的参与者符合 CRRAM，余下的参与者中大部分符合凹对数模型。

接下来我们通过估计线性函数（29）来讨论随着拍卖的持续进行，个体出价函数是否始终保持不变的问题。

$$b_i(t)=A_i'+B_i'v_i(t)+C_i't+\mu_i(t) \qquad (29)$$

---

[1] 如果 i 具有 CRRA 型偏好，且 v_i 抽样自 $[0,\bar{v}]$ 上的均匀分布，那么由等式（1）、（2）、（9）、（10）和（13）可得

$$v_i=b_i+r_i\int_{\Theta}\pi(b_i,\theta)\mathrm{d}\Phi(\theta)/(n-1)\int_{\Theta}\pi_1(b_i,\theta)\mathrm{d}\Phi(\theta)$$

对于 Θ 的任何有正概率的子集，如果 $\pi(\cdot)$ 对于 b 非线性，则对 b_i 非线性。我们也应注意到，对等式（28）的估计值违背了 CRRAM，并有利于其他的凹对数模型。这是因为在 CRRAM 出价方程的非线性领域，回归包括了那些高于 $\bar{v}_i$ 的观测值（参见表 4 下面的注）。

为实验系列 4 估计函数（29），我们可以在 8 名参与者（20％）身上拒绝零假设 $H_0: C_i' = 0$。在对这 8 名参与者 C_i' 的估计值中 4 个为正、4 个为负，没有表现出任何可以观测到的取值趋势。

最后，根据 CRRAM 可以预测出个体出价函数的斜率会随着 n 的增加而变大。将每一组所有参与者斜率的平均样本值与其对应的参与组规模汇总，得到 $(\bar{\beta}; n)$ 分别是 (0.765；3)、(0.904；4)、(0.925；5)、(0.897；6)、(0.999；9)。除了 $n = 6$ 时该值与预测值不符以外，其他组的值都与预测系列相当吻合。因此，至少在我们采用的样本范围内，$n = 4$、5、6 时任意两对平均值都没有明显的差异，因此我们可以认为区分它们的意义不大。

4. 对试图操纵风险态度的 CRRAM 的检验

CRRAM 暗含的一个意思是，如果获胜出价的利润 $v_i - b_i$ 应用一个所谓的"加速器" $\lambda (v_i - b)^q$，则均衡出价函数与 λ 相互独立，但是 q 作为 r_i 的乘数进入了出价函数之中。因此，代理人 i 的效用是 $u_i = [\lambda (v_i - b)^q]^{r_i} = \lambda^{r_i} (v_i - b)^{qr_i}$，对于所有的 $b_i \in [0, \bar{b}]$，标准的均衡出价函数是 $b_i = (n-1)v_i / (n-1+qr_i)$，其中，$\bar{b} = (n-1)\bar{v} / (n-1+q\bar{r})$ 并且 $r_i \in [0, \bar{r}]$。如果 $q > 1$，其效果是降低所有的均衡出价（也就是说，竞价者好像并不是那样地厌恶风险）；如果 $q < 1$，其效果是抬高所有的均衡出价，好像竞价者变得更加厌恶风险。

在这一部分中，我们列示出运用可控变量操纵 q 的两个实验系列结果。在系列 9 中，有 12 名参与者（都是参加过前一阶段 $n = 4$ 实验设计的人员）参与到 3 组实验中，每组 4 人。每组实验都有一个基准系列（实验 1 有 12 次拍卖，实验 2 和 3 各有 20 次拍卖），即当每次拍卖产生 1 美分利润（用 PLATO 系统计算的）的时候，每位参与者就可获得 1 美分现金。接下来 20 次拍卖组成的系列，每次拍卖中获取的现金与拍卖收益的关系式为：1 美分 ＝ 0.02×(PLATO 系统计算的美分收益)^2。在 PLATO 对收益平方处理的说明中，主要用图来向参与者说明这种关系式的含义。虽然如此，但这些补充说明材料证明了存在一个收支平衡利润 $n = 50$ 美分，在这个标准以下时，改造后的实验的参与者获得的现金收入比基准的现金收入要少，而在这个标准以上时情况就恰好相反（平衡利润是根据等式 $0.02\pi^2 = \pi$ 解出的）。完成前 3 个实验之后，这 12

名参与者中的 4 人被要求再参加一次测试，这一次实验由使用平方化收益规则的 20 组拍卖组成。

在使用 $q=2$ 转换系列重新进行的实验中，CRRAM 的弱预测是"所有竞价者的 $\hat{\beta_i}$ 相对于 $q=1$ 时出现了下降"，其强预测是"每个 i 估计出价函数的斜率是 $\hat{\beta_i}=(n-1)/(n-1+2r_i)$"，其中 r_i 是从拍卖的基准系列得出的估计风险参数。与 CRRAM 预测不同的是，我们在实验前推测，在一个改造后的实验中一个理性的参与者在预计潜在利润低于 50 美分时会出低价，但是在预计潜在利润高于 50 美分时会出高价。这样的出价行为会使理性参与者在改造后的实验中保证获得基准利润。

表 5 给出了系列 9 中的实验 1、2、3 以及实验 4 再次测试基于价值出价的线性回归结果。参加过前 3 次实验而又参加实验 4 的再次测试的被试在第 1 列中用圆括号进行了标识。表 4 的最后一列表示的是出价函数的斜率是否会随着基准规则变为平方转换规则而增加（变得更加厌恶风险）或者减小（变得更加偏好风险）。值得注意的是，12 名参与者中有 7 人的出价和 CRRAM 所预测的结果相反。虽然如此，在再实验设计中，4 个参与者都相对于基准标准表现出风险偏好，其中的 3 人（4.2、4.3 和 4.4）更是相对于平方转换标准表现出风险偏好行为。这样看来，虽然实验设计相对于前面有了一些改进，但 CRRAM 仍然不能提供性质良好的预测值。因此需要对数据进行更进一步的修正。

表 5　　　　　　　　　系列 9 基准和平方转换标准下的出价函数

实验编号参与者编号	基准标准[b]			收益平方转换标准[c]			风险厌恶程度的改变（从基准标准到平方转换标准）
	R^2	$\hat{\alpha}$	$\hat{\beta}$	R^2	$\hat{\alpha}$	$\hat{\beta}$	
1.1	0.997	−0.11	0.959*	0.998	−0.320*	0.966*	＋
1.2	0.981	−0.672*	0.989*	0.951	−0.524*	0.877*	－
1.3	0.996	0.029	0.962*	0.994	−0.005	0.920*	－
1.4	0.994	0.14	0.887*	0.993	−0.007	0.915*	＋
2.1	0.981	0.398	0.846*	0.996	−0.077	0.927*	＋
2.2	0.989	0.115	0.829*	0.991	−0.174	0.902*	＋
2.3	0.998	−0.028	0.971*	0.986	−0.297	0.925*	－

续前表

实验编号 参与者编号	基准标准[b]			收益平方转换标准[c]			风险厌恶程度的改变（从基准标准到平方转换标准）
	R^2	$\hat{\alpha}$	$\hat{\beta}$	R^2	$\hat{\alpha}$	$\hat{\beta}$	
2.4	0.948	−0.408	0.864	0.981	−0.673*	0.946*	+
3.1	0.961	0.011	0.806	0.935	0.021	0.799	−
3.2	0.996	−0.035	0.929*	0.987	−0.524*	0.946*	+
3.3	0.991	−0.156	0.976*	0.996	−0.415*	0.976*	0
3.4	0.983	0.086	0.865*	0.99	−0.408*	0.946*	+
4.1 (1.2)[a]	0.981	−0.672*	0.989*	0.971	−0.833*	0.971*	−
4.2 (1.4)	0.994	0.14	0.887*	0.995	0.063	0.876*	−
4.3 (1.3)	0.996	0.029	0.962*	0.967	0.089	0.805	−
4.4 (2.3)	0.998	−0.028	0.971*	0.985	−0.284*	0.896*	−

注：[a] 实验 4 中采用的是前阶段的参与者（比如说，参与者 4.1 就是实验 1 中 1.2 的参与者）。所有参与者都是有经验的。

[b] 实验 1 中的基准系列由 $T=12$ 组拍卖组成，实验 2 和 3 的基准系列则是由 $T=20$ 组拍卖组成的。

[c] 由 $T=20$ 组拍卖组成的实验设计中的收益都是经过平方化处理的。

* α 显著不为零（$p<0.05$，双侧检验），β 显著不为风险中性 Nash 模型中的价格 0.75（$p<0.05$，双侧检验）。

特别值得注意的是，表 5 显示，12 名参与者中有 10 人的估计 $\hat{\alpha}_i$ 值在平方转换标准下比在基准标准下要低。同时，在基准标准下只有一个 $\hat{\alpha}_i$ 值表现为显著不为零，但是在平方转换标准下有 6 个 $\hat{\alpha}_i$ 值表现出这样的性质。表 6 中的数据揭示了其中的原因。这个表记录了当出价面对的是 50 美分或者更低的利润时所出价格的变化［统一都减去了风险中性出价 $b_n(v_i^*)$，以使其标准化］（第 2 列）和当出价面对的是高于 50 美分的利润时所出价格的变化（第 3 列）。我们可以将每位参与者按 50 美分均衡点以上和以下分开，从而区分平方转换处理带来的影响。第 2 列中的正值意味着标准化出价在平方转换标准下比在基准标准下要低一些，这不但和 CRRAM 吻合，而且前后一致。第 3 列中的正差额符合 CRRAM，但前后不一致。反之亦然。对于最初 3 个实验中的 12 名参与者来说，第 2 列中所有的差额都为正，而第 3 列中有 10 人的差额为负。甚至第 3 列中的正差额的值也比第 2 列中的值小（参见第 4 列）。因此，与 CRRAM 预测相反，在可能利润高于 50 美分平衡值的时候，除了两名参与者以外的所有人都会表现得更加偏好风险，而不是更加厌恶风险。在这两种假定可以区分的情况下，理性参与者表现得比 CRRAM 的预测要好。虽然如此，再实验设计结果仍然显得苍白无力。的确，尽管 4 个参与者中的 3 个在再实验中都比在最初的平方转换实验中降低了报价，但是这个样本实在太小，不足以说明问题。

表 6　　　　　　**系列 9 潜在利润高于或低于 50 美分时的出价[a]**

实验编号 参与者编号	潜在利润低于 50 美分时的报价 $R_{1i} = \overline{D}_{1i}^B - \overline{D}_{1i}^T$	潜在利润高于 50 美分时的报价 $R_{2i} = \overline{D}_{2i}^B - \overline{D}_{2i}^T$	对比 $R_{1i} - R_{2i}$
1.1	0.113	−0.29	0.403*
1.2	0.449*	−0.21	0.659*
1.3	0.742*	−0.15	0.892*
1.4	0.230	−0.28	0.510*
2.1	0.120	0.080	0.040
2.2	0.030	−0.880*	0.910*
2.3	0.712*	0.460	0.252
2.4	0.060	−0.392	0.452*
3.1	0.130	−0.480	0.610
3.2	0.188	−0.035	0.223*
3.3	0.530*	0.454	0.076
3.4	0.437*	−0.270	0.707*
4.1 (1.2)	0.284	−0.630	0.914*
4.2 (1.4)	0.063	0.060	0.003
4.3 (1.3)	0.655*	0.140	0.515*
4.4 (2.3)	0.925*	0.520	0.405*

注：[a] $\overline{D}_{1i}^B$ ＝要求利润≤50 美分时基准数据的平均 $[b_{i^*} - b_n(v_{i^*})]$。

$\overline{D}_{2i}^B$ ＝要求利润＞50 美分时基准数据的平均 $[b_{i^*} - b_n(v_{i^*})]$。

如果 v_i^{MAX} ＝要求利润≤50 美分时参与者的最高出价，那么 $\overline{D}_{1i}^T$ ＝当 $v_i \leqslant v_i^{MAX}$ 时平方转换数据的平均 $[b_{i^*} - b_n(v_{i^*})]$，$\overline{D}_{2i}^T$ ＝当 $v_i > v_i^{MAX}$ 时平方转换数据的平均 $[b_{i^*} - b_n(v_{i^*})]$。

* 表示在概率 $p < 0.05$ 下双侧检验结果显著。

我们可以清楚地看到，上述这些结果给 CRRAM 和平方转换模型的结合带来了诸多问题。回顾一下前面的实验，CRRAM 表现良好，我们对这些结果的临时解释（Cox，Smith and Walker，1985a）是：这些实验设计相对于理性出价结果表现出强烈的竞价者行为偏向。当CRRAM 表现良好时，将此解释为参与者都是擅长 Nash 计算的经济人，很难让人信服。很明显，这些结果对 CRRAM 与转换模型的结合提出了问题。考虑到 CRRAM 在过去实验中的总体良好表现，我们对这些结果的临时解释（Cox，Smith and Walker，1985a）是，可能实验设计已经强烈地倾斜，使参与者行为倾向于满意的结果。当 CRRAM 表现良好时，很难相信这是因为我们的参与者是精于 Nash 计算的代理人。这一点可能相当容易解释，即认知偏差改变了出价行为。这种扭曲可能是我们实验设计的结果，设计中起初就向参与者透露了基准的线性支付方案，二次支付方案中又引入了基于 50 美分收支平衡利润的对照。事实上，指导图形象地展示了"美分与 0.02 平方美分的报酬安排"。进一步地，在重新测试时，只给出转换形式的系列，而没有之前的基准，似乎就弱化了反对 CRRAM 的交叉证据，这些考虑表明我们仍需要进一步的实验。

因此，我们进行了系列 10（$n=4$）中的两个实验。在这些实验中，8 个参与者起先就被给予了 25 个有线性报酬（现金美分＝PLATO 美分）的拍卖系列经验。在实验 1 中，4 个参与者在采用平方根转换形式［现金美分＝$5 \times$（PLATO 美分）$^{1/2}$］的由 20 个拍卖组成的实验中获得了报酬，接着又在采用平方转换形式［现金美分＝$0.04 \times$（PLATO 美分）^{2}］的由 20 个拍卖组成的实验中获得了报酬。在实验 2 中，4 个参与者重新参与一个采用平方转换形式的由 20 个拍卖组成的系列，接着是采用平方根转换形式的由 20 个拍卖组成的系列。在这两个实验中，应注意，此时基准与两种转换形式取得相同盈利的临界点为 25 美分（通过解函数 $\pi = 5\sqrt{\pi} = 0.04\pi^2$ 得到）。我们还去掉了所有为比较不同报酬转换提供便利和引起对固定的盈亏平衡点的关注的指导性材料。最后，基准的实验局与两种转换系列分别相隔若干天。

表 7 记录了每个参与者对基准和两种转换形式系列的回归结果。从中我们再次看到了从基准向平方转换时，$\hat{\alpha}_i$ 有减小的强烈趋势（8 个参与者中有 7 个）；但并没有发现从基准向平方根转换时 $\hat{\alpha}_i$ 相应地有增大的趋势（8 个参与者中仅有 3 个）。最后一列通过测量 $\hat{\beta}_i$ 从基准向每种转换形式的变化，比较了风险厌恶者的变化。从基准到平方根时，8 个参与者中有 6 个的出价似乎变得更加风险厌恶，与 CRAAM 一致；从基

准到平方时，8 个参与者中有 7 个的出价似乎变得更加风险厌恶，与
CRRAM 不一致；进一步地，从平方根到平方时（比较第 7 列和第 10
列），与 CRAAM 相反，$\hat{\beta}_i$ 显示 8 个参与者中有 5 个似乎变得更加风险
厌恶。

我们的结论是：当报酬的转换形式参数 q 被作为处理变量操纵时，
CRRAM 不能可信地追踪个体出价行为的变化。然而，系列 9 中再次检
验的结果说明了这样一种可能，即对 CRRAM 的支持力度可能随经验
的增长而增大，但这一点并没有严格的文献证明。

表 7　　　　　　　　　　系列 10 出价函数的平方根转换和平方转换[a]

实验编号 参与者编号	基准			(支付)$^{1/2}$转换			(支付)^{2}转换			风险厌恶者由基准向平方根（平方）的变动
	R^2	$\hat{\alpha}$	$\hat{\beta}$	R^2	$\hat{\alpha}$	$\hat{\beta}$	R^2	$\hat{\alpha}$	$\hat{\beta}$	
1.1	0.995	0.103	0.942	0.996	0.130	0.917*	0.999	0.050	0.964*	— （+）
1.2	0.949	0.279	0.902*	0.986	−0.235	0.985*	0.991	−0.302*	1.00*	+ （+）
1.3	0.952	−0.040	0.805	0.979	−0.403*	0.968*	0.980	−0.210	0.935*	+ （+）
1.4	0.979	−0.030	0.877*	0.977	0.150	0.850*	0.990	−0.296*	0.978*	— （+）
2.1	0.842	−0.599	0.892	1.000	−0.248*	1.00*	0.990	−0.382*	0.955*	+ （+）
2.2	0.852	0.780	0.685	0.938	−0.009	0.905*	0.990	−0.091	0.968*	+ （+）
2.3	0.997	−0.066	0.982*	0.995	−0.293*	0.994*	0.993	−0.302*	0.950*	+ （−）
2.4	0.941	0.191	0.790	0.921	0.046	0.855	0.991	0.093	0.876*	+ （+）

注：[a] 所有的参与者都是有经验的。所有的实验都在基准下由 $T=25$ 个拍卖组成。基准是
由前期的参与者做出的。在实验 1 中，前 20 个拍卖使用的是平方根转换，后 20 个拍卖使用的
是平方转换。在实验 2 中，顺序相反。
　＊见表 5。

5. 我们从这些实验中获得了什么？

对于有能力"证伪"一个理论模型的检验，其建设性目的是，依据
检验结果改进理论，并描述新的可经受检验的修正理论的含义。如
Lakatos（1978，p. 35）强调的，"在出现更好的理论以前，没有伪造可

言"，这在科学历史中被浓重书写。在增加理论的生动经验主义内涵的进程中，为现有模型不能准确预测的情况开辟道路是一个很重要的方面。我们的实验为三个模型的表现提供了以下信息，每个信息都是针对 M-参数的凹对数模型的特例：

（1）参与者中的绝大多数按风险厌恶出价，同时一些按风险中性和风险偏好出价（表 1、表 2 和表 4）。这与线性模型不一致，也与单参数凹模型不一致，但与 CRRAM 一致。

（2）对于 47 个实验中的 28 个，我们拒绝了"实验中 n 个竞价者的出价来自同样总体（亦即来自同一个出价函数，见表 3）"的假设。这与所有的单参数模型都不一致，包括线性和凹性模型，但与 CRRAM 一致。

（3）个体出价显示出了对独立抽取的个体估价的严格线性关系，伴随着 80% 的线性回归，得到超过 0.96 的 R^2（见图 2）。这与 CRRAM 一致。

（4）随着 n 从 3 变到 9，CRRAM 追踪了个体出价行为的结果变化，$n=6$ 时除外。

（5）相对于不将竞价者的获利增至原来的 3 倍的控制实验，如果所有参与者的现金利润都增至原来的 3 倍，那么这对于个人参与者评估线性出价函数的平均截距或平均斜率没有明显效果（参见实验局 3.5）。这与 CRRAM 一致，但与任何不包含货币报酬对数线性偏好的模型都不一致。

（6）在再次测试的基础上，80% 的参与者显示出线性出价行为，这与首次实验局中观察到的情况没有差别。这支持了以下解释：出价行为与 CRRAM 的一致性不是短暂的或脆弱的。

（7）个体线性评估出价函数一般不是同一的。大约 63% 的截距是负值（见表 4）。然而，在那些围绕最近的离散出价的实验和禁止出价高于估价的实验中，截距明显地偏低，这是相比那些可以用整数美分输入所有出价的实验而言的，后者大致可以均匀分成正的和负的截距值。这表明，如果我们采用连续出价，负截距占优的情况可能消失。但值得提出疑问的是，假如真的如此，这能否拯救 CRRAM？因为高于预期比率的截距（17.9%）其数值明显地大于或小于 0，即使在 $n=4$ 的案例中（见表 4）也是如此（如果这是真的，我们预期拒绝零假设的情况应该在 5% 以内）。因此，CRRAM 与大的正截距和负截距的出现不一致，也与明显占优的负截距不一致。

（8）CRRAM 与参与者报酬的平方及平方根的转换形式的结合点与实验证据不一致。[也就是说，当我们设定 $q=2$ 或 $q=1/2$ 时，早先描述的 CRRAM 的相对良好的预测表现不能扩展，其中对数量 b_i 和目标价值 v_i，获胜竞价者 i 的现金报酬等于 $(v_i-b_i)^q$。]然而，CRRAM 与转换形式结合的含义也衍生自 Nash - Harsanyi 均衡出价理论，这与 CRRAM 的核心相同。可是，因为在对利润进行 q 形式转换时，有经验的参与者与 CRRAM 更加一致，我们留下一个开放的可能性，我们的结论可能通过更多有经验的参与者的样本得到修正。

6. 包含非同一性出价函数的 CRRAM 扩展

CRRAM 在预测 F 拍卖中的出价行为时一般表现良好。一个例外是评估的出价函数中非零截距的显著出现。这引发了一个问题，CRRAM 是否可以被扩展以便包含这样的出价行为？在这一部分，我们发展出扩展的 CRRAM，使其暗含着线性、但不需要同一性的出价函数。

等式（13）和偏好服从严格对数凹性的假设表明，$\mu(\cdot, \theta_i)$ 关于第一个变量的反函数为 $\mu^{-1}(\cdot, \theta_i)$，因此反均衡出价函数可以被写为：

$$\pi(b_i, \theta_i)=b_i+\mu^{-1}(\rho(b_i), \theta_i) \tag{30}$$

函数（1）、（2）和（9）显示，$\rho(b_i)$ 一般决定于总体 $\Phi(\theta)$ 中代理人特征的分布。因此，$\pi(b_i, \theta_i)$ 及其关于 b 的反函数以及均衡出价函数一般取决于某代理人自己的特征 θ_i，也取决于总体特征的分布 $\Phi(\theta)$。CRRAM 是部分例外。通过观察等式（22），很明显，（对于低于 $\bar{b}$ 的出价）一个代理人的出价取决于他或她自己的风险态度参数 r_i，但独立于总体的风险态度分布。[①] 经验研究的一个显著优势就是，对参与者个体特征给均衡出价带来的影响和他对竞争对手的预期给均衡出价带来的影响加以区分。如果引入另一个参数，以便用均衡的方法在模型中加入非同一出价函数，CRRAM 将会失去这个属性。为了在后续实验中保持这

---

① CRRAM 和 Vickrey 的原始风险中立出价方程的这种准支配特点是违反直觉的，因为一个人应期望非合作均衡策略方程对竞争者的策略方程（或者是关于其的预期）敏感。这个不寻常的属性来自"价值抽取自均匀分布"的假定，从而使等式（1）中 $F(b)$ 对 b 是线性的，并且相对边际获胜概率 $p(b)$（在低于 $\bar{b}$ 的范围中）独立于其他竞价者的线性出价策略。这个属性也是单一标的物拍卖所独有的；它没有被代入 $n>q>1$ 条件下 CRRAM 在多标的物拍卖的扩展当中（Cox, Smith and Walker, 1982, 1984）。

种区别，我们将通过模拟对手的同一线性出价行为来控制竞价者关于他们对手的预期。这将允许我们检验扩展模型中的个体出价含义，而不会由于可能存在的预期造成的影响使他们混淆。我们现在继续研究扩展模型。

假设竞价者 i 的 $n-1$ 个（模拟的）对手中，每个人选择他或她的出价

$$b_j = \beta_j v_j \tag{31}$$

其中 $1/\beta_i$ 取自区间 $(1, n/(n-1)]$ 上的 $cdf. \varphi(1/\beta)$ 分布，v_j 取自 $[0, \bar{v}]$ 上的均匀分布。那么，对于 $b \leqslant \bar{v}(n-1)/n$，任一对手将报出低于或等于 b 的价格的概率是

$$F(b) = \int_1^{n/(n-1)} \int_0^{b/\beta} (1/\bar{v}) dv d\Phi(1/\beta) = (b/\bar{v})E(1/\beta) \tag{32}$$

所有 $n-1$ 个模拟对手的出价低于或等于 b 的概率是

$$G(b) = F(b)^{n-1} \tag{33}$$

我们考虑两个模型，这两个模型合并了赢得拍卖的（等值货币）效用 w_i 和收入（折扣）起点 t_i。第一个模型的货币报酬效用是连续的，而第二个模型在 $w_i - t_i$ 处是不连续的。对于货币收入 y_i，CRRAM* 的效用函数是：

$$u_i(y_i) = \begin{cases} -[-(y_i + w_i - t_i)]^{r_i}, & \text{对于 } y_i + w_i - t_i < 0 \\ (y_i + w_i - t_i)^{r_i}, & \text{对于 } y_i + w_i - t_i \geqslant 0 \end{cases} \tag{34}$$

CRRAM** 的效用函数是：

$$u_i(y_i) = \begin{cases} -[-(y_i + w_i - t_i)]^{r_i}, & \text{对于 } y_i + w_i - t_i < 0 \\ (y_i + w_i)^{r_i}, & \text{对于 } y_i + w_i - t_i \geqslant 0 \end{cases} \tag{35}$$

注意，如果 $t_i = 0$，那么 $w_i > 0$ 独立于赢得的 $v_i - b_i$ 盈余的（等值货币）获胜效用。此外，如果 $w_i = 0$，则 $t_i > 0$ 是从赢得的盈余中产生正效用所必需的（起始折扣）最小水平。[1]

考虑 CRRAM*，对于 $v_i < w_i - t_i$，对所有 $b_i > 0$，有 $u_i(v_i - b_i) < 0$。因此，最佳出价是 0。对于 $v_i > w_i - t_i$，最佳出价满足一阶条件：

---

① 注意，如果 $r_i < 1$，则对于 $v_i + w^i - t^i < 0$，CRRAM* 和 CRRAM** 效用函数是严格凸的，而对于 $v_i + w_i - t_i > 0$ 是严格凹的。这与实验心理学家提供的"人们的行为看起来对损失是风险偏好的而对收益是风险规避的"这个论断（例如，参见 Tversky and Kahneman，1986）一致。事实上，现有的应用与 $v_i + w_i - t_i < 0$ 时 $u(\cdot)$ 的曲率特性是不相关的。给定 $h_i(\cdot)$ 是增函数的情况下，$h(0) = 0$ 关于最佳出价的含义对 $v_i + w_i - t_i < 0$ 时所有效用函数 $u_i(y_i) = h_i(v_i + w_i - t_i)$ 都是一样的。

$$\frac{G(b_i)}{G'(b_i)} = \frac{u_i(v_i - b_i)}{u_i'(v_i - b_i)} \tag{36}$$

等式（32）、（33）、（34）和（36）表明，对于 $b \leqslant \bar{v}(n-1)/n$，可得到

$$b_i = \frac{n-1}{n-1+r_i}(v_i + w_i - t_i) \tag{37}$$

既然当 $v_i < w_i - t_i$ 时最佳出价是 0，且这一点从等式（37）也可得出，则当 $v_i > w_i - t_i$ 时，出价函数的曲线取决于 w_i 和 t_i 的相对大小。图 10 描绘了两种代表性案例，其中 $w_1 < t_1$，$w_2 > t_2$，且 $r_1 = r_2 = r$。

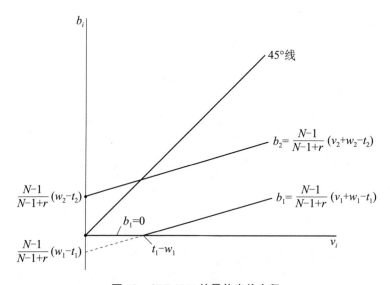

图 10 CRRAM* 的最佳出价方程

注意 CRRAM* 和等式（37）中展示的出价函数，第 3 部分报告的正截距和负截距都包括于其中。但 CRRAM* 不包括类似图 8 展示的案例，其出价函数在 $v_1 = t_1 - w_1$ 处不连续。对此类案例，应考虑 CRRAM** 。对于 $v_1 < t_1 - w_1$，最佳出价为 0；对于 $v_1 > t_1 - w_1$，最佳出价满足等式（36）。等式（32）、（33）、（35）和（36）表明，对于 $b \leqslant \bar{v}(n-1)/n$，可得到：

$$b_i = \frac{n-1}{n-1+r_i}(v_i + w_i) \tag{38}$$

图 11 描绘了两种代表性案例，其中 $w_1 < t_1$，$w_2 > t_2$，且 $r_1 = r_2 = r$，前者符合图 8 中描述的行为。

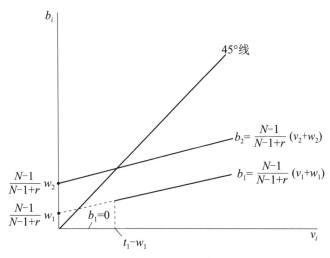

图 11　CRRAM** 的最佳出价方程

7. 当对手出价是模拟值时，用 CRRAM* 解释行为

我们已经独立报告了 66 个参与者参加的比较实验，实验中对比了对手为真人参与者时，与对手的出价行为采用同一线性出价函数模拟时的差别（Walker，Smith，and Cox，1987）。在模拟实验中，每个参与者在 20 个拍卖的系列中，面对 $n-1$ 个模拟竞价者出价。每个模拟竞价者的报价都是估价的固定比率。每个拍卖中各个竞价者的价值都从均匀分布中独立抽取决定，这与前面为真人参与者生成估价的方法相同。对每个模拟竞争者，出价对估计的比率在所有拍卖中是相同的，并从区间 $[(n-1)/n, 1]$ 内简单地独立抽取。这些比率取自估计值 $\hat{\beta}_i$ 的真实经验分布。对 $\beta_i \in [(n-1)/n, 1]$，表 2 列示了 143 个参与者的系数。从而，每个参与者面对着行为类似于真人竞价者的模拟竞价者（每个模拟竞价者采用同一线性出价函数时除外）。照这样，我们通过告知参与者其 $n-1$ 个对手的模拟规则，以求控制每个参与者对出价行为或其对手的预期。

随着 CRRAM* 的发展，我们现在可以用出价理论解释这些数据。根据 CRRAM*，我们预期在采用模拟竞价者时每个竞价者 i 会显示出这样的出价函数：其截距仅取决于竞价者个人的 $(w_i - t_i)$ 特性。然而，我们也预期在采用真人竞价者时每个竞价者 i 显示出的出价函数，其截距取决于其 $(w_i - t_i)$ 特性及这一特性在对手总体间的分布两个方面。由此，可以预期"模拟"能消除个人出价截距变动性的来源，并且可以预测，这种处理应能减少评估截距在参与者之间的方差。针对这种处理的规模为 $n=3$、4 和 6 的小组比较数据都记录了相同的结论：就评估截距在参与者之间的方差而言，采用真人竞价者比用电脑模拟竞价者时更高。这个方差比率在 $n=4$ 和 5 时有统计学上的显著性（F 检验），但在 $n=3$ 时无显著性（Walker，Smith and Cox，1987，table 1）。

8. CRRAM* 激发的新实验

在 CRRAM* 中，参与者 i 的 w_i-t_i 特性难以观察且不能直接操纵。然而，如果参与者 i 在获胜条件下被支付 w_i' 美元（此金额在赚得的盈余 v_i-b_i 之外），那么这个特性就变成了 $w_i+w_i'-t_i>w_i-t_i$，我们预测 i 的截距估计值 $\hat{a}_i$ 会增大。类似地，如果参与者 i 获胜会被收费 w_i' 美元，则我们预测截距估计值会减小。因此，采用这样的一次性总付金额支付（或收费），我们可以引导出增加的获胜效用（或增加盈余的初始效用），并且如果 CRRAM* 如同假说中那样可以刻画个人出价行为，那么预测结果是直截了当的。

在表 8 中，我们报告了 5 组实验的截距估计值，对 $n=4$ 和 6，实验采用了 30 个参与者（$n=3$ 和 5 时采用了 30 个模拟参与者）。在实验 11 和 12 中，每个参与者的基准是 $w'=0$，获胜的定额支付 $w'=25$ 美分，获胜总收费是 $w'=-25$ 美分。在实验 13、14 和 15 中，参与者仅在基准和收费条件下行动，不同的是，实验 15 中收费是 $w'=-50$ 美分。根据 CRRAM* 我们预测，$\hat{a}_i(w'=-25$ 美分$)<\hat{a}_i(w'=0)<\hat{a}_i(w'=25$ 美分$)$。在实验 11 中，我们在 14 个实例中观察到 4 个例子违反了这些不等关系。因为这些违背案例集中于收费处理条件（占 3 个），我们仅仅在基准（$w'=0$）之上采用收费（$w'=-25$ 美分）的实验 13 中，增加了 5 个参与者。结合实验 11 和 13，19 个案例中有 5 个违背预测顺序。采用符号检测，我们拒绝了"在三种处理条件下截距相等"的零假设（$p=0.05$）。在实验 12 中，我们观察到 16 个案例中有 2 个违背预测不等式关系，并且两次违背都发生在收费处理条件下。因为有这种不对称性，我们仅仅在基准和收费条件下增加了 4 个参与者。这次得到了 3 个违背和 1 个相等的观测结果。因为 $n=6$ 时，在基准时有一半的截距大于收费处理（$w'=-25$ 美分），我们怀疑 $n=6$ 时这个收费太低了，以致不能对降低截距产生足够强的效果。因此，在实验 15 中，我们在基

准和增加到 $w' = -50$ 美分的收费条件下，增加了 6 个参与者，这次没有得到违背值。对 $n=6$，总体来说，我们在 26 个案例中有 5 个违反了不等式，并且我们拒绝了零假设，这一点在不同处理条件间没有区别。

表 8　　　　　　　　　　不同收益或收费 w' 下的出价函数截距

	$n=4$					
	实验 11，$\hat{a}_i$				实验 13，$\hat{a}_i$	
参与者	$w'=-25$ 美分	$w'=0$	$w'=25$ 美分	参与者	$w'=-25$ 美分	$w'=0$
1	-0.419^*	-0.517	-0.314	1	-0.264	0.067
2	-0.079^*	-0.183	-0.010	2	-0.170^*	-0.681
3	-0.586	-0.099	-0.121^*	3	-0.404	-0.041
4	-0.255	-0.230	-0.069	4	-0.250	-0.007
5	-0.201	-0.124	-0.001	5	-0.346	-0.307
6	0.134^*	-0.272	-0.045			
7	-0.285	-0.170	-0.036			

	$n=6$					
	实验 12，$\hat{a}_i$				实验 14，$\hat{a}_i$	
参与者	$w'=-25$ 美分	$w'=0$	$w'=25$ 美分	参与者	$w'=-25$ 美分	$w'=0$
1	-0.169	-0.025	0.12	1	-0.111	-0.111
2	0.026	0.438	0.489	2	-0.155^*	-0.326
3	-0.091	0.089	0.258	3	0.625^*	0.046
4	-1.63	-0.429	-0.15	4	-0.124^*	-0.262
5	-0.372	0.065	0.223			
6	-0.250^*	-0.648	0.162		实验 15，$\hat{a}_i$	
7	-0.586	-0.411	0.161	参与者	$w'=-50$ 美分	$w'=0$
8	-0.167^*	-0.21	-0.095	1	-0.396	-0.305
				2	-0.548	0.199
				3	-0.429	-0.224
				4	$-0.601,$	-0.086
				5	-0.775	-0.257
				6	-0.027	0.525

注：* 表示不等式 $\hat{a}_i(w'=-25$ 美分$) < \hat{a}_i(w'=0) < \hat{a}_i(w'=25$ 美分$)$ 左侧或右侧被违背的情况。

9. 结 语

在第 5 部分，我们概括了对单参数线性凹模型及 CRRAM 的检验结果。这些检验显示，F 拍卖中的参与者行为与由多数理论文献组成的单参数（同一竞价者）模型表现出根本的不一致。相反，我们的双参数模型——CRRAM，良好而合理地通过了检验。我们发现了线性出价行为的强有力证据，这就是支付的乘法转换形式不变，这个发现在参与者再测试方面具有很高的可靠性。这个行为由刻画 CRRAM 特征的对数线性风险偏好所暗含，且与没有包括这种偏好的任何出价模型均不一致。进一步地，在多标的物差别定价拍卖中，CRRAM 预测了严格凹（而不是线性）的出价函数，并且先前的实验结果已经显示，参与者在这类拍卖中的确采用严格凹的出价函数（Cox，Smith，and Walker，1982，1984）。[①] 总的来说，F 拍卖和多标的物差别定价拍卖实验为 CRRAM 提供了强有力的支持：当其预测线性出价时，我们确实观测到了线性出价；当其预测严格凹的出价时，观测也支持了这个预测。

其他的结果对这个模型就不那么有利了。CRRAM 与参与者出价的平方及平方根转换形式的结合总体上不能与实验证据一致，尽管我们也报告，在小样本的有经验参与者的情况下，对 CRRAM 的支持更强。此外，CRRAM 与观察到的出价函数非零截距情形不一致。这种不一致引发我们对 CRRAM 进行了两个扩展。第一个扩展是 CRRAM*，它基于参与者效用函数包含参数 $w_i - t_i$ 的假设（其中 w_i 是获胜效用的货币度量，t_i 是初始收入水平），提供了对 156 个参与者的估计线性出价函数中正截距和负截距的事后解释。第二个扩展是 CRRAM**，它解释了明显罕见的异常值（在图 8 中表示），异常值是这样的，一个参与者在其出价函数低于某个较小的价值 v 时表现出不连续的下降。考虑到后一个扩展不能解释负截距（参与者中占 62.8%），我们集中精力考察了 CRRAM* 的可检验性。我们对参与者的出价行为做了比较，竞价者的

---

① 多标的物差别定价拍卖是指市场中 $q>1$ 个同质标的物被同时拍卖，每个被接受出价由竞价者特定的价格所填充。这是 F 拍卖的多标的物版本。差别定价拍卖区别于单一价格（或竞争性）多标的物拍卖，后者所有的被接受价格都被一个共同价格（通常是最低被接受价格或最高被拒绝价格）填充。美式国债拍卖就是差别定价拍卖。

对手是其他竞价者，相对比的情况是对手为 Nash 均衡的电脑模拟竞价者，二者的比较结果符合 CRRAM*。然而，既然 CRRAM* 预测竞价者被支付（或收取）了获胜的一次性金额，其估计的个人线性出价函数的截距应该增大（或变小），这可以被直接检验。$N＝4$ 时采用 12 个参与者和 $n＝6$ 时采用 18 个参与者的情况下，对此假说的检验支持（总的来说，45 个成对比较中的 35 个）CRRAM* 的这些预测。

参考文献

Cox, James C., Roberson, Bruce, and Smith, Vemon L., "Theory and Behavior of Single Object Auctions," In: Vernon L. Smith, ed., *Research in Experimental Economics*, Vol. 2, Greenwich, CT: JAI Press, 1982.

Cox, James C., Smith, Vernon L., and Walker, James M., "Auction Market Theory of Heterogeneous Bidders," *Economics Letters* 9, (1982), 319 - 325.

Cox, James C., Smith, Vernon L., and Walker, James M., "A Test That Discriminates Between Two Models of the Dutch - First Auction Non - Isomophism," *Journal of Economic Behavior and Organization* 4, (1983), 205 - 219.

Cox, James C., Smith, Vernon L., and Walker, James M., "Theory and Behavior of Multiple Unit Discriminative Auctions," *Journal of Finance* 39, (1984), 983 - 1010.

Cox, James C., Smith, Vernon L., and Walker, James M., "Experimental Development of Sealed - Bid Auction Theory: Calibrating Controls for Risk Aversion," *American Economic Review*, Papers and Proceedings, 75, (1985), 160 - 165.

Cox, James C., Smith, Vernon L., and Walker, James M., "Expected Revenue in Discriminative and Uniform Price Sealed Bid Auctions," In: Vernon L. Smith, ed., *Research in Experimental Economics*, Vol. 3, Greenwich, CT: JAI Press, 1985.

Harris, Milton, and Raviv, Artur. "Allocation Mechanisms and the Design of Auctions," *Econometrica* 49, (1981), 1477 - 1499.

Holt, Charles A., "Competitive Bidding for Contracts Under Alternative Auction Procedures," *Journal of Political Economy* 88, (1980), 433 - 445.

Issac, R. Mark, and Walker James M., "Information and Conspiracy in Sealed Bid Auctions," *Journal of Economic Behavior and Organization* 6, (1985), 139 - 159.

Lakatos, Imre. *The Methodology of Scientific Research Programs*. Edited by John Worrall and Gregorie Currie. Cambridge, Cambridge University Press, 1978.

Maskin Eric, and Riley John, "Optimal Auctions with Risk Averse Buyers,"

Econometrica 52，(1984)，1473 - 1518.

McAfee，R. Preston，and McMillan. John，"Auctions and Bidding," *Journal of Economic Literature* 25，(1987)，699 - 738.

Riley，John G. ，and Samuelson，William F. ，"Optimal Auctions," *American Economic Review* 71，(1981)，381 - 392.

Tversky，Amos，and Kahneman Daniel，"Rational Choice and the Framing of Decisions," *Journal of Business* 59，(1986)，S251 - S278.

Vickrey，William，"Counterspeculation，Auctions，and Competitive Sealed Tenders," *Journal of Finance* 16，(1961)，8 - 37.

Walker，James M. ，Smith Vemon L. ，and Cox James C. ，"Bidding Behavior in First Price Sealed Bid Auctions: Use of Computerized Nash Competitors," *Economics Letters* 23，(1987)，239 - 244.

民用机场时间段分配的一个组合拍卖

斯蒂芬·拉森迪[*]（Stephen J. Rassenti）

弗农·史密斯[**]（Vernon L. Smith）

罗伯特·巴芬[***]（Robert L. Bulfin）

为了解决民用机场时间段在竞争性的航空公司间如何分配的问题，我们设计了一个密封出价的组合拍卖。这一拍卖程序允许航空公司对在某一机场起飞和着陆的相容航班时间段组合提交不同的出价。我们运用一个运算法则来解决这一问题，根据参与者对组合提交的报价，将时间段配置给那些可以使系统剩余最大化的组合。这一运算法则决定了单个（时间段）资源的价格，而且这一定价机制可以保证赢得拍卖的竞价者最终成交的价格不高于（一般是低于）他提交的报价。我们采用有真实现金激励的实验室实验的方法来研究组合拍卖的效率及显示需求特性，并与提出的独立机位首要拍卖比较。

1. 对机场时间段的分配问题

1968 年 FAA 采纳了一个高密度的规则来对四个主要机场——拉瓜地机场（La Guardia）、华盛顿国内机场（Washington National）、肯尼迪国际机场（Kennedy International）和奥黑尔国际机场（O'Hare International）——稀缺的着陆空间和起飞时间段进行配置。这一规则确定了时间段的限额以控制这些机场里飞机占用空间的拥挤现象。

   [*] 贝尔实验室。

  [**] 奥本大学。

 [***] 在亚利桑那大学的允许下，我们对国家科学基金对本研究的支持（主要研究者是 V. L. Smith）表示感谢。

由配额控制的机场跑道时间段有一个显著的特性，即航空公司对某个航线起飞时间段的需求并不独立于它对目的地机场降落时间段的需求，因此任何一个配置方法都必须满足这一特性。事实上，一次给定的飞行可以在若干个相互依赖的时间段顺序中起飞和降落。从经济效率的角度考虑，有必要设计一种航空飞行时间段的配置方法来将各个单独的时间段配置给那些需求最强（愿意支付最高价格）的航空公司。

Grether，Isaac 和 Plott（后文简称 GIP）（1979，1981）提出了一种可行的市场方法来达到这一目的。他们的方法是建立在不断增加的实验证据的基础之上的，包括（1）竞争性（统一价格）密封出价拍卖；（2）口头出价双向拍卖（比如在有组织的股票交易所和商品交易所中使用的形式）。在他们的提议中，跑道时间段的独立一级市场将按一定的时间间隔，以密封出价拍卖的形式完成。由于一级市场的配置并没有解决时间段间的相互依赖问题，我们还需要使用一个程序化的口头双向拍卖，即所谓的"销售后市场"，使各航空公司彼此间可以自由买卖时间段。一级市场完成之后的这种后续市场提供了一种制度上的方法，使得每个航空公司都可以得到与各自飞行时间表相适合的飞行时段。因此，假设一家航空公司得到了华盛顿国内机场的跑道时间段，但是该公司需要的是奥黑尔国际机场的时间段，因此出现了不匹配，则它可以在销售后市场上将多余的华盛顿国内机场的时间段卖掉，再购买一个奥黑尔国际机场的时间段。尽管 GIP 提出的销售后市场使得航空公司可以自由交易时间段并获得合适的时间段组合，这一方法仍有如下两个缺点：

（1）从每个航空公司个体的角度来讲，它可能在销售后市场的交易中发生资产的损失或利得。因此，若一个航空公司拥有多余的 A 时间段而缺乏 B 时间段，而它发现在销售后市场中（对那一特定航线）B 时间段的价格很高，那么它的 A 时间段只能以一个亏损的价格出售。

（2）在销售后市场交易是有成本的。因此，通过一级市场配置的时间段与各航空公司的需求越不匹配，这种成本越高。

理想的情况是，一级市场一开始就为每个航空公司配置了合适的时间段组合，而销售后市场的作用只有两个：（1）对一级市场上的不当配置做一些微小纠正；（2）由于有一些信息是在一级市场配置完成之后才出现的，销售后市场可以根据这部分信息的出现，对配置的结果加以调整。因此，如果 DC－10 航行器突然出现故障，则 Continental Airlines 就会拥有多余的奥黑尔国际机场的跑道时间段，它可以在销售后市场中将这些时间段出售给那些没有受 DC－10 航行器影响的航空公司。

在本文中，我们对一级市场设计了一个"组合式"密封出价拍卖机制，对各个航空公司提交的报价组合进行配置。这一拍卖机制的目标就是，根据各航空公司提交的报价组合以及事先确定的或有成本，对时间段加以配置。

2. 拍卖最优化机制

为了提高 GIP（1979）时间段分配机制的总体效率，同时也是为了减少对销售后市场的依赖，我们在计算机辅助的一级密封拍卖市场中设计了一个最优化模型，该模型有以下特征：（a）在判别函数中实现系统剩余直接最大化；（b）根据资源需求按照逻辑上的打包组合对机场进行协调；（c）对航线的出价进行有弹性的时间排序。

考虑下面的整数规划问题：

$$(P)\begin{cases} \text{目标函数最大化：} \sum_j c_j x_j \\ \text{约束条件：} \sum_j a_{ij}x_j \leqslant b_i \; \forall \, i \\ \qquad\qquad \sum_j d_{kj}x_j \leqslant e_k \; \forall \, k \\ \qquad x_j \in \{0, \, 1\} \end{cases}$$

其中，

$i=1, \, 2, \, \cdots, \, m$ 是（某个机场某个时间段）资源的下标；

$j=1, \, 2, \, \cdots, \, n$ 是对某航空公司有价值的（时间段）组合的下标；

$k=1, \, 2, \, \cdots, \, l$ 是对某航空公司对时间段组合施加的合理化限制的下标；

$a_{ij}=\begin{cases} 1 & \text{如果组合 } j \text{ 包含了时间段 } i \\ 0 & \text{如果组合 } j \text{ 不包含时间段 } i \end{cases}$

$d_{kj}=\begin{cases} 1 & \text{如果组合 } j \text{ 受理论限制 } k \text{ 的制约} \\ 0 & \text{如果组合 } j \text{ 不受理论限制 } k \text{ 的制约} \end{cases}$

e_k 是某个不小于 1 的正整数；

$c_j=$ 某航空公司对组合 j 的出价。

以理论限制集表示的偶然出价有两种类型："在 q 组合之后至多接受 p 个"或"只有在组合 W 被接受时才接受组合 V"。第一种类型与任何一种资源限制都是等价的。例如，假设一家航空公司对 a 的报价是

c_a，对 b 的报价是 c_b，然后将 a 或 b 列入清单（而不是将 a 和 b 都列入清单），则附加的限制可以写成：$x_a + x_b \leqslant 1$。通过一个简单的变量转换，第二种类型也可以修改为这种形式。例如，假设航空公司的报价与上例相同，但是只有在 a 的条件下才确定 b。通过创造一个组合 ab，使 $c_{ab} = c_a + c_b$，我们就可以排除组合 b 了，而附加的限制就是 $x_a + x_{ab} \leqslant 1$。

与 GIP（1979）使用的平行独立时间段拍卖方式类似，我们通过对组合（j）的密封出价（c_j）以及为每个航空公司确定的偶然限制（k）来对模型指定参数，并确定"最优的"初始配置。接下来的问题就轻车熟路了。在第 3 部分中，我们使用由 Rassenti（1981）设计的特定运算法则对实验求解。当城市较多时，问题的复杂程度会加速地上升（比如只有 4 个城市时，可能就需要 15 000 个约束条件和 100 000 个变量），这为软件和硬件的最优配置带来了很大的挑战。幸运的是，在一个合理的时间内，我们几乎总是可以在线性最优 1% 或 2% 的范围内得到一个实用解，而且这个解在离散的解集当中本身也是最优的。

假定 P 是可解的，并且假定它是可以得到一级市场上的最优配置解的，剩下的问题是：怎样才能使航空公司的报价反映它们的真实价值？如何对时间段进行定价？如何在各个参与者之间分配收入？为了解决上述问题，我们采用以下方法：（1）对每个时间段确定一个完整的边际价格（影子价格）集。（2）对那些时间段集合 j 被包含在 P 的解集中的航空公司索取与其在该集合中所有时间段 i 边际价格之和相等的费用。这就提供了一种统一价格特性，这一特性在单一商品实验中表现出了良好的显示需求行为（GIP，1979）。（3）归还给那些时间段 i 包含在组合 j 中的所有航空公司相当于 i 的边际价格的费用。这样的安排可以保证支付给组合的价格低于（个别情况下等于）对这一组合的报价。

如果 P 是一个线性规划问题，则对影子价格集合的确定就是很容易的了。然而，在解决离散的规划问题时，在影子价格上可能会遇到一些特殊的困难。例如，考虑这样一个单一资源约束的离散规划选择问题：

$$(K) \begin{cases} \text{目标函数最大化：} 5X_1 + 3X_2 + 6X_3 + 5X_4 + 6X_5 + 3X_6 + \\ \qquad\qquad 4X_7 + 3X_8 + 2X_9 + X_{10} = Z; \\ \text{约束条件：} 3X_1 + 2X_2 + 6X_3 + 7X_4 + 9X_5 + 5X_6 + 8X_7 + \\ \qquad\qquad 8X_8 + 6X_9 + 4X_{10} \leqslant 24; X_j \in \{0,1\} \, \forall j = 1, \cdots, 10 \end{cases}$$

如果 X_j 的选择空间放宽至线性规划意义，即 $0 \leqslant X_j \leqslant 1$，则解为 $(Z, X_1, X_2, \cdots, X_{10}) = (23, 1, 1, 1, 1, 0.66, 0, 0, 0, 0, 0)$。方案 5 的回报率临界值 $\lambda = 6/9$ 是这一条件下的最优拉格朗日乘子或影

子价格。但是离散问题的最优解是（21，1，1，1，0，0，1，1，0，0，0），很明显此时是不存在临界值的，因此也就不能将那些被选中的与没被选中的区分开。在图 1 中我们给出了这些结果。

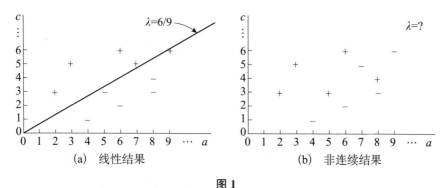

| (a)　线性结果 | (b)　非连续结果 |

图 1

从传统的意义上讲，对于整数的规划问题，拉格朗日乘子有可能不存在[①]；也就是说，任何一组价格都不支持将组合分为被接受的和未被接受的两种方式。因此，有可能存在这样的情况：两个组合的报价均高于影子成本，但一个被接受了，而另一个未被接受。在第 3 部分的实验中，我们就这一问题会对参与者（竞价者）做一说明。这就使得在自愿的前提下，参与者可以做出策略性反应或最优的（Cournot）反应。

接下来，我们为 P 设计两个虚拟的二元规划来定义出价被拒绝时的价格（问题 D_R）和被接受时的价格（问题 D_A），并以它们作为参与者的竞价原则。

$$(D_R)\begin{cases} \text{目标函数最小化：} \sum_R y_r \\ \text{约束条件：} \sum_i w_i a_{ij} \leqslant c_j \ \forall j \in A \\ y_r \geqslant c_r - \sum_r w_i a_{ir} \ \forall r \in R \\ y_r \geqslant 0, \ w_i \geqslant 0 \end{cases}$$

其中，

P 的最优解是 $\{x_j^*\}$；

被接受的组合集为 $A = \{j \mid x_j^* = 1\}$；

---

① 在整数的规划问题上，Wolsey（1981）提出了一种关于价格函数的"艺术形式"的讨论。

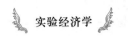

被拒绝的组合集为 $R = \{r \mid x_j^* = 0\}$；

待定的较低时间段价格（索取的价格）范围为 $\{w_i^*\}$；

被拒绝的报价超过市场价格的数额为 y_r。

$$(D_A) \begin{cases} \text{目标函数最小化：} \sum_A y_j \\[2mm] \text{约束条件：} \sum_i v_i a_{ir} \geqslant c_r \, \forall r \in R \\[2mm] y_j \geqslant \sum_i v_i a_{ij} - c_j \, \forall j \in A \\[2mm] y_j \geqslant 0, \; v_i \geqslant 0 \end{cases}$$

其中，

待定的较高时间段价格（索取的价格）范围为 $\{v_i^*\}$；

被接受的报价低于较高时间段价格范围的数额为 y_j。

根据接受-拒绝二分法，问题 D_A 是对问题 D_R 的补充。如果存在明确的分割定价，则问题 D_A 和问题 D_R 的解是恰巧一致的。在图 2 中，对虚拟二元问题的项目选择问题 K，我们示意性地给出了回报率上下边界的解。

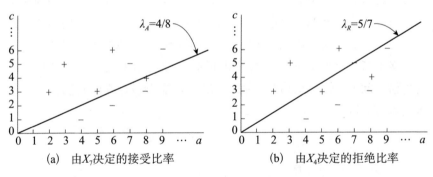

(a) 由X_7决定的接受比率　　　　(b) 由X_4决定的拒绝比率

图 2

现在我们就可以对报价进行分类了。（1）如果一个报价高于集合 $\{v_i^*\}$ 中相应的价值之和，则很明确地，这个报价会被接受。（2）如果一个报价低于集合 $\{w_i^*\}$ 中相应的价格之和，则很明确地，这个报价会被拒绝。（3）而对于在上述两者之间的所有报价，是拒绝还是接受，则要在相关的边际价值之外进行独立的考虑，并由有效资源利用的整体约束来决定。第（3）类中的报价是整数规划问题 P 的核心。在所有的报价中，它们只占一个较小的百分比，而且随着问题的扩大，它们占的比重会递减。对于项目选择的例子，图 3 给出了类似于（1）、（2）、（3）的区域。

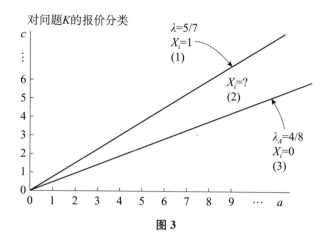

图3

这种由计算机支持的密封出价拍卖，其背后的理论激励特性是怎样的呢？当然一般来讲它不是激励相容的；也就是说，如果某一个竞价者想要获得某个给定组合中的多个单位或者是同一时段的多个单位，则就有可能出现对某个组合真实价值策略性地压低报价（Vickrey，1961）。然而，即使在一个简单的单一商品多标的物拍卖中，策略性行为对于参与者个体来说也是充满风险的，这是因为参与者并不知道竞争对手的报价和真实估价。[①] 我们推测这也正是GIP在单一商品拍卖的实验室实验中没有观测到显著的需求显示不足的原因。

至于我们对机场时间段问题提出的组合拍卖，由于它比我们所研究

---

① 有人曾指出："如果这一机制可以实施的话，它可能会在很长的时期以较大的风险被使用，而且会有人在学习这种战略手段上投资。"对于这一观点的评论是很重要的，因为它代表了经济学家普遍认可的一种信念。现在航空公司从机场跑道时间段资源中是可以取得租金的，我们认为通过引入竞争，它们获得租金的空间至少是不会增大的（证据表明，这一空间是减小的）。事实上，给定机场时间段组合真实价值的不确定性（我们的实验中对这一点有良好的定义），一个非常合理的假设可能是这样的，即航空公司的报价可能会超过维持长期利润的价格。如果有迹象表明航空公司之间在乘客票价上存在近期的和持续有力的价格竞争，则上述假设很有可能是成立的。由于"为了提高乘客数量，Braniff不惜牺牲利润，大幅降低机票价格，人们普遍认为这在一定程度上引发了它的财务问题"（《华尔街日报》，1982年5月17日，p.4），Braniff已经提交了破产申请。在Braniff倒下不到一周的时间，Midway航空宣称"将Chicago和Dallas - Fort Worth之间的单程机票价格降低89美元，尽管整个行业希望Braniff的倒闭能够终止价格战的扩大"（《华尔街日报》，1982年5月17日，p.1）。在这一领域观察到的这些非合作行为与我们数百次实验的结果相符，在那些实验中的各种定价机制下，2～4个卖者就可以通过竞争消除额外租金而只获得竞争性租金。在我们这里研究的实验中，参与者在早期的实验中很积极地实施操作性的策略性行为。然而，随着时间的推移，他们就抛弃了这些策略，从而在后面的实验中资源的价格有上升的趋势（见表3）。

的任何一个单一商品拍卖都要复杂得多，所以我们认为在这个实验中，至少可以观测到与其他实验一样的显示性需求行为。因为这既是一个开放性的问题，又是一个行为意义上的问题，所以我们设计了一个实验来将组合拍卖方式与 GIP（1979）提出的方式加以比较。

3. 实验结果

8 个实验都是以具有经济学和工程学专业背景的学生作为实验被试来进行的。每个实验都是由一系列的市场时段组成，在这些连续时段中 6 个参与者的经济条件是保持不变的。每个实验的第一个时段都被看作一个学习时段（不进行真实支付），而总共进行的时段数量是由时间决定的（最长不超过 3 个小时）。支付给参与者的数额就是指定给他的估价与市场成交价格之差（Smith，1976）。参与者的收益为 8～60 美元不等，具体数额取决于参与者得到的估价和他的竞价行为。

我们使用了 2×2×2 实验设计。3 个因素分别为：（1）GIP（控制）、RSB 一级拍卖（处理）；（2）有经验的参与者、没有经验的参与者；（3）简单的资源利用组合、复杂的资源利用组合。

GIP 机制使用的是 GIP（1979）提出的方法。最先的两个 RSB 实验使用边际组合定价设计和"简单的"组合设计，而另两个实验使用的是第 2 部分中描述的边际项目定价方案和"复杂的"组合设计。[①] "有经验的"参与者是指之前参加过控制实验或处理实验的参与者，但即便是"没有经验的"参与者也有一些实验经验，只不过参加过的是那些复杂程度比较低的决策实验而已，比如单一商品拍卖。组合的"复杂性"是指参与者为了在销售后市场上买卖时间段而在一级市场上搅乱各个组合的困难程度。它有两个组成部分：不同参与者间组合的重复次数和任意一个参与者的组合中条款的重复次数。

表 1 给出了每种设计下在一级市场和二级市场完成之后实现的效率。其中没有包括练习时段（即第 0 个时段）的结果。效率被定义为参

---

① 附录 A 包含了实验中使用的表格和说明，在这些实验的一级市场中采用边际定价的方法。如果想要得到我们 GIP 实验和两个 RSB 实验（这两个实验对组合实行边际定价的方法）的表格和说明，可以写信给亚利桑那大学的 Smith。附录 B 中包含了对"简单的"组合处理和"复杂的"组合处理的估价设计对比。

与者总的收益额（即实现的系统剩余）与总的理论收益额（即完全显示需求时得到的系统剩余）的比值。数据支持了几个重要的假设。RSB机制的总效率要高于 GIP 机制的总效率。即使不开设 GIP 机制的那种二级市场，RSB 也达到了较高的效率。如果在合适的场合中引入参与者偶然报价的能力，应该也是可以加强这种效果的，尽管我们的实验中没有这样做。在任何一种机制中，市场经验似乎都是决定效率的一个重要因素。在每个实验的多时段过程中，很明显存在学习效应。然而，RSB 机制好像只需要较少的学习就可以快速达到较高的效率。这一事实表明，RSB 机制可以更有效率地适应经济条件的变化，而这正是任何一种机制中的一个重要的判断标准。

样本容量太小（每个单元只有一个观测值）以至于不能检验每种"实验设置"的显著性，但是通过将出价机制以外的所有处理方式聚合起来，我们就可以对原假设进行非参数检验，即"RSB 和 GIP 在第 4 个时段的效率之差取正值和取负值的概率是相等的"，从而反对认为两者之间存在明显差异的研究假设。从表 1 中可以得到，在一级市场中，4 个成对的差额都是正的，所以原假设在 $p=0.0625$ 的水平被拒绝。在销售后市场中，4 个成对的差额中有 3 个是正的，而原假设只能在 $p=0.25$ 的水平被拒绝。这个结论与我们实现的期望是一致的，即，与 GIP 相比，RSB 的主要优势就在于其一级市场的配置效率较高，从而使得销售后市场没有存在的必要。因此，对第 5 个时段中所有 RSB 实验一级市场效率与销售后市场效率加以比较，我们也没有发现差别。

表 2 中对剩余做了更加细致的分解，这进一步支持了上述观测结果。在 GIP 机制下，经过一级市场的交易后，有更多的参与者处于负债状态。在几种情形中，需要在 GIP 二级市场进行多边交易的参与者无法完成交易（例如，GIP -无经验-简单-第 1 时段）。这是在任何一个独立的时段交易方案中都必须考虑的困难。

投机被定义为个体购买了一个对他来讲没有价值的组合，这种购买行为只有在销售后市场中以更高的价格出售后才会使购买者盈利。由于在一级市场中 RSB 配置的效率很高，投机行为的风险是很大的（例如，RSB -没有经验-简单-第 5 个时段和困难-第 4 个时段）。一级市场的价格和配置都很接近最优状况，这使得投机的空间很小，并且使投机活动在销售后市场的多边交易中遇到了麻烦。表 2 还强化了这样一种观点，即在 RSB 机制下，经验不是那么重要。在 RSB 更具激励相容性的机制

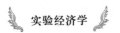

中，在最后一个时段对非投机报价实现了 95% 的显示需求。

表 3 给出了每个时段的交易结果，强调了在每个独立拍卖中为标的物定价的困难。GIP 机制对理论值的绝对背离更大。事实上，对于 GIP 机制困难条件下使用没有经验的参与者的情形，用组合的价值来估计标的物的价格太大了，并导致了市场的瓦解。除非存在对需求的过度显示（即报价超过估价），否则这一情况在 RSB 机制下不可能发生，在 RSB 机制下，是由最优程序来做出"智能"定价决策的。

表 1　　初级市场和销售后市场的效率（按时段和设置条件分类）

	GIP						RSB					
	时段	初级市场 P	销售后市场 A	时段	初级市场 P	销售后市场 A	时段	初级市场 P	销售后市场 A	时段	初级市场 P	销售后市场 A
有经验的被试	1	0.904	0.974	1	0.609	0.730	1	0.832	0.923	1	0.986	0.986
	2	0.871	0.920	2	0.695	0.864	2	0.898	0.944	2	0.978	0.987
	3	0.871	0.953	3	0.709	0.851	3	0.935	0.973	3	0.985	0.985
	4	0.907	0.983	4	0.752	0.903	4	0.971	0.971	4	0.985	0.985
				5	0.804	0.919	5	0.986	0.986	5	0.986	0.986
				6	0.795	0.969				6	0.991	0.993
没有经验的被试	1	0.853	0.861	1	0.721	0.917	1	0.884	0.923	1	0.951	0.965
	2	0.778	0.942	2	0.726	0.831	2	0.918	0.951	2	0.860	0.940
	3	0.650	0.865	3	0.602	0.798	3	0.936	0.977	3	0.976	0.979
	4	0.685	0.911	4	0.408	0.829	4	0.967	0.977	4	0.931	0.931
	5	0.763	0.907	5	0.463	0.923	5	0.869	0.870	5	0.984	0.984
				6	0.465	0.902						
	简单			复杂			简单			复杂		

最后，增加组合的复杂程度似乎可以使 GIP 机制的效率显著降低，而 RSB 机制的表现则有所改善。如果"这一因素的决策成本取决于 RSB 机制的电脑"这一推测是正确的，那么我们就可以期待上述情形的出现。

表 2　　　　按市场、时段和设置条件对剩余进行分解

时段	GIP 初级	GIP 销售后	RSB 初级	RSB 销售后	
1	1/−0.17/36.11	0/0.00/45.20	1/−1.18/33.66	0/0.00/44.57	
2	1/−4.15/33.64	1/−0.63/36.70	0/0.00/40.69	0/0.00/46.86	
3	4/−5.11/10.70	1/−1.77/18.24	1/−1.83/43.64	0/0.00/46.79	有经验
4	3/−352/15.55	0/0.00/21.32	0/0.00/41.75	0/0.00/41.75	的被试
5			0/0.00/43.04	0/0.00/43.04	
6					简单
1	0/0.00/18.95	1/−3.71/23.66	1/−0.39/27.18	0/0.00/31.92	
2	3/−10.54/6.99	2/−2.99/21.19	0/0.00/32.02	0/0.00/36.39	
3	3/−30.00/3.06	3/−9.54/11.18	0/0.00/30.12	0/0.00/35.66	没有
4	4/−34.30/2.86	3/−5.84/4.31	0/0.00/31.83	0/0.00/33.22	经验
5	4/−15.90/3.57	2/−6.36/13.13	0/−5.17/25.13	1/−5.17/25.29	的被试
6					
1	5/−11.18/1.86	3/−4.63/10.36	0/0.00/34.52	0/0.00/34.52	
2	4/−7.65/7.54	1/−1.19/32.44	0/0.00/28.46	0/0.00/29.58	
3	4/−8.84/11.84	1/−0.13/20.80	0/0.00/21.56	0/0.00/21.56	有经验
4	2/−12.30/14.43	1/−2.70/23.52	0/0.00/19.53	0/0.00/19.53	的被试
5	2/−2.75/9.38	2/−0.41/21.38	0/0.00/18.94	0/0.00/18.94	
6	3/−10.27/9.71	0/0.00/21.02	0/0.00/15.04	0/0.00/15.212	复
1	3/−31.20/1.67	3/−7.39/2.04	1/−0.71/26.72	0/0.00/27.78	杂
2	4/−37.68/0.00	4/−27.07/2.32	3/−6.29/7.28	1/−1.93/12.79	
3	5/−60.51/0.00	5/36.69/0.34	0/0.00/11.30	0/0.00/11.59	没有
4	5/−87.40/0.00	5/−35.27/0.00	1/−6.51/13.74	1/−6.51/13.74	经验
5	4/−77.05/0.00	3/−23.13/3.09	0/0.00/15.21	0/0.00/15.21	的被试
6	3/−18.82/19.26	0/0.00/54.65			

注：顺序为：有负债的参与者/参与者的剩余为负/参与者的剩余为正。

表 3　　　困难条件下各时段的市场价格（RSB 机制下使用边际定价方法）

时段	GIP 商品价格						RSB 商品价格						
	A	B	C	D	E	F	A	B	C	D	E	F	
1	2.30	2.50	2.00	2.10	1.00	2.00	2.27	2.56	2.11	2.39	1.06	1.73	
2	2.31	2.75	2.00	2.26	1.00	2.00	3.07	2.58	2.24	2.67	0.94	1.93	
3	2.50	2.76	2.00	2.01	1.00	2.00	3.10	3.03	2.78	2.63	0.95	1.88	有经验的被试
4	3.00	3.00	2.00	2.26	0.50	2.26	3.35	2.90	2.95	2.70	1.15	1.60	
5	3.00	3.05	2.00	2.50	0.25	2.50	2.56	3.19	2.98	2.74	1.17	1.81	
6	3.00	3.25	2.50	2.76	0.50	2.00	2.88	3.13	3.23	2.57	1.63	1.97	
理论价格	2.66	3.16	3.09	2.66	2.51	2.49	2.66	3.16	3.09	2.66	2.51	2.49	
1	3.00	2.75	2.50	3.00	2.75	3.00	1.96	3.64	2.44	2.29	0.71	2.08	
2	3.20	3.20	3.00	3.10	2.90	3.00	2.25	3.80	2.50	3.32	1.25	2.13	
3	3.50	4.00	3.30	3.50	2.00	2.90	3.24	3.93	2.78	2.97	1.29	1.47	没有经验的被试
4	4.00	5.00	4.00	3.30	1.50	2.50	2.89	3.78	2.73	3.03	1.59	1.58	
5	4.51	5.00	4.51	3.20	1.00	1.00	2.76	3.49	2.80	2.95	1.86	1.39	
6	4.51	0.01	3.50	0.01	0.01	0.01	2.78	3.47	2.77	2.79	2.02	1.97	
理论价格	2.66	3.16	3.09	2.66	2.51	2.49	2.66	3.16	3.09	2.66	2.51	2.49	

4. 实施机场时间段拍卖的其他可供选择的方法

按照我们的理解，本项研究首次尝试了设计一个由"精巧的"电脑支持的交易系统。在这一领域和实验室实验研究领域内所有电脑支持的市场中，电脑都是被动地记录报价和交易，并机械化地执行机制的交易规则。RSB 机制则对由不同产品元素（或特征）组成的商品组合的交易提出了有潜力的应用方法。我们的组合拍卖最显著的特征就是它允许消费者通过对相关元素加以组合来自己定义商品。它排除了卖者参与的必要性，也许这么做是有成本和风险的，但是在这种市场中，组合商品的价值得到了最好的体现。假定报价是显示需求的，而且收入效应可以忽略不计，这种机制确保了所有资源中商品组合可以实现 Pareto 最优。实验结果表明：（1）机制的步骤是具有可操作性的，也就是说，参与者个体可以通过最小的规则说明和训练完成任务；（2）参与者不充分显示需求的程度不大，也就是说，没有经验的竞价者也可以实现剩余配置效率的 98%～99%。尽管开始时没有经验的参与者试图通过操纵机制进行投机交易，但这个水平还是可以达到的。

机场时间段的配置问题遇到的困难就是它要求应用先进的方法（GIP，1981），而且在航空交通控制者的罢工活动后，这一困难变得更为严重了。我们认为 RSB 机制或它的某种演化变形机制对于解决时间段问题的最终应用是有一定潜力的。但是正如我们所看到的那样，此类应用程序在正式实施或者即将实施前，至少需要做两方面的准备工作：首先，至少得完成两个补充的实验系列；还得设计另一组实验，使用更多的参与者、资源及可能的时间段组合。这些新实验的参与者应该是合作运营航空公司的操作员工。根据这组实验的结果，下一步可能就是设计一个由少量机场和航空公司参与的限制规模的实验。

其次，针对实施组合拍卖的选择方法，在政府、学术界及航空公司群体之间应该深入探讨和辩论。在这一点上，是有多种选择的。本文实验结果和讨论的基础是：假定航空公司的报价都是以美元标价而且实现的收入在各航空公司之间进行分配。然而，除此之外，还有一些其他的方法，这里我们给出几个以供讨论。（1）如果机场的收益不是建立在从时间段中获得的租金的基础之上，则对组合拍卖的报价可以用"时间段现金"或发给每条航线的凭单标价来表示。（2）可以对每条航线事先给定一些时间段的"历史"配置，并将 RSB 机制修正为一个双向式密封出价组合拍卖。在这一拍卖中，每条航线分别对购买的时间段提交一个组合报价，对出售的时间段提交一个组合要价。在这种实施方式下，通过机场时间段计算出的租金自然就可以作为航空公司的"收入"了。（3）GIP 和 RSB 方法中都没有强调的一个问题是航空座位的定价，而这一问题会直接影响到对时间段的支付意愿。我们认为，可以在时间段组合拍卖的基础上，对座位问题使用一个计算机化的连续双向（出价-要价）拍卖。所有大型航空公司都被计算机化为登机门，因为这样才能使座位的计算机化交易在技术上可行，而且可以提供一种更加灵活的方式来增加收入，即通过改善运输能力降低乘客成本。（4）最后，我们发现，允许航空公司自由进入（取消监管）而不允许机场自由进入，这是存在内在矛盾的。从根本上讲，机场时间段的定价机制将收入留给了机场，它不仅可以允许航空公司提交报价组合，还可以允许机场对时间段提交要价，从而使区域性的、边远的乃至全国的新机场都处于一种竞争状况。

附录 A　实验说明

RSB 的实验说明

这是一个市场决策的经济学实验。各个不同的研究机构都为这项研究的进行提供了资助。规则很简单，只要你认真遵守这些规则并且做出正确的决策，你就能够赚取一笔数额可观的钱，在实验结束后我们会支付给你现金。在这个实验中，我们会在一系列的时段或市场日内对 6 个不同的标的物进行两种类型的市场交易。6 个不同的标的物分别用字母 A、B、C、D、E、F 来表示。在实验的最后，我们会赎回（也就是购买）你在各个时段得到的商品。对于个人来讲，支付给你的数额是由规则中附带的支付表格决定的。支付表格在不同的参与者间可能是不同的。支付的方式是有差异的，而货币数量也并非统一的。最初的市场是初级市场，形式是密封出价拍卖。在这个市场中你可以对待售的商品进行报价。接下来的市场是二级市场，形式是口头出价-要价拍卖。在这个市场中，交易者之间可以就从初级市场中购买到的商品进行买卖。当然，你也可以保留在初级市场中购买到的商品，等待实验组织者在最后赎回。在所有的买卖中，无论是出售给实验组织者还是其他参与者，你得到的利润都会累计。对于你的每一笔交易，你的利润是这样计算的：利润＝出售价格－购买价格。

赎回价值

在交易规则中，你可以发现一个标记着"赎回价值"的表格。这个表格给出了在时段结束时，对给定的产品组合，实验组织者将支付给你的数额。例如，假定在时段结束时你手中的商品是 2A、2C 和 2F，你的赎回价值如下：

组合	包括的项目						价值
	A	B	C	D	E	F	
1	1	1	1				1.20
2	1		1				0.40
3	1		1			1	1.20
4	1					1	0.72
5			1			1	0.70
6	1					1	0.60

由于每个商品只能在一个组合中被计算一次，所以你可以按照
[AC，CF，AF] 的组合方式做出赎回要求，这样得到的支付是 0.40＋
0.70＋0.72＝1.82 美元；组合 [ACF，CF] 尽管剩余了一个 A，但是
这样更好，因为这样得到的赎回额是 1.20＋0.70＝1.90 美元。在这种
情况下，你就可以通过提前将多余的 A 在二级市场上卖掉以增加利润。

初级市场

在每个时段中，各种商品的数量都是有限的。作为买者，你要通过
提交商品或组合的报价来购买，当然这一报价可能被接受也可能被拒
绝。在每个时段，你都得决定要提交几个报价、选择哪几个组合、报价
为多少。假定你希望对组合 AF 做出 0.72 美元的报价、对第二个 AF
做出 0.48 美元的报价、对 AC 做出 0.37 美元的报价，则在初级市场中
你的报价表应如下所示：

组合	包括的项目						价值
	A	B	C	D	E	F	
1	1					1	0.72
2	1					1	0.48
3	1		1				0.37

决定报价被接受还是被拒绝的过程如下：收齐所有买者的报价表；
所有的报价都进入一个电脑系统，然后选择出一组最有价值的报价，当
然这组报价不能违反相关的约束条件。程序还会对每个商品的价值给出
两个值，一个上界、一个下界。每个被接受的报价都意味着相应的组合
将以各商品价值下界之和的价格成交。由于任何一个低于商品价值下界
之和的报价都会被拒绝，你的购买价格总是低于或等于你的报价。而任
何高于商品价值上界之和的报价都会被直接接受。考虑上面的几个报
价：假定 A、C、F 的价值下界和上界分别为（0.25，0.10，0.32）和

(0.25，0.16，0.34)，组合 1 肯定会被接受，因为 0.72＞0.25＋0.34。组合 AF 的市场价格为 0.25＋0.32＝0.57 美元，由于 0.48＜0.57，所以组合 2 肯定会被拒绝；由于 0.25＋0.10＜0.37＜0.25＋0.16，组合 3 有可能被拒绝也有可能被接受。在初级市场结束的时候，实验组织者会将报价表交还给每个买者，并标明哪些报价被接受了。同时也会标明商品价值的上界和下界。

二级市场

二级市场为参与者提供了继续购买商品和出售存货的机会。这是一个口头拍卖市场。你可以宣布一个出价（要价）来购买（出售）任何一个商品或商品组合。报出的出价（要价）会被公布，直到有其他的参与者接受你的报价或者你自愿要求取消报价。你可以做出任意多个报价。也许很多都没有人接受，但你可以不断地尝试。注意：你不能出售你没有的商品。你进行的每一次买卖行为都应该在你的二级市场资产负债表中按顺序加以记录。在二级市场结束时你可以根据你剩下的存货，确定组合形式并赎回现金。

利润

每个时段利润的计算方法为：利润＝赎回收入＋二级市场上的出售收入－从两个市场上购买商品的成本。在每个时段都结束了之后，请填好支付表格中的相应空格。最后实验组织者会支付给你现金作为报酬。

一级市场							1号参与者		时段1
组合	参与者对组合的报价						报价	接受或拒绝	市场价格
	包含的商品								
	A	B	C	D	E	F			
1									
2									
...									
8									
数量（单位）								一级市场上的成本	WWW
	被接受的报价个数								

716

二级市场　　　　　　　　　　1号参与者　　　　　　　　　　时段 0

注：在二级市场开始之前，将从初级市场中购买到的每种商品的单位数抄写在标记
　　着"交易存货"栏的第一行中。

交易	交易的组合						存货							
	包含的商品						售价	买价	每种商品的数量（单位）					
	A	B	C	D	E	F	（美元）	（美元）	A	B	C	D	E	F
0	—	—	—	—	—	—								
...														
6														
	总售价							—				—		
	总成本						—					—		
	最终的存货													

赎回价值　　　　　　　　　　1号参与者　　　　　　　　　　时段 0

注：在要求赎回之前，将二级市场交易之后剩余的存货抄写在表格中。确保你要赎
　　回的所有组合都包含在存货中。记住给定种类商品的任意单位只能在组合中被
　　使用一次。

| 商品 | A | B | C | D | E | F |
| 数量
（单位） | | | | | | |

组合	包含的商品						价值	是否要求赎回
	A	B	C	D	E	F		
1	1	1					6.27	
2			1	1			5.77	
3	1				1		5.06	
4	1		1		1		8.25	
5		1	1		1		8.34	
赎回价值的总和							ZZZ	

支付表格　　　　　　　　　　1号参与者　　　　　　　　　　时段 0

每个时段你的利润计算方式如下：

每个时段你的利润＝赎回价值的总和（ZZZ）＋二级市场上的售价（YYY）－二级市
场上的成本（XXX）——一级市场上的成本（WWW）。

　　请在每个时段结束后正确填写下表：

时段	赎回价值 的总和 ZZZ	二级市场 上的售价 YYY	二级市场 上的成本 XXX	一级市场 上的成本 WWW	每个时段 你的利润
0	＋	—	—	—	＝
1	＋	—	—	—	＝
2	＋	—	—	—	＝
...	＋	—	—	—	＝
6	＋	—	—	—	＝
	所有时段的总利润				PPP

我承诺以上的收入总额（PPP）来自实验：＿＿＿＿＿＿＿

附录 B　参与者价值信息

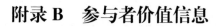

简单的资源利用设计

参与者	组合	价值	A	B	C	D	E	F
1	1	5.98	1	1				
1	2	9.46	1	1	1			
1	3	5.17		1	1			
2	4	6.32	1			1		
2	5	6.63		1	1			
2	6	9.51	1	1	1			
3	7	8.77	1	1				1
3	8	5.95	1		1			
3	9	5.15		1	1			
3	10	8.85	1	1	1			
4	11	5.46	1		1			
4	12	9.83	1		1			1
4	13	5.69	1	1				
4	14	6.03		1	1			
5	15	6.42	1	1				
5	16	4.50	1				1	
5	17	4.98		1	1			
5	18	9.13	1		1		1	
5	19	4.76	1		1			
6	20	5.76	1		1			
6	21	8.02		1	1	1		
6	22	4.39		1	1			
6	23	9.45	1		1			1
6	24	6.17	1		1			
6	25	5.20	1	1				
需求数量（单位）			18	15	18	2	2	3
可用数量（单位）			13	11	15	1	2	3

复杂的资源利用设计

参与者	组合	价值	A	B	C	D	E	F
1	1	6.27	1	1				
1	2	5.77			1	1		
1	3	5.06	1				1	
1	4	8.25	1		1			1
1	5	8.34		1	1		1	
2	6	5.31	1	1				
2	7	5.56			1	1		
2	8	5.76	1		1			
2	9	6.44		1		1		
2	10	5.84			1	1		
2	11	8.86	1				1	1
3	12	5.17	1	1				
3	13	5.76			1	1		
3	14	8.87	1		1	1		
3	15	9.40		1	1			1
4	16	5.98	1	1				
4	17	6.27			1	1		
4	18	5.78	1					1
4	19	5.78		1		1		
4	20	5.56				1		1
4	21	8.61		1			1	1
5	22	5.6	1	1				
5	23	5.82			1	1		
5	24	5.65		1				1
5	25	8.34		1		1	1	
5	26	7.82	1			1		1
6	27	5.07	1	1				
6	28	5.65			1	1		
6	29	8.33		1		1		1
6	30	9.59	1			1	1	
	需求数量（单位）		14	14	12	12	9	9
	可用数量（单位）		7	7	7	7	7	7

参考文献

Grether, D. , Isaac, M. , and Plott, C. , "Alternative Methods of Allocating Airport Slots: Performance and Evaluation," CAB Report. Pasadena, Calif: Polynomics Research Laboratories, Inc. , 1979.

Grether, D. , Isaac, M. , and Plott, C. , "The Allocation of Landing Rights by Unanimity among Competitors," *American Economic Review*, Vol. 71 (May 1981), pp. 166 - 171.

Rassenti, S. , "0 - 1 Decision Problems with Multiple Resource Constraints: Algorithms and Applications," Unpublished Ph. D. thesis, University of Arizona, 1981.

Smith, V. , "Experimental Economics: Induced Value Theory," *American Economic Review*, Vol. 66, May 1976.

Vickrey, W. , "Counterspeculation, Auctions, and Competitive Sealed Tenders," *Journal of Finance* (March 1961) .

"Midway Air Sets Chicago - Dallas Ticket at ＄89," *Wall Street Journal* (May 17, 1982), pp. 1, 4.

Wolsey, L. , "Integer Programming Duality: Price Functions and Sensitivity Analysis," *Mathematical Programming* , Vol. 20 (1981), pp. 173 - 195.

设计"精巧的"计算机辅助市场

——一个关于天然气网络的拍卖实验[*]

凯文·迈克凯勃[**]（Kevin A. McCabe）

斯蒂芬·拉森迪[**]（Stephen J. Rassenti）

弗农·史密斯[**]（Vernon L. Smith）

关于天然气在运输去向、来源和连接两者的管道上的同时定价问题，我们研究了一个密封出价-要价拍卖市场。买者批发商提交一份确定地点的出价表，并按照相应的价格给出需求数量；同时矿井所有者提交一份确定地点的要价表，并对相应的价格给出愿意出售的天然气数量；管道所有者则针对每一价格提交一份确定管道的运输能力表。使用电脑算法分析所有的出价和要价，以最大化交易的总收益，并在所有节点上确定资源配置和非歧视性的价格。

由于管道运输存在规模经济效应，天然气一直被认为是自然垄断的一个典型案例。但是，在美国，这一领域的进入、成长及发展历程造成这一行业内目前存在不止一家管道公司，同样，大多数批发市场也都有两家以上的管道公司（Norman，1987）。自然垄断是一个静态概念，即，在任意一个给定的需求水平下，根据递减的长期边际成本曲线，满足这一需求的最低成本情形是只存在一家管道公司（如果需求高的话，就是一家很大的公司）。但事实上需求是循环变化的，并且随着时间的推移有增长的趋势，与此同时，新的天然气矿井和天然气领域也会被开发。因此，运输管道大多是中等规模的，且随着需求的增加会等比例扩

---

* 这项研究是在联邦能源监管委员会和能源信息部的允许下，由亚利桑那大学经济科学实验室资助的。本文的结论和结果作者自负，与赞助机构无关。Shawn LaMaster 帮助我们完成了计算、绘图等相关工作，Praveen Kujal 和 Joe Campbell 帮助我们招募了实验参与者、组织了实验，我们在此表示感谢。我们还要感谢来自联邦能源监管委员会的 Daniel Alger 在开发项目期间的有益评论和建议。

** 美国图森市亚利桑那大学经济科学实验室。

大。所以这一结果导致了多供给来源，与钢铁、汽车和电器等行业相似。进而引发了这样一个问题：既然是由政府相关监管部门而不是竞争力量来约束，那么这一行业的价格和资源配置是否合理呢？

从历史上看，美国的联邦监管部门实际上加强了天然气运输的垄断力量。在早期，天然气作为石油开采的副产品，发展并不成熟。因此，人们认为，为了鼓励运输管道的建设，这一领域在供给和需求风险方面需要保护。于是，在颁发建设许可之前，要求管道公司出示满足合同的足量天然气储备证明。由于要求供给是充足的，为了保护需求一方，就限制新管道公司的进入。这就产生了这样一种监管系统，即批发买者必须从管道公司购买所有的天然气。另外，管道公司设置最低费用（与运输数量无关）要求，同时令一个单一的提供者向当地所有的销售公司批发出售天然气，这两方面的因素都加强了管道公司的垄断结果。因此，早期联邦能源委员会的"监管"实际上是起到了对天然气行业的政府保护作用（Stalon，1985）。

在 1978 年的《天然气政策法案》（NGPA）出台后，这一情况得到了改变。这项立法取消了联邦能源监管委员会（FERC）在决定能源价格方面的地位，从而开启了放松矿井监管的新纪元。1985 年，在 NGPA 和 FERC 发布的 436 号指令的作用下，批发买者可以从矿井生产者处直接签订合约、购买天然气，然后购买运输服务。因此，天然气生产和运输的历史性"捆绑"开始被打破。尽管早期的监管活动曾助长管道公司的垄断力量，并为它们带来了远高于其他行业的投资回报率（Norman，1987，tables 3 and 4，fig.1），但这都已成为历史，NGPA 和 FERC 发布的 436 号指令所推动的竞争性力量正在为这一行业带来巨大改变。

应 FERC 的要求，在与前述背景完全相反的情形下，我们设计开发一个关于天然气销售和运输的拍卖市场，并检验其特性的可行性。本文中，我们汇报 4 个初始的研究设计和建立在相应目标下的实验。

1. 天然气拍卖网络：激励和独特特征

在这一研究中我们所检验的天然气及其运输定价机制，在一定程度上是由下列潜在需求特性激发的：

（1）自我监管，即，我们最终的目的是根据收益率和其他监管约束来探索一个令人满意的市场机制。竞争性密封拍卖在金融市场的广泛应用表明,通过对这一机制进行适当的扩展和修改,我们也许能在天然气网络应用方面得到一些有用的结论。

(2) 非价格歧视,即,在任何一个定价阶段,批发卖者、生产者以及管道公司间的价格差额都是建立在边际成本和机会成本的基础之上的,因而都是正当合理的。我们依据当前法律设计这一特性。

(3) 对缩减交易的优先反应定价,即,当管道的运输能力受到限制时(比如由天气寒冷造成的),通过提交到拍卖分派中心的出价(和要价),这种限制会自动传递给那些拥有最高消费优先权的批发卖者(同样,对那些拥有最高产量优先权的矿井生产者也会产生相应的限制)。

(4) 投资激励的价值反映。一个好的机制应该能够激励产量和运输能力的提高,从而带来最高的价值。

(5) 简单分散。尽管网络系统会存在一些自身固有的复杂因素,我们力争建立一个简单的价格机制,在这一机制下,参与者可以很好地理解并欣然完成实验的要求。分散机制的一个优势就是,参与者可以集中精力关注那些建立在各自获得的私人信息基础上的决策和行动。在分散个体自由出价和自由接受决策的基础上,我们使用计算机系统来生成一个非任意支配的、一致的、最优的同时也是常规的结果。

(6) 与现有机制的兼容性。现有的机制都强调天然气和运输合约的提前履行,这些机制在网络拍卖中依然可以运行。将交易提前履行的流量中可利用的容量应用于拍卖,就可以实现这一点。因此,拍卖的应用范围就由参与者的决策决定,并且会随着使用的增加而增加,且不会出现非连续的拐点。当拍卖应用于矿井的交易时,天然气的拥有者就可以将那些目前暂时用不着的天然气出售,这样拍卖就可以补充和提高现有机制的效率。

为了研究在密封出价拍卖机制下,天然气和管道容量权在天然气买者、卖者及运输者之间同时配置的效率和价格表现,我们设计了9个实验,本文对这9个实验的结果加以汇报。我们将这一由计算机辅助的机制称为天然气拍卖网络(Gas Auction Net)。

我们的天然气拍卖网络机制的一些显著特性有:

(1) 消费中心(包括主要的天然气买者如地方销售公司和工业消费者)与天然气生产行业(由天然气的主要卖者组成)由限制容量的运输网络连接起来。实验中我们研究的网络较小,而且竞争性较弱。从这个意义上讲,我们故意将它设计为所有价格机制中最差的一种。

（2）拍卖市场使用"精巧的"计算机来处理买者提交的确定地点的出价表、生产者提交的确定地点的要价表以及管道公司提交的确定路径的运输容量要价表。这就意味着，三种类型的参与者都要根据各自的私人情况做出决策，即，提交对天然气的购买意愿、出售意愿或在每个运输环节提供运输服务的意愿。

（3）产生的价格结果是非歧视性的，即位于同一地点（或处于管道的同一入口）的所有卖者接收到的价格是相同的，位于同一地点（或处于管道的同一出口）的所有买者支付的价格也是相同的，而连接特定收发点的所有管道收到的价格也是相同的。其他的定价机制（如双向拍卖和明码标价）除非在完全均衡的条件下，否则一般不会产生非歧视性价格。[①] 天然气拍卖网络机制在每个定价时段都会产生非歧视性价格。

（4）天然气在任何两个地点（生产或消费）的价格差异反映了运输的边际供给价格的差异和/或管道容量限制的差异。

（5）给定买者的出价表、卖者的要价表及管道公司的要价表，配置（将生产出的天然气在卖者间配置、将运输权在管道公司间配置、将运输来的天然气在买者间配置）的原则是使整个系统通过交换得到的总收益（剩余）最大化。从这个意义上讲，在给定所有参与者提交的要价和出价的基础上，天然气拍卖网络机制实现了效率的最大化，或者说提供了没有浪费的、竞争性的市场。它的优先顺序为：将成本最低的矿井生产出的天然气，使用成本最低的运输途径，运送给估价最高的批发使用者消费。

我们研究的实验将天然气拍卖网络机制的价格和效率特征看作权力交换的机制。这些权力本身并没有被标注，也没有在天然气行业中以特定执行方式解释。因此，在天然气拍卖网络机制中实际交易的权力可能是对某地天然气按小时、月、星期或季节（固定的或可中断的）的承诺。我们的主要研究任务就是将天然气拍卖网络评估为一种定价机制，这种机制可以应用于任何一个定义良好的合同权利交易中。

从技术角度讲，天然气拍卖网络机制是竞争性（统一价格）密封出价拍卖和双向密封出价拍卖的扩展和一般化。作为一种定价机制，它的突出特征是，所有被接受的出价都以一个相同的价格成交，而这个价格低于或等于被接受的出价中最低的那个出价，也就是使供给总量等于需

---

① 见 Ketcham，Smith 和 Williams（1984）对双向拍卖和明码标价交换机制进行的比较。

求总量的市场出清价。这与歧视性密封出价拍卖形成对比，在歧视性密封出价拍卖中，Q 个最高的出价被接受，成交 Q 个单位，但每个单位的成交价格是不同的，分别等于各自的出价。因此，对于相同的商品，不同的买者支付的价格是不同的。于是，歧视性拍卖就激励买者策略性地压低报价，因为每个竞价者都试图避免使自己的支付额超过最低必要数额（即被接受的最低出价）。这一激励在竞争性拍卖中被减弱了，而且从理论上讲，这一激励在一些特定情形下是可以消除的。

在 Vickrey（1961）的初始贡献推动下，目前关于竞争性拍卖有大量的理论文献（McAfee and McMillan，1987），并且将单一标的物的二级价格密封出价拍卖扩展至多标的物的竞争性拍卖。也有一些实验研究（按时间顺序为：Smith，1967；Belovicz，1979；Coursey and Smith，1984；Miller and Plott，1985；Cox，Smith，and Walker，1985）将竞争性拍卖与歧视性拍卖做实证上的对比。美国财政部在 20 世纪 70 年代初最先对长期债券的歧视性拍卖和竞争性拍卖加以对比。

天然气拍卖网络机制作为竞争性密封拍卖的延伸，其另一个重要意义是，这一机制的衍生形式在金融市场的价格配置方面得到广泛的认可。因此我们考察这一机制的扩展形式，这些扩展机制已被超过 10 年的时间所检验，并有一些有趣的应用。

2. 实验设计和程序概况

本文研究设计的基础是一个简化的天然气传输网络的三个系列实验。第一个系列包含 6 个实验，其中 3 个实验使用没有经验的参与者，2 个实验使用有经验的参与者，1 个实验使用"超级"有经验（有两次经验）的参与者，我们称第一个系列使用的参数为设计 I。第二个系列，即设计 II，（在没有经验的参与者经历了培训时段的基础之上）由 3 个实验组成，其中 2 个实验使用有经验的参与者，1 个实验使用"超级"有经验的参与者。设计 II 与设计 I 的区别还在于，相对于设计 I 而言，设计 II 的成本和容量提供了一个更具竞赛性和竞争性的网络。通过将设计 II 的结果与设计 I 的结果进行对比，我们可以度量增强网络的竞赛性所带来的效应。第三个系列，即设计 III，也由 3 个实验组成，其中 2 个实验使用有经验的参与者，1 个实验使用具有双倍经验的参与者。设计 III 使用的参数与设计 II 相同。两者的区别在于，在设计 II 中，每条

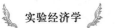

运输管道的拥有者还同时拥有一个生产矿井，这个矿井接受运输管道的服务；而在设计Ⅲ中，任何一条运输管道都不为自己拥有的矿井传送天然气。通过将设计Ⅱ的结果与设计Ⅲ的结果加以对比，我们可以度量管道的纵向联合同独立生产者竞争时所带来的效应。

实验的参与者都是从亚利桑那大学的本科生中招募的。为了激励他们准时到达，在实验时间到达的参与者都会得到 3 美元的支付。在每个实验结束时，所有参与者的利润都将分别以美元形式得到支付。支付额从 6 美元至 60 美元不等。所有的实验收益都以比索进行标价，然后按照一个固定的比率（对于有经验的参与者，100 单位的比索可以兑换 1 美元）转换为美元，这一比率的大小取决于参数设计。使用转换比率可以使得实验的参数设计不相同的时候仍能保证参与者的个体支付近似均匀。

所有的实验都是在 PLATO 系统上运行的。这个系统的作用是：在实验机制中向参与者讲解规则；强化通信规则，正是这些规则定义出了不同的机制（因此可以调整参与者的交互作用）；记录利润。实验的组织者在场保障信息的私人性，并且指导有困难的参与者理解交易规则。

当所有的参与者都到达之后，他们会分别被随机地赋予一个参与类型（见后文"设计"章节中的定义）。然后参与者各自阅读交易规则。所有的参与者都读完交易规则且所有的问题都被解答完之后，没有经验的参与者会进行一个时段的练习实验。当练习阶段也完成之后，他们会被要求确认是否已经理解交易规则（即每个参与者的市场决策决定了他的利润）。在上述所有程序都完成之后，实验就开始了。

参与者的经验表明，如果连续进行实验超过两个小时，就会出现疲劳问题。这一限制要求我们对于没有经验的参与者，将实验控制在 15 个时段以内。但是有经验的参与者可以更快地完成交易，因此对他们我们可以进行 30 个或更多时段的实验。为了使全部实验的"最后一搏"效应最小化，参与者在事前都没有被告知实验时段的数目。

3. 参数：网络设计 Ⅰ

图 1 展示了我们网络系统的物理分布。每个管道都标识出了所有者和路径。因此 2.2 代表管道所有者 2 和路径 2。管道所有者 1 和 2 各自

拥有系统中的 3 条管道,而所有者 3 拥有 4 条管道。

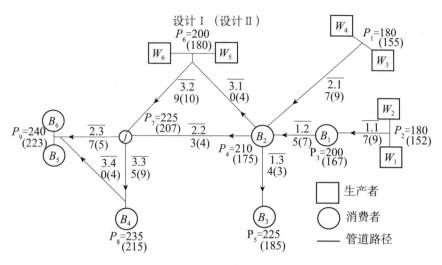

图 1　市场网络环境下的管道系统及预期均衡

表 1 最上面的部分列示了 6 个买者的估价和容量。这些值用来代表多数买者面临的机会成本。表 1 中标记着 V_1、Q_1 和 V_2、Q_2 的几列给出了单位估价和相应的数量,在这一数量下实验买者可以从实验组织者手中"赎回"他们的购买(即将购买的产品卖掉)。例如,买者 1 可以在每时段以 300 比索的单价赎回 2 单位,在此基础上,再赎回 2 单位的单价是 200 比索。在这一定义下,每个买者都拥有一个两段的边际估价表。表 1 的第二部分在标记着 WC 和 Q 的列中展示了 6 个生产者的成本和产出能力。例如,矿井 1 在每个时段能够以每单位 150 比索的成本最多提供 5 单位。值得注意的是,每条管道的所有者都同时是一个矿井的所有者;线路 1、2、3 分别拥有矿井 W_2、W_4 和 W_6。我们这样设计的目的是反映现今这一行业的真实情况,在现实中,既存在独立的矿井所有者,又存在矿井被管道公司控制或与管道公司有联系的情形。

表 1　　　　　　　**所有出价等于估价、要价等于成本时的竞争均衡解**

网络设计 I

买者	V_1	Q_1	V_2	Q_2	消费量	买者价格	(节点 i.d.)	利润
1	300	2	200	2	2	200	(P_3)	200
2	255	3	245	2	5	210	(P_4)	205

续前表

买者	V_1	Q_1	V_2	Q_2	消费量	买者价格	(节点 i. d.)	利润
3	310	2	230	2	4	225	(P_5)	180
4	275	3	260	2	5	235	(P_8)	170
5	320	2	225	2	2	240	(P_9)	160
6	285	2	260	3	5	240	(P_9)	150
								1 065 (59.2%)

矿井	WC	Q	产量	矿井价格	(节点 i. d.)	利润
1	150	5	5	180	(P_2)	150
2	180	4	2	180	(P_2)	0
3	150	5	5	180	(P_1)	150
4	180	4	2	180	(P_1)	0
5	160	5	5	200	(P_6)	200
6	190	4	4	200	(P_6)	40
						540 (30.0%)

线路	LC_1	Q_1	LC_2	Q_2	运输量	线路价格	(节点 diff.)	利润	最高限价
1.1	15	7	25	3	7	20	(P_3-P_2)	35	30
1.2	10	5	15	3	5	10	(P_4-P_3)	0	20
1.3	10	3	15	2	4	15	(P_5-P_4)	15	20
2.1	25	7	35	4	7	30	(P_4-P_1)	35	40
2.2	15	6	25	3	3	15	(P_7-P_4)	0	30
2.3	10	6	15	3	7	15	(P_9-P_7)	30	20
3.1	15	5	25	2	0	10	(P_6-P_4)	0	30
3.2	15	8	25	3	9	25	(P_7-P_6)	80	30
3.3	10	8	15	3	5	10	(P_8-P_7)	0	20
3.4	15	6	25	2	0	5	(P_9-P_8)	0	30
								195 (10.8%)	

$E_B=59.2\%$ $E_P=27.8\%$

$E_L=10.8\%$ $E_{PL}=2.2\%$ 总剩余：1 800 比索

在表 1 的最后一部分中，有四列分别标记着 LC_1、Q_1 和 LC_2、Q_2，这部分给出了管道的每个所有者的双段边际成本。最后一列给出了每条线路段的最高限价。例如，管道段 2.2 以 15 比索的单价最多可以运输 6 单位，在此之外还能够以 25 比索的单价再运输 3 单位。[①] 对他所有 9 单位的最高限价是 30 比索。最初的 6 单位构成它的"官方的"或 FERC 批准的正常容量，而另外 3 单位构成它的额外运输能力。因此，设计的思想就是："容量"并不是严格固定的，通过更高的成本可以实现一些额外的（非正常的）运输能力。当然设计这个网络的目的并不是反映现实中这一领域的特定情况，然而，现实中确实存在这样的事实，即市场中出售的天然气大多是由两条或更多的管道提供的。

4. 天然气拍卖网络：数学表述及最优程序

针对图 1 提供的用以解决网络最优化问题的数学表述，图 2 给出了一个示意性的图。图 2 中的节点 1～9 分别代表图 1 中所示网络的真实产量、消费量及汇合地点；而节点 10 是虚拟的，它可以用来平衡网络中的实物流和现金流，还可以用来输入买者的出价和卖者的要价。我们可以认为节点 10 的作用就是完成循环系统，它使得交易中天然气在节点 1～9 从卖者流向买者的同时，现金支付流从买者流向卖者。

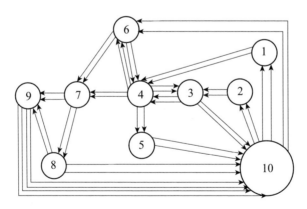

图 2　合理的拍卖网络

---

① 边际汲取成本是天然气管道吞吐量的增函数，而且近似是二次方程（Vincent - Genod，1984，pp. 42 - 43）。我们将这个方程近似为一个两段的分段方程，但是如果愿意的话，可以将其写成 n 段的分段方程，从而使其更精确。

网络中的参与主体分别用向量 $(s_i, e_i, l_i, u_i, c_i)$ 来表示：

s_i 是其开始点；

e_i 是其结束点；

l_i 是箭头中弧上所允许的最低流量（在我们的实验中是零）；

u_i 是箭头中所允许的最低流量（由买者或卖者提交的出价数额或要价数额决定）；

c_i 是箭头中每单位流量的要价（出价都是负的）。

每支箭头都代表了一个出价或要价。如果某个买者做出的是一个两段的出价，则用两支平行的箭头来表示。管道所有者做出的两段要价也用相似的方法表示。当某一管道中的天然气可以朝任一方向流动时，我们就用四支箭头来表示两段要价——每个方向各两支，例如连接节点 3 和节点 4 的箭头。

例 1：买者 4 的出价为：前 3 单位的单价是 300，后 2 单位的单价是 200。由于买者 4 是位于位置 8（见图 1 及表 1、表 2），则他出价的两支箭头上分别标记着：(8, 10, 0, 3, −300) 和 (8, 01, 0, 2, −200)。

每支箭头都分别被标识为 1～42 中的一个数码，因此即使是两个节点间的平行箭头也不会发生混淆问题。

例 2：卖者 4 的要价为：5 单位，单价 95，则相应的箭头被标记为 (10, 1, 0, 5, 95)。

例 3：线路段 2.2 的所有者的要价为：6 单位，单价 45；可额外增加 3 单位，单价 55，则相应的箭头会被标记为：(4, 7, 0, 6, 45) 和 (4, 7, 0, 3, 55)。

当所有的箭头都用参与者的出价和要价标记好之后，我们用下面的方法来最大化网络的显示剩余：

最大化目标函数：$-\sum_i c_i f_i$（总盈余）

约束条件：
$$\sum_{i \in E_j} f_i - \sum_{k \in S_j} f_k = 0 \quad (\forall \text{节点} j); \qquad (\text{I})$$

$$l_i \leqslant f_i \leqslant u_i \quad (\forall \text{箭头} i) \qquad (\text{II})$$

其中 f_i 是在每个节点 j 处箭头 i 上的流量。E_j 是结束于节点 j 的箭头的集合，S_j 是开始于节点 j 的箭头的集合。约束条件 I 的作用是维持每个节点 j 处的流量平衡；约束条件 II 的作用是确保每个箭头上的流量不超过规定的范围。

对这个线性程序求解，我们不仅可以得到流量的最优解（产量和消费量模式），还可以得到该网络中所有节点的影子价格 π_j 的集合。

由于影子价格之间是彼此相关的，初始节点处与终点节点处影子价格的价差就是相应箭头上的边际单位流量价值，因此，价格是与流量相关的。例如：

（a）如果 $\pi_{10} - \pi_8 = -250$，则买者 4（位于地点 8）为了获得运送至地点 8 的天然气，需要支付 250 比索的价格。很明显，如果两个买者位于同一个地点，则他们支付的价格是相同的。

（b）如果 $\pi_7 - \pi_4 = 50$，则管道段 2.2 的所有者在地点 4 和地点 7 之间运输得到的单价支付是 50 比索。

（c）如果 $\pi_6 - \pi_{10} = 105$，则位于地点 6 的生产者 5 和生产者 6 通过生产天然气，将得到相同的价格 105 比索。

在线性程序中，由于每一段的实物流都代表得到精确补偿的活动，因此预算一直是平衡的。

在表 1 右边的部分有几列标记着"消费量""产量""运输量"，给出的是线性程序的一个样本解。在图 1 中我们也给出了这组样本在每个节点的价格解与每个箭头上的流量。在买者的出价、卖者和运输者的要价都充分显示需求的基础上，将所有出价的边际赎回值和所有要价的边际成本值应用于线性程序中，我们就得到了上述的解。根据我们在这一设计中使用的参数，我们可以得知：在竞争均衡（CE）中，以实验中的比索衡量，买者的剩余是 1 065（59.2%），只拥有矿井的卖者的剩余是 500（27.8%），同时拥有矿井和管道的卖者的剩余是 40（2.2%），管道拥有者的剩余是 195（10.8%），总剩余是 1 800（100%）。这些理想情况下的剩余数据将被用来评估每个实验市场的总体效率以及总剩余在三类参与者之间的分配情况。值得注意的是，在上述特定的参数下得到的竞争均衡中，管道段 3.1 和 3.4 是没有流量的。实际上，设计 I 与图 1 中列示的结果并没有太大的关联。在下面的设计 II 中，我们将参数的使用条件放松，使得竞争均衡条件下所有的管道段都有流量。设计 I 是我们的基本"培训阶段"，通过它我们拥有了一群有经验的参与者。在设计 I 中，我们得到的结论是：管道段 3.1 和 3.4 中没有流量，这是因为与其他管道相比，这两段管道在成本上不具有竞争性，这一结论给我们提供了一种方法来度量机制整体行为的"理性"。

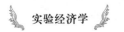

5. 实验结果：天然气拍卖网络机制设计 I

实验 4e、5e 和 6ee 的主要结果分别在相应的平均价格图和平均效率图中列示出来了（忽略了实验局 1i、2i 和 3i，因为这几个实验局的实验都是由没有经验的参与者进行的）。

平均价格

在图 3～图 5 中，我们在每条管道的头部和尾部绘出了每一时段的平均价格。在每幅图的上半部分，有一些实心圆点，代表管道段运输天然气的初始节点或结束节点；而底部的价格用"xs"标记，代表管道接受天然气的后部节点。例如，管道段 1.1 是将天然气运送至 B1（见图1），所以我们看到的高价是 P_3（见图 1 及图 2），而管道段 1.1 为矿井 W_1 和 W_2 提供服务的价格较低，为 P_2；管道段 2.3 是以 P_9 的价格将天然气运送至一个买者节点（买者 B_5 和 B_6），但是天然气的来源处是交接处 j，价格为 P_7。运输管道输出节点处的价格要高于输入节点处的价格，因为天然气是从低价位处流向高价位处的（如同电是从低势位处流向高势位处一样），价差必须超过运输商品的阻力（成本）。两个系列价格的价差就是管道段的运输价格 P_L。竞争均衡价格可以表示为两条平行的散点线，而两条平行线的差距就是相应管道段在竞争均衡下的运输成本。对于管道段 3.1 和 3.4，图中没有表示，因为在设计 I 的框架下，在所有的实验中，我们都发现这两个管道段没有流量。

这里我们还要强调一下这些价格观测值的几个特征：

（1）除了开始的几个时段以外，一些节点的价格在不同时段表现得很稳定，或者仅有很缓慢的变化。这不仅仅是由于我们这里使用的是 3 个实验的均值，还由于它也是每个单个实验的特征。这是参与者出价-要价行为的必然结果。随着时间的推移，参与者们会有这样一种趋势：买者的出价会等于或稍高于各自节点处的价格；同样，生产者的要价会等于或稍低于各自节点处的价格，而管道公司的要价也会等于或稍低于各自管道段的运输价格。所以，买者的出价稍有降低或买者的要价稍有提高，可能就会导致这个参与者没有市场，至少也会使他得到的配置减少，但是这对整体的成交价格只会带来较小的影响。主要的影响是在配置、效率和剩余的分配上，关于这一点，我们将在后文中讨论。

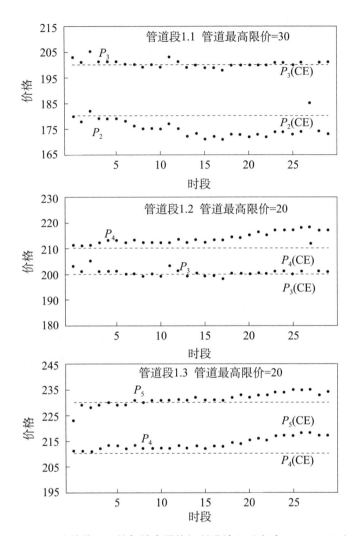

图3 平均价格：天然气拍卖网络机制设计Ⅰ（实验 4e、5e、6ee）

（2）买者 B_1 一般支付的价格近似等于竞争均衡价格，消费的数量也近似等于竞争均衡下的配置结果。然而，向 B_1 提供服务的生产者 W_1 和 W_2 收到的价格通常低于竞争均衡价格。我们认为一定程度上，这是管道公司 1 和 2 在下游竞争的结果，两个公司争夺买者 $B_2 \sim B_6$。（因为管道段 3.1 的运输成本问题，对于买者 B_2 和 B_3，管道公司 3 没有竞争力。）为了保证在下游竞争的效率，管道公司 1 必须设法使流向 B1 的天然气价格不要超过竞争均衡价格太多。由于（管道公司 1 拥有的）矿井 W_2 是一个边际生产者，这就意味着管道公司 1 必须放弃矿井 W_2 的正利润。事实上，我们通常会观察到在所有 3 个实验中 W_2 的流量和利润都是零。相反，我们发现，管道公司 1 的拥有者对管道段 1.1 报出的运输要价高于竞争均衡价格。这导致 W_1 以低于竞争均衡价格的水平接受了一个矿井。值得注意的是，W_1 的拥有者没有其他的收入来源，而管道公司 1 的所有者还有在管道段 1.2 和 1.3 上的收入来源。

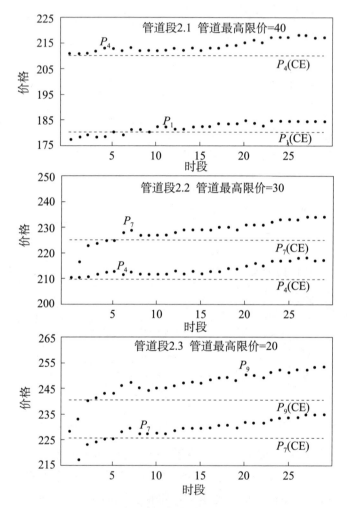

图 4　平均价格：天然气拍卖网络机制设计 I（实验 4e、5e、6ee）

（3）无论是在竞争均衡条件下，还是在实验 4e、5e、6ee 记录的结果中，买者 B_2 和买者 $B_4 \sim B_6$ 主要是由矿井 $W_1 \sim W_6$ 供应天然气。因此，这部分结果就比网络中的其他部分更具有竞争性。然而，与管道段 2.1 加上 2.2 的组合成本 45 相比，管道段 3.2 的成本优势（3.2 的成本

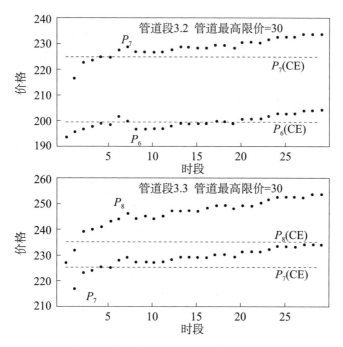

图5 平均价格：天然气拍卖网络机制设计Ⅰ（实验4e、5e、6ee）

是25）使得它可以改变最高限价，而2.1和2.2必须以更接近成本的价格提供运输服务。

（4）因此，向买者$B_2 \sim B_6$运送天然气的净价格就趋向于超过竞争均衡价格，但是这些买者（特别是买者B_2和B_4）得到的数量很接近于竞争均衡的配置结果。运送至B_5和B_6的数量要低于竞争均衡的结果，因为2.3在面临两个竞争性的买者时不具有竞争力。（注意，在表1中，与管道段2.3相比——管道段2.3已经排除了来自管道公司3的有效竞争——管道段3.3和3.4的组合成本较高。）B_3和B_4得到的数量都接近于他们在竞争均衡下的配置结果，B_4支付的运输价格为最高限价，而B_3支付的运输价格更接近于成本。对于这一差别，我们的解释是：在表中，B_3的边际估价与竞争均衡价格的差额（230减去225）要小于B_4（260减去235）。因此，B_3比B_4更能遏制管道公司提高价格的行为。

剩余的分配与效率

在图6（平均效率）中，我们给出了每一时段（实验4e、5e和6ee）中参与者实际实现的剩余占竞争均衡总剩余（1 800比索）的比例。如果效率是 100％，就意味着在表 1 中成本和估价的基础上，市场实现了最大可能的剩余。图中还给出了交易实现的剩余在买者、卖者、管道拥有者、同时拥有管道和矿井的参与者之间的分配情况。图 6 中最上面较粗的一条线（实线）就是交易中实现的平均效率。第二条线 EB（长段的虚线）是买者得到的平均剩余占总剩余的百分比。第三条线 EW（短段的虚线）是矿井所有者得到的平均剩余占总剩余的百分比。第四条线 EL（长短相间的虚线）是管道公司所有者得到的平均剩余占总剩余的百分比。图的最后一条线 EWL（点线）是同时拥有管道和矿井的参与者得到的平均剩余占总剩余的百分比。在每条线的附近还各有一条水平线 EB（CE）、EW（CE）、EL（CE）、EWL（CE），分别是相应剩余的理论值。上述观测结果还有以下几点特征值得注意：

（1）随着时间的推移，总效率有提高的趋势。

（2）买者得到的剩余基本处于不变的水平，但是一直低于竞争均衡的预测水平。

（3）矿井所有者得到的剩余逐步提高，而且随着时间的推移趋向于竞争均衡的预测水平。

（4）管道公司的所有者得到的剩余逐步提高，然后稳定在竞争均衡的水平上。

（5）同时拥有矿井和管道公司的参与者得到的剩余也有增加的趋势，但不是在竞争均衡的水平上。

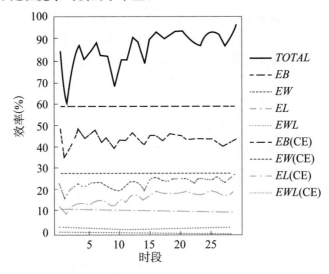

图 6　平均价格：天然气拍卖网络机制设计 I（实验 4e、5e、6ee）

6. 参数: 网络设计 II 和 III

表 2 中给出了第二组网络实验的参数, 同时在该表中我们还可以看到相应的竞争均衡解。注意, 在这组参数设定的过程中, 竞争均衡解要求每个管道段都有流量发生, 尽管此时并不是每个管道段的利润都是正的 (例如管道段 3.1)。在竞争均衡中, 买者的剩余是 526 (45.7%), 矿井所有者的剩余是 325 (28.2%), 管道所有者的剩余是 240 (20.9%), 同时拥有管道和矿井的所有者的剩余是 60 (5.2%), 总剩余是 1 151 (100%)。这里, 我们再次使用理想的情形来评估实验市场的效率及剩余在不同参与者之间的分配。通过将设计 I 与设计 II 进行对比, 我们发现, 设计 II 中管道段 3.1 和 3.4 与其他管道段比, 在运输天然气的成本方面具有有效的竞争性。总体上讲, 与设计 I 相比, 设计 II 的管道参数可以产生更大的竞争性, 因此, 在表 2 中所有管道段的竞争均衡价格都处于或接近相应二阶边际成本的水平。由此带来的一个值得研究的问题是: 在设计 I 的实验中观测到的趋势是否会因为这种竞争性而发生改变, 因为相对于矿井所有者而言, 买者的表现较差。

表 2   **所有的出价等于估价、要价等于成本时的竞争均衡解**
(网络设计 II 和 III)

买者	V_1	Q_1	V_2	Q_2	消费量	买者价格	(节点 i.d.)	利润
1	207	2	165	2	2	167	(P_3)	80
2	197	3	182	2	5	175	(P_4)	80
3	230	2	185	2	3	185	(P_5)	90
4	244	3	217	2	5	215	(P_8)	91
5	267	2	225	2	4	223	(P_9)	92
6	262	2	228	3	5	223	(P_9)	93
								526 (45.7)

矿井	WC	Q	产量	矿井价格	(节点 i.d.)	利润
1	131	5	5	152	(P_2)	105
2	144	4	4	152	(P_2)	32

续前表

矿井	WC	Q	产量	矿井价格	(节点 i. d.)	利润
3	134	5	5	155	(P_1)	105
4	148	4	4	155	(P_1)	28
5	157	5	5	180	(P_6)	115
6	180	4	1	180	(P_6)	0
						385 (33.4%)

线路	LC_1	Q_1	LC_2	Q_2	运输量	线路价格	(节点 diff)	利润	最高限价
1.1	10	8	15	3	9	15	(P_3-P_2)	40	24
1.2	5	6	8	3	7	8	(P_4-P_3)	18	13
1.3	6	3	11	2	3	10	(P_5-P_4)	12	17
2.1	14	7	20	3	9	20	(P_4-P_1)	42	32
2.2	29	4	36	3	4	32	(P_7-P_4)	12	57
2.3	11	4	16	3	5	16	(P_9-P_7)	20	24
3.1	5	4	8	3	4	5	(P_6-P_4)	0	13
3.2	19	7	27	3	10	27	(P_7-P_6)	56	42
3.3	4	7	8	3	9	8	(P_8-P_7)	28	13
3.4	5	4	9	3	4	8	(P_9-P_8)	12	16
								240 (20.9%)	

$E_B=45.7\%$ $E_P=28.2\%$

$E_L=20.9\%$ $E_{PL}=5.2\%$ 总剩余：1 151 比索

设计Ⅲ中所有的估价、成本及容量参数都与设计Ⅱ相同，唯一区别在于：在设计Ⅲ中，任何一个管道拥有者都不可以拥有其所提供服务的矿井。我们这么做的目的是度量管道公司同时拥有矿井对实验的配置效率带来的影响，它们是否可以利用这个优势来控制价格呢？

7. 实验结果：天然气拍卖网络设计Ⅱ和Ⅲ

平均价格

与第 5 部分的情形相似，实验 1e、2e、3ee 的结果（图 7～图 10）

给出了每个时段的天然气价格和运输价格。与设计Ⅰ的结果一样，这里各个时段的价格惯性特征也很明显。然而，在这组实验中，买者表现得并不差，这一点与设计Ⅰ的情况相反。在设计Ⅱ下产生的买者价格更加接近于竞争均衡价格水平，同样，卖者价格和管道运输价格也接近于竞争均衡价格的理论值。唯一的例外是管道1，特别是管道段1.1（见图7），但是这一段在设计Ⅱ的网络1中是最没有竞争性的。因此管道公司的拥有者1就可以采取有意义的策略性行为：对管道段设置高价、（以价格 P_1）夺取 B_1 的剩余，然后在管道段降价（因为在这一段他/她必须与管道段2.1竞争抢夺 B_2 及网络左侧较远的顾客）。这样就对管道段

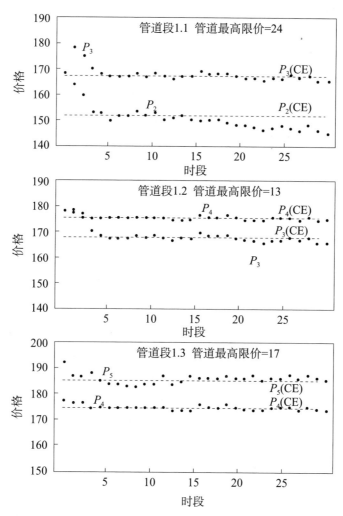

图7　平均价格：天然气拍卖网络机制设计Ⅱ（实验1e、2e、3ee）

2.1 施加了压力，迫使它将价格定在竞争均衡水平或者对卖者施加一些垄断压力，从图 8 中可以看出后者略微占优。由于管道段 1.3 是 B_3 唯一的供给渠道，所以在这一段索取高价也是可行的。但是因为在天然气从 B_2 运送至 B_3 的过程中存在重要的双边谈判因素，上述模式在三个实验中并不是一致的。

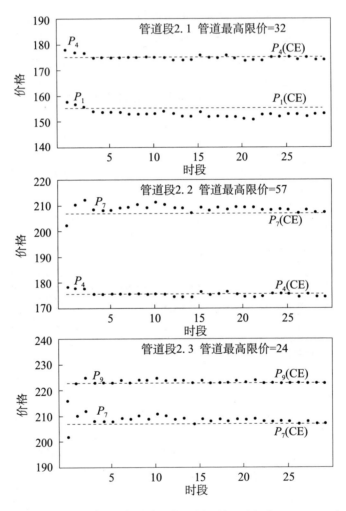

图 8 平均价格：天然气拍卖网络机制设计 Ⅱ（实验 1e、2e、3ee）

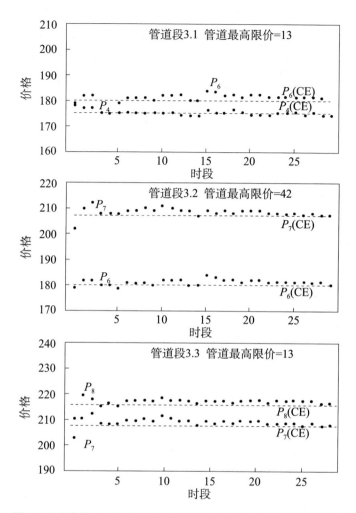

图 9　平均价格：天然气拍卖网络机制设计Ⅱ（实验 1e、2e、3ee）

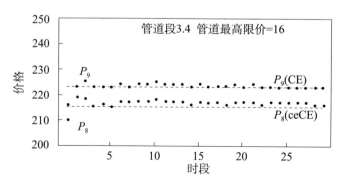

图 10　平均价格：天然气拍卖网络机制设计Ⅱ（实验 1e、2e、3ee）

在管道 3 中我们也可以观测到相似的情形。从图 9 中管道段 3.3 的平均价格可以看出，这段的价格常常是近似等于竞争均衡价格。因此，运送至 B_4 的平均价格稍高于竞争均衡价格，就意味着连接点 j 处的价格稍高于竞争均衡价格。但是管道段 3.4 的平均运输价格要低于竞争均衡价格，这是由于它要与管道段 2.3 竞争买者 B_5 和 B_6 的业务。因此，在 18 个时段中（总共 30 个时段），将天然气运送至 B_5 和 B_6 的平均价格正好等于竞争均衡价格。

剩余的分配与效率

尽管从图 11 中我们可以看出随着时间的推移平均效率有提高的趋势，但是在一些实验（特别是实验 3ee 中），效率会出现周期性的骤降。在实验 3ee 中发生周期性变化的原因很大程度上是由于，买者 $B_1 \sim B_5$ 的讨价还价拍卖（要价一直等于或低于各自节点处的价格）有时会使成交量降至 1 单位或 0 单位。

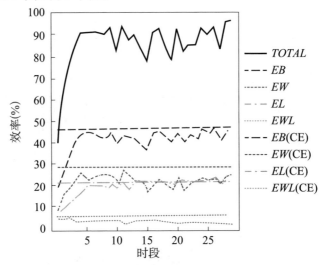

图 11　平均价格：天然气拍卖网络机制设计 Ⅱ（实验 1e、2e、3ee）

对于图 11 中的平均效率分配问题，有以下几点特征值得注意：

（1）买者得到的剩余 EB 在连续的时段中向竞争均衡对剩余分配比例的预测值趋近。

（2）矿井所有者得到的剩余 EW 低于竞争均衡下的水平，且比较稳定。

（3）管道运输的效率 EL 也比较稳定，且近似等于竞争均衡下的水平。

（4）同时拥有矿井和管道的参与者的效率水平 EWL 在全部时段中趋于下降。

我们的结论是：与设计Ⅰ相比，设计Ⅱ中的管道公司更具有竞争性，所以在设计Ⅱ中有相当一部分剩余从管道公司和生产者转移至买者。

由于设计Ⅲ的价格结果与设计Ⅱ很相近，所以对于设计Ⅲ，我们只给出了平均效率的结果（见图12）。将图11与图12进行对比，我们可以很明显地发现，尽管在设计Ⅲ中，管道公司不允许为自己拥有的矿井输送天然气，但这一限制对于总体效率、买者的效率及生产者的效率均没有重要影响。但是管道运输服务的利润趋向于增加，生产天然气的利润却趋向于减少。因此，当管道公司运输自己的天然气时，它们就可以对生产出的天然气制定更高的价格，而这样做的代价是线路运输的价格较低。

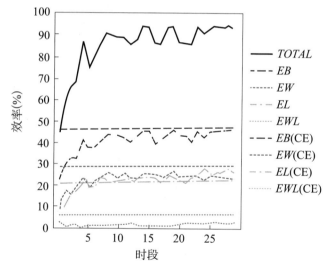

图12 平均价格、天然气拍卖网络机制设计Ⅲ（实验 1e、2e、3ee）

设计Ⅲ与设计Ⅰ的效率比较

在表3中我们给出了每种设计下所有实验效率的总体观测值。总体效率是所有时段实验的效率的平均值：

$$\bar{E} = \sum_{t=1}^{T} E^t / T$$

其中 E^t 是时段 t 内每个实验中各种度量定义下的效率（ET^t、EB^t、EW^t、EL^t、EWL^t）。

将设计I与设计II进行对比，我们可以看出总效率有微小的下降趋势，但这一趋势并不显著。但是由于设计II具有较强的竞争性，所以即使样本容量很小，我们也可以看出买者实现的剩余比例有明显的上升趋势，而矿井所有者得到的剩余比例则有所下降。在设计II中管道所有者与同时拥有管道和矿井的所有者得到的剩余比例都显著降低了。由于运输者得到的剩余降低了 50％，而生产者得到的剩余降低了更多（超过 50％），所以它们的组合利润效率比例 ELT 仅为设计II中预测值的 90％。

设计III和设计II的效率对比

表 3 中还给出了允许管道公司运输自己所有的天然气（设计II）和不允许这么做（设计III）的平均效率的对比结果。从设计II到设计III，我们发现 ET、EB 和 EW 值有很重要的变化。管道公司的利润效率稍有提高，但同时拥有矿井和管道的参与者的利润有相当程度的下降（尽管这一下降在统计意义上并不显著）。净效果是管道的总利润 ELT 增加。因此事实上，管道公司不运输自己的天然气时，它们的表现会稍好一点。

8. 结　语

投资于天然气管道的高回报率、历史上的监管体系增强了管道系统的垄断力量、美国天然气管道网络的竞争性，上述三个事实表明，我们有必要对美国天然气行业的监管体系做出新的定位。在我们的开创性研究中，我们为天然气管道网络提出了一个新的拍卖市场机制。我们使用计算机的作用是，在所有批发买者提交确定地点的出价表、所有天然气卖者和管道提供者提交确定地点的报价表的基础上，选择能够使交易中的总收益最大化的节点价格和管道流量。

我们的实验中参与者是有真实货币激励的，在此基础上，我们的结论是，如果管道运输通道的成本具有可比性，并且容量足够大，则使用天然气网络净值机制可以产生竞争性结果。天然气拍卖网络机制对三种类型的参与者都具有约束力，而且，除了只有一条管道提供服务的情形外，我们在管道运输方面没有发现垄断因素。但是即使在这些情形中，讨价还价也会产生对买者有利的结果。

表3　平均效率：综合及比例[a]

效率度量	设计I 实验号	最优效率	Ē	设计II 实验号	最优效率	Ē	设计III 实验号	最优效率	Ē	t_{I-II} (Prob)	t_{II-III} (Prob)
ET (全部)	4e	1.00	0.868	1e	1.00	0.850	1e	1.00	0.904	3.61 (0.069)	−0.19 (0.87)
	5e		0.881	2e		0.875	2e		0.859		
	6ee		0.885	3ee		0.870	3ee		0.846		
EB (买者)	4e	0.591 7	0.685	1e	0.457 0	0.895	1e	0.457 0	0.971	−4.52 (0.05)	0.20 (0.86)
	5e		0.718	2e		0.929	2e		0.911		
	6ee		0.816	3ee		0.812	3ee		0.825		
EW (卖者)	4e	0.277 8	0.883	1e	0.282 4	0.768	1e	0.282 4	0.750	2.98 (0.096)	0.20 (0.86)
	5e		0.968	2e		0.842	2e		0.778		
	6ee		0.753	3ee		0.723	3ee		0.783		
EL (管道运输)	4e	0.108 3	1.76	1e	0.208 5	0.897	1e	0.208 5	1.14	6.47 (0.023)	−2.11 (0.169)
	5e		1.43	2e		0.838	2e		1.04		
	6ee		1.66	3ee		1.13	3ee		1.14		
EWL (拥有矿井 的管道公司)	4e	0.022 2	1.16	1e	0.052 1	0.716	1e	0.052 1	0.218	4.50 (0.046)	2.16 (0.163)
	5e		1.45	2e		0.726	2e		0.113		
	6ee		0.600	3ee		0.250	3ee		0.215		
ELT (所有管道)[b]	4e	0.130 5	1.65	1e	0.260 6	0.861	1e	0.260 6	0.956	8.01 (0.015)	−1.65 (0.241)
	5e		1.43	2e		0.816	2e		0.855		
	6ee		1.47	3ee		0.954	3ee		0.955		

注. [a]所有的平均效率都是按最优效率的百分比来衡量的。例如，在设计I的实验4e中，$\bar{E}_B=0.685$，意味着最优效率（竞争均衡值）0.592的68.5%得到了实现。

[b]ELT是拥有矿井的管道公司和运输管道的组合效率。例如，在设计I的实验4e中，

$$ELT = \frac{1.76\times0.108\ 3+1.16\times0.022\ 2}{0.108\ 3+0.022\ 2} = 1.65$$

参考文献

Belovicz, M. W. , 1979, "Sealed – Bid Auctions: Experimental Results and Applications," in V. L. Smith, ed. , *Research in Experimental Economics*, Vol. 1 (JAI Press, Greenwich, CT), 279 – 338.

Coursey, Don and Vernon L. Smith, 1984, "Experimental Tests of an Allocation Mechanism for Private, Public or Externality Goods," *Scandinavian Journal of Economics* 86, no. 4, 468 – 484.

Cox, James C. , Vernon L. Smith and James Walker, 1985, "Expected Revenue in Discriminative and Uniform Price Sealed – Bid Auctions, " in V. L. Smith, ed. , *Research in Experimental Economics*, Vol. 3 (JAI Press, Greenwich, CT), 183 – 232.

Ketcham, Jon, Vernon L. Smith and Arlington W. Williams, 1984, "A Comparison of Posted Offer and Double Auction Pricing Institutions," Review of Economic Studies 51.

McAfee, R. Preston and John McMillan, 1987, "Auctions and Bidding," *Journal of Economic Literature* 25, 699 – 738.

Miller, Gary and Charles R. Plott, 1985, "Revenue – Generating Properties of Sealed – Bid Auctions," in V. L. Smith, ed. , *Research in Experimental Economics*, Vol. 3 (JAI Press, Greenwich, CT), 159 – 181.

Norman, Donald A. , 1987, "Competition in the Natural Gas Pipeline Industry," Western International Economic Association meetings (Vancouver, B. C.) .

Smith, Vernon L. , 1967, "Experimental Studies of Discrimination Versus Competition in Sealed – Bid Auction Markets," *Journal of Business* 40, 56 – 84.

Stalon, Charles A. , (Commissioner, Federal Energy Regulatory Commission), 1985, "The Diminishing Role of Regulation in the Natural Gas Industry," Seventh Annual North American Conference, The International Association of Energy Economists (Philadelphia, PA) .

Vickrey, William, 1961, "Counterspeculation, Auctions and Competitive Sealed Tenders," *Journal of Finance* 16, 8 – 37.

Vincent-Genod, Jacques, 1984, " Fundamentals of Pipeline Engineering," (Gulf, Houston, TX) .

第五部分

产业组织

导 言

　　Vickrey 在 1961 年发表了一篇有影响力的文章，该文章对竞价和拍卖理论以及激励相容机制的研究有突出贡献。在那篇文章中，他提出了一个关于激励研究的基本问题：在市场不是完全竞争的时候，是否可以设置一个代理人，通过"反投机"建立一个条件来实现资源的优化配置？ Vickrey 承认是 A. P. Lerner 最先提出了这个问题。今天我们可以这样来重新表述这个问题：我们能否找到一种产权机制，这种机制可以在更多样的环境中实现市场效率，而不需要干预政策的参与？或者如同 Hayek 所说的那样，人们都被激励机制引导着去采取正确的行动，而不需要权威机构来告诉他们该怎样做？

　　当然，这是机制设计理论需要解决的问题，对于机制设计这种技术形式，Vickrey 无疑是一个高手。在我完成了 Groves‐Ledyard 公共产品实验之后，也就是直到 1975 年左右，我才读到了 Vickrey 的那篇文章。这项活动的成果就是我与我的研究生 Vicki Coppinger 和 John Titus 共同完成的实验研究项目，我们会在这一部分的第一篇文章中对这些实验加以介绍（见第 32 篇文章）。在这篇文章中，我提出了这样一个问题：是否可以通过一种机制使卖者低估需求，从而压制或抵消垄断的价格优势？除了这个问题之外，我是完全按照 Lerner‐Vickrey 的思路进行的研究。尽管我在第 32 篇文章中的 6 个实验都是在读 Vickrey 的文章之前进行的（见下文第一个脚注），但是不可否认的是，正是他的那篇文章把这几个实验和三个新的实验连贯成为一个整体。

　　尽管可测性观念的基本想法至少可以追溯至 J. B. Clark 在世纪之交的一篇文章，但是直到 W. Baumol，J. Panzer，R. Willig 的文章中，这种想法才被转换为连贯的可测性理论。我和本文的合著者意识到，竞争市场理论的分析也许能够对实验中供给‐需求市场的收敛特性加以解释，因此我们觉得这一理论的经验论证很有潜力，在这些市场中，需求和供给的额外边际单位与超边际单位进行竞争，从而导致了均衡调节。从这个观点来看，竞争市场理论为机会成本提供了一个全新的视角。我们研究的问题就是更加明确地关注理论所设定的环境和机制因素，即边际成本递减的环境、两个企业争夺一个"自然垄断"市场、标价机制。在第 33 篇文章的第一组实验中，我们将企业进入的沉没成本设为零。在第二组实验（与 Don Coursey、R. Mark Isaac 和 Margaret Luke 一起做的）中，我们适度引入了沉没的进入成本，这组实验由经济思想学院（Schools of Economic Thought）的《实验经济学》（*Experimental Economics*）转载。

在我和 Mark Isaac 开始对掠夺性定价行为进行实验研究之前，我们的研究计划是试图确定环境（"结构"）条件，来产生掠夺性定价的现象。然后我们复制那些实验，并做出一些差异化的处理，以试图分离出那些产生掠夺性行为的因素。但是我们的努力始终没能产生出掠夺性的现象。在这个设计-检验过程中，我们发现，以往那些研究掠夺性条件的文献没能够对设计适当实验的标准给出明确的规范。从实验检验的角度来看，产业组织理论的一个重大缺陷是，它没能够描绘出在什么样的环境和制度条件下，我们所推测的不同定价行为（如竞争性、联合性、占优企业、掠夺性、限制定价等）能够实现。我们缺乏这种将市场"结构"映射到所谓的定价行为的一般连贯性理论。

掠夺性定价理论最为严重的缺陷（我们的实验同样有这一缺陷）就是，它没有在被掠夺者特定的资本储备价值的前提下考虑掠夺性行为。一个典型的掠夺性定价者通过迫使一个新进入的企业破产，也许真的可以建立起掠夺定价的声誉，但是这仅仅能够将被掠夺者的资本储备降至替换成本之下。因此，任何一个新进入者都可以在某一价位上获得这一资本，从而使掠夺性定价者的减价声誉大打折扣。这么做的结果就是，新进入者的成本使它可以在掠夺性的价位上获得竞争性利润。

限制垄断的分权机制实验研究 *

弗农·史密斯（Vernon L. Smith）

几年前，Abba Lerner（1944）研究发现，当由于某种原因（比如市场上的买者或卖者数量太少），市场不是完全竞争时，中央权威机构或市场代理人可以通过"反投机"（counter‐speculation）来创造一个使资源得到优化配置的条件。然而，在 Vickrey 之前，一直没有人研究 Lerner 的"反投机"观念；Vickrey（1961）机制和 Clarke（1971）、Groves（1973）揭示的公共物品需求机制，都被认为是激励相容机制的典范。Vickrey 机制采用市场代理来处理个体的供给和需求信息（pp. 9-14），并没有对供求的虚假陈述提供任何直接的激励；但是由于 Vickrey 认为这种设想是不现实的（也许这一想法是正确的），他转而分析那些可以完成现实或可实现机制的各种拍卖方式（pp. 14-29）。他的研究表明，口头英式拍卖和二级价格密封出价拍卖（在这种拍卖形式中，出价最高的竞价者赢得拍卖，但成交价格是次高出价）是分权定价机制（decentralized mechanism）的两个例子，在这种分权定价机制中，存在一种激励，使得即使参与者很少，也可实现有效率的资源配置（Pareto 最优）。相反，荷式拍卖和一级价格密封出价拍卖（在这种拍卖形式中，出价最高的竞价者赢得拍卖，支付的价格就是他的出价）是分权定价机制的另外两个例子，在这种分权定价机制中，存在对需求进行虚假陈述的激励，从而导致非 Pareto 最优的资源配置。

---

* 感谢国家科学基金的资助。我还要感谢 A. Williams 指导我进行图 4 的实验并允许我汇报这些实验结果，感谢 M. Korody 于 1974 年春天在 Cal Tech 的 Plott-Smith 实验经济学论坛中指导飞行员垄断实验（在本文中没有讨论）。

　　除了 Vickrey 的研究，Groves 和 Ledyard（1977）还研究了一个二次成本配置机制，来解决公共物品中的"搭便车"问题，它可以看作 Vickrey 拍卖理论分析的一般化。Vickrey 的拍卖理论和 Groves - Ledyard 的机制都要求代理人在一般的 Euclidean 空间内交流，而 Vickrey - Clarke - Groves 的需求揭示过程则要求代理人报告支付意愿。

　　在 Vickrey、Clarke 和 Groves - Ledyard 研究的同时，对分权市场机制还有其他一些实验研究，考察几种不同定价机制下的行为特征。这方面的研究通过复制大量的实验（Smith，1962，1976b）证明了，口头双向拍卖机制存在快速的收敛特性。而且，这方面的实验研究还确定了一些相关的竞价机制，这些机制在效率和收敛特性方面存在行为上的差异。

　　例如，Smith（1967）对单一商品多标的物的歧视性密封出价拍卖与竞争性密封出价拍卖进行了对比研究。在歧视性拍卖规则下，按照竞价者的各自出价成交；而在竞争性拍卖规则下，按照中标出价中最低的那个价格成交（按照 Vickrey 的说法，严格正确的方法是按照第一个被拒的出价成交）。竞争性规则可以提供显示需求的激励，而歧视性规则提供了保留（保守）需求的激励。实验结果与上述结论一致：歧视性规则下的出价均值要低于竞争性规则下的出价均值。Tsao 和 Vignola（1977）发现，这些结论在美国的一级国债市场也成立。

　　Smith（1964）将口头双向拍卖与单向拍卖——口头要价和口头出价拍卖——进行对比，发现口头要价的成交价格要低于双向拍卖的成交价格，而双向拍卖的成交价格要低于口头出价拍卖。Williams（1973）通过将明码出价拍卖（posted - bid）和明码标价拍卖（posted - offer）加以比较，发现明码标价拍卖的成交价格要显著高于明码出价拍卖的成交价格。Plott 和 Smith（1978）通过将口头出价拍卖和明码出价拍卖机制（与歧视性密封出价拍卖相似，但不完全相同）加以对比，发现明码出价拍卖的成交价格倾向于低于市场出清价格，而口头出价交易的成交价格倾向于高于竞争性价格。

　　口头要价拍卖和（歧视性）明码出价拍卖都会使卖者低估需求而使成交价格偏低，从而不利于卖者，于是就产生了这样一个问题：这两种分权机制对垄断控制是否可以发挥作用？既然它可以令垄断者低估需求，那它能不能压制或抵消垄断的价格优势呢？垄断的低效率能否通过这样一种机制得到改善呢？这一系列的问题（除了我们没有问在垄断的情况下是否存在一种"反投机"的集中方法，而是问是否存在一个集中的机构可以近似达到"反投机"的目的）又把我们带回到了 Lerner-

Vickrey 提出的问题。[1] 垄断者的"能力"来自他对产量的控制能力，于是在没有其他供给来源的情况下，他就可以制定更高的价格。但是买者同样也有这种"能力"，即控制购买量的能力。当买者面对的是一个垄断卖者时，是否存在一种更加有效的机制，使买者可以更好地发挥他的这种"能力"呢？当提价带来的收益不能抵消产量下降所带来的损失时，垄断的效力就消失了。我们知道，在垄断市场中，价格是低效的，在一些交易中没有实现利益。是否存在一种机制可以使交易中的利益得到更加充分的实现呢？

通过采用决定价格的 4 种机制，本文分析了 8 个垄断实验的结果，另外还有 2 个附加的实验，其中一个是"大组的"竞争市场实验，另一个是双头垄断实验，设计这 2 个实验是为了进行后面的比较。

实验设计

我们把垄断实验进行标准化，5 个买者每人最多购买 2 单位商品，而垄断卖者则可以提供 10 单位商品。表 1 列示了卖者对 10 单位商品中每单位商品的边际成本，以及每个买者对 2 单位商品的转售价格（即买者的保留价格）。

表 1 标准化的边际成本和需求

数量	卖者（参与者 1）的边际成本（美分）	转售价格（美分）	购买者编号
0	0		
1	60	150	2
2	60	140	3
3	60	130	4
4	60	120	5
5	65	110	6

---

[1] Plott－Smith（1978）对明码出价和口头出价拍卖机制的研究及笔者对单边拍卖的早期研究（Smith，1964，1967）直接推动了这方面的垄断问题研究。研究发现，某种机制会倾向于对买者有利而对卖者不利，于是我们推测，如果这些行为特征足够强的话，它们可能会对垄断提供一种控制方式。下面研究的 6 个实验是在我接触 Vickrey 对激励相容的卓越贡献之前进行的。

续前表

数量	卖者（参与者1）的边际成本（美分）	转售价格（美分）	购买者编号
6	70	100	6
7	75	90	5
8	80	80	4
9	85	70	3
10	90	60	2

在图1的左半部分，我们可以看到相应的垄断边际成本（竞争性的市场供给）曲线（MC）、市场需求曲线（D）和垄断边际收益曲线（MR）。所有的成本和价值只适用于每一时段中交易的商品，上面的表格代表了每个时段的供求。表1以及后面所有图表的纵坐标都将边际成本标准化至60～90的范围，而将需求标准化至150～160的范围。为了能够更加有效地控制信息的不完全性，在实验中我们还会额外做一些变动。由于参与者间相互认识的可能性较小，所以即使在所有的实验中使用的都是同一批成本和需求参数，也不会造成太大的影响。事实上，这10个实验分别是在5所不同的大学里进行的，而且历时4年，所以这一概率很小。

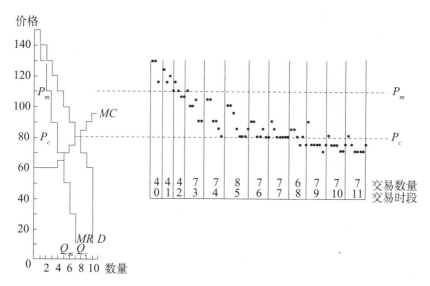

图1　双向拍卖1：垄断

附录为实验说明。共有 48 个参与者参加了这 8 个垄断实验。竞争市场实验使用了 10 个参与者，双头垄断实验使用了 12 个参与者。参与者都是来自加州理工学院、南加州大学、加州大学洛杉矶分校、亚利桑那大学及得州农工大学的研究生和高年级本科生。对于那些相对老练的参与者，他们试图减少垄断行为。出于同样的考虑，垄断卖者不是在参与者中随机指定的。在每个实验中，我们都会付出一定的努力，提前挑选出一个卖者——被认为是"最不会对买者宽容"的参与者，剩下 5 个参与者的转售价格都是按照表 1 随机指定的。参与者被告知交易规则，并且个人成本和转售价格是私人信息。

实验结束时，我们按照参与者指定的转售价格与他的购买价格之差支付给参与者现金，而且对参与者每购买一单位商品还要支付 5 美分的"佣金"。同样，对于卖者，我们将按照卖价与指定给他的边际成本之差向他支付现金，而且会对他每单位的交易支付 5 美分"佣金"。支付 5 美分"佣金"的目的是，在市场价格等于转售价格或边际成本时，为交易提供一个激励，也就是补偿参与者的交易成本（Smith，1976a）。因此，参与者有动机去交易。

交易时段的数量随着实验的不同而有所差异，但始终都不少于 10 个。在每个实验中，参与者在事前都不知道交易时段的总数目。如果一个垄断卖者实现了垄断价格 1.10 美元，成交量是 5 单位，则他包括佣金在内的总收入将是 27 美元。如果垄断卖者实现的垄断价格是 0.80 美元，成交量是 8 单位，则他相应的收入是 15 美元。因此，在可能的情况下，卖者就会有一个很强的动机来寻找并维持垄断性的价格-成交量间的权衡。当然，除了根据特定的实验规则从市场中得到的出价、要价及合同信息以外，卖者并不拥有"真正的"需求信息。与此类似，在现实生活中，经济交易中的卖者也不会拥有"真正的"需求信息，而只能通过特定的产业或市场的定价过程获取相关信息。

我们的实验设计使得我们可以精确地计算交易的效率。如果忽略佣金，则每个交易阶段的效率就是所有参与者的总收入与竞争性价格和竞争性产量下总收入的比值。如果 8 单位商品都是在竞争性价格（0.80 美元）下交易的，则总的收入（不包括佣金）就是 3.90 美元，即刚好是图 1 中左侧的消费者剩余加生产者剩余。而在垄断性价格和产量下，总剩余是 3.45 美元。因此，从理论上讲，垄断均衡在 88.5% 的程度上是有效率的。实验市场中的实际效率是将不同机制加以比较的重要手段。

双向拍卖实验

3个垄断实验和1个竞争实验是以双向拍卖的形式进行的。附录1给出了实验说明和记录表格。在这些实验中，所有交易时段被限时4分钟。有时在交易中会出现耽搁，比如记录出价、要价、合同，或者在2个买者同时接受了一个报价时用掷硬币的方式来做决定，就会发生一些迟滞，在这种情况下，会对实验提供一定的补时。交易机制相对来说是无组织的双向拍卖，即，在任何时刻买者都可以对1单位商品出价，而这个价格可以高于、等于或低于上一个出价；同样，卖者也可以在任何时刻要价。一个出价或要价只有在未被其他出价或要价所取代，而且也未发生成交时，才是有效的。一个出价或要价一旦被接受了，则它就成了一个有效的合约，卖者和买者都要在他的记录表上记下合约价格。在每个实验结束时，参与者会有几分钟的时间来记录和计算这一阶段的收入。

图1的右侧是双向拍卖（DA1）垄断合约价格按时间排序的散点图。时段0是练习阶段，不计入现金支付。实验结果并没有支持"拥有不完全信息的卖者在双向拍卖中会达到垄断均衡"的观点。在最后的3个时段中，买者成功地将价格压至竞争性价格以下。只有在第1个交易时段中，卖者才以垄断价或更高的价格成交，但是这一交易仅仅成交了4单位商品。

衡量垄断价格效率的一种方法就是将每个时段的实际成交价格与假定数量下的垄断价格加以比较。也就是说，由于卖者并不知道垄断价格 P_m 条件下的成交量 Q_m，于是，在正常情况下，每个时段的成交量可能都是另一个值，用 $Q(t)$ 表示。接下来的问题就是，在时段 t 中成交量为 $Q(t)$ 时，垄断价格 $P[Q(t)]$ 是多少？如果卖者在决定垄断价格时是有效率的，而在决定垄断产量时是无效率的，则我们可以推断，在时段 t 真实的成交价格会很接近 $P[Q(t)]$。[①] 观察表1我们发现，只有在时段3、4、5时，卖者的价格才高于 $P[Q(t)]$。例如，在时段10和11中，$P[Q(10)]=P[Q(11)]=P[Q(7)]=0.90$ 美元，而且在这些时段中，每个成交价格都是低于 0.80 美元的。表2列示了每个时段中的

---

① 衡量卖者垄断效率的另外一种方法是，将他在时段 t 中得到的实际利润与限制产量条件下得到的价格 $P[Q(t)]$ 进行对比。

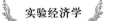
价差：

$$\delta(t) = \frac{1}{Q(t)} \sum_{q=1}^{Q(t)} P_q(t) - P[Q(t)]$$

其中，$P_q(t)$ 是在时段 t 中第 q 个合约的成交价格。而 $\frac{1}{Q(t)} \sum_{q=1}^{Q(t)} P_q(t)$ 是在时段 t 中的成交价格均值。

图 2 展示了另一个双向拍卖（DA2）实验的结果。尽管合约价格的走势要比 DA1 中的价格走势更加平滑，但是很明显这组成交价格有侵蚀买者利益的趋势。为了检验能否通过经验效应改变价格下降的趋势，我们增加了交易时段的个数。除了最后一个交易时段，所有交易时段的平均成交价格都低于条件垄断价格（也就是说，在表 2 中 $\delta < 0$）。

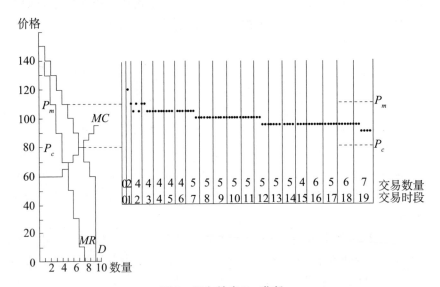

图2　双向拍卖2：垄断

类似地，实验 3（DA3）由 16 个交易时段组成（见图 3）。在这组实验中，前 7 个交易时段的低价在第 8 个交易时段突然改变。值得注意的是，成交量从第 7 个交易时段的 7 单位降至了第 8 个交易时段的 4 单位。从第 8 个交易时段至第 16 个交易时段，价格下降的趋势再次出现，只不过表现得没有那么剧烈。这个实验中卖者是（第 8 个交易时段至第 16 个交易时段）最有效率的，因为成交价格距离垄断价格更近。

比较 3 个卖者成交价格效率的一种方法是：计算假定数量下的垄断价格与每个实验中所有交易的实际成交价格均值之间的价差。对于每个包含 T 个交易时段的实验，设上述平均价差为：

表 2

价格-产量汇总

交易时段 t	双向拍卖，垄断						明码标价价格				要价拍卖 垄断		明码出价价格，垄断					
	DA1		DA2		DA3		垄断		双头垄断				PB1		PB2		PB3	
	Q	δ	Q	δ	Q	δ	Q	δ	Q	δ	Q	δ	Q	δ	Q	δ	Q	δ
1	4	−0.025	2	−0.25	6	0.075	7	0.35	14	−0.032	2	−0.125	4	−0.375	6	−0.20	4	−0.3
2	4	−0.112 5	4	−0.125	7	0.064 3	5	0	15	0.042	6	−0.008 3	7	−0.088 6	1	−0.60	7	−0.032 9
3	7	0.064 3	4	−0.137 5	6	−0.108 3	4	−0.20	14	−0.05	6	−0.251 7	7	−0.075 7	0	0	8	0.067 5
4	7	0.007	4	−0.15	6	−0.15	6	0	14	−0.061	5	−0.398	7	−0.071 4	6	−0.1	7	−0.082 9
5	8	0.812 5	4	−0.15	7	−0.114 3	5	0	14	−0.066	6	−0.3	7	−0.071 4	4	−0.287 57	7	−0.091 4
6	7	−0.064 3	4	−0.15	5	−0.33	5	0	14	−0.076	7	−0.107 1	7	−0.077 1	6	−0.108 37	7	−0.019 4
7	7	−0.078 6	5	−0.07	7	−0.135 7	5	0	14	−0.032	7	−0.097 1	7	−0.087 1	6	−0.116 77	7	−0.092 9
8	6	−0.2	5	−0.1	4	−0.162 5	5	0	14	−0.066	7	−0.09	6	−0.185	6	−0.13	8	0.005
9	7	−0.135 7	5	−0.1	5	−0.07	5	0	14	−0.05	7	−0.08	7	−0.097 1	6	−0.118 48	8	0.007 5
10	7	−0.157 1	5	−0.1	6	0.016 7	5	0	14	−0.05	7	−0.048 6	7	−0.101 4	7	−0.03	7	−0.087 1
11	7	−0.171 4	5	−0.1	5	−0.05	5	0	14	−0.032	7	−0.011 4	7	−0.1	7	−0.037 17	7	−0.08
12			5	−0.13	6	0.033 3					7	−0.007 1	7	−0.097 1			7	−0.07
13			5	−0.15	6	0							7	−0.088 6			7	−0.07
14			5	−0.15	6	0											5	−0.27
15			4	−0.25	6	−0.008 3											7	−0.07

续前表

交易时段 t	双向拍卖，垄断 DA1 Q	DA1 δ	DA2 Q	DA2 δ	DA3 Q	DA3 δ	明码标价价格 垄断 Q	垄断 δ	双头垄断 Q	双头垄断 δ	要价拍卖 垄断 Q	要价拍卖 δ	明码出价价格，垄断 PB1 Q	PB1 δ	PB2 Q	PB2 δ	PB3 Q	PB3 δ
16			6	−0.05	6	−0.025											7	−0.06
17		·	5	−0.15													7	−0.06
18			6	−0.05													7	−0.06
19			7	0.02													7	−0.06
$\bar{Q}$	7		4.74		5.67		5		14		6.83		6.83		5.83		7.33	
$\bar{\delta}$		−0.0924		−0.1117		−0.1326		0		−0.0567		−0.1205		−0.1032		−0.1318		−0.0584
第5~10个交易时段的均值																		
$\bar{Q}$（混同值）			5.78				5		14		6.83				6.66			
$\bar{\delta}$（混同值）				−0.1122				0		−0.0567		−0.1205				−0.0978		
所有交易时段的均值																		
$\bar{Q}$	6.45		7.47		5.9		5.18		14.09		6.17		6.69		4.64		7.00	
$\bar{\delta}$		−0.0683		−0.1118		−0.0553		0.0026		−0.043		−0.1174		−0.1069		−0.1345		−0.0559
$\bar{Q}$（混同值）			5.54				5.18		14.09		6.17				6.12			
$\bar{\delta}$（混同值）				−0.789				0.0026		0.043		−0.1174				−0.096		

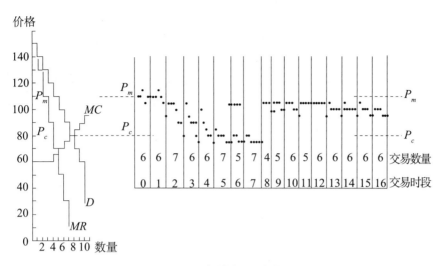

图3　双向拍卖3：垄断

$$\bar{\delta} = \frac{1}{T}\sum_{t=1}^{T}\delta(t)$$

对于 3 个 DA 垄断实验，平均价差分别是：$\bar{\delta}_{DA1} = -0.068\,3$，$\bar{\delta}_{DA2} = -0.111\,8$和$\bar{\delta}_{DA3} = -0.055\,3$。在控制供给效应的前提下，似乎 DA3 中卖者的价格比 DA1 中卖者的价格更有效率，而 DA2 中卖者的价格是效率最低下的。在限制供给的前提下（$\bar{Q} = 4.74$），DA2 中的卖者是最有效率的，但是这并没有导致相应的价格提高。看起来在双向拍卖机制中，垄断卖者对供给限制得越严格，买者讨价还价的阻力就越大。

将双向拍卖机制（市场中同时存在若干个买者和若干个卖者）与前面的实验进行对比时，我们发现，这些垄断实验最突出的特点就是买者讨价还价时遇到的阻力较大。在只有一个卖者的双向拍卖交易中，买者似乎有能力针对卖者进行默契的勾结，而这种现象在前面的非垄断实验中就没有出现。

为了对这一推断进行检验，我们决定使用 5 个卖者和 5 个买者进行一个双向竞争性市场拍卖实验，在实验中使用与垄断实验中相同的需求（标准化的转售价格）。然而，对卖者指定的边际（供给）成本则只在产量小于 5 单位时与垄断者标准化的 MC 方程相符，其余的边际成本等于最高的需求价格。图 4 展示了上述构造方式。因此，我们将 5 个卖者的需求曲线设置成折线，这样它就可以有效地将垄断者对产量的限制复制成 $Q_m = 5$ 的水平。因此，实际上，这个实验与卖者可以完全有效控制产量的垄断拍卖实验相比，唯一的区别在于：这个实验中有 5 个卖者而不是 1 个。如果我们的推断是正确的，也就是说，在面对多个卖者时，买者可以更加有效地进行讨价还价，则"5 个卖者、5 个买者"实验的成交价格应该在 $P_m = 1.10$ 美元附近。

图 4 右侧是实验 DA4 中的合约序列。当生产者剩余远高于消费者剩余时，从下面收敛的情形更普遍（Smith, 1976b），除了这一点以外，这些实验的结果与典型实验差不多。注意一下图 4 中所有突高的成交价格，将它们与图 2 中第 7～14 个交易时段的成交价格进行对比（在这些实验中卖者将每个交易时段的产量限制在 5 单位）。这些结果倾向于支持"在双向拍卖机制中，买者在面对多个卖者时，相对于只面对一个垄断卖者的情形，可以更好地发挥讨价还价的作用"的假设。

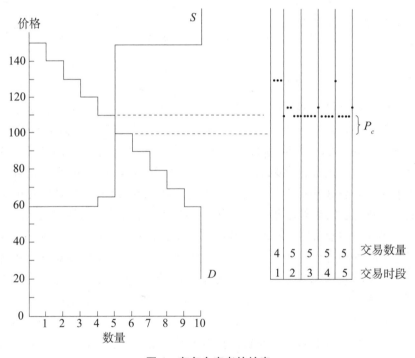

图 4　有多个卖者的拍卖

明码标价拍卖实验

在这一部分中，我们将研究两个明码标价拍卖实验——一个垄断实验和一个双头垄断实验。明码标价拍卖机制的运行方式如下（有关对称性明码出价拍卖的详细讨论，见 Plott and Smith，1978）：每个卖者都独立选择一个书面形式的要价，承诺在报出的价位上至少卖出 1 单位商品；这些价格被收集在一起并公示于黑板上；然后所有买者都会被随机地排成一列，第一个买者从报价中选择一个并报出在这一价位愿意购买的数量；接下来卖者决定他可以接受多少单位（至少 1 单位）进行成交；如果这个买者要求的数量没有全部得到满足，则他可以在其他卖者那里满足这部分需求；当第一个买者完成交易后，随机排序中的第二个买者报出他的数量，这样依次进行下去，直到最后一个买者。附录 2 给出了垄断实验和双头垄断实验的详细规则说明。

在 Plott 和 Smith（1978）研究的基础上，我们预期这一机制可以产生对卖者有利的结果。在本文我们研究的 4 种定价机制中，这是最有可能使单一卖者实现价格-产量的垄断均衡的一种机制。在这种机制下，买者唯一的权利就是保留购买权，从而拒绝短期的消费者剩余，以期在后面获得更低的要价。对于要价，买者面临的选择是要么接受要么放弃，因为在这种机制中，不允许买者进行讨价还价。这种方式与大多数零售企业的定价过程相似，因为在这些零售企业中，店员与经理的分工使得讨价还价在"顾客-店员"这一层面上没法进行。

图 5 是明码标价垄断实验结果的散点图。对于买者而言，没有任何策略性行为。在每个交易时段中，每个买者按照垄断商报出的价格购买短期的最优数量，以实现最大化（除了在第 1 个交易时段中，第 3 个买者购买第 2 单位商品时发生了损失）。在 5 个交易时段的拍卖中，卖者确定了利润最大化的价格，并且在后面的 7 个交易时段中继续报出这一价格。在实验前的讨论中，一些买者说，他们觉得除此之外也没别的可以做。尽管也可以采取策略性的购买行为，但是这个实验中的买者认为，他们没有有效权利，只能接受这个"要么接受要么放弃"的价格。因此，这个实验在行为上是机械化的，甚至是令人厌烦的。这与双向拍卖实验形成了鲜明的对比。

图 6 是明码标价双头垄断实验的结果。在这种方式下，有 2 个卖者，他们独立选择并公布一个价格，除了这一点以外，与前面的垄断实验完全相同。2 个卖者的 *MC* 曲线与垄断实验中单一卖者所面临的 *MC* 曲线一样，而且这里某个买者的价格与垄断实验中某个买者的价格也相同。因此，双头垄断实验完全复制了垄断实验的成本-价格结构，只不过是将市场规模扩大至原来的 2 倍（Shubik，1975）。

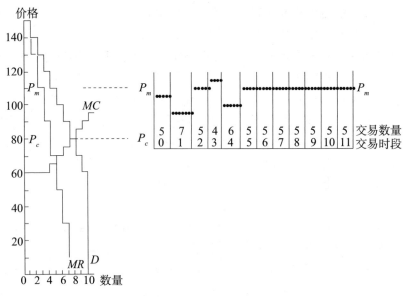

图 5　明码标价 1：垄断

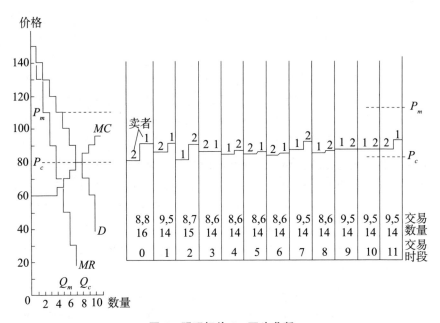

图 6　明码标价 2：双头垄断

　　在图 6 中，对每个交易时段卖者报出的 2 个价格按递增的顺序绘出，并且标出了卖者的编号（1 或 2）。在每个价格上交易的数量在图中用价格柱来表示。在每一个交易时段，价格由竞争性的边际需求单位和下一个较高的需求单位决定，位于 0.80～0.90 美元的范围内。在交易时段 2、3、5、7、9 和 11 中，双头垄断者中至少有一个人发出了合作信号；而在交易时段 2、3、4、5、6 和 8 中，则发出了竞争信号。在每个交易时段中，成交价格都高于 P_c，但是比起 P_m 来，成交价格更接近 P_c。在任何一个实验中，2 个卖者都没能策略性地对买者进行保留性销售。在每个交易时段中，要价较低的卖者按其价格出售了商品后，剩余的需求决定了另一个卖者（即要价较高的卖者）的销售量（Shubik，1959，pp.82-84）。从表 3 中我们可以看出，在每个交易时段中，双头垄断实验的效率都没有低于 97.4%。

表 3 　　　　　　　　　　　　　　　　效率

交易时段 t	双向拍卖			明码标价		要价拍卖	明码出价		
	1	2	3	垄断	双头垄断		1	2	3
1	76.9	41.0	96.2	97.4	97.4	41.0	46.2	66.7	100.0
2	76.9	66.7	91.0	88.5	100.0	96.2	82.1	23.1	100.0
3	97.4	74.4	83.3	76.9	100.0	80.8	100.0	0	100.0
4	100.0	74.4	96.2	96.2	100.0	93.6	100.0	82.1	100.0
5	98.7	74.4	84.6	88.5	100.0	83.3	100.0	57.7	100.0
6	95.0	74.4	74.4	88.5	100.0	100.0	100.0	75.7	100.0
7	97.4	83.3	100.0	88.5	97.4	100.0	100.0	89.7	100.0
8	96.2	83.3	69.2	88.5	100.0	100.0	80.8	85.9	100.0
9	95.0	83.3	88.5	88.5	97.4	100.0	100.0	84.7	100.0
10	100.0	83.3	96.2	88.5	97.4	100.0	82.1	100.0	100.0
11	95.0	83.3	88.5	88.5	97.4	100.0	82.1	90.3	100.0
12		83.3	96.2			100.0	82.1		100.0
13		83.3	96.2				100.0		83.3
14		83.3	96.2						100.0
15		66.7	97.4						100.0
16		96.2	96.2						100.0
17		78.2							100.0
18		96.2							100.0
19		89.7							
$\bar{E}$（交易时段 5～10）	97.05	80.33	85.5	88.5	98.7	97.22	93.82	82.28	100.0
合并的 $\bar{E}$（交易时段 5～10）		87.63		88.5	98.7	97.22		92.03	

上述结果与我们的预期相同，即明码标价机制对于卖者更为有利。在单一卖者的情形中，可以实现垄断价格。在存在 2 个卖者时，这一机制仍然对卖者有利，但此时交易的效率已经上升到竞争水平。

要价拍卖实验

在单向口头要价拍卖中，每个卖者都可以自由地对一个拍卖标的物要价，而买者只能接受价格或保持沉默。这种机制的运作方式有利于买者。从本质上讲，在卖者通过降价来吸引买者时，买者懂得了可以通过等待来达到低价格。当实验中有很多卖者时，卖者间的竞争，再加上买者的等待心理，使得交易以低于竞争均衡价格的价格水平成交。在这一部分，我们将研究单一卖者时的实验结果。关于实验规则的说明性资料可以参见附录 3。

图 7 按顺序给出了卖者的所有要价。空心的圆点代表没有被接受的要价，而实心的圆点代表成交的要价。与前面有若干个卖者的典型实验类似，我们可以发现卖者的要价持续降低，而买者则在等待更加有利的价格。例如，在交易时段 3、4、5 中，买者通过策略性的行为，等价格

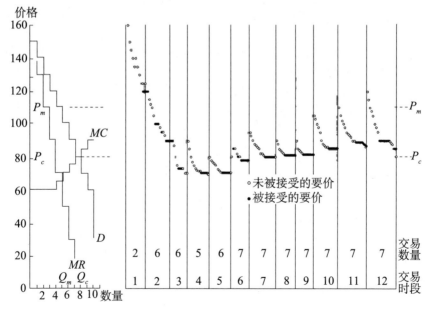

图 7 出价拍卖：垄断

达到 0.70 美元的低水平才接受。这好像是一种明显的"反投机"形式。而卖者可能意识到他们的要价行为太软弱了，于是便在交易时段 6 中改变要价的让步策略：一开始就报出较高的要价而且做出较小的让步。因此，在交易时段 6～12 中，卖者使得成交价格稳步地提高了。这一趋势表明了卖者最终达到垄断价格的可能性。在不考虑相应的边际需求时，对高于 0.90 美元的成交价格和高于 1 美元的成交价格，我们进行了一个重要的检验。买者讨价还价的阻力会不会明显加大呢？在交易时段 12 中，情况似乎是这样的：卖者为了达成第 7 个交易，对要价做出了几次让步。（参与者事先并没有被告知这是最后一个交易时段，所以我们的实验参与者的行为并不会受到"截止期效应"的影响。）

明码出价实验

在明码出价机制中，每个买者都独立地选择一个价格，在这一价格下，他或她必须愿意购买至少 1 单位商品。然后这个价格被公布。之后，卖者选择一个买者的报价，并报出想要出售的数量。最后，买者再次行动，宣布自己要购买的数量是多少。在此之后，卖者选择第 2 个买者的报价，并报出想要出售的数量，等等。在任一时刻，卖者都可以停止报告出售数量并拒绝所有买者的出价。附录 4 给出了三个明码出价实验的交易规则说明。

由于在这种机制中，买者必须按照他们所报出的价格进行支付，而且他们知道卖者将按照由高到低的顺序接受出价，因此，他们都会尽量避免作为最高的出价而被卖者接受。对于每个买者来说，理想出价就是比卖者所拒绝的最高价稍高一点的价格，因此，买者在这个激励下报出的价格会普遍偏低、差别不大。如果这种情形成立的话，卖者就会面临相对有弹性的、显示不足的需求。

图 8、图 9、图 10 对每个交易时段中的每个出价，按递减的顺序给出了每个出价水平下出价和相应交易数量的散点图。图中的圆点代表被卖者拒绝的出价，也就是说，在这个出价下，没有卖者与相应的买者达成交易。3 个实验都很明显地表现出买者不完全显示需求的趋势。在实验 1 和实验 3 中，过了两三个交易时段之后，买者要价的差别明显变小。在每个实验中，卖者很快就将交易数量稳定在 7 单位左右。而且在这些实验中卖者面临的价格都是比竞争性价格稍高一点。在实验 2 中（图 9），卖者拒绝了买者的大量出价，在第 1 个交易时段卖出 6 单位商

品之后，卖者在第2个交易时段只接受了最高的出价而拒绝了其他所有的出价；这使得交易时段3中的结果显著提高。然后卖者拒绝了交易时段3中的所有出价，导致交易时段4中的结果又有了一点提高。除了交易时段5之外，卖者将后面交易时段中的交易数量稳定在6或7单位，而且成交价格有降低的趋势。这些结果表明：明码出价机制对买者非常有利。甚至在卖者特意大幅限制产量时，也没有使得出价有效提高（至少在短期是这样）。因此，卖者通过限制产量来使出价提高的成本是很大的。

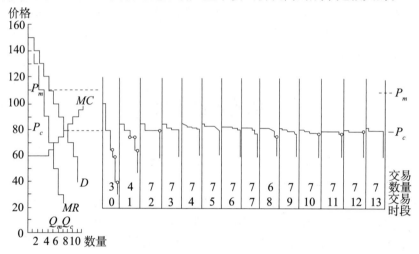

图8　明码出价1：垄断

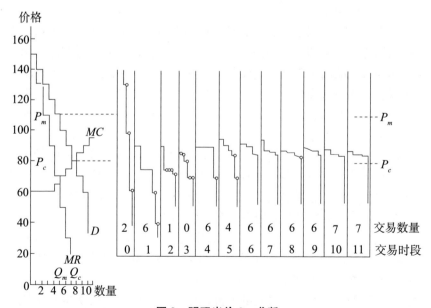

图9　明码出价2：垄断

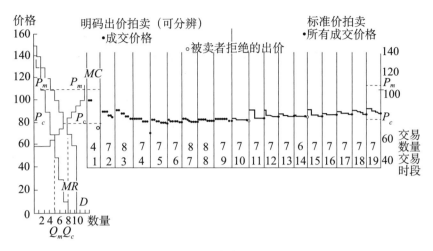

图 10　明码出价 3：垄断

从表 2 中我们可以看出，对于所有的交易时段，3 个卖者中，在第 2个实验（PB2）中的卖者最成功地限制了产量（$\bar{Q}=4.64$），但是他在限定产量的前提下在获得垄断价格方面是最不成功的，即 $\bar{\delta}_{PB1}=-0.106\,9$，$\bar{\delta}_{PB2}=-0.134\,5$，$\bar{\delta}_{PB3}=-0.055\,9$。而实验 3 中的卖者在限制产量方面是最不成功的，但在（限定产量条件下的）价格方面是最成功的。因此，看起来在双向拍卖和明码出价机制下，单一卖者对产量限制得越严格，他的价格策略就越不成功。

在第 3 个明码出价实验（PB3）中，我们检验了这样一种理论，即明码出价定价的辨别性特征是需求未充分显示的一个重要因素。从第10 个交易时段开始，我们宣布，从此以后，所有被卖者接受的出价都会按照相同的价格成交，交易程序如下：公开出价（与以前一样）后，卖者先宣布一个截止价格，在这个价格之下的价格都会被卖者拒绝；然后卖者选择一个买者（与以前一样），报出要出售的数量，之后买者回复自己要购买的数量，合同的成交价格就是卖者宣布的截止价格，一直这样进行下去。图 10 的第 10～19 个交易时段就是这些实验的散点图。我们在第 11 个交易时段的实验结果中发现，这种处理方式使买者的出价水平提高，从而使卖者获得更高的利润。在这些交易时段中，出价持续上升（但并不是单调变化的），除了在第 14 个交易时段中只成交了 5单位商品之外，卖者的利润呈上升趋势。因此，通过出价的差异化买者可以获益，而通过统一价格拍卖规则卖者可以获益。由于卖者实际上提供的商品数量没有变化，所以这一结果很大程度上可以归因于价格决定规则变化所带来的买者出价行为的变化。而第 14 个交易时段的例外也引起了我们的兴趣。在这一交易时段中，买者的出价并不像第 11～13 个交易时段中那么高，卖者的商品供应量从 7 单位降至 5 单位，而在随后的所有交易时段中，买者的出价一直在增加。

不同机制的比较

由于交易时段 5～11 的明码标价垄断实验的结果是垄断价格-产量均衡，又由于在实验 PB3 中只对 10 个交易时段使用了明码出价规则，因此，很自然地，我们会将 5～10 这 6 个交易时段的所有实验结果加以对比。表 2 中是价格-产量的对比结果，表 3 中是效率的对比结果。在表 2 中，我们将交易时段 5～10 的混同均值进行对比发现，双向拍卖实验中的卖者在限制产量方面比要价拍卖实验和明码出价拍卖实验中的卖者更加有效。明码出价定价机制中限制产量的平均价格效率比双向拍卖稍高一点，而要价拍卖的相应值则比双向拍卖稍低一点，但是从本质上和平均意义上讲，3 种机制在限制卖者的效率上是同明码标价机制同等有效的。在垄断中引入第二个卖者并不比改变机制更加有效，这一事实进一步验证了明码标价机制与垄断定价机制的兼容性。从表 2 中可以得知，对于交易时段 5～10 的明码标价双头垄断实验，$\bar{\delta} = -0.056\ 7$。这是明码标价垄断实验中唯一价格效率比较高的实验。其他所有实验的 $\bar{\delta}$ 的混同均值是双头垄断实验的将近 2 倍。在明码标价定价以外的 3 种机制中，买者很好地削弱了垄断定价的效果，而且比在明码标价拍卖中引入另一个竞争性买者的效果还要明显。

但是对垄断的机制限制并不意味着可以提高效率，在表 3 中可以明显地看出这一点。对于第 5～10 个交易时段的平均效率 $\bar{E}$，在双向拍卖实验中的值（$\bar{E}_{DA} = 87.63$）要低于完全垄断实验中的值（$\bar{E}_m = 88.5$）。明码出价实验的平均效率更高（$\bar{E}_{PB} = 92.03$），而要价拍卖的效率也很高（$\bar{E}_{QA} = 97.22$），仅低于明码出价的双头垄断拍卖实验。明码标价垄断实验和双头垄断实验的效率有效地涵盖了 3 种机制下垄断实验的效率范围。从本质上讲，对垄断的机制限制是有效率成本的。如果我们的目标是使效率最高，则在明码标价定价实验中引入另一个卖者的做法就比其他机制更好。

结　语

我们的结论受到以下条件的限制：

（1）样本很小。用 10 个实验来对 4 种不同的价格调整机制进行研究确实有点少。

（2）在很多个交易时段的实验中，本应实现均衡状态，但是实验的结果不如人意；无疑我们需要继续进行更多的实验时段。同样，增加买者的数量所带来的效果也需要进一步讨论。Murnighan 和 Roth（1977）通过一个简化的博弈模型，发现随着参与者数量的增加，垄断者的效率会提高。

在这些条件的限制下，我们根据数据得到如下结论：

（1）明码标价机制是最支持垄断价格的一种定价机制。

（2）在双向拍卖、要价拍卖和明码出价拍卖中，单一卖者试图获取垄断价格的行为得到了有效的限制。用垄断价格的效率 $\bar{\delta}$ 作为衡量指标，4 种机制的效率按由大到小的顺序排列为：$\bar{\delta}_{PO} > \bar{\delta}_{PB} > \bar{\delta}_{DA} > \bar{\delta}_{OA}$。

（3）用 $\bar{Q}$ 产量效率作为衡量指标，则 4 种机制限制产量的效率由低到高的排列顺序为：$\bar{Q}_{PO} < \bar{Q}_{DA} < \bar{Q}_{PB} < \bar{Q}_{OA}$。

（4）用平均的配置效率 $\bar{E}$ 作为衡量指标，则 4 种机制的效率由低到高的排列顺序为：$\bar{E}_{DA} < \bar{E}_{PO} < \bar{E}_{PB} < \bar{E}_{OA}$。

（5）以买者的价格优势作为衡量指标，则在任何一种机制下，明码标价双头垄断都劣于其他机制。

（6）以效率作为指标，在 4 种机制下明码标价双头垄断都要优于其他机制。

与明码标价差别价格规则的情形相比，垄断卖者在统一价格规则下能够更有效地提高价格和利润。

附录 1

实验说明（垄断双向拍卖）

这是一个关于市场决策的经济学实验。实验规则很简单，只要你认真遵守这些规则，并且很好地进行决策，你就可以获得一笔可观的现金。

在这个实验中，我们将构建一个市场，在市场中进行一系列的实验，你们当中会有一个人是卖者，而其他人则是买者。根据实验规则，你会看到标有"买者"号码或"卖者"号码的信息记录表。信息记录表上的所有信息都是你的私人信息。

买者的交易规则：在每个交易时段，每个买者最多可以从卖者那里购买 2 单位标的物。对于你买的第 1 单位标的物，你的收益是标有"第 1 单位的转售价格"栏中的数值与你的购买价格的差额；如果你购买了第 2 单位的标的物，则这一交易中你得到的收益就是标有"第 2 单位的转售价格"栏中的数值与你的购买价格的差额。即，利润（作为你的交易记录）的计算方式是转售价格减去买价；当然，在这一计算基础之上，对每次交易，你还会收到 5 美分的佣金。也就是说，

转售价格－买价＋5 美分的佣金＝利润

转售价格后面 3 列的作用是在每个交易时段结束时，计算总利润。请在成交后立即在有"成交价格"的栏中填入你的买价。在任何情况下，你都不允许以高于转售价格的价格购买商品。

卖者的交易规则：每个卖者都可以出售任意数量的商品给买者。对于你卖出的第 1 单位商品，支付给你的价格就是标有"对第 1 单位商品的卖价"列中的数值；而对于你卖出的第 2 单位商品，支付给你的价格就是标有"对第 2 单位商品的卖价"列中的数值；你卖出的其他单位商品的支付价格也是类似。卖出商品的利润（作为你的交易记录）的计算方式是卖价与给定的单位成本之差。在这一计算的基础之上，对每次交易，你还会收到 5 美分的佣金。也就是说，

售价－单位商品成本＋5 美分的佣金＝利润

售价后面 3 列的作用是在每个交易时段结束时，计算总利润。请在成交后立即在标记着"售价"的栏中填入你的售价。在任何情况下，你都不允许以低于单位成本的价格出售商品。

市场组织形式：在每个交易时段，我们开放市场（每个交易时段长度是____分钟）。作为卖者，只要价格不低于你的表格中这一单位商品的成本，你就可以在任何时间举手示意并出售该单位商品。作为买者，只要价格不高于你的表格中这一单位的转售价格，你就可以在任何时间

举手示意并购买该单位商品。当有人做出要价或出价时，我会将这一价格写在一张数据表上，并重复报出这一价格。这时你可以报出一个新的要价或出价来代替原来的这个要价或出价，而不论这个新的价格是比原来那个价格高还是低。如果谁想接受某个出价或要价，可以说"我要买"或"我要卖"。当一个出价或要价被接受了，就达成了一个交易，此时买者和卖者都要记录下成交价格，在后面的利润计算中会用到这一价格。

交易中可能会有许多出价和要价都没有被接受。你可以随便尝试来使得自己的利润尽可能地大。除了进行出价和要价之外，你不允许同其他参与者交谈。交易将会进行很多个市场时段。表格中的每一列都用于一个交易时段。交易时段 0 是试验时段，目的是让你熟悉交易的方式，这个时段的交易结果不计入你的现金。

还有没有其他的问题？

买者记录表

号码：_____

购买量和利润的记录

	交易时段	0	1	2	3	4	5	6	7	8	9	10	11	12	13	14	15
1	第 1 单位的转售价格																
2	买价																
3	利润（行 1－行 2）																
4	利润＋5 美分佣金（行 3＋0.05）																
5	第 2 单位的转售价格																
6	买价																
7	利润（行 5－行 6）																
8	利润＋5 美分佣金（行 7＋0.05）																
9	总利润（行 4＋行 8）																

注：所有实验的记录表都是相同的。

买者记录表

号码：_____

购买量和利润的记录

交易时段	16	17	18	19	20	21	22	23	24	25	26	27	28	29	30	31
1 第1单位的转售价格																
2 买价																
3 利润（行1－行2）																
4 利润＋5美分佣金（行3+0.05）																
5 第2单位的转售价格																
6 买价																
7 利润（行5－行6）																
8 利润＋5美分佣金（行7+0.05）																
9 总利润（行4＋行8）																

所有交易时段的总利润_____

姓名_____

注：所有实验的记录表都是相同的。

卖者记录表

号码：_____

出售单位		交易时段	0	1	2	3	4	5	6	7	8	9	10
1	1	售价											
	2	第1单位的成本											
	3	利润（行1－行2）											
	4	利润＋5美分佣金											
2	5	售价											
	6	第2单位的成本											
	7	利润（行5－行6）											
	8	利润＋5美分佣金											

续前表

出售单位	交易时段		0	1	2	3	4	5	6	7	8	9	10
3	9	售价											
	10	第 3 单位的成本											
	11	利润（行 9－行 10）											
	12	利润＋5 美分佣金											
4	13	售价											
	14	第 4 单位的成本											
	15	利润（行 13－行 14）											
	16	利润＋5 美分佣金											

注：所有实验的记录表都是相同的。

附录 2

实验说明（垄断-明码标价）

用下面的内容替换附录 1 中的相应部分：

市场组织形式：1 个卖者决定售价，并将要价写在提供的卡片上。卖者有 2 分钟的时间提交要价。然后我们将卡片收上来并将价格写在黑板上。接着随机选择一个买者，如果他愿意按此价格购买商品，他就要报告购买数量（最多 2 单位）。卖者可能会接受这个买者要购买的数量。但是，当卖者公布他的要价后，他就至少得愿意按此价格出售 1 单位商品。当卖者接受了买者要购买的数量时，合约就达成了，买者和卖者都要将交易价格写入记录表中，并计算利润。在第 1 个买者的交易完成后，再由第 2 个买者报告一个购买数量，一直这样进行下去，直到所有的买者都有了一次购买机会。

实验说明（双头垄断-明码标价）

用下面的内容替换附录 1 中的相应部分：

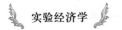

市场组织形式：2个卖者各自决定售价，并将要价写在提供的卡片上。卖者有2分钟的时间提交出价。然后我们将卡片收上来并将价格写在黑板上。接着随机选择一个买者，如果他愿意购买商品，他就要选择一个卖者并报告数量（最多2单位）。卖者可能会接受这个买者要购买的数量。但是，当卖者公布他的要价后，他就至少得愿意按此价格出售1单位商品。当卖者接受了买者要购买的数量后，合约就达成了，买者和卖者都要将交易价格写入记录表中，并计算利润。如果这个买者从第1个卖者那里没能买到所要的全部数量，他可以继续向第2个卖者提出想购买的数量。在第1个买者的所有交易都完成后，再随即选定第2个买者，一直这样进行下去，直到所有的买者都有了一次购买机会。

附录 3

实验说明（垄断要价拍卖）

用下面的内容替换附录1中的相应部分：

市场组织形式：卖者可以在任何时刻发出要价，提供1单位商品，这时我会在数据表格中写下这个价格，并重复这一要价。如果有买者想要（按照要价）接受这1单位商品，他可以说"我买"或"成交"。如果没有买者接受这个要价，卖者（自愿）可以做出一个新的要价，而且无论新的要价是比原来的要价高了还是低了，这个新的要价都要取代原来的要价（即原来的要价已经无效了）。如果某个要价被接受了，就达成了一个交易，买者和卖者都要将交易价格写入记录表中，并计算利润。

附录 4

实验说明（垄断明码出价）

用下面的内容替换附录1中的相应部分：

市场组织形式：每个买者选择一个出价，这个价格会被写在事先提供的卡片上。每个买者有2分钟的时间来提交出价。然后卡片被收集起来，而出价都会被写在黑板上。之后卖者选择一个买者，并报出自己愿意卖给这个买者的数量。买者可以接受这个卖者任何数量的商品（但最多2单位）。当然，在买者公布自己的出价时，就意味着他必须至少愿意按此价格接受1单位商品。如果买者接受了卖者提供的商品，交易就达成了，买者和卖者都要将交易价格写入记录表中，并计算利润。在第1个买者完成了交易之后，卖者将选择第2个买者，并报出想要出售的商品的数量，如此进行下去，直到卖者已经卖出了所有他想卖出的商品。

参考文献

Clarke, E. H. , "Multipart Pricing of Public Goods," *Public Choice*, 2 (Fall 1971), pp. 17 – 33.

Clarke, E. H. , "A Market Solution to the Public Goods Problem," University of Chicago, Urban Economics Reports, 1968.

Groves, T. , "Incentives in Teams," *Econometrica*, 41 (July 1973), pp. 617 – 633.

Groves, T. , "The Allocation of Resources under Uncertainty: The Information and Intensive Roles of Prices and Demands in a Team," Technical Report 1, Center for Research in Management Science, U. C. Berkeley, 1969, pp. 71 – 73.

Groves, T. , and Ledyard, J. , "Optimal Allocation of Public Goods: A Solution to the Free – Rider Problem," *Econometrica*, 45 (May 1977), pp. 703 – 809.

Lerner, A. P. , *Economics of Control*, London: Macmillan, 1944.

Murnighan, J. K. , and Roth, A. E. , "Results in Small and Large Group Characteristic Function Games Where One Player Is a Monopolist," Public Choice Society Meetings, New Orleans, Mar. 10 – 13, 1977.

Plott, C. , and Smith, V. , "An Experimental Examination of Two Exchange Institutions," *Review of Economic Studies*, 45 (Feb. 1978), pp. 133 – 153.

Shubik, M. , *Strategy and Market Structure*, New York: John Wiley and Sons, 1959.

Shubik, M. , "On the Role of Numbers and Information in Competition," *Revue Economique*, 26 (1975), pp. 605 – 621.

Smith, V. L. , "An Experimental Study of Competitive Market Behavior," *Journal of Political Economy*, 70 (Apr. 1962), pp. 111 – 137.

Smith, V. L. , "Effect of Market Organization on Competitive Equilibrium," *Quarterly Journal of Economics*, 78 (May 1964), pp. 181 – 201.

Smith, V. L. , "Experimental Studies of Discrimination versus Competition in Sealed Bid Auction Markets," *Journal of Business*, 40 (Jan. 1967), pp. 56 – 84.

Smith, V. L. , "Experimental Economics: Induced Value Theory," *American Economic Review*, 66 (May 1976a), pp. 274 - 279.

Smith, V. L. , "Bidding and Auctioning Institutions: Experimental Results," chap. 6 inY. Amihud, ed. , *Bidding and Auctioning for Procurement and Allocation*, Studies in Game Theory and Mathematical Economics, New York: New York University Press, 1976b.

Tsao, C. , and Vignola, A. , "Price Discrimination and the Demand for Treasury's Long Term Securities," 1977, To appear in *Research in Experimental Economics*, vol. 2, Greenwich, Conn. : JAI Press.

Vickrey, W. , "Counterspeculation, Auctions and Competitive Sealed Tenders," *Journal of Finance*, 16 (Mar. 1961), pp. 8 - 37.

Williams, F. , "Effect of Market Organization on Competitive Equilibrium: The-Multi - Unit *Case*," *Review of Economic Studies*, 40 (Jan. 1973), pp. 97 - 113.

自然垄断及可争市场：来自实验室的证据[*]

唐·科斯^{**}（Don Coursey）

马克·艾萨克^{***}（R. Mark Isaac）

弗农·史密斯^{***}（Vernon L. Smith）

I. 引　言

自然垄断是经济学中最熟悉的概念之一。大多数经济学教科书中对自然垄断的描述都与 Mansfield 的描述相似：

> ……一些行业中，要想使产量的平均成本达到最低从而企业实现盈利，必须使一个企业的产量足以满足整个市场需求，此时就出现了自然垄断。在这种情形中，如果有两个或两个以上的企业在生产产品，则它们一定是在高于最低平均成本的水平上进行生产的。这样每个企业都会倾向于通过降低价格来增加销售量，从而降低平均成本。于是产生的结果就是"经济战"——最后只有一个厂商存活下来，成为垄断者。[1]

有很多的州、地方及国家的规定都鼓励自然垄断的形成，这样做的目的是提高公共效用，依据是 Demsetz 的降低市场成本假说。[2] 根据 Demsetz

---

* 在此我们要感谢 Dennis Carlton、Dan Alger 及一名匿名者提供的有益注解，同时感谢国家科学基金对本研究提供的资金支持。

** 怀俄明州大学。

*** 亚利桑那大学。

① Edwin Mansfield，Microeconomics：Theory and Application 255（1970）.

② Harold Demsetz，Why Regulate Utitilies? 11 *J. Law & Econ.* 55（1968）.

的观点，在一个模型中，如果由若干个相互竞争的厂商提供产品或服务：

> 生产的规模经济意味着单位成本的降低，增加厂商愿意提供的产品数量，但各个厂商间价格的竞争性则与规模经济没有明显联系。如果这项产品或服务由一个厂商提供比由多个厂商提供（此时每个厂商都得到一个较小的生产比例）更好，则报价最低的厂商就可以从事全部生产工作（而无论生产的产品是水泥、电力、邮票发售机器还是其他），但是最后的这一价格不一定就是垄断价格。[①]

Demsetz 的文章引发了一场辩论，即，是否可以通过一个正式的拍卖系统来为垄断控制提供一个现实可行的办法？本文深入研究了实施这样一种机制的现实困难。[②] 在所谓的"可争市场"（contestable market）理论中，我们引入了关于 Demsetz 思想的最新研究结果。本文认为，Demsetz 所述的可以在"自然垄断"中管制价格的因素只依赖于市场准入，而并不要求实施一个正式的拍卖机制。正如 Bailey 所说：

> 这是（该理论）关于自然垄断最具戏剧性的结果。这一理论适用的情形为：拥有大量自然垄断的一般特征，但允许企业自由进出。对于这样的市场，成本最小化的市场结果要求单一卖者，但是理论上讲，这些卖者并没有垄断力量。在可争市场中，市场潜在的进入力量及竞争性就如同完全竞争市场。因此，在一个随时可能被其他企业竞争的市场中，即使只存在一个企业，也是一个竞争性的市场。[③]

自然垄断理论下，规模经济使得最后幸存下来的厂商就如同一个真

---

① Harold Demsetz, Why Regulate Utitities? 11 *J. Law & Econ.* 57 (1968).

② Oliver E. Williamson, Franchise Bidding for Natural Monopolies—in General and with respect to CATV, 7 *Bell J. Econ.* 73 (1976); and Martin Loeb & Wesley A. Magat, A Decentralized Method for Utility Regulation, 22 *J. Law & Econ.* 399 (1979).

③ Elizabeth E, Bailey. Contestability and the Design of Regulatory and Antitrust Policy, 71 *Am. Econ. Rev. Papers & Proc.* 178 (1981), See also Elizabeth E. Bailey & John C. Panzar, The Contestability of Airline Markets during the Transition to Deregulation, 44 *Law & Contemp. Prob.* 125 (1981); William J. Baumol & Robert D. Willig, Fixed Costs, Sunk Costs, Entry Barriers, and Sustainability of Monopoly, 96 *Q. J. Econ.* 405 (1981); William J. Baumol, John C. Panzan, & Robert D. Willig, Contestable Markets and the Theory of Industry Structure (1982); and William J. Baumol, Contestable Markets: An Uprising in the Theory of Industry Structure, 72 *Am. Econ. Rev.* 1 (1982).

正的垄断者一样，因为它得到了所谓的行业准入限制。① 然而，一些可争市场假说的支持者认为，从本质上讲，并不是规模经济对市场进入设置了障碍。他们认为，只有当在位者承担很大的固定沉没成本时，我们才可以假设在位者相对潜在的市场进入者有优势。②

如前所述，可争市场假说的一个重要特征就是，按照 Demsetz 的理解，至少存在两个厂商进行竞价，为买者服务。注意，这并不意味着这些厂商为特定商品的市场服务权进行竞价，从而成为垄断者。在上述第二种情形中，垄断是以法律的名义赋予的，竞价中获胜的生产者被赋予特权，从而可以获得（城市债券、国家债券等）所有的垄断租金。在我们的竞价解释下（也是 Demsetz 的解释），我们指的是供给权的自由公开竞争，出价最低的竞价者赢得市场。这一竞价活动可能是以一个正式拍卖活动的形式进行的，也可能通过那些相互竞争的企业自由地宣布价格而进行。

可争市场领域的研究大多数都是直接明确地处理可争市场假说在公共监管政策问题上的应用问题。③ 目前经济学领域和政治学领域的主流研究表明，对当前或历史上的监管市场解除监管后的相关问题的研究仍然吸引了一定的关注。对可争市场假说的接受及其应用可能会在诸如货车运输业、通信业和银行业的监管趋势问题上发挥重大作用。例如，据报道，州际商业委员会（ICC）赞成一项规定，该规定要求货车运输者放弃未使用的运营许可。④ 然而，在存在最小监管迟滞的市场中，如果要达

---

① 本科教科书中的一个典型例子来自 James P. Quirk，Intermediate Microeconomics 266（第一版，1976）："任何一个想进入该行业的厂商都面临这样一个问题，即垄断者（在位者）可以在短期内降低价格，从而使进入者亏损倒闭从而退出该行业，之后再将价格恢复至垄断水平。"

② Elizabeth E，Bailey. Contestability and the Design of Regulatory and Antitrust Policy，71 *Am. Econ. Rev. Papers* & *Proc.* 178 - 179（1981），See also Elizabeth E. Bailey & John C. Panzar，The Contestability of Airline Markets during the Transition to Deregulation，44 *Law* & *Contemp. Prob.* 128 - 129（1981）；William J. Baumol & Robert D. Willig，Fixed Costs，Sunk Costs，Entry Barriers，and Sustainability of Monopoly，96 *Q. J. Econ.* 418 - 419（1981）；William J. Baumol，John C. Panzar，& Robert D. Willig，Contestable Markets and the Theory of Industry Structure（1982）；and William J. Baumol，Contestable Markets：An Uprising in the Theory of Industry Structure，72 *Am. Econ. Rev.* 1（1982）.

③ 见上页注③，特别是 Bailey，Bailey & Panzar 及 Baumol。

④ *Business Week*，November 9，1981，reports at 74，"ICC sources say Taylor ordered his aides to draft a position paper advocating that truckers relinquish all operating rights not being used."

到可争性，则未使用的运营许可是必要的。我们研究的目的就是使用适当的实验室实验设计来检验自然垄断市场和可争市场假说。

在第IV部分中，我们研究了 10 个实验，其中 4 个实验是单一卖者（即垄断情形），而且其他企业进入市场的有效成本是无限大的；6 个实验都有 2 个潜在的卖者（即双头垄断情形），且进入成本为零。起初，我们计划只进行 4 个双头垄断实验，但是在我们第一组 4 个双头垄断实验（明码标价实验 37 和 48）中，2 个实验的结果并不像另外 2 个（45 和 47）那样明确。因此，我们将增加 2 个双头垄断实验（51 和 52）。在所有的实验中，所有的企业都拥有相同的边际成本（对产量递减），而且任何一个企业的产量都足够满足整个市场的需求。我们使用的价格机制是多时段明码标价拍卖（在下面的部分中加以解释），即卖者报出要价，买者决定从哪个卖者处购买。在双头垄断实验中，每个卖者都拥有相同的不受限制的市场权利，因为每个卖者的市场份额是由自由决策的买者决定的。

我们研究的一个主要任务就是检验可争市场假说。这一假说可以用强式和弱式两种形式表述。一方面，我们可以认为这意味着 2 个相同的卖者就足够带来竞争性的价格和产量，或者以一种较弱的形式来表述，就是随着时间的推移，市场向竞争性的结果靠拢。另一方面，这些要求可能太高了，毕竟，在我们较为熟悉的成本非递减的行业中，双头垄断行为的非垄断预期值存在很多不同于竞争性结果的情形。在成本递减的可争双头垄断中，我们也会观察到类似的"中间"行为。因此，对可争市场假说的弱式表述和强式表述我们都将在第IV部分中加以推导。

接下来我们发现，在我们的实验设计中，可争市场假说可以被证伪（无论是强式表述还是弱式表述）。我们至少观察到了两种类型的行为可能导致假设不成立。首先，双头垄断者可能会使用价格信号的传递工具来达到默许的"垄断分享"结果。由于在 25 个决策时段中通过这种策略分享的最高利润接近 94 美元，因此可以说在我们的实验设计中对这种策略是存在很大的激励的。如果双头垄断者"轮流"索取垄断价格，则各自将分别得到 47 美元。其次，双头垄断者可能表现出传统自然垄断者的一些行为。在我们的设计中，即使卖者对整个市场提供服务，显示需求时他还是可能以一个较低的价格达到盈亏平衡。如果卖者标出的价格相同而且拆分市场，则有可能发生损失，此时，若有企业担心这种损失的发生，它就有可能将整个市场让给竞争对手，从而获得确定性的零利润。（当然，在这一情形下，可争市场假说并没有对哪个企业将"幸存"下来做出预测。）如果这两种行为方式（合谋性的垄断分享或幸存垄断者）

中任何一种产生了不同于竞争性预期的结果，则我们设计中的可争市场理论就可以被证伪。这就产生了一个重要的辅助性问题：在递减成本的设计中，非竞争性的单一卖者（垄断）结果是怎样的？将可争市场行为与垄断的理论预期结果加以比较可能会产生误导性的结论。没有证据表明，单一卖者或联合卖者在面临未知需求及利益驱动的买者时能够达到理论上的垄断结果。如果双头垄断实验的结果与垄断的理论预期值显著不同，这可能并不是由市场的可争性导致的，而是由成本和需求环境的其他特征（如一个或多个买者策略性的抑制需求）导致的。

在 4 个垄断实验（34、35、36、46）中，参与者都知道市场中只存在一个卖者，进行这几个实验的目的就是提供一个垄断行为的标准并与可争双头垄断的结果进行比较。可能会有人认为垄断实验的结果应该在价格上普遍趋近于垄断均衡。这种观点混淆了垄断的条件（一个非竞争性的卖者）和垄断行为。现实中的垄断者与实验中的垄断者一样，除了在自由买者显示需求的情况之外，并不知道需求函数。垄断理论内在的假设是，所有的买者都 100％地显示需求，而且卖者控制产量。Smith 在双向拍卖、要价拍卖、明码出价拍卖及明码标价拍卖机制的基础上，报道了 9 个成本递增的垄断实验（使用 5 个买者）的结果。[①] 结果显示，明码标价实验趋近于垄断均衡结果。在所有其他的机制中，价格和配置结果都没能达到垄断水平，而且在很多情形中还向竞争均衡水平附近趋近，这是由于买者成功地传递了信号和抑制了需求。这意味着明码标价机制比其他机制更有可能达到垄断均衡，但是仅从一个实验结果就得出这样的结论可能是不恰当的。即使实验的结果可能重复出现，我们还是无法知道这一结论是否可以扩展至成本递减的情形。因此，对单一卖者垄断假设中由买者抑制需求、卖者最优定价的失效或设计中其他未曾预想到的特性带来的不成立，就需要进行严格的实证检验。

假设每组观测值（价格、交易量）要么支持垄断的理论预期值，要么支持竞争的理论预期值，表 1 列示了各个市场类型（垄断、双头垄断）的结果组合。例如，如果一个结果（价格或交易量）更接近于竞争性的预期值而不是垄断的预期值，则它就被计入"竞争性"。（注意，这就意味着在这个表格中，我们忽略了可争市场假说强式表述与弱式表述

---

① *Business Week*, November 9, 1981, reports at 74, "ICC sources say Taylor ordered his aides to draft a position paper advocating that truckers relinquish all operating rights not being used."

的区别。）在每两个市场类型的 4 种组合（价格-交易量、垄断-竞争）中，有一个是不可能实现的，即竞争性的产量/垄断性的价格。为了确定是标准的垄断理论（设计中只有单一卖者）成立还是可争市场假说（双头垄断设计）成立，一个必要的条件是：需求是完全显示的。标准垄断结果要求单一卖者可以限制供给，而可争市场假说要求双头垄断者中至少有一个能够以竞争性价格满足整个市场的需求。

表 1 　　　　　　　　　　　相关实验结果和行为的分类

选择	结果	可能的行为	评论
		真正的垄断（单一卖者、进入成本无限大）	
M1	Mp	B：完全显示需求	没有违背传统垄断理论
	Mq	S：对产量实行最佳控制	
M2	Cp	B：需求不完全显示	违背了传统垄断理论
	Mq	S：限制产量	
M3	Cp	B：显示需求	违背了传统垄断理论
	Cq	S：不限制产量	
		可争双头垄断市场假说（两个企业、零进入成本）	
C1	Mp	B：完全显示需求	违背了 CMH，"自然垄断"类型结果
	Mq	S：对产量实行最佳控制 （1）两个企业的默许联合 （2）"幸存者"占有市场	
C2	Cp	B：不完全显示需求	违背了 CMH
	Mq	S：限制产量 （1）两个企业的默许联合 （2）"幸存者"占有市场	
C3	Cp	B：显示需求	没有违背 CMH
	Cq	S：不限制产量 （1）两个企业的默许联合 （2）"幸存者"占有市场	

注：Mp：支持垄断的理论预期值的价格；Mq：支持垄断的理论预期值的交易量；Cp：支持竞争的理论预期值的价格；Cq：支持竞争的理论预期值的交易量；B：买者；S：卖者；CMH：可争市场假说。

Ⅱ. PLATO 明码标价过程

大多数的零售市场都是以所谓的明码标价机制形式组织的。[①] 根据我们的定义，在这一机制下，每个卖者各自公布一个自己的卖价，买者要么接受这个价格要么拒绝这个价格，交易的数量由买者各自决定（在卖者的产量范围内）。这些标出的价格可以随时（定期或不定期地）更改或修正，但是这一机制的中心特征就是这一价格是不可以进行谈判（即讨价还价）的。

我们这里研究的实验是由 Jonathan Ketcham 进行的，这些实验使用 PLATO 系统支持的明码标价机制。[②] 这一程序令每个买者和卖者各自在 PLATO 终端进行至少 25 个"市场日"或定价时段的交易。每个参与者的显示屏幕都显示了他的交易记录表，表里列示了他在每个交易时段购买（或出售）的商品数量（最大是 5 单位）。对于每一单位商品的交易，买者（卖者）都有一个边际价值（边际成本），这一数值代表他购买（出售）这一单位商品给他带来的价值（成本）。这些边际价值（成本）是受控制的，而且是严格的私人信息，这样就可以诱导个体及整个市场的交易进行下去。[③] 也就是说，在实验中，买者（卖者）可以赚取一定的现金，其数额为边际价值（售价）与购买价格（边际成本）之间的差额。交易过程中不会由于没有卖出去的商品（存货）或没有买到商品而交罚金。因此，指定的边际价值和成本将会产生良好定义的供给和需求条件。

每个交易时段开始时，卖者会被要求选择一个价格（要价），然后通过键盘将这一价格录入电脑。这一要价会作为私人信息显示在相应卖者的屏幕上。之后卖者根据刚才报出的要价给出一个相应的交易量。卖者可以提供的产品的最大数量就是刚好使最后 1 单位产品的边际成本不大于要价时的数额，最小数量就是使第 1 单位产品的边际成本不大于要

---

① Charles R. Plott & Vernon L. Smith，An Experimental Examination of Two Exchange Institutions，45 *Rev. Econ. Stud.* 133 (1978).

② Jonathan Ketcham，Vernon L. Smith，& Arlington W. Williams，A Comparison of Posted Offer and Double Auction Pricing Institutions，51 *Rew. Econ. Stud.* (1984)，in press.

③ See Vernon L. Smith，Experimental Economics: Induced Value Theory，66 *Am. Econ. Rev. Papers & Proc.* 274 (1976).

价时的数额。（然而，卖者被要求至少提供 1 单位产品；也就是说，卖者不可以给出一个要价后，对这个要价提供零单位产品。）我们的程序使卖者的边际成本可以是递增的、不变的或递减的。如果卖者面临递减的边际成本（如下面要研究的实验），则他交易的最大数量和最小数量限额就是为了防止他发生亏损，但是如果第 1 单位商品的边际成本就高于价格，则他在出售第 1 单位商品时就会发生亏损，而只能用后面的盈利（如果后期有盈利的话）来弥补。对于每个卖者来说，计算任一要价所带来的利润既费时又费力，特别是在边际成本递减的时候，因此PLATO 系统会自动为卖者计算出相应要价所带来的利润或亏损。如果卖者对选择的要价和交易量满意，他要按下屏幕上的"要价框"来确认。这一行动就意味着卖者在市场中提供的要价不可撤销了。在卖者按下"要价框"之前，他可以任意次更改要价和/或交易量。只有每个卖者都将价格确认好了，他们才会知道在这一时段竞争对手的要价。

买者的屏幕上会显示一个"价格框"来接受每个卖者提供的要价。在每个卖者都提交了要价之后，每个买者屏幕中的"接受框"及每个卖者的屏幕下方会显示所有卖者的要价。然后 PLATO 系统会随机对买者的购买顺序进行排序，从第 1 个买者开始按顺序购买商品。买者可以从任何一个卖者那里购买商品。为了从一个选定的卖者那里购买商品，买者需要在屏幕上按下相应卖者的选择框，然后在键盘上按下确认键。之后若还想购买第 2 单位或更多的商品，可以不断重复这一过程。买者从卖者处购买的商品数量最大不能超过他的购买能力。然而，买者不允许以超过自己边际价值的价格购买商品（即使此时他有购买能力），同时，当某个卖者提交的数量已全部出售完时，他也不能从这个卖者处购买到商品。当一个卖者的最后 1 单位可出售商品卖出去之后，在买者的屏幕上这个卖者的价格框中就会出现一个"已脱销"的信息。第 1 个买者完成了交易之后，随机选中的下一个买者开始交易，如此进行下去，直到最后一个买者完成了交易。之后，进入下一个时段的交易。

因此，在明码标价机制中，对交易的实际配置是由买者自己完成的，而不是由拍卖商或监管中介来控制的，从这一点来讲，这一机制与Bailey 和 Panzar 的模型在本质特征上是一致的。

我们有必要强调的一点是，买者和卖者都只拥有有限的信息。所有指定给买者（卖者）的边际价值（边际成本）都是严格的私人信息，只有相应的参与者和拍卖商知道这一信息。交易中，每个买者都可以看到所有卖者的要价，但是不知道在这些价格下卖者愿意出售的数量是多少。在下文我们的实验中，直到所有的卖者都将自己的要价确认好了，卖者才能相互看到彼此在这一时段的要价。最后，买者（卖者）只知道自己的购买量（销售量）和利润。然而我们的机制还不是完美的非合作设计。由于每个卖者都可以看到其他卖者在之前的时段中的要价，这样卖者之间就可以尝试一些间接联系（或所谓的"价格信号甄别"）。在前期的明码标价市场中，我们可以观察到这种信号甄别的存在，但是，这一现象对于卖者之间的联合并没有起到太大作用。[①]

Ⅲ. 实验设计

这里我们研究 10 个实验的结果——其中 4 个实验是单一卖者，另外 6 个实验是两个卖者。实验中双头垄断卖者的边际成本是与垄断卖者相同的（可能唯一的区别就在于为了使参数看起来相同而加在所有单位成本和单位价值上的常数）。图 1 的左边给出了总需求表和个体的边际成本。我们将竞争均衡下的产量 Q_c 定义为至少有一个卖者不亏损时可出售产品的最大数量。[也就是说，此时的平均成本等于价格或低于价格，即 $AC(Q_c) \leqslant D(Q_c)$。]由于需求最多只能满足一个卖者的最大销售能力，所以不论是单头垄断还是双头垄断，都有 $Q_c = 10$。任何一个可以满足 Q_c 的价格就是竞争均衡价格。在我们的实验设计中，任何一个 $P_c \in [AC(10), AC(10) + 0.12]$ 的价格都是竞争均衡价格。在表 2 中，我们给出了个体单位边际价值、边际成本和平均成本对 $AC(10)$ 的离差。

每个实验中的 5 个参与者都曾经至少参与过前面的一次明码标价实验，但是前面实验的设计参数与此处是不同的。由于 PLATO 明码标价机制将每个参与者的最高交易量限制在 5 单位（这一限制在屏幕上显示出来了），所以每个垄断实验看起来都像是有"4 个"卖者（双头垄断实验中看起来有"4 个"卖者）。然后，每个卖者都被提供两个相邻的终端。所有参与者都被告知市场中实际上只有 1 个或 2 个卖者（而不是 2 个或 4 个）的事实。

---

① Jonathan Ketcham, Vernon L. Smith, & Arlington W. Williams, A Comparison of Posted Offer and Double Auction Pricing Institutions, 51 *Rew. Econ. Stud.* (1984), in press.

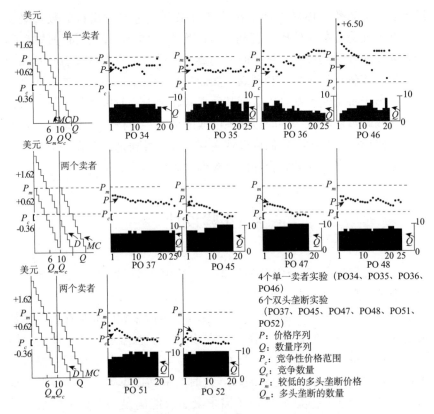

图1 每个交易时段的价格与数量结果（所有实验）

注：所有价格都在对 AC（10）的离差为 0 的条件下测量。

在表3中我们对垄断和双头垄断实验设计的参数做了总结。[①] 值得注意的是，如果一个企业标出的价格是垄断价格，并且它是唯一的企业或者这一价格是最低的价格，则这个卖者在这一时段可以获得 3.75 美元的利润。如果卖者觉得竞争对手会报出一个高于 $P=0$ 水平的价格，

———————

[①] 使用两个 PLATO 终端要求我们在某些异常条件下对参数做一些微小改变。每个交易时段中，卖者的利润包括前 5 单位（左边的终端）的利润加总和后 5 单位（右边的终端）的利润加总。这个加总工作是由手工完成的，而不是由 PLATO 系统自动完成。由于成本是递减的，卖者通常会在前面的单位发生损失，而在后面的单位得到盈利。由于实验设计的巧合，在等于或低于竞争性价格区域上界的价格水平上，前 5 单位都会发生亏损，这与实验的设计初衷相悖（PLATO 系统设计了内在过滤器来保证参与者在交易时段中不发生亏损）。为了纠正这一现象，当卖者试图报出一个竞争性价格范围之内的价格时，我们将第 5 单位的成本降低25 美分。租金上的这种超边际变动对模型的参数和预测只会产生一个影响：通过降低平均成本，将交易者竞争性价格区间的下界降低了 25 美分。竞争性价格的上界、竞争性产量以及垄断价格和垄断产量的预测值都没有发生改变。

那么它就有动机降低标价。如果两个卖者报出了相同的价格，则它们中有一个将遭受损失（具体是哪一个卖者遭受损失取决于买者如何划分购买决策）。如果买者是平均主义者，并将购买平均地分配到两个卖者，则两个卖者在低于 0.75 美元的价格水平上都会发生损失。由于规模经济的作用，在任一个市价下，两个企业中任何一个发生损失都会带来社会福利的损失。

表 2   **个体的引致价值和成本**

参与者	单位									
	(1)	(2)	(3)	(4)	(5)	(6)	(7)	(8)	(9)	(10)
买者 1	2.37	0.12	−0.88	⋯	⋯	⋯	⋯	⋯	⋯	⋯
买者 2	2.12	0.37	−0.13	⋯	⋯	⋯	⋯	⋯	⋯	⋯
买者 3	1.87	0.62	−0.63	⋯	⋯	⋯	⋯	⋯	⋯	⋯
买者 4	1.62	0.87	−0.38	⋯	⋯	⋯	⋯	⋯	⋯	⋯
买者 5	1.37	1.12	−1.13	⋯	⋯	⋯	⋯	⋯	⋯	⋯
卖者 1	1.12	0.87	0.62	0.37	0.12	−0.13	−0.38	−0.63	−0.88	−1.13
平均成本	1.12	1.00	0.87	0.75	0.62	0.50	0.37	0.25	0.12	0

注：所有的价值和成本都是以与 AC（10）的离差的形式进行表示的。

表 3   **垄断和双头垄断的参数总结**

参数描述	参数值
买者人数	5
垄断价格（标准化后的）	1.12
$P=1.12$ 处的（每个交易时段）卖者剩余	3.75
$P=1.12$ 处的（每个交易时段）买者剩余	3.75
竞争性价格（标准化后的）	[0, 0.12]
$P=0$ 处的（每个交易时段）卖者剩余	0
$P=0$ 处的（每个交易时段）买者剩余	12.50

这里我们有必要再次强调一下我们的设计方法。除了那些来自 2 个

卖者的自然垄断种类之外，我们试图使双头垄断市场的行业进入壁垒尽可能看起来较低。Bailey 和 Panzar 在他们的理论中做过这样的论述："可争市场理论被用来分析一些市场的均衡特性，这些市场可能有规模经济效应，但是具有行业进出的完全自由性。"[①] 在检验这一理论时，我们试图复制理论所规定的那些条件参数。如果这一理论被证伪了，则我们的工作就结束了；也就是说，我们没有必要再进行进一步的实验了。如果这一理论没有被证伪，则我们将面对关于可争市场假说的相关假设稳健性的大量问题。这就需要我们对制约垄断行为的限制在理论、实证、实验经济学方面做进一步的研究。

Ⅳ. 假设及实验结果

在引言中给出的可争市场假说能够以便于实验操作的方式表述出来。定义向量 (P, Q, E) 分别代表价格、数量及市场效率。在给定的经济理论下，竞争均衡的理论预测值 (P_c, Q_c, E_c) 和垄断均衡的理论预测值 (P_m, Q_m, E_m) 都是常量。通过实际进行的实验室实验，我们得到 (P_s, Q_s, E_s) 和 (P_d, Q_d, E_d)，二者分别是垄断和双头垄断下的观测值。这些结果在实验的过程中可能而且也确实发生了变化。

我们将可争市场假说的强式表述定义为：双头垄断的结果向竞争性预测值收敛，即

$$H_s: (P_d, Q_d, E_d) \rightarrow (P_c, Q_c, E_c)$$
$$\hat{H}_s: (P_d, Q_d, E_d) \nrightarrow (P_c, Q_c, E_c)$$

对于可争市场假设还有一种弱式表述。在实验中，双头垄断者的行为可能既不是垄断性的，也不是竞争性的，而是一种折中的结果。当市场并不是真正的"封闭"垄断时，两个卖者就都可能拥有一定的市场力

---

① Elizabeth E., Bailey. Contestability and the Design of Regulatory and Antitrust Policy, 71 *Am. Econ. Rev. Papers & Proc.* 178 (1981), See also Elizabeth E. Bailey & John C. Panzar, The Contestability of Airline Markets during the Transition to Deregulation, 44 *Law & Contemp. Prob.* 125 (1981); William J. Baumol & Robert D. Willig, Fixed Costs, Sunk Costs, Entry Barriers, and Sustainability of Monopoly, 96 *Q. J. Econ.* 405 (1981); William J. Baumol, John C. Panzar, & Robert D. Willig, Contestable Markets and the Theory of Industry Structure (1982); and William J. Baumol, Contestable Markets: An Uprising in the Theory of Industry Structure, 72 *Am. Econ. Rev.* 1 (1982).

量，而这一力量并不能被市场的可争性消灭。可争市场假说的弱式表述如下：

$$H_w: P_d \leqslant \frac{P_m + P_c}{2}$$

$$Q_d \geqslant \frac{Q_m + Q_c}{2}$$

$$E_d \geqslant \frac{E_m + E_c}{2}$$

而

$$\hat{H}_w: P_d > \frac{P_m + P_c}{2}$$

$$Q_d < \frac{Q_m + Q_c}{2}$$

$$E_d < \frac{E_m + E_c}{2}$$

也就是说，如果可争市场假说的弱式表述不成立的话，则双头垄断的实验结果将更加接近于垄断情形下的预测值。这一行为可以通过单一垄断幸存者、共同垄断或某种轮流垄断行为加以证明。

另外，垄断者可能并不能在市场中完全实施垄断力量。很重要的一点是，我们需要将造成竞争压力的两种因素加以区分：一种是可争因素带来的，另一种是由于理论预测值在应用中被弱化所带来的。因此，接下来我们就要定义一个排序假设，这一假设要求，在实验室中，可争双头垄断市场确实要比（单头）垄断市场更具竞争性。

$$H_0: P_d \leqslant \frac{P_s + P_c}{2}$$

$$Q_d \geqslant \frac{Q_s + Q_c}{2}$$

$$E_d \geqslant \frac{E_s + E_c}{2}$$

而

$$\hat{H}_0: P_d > \frac{P_s + P_c}{2}$$

$$Q_d < \frac{Q_s + Q_c}{2}$$

$$E_d < \frac{E_s + E_c}{2}$$

图 1 给出了 10 个实验每个交易时段的最低市价和交易数量。[①] 图 2 给出了所有实验中垄断和双头垄断各自的价格均值。表 4 中对实验的成交量、效率及垄断有效性（实际实现的垄断利润占理论值的百分比）做了归纳总结。[②]

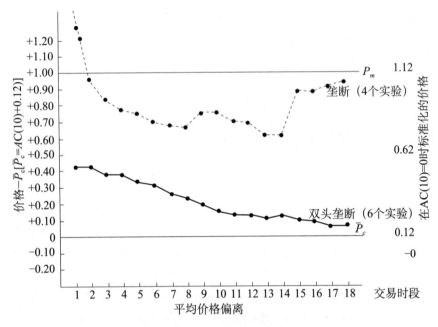

图 2 平均价格偏离

表 4   每个交易时段的成交量均值、效率均值及垄断有效性指数

交易时段	成交量均值（垄断）	成交量均值（双头垄断）	效率均值（垄断）	效率均值（双头垄断）	垄断有效性指数均值（垄断）	垄断有效性指数均值（双头垄断）
1	3.50	7.70	44.67	76.67	0.42	0.53
2	5.00	7.70	46.00	76.67	0.57	0.53
3	5.75	8.20	57.50	81.67	0.62	0.51

---

① 在实验 46 中，垄断者在第 20 个交易时段报出了一个价格，而事后他说这个价格由于失误比预想的要低 1.00 美元。

② 若需要所有实验的数据副本，可与作者联系。

续前表

交易时段	成交量均值（垄断）	成交量均值（双头垄断）	效率均值（垄断）	效率均值（双头垄断）	垄断有效性指数均值（垄断）	垄断有效性指数均值（双头垄断）
4	6.00	7.80	58.00	75.50	0.59	0.36
5	6.25	7.80	60.50	76.00	0.64	0.39
6	6.75	8.20	67.50	79.30	0.71	0.43
7	6.50	8.30	64.50	79.30	0.60	0.38
8	6.75	8.80	67.50	76.50	0.66	0.37
9	6.25	8.70	62.50	83.80	0.68	0.33
10	6.25	9.00	59.00	82.15	0.70	0.09
11	6.25	9.00	61.50	88.70	0.60	0.36
12	6.25	9.30	61.00	90.30	0.57	0.35
13	6.75	9.20	65.50	85.50	0.59	0.34
14	6.75	9.30	66.50	76.90	0.56	—0.14
15	6.00	9.20	56.00	86.50	0.69	0.10
16	6.00	9.30	59.00	93.30	0.77	0.30
17	5.25	9.00	51.00	81.20	0.59	—0.06
18	5.00	9.30	49.0	85.50	0.56	0.02
理论值	6.00	10.00	60.00	100.00	1.00	(0～0.362 5)

  这些实验结果最为显著的特征就是它们对可争市场假说的支持（至少是对该假说的弱式表述的支持）。在第 1 个交易时段中，双头垄断的平均价格更接近于竞争性价格，而不是垄断价格，但在后面的交易时段中明显发生了转变。在第 5 个交易时段以后的实验中，双头垄断的成交量遵循一个相似的模式。这些实验结果的统计数据中，只有效率一项没有明显的一致性。双头垄断的平均效率从没有低于 60%，而且在最后的 10 个交易时段中，有 9 个实验的效率接近于竞争性水平而不是垄断水平。由于两个企业的产量都较低且效率较差，定价方面有一些联系，导致效率的时间曲线比成交量的曲线更加不稳定。

  在第 18 个交易时段（最后一个数据对所有实验都可用的时段）中，

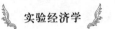

市场行为向量如下[①]：

	双头垄断均值	垄断均值	竞争性理论值	垄断理论值
价格	0.182	1.045 2	(0, 0.12)	(1.12 或 1.37)
成交量	9.3	5.00	10.0	(6.0 或 5.0)
效率	85.5	49.00	100.0	(60.0 或 50.00)

总体上讲，这些数据对可争市场假设强式表述的结论尽管并不是很严格，但也是令人信服的。我们之所以得出这种保守的结论主要是因为数据的两分性（见图 1）。4 个双头垄断实验的价格和成交量都直接收敛于竞争性的预期值，因此对这几个实验来说，假设的强式表述无疑是成立的。而另外 2 个双头垄断实验则没有达到竞争性的结果，尽管通过观察发现它们也有这一趋势。为了验证这些实验的结果是不是真的显示出向竞争性预测值收敛的趋势，我们对下面的回归式做检验：

$$\ln P_t = A_0 + A_1 t + U_t$$

其中 P_t 是在时段 t 超过竞争性价格区间上界的价格标准化后的结果；A_0 和 A_1 是系数，A_1 是衰减系数；U_t 是误差项。对实验 37 和 48 的 25 个观测结果做最小二乘检验，得到如下结果（括号内是 t 统计量）：

对实验 37，有：

$$\ln P_t = -0.3813 - 0.025\ 8t$$
$$(-8.08)\ \ (-8.14)$$

对实验 48，有：

$$\ln P_t = -0.58 - 0.025t$$
$$(-7.54)\ \ (-4.88)$$

对实验 48 调整了自相关因素后，有：

$$\ln P_t = -0.5836 - 0.024\ 0t$$
$$(-4.55)\ \ (-2.85)$$

每个方程中时间变量前面的负系数（意味着 t 统计量显著）表明，

---

① 在我们开始这项研究工作之后，FTC 的 Dan Alger 向我们指出，在实验中确实存在两点可以实现垄断利润：第一个就是我们所指定的 P_m，这是两点中较低的；另一个是在 $P_m + 0.25$ 处，这可以对两个实验的倾向做出解释，为这一点附近几个交易时段的定价提供证明。

在 2 个实验中价格在每个交易时段向竞争性价格的范围衰减 2.5%，因此这就支持了实验室市场中可争市场假设的强式表述。

我们有必要将那些支持竞争性市场假设的实验结果与单一卖者的真实市场加以比较研究。这一比较的重要性在于，我们可以观察在以垄断行为作为基准时，我们得出的竞争性行为结论是否依然成立。这些数据再次证明了这一结论。从定性的角度讲，18 个交易时段中，每个交易时段双头垄断的价格均值都要比垄断的价格均值更具竞争性，双头垄断的成交量均值和垄断效率也都比垄断时大。

对于双头垄断比垄断具有更强的竞争性这一命题，我们使用两个非参数检验来判断其定性意义上的稳健性。首先，对下面的两个区间做一个二项式检验：

$$I_1: \left(P > \frac{P_m + \bar{P}_c}{2} \right)$$

和

$$I_2: \left(P < \frac{P_m + \bar{P}_c}{2} \right)$$

其中 $\bar{P}_c = 0.12$，是竞争性价格区间内的最大值。在 4 个交易时段中 18 个垄断价格在区间 I_1 全部下降，而在 6 个交易时段中双头垄断的价格在区间 I_2 全部下降。如果由一个二项式随机过程来生成数据的话，这一事件发生的概率为 0.000 98。其次，我们还进行了一个 Mann & Whitney 的非参数检验。[1] 这个检验对垄断实验和双头垄断实验价格分布的等同性进行了考察。10 个实验中每个实验各由 18 个交易时段组成，因此共产生了 180 个观测值。使用这一数据样本，我们可以在 99.999 95% 的置信水平上接受假设，即实验中双头垄断的价格和垄断的价格按照不同的分布形式上升。概括来讲，使用观测到的垄断数据作为基准并没有改变原先的结论，即成本递减的可争双头垄断市场比相同情形下非可争垄断市场表现出更强的竞争性。

此处还要附加说明的一点是，尽管我们认为有一些参与者试图通过间接的价格信号传递来提高价格，但是实验还是实现了竞争性的结果。在 6 个双头垄断实验中，所有卖者要价中的 47% 都要高于前一交易时段中市场上的主流价格。但是在参与者试图通过信号传递控制价格时，

---

[1] Alexander M. Mood & Franklin A. Graybill, Introduction to the Theory of Statistics (1974).

下一时段要价高于信号传递者价格的比例只占到 35%[①]，这就说明了通过信号传递来达到秘密联合的方法是失败的。

这些实验为我们提供了一系列相关的观测值，结果证明，这些观测值很有意思。尽管可争双头垄断与单一卖者时的情形明显不同，但在实验中这些（单头）垄断实验也产生了一些异常结果。在这一意义上，实验 34 和 35 特别值得关注（见图 1）。我们发现，垄断者面临的主要问题就是抑制买者的需求。给定垄断者递减的成本表，在最有利可图的几个单位，对买者需求的抑制使得垄断者的利润受到了影响。即使对买者需求有一个很小的抑制，也会使卖者的利润受到很大的削弱。买者需求受到抑制的情形在垄断实验中比双头垄断实验中发生的频率要高（前者是91.4%，后者是 1.16%）。[②] 这可以限制垄断者提高价格的意图和行为，而随着实验进行了大约 15 个交易时段（见图 1），这一限制的效果在第3 个实验中减弱了。这种抑制买者需求所带来的效果引出了这样一个问题：作为一个垄断者的困难有多大？

看一下有关航空市场的两个案例，一个是可争双头垄断，另一个则

---

① 下表中给出了每个实验的数据：

实验	价格传递的影响比例（A）	加强信号传递的影响比例（B）
37	25/48＝0.521	6/25＝0.24
45	9/26＝0.346	3/9＝0.33
48	25/48＝0.521	8/25＝0.32
47	12/34＝0.353	4/12＝0.33
51	20/38＝0.526	8/20＝0.40
52	16/34＝0.471	8/16＝0.50
全部	107/228＝0.469	37/107＝0.35

A 列：买者的要价超过了前一个交易时段的市场价格并且有利可图的比例（信号）。

B 列：在 A 列的基础上，信号传递者的竞争对手在下一个交易时段中要价高于该信号传递者价格的比例（信号加强）。

② 这些数据中除了最后一个（即第 52 个）外，包含了 6 个双头垄断实验中所有参与者的结果。在那个（未被包括进来的）实验中，有一个买者没有表现出异常的购买行为，然而由于他没有按照正确的方法使用 PLATO 键盘，给实验带来了严重的问题。在第 3 个交易时段（此时市场已经进入了竞争性区间）中，这个参与者被辞退了，换成了一个研究生。进行这一替换的目的是避免抑制需求的效应。这一行动使得买者在本质上成了一个被动的参与者，而且这一行为也是前 5 个双头垄断实验中参与者的普遍行为模式（在这些实验中被抑制的需求是1.16%）。然而，由于这一替换的指令性太强，我们研究的数据中就只包含了实验 52 中另外的4 个买者。

是明显只存在单一卖者的垄断市场：

> 众所周知，为了能够激励与波音公司的价格竞争，Delta 和其他航线一直在推动 McDonnell Douglas 制造新飞机。由于各航线都拖延时间来观察 Douglas 是否会加入竞争，截至昨天的公告时间，只有 52 架窄形 757 飞机出售。Douglas 一直在考虑的飞机是 DCXX 或 ATMR，即高端运输—中端范围，这将直接与 757 飞机进行竞争。
>
> 同时，波音公司的宽形 767 飞机（与空中客车公司的 A - 310 竞争）已经得到了 161 个订单。一个工业信息来源宣称："当两家大公司在商业上进行侵略性的竞争时，航线公司就知道它们会从中得到好处。"[①]

很明显，在我们的实验室市场中，买者表现出了抑制需求的倾向，而且这一倾向在垄断市场中比在双头垄断市场中表现得更强。

V. 结论及其解释和意义

我们这项研究得到的最重要的结论就是：可争市场假设的行为预测基本上是正确的。如果仅仅由于企业在市场中表现出了递减的成本而且买者需求不足以支持一个以上的企业，就认为垄断价格是市场的"自然结果"，这种想法显然是错误的。

从这些实验中得到的数据还给出了一个更强的结论。有明显的证据表明，可争双头垄断展示出了比（单头）垄断更强的竞争性，而且它们实际上已经达到了竞争模型的标准。在 6 个实验中，有 4 个实验迅速达到了竞争性的结果；而另外 2 个实验也朝着竞争性的方向移动，但是始终没有进入竞争性的范围。仅仅使用两个卖者就达到了这些结果，这一事实是很有说服力的，因为根据我们的常识，增加卖者的数量（如果可能的话）可以增加市场的竞争性约束力。

正如我们所见到的那样，可争市场的本质特征是：企业针对每个买者的购买直接报价。如果两个卖者中的某一个可以满足整个市场的需求

---

① Victor F. Zonana, Boeing's Sale to Delta Gives It Big Advantage over U. S. Competitors, *Wall Street Journal*, November 13, 1980, at 1.

的话，则明码标价机制实际上就退化为密封出价拍卖（即这个卖者会报出一个可以满足整个市场需求的价格）了。[①] 因此，给定市场结构，卖者们对一个单一的商品（整个市场）进行报价，如同在密封出价拍卖中两个竞价者对单一标的物进行竞争。然而，在这一情形下，赢得交易的数量会随着价格的不同而有一定的弹性。同样，在这一情形中，解决平局的规则也是任意的，因为这要取决于每个买者所做出的自由选择。在密封出价拍卖中，通常打破平局的规则是将标的物（以相同概率）随机地判给一个竞价者。值得注意的是，这一规则要比明码标价市场中"买者决定"的规则更加有效率，因为随机规则可以保证一个卖者获得整个市场的份额。由于收益是递增的，由一个卖者来获得所有的交易是更优的配置方式。

密封出价方式的解释同样为可争市场行为的不同模型提供了可能的解释。正如 Cox，Roberson 和 Smith 所指出的，在高（低）报价规则下，对于出售的标的物，风险规避的买者会比风险中性的买者报价更高；而对于购买的标的物，风险规避的卖者会比风险中性的卖者报价更低。[②] 因此，风险厌恶的程度较高，可以在一定程度上对 4 个双寡头垄断实验迅速达到竞争性的结果做出解释。

将垄断实验与可争市场实验的结果加以比较，结果表明，可争市场中的可争性（而不是我们设计中的其他特性）是出现竞争性趋势的原因。由于我们的实验中包含了有限数量的买者，因此对垄断实验的检验格外重要。这使得我们无法判断市场的竞争性约束究竟是卖者的可争性直接造成的，还是由买者实际中（或预期的）对需求的策略性抑制造成的。[③] 我们这里的数据表明情况并不是这个样子的。在前面的几个交易时段中，买者将需求抑制 9.14％，垄断者就很难使价格达到垄断水平或接近价格水平。然而，在实验的后面几个交易时段中，垄断实验价格的平均值接近于垄断模型的预测值。如果 9.14％的抑制水平不能阻止垄断者实现或近似实现垄断价格，这就意味着在可争双头垄断中较低的抑制水平（1.16％）不太可能产生重大影响。

我们对可争市场的研究项目可以通过以下两种方式加以扩展：（1）

---

① Plott 和 Smith 曾经提出过这种类比。

② James C. Cox, Bruce Roberson, & Vernon L. Smith, Theory and Behavior of Single Object Auctions, in 2 *Research in Experimental Economics* 1（Vernon L. Smith ed. 1982）.

③ 在此我们要感谢评审员向我们强调可争市场理论的假设是"大量"买者。

引入非零的有限进入成本；（2）为了显示需求，在实验中加入一些由电脑程序控制的"虚拟"参与者，从而使卖者认为达到了"完全显示需求"。目前的研究结果表明，在（1）下的实验需要探究在可争市场假说下进入成本的限制。在（2）下的实验可以使我们进一步检验双头垄断中的竞争性趋势是不是确实是由市场中卖者的可争性造成的。

寻找掠夺性定价

马克·艾萨克* （R. Mark Isaac）
弗农·史密斯** （Vernon L. Smith）

掠夺性定价能否在实验室环境中重现？我们设计实验来回答这个问题。在文献基础上，我们从某些条件入手，这些条件看上去结合了文献中指出的有利于出现掠夺性行为的特征。继而我们在设计中特征化"掠夺性定价"行为，以便与各备选理论的预测价格做比较。11 个实验中，无一证实掠夺行为，多数支持占优稳定理论。系列 2 的实验侧重于矫正掠夺行为，并发现它提高了价格并降低了效率。

I. 对实验程序和结果的总体观察

掠夺性定价是不是一种可以在实验室加以诱导的现象呢？我们假设如果这种行为是人类的天性，那么我们应该能够在实验室中观察到。我们首先指定一系列结构性条件，这些条件有利于掠夺行为的发生，包括：（1）两个公司——一大、一小；（2）规模经济，相对小型公司，大型公司有成本优势（但为了市场效率，小型公司的存在是必需的）；（3）领先公司拥有"深钱袋"（deep pocket）优势；（4）存在"进入沉没成本"，它会阻碍其他厂商再次进入。据此，我们设计实验，将这些条件变得可操作，并定义了掠夺性定价及其特征。在我们的实验设计中，

---

  * 亚利桑那大学。
  ** 亚利桑那大学。

掠夺价格区别于几个备选项：竞争价格、共享的垄断价格、占优公司价格，以及 Edgeworth 价格周期。

我们的系列 1 实验是根据条件（1）～（3）设计的。系列 2 实验加入了条件（4）。在 6 个实验之后，我们仍没有观察到掠夺性定价。对文献加以再次思考，我们发现，多数掠夺性定价理论暗含了第（5）个假设，即，公司拥有竞争者成本的完全信息。尽管我们认为多数市场中（可能是任何市场中），完全信息是不可实现的领域，但我们仍决定在寻找掠夺性定价行为时将这个条件包含在内。在第 3 个实验序列中，集合了条件（1）～（5），却仍没有产生掠夺性定价的证据。一些学者已经指出，掠夺性定价（如果真的存在掠夺性定价的话）可能被利润最大化以外的目标所驱动，我们通过诱导竞争主义动机，试图在一个实验中生成一种"割喉"定价，但没能成功。在这一点上，我们怀疑在实验设计中是否存在人为扭曲，从而可能抑制小公司被逐出市场，尽管大公司制定了低于边际成本的价格和数量。例如，被分配了小公司结构条件的参与者是否觉得他们有责任留在市场中？如果这是事实，那么即使我们真的观测到了大公司报出掠夺价格水平，掠夺的预测效果仍可能观察不到。所以我们进行了一个新的实验，在小公司不知情的情况下，大公司是实验者同盟，并被引导反复报出掠夺性定价。这促使小公司离开市场，因此我们确信，小公司在遭到坚定的掠夺者攻击时，会被迫离开市场。[①]

另外，我们检验了针对掠夺性定价的修正反托拉斯条款，这些修正可能强加给遭受了掠夺性定价的行业。对于我们的反托拉斯对策条件，我们应用了暂时降价政策（Baumol，1979）和数量扩张限制（Williamson，1977）。在条件（1）～（4）和这两种反托拉斯限制条件下，我们设计了 7 个实验（系列 6）。既然在单独基于条件（1）～（4）的 11 个实验中没有发现掠夺性行为，我们就用此系列的 7 个实验来检验采用反掠夺性定价的法规是否可能诱导出反竞争动机的效果。

表 1 概括了系列 1～6 各自的处理条件。

---

① 虽然我们报告了 11 个实验的否定结果，但这不能证明掠夺性定价不存在，我们认为，对于公共政策制定（针对掠夺行为这个貌似活跃的现象）来说，它们改变了证明责任。我们邀请反托拉斯主义的学者细察我们的实验设计，让他们提出做出改变的明确方法，并描述他们准备预测的相应成果。我们将认真地考虑他们的建议。

表1   实验分类

实验系列	重复次数	处理条件					实验编号
		进入成本	完全信息	诱导竞争	同盟者	反托拉斯规则	
1	3	无	无	无	无	无	129，131，133
2	3	有	无	无	无	无	135，136，138
3	3	有	有	无	无	无	139，140，141
4	1	有	无	有	无	无	142
5	1	有	无	有	有	无	143
6	7	有	无	无	无	有	145，146，147，149，150，152，153

Ⅱ. 掠夺性定价：从文献到实验设计

一种观点认为，因良性的竞争而造成的低价和因恶意的掠夺而造成的低价有所区别，这种观点是建立在美国法律和政治史的基础之上的。它出现于《谢尔曼法案》（Sherman Act）之后的早期最高法院。[①]

在副标题为"破坏性竞争"的书中，经济学家 J. B. Clark 及 J. M. Clark 描述了一种"选择性价格削减"的过程，类似于当代概念的掠夺性定价，在国会反垄断政策发展中表现卓越的 Senator Estes Ke-

---

[①] 美国诉密苏里货运协会案，《美国案例汇编》第 166 卷，第 290～328 页（1897 年）。法庭认为，垄断可能包括价格削减策略，这可能导致"那些已花费毕生于此和可能无法再次调整自己以适应环境的小交易者和有价值的人"被逐出商圈。

新泽西标准石油公司诉美国案，《美国案例汇编》第 221 卷，第 1 页（1911 年）。在这个案例中，法庭认为掠夺已经取代了商业行为的多产形式，"起初似乎被证明用于商业发展和组织的天赋，很快变成了排除他人的意图和目的，这被行动和交易频繁地印证，这些行为和交易违背了理论中的'用平常的方法，源自领先于商业发展的单纯概念的行为'，相反，必然包括了从行业中驱逐他人，并剥夺他们交易的权利的意图，从而实现最终的掌控目的"。

fauve，对他们关于"独立的"面包店时代表示忧伤。[1] 私人反托拉斯案例和对诉讼的恐惧，这两种现象较为普遍。当然，这些案例的存在并不一定表明掠夺的存在，因为很明显地存有其他动机，促使公司宣称他们是掠夺的受害者。[2]

现阶段的研究中，我们的任务是使掠夺的概念可操作化，使其成为带有可检验预测的合理实验设计。我们的目的是建立一种我们认为能观测掠夺性定价的经济环境。不幸的是，我们未能发现任何被接受的简单模型。然而，我们仍能识别出在我们的部分或全部实验中可用的若干重要设计条件。

在完全显示需求的明码标价市场上，针对定购，公司生产同质商品用于销售。[3] 我们从掠夺性定价文献中识别出了其他的设计条件。最后，在最终的 7 个实验中，我们在市场中引入了一个掠夺性定价的反托拉斯计划（antitrust program）。

(1) 公司数量。我们参考的每一个来源都采用单个掠夺者的掠夺行为。然而，被掠夺者可能是单个的（Salop，1981，p. 11），也可能是多个的（Scherer，1980，p. 335；Kreps and Wilson，1982；Milgrom and Roberts，1982；Selten，1978）。因为我们过去的实验采用的是市场中有两个公司的模型（Coursey，Isaac and Smith，1984；Coursey，Isaac，Luke，and Smith，1984；之后的 CIS 和 GILS），所以我们决定继续采用这种设计。然而在本实验中，两个公司的成本并不对称。

(2) 公司成本。关于是否从成本角度区分掠夺者和被掠夺者，文献

---

① 本章包含于 Clark 和 Clark 的《控制托拉斯》(*The Control of Trusts*，1912) 一书中。为避免任何人混淆破坏性竞争与健康的价格竞争，他们 (p. 98) 把这样的实践称为"形式优雅的掠夺"并要求"对一般价格模型的非法破坏，必须用某种方式加以制止"。Sen. Kefauver 描述 (1965，p. 139)，很多独立者"从个人角度，知道小的面包师在与主流商竞争时已被摧毁"。

② 在国际航空公司等诉美国求精公司（American Excelsior Company）案（《联邦法律汇编》系列 2 第 517 卷第 714 页，1975 年，上诉，驳回，《美国案例汇编》第 424 卷第 943 页，1975 年）中，控方声称"冷凝垫"工业中存在掠夺性行为。法庭驳回了其主张，并陈述如下："看起来辩方冷凝垫的售价远高于其平均成本。而且，卷宗显示，冷凝垫市场的进入障碍实际上并不存在。"这并不表明法庭忽视了边际成本。他们大概遵循了 Areeda 和 Turner (1975) 的模型，该模型中平均成本在特定场合代理了更为重要（但更不容易观测）的边际成本。关于进入成本的问题，法庭做出估价，"以足够供给整个西南和偏远西部美国的规模进入市场的总成本"不到 30 万美元。

③ 产品的"定做"性质不允许持有从一个交易时段到另一个交易时段的存货，这消除了持有未售出库存的成本和风险。这样做保证了在同样良好定义的（流程）供给条件下，诱导的边际成本日程表产生了重复的周期。按我们的认识，文献没有表明掠夺性行为与生产存货无关。

中出现了分歧：一些人（McGee，1958，p. 140）认为不应如此区分；其他人（Ordover and Willig，1981，p. 308；Salop，1981，p. 19）似乎提出，虽然成本可能相等，但也可能不相等；还有一些人清楚地围绕着支配公司拥有某种成本优势这一观念建立了掠夺模型（Gaskins，按 Scherer 的引证，1980，p. 338）。我们过去的实验（CIS，GILS）采用了均衡成本的设计，特点是任何公司都无法成功取得未加抑制的垄断力量。为了创建更容易获得掠夺性行为的条件，我们选择给予掠夺者相对于被掠夺者的重要成本优势（后文称为"大"公司和"小"公司）。但是，尽管在我们的设计中可能处于不利地位，小公司仍足够有效率，能在 Pareto 有效的竞争均衡下开展生产（Kefauver，1965，p. 144；Ordover and Willig，1981，p. 308）。

通过引致性的卖者边际成本［显示在图 1 (a) 中］，这些成本条件得以实现。图 1 (b) 显示了市场的供给和需求条件。从图 1 (a) 和图 1 (b) 可以发现我们实验市场的若干重要属性。在竞争均衡中（$P_c \in$ [2.66, 2.76]），两个公司都从事生产。卖者 A 售出 7 单位，而卖者 B 售出 3 单位。进一步地，对卖者 A，存在价格和数量的组合（$2.60 \leqslant P_A < 2.66$；$8 \leqslant Q_A \leqslant 10$），使卖者 A 可以从市场中排除卖者 B，而实验中 A 仍能赢得正现金流的利润。

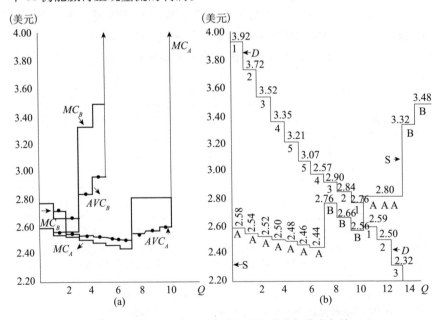

图1　卖者的成本、买者的估价及供给与需求条件

（3）"深钱袋"。很多资料认为，掠夺者相对于被掠夺者拥有资本市场的优势。《华尔街日报》（1983）报道了公平贸易委员会（FTC）的一个决定："代理商的批评家称，新的规则会使 Borden 在面临竞争的领域对 ReaLemon 的定价低于真实成本，而掩盖 ReaLemon 享有垄断的领域。"这与 Clark 和 Clark 描述的假设情形（1912，p.97）如出一辙。①
Scherer（1980）引用了 Edwards 对掠夺者的评论："它钱包的深度确保了胜利。"Scherer 直接这样评价掠夺者："它用其他市场的利润资助掠夺行为。"Salop（1981，p.11）把"深钱袋"定义为"掠夺者享有资金来源的超级通道"。这一观点也被 Kefauver（1965，pp.146-149）提到。我们用下面的规则来规定"深钱袋"：因为在我们的设计中存在遭受经济损失的可能性，所以我们提前提供给每个卖者一笔资本捐赠。然而，在所有实验中，对卖者 A（潜在掠夺者）的捐赠是卖者 B 的 2 倍。（而且，在下面的条件 4 中，对于每个实验的前 5 个交易时段，公司 A 的钱袋相当深，这给予公司 A 作为无竞争的垄断者一种优势。）

（4）进入沉没成本和再入障碍。描述掠夺者有利条件的常见主题是，要求小公司面临进入和再进入的障碍。这引起了一个独立但相关的问题：是什么组成了有效的进入障碍？当代对有争议的市场假设的辩论关注规模经济本身能否实现这个要求。如果规模经济确实构成有效的障碍，那么我们前述的设计条件 1、2 和 3 可能足以提供必需的障碍。然而，我们先前的研究（CIS 和 GILS）显示，规模经济本身可能不能提供足够的进入障碍。因此，作为一种附加的潜在进入障碍，我们加入了 Ordover 和 Willig（1981，p.305）建议的第（4）个条件，也就是进入沉没成本和再入障碍。进一步地，我们要求小公司在做出进入决定时，大公司拥有一些相关需求性质和私有知识的在位者优势，和对已经"沉没"的进入成本的不可撤回优势。

像在 GILS 中，沉没进入成本通过要求卖者在受许可参与市场前购买进入通行证而获得。每个通行证需花费 1 美元，仅仅在 5 个连续交易时段有效。在每个 1 美元的价位上，通行证收费代表了小公司的竞争性价格是 5 个交易时段中最大盈利的 2/3。为了创造在位者优势，实验开始就采用了这样的设计：要求卖者 A 为交易时段 1～10 购买 2 个许可证，卖者 B 则在交易时段 6 以前无权选择进入。因此，在卖者 B 不得不

---

① 但是，也请参见 Brozen（1982，pp.300-333），通过文献编辑的争论，他们质疑了交叉补贴、"深钱袋"和进入障碍假说。在引用中，有两个是来源于 Scherer。

做出进入的初始决定的时刻，卖者 A 已经为在市场中多存在（至少）5个交易时段，沉没了足够多不可撤回的成本。而且在交易时段 6 之初，卖者 A 已经拥有 5 个交易时段的优势，优势在于获得了关于市场需求的私有信息，并加深了他的钱袋。

（5）信息。多数文献都没有清楚地涉及公司可用信息的情况，而且多数似乎暗中假定公司拥有关于其他公司成本的完全信息。[在 Salop（1981）、Kreps 和 Wilson（1982），以及 Milgrom 和 Roberts（1982）中，我们发现了例外。]在我们的多数实验中，公司不了解彼此的成本结构，也不了解需求。然而，在 3 个实验中，我们引入了完全的成本信息。在这些实验中，参与者过去已经参与过掠夺性定价实验（虽然当时彼此不在一起）。每个人被安排为他原先角色的对立面（以便让卖者了解另一方的情况），而且每个人都得到关于他人成本的书面表格（以便唤醒他们的记忆）。

（6）竞争。关于掠夺行为的许多讨论暗含了意图的问题。如果我们不能从绩效变量中辨明掠夺竞争和良性竞争，那么意图将成为试图做出区分的逻辑方向。不幸的是，基于意图的标准是高度主观的。

在我们的一个实验中，我们引入了一个操作手段：大公司基于正常欲望（基于假设的利润最大化）排斥小公司和基于竞争主义的不正常欲望排斥小公司。在竞争主义的不正常欲望条件下，我们私下告知大公司，当小公司选择不进入市场时，大公司将被给予每个交易时段 1 美元的现金奖励。我们试图有效地诱导 A 排除 B 并从中获得直接效用，这是基于可能发生掠夺性行为的假设所设计的，而非源自利润最大化的意图。

（7）掠夺性定价反托拉斯计划（PPAP）。我们最后的 7 个实验是在加入 PPAP 的条件下进行的。这通过两方面来操作：第一，在位者公司面对产量扩张限制。不论何时小公司进入市场（也就是，卖者 B 在时段 t 购买一张通行证，而他或她在时段 $t-1$ 时尚无通行证），卖者 A 不能在 2 个时段扩张他或她的最大产量来销售。第二，在位者面临一个暂时的削减价格规定。在卖者 B 存在于市场内的任何时段，卖者 A 的所有价格削减（如果削减发生）必须保持至少 5 个连续的交易时段。

Ⅲ. PLATO 明码标价实验

多数零售市场是在所谓"明码标价"的制度下组织的（Plott and

Smith，1978)。按我们的定义，在这种制度中每个卖者独立标出一个"拿走或走开"的价格，每个买者选择数量进行交易，总量受制于卖者产量的限制。这些标示的价格可能经常性或非经常性地、有规律或无规律地改变抑或被重新检视，但在任何实验中，这个机制的核心特性都是标价不受谈判的影响。

此处报告的实验采用了 Ketcham 的 PLATO 系统编制的明码标价机制程序（Ketcham，Smith and Williams，1984)。这个程序允许买者和卖者各自坐在计算机终端前，交易最多25个市场"日"或定价时段。每块显示屏显示参与者的记录单，列出每个交易时段可购买（出售）的最大数量。对每一单位，买者（卖者）有一个边际价值（成本），代表购买（出售）此单位的价值（成本）。这些受控的私人单位价值（成本）可以推导出个人的和市场总体的理论供给和需求曲线（Smith，1976)。也就是说，在一个实验中，买者（卖者）赚取的数额等于每单位边际价值（出售价格）与购买价格（边际成本）差额的现金回报。销售是"针对订单的"，意指对于未售出（未购买）商品，没有相联系的罚金或延期存货。因此分配的边际价值和成本诱导了良好的供给和需求条件。

每个交易时段开始时，实验要求卖者通过电脑键盘输入选择一个售价。这个价格作为私人信息显示在卖者的屏幕上。然后要求卖者按售价选择相应的数量。因为掠夺性定价假设的基础是卖者可能出于战略性原因定出低于边际成本的价格，所以我们采用的程序没有任何限制（除了对允许卖者报出的价格和数量组合个数有容量上的限制）。考虑到卖者针对定价计算利润要花费大量时间和努力，特别是在 U 形成本条件下，PLATO 总是告知卖者所有商品售出时的利润（亏损）。当对选择的价格和数量满意时，卖者按一下屏幕显示的触碰感应要价箱。这个行动将卖者的要价不可撤回地投入市场。在触碰要价箱之前，卖者可以按需随意更改价格和（或）数量。每个卖者只有在两个卖者都按下出价箱完成要价后才能看到对方的要价。

因为实际上所有关于掠夺定价的假说都明确或非明确地假设买者的行动会完全显示市场需求，我们需要在所有18个实验中合并这个因素。为此，我们采用了在先前研究（GILS，1984）中被证明成功的电脑买者子程序。在2个卖者输入他们的要价后，如同真人参与者中的买者一样，PLATO 随机地安排图1中的5个买者组成一个购买序列。然而，购买决定是由 PLATO 程序按需求完全显示的购买规则做出的，买者会购买给定价格下所有有利可图的商品。当最后一个买者完成购买时，交易终止。实验时卖者并不知道实验会在何时终止。

不管卖者是否购买进入许可，物理环境和计算机互动都没有区别。这样做是为了让购买许可证的决策受到的外界刺激最小。一个选择不购买许可证的卖者仍留在终端前，观看另一个卖者的报价。因为这是一个明码标价市场，一旦市场向买者开放，有许可证和没有许可证的卖者在计算机终端中的地位是同等被动的。

Ⅳ. 备择假设

根据我们的解释，由第Ⅱ部分的（1）～（5）可知，掠夺性定价是确定结构条件下企业行为的假说。然而，作为对掠夺性定价文献的补充，扩展的寡头垄断文献已经确立了当数量很少时定价行为的其他假说模式。我们不能确定掠夺行为是否一定会发生，因此有必要考虑更利于观察到掠夺性定价的条件，作为备选。这个必要性在头几个实验没能得出掠夺行为时尤其重要，因此在实验早期我们已有动机指定备择假设。尽管文献提出备择假设，我们却没发现对它们提供关于获得每种要价行为模式的必要条件的一致的、明确的描述。基于这种观点，我们决定支持这样的规范，即：只要假定一个或两个公司选择价格，任何行为假设都可以应用。这样就把寡头垄断的 Cournot 数量-调节器模型排除在外了。

A. 掠夺性定价

基于第Ⅱ部分概括的文献，定义掠夺性定价有两个要素。第一，掠夺者的定价低于简单短视的（短期的）最佳定价策略。第二，价格有阻止被掠夺者进入，或将其逐出市场并阻止再次进入的效果。在我们的实验设计中，假设公司 B 采取掠夺行为无异于自杀，所以如果存在预期的掠夺者，我们就认为它是公司 A，公司 B 是被掠夺者。因此，我们将第一个要素解释为 $P_A(Q_A) < MC_A(Q_A)$，其中 $P_A(Q_A)$ 是反需求函数；第二个要素则意味着 $P_A(Q_A) < \min AC_B(Q_B)$。对于我们设计的卖者公司 A，低于 2.66 美元的报价是潜在的掠夺，取决于公司 A 选择的供给数量。例如，如果卖者公司 A 报价 2.64 美元但限制数量至 7 单位，那么 $P_A(7) > MC_A(7)$，这一策略为公司 B 确保更高的定价，在市场中遗留了一定的（暂时的）过剩需求。我们定义公司 A 报出低于 2.66 美元的价格同时选择至少 8 单位的数量为公司 A 采取掠夺行为。因此，掠夺行为定义于集合（P_A

$\in[2.60\,美元,2.62\,美元],\,Q_A\geqslant 8)$，因为这会导致 $P_A(Q_A)<MC_A(Q_A)$ 且 $P_A(Q_A)<\min AC_B(Q_B)$，这个掠夺行为对公司 A 仍产生正的利润；我们的设计故意允许公司 A 不受损失而领先。因此，对掠夺者，即使存在掠夺性的短期机会成本，也不会有现金支付的净损失。

概括来说，如果我们观察到公司 A 选择符合掠夺性价格和产量的行为，继而公司 B 退出并不再进入，那么即使后来公司 A 提高价格，我们也可以认为这一观察结果支持掠夺性定价假说。然而，如果作为对公司 A 的非掠夺性降价的反应，我们观察到公司 B 退出市场并选择不再进入，那么我们认为公司 B 特别容易受降价行为的攻击，这种观察仍应算作支持掠夺性定价假说。这种行为说明公司 A 已经对公司 B 建立了可靠的掠夺威胁，而用不着在掠夺范围内定价。

B. 竞争均衡

如果掠夺行为明显，但无法让小公司从市场消失，这个结果可能会打破两个公司间任何有效的默许合作联结。因此，由于掠夺尝试的失败，竞争均衡可能会作为默认的结果。另外，减价可能不如掠夺模型建议的程度深，但足以锁定两个公司进入竞争均衡。在不同的贸易制度下，数量很少时，有利于竞争均衡的扩展实验证据提出了关于现有实验设计假设的一个较强的先验案例。在这个设计中，竞争均衡由 $Q_A=7$，$Q_B=3$ 组成，价格位于区间 $[2.66,2.76]$ 中。

C. 占优公司均衡

若假设公司 B 为价格接受者，或通过变成价格接受者来适应其不利地位，那么可能的结果是占优公司均衡。这常常与领导者-追随者（即公司 A 先行动，公司 B 后行动，根据 A 报出的价格决定产量，以取得最大利润的弱函数博弈制度）相联系。在同时行动博弈的重复实验中，公司 B 可能仍然被认为在随后的时期中，于 B 之后行动，从而领导者-追随者的态势仍然可能出现。

传统分析得出占优公司均衡价格为（$P_{df}=2.84$ 美元），相应的产量为（$Q_A=6$，$Q_B=3$）。这是通过假定公司 B 配合公司 A 制定的任何价格选择利润最大化的产量而获得的。

我们计算了公司 A 和公司 B 可报出的可行价格子集的联合利润矩阵。在这个矩阵中，如果公司 A 报出占优公司均衡价格，$P_{df}=2.84$ 美元，则公司 B 的最优反应也是报出这个价格。在这个价格下，公司 A

供给 10 单位，公司 B 供给 3 单位，每个交易时段的预期利润为 $(\pi_A, \pi_B) = (1.99$ 美元，0.51 美元$)$。严格地说，这与占优公司模型的利润分享略有区别，后者的基础是要求大公司放弃边缘剩余供给。在我们的设计中，这将要求卖者公司 A 将 Q_B 限制在 6 单位，此时每个交易时段的利润分享是 $(1.96$ 美元，0.54 美元$)$。

D. Edgeworth 价格周期

联合利润概率也显示了在双重垄断定价中的 Edgeworth 价格周期。如果两个公司从占优公司均衡 $(P_A, P_B) = (2.84$ 美元，2.84 美元$)$ 开始，公司 A 有动力减价 1 美分至 2.83 美元。但是这削减了公司 B 的利润，其配合公司 A 价格的最佳反应是，给予公司 A 动力减价到 2.82 美元等，直至价格下降到 $(P_A, P_B) = (2.79$ 美元，2.79 美元$)$。在这一点上，公司 A 有动力提价，返回 2.84 美元，公司 B 也会配合这个价格。

E. 分享垄断（默许冲突）

如果公司 A 和公司 B 能通过价格信号实现合作，这种策略将是最有效的，如果：(1) 联合利润最大化；(2) 按可以保持默许"协定"的方式划分利润（除了两个公司选择的价格外，它们不能沟通）。最大的集体利润是将所有的产量分配给公司 A，公司 A 收取垄断价格 $P_M = 3.21$ 美元，并出售产量 $Q_M = 5$，每个交易时段公司 A 获得利润 $\pi_M = 3.43$ 美元。但在没有协定机制（包括归咎于公司 B 分享了这个利润）的情况下，也绝不会产生这个结果。通过信号传递，可以想象两个公司可能设计出一个可选的结果，公司 A 和公司 B 轮流按各自的垄断价格满足市场。这会得到一个利润，每个公司均分一半的垄断价格。在这种假想情节下，我们会得到 $(P_A, Q_A, \pi_A) = (3.21$ 美元，5，1.71 美元$)$，$(P_B, Q_B, \pi_B) = (3.52$ 美元，3，1.29 美元$)$。默许冲突的一个更简单的形式是，在明码标价机制中，需求是通过购买者随机地选择公司实现的，根据这种情况，两个公司报出相同的价格并分享市场。在分享的垄断价格 $P_M = 3.21$ 美元时，联合利润是最大值，$(\pi_A, \pi_B) = (1.80$ 美元，1.21 美元$)$。但通过降价 1 美分，公司 A 可以收获潜在的利润增长。这是对所有匹配价格策略的情况，因此，很明显，这种策略的保持需要公司 A 的合作。公司 B 把握着同样的情况，只是其通过背叛获得的利润要小很多。

因为 CIS 和 CILS 实验没有获得任何趋于支持通过默许冲突达到分

享垄断的结果，我们怀疑在当前的不对称成本设计中，这样的结果是否有存在的可能。然而，我们猜想在 PPAP 处理下，默许冲突可能更有希望。在这种处理下，公司 A 被强迫在公司 B 进入后的 2 个交易时段内不能扩大产量，且在 5 个交易时段内任何价格削减均不可逆转。在共谋高价下，这个限制使得公司 A 对公司 B 的背叛实施惩罚的代价很高。公司 B 了解公司 A 的任何降价在 5 个交易时段内不能逆转，可能会犹豫是否违约，并冒险锁定进入一个低价模式。类似地，在低价时如果公司 A 发出提价信号，在 PPAP 下，对公司 B 而言，这个行为可能有更大的可信性，并增加公司 B 跟进的可能性。

F. 备选结果的相对可获利性

关于掠夺模型的争论集中于大公司相对于备选策略采用掠夺战略的获利性。关于这个争议的两个观测与我们的设计有关。第一，我们注意到（McGee，1958）相对掠夺策略，一个常被提议的选择是公司 A 整体买下公司 B。这在我们的设计中是不允许的。[①] 第二，注意到卖者 A 作为一个无竞争的垄断者，每个交易时段可以赚得 3.42 美元的利润，作为占优公司每个交易时段预期可得 1.99 美元，在竞争价格范围内每个交易时段可得 1.10~1.80 美元，而在掠夺策略下每个交易时段（至多）可得 0.88 美元。因此，读者应该注意到，公司 A 对掠夺行为直接获利性的评价很大程度上取决于公司 A 对公司 B 的退出行为的预期。进一步地，公司 A 实行掠夺策略的决定，取决于如果公司 B 仍留在市场中，公司 A 预期利润的掠夺可获利性。如果公司 A 预期两个公司将会稳定于一个近于"分享垄断价格"的共谋价格水平，那么掠夺行为看起来将较没有吸引力，这是相对于公司 A 预期市场中有公司 B 会导致价格崩溃到竞争性范围的情况而言的。

V. 实验结果

表 1 中，我们报告了 6 组采用不同处理条件的 18 个实验结果。系

---

① 一个明显的问题是，我们对合并的禁令是会让掠夺更有可能，还是更没有可能。如果像 McGee（1980）建议的，相对于掠夺而言，收购是有吸引力的替代，那么禁止这种替代策略就与我们创造相对有希望出现掠夺行为的环境的目标一致。然而，Burns（1984）已经建议，在古老的美国烟草公司的案例中，收购可能已经是掠夺战役的构成部分。

列 1～5 由 11 个实验组成，加入了有利于（可能渐进地更加有利于）出现掠夺性定价行为的可选条件。

图 2～图 5 给出了系列 1、2、3、6 中各个实验的连续价格和相应的销售量。每个交易时段的出价用实心圆和空心圆表示。因此，在图 2（实验 129）中，对于第 8 个交易时段的实心圆，记为"A8"，代表 A 在标价 2.90 美元下卖出 8 单位；空心圆，记为"B0"，表示 B 在标价 3.15 美元下售出 0 单位。图 3（实验 135）中，在类似 1～5 的交易时段，只标出了在位者卖者公司 A 的报价，暗示卖者公司 B 在交易时段 1～5 未能获准购买许可证。在所有图中，公司 A 的垄断价格（3.21）、占优公司的价格（2.84）、竞争区间 [2.66，2.76]、潜在掠夺价格范围 [2.60，2.66] 都标在了最右端。最后，对于受限于 PPAP 的实验 153，图底部附近的加重黑色箭头标出了卖者公司 A 已经通过减价自己触发了临时的价格下限。箭头上的数字描述了运营价格下限。

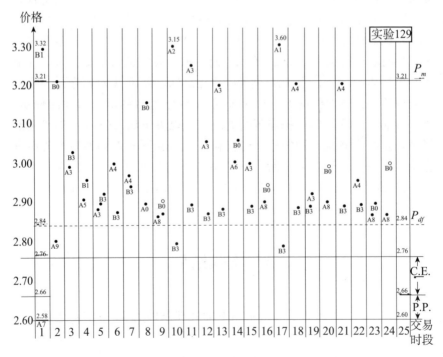

图 2

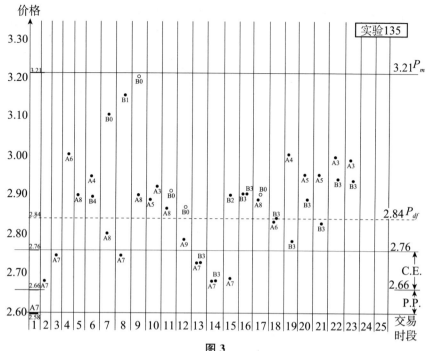

图 3

图 4

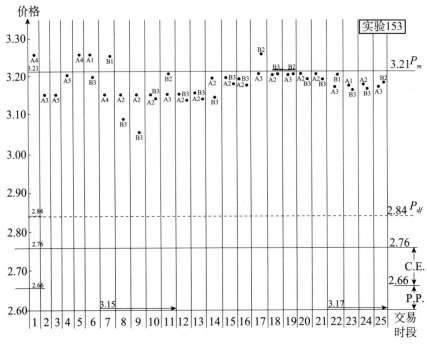

图 5

表 2 概括了 18 个实验的表现。每个实验根据在最初 18 个潜在竞争时段中占多数的定价行为评分：分享垄断、占优公司、竞争，或掠夺（对成功实施掠夺的大型公司，既包括掠夺定价，又包括垄断定价）。因为很多观测不精确遵循那些模型预测中的任何一个，我们采用了一种简单的方法评分。每个价格预测最接近观测的情形，算作该模型的一次成功。

表 2　　　　　　　　　　　　　　　**实验结果**

（每个实验根据最初 18 个潜在竞争时段中的价格结果的胜出票数评分）

处理系列	有关表现的假说			
	分享垄断	占优公司	竞争均衡	掠夺：掠夺性定价或幸存公司的垄断定价
1	1	1.5	0.5	0
	(133)	(129，131-平局)	(131-平局)	
2	0	2	1	0

续前表

处理系列	有关表现的假说			
	分享垄断	占优公司	竞争均衡	掠夺：掠夺性定价或幸存公司的垄断定价
		(135, 136)	(138)	
3	1	2	0	0
	(140)	(139, 141)		
4	0	1	0	0
		(142)		
5（同盟者）	0	0.5 (143 的后半部分)	0	0.5 (143 的前半部分)
6（反托拉斯）	5	2	0	0
	(145，146，147，149，150，152，153)	(147，149)		
1~4 汇总	2	6.5	1.5	0

根据表 2，可得出两个一般结论：（1）任何掠夺性定价行为都未出现；（2）在反托拉斯对策规则下的市场中，行为根本上不同。下面将逐一对这些观测的细节进行分析。

（1）不存在掠夺性定价行为。我们通过提供一个对系列 1~5 的简要叙述来概括我们的实验结果，接着是对所有 10 个实验的一般讨论。

系列 1。我们结合设计条件 1、2、3，用 3 个实验开始了我们的研究。关于已指定作为先验行为的"掠夺"，我们没有发现任何证据。3个大卖者报出了 73 个价格，无一满足对垄断定价的定义。

3 个实验中，大卖者报出了处于潜在掠夺范围的价格。但是，在这 3 个实验中，大卖者将产量限制在 7 单位，所以价格高于边际成本和平均成本。这些价格都出现于交易时段 1，且 3 个大卖者无一重复过此掠夺范围的出价。也许可以论证这样一种解释：或者（1）对卖者较早时期的价格实验中，卖者预先没有关于需求和对手成本的信息；或者（2）存在一种关于未来会掠夺的潜在愿望。由于所有 3 个实验都发生于交易时段 1，且无一有过重复，所以我们对第二种解释高度怀疑。然而，不论大卖者头脑中有无这样的战略信号传递行为，或小卖者能否做出掠夺的理解，这个行为都不符合我们对掠夺性定价做出的任何解释，因为价格不低于平均成本或者边际成本，且在每个案例中小卖者都得到了一些剩余需求和利润。

系列 2。在我们于头 3 个实验中观测掠夺行为失败后，又在接下来的 3 个实验中加入了设计条件 4（进入沉没成本），并引入了"在位者"的处理。同样，在从 69 个观测中选取的价格-数量组合中，没有掠夺行为。在这个系列中，只有两个实验的报价处于潜在掠夺范围，且在两个实验中数量都被限制，所以价格不低于边际成本或平均成本。在要求公司购买进入许可的这些实验中，我们针对大卖者的定价行为进行了测试，检验其能否在非掠夺水平成功地传递掠夺威慑。在小卖者可以持许可证在市场中竞争的 54 个交易时段中，所有交易时段它们都有此举动。

系列 3。如先前第 Ⅱ 部分叙述的，我们确定了设计条件 5（完全信息）。我们推测如果两个公司都清楚地了解大公司的优势，预期可能会鼓励掠夺，或者对掠夺的恐惧会导致小公司退出市场，但我们错了。大公司的 69 个决定无一是掠夺行为。只有一个卖者公司 A 的价格存在潜在掠夺，而且像过去一样，伴随着产量限制。小公司在所有 54 个可能的交易时段都留在市场中。

系列 4（实验 142）。在头 9 个实验没能发现掠夺行为的情况下，我们怀疑掠夺是否被与潜在经济结构无关的"竞争性"动机所引导。为检验这个假设，我们私下通知卖者公司 A，如果卖者公司 B 选择不购买许可证，我们会在每个交易时段支付给它 1 美元。这个竞争性卖者从未报出潜在掠夺性价格；事实上，只有一次，卖者公司 A 的报价低于 2.83美元。小公司从来没有无法购买许可证的情况。

系列 5。在 10 次鼓励掠夺不成功的努力后，我们认真考虑这一问题，设计中可能有某种缺陷，减弱了（我们假设是这样）小卖者的弱点。因此，在实验 143 中，我们决定选择一个同盟（一个研究生）作为卖者公司 A，其个人动机受到直接的引导，在交易时段 1～11 制定掠夺性价格和产量。这个事实明显地对小公司加以隐瞒。卖者公司 B 在交易时段 6 进入市场，在交易时段 6～10 遭到排挤（遭受 1 美元的许可证损失），并在交易时段 11 拒绝更新许可证。其不再进入市场的决定在交易时段 12 开始时再次重复，我们示意同盟者开始尝试利用他的垄断地位。这可能是在小卖者的后续行为中，关于掠夺性定价传闻弱点的最强线索。尽管被卖者公司 A 一次次无情痛击，损失金钱，并两次决定不再顺从这样的惩罚，但卖者公司 B 只用了一个交易时段（交易时段 12）观察公司 A 的价格上涨，就再次进入（交易时段 13）以获取一些（可能是暂时的）超常利润。也就是说，当掠夺者试图利用其新建立的垄断地位时，公司规模和成本的区别、规模经济、不可忽略的进入沉没成本、不对称的"深钱袋"，结合着因亏损被迫离开市场的经验，都不足以预先限制再进入。虽然我们已经让卖者公司 A 报复，但仅仅在交易时段 13 卖者公司 B 就赚取了 1.32 美元，较弥补进入成本要高。这为进一步研究提出了两个明显的问题。第一，按卖者公司 A 报复的形式，需要多大的惩罚才能避免卖者公司 B 再进入？这种必需的报复水平是否严重削弱了 A 的利润，以至于卖者公司 A 与卖者公司 B 共存反而可能更好？第二，如果卖者公司 B 在再次进入前的至少一个交易时段必须公告其意图，将发生什么情况？

系列 1～5 的一般讨论。尽管我们没观察到 $P_A(Q_A)$ 符合我们对掠夺性定价的严格定义，但在几个实验序列中，公司 A 的定价行为可能被公司 B 理解为掠夺性质。比如，实验 135 中（图 3），交易时段 7～9，公司 A 忽视了公司 B 重复的提价信号。而后在交易时段 10，公司 B 的价格与公司 A 达到相称水平，于是在交易时段 11～14，公司 A 重复地削减公司 B 以前的价格。公司 A 最终似乎承认这个策略失败，并在交易时段 11～14 发出（无成果的）提价信号。在另一个实验中（实验 140，图 4），也获得了类似的结果。在这两个实验中，我们可以想象，在给定三倍损害法定激励及非实验世界中边际成本含混不清的情况下，公司 B 可能感觉他或她已成为掠夺性行为的受害者，并试图提起诉讼。

但如果掠夺不是解释这种市场环境下公司行为的完美假说，那么一个逻辑上的问题是：哪个可选择的（如果存在）假说得到支持？再次查阅表 2 和系列 1～4 的汇总结果。（我们排除了系列 5，因为我们结合了一个同盟者。）在这 9 个实验中，模型（事实上的多数）观测支持占优公司的预测。在 9 个实验中，6.5 个都由占优公司模型做出了最优解释。

我们通过考虑同盟者实验（143），可以找到关于这个设计中占优公司模型更多的更加合理的证据。从交易时段 17 起，我们示意同盟者开始报出组合（$P=2.84$，$Q=6$），这符合大公司的占优策略。我们怀疑这个行为是否会真正吸引卖者公司 B 采用其竞争性边缘策略（$P=2.84$，$Q=3$），答案是肯定的。这说明占优公司模型中的领导者-追随者风格可以在这样的重复环境中捕获，从技术上讲，重复环境中的两个公司在任何一个交易时段均同时行动。

表 2 中共同排外的四重分类法的一个缺点是，没有包含我们的第 5

个备择假设——Edgeworth 周期。这是因为这些周期价格包括了支配公司价格 2.84 美元。然而，一个比较有价值的问题是：系列 1～4 的 8 个实验为"竞争性的"或"占优公司"是否受 Edgeworth 模型暗含的动态机制的驱动？一个武断的衡量是，查询在这种两分法中（竞争性的与支配公司），追随者数（或者说第二位的结果数）是否包含了相当于初步分类观测数的 1/3。如果结论是肯定的，则暗示竞争性和占优公司价格之间有许多行动，至少符合 Edgeworth 模型。如果答案是否定的，则或者暗示了非周期（是否均衡？）行为，或者暗示了 Edgeworth 范围以外的周期（可能是公司试图建立默许合作时，成功与失败构成的周期）。

采用上述分类法，可以发现 10 个实验中仅有 2 个——131 和 138——可以归类为 Edgeworth 类型。其他则没有显示出简单的一致形式。例如，一个实验（141）非常近似地收敛于支配公司的预测，而同时另一个实验（129，图 2）则表现得更不稳定。其远离支配公司定价的周期运动更倾向于朝着垄断，而不是竞争性预测的方向发展。

（2）系列 6 中反托拉斯程序的效果。整合了我们的 PPAP 的 7 个实验是按条件（1）～（4）进行的。因此，在没有反托拉斯规则的情况下，处理条件与系列 2 相同。这引起了以下问题：当一个人讨论反托拉斯规则的效果时，恰当的控制次序是什么？是仅仅针对系列 2，还是针对系列（1）～（4）的汇总结果？系列 2 本身有更精确的结构性控制，但仅有 3 个观测值。汇总有可能会引入某些特定错误，因此我们将报告两者的比较。碰巧，关于汇总和不汇总控制下的定性结果都很活跃。

从我们的系列 6 得到的基本结论是存在第二类调整错误。也就是说，在可能预期掠夺发生的环境中加入反对掠夺的规范可能并不是良性的。我们的结果显示，在有反掠夺保护的地方，表现出的竞争性和效率都更低。

这种定性的结果可以从至少三种不同角度来看。

第一，瞥一眼实验 153（图 5）的数据就可以看到这种效果，实验生动地展示了我们观察到的最极端的例子，显示了反托拉斯规定如何为在垄断价格和产量附近的默许合作提供动机。

第二，再次参见表 2 对实验的分类。假设我们将观测结合起来，以便对每个实验计数为：（1）分享垄断；或（2）不分享垄断。系列 6 中分享垄断的比例是 0.71，而系列 2 中则为 0。（对比率区别的 χ^2 检验的

显著性水平为 $\alpha = 0.05$。）对比系列 6 与系列 1～4 的汇总比率，可以得到 0.71 对 0.20（其显著性水平也为 $\alpha = 0.05$）。因此，我们可以反驳"应用 PPAP 规则时不会造成向分享垄断结果转换"的假设。

第三，可以直接检查市场表现的有效性标准。在图 6 中，我们已经画出了对我们称为"准有效"的时段到时段的测量。（这衡量了追求最大剩余的参与者获得实际盈余的比率，这里我们并没有将进入许可成本放在这一比率中分期摊销。）按这种衡量，一个完全竞争性的市场应 100% 有效。一个理性的卡特尔则应 72.5% 有效。再一次地，图 6 中的对比是显著的。在每个交易时段，平均而言，有 PPAP 的市场比没有这种处理条件（或者采用系列 2，或者用系列 1～4 的汇总结果作为控制）的市场表现出更低的效率。在表 3 中我们给出了对差别显著性的统计学检验。我们在 2×2 维表中列出了对效率差异的 4 个 t 检验结果。其中两个检验应用了系列 2 的数据作为控制；另两个用了系列 1～4 的汇总数据。在第二维度上，两个检验采用了所有 18 个潜在竞争时段为基础，另两个仅采用了最后 5 个的均值（后者是 CILS 介绍的方法）。在所有 4 个实验中，差值的趋势显示，在反托拉斯规则下，市场效率更低。在 4 个检验的 3 个当中，在 $\alpha = 0.05$ 的单侧 t 检验中，差别有显著性。

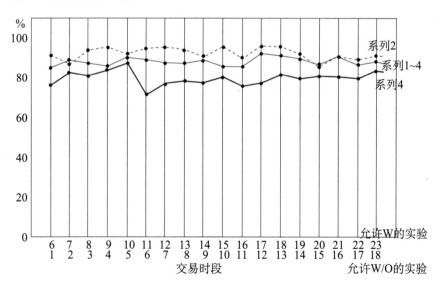

图 6 最初 18 个竞争时段中（即未试图摊销准入成本）的市场准效率

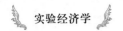

表 3   在效果方面托拉斯与反托拉斯的平均效率实验

	基于所有 18 个竞争时段	基于最后 5 个交易时段
控制条件是系列 2	差异＝－12.17％， t＝－2.00*	差异＝－8.25％， t＝－1.57
控制条件是系列 1～4	差异＝－7.91％， t＝－1.89*	差异＝－7.37％， t＝－2.056*

注：负值表示在反托拉斯规则下效率下降。
* 显著性 α＝0.05。

Ⅵ. 结　语

基于 11 个掠夺性定价实验的结果，我们的主要结论是，到目前为止，这一现象没有在我们的搜寻中发现。我们无法先验地在我们认为最有利于其产生的结构环境中制造出掠夺定价。突出的结果是占优公司均衡。这些结果看起来与 Selten（1978）对掠夺的博弈分析一致，其分析中的策略不符合完美的均衡解决方案的概念。通过对每个交易时段的追溯归纳，掠夺并不存在。在每个阶段，新加入者知道，如果其进入并被掠夺，最好还是不要进入。但潜在被掠夺者也知道，对在位者（先进入者）而言，不掠夺是更有利的，这抵消了被掠夺的预期。因此，贯穿这个市场历史，在位者选择不掠夺，而潜在被掠夺者选择进入都是理性的。

在一个参数选择中，应从哪里寻找掠夺定价？我们怀疑关于竞争行为的更多研究可能会富有成效。尽管我们引入竞争刺激的一次尝试没能获得掠夺性结果，我们仍认为这是可能取得良好结果的搜寻方向。这个方向放弃了理性掠夺性行为的概念，并与主流经济理论相反。它也放弃了探求在实验室中，掠夺性行为是否作为人的特性"自发"产生的目标。故意诱导竞争行为是为了假设这样的行为在该领域存在，但是由于某些原因这些行为仍未在实验室中被证明。关于行为上的主要原因，相对于我们可以在文献中洞悉的内容，需要在所谓的掠夺案例领域中的更坚实的证据。

另一个潜在有前途的方向由博弈论文献中的声誉理论所提出（Kreps and Wilson，1982；Milgrom and Roberts，1982）。这些假设导向了这样一种理性的掠夺，对在位者，在进入后掠夺是有回报的，因为作为结果的声誉阻止未来的新加入者，并且这些远期利益超过先前的短期损失。当然，不完美信息的假设是我们实验设计的一部分，声誉效果不会自发产生。然而，我们采用一个同盟者的实验可以被推广，以图自觉地建立这些模型中调查的那种声誉。此外，还包括脱离自发掠夺行为的搜寻，对其的辩解会引发尚未在任何深度上予以检验的方法论观点。

我们考虑这样一种理解，所有现有的掠夺模型以及我们的实验设计中都有缺陷。进入需要资本投资，退出意味着财产的剥夺，而且（不包括一般意义的广义可交易资本，比如卡车）新加入者的资本储备不该被假设为独立于掠夺性定价是否发生。如果资本储备是特定的（例如，铁路线），一个退出的被掠夺者从潜在的新进入者手中肯定只能重获重置成本的一小部分，但这意味着新进入者作为竞争者，可以按已经扣掉掠夺预期的资本成本购入。因此对新加入者，可保证有一定的利润率，然而如果掠夺延续，将享受超常利润。除非掠夺者购入被掠夺者的折扣资本储备（Burns，1984），否则掠夺仅会让被掠夺公司破产，不能清除竞争者的存在。破产导致了负有义务的管理层下台，而不是使资本性资产消失，资产被再分配给新的管理层。

我们加入掠夺性定价的反托拉斯规则的 7 个实验结果形成了我们第二个主要结论的基础。我们有证据表明第二类调整错误是存在的。强加于市场的反托拉斯规则可能被认为易受掠夺性定价的影响，造成市场表现出较没有这些反掠夺规则时更低的竞争性和效率。我们不能断言任何反掠夺性定价的规则都有这种效果，然而给定与要求半永久性价格削减的规则相结合的产量扩张限制，这些结果从程序中生动地显示了效率损失的潜力。更一般地，我们相信这些结果强调了下述问题的必要性，即，公共政策制定者应意识到为改正所谓的市场失灵而做出任何修正都可能提供无法达到预期目标的激励。他们的任务可能变成基于谁可以最终获得最大净收益，而非谁改正一个特定过失的一种多样性评估建议。

参考文献

Areeda, Phillip, and Turner, Donald F. , "Predatory Pricing and Related Practices under Section 2 of the Sherman Act," *Harvard Law Rev*, 88 (February 1975): 697 – 733.

Baumol, William J. , "Quasi - Permanence of Price Reductions: A Policy for Prevention of Predatory Pricing," *Yale Law J*. 89 (November 1979): 1 - 26.

Brazen, Yale. *Concentration, Mergers, and Public Policy*. New York: Macmillan, 1982.

Burns, Malcolm R. , "The Effects of Predatory Price Cutting on the Acquisition Cost of Competitors," Mimeographed. Lawrence: Univ. Kansas, Dept. Econ. , March 1984.

Clark, John Bates, and Clark, John Maurice. *The Control of Trusts*. New York: Macmillan, 1912.

Coursey, Don, Isaac, R. Mark, and Smith, Vernon L. , "Natural Monopoly and Contested Markets: Some Experimental Results," *J. Law and Econ*. 27 (April 1984): 91 - 114.

Coursey, Don, Isaac, R. Mark, Luke, Margaret, and Smith, Vernon L. , "Market Contestability in the Presence of Sunk Costs," *Rand J. Econ*. 15 (Spring 1984): 69 - 84.

Kefauver, Estes. *In a Few Hands: Monopoly Power in America*. New York: Pantheon, 1965.

Ketcham, J. , Smith, Vernon L. , and Williams, A. W. , "A Comparison of Posted - Offer and Double - Auction Pricing Institutions," *Rev. Econ. Studies* 51 (1984): 595 - 614.

Kreps, David M. , and Wilson, Robert, "Reputation and Imperfect Information," *J. Econ. Theory* 27 (August 1982): 253 - 279.

McGee, John S. , "Predatory Price Cutting: The Standard Oil (N. I.) Case," *J. Law and Econ*. 1 (October 1958): 137 - 169.

McGee, John S. , "Predatory Pricing Revisited," *J. Law and Econ*. 23 (October 1980): 289 - 330.

Milgrom, Paul R. , and Roberts, John. , "Predation, Reputation, and Entry Deterrence,"*J. Econ. Theory* 27 (August 1982): 280 - 312.

Ordover, Janusz A. , and Willig, Robert D. , "An Economic Definition of Predatory Product Innovation," In *Strategy, Predation, and Antitrust Analysis*, edited by Steven C. Salop, Washington: FTC Bur. Econ. , 1981.

Plott, Charles R. , and Smith, Vernon L. , "An Experimental Examination of Two Exchange Institutions," *Rev. Econ. Studies* 45 (February 1978): 133 - 153.

Salop, Steven C. , "Strategy, Predation, and Antitrust Analysis: An Introduction," In *Strategy, Predation, and Antitrust Analysis*, edited by Steven C. Salop, Washington: FTC Bur. Econ. , 1981.

Scherer, Frederic M. , *Industrial Market Structure and Economic Performance*

2d ed. Chicago: Rand McNally, 1980.

Selten, R., "The Chain-Store Paradox," *Theory and Decision* 9 (1978): 127-159.

Smith, Vernon L., "Experimental Economics: Induced Value Theory," *A. E. R. Papers and Proc.* 66 (May 1976): 274-279.

Wall Street Journal, "F. T. C. to Relax 1978 Order against Borden on Pricing Practices for ReaLemon Juice," March 2, 1983.

Williamson, Oliver E., "Predatory Pricing: A Strategic and Welfare Analysis," *Yale Law J.* 87 (December 1977): 284-340.

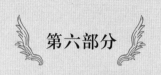

第六部分

经济学前景展望

理论、实验和经济学 *

弗农·史密斯（Vernon L. Smith）

    自首次将实验室实验的方法引入市场行为与绩效的研究中，已经过去 30 多年了。[①] 在本文中，针对实验方法对经济学研究的意义这一问题，我给出了解释，尽管在适当和必要的时候我会引用一些实验作为例子，但我并不想将本文作为该领域内的一个系统性的综述。读者可以从更加全面的综述中找出相关的参考文献（E. Hoffman and M. Spitzer，1985；C. Plott，1979，1982，1986a，1986b；V. Smith，1976，1980，1982a，1982b，1986）。

实验方法与经济学

    如今研究生院学习和教授的经济学及其日后实践似乎比其他科学更

---

  * 非常感谢国家科学基金和斯隆基金对亚利桑那大学经济科学实验室研究的支持。同时向 J. Cox，D. Kahneman，M. Machina，D. McCloskey，C. Shapiro，J. Stiglitz，T. Taylor 和 R. Thaler 表达我的谢意，他们为我这篇论文早期的草稿提供了几十页的注释，我将这些注释都合并到了本文的最后版本中。

  最后的结果虽然有所改进，但肯定没有我希望的那样好。虽然实验被试都经过了指导，但文字、图片以及公式都不能表达他们在实验中全部的经历。

  ① 我第一个供求关系实验是在 1956 年 1 月完成的，而其他的实验则是在同期或更早的时期内完成的。早先的实验经济学先驱者是一批美国和德国的学者，他们几乎在同时进行着工作，但由于缺乏信息沟通，他们中的许多人都在各自单独地工作着，他们是：E. Chamberlin（哈佛），A. Hoggatt（伯克利），H. Sauermann 和 R. Selton（德国），M. Shubik（耶鲁），S. Siegle 和 L. Fouraker（宾夕法尼亚州立大学），以及 J. Friedman（耶鲁）。

加注重理论而非观测。我认为，"与经济学理论相匹配的事实不仅一个"（Milgrom and Roberts，1987，p. 185）的观点准确地描述了该领域的主流观点。这是因为经济学家训练我们将经济学看作先验科学，而不是注重理论与观测的相互影响的观测科学。因此，我们开始相信：经济学问题只要通过思考就能够完全理解。当思考产生了完备的技术严谨性、内在连贯性以及人际关系一致性以后，经济学家才能将这些结果应用于实际数据。

但是，实验方法改变了你对经济学的思维方式。如果你做实验，你马上就会发现很多重要的实验结果能够被你和其他人复制。进而，经济学家开始提出一些能够或不能够被证明的概念和命题。观测方法在经济学中开始引人注目。现在，理论目的必须要追踪，不但要像传统经济学那样事后"解释"事实（所谓事实可能仅仅是程式化的故事），而且要预测新的观测。专业问题留给理论家分辨和应对，保证艰巨且富有挑战性的持续进行实证研究的理论沿革。正如爱因斯坦所言："我的理论不是出于我的原创，它应该全部归功于世人希望物理理论尽可能符合观测事实的欲望……一个物理概念完全依赖于它是否与观测事实相符。"当每一次新数据激励理论扩展时，这个过程便不只是简单的重复，新理论可能又会面对新领域或新实验室观测，这种对质至少产生了此时此刻的些许胜利。

在任何理论与观测的对质中，理论也许成立也许不成立。当理论成立时，它的可信度与其预测能力成比例，而不是与它内在的逻辑美感或其与权威的一致性成比例。但当理论成立时，你也许会凭借更加富有挑战性的"边界"实验而更加强烈地依赖理论，这些实验是为揭示理论成立的边界而设计的，是确定对不确定的让步，为理论的扩展奠定了基础。当理论表现不错时你又在想："自然领域的数据有没有相似的结论？"你会从不同的数据集中寻求一致性，因为理论并不只是针对具体的数据来源。这样的发散是重要的，因为理论通常会对信息和制度做出具体的假设，而这些假设在实验室中是可以控制的，但实验室实验也许不能准确地表示出自然数据产生的状况。在理论假设的范围内检验理论是毫无结果的，除非它是为了研究理论的应用范畴在自然环境中的推广。

在最初的测试中，如果理论不成立，那么这些研究在实质上是相同的。这是因为所有的理论都被期待具有或多或少的说服力，而理论的统计检验，无论结果最初是真是假，都是单纯地为了促进理论的扩展。能够拉近理论和观测之间距离的好理论总是受欢迎的。

从实验方法的前景来看，这个过程可能会成为经济学专业的全部，但经济学家并不总是这样做，因为我们的出版动机并不总是与研究范式一致。

理论需要检验什么？

众所周知，经济学家在检验一个理论时，总是会在理论预测值和观测值之间进行直观比较。但是，当我们进行这些比较时，对于一个理论中的众多元素，我们到底要检验哪些元素呢？为了回答这个最本质的问题，我们需要区别理论的以下三个因素：环境、制度和行为。

环境因素是由所有经济人的特征组成的，即偏好和技术，在传统经济学中则是以效用或偏好函数、资源禀赋以及生产或成本函数来表现的。在简化的模式中，这些特征就是个体需求（WTP）和供给（WTA）状况。制度因素定义了交流的语言（信息或行动），例如买者的出价、卖者的要价，报价被某一方接受，以及商品的特征等。制度或者像一个正式的有组织的交易所那样，或者像非正式的交易传统那样，总是规定经济人行动的顺序，或者规定他们的行动无顺序（自由进入），此规则下信息缔结为合约并据此分配收益。例如，在大多数零售市场上，卖者率先报价，然后买者来浏览、调查并且在规定的数量下未来或许接受这些报价。那些有组织的商品和股票交易市场使用的交易规则是口头双向拍卖的变种，买卖双方可以自由地公布针对一定数量的出价或要价。当买者接受了卖者的要价，或者卖者接受了买者的出价时，一笔交易便达成了。这样，制度规定了规则、条款或条件，在这些规定下市场的需求成分与市场的供给成分达成了契约，从而产生了有效力的分配。

最后，经济人的行为与经济人在给定特征（环境）下对信息或行动的选择以及将这些选择转化为分配的制度性规则有关。理论引入了对经济人行为的假设，例如，经济人是效用、收益或期望效用最大化的，共同信息会产生共同的期望，经济人在做出选择时是风险厌恶的，期望依据Bayes法则进行调整，交易成本（思考、决策和行动）可以被忽略等。[①]

---

① 我们所说的"行为"和被称作"代理人的特征（环境）"的区分将不会也不需要它成为一种先验。实验的部分功能是增加我们对于论题的理解力，也包括能否做此区分。举例来说，风险规避是代理人的特性，还是包含在他选择的行为中的一个要素？我们能否将其分离出来，仍有待进一步的实验验证。参见 Cedric Smith 以抽彩票偿付形式来使被试成为风险中立者的提议（下面将要讨论）。

行为理论会对这样的信息进行预测，例如经济人在密封拍卖中提交的出价、垄断供给方公布的价格、保留价格（在这些价格以下进行价格搜索的经济人会选择购买）等。信息不是结果，它们在转化成结果时依赖于制度规定的分配和成本规则。

在实验室市场实验中，我们检验的是经济人行为的理论假设。如何检验呢？实验室市场实验以实验设计开始，实验设计是通过采用价值诱导技术来控制环境并且通过定义被试在交易中的语言和规则的方式来控制制度的。[①] 在这些控制下，我们缩短了理论预测值和观测值之间的差距，以至这种差距完全应该由理论的行为假设来承担。当实验观测值与某个理论一致时，我们便有了有关这个理论的预测能力的第一个证据。如果这个理论很明显是关于制度的（比如说，制定了一个密封报价歧视性拍卖），但同时也对环境方面做出了一般性的假设（比如说，出价单位 N 大于商品供给单位 Q），那么很自然地我们会进行初始实验的变种实验。如果理论不是关于制度的（一个很有力的解释是，理论认为制度因素是不用考虑的，但为了便于处理，理论家不得不做出一些制度假设），那么一个合理的研究目标就是去探索改变制度的实验设计。这种方式为激发经典理论协调拓展的实验结果奠定了基础。

以上对于理论实验检验的阐释可以与自然数据对理论的检验相对照。对于后者来说，经济学家在环境和制度上没有独立的控制；因此，检验过程就成为一个关于环境、制度和经济人行为理论假设的复合检验。如果理论通过了检验，原因很可能是理论中的所有因素都是"正确的"，或者因为理论中"不正确的"因素被检验不能识别的因素所抵消。如果理论没有通过检验，那么经济学家也不能了解到到底是哪种因素导致了证伪性的结果。

---

① 买者 i 的价值被诱导出来主要是通过分配给连续单位 1，2，…，Q_i 由大到小的价值，即 $V_i(1) \geqslant V_i(2) \geqslant \cdots \geqslant V_i(Q_i)$，并且保证 i 在每一分配单位的价值上能够获得现金收益差额。因此我们就得到了每一个购买单位 q_i 在市场上的支付价格为 $V_i(q_i) - P_{q_i}$。如果 U_i（·）是 i 的未观察到的单调递增的货币效用，那么 i 就有动机在低于其分配价值的任何价格上买进额外的商品。因此，这一估价清单变成了个体对某种商品所愿意支付的最大金额。类似地，卖者的供给价值被诱导出来主要是通过分配给连续单位单独的"成本"，并且用现金支付在接受价格和分配成本之间的差额。利用这一价值可以很容易地根据估价方程 $V'(X_i, Y_i)$ 推导出两种"商品"(X_i, Y_i) 的效用 $U_i[V'(X_i, Y_i)]$。环境通过所有的分配价值（成本）清单的集合进行定义和控制。制度通过定义个体之间相关作用的方式进行控制，从而产生交易价格和契约。

如果一个理论不同的操作形式都不能被实验数据证伪，我们就可以说，在理论和实验给定的环境和制度下，有关行为的理论假设获得了支持。但这并没有结束。某些理论往往规定一些特别简单的人为性的制度，这些制度与任何自然观测都不一致。例如，企业选择价格和数量，买者完全揭示他们的需求信息。使用真实货币激励的被试作为契约和揭示需求的买者，这些制度性的假设就能够在实验室中重现。但这只是一个有关公司及其市场的单边局部均衡理论。这种建模传统还被产业组织理论中的博弈论建模所继承。[①] 在搜索理论最近的扩展中，人们假设厂商在了解买者价格搜索行为的情况下进行要价，这便产生了一个均衡预测的价格分布。这些模型都可以通过为实验制度施加与理论一致的人为性制度假设来进行检验，但观测到的制度可能是自由形态的，企业可能在了解买者搜寻行为的情况下进行要价，而同时，买者也在了解企业要价集合的情况下进行搜索。在这些例子中，实验往往被被检验理论的（消息空间）局限性所限制，而不是被实验方法所限制。实际上，最容易的实验是不对价格搜索过程做出限制。

很多实验文献都是受市场静态理论引导的，然而，这些文献的大部分都试图突破理论的限制，并尝试为理论的改进奠定一个较少受限制的经验基础。一个例子就是，有关双向"口头"拍卖交易机制的大量文献，双向拍卖的多种形式都被用在有组织的股票、商品、利率、期货市场上。在这些机制中，信息包括：买者的出价、卖者的要价，以及双方接受对方的报价。机制中的规则包括：禁止要么全部要么什么都没有的出价，新的报价必须相比市场中停留的价格有所改进。但超过这些，制度就是任意形式的了，而且可以与一个双边探索均衡市场模型相类似。卖者在了解买者的接受行为中，宣布或修改他们的要价；与此同时，买者在了解卖者要价的过程中，选择他们的接受行为。买者同样还可以出价，卖者自由地接受这些价格。直到最近（在 Easely 和 Ledyard、Wilson 和 Friedman 的研究中），这种制度才超越了我们的分析。然而迄今为止，实验室市场研究中的任何交易制度都没有在提取交易收益方面或者趋向均衡的收敛速度上超过双向拍卖制度。

尽管这个讨论强调的是实验室中的实验，但我所说的同样适用于

---

① 一些实验研究提出，当有真实的买者，而不是单纯为了回应卖者的决定而模拟出一个揭示需求的计划时，市场行为可能会有所不同。

其他领域中的经验性研究。自然界的实验时时刻刻都在发生，我们迫切需要设计一种专业的方法来抓住这些实验结果。当圣海伦山开始颤抖时，地质学家们很快做出反应，开始收集那些只有在火山活动时期才能产生的数据。相比较而言，经济学中直接进行观测的传统非常少；我们所接受的训练似乎不包括这样的观测技术和警觉性来回应当代的或历史的经验机会。我们不需要将其他科学的技术浪漫化，也不需要夸大它们在经济学中的适用性，只需要认识到经济学家对事物如何运行的微观经济学保持强烈的热情和好奇心对他们的研究是有帮助的。[①]

实验、制度和经济理论

如果不确立一项制度，我们就不可能使用实验市场来检验一个理论，所以对分配过程的实验研究迫使我们为每个研究都设计出一个制度性模式和信息性模式。人们需要了解消息空间是什么，谁可以行动（比如在明码标价制度中），或者行动是受限制的（比如在口头双向拍卖制度中），谁知道他们的信息决策会在什么时候，如何产生什么样的分配、成本以及净收益。因此实验学家注定是受欢迎的，1960 年左右制度有效性理论建立以后，他们的影响就更大了。

从这些理论中以及对这些理论的实验检验中，我们学到的重要一点就是制度是有作用的。[②] 这是因为在信息（例如出价）选择过程中，经济人的激励是受制度规则影响的，这些制度规则使信息转化为结果（例如是否较高的出价者会在拍卖中获胜，以及以最高出价成交还是以次高出价成交）。与此形成鲜明对比的是，在 1960 年以前的理论中分配直接

---

① 按我的意思举个例子就是，Deacon 和 Sonstelie（1985）对一个与众不同的自然实验机会主义式的回答：联邦的规定暂时限制了加利福尼亚一些地方以低于其他地方的价格来卖汽油。当然，在低价的地方就会排起长队。作者对一个既能被高价的市场所应用又能被低价的市场所应用的调查研究项目做了整理，那个市场能使他们在两种情况下衡量回答者的特征，以油价估计一个广泛市场最高限度的福利成本，并估计花费在排队上的时间的价值。

② 早期对这个理论的新的概念有影响的贡献包括 4 个标准拍卖的 Vickrey（Nash-Harsanyi）模型，Hurwicz 更加抽象的"机制"理论，以及 Shubik 在微观经济学中强调的博弈表现方面扩展形式。从那时起就有了一个模型的飞速发展（特别是在出价、信息、价格搜索理论方面），那个模型显示出价格和分配是如何在一个制度化的媒介信息交换系统的内部程序之外产生的。理论允许制度悄无声息地融入经济学中，但现在制度成为一个理论化的完整部分。

依赖于环境，有关环境的假设都与需求状况或经济人的"价格接受"行为相关。图1展示了不同的思考方式，实验现在提出的问题是：不同的制度是如何影响经济人揭示他们需求与供给信息的动机的？这样，双向口头拍卖机制可以完全地揭示出经济人的供需信息，市场中的每个人既是价格制定者又是价格接受者，1960年以前的经济理论几乎全都没有考虑过这种结果。

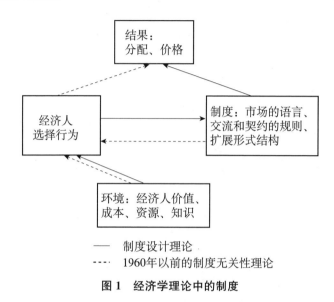

图1 经济学理论中的制度

考虑制度无关性理论和制度有效性理论之间的两分法，我们可能会提出一些问题。譬如：上面提到的制度定义是否没有排除某些理论是制度无关的这一可能？答案是：如果一个理论所预测的分配在所有的制度下都是相同的，那么这个理论就可以被认为是制度无关的。例如，有关4个标准拍卖的理论：英式拍卖，其中买者出价不断上升，直到只剩一个出价者；荷式拍卖，即拍卖价格持续下降，直到某个买者接受了当前的要价；一级密封标价拍卖，其中最高出价者胜出，并以其出价成交；二级密封标价拍卖，其中同样是最高出价者胜出，但他以第二高价成交。如果环境是所有的经济人都是风险中性的，那么这些制度就是等价的。如果不考虑经济人的风险态度，英式拍卖和二级密封标价拍卖就是等价的，结果也是相同的。不论经济人的风险态度如何，荷式拍卖和一级密封标价拍卖是等价的，但结果（除去风险中性的情况）和英式拍卖与二级密封标价拍卖的情况截然不同。实验数据倾向于支持英式拍卖和二级密封标价拍卖的等价性，但并不支持这4种拍卖制度的等价性（人们并不是风险中性的），也不支持荷式拍卖和一级密封标价拍卖的等价性。

实验方法也可以用来检验为什么有些制度能够在经济中延续下来。实验室实验可以通过控制价值成本环境来使经济学家估计各种制度的绩效特征，绩效的测度方式包括：效率、收敛速度、价格稳定性、价格歧视程度、价格对环境变化的反应程度等。荷式拍卖虽然比其他拍卖制度效率都低，但收敛速度比其他制度都快。这种不同解释了人们为什么用荷式拍卖机制来拍卖鲜花、农产品和鱼这类易腐烂的商品。明码标价制度与口头双向拍卖制度相比，效率较低，而且产生的卖价也较高，但在早期的价格政策中，明码标价可以被集中化，避免谈判（交易成本），而且出售商品也不需要标准化。这些资料为更加全面的市场理论提供了基础，在全面的市场理论中，制度是一个变量，它的预测可以以不同市场组织下不同交易制度中产生的自然数据来检验。

现在实验经济学中有很多持续性研究的例子都具有充分的制度性，允许我们直接对理论中的行为假设做出检验。下面我将详细讨论这两个例子中的第一个，阐述我们如何使用环境、制度和行为三分法来进行实验检验与理论发展之间的对话。

第一个例子是一级密封标价拍卖中的 Vickrey 风险中性 Nash 均衡模型，这个模型引导出 Cox，Smith 和 Walker（1988）在私人价值拍卖方面做出的有关出价行为的一个扩展性研究（在私人价值拍卖中，每个代理人对标的物的价值函数都是不同的）。Vickrey 的理论假设，对于 N 个出价者中的每个出价者 i，如果它的出价是 b_i，私人价值是 v_i，那么他获得的效用就是 $u = v_i - b_i$。注意，除了他们的私人价值 v_i 外，所有的出价者都是相同的。Vickrey 还假设 v_i 服从矩形分布，每个出价者只知道 N 和他自己的私人价值，以及其他人的私人价值的分布。给定这个环境，Vickrey 推出均衡的出价函数是 $b_i = (N-1)v_i/N$，也就是说，所有的个体都会以他们各自私人价值的 $(N-1)/N$ 来出价。

我们首先发现大约有92%的被试出价太高以至于不能与 Vickrey 模型一致；也就是说，他们的出价位于 Vickrey 线性出价函数风险厌恶的一边。我经常会遇到这样的观点：实验室实验中的货币量还不足以使被试显示出风险厌恶的行为。但是，没有任何定理能够确定"局部线性"

中的"局部"到底有多小。来自不同实验市场的数据系统性地偏离了风险中性预测，通过假设被试是风险厌恶的，这些数据获得了逻辑一致性。

我们的实验还发现出价与保留价值之间的关系对所有的被试都是系统性的，但在被试间略有差异，这个结果与个体具有相同的风险厌恶程度的假设不一致。[①] 给定这些经验性结果，基于每个出价者都具有固定不变的相对风险厌恶效用的假设，我们可以建立一个新的理论模型。这个模型与被试高度线性的出价行为非常一致。可以证明，只有这个效用模型预测，如果支付成倍地增长，与私人价值相关的出价不会受到影响。我们重新做了一个实验，支付是原来的3倍，可以观测到个体出价与其私人价值之间的关系没有太大变化。[②]

然而，我们的模型意味着出价函数是线性的、同质的，拟合的线性个体出价函数有22%具有显著区别于零的截距。我们假设，正的截距是因为经济人除了从剩余中获得效用外，还从胜出中获得效用；而负的

---

① 报价理论（bidding theory）（McAfee and McMillan，1987）的综述只包含一篇论文，那篇论文承认了经济人可能有不同的非线性效用函数。然而这儿有一个对上述实验结果的批判："当然，我们并不需要到一个实验环境中去驳倒个体具有相同的风险厌恶程度的假设！"这两个论点都有其适用性。首先，如果有一个关于"既定事实"这种广泛流传的说法，那么又为什么会有如此多的出价模型假设它不存在？我认为那些易处理的需要和发表的动机可能是其中的主要原因。否则，为什么理论会将我"知道"错误的东西假设为真的呢？其次，我们的拍卖实验否定了人们都具有相同的风险厌恶程度的假设，但 Binswanger（1980，p. 395）在不确定前景的选择内容中被框定的一个有价值的实地研究却发现："在高的报酬水平下，实际上所有的个体都是适中的风险规避者，针对个人的特性几乎没有差别。金钱试图去轻微地降低风险厌恶程度，但它的努力在数据上没有太大意义。"

② 我曾被问及："有人说从市场数据中我们能驳回与关联风险厌恶一致的假设，你对于他们这样的批判是如何回应的？我们能看到个体是如何用金钱来改变他们的投资组合（portfolio）的，甚至对于效用函数的一个比较详细的叙述仍然不能十分肯定，为什么要测试一个已经被市场数据驳回的理论呢？"以下是我的回应：（1）我们不能从这种市场数据中驳回这个理论。那些数据告诉我们投资组合在"金钱"的衡量下是如何改变的，是如何把及时的改变、收入、期望、信息、不可测量的可能性估计等混淆起来的。尽管市场迹象与实验迹象能相互解释说明，但在这种更加严格的独立测试中，我们也无从了解我们想要知道的。（2）不变的关联风险厌恶效用在解释美国财政部国债交易者的行为方面（Wolf and Pohlman，1983）的出色表现已经被大众所了解，这种行为在出价方面既作为被引导的，又作为被观测的，但这种不变的关联风险厌恶对实际的出价没有充分显示出比（Kahneman 和 Tversky）假设估计更高的风险厌恶程度。（3）非不变的关联风险厌恶效用不能解释一级价格拍卖中出价人的行为，因为当我们把报酬增加到原来的3倍时，其行为仍没有变化。（4）不变的关联风险厌恶效用在整个内在的正收益中不需要十分有效，却在观测的相关范畴内来产生预测的正确性。大概没有到处都能满足的函数形式。

截距是由于产生正的效用需要一个必要的收入起点。我们事后试图去解释的是，这些非零截距增加了实验的内容吗？是的，检验新的模型发现，除拍卖剩余外，为胜出的被试提供一定数额的现金可以增加他们估计出的线性出价函数的截距。类似地，向胜出的被试收取这一部分现金则预计会减小截距。这些新的解释并没有被新的实验结果所证伪。

尽管这个模型获得了一系列经验性的胜利，但它不能解释所有的问题。

例如，许多年前，Smith 曾指出（C. Smith，1961，pp. 13-14），我们可以在风险厌恶预期效用最大化的经济人中诱导出风险中性的行为。对于他们的决策结果，不是付现金，而是给他们机会或彩票赢得一个固定的报酬，当被试胜出时，赢得该报酬的概率较高，没有胜出时，赢得该报酬的概率较低。这使得结果的预期效用函数是线性的，无论效用的货币函数怎么样，被试的出价均被预测为风险中性的。然而，从这种环境下的拍卖实验结果来看，这个预测明显是错误的。预期效用理论的复合概率公理在这种应用中似乎是行不通的。[①] 无论如何，这些结果都提醒学者们在应用这种方法以及假设被试行为风险中性时是有风险的。任何应用这个方法的理论检验都会不可避免地沦为 Smith 假设与被检验理论的复合检验；如果 Smith 的假设没有被检验出来，那么理论的检验仍然是受质疑的。但即使 Smith 的假设与这些检验相一致，如果现实的人们对于报酬持风险厌恶态度的话，这种一致性在自然环境和实验室实验之间仍然没有什么转移价值。如果这种情况属实，那么我们早晚要建立

---

① 这种解释提出了一个问题："如果这种复合的公理没有成功，那么关于个体行为它暗示的是什么呢？你不可能有一个已经被驳回却重要的理论预测，那么那就仍然接受这个理论。"不是所有被观测到的行为都始终与期望效用最大化一致，这话不假，但因此你便不能接受这个理论就不对了。你可以接受它，确实，在一个更好的理论出现前，你几乎没有其他选择。理论之所以不被接受是因为所有的检验都不能驳倒它们。Lakatos（1978，pp. 4-5）写道："……科学家谈论异常的事物，反例，而不是驳倒它们……当牛顿出版了他的基本定理时，那还只是常识，它甚至不能恰当地解释月球的运动；事实上，正是月球的运动驳倒了牛顿定理。考夫曼，一个著名的物理学家，在爱因斯坦的相对论出版后的当年就驳倒了它。"虽然有些不合常理，但人们接受了这些理论，因为它们解释了一些现象，特别是能够预测那些不能被其他理论解释的异常的、甚至令人眩晕的事实。牛顿的理论使哈雷做出了令人难以置信的预测，那就是某一彗星将每 72 年回归一次，作为事实，这的确发生了，爱因斯坦的理论也做出了令人目瞪口呆的预测，那就是由于太阳重力的牵引星光会发生弯曲。而 Vickrey 的模型，修改一下就能适合不同种类的风险厌恶出价者，这是令人相当惊骇的，我要说的是，在一级价格拍卖中是能够解释和预测单纯的被报酬所激励的被试的行为。还有什么其他的理论能够展示出这种能力来组织这个巨大的数据集呢？

一些基于同质的风险厌恶的经济人的理论。

在第二个例子中对新理论不仅仅是做出为风险厌恶引入个体偏好等修正。第二个例子是共同价值拍卖的扩展性研究，该研究由 J. Kagel 和 D. Levin（1986）提出，他们认为：被试普遍对风险中性出价的 Nash 模型预测结果不满意。在这种环境下（参见 Thaler 1988 年冬的讨论和一个不同的解释），当被试出价时，他们并不知道标的物的共同价值，但他们每人都有一个独立的无偏样本（"信号的"），该样本与真实价值正相关。除非一个人的出价适当地折扣，就像在 Nash 模型中一样，出价较高者的出价倾向于是真正价值最乐观的样本估计，而他也会被认为是"赢家诅咒"（winner's curse）的受害者。在 3～4 人的组合中，与"赢家诅咒"的预测相比，有经验的被试会一致性地获得正的收益，而且他们的出价更加接近 Nash 均衡预测值（收益大约占 Nash 预测值的 65%，所以在这里适当地引入风险厌恶时，理论仍有改进的余地）。然而，在出价者人数稍微多些的组中（6～7 人），出价会有所上升，而且与理论相反的是，有经验的被试可能会承受损失甚至破产。这些数据意味着，在其他情况都相同时，理论需要进行扩展，从而使活跃出价者的数量成为内生的，而且通过某些退出（进入）存活过程预测出随时间的推移进行的均衡调整。这种情况还可以通过如下事实来暗示：使 N 发生变动的内生力量似乎会阻止 Kagel - Levin 在更大的组中将 N 作为一个设置变量固定下来，但被检验的理论假设 N 是给定的。实验数据显示，对于 Kagel 和 Levin 使用的参数，一个以 N 为变量的零收益市场出清模型（也许可以用 Nash 模型来表示）会产生一个均衡的产业规模，$N^* = 5$，其中，进入发生在 $N = 3$ 或 4 时，退出发生在 $N = 6$ 或 7 时。为了解释 Kagel - Levin 的结果，我们将会寻找一种新的模型，在这个模型中，N^* 是环境特征参数的函数，从而可以产生一些新的可检验的解释。

非合作均衡理论与实验

两种对非合作（Nash）均衡理论的批评需要我们根据实验证据对理论做出修正。

首先，非合作 Nash 均衡的概念"在本质上"就不令人满意，这是大家公认的，因为它强烈（或不现实）的信息需要，每个经济人都必须知道其他所有经济人的偏好状况。

其次，非合作 Nash 均衡的概念的价值具有可疑性，因为很多不同的类似概念会产生不同的理论解释。甚至对于一些已经给出的概念，如 Nash - Harsanyi，有时也存在多重解决方案，这些解决方案的评判标准选择仍然需要明确。

第一个批评并没有反映出很多不同环境下的支持非合作理论的实验结果，第二个批评反映了一种思考模式，该模式排除了这样一个前景，那就是一个理论在进行检验时必须要足够严谨。

现在有大量基于非合作均衡概念的实验研究支持了这样的命题：这样的均衡可以在信息需求较小的情况下，即在经济人都不知道其他人偏好的情况下达到（或者在一个实验中，用支付来诱导偏好），而在完全信息条件下，均衡反而不容易或者需要花费很长的时间来达到。

Fouraker 和 Siegel 于 20 多年前在有关讨价还价行为的经典著作中为这一点提供了第一个实验证据。他们的双边讨价还价重复交易实验是在信息完全和信息不完全两种情况下进行的。在这些实验中，卖者首先选择一个价格信息，随后买者选择一个数量信息，这样非合作的信息均衡就会与垄断的价格和数量相符。在不完全信息条件下，9 个观测中有 8 个支持 Nash 均衡，另外 1 个支持竞争均衡。在完全信息条件下，21 个观测中有 11 个支持 Nash 非合作均衡，另外 10 个支持竞争均衡。与此类似的是，在他们的 Cournot 数量信息三方垄断市场实验中，在完全信息下，33 个观测中的 15 个支持 Nash 均衡，而在不完全信息下，33 个观测中有 20 个支持 Nash 均衡。最后，在 Bertrand 价格信息市场中，在不完全信息下，17 对双头垄断观测全都支持 Nash 均衡，但在完全信息下，17 对中只有 11 对支持 Nash 均衡。另外一个基于大被试组的双向拍卖市场将在下一部分讨论。

这两个批评的根本性谬误在于 Nash 均衡是无用的，因为它需要完全的信息。首先，理论家们为了计算非合作均衡不得不假设信息是完全的，但经济人不需要这样的信息，或者他们不需要这样的信息来进行计算。均衡是一种状态，分析家们想知道市场对这个均衡的决定是否与用来计算这种状态的过程无关。

第二个谬误是，如果代理人拥有完全信息，那他们为什么要用它来识别一个非合作的均衡呢？在完全信息下，我们还能够分辨出更加有利的合作结果，这正是上述大多数实验中反映的现实中的人们背离 Nash 均衡的方式。当与人们的利己主义相违背时，被试不会这么不理性来满足行为的"理性"模型。

作为理论学家，在涉及共同知识时，我们对所做的假设已经有所放宽。首先，能够客观存在的是（例如，在实验中）一种共同信息的状态，这个状态与共同知识或共同期望不是同一回事。真实的人对于共同信息的知识含义有他们自己不同的想法。其次，在共同信息状态下，人们对于如何预期、如何去做是理性的有他们自己的标准，他们的预想不需要与经济学家关于理性行为的假设一致。

第二个关于非合作均衡概念的批评——有很多此类的概念都具有不同的理论意义，预示着人们可能试图独立于观测来回答科学性的问题。在大多数科学中，对理论预测的选择最显而易见的标准都是经验性的，而不是先验性的。我们可以设计出支持任何理论预测的实验，然后来看实验数据是否支持了（接近）这些理论。多种理论预测是实验学家在任何科学中都希望看到的。

非合作均衡的概念在大量的实验市场中已经表现得很好了——比它们在从来没有打算被测试和它们被接收的能力仍依赖于内在逻辑而不是经验准则时的表现要好得多。而且，Nash 均衡概念的不唯一性是很强的，而不是弱的。当一个概念在经验意义上不成立时（就像在共同价值拍卖中，N 固定且确定的情况），可能还会有其他的概念不会与观测矛盾。

实验室中的实验、心理学与经济学

相当多的基于实验方法的文献检验了微观经济学理论中的许多主流话题，并且帮助我们阐明了大量实用的经济问题。如果要从这些文献中寻找一些一般性的主题，特别是有关行为的主题，我觉得有 3 个这样的经验性命题可以深入地解释经济学家是如何看待经济学的，以及我们是如何解释甚至创造理论的。第 1 个命题是，经济人在解决决策问题时并不会像经济学家那样思考和计算；第 2 个命题是，根据第 1 个命题，我们不应该假设经济人在市场背景下得不到"正确的"答案，即由市场理论预测出来的答案，实验证据通常与市场理论的预测一致。第 3 个命题是，经济学家们很难正式地解释为什么人们会在没有进行有意识的逻辑推断和计算的情况下得到"正确"的答案。

心理学领域的实验学者和经济学领域的实验学者都通过市场实验、对被试的非正式访谈和选择调查提供了大量的证据来支持第 1 个命题。

第 2 个命题可以从数以百计的供给和需求、垄断、讨价还价以及其他实验结果中获得支持，这些实验研究都是最近 30 年内很多实验经济学家以及心理学家 S. Siegel 等人进行的。第 3 个命题来源于我们不能令人满意地将如下两种证据整合在一起：第一种证据是人们在进行选择的过程中的内省性反应或真实货币激励下的反应；第二种证据是重复性市场交易中人们在货币激励下的选择行为。

一些心理学家（Edwards，Kahneman，Lichtenstein，Slovic，Tversky）和经济学家（Allais，Ellsberg）首先采用实验方法来研究人们的假设性选择行为和实际选择行为。他们得到的实验证据一般都与期望效用理论不一致，而且与需求理论的一些基础性行为假设不一致（Kahneman，Knetsch and Thaler，1986；Knetsch and Sinden，1984），例如机会成本原则，以及需求理论暗含的一个意思，即 WTP（willingness-to-pay）与 WTA（willingness-to-accept）之间只存在"很小的"差别。这些实验在使用现金支付重复进行时，结论并没有改变（与偏好或需求理论相悖）。尽管使用现金报酬（实际却没有这么做）重复实验肯定是有必要的，但是我们认为在这些实验设计中引入货币支付并不会改变经济学家的研究范式。

给定这些实验的高重复性，我认为深入重复这些实验是具有边际价值的，但更具价值的是缩小以下两种差距：决策理论和决策行为之间的差距，以及与人们如何思考经济问题相关的证据和与人们的实验市场行为相关的证据之间的差距。如果我们要将研究深入下去，那么缩小这些差距就是非常重要的。这是因为从 Lakatos 的工作和其他哲学、历史学的研究中可以清楚地看到这一点："没有好的理论就不会有驳斥"（Lakatos，1978，p. 6）。在更新、更好的理论出现之前，所有学科的科学家们都会简单地将那些证伪性证据忽略，理论选择是基于机会成本的，而不是基于造假者的标准。

决策理论和决策行为之间的差距可以通过两种截然不同的方法来缩小。第一种方法存在于预期效用理论的经验解释：对于决策制定者来说，什么可以作为奖励？

我们的经济学家几乎全部都接受这样一个先验性的假设：效用理论中那些公理的应用对象"应该"是不同数量的财富。心理学家在对有关选择行为的实验数据做出经验性解释时也沿袭了这种传统。例如，Kahneman 和 Tversky 有一系列的决策问题，这些问题产生的观测值与下面的期望效用理论相关：在该效用理论中，效用函数是 S 形的，它不仅适用于财富，而且适用于财富相对于一个参照点的变化。这条 S 形的曲线描述了参照点以下的风险偏好行为，以及在参照点之上的风险厌恶行为，但是这个结果没有违背理论，理论的公理没有告诉我们奖励是什么。理论单纯地假定对象是按偏好排序的，这是一个理论性的辅助假设，该假设意味着这些对象是以某种方式衡量的最终财富量。35 年前，H. Markowitz 的经验性证据表明，如果奖励是财富的变化量而不是绝对量，那么理论的解释力可能更强。这些针对理论中公理的辅助性假设对于经验性解释是很重要的，这个选择应该成为实验方法中更为重要的函数。

当我们将效用理论应用到前面讨论过的一级密封标价拍卖风险厌恶模型中时，我们很明确地将其应用于收入之上，因为被试参与的是一系列的拍卖，对于每个出价者，每个拍卖都会产生一个潜在的财富增量。正是这种形式的理论将实验数据组织起来的，这种解释与其他实验数据一致，而且与赌博者重复性地制定较小的赌注而不是一次性地将全部赌注压上的趋势一致。

请注意，同样是在拍卖的例子中，当我们遇到非零截距的线性经验出价函数时，不是堆出所有的效用理论，而是反问我们是否可能重新定义奖励，从而解释这种反面的证据。修正的效用函数具有 Kahneman - Tversky 的 S 形，但每个被试的"参照点"都依赖于其个体的特征。需要强调的不是重新解释奖励、对预期效用理论进行扩展总是会起作用，而是这种扩展在拍卖情景下是有效的。而且，某一情景下的扩展可能也适用于其他环境，从而提高一致性。

将决策理论和决策行为结合起来的第二个方法是对公理做出修正，Chew 和 Machina 已经在这方面做了大量的工作，这些修正只能解释某些而不是全部相悖的现象。Chew - Machina 的修正可以解释 Allais 悖论，即在某些条件下，偏好会发生逆转[①]；他们得出的新命题不能从预期效用理论中推出，因此增加了其经验意义的内容，对这些发展的总结性讨论，详见 Machina（1987）。

---

① 当一个被试说他喜欢 A 甚于 B（或喜欢 B 甚于 A），而他对于 A 愿意偿付（愿意接受）的数额比 B 要少（多）时，偏好逆转由此产生。当 A 和 B 是不同的博彩（或不同的分红收益资产）时，许多被试的选择显示了这样的逆转。如果它们是对独立定理背离的结果，那么 Chew - Machina 的修正就能适应偏好逆转，它就能被加上。这是受 Holt, Karni 和 Safra 的研究的暗示。然而 Cox 和 Epstein 的实验检验支持偏好逆转不是由独立的背离这个主张所造成的。

但预期效用理论仍然与大量的经验性证据一致，尤其是以奖励的方式重新解释的时候，或沿着更加基础性的 Chew‑Machina 的线索进行扩展时，我们还是很难将预期效用理论放弃的。在这个契合点上，我们没有别的选择，要放弃预期效用理论就等于要将真空替换为沙基。理论的预测以及它的扩展无须争议，它为我们提供了一种强大的启发式解决问题的方法（Lakatos，1978）。在这种理论之外，我们还有很多经验性的规则，这些规则在新形势下的预测能力是观测者的经验及其见解的函数。让一个理论对所有参数的预测都没有争议和让每一个经验性规则都有一个名称之间还是有很大差距的。

我们怎么来缩小实验交易市场中选择心理学与经济人行为之间的第二个差距呢？内省性（introspective）的经验结果很明显地表明：人们的选择背离了需求理论的基本原则，如对机会成本的考虑以及 WTP 与 WTA 之间近似的等价性。我认为我们这些经济学家需要接受这些可重复的经验性结果作为考察人们如何考虑经济问题的有力工具。对于心理学家来说，他们需要接受广泛的有关出价、拍卖以及消费者（明码标价）市场绩效研究的实验性结论，市场通常这样运作，随着时间的延长，它们倾向于收敛至经济学家范式预测的结果。很少的几个研究同时测度了人们说什么（问卷调查）以及人们在接下来的实验市场中做了什么，这些研究证明这些证据都是可信的（Coursey，Hovis and Schulze，1987；Knez and Smith，1987）。也就是说，那些被试内省性的回答与心理学家预测到的结果一致，但他们的回答没有必要与被试自己随后的市场收敛行为一致。我认为我们应该假设在这些情景中这两方面的证据都可以正确地测度被试深思熟虑后的选择以及被揭示的交易。使两方面的观测一致，可以按照下面的线索来进行。

对于市场如何或应该如何运转，人们都有自己与生俱来的信仰。（这就是经济概念很难教给初学者的原因。）他们对问卷的回答反映了这些信仰，他们的依据就是"公平"标准。但随着时间的流逝，他们的行为适应了市场的激励特征，最终他们会表现得与标准经济分析或其扩展预测的结果一样。

对我来说，我们似乎正面临着两种实验研究范式，这两种范式都缺乏必要的理论支撑。在实验市场中，经济学家的最大化范式总是可以很好地预测出随时间推移而达到的均衡，但他们的理论很难解释市场短期的动态行为，例如契约价格起始状态到最终稳定状态的均衡路径。同样，心理学家"参考框架"式的描述性范式虽然可以很好地解释被试内省性的回答，以及他们的短期或初始决策行为，但随着时间的推移，他们的理论并没有为我们提供任何参考框架调整的预测性理论。实际上，"他们（人们）调整对公平的看法以适应实际行为的规范（Kahneman，Knetsch and Thaler，1986，p.731）"。这一说法倒可以被解释为对我们在实验市场上观测到的东西的一个描述。

初始选择可能反映出了被试的信仰和预期的所有方式，但如果这些选择在市场出清或非合作均衡点上不能被支撑，那么被试就会调整他们的预期和行为，直到他们达到这个均衡。例如，在一个实验设计中，如果所有的交易盈余都被买者获得，在完全信息条件（所有被试的保留价值和成本都是共同知识）下收敛于竞争均衡的过程就会比不完全信息条件（保留价值和成本是私人信息）下的慢且非常不稳定（C.Smith，1982，pp.945－946）。完全信息的条件为基于社会规范和信仰的预期提供了最大的空间。基于社会规范和信仰的预期通常与均衡不一致，并且会有延迟收敛的趋势，直到交易者学会调整他们这种信仰，即他们所认为的那些市场能够实现或维持的水平"应该"发生的变化。当人们发现他们的兴趣不能被他们的先验信仰所支持时，他们就会放弃这样的信仰。在不完全信息下，人们几乎没有使用他们的先验信仰的基础，我们可以假设他们更容易接受均衡支持的行为。对理论学家来说，在共同信息环境下，也许有一种方法可以将这些现象模型化，那就是引入经济人对于其他经济人行为的不确定性。① 现在，理论不再预测代理人将直接绕过阻碍进入完全理性预期的均衡，但由于人们的调整行为，以及行为不确定性的降低，理论还是能在某些学习情景下解释均衡收敛趋势的。在实验性资产市场上，这种说法与观测到的价格泡沫一致。当被试的经验不断增长时，泡沫不断减少，价格也倾向于收敛至固有的红利价值。

人们调整他们关于市场的信仰以适应市场激励的命题也可以作为解释有关机会成本和沉没成本的证据。调查结果表明，与标准经济分析相反，人们不会不考虑沉没成本，也不会把机会成本等同于不列入预算的成本。这些概念还没有在实验市场中检验过，然而，在我与A.Williams及J.Ledyard合作的三商品两市场双向拍卖交易实验中，

---

① 举例来说，面对不同的决策问题［参见 Kahneman，Knetsch 和 Thaler（1986）以及他们引用的文献］，大约有 20%～40% 的被试的回答与标准经济论证的答案一致，而大多数的回答却正好相反，是用"公平"或其他"非理性"标准。

实验结果并没有背离机会成本原则。在这种环境下，每个需求函数都取决于两种商品的价格，因此，每个市场上的 WTP 都与在另外一个市场放弃购买额外一单位商品的机会相关。在这种背景下，这些市场都收敛到了竞争均衡，从而支持了机会成本的有效性。

通常，我们可能会认为参考框架或行为规范随时间的推移可以由机会成本的无形性、进入或退出以及沉没成本的不相关性诱导出来。观测到的调整也许因此是被强制的，而且经济人不需要去掌握引起这种改变的原因。这样的一个模型意味着行动迟缓的非最优的跨时调整。如果一些代理人（20%～40%）意识到机会成本的影响、进入和退出的影响以及沉没成本的无关性，那么随着时间的推移，他们可能接近最佳的调整，从而加速那些敏感性较低的经济人的调整。

后 记

经济学中的实验学家经常会遇到类似这样的争论：（1）如果理论能够很好地与假设产生联系，并且在逻辑上和数学上不存在错误；那么（2）根据理论就可以推出一些正确的结论；所以（3）理论中需要检验什么？（3）经常在条件（1）和（2）没有出现的情况下以其他形式出现。例如，当实验数据与理论预测一致时，我们通常不会对这个结果感兴趣，因为它们只是证实了经济学家已经知道（或教授）了的东西，这似乎意味着"真正的"权威理论是毋庸置疑的。而当实验数据与理论预测不一致时，我们通常不会认为是实验出了问题。

这样的异议在其他科学的历史中不是没有先例，它们好像为人们施加了一个双重标准：如果你的理论表明世界是平的，那么一些旅行者"迷失"（他们再也没有回家）的事实就会被当作他们从世界的边缘掉下去了的证据。而其他旅行者回到家的事实则被解释为他们走得不够远，以至于没有从边缘掉下去。类似地，根据我的经验，相对于实验结果证实了被接受的理论，实验结果与被接受的理论相互排斥时更可能是实验步骤出了问题。然而，如果我们想更多地理解经济现象，最具建设性的态度就是对理论和证据都怀疑，这种态度既可以改进理论又可以改进理论的检验方法。

我们经常会听说经济学中存在"太多的理论"或者"实证研究不够"。这些抱怨都没有充分地击中我们专业的要害。实证研究肯定会从那些直接建立在观测到的制度性过程的基础上的更多理论中获益，但并不是所有的理论都值得去做实验检验。我们需要提前思考这些努力对于自然环境和制度的适用性，同样，我们也能够从不断增长的实证研究中获益，不管是实验中的还是自然中的，这些研究可以在科学家的控制和职责下分辨和收集新的数据来源，还可以从那些试图严格地建立经验性规则的研究中获益，这些规则都值得进行深层次的理论处理。但我们在那些正在进行的研究中特别地弱，在那些研究中，理论发展与实验和自然的检验结果之间的对话越来越多，从而理论中的经验性内容稳定增长，并为我们构建了有用的知识以及对事物的一个更加深刻的理解。实证研究的进程可能有时会有些滞后，同样理论有时也会发生滞后。正像物理学家 Steven Weinberg 最近对物理学的一个类似的情况所描述的那样："实验结果中没有任何有关超对称性的直接的证据，然而我们仍在研究它，因为它看起来太像我们乐意去相信的那类理论了。这是一种很糟糕的情况……对基本粒子物理学的拯救，至少是现在，应该靠实验学家来完成。"

在经济学中，理论落后于观测的趋势似乎是局部的。并且，作为理论学家，我们中恐怕很少有人认为这是一个"糟糕的情况"。但正如 Lakatos（1978, p. 6）所言："如果理论落后于事实，我们所做的研究就是一种糟糕退化中的研究。"

理论应该更加需要我们的经验性资源。同时，数据应该更加需要理论的经验相关性，而且理论学家的专长应该致力于现实问题，而不是想象中的问题。

参考文献

Binswanger, Hans P. , "Attitudes Toward Risk: Experimental Measurement in Rural India," *American Journal of Agricultural Economics*, August 1980, 62, 395 - 407.

Camerer, Colin, and Howard Kunreuther, "Experimental Markets for Insurance," Department of Decision Sciences, University of Pennsylvania, July 1987.

Coursey, Don, John Hovis, and William Schulze, "On the Supposed Disparity Between Willingness - to - Accept and Willingness - to - Pay Measures of Value," *Quarterly Journal of Economics*, August 1987, 102, 679 - 690.

Cox, James, Vernon Smith, and James Walker, "Theory and Individual Behavior of First Price Auctions," *Journal of Risk and Uncertainty*, March 1988, 1, 61 - 99.

Cox, James C. , and Seth Epstein, "Preference Reversals Without the Independence Axiom," Department of Economics, University of Arizona, Discussion Paper

No. 87 - 10, Sept. 1987.

Deacon, Robert, and Jon Sonstelie, "Rationing by Waiting and the Value of Time: Results from a Natural Experiment," *Journal of Political Economy*, August 1985, 93, 627 - 647.

Hoffman, Elizabeth, and Matthew L. Spitzer, "Experimental Law and Economics," *Columbia Law Review*, June 1985, 85, 991 - 1036.

Kagel, John, and Daniel Levin, "The Winner's Curse and Public Information in Common Value Auction," *American Economic Review*, December 1986, 76, 894 - 920.

Kahneman, Daniel, Jack Knetsch, and Richard Thaler, "Fairness as a Constraint on Profit Seeking: Entitlements in the Market," *American Economic Review*, September 1986, 76, 728 - 741.

Knetsch, Jack, and John Sinden, "Willingness to Pay and Compensation Demanded: Experimental Evidence of An Unexpected Disparity in Measures of Value," *Quarterly Journal of Economics*, August 1984, 99, 507 - 521.

Knez, Marc, and Vernon Smith, "Hypothetical Valuations and Preference Reversals in the Context of Asset Trading," In Roth, Alvin, ed., *Laboratory Experiments in Economics: Six Points of View*, Cambridge: Cambridge University Press, 1987, pp. 131 - 154.

Lakatos, Imre, *The Methodology of Scientific Research Programmes*. Vol 1. Worrall, J., and G. Currie, eds. Cambridge: Cambridge University Press, 1978.

Machina, Mark J., "Choice Under Uncertainty: Problems Solved and Unsolved," *Journal of Economic Perspectives*, Summer 1987, 1, 121 - 154.

McAfee, R. Preston, and John McMillan, "Auctions and Bidding," *Journal of Economic Literature*, June 1987, 25, 699 - 738.

Milgrom, Paul, and John Roberts, "Information Asymmetries, Strategic Behavior, and Industrial Organization," *American Economic Review*, May 1987, 77, 184 - 193.

Plott, Charles R., "The Application of Laboratory Experimental Methods to Public Choice," In Russell, C. S., ed., *Collective Decision Making: Applications from Public Choice Theory*. Baltimore: Johns Hopkins University Press, 1979, pp. 137 - 160.

Plott, Charles R., "Industrial Organization Theory and Experimental Economics," *Journal of Economic Literature*, December 1982, 20, 1485 - 1527.

Plott, Charles R. (a), "Laboratory Experiments in Economics: The Implications of Posted - Price Institutions," *Science*, 9 May 1986, 232, 732 - 738.

Plott, Charles R. (b), "Rational Choice in Experimental Markets," *Journal of Business*, October 1986, 59, S301 - S327.

Smith, Cedric, "Consistency in Statistical Inference and Decision," *Journal of the Royal Statistical Society*, Ser. B, 1961, 23, 1 - 25.

Smith, Vernon L. , "Bidding and Auctioning Institutions: Experimental Results," In Amihud, Y. , ed. , *Bidding and Auctioning for Procurement and Allocation*, New York: New York University Press, 1976, pp. 43 – 64.

Smith, Vernon L. , "Relevance of Laboratory Experiments to Testing Resource Allocation Theory," In Kmenta, J. , and J. Ramsey, eds. , *Evaluation of Econometric Models*, New York: Academic Press, 1980, pp. 345 – 377.

Smith, Vernon L. (a), "Reflections on Some Experimental Market Mechanisms for Classical Environments," In McAlister, L. , ed. *Choice Models for Buyer Behavior*, Greenwich: JAI Press, 1982, pp. 13 – 47.

Smith, Vernon L. (b), "Microeconomic Systems as an Experimental Science," *American Economic Review*, December 1982, 72, 923 – 955.

Smith, Vernon L. , "Experimental Methods in the Political Economy of Exchange," *Science*, 10 October 1986, 234, 167 – 173.

Thaler, Richard H. , "Anomalies: The Winner's Curse," *Journal of Economic Perspectives*, Winter 1988, 2, 191 – 201.

Wolf, Charles, and Larry Pohlman, "The Recovery of Risk Preferences from Actual Choices," *Econometrica*, May 1983, 51, 843 – 850.

实验经济学：微观经济学理论与政策的行为课程

在这种场合，以这种方式来纪念 Nancy Schwartz 是一种荣幸。虽然 Nancy 的工作完全属于理论范畴，而非实验领域，但她对实验主义有一种特殊的兴趣，这种兴趣来自她对所有经济事物自发的好奇心。同时，非常荣幸，我又一次拜访了这么多西北部的朋友。

几乎每个人都想知道事物是如何运行的，而实验经济学想知道的是是否并且在什么环境下我们的模型是有用的。在过去的 30 多年中，实验经济学家已经为我们建立了一种新的方法，为这个问题提供了一些实验性的回答，并且将这些回答与自然观测结合到一起，同时在适当的时候按照实验证据对我们的模型做出修正。在这次演讲中，我想要谈的是我们学到了什么以及我们所学的对于我们建立理论有什么帮助。同时，我还要谈一下微观经济政策有什么潜在的意义。

对于经济理论来说，既有好消息也有坏消息。总的来说，好消息是我们对于制度规则、个体动机和市场绩效之间关系的建模方针是正确的。制度确实是有作用的。这可以说是为《圣经》的这个戒条（稍有改动）提供了一个新的解释：对于好的工作来说，规则并不是一种可怕的东西，但对于坏的工作来说就是了。这种新的解释是：规则决定激励，激励以一种自我实施的方式，通过鼓励适当的行为、抑制不适当的行为来决定市场绩效。就像许多西方国家以外的国家意识到的那样，如果你不依赖自我实施的规则，你的经济系统就不会很好地运行。

而且，我们的非合作行为模型相当好（尽管存在改进和解释的空间），即使环境相当复杂，它们也能预测现实。关于理论的坏消息就是我们似乎不能得到这些模型的信息条件和环境条件的正确解释，使模型可以完全反映实验条件和实验结果。我们需要更多的制度有效性理论，它们严格的发展是由同样严格的经验研究所引导的。好消息是，大体上市场能够按照我们所认为的方式运行，能够协调经济人分散的拍卖活动。与此同时，坏消息是，作为理论学家，我们很少能够超越不可能性定理而成功地展示激励相容和策略-实验概念，这说明世界不会像我们在实验室中观测的那样运行。结果，我们的科学进步由于我们没有追求解释下面令人兴奋的事实而受阻，即事物的运行有时比我们从抽象的理论中预期的要好得多。

信息与非合作均衡

非合作均衡只能在偏好的完全和公共信息条件下达到，这一点已经被人们广泛接受，也就是说，每个经济人都要知道其他所有经济人的效用价值。确实，这种假设的强信息条件常常被认为是"Nash（非合作）均衡概念的弱点"（Sonnenschein，1983，16）。类似地，从 Jevons 到 Samuelson 的这些新古典主义经济学家也都认为竞争均衡同样需要需求和供给的完全信息（或"完美预见"）。这些假设在单一决策博弈背景中缺乏经验支持，但是在少数的几个人为重复博弈的情景下，这些假设并不是不能获得数 10 年来的实验证据支持。更有甚者，有的实验数据还支持了与此相反的命题，竞争均衡概念在私人不完全信息条件下可以最好地预测行为；相对于私人信息条件，在完全信息条件下，这些概念对于行为的预测要么失效，要么表现得不好。这些实验结果来源于一系列的市场制度：明码标价（posted-price）、双边讨价还价博弈（bilateral-bargaining game）；卖者垄断市场（oligopoly market）；密封拍卖系列（a variety of sealed bid auction）；连续双向拍卖（continuous double auction）［参见 McCabe，Rassenti 和 Smith（1989a）的部分综述］，这是非常鼓舞人心的。我们的实验观测告诉我们，完全信息条件下重复博弈多重均衡带来的困窘对于理论学家来说是一个驾驶舱问题（cockpit problem），而对于真实的、被激励的人来说它不是一个行为性的问题。

激励经济学在实验室中存在且做得很好；"被卡住的拉链"存在于专业中，而不是我们的行为数据中。理论的职责是建立一些公式来表达非合作均衡在私人不完全信息条件下是可以维持的；而在完全信息条件下，经济人能够找出比非合作结果更加吸引人的状态，并且能够试图去实现这些描述；而且，当竞争者的数量只有 2 个时，这些努力更可能成功，但当竞争者数量多于 2 个时，就不太可能成功。

在一些很长时间的自我需求完全信息条件下的卖方垄断博弈中，合作行为是不断增多的，但当 N 增加到 2 以上时，合作行为仍然会减少（Friedman and Hoggatt，1980）。我还应该指出，在那些激励买者完全揭示他们的需求信息的实验中，当竞争者数量较少时，默许性的共谋仍然会发生，这与目前那些容易处理的理论假设的一样。但是在那些既有买者又有卖者的卖者垄断实验中，实验结果表明买者的战略行为对于抵消卖者的合作行为很有帮助（Kruse，1988）。据我所知，我们还没有一个完全的、既包含买者行为又包含卖者行为的卖者垄断模型，而双头垄断博弈其实只是一个有关剩余分配的双边讨价还价博弈。

但我们为什么如此自然地假设完全信息对于非合作均衡来说是有必要的呢？我认为这是因为在没有观测指导的情况下我们不能想象经济人如何能够达到一个均衡，除非他们像理论学家和实验学家一样，具有理性的认知，从而他们不得不依靠完全信息来计算出这样一个均衡。这里非常重要的一点是要把理论同理论学家不经意的断言区别开来。因为，实际上，完全信息条件不是均衡理论的一个正式部分，因为缺少这样一个过程性理论，我们就简单地将其添加到正式理论中，经济人必须要知道我们的已知信息。但是如果非合作状态真的具有均衡特征的话，那么可以想象经济人能够摸索，且不通过计算就可以发现它，就像把弹球扔到碗里不需要使用牛顿力学知识就能发现碗底一样。

尽管我强调过非合作理论，但这些评论同样适用于合作讨价还价的 Nash 模型中。Roth 和 Malouf（1979）总结的实验数据支持了私有信息条件下的 Nash 模型（方差很小），但在完全信息条件下，实验数据却与模型相去甚远。

最后，让我来报告一下最好的消息。理论学家变得越来越关注理论和实验之间长期存在的差异。D. Easely，J. Ledyard，D. Friedman，M. Satterthwaite，S. Williams，R. Wilson（参见 Wilson，1990）和其他一些人都对双向拍卖模型化极具挑战性的分析做出了非常重要的贡献；Kalai 和 Lehrer（1990）有一个重要的定理提供了这样的条件，在这个条件下，不完全信息的参与者在一个二元矩阵博弈中会收敛于一个非合作均衡（同样参见 Canning，1990）。Selten（1989）的 Schwartz 演讲对于理论和实验间的相互依赖具有重大意义。这些都是令人兴奋的科学发展，因为它们预示着经济学理论思考和研究方法的改变。理论发展突破后，肯定会有更加深层次的实验跟进。

共同信息与共同知识或预期

在经济人对模型没有任何了解的情况下，模型的均衡状态也可能会达到，这对共同知识的概念有着重要的意义。我尽量避免使用"共同知识"这个词，而倾向于使用其他两个不同的、并且更加恰当的名词"共同信息"和"共同预期"。这都是因为在给定的实验或自然环境下，我们能够达到的是一种共同信息状态。在一个实验中，所有被试都会收到一个公开的实验说明和通过参与获得现金支付；然后，所有的被试都能看到这种情况，并且所有人又都知道其他人也看到了这种情况。但是期望意义上的知识，或者知道其他人会做什么，什么是共同的，不能只从这些共同信息中得出。我能为房间里的所有人都赋予共同的、完全的信息，但他们在考虑别人如何行动时仍然会面临信息的不确定性。

从经验意义上讲，共同期望可以通过共享的经验达到。所有人都可以观察其他人如何行动，从而随着时间的推移，被试组就会达到一种共同期望的状态。一系列不同的实验都具有这种结果：例如简单重复博弈，N 个被试构成的市场，不兑现纸币实验，以及实验室股票市场。博弈论模型中对共同知识的假设虽然可以帮助我们为博弈解提供解释，但它也同样因为避开对经济人达到共同知识过程的解释而严重限制了我们的进步。从这里我们可以发现被试的行动，发现被试组如何了解从初始状态到均衡状态的路径。

在股票市场实验中，基础股票的价值源于股票的分红价值，而红利在每个交易时段中的概率分布是共同知识。由于在任何交易时段内股票的期望价值都只是单个交易时段的期望价值乘以余下交易（或分红）时段的次数，所以基础价值从第一个交易时段到最后一个交易时段是直线下降的。资本利得有必要在所有交易者之间是零和的，但共同信息对于诱导共同期望并不是充分条件。没有经验的被试会产生大量的价格泡沫，与内在的分红价值背离。当他们参加第二局实验时，价格泡沫就会减少，并且相对于分红价值的离差不再显著。如果他们又参加了第三局实验，价格泡沫就会很少，而且随着对资本利得希望源泉的干涸，价格会非常接近内在价值。通过这一系列的经验，被试达到了共同的预期，即交易价值接近分红价值。由于他们经历过，所以他们相信这种预期，并且因为在相似的环境下使用两次经验的被试，我们没有成功地使泡沫再度膨胀起来。

无论是在理性预期模型中，还是在博弈论模型中，共同信息将消除行为或策略不确定性的假设都是不正确的。在股票市场情境下，这种不确定性是通过静态环境中的共享经验来解决的。有限范围价格搜索实验的观测结果支持了这种对期望的解释（Cox and Oaxaca，1989），个体被试的行为与一个理性反诱导（backward‐induction）模型的预测一致，但这是一个违背自然的博弈，其中被试在后面的博弈中只能预期到他们自己的行为，而不是其他人的行为。

支付方面的共同信息不足以产生共同期望的问题引起了一些博弈论专家的注意，这些专家认为共同知识必须包括模型本身的知识（Au‐mann，1987，p. 473）。这意味着模型的预测只适用于那些对博弈正在进行以及如何来分析意见一致的人。因此，我的结论是：博弈论在应用于博弈论专家或者与他们具有相同认知能力的人时才是一门预测性的科学。

但我的同事 Kevin McCabe 纠正了我的看法，他指出博弈论专家对于解的概念以及博弈分析并不都是意见一致的。这样，模型是共同知识的需要只是简单地代替了实验过程前不具体的协议过程，通过这个过程，经济人可以达成共同预期，并且博弈理论专家中的意见不一致意味着不存在逻辑上的协议过程——至少目前还没有。所有重要的理论行动都被归入一个非模型化的博弈前过程中。同样的考虑还适用于 Nash‐Muth 理性共同预期理论，不完全信息条件下的数百个双向拍卖实验都支持这一理论。

关于共同"知识"，对于经济学家的教训是，如同其他学科一样，理论学家极其需要数据的协助（反之亦然，任何实验学家都会告诉你），并且投机性的理论太过远离观测，尽管很有意思，但很容易遭受作茧自缚的风险。

让我们重新回到实验股票市场，两岸的经济学家都很难相信前 30 个实验，其他人则感到实验结果与他们所预期的一致，但是他们的预期来自直觉，而不是正式的模型。通过第一组我确信，问题是被试不能卖空，交易成本实质上几乎为零（人们通过按键来完成交易），或者被试是学生，而不是商人。每个人对于第一组实验哪些地方出错了都有他（他们都是男性）自己偏爱的解释，但这些解释都不是基于理论的。当然，这些建议每个都有一定的价值，但很重要的一点是，它们并不一致。当广泛被接受的模型失效时，最好，最聪明的办法就是抓住救命稻草。

50个实验以后，我们对这些问题和许多其他问题都有了答案。简单来说，当被试有权卖空或买空或者必须支付一笔交易费用时，上面总结的泡沫倾向不会被消除，而且当我们用商人或股票交易者作为被试时，泡沫仍然不会消除。相反，当被试允许进行买空时，泡沫可能会加剧，引发人们对股票经纪行业和市场规制方施加买空限度的信任。如果使用商人作为被试，泡沫同样会加剧，而使用股票交易商作为被试则不会这样。

而且，在1987年10月世界范围内股票市场大崩盘的复苏过程中被广泛推荐使用的限价交换规则在实验中也不是灵验的。限价规则实际上加剧了泡沫，我们认为这是因为每个交易时段中价格限制的下降诱导出了对风险减少的感知，从而导致股市大冲击之前的繁荣可以持续得久一点。

但积极的一面是，我们发现引入一个在时限中点终止的期货契约可以通过预测交易者对时限中点股票价值预测的初始关注来抑制泡沫。一个期货市场似乎可以通过为被试提供提前了解他们在中点上预期的机会来减少现货市场上的短视行为。一个合理的解释是，期货市场机制的功能不是用来预测将来，而是允许市场达到共同预期，从而用来解决行为的不确定性——在一个事件之前。

这种一致建立的功能同样可以服务于其他资产交易环境（Forsythe，Palfrey and Plott，1982），以及对讨价还价博弈的简单扩展环境中（Harrison and McCabe，1988）。在讨价还价博弈中，被试可以达到这样的共同预期，这一共同预期需要通过在进行全部的三轮博弈之前首先进行三轮博弈的最后两轮反诱导出来。这样，每个被试可以通过提前进行期货交易来发现她的对手在预期什么，然后正确地解出三轮的博弈，当然，如果没有一致的预期，这个博弈就不能被解出。

市场学习中的练习与制度

多年的实验研究非常清楚地表明，真实的人在面对决策问题时不会以经济学理论学家的思考方式进行决策。只有学术学习主要以阅读和思考来进行，而那些使世界运行起来，在资金上支持我们的研究的人却通过观看、听、做来学习。如果要学会操作计算机，只要阅读那些可怕的操作说明就可以了。如果实验结果接近理论预测，那么这是因为被试经历了其他人的选择，然后按照他们学习的预期来进行选择。这种反馈过程可以通过交易制度决定的决策规则在重复性市场博弈中实现，就像计算机和钢琴都是人类的工具一样，我们几乎都是通过练习来使用它们，所以一个制度的规则集合，例如口头双向拍卖的那些规则，是一种社会工具，它能够指导集体来达到分配结果，如果规则正确，这种分配结果就是个体且社会最优的。

事实上，当人们必须完全依靠他们无辅助和无指导的认知力量来陈述他们如何在简单博弈中做出违背自然的选择（比如，在赌局中选择）时，他们往往表现得不好。Kahneman 和 Tversky（1979）对建设性观点选择的调查中显示了这一点，这可能几乎没有告诉我们有关均衡力量的信息，我们可以在实验市场中观测到均衡力量的效果，但告诉了我们很多有关人们与其他人以及制度隔离时未经过训练的思考过程。此外，在重复博弈中，有很多收敛于非合作状态的例子并不需要 Cournot 收敛性理论设计。

关于 Cournot 收敛性，我指的是一个收敛于非合作均衡状态的策略序列，其中每个经济人在第 $t+1$ 轮的最优选择基于这样的假设，即其他所有代理人在第 $t+1$ 轮将单纯地重复他们在第 t 轮的选择。John Carlson（1967）首先在他的"蛛网理论"实验情景中显示了 Cournot 发散设计中经验性收敛的稳健性。这些结果已经由 Wellford（1989）进行了扩展。在我的 Groves-Ledyard 公共物品实验（Smith，1979）中也可以获得类似的发现，以及在那些不计其数的 Cournot 卖者实验中都可以得到类似的结果，在调整性预期假设下（Szidarovszky and Okuguchi，1987），这些结果看似不稳定且理论化。这些例子说明了预期的结构形式不只是它们在一个固定形式中的参数化，而是调整性的。当人们发现他们当前的短视性选择没有给他们带来什么好处时，这样的调整行为似乎就被激励出来了。

实验者诱导的公平结果？

实验者必须对这样的可能性保持警觉，即他们的实验过程包含了他们无意的设置，这些设置很可能会污染他们对实验结果的解释。实验学家常常设计出大量的补充实验来检查这些人为因素。实验方法中一个长期被公认的科学原则是，要么可能影响观测的重要变量应该作为设置变量处于控制之下，要么它们的影响应该被随机化以降低系统性偏差。例如，初始禀赋、经济人角色以及行动权通常被随机地分配给个体被试。这样做的目的是避免引入分配与被试个体特征之间的系统性联系。

正像其他所有的好规则一样，这个规则在应用中应该对那些例外情况的可能性保持敏感，这对于实验经济学非常重要，我们的方法、技巧以及被试与其他实验科学都不一样。因为我们刚刚起步，所以在实验经济学方法论的形成阶段，我们还有很多东西要学习。

显然，将未受控因素的影响随机化的想法来自生物学，在生物学中，人们将实验设置在各块土地之间随机化以防止土地质量的差异被归因于实验设置的影响。但是，人类被试不是一块一块的土地，而且分配方法对行为的影响也可能不是中性的。这种情况可以由 Hoffman 和 Spitzer（1985）的讨价还价实验来说明。在他们的实验中，被试被组合成对，然后在不同的产权安排下对剩余分配展开讨价还价。一种产权安排是，那些生产能力能够损害其他经济人利益的经济人有权对其他经济人做出这种损害，这是一种"污染者"权利模型。而在另一种产权安排下，受害的经济人有权就他们的损失要求得到赔偿，这被称为"受污染者"权利模型。

根据所谓的科斯定理（1960），社会剩余的创造或者交易产生的收益不受产权安排的影响，虽然剩余在两个团体之间的分配肯定会受到影响。Hoffman-Spitzer 实验为这一命题提供了强烈的支持，所有配对的讨价还价都达到了他们联合交易收益的最大化。但是，在每个讨价还价中，那些标示为"控制者"且被赋予特权的被试并没有从他们的权利中获益。控制者们并没有从总收益中提取出他们个人理性的份额，而是同意平均分配总收益。通常的讨价还价实验都会产生这种结果，它们往往被解释为是由"公平性"美德造成的。

在 Hoffman - Spitzer 的实验中，所有的讨价还价都是面对面的，而且被实验者所监视。实验者怀疑这种结果也许是受抛硬币决定控制权的影响。所以，他们又重新设计了实验，在复制性实验中，控制权由实验前的一场竞赛来决定。实验说明强调，竞赛获胜者赢得作为控制者的权利。这一新的设置对实验结果的影响具有戏剧性：2/3 的配对在理性结果上展开谈判，尤其是在面对面讨价还价时这一结果更加明显，匿名性的缺失也许可以被认为增加了对控制者通融性的压力。

随机分配权利被广泛认为是一种公平的分配方法，例如，在股票交易中，报价相同的交易者是以随机方式分配成交量的。所以，当我们通过抛硬币来选择两个人中哪一个可以获得优势禀赋或权利时，被试就容易相信我们这样做是为了公平。因此，如果我们对他们是公平的，为什么他们不对对方公平呢？这些结果对大量有关双边谈判文献中实验数据的解释提出了质疑，这些文献所涉及的双边谈判中的先动优势或者其他不对称的优势都是随机分配的。需要强调的是，公平性准则并非不重要，我相信它们的影响是存在的。这种质疑就是，是否引入公平性行为就是检验讨价还价理论的适当方式？讨价还价理论都假设自利经济人的利益是相互冲突的，例如管理和劳动。

现在，如果我们复制了所有的不对称讨价还价实验，其中特权只分配给那些赢得特权的人，而且如果我们仍然观测到了公平性结果，那么我们就要质疑讨价还价理论的恰当性。因为我们还没有这么做，所以我不相信实验检验的当前状态已经足以支持理论的当前形式。公平性考虑是重要的，以至我们不能将其归为无意的、人为的影响。

报酬激励与决策成本

我首先是从心理学家 Sidney Siegel（1961）的研究中学习到实验报酬优超性的重要性的。该研究使用了很简单的 Bernoulli 实验，被试在每一轮的任务都是预测两个相互独立的事件哪个会发生。发生频率较高的事件以概率 π（例如，70%）发生，而发生频率较低的事件则以概率 $1-\pi$ 发生，被试通常并不知道 π 的具体数值。在 Siegel 1961 年的论文发表的前 20 年，心理学家一直在做这些实验，他们总是告诉被试尽自己最大的努力去正确地预测每一轮。标准的观测结果是概率匹配，即发生频率较高的事件被选择的概率 $p=\pi$。当然，如果你的目标是最大化正确预测的数量，那么只要你决定了哪个是发生频率较高的事件，你就应该在每一轮都预测它将发生。结果，典型的实验结论是，理性的最大化行为模型被拒绝了。Syd Siegel 认为这是一个奇怪的结论，因为也许除了对正确预测天生的满足之外，被试没有其他激励去最大化正确预测的次数。

Siegel 提出，按照被试的观点，实验任务极其无聊。并且他还断定，被试正是通过多样化他的预测策略来发泄这种无聊。尤其是，他还假设被试的选择准则是由两个附加的主观效用构成的：来源于正确预测的效用和来源于变动性的效用，后者与 $p(1-p)$ 成比例，而 $p(1-p)$ 是参数为 p 的 Bernoulli 过程结果的方差。这个假设具有这样的特征，即当 $p=1/2$ 时，变动性效用达到最大。也就是说，当多样化选择或厌倦性减轻时，达到最大。然后 Siegel 推出了两个命题：第一，如果回答正确的边际效用等于变动性的边际效用，那么最优的回答是 $p^*=\pi$；第二，最优回答 p^* 随着回答正确的边际效用的提高而提高。

一个明显的提高 p^* 的方式是为正确的预测引入货币报酬。他在三种设置激励下进行了实验：无支付（"尽你最大努力"）、支付（奖励每一次正确的预测），以及支付—惩罚（奖励正确的预测，惩罚错误的预测），Siegel 的模型预测：

$$\pi=p(无支付)<p(支付)<p(支付-惩罚)$$

Siegel（参见 Siegel et al.，1964）只给出了 p 的平均观测值，每个设置下的标准差是根据他的原始数据计算出来的，这些结果都由表 1 给出：

表 1 　　　　　　　　　　预测结果，$\pi=0.70$ 的 20 轮最终统计

设置	无支付	支付	支付—惩罚
被试编号	12	12	12
p 的平均值	0.70	0.77	0.93
决策误差	0.069	0.062	0.058

当赌注增加时，决策接近于货币收益最大化的策略，而且决策误差降低了。这些结果强烈地支持了 Siegel 的假设，概率匹配现象确实是效用最大化原则的例外。但是，他走得更远，他还证明了对 π 某一水平的参数估计允许在 π 的其他水平上进行行为预测；模型不仅对于成人适用，对于儿童同样适用；选择比例 p 也可以通过其他减轻被试厌倦程度的方式来达到。

虽然 Siegel 当时可能没有意识到，但我们现在通过回顾可以看到，他建立的模型也许是第一个正式考虑决策的机会成本的模型，在这个模型中他特意将个体的主观交易成本考虑在内。经济学家通常会在解释观

测偏离最优时参考交易成本，但他们的主题很少将交易成本在理论性-检验性的层次上进行处理。

值得一提的是，Siegel 引用了 Herbert Simon（1956，p. 271）的话作为脚注来回顾他这一思想的灵感："如果要预测经济人如何行动，我们不仅需要知道他是理性的，而且需要知道他是如何感知这个世界的，他看到了什么，他认为他可以从中得到什么。"Siegel 这样解释 Simon 的说法：理性模型在本质上是正确的，但它们都存在或多或少的不完全性。如果要使其变得完全，我们需要从决策制定者（而不仅仅是实验者和理论学家）的效用角度来检验决策问题。注意，这个解释与那些"满足性"和"有限理性"的说法是不同的，而后者后来成为 Simon 原创的想法，与那些不满足于传统定义的理性行为基础的解释也是不同的。在 Siegel 的解释中，行动之所以不同于标准理论的预测是因为决策成本的存在，由于决策成本是实现理性结果的必要部分，所以结果是模型的描述性和预测性不好。包含个体经历过的行动的模型才是更加规范的模型。这样，行为结果的描述性模型和规范模型之间的区别就不那么明显了，这两种模型都没有反映出那些独立于经验的客观现实。我认为这种解决理性行为模型化问题的方式是一种正确的方式，虽然这种方式可能不是最容易的。

在过去的 30 多年中，很多研究都调查了支付对简单博弈和市场实验的影响。最普遍的影响是支付的增加会减少决策的误差，但是当报酬增加时，数据的中心趋势也可能会发生平移。当前对一级密封标价拍卖的研究使用了 5 个水平的货币转换率，分别是 0∶1、1∶1、5∶1、10∶1 以及 20∶1。在 20∶1 的转换率上，被试可以很容易地在一个小时内赚取 125 美元。

在图 1 中，我们给出了每个支付比率下 4 种经验水平的边际均值。图 1 表示各支付比率上的决策误差，决策误差由估计出的（线性）均衡出价函数的标准差来度量，其中的拍卖被模型化为一个不完全信息的博弈。在图 1 中，我们给出了一种各支付比率上风险规避程度的度量（出价函数的斜率，其在相对风险规避固定的情况下直接增长）。与文献中的观点相反，风险中性模型的预测在支付（以及支付的机会成本）增加时并没有得到支持；如果说有什么区别的话，那就是，被试在高支付兑换率下变得更加风险规避。

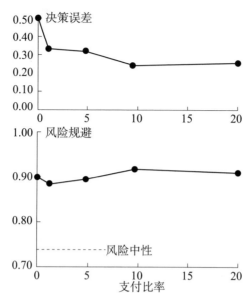

图1　一级价格拍卖实验中支付水平的影响

理论和行为中的策略防护：一个例子

　　长期以来人们一直认为如果市场制度的规则能够保证市场是策略防护的，那么这种制度规则就是大众所期待的。这种有价值的目标是难以捉摸的，并且只有在某些限制性条件下才能在理论意义上成立。由于机制理论告诉我们，几乎所有的价格分配制度都可以在策略上被一个足够熟练的经济人操纵（Satterthwaite，1987），所以对受激励的经济人在理论上策略防护的环境中如何行动提出疑问非常重要。

　　图2为我们提供了一个例子，说明了在竞争性或统一定价的密封出价-要价（双向）拍卖中会发生什么。诱导的市场需求和供给曲线由图中的实线阶梯函数给出，市场中存在4位买者和4位卖者，每个人最多可以买（卖）6单位商品。所有的保留价值（成本）信息都是私有的，市场机制是这样的：买者为他们愿意购买的每一单位商品提交一个需求价格上限，而卖者则为他们愿意出售的每一单位商品提交一个供给价格下限。限制性的买价按照从高到低的顺序排列，而限制性的卖价则按照从低到高的顺序排列，两个序列交汇的地方可以确定市场价格和成交

量。在这个例子中，这些序列以虚线阶梯函数给出。由于每个买者和卖者在市场需求和供给函数上都被分配了多个商品单位，所以那些分配到的诱导价值和成本接近竞争性市场价格的被试更加容易影响成交价格。这样，如果所有的买者（卖者）都以他们各自的保留价值（成本）出价（要价），那么具有边缘需求单位的买者可以通过对该单位商品出价过低的行为来降低市场价格。这可以提高该买者在高价值商品单位上的利润。

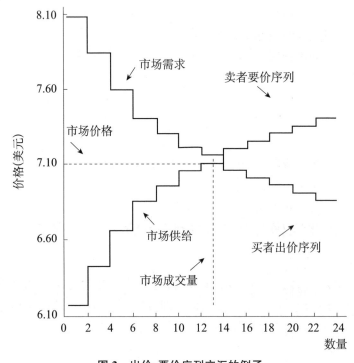

图 2　出价-要价序列交汇的例子

但是这种传统的市场操纵观点也有错误的一面，实际的情况是，所有的经济人都可以通过隐瞒他们真实的需求和供给来获得操纵价格的机会。在这种情况下，被试们是否可以计算出某种均衡，这种均衡在集体收益最大化的意义上是有效率的，且在行为上是策略防护的？答案是肯定的，这种均衡的特征可以由图 2 给出。

请注意，大部分的出价和要价都接近市场价格，并且它们中很多都是相等的，或者是接近相等的。所以，如果在下一个交易时段中有任何买者降低了他的出价或者任何卖者提高了他的要价，可能的结果就是这些经济人不会成交，而且市场价格不会受到影响。这种无意识的群体均衡具有这样的特征，每一方都是受保护的，从而免于另一方的价格操纵，并且同时惩罚了另一方的操纵企图。所以，在行为上，这个均衡是策略防护的。

这个例子代表了统一价格密封出价-要价拍卖的一种典型的结果，它表明隐匿性对于有效率的分配结果并不是有害的。在这个例子中，99.1%的交易收益被提取了出来，但只有31.9%的真实供给和需求被揭示了出来。这种策略是无意识的，因为任何一个被试都不知道图2所表示的全局性的信息，所以他们对于策略所达到的集体结果并不知情。但是，在重复性的交互中，他们发现了是什么在起作用。现存理论不能预测或者解释这种策略防护性的行为均衡。

实验性微观经济政策

也许实验经济学在最近10年中最重要的发展方向来源于遍及全球的非国家化和非规制化运动。这对实验经济学是一个挑战，我们是否可以设计出一些自我规制的市场机制来代替公共能源行业（例如天然气和电力传输网络）中传统的政府规制措施？或者在那些仍然采用指令性系统的部门中，例如美国空间站和空间航行项目，是否可以引入市场机制来改善资源分配（Banks，Ledyard and Porter，1989）？在这些问题的研究过程中，我们可以使用实验室作为试验台来估计新交易制度的效率和价格表现。

传统的分散性产权安排在面对天然气管道和电力传输系统行业时是有问题的，这些行业的特点是传输科技的相互依存度非常高。如果协调经济非常明显且网络竞争的主要方式是价格竞争，那么在各大地区间计算机化的中枢派送能力就非常关键。我的同事和我建立了一个"精巧"的计算机辅助式市场机制来解决这个问题（McCabe，Rassenti and Smith，1989b）。

例如，在天然气行业中，大批量的买者对输送到他们所在城市的天然气提交出价取决于位置，天然气生产者向管道系统提交要价（依赖于位置），管道所有者对于传输负载量提交要价（依赖于路程）。计算机化的派送中心对于这些分散的出价和要价使用线性的程序化算法来计算出价格和分配，以使得交易中产生的总收益达到最大化。这个派送中心本身可能是所有使用者联合成立的一个合作机构，这个机构通过一个应用于共同所有管道、电力线以及电厂的合租性契约来运行。

这样做的目的是将分散化所有权的信息优势和中心化处理过程的协调性优势结合起来，实验室实验证明了，即使是稀疏的网络也可以实现较高的效率和竞争新的定价。我们为 20 世纪 30 年代的 Lange -Lerner - Hayek 论战提供了一个有效的解决方法，在这个论战中，Hayek 认为如果使用边际成本定价规则，中心化是不会有效率的；只有分散化的经济人拥有使价格系统生效的信息和激励。

政府专有的产权系统为自然垄断定价规制普遍性问题的私有市场解决方式的产生提供了潜在的可能。假设一个单独的固定资产（例如一条管道或传输线）足以满足一个社区的需求，美国式的模型就是为这个资产的单独所有者赋予一个合法的垄断地位，然后按照成本加上一个指定的回报率来规制它的定价行为。结果，所有者控制成本的激励就会很弱，对于成本高昂的核电力，这一现象更加明显。

这种规制机制的一个替代性机制是这样的，政府规定这样的自然垄断资产应该由一个竞争性主导的合租式产权联合体来运行。在这种机制下，该资产及其运行都掌握在一个单独的管理公司手中，该公司具有多个所有者，它们使用这个共同资产供应竞争性的服务。目前有很多先例使用了这个机制，例如早报和晚报共同所有的印刷设施、大型购物中心、发电机，以及管道。大型购物中心是契约性制度的一个很好的例子：在同一个屋檐下，各个公司提供竞争性或互补性的服务，而同时它们又分享共同的停车、走道、安全、能源以及保管服务，所以大型购物中心既可以产生规模经济又可以产生范围经济。发电机的共同所有是典型的利用规模经济的例子；发电量的提取权按照各个共同所有者固定的资产成本成比例地在他们中间分配，每个使用者都得到一部分发电量，而且它们中的每一个都可以从大型设施较低的单位成本中获益。

但是现有的、自然发生的合租式契约并不是竞争性主导的。例如，这样的契约可能普遍性地规定发电量不能扩大，除非所有的合租人都达成了一致的协议。这种契约可以由一个自由进入的产权规则所代替，新的产权规则允许任何合租人或者外来者单方面地扩大发电量，从而它们可以获得等于扩大量的新的提取权。

目前只有少数几个案例设计出了自我规制的机制，解决了产品市场和金融市场中的某些争议性问题或者较差的绩效问题。这些新的机制依赖于我们在与激励经济学有关的理论和以往的实验中学到的东西；依赖于组合式积木的自然经验，例如合租式契约；依赖于计算机构造的新的从来没有想象过的或不可想象的交易形式的无穷力量；当然还来源于我们的实验室实验，在实验室中我们的激励设计的误差在计划应用于其他地方之前可以以很低的成本得到修正。

Syd Siegel 如果知道他帮助发现的实验经济学领域如此生机勃勃很可能会感到自豪。但是，我想他很可能会强调相对于我们还没有了解的，我们现在了解的还很少。虽然已经发展了 30 年，但实验经济学的发展仍然只是个开端。

参考文献

Aumann, Robert. 1987. Game Theory. In *The new Palgrave*, vol. 2, edited by J. Eatwell, M. Milgate, and P. Neuman, 460 - 479. London: The Macmillan Press.

Banks, Jeffrey, John O. Ledyard, and David Porter. 1989. Allocating Uncertain and Unresponsive Resources: An Experimental Approach. *Rand Journal of Economics* 20: 1 - 25.

Canning, David. 1989. Convergence to Equilibrium in a Sequence of Games with Learning. London School of Economics and Political Science, Discussion Paper, TE/89/190, March 1989.

Carlson, John. 1967. The Stability of an Experimental Market with a Supply - Response Lag. *Southern Economic Journal* 33: 305 - 321.

Coase, Ronald. 1960. The Problem of Social Cost. *Journal of Law and Economics* 3: 1 - 44.

Cox, James C., and Ronald Oaxaca. 1989. Laboratory Experiments with a Finite Horizon Job Search Model. *Journal of Risk and Uncertainty* 2: 301 - 329.

Forsythe, Robert, Thomas R. Palfrey, and Charles R. Plott. 1982. Asset Valuation in an Experimental Market. *Econometrica* 50: 537 - 567.

Friedman, James W., and Austin C. Hoggatt. 1980. *An Experiment in Noncooperative Oligopoly*. Greenwich, Conn: JAI Press.

Harrison, Glenn W., and Kevin A. McCabe. 1989. Testing Bargaining Theory in Experiments. University of Arizona. Working paper.

Hoffman, Elizabeth, and Matthew L. Spitzer. 1985. Entitlements, Rights, and Fairness: An Experimental Examination of Subjects' Concepts of Distributive Justice. *Journal of Legal Studies* 14: 259 - 297.

Kahneman, Daniel, and Amos Tversky. 1979. Prospect Theory: An Analysis of Decisions Under Risk. *Econometrica* 47: 263 - 291.

Kalai, Ehud, and Ehud Lehrer. 1990. Learning by Rational Players. Paper delivered at the Public Choice/Economic Science Association Joint Meetings, Tucson, Arizona, March 1990.

Kruse, Jamie. 1988. Contestability in the Presence of an Alternative Market: An Experimental Examination. University of Colorado. Working paper.

McCabe, Kevin A. , Stephen J. Rassenti, and Vernon L. Smith (a). 1989. Lakatos and Experimental Economics. Discussion Paper No. 89 - 24, Economics Science Laboratory, University of Arizona.

McCabe, Kevin A. , Stephen J. Rassenti, and Vernon L. Smith (b). 1989. Designing 'Smart' Computer - Assisted Markets: An Experimental Auction for Gas Networks. *Journal of Political Economy* (North - Holland) 5: 259 - 283.

Roth, A. E. , and M. K. Malouf. 1979. Game Theoretic Models and the Role of Information in Bargaining. *Psychological Review* 86: 574 - 594.

Satterthwaitc, Mark A. 1987. Strategy - Proof Allocation Mechanisms. In *The New Palgrave*, vol. 4, edited by J. Eatwell, M. Milgate, and P. Newman, 518 - 520. London: The Macmillan Press.

Selten, Reinhard. 1989. Evolution, Learning, and Economic Behavior. 1989 Nancy L. Schwartz Memorial Lecture, J. L. Kellogg Graduate School of Management, Northwestern University.

Siegel, Sidney. 1961. Decision Making and Learning Under Varying Conditions of Reinforcement. *Annals of the New York Academy of Science* 89: 766 - 783.

Siegel, Sidney, Alberta Siegel, and Julia Andrews. 1964. *Choice, Strategy, and Utility*. New York: McGraw - Hill.

Simon, Herbert. 1956. A Comparison of Game Theory and Learning Theory. *Psychometrica* 21: 267 - 272.

Smith, Vernon L. Incentive Compatible Experimental Processes for the Provision of Public Goods. 1979. In *Research in Experimental Economics*, vol. 1, edited by V. Smith. Greenwich, Conn: JAI Press: 59 - 168.

Sonnenschein, Hugo. 1983. The Economics of Incentives: An Introductory Account. 1983. Nancy L. Schwartz Memorial Lecture, J. L. Kellogg Graduate School of Management, Northwestern University.

Szidarovszky, Ferenc, and Koji Okuguchi. 1987. Notes on the Stability of Quadratic Games. *Keio Economic Studies* 24: 33 - 45.

Wellford, Charissa P. 1989. A Laboratory Analysis of Price Dynamics and Expectations in the Cobweb Model. Discussion Paper No. 89 - 15, Department of Economics, University of Arizona.

Wilson, Robert. 1990. Strategic Analysis of Auctions. Stanford Business School, February 19, 1990.

图书在版编目（CIP）数据

实验经济学/（ ）弗农·史密斯（Vernon L. Smith）著；李建标等译 . -- 北
京：中国人民大学出版社，2020.5
（诺贝尔经济学奖获得者丛书）
"十三五"国家重点出版物出版规划项目
ISBN 978-7-300-28059-2

Ⅰ.①实…　Ⅱ.①弗…　②李…　Ⅲ.①经济学　Ⅳ.F069.9

中国版本图书馆 CIP 数据核字（2020）第 067943 号

"十三五"国家重点出版物出版规划项目
诺贝尔经济学奖获得者丛书
实验经济学
弗农·史密斯（Vernon L. Smith）　　著
李建标　等 译
Shiyan Jingjixue

出版发行	中国人民大学出版社			
社　　址	北京中关村大街 31 号		**邮政编码**	100080
电　　话	010－62511242（总编室）		010－62511770（质管部）	
	010－82501766（邮购部）		010－62514148（门市部）	
	010－62515195（发行公司）		010－62515275（盗版举报）	
网　　址	http://www.crup.com.cn			
经　　销	新华书店			
印　　刷	涿州市星河印刷有限公司			
规　　格	160mm×235mm　16 开本		**版　　次**	2020 年 5 月第 1 版
印　　张	54.75 插页 2		**印　　次**	2020 年 5 月第 1 次印刷
字　　数	918 000		**定　　价**	180.00 元

版权所有　侵权必究　　印装差错　负责调换